六庵叢纂 【上册】

黃壽祺◎著

人民出版社

責任編輯：詹素娟
裝幀設計：東方天地

圖書在版編目（CIP）數據

六庵叢纂/黃壽祺 著. —北京：人民出版社，2021.12
ISBN 978-7-01-023008-5

Ⅰ.①六…　Ⅱ.①黃…　Ⅲ.①黃壽祺（1912-1990）-文集　Ⅳ.①C53

中國版本圖書館 CIP 數據核字（2020）第 269058 號

六庵叢纂

LIUAN CONGZUAN

黃壽祺　著

張善文　黃高憲　盧翠琬　肖滿省　黃嫻　點校
張善文　整理審校

人民出版社 出版發行
（100706　北京市東城區隆福寺街 99 號）

北京中科印刷有限公司印刷　新華書店經銷

2021 年 12 月第 1 版　2021 年 12 月北京第 1 次印刷
開本：710 毫米×1000 毫米 1/16　印張：61.5
字數：900 千字

ISBN 978-7-01-023008-5　定價：299.00 圓（上、下冊）

郵購地址 100706　北京市東城區隆福寺街 99 號
人民東方圖書銷售中心　電話（010）65250042　65289539

黄壽祺先生像

（1912—1990）

總　序

　　陶淵明《讀山海經》首篇《孟夏草木長》，有句云："既耕亦已種，時還讀我書。"極見詩人恬淡閒適的讀書之樂，頗爲後學所稱賞。

　　弢庵陳氏寶琛先生，晚清遜帝溥儀之師，福建閩縣（今福州）人。光緒十一年（1885）遭貶返鄉，三十三年（1907）創辦福建優級師範學堂，是即我校福建師範大學之前身也。陳氏在鄉，修葺祖屋，曾構五樓，其一曰"還讀樓"，義本陶句。斯樓嫺雅臨江，居螺洲陳府群築之幽深處，花木掩映，藏書頗富，主人暇時披覽其中，其陶陶然悅樂之情足可想見矣。

　　我校自肇建以降，凡百有十載，秉承弢庵先生"化民成俗其必由學，溫故知新可以爲師"的教育宗旨，宣導讀書致用，修德淑世，滋培多士，迭出英才，爲華夏文教所作貢獻可謂卓越焉。僅就中文專業言之，於今文學院一級學科八個博士點的教學科研成果，易學、古代文學、現代文學、語言學、文藝學等學術領域的諸多前沿性創獲，學界同仁頗常稱許之。然萬事之成，必有本原。推考我校中文學科的發展歷史，百年之間，有弢庵先生及董作賓、葉聖陶、郭紹虞、陳遵統、嚴叔夏、章靳以、胡山源諸先生的先後引領，繼而有黃壽祺、黃曾樾、錢履周、包樹棠、洪心衡、俞元桂、張貽惠、潘懋鼎、陳祥耀、穆克宏等先生的長期執教，終乃蔚爲蒸蒸日上的學術氣象。知者或云：光前裕後、繼往開來的學統文脈，其此之謂歟？

　　兹編名曰《還讀文存》，即取弢庵"還讀樓"暨陶令"時還讀我書"之意，輯錄我校創建以來，從事中文教學與科研的老師宿儒的代表性著作而成之。一則紀念爲我校奉獻出學術心血的傑出學者，二則激勵今天的學人企踵賢哲而繼成薪火相傳的學術偉業。所輯作品，有詩文，有專論。如弢庵陳寶琛《滄趣樓文錄》，彥堂董作賓《平廬文選》，易園陳遵統《晚清民初文學史》、《中國學術概論》，普賢嚴叔夏《叔夏遺稿》，蔭亭黃曾樾《陳石遺先生談藝錄》、《埃及鈎沉》，笠山包樹棠《汀州藝文志》、《史記會注考證校讀》，六庵黃壽祺《群經要略》、《易學群書平議》，桂堂俞元桂《桂堂述學》、《晚晴漫步》，張貽惠《古漢語語法》，潘懋鼎《中國語原及其文化》，陳祥耀《喆盦文叢》，穆克宏《文心雕龍》及《昭明文選》研究等書，皆不愧爲飽學之士冥思獨運的精粹創作，也足以展示我校百多年來衆多優秀學者富有特色的治學風采。

所謂“既耕亦已種”者，從廣義觀之，可以理解爲隱退躬耕之時，也可以引申爲正務修畢之際；那麼，“時還讀我書”，則是不分年齡少長，不論在職與否，皆需時時創造條件、樂而讀書治學也。六庵教授晚年詩有“退閒補讀十年書”之句，昔時耄耋老人尚且如此用力進德修業，何況今日的年輕學人呢？

因此，《還讀文存》的編輯刊行，不僅在於回顧過去，更在於鞭策未來。

陸游《書事》詩云：“功名在子何殊我？惟恨無人快著鞭。”在學術傳承途程上，認真學習和繼承光大我們優良的學術傳統，步武前修，揚鞭進取，當爲我輩後學義不容辭的責任。值此《文存》即將編成之日，我們熱切期盼著明天的學術曙光。

汪文頂

寫於福建師範大學

公元二〇一六年夏正丙申立秋後五日

六庵叢纂總目

六庵叢纂導言

六庵叢纂導言

民國三十一年（1942）秋，先師年三十一，即有編輯《六庵叢纂》之意，並請摯友包笠山先生作《序》一首。據序所列，當時擬編入著作有十七種六十九卷之多。惜迭遭時亂，歲月倥偬，舊作亡佚殆盡，《叢纂》亦未成編。

公元二零一一年辛卯歲秋，值師百年冥誕，於追思先師學術貢獻之際，我頗萌重編《六庵叢纂》的願望。越五歲，二零一六年十月，福建師範大學文學院籌修《還讀文存》叢書，以彙輯近百年老師宿儒的代表性著作爲務，院領導遂將《六庵叢纂》列入叢書出版規劃中，斯編蒐輯重校乃稱始焉。

惟先師積年著述甚豐，惜亡佚泰半，無以復尋。甚至有既亡於"抗戰"之亂，重撰後復亡於"文化大革命"之劫，如《漢易舉要》五卷者（今僅《自序》及首卷《孟氏易》因曾發表於學報而倖存），尤所罕聞。其中上世紀四十年代亡佚於北平之《喪服淺說》四卷、《宋儒學說講稿》十四卷、《明儒學說講稿》七卷、《歷代易家考》五卷、《歷代易學書目考》一卷、《尚氏易要義》二卷及《六庵讀書劄記》一百餘册等，蓋皆學術精深之力著，知者每言及此，莫不扼腕歎嗟。

今據目前尚存者，從各類文獻中裒輯得者，以及師後來續撰之作，釐訂總合，凡得六種三十九卷（其中兩種不分卷各計一卷），仍題《六庵叢纂》。六種書目，謹列如次：

一、《六庵詩選》七卷附《蕉窗詞選》一卷，收詩六百首、詞二十二首。

二、《六庵文錄》十一卷，收各體文九十一篇。

三、《易學群書平議》七卷,依《四庫全書總目》之例,作《四庫》未收及清乾隆後傳世之經部易類舊籍提要一百三十四篇。

四、《六庵讀禮錄》不分卷,依《四庫全書總目》之例,作《四庫》未收及清乾隆後傳世之經部禮類舊籍提要七十篇。

五、《群經要略》十一卷,爲十三經概論專書。

六、《先秦文學史約》不分卷,先秦斷代文學史論專書。

以上六種,分別由黃高憲教授、蕭滿省博士、盧翠琬博士、黃嫻博士及我分工校理詳各書前"編校述語",最後經我反復審勘,劃一體例,稽覈群籍,乃成定編。包笠山先生撰舊序,置編末附錄中。另輯昔年耆哲所撰有關先師學術、家世之書序銘傳諸文,及師自傳、年譜簡編、著述要目等,亦附於後,用備參考。先後協助收集資料、鉤尋遺篇者,尚有蔡飛舟、黃曦、呂瑞哲、賴文婷、林益莉、胡海平諸生,其劬學循道,勤勉可嘉,特爲記之。

先師學養醇厚,道德崇高,論者咸推"通儒"。所爲詩,義歸雅正,才兼眾體;所爲文,章法璀璨,鑄辭典美;所撰經學、文學專著,考史跡,窮源流,廣徵博引,獨抒灼見。嘗亟稱晚清章實齋"文士撰文,唯恐不自己出;史家之文,唯恐出之於己"之說（見《中國文學史約序說》),蓋徵實之學使然也。

先師姓黃氏,諱壽祺,字之六,號六庵,學者稱六庵先生。民國元年（1912）生於福建霞浦,一九九零年卒於福州,享年七十有九。早歲游學北平中國大學,師事行唐尚秉和、歙縣吳承仕、霸縣高步瀛等學界名宿。畢業後在北平母校及華北國醫學院等校任教。一九四一年南旋返閩,先後執教福建省立師範專科學校、國立海疆學校等高等學府。一九四九年後,歷任福建師範學院（後改名福建師範大學）教授、中文系主任、副校長,兼任福建省政協常委、福建省文學學會會長、福建省詩詞學會會長、中國周易學會顧問等。畢生勤於治學,樂於育人。晚歲詩有"願將暮齒爲蠶燭,放盡光芒吐盡絲",以及"退閒補讀十年書"等句,頗見其卓偉風範。

上世紀八十年代,我研究生畢業前後,曾與先師合編《周易研究論文集》四輯,合撰《周易譯注》十卷,合寫《觀物取象是藝術思維的濫觴》等文若干篇,又同學梅桐生亦與師合著《楚辭全譯》一書,皆與師聯名出版刊行。凡此,均是師精心指導下所獲成果,傾注著先師學術心血。惟其篇帙繁重,暫不闌入茲編。

人民出版社編審詹素娟女史，精於專業，嚴於編例，爲斯編梓行督我良多，因志之以示謝忱焉。

公元二零二零年三月
歲在庚子仲春驚蟄後九日
弟子張善文謹記於福建師範大學文學院

上册目錄

【六庵叢纂第一種】

六庵詩選

附蕉窗詞選

黃壽祺　遺著

盧翠琬　點校

張善文　審校

編校述語

先師《六庵詩選》七卷，附《蕉窗詞選》一卷，凡選詩六百首、詞二十二首，福建人民出版社一九八六年一月出版。卷首載喆盦陳祥耀教授《序》，書後附桂堂俞元桂教授《記》（題曰《老樹當風葉有聲——記黃壽祺教授》）。所收作品以創作時間先後爲序，其古近體詩係全書主體，乃據詩人履跡編爲七集：曰《北學集》、《南旋集》、《海疆集》、《朝陽集》、《山居集》、《華香園集》、《華廬集》等，集各爲卷，皆先師生前手自編定。

提起先師的詩作，許多學人頗有稱揚。論其内涵，如喆盦教授《序》所言：“想像豐而形相麗，邏輯密而事證充，聞見博而性情敦，用思深而操術正。”究其風格，桂堂教授《記》則謂：“他能爲嗣宗的憂憤，少陵的沈鬱，太白的飄逸，又能爲牧之的清麗，石湖的平易。他的詩，接武前賢，義歸雅正，才兼衆體。”又云：“中國悠久的、優秀的傳統文化，哺育了一代又一代學人，許多人走著學者、教師兼詩人的道路，黃老就是這麼一位熱愛學術、熱愛教育、熱愛祖國的老一輩知識分子的儀型。”當年詩選出版後，學界反響甚大，佳評迭至。如周振甫先生來信稱：“自《北學集》迄《華廬集》，即自一九二六年迄一九八三年之作，感時記事，論學論交，言志抒情，描繪景物，如杜陵之詩，有詩史之意。”（詳王筱倩輯錄《有關六庵詩選的來信評論資料》一九八七年油印本）約言之，《六庵詩選》再現了先師身處變動時代的人生經歷、家國情懷，以精純優雅的聲律形式給予讀者古典詩詞藝術美的享受。一些流傳頗廣的佳句，若“及門子弟追洙泗，開國文章邁漢唐”，“秋田經雨禾添實，老樹當風葉有聲”，“烈士老懷伏櫪驥，清時利見在田龍”等，其格律之嚴整，寓情之濃烈，允可見諸一斑。

今以福建人民出版社本（簡稱“排印本”）爲底本，由盧生翠琬校點一過。後獲高憲師兄賜讀師一九八五年手校初印本（簡稱“手校本”），經我再行核對批語，並參校其他有關資料，編出校記，列爲腳註，遂成此本。

記得先師當年編定此書，乃從歷年所撰一千餘首作品中細爲甄選，廣泛徵求校内外同道友好的意見，以畫圈爲識，凡圈多者即優先入選。我又嘗見師晚年應《福建詩詞》徵詩之稿，中有編輯以鉛筆書寫建議修訂之字句，先師一一詳爲批註，其間有贊成修訂者，輒批曰"某字同意改爲某字"，"某韻改得很好，即遵改"云云。於此細微處，不難感受到一位學者嚴謹不苟、從善如流的品格：作詩如此，治經如此，爲人亦如此。我想，品讀《六庵詩選》，還應當於那些精美的作品背後，去切心感悟作者高尚的人格！

公元二零一九年十二月
歲次己亥大雪前一日
弟子張善文敬識於福建師範大學文學院

目　錄

海疆集

朝陽集

山居集

華廬集

【附錄】

序

　　文章學術，途轍有異：蓋一貴想像豐而形相麗，一貴邏輯密而事證充。然根本又同：蓋其高者必皆聞見博而性情敦，用思深而操術正。遠稽前哲，不勝屈指；近察清儒，類多能文。若陳公恭甫，與吾六庵先生同名，經術接東京之墜緒，聲詩擅左海之清風，不徒增光閩嶠，固已流譽儒林。在邇儀型，寧無繼者？

　　六庵先生早歲就學燕畿，都講上庠，爲尚節之、高閬仙、吳檢齋諸大老之高第。考據詞章，似桐城之合一；義理術數，綜大易以研幾。所著《漢易舉要》、《六庵易話》、《群經要略》諸書，皆專門名家之學。其爲《續修四庫全書》撰寫《易》、《禮》經籍之提要，希紀河間之矩矱，似阮儀徵之拾遺，尤爲不朽盛事。南歸以後，執教我省大學四十餘年，提命爲勞，著述不廢。論其樹人，咸推祭酒。餘事詠吟，藏諸篋衍，已成七集，多溢千章。今歲，友好爲編《六庵詩選》付梓，而責序於余。

　　余維《北學》一集，先生旅燕初稿。時學殖已富，意氣方遒。窰台放歌，石鼓留詠，饒淋漓慷慨之音；西山雲際，玉殿波前，寫流連景光之勝。述懷紀夢，纏綿悱惻；咏物題襟，旖旎眠芊。辭非一體，才足兼工。《南旋》、《海疆》二集，則歸閩繼作。燕水劍津，山川如睹；荔城鯉郭，風物憑收。寇虐神州，邦國之憂方切；寒生甕舍，飄零之感奚泯？倡和之侶，多余友師；逝者不作，展卷難忘。拜公詩之動人，嗟余腹其攸痛。

　　迨赤幟高張，解放業成。《朝陽》一集，鼓吹休明。京國觀光，欲鑄邁古之偉辭；匡廬攬勝，遂成紀遊之宏制。武夷峰下，韻流夕陽新月之章；榕廈車中，興託老樹秋田之句。不幸四逆當途，群倫重足。先生投閒茶廣，爰有《山居》一集。中懷惟曠，隨遇而安；野老相親，渾忘是客。栗里桑麻，同元亮之關心；稽山秔稻，效劍南而涉筆。與余契闊未屆三秋，而酬答至於六疊。每從雒誦,輒啓愚蒙。

《華香園》、《華廬》二集,爲先生近作。以古稀前後之年,存老驥千里之志。江右湖南,瞻革命之先徽,狀贛湘之新貌;關東冀北,預朋簪之盛會,闡論古之微言。斐然生色,足備觀風。至於應時有作,便俗取資,既有契於自然,亦無傷乎大雅。

統觀諸集,論世知人:殆吾所謂文章學術,殊途同歸;而霞浦三山,足以後先踵武者乎? 恭書管測,以質高明。

公元一九八三年歲在癸亥仲夏

後學陳祥耀拜序

六庵詩選卷之一

霞浦黃壽祺之六

北學集

共選存七十二首
起一九二六年丙寅時年十五歲
訖一九四一年辛巳時年三十歲

游西湖荷亭謁林文忠公讀書處感作 丙寅 一九二六年

白雲靉靆繞亭臺，更喜荷花處處開。風景十閩湖水勝，功勳一代偉人推。
禁煙禦寇紓長策，謫戍籌邊顯異才。回首當年燈火地，萬方多難獨徘徊。

以上一首係北學前所作附存於此

瑞安林公鐸先生辭國立北京大學教授
南歸賦此以送 壬申 一九三二年

妖風起幽薊，沙石蔽蒼冥。日月晦光彩，山嶽被羶腥。雞群立孤鶴，翹首
動哀吟。遠含雲外志，寧爲衆羽侵。戛然霄漢去，歸隱東山林。抗懷述雅樂，
高響託瑤琴。吁嗟余小子，慷慨感知音。縣縣春草綠，遠道爲沾襟。

讀霞浦縣志二首

自從南渡啓風流，屈指滄桑八百秋。誰使家山添壯色，紫陽杖履舊來遊。
長溪多士勝如雲，上國衣冠應與群。尚論古人誰我友，低頭膜拜謝參軍。

懷杜悅鳴

悵望天涯孤鳥飛，階除閒步雨霏霏。八閩山色應如舊，草綠江南待我歸。

自友人家醉歸醒而有作

醉去天邊雲已晚,醒來花外雨初過。琴喧隔院清歌發,蛙鬧中庭積水多。

不寐

夜深不寐獨徘徊,家國沈憂志未灰。明滅寒燈萬籟寂,月鉤一角過牆來。

游社稷壇

玉殿瓊樓半改觀,天家舊苑幾憑闌。龍蛇屯聚春明館,燕雀爭飛社稷壇。照眼榴花紅欲滴,經春楊柳綠猶寒。洊雷奮發驚深蟄,聊自婆娑著意看。

秋夜不寐和外舅韻

燭暗香殘衾枕涼,畫樓蓮漏覺宵長。金堂玉闕思萬里,猿鶴蟲沙感八方。寒月更深窺戶牖,秋風聲急掠垣牆。天心何日回陽九,遮^① 莫煩憂兩鬢霜。

讀悅鳴永嘉游稿 癸酉 一九三三年

武夷山勢閩東來,鬱成太姥峰千堆。三沙灣水如奔雷,靈輿直至永嘉開。永嘉山水真快哉,龍湫雁宕鄰天台,右軍康樂相追陪。吾友家世杜陵推,百篇詩作水雲媒。峻若山嶽之崔嵬,健若霜雪之松梅。賜也何敢望顏回,空自低徊紫禁隈。一曲非同賣癡呆,寄與故人索新醅。

秋夜不寐

三更眠不寐,七月冷如冬。震耳危城柝,穿雲遠寺鐘。蟲聲鳴唧唧,客思

---

① 　遮,排印本作"嗟"。據手校本改。

感憧憧。鄉夢何時至,歸歟意已濃。

惠園高亭早眺

旭日穿雲出,紅光射五城。車聲塵外至,山色眼中橫。繞砌蓬蒿長,巢林鴉雀鳴。更聞舍飯寺,玉磬一聲清。

桐城馬岵庭先生示以雪鴻游草讀至思入風雲皆妄想心空天地亦微塵二句忻然而笑因題一律

讀罷新詩意泰然,空靈圓澈性中天。無人無我真仙佛,知顯知微即聖賢。門外浮雲自來去,簾前柳絮任牽纏。百原妙契東坡達,千載龍眠竟比肩。

聽槐軒先生談禪 甲戌 一九三四年

顧我本無生,云何說有死? 其來端莫由,去亦何所止? 挂礙久清夷,朕兆泯悲喜。意必既已亡,更何有臧否? 我佛即我心,心佛無二理。皤皤白髮翁,靜坐談禪指。春風入簾幪,光氣盈衣履。聽罷出槐軒,皓月清如水。

述懷

莊周羞宰輔,元亮慕羲皇。採菊東籬下,躬耕楚水旁。芸鋤六七畝,歌咏兩三章。靜養胸懷趣,真將歲月忘。昔賢何澹遠,今我獨旁皇。豈懷環轍志,應效耦耕藏。水暖觀鷗浴,花深抱蜨香。醉無俗客擾,醒采養生方。從古邯鄲道,黃粱夢不長。

同悅鳴敬如遊大鐘寺

呼朋出郭跨青驢,城市繁華頓掃除。天外雲山青一抹,路頭楊柳碧千株。荒郊日暖霏煙靄,古寺春歸長菜蔬。傑閣大鐘誰一叩,沈沈舊夢醒華胥。

元月初八日白雲觀觀祭星

白雲名觀跨燕都，此日真人祭斗樞。后土宮前爭拜謁，會仙橋下坐跏趺。瓊樓玉宇千間廈，錦壁銀屏百幅圖。<small>玄天宮四壁列畫屏百幅。</small>信是瑤池崑圃樂，到來俗慮已全無。

訪范秋帆鄉前輩數次不遇賦呈

青鞋徒步往相存，爲道先生齒德尊。博學馬融難入室，高棲泄柳不開門。文章噩噩窺姚姒，義理渾渾探宋元。何日負書迎道左，一傾積愫溯淵源。

登西直門城樓

一上高樓覽四封，九門萬雉滿春容。巍峨北闕雄棲鳳，起伏西山勢走龍。雲際車聲歸客至，城頭角吹暮煙濃。綺霞似惜詩人去，射到征袍分外彤。

和悅鳴登西直門城樓韻

杖藜扶醉上高城，樓上憑欄眼頓明。花氣襲人春晝暖，炊煙籠樹暮雲平。巍巍玉塔凌瓊島，縷縷金霞映綉甍。他日挂帆歸海角，應教寤寐憶燕京。

和崑圃登西直門城樓韻

書劍年年好勝遊，今朝又上最高樓。金臺誰見燕昭客，瓊島猶含艮嶽羞。東望薊門春樹綠，南瞻易水暮煙愁。塞翁得失君無慮，牧豕長平尚作侯。

次崑圃韻

曾醉蒲桃酒滿杯，伊人江上共徘徊。白蘋風舞釵頭鳳，翠輦聲喧柳外雷。淺黛著眉嬌假月，輕紅泛臉妒初梅。流連正喜三春暖，爭奈鶯聲陣陣催。

中央公園

玉殿瓊樓異昔年，綠波猶繞禁城邊。春明館冷莓苔長，社稷壇空燕鵲旋。照眼榴花紅似火，環池楊柳碧於煙。行吟不覺斜陽暮，十里天街燈火連。

楊椒山故宅

二代興亡事幾更，椒山一宅在南城。松筠庵冷秋風入，諫草堂空夜月明。兩疏早知肝腦碎，孤忠直使鬼神驚。我來肅拜庭階下，猶見當年耿耿情。

槐軒先生以舊作丁卯歲暮詩命同學諸子同和
依韻賦呈兼答悅鳴

鼎革紛紛血戰忙，本初釁鑠首登場。中原俶擾憑劉裕，信史褒誅有子長。一亂早知成楚漢，十年空說夢羲黃。<small>先生有北窗高臥夢羲黃之句。</small>先生雖老心猶壯，不倦裁成我簡狂。

紀夢

窺窗淡月照孤眠，夢到東閩意欲仙。太姥山頭雲作海，霍童洞外路迷煙。漁舟點點浮天際，樵唱聲聲過隴邊。最是深秋楓葉赤，橙黃桔綠滿江川。

送劉伯隱之日本

與君相見已嫌遲，那忍深秋說別離。素月流天驚旅雁^①，嚴飆掠地送征驪。東瀛此去人多樂，北鄙于今事足悲。徐福昔聞居海上，幸勞飛棹訪遺祠。

---

① 雁，排印本作"夢"。據手校本改。

送一峰之日本

羡君指日賦東遊，蓬島風①光滿眼收。文物獨存唐制度，衣冠猶是漢風流。知新溫故期今俊，抱潤懷清媿昔儔。明歲櫻花三月暮，可能尺素惠南州？

中山公園牡丹盛開

難得名花一笑開，三千粉黛盡凡才。容光嬌豔羞紅玉，香氣絪縕瀉綠醅。殢酒楊妃潮暈頰，含顰西子淚盈腮。稷園春暖游人鬧，誰對傾城不醉回？

游西山 乙亥 一九三五年

春郊新雨後，纖草碧如油。呼友登山去，騎驢結隊游。層巒嵐翠合，古寺岫雲幽。日暮尋歸路，牛羊下隴頭。

別悅鳴

五嶺楊梅熟，三山荔子紅。故園人喜雨，征棹客愁風。此去何時會，從游十載同。八閩雖可樂，能不憶燕中。

別崑圃

我向閩江去，君遵汝水歸。三年同硯席，一旦惜分飛。門巷槐花發，園林杏子肥。異時倘相見，風景應依稀。

別逸濱

相見才周歲，交情似十年。陳良仍北學，張翰欲南還。幾日黃梅雨，連村

① 蓬島風，此三字旁手校本批"富士山"三紅字。蓋頷聯重"風"字，此處擬改也。謹錄以備覽。

綠柳煙。離懷不可抑，聊共賦長篇。

秋夜有懷蔭廬紫金

翹首望南粵，思君夜正中。交情貧愈篤，音訊遠常通。極浦蘆花白，秋山槲葉紅。一燈閒詠久，疏雨滴梧桐用孟襄陽句。

夜訪許獻其先生歸作

夜月城頭①出，東門訪②許由。登堂思洗耳，入室許③科頭。簾④幪花香襲，階除竹蔭稠。歸來萬籟靜，蟾影滿山樓。

逸濱畏三邀觀劇

三影風流百藥狂，當筵顧曲勝周郎。氍毹柳態輕旋轉，檀板珠喉緩抑揚。春暖皇州鶯語好，花明深院燕巢香。歸來三日清齋臥，猶聽餘音繞畫梁。

南歸留別槐軒龍眠兩先生

家在東閩海水灣，獨淩風雪上長安。斯文墜地何傷孔，吾道傳衣幸遇韓。不信古人真皓皓，但愁歸路正漫漫。他年相見吾何贄，只有奚囊一卷看。

香山

樹深驚日暗，山轉疑雲誤。停鞭詢野老，細辨來時路。

---

① 頭，此字旁手校本批"前"字。蓋頷聯重"頭"字，此處擬改也。謹錄以備覽。
② 訪，此字旁手校本批"拜"字，蓋擬改也。謹錄以備覽。
③ 許，此字旁手校本批"笑"字。蓋起聯重"許"字，此處擬改也。謹錄以備覽。
④ 簾，排印本誤"帘"。據手校本改。

卧佛寺

砌下花爭發,枝頭鳥相和。如來泯見聞,擁被當軒卧。

臨淮關感舊 丙子 一九三六年

去歲初長夏,驅車過此原。親朋三日望,煙雨一川繁。共酌淮南酒,還招帝子魂。指著《淮南子》之淮南王劉安。旗亭高會處,應認舊題痕。

臨淮道上有懷朱蓬齋先生幷酬來韻

驛路輪蹄似電催,浮萍蹤跡信難猜。去年過此夏方至,今歲來時花已胎。北望青徐空草木,南瞻閩越失樓臺。鄉關渺渺情何極,憶到伊人首屢回。

再酬朱先生韻

大地春歸花正開,無端鶯燕輒相猜。葵因向日心常轉,麝爲生香禍已胎。到眼沙蟲霾日月,漫天蜃氣幻樓臺。嗟予此別情何極,欲訪蓬山去不回。

苦寒雜詠

積雪彌天地,迎寒閉草廬。市聲三面集,樹影一庭疏。蹢躅悲羸豕,枯窮感涸魚。浮名同水月,濩落竟何如。

前題

東風遲不到,草木怯春寒。檐際冰垂柱,門前雪積巒。啼鴉晨冷落,飢鼠夜盤桓。豈羨龍蛇蟄,吾生亦苟安。

稷園雜詠二首

水榭湘簾押蒜 ^① 平，銀燈高掛月華清。臨波倒影珠千顆，楊柳樓臺徹夜明。雉堞連雲古禁城，雕甍剝落薜蘿生。興亡遺事從誰說，愁絕春深杜宇鳴。

丙子除夕得甘翁寄懷詩賦五律四首答之

一別寧陽叟，匆匆又歲除。蒼茫隔雲海，消息付鴻魚。慰藉肝腸見，嶙峋骨格如。漫勞懷往事，天末正愁予。 鄭係寧德人。

昔日金湯固，于今破碎頻。白河胡飲馬，黃屋式生塵。蘇武終臣漢，辛垣欲帝秦。魯連今不作，蹈海說誰陳。

莫道參帷幄，官卑只折腰。淵明思故里，庾信本南朝。悵望關河阻，瞻依日月遙。虎頭非貴相，願得返漁樵。 文山詩：祇爲虎頭非貴相，不圖羝乳有歸期。

三載槐軒客，十年太學生。箋玄慚范望，傳禮慕康成。蕭館孤燈暗，荒城積雪明。操觚過午夜，夢與古人迎。

題畫詩五首 丁丑 一九三七年

桃花潭水

潭水深千尺，桃花紅照影。風過落胭脂，空山春晝永。

荷花

質弱不禁風，靨嬌疑欲語。不識濂溪翁，鍾情在何許？

菊花

生稟傲霜骨，故作百花殿。不遇歲寒時，且作群芳看。

梅花

玉笛跨腰間，閒踏羅浮月。臨風奏一聲，忽訝滿山雪。

---

① 蒜，排印本誤"算"。據手校本改。

前題

攜得江南笛,獨踏山頭雪。吹動玉人來,共醉寒宵月。

題赫上谷_{寵恩}枏墅助讀樓圖二首

東望遼陽四塞秋,白山黑水不勝愁。夜闌怕作還鄉夢,且與文君共唱酬。
我亦天涯悲作客,第餘熱淚灑神州。遺山不死靈光在,野史亭成待訪求。

石鼓歌 己卯 一九三九年

華表西風獨鶴語,廢殿夕陽鼠飢鼠。有人懷古發幽情,石鼓欄邊幾延佇。
蛛絲塵跡尚宛然,鐵索金繩無覓處。退之健筆漫崢嶸,坡老豪情空激楚。憶
昔觀經來太學,金薤琳琅滿廊廡。就中石鼓最聞名,稱快爭先求一覩。浩劫
幾經半銷鑠,點畫倖存無四五。鸞翔鳳翥喻未真,缺月娟娟差可取。姬宣嬴
秦宇文周,茫昧荒唐孰可數。平生學問謝章句,每愁數典欲忘祖。車攻雅愛
舊文雄,乾端坤倪互吞吐。封狼居胥勒燕然,偉業豐功同振古。生丁叔季念
休明,日俟河清干戚舞。誰知邊釁一朝起,潰決藩籬震三輔。圖書縑帛盡西
遷,拔茅彙征及十鼓。又聞浮海竟居夷,無復神光耀中土。頑石無靈任廢興,
烈士苦心詠禾黍。猶記沈埋陳倉日,蔓草荒煙樵牧侶。鳳翔一徙至開封,南
渡倉皇未將去。漂流輾轉至燕郊,泮水橋門欣得所。變生千載良不測,禍起
肘腋誰能禦。風雲赤縣正茫茫,南望鼓兮淚如雨。

嵩雲草堂紫藤花盛開手摘盈筐送槐軒先生侑之
以詩用山谷雙井茶送子瞻韻

我家城南舊洛社,_{嵩雲草堂有洛社,在池北精舍後,余寓其間已三載矣。}閉門不出讀奇
書。卷幬忽見花當戶,紫瓣累累若貫珠。聞道此花味美腴,胡餅勻蒸肉不如。
摘寄滋濱老居士,助長詩興滿江湖。

壽槐軒先生七十

天不欲易象沈霾羲畫絕，付與滋濱老人傳口說。又不欲河朔英靈一旦竭，留得京華一片未灑干戈血。遂使槐軒函丈地，門牆猶得羅英傑。朝弦夕誦聲鼎沸，琴歌直與雲霄徹。小子生本閩東客，二十讀書才折節。未能冥海去乘風，且擬程門長立雪。憶昔登堂拜謁時，霜痕滿鬢雪盈髭。談易能教坐客滿，說詩猶自解人頤。辛壬舊事長編出，褒貶上與麟經期。馬班義法千秋接，范書陳志羞追隨。老人行年雖七十，仍能潑墨成寒枝。始知筐篋蘊藏多，數仞宮牆未易窺。方今海宇雖分裂，轉眼將看烽火滅。從來盛世用儒生，佇見蒲輪迎耄耋。申公伏勝能長存，六籍不愁秦火缺。浩歌聊以當嵩呼，杯酒能傾心血熱。

冬至後一日獨登窰台放歌即寄暗修

己卯冬至後一日，沍陰已極乾陽恢。草堂局促如坐井，隻身曳履登窰台。窰台突兀高百尺，憑虛軼蕩天風迴。剗然長嘯淩絕頂，八方雲物眼中開。太行奔馳如萬馬，雲屯蟻聚城西來。東望海門移腳底，鯨濤仿佛聲奔雷。如此江山如此景，胡爲憑弔有餘哀？君不見燕昭千金市駿骨，招賢更築黃金臺。金臺渺茫何處是？夕照空餘土一坏。大定明昌宮殿麗，艮嶽奇石蓬瀛栽。九重瓊閣卅六處，剩有章儀瓦礫堆。又不見天安門北午門峙，太和三殿形崔嵬。太液淪漣抱紫禁，景山瓊島環城隈。景福坤寧宮如故，虛無人住風掀豗。已往千年付劫灰，眼前滄海又塵埃。帝王儓隸總焦土，智愚窮達同黃萊。生世脩名如不立，沒則已焉誰與推？計夫子，來遊哉。君拄杖，我追陪。但求目下情意適，勿念後此心肝摧。醉裏狂言如見許，年年置酒同徘徊。

秋懷

流光疾如駛，倏忽又秋風。波濤萬事變，顧影尚飄蓬。憶昔我生初，四海方困窮。義旗舉漢水，一旦樹奇功。清鼎既已移，民物慶大同。豈期轉瞬間，鬩牆又興戎。自伐無已日，外侮亦交攻。遂令民瘵喪，寰宇漸鴻蒙。我生爲男兒,豈無憂國衷。百懷莫一遂,咄咄徒書空。思隨赤松去,棲遲碧山中。猶憐頭未白,不甘草萊終。尚覬下邳游,幸遇黃石公。汗馬不辭勞,非爲己窮通。

酬蔭廬威海寄懷韻三首 庚辰 一九四〇年

悲懷離合信前緣,海北燕南各一天。處境不同同壯志,爲霖爲雨竟誰先?

豈獨鄉關未忍過,神州何地不干戈? 危時每憶初交語,手擲頭顱輒嘯歌! 十年前余受業桐城馬岵庭先生之門,與蔭廬初見,蔭廬慨然語余曰:士生今日,直當自割其頭顱,手提之以前進,豈容復伏案占畢呫唔耶? 余每念斯言,輒爲長歎!

楚尾吳頭萬里長,願君亟向石城航。龍蟠虎踞真王氣,莫任秦淮窟犬羊。

次韻答賀孔才

燕山十載遍遊遨,威風時聞唳九霄。淺學未能探陸海,雄文長記湧韓潮。寒氈靜坐忘空色,青眼胡爲及媒刁。載酒問奇從此始,揚雲區宅幸非遙。

次韻和亦凡還鄉之作即以送其行二首 辛巳 一九四一年

我生閩海陬,北學到燕京。彈指十三年,魂夢愴然驚。憶昔乘風來,海宇尚昇平。庠序遍弦歌,田園安種耕。檅槍晨不見,刁斗夜無鳴。登高望秋月,臨水釣清泓。浩歌復長嘯,掉臂樂遊行。如何轉瞬間,禍亂循環生。四海皆鼎沸,萬里共離情。誰能無家室,豈其靡弟兄。烽火既煎迫,生死不分明。未經爭戰苦,焉知性命輕。仰視白雲馳,俯觀飛鳥征。三復板蕩篇,何時樂泰亨?

送君返故里,驅馬出舊京。烽火瀰前路,魂魄暗自驚。遠望長堤上,千里暮雲平。行人靡蹤跡,農田少耦耕。缺月昏無光,野鳥時一鳴。亂花覆茅屋,孤艇橫清泓。良朋當此際,分袂欲前行。徘徊屢返顧,感恨五中生。去去無復戀,歸慰堂上情。堂上雙白髮,雁行眾弟兄。禁火話寒食,掃墓及清明。暢敘天倫樂,自爾功名輕。家園可肥遯,慎勿事遠征。窮居雖云苦,身困惟心亨。

次韻答亦凡

人生憂恨亦無涯，客舍逢春且看花。花氣襲人渾欲醉，海棠亭畔日初斜。

紀夢

閩江南去幾千里，魂夢偏能越渺漫。纔見雲鬟雙淚熱，卻愁明月一窗寒。風吹鐵馬聲如訴，響斷銅壺漏已殘。蕭館荒雞天欲曉，依稀猶記勸加餐。

槐軒先生以所繪廬山圖爲贈賦長歌謝之

廬山山水天下奇，我日夢寐想見之。十載渡江數往來，恨未拄杖臨崔嵬。槐軒老人年七十，南遊曾向匡家集。含毫爲我寫其真，用慰胸懷長悒悒。圖成修廣不盈尺，能作萬峰千嶂脈。山上晴雲山下雨，晦明變化迷行客。牯牛風景尤奇絕，懸崖瀑布皎如雪。白練長飛未足喻，銀河倒掛差堪說。山頭精舍雜茅屋，蒼松掩映羅修竹。張之床上可卧游，豈獨風光長在目。從來靈淑鍾名山，高人逸士所考槃。此地遠公曾駐錫，虎溪三笑留遺迹。謝公多事窮躋攀，剪除荊棘刈榛菅。東林蓮社恣盤桓，淵明笠屐常往還。廬嶽千年仍莽蒼，高人逸士今何往？披圖覽古發幽情，靜對嵐煙空俯仰。槐軒叟，圖不朽，願我接踵及前賢，祝翁高年如山壽。

三十感懷

沖天鵬翼竟如何，三十年華感逝波。論古未能文似海，憮時直欲淚成河。崩騰大陸龍蛇起，睒睗當關虎豹多。故國高秋空悵望，聊將斗酒伴酣歌。

六庵詩選卷之二

霞浦黃壽祺之六

南旋集

共選存七十二首
起一九四一年辛巳時年三十歲
訖一九四四甲申時年三十三歲

滕縣別鄭蔭廬松森 辛巳 一九四一年

燕山惜別已經年，難得滕城話宿緣。明日驅車白下去，天涯回首暮江邊。

湖邊眺望

冬山猶綠草成茵，吹水柔颸蕩白蘋。信是江南風景好，西湖十月尚如春。

桐廬郭外

溪流清澈見游魚，十里青山畫不如。塔影西斜紅日暮，炊煙起處是桐廬。

桐廬酒家題壁

年年笠屐走天涯，卻到桐廬覓酒家。明日片帆何處去，子陵灘畔問梅花。

宋詞："經過子陵灘畔，得梅花消息"。

燕京舊遊雜憶詩十二首 壬午 一九四二年

五雲樓閣壯京華，萬戶千門望眼賒。絳雪軒前吟眺慣，何時重對太平花。

故宮絳雪軒前有太平花數株，爲舊都名葩。

瓊華風物信如何，十頃紅蓮種碧波。最是晚涼明月夜，梳妝臺畔聽笙歌。

北海瓊華島白塔山，爲遼后梳妝臺故址。

瀛臺西畔畫廊東，曾記乘涼趁晚風。數樹海棠渾已老，向人猶自放春紅。

南海有海棠數株，相傳是百七十年前舊物。

水榭廻廊景最清，稷園花事冠春明。鸚哥不識遊人意，猶作前朝喚客聲。

稷園有五彩鸚鵡，亡清西后所蓄，今數十齡矣。

木蘭花裏記常遊，傑閣排雲信寡儔。何日昆明重蕩槳，摩娑銘識看銅牛。

昆明湖畔有銅犀臥地，背有銘識，俗謂銅牛也。

江亭獨立在郊原，月白風清每到門。留詠故人詩句好，何時掃壁認題痕。

陶然亭，漢陽江藻所建，亦稱江亭。西壁有吾友福鼎杜悅鳴留題，潢川孫海波篆寫並附跋。

達智橋邊舊校場，椒山一宅在中央。松筠未改淩霜節，幾度低徊諫草堂。

達智橋松筠庵爲楊椒山先生故宅，內有諫草堂。

自甘寂寞草玄文，握槧抽思每夜分。芸閣藜床餘夢影，可堪回首憶嵩雲。

余居嵩雲草堂，凡六七載，所著易學群書，均成於此。

帝里名園半廢墟，故王臺榭又何如。萃英亭下巉巖路，疊石誰能記李漁。

惠園舊爲鄭藩府邸，今改中國大學。萃英亭假山，李笠翁所疊。

不堪柴市愴前塵，顧問黃冠事可憐。垂死猶傳衣帶偈，蓑城荷蕢感遺民。

文信國公祠堂在府學胡同，即古柴市。

無端一夢讖龍蛇，空使神州失禮家。聞道子雲猶未葬，封墳何日繼侯
芭？先師歙吳檢齋先生承仕殁已三年，聞猶停棺廣惠寺。

立雪程門十載間，南行抱道媿龜山。延津劍浦渾如舊，孤負乘流數往還。

延平道中憶槐軒尚節之先生。

吳莘之示以碧澗樓詩次韻和之

傾蓋相交愜素心，茫茫人海孰知音？玄言每向閒中吐，佳句常從醉後吟。
拄杖朝看雲出谷，捲簾夜待月橫琴。高樓靜坐誰相伴，碧澗風來爲解襟。

同包笠山登明翠閣

拾級登明翠，危樓百尺開。九峰三面峙，雙水夾城來。帆共波吞吐，車憑

渡往回。高秋臨勝概，喜得故人陪。

茀之寫開平寺古柏爲題一絕句

古刹開平柏一株，千年那識有榮枯。天生奇物終難閟，留與高人作畫圖。

病起憶槐軒翁

二豎交相侵，惡瘤不能已。攬鏡照容顏，憔悴失人理。自嗟年方壯，衰頹已如此。頓憶槐軒翁，七十健無比。白髮覆酡顏，仿如列仙子。注易見天心，參禪悟妙旨。乘興海上遊，間關行千里。蓬萊三神山，風雲收眼底。歸來作畫本，古與倪黃擬。偶然搖詩筆，一揮便數紙。此豈皆天授，抑亦涵養耳。媿吾從游久，高山空仰止。倚窗獨沈吟，涼月照流水。

偶憶懷仁堂秋試時事賦寄計暗修

懷仁秋試記年時，世變渾如駿馬馳。五百俊髦齊冷落，止容元白結相知。

次韻和茀之壬午除夕偶作

沽來斗酒價十千，一醉如泥莫計錢。明日閩江春色好，與君閒弄釣魚船。

次前韻寄北平槐軒翁及賀孔才

河朔迢迢路八千，騷壇酬唱憶楊錢。何當臘盡春回日，重向瀛臺泛酒船？

除夜有懷悅鳴次前韻

除夜思君意萬千，消愁酒費杖頭錢。鳳城山色烏溪月，何日尋春共剌船？

次韻和笠山壬午除夕兼呈莽之

守歲聯吟瞬滿篇，風流信不負華年。笠山詩卷吳谿畫，天與涪翁壓客船。

呈莽之笠山

清翁晞髮丰標遠，汐社詩盟冷月泉。今夕水南高會處，頓教風範憶前賢。

人日見桃花 癸未 一九四三年

琴書十載駐京華，三月才看柳吐芽。畢竟風光南國早，立春七日見桃花。

去年正月十一日舟至白馬門遇盜胸經
一歲追憶前塵兼攄近感十五首

亂世何從論怨冤，青氈胠篋亦無存。駒光瞥眼驚周歲，惆悵前塵白馬門。
記得離家天未明，門前鵬鳥怪聲鳴。白頭阿母淚相送，爲祝風波一路平。
行行已過白匏山，舟客料無前路艱。高枕篷窗尋午睡，那知群盜伏榛菅。
雨暴風狂鼓柮難，暮雲深處認飛鸞。飛鸞，地名，寧德屬。故人相對愁無語，惟
聽寒江湧急湍。
風雪連天壓客車，衣裳單薄倍興嗟。最憐弱弟癡頑甚，頻怨阿兄作計差。
羅源南去是連江，落魄羞過魚米鄉。逆旅相逢誰慷慨？解囊長記太原
王。逆旅遇寧德王君克鎣助資斧。
銀花火樹記元宵，劫後風光頓寂寥。舊事釣龍懷霸業，越王臺畔聽春潮。
水急洪山百丈橋，上流灘險欲魂銷。驚濤眩眼渾如醉，未許篷窗夢鹿蕉。
劍溪如帶繞山城，夾岸群峰映水明。豔說此邦文物美，高賢共仰李延平。
衛後坊中訪阿姑，別離十載記模糊。叩門剝啄驚相問，話到兒時萬感俱。
百里會城去路賒，最難尋買是官車。鷓鴣聲怕愁中聽，擁被高眠至日斜。
難得逍遙抵永安，故人相見盡心歡。杜陵病後神猶王，杯酒談詩到夜闌。
要略同商左氏書，罏堂釋菜講談初。門牆桃李盈三百，時雨春風謝弗如。

北遷學舍又揚帆，便道沙陽覓舊劍。觀瀑渾忘三日雨，最流連處洞天巖。重到雙溪月幾圓，漫將舊事話連篇。春光滿眼濃如許，怯向滄波弄釣船。

題林東望_寰畫月季花白頭翁

不逐春去來，月月花長開。不隨人妍醜，頭白還相守。觀此畫中意，卻笑世上事。題詩寄東望，銀蟾光照地。

別悅鳴權厝

昨者爲兄弟，今看委草萊。山靈空寂寂，過客總哀哀。有恨隨秋至，無魂入夢來。撫棺一灑淚，欲去首頻回。

蘆洋十景詩十首

金峰夕照

金峰高與浮雲齊，夕照煊烘耀錦泥。攜橘冶春歌婉孌，花驄看過石門西。

翠屏朝雨

好山環抱翠屏張，朝雨祁祁四院涼。曾記上都西便外，白雲名觀似仙鄉。

仙巖夜月

風敲修竹來環珮，秋送幽香到桂叢。三五仙巖明月夜，渾疑身在廣寒宮。

玉山晴雪

記得燕京十月寒，茫茫晴雪滿西山。騎驢踏遍峰頭玉，風物何曾勝此間？

雙獅搏球

日夕乾坤淑氣浮，靈奇合向此中收。秋江看罷魚龍舞，更看雙獅共搏球。

靈龜赴壑

紫綬朱輪未足珍，負塗曳尾幸全真。山靈也識逍遙意，豈獨莊生是解人。

古檜盤雲

枝盤幹曲媲神工，未許人間一樹同。只恐夜深風雨至，霎時變化作雲龍。

岑嶺觀濤

岑嶺南看白浪奔，蜃樓海市幻晨昏。嗜奇卻笑東坡叟，枉向登州禱帝閽。

松舟揚航

嵐氣浮光混水天，松墩高泛勝樓船。揚帆四去渾無礙，不慮風濤損晝眠。

聖寺聞鐘

人寰塵夢何時覺？聖寺晨鐘雲外清。我是遼東一歸鶴，不須聞此道心生。

重九前一日得暗修寄詩四十首賦此卻寄

富平山人詩無敵，交親十載同膠漆。燕山一別海天長，寤寐三秋魂夢隔。風雨重陽又滿城，離情羈思共淒惻。登樓惟盼雁飛南，叩門忽報書來北。貽我新詩四十首，騷人紉佩世稀有。黍離麥秀寓悲哀，大貝明珠翳塵垢。讀罷長驚筆若椽，欲和嗟如箝在口。微詞刺譏難書見，臨風惝恍期身後。卻憶宣南都講時，嵩雲椿樹常攜手。君居椿樹胡同，余寓嵩雲草堂。月夜桐亭細論文，雪天竹榭寒溫酒。及今消息付鴻魚，尺素消沈十八九。生遭喪亂易睽離，契闊非關情薄厚。戰雲轉眼看銷滅，舊雨盍簪意倍切。行攜笠屐渡江淮，與君重踏燕山雪。浩歌遠寄訂心期，醖黍園看須預設。

冬日劍溪閒行

南劍冬猶景物妍，攜將詩筆繪雲煙。灼空楓葉丹如火，捲地蘆花白似棉。翠輦風馳雷起蟄，青溪雨過水鳴弦。心閒田野亦多樂，漫羨無懷與葛天。

癸未除夕書懷呈荈之笠山並約游溪源庵

天涯落拓一吟身，得友渾忘家室貧。倏爾敲詩又除夕，依然買酒迓新春。湖山不厭人重到，風月寧容我獨親。聞說溪源煙景好，可能探勝趁芳辰？

次韻笠山癸未除夕

離亂鄉聲久厭聞，何期除夜得論文。紅爐已煮茶三碗，黃橘能消酒二分。

除夜有懷亡友悅鳴

去年除夕記相思，曾寄平安七字詩。今又歲終君竟去，招魂無處雨如絲。

贈荈之 甲申 一九四四年

能將真景歸藍本，欲挽頹風脫臼窠。一自仲圭傳妙筆，八閩花木得春多。

次韻新月答槐軒先生二首

纖纖新月生，黯黯春日暮。浩浩故人情，茫茫天際樹。相思不相見，何以竭衷素？況復阻兵戈，人寰塞塵霧。愁難杜康解，詩笑壽陵步。太上信忘情，誰云古語誤？

別來罹百憂，萬言難一布。執筆淚酸辛，啓口恨凝洉。觀政祇貨財，用人隨好惡。萬錢市片肉，千錢買一芋。俯首順受之，敢笑不敢怒。水火子遺民，誰能樂生趣？天縱槐軒翁，學易忘憂怖。歷劫志彌堅，容顏不改故。何日泰階平，燕臺重拜晤。

次韻感懷呈槐軒先生

眼看彝倫盡汨陳，誅茅何處可棲身？重光大漢思辛亥，忍記亡明祭甲申。

近有人在西京舉行甲申亡國三百年祭。黯淡燈昏連夜雨,蹉跎花發一年春。懷人望北常無寐,倘得河清豈厭貧。

游伏虎寺

伏虎何年寺?園林冠此方。荷圓珠走綠,麥熟浪翻黃。吟興隨時發,閒情與日長。亂離猶幸健,無事夢羲皇。

與茀之笠山同游溪源庵

佳節逢寒食,呼朋出郭來。山深雲羃路,石怪水奔雷。龍杓穿巖出,鳳冠對檻開。棲遲忘日暮,扶得短筇回。庵有雙龍橋鳳冠山諸勝。

觀畫絕句五首示水南講友

生憎好畫亂栽詩,書俗何如沒字碑。寄語榕壇諸講友,鄭虔三絕信良師。
雲林文豹變能參,石谷驪龍珠早探。藝苑蜇聲別有在,未緣渲染重琴南。
姬姜名豈重妖嬈,廚俊品誰近愷桃。人物紛紛傳粉本,斷無俗韻到癭瓢。
雙鉤沒骨法何多,落紙誰能脫臼窠?花鳥枝頭欲飛舞,百年逸筆數新羅。
六合心虛亦點塵,未容一得便矜珍。試將畫理參禪理,悟到空時是解人。

次韻和丘荷公先生賜贈之作幷謝書石堂山館門額

念廬七十叟,乾惕老彌強。道欲期匡國,書能續閉房。吾生慚弱質,去日憶戎裝。敢佩傳前業,貞符揭禮堂。

應國立海疆學校之聘將赴仙遊感作

千金一諾重嘉招,慷慨南行趁早潮。聞道鯉湖風物好,月明容我夜吹簫。

霞浦黃壽祺之六

海疆集

共選存四十首
起一九四五年乙酉時年三十四歲
記一九四九年己丑時年三十八歲

新月同君藩城外閒行 乙酉 一九四五年

新月門前出，閒行意若何。林深歸鳥寂，雨足渴蛙多。廢苑探奇石，春潭
照綺波。仙游城外路，一日幾經過。

胎青招遊霞山

雨洗群峰出翠螺，木蘭溪水漲微波。同探羽客深深院，盡繞霞山曲曲坡。
野雉漸肥欣麥稔，園花爭發識春多。故人相送殷勤甚，攜手南橋笑語過。

雲林巖寺題壁二首

尋春有約過芳堤，撩亂春光望若迷。山上雜花山下麥，鷓鴣聲歇杜鵑啼。
疊巇巉巖一徑斜，叢篁深處認僧家。雲林不啻神仙窟，也種人間富貴花。

九鯉湖

化鯉仙飛丹竈空，祇餘九漈水流東。一雙玉筯 ① 懸青嶂，百丈珠簾貫彩
虹。石鼓無聲成絕響，棋枰有道任圍攻。我來何用祈仙夢，坐對湖光笑夢同。

---

① 筯，排印本誤"筋"。據手校本改。

天馬山

水碓聲中路幾彎，鼎湖巖下瀑潺湲。喜從野老詢幽跡，便藉浮圖認遠山。不耐寺貧僧去久，未緣道險客來艱。天臺嶺上鉉珠石，靜看閒雲獨往還。

石所山麥斜巖

遙指雲居處，石所山一名雲居山。行行上麥斜。劇憐山盡石，忽見雨如麻。樵谷隱堪接，樵谷山下，舊有接隱坊，爲林壁卿隱君建，今圮。陳池望未暌。陳公池尚未湮。覘星還有待，何日再廻車。因雨未上覘星石。石係鄭夾漈遺跡。

臺灣淪陷五十週年紀念日書示海疆諸生二首

臺抗京危恐自焚，和戎往事不堪聞。回天無力孤臣泣，長憶遺民倉海君。倉海君，邱逢甲之別號。有句云：宰相有權能割地，孤臣無力可回天。

嘗膽包羞五十年，河山還我豈徒然。裹屍邊野男兒志，宣化乘風好放船。

囊山寺二首

炎蒸渾不覺，拄杖上囊山。雲海隨天迥，松風入袖寒。寺幽僧遠俗，主好客常安。更喜新生月，如鉤掛樹端。

聞① 說前朝寺，曾經寓晦翁。當年沉薄宦，此日仰高風。詩作山川寶，名因道德崇。吾生常恨晚，儻爾夢逢公。晦翁赴同安簿② ，宿寺中，有留題。

龜山七夕次友人韻

蘭水龜山景物幽，登高懷遠意悠悠。人如病鶴心猶壯，星會牽牛夜亦愁。

---

① 聞，1988 年作者手書此二首贈朱旭先生作"見"（詳《六庵遺墨》，2019 年人民出版社出版）。謹錄以備覽。

② 簿，排印本誤"薄"。據手校本改。

佳節慣能縈客夢，名邦何幸豁吟眸。莆風清籟誰能繼，難得逢君作勝游。《莆風清籟》，集名，莆田鄭王臣著。

留別桃林諸友

連宵高館細論文，此樂他人未許分。策論槃槃思賈誼，玄經嘿嘿守揚雲。培材期共收南服，樸學行看起異軍。明日鵬溪歸去也，桃林花雨正紛紛。

次韻和答夢惺

得入桃源亦夙緣，良朋相聚更陶然。論詩君許同裴迪，學禮今誰祖鄭玄。攬勝不嫌晨早起，談心每愛夜深眠。遭逢盛世期匡濟，相約乘槎到海邊。時抗戰勝利，日寇無條件投降，自以爲遭逢盛世，故結云。

次韻和笠山

攜手同登最上樓，愛將別緒話從頭。憂時每覺乾坤窄，傳業羞爲升斗謀。卻盼雙魚來朔地，愁聽孤雁唳清秋。故園風物如無恙，欲整歸裝買桂舟。

次韻和笠山時笠山病足

平生善睡似圖南，且送華顛臥一庵。龜策有書容共讀，驪珠無分讓先探。故人多病思新橘，世事難言笑賣柑。聞道嶺梅花欲放，可能扶杖上晴嵐？

次韻答夢惺

笠屐南遊瞬一秋，避囂聊共息山陬。樓前霜葉紅於火，雨後溪光碧似油。友好情懷常繾綣，心閒風物便清幽。閉門領取逍遙趣，一任浮雲自去留。

泉州懷古詩八首

鄭延平王焚青衿處

鄭王忠憤欲扶危，焚卻青衿舉義旗。三百年來餘霸氣，有人墮淚讀遺碑。

唐學士韓偓墓

千年 ① 埋骨杏田鄉，學士孤忠冠晚唐。和相香奩曾自序，嫁名賢者究何傷。

詩山

老圃黃花有晚香，詩山山下弔歐陽。巖雲洞石皆無跡，廟內何來郭姓王。

開元寺

開元名勝冠茲邦，捨宅伽藍自有唐。雙塔淩雲今尚在 ②，難尋題記柳三娘。

洛陽橋

風景依稀似洛陽，憑誰此語記端詳。君謨自是多遺愛，跨海橋成萬丈長。

歐陽四門祠

四門才調自超群，進士南闈起異軍。健筆北樓猶有記，得名端不藉韓文。

過化亭

寒雲斜日溫陵院，過化高風憶考亭。叢竹小山遺跡渺，空餘古木葉青青。

月臺寺

留園老卻月臺寺，望處青青鸚鵡山。記否南明忠義事，鄭王曾此列朝班。

磨頭道中寄懷遂如 丙戌 一九四六年

莆陽蘇學士，陋巷樂清貧。文章有奇氣，交友無俗人。小別才經月，重逢

---

① 　年，排印本誤"里"。據手校本改。
② 　今尚在，1984 年作者手書此詩贈寶章作"猶好在"（詳《六庵遺墨》）。謹錄以備覽。

又晚春。磨頭回首望,花雨浥車塵。

哭孫業英二首

千里人行至,三春雁到初。未聞嬰疾訊,忽見報終書。短命翻憐子,傷心豈獨予。鵬溪風雨惡,愴惻奠椒糈。孫業英海疆學生,廣東潮陽人。

潮陽名勝地,自昔產英奇。好學如君少,相親恨我遲。文華思妙筆,玉樹想清姿。一棺竟長掩,淒絕鳳山陲。

自南安歸抵三沙劉生邀遊留雲洞口占一百六十字以紀之

朔發九都山,望抵三沙澨。行行千里程,雲海渺無際。狂飆挾駭浪,簸舟心膽悸。登岸晤劉生,握手疑夢寐。邀我東壁遊,留雲洞一憩。怪石壓山雄,奇花列徑媚。普印天然臺,片瓦自成寺。巖洞透玲瓏,島嶼迴優異。船疑天上行,屋傍石罏置。三獅浮黛青,八澳凝煙翠。佳景信怡情,頓爾忘勞瘁。此地盛人文,匪獨魚鹽貴。惜乎吾此來,不見钜鹿魏。指勇公先生。幸遇杜陵翁,指杜仲高。樂道存古意。半日小勾留,山水結微契。何當棄儒冠,誅茅此避世。

得槐軒先生手書賦此奉懷

十載相依詎有他,六年遠別竟如何。病餘著作思猶密,亂後音書恨每多。庭際雙槐應並茂,天邊一雁盼頻過。燕山明歲能重晤,定拂枯桐共嘯歌。先生前贈詩云:槐軒能再至,爲爾拂枯桐。

花堤 丁亥 一九四七年

春意枝頭鬧,堤花暎遠汀。蝶迷香霧碧,鶯織柳絲青。緩步娛芳草,狂歌醉綠醽。何須愁日暮,天際月娉婷。

前題

堤上繁花映水明，黃鶯頻織柳絲輕。行歌莫恐斜陽暮，天際娉婷月正盈。

感舊

嵩雲臺樹憶宣南，往事尋思百不堪。錦樣春花眉樣月，更誰同倚玉欄杆！

烏石山雜詠四首

十三本梅花書屋

廢池荒榭噪昏鴉，亂後風光倍可嗟。欲自荷鋤明月下，爲他書屋補梅花。

望耕臺

海天蒼翠喜春回，牽犢農夫笑眼開。護郭秧田青一色，雨餘合上望耕臺。

鄰霄臺

高臺絕頂號鄰霄，萬里關河入望遙。何日中原洗兵甲，乘風月夜去吹簫。

雙驂園

數椽小築在山南，茗酒清談記再三。袖海樓前風日美，名園誰不說雙驂。

先師高閬仙先生紀念詩

道喪文章敝，潸然念國工。才高兼眾體，學博破群蒙。注選能精熟，抱經守固窮。定知有遺恨，不見九州同。

次韻奉和邱丈竺巖賜贈之作 戊子 一九四八年

我生不能詩，畏詩如畏賊。十載教上庠，深自慚溺職。講授日夕忙，藏拙以自得。倘或遇敵來，臨陣每失色。詎料東家邱，約戰鴻文錫。欲急乞援兵，何處呼將伯。斗室獨旁皇,仰天長太息。四顧無他途,降旗豎最適。乞降表誰爲,負罪自辨析。去年蕙女生,惟時方治易。群書妄述評,奧窔苦未識。更復際炎蒸,酷暑相煎逼。蕙女忽棄捐,如夢幻難覓。身世既屯邅,憂憤淚沾臆。緬念我良朋,含情但脈脈。況聞逞干戈,烽烟遍全國。公私無好懷,遂爾廢筆墨。其秋遷城南,居近時相覿。竟遇惡主人,朝夕肆強力。聒耳聽喧囂,無計可避匿。今夏再徙居,六月哉生魄。竟然一夕間,倖免洪水厄。贈詩如贈珍,味美逾脯臘。媵以雙花瓷,祝我健飲食。險韻和之難,一字抵千百。忽若浮江湖,舟敗遭覆溺。此語或不誠,定致神明殛。瓊瑤報答難,勉強愈差忒。謹奉雙蜻蜒,聊當浮大白。又辱十墨魚,方感禮數核。乘虛突來攻,無備難堅壁。肉袒道旁迎,但期勿逐北。

過光祿坊偶憶春間徐來閣主人吟到落紅分翠句空懷香草此名齋之詩慨然成詠 乙丑 一九四九年

光祿高臺跡未湮,莘田曾此寄吟身。詩名香草宜無媿,才敵冬郎信有真。十硯早知流各地,一齋今竟付何人? 明年三月芳菲節,誰對藤花賦餞春!

朝陽集

共選存一百一十二首

起一九五六 ① 年丙申 ② 時年四十五 ③ 歲

訖一九六六年丙午時年五十五歲

福建師範學院三週年院慶暨第一次科學
討論會開幕 丙申 一九五六年

院慶三週歲，人和八表時。高朋來滿座，科學契深思。真理同探賾，群言
共析疑。爭鳴歸一致，大道不憂歧。

三月廿六日赴京晚發閩江 戊戌 一九五八年

春暖猶寒多雨澤，三溪流匯漲江湑。暮雲籠樹青於墨，急水沖沙碧轉黃。
南望榕城燈閃爍，北瞻劍浦夜蒼茫。京華今去無憂遠，往返兼旬若羽翔。

赴京道中寄懷院中諸老友二首

何幸論交有老蒼，古今道術恣評量。及門子弟追洙泗，開國文章邁漢唐。
四海一匡泯畛域，新猷萬種正恢張。提高普及宜兼顧，儉學勤工計畫長。

述學衡文孰可宗？工農方向應追蹤。偉詞自鑄古無有，讜論常聆愚亦從。
烈士老懷伏櫪驥，清 ④ 時利見在田龍。休將衰鬢羞明鏡，京國觀光興尚濃。

---

① 一九五六，排印本作“一九五一”。據手校本改。
② 丙申，排印本作“辛卯”。據手校本改。
③ 四十五，排印本作“四十”。據手校本改。
④ 清，1985 年作者手書此詩頸聯贈高暉灼治夫婦作“盛”（詳《六庵遺墨》）。謹錄以備覽。

交心會議坐上初見展懷白髮即席有作

劍浦記初晤,榕城瞬十秋。一見垂青眼,相看漸白頭。事同春意鬧,閒憶少年游。何日交心罷,西湖共泛舟。

悼譚丕模教授

三年兩度燕郊晤,接席論文到日斜。揚扢風騷標準的,辨章儒墨吸精華。新編題贈書猶濕,舊學商量願正奢。詎意少微星遽殞,招魂雪涕向天涯。

慈竹居主人去歲贈端硯今夜始用以試墨感而有作即以爲謝二首 庚子 一九六〇年

絕愛詩人黃蔭亭,數竿瀟灑植門庭。任他穠李夭桃豔,坐對琅玕眼獨青。片石端溪歲幾經,故人貽我舊儀型。橋亭卜硯今何在,欲繼叠山一泐銘。

贈笠山

燕水延津又海疆,雲龍上下豈尋常。疏狂悔我嗟何及,肫摯如君未可忘。閩嶠共知推老宿,羽陵況復富文章。虛名寧待銘鐘鼎,自有光芒萬丈長。

次韻酬馬茂元

千里神交在素知,遑論顧怪與歸奇。楚騷哀怨君能廣,君著《楚辭選》,甚風行。羲易淵微我夙期。放眼小園花似錦,懷人午夜雨如絲。詩成遙答扶風馬,絳帳① 弦歌佐舉卮。

送郭蔭棠之漳州二首

綠榕城郭草萋萋,未許芳塵礙馬蹄。盧橘已黃梅漸熟,好風吹送到龍溪。

① 帳,排印本誤"悵"。據手校本改。

倉山春靄共秋雲,風雨宵闌每論文。啓我深思攻我過,有誰諤諤更如君。

八月五日離家游廬山在福州車站口占

暮色蒼然至,三山雨意濃。暫離慈母膝,言覓遠公蹤。泉繞七賢寺,雲浮五老峰。匡廬多勝概,行見豁心胸。

南昌訪滕王閣遺址

卷雨飛雲賦壯猷,子安健筆動千秋。滕王高閣今何在?漫說西江第一樓。

南湖

九江名勝數南湖,塔影波光入畫圖。煙水有亭明遠渚,行人指點說周瑜。
據傳南湖係周瑜閱兵處。

從東谷過黃龍潭登天池峰繞花徑歸

東谷松篁路幾廻,蘆林橋下水奔雷。黃龍歸海仍留寺,白鹿昇仙尚有臺。石塔近依圓殿畔,天池遠瞰大江隈。層巒登陟猶餘勇,日暮還穿花徑回。

大月山望五老峰

五老奇峰積翠濃,遙看恰似玉芙蓉。雲松端合巢詩客,千載誰追太白蹤? 五老峰下舊有太白讀書堂。

仙人洞

幽洞何年闢?孤松嵌碧巘。懸崖泉滴滴,古磴石巖巖。忽見林中塔,還窺江上帆。未曾臨勝境,那識別仙凡。

含鄱口

漢陽峰聳叠千鬟,彭蠡風雲指顧間。不向含鄱亭上望,知君孤負到廬山。

花徑大林寺旁有景白亭紀念白太傅

山徑花爛漫,寺林竹蔚蒼。有亭稱景白,此地合留黃。

廬山有雲霧茶酒甚有名價亦殊昂飲之乃苦澀不能入口書此以爲慕虛聲之戒

平生酷嗜茶,亦復好飲酒。良茶與美酒,每歎難兼有。行行到廬山,頓然開笑口。山產雲霧茶,名貴冠江右。將茶製作酷,密封盈罌瓿。茶酒得兼賅,狂喜告詩友。急自往沽求,列肆東西走。千錢買一觴,佐之以雪藕。初嚐便皺眉,苦澀舌難受。再嚐口渴乾,心頭兼欲嘔。半杯已嫌多,遑論飲一斗。乃知名雖佳,其實良相負。對此漫興嗟,薄物安足醜?熊魚不可兼,貪得宜自咎。況復慕虛聲,虛聲令人忸。書此作酒箴,聊以懲吾後。

南昌能仁寺

雪洞屏山跡已銷,扶筇猶上臥波橋。何年石塔凌霄立,古木寒藤說六朝。

廬山紀游

槐軒昔日說廬山,山在江湖浩淼間。峭拔軒昂凌五嶽,燠寒宜適甲天南。風雲變幻尤譎詭,巖洞靈奇恣躋攀。皋比坐擁陳形勢,聽者忘疲到夜闌。夜闌人靜月窗掩,手擘剡藤勤點染。圖成作記復題詩,期我名山早登覽。此事蹉跎二十年,高人騎鶴已成仙。我如陳烈居閩海,州庠講貫守青編。不覺星霜添兩鬢,敢期風範繼前賢?僉謂我勞宜暫憩,匡廬道暑足林泉。得諧夙願亦心喜,旋出杉關挈行李。洪都小駐洗征塵,又聽潯陽江上水。凌晨結伴陟廬峰，車路蜿蜒若躍龍。山下微晴山半雨，山頭奔霧漫長空。行人咫尺顏莫辨，置身怳在雲海中。十日棲遲留牯嶺，探奇抉勝窮幽靚。曉靄風飄亂絮堆，寒泉月照空無影。山光水色景交融，深林滴翠草抽茸。曲澗閒遊扶綠竹，層巒憑眺撫孤松。北行穿過香山路，花徑亭臺開曉霧。大林寺畔詠桃花，樂天於此留佳句。至今有亭稱景白，猶引行人頻駐步。散原碑記擅雄文，剝落莓苔讀無數。西北洞天仙子家，巖頭佛手頗紛拏。瓊漿玉液流不斷，羽客清修煉丹砂。觀妙亭高饒野趣，老君殿古渺神鴉。江心揚①子歸帆集，眼底東林樹影斜。西向蘆林橋上度，鑒湖一曲看浴鶩。黃龍寺掩松篁坳，手撫婆羅三寶樹。石門深澗峙西南，天池峰上曾留駐。遠公高致久低徊，陽明題石欣如故。南遊轉至含鄱亭，彭蠡風濤傾耳聽。漢陽峰聳鬟千叠，我欲雲上捫天星。俯身遠望陶村在，醉石流傳臥淵明。栗里風光堪攬結，一杯我亦欲忘形。科頭留影東南塢，女兒城邊盈笑語。玉山明燭女兒城，遙看雲霞生縷縷。雲霞倏忽去無蹤，五老峰秀金芙蓉。太白書堂雖不見，千秋猶令仰高風。峰下叢林三四所，華嚴路與棲賢通。虎頭畫佛藏海會，右軍洗硯話歸宗。兼得考亭弘教澤，洞規②白鹿古今崇。回頭卻過漢口峽，三叠飛泉在嶺東。東西兩谷通無阻，日照深隧似穿窿。山巓聳立諾那塔，轉瞬浮雲密密封。東北有坡名好漢，懸崖峭壁百千重。濂溪墓在蓮峰下，襟懷霽月想音容。煙霞勝概探難盡，逸興遄飛永不窮。生休恨晚空懷古，古人不見今人功。環山馳道數百里，錘幽鑿險媲神工。截澗攔河發水電，電光明與日月同。何待夜遊更秉燭，林棲寧復驚伏戎。賓館殷勤迎過客，劇場歌舞樂朋從。疲癃有醫爲施藥，童稚有師爲啓蒙。芸閣羽陵富圖史，歌聲弦誦徹蒼穹。此樂王謝不能得，遑論屢空之陶公。乃知文章易爲爾，盛世休明難幸逢。歸吟長句記鴻爪，夢魂猶繞碧玲瓏。

李若初先生退休歸古田中秋前夕寫墨梅一枝幷題兩絕寄懷賦此以謝二首

在澗詩翁樂嘯歌，鳳林霜樹日摩挲。懷人偶灑丹青筆，綴玉苔枝寄意多。
桂露凝香皓月團，山齋此夕有餘歡。已栽籬菊娛秋晚，更得梅花伴歲寒。

---

① 揚，排印本誤"楊"。據手校本改。
② 規，排印本作"覎"。案《正字通》："覎，規本字。"

人日晚眺 辛丑 一九六一年

人日年年醉，今年懶舉卮。一春惟滯疾，三折覓良醫。寒柳難舒眼，遙山似蹙眉。扶筇聊晚眺，況復雨如絲。

五月廿一日同黃新鐸林仁穆管長墉先生同赴武夷養疴過莪洋車站口占

養痾名山去，同行盡老蒼。才聞過杜塢，忽已到莪洋。暴雨驚漂木，橫流損種秧。陰晴猶未定，端合固江防。

南平三首

雙溪如帶繞山城，兩塔淩霄映水明。躍劍化龍何日事，津頭猶聽怒潮聲。伊雒淵源得本真，龜山去後有傳人。自從羅李諸賢出，理學名邦數劍津。廿年前記此勾留，傷亂啼飢苦未休。醫國療民今有術，古城處處展新猷。

行抵武夷山療養院

六六奇峰九曲溪，深山時聽鷓鴣啼。尋真問鳳寧吾志，祇愛雲窩樂寄棲。

喜俞兄元桂續至

來遊四友今成五，止宿平林共一方。武夷精舍原有止宿齋，五曲舊爲平林渡。喜得群公同嘯傲，無須獨立詠蒼茫。

武夷宮 南唐建名會仙觀宋改沖祐觀元稱萬年宮通稱武夷宮

誰把高峰號大王？幔亭張宴更荒唐。萬年宮觀留題衆，卻憶連川李侍郎。宋連江李彌遜侍郎，以不附和議，爲秦檜所逐。曾題沖祐觀觀妙堂兩絕云：人間何地寄衰翁？偶到神山一葦中。可是仙居謝遺客，船頭無處不^①剛風。溪口回舟未忍移，淨坊聽雨坐題詩。餘齡倘有尋真路，試與披雲問鳳兒。朱子曾爲摹刻，並作詩跋，稱其語意清婉。信然。李著《竹溪集^②》。《武夷山志》錄其詩於一曲。

水光石

水光片石題名遍，秀句聯翩未可忘。南靖北平留壯語，英雄獨拜戚南塘。戚題云：大丈夫既南靖島蠻，便當北平勁敵。黃冠布袍，再期遊此。跋云：奉敕鎮守福浙等處總兵官都督同知定遠東牟戚繼光應召北伐題，時隆慶丁卯冬既望，福建都司曹南金書。

玉女峰

玉立亭亭碧水隈，美人豈爲大王來？天然秀麗饒佳致，何用梳妝對鏡臺？玉女峰與大王峰相對，旁邊有鏡臺。

虹橋架壑船

虹橋已斷來何處，想像當年可問津。架壑有船高萬仞，入山應是避秦人。

謁朱子祠

隱屏峰下古書堂，論學猶能記紫陽。教澤不隨流水去，千年容我薦心香。

天遊峰

九折溪光歸一覽，四圍山色此中央。未緣老病衰吟興，扶上天遊記曲姜。天遊峰居山中央，爲全山結聚處，上有一覽臺。余以頭眩腰痛，不良於行，賴曲華經同志及姜淑琴護士扶掖而上。

---

① 不，清刻本《筠豀集》作"避"。
② 竹溪集，《宋詩紀事》及《四庫全書總目》作"筠豀集"。

遊小九曲

金雞洞古遺蹤在，萬丈龍潭仙釣垂。九曲灘頭還九曲，溪山無處不宜詩。

金雞洞、臥龍潭、仙釣臺，均在小九曲旁。

星村重訪小姐樓二首

昔曾考古星村鎮，父老爭傳小姐樓。敗屋塵泥埋典籍，百年文獻記勤搜。小姐樓，吳氏女所居。一九五六年五月，余與壽光徐宗元尊六同考古至此，詳見《建陽專區古代文物調查報告》。

重到門前不勝情，當年寥落景全更。幼兒也得讀書樂，見客人來拍手迎。

舊址今爲幼兒園。

赤石烈士墓前渡頭聽老農民劉樹林談赤石暴動情況

渡頭講述老農民，暴動情形記尚真。烈士丹心堅赤石，英靈應作武夷神。

喜達桃源洞已五訪矣成絕句四首以記之

溪曲山深一徑斜，尋源入口見人家。田園桑竹饒幽致，別有洞天豈漫誇。

洞口有一聯云：喜無樵子復觀奕，怕有漁郎來問津。不知何人所撰。

四山環抱自成村，陷石嶙峋隱洞門。地自曠夷田自沃，池塘活水有來源。

環洞皆山，東爲玉版，西爲天壺、北廊，南爲蒼屏，北爲三層巖。洞口爲陷石堂，洞內有活水亭。

園蔬遍種間桑麻，早稻抽秧漸釀花。幼筍新茶隨處有，無須鬧市慕繁華。

五度問津興未窮，桃源仙路喜終通。南陽高士如長在，願與相攜入此中。

俞兄云：余等五訪桃源，幸未作南陽高士尋病終也。余爲之解頤，故結句云然。

桃源洞有懷鄉先哲陳石堂先生

陳先生名普，字尚德，寧德石堂人，學者稱石堂先生。宋亡不應元徵辟，隱居桃源洞講學，四方來學者數百人。著《四書集解》、《書傳補遺》、《易說》、《石堂文集》等，今尚有存者。余家先世居石堂，少承庭訓，對先生印象極深也。《武夷山志》名賢有傳。先生論學派出輔氏，源於考亭，與熊禾相友善。

鄉哲石堂叟，身窮道益尊。生雖丁季宋，義不仕胡元。潛德誰能述，遺書世尚存。爲尋高隱處，五訪小桃源。

靈巖一綫天

風洞天開一綫微，靈巖滴翠濕人衣。仰看佳景嗟奇絕，驚起成群蝙蝠飛。

晚眺三首

橋南景物記依稀，傍水閒行看翠微。玉女洞邊逢採藥，洞側產野參，時見人採掘。金雞巖上認仙機。仙機，石名。

晴川瀅澈水波微，止止庵前對晚暉。澗底游魚清可數，溪邊浴鷺靜忘機。

夕陽紅映並蓮峰，天末霞光似醉容。吟眺渾忘歸路晚，一鉤新月上雲松。

遊虎嘯巖涵谷堂

虎嘯高巖倚虎溪，危樓涵谷與雲齊。護持幸賴諸年少，絕磴懸崖看品題。

懸崖上有關中王梓書"虎溪靈洞"四字。

夜坐懷蔭亭

別君匝月如經歲，每對雲巒念起居。想見烏山寥寂夜，一燈猶自理殘書。

蔭亭閒暇時輒以修補殘書爲娛，嘗作《爲書延壽圖》。

次韻答笠山

漢祀乾魚說武夷，幔亭峰下有仙祠。六年兩度欣親謁，九曲重遊起遠思。

邱壑似君饒逸趣，水雲容我訂交期。月來將息身微健，媿對名山少好詩。

水簾洞 石刻噴龍涎三字

懸崖萬丈珠簾掛，日噴龍涎總不乾。聞說雨餘尤絕麗，何年拄杖再來看。

天柱峰 山北慧苑溪南平林渡各一

武夷高聳雙天柱，慧苑平林各細探。名象品題容甲乙，端宜山北勝溪南。

流香澗

夾谷幽奇百丈長，琪花瑤草澗流香。炎天火傘渾消盡，到此才知六月涼。

鷹嘴石

雄鷹獨立健無倫，銳喙昂頭實逼真。豈是神山厭凡鳥，欲君奮擊絕囂塵。
山中絕未見有鳥雀。

端午日從六曲泛舟至一曲

溪裏看山景最幽，況逢佳節泛輕舟。三分九曲猶留一，欲待他年再度遊。

訪白雲洞不得達

捫蘿披葛亦紛紛，辛苦攀登趁曉曛。古洞樓臺渾在望，白雲一半竟難分。
陸放翁寄朱子詩云："白雲一半得分無"。

留別武夷山

來遊匝月如初到，山色溪光未忍分。此去應教詩興健，蕩胸曾得幔亭雲。

閩江歸棹

閩江兩岸吐晴雲，萬里天風蕩垢氛。歸棹渾忘家已近，篷窗猶夢武夷君。

赴廈車中作二首

論文又向鷺江行，難得征車趁乍 ① 晴。波靜遠帆疑不動，雲開列岫似來迎。秋田經雨禾添實，老樹當風葉有聲。轉瞬名城三五過，每憑里語辨前程。

十年三度到思明，水國風光倍有情。淡掃黛眉山遠近，亂堆雲髻嶼縱橫。人歸瀛島千重譯，車接京華萬里程。都會東南雄鎮峙，海門佇看怒潮平。

廈門雜詠四首

暖風猶拂草成茵，白袷單衣恰稱身。蕉綠柿紅文旦熟，鷺江秋半尚如春。

澄波如鏡月如弓，翠嶼青煙裊碧空。閒倚雲樓看遠黛，渾疑身在畫圖中。

廛闤整潔通衢廣，樓閣雲連氣象雄。行到思明南北路，令人卻憶鄭成功。

十里長堤跨海中，水南山北列車通。行人到此驚神跡，銜石難忘精衛功。

參加閩侯專區語文教學座談會

倉山南去到螺江，人物風流聚此邦。三百英賢齊講習，龍文萬斛鼎能扛。

憶謝端

謝端助爨逢螺女，故事流傳遍海疆。鼓舞勤勞豐稼穡，神仙佳話豈迷茫。

弔陳聽水

同光壇坫說三陳，聽水詩名孰與倫。衰病一身猶史料_{用聽水原句}，江山文藻有斯人。

---

① 乍，1988 年冬作者手書此二首贈華生梅菊伉儷作“曉”（詳《六庵遺墨》）。謹錄以備覽。

歸車

歸車曉霧尚朦朧，縮頸迎寒江上風。忽訝嚴冬花滿樹，一洲香橘正丹紅。

久未至西湖偶憶辛稼軒游西湖詞煙雨偏宜晴更好約略西施未嫁之句因而有作 壬寅 一九六二年

風雨晴煙罔不宜，稼軒麗句耐人思。莫嫌湖比杭州小，恰似西施未嫁時。

宛在堂舊祀閩中先輩詩人今堂構猶存

殘脂剩墨亦留香，煥作閩詩萬丈光。堂構不隨風物異，伊人宛在水中央。

鑒湖亭有黃石齋書刻

鑒湖亭畔挹湖光，不盡荷香與桂香。獨愛詩人留好句，石齋遺刻未能忘。

余年十五侍先大人游西湖荷亭謁林文忠公讀書處嘗有句云回首當年燈火地萬方多難獨徘徊今時際休明童年感慨不復存矣

侍游猶記作嬌兒，攬勝荷亭偶有詩。多難萬方悲往事，卻欣垂老際明時。

二月二十八日之漳州啓程時作

宿雨才過鳥弄晴，春風吹我上征程。何妨詩思濃於酒，一飲清漳雙眼明。

壬午甲申之間余與吳谿笠山同寓南平水南常相勉爲歲寒三友而同學諸子則戲稱爲水南三學士白頭重過感而有作

劍水憂時三友情，當年曾結歲寒盟。白頭學士今重到，喜豁吟眸看太平。

夜過三明

當年榛莽遍荒坰，傷亂啼貧不忍聽。今日頓成工業市，江山燈火似繁星。

過永安夜雨寒甚

微雨聲中過永安，山城新貌耐人看。有情最是燕溪水，如話殷勤慰夜寒。

蝴蝶山二首

蝴蝶山頭初暖風，桃花已放滿林紅。漳江春色濃如許，都入先生笑眼中。

扶筇未覺出郊深，弦誦歌聲徹翠岑。貪看樓臺同畫本，更欣桃李已成林。

芝山懷古二首

大儒體國有宏謀，經界才施竟罷休。一例豪強皆骨朽，芝山尚爲考亭留。

芝山仰止亭，原爲紀念朱子而作。

學術漳南有本源，邐翁去後北溪尊。晚明更得石齋 ① 叟，大義春秋萬古存。

與楊南山同遊南山寺

長堤綠繞碧溪灣，翠竹蒼松掩靄間。好景更兼逢好友，南山寺裏對南山。

雨中登仰止亭

開元樓畔古禪關，仰止亭高積翠間。煙雨迷茫千里遠，天然圖畫米家山。

---

① 石齋，1985 年 3 月作者手書此首贈高愛明作"螭若"（詳《六庵遺墨》）。謹錄以備覽。按螭若，亦黃道周號，蓋取《南都賦》李善注引《說文》"螭若龍而黃"之意。

留別漳州友人

論文會飲恕清狂，十日薌江未覺長。信是明時多樂事，不知何處是他鄉
借李句。

烏山舊遊雜憶詩四首

般若臺

高臺般若擘窠書，小篆陽冰最起予。崖裏猶存唐歲月，江山文藻信何如。
般若臺摩崖小篆，爲唐李陽冰手書，記有歲月，爲吾閩著名篆 ① 刻。

江城如畫樓

書生孤憤又何求，託意射鷹報國仇。如畫江山今一統，端宜舉 ② 廢復名
樓。 鴉片戰爭時期，樓爲英人所佔，林昌彝因以射鷹名其齋。

浴鴉池

新茶常煮瀹心聲，難得浴鴉池水清。猛憶紅爐留活火，夜深猶自聽瓶笙。
余寓烏山袖海樓時，常自汲水，深夜烹茶。

十三本梅花書屋

舌耕長記 ③ 謝枚翁，手種梅花此屋中。何遜而今渾老卻，猶思弄筆寫春風。
十三本梅花書屋，係謝枚如山長所居。宋人詞：何遜而今漸老，都忘卻春風詞筆。余則反其意而用之。

西湖偶占

年年歲歲到湖濱，議政評文亦損神。鹽鐵只關平準事，論衡繼作又何人。

---

① 篆，1975 年作者手書舊作六首贈陳承梁作“石”（詳《六庵遺墨》）。謹錄以備覽。
② 舉，1975 年作者手書舊作六首贈陳承梁作“起”（詳《六庵遺墨》）。謹錄以備覽。
③ 記，1986 年作者手書此首示善文作“憶”（詳《六庵遺墨》）。謹錄以備覽。

觀中央歌舞團長綢舞

春江花月夜何其，仙子淩波振舞衣。曳地長綢三百尺，霎時化作彩雲飛。

癸卯元夜書懷 癸卯 一九六三年

一雨齊欣豆麥蘇，不愁元夕月模糊。小桃屋角舒新蕊，點染風光慰故吾。

立齋院長得顧二娘所製名硯賦此奉賀二首

一藝能精亦足師，顧娘神技繫人思。品題媿乏莘田筆，難製梨花滴雨詩。
十硯老人有"誰傾幾滴梨花雨，一灑泉臺顧二娘"之句。

卜硯橋亭記叠山，千年留寶在瀛寰。從來器物因人重，顧製張藏豈等閒。

癸卯秋七月初九日北上重游燕京感而有作

秋至辭親又北行，飆輪指日到燕京。槐軒講舍應如舊，槐軒，先師行唐尚節之
先生書屋，余受業其中者十餘年。洛社詩盟倘可賡。洛社，在北京宣南嵩雲草堂內，余曾久居於其
間。繡虎雕龍誰竟擅，攘雞嚇鼠妄紛爭。年過五十還游學，祭酒三爲媿荀卿。

七月既望自滬乘飛機赴京

飛機鶻起龍華塔，萬里長空逐雁翶[1]。俯瞰江流紆素練，遙看雲陣湧銀濤。
戡天著[2]論懷孫況，發軔周遊憶楚騷。彈指京華驚在眼，薊門煙樹月輪高。

次韻答笠山兼懷蔭亭

南朔遨遊任所之，豈緣名利競奔馳？別來又屆重陽節，詩到常欽一字師。

---

① 翶，排印本誤"翔"。據手校本改。
② 著，排印本誤"着"。據手校本改。下《贈郭銀教授兄二首》之二小注"著"字倣此。

治易何曾排正叔，笠山於《易》宗程氏，而余則妄欲兼宗漢宋，網羅古今，故亦不排斥正叔之所長。賞音能不憶鍾期？懷人獨自看秋月，不覺涼飆掠鬢絲。

贈郭根教授兄二首

魁梧奇偉類吾師，君狀貌甚類吾師霸縣高閬仙先生。坦率天真見吐辭。何幸白頭同硯席，他山攻錯已堪期。

江山祖國信多嬌，曾陟匡廬過六橋。何日北轅臨塞上，雁門同試馬蹄驕。

君山西定襄人，曾著游錄，題爲《江山如此多嬌》。

次韻奉懷叔有

故山猿鶴記前因，每向天南望碧津。文物豈曾衹八姓，相傳晉室南渡，衣冠八姓入閩。詩功應許繼三陳。吾閩木庵、弢庵、石遺，號詩家三陳。少年蹤跡真如夢，垂老詩篇詎有神。偽體別裁千載事，風騷管領付何人？

次韻和答祖怡學長兄

等閒已過知非年，懶漢漫誇是睡仙。豈信壯懷常磊落，每愁浮想倍聯翩。覃思文論欽劉勰，欲注范書媿李賢。人物從來稱兩浙，何時高會聖湖邊？

癸卯十二月初三夜夢中作

遙見千山凍雪封，凌寒佇立小庭東。天公似惜人頭白，故放梅花萬點紅。

次韻和叔有

歲暮思鄉亦有因，每期魚雁到京津。開函宛與親朋對，作答常教筆札陳。佳句石倉同骨力，妙書松雪想丰神。蔭亭多病笠山老，後繼詩壇喜得人。

元夜觀燈賞月歸得叔有寄詩即次前韻答之 甲辰 一九六四年

白頭游學亦何因？學海茫茫欲問津。未是吾衰久不作，漫愁大雅竟^①誰陳。春來有酒顏常醉，夢裏生花筆豈神。元夜觀燈兼賞月，聊對好景報詩人。

旅京七月聞婦病馳歸愴然有作

三山春雨後，遠客愴然歸。婦病癌侵肺，親慈淚濕衣。百年原易過，七月竟全非。言吾妻病僅隔七個月之間，竟突然惡化也。始信顏氏子，知幾其庶幾。

國慶歌

中華立國溯炎黃，融和各族雄東方，文化輝煌稱漢唐。宋明盛時猶隆昌，外敵侵略劇同光，維新變法徒康梁。同盟光復奮圖強，民主共和各主張，于嗟國事仍蜩螗。英雄挺出在湖湘，號召工農起八荒，革命何能棄武裝。左傾右傾遭創傷，後事之師前不忘，堅持真理立宏綱。陣容正正又堂堂，摧枯拉朽誰能當？驅除強寇滅豺狼。艱難締造願終償，紅旗處處高飄颺，舊邦新建煥光芒。十五週年歲豈長，萬般建設斐成章，六億人民樂太康。此中因果豈難詳，英明領導有中央，路綫正確規劃良。公社組織遍村莊，大修水利浚陂塘，豐收何止一食糧。工廠林立發礦藏，科學技術邁故常，增產豈徒煤與鋼。學宮藝苑遍城鄉，教育結合事農桑，文化遺產更發揚。林牧副漁各騰驤，團結工農兵學商，全民一心葵向陽。巨人屹立萬夫望，克服三年重災殃，用能萬衆樂洋洋。民主專政除秕糠，群衆意氣日高昂，統一戰綫永留芳。海疆鞏固似金湯，敵人逃死何踉蹌，邊陲建設日堂皇。民兵千萬好兒郎，人人百步能穿楊，時刻警惕保國防。友朋理應相扶將，豈能低首乞壺漿，自力更生功昭彰。民族運動氣方剛，亞非拉美勢煌煌，連成戰綫似銅牆。霸權主義漫猖狂，原子訛詐誰驚惶？人心向背要衡量。大好形勢誠足臧，反華合唱類俳倡，罪魁禍首必滅亡。行見驕陽消雪霜，東風吹拂百花香，河山無處不呈祥。天安門前新廣場，世界人民齊稱觴，國慶國慶壽無疆！

---

① 竟，排印本誤"競"。據手校本改。

甲辰十月廿六日漫題黃蘭坡所作蔭亭烏石山榕幄書樓圖

昔築慈竹居,今寓老榕廬。竹間宜獨酌,榕蔭宜讀書。遠窮三古意,橫覽九州圖。世事常變化,浮雲自卷舒。顧念林中鳥,翔集俱多娛。凝睇池上萍,聚散還一隅。但願老來健,皓首作通儒。浩歌問吾友,此意竟何如?

壽永春王夢惺六十 乙巳 一九六五年

曾謁慈風舊草堂,感君至性久難忘。寒燈督課情何極,仙溪黃文倩嘗爲君作寒燈督課圖,弘一上人爲題篆。蕭館聯吟夜未央。勝會漫嗟彈指過,名山猶待著書藏。桃林文獻期椽筆,綺甲初周日正長。

丙午元日書懷 丙午 一九六六年

日月光華八表同,分明形勢利東風。春心合共花爭發,人似寒梅歲歲紅。

丙午元夜書懷即寄蔭亭尊六

今年元夕恰逢春,坐對病妻憶故人。無限愁懷兼別緒,怕看牆角柳條新。

山居集

共選存一百一十一首
起一九七〇年庚戌時年五十九歲
訖一九七二年壬子時年六十一歲

南雅山居 庚戌 一九七〇年

建溪曲折下延平,南雅風光倍有情。遠瀨傳聲知夜靜,曉窗迎霧卜冬晴。上山伐木誇身健,傍岸濯衣喜水清。學習勤勞消暮氣,工農方向是前程。

與鄒宗彬夜談

北來歡聚復經時,忘卻星星鬢有絲。別後應教長相憶,寒窗剪燭夜談詩。

荼廣紀夢

四月二十日午睡時夢徙居福州西湖附近農村,作一絕句,醒而只記其末兩句,殊可異也,因足成之。

農村卜宅亦良圖,卅載舌耕笑故吾。得老此間亦樂事,捲簾日日看西湖。

周寧口占

寒荒誰說是周寧,萬叠冬山一例青。何幸衰年來學稼,養生端不藉參苓。

次韻答確齋 辛亥 一九七一年

經歲東歸嶺嶠間,婆娑林壑亦閑閑。喜無車馬門前過,愛逐雞豚柵裏關。

積案有文誰共賞？充盤兼味固多艱。故人天末還相慰，一讀新詩一破顏。

辛亥元春暫歸榕城確齋亦自永春來會笠山以余年
登六十賦詩爲壽次韻卻寄並柬確齋

山居經歲暫言歸，丰貌豈 ① 真得道肥。六十華年嗟水逝，二三好友幸雲依。懷鉛祇 ② 恐時之失，抱璞 ③ 何愁識者稀。明德夙期齊努力，白頭相見未相違。

又一首

榕城小住又東歸，一路春風草轉 ④ 肥。山似畫屏重叠出，月如明鏡去來依。村隅客寄原無悶，海内知交卻 ⑤ 已稀。但願故人長老健，詩筒時至莫慳違。

返村後確齋又有詩爲贈再次韻奉答

垂老重逢鬢各絲，歡情勝似少年時。論書語石 ⑥ 承治印，話舊迎春競 ⑦ 賦詩。辨貌君真如 ⑧ 惜抱，賞音我獨遜 ⑨ 鍾期。歸來半月猶經歲，聊和新章慰遠思。

霍童雜詠四首

春雨連天過石橋，百年喬木拂雲霄。詩人自是多遺愛，父老猶能話伯樵。

石橋村追懷黄伯樵先生。

讖合龍蛇兆不祥，風雲變幻越尋常。低徊通德門前道，空憶傳經舊禮堂。

---

① 豈，1971 年 2 月 19 日作者"山居茶廣與包笠山第三書"錄作"寧"（詳《六庵遺墨》）。

② 祇，同上錄作"惟"。

③ 璞，同上錄作"玉"。

④ 轉，同上錄作"漸"。

⑤ 卻，同上錄作"恨"。

⑥ 語石，1971 年 3 月 3 日作者"山居茶廣與包笠山第四書"錄作"何幸"（詳《六庵遺墨》）。

⑦ 迎春競，同上錄作"寧容戒"。

⑧ 君真如，同上錄作"喜君如"。

⑨ 我獨遜，同上錄作"媿我遜"。

過甘翁故居。

霍童酬唱鬥新尖，獨擅才名有杜淹。媿我遲來三十載，風流餘韻不曾沾 ①。憶杜三霍童唱和詩。

雲封雪壓支提寺，遙望山頭何處尋？兩度霍童溪畔過，夢魂惆悵未登臨。
遙望支提寺。

來居茶廣瞬已周年喜而有作

來村瞬一歲，時愛踏山行。父老知年事，兒童記姓名。漸諳耕稼樂，略悉里閭情。更喜春風至，繁花照眼明。

疊韻再和確齋

操履平生慎染絲，盍簪麗澤又何時。常懷夜雨巴山句，媿讀春暉寸草詩。軒冕浮名原可棄，鐘彝盛業豈能期。徵文考獻誰同調，翹首桃林有所思。

從碧巖訪梅臺過卷橋頭道中作

碧巖西下訪梅臺，卻見桃花傍戶開。牽犢牧童度嶺去，扶筇詩客過橋來。

疊韻和確齋

少爲燕市客，老向碧巖行。慷慨寧 ② 成性，棲遲豈隱名。頗知聽鳥樂，無復羨魚情。卻喜新詩至，吟眸輒一明。

疊韻再和確齋

萬事隨春動，觀風每獨行。山村多怪字，野物鮮知名。漸熟交叉路，欲 ③

---

① 沾，同上錄作"霑"。

② 寧，1971 年 4 月 30 日作者"山居茶廣與包笠山第五書"錄作"原"（詳《六庵遺墨》）。

③ 欲，同上錄作"期"。

通上下情。微吟難寄意,幸冀啓聰明。

叠韻答笠山並簡碻齋

春風吹綠到山間,南畝西疇不自 ① 閒。豈是勞人心草草,好聽時鳥語關關。和詩頗喜韻來險,寫字常愁手漸艱。書翰詞華俱遜色,每懷二老輒慚顏。

次韻和笠山兼簡碻齋

春寒日見雨如絲,村館夜燈有所思。應世作人難好好,懷鄉念舊總時時。服勞端賴嬌兒力,遣悶常看老友詩。但願年終能 ② 再假,三山重晤或堪期。

次韻答碻齋四絕兼簡笠山

山村巖壑尚優游,轉瞬田園又麥秋。父老問年齊一笑,相看霜雪各盈頭。好客遺風今尚存,晨昏問訊到蓬門。村人笑我真寒儉,卻把茶壺當酒樽。何當聚首到 ③ 春前,話舊留題各有篇。更看君家蘭桂秀,臨風玉樹並齊肩。華香園裏有詩人,翠竹蒼松倍與親。我本近鄰今遠客,何時歸去奉清塵。

叠韻和碻齋四絕并簡笠山

綠榕城郭恣遨遊,三月鶯花勝九秋。樂事滿懷詩滿篋,何曾病酒日扶頭。三山勝概尚長 ④ 存,五虎揚威鎮海門。何日臺澎傳統一,與君同醉酒千樽。都麗江山絕勝前,摹天繪海有名篇。文章華國猶餘事,道義擔當賴鐵肩。雙楫藝舟足度人,安吳著論夙相親。若將詩境勘摩詰,未信涪翁絕俗塵。

---

① 不自,同上錄作"未覺"。

② 能,同上錄作"允"。按,排印本亦作"允",茲據手校本改。

③ 到,同上錄作"似"。

④ 尚長,1971 年 5 月 17 日作者"山居茶廣與包笠山第六書"錄作"依然"(詳《六庵遺墨》)。

奉懷喆庵南埂兼答碻齋並和其韻四首

學農不厭入山深，何遜舌耕在海潯。君去南埂我茶廣，遙遙千里兩同心。
戴雲山色冠南閩，竹雨松風足養真。鑿井耕田勤作息，陶然詩寫太平民。
碧巖託足瞬周年，經笥①拋殘了宿緣。得道未曾偏體胖，祗愁癡②腹也便便。
輞川見說賦歸期，正是桃林花雨時。無限暮雲春樹意，但憑驛使快郵詩。

題碻齋行卷和笠山韻四首

桃花溪上老詩人，朋輩咸推髯絕倫。乘興三山來訪舊，南臺幾度泛江津。
文華如水起淪漣，陸海潘江豈一川。刻意苦吟忘老病，未曾寫定已風傳。
摩詰詩風歸雅淡，包咸經訓自深醰。沈思藻翰兩無似，白日堂堂去六庵。
肝膽輪困見性真，別來猶記遠行人。題君詩卷歡何極，茶廣春歸尚有春。

村人採茶，清明、穀雨謂之頭春，立夏之後，尚有二春、三春、尾春。

山行雜詠五首

習耕日向隴頭行，萬樹桐花耀眼明。未是哥哥行不得，深山莫聽鷓鴣聲。
車路峰頭白一綫，梯田巖下綠千重。插秧運麥人來去，處處青山顯笑容。
崖懸山斷疑無路，攀葛捫蘿見古村。芳樹不因人罕到，依然花發滿林園。
漸見黃梅雨濕衣，麥秋時節雉初肥。兒童射得爭毛羽，翠尾搖風插笠歸。
碧巖巖下日來回，父老殷勤笑語陪。雨濕雲深山路滑，芒鞋留意踏青苔。

讀憲兒憶慈母詩感而有作

垂老趨庭幸有兒，耕餘能補白華詩。椎牛祭墓知何益，平日雞豚貴及時。

---

① 經笥，同上錄作"蠹簡"。
② 癡，同上錄作"空"。

記曾二首

記曾卜室傍長安，盧① 橘欄前愛共看。笑語與卿同晚翠，何期香玉早銷殘。花嬌石潤草芳菲，垂老移家入翠微。一自同心人去後，閒庭愁見燕雙飛。

觀碧巖早稻苗情憩魏氏舊廳作

觀稻巖前去，行過魏氏廳。牡丹香鬱鬱，天竹玉亭亭。倚檻池凝碧，登樓山送青。何期村巷里，有此好園庭。

村居雜詠三絕

碧巖寄迹又經春，且莫村居歎食貧。鶁雉鷗鵠行處有，無人看作是山珍。初生茭葉挺如劍，斜拂茅花軟勝綿。淺水小坡無棄物，栽蔬種藥總宜年。長松掩映成青幄，曲水潺湲響素琴。嘉蔭清音娛老足，莫愁華髮不勝簪。

山中遺興

經歲山中客，生涯亦可思。習耕晨出早，宣政夜眠遲。里諺能聰耳，童謠每解頤。物華俱有意，何事不宜詩。

叠韻答喆庵四絕

寄跡深山深又深，別來無夢到江潯。瀟瀟梅雨連宵歇，明月松間照我心。一書遠寄到東閩，短句猶能見性真。但願故人勤著述，好將要術續齊民。馬齒深慚長十年，雲龍上下亦前緣。莫愁嶺海東西隔，種雨耕煙幸自便。風雅何須與古期，山歌樵唱可隨時。田園四季饒佳興，天與安排好寫詩。

---

① 盧，排印本誤"廬"。據手校本改。

叠韻再答喆庵四絕

九曲尋春不厭深，也曾探勝過南潯。武夷廬嶽留蹤跡，山水因緣夙契心。

人物泉州盛八閩，清源高會記還真。而今南朔雲煙隔，猶幸耕山作舜民。

冶城論難記當年，起廢針肓結勝緣。今日聞君重講學，皋比坐擁喜安便。

老我無心踐夙期，箋玄注易輟多時。年來只識農家樂，愛寫田園景物詩。

續茶廣雜詠四首

早季豐收望未賒，青黃能接喜山家。續栽晚稻珍珠矮，更插薯糧新種花。

珍珠矮、新種花，皆良種名。

遍野稻秧已孕花，家家婦女織黃麻。兒童也解勤勞好，東採山蒼西採茶。

山蒼，藥名。

魚鱗雀舌滿新場，火焙礱磨晝夜忙。增產今年非一處，晚風吹過盡茶香。

魚鱗、雀舌，皆茶葉名。

朝上圓邱暮落坪，雨餘蟲害最關情。村人見我蹣跚甚，笑問田塍那得行。

圓邱、落坪，皆茶廣村中山地名。

叠韻三答喆庵四絕

一讀新詩念一深，令人遠夢到龍潯。何當杯酒重相晤，細論文心與道心。

漫誇桃李遍全閩，學術端宜辨偽真。鄉哲石堂遺跡在，甄陶我每媿先民。

衰遲豈敢戀餘年，但願巖棲息眾緣。海外東坡資一笑，來時去順總心便。

近日聞有人誤傳我已客死周寧。

豪氣元龍實可期，幸君珍重惜年時。高樓海拔三千尺，樓下長虹記壯詩。

叠韻四答喆庵四絕

秋來景物感人深，放志山阿與水潯。無限登高懷遠意，但憑寸筆寫騷心。

義理何須探洛閩，宅心處世但存真。年來深入農村去，未是逃虛作逸民。

離索莫愁已隔年,再爲後會豈無緣。浮雲聚散尋常事,千里嬋娟望共便。未負昌黎青眼期,四門才調冠當時。泉南何遜潮陽美,萬里江山待好詩。

碓齋笠山以余年登六十各賦五古廿韻爲壽謹即次韻並叠三首

一

娛老多暇日,何妨話昔 ① 年。我生壬子歲,光復靖烽煙。共和聯五族,國體勝 ② 從前。何期轉瞬間,戎馬相周旋。項城謀僭竊,勸進妄 ③ 陳箋。覺羅圖復辟,求魚向木緣。工農俄奮起,領導有英賢。八方齊響應,燎原似火燃。摧枯並 ④ 拉朽,化日耀光天。震旦生奇彩,江山 ⑤ 景倍妍。巨憝忽圖逆,風鶴倏驚傳。鬥爭將十載,禦侮還獨肩。八年消倭禍,內戰復連綿。殺人如刈芥 ⑥,白骨盈山巔。獨夫終被逐,民得安園田。藩籬日鞏固,國乃保其全。多方興建設,快馬更加鞭。普天齊歡樂,頌歌千萬篇。党慶五十歲,萬國來賓筵。靦縷陳史事,藉作詩始焉。

二

我生在霞浦,家鄉過少年。田廬濱海滋,放眼收雲煙。五馬山峙後,蓮花嶼聳前。秀才滿門弟,余祖兄弟三人及余父俱爲秀才。耆舊日周旋。八歲誦毛詩,庭訓究鄭箋。十三入小學,新知漸結緣。十四上中學,仰慕左海賢。指陳左海先生壽祺。十八游太學,壯志初飄然。文淵觀四庫,始媿管窺天。習禮歆吳氏,吳先生檢齋諱承仕。名物辨醜妍。學易槐軒翁,尚先生節之諱秉和。乃知道失傳。同門多俊乂,堂堂難並肩。十年殢燕市,別歸猶纏綿。於時倭禍作,避寇窮山巔。輾轉閩南北 ⑦,舌耕硯爲田。頑敵豎降幡,遺黎幸保全。余亦返榕 ⑧ 垣,諸生樂執鞭 ⑨。

---

① 昔,1972 年 1 月 11 日作者"山居茶廣與林金良書之三"錄作"少"(詳《六庵遺墨》)。
② 勝,1971 年 8 月 27 日作者"山居茶廣與包笠山第七書"錄作"異"(詳《六庵遺墨》)。
③ 妄,同上"與包笠山書"錄作"競"。
④ 並,同上"與林金良書"錄作"與"。
⑤ 江山,同上"與林金良書"錄作"神州"。
⑥ 刈芥,同上"與包笠山書"錄作"草芥","與林金良書"錄作"刈艾"。
⑦ 輾轉閩南北,同上"與包笠山書"錄作"閩南與閩北"。
⑧ 榕,同上"與林金良書"錄作"閩"。
⑨ 諸生樂執鞭,同上"與包笠山書"錄作"僕被振歸鞭"。

州庠授文史,著書千百篇。去年逢下放,廻翔離講筵。農村卜宅居,若將終老焉。

三

海内有耆老,相契許忘年。歷歷話往事,齊州九點煙。所喜王與包,康健勝於前。退閒俱自得,山水日盤旋。興來揮彩筆,琳琅滿蜀箋。不爲功利計,但結翰墨緣。非徒懷往哲,亦欲勖今賢。締交三十載,情親手足然。患難相與共,高誼薄雲天。回憶初交日,丰姿各秀①妍。或將騷雅繼,或抱遺經傳。行義各一方,佛時共仔肩。白頭還相見,歡敘意綿綿。所惜會日少,倏返碧巖巔。君猶理舊業,我則耕新②田。操守③雖各異,志道幸俱全。但冀復相會,並轡縱吟鞭。同游一兩月,賦詩三五篇。六十覽揆日,杯酒許肆筵。忘懷得與失,一善卜終焉。

暮赴碧巖主村謀抗旱翌日喜雨

弦月松間出,扶筇上嶺頭。草④蛇横去路,石蝀躍深⑤溝。豈⑥畏山⑦行苦,祇緣秋⑧旱愁。甘霖欣即降,晚稻卜⑨增收。

叠韻五答喆庵四絕

巖棲莫歎漸秋深,猶見秋花冒碧潯。叢桂幽蘭齊啓秀,清香陣陣沁詩心。
萬里風煙接越閩,海邊浴鷗看猶真。振衣長嘯雲端去,千仞崗頭一老民。
燕市酣歌記少年,好從任俠結深緣。老來豪氣消除盡,漱石眠雲也自便。
抱道南來豈可期,當年立雪媿楊時。而今卻似屏山叟,猿鶴重尋浪賦詩。

---

① 秀,同上"與包笠山書"、"與林金良書"均作"美"。
② 新,同上"與包笠山書"錄作"山"。
③ 操守,同上"與包笠山書"錄作"所操"。
④ 草,1971年9月12日作者"山居荼廛與包笠山第八書"錄作"秋"(詳《六庵遺墨》)。
⑤ 深,同上錄作"山"。
⑥ 豈,同上錄作"不"。
⑦ 山,同上錄作"徒"。
⑧ 緣秋,同上錄作"因亢"。
⑨ 卜,同上錄作"喜"。

叠韻六答喆庵四絕

十里長流水淺深，秋風吹我度溪潯。滿堂彼美目相送，折得幽蘭號素心。
七閩餘裔在東閩，純樸猶存太古真。男女勤勞兼好客，山歌鼓舞有畬民。
六十華年實暮年，浮沈猶結酒詩緣。千巖萬壑留蹤跡，布襪青鞵尚自便。
商量舊學又何期，榕蔭蕉窗感昔時。但願春來重把臂，清源山上再題詩。

春節植樹 壬子 一九七二年

春節宜栽①樹，山登最上頭。雨衝泥路滑，雲傍石巒幽。植樹②何妨細，成林不礙稠。衰遲逾六十，猶冀得攀樛。

笠山以詩代簡兼述所懷謹即次韻奉酬

下放③渾忘歲月深，何期詩札辱④相尋。君才豈媿黃山谷，我老猶懷葉水心。聞道賜環將有日，莫愁搔髮不勝簪。江城六月荔枝熟，儻許輕⑤車會碧潯。

清明寒雨赴碧巖

清明時節尚寒風，攬勝何曾意興窮。挺秀新茶雲際綠，生花雜樹雨中紅。未緣水滿行難進，卻喜山多路曲通。日暮碧巖村止宿，琅玕繞屋玉玲瓏。

約游教授介眉姻大家來遊碧巖

濟南驛站曉霞丹，曾記相迎暫駐鞍。一別從茲萬里遠，重逢竟爾廿年難。聰明我媿晁無咎，風雅君侔李易安。何日碧巖能枉駕，霍童仙境共盤桓。

---

① 栽，排印本誤"載"。據手校本改。
② 樹，1972年3月19日作者"山居茶廣與包笠山第十二書"錄作"種"（詳《六庵遺墨》）。
③ 下放，同上錄作"遷客"。
④ 辱，同上錄作"每"。
⑤ 輕，同上錄作"巾"。

茶廣竹枝詞七首

鄉村自幼習勤勞，男女兒童膽氣豪。送飯割菅忘遠近，上山下嶺捷猿猱。

越澗登巖步若飛，百斤重擔亦微微。老翁八十身猶壯，日暮深山樵採歸。

齊誇婦女分秧好，家務兼挑裏外忙。煮飯洗衣晨汲水，採茶織布夜春糧。

雞鴨兔鵝牛犬豕，爬羅衆矢積周圍。莫嫌講究衛生少，儘是農家上等肥。
村人獨不養羊。

教授眼花[①]字卻清，正書容易認分明。竹籮布袋新添置[②]，都請先生寫姓
名。首二句村人恒言。

閒來登眺每從容，爲愛山川景色濃。卻笑村翁多暗議，先生莫是會尋龍？

下放山居歲兩周，學農宣政意悠悠。村人喜我身增健，相勸推遲請退休。

次清明寒雨韻奉酬笠山確齋賜和之作

雨村學稼又觀風，詩思如泉幸不窮。春景自然分外綠，人生難得老來紅。
山高水冷身彌健，地遠天長信卻通。爲報舊游清興足，新茶初煮碧玲瓏。

次韻答確齋一絕

梅子黃時聽致辭，荔枝丹日訂歸期。天心儻許如人意，大夢山頭待賦詩。

山居遣興

一椽巖屋可迎風，三伏炎天暑氣空。樓上時聞雞啄米，牆頭每見雀銜蟲。
新詩偶詠期無悶，故籍重溫歎少通。差幸村居多暇日，老來猶得臥書叢。

---

① 花，1972 年 4 月 21 日作者“山居茶廣與包笠山第十三書”錄作“昏”（詳《六庵遺墨》）。

② 新添置，同上錄作“逢新製”。

端午節日得喆庵和詩即叠韻卻寄

端陽猶見古遺風，曳杖行吟意未窮。竹樹望迷青眼綠，榴花還照白頭紅。家懸角黍鄰相贈，客寄雙魚路遠通。最喜龍潯傳雅詠，山窗節日倍玲瓏。

山居夏日再叠前韻

山村夏日雨兼風，變化暉陰靡有窮。曉霧倏 ① 吞千嶂綠，夕陽忽 ② 吐半林紅。人隨物候成今古，水逐潮流論塞通。我似蘇門山上客 ③，閒吟每對月玲瓏。

次山居遣興韻答確齋

山國猶存古樸風，甄陶不信儘成空。何妨秉燭遊春夜，遮莫抱冰語夏蟲。垂老箋玄思范望，英年著論媿王通。桃林美景聞增勝，尚冀重臨繞碧叢。

咸村早稻珍珠矮大豐收喜作二首

咸洋六月水如湯，地暖田肥稻早黃。獲得珍珠千萬斛，半年辛苦未空忙。頭季豐收樂歲穰，更期晚稻早登場。農家衣食能充足，夏日炎炎也自涼。

村居

三歲村居友野翁，農功物候漸能通。修蛇出洞知將雨，靈鵲低巢識有風。地半陰晴宜種朮，山兼土石好栽松。田園日涉看成趣，豈意衰年貌轉豐。

山行

心安何處風波險，嶺路如梯是坦途。山鳥不因翁老大，微聞杖履便歡呼。

---

① 倏，1972 年 6 月 21 日作者"山居茶廣與包笠山第十四書"錄作"常"（詳《六庵遺墨》）。

② 忽，同上錄作"時"。

③ 蘇門山上客，同上錄作"堯夫歌擊壤"。

立秋日得健行先生賜和山居夏日詩叠韻卻寄

山堂此日已秋風，猶見山花發不窮。攬鏡漫嗟銷鬢綠，舉杯還喜映顏紅。心能曠達宜身健，詩入精微與道通。雁字來時傳秀句，如聞玉珮響玲瓏。

續茶廣竹枝詞九首

立春山上栽嘉樹，雨水田頭育卷秧。今日不稱閏正月，梅花未謝已農忙。

穀雨清明執懿筐，採茶少女粲成行。山前倏被浮雲掩，惟聽歌聲遠抑揚。

夜村白露白茫茫，秋至無綿難上床。往事禦寒惟借火，今來蓋被十斤強。

冬季山頭降雪霜，農閒事業又繁忙。築窰伐木來燒炭，駝蔗牽牛去製糖。

東家男子全勢力，無婦誰幫家務忙。只要雙方都滿意，無須送禮費商量。

西家女兒年十八，明年便欲作新娘。母也三更猶織苧，爲她添作嫁衣裳。

家家蓋屋不嫌高，鄰里助工意氣豪。寫盡千般喜慶語，頂天長尺號中篙。

人人覺悟除迷信，不是兒孫薄祖宗。只要生前能養志，何須死後枉尋龍。

村人好客俗堪尚，敬老尊師志不移。我寫竹枝非苟作，山歌樵唱本風詩。

霞浦黃壽祺之六

華香園集

共選存一百二十五首

起一九七二年壬子時年六十一歲

訖一九八〇年庚申時六十九歲

余從周寧下放歸來適滌瞻張先生_{秀民}應笠山之約來游榕垣舊侶新朋歡聚一堂喜而有作次笠山韻 壬子 一九七二年

下放言旋更歲月，州庠猶見舊樓臺。故人欣得倉山聚，新雨喜從浙水來。腳底昔曾淩海嶽，筆端老尚挾風雷。休明鼓吹吾曹事，把盞聯吟亦快哉。

次韻答允恭教授二首

十年前此江干別，何意今朝會故人。歷變漸 ① 教經驗富，久違轉覺感情親。白頭相對懷先烈，_{君嘗談及閩東革命先烈故事。}青眼高歌勗後塵。老去詩篇渾雅淡，東籬霜菊見精神。

龍蟠鍾阜饒形勝，無限風光入几筵。好輯舊聞成信史，且耕故硯作良田。東瀛往事君能述，周易玄言我待詮。_{君近撰《日本通史》，又嘗言恨未從余問《易》，實則余於《易》荒疏已甚。}問學商量誠可樂，互通聲氣望年年。

次韻壽確齋

才調何須八斗量，詩風端不遜同光。丰標瘦比雲間鶴，心境清於月下霜。別我方將三歲久，思君勝似十年長。桃林景美春常在，好向花朝晉壽觴。

---

① 漸，排印本誤"浙"。據手校本改。

過南平口占 癸丑 一九七三年

三明曉起月猶西，車到南平已午雞。繞市雙溪如帶結，夾江兩塔與雲齊。延津何幸留新跡，明翠無由認舊題。聞明翠閣已毀。少日詩儔今並老，應憐山谷尚棲棲。

七一日寄懷臺灣老友四首

當年論學共鱸堂，一別音書竟渺茫。緬想飄零孤島上，迎風兩鬢感秋霜。
神州解放星周二，萬種徽猷邁古前。自力更生傳捷報，江南塞北換新天。
良辰七一齊歡慶，萬衆高歌競頌揚。革命功成來有自，英明領導黨中央。
臺灣自古屬中華，物與民胞本一家。但願歸來同講習，藝林重見筆生花。

夜夢許崇信同志手贈梅花一枝紅豔異常醒
而以詩紀之 甲寅 一九七四年

晴窗曉影夢初回，記送梅花自遠來。多謝煙臺山上客，紅心端合媲紅梅。

題王卉畫師南行詩詞集

王卉畫師意氣豪，南行萬里涉江河。好山好水留題遍，新事新人入詠多。

次韻答碻齋兼簡笠山喆庵四首

羨君七十尚康強，健筆猶然蹈大方。更喜鳳毛能濟美，相看器宇盡堂堂。
門外江山勝畫圖，樓前風月幾時無。書城坐擁誇南面，好友爲鄰德不孤。
焚書奧義未窺之，蠡測誰能免蔓支？注罷思量還自笑，時時浪墨似詅癡！
莫歎餘年相見難，華香園裏且盤桓。乾陽冬至欣來復，好折梅花伴歲寒。

壽碻齋七十 乙卯 一九七五年

古人七十已稱稀，今人八十未爲老。物理推移後勝先，古不如今乃正道。

確齋老友住桃林,舍車而徒有高抱。優游自得耽吟哦,何曾寒瘦同郊島。馬齒吾慚耳順過,州庠役役猶日課。旁搜遠稽費精神,疑義叢脞安得破?塊然獨處每思君,齊眉繞膝兩堪賀。幾時拄杖再榕遊,易樓明月恣酬和。

小柳村校園傍晚散步得紅字韻兩首

公餘漫步小園中,吹面猶寒雨後風。卻喜柳村春色半,刺桐花發滿枝紅。名勝烏山在眼中,欲將彩筆寫春風。莫愁天際雲煙暮,晚日看如曉日紅。

次前韻答景漢同志

相聚涼秋九月中,韶華容易又春風。何須雙鬢愁添白,但冀初心老益紅。

小柳村口占

小柳村中景色清,樓頭獨坐不勝情。冬來排闥山猶翠,雪後窺窗月倍明。

驚聞周總理逝世賦以誌哀 丙辰 一九七六年

電波傳訃告,舉世盡哀傷。頓下英雄淚,如臨父母喪。功同河嶽壯,名炳日星光。永記承延見,生生未敢忘。一九六三年十一月參加中國科學院會議,承總理接見,攝影尚存。

夢中與陳以一同志談亡友張孤梅遺事大哭而醒詩以記之

孤梅吾老友,死別已多年。入夢情猶昔,回思淚湧泉。建團留冀北,抗美赴朝鮮。興學來閩海,遭冤孰不憐。

今日係夏曆正月廿七日爲蕙心夫人逝世十週年紀念日勉成七律一首以誌哀思

與卿死別十經春,愁見春花又照人。昔日音容常在憶,幾時魂夢果相親。

重爲夫婦空盟誓，但願兒孫俱樸淳。謝傅中年傷哀樂，只期老作太平民。

哭嚴女

堅忍那知事可哀，掌中珠竟化塵灰。夜臺好去尋慈母，爲報阿爺也快來。

鼓山傷逝辭

十一年中事可哀，慈親妻女骨成灰。鼓山處處傷心目，忍記當時攝影來。

驚聞偉大導師毛主席逝世賦以誌哀

公曆新重九，中天月正秋。巨星驚隕落，萬國動哀愁。偉略功無匹，雄文力寡儔。緬懷延見日，熱淚湧心頭。

感懷絕句 丁巳 一九七七年

刺桐三度見花飛，愁坐晴窗對翠微。何日書成了一事，呼朋痛飲笑談歸。

與魯迅著作注釋審稿會同志游鼓山中途車阻又值大雷雨將暮始抵湧泉寺成七律一首呈諸同游

盛會暫休上鼓峰，何期脫輻滯行蹤。友情恰似雲情厚，詩意渾如雨意濃。極目滄江天漠漠，回頭嶺路樹重重。風雷終振游人興，入寺寧愁已暮鐘。

西湖雜感五首

閩派流風溯盛唐，名賢輩出煥輝光。伊人不見詩龕渺，題額難尋宛在堂。桂齋已敝荷亭改，遺迹誰傳少穆風。卻憶故人包伯芾，室名猶署近雙忠。

荷亭舊祀林文忠公則徐，亭傍李忠定祠，原有林手書碑記。故人包笠山寓居湖濱時，曾榜其室曰近雙忠齋。

園林屐齒幾曾經,開化留題記蔭亭。此地今非佛境界,四山猶似佛頭青。

開化寺舊有黃蔭亭"入佛境界"題石。偶憶東坡"曉山濃似佛頭青"之句,因及之。

早歲門生已老翁,白頭未敢怨東風。可堪嬌女如花謝,忍對湖鄰十八中。

吾女幼嚴執教湖畔第十八中學,去夏病歿,瞬周年矣。

詩言己志合芳堅,追逐聲華亦可憐。大夢山前誰夢覺,湖煙湖水自年年。

贈戈寶權同志

戈老真難得,耆年滿面春。能通多國語,曾作遠遊人。一見渾如故,微吟亦有神。南來方匝月,共惜遽離閩。

重晤確齋感而有作

三載長為別,重逢幸有期。灑塵天正雨,攝影鬢添絲。友老愁常病,情深語每遲。榕城秋色好,尚冀日哦詩。

西湖賞菊慨然成詠

賞菊西湖興味長,良朋高會賦華章。詩同碧海新潮湧,人似黃花晚節香。生際明時無隱者,老懷壯志事戎行。乘風佇望東征去,統一臺澎復故疆。

題余遺之學長鈍軒吟稿並以為壽

遺之吾老友,七十好吟詩。才擅雕龍美,時無歎鳳悲。心清勤指月,墨妙久臨池。吟稿題辭罷,還傾獻壽卮。

戊午春節詠懷 戊午 一九七八年

七十而今已不稀,九旬還可望期頤。願將暮齒為蠶燭,放盡光芒吐盡絲。

六月三日傍晚出關作

今昨京津倏往還，飆輪又過北秦間。長城萬里窮山海，夕照紅時我出關。

車上作

夜半那知天已曉，風光塞外未曾經。臥車長日多遐想，皂帽遼東憶管寧。

文藝晚會聽彈琵琶

九州何處是天涯，勝友如雲似一家。我喜暮年能出塞，松花江畔聽琵琶。

哈爾濱喜晤姻大家游介眉教授

龐眉出塞興猶濃，共聽松花江上淙。少日齊名常自媿，廿年遠別竟重逢。
君精金石侔清照，我守傳箋似曼容。生際明時多可樂，前賢盛業許追蹤。

游覽哈市口占兩絕

此是中華北大門，強鄰幻想欲鯨吞。行人指點桃花巷，往事紛紛總斷魂。
抗日將軍姓字香，路名靖宇記周詳。中華兒女誰能侮，誓擲頭顱保故疆。

參加形象思維討論會作

形象思維好寫詩，游心藝苑擷芳姿。若無邏輯相參預，恰似離韁馬亂馳。

參加紅樓夢討論會作

盛衰家史紅樓夢，一代興亡卻可窺。怨女癡男傳寶黛，愛情主綫亦堪思。

在介眉教授家過端午節並會見蘇淵雷吳仲匡兩詩人賦此以別

端陽今號詩人節,得會吟儔亦夙因。東道高才銘象骨,故人左海記珠塵。子瞻易學多玄覽,季重書辭總軼倫。粟末松花風物好,何年再晤此江濱。

悼郭沫若院長二首

豈真文豹是前身,炳蔚才華信絕倫。文史哲醫俱淹貫,誰能軌躅繼清塵?北國當年幸識韓,南游曾記到倉山。何期科學春天裏,竟哭大師去世間。

追悼張孤梅同志

少時同學非同系,兩度燕臺卻結鄰。革命雄心忘一己,懸河辯口服千人。治軍辦學功俱著,釋謗昭忠志已伸。今日悼君明素守,故交肝膽尚輪囷。

鄭化平詩集題辭三首

螺女江頭鄭化平,年將八十以詩鳴。經時積稿便盈寸,一讀能教雙眼明。今古陶鎔豈一方,莊諧並出亦何妨。最憐秀麗縣芊處,佳句時時似晚唐。文章華國每相期,揮灑深慚絕妙辭。晞髮參軍薛明月,是吾鄉哲亦吾師。

赴江右湖南參觀出發日在車上作兩首

握別兒曹暫去家,袁陳王賀送行車。同游結伴多耆老,六七平均紀歲華。

袁改、陳玉西、王漢傑、賀敏學諸同志到車站送行。

飆輪轉瞬[①]出杉關,廬嶽高高望可攀。江右湖南多聖地,此行豈獨爲名山。

---

① 瞬,《閩江》油印稿作"眴"。按作者1978年12月有《江右湖南之行吟稿》,錄詩四十一首,翌年載福建師範大學中文系學生刊物《閩江》中,茲據勘校(簡稱《閩江》油印稿)。

八一起義紀念館

革命聲中第一槍，紅旗高舉在南昌。風雷迅發彌天地，從此人民有武裝。

革命烈士紀念堂

三座大山壓頂凶，井岡燃起焰熊熊。廿一萬人成烈士，江西兒女足英雄。

周總理紀念館

鞠躬盡瘁爲斯民，奔走瀛寰六十春。舉世同聲齊讚歎，無瑕白璧一完人。

朱德同志故居

東湖湖畔花園角，朱德將軍此住家。郭老曾聞樓上寓，夜窗草檄筆生花。

郭老於此寫成著名之討蔣檄文《請看今日之蔣介石》。

軍官教育團舊址

朱翁教育軍官地，正是當年講武堂。游擊贛南成骨幹，燎原星火勢方張。

葉挺同志十一軍舊址

葉挺將軍駐節地，弦誦猶傳心遠樓①。何意皖南生事變，奇冤千古萬家愁。

賀龍同志二十軍舊址

人能宏道②豈無緣，革命功由立志堅。浩蕩洪湖龍去後，尚留一曲萬家傳！

---

① 心遠樓，《閩江》油印稿附注曰："舊址原爲心遠中學。"
② 宏道，《閩江》油印稿附注曰："舊址原爲宏道中學。"

參觀八大山人書畫展覽館二首

南昌城外青雲譜，八大山人寓此中。花若解愁鳥解怨，畫壇寫意啓新風。生不拜君牛石慧，畫功竟與乃兄同。最愛墨貓睜怒眼 ①，有如虎嘯逞英風。八大山人弟朱秋月，明亡後亦出家爲僧，改名牛石慧，署名時連續草書，視之則如"生不拜君"四字，以寓其不臣於清之意。

百花洲觀菊展

十八年前記故吾，百花洲畔看東湖 ②。而今老卻詩人筆，猶見蘅蕪詠菊圖。今年百花洲菊展，佈置有《紅樓夢》"蘅蕪院喜題菊花詩"景物。

南昌贛劇院觀演白蛇傳

修得人情未是妖，遊湖借傘雨瀟瀟。臣心早已同瞽井，無那迴腸看斷橋。

廬山仙人洞

仙人古洞渺仙蹤，佛手高巖想佛容。我是白蓮社外客，盤桓猶得撫孤松。

望鄱亭遇霧

高亭霧白似帷張，萬丈奇峰隱漢陽。彭蠡風濤渾不見，有人獨立詠蒼茫。

重過廬山大廈

久別廬山幸再遊，重臨大廈意悠悠。竹窗雲霧嘲茶酒，記與冬心夜唱酬。

---

① 墨貓睜怒眼，《閩江》油印稿附注曰："石慧遺作傳世甚少，然較其兄毫無遜色。所作墨貓，尤妙入神。"

② 看東湖，《閩江》油印稿附注曰："余1960年游廬山，曾過百花洲留影。"

余前次遊廬山，曾作嘲雲霧茶酒詩，金雲銘館長有和詩。

參觀九江大橋工地

黃梅德化路迢迢，看架長江第五橋。縮地今朝真有術，歸心漫逐去來潮。

長江上已建有重慶、武漢、南京、宜昌四大橋，此爲第五橋。

新干車上作

豐城南去是新干，松子魚肥橘正丹。一派川原無限綠，車窗頻作畫圖看。

吉安市二首

十萬工農下吉安，贛江風雪正迷漫。不來此地觀遺跡，那識行軍戰鬥難！

從來江右足才能，況復雄文歐與曾。永叔道中懷往哲，吉安原是古廬陵。

今吉安市沿江路，原名永叔路。

上井岡山

茂林修竹鬱蒼蒼，萬叠雲山上井岡。煙雨迷茫千里遠，畫圖欲乞米襄陽。

茨坪

茨坪地勢處中央，哨口五方固守防。高唱西江月好句，敵軍宵遁報黃洋。

茅坪

行過雲山路幾重？茅坪石上對雙楓。高樓八角① 今猶在，如見當年燈火紅。

---

① 高樓八角，《閩江》油印稿附注曰："毛主席曾寓謝家祠八角樓上，《井岡山之鬥爭》一文，即在此樓寫成。"

三灣

古城山後是三灣,當日紅軍駐此間。整頓改編明紀律,從茲百戰勝凶頑。

龍源口

紅軍不費三分力,打倒江西兩隻羊。朱德將軍題字在,龍源大捷有豐坊。

首兩句係當時民間流傳歌謠,謂紅軍輕而易舉地消滅國民黨楊如軒、楊池生兩師力量。

蓮花縣途中作

羅霄琴水信清嘉,行客途中卻憶家。我本蓮花山上客,何期今又到蓮花。

故鄉霞浦鹽田有蓮花山,余少時讀書山中。

暮抵長沙

參觀勝地到長沙,一路油茶正放花。翹首妙高亭上望,晚晴猶作滿天霞。

韶山

韶山日出曉霞丹,萬國人來此仰觀。我老亦欣瞻聖地,銀河環繞勝龍蟠。

遊客有人謂此地無龍脈,余笑謂"韶山銀河環繞,勝於龍蟠"。

參觀長沙第一師範感懷毛主席二首

身無半文憂天下 [1],佳話流傳三不談。浴水登山勤鍛煉,新知舊學恣窮探。三不談,指不談金錢,不談家庭瑣事,不談男女問題。

繼往開來志不移,立心立命復奚疑。船山溈水群書在,想見芸窗苦學時 [2]。

---

[1]　身無半文憂天下,《閩江》油印稿附注曰:"當時師範同學謂毛主席'身無分文,心憂天下'。"

[2]　芸窗苦學時,《閩江》油印稿附注曰:"自修室中陳列毛主席當年所讀書籍,有司馬光《資治通鑒》、王夫之《王船山先生遺書》、顧祖禹《讀史方輿紀要》等。"

板倉瞻拜楊開慧烈士陵園

瞻拜陵園到板倉，英才無媿號驕楊。父能相士尤難得，清泰①山川有耿光！

晚游烈士公園

名園曲徑繞西東，烈士豐碑矗碧空。十里清波如玉潤，湖心亭映夕陽紅。

與檀仁梅教授同訪馬王堆漢墓遺址

暮靄蒼煙滿碧隈，呼朋同上馬王堆。攀欄入穴忘幽險，爲研西京墓制來。

天心公園

舊日高城一徑斜，連雲雉堞壯南華。天心閣上舒雙眼，看盡長沙百萬家。

嶽麓山

來游不爲弔懷沙，嶽麓山前望未賒。一派清湘明若鏡，層林紅葉勝春②花。

白鶴泉

攬勝清風峽水旁，鶴泉酬倡記朱張③。堂堂嶽麓諸儒在，撼樹蚍蜉亦可傷。

長沙晤見葉挺梅同學並懷其弟挺荃烈士二首

不見阿梅三十年，時時翹首望雲天。何期握手湘江畔，話到師門④又憫然！

① 清泰，《閩江》油印稿附注曰："板倉原屬長沙縣清泰鄉，楊開慧烈士父楊懷中先生世居清泰。"
② 春，《閩江》油印稿作"于"。
③ 朱張，《閩江》油印稿附注曰："白鶴泉旁有碑，刻朱子與張南軒倡和詩多篇。"
④ 話到師門，《閩江》油印稿附注曰："挺梅父會堂先生爲余小學教師，叔父仲堅先生爲余中學教師，俱爲邑中名秀才，兄弟齊名，號爲大小葉。兩先生均極器重余，今悉歸道山，思之憫然。"

坐擁皋比四十年,門牆桃李過三千。獻身革命成英烈,才德誰能似挺荃[①]！

別長沙

嶽雲湘水兩悠悠,九日長沙作快游。明月似憐人遠別,清輝相伴到株州。

山東大學殷孟倫教授在我校科學討論會開幕式致詞中有詩一首敬即次韻奉和

霜劫幾經不壞身,同欣日月已更新。祝君彩筆淩雲健,長寫江山萬里春。

承命招收研究生感賦 己未 一九七九年

垂老欣逢德政頒,皋比坐擁煥新顏。但期薪盡能傳火,卻望才良早入班。北學從游懷馬帳,南旋抱道媿匭山。八閩自昔多英彥,定卜高峰有繼攀。

讀張立同志立哉言志詩感賦絕句三首

劫後餘詩更足珍,從來言志貴情真。展懷不作壽光歿,一讀哀辭一愴神。霜雪無端壓萬重,歲寒彌見後凋松。書懷記對漳州月,長照詩人磊落胸。榕陰話別長相憶,顧硯題詩幸尚存。寄與故人同一笑,而今春色滿乾坤。

參觀廈門大學魯迅紀念室

鷺江冬暖似春光,來謁先生紀念堂。一自高風過化後,茫茫學海得津梁。

---

① 挺荃,《閩江》油印稿附注曰:"挺荃係福建師專國文科學生,參加地下黨城工部,不幸於1948年春被殺害於屏南縣雞角寨山頭。臨刑猶高呼'中國共產黨萬歲'。余教授南北四十餘年,未見在學學生中優秀有過於挺荃者。"

參觀廈門鄭成功紀念館兩首

爲伸大義滅親親，焚卻青衿不顧身。媿煞虞山錢牧老，白頭竟去作降臣。
統率三軍誓抗清，義旗高舉在延平。東征更逐荷夷去，一代英雄孰與京。

登日光巖上水操臺兩首

餘霞散綺未黃昏，碧海涵虛境入渾。拾級日光巖上望，青山一角是金門。
老來重上水操臺，猶見延平壁壘開。大好河山今勝昔，親朋隔海盼歸來。

同北京周振甫南京金啓華蔡毅諸同志參觀對
高山前沿陣地廣播臺

對高山上聽新聞，廣播臺中訪守軍。喜伴兩京來遠客，前沿陣地看風雲。

參觀泉州古船館

泉州港內有沉船，年代辨明賴宋錢。一笑老來增知識，龍涎今解是鯨涎。

晚登開元寺鎮國塔

淩雲高塔列西東，鎮國攀登勢更雄。千里泉南渾在望，晚霞明照萬山紅。

過洛陽橋

風光果似洛陽無？跨海長橋信壯圖。一事功成千載惠，令人永憶蔡君謨！

重謁李贄故居感作兩首

曩歲曾來訪故居，歌功爭讚在非儒。向聲背實成何事，重謁偏教萬感俱！

喜談王霸日紛紛，晚著焚書卻未焚。我老情懷秋共淡，易因端欲續玄文。

刺桐吟

泉城已渺刺桐花，空有佳名異代誇。寄語州人勤補種，好教萬樹燦朱霞。

新松創刊號題詞兩首

參軍晞髮富名篇，補闕高風千載傳。文運推移隨世變，後生豈必遜前賢！
龍首山頭松萬樹，而今又見出新松。嚴冬過了陽春至，翠色參天景倍濃。

壽笠山八十

肝膽相傾五十春，白頭況復共園鄰。兩家兒女如兄妹，舉世交親孰等倫。
早有文章傳衆口，不愁邪佞更搖唇。祝君八十年年健，同看紅梅朵朵新。

車過永安道中作 庚申 一九八〇年

燕溪半載曾都講，久欲重游總願違。潤物情同春雨細，懷人心逐快車飛。
桃源古洞宜無恙，葛里名賢未式微。綠竹青松渾入畫，倚窗頻看四山圍。

永安有懷杜三吳大

一別山城四十年，重來感舊意悠然。杜三詩賦家存稿，吳大丹青世共傳。
寒憶吉山雞老酒，渴思下 ① 嶺燕溪泉。神游故國渾如夢，汽笛聲聲到枕邊。

臨江樓

水抱峰廻鐵上杭，臨江樓上仰輝光。霜天寥廓雄詞在，更見春山萬里芳。

---

① “下”字旁，手校本批一“霞”字。似欲更替之而未定。謹錄以備覽。

古田會議遺址

古田會議留遺址，北郭風清記舊祠。屋後松杉長拱翠，青山永護此紅旗。

歸車抵榕寄懷龍巖上杭諸友人

閩西革命風雲地，十日觀光樂未疲。秀麗山川看不厭，英雄人物信多姿。蛟洋虎嶺留蹤跡，汀水龍川繫夢思。來歲上杭能再到，紫金峰頂更題詩。

悼念王文傑教授

卅年共事講壇間，強記如君未易攀。史學深欽林竹柏，才人雅許葉臺山。何期垂老逢多難，詎料下鄉更不還。翹首柘洋丘壑遠，招魂無計淚潸潸。

住院雜詠五首

少未淩雲賦子虛，老教消渴似相如。健身治學俱無得，慚愧文園作計疏。

駐防舊署建醫坊，小苑寒花寄興長。鳳尾雞冠齊秀發，豈徒叢菊耐秋霜！福建省立醫院原爲八旗駐防福州將軍衙門。

庭園片石勒登雲，長白燕山署桂君。千騎高牙徒往事，于今誰識故將軍？桂良，字燕山，曾任閩浙總督。

蕙折蘭摧已四霜，我家嬌女豈能忘。傷心重過三區地，猶見當年舊病牀！吾女幼嚴一九七六年六月二十二日歿於此院第三區內科病房。

高樓東畔住名公，繡幕銀屏不透風。誰識臨盆諸少婦，呻吟反側走廊中。

贈陳桐雨醫師

幼幼傳家更出新，一經妙手便回春。如君世世多陰德，合是嬰兒保護神！吾鄉人祀巫、馬兩將軍爲嬰兒保護神。

與胡劍青同志在福建省立醫院過新年賦贈

　　閩海湘江各一方，何期相遇在醫坊。談詩我媿無佳作，論政君應笑外行。垂老情懷唯望治，新年景物更增光。延安革命精神好，元旦雄文意味長。

華廬集

共選存六十八首
起一九八一年辛酉時年七十歲
訖一九八三年癸亥時年七十二歲

壽陳健行先生九十 辛酉 一九八一年

壯歲交親勝弟兄，相隨劍浦到榕城。八閩師範推前輩，四海疇人仰老成。
早涉瀛洲多閱歷，晚欣祖國倍繁榮。華章百首歌新政，九秩壽星分外明。

赴廈道中作

榕城發軔日方東，車過泉州午正中。一路同行皆老友，隔年重到見新風。
木棉花放明如錦，海峽橋橫望若虹。滿眼春光紅爛熳，漫愁霜鬢已成翁。

題陳嘉庚先生紀念堂

遠涉重洋數十春，經營創業歷艱辛。散財范蠡由興學，愛國如君有幾人！

再題陳嘉庚先生紀念堂

昔年攬勝到鰲園，曾謁清輝集美村。今日堂成資仰止，上庠偉績共長存。

次韻壽趙藹遠七十

燕郊曾記共深秋，論易談醫總未休。月窟天根期探蹟，杏林橘井恣優游。

行年七十常忘老,著籍三千豈寡儔。盛業鐘彝同疤勉,寧甘隨俗與沈浮。

次韻和答楊曾藝老同志

車塵馬跡各西東,嘉會相逢逆旅中。人物品題關大計,歌行酬唱慕淳風。量才我媿無玉尺,吐氣君能作彩虹。何幸鷺江十日聚,工師難得又詩翁。

參加省政協四屆三次會議感作

勝會朋來湯井東,協商政治共和衷。得賢如慶三春雨,好事常愁一陣風。漫說詩聲鳴老鳳,莫教才用歎潛龍。曾經文革難爲亂,佇望從今樂泰豐。

喜看菲華青年友好協會福建訪問團演出即席口占兩絕句贈團長林金城同學

廻旋喜看竹竿舞,輕妙頻聽菲島歌。急管繁弦聲激切,彌知友好熱情多。江城今夜歌榕樹,明日文旌到武夷。禹域風光春益麗,祝君綺思美如詩! 有歌名《榕樹下》。

重游百洞山

高軒徐向琯江停,便訪名山步遠汀。春晚秧生千畝綠,天低雲護一峰青。重游往往思前路,探勝時時憩小亭。蝙蝠洞爲百洞冠,攀登奇險未曾經。

重游青芝寺

四十年前曾到寺,今朝何意又尋春。當時同學多爲鬼,垂老微吟尚有神。遠水兼天波瀲灩,靈巖百洞石嶙峋。嵐光靜對生遐想,欲採青芝遺故人。

建黨六十周年紀念日獻辭二首

周甲芳辰同慶祝，民胞物與日蒸蒸。力將四化完成好，定見中華早復興。
我已行年垂七十，何期能作黨嬰兒。但求永保童心在，絕假純真志不移。

魯迅先生誕辰一百周年紀念大會敬賦

早期國運得新更，血薦軒轅吐赤誠。一卒彷徨猶戰鬥，百年涵煦見清明。
最難師表長垂世，何止文章獨擅名。禹甸群才稱濟濟，幾人偉大似先生。

與王西彥諸同志乘汽艇環遊鼓浪嶼有作

海天南國正清秋，鼓浪乘風繞嶼遊。龍虎兩山雄對峙，鷺潯雙水匯洪流。
延平壘壯懷先烈，滬上人來喜舊儔。吟眺何須愁暮靄，日光巖好在前頭。

辛亥革命七十周年紀念日敬賦

禹甸重光七十茲，桓桓偉業令人思。羊城血灑殤多士[1]，漢水軍興揭義旗。
五族共和欣創舉，千年帝制慶艾夷。先行革命功誰大？咸仰中山是導師。

陳虹同志示游武夷詩即次韻奉和

羨泛蘭舟九曲波，朋從觸詠影婆娑。三三六六神仙窟，贏得詩人好句多。

蘇眇公遺詩題辭四首　壬戌　一九八二年

少年入學即聞名，老讀遺詩眼倍明。一代才人兼志士，天生俠骨與豪情。
革命原期國運昌，豈容帝制再猖狂。才奇自是眇能視，志潔從來行必芳。

---

① 士，排印本誤"土"。據手校本改。

筆政親操善筆談，詩聲豈獨冠閩南。幽憂往往同亨甫，警拔時時似定庵。風義難忘謝大師，手持遺著囑題辭。韓江更有雄文在①，傳記平生慰所思。謝大師指謝投八教授。

南安石井水頭謁鄭成功墓

繞道南安去，言尋石井村。水頭懷志事，山半謁陵園。鄭氏三朝史，樂齋六世孫。獻花還種樹，再拜吊忠魂。鄭成功墓，在南安石井水頭，碑上無名字，只書樂齋鄭公五世孫、六世孫、七世孫塋域。考墓志，五世孫爲芝龍，六世孫爲成功，七世孫爲經。

校閱中國古代神話選訖戲爲六絕句

一　嫦娥奔月

夜闌掩卷望星河，碧海青天奈若何？飛往月宮今有術，長思一去訪嫦娥！

二　重明鳥

萬卷圖書似叠床，空抛日力未深嘗。老期化作重明鳥，一目雙睛各十行。

三　指佞草

圓顱方趾各神通，善惡誠難辨異同。種草若教能指佞，何妨長作灌園翁。

四　李冰鬥蛟

開鑿離堆古未曾，鬥蛟作堰擅才能。蜀中自昔多靈怪，奇跡長教憶李冰。

五　厭火國人能吐火

照明熟食惠元元，水電山煤供應繁。倘使人人能吐火，不愁世界乏能源！

---

① 　韓江更有雄文在，1982 年作者爲蘇眇公遺詩題辭手跡作“雄文更有寒江在”（詳《蘇眇公文集》中央文獻出版社 2006 年 7 月版及《六庵遺墨》人民出版社 2019 年 6 月版）。此處除語序更置外，“寒”字易爲“韓”字。謹案，《蘇眇公文集》載，寒江，指熊寒江，曾撰《辛亥志士蘇眇公的革命活動》一文，刊於 1981 年 10 月 16 日《廈門日報》。

六 奇肱國人能造飛車

人能勞動憑雙手，力代天工自不虛。獨臂奇肱何智慧，居然有術造飛車！

重到漳州二首

一別漳州廿載間，重來真覺換塵寰。婦嬰衣著多新式，市鎮廛園鮮舊顏。夾蝶山頭懷旅雁，九龍江畔看飛鷗。游人盡說風光好，踏遍花村未忍還。

七日薌江意自慚，新交舊友盡歡顏。商量學術寧拘束，領略風光莫等閒。雲洞碑林知太晚，木棉庵址訪何艱。未窮名勝留追憶，好待他年再躋攀。

漳州賓館讀君述西安行排律賦贈

良朋賓館夜譚詩，得讀華章喜可知。排律精工今已眇，審音要妙世難期。三唐掌故欽君熟，四海交游繫我思。見說秦陵風物美，令人夢寐幾神馳。

南山寺紀事三首

拔卻金釵報佛恩，南山寺裏古鐘存。乞兒也禱來生福，鐘上錢痕是淚痕。豔說如來不壞身，突然崩倒亦何因？庭前大樹無風折，共痛中樞失偉人！殿閣巍峨富擘窠，勝流書扁竟如何？伯前詩句稷堂畫，始識吾宗才俊多！

陶德悅教授門前紫花楹盛開詩以美之

長記陶家屋數椽，高高楹樹植門前。春來庭院何須掃，鋪地落花似紫氈。

謝日本友人阪田新

孝經帝範承嘉惠，遠道光臨謝阪田。四十三年離別久，東歸幸爲候橋川。

鼓浪嶼幹休所高亭遠眺

獨上危亭望遠洋，雲帆片片似旗張。岸沙浪洗秋霜潔，山岫煙橫翠黛長。風靜濤聲成節奏，波明眼力倍精詳。雙雙白鷺翔天際，頓憶伊人水一方。

贈何爲同志

何幸同遊鷺島中，得承親炙竭私衷。才如向日花爭發，人似經霜葉更紅。把臂夜行忘遠近，憑欄晨話任西東。臨窗一集文兼史，哲理詩情共貫通 ①。

喜戈寶權同志重遊福州再賦此贈別

同幸高軒再度來，白頭無恙樂啣杯。江山自昔饒文藻，人物如今富俊才。後會還期臨左海，故園猶記在東臺。八閩雲水連三楚，何日維揚攬勝回。

參加北師大紀念先師吳檢齋先生大會感賦絕句四首

絳帳風徽憶昔時，白頭弟子感相知。五千里外來追念，四十年前事足悲。抗敵圖強志靡移，天津避難久明夷。何期洪水成災厄，一病傷寒竟不支。豈徒皓首尚窮經，博覽群書總未停。唯物史觀研禮典，勇 ② 開新路辟門庭。曾爲菿漢記微言，風誼當年世共尊。晚歲終成新戰士，長教後輩弔英魂。

符離感懷

魏公舊事憶符離，志大才疏費品題。千古興亡誰管得，行人只記買燒雞。

登歷山遠眺

昂首登高憶夢天，齊煙九點豈虛玄。歷山惜已無千佛，濼水嗟難剩一泉。

---

① 貫通，排印本作"短長"。據手校本改。蓋"長"字偶失韻，作者校出後即改之。
② 勇，排印本作"首"。據手校本改。按手校本天頭批云"首字複"，謂與起句"皓首"重複故改。

郭外長河猶似帶，湖邊冬柳尚含煙。濟南風物羅胸際，只恨靈巖未結緣。

濟南謁辛稼軒紀念堂

濟上奇男數稼軒，美芹十論豈危言。劇憐不遂平戎志，空老鉛山憶故園。

濟南謁李易安紀念堂

一代詞宗說二安，齊名誰繼信才難。未緣婉約殊豪放，珠玉同留千載看。

壽朱鐵蒼教授九十

燕溪相見記當年，橫舍如今已幾遷。問齒欣知登九十，及門定卜過三千。全閩史事君能述，大易玄言我待研 ①。但願神州臻統一，追隨老馬共揚鞭。

抗倭集題辭四首并序 癸亥 一九八三年

　　莆田陳君禪心以所著《抗倭集》示余。余觀其詩，三百四十餘首，皆集唐賢詩句以寫抗日戰爭史事，愛國之心，抗敵之情，忠義奮發，溢於言表。而於空軍戰士奮勇殺敵之歌詠爲尤多，獨出冠時，因有"空軍詩人"之譽。而運用古人成句，自然吻合，工整貼切，不啻若自其口出，絕無矯揉牽率之痕跡，可謂難矣。當代名流若柳亞子、郭沫若、董必武、沈鈞儒、黃炎培、于右任、張一麐、陳樹人、盧冀野、徐澄宇、章行嚴、薩鎮冰、曾履川、張治如、林庚白、徐悲鴻、田漢、易君左諸公，交口稱譽，比之爲百花釀蜜，天衣無縫。余惟禪心此集，以集句爲詩史，其工且富，蓋自文山集杜以來，未易數數覩也。爰爲題辭四首，並序其端，以志景仰云爾。癸亥正月記於福州。

<hr>

　　①　全閩史事君能述，大易玄言我待研，此處手校本有眉批云："此詩第三聯與《次韻答胡允恭》第二首第三聯嫌複。"按卷六《次韻答允恭教授二首》之二頸聯云："東瀛往事君能述，周易玄言我待詮。"

八年抗戰滅妖氛，青史終教正偽分。愛國有心昭日月，豈徒詞翰壯風雲。
飛行戰鬥最艱辛，奮上青天不顧身。血淚篇篇勤記敘，空軍難得有詩人。
集句荊公首創新，文山才調信無倫。何期絕響垂千載，更有禪心繼後塵。
結交當世盡文雄，衆口相稱豈偶同。自是後山工覓句，傾心不獨一涪翁。

游房山雲居寺

房山欣遠足，結伴上雲巒。寺歷千年劫，經留萬石刊。金僊看古塔，玉洞
撫雕欄。探勝渾忘老，攀登豈畏難。

次韻奉答侯剛胡雲富兩同志賜和游房山雲居寺之作三首

攬勝房山日未斜，雲居寺外暫停車。藏經洞穴多奇跡，拓石猶留古墨花。
萬石刊經世所稀，參觀展覽入瑤扉。耳聆嚮導談玄旨，心逐閒雲野鶴飛。
相隨同看金僊塔，巖路崎嶇奮足登。藏骨尚傳唐靜琬，開山千載仰名僧。

壽虞北山教授七十三二首

良辰國慶並中秋，嶽降欣逢兩美收。七十三齡長自得，新詩傳誦豈無由。
相見常慚四不如：英文佛學與詩書。願將炳燭餘光在，日向鱣堂侍起居。

小紅樓紀事二首

紅樓萬卷可藏身，寄跡京塵不染塵。滴露研朱勤點校，太平莊裏太平民。
合歡樹下是吾廬，晴影花光籠架書。獨坐小樓箋斷稿，水流雲在悟盈虛。

瞻仰魯迅石像

夾道名花別樣紅，文豪石像立當中。低徊冷對千夫句，想見橫眉戰鬥風。

訪西城兵馬司訓蒙舊居

訓蒙子曰與詩云,兵馬司中每夜分。卻喜當年初種樹,而今百尺欲淩雲。

訪槐軒先生故居

浮雲世事費疑猜,忍記韶齡日日^①來。誰料槐軒都講地,庭前無處覓^②雙槐。

訪嵩雲草堂

達智橋邊訪舊居,嵩雲臺樹竟何如。海棠庭院成陳跡,猶記春宵自著書。

重游白雲觀二首幷序

　　甲戌春正月初八日,余曾與友人騎驢游白雲觀,觀祭星,有詩紀游,談及會仙橋、后土宮、玄天宮百幅圍屏等事。今忽忽已五十年矣,勝地重游,景物雖多非舊貌,而《正統道藏》等名槧,猶幸得存。在觀中並獲見王沐、劉厚祜、潘雨廷、余仲珏諸同志,詳爲紹介,喜而有作。癸亥夏至日記。

　　白雲名觀重京畿,玉宇丹房映早暉。門上卧猴祈降福,山門上有石猴,游客咸撫其首,云可消災免難。庭前駐鶴記傳衣。東院古樹下有碑題"駐鶴"二字,云爲長春真人初來挂衣處。三清四御窺崇構,常月長春契道機。元邱長春、清王常月爲白雲觀兩大祖師。回首昔游如隔世,重來何處不依依。

　　五十年前客故都,騎驢游侶笑相呼。會仙橋已無遺跡,后土神猶坐一隅。百幅錦屏稀掛壁,萬篇名槧幸藏廚。得逢道友尤堪慰,華髮還欣德不孤。

筱婧以遊陶然亭詩見示促余有作勉成一律答之

陶然亭畔吟詩去,何意尋詩半句無。未是風光今遜昔,只緣才思老彌枯。

---

① 日,排印本誤"月"。據手校本改。
② 覓,排印本誤"覽"。據手校本改。

漫嗟杜季留題壁，亡友福鼎杜悅鳴有題壁詩，潢川孫海波爲篆書，今未見。長記林翁餞別圖。林琴南先生有名畫《江南餞別圖》。莫笑仙凡同一概，同遊段生夢仙余爲字亦凡。茫茫宇宙本熔爐。

梁容若教授兄赴美探親在機場口占送別

數載同師訓，幾秋共講筵。玄言吾淺淺，史論汝便便。重聚才三月，分飛又隔年。但期明歲晚，返駕續前緣。

霞浦黃壽祺之六

蕉窗詞選

共選存二十二首

蝶戀花 庚辰 一九四〇年

四面荷塘溶碧水，疏淡秋容，紅蓼還如醉。記得香車曾此會，綠蘿裙染春山翠。　千種溫柔成夢寐，塞雁來時，一掬飄零淚。日暮城頭聞角吹，闌干徙倚人憔悴。

采桑子 庚辰

瑣窗寒雨青燈暗，繡幕低垂。殘夢醒時，猶記樓頭共舉巵。　金猊獸炭凝煙碧，閒裊輕絲。深鎖雙眉，消瘦新來曉鏡知。

漁歌子 壬午 一九四二年

觀鄭蔚青女士作海天歸燕圖感而賦此

水悠悠，雲渺渺，前程試問幾多少。新景物，舊家山，尋遍江南春曉。　繡簾垂，香霧裊，翠蛾愁蹙春山小。千里意，八行書，和淚霎時歡笑。

臨江仙 庚子 一九六〇年

題歸國僑生壁報

海外炎洲千百島，華僑篳路功高。蕉風椰雨挾驚濤。重瀛遠涉，鍛煉出英豪。　大地東風吹拂遍，百花齊放新苞。歸來祖國樂陶陶。群才競秀，雲路恣游翱。

前調 庚子

次韻和答永安黃瑞盼女詞人

　　燕水煙波漫浩浩，彩橋飛架雙虹。踏青拾翠鳳鞋通。妝臺染翰，健筆欲凌空。　半載山城曾作客，慣吟春鳥秋蟲。年來衰病斷詩筒。一箋遙和，藻麗謝精工。

前調 辛丑 一九六一年

題吳秋山茅青詞選

　　八閩自昔多詞客，屯田工倚新聲。蘆川忠愛有餘情。後村慷慨，豪邁氣縱橫。　文運推移隨世變，獨彈古調誰聽？繼承創造賴群英。騷壇清韻，擢秀望茅青。

前調 辛丑

謝鳳林老人李若初先生寄贈春秋鼎盛圖圖寫梅菊各三枝

　　少日松城曾問字，老猶夢寐難忘。鳳林山色翠屏張。高人槃澗，笠屐樂翱翔。　藝苑豔稱才獨步，尺圖萬丈光芒。春梅秋菊競芬芳。啓予詩思，馳騁入遐荒。

前調 辛丑

鼓山戲贈展懷

　　二十年間如夢裏，卻教一項難忘。展懷有女友項姓者，故云。驚鴻曾記掠波光。靈源深處，脈脈兩情長。　石鼓山頭詞客老，海天獨立蒼茫。松濤依舊素琴張。白雲明月，誰與訴衷腸？

浣溪沙 辛丑

辛丑九月題迎新壁報

白露初凝龍眼黃,平疇萬里稻花香,一年記取好時光。 上舍高才欣入選,八閩新彥慶升堂,長安山麓樂聲揚。

破陣子 癸卯 一九六三年

登萬里長城和蔡文元韻

萬國輪蹄雜遝,長城衣鬢婆娑。豔說秦皇留鴻業,還聽韓娥發清歌,餘音繞林柯。 水庫官廳遙望,茫茫一片澄波。叩壤無煩天帝力,返暉寧藉魯陽戈。舉手可雲摩。

錦堂春 庚戌 一九七〇年

茶廣山居即事

春望秧苗早綠,夏期稻穗勻黃。時時農事關心事,祈雨復祈暘。 候病常思聚藥,訪貧首問存糧。採茶初了追肥急,又見打蟲忙。

虞美人 庚戌

入秋亢旱又聞碧巖有山豬爲害日食番薯千餘株王宿更有猴群成陣爲害園蔬亦烈均日夜在圍捕來居山村始識農民生產之辛苦感而有作

農夫憂旱心如煮,不冀龍行雨。破除迷信竟何如,踏盡峰頭,水利覓良圖。 山村託足經寒暑,漸識田家苦。野豬食薯正圍驅,又戰林猴成陣拔園蔬。

浣溪沙 癸丑 一九七三年

福廈道中作

平野千畦麥吐芒，中田百頃蔗爭長，雨餘山色倍青蒼。　客歲歸車迎國慶，今年去路載春陽，輪蹄惜取好時光。

天淨沙 癸丑

鷺江大廈

臨江一派清流，迎賓百尺高樓。玉砌雕闌綺戶，簾櫳開處，日光巖在前頭。

浣溪沙四首 癸丑

重到三明

三十年前記旅程，數聲啼鴂暗心驚。荒郊寥落幾人行！　百廠煙囱雲際立，萬家燈火夜深明，而今巨變舊山城。

凝紫門遠眺

凝紫門疑古麗譙，千尋鐵索鎖浮橋，臨流勝泛木蘭橈。　峰似蓮花開地脈，水如玉帶繞城腰，溪山風物信多嬌。

參觀三鋼

百里沙溪別樣清，新興城市數三明，三鋼建設最聞名。　鐵水奔流心比赤，鋼花怒放產頻增，工人揮汗足豪情。

三紡頌歌

建設山區志有加，遠離滬瀆謝繁華，工人覺悟信堪誇。　紡就新棉花似雪，織成素布玉無瑕，豈徒衣被萬人家。

臨江仙 戊午 一九七八年

聞五屆政協首次會議勝利閉幕鄧小平同志當選爲政協全國委員會主席喜而有作

瓊島春陰畫永，瀛臺日麗花明，協商盛會慶功成。歡聲雷啓蟄，樂奏鳳和鳴。　記得前年今日，是非猶未澄清，無端困厄我人英。鬥爭欣勝利，統戰起新程。

錦堂春 戊午

重游廬山

銀杏柳杉寶樹，玄潭珍產龍魚。匡君騎鹿昇仙去，臺榭剩文殊。　長憶雨游牯嶺，猶看日照香爐。重來一事差堪慰，詩思尚扶輿。

臨江仙 壬戌 一九八二年

紀念鄭成功收復臺灣三百二十週年

收復臺灣真好漢，豐功誰個能忘？青衿焚卻氣昂藏。北征饒勁節，東進煥奇光！　三百廿年雖已久，年年俎豆馨香。閩臺自昔本同鄉。何須分畛域，團結衛家邦！

蝶戀花 癸亥 一九八三年

居閩苦雨重游京華風和日麗楊花如雪拂面沾衣欣然有作

連月閩中頻苦雨，九十春光，黯黯無尋處。踏遍倉山多少路，凍雲寒霧迷深樹。　不道重來京國駐，門外樓頭，鎮日楊花舞。好景應添閒意趣，陶然亭畔吟詩去。

【附録】

老樹當風葉有聲——記黃壽祺教授

桂 堂

“秋田經雨禾添實，老樹當風葉有聲。”這是一九六一年黃壽祺教授《赴廈車中作》的詩句。我酷愛這兩句詩，因爲它既是寫實，也含有哲理。如果把它理解爲一種象徵，也是頗可品味的：這不恰是詩人自我形象的寫照嗎？黃老在高校執教四十多年，“老樹當風葉有聲”，這是人所易知的。“秋田經雨禾添實”，則未必爲人們所瞭解。我與黃老共事多年，風誼在師友之間，樂於把我所知道的他的有聲之實，撰文獻諸讀者之前。

黃老是福建省霞浦縣人，生於一九一二年。幼年就接受了我國傳統的古典文獻教育，十二歲，讀畢《詩經》、《孝經》、《左傳》、《綱鑒易知錄》等書。一九二九年進北平中國大學文科預科，再升本科，先後在學六年，師事行唐尚秉和、霸縣高步瀛、歙縣吳承仕、武陵余嘉錫、黟縣朱師轍、長沙楊樹達、里安林損、鹽城孫人和、桐城馬振彪、建寧范毓桂諸先生，這裏面多是一代宗師。比如尚秉和教授，原是光緒癸卯進士，桐城派古文家的後勁。宣統元年爲京師大學堂教習。曾著《辛壬春秋》、《古文講授談》、《槐軒說詩》等書。六十歲以後，深研易學，著述有《周易尚氏學》、《焦氏易詁》、《焦氏易林注》、《諸子古訓考》等書。還著有詩集、文集、筆記、說部凡數十種。他尚精研禪宗，擅繪事，旁通醫經及五行方技，文章美富，學術賅博，一時罕與倫比。高步瀛教授也是桐城派的古文家，所著《文選李注義疏》、《唐宋文舉要》、《唐宋詩舉要》，當前還是學人的必備書籍。他的唐宋詩文集注，博采衆家，持論時有創見，引用歷史事實、地理沿革、典章制度，態度謹嚴，材料翔實。“名師出高徒”，在經學、史學、諸子百家以及歷代詩文、戲曲、小說等方面，黃老在大學時受到了良好的培養與薰陶。他在學六年，心無旁

鶩 ①，未嘗涉足劇場。到了畢業後，由於學友的慫恿，才去觀賞一次馳名中外的京劇。

　　黃老之於《易經》，本有家學，執贄尚先生之門，自然更爲精進。他協助尚先生整理撰寫《焦氏易林注》、《焦氏易詁》、《左傳國語易象釋》諸書，並爲《焦氏易詁》作序。他的三禮之學，則是受之於吳承仕先生的。故他又曾與尚先生和吳先生一起，爲續修的《四庫全書總目》撰寫易類和禮類的提要。一九七一年臺灣商務印書館印行的《續修四庫全書提要》的序言中，述及此書的編撰者時，就列有黃老的名字 ②。一九三七年五六月間，他在《北平晨報》發表《與尚節之先生論易三書》，這是他青年時期發表的最早論文，頗爲學術界所重視，蘇聯科學院院士舒茨基博士所著《變化的書》，曾把這三篇《論易書》列入參考資料目錄。這《論易三書》可貴的地方，還在於他的質疑問難、探求真知的精神。誠如尚先生答書所云："然非執事，孰能有此疑，孰能以我之矛刺之盾哉！"（《答書一》）又云："《易經》既深有所入，即當繼續用力，成此絕學，甚善甚善。"（《答書二》）這種師弟間有疑相稽，有失相求的精神，在他《與范秋帆先生毓桂論周易解卦上六爻辭書》中也有所論列，書云："於先儒之說，近師之論，心有所未安者，亦不敢盲從附和，誠竊欲究明聖經之本旨，非敢師心自用，有意誹薄先儒，尤不敢故違師說以自立異。"這種吾愛吾師，吾尤愛真理的抱負，允爲學者的本色。

　　黃老的易學，有家傳，有師承，更重要的是有著自己的創獲。他最重要的著述是《易學群書平議》，此書依《四庫全書總目提要》體例，讀一書撰提要一篇，先述書名卷數版本、作者要略，次及全書內容，最後論辨該書的是非得失。取材以原四庫總目未收者爲限，雖已收而版本不同者亦間爲論列。於教學之餘，以十年之力，成稿一百三十五 ③ 篇，釐爲七卷。其師尚先生序云："吾友黃君之六，從余游 ④ 十餘年，於《易》攻研最久，所得亦最深，嘗匡余之不

---

①　鶩，排印本誤作"鶩"。據上下文意改。
②　案 1971 年台灣商務印書館出版的《續修四庫全書總目提要》，內容缺漏甚多，係未完整之書。1993 年北京中華書局出版《續修四庫全書總目提要·經部》，則爲完整的經部提要排印本；1996 年齊魯書社據中國科學院圖書館藏鈔稿本影印出版的《續修四庫全書總目提要·稿本》，則是目前最全的提要原稿影印本：此二書序言亦皆述及黃老當年參與撰寫續修提要的情實。
③　五，排印本作"四"。據手校本改。
④　"游"下，排印本衍"學"字。據手校本刪。

逮。又嘗慨《易》注之濫,作《易學群書平議》,凡解《易》之書,經黃君商訂解剖,其是非得失,判然立明,如鏡之鑒物,妍媸好醜,毫無遁形。學者① 苟由其說以求之,絕不至有面牆之歎,歧途之入也,豈不懿哉!"序言評語是公允的,實非溢美之辭。《平議》於易學群書,搜羅宏富,辨析明確,揚榷是非,釐訂得失,足見黃老壯年時淵博的學識和精審的功力。所以一九四○年,日本橋川時雄在所纂《中國文化界人物總鑒》中,對黃老當時的易學研究,有"精苦刻銘"的讚語。

對於易學,黃老本有志於著述《周易通考》、《周易集解義疏》、《周易正義》三書,人事倥偬,心願未能完全實現,但已成的除上舉的《易學群書平議》七卷之外,尚有《六庵論易雜著》一卷、《六庵易話》一卷。其他如《歷代易家考》、《歷代易學書目考》、《漢儒說易條例》、《尚氏易要義》等,南旋後原稿均已散失。近年來在《福建師範大學學報》上發表的有《漢易舉要》、《周易名義考》、《論易學之門庭》等文,並編有《學易初階》講義。黃老治《易》,有兩大原則。他說:"一、從源及流。首須熟讀經傳本文,考明《春秋》內外傳諸占筮,其次觀漢魏古注,其次觀六朝隋唐諸家義疏,最後始參稽宋元以來各家之經說。不從古注入手者,是爲迷不知本源。二、強幹弱枝。須知《周易》源本象數,發爲義理,故當以義理象數爲主幹,其餘涉及天文、地理、樂律、兵法、韻學、算術,以及方外爐火、禪家妙諦,與夫近世泰西科學者,皆其枝葉。不由根幹而尋枝葉者,是爲渾不辨主客。"(《論易學之門庭》)兼綜漢宋,網羅古今,辨源流宗派,知家法師承,明主賓本末,這是黃老治《易》的特點。

黃老對於經學方面的成就是多方面的,於"禮",有《喪服淺說》四卷,《六庵讀禮錄》一卷,還有《群經要略》十四卷,今唯後兩種尚存。其他尚有《宋儒學說講稿》十三卷、《明儒學說講稿》七卷、《閩東風俗記》十篇、《阿比西尼亞王國記》十二篇等,惜今俱散佚。他對於每一種學問,尋根究柢,讀典籍,釋名義,知作者,闡大旨,述源流,辨同異,明功用,論文辭。他的經學著述,是學人的津梁,深造的階梯。

由於師承的關係,黃老學術上受清代的徽州學派影響較大。他致力於古

---

① 者,排印本誤"易"。據手校本改。

籍整理,重視考據,溯源追流,辨析嚴密,"不好與先儒立異,亦不欲爲苟同"。故能發揮師說,時有創獲。他學識廣博,基礎扎實,施於教學,用於研究,故能左右逢源,廣徵博引,四十多年來,深受學生愛戴。自然,黃老在文獻學方面的成就,是在老師宿儒的影響下進行的,也受到了學術流派的一定局限。用現代的眼光來看,文獻學工作固然是學術的重要基礎,但還不是我們社會主義國家所要求的科學工作的主要部分。近年,黃老以古稀之年,本著一貫的實事求是的治學精神,於整理舊著之餘,還帶他的研究生,一起用新的觀點來研究《周易》,已發表《"觀物取象"是藝術思維的濫觴》一文,這標誌著他的易學已進入了一個嶄新的階段。

　　黃老自一九三八年在他的母校北平中國大學國學系任教起,直到目前任福建師範大學副校長,在高等學校連續服務已經四十多年了。新中國成立前,中文系科的學生數十分有限,新中國成立後,隨著文教事業的大發展,中文系學生數一度達千人以上。一九五六年,他在《赴京道中寄懷院中諸老友》詩中,以自豪的心情寫道:"及門子弟追洙泗,開國文章邁漢唐"。這絕非修辭上的誇飾。孔門弟子三千,賢人七十二,當時黃老的及門何止此數。許多早期從學的青年,如今都已雙鬢斑斑,他們回憶起如坐春風的歲月,無不流露著神往的心情。

　　勤於職守,樂於育才,是黃老教學的基本態度。他在高校講授過《周易》、《宋元學案》、《明儒學案》等經史子集各項專書專題,《中國文學史》、《歷代文選》以及《詩選》、《詞選》等各種課程。他長期擔任系主任職務,每學期要教兩三門課程。據說多年前有一次,附中缺少國文教師一名,他表示願意承乏。這原是一般教授所不屑爲的,但他卻樂於爲之!由於年齡的增長,教學力量的加強,他可以不用上第一綫了,但他還定期在晚上給青年教師講授專書,常至夜分,孜孜不倦。

　　實事求是是他的一貫學風。他的主要學術觀點是:一,文學所以言志、抒情、詠物、寫景、記人、紀事,而最終目的在乎明道濟世;二,溫故知新、承先啓後,有所革亦有所因,故一切學術均應虛心研究繼承優良傳統而加以發展變化,以適應新情況、新要求;三,文附質,質待文,故文學作品要求內容形式並美。評價古今人物及著作,應不虛美,不隱惡,舍短取長,好學深思,實事求是。黃老在課堂講授、研究著述、答問解惑中,無不貫穿著這些觀點。

　　黃老講課,精彩之處,對聽課者來說,幾乎可說是一種精神上的享受。這種享受主要來自兩個方面,即細緻的講解和廣泛的聯繫。有人回憶他上黃老的《楚辭》課,深使他畢生難忘,因爲講授確實做到毫髮無遺憾的地步。全部瞭解《離騷》的句義,對學生來說是最基本的,也是十分重要的,不瞭解這些,也談不到什麼分析鑒賞。還有黃老的廣徵博引,也使聽者極有興味,開闊了視野,增進了知識,使學生觸類旁通,給培養自學能力以廣泛的天地。

　　對學生極端愛護,嚴格要求,始終如一,這也是黃老教學的特色。學生的作業,他總是精批細改,蠅頭小楷,工整秀逸;即使是白髮蕭疏的老學生的詩文,仍然費心推敲,從不馬虎了事。爲了解決某些問題,代學生查閱類書、工具書,總是不厭其煩。他鼓勵學生質疑問難,勇闖新路。自己的作品,更是傳觀斟酌,從善如流,樹立榜樣。對於來信請益者,不論識與不識,有信必復,凡是有助於人的,他總是不吝自己的精力。

　　青出於藍而勝於藍是黃老畢生的願望,他的辛勤勞績已開出累累碩果,八閩大地,教澤宏敷,面對成蔭的桃李,給老園丁以無限的快慰。

　　人們別以爲黃老是個道貌岸然的儒者,其實他是個極富感情的人。詩言志,寄情吟咏,他大量詩詞便是明證。已輯成的有《六庵吟草》,包括《北學集》(一九三二至一九四一年,内兼收少數少年之作)、《南旋集》(一九四一至一九四四年)、《海疆集》(一九四五至一九四九年)、《朝陽集》(一九五一至一九七〇年)、《山居集》(一九七〇至一九七二年)、《華香園集》(一九七二年以後)等,共有古今體詩千餘首,又有《蕉窗詞稿》一卷。我們從他的詩篇中可以感受到黃老的内心世界,那就是他濃厚的國家民族之情、師友之情和對大自然的愛。

　　黃老在北平勤奮學習的六年,強鄰虎視,國家民族正處於危亡之秋,血性男兒,那能心安理得。《里安林公鐸先生辭國立北京大學教授南歸,賦此以送》(一九三二年)一詩的開頭是這樣寫的:"妖風起幽薊,沙石蔽蒼冥。日月晦光彩,山嶽被羶腥。"他對侵略軍蹂躪我國東北表示了無比的痛恨。國家的局勢,使他深爲憂慮,《不寐》(一九三二年)一詩云:"夜深不寐獨徘徊,家國沈憂志未灰。明滅寒燈萬籟寂,月鈎一角過牆來。"我們從這首靜極的詩境中,不是可以感受到詩人胸中跳動著一顆熱烈的報國之心嗎?《丙子除夕得甘翁寄懷詩,賦五律四首答之》(一九三六年),其中一首寫道:"昔日金湯固,于今破碎頻。白河胡飲馬,黃屋式生塵。蘇武終臣漢,辛垣欲帝秦。魯連今不作,蹈海說誰陳。"忠奸之辨,憂國之忱,躍然紙上。

事情往往出乎意料之外,卻又在意料之中。初唐四傑之一,著名的楊炯有一首《從軍行》,"寧爲百夫長,勝作一書生。"這詩句石破天驚,出人意表。一九三六年八月,黃老當時雖在壯年,畢竟是個文弱書生,也毅然投筆從戎了。意外又非意外,這正是"夜深不寐獨徘徊"的結果。他以甲等第三名考取冀察政委會大學畢業生訓練班,在南苑接受軍事訓練四個月,結業後分發於廿九軍參謀處服務,專以收集有關抗日的資料爲事。當然,他的報國壯志當時是無法實現的。供職半年之後,七七事變,北平淪陷,由於業師吳承仕、孫人和教授等的提拔,他回到母校國學系任講師,在圍城中恢復他的書齋生活。

一九三九年,他寫了一首《秋懷》,反映了辛亥革命以後直至抗戰時期的動盪時代和他的矛盾內心。這首五古稍爲長些,但對瞭解黃老是有幫助的,所以照錄如下:

> 流光疾如馳,倏忽又秋風。波濤萬事變,顧影尚飄蓬。憶昔我生初,四海方困窮。義旗舉漢水,一旦樹奇功。清鼎既已移,民物慶大同。豈期轉瞬間,鬩牆又興戎。自伐無已日,外侮亦交攻。遂令民瘵喪,寰宇漸鴻蒙。我生爲男兒,豈無憂國衷。百懷莫一遂,咄咄徒書空。思隨赤松去,棲遲碧山中。猶憐頭未白,不甘草萊①終。尚覬下邳游,幸遇黃石公。汗馬不辭勞,非爲己窮通。

這首述懷詩,感慨良深。軍閥混戰,外患交侵,國步艱難,民生凋敝,他深懷不滿,但無能爲力,歸隱碧山,又非所願。他愛國傷時,雖寄身學府,仍然不忘效命沙場。如果不讀他的詩,誰料到這個恂恂學者,竟懷有如此熾熱的心。

在抗戰進入艱苦階段的一九四一年,他間關南歸,執教南平福建省立師範專科學校及仙游國立海疆學校。時局仍使他愁懷百結,而當政的腐敗,更使他憤慨萬分。《次三十感懷韻答卓劍舟陳吟秋》(一九四一年)中有句云:"空對青編懷彩筆,誰能赤手挽銀河。傷心身世飄零久,到眼乾坤感慨多。"《次韻新月答槐軒先生》(一九四四年)中有句云:"別來罹百憂,萬言難一布。執筆

---

① 萊,排印本誤"菜"。據手校本改。

淚酸辛,啓口恨凝冱。觀政衹貨財,用人隨好惡。萬錢市片肉,千錢買一芋。俯首順受之,敢笑不敢怒! 水火子遺民,誰能樂生趣。"到了新中國成立之後,他憂傷的詩情才有了徹底的改變。

躬逢盛世,這是中國歷代知識分子的最高願望。面對祖國的解放和形勢好轉,黃老都是興高采烈的。這裏選錄兩首,以見一斑。

> 述學衡文孰可宗,工農方向應追蹤。偉詞自鑄古無有,讜論常聆愚亦從。烈士老懷伏櫪驥,清時利見在田龍。休將衰鬢羞明鏡,京國觀光興尚濃。(《赴京道中寄懷院中諸老友二首之一》一九五八年)

> 下放言旋更歲月,州庠猶見舊樓臺。故人欣得倉山聚,新雨喜從浙水來。腳底昔曾凌海嶽,筆端老欲挾風雷。休明鼓吹吾曹事,把盞聯吟亦快哉。(《余從周寧下放歸來……喜而有作,次笠山韻》一九七二年)

黃老熱愛社會主義祖國,烈士暮年,壯心不已,情見乎辭。第一首寫於一九五八年,後一首寫於"文化大革命"末期,特別是經過了"文化大革命",他雖然受到衝擊,然報國之心並未稍減。他從本質上認識到黨領導下的新中國之必有光輝前途,所以他以"休明鼓吹"作爲自己的職志。粉碎"四人幫"之後,他的頌詩那就寫得更多了。

如果說黃老於新中國成立後的詩只是一味的"休明鼓吹",那也過於簡單化了。他對一些執行政策上"左"的偏向還是有所感受的,所以有些詩婉而諷,如襲用傳統評語,可謂深得風人之旨。請看這些詩:

> 劍浦記初晤,榕城瞬十秋。一見垂青眼,相看漸白頭。事同春意鬧,閒憶少年游。何日交心罷,西湖共泛舟。(《交心會議坐上初見展懷白髮即席有作》一九五八年)

> 經歲東歸嶺嶠間,婆娑林壑亦閑閑。喜無車馬門前過,愛逐雞豚柵裏關。積案有文誰共賞,充盤兼味固多艱。故人天末還相慰,一讀新詩一破顏。(《次韻答確齋》一九七一年)

> 刺桐三度見花飛,愁坐晴窗對翠微。何日書成了一事,呼朋痛飲笑談歸。(《感懷絕句》一九七七年)

第一首曾被看作是對運動不滿的詩作,因之不免產生許多是非口舌。把交心說成"春意鬧",在交心會上又心不在焉! 故在朋輩中頗爲流傳,引爲笑謔。第三首與第一首異曲同工。在"文化大革命"中,他應召參加批儒評法寫作班子,爲李贄著作作注,竟然發愁,還想早了一事以解脫。第二首純爲寫實,有些自我解嘲,讀後不免令人若有所失。這些詩顯然都有點皮裏陽秋。當然,我們不能說黃老對當時偏向已有所洞察,但至少可以說,他寫出了他對這些事的不理解。從這些細微處,都可以看到黃老性情的"真"。

黃老篤於師友情誼,數十年不衰。吟稿中與業師尚節之先生,友人杜悅鳴、包笠山、黃蔭亭、王確齋、陳喆庵等贈答之作甚多,遣懷述志,砥礪德行,遙寄相思,情深意切。如《次韻和笠山》(一九四五年):"攜手同登最上樓,愛將別緒話從頭。憂時每覺乾坤窄,傳業羞爲升斗謀。卻盼雙魚來朔地,愁聽孤雁唳清秋。故園風物如無恙,欲整歸裝買桂舟。"《叠韻再和確齋》(一九七一年):"操履平生慎染絲,盍簪麗澤又何時。常懷夜雨巴山句,媿讀春暉寸草詩。軒冕浮名原可棄,鐘彝盛業豈能期。徵文考獻誰同調,翹首桃林有所思。"兩詩各有其時代背景,一作於新中國成立前,一作於新中國成立後下放中,詩情雖抑鬱不舒,但均以事業操守相期,流露出來的是最誠摯的友情。

山水之作,吟稿中也不乏佳篇。新中國成立後,組織上多次安排他至名山療養,匡廬之秀,武夷之奇,長篇短什,麗句清辭,充分表達了黃老對大自然的愛好。一九六一年夏,我與他同住武夷山療養院,傍晚沿溪漫步,他即興立成《晚眺三首》。其三云:"夕陽紅映並蓮峰,天末霞光似醉容。吟眺渾忘歸路晚,一鈎新月上雲松。"所寫盡是眼前景物,他稍加點染,自然渾成,景色如畫,心情閒適,悠然意遠。時隔二十年,詩的境界猶如仍在眼前。

黃老爲友人詩集作序,往往自謙不善爲詩。就我看來,他能爲嗣宗的憂憤,少陵的沈鬱,太白的飄逸,又能爲牧之的清麗,石湖的平易。他的詩,接武前賢,義歸雅正,才兼衆體。黃老還著有《六庵文集》,與《吟稿》對應編集,他的古文受桐城的影響較大,這還是師承的緣故。

中國悠久的、優秀的傳統文化,哺育了一代又一代學人,許多人走著學者、教師兼詩人的道路,黃老就是這麼一位熱愛學術、熱愛教育、熱愛祖國的老一輩知識分子的儀型。他的學術爲人所敬仰,教學爲人所讚譽,詩篇爲人所傳誦,由教授被選任爲高校副校長,而且光榮地加入了共產黨,不恰似"老樹當風葉有聲”嗎？他的成就，又是和老師的教誨，朋友的切磋，學生的質疑，以及時代的嚴峻考驗分不開的。他堅實地、穩步地、努力地走著漫長的人生的路，取得了進展，我看這就像“秋田經雨禾添實”。實至而後名歸。他下放茶廣時，叠韻和喆庵的詩至於六答，中有押“真”字句。《三答》云：“學術端宜辯偽真”，《四答》云：“宅心處世但存真”，《一答》云：“短句猶能見性真”。學術的“真”，處世的“真”，詩情的“真”，這一“真”字又是他的“實”的靈魂。時代不同了，人們將經由新的道路爲國家民族作出貢獻；黃老的求實、存真、立誠的精神，在他的友人和學生的心田中，永遠留下不可磨滅的印象，而且不斷地激勵著他們前進。

一九八二年春作

【六庵叢纂第二種】

六庵文錄

黃壽祺　遺著

張善文　編校

编校述語

先師六庵教授，平生以文著，卻未嘗刊印文集傳世。我侍學先生期間，曾獲示閱《六庵別錄》鈔輯本一册，民國三十一年（1942）吳芾之先生題簽，蓋數十年前師所手訂，不過八九篇而已[①]。近年來，與諸同學相期搜尋各類資料，力求哀索先師遺文，彙爲一帙刊行，以裨益後學，於是有斯編之輯也。

書中所收諸文，以文體分類，類自爲卷，卷凡十。曰：卷一"論"，論說九篇；卷二"書"，書札十八篇（篇中包含數首者只計一篇）；卷三"序跋"，序、自序、跋三十篇；卷四"傳事略"，傳、傳略、事略六篇；卷五"像贊壽序"，畫像贊辭、壽序文三篇；卷六"墓碣銘誌"，墓碣、遺杖銘、衣冠塚銘、墓誌銘四篇；卷七"啓事"，爲亡友追悼會撰啓事一篇；卷八"回憶"，緬懷往事二篇；卷九"漫談及發言稿"，作學術敘談及演講文稿八篇；卷十一"其他"，未能歸類之雜文九篇。統計共收各體文九十一篇。諸卷之文，多寡不等，各依創作先後爲序。卷屬分類，恐未盡切，然非宏旨所在，知者概能諒之。末附《六庵注李賸墨紀述》、《六庵文革中被抄沒物品記略》兩篇，各與先師舊文有關，用備讀者參攷。題曰《六庵文錄》者，實承師舊編《別錄》之名而立焉。

先師之文，秉經史而入，承桐城義法。有正大淵純之氣，有清和謙謹之風，有忠敬貞誠之韻，有愛生尊師之情。如《論易學之門庭》，其氣正大矣；《山居茶廣與包笠山書》，其風清和矣；《亡友杜悅鳴遺杖銘》，其韻貞誠矣；《回憶葉挺荃烈士》，其充滿愛生之情矣：此皆信手拈來之例，若細閱全書，沛然充溢其氣、其風、其韻、其情之作，可謂比比皆是。凡此，蓋師品德崇高、學殖凝

---

① 當時曾複印一册存閱。册中首列包笠山先生手書《六庵叢纂序》，以下爲《師範生之良好導師——鄭康成》、《三一教主林兆恩事略》、《庸言》、《中國文學史約序說》、《詩文法漫談》、《左傳秦晉韓之戰筮辭解》六篇，並附鋼筆書寫清稿《與范秋帆先生論易書》、《答包笠山論易書》兩篇。

厚所致,所謂原本道德,發爲文章者也。至於這些作品行文之斐美,構思之精整,章法之璀璨,鑄辭之典麗,專注文學藝術的讀者用心研尋,宜將有深刻體悟。昔陸士衡曰:"伊茲文之爲用,固衆理之所因。恢萬里使無閡,通億載而爲津。"(晉陸機《文賦》)我相信,此書刊行,必將有益世用,津逮學人。

茲編哀輯維艱,耗時多載,先後協助尋索資料者,除黃高憲教授外,尚有許多朋友學生,其中蔡飛舟、黃曦、蕭滿省、呂瑞哲、盧翠琬、賴文婷、林益莉、胡海平諸生用力尤著,崇此志之。師之舊文,在動亂年代中散佚至夥,鈎沈補遺,仍有待於吾輩繼續努力。

公元二零二零年十月
歲在庚子霜降後五日
弟子張善文敬識於福建師範大學文學院

目　錄

卷四　傳事略

卷五　像贊壽序

卷六　墓碣銘誌

霞浦黄壽祺之六

孟氏易舉要

孟氏易說,以氣爲本。其卦氣圖,以坎、離、震、兑爲正四卦;餘六十卦,卦主六日七分,合周天之數。内辟卦十二,謂之消息卦,乾盈爲息,坤虚爲消,其實乾坤十二畫也。四卦主四時,爻主二十四氣。十二卦主十二辰,爻主七十二候。六十卦主六日七分,爻主三百六十五日四分日之一。每卦當六日七分,六十卦當三百六十日又四百二十分,八十分爲一日,合五日四分日之一,故六十卦共當三百六十五日四分日之一,合周天之數。辟卦爲君,雜卦爲臣,四正爲方伯。二至二分,寒温風雨,總以應卦爲節。兹分考其義,並采取諸家之圖表以明之。

第一,考四正卦。

《說卦》曰:"震,東方也;離也者,南方之卦也;兑,正秋也;坎者,北方之卦也。"

《易緯·稽覽圖》曰:"坎六震八離七兑九,已上四卦者四正卦,爲四象。"

又曰:"冬至日在坎,春分日在震,夏至日在離,秋分日在兑。"吴翔寅曰:"惠引作《是類謀》,蓋失考。"

《易緯·乾元序制記》曰:"坎,初六冬至廣莫風,九二小寒,六三大寒,六四立春條風,九五雨水,上六驚蟄。震,初九春分明庶風,六二清明,六三穀雨,九四立夏温風,六五小滿,上六芒種。離,初九夏至景風,六二小暑,九三大暑,九四立秋涼風至,六五處暑,上九白露。兑,初九秋分閶闔風霜下,九二寒露,六三霜降,九四立冬始冰不周風,九五小雪,上六大雪也。"

《孟氏章句》曰:"坎離震兑①,二十四氣,次主一爻,其初則二至二分也。坎以陰包陽,故自正北,微陽動於下,升而未達,極於二月,凝涸之氣消,坎運

---

① 坎離震兑,《新唐書》載《卦議》引作"坎震離兑"。此蓋據清惠棟《易漢學》引。

終焉。春分出於震，始據萬物之元，爲主於內，則群陰化而從之，極於南正，而豐大之變窮，震功究焉。離以陽包陰，故自南正，微陰生於地下，積而未章，至於八月，文明之質衰，離運終焉。仲秋陰始形於兌，始循萬物之末，爲主於內，群陽降而承之，極於北正，而天澤之施窮，兌功究焉。故陽七之靜始於坎，陽九之動始於震，陰八之靜始於離，陰六之動始於兌。故四象之變，皆兼六爻，而中節之應備矣。"《新唐書·歷志》僧一行《卦議》引。

第二，考十二辟卦。即十二消息卦。

《易緯·乾鑿度》曰："聖人因陰陽，起消息，立乾坤，以統天地。"

又曰："消息卦，純者爲帝，不純者爲王。"

《易緯·乾元序制記》曰："辟卦，溫氣不效六卦，陽物不生，土功起。"注曰："六卦，謂泰卦、大壯也，夬、乾、姤也。" 俞樾曰："姤下尚當有遯卦。"

又曰："寒氣不效六卦，不至冬榮，實物不成。"注曰："六卦，謂否、觀、剝、坤、復、臨。" 俞樾曰："此即十二辟卦之權輿。"先師尚節之先生云："十二辟已見《歸藏易》。又《復》居正北，見《左傳》，是亦十二辟之證。"

第三，考六十卦次序。

《易緯·稽覽圖》曰："小過、蒙、益、漸、泰寅，需、隨、晉、解、大壯卯，豫、訟、蠱、革、夬辰，旅、師、比、小畜、乾巳，大有、家人、井、咸、姤午，鼎、豐、渙、履、遯未，恒、節、同人、損、否申，巽、萃、大畜、賁、觀酉，歸妹、无妄、明夷、困、剝戌，艮、既濟、噬嗑、大過、坤亥，未濟、蹇、頤、中孚、復子，屯、謙、睽、升、臨丑。" 吳翌寅曰："惠引魏《正光歷》，即本此。"俞樾曰："以坎、離、震、兌爲四正卦，而以中孚以下六十卦分直三百六十五日四分日之一，諸卦次序，莫詳其義。然楊子雲《太玄》八十一首，始以中准中孚，終以養准頤，次第皆與此合，知其必有所受之矣。"

第四，考公、辟、侯、大夫、卿之名所自始。

《易緯·乾鑿度》曰："易始於乙，分於二，通於三，□缺一字於四，盛於五，終於上。初爲元士，二爲大夫，三爲三公，四爲諸侯，五爲天子，上爲宗廟。凡此六者，陰陽所以進退，君臣所以升降，萬人所以爲象則也。"

又曰："一卦六爻，爻一日，凡六日。惠氏曰：七分歸閏。初用事，一日天王諸侯也，二日大夫也，三日卿，四日三公也，五日辟，六日宗廟。爻辭善則善，凶則凶。” 俞樾曰："此兩文不同，疑當從上文。" 又曰："此所云乃主一爻言，非主一卦言。"

魏《正光曆》曰："四正爲方伯，中孚爲三公，復爲天子，屯爲諸侯，謙爲大夫，睽從九卿，升還從三公，周而復始。" 俞樾云："蓋必京氏以來相承之舊說。" 又云："《稽覽圖》末，列六陽月六陰月，諸侯、大夫、九卿、三公、天子，各三十卦直事，即北齊天保曆所本。"

第五，考每卦六日七分。

《易緯·稽覽圖》曰："甲子卦氣起中孚，六日八十分日之七。" 鄭康成注："六以候也。八十分爲一日，日之七者，一卦六日七分也。"

又曰："每歲十二月，每月五卦，吳翊寅曰：五卦，分侯、大夫、卿、公、辟，復五德之位。卦六日七分，每期三百六十五日四分日之一。" 此文依俞樾所校錄之。

又曰："《是類謀》以此四正之卦，卦有六爻，爻主一氣。餘六十卦，卦主六日七分，八十分日之七，正歲三百六十五日四分日之一。六十而一周。" 俞樾云："按《是類謀》之文，載於《稽覽圖》，後人所附益也。"

《易緯·乾元序制記》曰："一歲三百六十五日四分度之一，消息十二月，居六日七分，十二月居七十三日一百八十分居四分。 鄭注：七十三日八十分之四也。 壽祺謹案：一辟卦得六日七分，十二辟卦得七十二日有八十四分，八十分爲一日，則得七十三日有四分。故鄭注云：七十三日八十分之四也。《緯》文一百二字疑衍。三公、九卿、大夫、諸侯卦同。文繁不錄。 合五德之分。 鄭注：五德，辟、公、卿、大夫、諸侯也。 三十日得三十五。 鄭注：此則五卦之餘。 吳翊寅云：謂一月餘三十五分也。 壽祺謹案：一月直五卦，每卦餘七分，故云三十日得三十五。 盡十二月，六十卦餘分適四百二十分，凡得五日四之一。" 吳翊寅云："此《易緯》推六日七分之①法，即推六十卦分日直事之法。惠不引，蓋失考。"

第六，考七十二候。

《易緯·乾鑿度》云："天氣三微而成一著，三著而成一體。" 鄭注謂："五日爲一微，十五日爲一著，故五日有一候，十五日成一氣。" 然《易緯》本文，但言"三微一著"，未有候之名也。《素問·六節藏象論》載岐伯之說曰："五

---

① 之，《福建師範學院學報》誤作"易"。據吳翊寅《易漢學考》改。

日謂之候,三候謂之氣,六氣謂之時,四時謂之歲。"《素問》爲周、秦間書,則其時固有七十二候之說矣。然但言"五日謂之候",未言以何者爲候也。自《夏小正》以後,記載物候已有成書。《易緯·通卦驗》及《戴記·月令篇》、《呂覽》、《淮南子》諸書,言時物尤詳。然不過隨時記載,而未嘗別之爲七十二候。古書言七十二候,實始於《周書·時訓篇》,此必周、秦間人因其時已有七十二候之說,而雜取古書言時物者比合之,以附於《周書·周月篇》之後,非必周公之書,然其說遂不能廢。北魏以來,用以入歷,相沿至於近世。

本俞樾之說。尚先生云:"《周書》中,《周月》、《時訓》、《月令》平列三篇,不得《周月》、《月令》皆真,中間之《時訓》獨偽。俞氏蓋未思三篇之用耳。"

卦氣六日七分圖（一）：

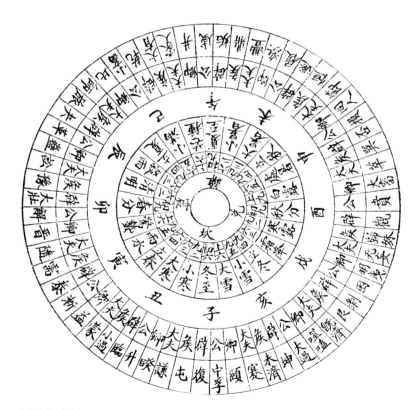

上圖本惠棟。

惠氏此圖,載《易漢學》,須與李溉所傳《卦氣七十二候圖》相參閱。內坎、離、震、兑分居四正,所謂四卦主四時,爻主二十四氣也。外六十卦分屬十二月，所謂六十卦主六日七分，爻主三百六十五日四分日之一也。其十二卦主十二辰，爻主七十二候，則詳李漑圖。

卦氣六日七分圖（二）：

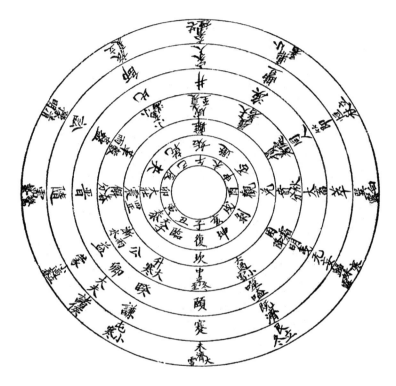

上圖本李道平。

李氏此圖，載《周易集解纂疏》。自來作卦氣圖者，六十卦皆按六日七分卦序平列，故公、辟、侯、大夫、卿各卦相間，覽之不便。李氏分作五層，則公、辟、侯、大夫、卿各十二卦自爲列，頗便尋覽。唯六日七分卦序不可見，乃其一失。錄之以與惠氏之圖互證其得失焉。

卦氣六日七分圖（三）：

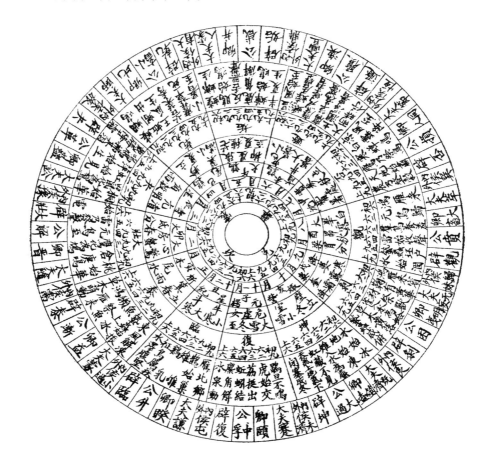

上圖本杭辛齋。

杭氏此圖，載《易楔》。於四正、十二辟、六十卦所主，皆可一覽无遺，在卦氣圖中爲最詳明。余按《九家易》注《繫辭》"範圍天地之化而不過"云："範者，法也；圍者，周也。言乾坤消息，法周天地，而不過於十二辰也。辰，日月所會之宿，謂諏訾、降婁、大梁、實沈、鶉首、鶉火、鶉尾、壽星、大火、析木、星紀、玄枵之屬是也。"據此，杭氏加入十二星次，亦爲有本。又按壽陽閻汝弼著《周易爻徵廣義》，其卷首圖說所載《七十二候圖》，與此圖大同，唯將候卦分屬兩候者，分畫兩格，爲小異耳。杭氏此圖蓋本之。尚先生云："應當分畫兩格，始清楚。"

卦氣六日七分圖（四）：

子月中	公中孚	辟復	侯屯　內	**丑月節**	侯屯　外	大夫謙	卿睽
丑月中	公升	辟臨	侯小過　內	**寅月節**	侯小過　外	大夫蒙	卿益
寅月中	公漸	辟泰	侯需　內	**卯月節**	侯需　外	大夫隨	卿晉
卯月中	公解	辟大壯	侯豫　內	**辰月節**	侯豫　外	大夫訟	卿蠱
辰月中	公革	辟夬	侯旅　內	**巳月節**	侯旅　外	大夫師	卿比
巳月中	公小畜	辟乾	侯大有　內	**午月節**	侯大有　外	大夫家人	卿井
午月中	公咸	辟姤	侯鼎　內	**未月節**	侯鼎　外	大夫豐	卿渙
未月中	公履	辟遯	侯恒　內	**申月節**	侯恒　外	大夫節	卿同人
申月中	公損	辟否	侯巽　內	**酉月節**	侯巽　外	大夫萃	卿大畜
酉月中	公賁	辟觀	侯歸妹　內	**戌月節**	侯歸妹　外	大夫无妄	卿明夷
戌月中	公困	辟剝	侯艮　內	**亥月節**	侯艮　外	大夫既濟	卿噬嗑
亥月中	公大過	辟坤	侯未濟　內	**子月節**	侯未濟　外	大夫蹇	卿頤

上圖本何其傑。

何氏此圖，載《周易經典證略》。將物候刪去，是其疏略。但較各家圓圖，有簡明易檢之益。

卦氣六日七分圖（五）：

坎 初六冬至 十一月中	**復**	六四　蚯蚓結。 六五　麋角解。	**中孚**	公	六日七分。
		上六　水泉動。	**復**	辟	十二日一十四分。
九二小寒 十二月節	**臨**	初九　雁北鄉。	**屯**	侯	十八日二十一分。
		九二　鵲始巢。	**謙**	大夫	二十四日二十八分。
		六三　雉雊。	**睽**	卿	三十日三十五分。
六三大寒 十二月中		六四　雞乳。 六五　征鳥厲疾。	**升**	公	三十六日四十二分。
		上六　水澤腹堅。	**臨**	辟	四十二日四十九分。
六四立春 正月節	**泰**	初九　東風解凍。	**小過**	侯	四十八日五十六分。

	九二 蟄蟲始振。	蒙	大夫	五十四日六十三分。
	九三 魚上冰。	益	卿	六十日七十分。
九五雨水 正月中	六四 獺祭魚。 六五 鴻雁來。	漸	公	六十六日七十七分。
	上六 草木萌動。	泰	辟	七十三日四分。
上六驚蟄 二月節	**大壯** 初九 桃始華。	需	侯	七十九日一十一分。
	九二 倉庚鳴。	隨	大夫	八十五日一十八分。
	九三 鷹化爲鳩。	晉	卿	九十一日二十五分。
震 初九春分 二月中	九四 玄鳥至。 六五 雷乃發聲。	解	公	九十七日三十二分。
	上六 始電。	**大壯**	辟	一百三日三十九分。
六二清明 三月節	**夬** 初九 桐始華。	豫	侯	一百九日四十六分。
	九二 田鼠化爲鴽。	訟	大夫	一百一十五日五十三分。
	九三 虹始見。	蠱	卿	一百二十一日六十分。
六三穀雨 三月中	九四 萍始生。 九五 鳴鳩拂其羽。	革	公	一百二十七日六十七分。
	上六 戴勝降于桑。	**夬**	辟	一百三十三日七十四分。
九四立夏 四月節	**乾** 初九 螻蟈鳴。	旅	侯	一百四十日一分。
	九二 蚯蚓出。	師	大夫	一百四十六日八分。
	九三 王瓜生。	比	卿	一百五十二日一十五分。
六五小滿 四月中	九四 苦菜秀。 九五 靡草死。	小畜	公	一百五十八日二十二分。
	上九 麥秋至。	**乾**	辟	一百六十四日二十九分。
上六芒種 五月節	**姤** 初六 螳螂生。	大有	侯	一百七十日三十六分。
	九二 鵙始鳴。	家人	大夫	一百七十六日四十三分。
	九三 反舌无聲。	井	卿	一百八十二日五十分。
離 初九夏至 五月中	九四 鹿角解。 九五 蜩始鳴。	咸	公	一百八十八日五十七分。
	上九 半夏生。	姤	辟	一百九十四日六十四分。
六二小暑 六月節	**遯** 初六 溫風至。	鼎	侯	二百日七十一分。
	六二 蟋蟀居壁。	豐	大夫	二百六日七十八分。

節氣	卦	爻・物候	卦名・爵	日數
		九三 鷹學習。	渙 卿	二百一十三日五分。
九三大暑 六月中		九四 腐草化爲螢。 九五 土潤溽暑。	履 公	二百一十九日十二分。
		上九 大雨時行。	遯 辟	二百二十五日十九分。
九四立秋 七月節	否	初六 涼風至。	恒 侯	二百三十一日二十六分。
		六二 白露降。	節 大夫	二百三十七日三十三分。
		六三 寒蟬鳴。	同人 卿	二百四十三日四十分。
六五處暑 七月中		九四 鷹祭鳥。 九五 天地始肅。	損 公	二百四十九日四十七分。
		上九 禾乃登。	否 辟	二百五十五日五十四分。
上九白露 八月節	觀	初六 鴻雁來。	巽 侯	二百六十一日六十一分。
		六二 玄鳥歸。	萃 大夫	二百六十七日六十八分。
		六三 群鳥養羞。	大畜 卿	二百七十三日七十五分。
兌 初九秋分 八月中		六四 雷乃收聲。 九五 蟄蟲坏戶。	賁 公	二百八十日二分。
		上九 水始涸。	觀 辟	二百八十六日九分。
九二寒露 九月節	剝	初六 鴻雁來賓。	歸妹 侯	二百九十二日一十六分。
		六二 雀入大水爲蛤。	无妄 大夫	二百九十八日二十三分。
		六三 菊有黃華。	明夷 卿	三百四日三十分。
六三霜降 九月中		六四 豺祭獸。 六五 草木黃落。	困 公	三百一十日三十七分。
		上九 蟄蟲咸俯。	剝 辟	三百一十六日四十四分。
九四立冬 十月節	坤	初六 水始冰。	艮 侯	三百二十二日五十一分。
		六二 地始凍。	既濟 大夫	三百二十八日五十八分。
		六三 雉入水化蜃。	噬嗑 卿	三百三十四日六十五分。
九五小雪 十月中		六四 虹藏不見。 六五 天氣騰地氣降。	大過 公	三百四十日七十二分。
		上六 閉塞而成冬。	坤 辟	三百四十六日七十九分。
上六大雪 十一月節	復	初九 鶡鳥不鳴。	未濟 侯	三百五十三日六分。
		六二 虎始交。	蹇 大夫	三百五十九日一十三分。
		六三 荔挺出。	頤 卿	三百六十五日二十分。

上圖本黃宗羲。

黃氏此圖，載《易學象數論》。梨洲蓋未詳候卦有内外，故所值物候多誤。然其備記六日七分六十卦所當之數，爲能詳他人之所略，故錄以殿焉。

其他清 ① 儒作卦氣圖表者，尚有其人。如蔣氏湘南所作《卦氣表》，據《易緯·乾元序制記》，加入 ② 八風，又及十二律等，亦稱詳備。茲并錄之，以供參攷。

卦氣表：

宮	度	斗建	日躔	節氣	方伯	卦氣	候	律	風
子元枵	自婺女八度，歷虛十度，至危十六度。	丑	牽牛初	冬至 十一月中	坎 初六	公辟侯 中孚復屯	蚯蚓結。麋角解。水泉動。	黃鐘	廣漠風
			婺女八	小寒 十二月節	九二	侯大夫卿 屯謙睽	雁北鄉。鵲始巢。野雉始雊。		
丑星紀	自斗十二度，歷牛八度，至婺女七度。	子	危初	大寒 十二月中	六三	公辟侯 升臨小過	雞始乳。鷙鳥厲疾。水澤腹堅。	大呂	條風
			危十六	立春 正月節	六四	侯大夫卿 小過蒙益	東風解凍。蟄蟲始振。魚上冰。		
寅析木	自尾十度，歷箕十一度，至斗十一度。	亥	營室十四	驚蟄 正月中	九五	公辟侯 漸泰需	獺祭魚。鴻雁來。草木萌動。		
			奎五	雨水 二月節	上六	侯大夫卿 需隨晉	桃始華。倉庚鳴。鷹化爲鳩。		
卯大火	自氐五度，歷房五度，心五度，至尾九度。	戌	婁四	春分 二月中	震 初九	公辟侯 解大壯豫	元鳥至。雷乃發聲。始電。	夾鐘	明庶風
			胃七	清明 三月節	六二	侯大夫卿 豫訟蠱	桐始華。田鼠化爲鴽。虹始見。		

---

① 他清，《福建師範學院學報》誤作"清他"。據上下文意改。

② 入，《福建師範學院學報》誤作"八"。據上下文意改。

辰 壽星	自軫十二度，歷角十二度，亢九度，至氐四度。	酉	昴 八	穀雨 三月中	六三	公 辟 侯	革 夬 旅	萍始生。 鳴鳩拂其羽。 戴勝降于桑。	姑洗	清明風
			畢 十二	立夏 四月節	九四	侯 大夫 卿	旅 師 比	螻蟈鳴。 蚯蚓出。 王瓜生。		
巳 鶉尾	自張十八度，歷翼十六度，至軫十一度。	申	井 初	小滿 四月中	六五	公 辟 侯	小畜 乾 大有	苦菜秀。 靡草死。 小暑至。	仲呂	
			井 十六	芒種 五月節	上六	侯 大夫 卿	大有 家人 井	螳螂生。 鵙始鳴。 反舌无聲。		
午 鶉火	自柳九度，歷星七度，至張十七度。	未	井 三十一	夏至 五月中	離 初九	公 辟 侯	咸 姤 鼎	鹿角解。 蜩始鳴。 半夏生。	蕤賓	景風
			柳 九	小暑 六月節	六二	侯 大夫 卿	鼎 豐 渙	溫風至。 蟋蟀居壁。 鷹乃學習。		
未 鶉首	自井十六度，歷鬼四度，至柳八度。	午	張 三	大暑 六月中	九三	公 辟 侯	履 遯 恒	腐草爲螢。 土潤溽暑。 大雨時行。	林鐘	
			張 十八	立秋 七月節	九四	侯 大夫 卿	恒 節 同人	涼風至。 白露降。 寒蟬鳴。		
申 實沈	自畢十二度，歷觜二度，參九度，至井十五度。	巳	翼 十五	處暑 七月中	六五	公 辟 侯	損 否 巽	鷹祭鳥。 天地始肅。 禾乃登。	夷則	涼風
			軫 十二	白露 八月節	上九	侯 大夫 卿	巽 萃 大畜	鴻雁來。 元鳥歸。 群鳥養羞。		
酉 大梁	自胃七度，歷昴十一度，至畢十一度。	辰	角 十	秋分 八月中	兌 初九	公 辟 侯	賁 觀 歸妹	雷聲乃收。 蟄蟲坏戶。 水始涸。	南呂	昌盍風
			氐 五	寒露 九月節	九二	侯 大夫 卿	歸妹 无妄 明夷	鴻雁來賓。 爵入大水爲蛤。 菊有黃華。		

戌降婁	自奎五度,歷婁十六度,至胃六度。	卯	房五	霜降 九月中	六三	公 辟 侯	困 剝 艮	豺乃祭獸。 草木黃落。 蟄蟲咸俯。	无射	不周風
			尾十	立冬 十月節	九四	侯 大夫 卿	艮 既濟 噬嗑	水始冰。 地始凍。 雉入大水爲蜃。		
亥諏訾	自危十七度,歷室十六度,壁九度,至奎四度。	寅	箕七	小雪 十月中	九五	公 辟 侯	大過 坤 未濟	虹藏不見。 天氣上騰地下降。 閉塞而成冬。	應鐘	
			斗十二	大雪 十一月節	上六	侯 大夫 卿	未濟 蹇 頤	鶡鳥不鳴。 虎始交。 荔挺生。		

卦氣七十二候圖（一）：

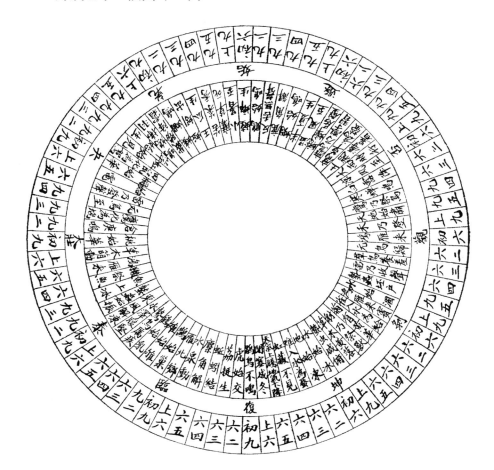

上圖本李溉。

李氏此圖，見朱震《漢上易·叢說》。惠氏錄之，宜與其所作《六日七分圖》相參閱。

卦氣七十二候圖（二）：

常氣 月中節四正卦	初候	次候	末候
	始卦	中卦	末卦
冬至 十一月中 坎初六	蚯蚓結	麋角解	水泉動
	公 中孚	辟 復	侯 屯 內
小寒 十二月節 坎九二	雁北鄉	鵲始巢	野雉始雊
	侯 屯 外	大夫 謙	卿 睽
大寒 十二月中 坎六二	雞始乳	鷙鳥厲疾	水澤腹堅
	公 升	辟 臨	侯 小過 內
立春 正月節 坎六四	東風解凍	蟄蟲始振	魚上冰
	侯 小過 外	大夫 蒙	卿 益
雨水 正月中 坎九五	獺祭魚	鴻雁來	草木萌動
	公 漸	辟 泰	侯 需 內
驚蟄 二月節 坎上六	桃始華	倉庚鳴	鷹化爲鳩
	侯 需 外	大夫 隨	卿 晉
春分 二月中 震初九	玄鳥至	雷乃發聲	始電
	公 解	辟 大壯	侯 豫 內
清明 三月節 震六二	桐始華	田鼠化爲鴽	虹始見
	侯 豫 外	大夫 訟	卿 蠱
穀雨 三月中 震六三	萍始生	鳴鳩拂其羽	戴勝降于桑
	公 革	辟 夬	侯 旅 內
立夏 四月節 震九四	螻蟈鳴	蚯蚓出	王瓜生
	侯 旅 外	大夫 師	卿 比
小滿 四月中 震六五	苦菜秀	靡草死	小暑至

			公　小畜	辟　乾	侯　大有 內
芒種	五月節	震上六	螳螂生	鵙始鳴	反舌无聲
			侯　大有 外	大夫　家人	卿　井
夏至	五月中	離初九	鹿角解	蜩始鳴	半夏生
			公　咸	辟　姤	侯　鼎 內
小暑	六月節	離六二	溫風至	蟋蟀居壁	鷹乃學習
			侯　鼎 外	大夫　豐	卿　渙
大暑	六月中	離九三	腐草爲螢	土潤溽暑	大雨時行
			公　履	辟　遯	侯　恒 內
立秋	七月節	離九四	涼風至	白露降	寒蟬鳴
			侯　恒 外	大夫　節	卿　同人
處暑	七月中	離六五	鷹祭鳥	天地始肅	禾乃登
			公　損	辟　否	侯　巽 內
白露	八月節	離上九	鴻雁來	玄鳥歸	群鳥養羞
			侯　巽 外	大夫　萃	卿　大畜
秋分	八月中	兌初九	雷乃收聲	蟄蟲坯戶	水始涸
			公　賁	辟　觀	侯　歸妹 內
寒露	九月節	兌九二	鴻雁來賓	雀入大水爲蛤	菊有黃華
			侯　歸妹 外	大夫　无妄	卿　明夷
霜降	九月中	兌六三	豺乃祭獸	草木黃落	蟄蟲咸俯
			公　困	辟　剝	侯　艮 內
立冬	十月節	兌九四	水始冰	地始凍	雉入水爲蜃
			侯　艮 外	大夫　既濟	卿　噬嗑
小雪	十月中	兌九五	虹藏不見	天氣上騰地氣下降	閉塞而成冬
			公　大過	辟　坤	侯　未濟 內
大雪	十一月節	兌上六	鶡鳥不鳴	虎始交	荔挺生
			侯　未濟 外	大夫　蹇	卿　頤

上圖本《新唐書·歷志》。

《新唐書》此圖,分列初次末三候,始中終三卦,尤爲詳明。故惠氏及莊氏方耕均錄之,兹幷載焉。

清儒考卦氣者,梨洲黃氏爲先,定宇惠氏繼之,其間莊氏方耕亦著《卦氣解》。迨後劉氏申受著《卦氣頌》,蔣氏子瀟著《卦氣表》、《卦氣證》,俞氏蔭甫著《卦氣直[①]日考》、《卦氣續考》,沈氏竹礽著《卦氣直解》。諸家之書,或則精奧,或則詳博,皆足資考證。若其釋六日七分次第者,則唯梨洲之說較爲簡明。兹逐錄於下。

六日七分卦序解:

中孚	冬至	萬物萌芽於中。
復		陽氣復始。
屯	小寒	一陽微動,生物甚難。
謙		陽氣澹然溫和,萬物於土中始自裁幼。
睽		睽,外也,萬物將自內而外。
升	大寒	萬物爲陽氣所育,將射地而出。
臨		陰氣在外,萬物扶疏而上。
小過	立春	小爲陰。小過者,陰將過也。
蒙		萬物孚甲而未舒。
益		陽氣日益。
漸	雨水	陽氣漸生。
泰		陽氣日盛,萬物暢茂。
需	驚蟄	陰尚在上,滋生舒緩。
隨		萬物隨陽氣而徧。
晉		萬物日晉而上。
解	春分	陽氣溫暖,萬物解甲而生。
大壯		陽氣內壯。
豫	清明	陰消陽息,萬物和悅。

---

① 卦氣直,《福建師範學院學報》誤作"氣直卦"。據上下文意改。

訟		萬物爭訟而長。
蠱		蠱,飭也。萬物至此整飭。
革	穀雨	萬物洪舒,變形易體。
夬		陽氣決然,无所疑忌。
旅	立夏	微陽將升,陽氣若處乎旅。
師		萬物衆多。
比		萬物盛而相比。
小畜	小滿	純陽據位,陰猶畜而未肆。
乾		萬物猶強盛。
大有	芒種	陽氣充滿,將衰。
家人		陽將休息於家。
井		萬物井然不亂。
咸	夏至	陽極陰生,感應之理。
姤		微陰初起,與陽相遇。
鼎	小暑	陰陽之氣相和,若調鼎然。
豐		陰陽相濟,而物茂盛。
渙		陰陽相雜,渙有其文。
履	大暑	陰進陽退,有賓主之禮。
遯		陰進陽遁。
恒	立秋	陰陽進退,不易之常道。
節		陽不可過,故陰以節之。
同人		陰氣雖盛,陽氣未去,與之相同。
損	處暑	萬物減損。
否		陽上陰下,萬物否塞。
巽	白露	巽,伏也。陽氣將伏。
萃		萬物陽氣萃於內。
大畜		大爲陽。陽氣蓄聚於內。
賁	秋分	坤爲文。陰升陽降,故文見而賁。
觀		陽養其根,陰成其形,物皆可觀。
歸妹	寒露	陽在下,故曰歸。

无妄		无妄，災也。萬物凋落。
明夷		物受傷。
困	霜降	物受傷而困。
剝		陰剝陽而盡。
艮	立冬	物上隔於陰，下歸於陽，各止其所。
既濟		歲功已濟。
噬嗑		噬嗑，食也。物美其根而得食。
大過	小雪	陽之受傷，將過。
坤		陽上陰下，不相逆而順。
未濟	大雪	陽將復而未濟。
蹇		陰極陽生，故爲之蹇。
頤		陽得養而復。

梨洲之釋六日七分卦序，蓋本之揚子雲《太玄》。《太玄》八十一首，始以中準中孚，終以養準頤，次第皆與此合。則知卦氣直日，西漢經師用之已久矣。

然卦氣六日七分卦序，其義雖可知，而所以分屬公、辟、侯、大夫、卿之義，仍隱約難明。莊氏方耕雖以諸卦乾坤爻數釋之，亦終未能令人理解冰釋。茲姑錄其說，以備參考焉。

莊氏云："辟卦十二，乾坤之爻各三十六。侯卦十二屯、小過、需、豫、旅、大有、鼎、恒、巽、歸妹、艮、未濟，乾坤之爻各三十六。凡百四十有四畫，合坤之策。辟治天下，侯治一國，皆君道也。辟以序，而侯以錯，讓於辟也，臣道也。公卦十二中孚、升、漸、解、革、小畜、咸、履、損、賁、困、大過，乾爻四十一，坤爻三十一，有師保之誼焉。卿卦十二睽、益、晉、蠱、比、井、渙、同人、大畜、明夷、噬嗑、頤，乾爻三十五，坤爻三十七，讓於侯也。大夫卦十二謙、蒙、隨、訟、師、家人、豐、節、萃、无妄、既濟、蹇，乾爻三十二，坤爻四十，讓於卿也。公、卿、大夫，凡二百一十有六畫，合乾之策也。"

至於卦氣與時訓相附，七十二候之詞皆由卦象而出。如《中孚》曰"蚯蚓結"，上巽爲蟲，故曰蚯蚓；《中孚》正反巽，故曰蚯蚓結。於《復》曰"麋角解"，震爲鹿故曰麋，艮爲角，艮覆 ① 在地，則角落矣，故曰麋角解。其他各

---

① 覆，《福建師範學院學報》誤作"復"。據上下文意改。

卦亦无不皆然。此則先師行唐尚先生發前人之所未發者,詳見其所著《時訓卦氣圖易象考》中。

若論卦氣之用,漢儒多用爲占驗。是以《周易參同契》曰:"君子居室,順陰陽節,藏器俟時,勿違卦月。謹候日辰,審察消息。纖芥不正,悔吝爲賊。二至改度,乖錯委曲,隆冬大暑,盛夏霜雪。二分縱橫,不應漏刻,水旱相伐,風雨不節,蝗蟲湧沸,群異旁出。"此言卦氣不效,則分至寒溫皆失其度也。《漢書·京房傳》:"其說長於災變,分六十卦,更直日用事,以風雨寒溫爲候,各有占驗,房用之尤精。"又房上封事云:"此陛下欲正消息,雜卦之黨,并力而爭,消息之氣不勝。"孟康曰:"諸卦氣以寒溫不效。"谷永對策曰:"王者躬行道德,則卦氣理效,五徵特 ① 序惠氏云:兼洪範五行言;失道妄行,則卦氣悖亂,咎徵著郵。"後漢張衡上疏亦言:"律歷卦候,數有徵效。"郎顗七事云:"今春當旱,夏必有水,以六日七分候之,可知。"樊毅修華嶽碑云:"風雨應卦,瀸 ② 潤萬物。"此可知漢儒皆用卦氣爲占驗也。

惟卦氣之用,其初雖爲占驗,其後復用於歷學,然解經用者亦正多。如《復》卦"七日來復",康成之注,沖遠之疏,以及李氏所解,苟不明卦氣之術,蓋莫能通。又《周易·序卦》之次,雖與卦氣不同,而其取象,有顯然用卦氣者。如中孚"豚魚吉";《屯》象"剛柔始交而難生";《升》六四"王用亨于岐山";《臨》"至于八月有凶";《益》六二"王用亨于帝吉";《泰》六五"帝乙歸妹,以祉元吉";《歸妹》六五"帝乙歸妹"。以上諸條,苟不明卦氣之術,則《乾鑿度》及鄭康成、虞翻、崔憬諸家之義,亦莫能了然。至若蔣子瀟之《卦氣證》,所舉猶不止此,可知卦氣與《易》關係匪淺,故不可不明其要義。學者宜抉擇應用,勿徒目爲術數之學而忽視之也。

（據《福建師範學院學報》1962 年第 1 期整理。此爲作者 1938 年在北平所撰舊稿《漢易條例》五卷之首卷。全書原稿在"抗戰"中因北平淪陷而散佚。因作者曾將首卷錄副寄霞浦呈祖父審閱,故得幸存。後來又重撰全書,更名《漢易舉要》。序言及卷一"孟氏易"曾於 1962 年刊載《福建師範學院學報》。重撰之全稿則於"文化大革命"中又被抄沒亡佚。）

---

① 特,《福建師範學院學報》誤作"時"。據《漢書》校改。

② 瀸,《福建師範學院學報》誤作"纖"。據清惠棟《易漢學》校改。

論易學之門庭

程頤嘗言：“學者要自得，六經浩渺，乍來難盡曉，且見得路徑後，各自立得一個門庭，歸而求之，可矣。”朱子門人問：“門庭豈容各立耶？”朱子曰：“此是說讀六經，是 ① 要從師講問，且識得如何下工夫，便是立得門庭；卻歸去依此實下工夫，便是歸而求之。”朱子門人又有問：“如何是門庭？”朱子曰：“是讀書之法，如讀此一書，須知此書而當如何讀。伊川教人看《易》，以王輔嗣、胡翼之、王介甫三人《易解》看。此便是讀書 ② 之門庭。”（以上所引，均見江永《近思錄集注》卷三。謹案，“伊川教人看《易》”之語，見程子《與金堂謝湜書》中。王輔嗣名弼，山陽高平人，魏尚書郎，年二十四卒。著《周易上下經注》六卷及《周易略例》一卷。胡翼之名瑗，泰州如皋人，宋仁宗皇祐、至和間國子直講，嘗在太學講《易》。講授之餘，欲著述而未逮。其門人倪天隱遂述師說，作《周易口義》十二卷，即《宋史·藝文志》所載之胡瑗《易解》十二卷也。《宋史·藝文志》又載有王安石《易解》十四卷，今不傳。）根據以上伊川所論，晦翁所釋，知讀經須先立得門庭。所謂門庭者，便是從師講問如何下工夫，如何讀書。再申暢其說，便是凡治某一種學問，必須求師指導一了當之塗徑，使不至迷罔眩惑，若不知要領，勞而無功也。

今既講習《周易》，便當先明易學之門庭。然余非能爲諸同學開示門庭，不過以所聞於師者告語諸同學而已！

原易道廣大，無所不包，見仁見智，非止一端。今欲辨其門庭，必須先論其源流宗派。知其源流宗派，然後知何者爲本，何者爲末，何者爲主，何者爲客。本末既析，主賓既分，而門庭斯立。

《易》之爲書，“人更三聖，世歷三古”，此爲漢儒之通誼。然重卦之人，即有四說：王輔嗣等以爲伏羲重卦，鄭玄之徒以爲神農重卦，孫盛以爲夏禹重卦，史遷以爲文王重卦（見孔穎達《周易正義·序論》）。繫辭亦有二說：鄭學之徒，以卦辭爻辭並是文王所作；馬融、陸績等謂卦辭文王，爻辭周公（見書同上）。自歐陽修而後，對《十翼》亦多異論（見《易童子問》）。然則，所謂“三聖”、“三

---

① 是，《晦庵集》及清江永《近思錄集注》作“只”。

② 書，《福建師範大學學報》作“業”。據《朱子語類》及清江永《近思錄集注》改。

古"者，已未足爲定論，此《周易》本身之時代及作者之紛紜也。

秦政焚書，《易》獨以卜筮幸存，較羣經爲最無闕。然自西漢而後，經說之最複雜者，亦莫如《易》。蓋西漢易學之派別，大抵可分爲四派：曰訓故舉大誼，周王孫、服光、王同、丁寬、楊何、蔡公、韓嬰七家《易傳》是也；曰陰陽候災變，孟喜、京房、五鹿充宗、段嘉四家《易傳》是也；曰章句守師說，施讎、孟喜、梁①丘賀、京房學官博士所立以教授者（謹案，此據《漢書·藝文志》將孟喜、京房分列兩類，章句之學爲正宗，災變占驗則獨成一家也。又案，京房受《易》於焦贛，焦氏無章句，故《漢書·藝文志》不著錄。）是也；曰《十翼》解經意，費直無章句，專以孔傳（指《十翼》）解說，民間所用以傳授者是也。其東漢易學派別亦有四：曰馬融、劉表、宋衷、王肅、董遇，此皆爲費氏易作章句者也（費氏易無章句，諸家各爲立注）；曰鄭玄、荀爽，先治京氏易，後參治費氏易者也（鄭玄從第五元先通京氏易，荀爽從陳寔受樊英章②句，亦京氏學）；曰虞翻，本治孟氏易，雜用《參同契》納甲之術者也；曰陸績，專治京氏易者也。明乎此，則漢易之流派，約略可知（略本陽湖吳翊寅《易漢學考》之說）。

自王弼注行之後，漢易漸衰，此爲易學變化之一大關鍵。觀陸德明《經典釋文·序錄》云："永嘉之亂，施氏、梁丘氏之易亡，孟、京、費之易，人無傳者。惟鄭康成、王輔嗣所注行於世，而王氏爲世所重。"又《隋書·經籍志》云："梁丘、施氏、高氏（謹案：沛人高相治《易》，與費直同時，其《易》亦無章句，專說陰陽災異，自言出于丁將軍，傳至相，相授子康及蘭陵毋將永，爲高氏學。）亡於西晉。孟氏、京氏有書無師。梁、陳，鄭玄、王弼二注列於國學。齊代唯傳鄭義。至隋，王注盛行，鄭學寖微，今殆絕矣。"又孔穎達《周易正義序》云："傳《易》者，西都則有丁、孟、京、田，東都則有荀、劉、馬、鄭，大體更相祖述，非有絕倫③。惟魏世王輔嗣之注，獨冠古今。所以江左諸儒，並傳其學；河北學者，罕能及之。"觀此諸文，可知王易之勢力，籠罩於魏晉南北朝之間，雖鄭注亦莫能抗行，足徵象數之見絀於玄理矣。

唐《五經正義》，《易》採用王、韓之注。（謹案，自元嘉以來，王易盛行，獨闕《繫辭》以下不注。謝萬、韓伯、袁悅之、桓玄、卞伯玉、荀柔之、徐爰、顧歡、明僧紹、劉瓛④等十人並注《繫

---

① 梁，《福建師範大學學報》誤"粱"。據作者《羣經要略》手稿本卷二附錄改。
② 章，《福建師範大學學報》脫。據作者《羣經要略》手稿本卷二附錄補。
③ 倫，《福建師範大學學報》誤"淪"。據作者《羣經要略》手稿本卷二附錄改。
④ 瓛，《福建師範大學學報》誤"瓛"。據《經典釋文序錄》改。下文"瓛"字同此。

辭》，自韓氏專行，而各家皆廢。又案，韓伯，字康伯，潁川人，東晉太常卿。）故王弼之易，在唐代幾定於一尊。幸賴李鼎祚著《周易集解》，采漢儒以迄唐代象數家注《易》之說，得三十五家。（所采各家爲子夏、孟喜、焦延壽、京房、馬融、鄭玄、荀爽、劉表、宋衷、王肅、王弼、何晏、虞翻、陸績、姚信、翟玄、韓康伯、向秀、王廙、張璠、干寶、蜀才、劉瓛、沈麟士、伏曼容、姚規、崔覲、盧氏、何妥、王凱沖、侯果、朱仰之、蔡景君、孔穎達、崔憬等三十五家。又引有《九家易》一書，據陸德明《經典釋文·序錄》云："《荀爽九家集注》十卷，不知何人所集，稱荀爽者，以爲主故也。其序有荀爽、京房、馬融、鄭玄、宋衷、虞翻、陸績、姚信、翟子玄。子玄不詳何人，爲《易義》。注內又有張氏、朱氏，並不知何人。"又云："〔蜀才〕姓范，名長生，一名賢，隱居青城山，自號蜀才，李雄以爲丞相。"）崇象數，黜玄言，漢易餘緒，賴以僅存。及宋，陳摶、劉牧、邵雍之徒出，而後遂有《先天圖》、《後天圖》、《河圖》、《洛書》諸圖說，易學之途，又爲之一變。（劉牧、邵雍之學，均傳自陳摶。劉著《易數鈎隱圖》三卷，邵著《皇極經世書》十二卷。）及朱熹、蔡元定等引申其說，而後遂有"宋易"之名與"漢易"相對峙。（朱子著《周易本義》十二卷。又著《易學啟蒙》三卷，則屬稿於蔡元定。）而胡瑗、程頤之專闡儒理，李光、楊萬里之參證史事者，又各爲宗派。（胡著《易解》十二卷，爲程所崇，說已見前。程著《易傳》四卷，李著《周易詳說》十卷，楊著《誠齋易傳》二十卷。）而易學派別之分歧，於焉益多。

元之諸儒，大抵篤守程、朱遺說。（如吳澄《易纂言》、胡震《周易衍義》等書。）明初猶然。（如胡廣《周易大全》、蔡清《易經蒙引》等書。）中葉以後，乃有以狂禪解經者，末葉尤盛。（如方時化《學易述談》四卷，總以禪機爲主。徐世淳《易就》六卷，語多似禪家之機鋒。蘇濬著《周易冥冥篇》四卷，觀其書名，即可以知其之爲狂禪。至釋智旭著《周易禪解》十卷，更明言以禪解《易》矣。）及清儒輩出，乃務求徵實，理董漢學遺緒（如惠棟《易漢學》等），宋易遂至受攻擊而逐漸消沈，風氣又爲之一變矣。

清乾隆間，四庫館臣綜觀源流變遷，乃爲兩宗六派之說。其[①]言曰："《左傳》所記諸占，蓋猶太卜之遺法。漢儒言象數，去古未遠也。一變而爲京、焦，入於禨祥；再變而爲陳、邵，務窮造化：《易》遂不切於民用。王弼盡黜象數，說以老莊。一變而胡瑗、程子，始闡明儒理；再變而李光、楊萬里，又參證史事：《易》遂日啟論端。此兩派六宗，已互相攻駁。"（見《四庫全書總目提要》經部易類小序）其分宗別派，大體如此。

然就此之宗派而言，尚未足以盡易學之領域。故《四庫提要》又云："又

---

① 其，《福建師範大學學報》誤"具"。據作者《群經要略》手稿本卷二附錄改。

易道廣大，無所不包。旁及天文、地理、樂律、兵法、韻學、算術，以逮方外之爐火，皆可援《易》以爲說。而好異者，又援以入《易》，故易說愈繁。"（見易類小序。謹案，天文涉及方位，地理涉及分野，樂律、韻學均涉及陰陽之變，故皆與《易》有關。又兵法之書，涉及奇門、遁甲、太乙、六壬諸術數，亦附會於《易》。故近人鹽城韋汝霖先生著有《奇門闡易》之書。《周易》有象有數，故涉及數學，如《周易折中》後所載《易學啟蒙附論》，近人邵武丁超五先生所著《易理新詮》等皆是。方外之爐火，則指《周易參同契》之類。）由《提要》此說觀之，始可以知易學之領域，廣泛侵及一切學術之範圍。下逮近世，泰西學術傳入中國，其聲光化電諸科學，亦往往與易理通，學《易》者亦時時援以爲說（如杭辛齋《杭氏易學》之類）。而郭沫若先生等又根據《周易》卦爻辭之文以研究中國古代社會之情況，郭所著《中國古代社會研究》引《周易》之材料頗多，是其嚆矢。而我國歷代醫學家又往往運用易學之哲理以作爲醫學理論之根據（如黃建平《祖國醫學方法論》之類）。是以易學之所涵，乃附有術數、玄言、科學三種實質。

就以上所述觀之，易學之源流宗派，大體可知；而其途徑之雜，亦可概見。然則欲求易學之門庭，果當何自？依余所聞，蓋有兩端：

一端，從源溯流。首須熟讀經傳本文，考明《春秋內外傳》諸占筮。其次觀漢魏古注（李鼎祚《周易集解》所存最多）。其次觀六朝隋唐諸家義疏（《孔疏》多本之六朝舊疏）。最後參考宋元以來各家之經說。（宋元人經說多存於《通志堂經解》中，清儒經說《清經解》、《續清經解》中所收爲最多。）不從古注入手者，是爲迷不知本源。

二端，彊幹弱枝。須知《周易》源本象數，發爲義理，故當以象數、義理爲主幹。其餘涉及天文、地理、樂律、兵法、韻學、算術，以逮方外爐火，禪家妙諦，與夫近世泰西科學者，皆其枝附。不由主幹而尋枝附者，是爲渾不辨主客。

夫源流既已明矣，主客既已辨矣，則易學之門庭可得而知矣。然就象數、義理兩主幹之宗派而言，其派別亦已甚紛繁。故學《易》者，當以漢易還之漢易，以宋易還之宋易。而就漢易之中，亦當以孟、京者還之孟、京，鄭、虞者還之鄭、虞；宋易之中，亦當以陳、邵者還之陳、邵，程、朱者還之程、朱，李、楊者還之李、楊。其餘衆家，亦莫不就其家法師承，爲之爬羅剔抉，刮垢磨光，以明其本來之面目。夫如是，則家法可明，而條理必清。若其混淆衆家，糅雜群言，不別是非，無所斷制，使人莫知其向，不審所從，猶未足以 [①] 論爲能知易學

---

① 　以，《福建師範大學學報》誤"從"。據作者《群經要略》手稿本卷二附錄改。

之門庭也。

　　胡五峰有言："學欲博不欲雜，守欲約不欲陋。"余深服膺其說。故余之於《易》，亦深願能博讀古今易家之書，而不願糅雜衆家之言；願各守各家之家法，而亦不願株守一先生之言。此乃余所論之易學門庭，而亟願以告語諸同學，作爲初階者也。至若大雅君子，窮天人之際，通古今之變，揮斥百家，包掃一切，冥思獨運，卓然自樹，而成一家之言，上既無所依傍於前賢，而下且足以梯航乎後學，此乃所以論於成德達材，慮非鄙陋如余者所能措意也。

　　〔附記〕1940 年夏曆庚辰年大暑日，在北平中國大學國學研究室講演，寫初稿。1980 年夏曆庚申年清明節後十日，在福建師範大學中文系研究生班講演，寫再稿。

　　（據《福建師範大學學報》1980 年第 3 期整理。此文初撰於 1940 年夏，修訂於 1980 年春，刊載於《福建師範大學學報》當年第 3 期。又載《周易研究論文集》第一輯，北京師範大學出版社 1987 年 9 月出版。又載作者《群經要略》卷二附錄，華東師範大學出版社 2000 年 10 月出版。）

六庵易話

一

　　余少好讀《易》，老而未倦。嘗見歷代易家多詭奇好怪，意頗不謂然。蓋《易》之爲書，世俗恒不免以神秘視之，益以易家好怪，則不獨其書神秘，將學《易》之人亦若帶有神秘性者，此大爲易學之障礙者也。如《三國志·虞翻傳》，注引翻《別傳》曰："翻初立《易注》，奏上曰：'又臣郡吏陳桃，夢臣與道士相遇，放髮被鹿裘，布《易》六爻，挑其三以飲臣，臣乞盡吞之，道士言易道在天，三爻足矣。豈臣受命，應當知經？所覽諸家解，不離流俗，義有不當實，輒悉改定，以就其正。'"云云。又陸希聲《周易傳自序》曰："予乾符初，任右拾遺，歲暮端居，夢在大河之陽，曠野數百里，有三人僵臥，東首，長各數十丈。有告者曰：上伏羲，中文王，下孔子也。三聖皆無言。意中甚愕，悟而震悸。伏而思之，河與天通，圖之自出，三聖衡列，乾之象也。天道無言，示人以象，天將以易道畀予乎！由是麋少小以來所集諸家注說，貫以自得之理，著《易傳》十篇。"云云。按：陸氏述己之夢，虞氏述郡吏之夢，夢者雖不同，而皆認爲因感夢而著書，一若其著書，乃受天之命者。此其立說，自是好奇。及至於宋，變本加厲，每有所作，益矜神秘。故先天、太極諸圖，或以爲傳自武夷君，或以爲得自蜀之隱者。他如箋叟、醬翁、麻衣道者之徒，紛紛傳說或僞託，實皆欲藉隱秘以自神其說，皆好怪之害。至清嘉慶間，蕭山鄭鳳儀著《周易大義圖說》，又自言"在太學夢見卜子夏，始豁然開悟"，其意殆與虞氏、陸氏同出一轍矣。又近時有杭辛齋者，著《易學筆談》等書，世士盛傳其在獄中得異人傳授，而辛齋亦自言其師"忍死猖狂，尅期以待，密傳心法"。究之其師果爲何人，世亦莫得而知。余雖不敢謂茲事爲世之所必無，要不能無疑其近怪也。

南皮張香濤嘗言："不知古注者，不得爲經學。"此殆不可移易之論。故余嘗謂，讀《易》必須從李鼎祚《周易集解》及《注疏》入手。不通《集解》與《注疏》者，不足以言治《易》。

《集解》一書，宋元以來，即不甚見重，故資州之始末，迄不能詳，其時代亦不可考。重之蓋自清儒始。觀《四庫提要》稱："王學既盛，漢易遂亡，千百年後學者得考見畫卦之本旨者，惟賴此書之存耳，是真可寶之古笈也。"云云。其推重可謂至極。至道光間安陸李道平又爲《纂疏》，而其書益顯。

《纂疏》一書，以余所知者，蓋有三本：一湖北原刻本，分三十六卷；二《湖北叢書》本，分十卷，附《易筮遺占》一卷；三思賢書局刊本，亦分三十六卷，蓋據原刻本重校者，故亦不附《易筮遺占》。今《叢書集成》中之《纂疏》，則據《湖北叢書》本排印者。

思賢書局本前有長沙王先謙一序，又有陳寶琛《重校纂疏識略》六條，蓋王氏命陳重校之。陳氏所校，諸多精覈，不獨勝於《湖北叢書》本，即原刻本亦不及，允爲《纂疏》之善本。

《纂疏》未善處，陳氏條舉五事：曰擅改古書；曰尠所發明，復窮佐證；曰援引多誤；曰襲諸家之說以爲己見；曰用漢儒易義以釋王韓孔三家之說。其言皆切中李氏之弊。凡此五事，第一、第三兩事，尚可補苴罅漏，勉爲校訂；其他各事，非重作不可。故余頗望異日有能爲新疏者。

《纂疏》未善處，非止如陳氏所指，其間疏義不了不協者亦尚多。如《乾·彖》"大明終始"，荀爽注："乾起坎而終於離，坤起於離而終於坎。離坎者,乾坤之家,而陰陽之府。"案,此乃以十二月消息卦方位言之。消息乾起於坎方而終於離方,坤起於離方而終於坎方,故曰"坎離者乾坤之家而陰陽之府"。離爲日,坎爲月,《乾鑿度》曰"日月終始萬物",故曰"大明終始"。大明當兼日月而言,此與下荀注"六位時成",爲"六爻隨時而成乾"說正合。而《疏》乃謂:"坎本乾之氣,故乾起於坎之一陽,而終於離之二陽。離本坤之氣,故坤起於離之一陰,而終於坎之二陰。乾寓坎中,坤寓離中。"不實指消息卦方位,而徒以一陰二陰、一陽二陽爲說,義殊未了。又《蒙》六五小象,荀注"順於上,巽於二"。案,五上承上九,下應九二,皆以陰從陽,互坤爲順,故曰"順於上,巽於二",巽亦順也。而《疏》必爲五"變爲巽以應二",夫五變則爲陽,與二陽如何相應? 且又不能上承,於順上巽二之旨全悖矣。又《觀》九五,虞注曰:"震生象反,坤爲死喪,嫌非生民,故不言民。"案,《觀》三至五互艮。艮,覆震也,震爲生,震覆,故曰"震生象反"。此與《繫辭》"重門擊柝",九家注"下有艮象,從外示之,震復爲艮"(案「震復爲艮」即謂震反爲艮、震覆爲艮也)義正同。又《繫辭》"上棟下宇",虞注"巽爲長木,反在上爲棟",義亦正同。而《疏》解"重門擊柝"與"上棟下宇"均不誤,而解"震生象反"則未協,以未能確知虞氏亦用覆象也。若此之屬,皆襲舊解,而未能有所匡正,爲數蓋尚多也。

　　膠西柯鳳孫先生作《纂疏》提要,謂:"卷首載諸家說《易》凡例,自卦氣至二十四方位,凡十事,列圖於左,尤得易學之綱領。惟虞氏之兩象易,及六十四卦旁通,錢大昕並演爲圖,而道平遺之,亦其一疏。"案,柯先生此言是也。惟柯先生又言:"王先謙擬重刻其書,令人復檢,徵引原文,重加釐正。然究未重刻,僅載其序於文集而已。"案,王氏序作於光緒十七年辛卯夏五月,明云:"思賢書局取而重刊之,陳君寶琛爲復檢,徵引原文,詳加釐正,瑕纇就滌,精英煥然。"而陳氏之《重校纂疏識略》,亦作於光緒辛卯六月,是重刻本在光緒中葉即已刊成,而柯先生未之見耳。

　　宋儒重義理,故王弼注仍得不廢。觀程伊川教人看《易》,以王輔嗣、胡翼之、王介甫三家《易解》看,其見重於時可知。其後王應麟亦言:"以義理解《易》,自王弼始。何晏非弼比也,清談亡晉,衍也非弼也。"譏范甯以王弼、何晏並言爲過。則南宋之末,王注仍見重於世。清儒理董象數,喜言漢學,王注非所注重。故清儒整理《易注疏》者,自阮文達而外,唯焦循及劉毓崧二人而已。

　　焦氏以王弼之學，雖尚空談，而以六書通假解經之法，尚未遠於馬鄭諸儒，特孔穎達之《正義》不能發明之，乃撰《補疏》二卷，以訂孔之舛漏。如“龍戰于野”，王注：“固陽之地，陽所不堪。”焦氏謂《正義》解“固爲占固”，然“陽之地”則未實指何所，引荀氏消息說“坤在於亥，下有伏乾”，鄭君爻辰說“坤上爻實爲乾之地，而坤爻據之”，王氏用荀、虞之義，而渾其辭爲“固陽”。“拔茅連茹，以其彙，征吉”，王注：“茹，相牽引之貌。”焦氏據《漢書·劉向傳》注引鄭氏云：“茹，牽引也”，以證王之所本。“匪其彭”，王注：“三雖至盛，五不可舍。旁謂三。”焦氏據《子夏傳》“彭”作“旁”，彭爲盛者，爲旁之音通假借也。“匪其彭”，猶云“匪其盛”，《正義》“九三在九四之旁”，失之。“臨至于八月有凶”，王注：“陽衰而陰長，故曰有凶。”焦氏謂王氏以八月指《否》所辟之卦，夏之七月，殷之八月也；文王用殷正，故以《否》所辟爲八月。“窺觀”，王注：“猶有應焉，不爲全蒙。”焦氏謂此荀氏二五升降之義，王氏陰用之。“履錯然”，王注：“處《離》之始，將進而盛，未在《既濟》，故宜慎其所履。”焦氏推闡王義，將進而盛，謂由初至三，皆得正也，上三爻未正，不成《既濟》，故曰“未在《既濟》”。引王氏《既濟》注、《未濟》注，以證其互相發明，譏《正義》顚頇衍之，未喻王義。“箕子之明夷”，王注：“與難爲比，險莫如茲，而在斯中，猶暗不能沒。”焦氏謂王氏讀“箕子”爲“其茲”，故云“險莫如斯，而在斯中”。以“茲”字解“子”字，以“斯”字解“其”字，若曰“其茲之明夷”，推王意絕不以爲殷之箕子，《正義》失之。凡此皆援據精確，足以補《正義》之所未及。

　　孔穎達《周易正義序》，稱“江南義疏十有餘家”。據《正義》所引者，惟莊氏、張氏、褚氏三家之說而已。褚氏爲褚仲都。有謂穎達之《疏》多本於仲都者，要其襲取前人，往往並采兩家，故前後不能無互異。劉氏毓崧因著《周易舊疏考正》一卷，疏其前後牴牾者十有八事，抉摘精當，實爲讀《正義》者必不可少之書。惟劉氏據《屯》卦“匪寇婚媾”《正義》引馬季長注，及《咸》卦“滕口說也”《正義》不駁鄭說二事，證明《正義》乃六朝舊疏，非唐人筆，立義不堅，未足取信，已爲膠西柯先生所駁矣。

　　《四庫提要》云：“《周易正義》卷端，又題曰兼義，未喻其故。”阮氏《校勘記》卷一標“周易兼義上經乾傳第一”，校語云：“兼義字，乃合刻注疏者所加，取兼併《正義》之意也。蓋其始無合一之本，南北宋之間，以疏附於經注者，謂之某經兼義。至其後則直謂之注疏。此變易之漸也。"膠西柯先生駁之云："兼義，謂合孔《正義》、陸《音義》合刻之，無他意也，《校勘記》失之。"按柯先生之說近是。

近日言《易》之家，仍多拾漢學之緒餘，推崇王注者甚少，獨餘杭章太炎先生宗尚之。余嘗見章先生致先師歙吳檢齋先生手劄云："僕之有取於王、程者，亦謂其近道耳。"又云："讀王注者，當先取《略例》觀之，其言閎廓，亦不牽及玄言。"其宗主王弼甚堅。蓋章先生不獨長於故訓，亦復深於名理，故所尚與乾嘉諸儒異趣矣。

陸元朗以畫卦爲"名教之初"。先師歙吳先生謂其："蓋含三義。《易·序卦》曰：'有天地然後有萬物，有萬物然後有男女，有男女然後有夫婦，有夫婦然後有父子，有父子然後有君臣，有君臣然後有上下，有上下然後禮義有所錯。'因物付名，因名定分，以是設教，則紛爭息而教化行。故《六藝論》云：《易》者陰陽之象，天地之所變化，政教之所生。'是其義也。許慎說文字起源，而推本於伏羲畫卦以垂憲象。近人亦言八卦乃象形文字之最朔者。古曰名，今曰字，名教即語言文字之教。又一義也。《左傳正義》稱，'伏羲立十言之教'。言亦名也。此又一義也。"先生治經，以《書》、《禮》名家，不以《易》鳴，然於《易》功力亦深。

王安石言性，頗趨向"善惡混"之說。楊龜山《語錄》駁之，謂："大抵人能住得，然後可以有爲。才智之士，非有學力，卻住不得。"《字說》所謂'大同於物者離人焉'，曰楊子言'和同天人之際，使之無間'，不知是同是不同？若以爲同，未嘗離人。又所謂'性覺真空者離人焉'，若離人之天，正所謂'頑空'。《通老總經》中說'十識'：第八庵摩羅識，唐言白淨無垢；第九阿賴邪識，唐言善惡種子。白淨無垢，即孟子之言性善是也。言性善，可謂探其本；言善惡混，乃是於善惡已萌處看。荊公蓋不如此。"案，如龜山之說，則孟子之言"性善"，乃《通老總經》之第八識；荊公之主張"性善惡混"，乃《通老總經》之第九識。換言之，亦即謂荊公以"阿賴邪識"釋性矣。此援"阿賴邪識"釋性之首見者也。又餘杭章太炎先生著《菿漢昌言》，其《經言·一》謂："乾即阿賴邪識，坤即意根。"《經言·二》更謂："良知界限，不出阿賴邪識與意根意識。"是又以"阿賴邪識"釋《大易》與王學矣。若綜合龜山所引喻，菿漢所指明，則不論乾也，性也，心也，皆"阿賴邪識"而已！亦即謂乾爲善惡種子,萬物所資始;性爲善惡種子,七情所自出;心爲善惡種子,萬理所從生:三者一而已矣。

《易》之所重在象。象字之義,《説文》云:“象,長鼻牙,南越大獸,三年一乳。象耳、牙、四足之形。”《易·辭繫下傳》云:“象也者,象也。”崔憬注:“象者,形象之象也。”《太玄·守》云:“象,似也。”王弼《易略例》云:“夫象者,出意者也。”由以上諸説觀之,則象本南越大獸,借爲形象、法象之象,引申爲意象、想象之象。以今日術語釋之,則爲象徵之象,言《易》以六十四卦三百八十四爻象徵宇宙間萬事萬物之理也。

二

《周易正義》曰:“其《周易》繫辭,凡有二説。一説所以卦辭、爻辭,並是文王所作。知者案《繫辭》云:‘《易》之興也,其於中古乎? 作《易》者其有憂患乎?’又曰:‘《易》之興也,其當殷之末世,周之盛德邪? 當文王與紂之事邪?’又《乾鑿度》云:‘垂皇策者犧,卦道演德者文,成命者孔。’《通卦驗》又云:‘蒼牙通靈昌之成,孔演命,明道經。’準此諸文,伏羲制卦,文王繫辭,孔子作《十翼》。《易》歷三聖,只謂此也。故史遷云:‘文王囚而演《易》’,即是‘作《易》者其有憂患乎’。鄭學之徒,並依此説也。二以爲驗爻辭多是文王後事。案《升》卦六四,‘王用亨于岐山’。武王克殷之後,始追號文王爲王,若爻辭是文王所制,不應云‘王用亨于岐山’。又《明夷》六五,‘箕子之明夷’。武王觀兵之後,箕子始被囚奴,文王不宜預言‘箕子之明夷’。又《既濟》九五,‘東鄰殺牛,不如西鄰之禴祭’。説者皆云,西鄰謂文王,東鄰謂紂。文王之時,紂尚南面,豈容自言己德,受福勝殷? 又欲抗君之國,遂言東西相鄰而已? 又《左傳》韓宣子適魯,見《易象》云:‘吾乃知周公之德’。周公被流言之謗,亦得爲憂患也。驗此諸説,以爲卦辭周公。馬融、陸績等並同此説,今依而用之。所以只言三聖不數周公者,以父統子業故也。”《左傳正義》曰:“《易繫辭》云:‘《易》之興也,其當殷之末世,周之盛德邪? 當文王與紂之事邪?’鄭玄云:‘據此言,以《易》是文王所作,斷可知矣。’且史傳讖緯,皆言文王演《易》,演謂爲其辭以演説之,《易經》必是文王作也。但《易》之爻辭,有‘箕子之明夷,利貞。’又云:‘王用亨于岐山。’又云:‘東鄰殺牛,不如西鄰之禴祭,實受其福。’二者之意,皆斥文王。若是文王作經，無容自伐其德。故先代大儒鄭衆、賈逵，或以爲卦下之象辭，文王所作；爻下之象辭，周公所作。雖復紛競太久，無能決當是非。"善化皮錫瑞因謂："據《孔疏》之說，文王作卦爻辭，及文王作卦辭、周公作爻辭，皆無明文可據，是非亦莫能決。今據西漢古義以斷，則二說皆非是，當以卦爻之辭並屬孔子所作。"祺按，《周易》卦辭、爻辭究竟作於何時與何人，近人多有新說，尚待詳論。但《周易正義》及《左傳正義》懷疑爻辭非文王作，所舉均不外"王用亨于岐山"、"箕子之明夷"、"東鄰殺牛，不如西鄰之禴祭"三事。李過《西谿易說》云："凡《易》言王、言后，皆因卦象，無一言文王者。"吾師行唐尚先生尤力贊其說。故"王用亨于岐山"，與《比》卦九五"王用三驅"、《隨》卦上六"王用亨于西山"、《離》卦上九"王用出征"、《家人》卦九五"王假有家"、《萃》卦卦辭及《渙》卦卦辭之"王假有廟"、《益》卦六二"王用亨于帝"、《井》卦九三"王明並受其福"、《豐》卦卦辭"王假之"等卦爻辭相同，皆泛言，非實指，不得以此爲疑，此其一。"箕子"二字，惟馬融釋爲"紂之諸父"，先儒不同其說者甚多，如趙賓作"荄茲"，劉向、荀爽作"荄滋"，蜀才作"其子"，王弼作"其茲"，焦循亦解爲"其茲"，尚先生又解爲"孩子"。各家之說既如此不同，即不得執一說以爲疑，此其二。東鄰、西鄰，尚先生亦主張係就卦象言之，斥漢人往往以紂與文王之事說此二爻之爲非。則亦不得以此爲疑，此其三。觀此，則兩部孔疏，懷疑爻辭非文王作之事皆非確證也。又按，京君明即有西伯父子演《易》繫辭之說，則爻辭周公，蓋亦西漢經師所嘗言，實不自鄭衆、賈逵、馬融、陸績等人始。至皮氏以卦爻之辭並屬孔子所作，尤不足置信，餘杭章先生嘗駁之矣。

《周易正義》云："然重卦之人，諸儒不同。凡有四說：王輔嗣等以爲伏羲重卦，鄭玄之徒以爲神農重卦，孫盛以爲夏禹重卦，史遷等以爲文王重卦。"又云："故今依王輔嗣以伏羲既畫八卦即自重爲六十四，爲得其實。"祺按，陸元朗《經典釋文序敍錄》之意，蓋與孔同。歙吳先生云："案《淮南·要略》云：八卦所以識吉凶，知禍福，然而伏羲爲之六十四變。虞翻說同。王氏亦因成舊義耳。"祺按，吳先生之說是也。

歐陽永叔謂："《十翼》之說，不知起於何人。自秦漢以來，大儒君子不論。"皮鹿門云："後人以爲歐陽不應疑經，然《十翼》之說，實不知起於何人也。"歙吳先生云："《史記·孔子世家》曰：'孔子晚而喜《易》，序《彖》、

《繫》、《象》、《說卦》、《文言》。’《藝文志》曰：‘孔氏爲之《彖》、《象》、《繫辭》、《文言》、《序卦》之屬十篇。’漢人通謂之《傳》，晉以來謂之《十翼》。釋道安《二教論》曰：‘伏羲作八卦，文王重六爻，孔子弘《十翼》。’《十翼》之稱，始見於此。謂之翼者，《左傳正義》曰：《易》有六十四卦，分爲上下篇，及孔子又作《易傳》十篇，以翼成之’是也。”行唐尚先生不同意歐陽公及吳先生之說，駁之曰：“《漢書·費直傳》云：‘徒以《彖》、《象》、《繫辭》十篇文言解說上下經。’十篇即《十翼》，豈能以改篇字爲翼字，疑爲另一說哉！又《漢志》亦明言：‘孔氏爲之《彖》、《象》、《繫辭》、《文言》、《序卦》之屬十篇。’六一公偶失檢耳！”又云：“《易通卦驗》云：‘孔子作《上彖》、《下彖》、《上象》、《下象》、《上繫》、《下繫》、《文言》、《說卦》、《序卦》、《雜卦》爲《十翼》。’是漢人即有《十翼》之稱，不始於道安。”又云：“又《乾鑿度》曰：‘五十究《易》，《十翼》明也。’見孫星衍《孔子集語》引。《乾鑿度》先儒謂爲秦書，據是，則又不始於漢矣。”祺按，十篇當即指《十翼》，實無疑義。《十翼》之名，始見於《易緯》，雖未必起於先秦，要當出於漢代。歐陽公謂不知起於何人，實爲失誤。歙吳先生謂始於晉道安，亦嫌太晚也。

彖字之義有三。《繫辭上》云：“彖者，言乎象者也。”韓康伯注：“彖，總一卦之義也。”孔穎達疏：“彖，謂卦下之辭，言說乎一卦之象也。”祺按：韓、孔之說，均原於王弼《周易略例》。《略例·明彖》云：“彖者何也？統論一卦之體，明其所由之主者也。”是也。王謂“統論一卦之體”，韓謂“總一卦之義”，即孔所謂“言說乎一卦之象也”。此一義也。《繫辭下》云：“彖者，材也。”韓注：“材，才德也。彖言成卦之材，以統卦義也。”孔疏：“彖者材也者，謂卦下彖辭者，論此卦之材德也。”韓、孔又以彖爲論一卦之材德。此二義也。《乾·彖傳》，《正義》云：“案褚氏、莊氏並云：彖，斷也，斷定一卦之義，所以名爲彖也。”《集解》引劉瓛亦云：“彖，斷也，斷一卦之才也。”此又一義也。祺按，“言說乎一卦之象”，“論一卦之材德”，“斷一卦之才”，三義雖微有分別，而大本實相同。行唐尚先生云：“《繫辭》云：彖者材也。材、財通。《孟子》：‘有達財者。’而財與裁通。《泰傳》：‘后以財成天地之道。’漢人上書，伏惟裁察，每作財察。然則材即斷也，即裁度也。”祺按，尚先生此說甚是。

元和朱豐芑先生《六十四卦經解》云：“彖之義出於豕，茅犀也，豬神也，一角。"祺按,朱先生釋彖字之本義爲茅犀、豨神,爲能詳人之所略。而彖之所以爲斷,與材之所以爲裁,實皆由聲近義同,同音互訓也。

桐城姚二先生仲實著《史學研究法》,謂"《書序》爲目錄之祖",余謂《序卦》亦目錄之祖也。

陳騤《文則》謂:"韓退之《賀冊尊號表》用'之謂'字,蓋取《易·繫辭》。"吳氏《林下偶談》謂:"歐公作《滁州醉翁亭記》,自首至尾,多用也字;錢公輔作《越州並儀堂記》,亦是此體:蓋出於《周易·雜卦》一篇。"祺案,二說均是。

桐城吳北江先生,抄撮其父摯甫先生所著《易說》而爲《周易大義》,其例言斥象數之學爲淫瞽。吾鄉先正建甯范秋帆先生毓桂貽書諍之,文長至數千言,余嘗載之《六庵讀易隨筆》中。迭遭喪亂,惜乎今亡之矣。

瑞安林先生公鐸,天資英邁,讀書過目不忘,傳其舅氏陳介石先生之學,繼承浙東永嘉學派。故其講《易》,好以史事參證。余少時讀《誠齋易傳》頗熟,實自林先生啟之。

桐城馬岵庭先生振彪,傳其叔通伯先生之學,余於文章略知義法,於易學知習費氏者,皆岵庭先生之教也。

長沙楊遇夫先生樹達,學問淹博,余嘗從受《漢書》及《高等國文法》。先生不以治《易》名,然所著《周易古義》,輯錄甚備,亦足徵其功力之深。

先君子少從同里林鵠友先生鴻飛學《易》,於邵子《皇極經世》、蔡氏《洪範皇極》諸書,用力頗深。余於宋人象數之學,粗解一二者,實得自庭訓也。

余從學《易》最久,而於易學造詣亦最深者,則爲行唐尚先生。先生家於滋溪之上,嘗自號滋濱老人,學者稱槐軒先生。先生少從桐城吳摯父先生習古文,壯歲以進士官部曹。宣統之際,教授京師大學堂,著《古文講授談》,以著其淵源。革命起,遂爲《辛壬春秋》,以發其文章。五十而後,乃專精學《易》,所著《周易尚氏學》、《焦氏易詁》、《焦氏易林注》、《周易導略論》、《周易古筮考》、《左傳國語易象釋》、《易說評議》、《學易偶得錄》、《連山歸藏卦名卦象考》、《時訓卦氣圖易象考》、《太玄經筮法正誤》等十餘種,蔚成一家之言。先生嘗誨壽祺云:"易理甚明白,其大綱,即陽遇陽則塞,陽遇陰則通。先儒坐不知此,以陽遇陽爲朋,陰遇陰爲類,於是全《易》之朋友及類字皆失詁。豈知《復》曰‘朋來 ① 无咎’，陰遇陽爲朋也。《頤》六二曰‘行失類也’，陰以陽爲類，六二應亦陰，比亦陰，不能遇陽，故云失類。若夫陽遇陽，陰遇陰，則《易》以爲敵。《同人》九三曰‘敵剛也’，以九三所應所比皆陽，故曰敵剛。《艮·象傳》曰‘上下敵應，不相與也’，謂九三、上九爲敵，初六、六二與六四、六五爲敵。故《中孚》六三曰‘得敵’，以所比亦陰爻也。《子夏傳》‘三與四爲敵’，荀爽注：‘三四俱陰，故稱敵。’此三卦，及《頤》之‘行失類’，乃《易》之原理。之六識此，則《易》之全部吉凶，可觀象而知。”先生又云：“之六試數巽卦在外卦者，其六四無一不吉，則以前承重陽也。《无妄》象曰‘不利有攸往’，乃初九則曰‘往吉’、曰‘得志’。初九無應，何以往吉？則以二三皆陰，陽遇陰則通，遇重陰尤通。乃二千年‘往吉’二字，詁者皆莫知其故。以及《大有》初九曰‘无交害’，以初九應比皆陽。《大畜》初九曰‘有厲，利已’，曰‘不犯災’。《大畜》初九有應，乃二三得敵，故曰‘有厲利已’者，言不可往應四而犯災，災仍謂二三也。《大畜》九三曰‘利有攸往，上合志也’。以九三遇重陰，上即謂六四、六五也，陽遇陰則通，故曰‘合志’。《遯》九三‘有疾厲’。以比應皆得敵也。《大壯》初九‘壯于趾，征凶’。以初九比應得敵，故趾傷征凶也。《夬》初九‘壯于前趾，往不勝’。以比應得敵也。《姤》九三‘其行次且’。承乘皆敵，故行未牽。牽，速也。舊解誤。《升》初六‘允升大吉，上合志也’。以初六前承重陽，陰遇陽得主，故曰‘上合志’。上指二三。舊解誤。《鼎》九二云‘慎所之也’。以三四遇敵，故曰‘慎所之’。《節》初九云‘不出戶庭，无咎’。以二亦陽，故不出无咎。九二云‘不出戶庭，凶’。九二前臨重陰，利於出而不出，故象曰‘失時’。”先生又云：“以上所舉，若知《易》之原理者，一望則知，甚爲明白。若原理不明，則不知所謂，自漢以來舊解是也。故吾謂易理失傳也。若夫覆象，荀、虞常用之，而不能推行徹底。如《困》象之‘有言不信’，則以三至上正覆兌相反也，兌爲言也。《震》上六‘婚媾有言’，則以二至上正覆震相反，故有言。卦無女象，故‘婚媾有言’。《夬》九四‘聞言不信’，兌爲耳故曰聞，爲口故曰言，而乾亦爲言，兌言向外，與乾言相背，故不信。《中孚》九二‘鳴鶴在陰，其子和之’，震爲鳴、爲鶴，乃三至五覆震，震爲子，如聲而反，故曰和。

---

① 　來，《福建師範大學學報》誤“采”。據《周易正義》校改。

舊解皆以震鶴自鳴自和,其子無著。此用正反震也。而三至五互艮,二至四艮覆,艮納丙,爲山陽,艮反則山陰矣,而震鶴正當其地,故曰'鳴鶴在陰'。茹敦和以艮之反爲兌,爲山陰,與吾義同也。至於象艮爲龜,兌爲月,坤爲水,失傳之象尚多。凡《易》言大川,皆謂坤。《頤》六五'不可涉大川',言順上陽吉,下涉坤水則不吉。上九云'利涉大川',言以陽涉坤水則吉也。此二爻舊解尤多誤,象理皆失傳故也。"壽祺自辛巳冬南旋,拜別先生,至庚寅春而先生歸道山,十載之間,先生前後貽書凡數十百通,無一紙不以進德修業爲督課。臨危之前夕,猶力疾倚枕作書勗勵,時寫時輟,斷斷續續,八行之箋,寫至七行半,以腹瀉而止,遂未及終篇而歿。壽祺每讀末命之辭,未嘗不掩卷而流涕也。先生各手書原均什襲珍藏,不意文革之時,悉被抄家毀滅,此之所記,所謂存十一於千百而已!

吳門弟子通《易》者,余所知,凡三人。尚先生而外,馬通伯先生著《周易費氏學》,姚仲實先生著《蛻私軒易說》。

通伯先生初著《周易費氏學》,頗引泰西科學家之說,以相發明。光緒之際,合肥李國松刊入《集虛草堂叢書》中。其後十餘年,先生重訂,再版於北平,自言於科學夙未研求,懼涉傅會,乃悉芟除。其爲學之矜慎如此。

近世習費氏易者,余所知,凡兩家,在南方爲馬通伯先生,在北方爲王晉卿先生。王先生著《費氏易訂文》,載《陶廬叢刊》中。

王先生尚有《周易釋貞》一卷,凡《易》中之"貞"字,皆釋爲占卜之占,亦載《陶廬叢刊》中。

曩在北平中國大學任教之時,閩縣方策六丈兆鼇屢爲余言,其老友陳君澂宇名懋鼎者,易學功深,介余往見。及余見陳,陳已病甚。自言於《易》用力歷四十餘年。欲撰《易譜》,稿凡六易,猶未寫定。諄諄告余:"學《易》須明象數,《繫辭》'參伍以變,錯綜其數'二語,最可深長思。"又言:"《易》止有'帝出乎震'一圖,並無他圖。宋儒之易理,乃義理,非易理。清儒惟焦里堂易學最深,然猶未盡。明儒易學,則以吾鄉漳浦黃先生爲最可貴。"余頗欲與之商兌,未及再見,而陳即歿。歿後,方丈就其家取其手稿以示余,整本者計九十九册,零篇者尚有一大帙,然已不能辨其孰爲初稿,孰爲再稿、三稿,孰爲最後之稿。方丈欲余細爲校理,余以亟欲南旋,無暇從事,謝之。今更歷世變,不知遺稿尚得保全否也。

梁任公《清代學術概論》，謂焦循著《周易鄭氏義》、《荀氏九家義》、《易義別錄》。祺按，此之諸書，皆張惠言所著，任公蓋偶未之詳考也。

余所知歷代易家，壽最永者，無過邵寶華，命最短者，無過江承之。寶華，清嘉慶間人，西平布衣，著《周易引端》，卒時年一百又三歲。承之，歙人，從學於張惠言，著《虞氏易變表》，殤時年僅十七。然承之書，奧衍閎深，非專門者不能通其意。而寶華竟不識《乾鑿度》爲何物，書中屢稱"乾氏曰"。余嘗謂以寶華較之承之，則寶華真枉活百歲，白吃了許多饅頭。諸生爲之啞然。世之欲以年資驕人者，觀於承之，宜知所愧也。

（本文小部分曾載北平《新光雜誌》1940 年 4 月號，題曰《嵩雲草堂易話》。後作者間有續作，乃成前後兩篇，分載《福建師範大學學報》哲學社會科學版 1981 年第 4 期、1982 年第 1 期。又載《周易研究論文集》第二輯，北京師範大學出版社 1989 年 8 月出版。今以《福建師範大學學報》为底本整理。）

師範生之良好導師——鄭康成

（乙酉教師節日寄懷師專諸同學）①

今日師道不尊，可分兩方面言之：其一由於爲師者之不能自尊，其二由於社會之不知尊師。"德之不修，學之不講，聞義不能徙，不善不能改。"《論語》文。此爲師者之不能自尊也。"教於學官，按時計值，有類傭傭。"吳檢齋先生語。此社會之不知尊師也。由於爲師者之不能自尊，而引起社會之不尊。由於社會之不尊，因而聰明才智之士，每不願抗顏爲師。以是師資日乏，而師道日衰。

上述兩端，互爲因果。一在於我，一在於人。顏淵有言："吾道之不修，是吾恥②也。吾道既已大修而不用，是有國者之恥也。不容何病？"故余以爲從事師

---

① 此文撰於 1945 年教師節（8 月 27 日），當年 9 月 1 日發表於福建莆田《大衆》雜誌第二卷第二期。

② 恥，《史記·孔子世家》作"醜"。下"恥"字傚此。

範教育者，宜先求其在我者，而後求其在人者。

　　余以寡昧之資，生雲雷之世，年過三十，學無所成，明竊非據，教授上庠，愧無以益於諸君。念諸君爲今日師範專科學生，即爲來日全閩中等教育之中堅人物，任重道遠，爰就余所知，舉一最宜爲今日師範生良好導師之先賢，以勵諸君，兼以自勵。

　　我國先秦學術，孔老爲二大師。而孔子之思想人格尤偉大，我國人素尊之爲萬世師表，宜爲諸君所詳知矣。秦漢而後之儒者，余所最崇拜者，爲高密鄭康成，名玄，事蹟詳具《後漢書》本傳。余以鄭君爲學者之良好導師，而尤爲今日師範生之良好導師。

　　余以鄭君爲今日師範生之良好導師者，厥有四事。

　　一事：好學。以余所知，就國文一科而言，今日學生程度之所以低落者，其原因雖多，而吾儕爲國文老師者，亦不能不負其責，其病蓋在不好學。余本人即坐此病。緣每治一種學問，但冀淺嘗不求深造，但冀速成不求遠到故也。昔孔子所以自豪者，在好學。如云：“十室之邑 ①，必有忠信如丘者焉，不如丘之好學也。”其於弟子，最重顏回者，亦以好學。如云：“有顏回者好學，不幸短命死矣。今也則亡，未聞好學者也。”可以見之。鄭君之所長者，亦正在此。史載：“玄少爲鄉嗇夫，得休歸，常詣學官，不樂爲吏。父數怒之，不能禁。遂造太學受業，師事京兆第五元先，始通《京氏易》、《公羊春秋》、《三統歷》、《九章算術》。又從東郡張恭祖，受《周官》、《禮記》、《左氏春秋》、《韓詩》、《古文尚書》。又山東無足問者，乃西入關，因涿郡盧植，事扶風馬融。融門徒四百餘人，升堂進者五十餘生。融素驕貴，玄在門下三年不得見，乃使高業弟子傳授於玄。玄日夜尋誦，未嘗倦怠 ②。會融集諸生考論圖緯，聞玄善算，乃召見於樓上，玄因從質諸疑義。問畢辭歸。融喟然嘆 ③ 謂門人曰：‘鄭生今去，吾道東矣！’玄自遊學，十餘年乃歸里。家貧 ④，客耕東萊，學徒相隨已數百千人。及黨事起，乃與同郡孫嵩等四十餘人，俱被禁錮。遂隱修經業，杜門不出。”又其戒子益恩書云：“吾家舊貧，不爲父母昆弟所容，去

---

① 邑，《大衆》雜誌誤“色”。據《論語·公冶長》改。

② 倦怠，《後漢書·鄭玄傳》作“怠倦”。

③ 嘆，《後漢書·鄭玄傳》無此字。

④ 貧，《大衆》雜誌誤“負”。據《後漢書·鄭玄傳》改。

廝①役之吏，游學周秦之都，往來幽幷袞豫之域，獲覲乎在位通人，處逸大儒，得意者咸從捧手，有所授焉。遂博稽六藝，粗覽傳記，時覩祕書緯術之奧。年過四十，乃歸供養，假田播殖，以娛朝夕。遇閹尹擅勢，坐黨禁錮十有四年，而蒙赦令。"觀傳所記，可知鄭君家世並不佳，而能不爲家庭環境所束縛，而自奮以求學。此其好學可佩者一。既在太學，師事第五元先，得通群書，又從張恭祖受業。唯時山東學者，已無出其右，猶不自滿，更西入關事馬融。在融門下三年不得見，而猶日夜尋誦，不倦不怠，此可見鄭君之"無常師"。其好學可佩者二。年過四十，而猶力學，不以老而倦怠。此其好學可佩者三。遭黨禍禁錮十有四年，而猶隱修經業，可見其"造次必於是，顛沛必於是"之精神。此其好學可佩者四。凡人爲學，初若有望，而終不克有成者，大抵非挫於家庭環境之惡劣，即厄於時勢之亂離。如非此二者，則爲不得良師之指導，終身役役，而不得其門以入。得其門矣，又或以衰老而荒怠。惟鄭君初則能排除困難之家庭環境，繼則不爲時世艱虞所挫折，而終又能本良師之教導，竭畢生之力以赴之，此其問學所以有成，而終成爲一代之大師，宜爲吾徒所效法也。

二事：博通。今日學人之弊，往往縛②己自封，不求博通。是以論學則有中西之辨，論文則有文白之爭。實則中學西學各有所長，文言白話各有所適。博采兼該，始足以通方達變。重外輕內，是古非今，皆匪所宜。若鄭之爲學，則不蹈此弊。當炎漢之東都，經緯並興，學者以經典爲內學，以讖緯爲外學，各是其是。而經學之中，又有古文今文之爭，黨同伐異，派別紛繁。惟鄭君則綜貫內外，既注群經，兼及祕緯。而經學之中，亦和會今古文，無所偏廢。如於《易》，先治京氏，則今文也；後治費氏，則古文也。於《書》，先學《古文尚書》，然其後注《書》，則僅注今文之廿八篇。於《詩》，雖以毛傳爲主，而毛所未備者，間亦采齊魯韓三家義以補之。於《禮》，則斟酌今古文，今文是者則從今，而退古文於注；古文是者則從古，而退今文於注。於《春秋》，亦兼通三傳。當代任城何休好公羊學，遂著《公羊墨守》、《左氏膏肓》、《穀梁廢疾》。鄭君乃《發墨守》、《鍼膏肓》、《起廢疾》，至使休見之而有"康成入吾室，操吾矛，以伐我乎"之歎。於《論語》，亦參合齊、古魯二家而爲之注。此其於經學兼收並蓄，博稽旁通，而無所膠執也。不獨於經學然也，經學

---

① 廝，《大衆》雜誌誤"反"。據《後漢書·鄭玄傳》改。

② 縛，《大衆》雜誌誤"摶"。據上下文意改。

之外，若《三統歷》、《九章算術》之屬於純科學範圍者，鄭君亦靡不究心。即以文詞論之，史雖謂其質於辭訓，然吾人今讀其所著《詩譜序》、《戒子書》，其文詞之優美，固亦非後人所易及。此無他，由其能博學詳說，泯拘虛固陋之見，乃能成其偉大也。吾徒生當今日，百學昌明，若智力可能，精力可及，日力可許，誠宜效法鄭君之博通精神，於各種學問，皆宜潛心深究，以知其所以然。如誠智力不能，精力不及，日力不許，只能擇吾性之所近，而專治一術者，則切宜歉然內疚，自謝其未能兼該綜貫之陋，萬不可恃吾所長，以護所短，入主出奴，是此非彼，徒生門戶之見，演成意氣之爭，空費時日，無補實用，甚無謂也。

三事：篤實。觀前所述，鄭君好學之誠，治學之博，皆可以見其人篤實之精神。蓋惟其篤實，故能學不厭倦；惟其篤實，故能心不偏頗也。鄭君爲學，不獨處己如此，其待人亦然。《世說新語》載：「鄭玄欲注《左傳》，尚未成時，行與服虔遇，宿客① 舍。先未相識，服在外車上與人說己注《傳》意，玄聽之良久，多與己同。玄就車與語曰：『吾久欲注，尚未了。聽君向言，多與吾同，今當盡以所注與君。』遂爲服氏注。」觀此所記，可知鄭君之著書立說，純爲明道淑世，毫無弋名射利之心，故能樂道人之善，而成人之美，不惜以己艱辛所得之材料，悉舉以助他人成書。此其篤實之精神，較今之藉著書作文，以圖稿費版稅，以表襮其名字於當世，甚或攘他人之書以爲己有，如「郭竊向注」之行者，其賢不肖爲何如？亦吾徒所當深念者也。

四事：專業。鄭君爲學固尚博通，而其執業則又專一。故其專業之精神，尤宜爲今日師範生所取法。鄭君少不樂爲鄉嗇夫，前既述之矣。史又載：「靈帝末，黨禁解，大將軍何進聞而辟之。州郡以進權戚，不敢違意，遂② 脅迫玄。不得已而詣之，進爲設几杖，禮待甚優。玄不受朝服，而以幅巾見，一宿逃去。」又載：「後將軍袁隗，表爲侍中，以父喪不行。」又載：「董卓遷都長安，公卿舉玄爲趙相，道斷不至。」又載：「大將軍袁紹總兵冀州，遣使要玄，舉玄茂才，表爲中郎將，皆不就。公車徵爲大司農，給安車一乘，所過長吏送迎，玄乃以病自乞還家。」觀此諸文，可知鄭君淡於榮祿，小官不爲，大官亦不爲，惟願專心壹意，以致力於學術，以教育其生徒。誠如其戒子書所謂：「舉賢良方正有道，辟大將軍三司府，公車再召，比牒並名，早爲宰相。惟彼數公，懿德大

---

① 客，《大衆》雜誌誤「過」。據《世說新語》改。

② 遂，《大衆》雜誌誤「逐」。據《後漢書·鄭玄傳》改。

雅,克堪王臣,故宜式序。吾自忖度,無任於此。但念述先聖之元意,思整百家之不齊,亦庶幾以竭吾才,故聞命罔從。……入此歲來,已七十矣。宿業衰落,仍有失誤。案之禮典,便合傳家。今我告爾以老,歸爾以事,將閒居以養性,覃思以終業。……吾雖無紱冕之緒,頗有讓爵之高。自樂以論贊之功,庶不遺後人之羞。未所憤憤者,徒以……所好群書,率皆腐敝,不得於禮堂寫定,傳與其人。日西方暮,其可圖乎?"其專業之精神,一生不懈,至老彌篤,誠古今學者之所罕見。此其精神,於他人是否宜效,吾不敢知。若生當今日,師資恐慌時期之師範專科學生之必當取法,則誠不容吾徒有所疑議,而徘徊瞻顧也已!

以上所述四事,鄭君爲人之精神,及其所以宜爲師範生之良好導師者,大略可知矣。又如鄭君唯一子益恩,孔融在北海,舉爲孝廉。及融爲黃巾所圍,益恩赴難隕身。當益恩赴難之時,父年已逾七十,身且無子_{其後乃生遺腹子}。此其舍生赴義,以衛家國,以報知遇者,宜亦鄭君庭訓使然。是以不獨當世名流,如孔融爲立"鄭公鄉"、闢"通德門"以示敬重,陶謙接以師友之禮,應劭北面稱弟子,即聚衆劫掠之黃巾賊數萬人,見鄭君亦皆拜,相約不敢入縣境。豈非以鄭君有崇高之道德,博大之學問,足以感召人人歟?《易》曰:"默而成之,不言而信,存乎德行。"又曰:"中孚,信及豚魚。"夫豚魚微物,而況於人乎?是故吾深願吾徒,先求盡其在我。在我〔能①〕立,而在人者亦未有不立。亦即謂吾徒能自尊,而社會人士之不至不尊也。

草稿至此,余尤不禁自嘅。回憶延平津畔,仁壽樓前,風月無邊,庭草交翠,與諸君三年相聚,弦誦無閒,其樂何如?及今南來,瞬又半歲,舊游多不復相見,安能無離索之感?況復德業難進,容光易悴。刪生有言:"時乎時乎不再來。"聊以此寄而懷,期與諸君共勉之而已。

(據福建莆田《大衆》雜誌第二卷第二期整理。1945 年 9 月 1 日出版。發行人吳亦銜,編輯者林景亮,發行所大衆雜誌社,社址福建莆田河邊路六十二號。師曾將刊物單篇印頁編入《六庵別錄》中。)

---

① 能,《大衆》雜誌此處空格,疑脱一字,茲據上下文意妄補之。

周易名義考 ①

《周禮》:太卜掌三易之法,一曰《連山》,二曰《歸藏》,三曰《周易》。

鄭玄注引杜子春云:"《連山》,宓羲;《歸藏》,黃帝。"《周易正義·論三代易名》又引鄭玄《易贊》及《易論》云:"夏曰《連山》,殷曰《歸藏》,周曰《周易》。"《玉海》引《山海經》云:"伏羲氏得河圖,夏后因之,曰《連山》;黃帝得河圖,商人因之,曰《歸藏》;列山氏得河圖,周人因之,曰《周易》。"

《連山》、《歸藏》皆亡,今唯《周易》獨存。

桓譚《新論》云:"《連山》藏於蘭臺,《歸藏》藏於太卜。"又云:"《連山》八萬言,《歸藏》四千三百言。"似漢時實有此二書。鄭玄注《禮運》云:"其書存者有《歸藏》。"據此,則漢末《歸藏》尚存。《太平御覽》引《博物志》云:"太古書今見存者《連山》、《歸藏》,夏殷之書。"則此二書到西晉尚存。行唐尚先生節之嘗語余:"干寶《周禮注》引《歸藏》云:'復子,臨丑,泰寅,大壯卯,夬辰,乾巳,姤午,遯未,否申,觀酉,剥戌,坤亥。'疑《歸藏》蓋亡永嘉之亂。"壽祺謹案:干寶以十二支配十二辟卦,明爲漢人卦氣之術,未必是《歸藏》原文。然亡於永嘉之亂之說,或可信。至《隋書·經籍志》,雖首列"晉太尉參軍薛貞注《歸藏》十三卷",然又云:"《歸藏》漢初已亡,(壽祺謹案:據前引鄭玄《禮運》注及尚先生之說,則《隋志》此論未確。)案晉《中經》有之,唯載卜筮,不似聖人之旨。"而《左傳正義》亦斥爲"偽妄之書"(見《左傳》襄公九年「遇艮之八」疏),則薛貞注本當出於漢以後人偽託。《舊唐書·經籍志》、《新唐書·藝文志》尚載其書,仍爲十三卷。《崇文總目》云:"今但存《初經》、《齊母》、《本筮》三篇。"《宋史·藝文志》所載,只存三卷,應指此。今並不傳。而《連山》原書,久無傳本,歙吳先生檢齋《經典釋文序錄疏證》疑其"或絕於中興之際"。若《新唐書·藝文志》所列"司馬膺注《連山》十卷",明爲晚出之偽書,今亦不傳。清儒如王謨《增訂漢魏叢書》、

---

① 本文載《福建師範大學學報》1979 年第 2 期,題下有副標題"六庵讀易叢考之一"。

馬國翰《玉函山房叢書》、洪頤煊《經典集林》、觀頗道人《閏竹居叢書》等所輯《連山》、《歸藏》遺文,可備參考。又近人徐世大著《周易闡微》,謂"《連山》即菁書,《歸藏》即匭書",均無確證。

周字之義,自來蓋有兩說:一曰,周者代名。

《周易正義·論三代易名》云:"案《世譜》等群書,神農一曰連山氏,亦曰列山氏。黃帝一曰歸藏氏。既連山、歸藏並是代號,則《周易》稱周,取岐陽地名。《毛詩》云'周原膴膴'是也。又文王作《易》之時,正在羑里,周德未興,猶是殷世也,故題周別於殷。以此文王所演,故謂之《周易》。其猶《周書》、《周禮》,題周以別餘代。故《易緯》云'因代以題周'是也。"

二曰,義取周普。

《周禮》鄭注云:"《連山》,似山出内(納)氣也。《歸藏》者,萬物莫不歸而藏於其中。"賈疏云:"《連山》似山出内(納)氣也者,此《連山易》其卦以純艮爲首,艮爲山,山上山下,是名《連山》,雲氣出内(納)於山,故名《易》爲《連山》。《歸藏》者,萬物莫不歸而藏於其中者,此《歸藏易》以純坤爲首,坤爲地,故萬物莫不歸而藏於中,故名爲《歸藏》也。鄭雖不解《周易》其名'周易'者,《連山》、《歸藏》皆不言地號,以義名《易》,則周非地號。以《周易》以純乾爲首,乾爲天,天能周匝於四時,故名《易》爲周也。"《周易正義·論三代易名》謂:"鄭玄又釋云:'《連山》者,象山之出雲,連連不絕;《歸藏》者,萬物莫不歸藏於其中;《周易》者,言易道周普,无所不備。'"據此,則賈疏實原本鄭義,以補釋《周易》命名之旨。陸德明《經典釋文》云:"周,代名也;周,至也,遍也,備也。今名書,義取周普。"是陸氏雖存代名之說,而實主周普之義。行唐尚先生《周易尚氏學》(蓮池講學院鉛印本)云:"按《三易》之名,皆緣首卦。《連山》以艮爲首,上艮下艮,故曰《連山》。《歸藏》以坤爲首,萬物皆歸藏於地,故曰《歸藏》。《周易》以乾爲首,乾元亨利貞,即春夏秋冬,周而復始,无有窮期,故曰《周易》。"又云:"周者周之理:十二消息卦,周也;元亨利貞,周也;大明終始,六位時成,周也;《彖傳》分釋元亨利貞既畢,又曰首出庶物,即貞下啟元也,周也;古聖人之卦氣圖,起中孚終頤,周也。此其理唯揚子雲識之最深,《太玄》以《中》擬《中孚》,以

《周》擬《復》，終以《養》擬《頤》，其次序與卦氣圖絲毫不紊。而於玄首，則釋其所以然，其罔直蒙酋冥，即元亨利貞，故以中羡從爲始，更晬廓爲中，減沈成爲終，循環往來，无不非周之理。"自來釋周字之義者，蓋莫詳於此矣。又元和朱豐芑先生釋太卜掌《三易》之法，改《周易》爲《周易》，謂："周者言易道匄普，無所不備也。《三易》之'易'讀若覡，《周易》之'易'讀若陽。"朱先生雖改"易"爲"易"，而釋周之義仍爲周普，與前所引諸家之說同。朱說詳所著《六十四卦經解》卷一中。

亦有兼取兩說者，唯自孔穎達以來，主前說者多，今從之。

《周易正義·論三代易名》云："先儒又兼取鄭說，云既指周代之名，亦是普徧之義，雖欲無所遐棄，亦恐未可盡通。其《易》題周，因代以稱周，是先儒更不別解。"壽祺謹案：兼取兩說者，如前所引陸德明《經典釋文》，雖實主周普之義，然仍存代名之說，即是其例。至孔氏以後注《易》之家，專主周爲代名者至衆，不悉列舉。

至易字之義，古今說者尤多。其本義爲蜥易，蜥易能十二時變色，以其善變，故假爲變易之易。

《說文》"易"部云："易，蜥易、蝘蜓、守宮也，象形。"《周易正義·論易之三名》云："夫易者，變化之總名，改換之殊稱。自天地開闢，陰陽運行，寒暑迭來，日月更出，孚萌庶類，亨毒群品，新新不停，生生相續，莫非資變化之力，換代之功。然變化運行，在陰陽二氣，故聖人初畫八卦，設剛柔兩畫，象二氣也。布以三位，象三才也。謂之爲易，取變化之義。"

《繫辭》釋易字之義者，凡兩處：《上傳》云"生生之謂易"，此一義也。

李鼎祚《周易集解》引荀爽注云："陰陽相易，轉相生也。"李道平《周易集解纂疏》云："陽極生陰，陰極生陽，一消一息，轉易相生，故謂之易。京氏云：'八卦[①]相盪，陽入陰，陰入陽，二氣交互不停。'故曰生生之謂易。"又韓康伯注云："陰陽轉易，以成化生。"孔穎達疏云："生生，不絕之辭。陰陽變

轉，後生次於前生，是萬物恒生謂之易也。前後之生，變化改易。生必有死，《易》主勸戒，獎人爲善，故云生不云死也。”

《下傳》云“易者象也”，此又一義也。

孔疏云：“《易》卦者，寫萬物之形象，故曰易者象也。”李氏《集解》引崔憬云：“言《易》者象於萬物。象者，形象之象也。”

《說卦》又別爲一義，釋易爲“逆數”。凡此三義，皆明見於《十翼》之中者也。

《說卦》謂：“易，逆數也。”逆數之義，解者不同。虞翻注：“易謂乾，故逆數。”張惠言《周易虞氏義》釋之云：“消息皆乾陽，故易謂乾。”李道平《周易集解纂疏》釋之云：“卦始於一陽，故易謂乾也。《乾鑿度》曰：‘易氣從下生。’鄭彼注云：‘易本無形，自微及著，氣從下生，以下爻爲始。’故曰逆數也。”此一解也。韓注云：“作《易》以逆睹來事，以前民用。”孔疏云：“《易》雖備知來往之事，莫不假象知之，故聖人作《易》，以逆睹來事也。以前民用者，《易》占事在其民用之前。此《繫辭》文，引之以證逆數來事也。”又一解也。李道平嘗自爲說云：“乾坤初索震巽，再索坎離，三索艮兑，是逆數也。”此又一解也。此三解雖互異，而皆勝於朱子《周易本義·圖說》所引邵子“自乾至坤，皆得未生之卦，若逆推四時之比也”之說。

《易緯·乾鑿度》則謂：“易一名而含易簡、變易、不易三義。”鄭玄宗其說以作《易贊》及《易論》。

《易緯·乾鑿度》云：“易一名而含三義：所謂易也，變易也，不易也。”又云：“易者，其德也。光明四通，簡易立節，天以爛明，日月星辰，佈設張列；通精無門，藏神無穴，不煩不擾，澹泊不失，此其易也。變易者，其氣也。天地不變，不能通氣，五行迭終，四時更廢；君臣取象，變節相移，能消者息，必專者敗，此其變易也。不易者，其位也。天在上，地在下，君南面，臣北面，父坐子伏，此其不易也。”鄭玄依此義，作《易贊》及《易論》云：“易一名而含三義：易簡，一也；變易，二也；不易，三也。故《繫辭》云：‘乾坤其易之蘊邪？’又云：‘易之門戶邪？’又云：‘夫乾確然示人易矣，夫坤隤然示人簡矣；易則易知,簡則易從.'此言其易簡之法則也.又云:'爲道也屢遷,變動不居,周流六虛,上下無常,剛柔相易,不可爲典要,唯變所適.'此言順時變易,出入移動者也.又云:'天尊地卑,乾坤定矣.卑高以陳,貴賤位矣.動靜有常,剛柔斷矣.'此言其張設布列不易者也."壽祺謹案:《乾鑿度》爲說《易》最古之書,鄭君兼通今古文之學,其解"易"之名義,皆兼易簡、變易、不易之說.而鄭君解《乾鑿度》"易者易也",讀爲難易之易,引證《周易》可謂切實翔明,不知周簡子、張氏、何氏等,何緣又讀爲易代之易?孔穎達譏其"不顧《緯》文不煩不擾之言,用其文而背其義."(見《周易正義·論易之三名》)諒矣!

《列子》張湛注,亦略同其說.

張湛《列子·天瑞篇》注云:"易者,不窮滯之稱."又云:"易,亦希爲之別稱也."壽祺謹案:不窮滯,蓋就變易之義言之;希爲,蓋就易簡之義言之.

《乾鑿度》又以"未見氣"釋"太易",此與《大戴禮》謂"易爲渾元之始者"蓋相同.

《乾鑿度》又云:"夫有形者生於無形,則乾坤安從而生?故有太易,有太初,有太始,有太素.太易者,未見氣也.太初者,氣之始也.太始者,形之始也.太素者,質之始也.氣形質具而未相離,謂之渾沌.渾沌者,言萬物相渾沌而未相離也.視之不見,聽之不聞,循之不得,故曰易也."《列子·天瑞篇》亦有此文.孔穎達推本其說,因謂:"蓋易之三義,唯在於有.然有從無出,理則包無."又謂:"易理備包有無,而易象唯在於有."(引文均見《周易正義·論易之三名》)壽祺謹案,《大戴禮·易本命》云:"易者渾元之始,是曰太易."所謂渾元之始者,即此《乾鑿度》所云"氣形質具而未相離,謂之渾沌"之說也.

若《管子》、《賈子》諸書,言易之義,大抵皆就卜筮尚占方面言之.鄭玄亦曾有此種解釋.

《管子·山權數》云:"易者,所以守成敗吉凶者也."《賈子·道德說》云:"易者,察人之精,德之理,與弗循而占其吉凶."按此兩說均就"以卜筮者尚其占"方面言之,實與鄭玄《周禮》"太卜"注所云"易者,揲蓍變易之數可占者也”語異而義同。

而《說文》又引“祕書說:日月爲易,象陰陽也。一曰從勿。”考“日月爲易”之說,與東吳虞翻《易注》所引《參同契》“字從日下月”者,意義正相同。清儒治虞氏易者,多遵其說。唯“從勿”之義,則頗難通。

《說文》“易”部:“易,蜥易、蝘蜓、守宮也,象形”之下,又引:“祕書說:日月爲易,象陰陽也。一曰從勿。”又虞翻《易注》引《參同契》云:“字從日下月。”宋本《經典釋文》引,下有“正從日勿”四字。壽祺謹案,《說文》“勿”部云:“勿,州里所建旗,象其柄有三游,雜帛,幅半異,所以趣民,故遽稱勿勿。”是勿字之本義,爲旗之象;後又假作無字、不字解。夫易字從日下月,以象陰陽,尚有意義。若從日勿,則全不可通,疑日勿之說有謬。元和朱先生《六十四卦經解》謂:“又易于文爲勿,象目彩之散著。”未知其何所據? 余疑“目彩”或爲“日彩”之誤。近有泰順許篤仁,著《周易新論》謂:“日下勿,象測日之器。”恐屬臆說,未足信。

至宋儒程朱二子,又嘗以宇宙之本體爲易,爲元明以來言理學者所崇。

《程子遺書》云:“上天之載,無聲無臭,其體則謂之易。”朱子釋之云:“其體則謂之易,便是橫渠所謂塊然太虛,升降飛揚,未嘗止息者。自此而下,雖有許多般,要之,形而上者謂之道,形而下者謂之器,皆是實理。”又云:“從上天之載說起,雖是無聲無臭,其闔辟變化之體,則謂之易。然所以能闔辟變化之理,則謂之道。”又云:“體是體質之體,猶言骨子也。易者,陰陽錯綜交換代易之謂,如寒暑晝夜,闔闢往來,天地之間,陰陽交錯,而實理流行,蓋與道爲體也。寒暑晝夜,闔闢往來,而實理流行其間;非此,則實理無以頓放。故曰其體則謂之易,言易爲此理之體質也。”(以上所述朱子之說,均據江永《近思錄集注》卷一節引。)觀此諸說,可知程朱二子,蓋皆嘗以宇宙之本體爲易矣。

清初,毛奇齡略總前儒之說,謂易兼有變易、交易、反易、對易、移易五義。實猶未之能盡也。

《四庫全書總目》經部易類,《仲氏易》三十卷提要云:“大旨謂易兼五義:一曰變易,一曰交易,是爲伏羲之易,猶前人之所知。一曰反易,謂相其順逆，審其向背，而反見之，如《屯》轉爲《蒙》、《咸》轉爲《恒》之類；一曰對易，謂比其陰陽、絜其剛柔，而對觀之，如上經《需》、《訟》與下經《晉》、《明夷》對，上經《同人》、《大有》（壽祺謹案，此當作《剝》、《復》，西河原書有誤，《提要》仍而未改）與下經《夬》、《姤》對之類；一曰移易，謂審其分聚，計其往來，而推移上下之，如《泰》爲陰陽類聚之卦，移三爻爲上爻，三陽往而上陰來則爲《損》，《否》爲陰陽（壽祺謹案，此當依原書作陽陰）類聚之卦，移四爻爲初爻，四陽來而初陰往則爲《益》之類。是爲文王之《易》，實漢晉以來所未知。故以《序卦》爲用反易，以分篇爲用對易，以演易繫辭爲用移易。”壽祺謹案，《提要》此文，原本《仲氏易》卷一，而撮其大旨。原書文繁，而《提要》簡明，故舍原書而引《提要》。西河略總前人之說，謂易兼變易、交易、反易、對易、移易五義，雖未爲詳備，要不爲冥心臆測，用心固亦勤也。然其以變易、交易屬之伏羲，以反易、對易、移易屬之文王，則未見其必是矣。西河持論，頗多與宋儒相左，而說此蓋猶未免有先後天之見存焉。又西河所謂反易，實即虞氏之反對；所謂移易，實即荀氏之升降；所謂對易，亦同虞氏之旁通：竟謂爲漢晉以來所未知，未免言過其實。

其後，蘇秉國以變易爲宗旨，而不取爻位。葉佩蓀以移易爲宗旨，而不取變易。連斗山兼取交易、移易、變易，而於不易之義則失。黎世序本日月爲易之義，專取爻位爲坎離，而於周流之義則失。

此節參考元和朱先生《六十四卦經解·近時說易家》。壽祺謹案，蘇秉國著《周易通義》，葉佩蓀著《易守》，連斗山著《周易辨畫》，黎世序著《河上易注》。

桐城吳摯甫先生又別爲一解，云“易者占卜之名，因以名其官”。行唐尚先生宗其說。

吳先生《易說》云：“易者，占卜之名。《祭義》：‘易抱龜南面，天子卷冕北面。’是易者占卜之名，因以名其官。《史記·大宛傳》：‘天子發書易’，謂發書卜也。又武帝《輪臺詔》云：‘易之，卦得《大過》。’易之，卜之也。說者以簡易、不易、變易釋之，皆非。”行唐尚先生《周易尚氏學》，亦堅主此說，謂《史記·禮書》“能慮勿易”，即言能慮者則不占也。

時人有謂筮法乃周人所創，以替代或補助卜法者，比之龜卜，實爲簡易，以其簡易，故名曰易。

說見中央研究院《歷史語言研究所集刊》第一卷第一期。余永樑曰：商代無八卦。商人有卜而無筮，筮法乃周人所創，以替代或補助卜法者。卦及卦爻，等於龜卜之兆。卦辭爻辭，等於龜卜之繇辭。繇辭乃掌卜之人，視兆而占者。此等臨時占辭，有時出於新造，有時沿用舊辭，如有與以前所卜相同之事，卜時又有與以前相同之兆，則占辭即可沿用其舊；如前無此兆，則須新造。灼龜自然的兆象，既多繁難，不易辨識；而以前之占辭，又多繁雜，不易記憶。筮法之興，即所以解決此種困難者。卦爻仿自兆，而數有一定，每卦爻之下，又有一定之辭。筮時遇何卦何爻，即可依卦辭爻辭，引申推論。比之龜卜，實爲簡易。

此其以簡易釋易，與《乾鑿度》易簡之義，名同而實異。近日說《周易》命名之義者，或從之。

《乾鑿度》說，引見前。近人用此說者，不悉錄。又徐世大《周易闡微》，謂：“《周易》作者爲晉人中行明，作書之地在易。《周易》之名，周者周徧，易即其著書之地，望其親友周歷以救之也。”其說甚支離誕妄，吾無取焉。

學者觀乎眾說之紛紜，亦足以窺易道之廣大，見仁見智，存乎其人。若以余之固陋，雖謬欲博稽古今之說，兼綜眾家之言，而要之以易爲變易之義者爲主。

由上所述諸家之說，對於《周易》之名義，莫衷一是。余意論《周易》之名義，宜從其本義與後起義分別觀之。一切事物發展，皆由簡而繁，由粗而精，由低級而高級。《易》在最初，原爲卜筮之書，繇辭簡樸無華，後始漸次傅以哲理，而內容亦日趨繁複，此即經傳之所攸分。《周易》名義，當亦如此。周爲代名，易主變易，蓋其始義。《繫辭》云：“易之興也，其當殷之末世，周之盛德邪？當文王與紂之事邪？”文義至爲明顯。其曰《周易》者，所以別於夏之《連山》、殷之《歸藏》也。經發展而爲傳，而後有“周普”之義，其初本無是也。《繫辭》云：“聖人設卦觀象，繫辭焉而明吉凶，剛柔相推而生變化。”又云：“八卦成列，象在其中矣；因而重之，爻在其中矣；剛柔相推，變在其中矣；繫辭焉而命之，動在其中矣。”於此可見易之本義爲變易，其他如簡易、不易等義,則爲後起之說也。

《易》以象爲本,易象變化多端,故主於變易。"生生之謂易",生生亦係變化無常之謂也。若簡易、不易,則係指易理而言。易理可言簡易,言不易;而象則不可言簡易,言不易也。若謂《易》用筮法,比之龜卜簡易,殊難質言。它如所謂"太易"、"宇宙之本體爲易"、"日月爲易,象陰陽也"、"易逆數也",亦皆係指易理而言。而所謂"占卜",則係指《易》之用而言,以《易》用於占卜,故可爲占卜之名。其皆非易之本義,均甚明顯。又如所謂"易兼有變易、交易、反易、對易、移易五義",實皆不出變易一義之範圍,舉變易而五義盡賅矣。

（據《福建師範大學學報》1979 年第 2 期刊本整理。案此文蓋撰於 1945 年間,時作者任國立海疆學校中文科教授。1979 年略作修訂,發表於《福建師範大學學報》。後又轉載《中國古代史論叢》第一輯,福建人民出版社 1981 年出版。又載《周易研究論文集》第一輯,北京師範大學出版社 1987 年 9 月出版。又載作者《群經要略》卷二附錄,華東師範大學出版社 2000 年 10 月出版。）

批判胡適對於詩經的歪曲

胡適運用資產階級實驗主義的反動哲學觀點,對於我國文化遺產的研究諸多歪曲,即古典文學名著的《詩經》亦莫能例外,綜其大要,約爲三端:

一、對於《詩經》在中國文學史地位的歪曲。

《詩經》是我國古代詩歌的寶庫,是最富有人民性和現實主義精神的一份寶貴的文學遺產,它在中國文學上的地位是非常崇高的。而胡適僅僅把它看作是古代的史料,古代的白話文學,並且認爲到了漢朝已成爲古文學,把它撇開,抹煞它在中國文學史上的崇高地位。例如他在《中國哲學史大綱》上說:"古代的書,只有一部《詩經》可算得中國最古的史料。"見《中國哲學史大綱》卷上（商務印書館十五版，下同）24 頁。① 又在《白話文學史》上說："其實古代的文學如《詩經》裏的許多民歌，也都是當時的白話文學。不過《詩經》到了漢朝已成了古文學了，故我們只好撇開。" 見《白話文學史》上卷（新月書店三版，下同）11 頁。中國古代的書，何止《詩經》一部書有史料的價值？ 而《詩經》的價值又何止僅僅在於史料？ 而且胡適相信《詩經》爲可信的史料的原因還決定於得到了 "近來西洋學者，也說《詩經》所記月日，中國北部可見日蝕" 見書同註一。的鐵證後才算相信。 如果近來西洋學者沒有說的話，胡適是否相信還有問題。胡適之爲資產階級文化買辦的本質，灼然可見。至於《詩經》裡的許多民歌的價值，是在於能夠充分地反映出古代農業發達的狀況，反映出當時廣大人民反抗統治階級壓迫剝削的呼聲，反映出當時統治階級內部的矛盾，反映出當時統法階級荒淫腐化的生活，反映出青年男女對於戀愛生活的正確要求等等。 參考郭沫若《中國古代社會研究》第二篇（人民出版社第一版），及一九五三年七、八月號《人民文學》詹安泰《詩經裡表現的人民性和現實義義精神》等書。而胡適僅僅從白話的形式來衡量《詩經》的藝術價值，是徹頭徹尾的形式主義者。胡適在《白話文學史·自序》上雖然偽謙地說到："我很抱歉，此書不曾從《三百篇》做起。" 見《白話文學史》14 頁。但在書中則斷言《詩經》至漢代已成爲古文學，毅然地把它撇開，抹煞它在文學史上的地位。這是胡適對於《詩經》在中國文學史上崇高地位上的最大歪曲。

二、對於《詩經》某些篇章意義的歪曲。

胡適除對《詩經》總評價的不當外，對個別篇章雖然談得不多，但亦作了不少誣衊和歪曲。例如說："在那 '好妓好歌喉' 的環境之內，文學家自然不好意思把《堯典》、《舜典》的字和《生民》、《清廟》的詩拿出來獻醜。" 見《白話文學史》218 頁。攷《大雅·生民》一詩，記述周人始祖后稷誕生時的靈異跡，和對農業的偉大貢獻，表現出對始祖功業的歌頌感情，是一首種族史詩。它保存了原始社會生活的面貌，又可以攷見周民族重視農業生產的情況，參看原文及部頒師範學院《中國古典文學教學大綱》12 頁（一九五六年八月高等師範學校中文、

---

① 　案本文有 "福建師範學院第一次科學討論會論文" 油印本，內容中凡引文末皆標 "註一"、"註二" 等字樣，註文各依序列於文後，以明出處。今將各註復置文內相應的引文之末，以小字標之，並刪略 "註一"、"註二" 標識，庶與全書體例合一。下倣此，不復出校。

歷史教學大綱討論會修訂本）。有什麼醜惡呢？《周頌·清廟》一詩 [1] 描寫周人祭祀文王的情形 <small>參看原詩及注疏</small>，也有什麼醜惡呢？妓女們不歌唱像這一類的詩，難道這一類的詩就醜惡了嗎？這都是 [2] 他先有了成見，才會說出了這樣輕視祖國文學遺產的話。又如他將《大雅·文王》篇"殷士膚敏，裸將于京"一章解釋作"是一幕青衣行酒的亡國慘劇" <small>見《胡適論學近著》第一集（商務印書館初版，下同）</small>。攷此章係敘述"殷人助祭于周廟"的情況 <small>參看原詩及注疏</small>，胡適把它比擬爲晉懷帝爲匈奴劉聰青衣行酒，豈非不倫不類。又如《商頌·玄鳥》篇，明明說："商之先后，受命 [3] 不殆，在武丁孫子。"則爲"祭禮殷高宗之詩" <small>參看原詩及注疏</small>，確無可疑。而胡適硬叫人撤開舊說而把它歪曲爲"是殷民族懸想中的英雄"，說什麼"曾有一個民族復興的懸記" <small>見《胡適論學近著》第一集40、41頁</small>，真是胡說。他尤其荒謬的，是對於《召南·小星》一詩的解釋。他把《小星》一詩，認爲是描寫妓女的生活 <small>見《胡適論學近著》第一集586頁</small>。按此詩明明係描寫小臣出差，連夜趕路，想到尊卑之間勞逸不均，不覺發出的怨言。<small>參看陳喬樅《韓詩遺說考》卷一"小星"條、《齊詩遺說考》卷一"小星"條，及余冠英《詩經選》（人民文學出版社初版）13、14頁本篇注釋</small>。而胡適硬說"抱衾裯以宵征"便就是描寫妓女的生活，而不顧上文 [4] "夙夜在公"應當如何解釋？實則"肅肅宵征，抱衾與裯"，只是描寫小臣們抱著被子、帳子等等的行李鋪蓋連夜奔走的情形，與上"夙夜在公"同一意義。而胡適偏把它解釋作描寫妓女生活的最古記載，這不但是歪曲，簡直是一種誣衊。

更有甚者，胡適還利用了《詩經》某些篇章的材料，對於中國社會發展的歷史，作了有意識的歪曲。例如胡適在論述中國哲學結胎的時代時，即是如此。胡適在那章書中曾引據《詩經·鴇羽》、《陟岵》、《采薇》、《何草不黃》、《中谷有蓷》、《兔爰》、《苕之華》等篇證明當時"戰禍連年，百姓痛苦"，和引《瞻卬》、《碩鼠》、《四月》、《正月》等篇来證明當時"政治黑暗，百姓愁怨"，這似乎都符合當時的真實。但胡適同時卻又引《式微》、《旄丘》、《大東》等篇来證明"那時諸侯互相侵略，滅國破家不計其數，古代封

---

① 詩，油印本誤"時"。據上下文意改。
② 是，油印本無。疑刻寫誤脱。據上下文意補。
③ 命，油印本誤"帝"。據《毛詩正義》改。
④ 文，油印本誤"父"。據上下文意改。

建制度的種種社會階級都漸漸的消滅了”；他還引《大東》、《葛屨》、《正月》、《伐檀》等篇來證明當時“封建時代的階級雖然漸漸的消滅，卻添一種生計上的階級”見《中國哲學史大綱》上卷36頁至42頁。依據胡適的論證看來，古代封建社會的統治階級在春秋時代已經消滅了，這和他後來所說的“封建制度早已在二千年前崩潰了”見《胡適論學近著》第一集443頁的話，前後一轍。同時胡適在證明當時封建階級雖漸漸消滅，卻又新添一種生計上階級時，並指出“《大東》、《葛屨》兩篇，竟像英國虎德的《縫衣歌》的節本，寫的是那時代資本家僱用女工把那慘慘女子①的血汗工夫來做他們發財的門徑”；又指出“《伐檀》一詩，竟是近時社會黨攻擊資本家不該安享別人辛苦得來的利益的話”，這也和他後來所說的“司馬遷獨唱一種替資本主義辯護的論調”見《胡適論學近著》第一集572頁，及“一千九百年前的社會主義者王莽”見《胡適文存二集》卷一31頁一類的話，亦一脈相承。顯然地歪曲了中國社會的發展歷史，企圖以這種種說法來抵抗新興無產者社會主義的思想在中國的傳佈。

三、對於《詩經》訓詁的歪曲。

胡適曾教人“用小心的精密的科學的方法來做一種新的訓詁工夫，對於《詩經》的文字和文法上都從新下註解。”見《胡適論學近著》第一集580頁。他寫了一篇《詩三百篇字解》，自詡爲“此爲以新文法讀吾國舊籍之起點”。見《胡適文存》（亞東圖書館第五版，下同）卷二5頁。今按胡適此篇論文，主要係駁斥毛傳、鄭箋釋“言”爲“我”之不可通，因而自陳三種新說：（一）言字是一種挈合詞，又名連字，其用與“而”字相似；（二）言字又作“乃”字解；（三）言字有時亦作代名之“之”字。以上三說，除第三說胡適尚不能自信，其他二說則自信爲不易之論見《胡適文存》卷二2-4頁。實則胡適所創立的第三說根本不能成立，不徒不能自信而已；其他自信爲不易之論的二說，又皆剿竊前人之成說。攷《詩經‧葛覃》“言告師氏，言告言歸”，毛傳云：“言，我也。”見《毛詩注疏‧葛覃》篇。馬瑞辰釋之云：“按《爾雅》：‘孔、魄、哉、延、虛、虛、無、之、言：間也。’間，謂間廁言詞之中，猶今人云‘語助’也。《爾雅》此節皆語助。凡詞在句中者爲‘間’，在句首、在句末者亦爲‘間’。‘言’有在句首

---

① 子，油印本誤“手”。據《胡適論學近著》改。

者，‘言告師氏’、‘言刈其楚’之類是也。‘言’有在句中者，‘靜言思之’之類是也。‘言’有疊用者，‘言告言歸’之類是也。‘言’有與‘薄’並爲助句者，‘薄言采之’之類是也。傳從《釋詁①》訓‘言’爲‘我’者，《詩》中如‘我疆我理’、‘我任我輦’、‘我車我牛’之類，‘我’皆語詞。則以‘言’爲‘我’，亦語詞耳。箋遂釋爲‘人我’之‘我’，失之。”見《毛詩傳箋通釋》二《周南·葛覃》。觀馬氏之所疏釋，可以證明《爾雅》已知“言”爲助語之詞。朱熹《集傳》亦云：“言，辭也。”見《詩經集傳》“葛覃篇注”。王引之並明言“言”是語詞見《經傳②釋詞》卷五。馬瑞辰更分析其或用於句首，或用於句③中。馬氏所謂用於句首者，即同胡適所謂作“乃”字解者相同；馬氏所謂用於句中者，即和胡適所謂與“而”字相似者相同。胡適曾侈談清代學者的治學④方法見《胡適文存》卷二205-248頁，又一再說：“現在有幾個中學國文教員能用胡承珙、馬瑞辰、陳奐一班漢學家的箋疏呢？”見《胡適文存二集》（亞東圖書館第十版，下同）卷四255頁。“總結毛公、鄭玄以來直到胡承珙、馬瑞辰、陳奐，二千多年訓詁的賬。”見《胡適文存二集》卷一。是胡適必曾讀過馬瑞辰的書，乃竟竊取其說而引申之，又竟自詡爲新創獲。此其一。《周易》卦辭、爻辭中用“言”字者，如《需》九二爻辭“小有言”、《訟》初六爻辭“小有言”、《困》卦辭“有言不信”、《革》九三爻辭“革言三就”、《震》卦辭及初九爻辭“笑言啞啞”、《艮》六五爻辭“言有序”、《漸》初六爻辭“有言无咎”各條中的“言”字，無一處可作“之”字解釋參看《周易注疏》及《周易集解》。而胡適獨將《師》六五爻辭“田有禽，利執言，无咎”一條之“言”字解釋爲“之”字，其不合理甚明。又胡適解《終風》“願言則嚔”爲“思之則嚔”，但不知何以解《二子乘舟》之“願言思子”及《伯兮》之“願言思伯”？如依其例，則“願言思子”當解爲“思之思子”，“願言思伯”當解爲“思之思伯”，難道可通嗎？又《巷伯》“捷捷幡幡，謀欲譖言”，胡適亦強調解“譖言”爲“譖之”，不知又將何以解《雨無正》之“譖言則退”？《雨無正》一篇中以“譖言”與“辟言”、“聽言”、“巧言”、“無言”、“能言”、“不能言”等平

---

① 詁，油印本誤“祐”。據馬瑞辰《毛詩傳箋通釋》改。
② 經傳，油印本作“詩經”。據王引之《經傳釋詞》改。
③ 句，油印本誤“言”。據上下文意改。
④ 學，油印本誤“家”。據上下文意改。

列，絕不能解爲"譖之"參看原詩，可知《巷伯》"謀欲譖言"，亦不能解爲"謀欲譖之"。胡適曾教人用西儒歸納論理之法，謂"研經且從經入手，以經解經，參考互證，可得其大旨"見胡適文存卷二2頁。今我即用其法，以經證經，其所論證，皆不能成立，宜其無法自信。此其二。胡適在《談談詩經》一文中，又舉出漢人釋"于，往也"之誤見《胡適論學近著》第一集583頁。按毛傳釋"于"爲"往"，馬瑞辰亦早已辨之。馬氏謂："'之子于歸'，正與'黃鳥于飛'、'之子于征'爲類。于飛，聿飛也；于征，聿征也；于歸，亦聿歸也。又與《東山》詩'我東曰歸'、《采薇》詩'曰歸曰歸'同義，'曰'亦'聿'也。于、曰、聿，三字皆詞也。舊訓'于'爲'往'，或讀'曰'如'子曰'之'曰'，並失之。"見《毛詩傳箋通釋》二《周南·桃夭》。是知漢人釋"于"爲"往"之誤，實不是胡適獨得之秘，胡適亦掠前人之美而已。又胡適謂《詩經》中的"維"字，最普通的用法是應作"啊、呀"的感歎詞解，並舉"維鵲有巢"、"維此文王"、"維此王季"算爲例見《胡適論學近著》第一集584頁。按"維"字用於句首者，爲語首助詞，即係一種發語詞，自《爾雅》以來無異說參見《爾雅》邢疏卷二。經典中此種例證甚多，不勝枚舉參考楊樹達《高等國文法》（商務印書館初版）573頁。劉大白本舊注爲說，所見至確，而胡適必爲強辨見《胡適論學近著》第一集591頁，附錄劉大白先生來書，足見其自是之情。① 由上所舉，胡適對於《詩經》的訓詁，非竊取前儒成說，即肆意歪曲，其無足取也可知。

　　總而言之，胡適對於祖國文化遺產是抱虛無主義的態度，主張全盤西化見《胡適論學近著》第一集558頁；故極力提倡以實驗主義的科學方法來治學。他把實驗主義的科學方法歸納爲"大膽的假設，小心的求證"十個字見胡適論學近者第一集645頁。因而他一方面強調《詩經》等書的不能懂和不可懂，認爲我們今日還不配讀見《胡適論學近著》第一集542-547頁；一方面則以能用科學方法徹底改革《詩經》研究的專家自命見胡適論學近著第一集580頁。今專就他對於《詩經》一書所研究的許多結果而言：若不是大膽假設，存心歪曲；也就是小心求證，掠人之美。實驗主義稗販者的伎倆，如此而已。

公元一九五六年十一月七日寫初稿

---

① 　案前文有"此其一"、"此其二"之語，此處似當增"此其三"三字以足之。謹記以備考。

（據"福建師範學院第一次科學討論會論文"油印本整理。案此本封面標題下署"報告人黃壽祺"，又下署"福建師範學院研究部編印，1956 年 11 月"，蓋當月寫畢即參加科討會。）

試論杜甫的絕句

一

今年是我國唐代偉大詩人杜甫誕生一千二百五十周年的紀念年。世界和平理事會已把這位偉大詩人列爲今年紀念的世界文化名人之一。我國以及世界各國人民都紛紛舉行紀念會，寫紀念文章。我們福建師範學院中文系的師生職工，也和全國以及全世界人民一樣，無人不對這位偉大詩人懷著崇高的敬意。作爲祖國古典文學研究者之一的我，更何能無動於衷？因此，我也寫了這篇發言稿，以表示敬意。

杜甫曾說過"語不驚人死不休"（《江上值水如海勢聊短述》），又說"頗學陰何苦用心"（《解悶十二首》之七）。現在從各報紙雜誌所發表的紀念、研究文章看來，已經寫得很多，杜甫的偉大之處，已被表揚殆盡。我再來談，實在不能像詩人說的那樣有什麼"驚人之語"了。同時，我又很慚愧，沒有下苦工夫研究過詩人的全部著作，就是閱讀過的部分，也沒有像詩人學陰、何那樣的"苦用心"。所以，我今天的發言，只能是"試論"，而且限於時間，只論他的"絕句"。

杜甫所遺留下來的詩篇，約有一千四百餘首。他的五、七言古詩和律詩，自來作家一致推重，沒有什麼貶詞。至於他的五、七言絕句，前代作家並不十分推重。例如王士禎《唐人萬首絕句選·凡例》：五言，推重王勃、王維、裴迪、李白、崔國輔、韋應物諸家；七言，推重李白、王昌齡、王維、王之渙、李益、劉禹錫、杜牧、李商隱諸家，均未數及杜甫。又如沈德潛《唐詩別裁·凡例》：五絕，推重王維、李白、韋應物以及崔顥、金昌緒、王建、張祜；七絕，推重李白、王昌齡、高適、岑參、王維、王翰、王之渙、李益、劉禹錫、杜牧、李商隱、鄭谷諸家，亦均未數及杜甫。至於楊慎之流，對杜甫的絕句，竟至妄肆輕蔑。《升庵

詩話》卷八中說:"杜子美詩諸體皆有絕妙者,獨絕句本無所解。"杜甫對於
絕句是否無所解呢? 依我看來,他是解得很多。先師霸縣高閬仙先生在所著
的《唐宋詩舉要》卷八絕句類小敘中曾說:"杜子美以涵天負地之才,區區
四句之作未能盡其所長,有時遁為瘦硬牙杈,別饒風韻。宋之江西派往往祖
之。然觀錦城絲管之篇,岐王宅裏之詠,較之太白、龍標,殊無愧色。乃歎賢
者固不可測。有謂杜公之詩,偏於陽剛,絕句以陰柔為美,非其所宜者,實謬
說也。"我基本上同意高先生的看法。我今天所談的,也大體依據師說而加
以推衍發揮。杜甫現存的五、七言絕句,共計一百三十餘首,雖然分量還不及
全部遺詩的十分之一,但它所包括的內容已很廣闊,而藝術上又有許多特色,
並且影響後代很大,所以試作以下的討論。

二

　　杜甫詩歌突出的思想內容,可以用"忠愛"兩字來概括它。具體地說,
即是忠於國家、熱愛人民。唯其忠於國家,所以他希望天子聖明,群臣效忠,
民族團結,天下一統。唯其熱愛人民,所以他反對官吏貪殘,歎息社會動亂,
悲憫饑饉流亡,同情人民疾苦。他這種思想,貫串在他的各體詩中,而其絕
句,亦毫不例外。

　　在封建社會裡,皇帝是最高的統治者。人民希望有好皇帝,作為封建士
大夫階級出身的詩人杜甫自然更希望天子聖明。所以他希望唐代宗能成為
中興之主。因而他在《承聞河北諸道節度入朝歡喜口號十二首》中,一則
說"周宣漢武今王是",再則說"興王會靜妖氛氣",三則說"神靈漢代中興
主"。但是他還恐怕唐代宗又如同晚年的唐明皇一樣荒淫腐化了,(杜甫對唐
明皇晚年的荒淫腐化是不滿的,在絕句中也有所表現,如《解悶十二首》中的"側生野岸及江蒲,不熟
丹宮滿玉壺。雲壑布衣駘背死,勞生害馬翠眉須。"之類皆是。)所以又在同一組詩中說:"英
雄見事若通神,聖哲為心小一身。燕趙休矜多佳麗,宮闈不擬選才人。"這就
不單是歌頌,而是含有深刻的諷諫之意了。自安史之亂,各鎮節度使權力日
大,後來即演成了藩鎮割據之禍,大唐王朝終於覆滅。杜甫在當時即對於平
定叛亂盡忠王室的愛國將領如李光弼、郭子儀等盡情歌頌。他在同上一組詩
中歌頌李光弼說:"李相將軍擁薊門,白頭雖老赤心存。竟能盡說諸侯入,知
有從來天子尊"。他又歌頌郭子儀說:"功業汾陽異姓王"。但當時的將領

並不是都和李、郭一樣盡忠愛國的，杜甫又不勝其憂慮。所以他於同上一組詩中又曾說："祿山作逆降天誅，更有思明亦已無。洶洶人寰猶未定，時時鬥戰欲何須。""不道諸公無表來，茫然庶事令人猜。擁兵相學干戈銳，使者徒勞百萬迴。"可見他對於藩鎮擁兵是極其憂慮的。杜甫不但反對藩鎮擁兵，而且反對朝廷侵略邊疆的兄弟民族。他對於發動侵略戰爭造成民族分裂不團結的行爲曾加以譴責。如在《喜聞盜賊總退五首》（一本盜賊下有蕃寇二字）之二中說："贊普多教使入秦，數通和好止煙塵。朝廷忽用歌舒將，殺伐虛悲公主親。"杜甫之所以希望群臣盡忠，熱烈歌頌平定叛亂的愛國將領，以及強烈譴責發動侵略戰爭破壞民族團結的行爲，總的目的，是希望天下的統一。所以當他聽說盜賊總退的時候，就極其歡喜地唱道："今春喜氣滿乾坤，南北東西拱至尊。大歷二年調玉燭，玄元皇帝聖雲孫。"（引詩同上題之五）杜甫這種忠愛思想，不但表現在對於當時國事的歌唱中，同樣也表現在他懷古詠史的詩篇中。他念念不忘諸葛武侯，紀念諸葛武侯的詩篇在絕句中即有四首。如在《武侯廟》中說："猶聞辭後主，不復臥南陽。"在《八陣圖》中說："功蓋三分國。"在《夔州歌十絕句》之九中說："武侯祠堂不可忘。"在《上卿翁請修武侯廟，遺象缺落，時崔卿權夔州》中說："尚有西郊諸葛廟，臥龍無首對江濆。"他之所以特別敬仰佩服諸葛武侯，就是從諸葛武侯的公忠體國，鞠躬盡瘁，安定巴蜀，北伐中原，企圖完成統一大業的英雄壯志出發的。因此，我們可以說，杜甫的忠君思想是和他的愛國思想相結合的。

　　杜甫的熱愛人民，首先表現在他的反對官吏貪殘方面。這在他的絕句中也有很好的反映。如《少年行》云："馬上誰家薄媚郎，臨階下馬坐人牀。不通姓字粗豪甚，指點銀瓶索酒嘗。"這是刻劃出一個豪門貴族的公子哥兒們神氣活現地到處作威作福勒索人家酒食的情況。又如《三絕句》之二云："殿前兵馬雖驍雄，縱暴略與羌渾同。聞道殺人漢水上，婦女多在官軍中。"這就反映出當時"殿前兵馬"的官軍是如何殘暴地殺戮人民和姦淫掠奪婦女的情況。這都可以看出杜甫對於貪暴官吏的痛恨。

　　由於朝廷的腐敗，官吏的貪殘，以致引起社會的動亂；復由於社會的動亂，也就更加深了人民的痛苦，杜甫是不勝其歎息的。社會動亂，便有"盜賊"。杜甫所謂的"盜賊"，大概包括有兩類：一類是指蕃寇，一類是指起來反抗迫害、殺戮官吏的人們。杜甫絕句中對於蕃寇動亂的描寫共有三首。如

《黃河二首》之一云："黃河北岸海西軍,椎鼓鳴鐘天下聞。鐵馬長鳴不知數,胡人高鼻動成群。"是描寫當時蕃寇聲勢的浩大。如《喜聞盜賊總退口號五首》之一云："蕭關隴水入官軍,青海黃河卷塞雲。北極轉愁龍虎氣,西戎休縱犬羊群。"是表示對於蕃寇動亂的必須戡定,不可放縱。如同上題之三云:"崆峒西極過崑崙,駝馬由來擁國門。逆氣數年吹路斷,蕃人聞道漸星奔。"則是說明蕃人本與我國素來和好,往來親密,只是由於邊將起釁作逆,以致蕃人離心離德,四散星奔。杜甫對於社會動亂的另一類描寫,如《三絕句》之一云:"前年渝州殺刺史,今年開州殺刺史。群盜相隨劇虎狼,食人更肯留妻子。"這些"群盜",應該是起來反抗迫害的人們,他們紛紛殺戮了許多罪惡的官吏,他們自然也難免殃及了一些無辜的婦孺,所以杜甫也不勝其悲憤。至於造成這種蕃寇和"群盜"動亂的原因,杜甫是有所分析的。杜甫除如前面所說的強烈譴責朝廷發動侵略戰爭破壞民族團結之外,還指出朝廷駕馭將領無方以及對待邊疆民族領袖禮貌不周、恩惠不及的原因。例如他在《夔州歌十絕句》之三中說:"群雄競起問前朝,王者無外見今朝。比訝漁陽結怨恨,元聽舜日舊簫韶。"這就說明漁陽將領本是舊日王臣,其結怨恨,實由於朝廷駕馭失道,不能真心做到"王者無外",故用"比訝"、"元聽"以明其旨。又如《喜聞盜賊總退口號五首》之四云:"勃律天西采玉河,堅昆碧盌最來多。舊隨漢使千堆寶,少答戎王萬匹羅。"這就說明對於戎王之來朝入貢,要禮貌周至、恩惠遍洽,很好地禮相往來,否則,即會造成叛亂之意,盡在不言之中。杜甫在他的五言律詩《有感五首》之三中曾說過"盜賊本王臣"的話,是他對待"盜賊"的看法的進步思想的表現,而在絕句中也能曲折地體現出這種的進步思想傾向。

杜甫對於當時人民因受戰爭動亂而造成的饑饉流離死亡,深重災難,是極其悲憫與同情的。如《黃河二首》之二云:"黃河西岸是吾蜀,欲須供給家無粟。"《復愁十二首》之三云:"萬國尚防寇,故園今若何?昔歸相識少,早已戰場多。"已表示出這種心情。而在《三絕句》之二中,表現得尤為沉痛。他寫道:"二十一家同入蜀,惟殘一人出駱谷。自說二女囓臂時,迴頭卻望秦雲哭。"杜甫的傷時感亂、悲天憫人的思想,就在不多的絕句中也可以說是表現無遺了。

杜甫的忠愛思想,還表現在他忠實於繼承祖國一切優秀文學遺產和熱愛祖國美麗的山川景物方面。他對於在他以前的文學作家，絲毫沒有掩沒他們的長處，而是給予恰當的評價而加以表揚。就是和他同時代的年長於他或年少於他的作家，他們如果有一善之長，他也沒有不虛心佩服而讚揚不絕口的。他對於祖國的一山一水，一草一木，以及鳥獸蟲魚，都含有無限的感情。他對待朋友極其忠誠，他對於家鄉極其摯愛。像這些情況，在他的絕句中也都有具體而深刻的反映。

　　杜甫對於在他以前的作家的評價，在絕句中，已提到李陵、蘇武、謝靈運、謝朓、陰鏗、何遜、庾信、王勃、楊炯、盧照鄰、駱賓王等人。他在《解悶十二首》之五中說："李陵蘇武是吾師"。在《解悶十二首》之七中說："孰知二謝將能事，頗學陰何苦用心。"這是對於蘇李、二謝、陰、何的表揚。他在《戲爲六絕句》之一、之二中說："庾信文章老更成"，"王楊盧駱當時體"，他對於前代這些優秀的作家，都給予適當的肯定。他特別不滿意當時人們對於庾信的輕蔑，他說庾信是"淩雲健筆意縱橫"，後生們嗤點庾信流傳下來的詞賦，是"不覺前賢畏後生"了。他批評了嘲笑"四傑"的輕薄子們是"爾曹身與名俱滅"，而"四傑"則是"不廢江河萬古流"（引詩同上）。並總結說："才力應難跨數公，凡今誰是出群雄？或看翡翠蘭苕上，未掣鯨魚碧海中。"（《戲爲六絕句》之四）他說當時人們的才力應難跨過庾信及王、楊、盧、駱數公，人們看到的，只是"翡翠蘭苕"，而未掣到"碧海鯨魚"。這是何等正確的給予前代作家以客觀的評價啊！杜甫不但忠實而正確地評價前代的作家，即對於同時的作家，在絕句中也提到王維、王縉、孟浩然、薛據、孟雲卿、鄭十七郎等人，也都給予應有的評價。如詠王維、王縉兄弟說："不見高人王右丞，藍田丘壑蔓寒藤。最傳秀句寰區滿，未絕風流相國能。"詠孟浩然說："復憶襄陽孟浩然，清詩句句盡堪傳。"詠薛據說："沈范早知何水部，曹劉不待薛郎中。"詠孟雲卿說："孟子論文更不疑"，"數篇今見古人詩"（以上所引詩均見《解悶十二首》中）。又答鄭十七郎說："把文驚小陸"（《答鄭十七郎一絕》），以陸雲比擬鄭十七郎。可見杜甫不論對於同時代的年長或年少的作家朋友，都是極其虛心服善，只要他們有一善之可取，的確都是讚揚不已的。這是他"不薄今人愛古人"，"轉益多師是汝師"（《戲爲六絕句》之五及之六）言論的具體實踐的表現，也即是忠實地繼承前代文學遺產和忠實地向同時代作家學習的具體表現。

　　他不但對於同時的作家朋友，虛心敬仰佩服，即對待同時的藝術界各種朋友，也是如此。例如他在《存歿二首》中對席謙、畢曜、鄭虔、曹霸四人的懷念，感情是極其真摯和悲痛的。他說：“席謙不見近彈棋，畢曜仍傳舊小詩。玉局他年無限笑，白楊今日幾人悲。”“鄭公粉繪隨長夜，曹霸丹青已白頭。天下何曾有山水，人間不解重驊騮。”他對於這四位懷著優異的文學藝術才能的朋友，是何等敬仰！這些朋友淪落不遇，或老或死，他不勝其悲憤悼惜。他對待朋友的交誼，至死不渝，是何等的忠誠啊！

杜甫對於祖國美麗山川景物的熱愛，在絕句中也有所表現。他留戀當時的帝鄉長安，在《承聞河北諸道節度入朝歡喜口號絕句十二首》之七中說：“抱病江天白首郎，空山樓閣暮春光。衣冠是日朝天子，草奏何時入帝鄉。”他懷念青年時期漫遊過的江淮吳越，在《解悶十二首》之二中說：“商胡離別下揚州，憶上西陵故驛樓。爲問淮南米貴賤，老夫乘興欲東遊。”特別是他對於蜀中的山川景物，尤爲熱愛，歌詠極多。如《春水生二絕》、《絕句漫興九首》、《江畔獨步尋花七絕句》、《三絕句》、《絕句二首》、《絕句九首》、《絕句四首》、《夔州歌十絕句》，以及《解悶十二首》和《復愁十二首》中的一部分，幾乎全是描寫蜀中的山川景物。今舉《夔州歌》爲例。他描寫白帝瞿塘的險要，說：“中巴之東巴東山，江水開闢流其間。白帝高爲三峽鎮，瞿塘險過百牢關。”他描寫赤甲白鹽的奇麗，說：“赤甲白鹽俱刺天，閭閻繚繞接山巔。楓林橘樹丹青合，複道重樓錦繡懸。”他描寫瀼東瀼西的繁榮說：“瀼東瀼西一萬家，江南江北春冬花。背飛鶴子遺瓊蕊，相趁鳧雛入蔣牙。”他描寫巫山高唐的仙境，說：“閬風元圃與蓬壺，中有高唐天下無。借問夔州壓何處，峽門江腹擁城隅。”像這些的描繪，是何等地令人神往啊！至於蜀中其他地方的山水雲嵐、草木竹石、鳥獸蟲魚，以及許許多多的自然景物、風土民俗，經過杜甫描寫的，更是不勝枚舉。蜀中的山川景物，本來是雄奇美麗的，得到了杜甫這位偉大詩人大量的而又精雕細刻的敍述描繪，就更加光輝而生色了。這真是四川地方人民特別值得欣慰和驕傲的事情。

杜甫對於他曾經遊歷和流寓過的地方，是這樣的熱愛，自然對於他生長的故鄉也更是熱愛和留戀了。他在《歸雁》中說：“萬里東來客，亂定幾年歸。腸斷江城雁，高高正北飛。”這是他再至成都時，望見北飛之雁，而恨自己不知何年得以東歸故鄉的心情的反映。這就說明他對故鄉的懷念和熱愛。總之，我認爲杜甫忠實地繼承祖國的文學遺產，忠誠地對待所有的好朋友，熱愛祖國美麗的山川景物，熱愛自己的家鄉，也都是他忠愛思想的一種體現。清末張之洞有一首詠杜甫的詩，說他"憑仗詩篇垂宇宙，發揮忠愛在江湖"（《廣雅堂詩集》卷一《杜工部祠》）。我認為借用這兩句詩來概括杜甫的一生是恰當的，儘管他所說的"忠愛"的內涵，和我未必相同。

三

談到杜甫詩的藝術成就方面，古今作者著論尤多。唐元稹在《唐故檢校工部員外郎杜君墓係銘》中說："至於子美，蓋所謂上薄風雅，下該沈宋，言奪蘇李，氣吞曹劉，掩顏謝之孤高，雜徐庾之流麗，盡得古今之體勢，而兼人人之所獨專矣。"其意實偏重在說杜詩的藝術成就，冠絕古今。宋秦觀在《淮海集》卷十一《韓愈論》中說："昔蘇武、李陵之詩長於高妙，曹植、劉公幹之詩長於豪逸，陶潛、阮籍之詩長於沖澹，謝靈運、鮑照之詩長於峻潔，徐陵、庾信之詩長於藻麗。於是杜子美者，窮高妙之格，極豪逸之氣，包沖澹之趣，兼峻潔之姿，備藻麗之態，而諸家之作所不及焉。"其意亦謂杜詩藝術成就之高，前無古人。就杜詩藝術成就的總評價來說，元稹和秦觀的話，可算得很有代表性的了。若按分體而論，他的古體詩不僅僅是學習漢魏六朝，而是大量地創造了許多即事名篇的新體樂府。他的近體律詩，特別是排律，更誠如元稹所說："至若鋪陳終始，排比聲韻，大或千言，次猶數百，詞氣豪邁而風調清深，屬對律切而脫棄凡近，則李尚不能歷其藩翰，況堂奧乎？"也就是說，連李白也遠不及他了。今但就前人所不甚一致推重的絕句而論，也還有許多特色。首先，他在當時王維、李白、王昌齡諸人的絕句詩已達到高峰之外，獨闢蹊徑，打破聲律的束縛，採用拗體。其次，他喜用絕句來評論古今詩人，成為論詩的一種新體制。復次，他還寫了許多組織嚴密的組詩，把這種形式運用得比前人更靈活。至於他善以口語入詩（絕句亦不例外），用來敘事、抒情、寫景、詠物、代簡，無不如意，也是突過前人的。他的絕句有這許多特徵，都給後代詩壇以很大的影響。

盛唐詩人王維、李白、王昌齡所作絕句的風格，為當時及後代所一致推崇，是符合事實的。杜甫是否不能寫像他們那樣的絕句呢？或是不肯走他們的老路而想另闢境界呢？依我的看法，杜甫是肯定能寫的，而且確是想另闢新途徑的。今先舉杜甫的五言絕句為例。杜甫的五言絕句，現在存者不多，但其高者實不減王維、李白、王昌齡。試取杜甫《絕句六首》之四"急雨捎溪足,斜暉轉樹腰。隔巢黃鳥並,翻藻白魚跳。"以與王維《欒家瀨》"颯颯秋雨中,淺淺石溜瀉。跳波自相濺,白鷺驚復下。"相較,寫景之佳,有何愧色? 再取杜甫《絕句二首》之二"江碧鳥逾白,山青花欲燃。今春看又過,何日是歸年?"以與李白的《送陸判官往琵琶峽》"水國秋風夜,殊非遠別時。長安如夢裡,何日是歸期?"相較,抒情之深,寧易軒輊? 更取杜甫《八陣圖》"攻蓋三分國,名成八陣圖。江流石不轉,遺恨失吞吳。"以與王昌齡的《留別武陵田太守》"按劍行千里,微軀感一言。曾爲大梁客,不負信陵恩。"相較,比事之工,亦各有千秋。七言絕句,杜甫所寫較多,今再舉以與王維、李白、王昌齡相較,實更難分高下。王維之《送元二赴安西》"渭城朝雨浥輕塵,客舍青青柳色新。勸君更盡一杯酒,西出陽關無故人。"在當時最負盛名,固然一往情深。但杜甫之《江南逢李龜年》"岐王宅裡尋常見,崔九堂前幾度聞。正是江南好風景,落花時節又逢君。"亦何嘗不感慨萬千? 李白之《巴陵贈賈舍人》"賈生西望憶京華,湘浦南遷莫怨嗟。聖主恩深漢文帝,憐君不遣到長沙。"固然婉而多諷。但杜甫之《贈花卿》"錦城歌管日紛紛,半入江風半入雲。此曲只應天上有,人間那得幾回聞?"亦何嘗不異曲同工? 王昌齡以邊塞從軍詩著稱,然取杜甫《奉和嚴鄭公軍城早秋》"秋風嫋嫋動高旌,玉帳分弓射虜營。已收滴博雲間戍,更奪蓬婆雪外城。"以與王之《從軍行》"大漠風塵日色昏,紅旗半卷出轅門。前軍夜戰洮河北,已報生禽吐谷渾。"相較,亦何以見杜之不如王? 所以,我們固然不必如黃子雲《野鴻詩的》的說法,把杜甫的絕句,抬高到"高駕王、李諸公多矣"的地步,但也不可如沈德潛等的有意貶低杜甫。沈德潛在《唐詩別裁》卷二十中說:"杜陵絕句,直抒胸臆,自是大家氣度。然以爲正聲,則未也。"究竟怎樣才算是正聲呢? 難道以上所舉的杜甫的絕句都不是正聲嗎? 這正可以看出沈德潛的偏見之深了。因此,我肯定地說,杜甫並不是不能寫像王維、李白、王昌齡那樣的絕句的。

但是,我們應該承認像王維、李白、王昌齡所寫的那樣的絕句,在杜詩中確是比較少的,那是爲什麼呢? 在這裡我們略說絕句的起源。

在《玉台新詠》中就有許多五、七言絕句,不論名稱與形式都與唐人絕句相同。所以絕句的產生不論如趙翼《陔餘叢考》(卷二十三) 所說是出於南北朝樂府，還是如胡應麟《詩藪》(卷上)及田雯《古歡堂集》(卷二)把絕句產生提前到漢魏樂府，我們深信絕句不是如一般人所說是截律詩四句而成的。相反的，它是產生於律詩之前，從民間樂府來的。絕句既是樂府，就有樂府的音律。這與沈約、周顒等所製的永明體的宮商就不同了。唐人的律詩是從永明體演變來的。音律和諧的絕句當然是受了永明體的影響，如王維、李白、王昌齡等人所作皆是。

　　杜甫是詩中全能的作家。他的律詩亦不能例外是受永明體的影響的。可是在他的時代，七言律詩還沒有像他那樣"揮斥八極，開鑿渾沌"的。絕句呢？王、李諸人已臻極詣。因此，他就如查初白所說："先生七絕，有意別生蹊徑"(見查初白《詩評》卷上)了。不過要認識這種蹊徑不是可以任意開的，而是他深知絕句的根源來自民間樂府，他採用了這種體裁，正是他向民間文藝學習的具體表現。絕不是如胡仔《苕溪漁隱叢話》(前集卷七)所說"律詩之作，用字平仄，世固有定體，衆共守之，然不若時用變體，如兵之出奇，變化無窮，以驚世駭目，如老杜詩云云。"(此節雖論七律，其理則一。)

　　這種體裁，世目之爲拗體，讀起來似乎不順嘴，其實，若諧以樂府音律，就很悅耳了。例如前面所引的王維《送元二赴安西》的"陽關"、"渭城"之曲，在當時傳唱最廣，即係拗體，便可以明其故。拗體之例極多，茲各舉五言及七言絕句兩首，以見一斑。

　　五言絕句之拗體者，如《絕句》"江邊踏青罷，回首見旌旗。風起春城暮，高樓鼓角悲。"第一句第三字本當平聲，第四字本當仄聲，而此詩則因三、四兩字平仄音對換而拗。又如《絕句九首》之七"聞道巴山裡，春船正欲行。都將百年興，一望九江城。"第三句第三字本當平聲，第四字本當仄聲，而此詩則因三、四兩字平仄音對調而拗。七言絕句之拗體者，如《江畔獨步尋花七絕句》之四"東望少城花滿烟，百花高樓更可憐。誰能載酒開金盞，喚取佳人舞繡筵。"第一句第五字本當仄聲，第二句第四字本當仄聲，第六字本當平聲，而此詩皆因反用而成拗體。又如同上題之六"黃四娘家花滿蹊，千朵萬朵壓枝低。留連戲蝶時時舞，自在嬌鶯恰恰啼。"第一句第五字本當仄聲，第二句第二字本當平聲，而此詩亦皆因反用而成拗體。拗體絕句，前人本亦有之，而杜甫則用之最多，而變化又多方，不拘一格，故創造性最強。關於杜詩拗體絕句這方面，金啟華同志曾經詳細論述(見《江海學刊》1962年4月號《談杜甫的絕句詩》），故我於此不復悉論。

杜甫還應用絕句論詩，創造“論詩絕句”的新體制，這主要表現在他的《戲爲六絕句》和《解悶十二首》的一部分中。那些詩篇，我在前面大部分已提到。馬茂元同志在本年四月《文藝報》第四期上寫了一篇《論戲爲六絕句》，分析得更詳盡。這種用絕句來論藝術的風氣，後來發展爲論詞、論畫、論字、論墨、論藏書等，就更不勝枚舉了。

杜甫還寫了許多聯篇絕句的組詩。這種聯篇絕句，李白、岑參等人都曾寫過。但絕不如杜甫之多，所反映的生活面更不如杜甫之廣。杜甫所寫的絕句組詩，舉聯篇三首以上的來說，即有十餘組。這十餘組的組詩，依其内容看來，又可分爲三類：一是屬於憂國憂民憫時感事的，二是屬於描寫景物即景寓情的，三是屬於文學理論文藝批評的。在此三類中，有全組詩内容大致相同歸在一類中的，也有内容不盡相同，一組詩可分入兩類的，但無不組織嚴密，前後聯貫。今各舉一組爲例，以資說明。

内容大致相同，全組詩歸在一類中的，例如《夔州歌十絕句》一組：第一首（詩見前引）總敘夔州形勢的險要。第二首“白帝夔州各異城，蜀江楚峽混殊名。英雄割據非天意，霸主併吞在物情。”借論古以警蜀寇。第三首（詩見前引）言漁陽將領之怨恨，原由於朝廷駕馭失道，祿山亂後，惟幸蜀中無恙，遂領起以下四首。第四首（詩見前引）說赤甲、白鹽之奇麗。第五首（詩見前引）說瀼東瀼西之繁榮。第六首“東屯稻畦一百頃，北有澗水通青苗。晴浴狎鷗分處處，雨隨巫峽下朝朝。”說東屯、青苗坡之富利。第七首“蜀麻吳鹽自古通，萬斗之舟行若風。長年三老長歌裡，白晝攤錢高浪中。”說水次之便。第八首“憶昔咸陽都市合，山水之圖張賣時。巫峽曾經寶屏見，楚宮仍對碧峰疑。”前數首都用實寫，至此一首則用虛寫，虛實相間，則景象倍覺飛動。第九首“武侯祠堂不可忘，中有松柏參天長。干戈滿地客愁破，雲日如火炎天涼。”則是特寫突出武侯祠之名勝。第十首（詩見前引）寫高唐仙境並總結全組。這一組詩，有總敘，有議論，有提掣，有實寫，有虛寫，有特寫，有總結。它雖是描寫山川景物的組詩，而組織是何等的嚴密啊！

内容不盡相同，同一組詩可分入兩類，而全組聯篇貫串，組織依然很嚴密，這就更難能了。例如《復愁十二首》一組：第一首“人煙生處僻，虎跡過新蹄。野鶻翻窺草，村船逆上溪。”先寫江村人煙生僻的愁景。第二首“釣艇收緒盡，昏鴉接翅稀。月生初學扇，雲細不成衣。”續寫當前的愁景。第三首（詩見前引）及第四首“身覺省郎在，家須農事歸。年深荒草徑，老恐失柴扉。”則因當前愁景聯繫而愁及故鄉。第五首“金絲鏤箭鏃，皂尾製旗竿。一自風塵起，猶嗟行路難。”則因思鄉而愁行路之難。第六首“胡虜何曾盛，干戈不肯休。閭閻聽小子，談笑覓封侯。”則愁閭閻小子之喜亂樂禍。第七首“貞觀銅牙弩，開元錦獸張。花門小箭好，此物棄沙場。”則愁回紇之未可狎。第八首“今日翔麟馬，先宜駕鼓車。無勞問河北，諸將角榮華。”則愁諸將之驕惰。第九首“任轉江淮卒，休添苑囿兵。由來貔虎士，不滿鳳凰城。”則愁禁兵之冗多。第十首“江上亦秋色，火雲終不移。巫山猶錦樹，南國且黃鸝。”則因氣候不調而愁，復轉回寫江村當前的景事。第十一首“每恨陶彭澤，無錢對菊花。如今九日至，自覺酒須賒。”則係窮居而愁。第十二首“病減詩仍拙，吟多意有餘。莫看江總老，猶被賞時魚。”則總結借吟詩以遣愁。這一組詩，由當前江村的愁景，而聯想到故鄉的愁景；由思故鄉，而感到行路之難而愁；由愁行路之難，復引起下四首的愁閭閻，愁回紇，愁諸將，愁禁兵；至第十首以下，復回寫江村當前景事，愁氣候失調，愁自身窮困，最後乃透露出借詩遣愁之意，並以結束全組詩意。雖描寫景物與感喟時事相互交錯，而愁思如一，脈絡貫串，組織也是很嚴密的。關於這方面，我認爲楊倫《杜詩鏡銓》的眉批，可以參考。

此外，杜甫還以口語入詩，廣泛使用它來表達各種思想感情。如《少年行》“馬上誰家薄媚郎”一首（全詩見前引），則以口語敘事。如《江畔獨步尋花七絕句》之二“稠花亂蘂裏江濱，行步欹危實怕春。詩酒尚堪驅使在，未須料理白頭人。”則以口語抒情。如《絕句漫興九首》之三“熟知茅齋絕低小，江上燕子故來頻。銜泥點汙琴書內，更接飛蟲打著人。”則以口語寫景。如《官池春雁二首》之一“自古稻粱多不足，至今鸂鶒亂爲群。且休悵望看春水，更恐歸飛隔暮雲。”則以口語詠物。此外，杜甫向友人乞求花木或乞求接濟贈送財物的詩，如《蕭八明府隄處覓桃栽》、《從韋二明府續處覓綿竹》、《憑何十一少府邕處覓榿木栽》、《憑韋少府班覓松樹子》、《詣徐卿覓果栽》、《因崔五侍御寄高彭州一絕》、《王錄事許修草堂貲不到聊小詰》、《又于韋處乞大邑瓷碗》等篇，都是以口語入詩，以詩代書簡。這一類的詩，通俗易曉，明白對話，是他學習民間文學，吸取它的優點，而加以提煉加工創造了新形式的具體表現。楊倫《杜詩鏡銓》卷十三說:"《夔州歌十絕句》亦竹枝詞體。"也就是說像《夔州歌》那樣口語化的絕句,是學習民間文學竹枝詞的體制的意思。

由上所述看來,杜甫在絕句詩方面的確是有許多新的創造,的確是獨闢蹊徑。不但楊慎說杜甫"獨絕句本無所解"是荒謬的,即如王士禛、沈德潛諸家之不推重杜甫絕句,也顯然是認識不足的。若論杜詩藝術風格的特徵,誠如他自己在《進雕賦表》中所說的"沈鬱頓挫,隨時敏捷"。"沈鬱頓挫"的風格特徵,我系陳祥耀同志在本年五月十二日《文匯報》上,發表了《杜詩沈鬱解》一文,已有所闡明。我看杜詩不但其他各體具備此種藝術風格特徵,就是絕句也是如此。我們試熟讀他的所有絕句,而參之陳同志所舉的例,就可以了然於胸中了。

四

沈德潛在《唐詩別裁·凡例》中說:"唐人選唐詩,多不及李杜。蜀韋縠《才調集》,收李不及杜。宋姚鉉《唐文粹》,只收老杜《莫相疑行》、《花卿歌》等十篇。真不可解也。"這確實是一個不可解的現象。但這對於李杜有什麼損傷呢?中唐的最大詩人應推白居易和韓愈,白居易在《與元微之書》中不是說"詩之豪者,世稱李杜"嗎?韓愈在《調張籍》詩中不也說"李杜文章在,光焰萬丈長"嗎?不重視李杜詩的人們,只是暴露出他自己的無知罷了!至於評比李杜的優劣,元稹尤特別推重杜甫。他的話,我在前面已經引過了。杜是否優於李,我們姑且不論。但杜甫的詩,影響後代至深且巨,而爲李詩所不及,則是確無可疑的。杜詩不但到宋以後影響大,就是在唐代影響即已甚大。宋孫僅在《讀杜工部詩集序》中說:"公之詩,支爲六家。孟郊得其氣焰,張籍得其簡麗,姚合得其清雅,賈島得其奇僻,杜牧、薛能得其豪健,陸龜蒙得其贍博:皆出公之奇偏爾,尚軒然自號一家,嬾世煊俗,後人師擬不暇。矧合之乎風騷而下、唐而上,一人而已!是知唐之言詩,公之餘波及爾!"孫僅所說,實在尚不夠全面,已經足以概見杜詩在唐代影響之巨了。今但就他的絕句而論,他影響中、晚唐諸大家也是很明顯的。他的硬語摩空,妥貼排奡方面,實開韓愈、孟郊一派的詩風。例如他和高適、嚴武、漢中王相贈答的一些絕句,即爲韓愈贈答裴晉公、張閣老、白舍人、李司勳、張功曹等詩之所本。他的運用口語，清新流麗方面，實開元稹、白居易、劉禹錫一派的詩風。例如他的《夔州歌十絕句》之運用竹枝詞體，即爲後來元、白、劉等人創作竹枝詞開了先聲。他的藻葩怪麗、冷豔幽僻方面，實開李賀的詩風。例如他《解悶十二首》中的詠荔枝諸絕句，即爲李賀《昌谷北園新筍》等作所本。他的風流自賞、豪邁俊逸方面，實開杜牧的詩風。例如寫江村景物的許多詩篇，即爲杜牧《江上》、《山行》等寫景物絕句所本。他的濃郁蘊藉、悱惻低佪方面，實開了李商隱的詩風。如他懷人論詩諸絕句，即爲李商隱《寄令狐郎中》、《杜司勳》、《過鄭廣文故居》、《讀任彥升碑》等詩所本。其餘諸家，更不必一一細數了。到了宋代以後，杜甫的詩歌，已普遍爲學詩的人所重視，特別是所有愛國詩人如陸游、辛棄疾、文天祥等人的愛國詩篇，更受杜詩的深刻影響，不獨他的“硬瘦牙杈，別饒風韻”的絕句，爲江西詩派所祖尚而已。王士禎、沈德潛等人對於杜甫絕句的重視不夠，適足以顯其所見之偏；楊慎之流的妄肆輕蔑，更適足以顯其所見之淺罷了。

偉大的詩人杜甫，他的創作，不論在內容方面或藝術成就方面，都是豐富多采、掩蓋前古的。但他在當時雖心存忠愛，然而天子原非堯舜，群臣不是皋夔，縱欲“竊比稷與契”，亦終無所用之。且時代之興替，更有取決於君臣賢愚之外者，此杜甫在當時所未能盡知。懷才不遇，窮愁抑鬱，以至於流落江湖之間困厄而死，這是多麼的不幸啊！他的詩歌創作的成就，雖然被歷代的人們尊爲“詩聖”和“詩史”，但也還有一些人對他的絕句的成就認識不足。在今天人民的新中國裡，由於黨的文藝方針的正確，全國人民才能更普遍、更全面、更正確地繼承他這一份珍貴的遺產。杜詩的光輝不但普遍照耀在我國的文壇上，而且廣泛照耀到全世界的各國的文壇。我們是如何地感覺到祖先有這位偉大的世界性的詩人而驕傲自豪啊！我們不但要紀念他，繼承他，而且還要加以發揚光大，爲創造祖國社會主義的新文學作出新的貢獻！我這篇試論，只不過是表示我個人對這位偉大的詩人的一點敬意罷了。

（據《福建師範學院學報》1963 年第 1 期整理。案此文係作者1962 年 6 月 18 日在福建師範學院中文系“杜甫誕生 1250 週年紀念會”上的發言稿，翌年刊載於《福建師範學院學報》。後又載黃高憲編《黃壽祺論中國古典文學》，山東文藝出版社 2001 年 8 月出版。）

略述先師吳承仕先生的學術成就

先師吳承仕先生的一生,正如王西彥老同學所概括的一句話——從學者到戰士。關於吳先生的生平事蹟,張致祥、余修等同志已寫了好多篇詳細的材料,現在我只就個人所瞭解到的吳先生學術成就的方面,作個概括的介紹。

一

關於吳先生的學術造詣,我個人認爲應該分爲兩個方面來談:第一個方面,是他早歲即繼承著徽州學派江永、戴震、金榜、凌廷堪諸鄉先哲的治學方法的優良傳統,而折中於余杭章太炎先生者;第二個方面,則是他晚年接受馬克思主義的思想體系,創辦《文史》等刊物,力圖運用辯證唯物主義和歷史唯物主義以分析研究我國的古經典著作,特別是對《三禮》和《說文》等書發表了不少篇觀點內容不同於前代和當代學者的論文,爲後學開闢了研究古禮制和古文字學的新途徑,是極其難能可貴的。他還寫了好多篇諷刺抨擊國民黨反動派和宣揚抗日救國的文章,表現出他的強烈的愛國主義思想和獻身無產階級革命的激情。現在先概述第一個方面。

吳先生出生於歙縣昌溪蒼山源的"書香門第",他於清光緒二十八年(即一九〇二年)壬寅科中舉時,年才十八歲。他中舉的"墨卷"中,本房總批稱他"家學淵源,務求性理",這大概不是虛譽。至於吳先生何年進學爲秀才,別書未見記載,但從"墨卷"本房總批中"去歲拾芹,今秋攀桂"之語看來,則吳先生是於中舉之前一年進學,即十七歲爲秀才。及光緒三十三年(即一九〇七年)丁未,清廷舉行舉貢會考,他以一等第一名被錄取,時年二十三歲。從現在尚存留於"墨卷"中的《漢文帝減租除稅而物力充義,武帝算舟車、榷鹽鐵、置均輸,而財用不足論》、《中外刑律互有異同,自各口通商,日繁交涉,應如何參酌損益妥定章程,令收回治外法權策》和《人之言曰,爲君難爲臣不易,如知爲君之難也,不幾乎一言而興邦乎》三篇論、策、義的文章看來,吳先生在論中痛陳"理財者私其利於國,不能公其利於民"之非,於策中則主張"講論變通之道,爲長治久安之謀",於義中則縱論"莫難於知人,莫難於化惡,知用人之難,則朝無幸位,知化惡之難,則野無莠人"。可以看出他在青年時期,不但舉業功深,而且已具有非凡的學問和見識了。

吳先生舉貢會考殿試第一之後,即被指派爲大理院主事。宣統元年(即一九〇九年),先生即著有《監獄解蔽篇》,且已印行,惜我至今未得讀此書。

辛亥革命之後,吳先生任司法部僉事。章太炎先生以反對袁世凱被幽囚於錢糧胡同,吳先生於民國四年(即一九一五年)三月間即拜幽囚中的犯人章先生爲師。章先生《自定年譜》云:"歙吳承仕檢齋時爲司法僉事,好說内典,來就余學。每發一義,檢齋錄爲《菿漢微言》。"今觀書中,凡手記章先生口說一百六十七例,而以討論印度哲學及中國哲學之玄理者爲最多。今存之吳先生手稿中還有《菿漢微言外錄》,大概民國十四、五年(即一九二五年到一九二六年間)所記,惜只存《序文》一首了(此序文擬收入《吳檢齋先生學術論文集》中)。

據吳先生之弟承傳及兒子鴻邁兩人的記述,民國十六年(即一九二七年),李大釗同志被奉系軍閥張作霖殺害以後,吳先生遂憤而辭官,完全脫離北洋政府的司法界而專心講學著書。先後在北京大學、北京師範大學、中國大學、民國大學、東北大學等校教授,而以在北師大及中大的時間爲最久,曾任北師大國文系主任、中大國學系主任。關於吳先生繼承徽州學派傳統精神的著作,在二十年代、三十年代中即已成書甚多,茲歸納爲下列各類:

(一)《經學通論》、《經典序錄》及《國故概要》類。

1.《經學通論》,中國大學講義本,計六篇:經名數略釋第一,群經原始第二,群經傳授第三,漢魏博士第四,群經篇目第五,今古文第六。民國十四年(即一九二五年)九月一日自序云:"今述此論,大氐比次舊聞,校計衆說,如有同異,亦妄下已意。要之陳述多而裁斷少者:一因學術短淺,志在慎言;二因舊事茫昧,頗難質定;三因治學方術,最重證據,譬諸治獄,不宜輕用感情;四因抽象定例,本爲假設,後說勝前,則前說自廢。"(此序已據草稿校點,編入《學術論文集》。)即此四端,便可以見吳先生治學的審慎精神。

《中國大學季刊》第一卷第一期載有吳先生《經名數述略》一文,即此書之首篇單行者,今已先收入《學術論文集》中。

2.《經典釋文序錄疏證》,民國二十二年(即一九三三年)九月十日初版,爲中國學院國學系叢書之一。書中首辨明陸氏此書成於陳後主至德元年癸卯

（即五八三年），駁李燾、桂馥以爲貞觀十七年癸卯（即六四三年）之非。（《北平圖書館月刊》第二卷第二期載有吳先生《經典釋文撰述時代考》一文，亦即論此事。）次就《序錄》全文分析爲條例、次第、注解傳述人等章，詳爲疏證，以明經典源流。章太炎先生稱其"引據詳確"。經齊燕銘同志校訂印行之後，先生復多所批註。任化遠先生曾爲《校勘記》。現已由中華書局秦青同志校點重印。

3.《經典釋文引用書目及衆說考》，手稿本，尚待整理成書。

4.《經學受授廢興略譜》，未成書，今只存《易》稿四頁，《易表》稿六頁。

5. 清吳翊寅著《漢置五經博士考》，吳先生撰有《提要》一篇，見臺灣出版的《續修四庫全書提要》中。

6.《國故概要》一冊，係北師大鉛印講義本。首明國故名義及所講範圍，次明華夏學術始自孔老，次明晚周儒行不同晚世，次明晚周諸子與儒家並立。最後則節鈔《漢書·藝文志》之文及舊本訓釋而加以疏證。

此類《經學通論》、《經典釋文序錄疏證》、《國故概要》三書，均爲指導研究古代學術的門徑者而作，宜首先加以重視。

（二）《周易》類。

吳先生之易學著述，今存者有五種：

1.《檢齋讀書提要》中有《周易提要》四十七篇，已刊入臺灣出版之《續修四庫全書提要》中。

2.《揲蓍之法》，存草稿六頁。

3.《宋元以後易圖略鈔》一冊，手稿本。

4.《讀易筆記》，存草稿十一頁。

5.《易義略鈔》，存草稿數十頁。

《周易提要》，評審極多精當。《揲蓍之法》，首據《易傳》明文，次述後儒所說揲蓍儀式，大氐依據朱子《易學啟蒙》。《宋元以後易圖略鈔》，所輯實已頗多。《讀易筆記》及《易義略鈔》，内有《西漢易派》、《易家廢興存佚略譜》、《周易集解稱引諸家氏名》、《經典釋文周易音義稱引諸家》、《周易正義所引諸家》等篇，均係草稿，尚待整理。

吳先生論《易》之大旨，見其《與章太炎先生論易書》中（此書已收入《學術論文集》）。他對漢宋清儒易學均表示不滿。如論漢易云："《易》由乾坤而生六子,由六子而生六十四卦,而消息家則以十二辟卦爲卦本,自始即不應理。若六日七分之術,本用以占驗,於易道無與。鄭主爻辰,虞主納甲,輾轉附會,有似隱書。至謂卦爻辭一切皆是取象,如乾爲百、坤爲姓之類,文義安否,皆所不問。以此說經,竟何所補益?”又論宋易云:“宋人以九宮數及天地生成數爲河洛,以道家坎離交媾爲太極,又附會兩儀四象、天地定位諸傳文爲先天位次,後儒沉溺於此者,其繳繞穿穴,又過於爻辰納甲。”其論清儒之易,則舉焦循之言:“納甲卦氣,皆《易》之外道,趙宋儒者闢卦氣而用先天,近儒闢先天而復理卦氣,不亦唯之與阿哉!”並贊焦氏之言爲“蘇常諸老之所不了”。（按章先生有答書,現已編入《吳承仕藏章炳麟論學書信集》中,由啓功、蕭璋兩先生校點。）吳先生於《易》,蓋主張“訓故舉大誼”者,故於漢宋清儒象數之學皆在所排斥。

(三)《尚書》類。

吳先生《尚書》類之著作較多,計有十種,而以《尚書三考》爲最重要。

1.《尚書三考》:①《尚書傳王孔異同考》,論列王孔異者一百二十八事,同者一百一十事,孔無明文者三十四事,王說不可知者十八事。並指出清儒丁晏、孫星衍等研究王孔異同之十二蔽,實發前人之所未發。②《左氏杜注書孔傳異同考》,論列杜義同孔者八事,杜義異孔者二十七事,杜注無說者九事,孔傳無徵者一事。並列舉四證以駁丁晏“杜預親見古文”之謬,立義甚堅。③《皇甫謐帝王世紀與書孔傳異同考》,論列皇甫說同孔者十事,皇甫說異孔者二十三事。並指出丁晏謂“謐信僞書”之非及宋翔鳳謂“謐述僞書皆爲後人羼入者”亦非。又指出:“皇甫氏得見古文以不,蓋難質言。所可知者,《世紀》異孔者多,同孔者少,如是而已。”議論實爲持平。此書鈔本,任化遠先生曾初校過。

2.《尚書講疏》,有油印本,凡三十二頁。第一論《尚書》緣起,第二論《尚書》作者,第三論《尚書》名義,第四論孔子作序,第五論《尚書》傳授,第六論《尚書》篇目,第七論《尚書》今古文之分,第八論僞書始末,第九論《尚書》石經,第十論《尚書釋文》沿革。

尚有中國大學講義《尚書講疏初彙》鉛印本四頁,仍用僞孔本,別爲“古文輯錄”附後。此本只疏《堯典》開頭的七八句,殘缺甚多。

3.《唐寫本尚書釋文箋》,見《華國》第二卷第三、四期。此文收入《學術論文集》中。

4.《尚書集釋》，有油印本初稿，今只存八頁。首頁自序，係民國十四年（即一九二五年）十二月五日所作，其餘各頁僅釋完僞孔本之《堯典》一篇。

5.《尚書古文輯錄》，吳先生自記云："民國十四年（即一九二五年）五月作此，未畢工。"今檢手稿，共二十二頁，只輯錄《堯典》一篇之古文。

6.《孔傳商略》，草稿一册，共四十六頁，未成書，尚待整理。

7.《尚書雜記》，手稿本一册，共二十頁。内有《尚書篇目表》、《泰誓後得》、《孔壁古文無泰誓》、《今文顧命康王之誥爲一篇》、《藝文志尚書古文經篇卷》、《書序亦稱經》、《陸氏釋文尚書卷第考》、《西晉有書孔傳駁議》等文，均甚有用，宜分別整理成篇。

8.《四代封建要略》，有北京師範大學《古籍校讀法附錄》鉛印講義本。此文原分三部分：初錄正經以立事證，次述舊聞以辨同異，次集勝義以建自宗。但只寫成第一、第二部分，第三部分未成。書内有《五畿五服圖》。此文已交北京師範學院分院鄭光儀同志校點。

9.《尚書今古文說》，見《中大季刊》第一卷第一期。此文大意謂古文原本爲一事，漢師訓讀之本爲一事，今古文字與今古文異說又爲一事。要了知三事，不可拘牽繳繞，徒滋糾紛。所論甚精。

10.《治尚書四術》，此文係寫寄章太炎先生者。四術者：一爲孔傳考證，二爲古義疏證，三爲古文輯錄，四爲篇目考訂。吳先生治《尚書》之大旨，具見於此文中。以上兩篇（9、10）均宜收入《學術論文集》中。

（四）《詩經》類。

吳先生關於《詩經》類之著作，今僅存有《詩韻鈔》一種，手稿三册，約五萬字。已交中華書局整理。

（五）《三禮》類。

吳先生經學著述，以《三禮》爲大宗。今存者有下列各書：

1.《三禮名物略例》。此文發表在《國學論衡》卷二，又附印在《布帛名物》鉛印本之前。吳先生區分禮之事類爲四：曰禮意，曰禮制，曰禮器，曰禮節。又爲之說曰："言不虛生，事不空作，制度有廢興，器數有隆殺，必有其廢興隆殺之故,此禮意也。六官之守,五禮之條,自設官封國、授田制錄、學校選舉、郊廟歲祭、朝聘燕饗以至冠昏喪紀,皆禮制也。大而宗廟宮室瑞玉宗彝車服旗章,細而几席枕簟燕褻之器,凡禮數所施,朝燕之所服御,皆禮器也。登降俯仰之儀,酬酢往復之節,擗踊哭泣之數,皆禮節也。"又云:"夫禮意易推而多通,禮制難言而有定。然形體不存,則制作精意,即無所傳離以自表見,故考跡舊事者,應以名物爲本。"故此文爲吳先生研究三禮名物之綱領。現有鄭光儀同志校點本,收入《學術論文集》中。

2.《布帛名物》,已有鉛印本。分布帛、蠶桑、湅治、采染、文繡、用幣六篇。

3.《親屬名物》,有中國大學講義本。分族姻通義、族屬兩篇。

4.《弁服名物》,有中國大學講義本。據目錄,計有首服、衣裳、韠韍、紳帶、舄屨、深衣、中外禪袍繭、裘、諸雜物、用事、婦人衣服、通例等十二篇。但只印出五篇,後七篇俱闕。

5.《釋車》,載《國學論衡》第七卷,又有北京大學、北京師範大學、中國大學等校講義本。分名物、度數兩篇。據注附有圖三十二幅,各印本俱無。手稿本有二:其一題爲《釋車》者,共七十二頁,訂一冊,另零頁四張。三十三圖俱全,三十一、三十三兩圖在零頁上,其餘均在冊中,宜據以增補。另一本只十餘頁,内容有車之象形、種別、車事等,亦爲各印本所無,並宜據以增補。

6.《宮室名物》,依我所記,中國大學講義中,還有此書。今講義已失,而手稿中亦未見,謹記以待考。

7.《釋祧》,載《制言》第三期,又見《華國》三卷三期,手稿亦尚存。現已收入《學術論文集》中。

8.《鄭氏諦義》,載《國學論衡》卷四上,又有中國大學講義本,手稿亦尚存。現已收入《學術論文集》中。

9.《王制疏證自序》,見《制言》第八期。現已收入《學術論文集》中。

10.《程易疇儀禮經注疑直輯本序錄》及《儀禮經注疑直輯本提要》各一篇。案輯本已刊入《安徽叢書》中,《序錄》又見《國學叢編》第一期第二冊,今收入《學術論文集》中。《提要》載在臺灣出版之《續修四庫全書提要》,今收入《檢齋讀書提要》中。

11.《喪服要略》,有詳略兩本。詳本凡分十章:第一明喪服緣起,第二明喪服經傳誰作，第三明五服等差，第四明喪服爲上下通禮，第五明服術有六，第六明降服條例，第七明正降義衰服精粗，第八明五服經帶差數，第九明衰裳之制，第十明五服變除。末附《喪服變除表》兩表，一表爲男子，二表爲婦人。略本篇章與詳本同，而次第先後略異，又《喪服變除表》，男子婦人合爲一表，不如詳本分而爲二者之善。

詳本《喪服變除表》已發表於《國學論衡》卷六。

此書，中國大學講義本原印作《禮服要略》，《辭海》吳先生小傳仍之。記吳先生曾告我書名應改爲《喪服要略》。

12.《降服三品說》，論降服應分爲尊降、殤降、出降三品。見北師大《國學叢刊》第二卷第二期，現收入《學術論文集》中。

13.《清史稿禮志喪服章書後》，見《國學論衡》，又載入《清史述聞》。文中指出《清史稿·禮志》之紕繆凡十有二事。結語有云："嗟乎！彼領錄史職者，則亡清之遺老也。以一朝典制之重，託命於狂夫方相之手，其不忠於所事甚矣。國步日蹙，禮學亦衰，失今不言，後將無能言之人，斯亦大夫君子所宜深念也。"後繼無人之歎，及今思之，益發人深思！此文現已收入《學術論文集》中。

14.《駁王闓運吳之英三禮箋注》，此書駁王闓運《周官箋·天官》一篇，吳之英《儀禮奭固·士冠禮》一篇，辭甚嚴峻。此書有手稿本及京師大學校師範部鉛印講義本。

15.《兼服釋例》，有手稿本。據日本橋川時雄《中國文化界人物總鑒》吳先生小傳中，載吳先生著作有《禮服釋例》一書，今遍檢所存各校講義及手稿，均未見有此書，疑即是《兼服釋例》之誤。

16.《明服制》，有手稿本一冊。

17.《清服制沿革表》，有手稿本一冊。

18.《黃世發群經冠服圖考提要》一篇，已見臺灣出版之《續修四庫全書提要》，今收入《檢齋讀書提要》中。

19.《樂記五色申鄭誼》，此文手稿完整，宜收入《學術論文集》中。

20.《周官長屬員數表》，手稿三頁，只成"天官之屬"部分。

21.《論古今文上章太炎先生書》，此書討論《儀禮》古文、《周禮》故書的古今文問題，故列於此。現已收入《學術論文集》中。

22.《三禮名物筆記》,手稿本,凡二十二册。共分四十六類:(1)城郊;
(2)宮室;(3)衣服;(4)卜筮;(5)冠禮;(6)昏禮;(7)見子禮;(8)宗
法;(9)喪服;(10)喪禮;(11)喪祭禮;(12)郊禮;(13)社禮;(14)群祀
禮;(15)明堂禮;(16)宗廟禮;(17)肆獻果饋食禮;(18)時享禮;(19)告
朔禮;(20)籍田躬耕禮;(21)相見禮;(22)食禮;(23)飲禮;(24)燕享
禮;(25)射禮;(26)投壺禮;(27)朝禮;(28)聘禮;(29)覲禮;(30)會盟
禮;(31)即位改元號謚禮;(32)學校;(33)選舉;(34)職官;(35)井田;
(36)田賦;(37)職役;(38)錢幣市糴;(39)封國;(40)軍賦;(41)田獵;
(42)御法;(43)節瑞圭璧等;(44)樂律;(45)刑法;(46)車制。以上各
類所搜集筆記的材料,或多或少,雖均未整理成篇,但從中可以看出吳先生對
古禮制研究規模之宏偉,並世殆無第二人。

(六)《春秋》類。

《公羊徐疏考》,吳先生《春秋》類之文,以此篇爲最著。文中博徵事類,
以證明《公羊何注疏》之作者徐彦爲北朝學者,以駁董逌、淩曙等以爲唐人
之非。證據確鑿,誠灼然如晦之見明。此文原發表於北師大《國學叢刊》第
一期,現已收入《學術論文集》中。

(七)《論語》類。

1.《論語皇疏校記敘》,見《制言》第三期。

2.《寢衣長一身有半說》。

以上兩文,又見《服部先生古稀祝賀論文集》中。現均收入《學術論文
集》中。

3.《論語老彭考》,手稿本。考證《史記》之老子,《禮記》之老聃,《論
語》之老彭,一而三,三而一。此文首末完整,宜收入《學術論文集》中。

(八)石經類。

1.《蜀石經考異敘錄》,此文見《國學論衡》卷五上期。現已收入《學
術論文集》中。

2.《新出土僞熹平石經尚書殘碑考證》,見《國學叢編》第一期第五册。

現已收入《學術論文集》中。

3.《三體石經尚書春秋古文遺字》,有手稿本一册。凡輯錄《尚書》二百十四字,《春秋經傳》百十二字,共三百二十六字,并除重複。

(九)小學類。

此類包括語言文字形體、訓詁、音韻等,計有下列各書:

1.《經籍舊音序錄》一卷,《經籍舊音辨證》七卷。吳先生於民國八、九年間(即一九一九至一九二〇年間)輯錄《經籍舊音》,自漢末迄初唐,大凡百余家,成書二十五卷,序錄一卷。後以卷帙繁重,不得刊佈,只錄出有所發正者五百三十三事,寫成七卷,定名爲《經籍舊音辨證》,於民國十二年(一九二三年)印行。章太炎先生稱其"校正《釋文》,極其精當,視臧氏《經義雜記》有過之而無不及。"此書前經任化遠先生校勘,今已由中華書局龔弛之同志校點付印。我曾建議附錄黃季剛先生之《經籍舊音辨證箋識》及沈兼士先生之《吳著經籍舊音辨證發墨》兩文於後,以便學者研習參考。

至吳先生原輯《經籍舊音》二十五卷之稿本,今已不知散落何所,深冀能夠失而復得,全部刊行,則所以嘉惠後學者當益多。

2.《小學要略》,亦名《小學概要》,有中國大學講義本。書凡五分:第一分,明小學名義及其體用;第二分,明語言文字緣起及孳乳浸多;第三分,明六書條例;第四分,眀三支研究之法及其演進之跡;第五分,明治小學者應讀之書。此書已交中華書局校點。

3.《六書條例》。此書凡三分:第一分,總明綱要;第二分,分別字類;第三分,別論形聲。中國大學國學系叢書之石印本只有第一、第二兩分。第一分係任化遠先生所抄寫,第二分係陸宗達先生所抄寫。中國大學鉛印本尚有第二分"二之三"的續稿,爲石印本所無,宜取以增補。至於第三分,則石印本及鉛印講義本俱缺。據吳先生自序云:"第三分中,又開爲三分:一曰校補逸聲,二曰料簡同異,三曰尋求語原。"惜第三分之原稿,今亦已不可得。此書已交中華書局整理校點。

4.《說文講疏》,見《制言》第十八、第二十、第二十一各期,中國大學講義本更全。今已交中華書局校點。

5.《說文略說箋識》。黃季剛先生讀吳先生《經籍舊音辨證》時,曾有不少批註，其弟子潘重規校錄爲《經籍舊音辨證箋識》。今觀黃先生所著《說文略說》書上，吳先生批註亦殊多，因亦抄錄爲《說文略說箋識》，以見兩先生朋友講習，相互切磋琢磨之盛德。移錄已訖，尚待校理。

6.《說文韻表》，有稿本兩包，共約二十萬字。已交中華書局整理。

7.《讀說文隨筆》，草稿本，待整理。

8.《文字形義》，草稿本，亦待整理。

9.《與章太炎先生論形聲條例書》，現已收入《學術論文集》中。

10.《漢魏音讀略例》，此書今僅存草稿本。據任化遠先生《與孫蜀丞先生信》，云尚有印頁，惜未之見。

11.《雙聲疊韻連語》，手稿本一册，約二萬字。

12.《中國語言文字概論》一册，手稿本。

13.《四聲清濁說》，手稿本。宜收入《學術論文集》中。

14.《通語釋詞抄稿序》，手稿本。宜收入《學術論文集》中。

吳先生經學成就之高，實由於小學造詣之深而來。吳先生小學類著作，以《經籍舊音辨證》一書爲最著，研究《說文》的成果，亦殊豐碩。晚年更能運用唯物史觀新觀點來從事探索祖國的語言文字，則尤前人之所未及。

（十）史學類。

1.《唐寫漢書揚雄傳殘卷校釋》，此文發表於《中大學報》創刊號，尚存稿本。宜整理收入《學術論文集》中。

2.《白狼慕漢歌詩本語略釋》，原發表在《中大季刊》第一卷第二期。現由福建師範大學中文系王筱婧同志校點，已收入《檢齋讀書記》中。

3.《讀漢書劄記》，手稿本。

4.《讀南北史劄記》，手稿本。

5.《大唐郊祀錄箋識》，《郊祀錄》兩册十卷中，有吳先生批註四百五十餘條，宜錄出成爲《箋識》專書。

6.《歷代尺度表》，手稿本。

7.《歙縣雙溪淩次仲先生年譜》，共有手稿二十六頁。

8.《江都焦理堂年表》。有手稿八頁。

9.《王壬秋年譜》，有手稿十餘頁。

以上年譜表三種,係手錄資料稿本,尚未成書。

吳先生讀《晉書》、《舊唐書》等正史以及史學類的各書,劄記尚多,惜均散在各筆記內,尚未能加以集中校錄整理。

(十一)諸子類。

1.《淮南舊注校理》,此書凡三卷,對劉文典《淮南鴻烈集解》的疏失,多所發正。舊有木刻本。任化遠先生曾爲校勘記,現有北京師範大學中文系周紀彬同志校點本。

2.《論衡校釋》,此書手稿曾經任化遠先生校勘,現有北京師範大學中文系韓兆琦同志校點本。

3.《王學雜論》,係討論王陽明學術之著作,載一九一九年《國故》月刊第一至三期。現已收入《學術論文集》。

4.《讀正統道藏筆記》,原手稿一冊,甚雜亂。現經華東師範大學古籍研究所潘雨廷先生整理成書,擬收入《檢齋讀書記》中。

5.《初學因明處》。吳先生於佛學用功甚深,章太炎先生稱其"好內典"。章與吳先生的信劄中,講論佛學者亦有多通。先生亦曾和我談過馬通伯先生所著《金剛經次詁》之事(談話內容見《檢齋讀書記》中)。但吳先生有關印度哲學之著作,今只存《初學因明處》稿本一冊,約一萬五千字。建議請中國社會科學院哲學研究所因明學專家虞愚教授爲之整理校點。

6.《古籍校讀法》,有油印本一冊,未署名氏。吳先生曾講授過此門課程,疑此書即其所編之講義。附記於此,以待考定。

(十二)讀書提要筆記類。

1.《檢齋讀書提要》,此書係爲《續修四庫全書提要》所撰之稿,共六十三篇,除易類、禮類等經部之提要五十篇外,尚有宋李可,清惠棟、錢大昕、章學誠、鈕樹玉、熊伯龍等人著作之提要十三篇。此書中各文除《錢大昕十駕齋養新錄提要》一篇之外,其餘六十二篇,臺灣出版之《續修四庫全書提要》均已收入,惟均未署吳先生之名。臺本訛誤字頗多,現由福建師範大學中文系張善文同志根據吳先生手稿及余嘉錫先生和我先後批註之列印本重爲整理校點。

2.《檢齋讀書記》，原稿本一一册，實係從民國二十一年（即一九三二年）中國大學《國學叢編》第一期一至六册及第二期一至二册中抄錄出者。又吳先生尚有《檢齋筆記》原稿本三册，實係從《北平新晨報》中抄錄出者。此兩書均經任化遠先生校勘，知其中重複者凡二十八篇，並建議刪除重複合併二記爲一記。今決定參照任先生的意見，合併爲一書，統稱《檢齋讀書記》，由北京師範大學中文系曹述敬同志整理校點。

（十三）詩文集類。

1.《吳檢齋先生學術論文集》，集中所收之文，除上述各類中已注明的廿多篇之外，尚收有《駁戴子高論語書》、《與黃侃論聲律書》、《程易疇與劉端臨書跋文》、《釋𩾰》①、《亡莫無慮同詞說》、《國學叢刊序例》等。全集已由北京師範大學武靜寰等同志整理校點。

2.《丁丁集》，此係與黃季剛先生唱和之詩集，載《中國大學季刊》第一卷第四號。内有黃先生詩六首，吳先生詩八首，共十四首。刊末注云未完，不知尚有待刊者若干首？希望異日能夠發現補全。已刊之十四首，福建師範大學中文系王筱婧同志曾爲校注，擬附存於《學術論文集》之後。

由上所述，即可以看出吳先生對於我國古代學術研究方面是極其廣博的，成績是極其顯著的，特別是對於經學及小學研究的成就，上之無愧於明清諸大儒，下之亦傑出於並時之賢者。故章太炎先生稱許吳先生之書，謂其"能明三禮名物，最爲核實"。又謂"其審音考事皆甚精，視寧人之疏，稚存之鈍，相去不可以度量校矣"。當時吳先生與黃季剛先生齊名，謂爲南北經學兩大師，故有"南黃北吳"之稱。太炎先生則謂吳先生"文不如季剛，而篤實過之"。吳先生於《三禮名物略例》中有云："余以寡昧之姿，生無妄之世，年過四十，始敦說禮經，傷舊學之忽微，懼名物之難理，欽念本師章君之所營救，鄉先正江（永）、戴（震）、金（榜）、凌（廷堪）諸子之所締構，不有纘述，則姬漢文物之遺，先民閎美之術，將及斯而斬。"又於《經籍舊音辨證自序》云："兹事雖小，而尚觀清儒，亦惟戴（震）、錢（大昕）、段（玉裁）、王（念孫）諸公，眇達神旨，

① 案"𩾰"字，《北京師範大學學報》作"醯"。疑謄錄致誤。據《華國》第二期第四册載《釋𩾰》改。

發疑正讀，𢘄然理解。若畢（沅）、孫（星衍）、盧（文弨）、顧（九苞）以下，慮未足以語此也。”其對於古經典的研究，實隱然有承先啟後、舍我其誰之概。

吳先生在藝術活動方面，於篆書之外，最擅長昆曲，能撅笛度腔。據吳鴻邁師兄言，先生收藏昆劇劇本甚多，對舊曲本每有改撰，惜今俱散佚無存。又先生所作古近體詩，今除《丁丁集》之外，其它多散佚，尚待搜集。

二

吳先生接受馬列主義新思想，實始於一九三〇年，初由范文瀾先生介紹他讀《共產黨宣言》。“九一八”以後，又在進步學生齊燕銘、管彤（張致祥）等人的幫助下，更閱讀了大量的馬列主義著作，如《資本論》、《哲學的貧困》、《反杜林論》、《辯證唯物主義教程》、《自然辯證法》、《德意志意識形態》、《政治經濟學批判導言》、《唯物主義和經驗批判主義》、《談談辯證法》等，努力去尋求真理，從中接受新的思想，汲取力量的源泉。他讀這些新書，如讀中國的古經典一樣，也是眉批旁注，丹黃滿目。此外，他還涉獵了莎士比亞、歌德、米勒等人的著作。他在《認識與實踐》的手稿中說：“一直到十九世紀中葉的某哲人，發現唯物史觀和剩餘價值說以後，才把經濟、政治、歷史等等研究部門奠下科學的基石。”又說：“我們以爲世界的一切，俱是變遷生滅的歷史過程，所以我們對於一切的態度，是前進的，不是保守的；是批判的，不是拜物教的；是辯證的，不是形式邏輯的；是唯物的，不是觀念論的。這是我們的歷史觀，也就是所謂世界觀。想要把握著這種世界觀，必須學習現代的哲學、社會學、政治經濟學等。又必須瞭解現代政治機構及國際間矛盾情形，互相比較，互相印證，才能認識自己對於世界應肩負的責任，才能認識自己對於時代應做的工作，才能站到現世紀的兩軍陣前做一員英勇的戰士。”從以上這些話，就可以看出吳先生是怎樣地由學者而成爲戰士的進展過程。

吳先生接受馬列主義思想的這段時間，正是國民黨反動派日益趨於腐朽沒落的時期，也正是日本侵略軍由蠶食中國進而企圖滅亡中國，夢想變中國爲其殖民地的時期，故他以抗日救亡爲職志。他在《啟蒙學會宣言》中寫道：“現當民族危機迫在眉睫的時候，只有集中一切力量作抗日救亡的決死戰，才是我們的唯一出路。”故吳先生於這段時間中，除了以實際行動支持和參加進步青年的抗日救亡鬥爭之外，還積極幫助進步青年學生出版書籍，創辦刊物。例如，北師大國文系學生王志之以"含沙"的筆名寫了一部揭露國民黨反動當局壓迫河北第九師範學校師生罪行的名爲《風平浪靜》的中篇小說，吳先生就出資幫助他出版。又如中國大學國學系學生魯方明（余修）組織"大風詩社"，創辦《大風詩刊》，以詩歌爲武器去喚醒華北的青年，吳先生又資助他出刊。自一九三四年至一九三六年，吳先生和他的同事、學生一道創辦過《文史》、《盍旦》、《時代文化》三個刊物。他除擔任繁重的組稿、編輯、校對、印刷、發行等事務工作外，還先後用黃學甫、虞延、江少白、大白、紹伯、孫之桓、孫少桓、夏雍、白、記者等十多個筆名撰寫過數十篇的文章，有時一期雜誌上有他不同筆名的文章三、四篇。此外，如《經濟學報》、《文化動向》以及張致祥同志所主編的《時代週刊》等刊物上，也都發表有吳先生的文章。茲將以上這些刊物內吳先生撰寫的主要篇目，分爲三類列舉如下。

（一）力圖以馬列主義唯物史觀和辯證法觀點研究古代經學、禮制、哲學和語言文字者。

例如：

1.《五倫說之歷史觀》。

2.《中國古代社會研究者對於喪服應認識的幾個根本觀念》。

3.《在竹帛上的周代封建制與井田制》。

4.《語言文字之演進過程與社會意識形態》。

5.《從說文研究中所認識的交換形態之史的發展》。

6.《從說文研究中所認識的貨幣形態及其他》。

7.《文言與白話間的質和量》。

8.《關於宋元明學術思想》。

陸宗達先生在紀念吳先生的文章中，曾說："檢齋先生曾有過打算：他準備先將三禮名物的材料整理出來，考訂真僞，作成有系統的敘述，名之爲《文獻檢討篇》；再比較異同，確定中國歷史某一時期的經濟形態相當於哪一社會發展階段，名之爲《史實審定篇》。"看來，前面所記述的吳先生關於三禮部分的著作，是屬於文獻檢討篇的範疇，而上列的這些有關三禮研究的篇目，則是屬於史實審定篇的範疇。這時期，吳先生對於《說文》和宋元明學術思想的研究，不論是內容或方法，也都與前一時期截然不同。

（二）針對現實，抨擊國民黨反動派者。

例如：

1.《國歌改造運動從國語須別四聲談起》。

2.《張獻忠究竟殺了若干人》。

3.《士君子》。

4.《耶誕節》。

5.《我們要自由，同時要自由的保障》。

6.《從毒品化談到遊街》。

7.《毒品化的瘋話》。

8.《誰戴了有色眼鏡》。

這些文章，都是諷刺、揭露和抨擊國民黨反動派的，而其實質也都是寄希望於中國共產黨，為無產階級革命唱頌歌的。

（三）宣揚抗日救亡者。

例如：

1.《關於華北非常時期教育問題》。

2.《特別再提出章太炎的救亡路綫》。

3.《北平文化界最近的動態》。

4.《"一二一二"的示威遊行與學運》。

5.《新學生團體的出現》。

6.《做戲無法，出個菩薩》。

7.《啟蒙學會宣言》。

這些文章，都是積極宣傳抗戰，反對日本侵略，表現出吳先生強烈的愛國主義精神。

吳先生晚年所寫的以上三類的文章，還有好多篇，文筆都是很犀利的，戰鬥性都是很強的。我們已把它搜集起來，並補入部分未發表過的手稿，編為《吳檢齋先生文錄》，由北京師範大學侯剛、胡雲富同志校點出版。

關於吳先生的學術成就，我就概述這些，遺漏的著作一定還有，也難免有講錯的地方,敬請大家給我補充修改。

　　吳先生最難能可貴的,是他不徒能著書立說,而且能躬行實踐。他終於成爲一名光榮的中國共產黨黨員,而且爲抗日救亡而受到敵僞的迫害以致窮困疾病而死,爲無產階級革命事業作出了出色的貢獻!

　　我作爲吳先生的學生,對於吳先生博大精深的學問,所知甚少,深愧未能全面繼承。但我以七十之年,且在經歷“十年浩劫”中的嚴重打擊之後,猶有幸加入偉大的中國共產黨,這首先不能不說是在青年時期即已受到吳先生革命精神的感召的緣故。我但願也能像吳先生一樣爲無產階級革命事業而奮鬥終身!

　　從學者到戰士的吳承仕先生永垂不朽!

　　（據《北京師範大學學報》1984 年第 2 期整理。此文 1983 年秋寫於北京。又載《吳承仕同志誕辰百周年紀念文集》,北京師範大學出版社 1984 年出版。又載黃高憲編《黃壽祺論中國古典文學》,山東文藝出版社 2001 年 8 月出版。）

從易傳看孔子的教育思想

一、《易傳》與孔子的關係。

　　自來論述孔子教育思想的人,多取材於《論語》一書,這自然是很對的。至《易傳》中所涵有的孔子教育思想,似乎較少有人注意,這就難免有不夠全面之憾了。但造成這種情況的原因,大概和人們不承認《易傳》是孔子所作有關。我個人的看法,認爲《易傳》十篇全是孔子寫的固然不可信,但認爲《易傳》十篇與孔子全無關係也是不對的。我們應該承認其中有些地方是無法否定它和孔子的關係的,故我在這篇文章的開頭,首先要從《易傳》與孔子的關係談起。《易傳》哪些地方和孔子肯定有關係,則所探討的《易傳》中孔子的教育思想才有扎實可靠的依據。

　　關於《易傳》的時代和作者問題。“人更三聖,世歷三古”,爲漢儒的通誼,故以《易傳》爲近古的孔子所作。自漢至唐,歷代學者皆篤信此說。自北宋歐陽修《易童子問》傳世以來,異說漸多,辯論之文漸繁,完全否定《易傳》與孔子有關者亦多有之。我現在只提出我所同意的說法,其他的就不羅列了。

我對於《易傳》的時代,同意張立文同志"上自春秋,下至戰國中葉,作者非一人"的看法（見《周易思想研究》206—207頁）。對《易傳》和孔子的關係,我同意范文瀾同志《中國通史簡編》和郭沫若同志1927年所寫的《周易時代的社會生活》的看法。（郭老1935年所寫《周易之製作時代》的說法,我所不取。）范文瀾同志說:"孔子曾用大功夫鑽研卦辭、爻辭,作爲儒家哲學思想傳授給弟子。孔子講說的紀錄及後來易家大師的補充,總稱爲《易傳》,或稱《十翼》。"（見《中國通史簡編》修訂本第一冊,人民出版社1961年版,第212頁。）郭沫若同志說:"《易傳》便是《十翼》,……歷來相傳是孔子做的。""總之,孔子是研究過《易經》的,他對於易理當然發過一些議論,我們在《易傳》中可以看出不少的子曰云云的話,這便是證據。大約《易傳》的產生至少是如像《論語》一樣,是出於孔門弟子的筆錄罷。"（見《中國古代社會研究》,科學出版社1960年版,第68—69頁。）我是非常同意范老"孔子講說的紀錄"和郭老"至少如像《論語》一樣是出於孔門弟子的筆錄"的說法的。特別是《繫辭》、《文言》中所引"子曰"的言論,更無疑是孔子弟子及其後學所紀錄的孔子言論,可以與《論語》之文同等看待,是可以肯定和孔子有關係的。我本著這種認識,故本文所引用的材料,以《繫辭》及《文言》中所引用的"子曰"之文爲斷制,其他《易傳》中未明引"子曰"的各篇材料,一概不闌入,以免無徵不信。

二、《易傳》中所明引的孔子言論。

《易傳》中所明引的孔子言論,集中見於《繫辭上傳》者七條,《繫辭下傳》者十一條,散見於《繫辭上下傳》者共七條,見於《乾文言》者六條,共三十一條。茲先迻錄如下:

（一）《繫辭上傳》七條（見朱熹《周易本義》第八章）。

1."鳴鶴在陰,其子和之,我有好爵,吾與爾靡之。"子曰:"君子居其室,出其言善,則千里之外應之,況其邇者乎;居其室,出其言不善,則千里之外違之,況其邇者乎。言出乎身,加乎民。行發乎邇,見乎遠。言行,君子之樞機。

樞機之發，榮辱之主也。言行，君子之所以動天地也，可不慎乎！"

按，此釋《中孚》九二爻辭。

2. "同人，先號咷而後笑。"子曰："君子之道，或出或處，或默或語。二人同心，其利斷金。同心之言，其臭如蘭。"

按，此釋《同人》九五爻辭。

3. "初六，藉用白茅，无咎。"子曰："苟錯諸地而可矣，藉之用茅，何咎之有？慎之至也。夫茅之爲物薄，而用可重也。慎斯術也以往，其无所失矣。"

按，此釋《大過》初六爻辭。

4. "勞謙，君子有終，吉。"子曰："勞而不伐，有功而不德，厚之至也。語以其功下人者也。德言盛，禮言恭，謙也者，致恭以存其位者也。"

按，此釋《謙》九三爻辭。

5. "亢龍有悔。"子曰："貴而无位，高而无民，賢人在下位而无輔，是以動而有悔也。"

按，此釋《乾》上九爻辭。

6. "不出戶庭，无咎。"子曰："亂之所生也，則言語以爲階。君不密則失臣，臣不密則失身，幾事不密則害成。是以君子慎密而不出也。"

按，此釋《節》初九爻辭。

7. 子曰："作《易》者，其知盜乎？《易》曰：'負且乘，致寇至。'小人而乘君子之器，盜思奪之矣。上慢下暴，盜思伐之矣。慢藏誨盜，冶容誨淫。《易》曰：'負且乘，致寇至。'盜之招也。"

按，此釋《解》上六爻辭。

（二）《繫辭下傳》十一條（見《周易本義》第五章）。

1. 《易》曰："憧憧往來，朋從爾思。"子曰："天下何思何慮？天下同歸而殊塗，一致而百慮。天下何思何慮？日往則月來，月往則日來，日月相推而明生焉。寒往則暑來，暑往則寒來，寒暑相推而歲成焉。往者屈也，來者信也，屈信相感而利生焉。尺蠖之屈，以求伸也；龍蛇之蟄，以存身也。精義入神，以致用也。利用安身，以崇德也。過此以往，未之或知也。窮神知化，德之盛也。"

按，此釋《咸》九四爻辭。

2.《易》曰："困于石,居于蒺藜,入于其宫,不見其妻,凶。"子曰："非所困而困焉,名必辱。非所據而據焉,身必危。既辱且危,死期將至,妻其可得見耶?"

按,此釋《困》九三爻辭。

3.《易》曰："公用射隼于高墉之上,獲之,无不利。"子曰："隼者,禽也。弓矢者,器也。射之者,人也。君子藏器於身,待時而動,何不利之有? 動而不括,是以出而有獲。語成器而動者也。"

按,此釋《解》上六爻辭。

4. 子曰："小人不恥不仁,不畏不義,不見利不勸,不威不懲。小懲而大誡,此小人之福也。《易》曰:'屨校滅趾,无咎。'此之謂也。"

按,此釋《噬嗑》初九爻辭。

5."善不積,不足以成名。惡不積,不足以滅身。小人以小善爲无益而弗爲也,以小惡爲无傷而弗去也,故惡積而不可掩,罪大而不可解。《易》曰:'何校滅耳,凶。'"

按,此釋《噬嗑》上九爻辭。

6. 子曰："危者,安其位者也。亡者,保其存者也。亂者,有其治者也。是以君子安而不忘危,存而不忘亡,治而不忘亂,是以身安而國家可保也。《易》曰:'其亡! 其亡! 繫于苞桑。'"

按,此釋《否》九五爻辭。

7. 子曰："德薄而位尊,知小而謀大,力小(少)而任重,鮮不及矣。《易》曰:'鼎折足,覆公餗,其形渥,凶。'言不勝其任也。"

按,此釋《鼎》九四爻辭。

8. 子曰："知幾其神乎? 君子上交不諂,下交不瀆,其知幾乎? 幾者,動之微,吉凶之先見者也。君子見幾而作,不俟終日。《易》曰:'介于石,不終日,貞吉。'介如石焉,寧用終日? 斷可識矣。君子知微知彰,知柔知剛,萬夫之望。"

按,此釋《豫》六二爻辭。

9. 子曰："顏氏之子,其殆庶幾乎? 有不善未嘗不知,知之未嘗復行也。《易》曰:'不遠復,无祇悔,元吉。'"

按,此釋《復》初九爻辭。

10."天地絪縕,萬物化醇。男女構精,萬物化生。《易》曰:'三人行,則損一人；一人行，則得其友。'言致一也。"

按，此釋《損》六三爻辭。

11. 子曰："君子安其身而後動，易其心而後語，定其交而後求。君子修此三者，故全也。危以動，則民不與也。懼以語，則民不應也。无交而求，則民不與也。莫之與，則傷之者至矣。《易》曰：'莫益之，或擊之，立心勿恒，凶。'"

按，此釋《益》上九爻辭。

（三）散見於《繫辭上下傳》者七條。

1. 子曰："《易》其至矣乎。夫《易》，聖人所以崇德而廣業也。知崇禮卑，崇效天，卑法地。天地設位，而《易》行乎其中矣。成性存存，道義之門。"（見《周易本義》上傳第七章）

2. 子曰："知變化之道者，其知神之所爲乎？《易》有聖人之道四焉：以言者尚其辭，以動者尚其變，以制器者尚其象，以卜筮者尚其占。"……子曰："《易》有聖人之道四焉者，此之謂也。"（見《周易本義》上傳第九、十章）

3. 子曰："夫《易》何爲者也？夫《易》開物成務，冒天下之道，如斯而已者也。"（見《周易本義》上傳第十一章）

4.《易》曰："自天祐之，吉无不利。"子曰："祐者，助也。天之所助者，順也；人之所助者，信也。履信，思乎順，又以尚賢也。是以'自天祐之，吉无不利'也。"（見《周易本義》上傳第十二章）

5. 子曰："書不盡言，言不盡意。"（同上）

6. 子曰："聖人立象以盡意，設卦以盡情僞，繫辭焉以盡其言，變而通之以盡利，鼓之舞之以盡神。"（同上）

7. 子曰："乾坤，其《易》之門邪？"（見《周易本義》下傳第六章）

（四）《乾文言》六條。

1. 初九曰"潛龍勿用"，何謂也？子曰："龍德而隱者也。不易乎世，不成乎名；遯世无悶，不見是而无悶；樂則行之，憂則違之。確乎其不可拔，潛龍也。"

2. 九二曰"見龍在田，利見大人"，何謂也？子曰："龍德而正中者也。庸言之信，庸行之謹。閑邪存其誠，善世而不伐。德博而化。《易》曰：'見龍在田，利見大人。'君德也。"

3. 九三曰"君子終日乾乾,夕惕若,厲无咎",何謂也？ 子曰："君子進德修業。忠信,所以進德也。修辭立其誠,所以居業也。知至至之,可與言幾也。知終終之,可與存義也。是故居上位而不驕,在下位而不憂。故乾乾因其時而惕,雖危无咎矣。"

4. 九四曰"或躍在淵,无咎",何謂也？ 子曰："上下无常,非爲邪也。進退无恒,非離群也。君子進德修業,欲及時也。"

5. 九五曰"飛龍在天,利見大人",何謂也？ 子曰："同聲相應,同氣相求。水流濕,火就燥。雲從龍,風從虎。聖人作而萬物睹。本乎天者親上,本乎地者親下,則各從其類也。"

6. 上九曰"亢龍有悔",何謂也？ 子曰："貴而无位,高而无民,賢人在下位而无輔,是以動而有悔也。"

按,以上六條,釋《乾》初九至上九爻辭。

總觀《易傳》中明引孔子之言者凡三十一條。其中《乾》上九"亢龍有悔"爻辭,《繫辭上傳》與《乾文言》重複,實只三十條。

三、從《易傳》所引孔子言論,看孔子的教育思想。

孔子是我國春秋末期偉大的思想家、政治家,儒家學派的創始人,也是我國教育史上第一位偉大的教育家。這是人們所公認的。在他那個時代,教育學的發展還處在初級階段,教育思想是與哲學、政治、倫理、文學、宗教等思想混雜在一起的。他的教育思想包含在他的哲學思想之中,並同他的政治思想、倫理道德思想、文學思想等混在一起。這也是人們所共同瞭解的。《論語》一書如此,《易傳》也是如此。

從上文所引《易傳》中孔子的言論三十條的内容看來,他的教育思想,約可歸納爲以下的九個要點：

（一）關於品德教育方面。

品德修養教育的主要論點：要閑邪存誠,忠信以進德；要謹言慎行,慎密而不出；謂善惡皆由積成,要能杜漸防微,改過遷善以及見幾而作；論進德修業,都必須及時；謂人貴有恆,立心勿恒則凶。

（二）關於智力教育方面。

《易傳》明言"知（智）崇禮卑"，足見孔子重視智育的培養。又言及知有不善要能自覺，既知其不善則不能復行。又教人明白冶容便致誨淫，慢藏則必誨盜，以及物薄用重的道理，等等。

（三）關於體育教育方面。

孔子以六藝教人，射御屬於軍事教育，亦即屬於體育教育的方面。《易傳》中談到"負且乘"的問題，"藏器於身，待時而動"的問題，即與射御有關。君子必須習弓矢，藏器於身，待時而用，即說明學射的重要性。小人不能乘君子之器，即謂小人不能竊居君子之位。此與孟子稱述王良不爲"詭遇"，"不貫與小人乘"（《孟子·滕文公下》）之意相通。在軍事體育之中並含有政治道德的教育。

（四）關於學習與施教方面。

"君子進德修業，欲及時也。"進德，指品德修養；修業，指業務進修。兩者都要及時，此與"朝乾夕惕"之意相同。孔子教育人才，特別注意鼓勵表揚優秀的學生，如謂"顏氏之子，其庶幾乎"之類。

（五）關於交友教育方面。

《易傳》論交友之道，強調人貴同心和聲應氣求，及"致一"則能收效。故云："二人同心，其利斷金。同心之言，其臭如蘭。"又云："同心相應，同氣相求。"又云："三人行則損一人，一人行則得其友，言致一也。"他又強調"君子上交不諂，下交不瀆"。並讚揚此種行爲爲"知幾"。

（六）關於處世教育方面。

《易傳》論處世之道，是針對出處的不同時機而異的。出爲仕進，處爲隱潛。隱潛之時，要能遯世无悶，不見是而无悶；要屈以求伸，蟄以存身。仕進之時，要能謙恭在位，要"居上不驕，在下不憂"，要能"善世（大）而不伐，德博而化"，要履信思順，能以尚賢。如或力小任重，則不勝任，必陷於刑。要"安不忘危，存不忘亡，治不忘亂"。"非所困而困，名必辱；非所據而據，身必危。”若“貴而无位,高而无民,賢人在下位而无輔,則必動而有悔。”

（七）關於治民教育方面。

《易傳》謂治理庶民,不可“危以動”,不可“懼以語”,不可“无交而求”。論管理小人,要威之以刑,動之以利,使之小懲而大誡。故云:“小人不恥不仁,不畏不義,不見利不勸,不威不懲。小懲而大誡,此小人之福也。”他反對“小人而乘君子之器”,謂其必致寇招盜。其實就是說小人而居君子之位,必致禍國殃民。

（八）關於語言文學修養方面。

《易傳》中明確談到語言文學修養的地方共有三處:一是“以言者尚其辭”;二是“修辭立其誠”;三是“書不盡言,言不盡意”,故“立象以盡意”,“繫辭焉以盡其言”。由此看來,孔子是重視言辭的修養的。但是,“不誠無物”,故修辭之本,端在“立誠”。又以盡言、盡意之難,故重視廣泛運用形象描寫和象徵手法以寓意修辭。

（九）關於哲學思想教育方面。

《易傳》中引孔子談《易》之妙用,及乾坤之重要性者不止一處。如云:“《易》其至矣乎! 夫《易》,聖人所以崇德而廣業也。”“《易》有聖人之道四焉。”“夫《易》開物成務,冒天下之道,如斯而已者也。”“乾坤其《易》之門戶邪。”等等。可見孔子對《易》的評價是極高的,也是他的哲學思想教育的重要組成部分。

從以上的粗略分析,已可看出《易傳》中所引孔子的言論雖不多,但其所包含孔子教育思想的内容卻是頗爲廣泛的。研究孔子教育思想的人,實在應當將《易傳》與《論語》同樣重視。

四、《易傳》所表現的孔子教育思想與《論語》所表現的孔子教育思想相對照。

我前面說過:研究孔子教育思想的人,應當將《易傳》與《論語》同樣重視。茲再將兩書的相同内容摘錄在一起,互相對照,以證明我的看法。

（一）關於品德教育方面。

《易傳》教人要閑邪存誠，忠信以進德。而《論語》云："詩三百，一言以蔽之，曰思無邪。"（見《爲政》）又言"主忠信"，"爲人謀而不忠乎，與朋友交而不信乎"，"敬事而信"，"謹而信"，"與朋友交，言而有信"（以上均見《學而》），"敬忠以勸"，"人而無信，不知其可也"（以上均見《爲政》），"臣事君以忠"（見《八佾》），"居之無倦，行之以忠"，"民無信不立"，"主忠信，徙義崇德也"（以上均見《顏淵》），"與人忠"（見《子路》），"言思忠"（見《季氏》），"信則人任焉"（見《陽貨》），"德不弘，信道不篤，焉能爲有，焉能爲亡"，"君子信而後勞其民，未信，則以爲厲己也；信而後諫，未信，則以爲謗己也。"（以上均見《子張》）等等。既主"無邪"，更強調"忠信"，皆與《易傳》相合。

《易傳》教人要謹言慎行，慎密而不出。而《論語》亦言"多聞闕疑，慎言其餘"，"多見闕殆，慎行其餘"（以上見《爲政》），"君子一言以爲知（智），一言以爲不知（智），言不可不慎也"（見《子張》），"古者言之不出，恥躬之不逮也"，"君子欲訥於言，而敏於行"（以上均見《里仁》），"仁者其言也訒"（見《顏淵》），"君子於其言無所苟而已矣"（見《子路》），此皆闡明謹言慎行的道理。言行爲君子之樞機，榮辱之所主，能夠謹言慎行的人，才能夠保守機密，不至洩密，造成危害。《易傳》發揮"不出戶庭，无咎"的論點，殆與《論語》"君子思不出其位"（見《憲問》）的含意也有相通之處。

《易傳》謂善惡皆由積成，要能杜漸防微，改過遷善，以及見幾而作。而《論語》談學問之道，說："日知其所亡，月無忘其所能，可謂好學也已矣。"（見《子張》）就是說人的學問是從日積月累而成的。又說："善人爲邦百年，亦可以勝殘去殺矣。"（見《子路》）勝殘去殺的善政，必須經過善人百年爲邦，才能做到，並非可以一蹴而就的。好的方面如此，壞的方面也是如此。所以又說："上失其道，民散久矣，如得其情，則哀矜而勿喜。"（見《子張》）也就是說世道民情的不善，是由於積重難反的，對於人民的誤失行爲，要有哀矜的心情。《論語》又稱頌不受"浸潤之譖"（見《顏淵》）的人爲明遠，也是瞭解漸漬的譖謗對人的危害是很大的。這都符合《易傳》善惡皆由積成的道理。善惡既然都是由於漸積而成，故必須懂得杜漸防微的方法。"子曰：不曰如之何如之何者，吾末如之何也已矣。"（見《衛靈公》）這就是說臨事之初，即須熟思而審處，才能夠做到杜漸而防微；如其不然，事態發展之後再謀補救，就沒什麼好辦法了。故又貴能改過遷善。亦即貴能擇善而從。"子曰：德之不修，學之不講，聞義不能徙，不善不能改，是吾憂也。""子曰：三人行必有我師焉，擇其善者而從之，其不善者而改之。"（以上均見《述而》）都是說明這個問題。《論語》又載："衛靈公問陳於孔子。孔子對曰：俎豆之事，則嘗聞之矣；軍旅之事，未之學也。明日遂行。"（見《衛靈公》）"齊景公待孔子，曰：若季氏則吾不能，以季孟之間待。曰：吾老矣，不能用也。孔子行。""齊人歸女樂，季恒子受之，三日不朝。孔子行。"（以上均見《微子》）這三件事，更是《易傳》所云"君子見幾而作，不俟終日"的最好例證。

《易傳》論進德修業，都必須及時。進德屬於品德修養教育方面的事。《論語》所云"朝聞道，夕死可矣"（見《里仁》），即極言進德必須及時的意思。

《易傳》謂人貴有恆，立心勿恒則凶。而《論語》言："子曰：善人吾不得而見之矣，得見有恆者斯可矣。亡而爲有，虛而爲盈，約而爲泰，難乎有恆矣。"（見《述而》）又言："子曰：南人有言曰，人而無恆，不可以作巫醫。善夫！"（見《子路》）其重視有恆，與《易傳》正相同。

（二）關於智力教育方面。

《易傳》以智與禮相對比，而重視智，故云"知（智）崇禮卑"。《論語》："子謂子貢曰：女與回也孰愈？對曰：賜也何敢望回？回也聞一以知十，賜也聞一以知二。子曰：弗如也，吾與女弗如也。"（見《公冶長》）可見孔子極端推崇顏回之智，亦即孔子崇尚智力的證明。《易傳》中還稱讚顏子"有不善未嘗不知，知之未嘗復行。"即言求知要自覺，並且要知過必改。此與《論語》"過則勿憚改"（見《學而》），"過而不改，是謂過矣"（見《衛靈公》）及讚美顏回"不遷怒，不貳過"（見《雍也》）之旨相同。《易傳》所說的"冶容誨淫"，與《論語》"君子不重則不威"（見《學而》），"正顏色，斯近信矣"（見《泰伯》），"君子正其衣冠，尊其瞻視，儼然人望而畏之"（見《堯曰》）正成反比。《易傳》所說的"慢藏誨盜"，則正可以與"邦無道則可卷而懷之"（見《衛靈公》）的說法相對照。士處亂世，若衒才而不韜晦，則必招妒賈禍，與"慢藏誨盜"的道理正相似。又《易傳》中談到"物薄而用重"的事例，我認爲也與《論語》中所談的"大車無輗，小車無軏，其何以行哉"（見《爲政》）的意義是相通的。

輗、軏是大車小車上的零件，零件雖小薄，而作用卻很大。無此零件，車輛即不能行動。也是說明"物薄而用重"的道理的。

（三）關於體育教育方面。

《易傳》中談到射御的體育教育問題，而《論語》中亦一再談射御的問題。如云"君子無所爭，必也射乎"，"射不主皮，爲力不同科，古之道也"（以上均見《八佾》），"吾何執，執御乎，執射乎，吾執御矣"（見《子罕》），又言"樊遲御"（見《爲政》），"子適衛，冉有僕"（僕，御車也，見《子路》），又談及"羿善射"（亦見《子路》）及"弋不射宿"（見《述而》）等等。可見《論語》重視射御與《易傳》同。至如談到"揖讓而升，下而飲，其爭也君子"（見《八佾》），以及"弋不射宿"，也就牽涉體育中的道德教育問題了。

（四）關於學習與施教方面。

《易傳》論進德修業都必須及時。修業則屬於學習方面之事。《論語》所云"學而時習之，不亦說乎"（見《學而》），"其爲人也，發憤忘食，樂以忘憂，不知老之將至云爾"（見《述而》），"學而不及，猶恐失之"（見《泰伯》）等等，都是說學習要及時的意思。

孔子施教的特點，非常注意對學生進行批評或表揚。《論語》中記載孔子批評學生的缺點者固時有之，但以受表揚者爲多。而所表揚的學生，尤以顏淵爲最多。通考《論語》表揚顏淵者，計有《爲政》一章，《公冶長》三章，《雍也》三章，《述而》一章，《子罕》三章，《先進》九章，《顏淵》一章，《衛靈公》一章，凡二十二章（文繁不具錄）。其器重顏淵，在同門中實莫與倫比。《易傳》中涉及孔子表揚學生的地方，僅有一條，而此一條恰恰就是高度讚揚顏淵的（文見《繫辭下傳》十一爻中，前已具引）。可見《易傳》與《論語》的精神是相一致的。

（五）關於交友教育方面。

《易傳》論交之道，貴在同心，與《論語》所云"道不同不相爲謀"（見《衛靈公》）之意相同。《易傳》闡揚"聲應氣求"之效，《論語》則讚揚"有朋自遠"之樂（見《學而》），又言"德不孤，必有鄰"（見《里仁》），也是說明"聲應氣求"、"物以類聚"之理。《易傳》言"致一"之旨,《論語》則說"一以貫"之道（見《里仁》）,其理論都是相通的。《易傳》談交友,教人要"上交不諂,下交不瀆",《論語》也屢屢反對諂媚便佞。如云"巧言令色,鮮矣仁","貧而無諂,富而無驕"（以上均見《學而》）,"非其鬼而祭之,諂也"（見《爲政》）,"或曰:雍也仁而不佞。子曰:焉用佞? 禦人以口給,屢憎於人,不知其仁,焉用佞?""子曰:巧言令色,足恭,左丘明恥之,丘亦恥之。"（以上均見《公冶長》）"友便辟,友善柔,友便佞,損矣。"（見《季氏》）等等皆是。能辨諂瀆之害,則能先見吉凶,故稱之爲"知幾"。

（六）關於處世教育方面。

《易傳》的處世教育,謂潛隱之時,要"遯世无悶,不見是而无悶",要"屈以求伸,蟄以存身"。而《論語》亦言"天下有道則見,無道則隱"（見《泰伯》）,"人不知而不慍,不亦君子乎","不患人之不己知,患不知人也"（以上均見《學而》）,"不患無位,患所以立,不患莫己知,求爲可知也"（見《里仁》）,"不患人之不己知,患其不能也"（見《憲問》）,"君子病無能焉,不病人之不己知也"（見《衛靈公》）等等。兩者均是同一意義。《易傳》謂仕進之時,要能謙恭,不驕不伐。《論語》亦言"願無伐善,無施勞"（見《公冶長》）,"君子泰而不驕,小人驕而不泰"（見《子路》）,"君子無衆寡,無小大,無敢慢,斯不亦泰而不驕乎"（見《堯曰》）,又言"如有周公之才之美,使驕且吝,其餘不足觀也已"（《泰伯》）,並讚揚"孟之反不伐"（見《雍也》）等等。兩者意義亦均相同。《易傳》教人要履信思順,能以尚賢,與《論語》"君子尊賢而容衆"（見《子張》）的說法也正相同。

《易傳》又認爲仕進之時,如或力小任重,不能勝任,則必陷於刑。《論語》載:"子曰:孟公綽爲趙魏老則優,不可以爲滕薛大夫。"（見《憲問》）就是說明要量才授職,不使力小的人擔當重任,害他蹈致失敗之理。

《易傳》又闡揚安不忘危的重要以及據非其位的危險。《論語》載:"陳文子有馬十乘,棄而違之。"（見《公冶長》）又載:"曾子有疾,召門弟子曰:啟予足,啟予手。《詩》云:'戰戰兢兢,如臨深淵,如履薄冰。'而今而後,吾知免夫。小子!"（見《泰伯》）都是安不忘危的事例。《論語》又載:"子路使子羔爲費宰。子曰:賊夫人之子。"（見《先進》）此即告誡子路不要使子羔據非其位,致遭危害的意思。《易傳》言无位无民，賢人在下無輔，則雖高貴亦必動而有悔。《論語》載："子言衛靈公之無道也，康子曰：夫如是，奚而不喪？孔子曰：仲叔圉治賓客，祝鮀治宗廟，王孫賈治軍旅。如是夫，奚其喪？"（見《憲問》）從這條記載可以看出，有賢人在上位爲輔者，其君雖無道，亦能保有其位，保有其民，不至於動而有悔。實亦正足以與《易傳》的道理相發明。

（七）關於治民教育方面。

《易傳》謂治理庶民，不可"危以動"、"懼以語"、"无交而求"。《論語》載季氏將伐顓臾，孔子指責季路、冉有說："今由與求也，相夫子，遠人不服而不能來也，邦分崩離析而不能守也，而謀動干戈於邦内，吾恐季孫之憂，不在顓臾而在蕭牆之内也。"（見《季氏》）正是"危以動"的說明。又載陽貨對孔子所說的"懷其寶而迷其邦，可謂仁乎"，"好從事而亟失時，可謂知乎"（均見《陽貨》）等語，也正是"懼以語"的事例。至所載"季氏富於周公，而求也爲之聚斂而附益之"，更是"无交而求，則民不與"的範例。故孔子責之曰："非吾之徒也。小子鳴鼓而攻之可也。"（以上均見《先進》）足見《論語》的事例，完全可以用來證明《易傳》理論的正確。

《易傳》論管理小人，主張要威之以利，動之以刑，使之小懲而大誠。《論語》言"道之以政，齊之以刑。"（見《爲政》）與威之以刑同其意義。《論語》言"小人懷惠"，朱熹注"懷惠"謂小人貪利，亦與動之以利同其意義。子張問："何謂惠而不費？子曰：因民之所利而利之，斯不亦惠而不費乎？"（見《堯曰》）亦說明"不見利不勸"的道理。《論語》言"小不忍則亂大謀"（見《衛靈公》），亦可以與"小懲而大誠"的說法相輔相成。《易傳》反對"小人而乘君子之器"，與《論語》譏"臧文仲之竊位"（見《衛靈公》）理亦相通。

（八）關於語言文學修養方面。

《易傳》中可以看出孔子重視言辭，並且說修辭要立誠。《論語》中載孔門四科，語言與文學各佔其一（見《先進》）；子以四教，文居其首（見《述而》）；又云"博我以文"（見《子罕》），均可爲孔子重視語言文學的明證。《論語》中還說"辭，達而已矣"（見《衛靈公》），"出辭氣，斯遠鄙倍矣"（見《泰伯》），也就是說"辭取達意而止，不以富麗爲工"，即不取華而不實之文以及"凡陋背理"

之作（略本朱子說），亦足以證明孔子確是主張修辭要以立誠爲本。

《易傳》所云"立象以盡意"，我認爲就是說明象徵在修辭中的作用。《論語》中的說理就曾採取某些事物來象徵，如云"鳳鳥不至，河不出圖，吾已矣夫！"（見《子罕》）則以鳳鳥與河圖，象徵聖王之瑞。"鳳兮鳳兮，何德之衰！"（見《微子》）則以鳳鳥象徵孔子。《論語》書中更多是形象的描寫和象徵手法的應用。例如子路、曾晳、冉有、公西華四人答孔子之問，子路則"率爾而對"，冉有、公西華則措詞謙退，曾晳則"鼓瑟希，鏗爾，舍瑟而作"，描寫四人的言語動作，神態各異。而"暮春者，春服既成，冠者五六人，童子六七人，浴乎沂，風乎舞雩，詠而歸"（以上均見《先進》）描寫曾晳的胸懷灑落，尤爲形象化。他如"陳亢問於伯魚章"，描寫"孔子嘗獨立，鯉趨而過庭"（見《季氏》）。"陽貨欲見孔子章"，描寫陽貨謂孔子曰："來！予與爾言。"（見《陽貨》）又如描寫澹臺滅明的正直，說他："行不由徑，非公事未嘗至於偃之室也。"描寫孟之反不伐，說他："奔而殿，將入門，策其馬，曰：'非敢後也，馬不進也。'"（以上均見《雍也》）描寫長沮桀溺不答問津而"耰而不輟"，荷蓧丈人不答問津而"植其杖而耘"（均見《微子》）等等章節的形象，均有繪聲繪影之妙。"鄉黨"一篇（文繁不具引），則幾乎全是描寫孔子生活起居、交際應酬、容色言動的種種細節，形象尤爲鮮明，是人所共知的。

《論語》中尤善於用形象來比喻說明一切道理。例如仲弓問仁，"子曰：出門如見大賓，使民如承大祭。"（見《顏淵》）論人不可無信，則云："大車無輗，小車無軏，其何以行哉？"（見《爲政》）談作學問要自強不息，則云："譬如爲山，未成一簣，止，吾止也；譬如平地，雖覆一簣，進，吾往也。"（見《子罕》）贊音樂之美，則云："子在齊聞韶，三月不知肉味。"（見《述而》）論文質之別，則云："文猶質也，質猶文也。虎豹之鞹，猶犬羊之鞹。"（見《顏淵》）歎名實之相乘，則云："觚不觚，觚哉！觚哉！"（見《雍也》）論爲政以德，則云："譬如北辰，居其所而衆星拱之。"（見《爲政》）論爲政不用殺，則云："君子之德風，小人之德草，草上之風必偃。"（見《顏淵》）責爲政之非，則云："虎兕出於柙，龜玉毀於櫝中，是誰之過歟？"（見《季氏》）喜爲政之善，則聞絃歌聲而戲言："割雞焉用牛刀？"（見《陽貨》）論節操，則云："歲寒，然後知松柏之後凋也。"（見《子罕》）談衰老，則云："甚矣！吾衰也久矣！吾不復夢見周公。"（見《述而》）論過失，則謂："君子之過也，如日月之食焉。過也，人皆見之；及其更也，人皆仰之。"（見《子張》）

子路反對孔子應佛肸之召，孔子則用"吾豈匏瓜也哉，焉能繫而不食"（見《陽貨》）爲喻以自解。叔孫武叔毀仲尼，子貢則謂"仲尼，日月也，無得而逾焉，人雖欲自絕，其何傷於日月乎"（見《子張》）爲喻以答之。又始子貢自謙不如仲尼，則云："譬之宮牆，賜之牆也及肩，窺見室家之好。夫子之牆數仞，不得其門而入，不見宗廟之美，百官之富。"（亦見《子張》）凡此種種，俱足以考見《論語》運用形象比喻之多且工，可以說是豐富多彩，其有合于《易傳》"立象以盡意"之旨也甚明。

（九）關於哲學思想教育方面。

《易傳》中可以看出孔子對《易》的評價極高，無疑它是孔子哲學思想教育的重要組成部分。《論語》中涉及《易》者雖僅兩章，一章談："不恒其德，或承之羞。子曰：不占而已矣。"（見《子路》）"不恒其德"兩語，見《周易·恒卦》九三爻辭，足以證明孔子確實講論過《周易》的。另一章載："子曰：加我數年，五十以學《易》，可以無大過矣。"（見《述而》）又足以證明孔子重視《易》。孔子既重視《易》，則《易傳》中孔子讚美《易》的言論，自皆可信。而研究孔子哲學教育思想者亦必取資於它了。

五、結束語。

總上所述，《易傳》中所引孔子之言，與《論語》相對照，是在在吻合的。其性質與《論語》相同，必爲孔子弟子或其後學之所紀錄，實無可疑。通過對比之後，我更認爲研究孔子教育思想的人，必須把《易傳》與《論語》同樣重視。這就是我的簡單的結論，不知是否有當。至於孔子教育思想的長短是非，更有待於大家的討論研究，分析批判，取其精華，棄其糟粕。

一九八四年九月十五日寫於福建師範大學之華廬

（據《周易研究論文集》第二輯整理。此文曾以節本載《齊魯學刊》1984 年第 4 期。全文刊於《周易研究論文集》第二輯，北京師範大學出版社 1989 年 8 月出版。）

與槐軒先生論易書

先生左右：

　　晨間得蓮池寄來講義一卷，内《易》十頁，《詩》兩頁，均已讀竟。《易》諸義例，頗能憭然。惟第十頁"艮爲尾"下小注云："《隨》以震爲小子，虞氏誤取艮。"其說竊甚疑惑。案《說卦》以震爲長男、長子，艮爲少男，則是震之爲長子，艮之爲小子，經義本然。又按《焦氏易詁》卷八"震爲長子"說云："凡單言子者，皆指震。若言艮，則小子、少子也。"是《易林》亦以艮爲小子。虞仲翔所傳孟氏逸象，此一象與《易》及《易林》似皆不背也。至於《隨》六二、六三小子之義，《易詁》（見卷四）以初至四正覆皆艮亦皆震，震爲夫，艮爲小子，並指虞氏以五兌爲小子之非。是吾師舊說《隨》，亦以艮爲小子也。（《易詁》卷二"易林獨以震爲子"條亦云：《隨》、《漸》之小子方指艮。）何以今日乃謂《隨》以震爲小子，虞氏誤取艮云云？深疑此文殆是"《隨》以艮爲小子，虞氏誤取兌"之誤。否則，吾師當獲新解矣。以上所疑，不知當否？敬箋陳待正。又師舊著《周易導略論》，祺手抄孤本，前日遺失，刻幸覓得。倘有所用，函知，當即郵奉也。肅此，祇頌道安。弟子壽祺頓首。四月十四日於綏署。

　　（據 1937 年 5 月 3 日《北平晨報》第十一版《藝圃》整理。此文又載《周易研究論文集》第二輯，北京師範大學出版社 1989 年 8 月出版。又載《尚氏易學存稿校理》第一卷《焦氏易詁》卷末附錄，中國大百科全書出版社 2005 年 6 月出版。）

〔附〕尚節之先生答黃之六論易書

之六仁弟：

　　在保兩奉惠書，祇悉一切。震爲小子，傳有明文，《焦氏易詁》所釋實迂曲。凡說迂曲者，必不當。當時泥於《說卦》之象，謂震爲丈人，艮爲小子。不知《說卦》乃自古傳說之象，《周易》往往不與之同。如《大過》以兌爲老婦，以巽爲少妻，及《隨》以震爲小子，以艮爲丈人，皆與《說卦》義異。二千①年易家，除《易林》外，無曉其義者。《易林》以震爲孩子，以艮爲祖，以巽爲少姬，以兌爲老婦，皆從經不從《說卦》。蓋《說卦》以初生者爲長，經則以最後者爲長，一以次序言，一以經歷言。比如兩人，十歲較十一歲者先生，則十歲者爲長。以兩人言，《說卦》之義也。比如一人，由十歲而二三十而六七十，當其至七八十歲時，回視其二三十歲時則爲長矣。以一人言，經之義也。各有妙理。此吾最後之審定，執事雖聽講三遍，尚未及此，於以知易理之難盡也。然非執事，孰能有此疑？孰能以我之矛刺我之盾哉？凡《易詁》用象而誤者，皆於《補遺》自發之，不敢自諱而誤人也。此亦其一也。講義上小注，因虞注已以震爲小子矣，此處忽列之艮中，故言其誤，然實略而不明，小有語病也。他再發見不當處，望即見示爲盼。即頌文祉。二十一日，秉和頓首。

（據 1937 年 5 月 3 日《北平晨報》第十一版《藝圃》整理。此文又載《周易研究論文集》第二輯，北京師範大學出版社 1989 年 8 月出版。又載《尚氏易學存稿校理》第一卷《焦氏易詁》卷末附錄，中國大百科全書出版社 2005 年 6 月出版。）

再與槐軒先生論易象書

先生左右：

前日得手畢，告以《說卦》、《易林》取象異同之故，乃恍然大悟。震、巽爲孩子、少姬，艮、兌爲丈人、老婦，此即古人所謂易氣從下生，初少終老之義。積日疑惑，渙然冰釋，快愉无似。祺近日頗考覽《詩》、《禮》，於《易》義未暇精思，不意轉眴之間，於素聞之師說，即復茫昧若是。用知昔賢謂學問如逆水②

---

① 千，《北平晨報》誤"十"。據六庵師手校本改。
② 逆水，《北平晨報》脫。據六庵師手校本補。

行舟，不進則退，其喻真爲確切也。蓮池講義，續收一卷，《易》畢《義例》，《詩》至《葛覃》。閒嘗取《易講義》與《易詁》參互比勘，於二書述象異同之處，仍有不能了然者。例如《易詁》乾有順象，震有鳥象、篚象、車象、殺象，巽有石象、西南象，坎有楫象、衆象、獲象，兌有資斧象、東南象，而《講義》皆損之，不明何故。而《講義》所有，爲《易詁》並《補遺》所無者，如乾爲石、爲虎，坤爲野、爲郊、爲原、爲孔，震爲孩子、爲田、爲山陰、爲嘉、爲三歲、爲三年、爲虛，巽爲蠱、爲腐、爲爛、爲寇戎、爲病，坎爲食、爲筮，艮爲國、爲夫、爲終日、爲巢，兌爲穴諸象，諒皆新近增輯。然其義有初學可推而知者，亦有不易推而知者。祺意似宜仍本《易詁》取象之例，加以說明，使人知其所依據。又《荀九家易》逸象凡三十有一，除乾爲龍、爲直、爲宜、爲言，坤爲牝、爲迷、爲方、爲裳、爲囊，震爲鼓，巽爲楊，坎爲叢棘、蒺藜，艮爲鼻十四象，已見孟氏逸象，其餘十七象中，如坤爲黃，坎爲宮、爲律、爲棟、爲狐、爲桎梏，離爲牝牛，艮爲虎、爲狐，兌爲輔頰諸象，其重要不亞於《說卦》。祺意《講義》似宜例入，不當省而不錄。至虞仲翔 [①] 所傳孟氏逸象，吾師謂後儒採自虞氏易中，此說甚是。祺記方氏申曾言，初惠棟輯孟氏逸象，凡得三百餘象，其後張惠言增輯至四百餘象，彼又嘗補張氏之所未備。又吳興紀磊亦取惠、張二氏書證其正是，辨其違失，而著《虞氏逸象考正》二卷 [②]。是今所傳孟氏象，少者爲惠氏輯本，多者爲張氏輯本。海寧杭氏所錄，即本之張氏者，而彼乃謂兩漢經師，各守師說，故多寡不同。何其不考至此？惟是惠氏所輯，祺考之虞注，閒或不見；而虞氏所有之象，亦有爲惠、張、方、紀諸 [③] 氏所未輯者。是可見涉獵者廣博，則亦難免有所舛誤，固不宜獨譏杭氏矣。《詩講義》於《關雎》調和四家之說，於《葛覃》本《魯詩》之義，謂主婚姻及時，皆先得我心之所同然。唯孔疏以聖賢分《周南》、《召南》之說，蓋本於鄭氏《詩譜》"得聖人之化者謂之《周南》，得賢人之化者謂之《召南》"而來，似不應諱康成而責

---

① 虞仲翔，《北平晨報》作"世"。據六庵師手校本改。蓋師後來所作修訂。謹案，師《自傳》云："後來吳檢齋先生看到這些文章（指與尚先生論《易》三書），即全數轉載入他所主編的《中大學報》創刊號，並爲我寫了一篇跋文，作了好評。當時以爲該創刊號即將出版，未將跋文抄下。不料才印刷畢，盧溝橋事變起，終不得發行。現不知世間還存有此刊物否。"疑《中大學報》轉載前，師對"三書"稍有潤色。下文與《北平晨報》偶有小異者，皆倣此，不復詳注。

② "又吳"至"二卷"三十字，《北平晨報》無。據六庵師手校本補。

③ 紀諸，《北平晨報》作"三"。據六庵師手校本改。

沖遠。當今吾師學術，南北通儒，同聲嗟歎，以爲發千載不傳之秘，集歷代易家之成，而祺以藐藐之身，小少之年，乃務欲求吾師之闕略，議吾師之短長，刺刺不能自休，是誠愚昧，不自知其所以然。祺服務綏署，已三月餘矣，體力仍甚孱弱。所幸上官憫其文弱，未嘗以苦事相次役。燕於先生，且自塞上寄語，以積學惇德爲勗。祺亦知深自抑斂，不敢以矜氣處同事。悅鳴胃疾有瘳。敬如不日將隨其祖南歸於粵。崑圃已接充信陽義光中學校長，並新育一男。永明仍留滯潮汕之間。逸濱在河間行政專員公署，已得枝棲。凡舊同門，每有通問，均囑代候起居。伏維强餐加衣，爲道珍重。臨書思慕，不盡所懷。弟子壽祺頓首。四月二十七日於綏署。

（據 1937 年 5 月 10 日《北平晨報》第十一版《藝圃》整理。此文又載《周易研究論文集》第二輯，北京師範大學出版社 1989 年 8 月出版。又載《尚氏易學存稿校理》第一卷《焦氏易詁》卷末附錄，中國大百科全書出版社 2005 年 6 月出版。[1]）

與槐軒先生論易第三書

前星期日之晚，造府候安，聞駕方於午時赴保，悵惘无似。旋由友人[2]家轉來手批蕪函，誦讀之下，始知《易詁》、《講義》於易象詳略之處，皆寓精意。即時心中少一疑義，斯又不勝其愉快者也。近日仍溫習易義，覺震殺一象，《易象釋》與《易詁》似微有牴牾。《易象釋》謂"震爲殺，《易》无此象"。而《易詁》則謂"震殺之象，孔疏能解，漢人解《易》亦无用者，而《易林》每用之"。此二處相異，固當從最後之審定。惟祺意以二書既同時發行，以能使其毫无抵觸，方爲盡善。妄擬刊去《易詁》"而易林每用之"六字，更改"孔疏能解"爲"孔疏所解"，"亦无用"爲"則无用"，如此似較

---

[1]　謹案，此書未有尚先生覆函，據後書可知尚老"原欲電約到槐軒晤談"，因事未果，乃在來函上作了批示。詳下文第三書及附尚先生再答書。

[2]　友人，《北平晨報》作"敝同寮"。據六庵師手校本改。

妥善,不知夫子以爲然否?《左傳》崔杼筮取棠姜,《易象釋》謂"後姚氏配中謂坎爲中男,故曰夫"。祺案此本杜說,"後姚氏配中"五字,似當改爲"後杜氏元凱"。又畢萬筮仕晉,"六體不易",杜注謂"初一爻變有此六義,不可易也"。六義似指上"震爲土,車從馬"六句。《易象釋》所云似與原注不甚相符,祺意似宜酌改,以期无閒。又虛之象,舊說皆指坤,夫子發明震爲虛,以震爲周、爲竹、爲葦推論之,甚有價值。第夫子又謂艮爲虛,倘以爲邱墟之墟耶,與《講義》坤爲墟說不合;倘以爲空虛之虛耶,與上師說震爲虛,舊說坤爲虛亦不合。或是艮爲山、爲邑、爲國,本有墟象?(艮空虛象,想所必无。)則《講義》述象,似宜列入,或以後隨文加以說明,方能免人疑惑。至《易象釋》所發明之象,而《講義》未列入者,祺通考之,尚有巽爲賓客(《觀》"利用賓于王",案虞氏之意,似以坤爲賓象),震爲歸(案舊注並未能明指震歸象),震爲歲,離爲鄰(案先儒舊說,皆以兩卦相對爲鄰,如云坎東鄰,離西鄰,未嘗單指離爲鄰),震爲年,艮爲梁,艮爲名,震爲旦等八象。重印《講義》時,似宜補列。緣所有之象,總計一處,則學者能注意。倘散見文中,則人易於忽略也。凡此以上所陳,皆就近日所見者言之,其當與否,統待裁正並詳示焉。院中啓云,講義郵費,須按加一補寄。茲附上郵券三十分,敬求付有司註册爲幸。肅此,兼頌起居萬福。

（據 1937 年 6 月 2 日《北平晨報》第十一版《藝圃》整理。又載《周易研究論文集》第二輯,北京師範大學出版社 1989 年 8 月出版。又載《尚氏易學存稿校理》第一卷《焦氏易詁》卷末附錄,中國大百科全書出版社 2005 年 6 月出版。）

〔附〕尚節之先生再答黃之六論易書

奉惠函及郵票三十分。票已交發行所矣。日前赴平,原欲電約到槐軒晤談,面談所詢各節。不意爲冗俗所纏,二日之間,竟未得暇。不得已於臨行時,將所詢各節,批示大略,甚匆促也。《易經》既深有所入,即當繼續用力,成此絕學,甚善甚善。震殺之象,爲《易詁》時,蓋未覺察其非,故所言往往與後不合。即《易詁》與《易詁》,前後不符者,已多矣。故於《例言》曾聲明之。今《周易》成,必更多歧異,吾於此等甚忽視之,任人評判而已。《易》之道本如是,《十翼》其先例也。虛墟胡亦同流俗有所分別? 艮虛當然爲墟,震虛則爲空虛,《歸妹》上六《象傳》乃其本也。人以坤爲虛,皆空虛之虛;若《升》以坤爲墟,則人所不知。吾爲《易林》所化,甚不願明寫墟字。今執事尙有所疑,他更無論,然後知此等執見甚不可也。改姚氏配中五字,甚是。但姚氏所注者爲《易》,杜所注爲《左傳》,亦不妨也。所言《講義》未加入八象,如震爲歸,吾初以爲漢人知之,故未列入。乃孟氏逸象祇有反而无歸,故詁"歸妹"二字不能現成,然後知漢人實不知,誠宜補入。吾以年老善忘,蓋所遺尙不祇此也。至震爲年歲,焦氏逸象已有。離爲鄰,在《集解》皆相對,而在《易林》則多專象離。如《小畜之井》曰"與樂爲鄰",則以《井》伏震爲樂,伏離爲鄰;《大壯之履》"至德之君,禍不遇鄰",則以《履》乾爲君,兌毀折爲禍,互離爲鄰,乾、兌爲離所隔,故不遇。惟《恒之遯》云"爭訟之門,不可與鄰",《恒之萃》云"東鄰愁苦",則又皆以震東爲鄰。吾當時愼審,莫知胡從。《易林》究以東爲鄰乎?抑以離震爲鄰?因難決,遂置之。艮爲梁,因與《易》无涉,亦置之。艮名之象,《易林注》已列入,此又遺,此真是可恨。只有自恨健忘而已。然此象與《易》亦无關也。執事於象學,已得八九,惟易理深處,尙未融會貫通。比如遇解《易》之書,祇看其解一卦,即知其深淺;或遇繁稱博引之書,能勿爲其所亂,則進步也。

（據 1937 年 6 月 4 日《北平晨報》第十一版《藝圃》整理。此文又載《周易研究論文集》第二輯,北京師範大學出版社 1989 年 8 月出版。又載《尙氏易學存稿校理》第一卷《焦氏易詁》卷末附錄,中國大百科全書出版社 2005 年 6 月出版。）

與范秋帆先生論易書

秋帆鄉丈大人左右:

《周易·解卦》上六爻辭"公用射隼于高墉之上",祺不能理解冰釋者蓋有兩端:一指其辭,一指其象。先就其辭言之,不誼係謂人在下而上射高墉之鳥乎？或謂人在高墉之上而下射其鳥乎？此所欲求教之第一端也。次就其象言之，其可疑又有兩端：一公之象，一高墉之象。舊解公之象，毛氏奇齡以上六當之，虞氏翻及爲虞氏學者皆以三當之，馬抱潤先生以四當之，姚氏配中及本師槐軒先生皆以上卦震當之：古今諸儒所述大抵不出此四說。夫卦之位，初爲元士，二爲大夫，三爲諸侯，四爲三公，五爲天子，上爲宗廟：此乃漢儒定然不易之通誼。誠如毛氏以上六當公，於辭則切矣，於位實未合。若從馬氏以四當公，於位則切矣，於辭亦未合。蓋四之與上，既非承乘，又非比應，自無以上六之事主屬之於四之理。惟三爻爲諸侯，諸侯與三公相埒，以之當公既無不可，而三又與上爲應予之爻，似可從虞氏之說。然就其說而推之，既以三爲公，則似是謂人在下而上射高墉之鳥矣；但觀其取隼象於離，離下互卦也，正當三中，與上射之象已不合。惠氏棟、張氏惠言之徒推演虞義，更謂三動下體，巽爲高墉，是則並高墉之象亦在下卦。誠如此說，則此所有之象殆全與上六無涉，恐非所宜。至若姚氏及槐軒先生止以上卦震當之，不指明其爲何爻，亦似函胡，難爲定解，其可疑者一。高墉之象，李氏鼎祚使二爻變成艮當之；來氏知德、李氏塨取高象於上卦震之伏巽，又取上六變離外圍中空爲墉當之；惠氏棟使三爻動，下體成巽當之。如資州之說，使不當位之二爻變而成艮，以就墉象，未始不可。無奈依其例，則三、四亦不當位亦當變，苟三四亦變，則互成坎象，尚何墉象之足取乎？如定宇之說，使不當位之三爻變而成巽，無奈二爻亦不當位亦當變，二爻若變則下卦成艮又非巽矣。此二家用爻變之說，宜若難通。如瞿塘、恕谷求本象不得，既求之伏卦巽以取高象，又使上六爻變成離以就墉象，果上六當變成離，則伏象無巽矣，況上六本當位亦無使變之理，其說似仍不免支離。槐軒先生不用爻變，不取伏卦，似得之矣，而又以上震爲倒艮當之，震而猶艮也，是山而猶雷乎？抱潤先生並不取倒象矣，而又以三爲內外之限當之，三居內外之限，何得即視爲高墉之象？二說恐亦均非經旨。又姚氏配中謂二之五巽爲高，四之初艮爲墉，是將《解》卦先變爲《萃》以取高象，再由《萃》卦使變成《屯》以取墉象，何聖人取象之紛紛不憚煩若此？其可疑者二。蒙於此二象觀之日久，迄無所得，此所欲求教之第二端也。昔朱子教人讀《易》之法，謂如《中孚》九二“鳴鶴在陰，其子和之”，亦不必理會鶴如何在陰，其子又如何和，且將《繫辭》中所說言行處看。蒙竊不以爲然。蓋《易》之爲書，乃聖人觀象而後繫辭，苟不推求其所以取此象之由,則亦難明其所以繫此辭之理。故不惜殫精竭力以求之,其於先儒之說,近師之論,心有所未安者,亦不敢盲從附和。誠竊欲究明聖經之本旨,非敢師心自用,存意誹薄先儒;尤不敢故違師說,以自立異。吾丈推闡絕學,道與年深,而又知我愛我,故敢妄竭愚昧之衷,惟裁教之焉。鄉後學黃壽祺頓首上。辛巳夏曆二月十八日。

（據作者手抄稿本整理。此文寫於 1941 年 2 月 18 日,後刊載於《周易研究論文集》第二輯,北京師範大學出版社 1989 年 8 月出版。）

答包笠山論易書

笠山吾兄先生有道:

兩辱惠書,於拙著《漢易舉要·序言》及《孟氏易》之卷,匡謬糾誤,徵引既富,意復勤勤懇懇,並世學人相知相諍如吾兄者,寧可多得? 感念之情,匪可言宣! 以同在一系,日日相見,故得書之後,皆止面陳其固陋。今學報徵稿,兄之書將公之於世,故亦以書對,藉資讀者討論,亦百家爭鳴中之一樂事也。

尋繹前後兩書,綜其大恉,蓋有六事:一則以爲西漢易學施、孟、梁邱三人,章句守師說同,即陰陽候災變亦無不同,兩者二而一,而孟喜、京房尤不可以一人而居兩派;二則以爲費氏、高氏並同災異,堅不同意先師吳檢齋先生"費氏不與孟、京、焦贛同流"之說;三則以爲治訓詁者未有不明章句,堅主"章句守師說"與"訓詁舉大誼"都不可分爲兩派;四則以爲東漢易學,鄭玄、荀爽雖先治費氏,要其後以費氏爲歸;五則以爲魏王肅《易注》十卷,務與鄭氏立異,爲王弼之所祖述;六則以爲學《易》當取其有合於格致誠正修齊平治之道,卦氣之學,用之占驗,而占卜不可信,古歷疏闊,日月食災異不可信,古人察物未諦,物候之說不可信。凡此六事,其前五事皆屬於明辨源流派別,其後一事則屬於孟氏易之評價問題。

鄙意欲辨析漢易之源流派別,必須先將卜筮與陰陽候災變兩者細緻區分。蓋凡明《易》之人,無不能卜筮占吉凶;卜筮占吉凶與陰陽候災變本同而末異。孔子嘗爲商瞿筮占五子矣，不能謂孔子即爲陰陽候災變者也。施、孟、梁邱三人章句守師說，源本相同，此確然無疑。而施氏本無災異之說，梁丘與孟氏之徒張禹則皆能卜筮，而不爲陰陽候災變。獨孟喜有陰陽候災變之學，且其傳授之跡，詭譎可疑，施與梁邱固無是也，兄亦既言之矣，則孟氏之學實有兩途。故從章句守師說言之，則三家爲同一派；而從陰陽候災變言之，則孟氏又別爲一派。京氏之易，立於學官，原有章句；而其卦氣之術，又與孟氏無異，故亦一人而居兩派也。費氏易無章句，專以《十翼》解經意；而高相雖亦無章句，專說陰陽災異：二家何可相提並論？先師謂費氏不與孟、京、焦贛同流，而兄不信者，徒以費氏亦長於卜筮耳。故謂卜筮與陰陽候災變二者，首宜細緻區別也。如兄必以費氏與孟、京、焦贛同流，則《晉書·天文志》引費直《周易分野》，羅泌《路史》稱費直易十二篇以易卦配地域，唐《開元占經》亦引費直《周易分野》，更可舉以補充尊論，惟此等書皆不可信爲真費氏耳！治訓詁者未有不明章句，此凡人而知也，所以區之爲兩派者，重在一舉大誼，一守師說。夫舉大誼者，固未必墨守師說也。東漢易學，鄭、荀二家皆先治京氏，而荀氏主"升降"，鄭氏主"爻辰"，皆與費氏之徒以《十翼》解經意者不盡相同。今二家遺說存者尚多，可以考見。故云參治費氏，而不云以費爲歸。王肅《易注》雖亡，清儒輯佚，猶可一卷。今觀其注《噬嗑》、《睽》、《中孚》、《既濟》諸卦，皆本象以立說，且不廢互體，與王輔嗣之掃象廢互者迥然不同。故謂王肅雖務與鄭立異，但其注《易》，卻與鄭不遠而異於輔嗣也。兄嘗引陸澄之言矣："自商瞿之後，雖有異家之學，同以象數爲歸。"夫兩漢易學，同以象數爲歸，尚何待言？區區所欲分析者，正欲明其異家之所在耳！否則，兩漢易學皆出杜田生，一語盡之矣，無煩分辨流派也。

弟少承父師之訓，以爲通經須明古注。年十八，始學《易》，而後知《易》古注之難通，嘗慨然欲理其墜緒。故不揣讆陋，就漢、魏以來古《易注》之存者，依時代先後，各爲理董，而並不專主一家。《漢易舉要》五卷，實爲二十七歲時所撰稿，遭亂南歸，原稿悉亡。《孟氏易》之卷，以曾錄副先寄家呈先大父審閱，故幸而得存。當時著書之恉，徒欲博採衆說，提要鉤玄，明其條貫而已；以爲條貫既明，是非灼然可見，無待駁議，而學者自明也。古人察物未諦，所言物候，自不盡當。卜筮之爲迷信，與夫古歷疏闊，日月食之與災異無關，今之童子稍具科學常識者，類能辨之。而古人或有意以神道設教，或確爲知識水平所限，所見僅能及此，固不能以吾人今日之所知者苛責古人也。若云學《易》者只當取其有合於格致誠正修齊平治之道，其他皆可勿問，則《語》、《孟》、《學》、《庸》足已，於《易》乎何有！藉承知愛，故不敢自匿其非，惟終教焉！弟黃壽祺謹覆。壬寅霜降日。

（據作者 1961 年 10 月 23 日手稿影印本整理。此文曾收入《周易研究論文集》第二輯，北京師範大學出版社 1989 年 8 月出版。）

〔附一〕包笠山與六庵論漢易條例舉要序言及孟氏易書

六庵治漢《易》，其言西漢易學派別凡四：一曰訓故舉大誼者，周、服、王、丁、楊、蔡、韓七家《易傳》；二曰陰陽候災變者，孟喜、京房、五鹿充宗、段嘉四家《易傳》；三曰章句守師說者，施、孟、梁邱、京學官博士所立；四曰《十翼》解經意者，費直無章句，專以《十翼》解說。東漢易學派別亦凡四：一曰馬融、劉表、宋衷、王肅、董遇，皆爲費氏易作章句；二曰鄭玄、荀爽，先治京氏易，後參費氏；三曰虞翻，本治孟氏易，雜用《參同契》，以納甲爲主；四曰陸績，專治京氏易。

按漢初言《易》者，皆本之田何。何以齊田徙於杜陵，號杜田生，授東武王同子中、洛陽周王孫、梁人丁寬、齊人服光。同授淄川楊何。丁寬又從周王孫受古義，號《周氏易傳》，景帝時爲梁孝王將軍，距吳楚，號丁將軍，作《易說》三萬言。寬授同郡碭田王孫。《藝文志》：“易傳周氏二篇（自注，字王孫也），服氏二篇（師古曰，劉向《別錄》云服氏齊人，號服光），楊氏二篇（自注，名何，字叔光，菑川人），蔡公二篇（自注，衛人，事周王孫），韓氏二篇（自注，名嬰）。”田王孫雖未著錄，然《儒林傳》言其授施讎、孟喜、梁邱賀矣。此所謂訓故舉大誼者也。惟陰陽候災變之孟喜，與施讎、梁邱賀其學皆出田王孫。《藝文志》著錄“易經十二篇，施、孟、梁邱三家，章句施、孟、梁邱各二篇”，所謂章句守師說者也。“孟氏京房十一篇，災異孟氏京房六十六篇，五鹿充守異說三篇，京氏段嘉（按《儒林傳》作段嘉）十二篇”，所謂陰陽候災異者也。竊以《儒林傳》雖不言施讎有災異之說，然讎授張禹學，《張禹傳》固言：“成帝親就禹，禹見時有變異，若上體不安，擇日絜齋露蓍，正衣冠立筮，得吉卦則獻其占，如有不吉禹爲感動憂色。”則《易》爲卜筮之書，讎之所學固不能外也。梁邱之易，出大中大夫京房，房楊何弟子也，爲齊郡太守（師古曰，別一京房，非焦延壽弟子爲課吏法者）。賀更事田王孫，宣帝時賀以筮有應，繇是近幸。此三人者，章句守師說同，即陰陽候災異亦無不同，故曰兩者二而一也。費氏之學，雖徒以象象繫辭十篇文言解說上下經，然亦長於卜筮，見於《儒林傳》。吳承仕謂《藝文志》所列獨無費氏卦筮之書，明不與孟、京、焦贛同流。予則以爲費氏本無章句，故未著錄也。其與費氏同時者，則有高相，其學亦無章句，專說陰陽災異，自言出於丁將軍。則費氏、高氏，並同災異也。要之，西漢諸家之學，皆出杜田生。等而上之，則商瞿子木受之仲尼，此《大傳》所謂殊塗而同歸，一致而百慮者也。故陸澄曰："自商瞿之後，雖有異家之學，同以象數爲宗。"其言可以概前漢之易學矣。

後漢治費氏易者，馬融傳十卷（《七錄》云九卷）以授鄭玄，玄注十卷（錄一卷，《七錄》云十二卷），劉表章句五卷（《中經簿錄》云注易十卷，《七錄》云九卷錄一卷），宋衷注九卷（字仲子，南陽章陵人，後漢荊州五等從事，《七志》、《七錄》云十卷），董遇章句十二卷（字季直，弘農華陰人，魏侍中大司農，《七志》、《七錄》並云十卷）。諸人之外，尚有鄭玄、荀爽，雖先治京氏，要其後以費氏爲歸也。其傳費易而無書者，若陳元、鄭衆，皆見於陸氏《經典釋文敘錄》。惟王肅注十卷，務與鄭氏立異，爲王弼之所祖述，變象數爲義理，爲易學一大轉捩。則肅之學，與費氏有同亦有異也。蓋後漢諸儒，若馬、鄭、荀，皆各自名家，而鄭君獨治經緯，通六學，綜今古，尤爲一代宗師。惟《易》自江左宗王，至於隋唐鄭學寖微，後殆絕響矣。

其言孟氏易以氣爲本，其卦氣圖以坎離震兌爲四正卦，餘六十卦卦主六日七分，合周天之數。内辟卦十二，謂之消息卦，乾盈爲息，坤虛爲消，其實乾坤十二畫也。《易繫辭》云：乾之策二百一十有六，坤之策一百四十四，凡三百六十，當期之日。夫以二卦之策，當一期之數，則知二卦之爻，周一歲之用矣。四卦主二十四氣；十二卦主十二辰，爻主七十二候；六十卦主六日七分，爻主三百六十五日四分日之一（每卦當六日七分，六十卦當三百六十日又四百二十分，八十分爲一日，合五日四分日之一，故六十卦共當三百六十五日四分日之一，合周天之數）。辟卦爲君，雜卦爲臣，四正爲方伯。二至二分，寒溫風雨，總以應卦爲節。此本惠棟《易漢學》說。一行《卦議》引孟氏卦句曰："坎離震兌，二十四氣次主一爻，其初則二分二至也。坎以陰包陽，故自北正微陽動於下，升而未達，極於二月，凝涸之氣消，坎運終焉。春分出於震，始據萬物之元，爲主於内，則群陰化而從之，極於南正，而豐大之變窮，震功究焉。離則以陽包陰，故自南正微陰生於地下，積而未章，至於八月，文明之質衰，離運終焉。仲秋陰始形於兌，始循萬物之末,爲主於內,群陽降而承之,極於北正,而天澤之施窮,兌功究焉。故陽七之靜始於坎,陽九之動始於震,陰八之靜始於離,陰六之動始於兌。故四象之變,皆兼六爻,而中節之應備矣。"《隋書·經籍志》:"孟氏易八卷,殘闕。"此言卦氣之法,唐僧一行述之,見於《新唐書·歷志》者。卦氣之用爲占驗,漢儒皆然。至若《伏傳》有五行,《齊詩》有五際,《禮》有明堂陰陽位之說,《春秋公羊》有陽豫之兆,則又不獨《易》爲然矣。《儒林傳》:"孟氏好自稱譽,得易家候陰陽災變書,詐言師田生且死時枕喜膝,獨傳喜,諸儒以此耀之。同門梁邱賀疏通證明之,曰田生絕于施讎手中,時喜歸東海,安得此事?又蜀人趙賓好小數書,後爲《易》,飾《易》文,以爲箕子明夷,陰陽氣亡箕子,箕子者萬物荄茲也(按其後苟爽訓箕子爲荄滋,漫衍無經,不可致詰,此則取之趙賓者)。賓持論巧慧,易家不能難,皆曰非古法也。云受孟喜,喜爲名之。後賓死,莫能持其說。喜因不肯仞,以此不見信。授同郡白光少子、沛翟牧子兄(師古曰兄讀曰況),皆爲博士。繇是有翟、孟、白之學。"則喜爲候陰陽災異,其傳授之跡,本詭譎可疑。施與梁邱,固無是也。京房受《易》梁人焦延壽,延壽云嘗從孟喜問《易》。會喜死,房以爲延壽易即孟氏學,翟牧、白生不肯,皆曰非也。至成帝時,劉向校書考易說,以爲諸易家說皆祖田何、楊叔、丁將軍,大誼略同,唯京氏爲異。黨焦延壽得隱士之說託之孟氏,不相與同。《京房傳》:延壽以候司先知奸邪,盜賊不得發。常曰:得我道以亡身者,京生也。其說長於災變,分六十卦更值日用事,以風雨寒溫爲候。(孟康曰:分卦值日之法,一爻主一日,六十卦爲三百六十日;餘四卦震離兌坎,爲方伯監司之官。所以用震離兌坎者,是二分二至用事之日,又是四時各專主之氣,各卦主時。其占法各以日觀其善惡也。)各有占驗,房用之尤精。好鐘律,知音聲。其上封事,有少陰倍力而乘消息(孟康曰:房以消息卦爲辟,辟君也。息卦曰太陽,消卦曰太陰。其餘卦曰少陰、少陽,謂臣下也,並力離卦氣於消息也。)之語,則焦、京之易,託諸孟氏,雖不相與同,然京氏之言卦氣則與孟氏無異。其後有谷永,於天官京氏易最密,故善言災異。此漢易象數之學傳授之際,大略如是。宋李溉傳《卦氣圖》,云出孟長卿,《漢上易傳》載之。蓋從僧一行《大衍歷》所列六十四卦用事,配七十二候推衍而成者,自是而降,若黃宗羲、惠棟諸氏,大都推衍其緒,或圖或表,稽考古義,爲清代言漢易先聲。

　　抑卦氣之學,近於術數,用之占驗。三家之易,或亡或闕。然觀京房、谷永之對,莫不以天時之變異,察人事之應驗。厥後班志五行,遂以《洪範》伏傳推衍其說。自董仲舒治《公羊春秋》，始推陰陽，爲儒者宗。劉向治《穀梁春秋》，數其禍福，與仲舒錯。向子歆治《左氏傳》，其《春秋》又頗不同。傳載睦孟、夏侯勝、京房、谷永、李尋之徒，所陳行事，以傅《春秋》，著於篇。又多誇誕駭怪而不可信。如京房《易傳》曰："王德衰，下人將起，則有木生爲人狀。"又曰："棄正作淫，厥妖木斷自屬。"凡斯之類，不一而足。而象數之事又難明。《洪範》九疇次七曰："明用稽疑"，"擇建立卜筮人，乃命卜筮，曰雨，曰霽，曰蒙，曰驛，曰克，曰貞，曰晦凡七。卜用五，占用二。"偽《孔傳》："龜兆形有似雨者；有似雨止者；蒙，陰暗；驛，氣落驛不連屬；克，兆相交錯：五者卜兆[①]之常法。内卦曰貞，外卦曰晦。"《孔疏》："卜兆有五，曰雨兆，如雨下也；曰霽兆，如雨止也；曰雺兆，氣蒙暗也；曰圛兆，氣落驛不連屬也；曰克兆，相交也。筮卦有二，重二體乃成一卦，曰貞謂内卦也，曰晦謂外卦也。卜筮兆卦，其法有七事：其卜兆用五，雨、霽、蒙、驛、克也；其筮占用二，貞與悔也。卜筮皆就此七者，推衍其變。鄭玄曰：霽如雨止者，雲在上也。雺聲近蒙，《詩》云零雨其濛，則蒙是暗之義，故以雺爲兆。蒙是陰暗也。圛即驛也，故以爲兆氣落驛不連屬，落驛希疎之意也。雨霽既相對，則蒙驛亦相對，故驛爲落驛氣不連屬，則雺爲氣連蒙暗也。王肅云：圛，霍驛消減如雲陰；雺，天氣下，地不應，暗冥也。其意如孔言。鄭玄以圛爲明，言色澤光明也；雺者，氣澤鬱鬱冥冥也。自以明暗相對，異於孔也。克，謂相交錯。王肅云：兆相侵入，蓋兆爲二拆，其拆相交也。鄭玄云：克者，如雨氣色相侵入。卜筮之事，體用難明，故先儒各以意說，未知孰得其本。今之用龜，其兆橫者爲土，立者爲木，斜向徑者爲金，背徑者爲火，因兆而紐曲者爲水。不知與此五者同異如何。"

此卜筮之法，古今不同。夫釁龜之典，見於《周禮·龜人》；白雉驪羊之灌，著於《史記·龜策傳》。灼龜釁裂，兆理交錯，吉凶之幾，人以意逆。三家之易，雖出同源，而不免互相非難。學官所立，博士所傳，衆口相咻，又不獨利祿之途使之然也。故自輔嗣注行，而象數之學寖衰；自李唐定爲義疏，而衆說皆廢，抑有繇矣。闞廉曰："卜以決疑，不疑何卜？"《史記·齊世家》："武王伐紂，卜龜兆不吉，風雨暴至，群公盡懼。唯太公彊之，勸武王，武王於是遂行。"《通典》一百六十二引《六韜》云："周武王伐紂，師至汜水牛頭山，風

---

① 　兆，稿本作"笘"，據《尚書正義》改。

甚雷疾,鼓旗毀折,王之驂乘惶恐而死。太公曰:好賢而能用,舉事而能得時,則不看時日而事利,不假卜筮而事吉,不禱祀而福從。遂命驅之前進。周公曰:今時迎太歲,龜灼言凶,卜筮不吉,星變爲災,請還師。太公怒曰:今紂刳比干,囚箕子,以飛廉爲政,伐之有何不可? 枯草朽骨,安可知乎! 乃焚龜折著,援枹而鼓,率衆涉河。武王從之,遂滅紂。"昔子罕言命,子不語怪力亂神。子貢曰:"夫子之文章可得而聞也,夫子之言性與天道不可得而聞也。"孔子亦自言:"加我數年,卒以學《易》,可以無大過矣。"今者神海交通,員輿闊絕,地有東西南朔之殊,時有陰陽寒燠之異,種有黃白紅椶黑之判,政教不同,信仰斯別,格物致知,攻堅拔銳,燧箭攢空,衛星匝宇,吉凶禍福,惟人自召。詹尹曰:"夫尺有所短,寸有所長,物有所不足,知有所不明,數有所不逮,神有所不通,龜策誠不能知此事者矣。"《易》之爲書,有切合於格致誠正修齊治平之大道,《坤》之初六"履霜堅冰至",《乾》之九三"君子終日乾乾,夕惕若,厲无咎",《屯》之六二"女子貞不字,十年乃字",《比》之上六"大君有命,開國承家,小人勿用",《革》之《彖》曰"天地革而四時成,湯武革命順乎天應乎人,革之時大矣哉",此其義也。

且夫天官律歷,權輿遂古。《律歷志》:"歷數之起上矣。傳述顓頊命南正重司天,火正黎司地。其後三苗亂德,二官咸廢,而閏餘乖次,孟陬殄滅,攝提失方。堯復育重、黎之後,故《書》曰:迺命羲、和,欽若昊天,歷象日月星辰,敬授人時。歲三百有六旬有六日,以閏月定四時成歲。"《藝文志》:黃帝五家歷三十三卷,顓頊歷二十一卷,顓頊五星歷十四卷,夏殷周魯歷十四卷,漢元殷周諜歷十七卷。顓頊歷歲三百六十五又四分日之一,其法最古,行於秦而詳於《淮南·天文訓》。蔡邕謂淮南所用即顓頊歷是也。《續漢書·律歷志》,司馬彪曰:黃帝造歷,起辛卯,顓頊用乙卯,虞用戊午,夏用丙寅,殷用甲寅,周用丁巳,魯用庚子,漢承秦初用乙卯。故秦爲顓頊歷也。日月之蝕,古代以推步得之,即今之天文科學觀測也。《春秋》二百四十二年,日食三十六。《元史·歷志》云:"以授時歷推之,惟襄公二十一年十月庚辰朔,及二十四年八月癸巳朔不入食限,蓋自有歷以來,無比月而食之理。其三十四（《元史》作五）食,食皆在朔,經或不書日不書朔,《公》、《穀》以爲食晦,二者非;《左氏》以爲史官失之者,得之。其間或差一日二日者,蓋緣古歷疏闊,置閏失當之弊,姜岌、一行已有定說。孔子作《春秋》,但因時歷以書,非大義所關，故不必致詳也。"則以日月之食爲災異者，皆出後儒附會適然耳，初未有若斯之誇張迂誕也。①

其諸家圖表，於四正、十二辟、六十卦所主，明以月令物候，如指其掌。然仲春之月，鷹化爲鳩；季春之月，田鼠化爲駕；季夏之月，腐草爲螢；季秋之月，爵入大水爲蛤；孟冬之月，雉入大水爲蜃：古人察物，或有未諦。故孔疏云：《周書·時訓》驚蟄之日桃始華，又五日倉庚鳴，又五日鷹化爲鳩，至秋則鳩化爲鷹。（按今《汲冢周書·時訓》無"至秋則鳩化爲鷹"七字。）故《王制》云：鳩化爲鷹，然後設罻羅。司裘注：中秋鳩化爲鷹。《夏小正》：正月鷹化爲鳩，五月鳩化爲鷹。鄭無所言，則不信用也。然《詩·小雅·小宛》：螟蛉有子，蜾蠃負之。箋云：蒲盧取桑曰之子，負持而去，煦嫗養之，以成其子。鄭不信彼而信此，孔說恐未然也。中夏立國，縱橫萬里，越南燕北，地氣懸殊，陰陽參差，休咎小數，詎足信乎？漢儒以卦氣爲占驗，體用各有不同，今亦多不能明。三家之學，孟氏尤爲詭異。焦氏託之孟氏，以授京房，其載於《五行志》者，又復若斯。曷若取古詮之足以解經者，存其說，則《易》、《詩》、《書》、《詩》、《禮》、《春秋》之教，不外格致誠正修齊治平之道。六庵出行唐尚槐軒氏之門，往予序所爲《叢纂》，略言其祈嚮矣。頃讀《漢易條例舉要序言》及《孟氏易》，多纘述前修之言，因攄胸中之所感觸者爲商榷焉。

尊著敘述漢易流別，大抵據《漢書·藝文志》及陸德明《經典釋文敘錄》。次言孟氏易，據僧一行《卦議》引，見《新唐書·歷志》，參以易緯諸書；次列李溉、黃宗羲、惠棟諸人圖表；後言卦氣之用，引《京房傳》語，有先後倒置之處，當檢原書校之，加以斟酌。鄙意此編序言專明流別，以下一卷只言孟氏一家之學，非全面譚治漢易方法，與條例舉要之義不侔，似乃可商榷。

（據包樹棠先生《笠山文鈔》抄稿本整理。）

---

① 謹案，稿本此處有眉批云：按《後漢書·鄭興傳》："夫日月交會，數應在朔。而近年日食，每多在晦，先時而合，皆月行疾也。"《春秋》隱三年經，孔疏："漢末會稽都尉劉洪作《乾象歷》，始推月（原稿作日，據《左傳正義》校改）行遲疾，求日食加時。後代修之，漸益詳密。今者推步日食，莫不符合，但無頻月食法。故漢興以來，殆將千歲，爲歷者皆一百七十三日有餘而始一交會，未有頻月食者。"其說是也。惟疏又謂："襄二十一年九月、十月頻食，二十四年七月、八月頻食，乃是正經，不可謂之錯誤也。又《漢書·高祖本紀》，高祖即位三年，十月、十一月晦日頻食。則自有頻食之理。"尊經太過，其言矛盾，則非矣。又按，《漢書·文帝本紀》三年，十月、十一月晦並頻食，亦非也。至於鴻書引《弇州別集》："日食在朔，月食在望，而亦有不盡然者。宋慶元中，一歲五次月食，有十七夜、十八夜，二十夜、二十一夜者。其後至一歲八次月食，而仍不拘望。"則尤不足信也。

〔附二〕包笠山再與六庵論漢易派別書

六庵論西漢易學，派別凡四。鄙意“候陰陽災異”之孟喜，與“章句守師說”之施、孟、梁邱之學，皆出田王孫。尤不可者，孟喜、京房皆一人而居兩派。且“章句守師說”與“訓詁舉大要”者，其源流亦匪有以異。《藝文志》雖未著錄田王孫之書，然三家之易，實所從出。而漢易又皆授自杜田生，治章句者未有不明訓詁之學，即孟、京之候陰陽災異，亦莫不以章句訓詁爲之基，而以爲一派則流變而爲災異，又其特著者也。施讎、梁邱賀，鄙意必入之候陰陽災異者，則其師承同。《藝文志》固著錄“易經十二篇，施、孟、梁邱”矣。張禹之學出於施讎，占卜變異當有所授。梁邱賀則當宣帝時，“飲酎，行祠孝昭廟，先敺旄頭，劍挺墜地，首垂泥中，刀向乘輿，車馬驚。於是召賀筮之，有兵謀，不吉。”則其事也。惟鄙言“施與梁邱固無是”者，以孟喜爲候陰陽實異，其傳授之跡詭譎可疑，如詐言師田生且死時枕喜膝、獨傳喜之類，而梁邱發其偽，謂田生絕於施讎手中，時喜歸東海，安得此事？施讎則謙讓，常稱廢學，不教授，此其不同耳。至吳先生檢齋承仕謂《藝文志》所列，獨無費氏卦筮之書，明不與孟、京、焦贛同流。尊意以爲然。鄙意則仍主費氏本無章句故未著錄之說。何者？《藝文志》本之向、歆錄略，刪其要以備篇籍，其有錄無書者皆有著錄。田王孫無書，故未著錄。費氏無章句，亦其類也。反復尋求班氏言漢易流別：“漢興，田何傳之。訖于宣、元，有施、孟、梁邱、京氏，列於學官。而民間有費、高二家之說。劉向以中古文《易經》校施、孟、梁邱經，或脫去無咎、悔亡。唯費氏經與古文同。”包舉簡要，則西漢易學流別亦不過今文與古文之分，立學官博士與否，其在六學皆然矣。又尊說謂王肅雖務與鄭立異，但其注《易》卻與鄭不遠，而異於輔嗣。竊謂王肅不好鄭氏，爲諸經解往往立異，集《聖證論》及《孔子家語》以難玄，又不獨《易》爲然。輔嗣亦出費氏，而王肅之學實所祖述，獨多言名理玄虛，與樸學異趣。蓋肅注《易》十卷，著錄於隋唐諸志，然晁公武《郡齋讀書志》、陳振孫《直齋書錄解題》皆不及其書，則久已散亡，又未可輕議其同異也。

（據包樹棠先生《笠山文鈔》抄稿本整理。）

與劉效武書（十一首）

效武同志：

　　5 月 8 日來信收悉，玉照兩張亦收到，謝謝！大著稿不妨先寄山東人民出版社看看，他們一定還會提出處理意見。如肯出版，可先照他們的意見修改。新詞語已超過五千條，如出版時，可將我原序修改，以定稿條數爲準，或舉大約數五千餘條云云亦可。寄心衡信，當即照轉。奉上往年在書房内所拍小照一張，聊謝雅意，即乞哂存。（相片係昨夜檢出所記。）尊舅處久未去信，以工作甚忙。您如通信，煩爲代候。即問教安！黃壽祺。1966 年 5 月 23 日夜。丙午四月初四夜。

〔1966 年 5 月 23 日〕

效武同志：

　　您去年 12 月寄來的信，我已收到。當時我正在江西、湖南等地参觀。回來後，接連参加校内外各種各色的會議，日无暇晷，元旦以至春節均未曾停止熬夜過。稽遲奉復，請您原諒！關於我所寫的大著序言，我仔細閱了幾遍，覺得還是很符合當時的實際情況的。從今天來看，也沒有什麼原則性的錯誤。所以，我想不必改動了。我認識您，是由您舅父介紹，他已不幸離開了我們，爲着紀念他，我把他的名字補進去了，想您一定是很同意的。如果您自己和山東出版社的同志認爲我的序文還有什麼要修改的地方，你們就不客氣地、大膽地給我修改掉，我完全授權給你們修改，不要顧慮！我年紀雖然老了，但還能真正虛心地接受你們的意見，不講假話！大作的目錄、後記和我序文的底稿都寄還您，請詧收。書如出版了，盼多寄幾本給我分送親友。序文我沒副本，日久都已忘記，不料您還保存下來了。您舅父去世之時，我正被打成"反動學術權威"，下放到閩東周寧縣咸村公社碧岩大隊茶廣生產隊裡去勞動，接受貧下中農教育。有一天夜裡，忽夢北京來一朋友找我。我就問他，你剛從北京來，看到徐尊六沒有？他說，你還不知道嗎？尊六已死了！我大哭而醒。覺得此夢奇異，連夜起來寫了一條日記。不料過十餘日，果然得到錢履周先生從福州傳來您舅父的噩耗！世上果有此種之夢，我至今不理解是何種感應？去年六月間，我去黑龍江哈爾濱師範學院開會，過北京時，到中央民族學院看過您舅母，她還很健康。庭筠兄弟姊妹當時都不在家，則未見到。您舅母最近還寄來一信。錢履周先生還健在，今年已八十四歲。洪心衡先生亦健在，今年已八十歲。我今年六十八歲。我家老母於七三年棄養，享壽八十七歲。愛人嚴蕙仙於六六年春即以肺癌病歿，年五十五歲。小女幼嚴也不幸於七六年以尿中毒病歿，年僅三十三歲。"文化大革命"以來，我家已死亡三人。所幸男孩黃高憲已考上福建師大中文系，現在二年級學習。兒媳何芸亦係我系畢業生，現在附中教語文。附寄去年六月在松花江畔照片一張。手復，即祝您合家平安！學習進步！工作順利！黃壽祺。1979年2月16日。

〔1979年2月16日〕

效武同志：

我於前月廿八日到京參加北師大所舉辦之吳承仕同志紀念大會，並在京訪問親友，查閱資料。現定於本月廿五日左右離京赴濟南勾留三兩日，預定住在山東大學内。壽光距離濟南，不知若干里路？您常言要和我見見面，如兩地距離不太遠，您可否來濟南一行見見面？較之去福建會見，爲方便得多了。我在濟南，你可查山東大學中文系關德棟教授，便可知我的住處。山東師範學院中文系，有我的學生林樂騰同志在任教三十年；又山東實驗中學，有我的學生孫瑞威，亦任教將及卅年，可能會看到他們。你如和他們認識，問問他們，也可知道我的住處。我在京日，已見到您舅媽景霜玉同志和您表姊徐庭筠同志等，並在她們家中吃了一頓飯。庭棟和張謙、賈敬顏等人也都見到了。餘容面晤，不一一。手此，即候教祉！黃壽祺。82.11.19.於北師大。

〔1982年11月19日〕

效武同志：

久未通訊，不知近況何似？我於四月間得教育部通知，借調來北京師範大學協助整理先師吳檢齊先生遺書，遂於五月二日到達北師大，現已兩月餘矣。約期爲六個月，已過三分之一。預定十月末回福州。我來此後，因工作極忙，還未去看你舅母景霜玉、你表姐徐庭筠。你如有和她們通訊，煩轉告她們：我住在"北太平莊北師大教授宿舍小紅樓一座"。等我有空時，一定去看她們。

茲寄上我在福州和到京後所作小詩幾首,請你指正。便中並煩你告訴在山東師大的林樂騰老師和你舅舅徐惠元同志,我已來京的情況,因我太忙,无暇給他們一一寫信。我在京,別的還好,只是糖尿病未能控制得了,經常口渴、心煩和頭暈,所以就不多寫了。手此奉告,並候暑安! 黃壽祺寄於北師大。83.7.5.

(通訊寄"北師大校長辦公室"轉交。)

〔1983 年 7 月 5 日〕

效武同志:

我於 17 日到京,18 日參加了吳承仕先生誕生百周年紀念大會。會後擬召開編委會,繼續研究如何整理吳先生著作的問題。還可能在京住十天八天。我身體如可以,可能想去一游曲阜及泰山,也可能從濟南去。此次因山東大學關德棟教授已去美國講學,我如過濟南勾留,擬住在山東師大招待所,盼預先與林樂騰和你舅舅徐惠元兩同志聯繫一下。我近日血壓有些高,如降不下,我就暫不停留了。匆告,即候教安! 黃壽祺。84.3.19. 下午。

(你寄給高憲的大作《難忘的會見》他已收去了,謝謝你關心。我仍住在北師大小紅樓一棟二樓二號。信寄北師大校長辦公室侯剛同志轉。)

〔1984 年 3 月 19 日〕

劉效武同志:

我於三月十七日到京,十九日在京寄上寸函,告知北來情況,並云如身體康健,擬過濟南、泰安、曲阜一遊,又盼您與林樂騰、徐惠元同志聯繫山東師大住宿處,此函諒早達覽。北京近來天氣仍寒,而北師大暖氣則早已撤銷。我來此後即不斷感冒、咳嗽,支氣管炎,血壓增高,糖尿未降,兼以每夜盜汗,體力似已遠不如去年。現我已決定不在途次勾留,以免連累親友關心照顧。車票買到之日,即行直接由京回閩。特此函告,並希轉告林、徐兩同志不必爲我張羅住處。民族學院徐庭筠家裡,我去看過,只見到令舅母景霜玉夫人,她身體還很好。另見到小孫女一人,不知叫什麼? 其他人都未見到。在令舅家裡吃了一頓餃子。在北師大的令姨母徐淑媛,住得很近,反而尚未見到。回閩前想再去看看她。餘不一一。即詢教安! 黃壽祺。84.4.4. 下午 4 時。

〔1984 年 4 月 4 日〕

效武同志青覽：

　　一月廿八日惠書及紅棗包裹，均已收到。謝謝！承告參加華東修辭學會，聞之甚喜！該會副會長林文金係我學生，現在上海師大中文系任副教授。他曾函告修辭學會擬在廈門召開，但不知開得成否？如果開，盼您爭取參加，過福州，在我校遊覽一時。大著修改好後，拙撰《序言》盼先交與林樂騰及令舅徐惠元兩行家代爲訂定後寄來，我一定以毛筆寫好寄上。因我對語言文字方面研究實不深刻，所序未必切合實際，林、徐兩公比我內行，如加評價，定必有當。您千萬代我懇請他們大改特改，這是他們對我的莫大幫助，也是我對您的真正負責。他們如客氣，您可將我此函呈閱，至要！至要！年前我校開科學討論會，來賓規格定副教授以上，我曾開名單請樂騰先生來參加，竟未見其來，不知帖有收到否？帖肉是我手寫，郵寄工作係科研處人員辦理，也不知他們是否疏忽，是否付郵？晤林先生時並煩爲一查。令舅尊六先生遺著《逸周書正義》已發排，甚慰！拙著《六庵詩選》附《蕉窗詞選》，現聞三四月間可出版。如果印出，定寄贈。餘不盡言。手賀春釐！恕不莊不備！黃壽祺。丙寅正月初三夜。

〔1986 年 2 月 11 日〕

效武同志：

　　11 月 9 日手書，我於 11 月 17 日即收到。因在城內開會，稽延奉復，乞原諒。大著《常用詞類編》即將出版，可喜可賀！拙序即照林樂騰教授所改稿付印，我沒有不同意見。晤林教授時，並煩謝其費神爲我修改。原稿留存我處，不另寄還。令舅惠元先生及庭棟令表兄均晉升副教授，都是喜訊，晤時均希致賀忱。我到西北，在蘭州一個月，在西安十日，又遠游敦煌，往返八日。足跡遍河西走廊四大名城——涼州、甘州、肅州、燉煌，頗廣見聞。在蘭州開講座十二次，在西安兩次，過上海時亦被上海古籍出版社約去作一次學術報告，據云反應尚好。歸來已將一個月，大會小會接連不斷。從今日起又參加我省高級職稱教授、副教授的評審工作。接著還要去省委黨校講《周易》，及爲中文系古典文學助教培訓班講《楚辭》。看來，春節前難得休息。赴西北後，以在蘭州時間過久，天氣已冷，遂未去新疆。高憲工作極忙，現被省高教廳調去搞提定職工作。他自己提講師事，現尚未分曉。何芸又兼班主任，亦甚忙。小孫女嫻嫻,尚聰慧可愛,惜太嬌耳! 艸復,即候全家康樂! 黃壽祺拜手。86.11.25.

〔1986 年 11 月 25 日〕

效武同志:

春節前承寄紅棗一包,早已收到。以身在外地旅游開會,致稽裁答,唯乞諒之! 足下辦學成績卓著,至爲欣慰! 令親各家情況勝常,聞之亦甚高興! 茲寄上福建省政府頒發給我之"科研成果優秀獎證書"的複印本一件,及比利時漢學專家韓德力給我的信譯文複印本一件,請您存閱。又附寄《六庵近作》詩稿兩葉,請您指正。高憲近去昆明開會,並暢遊了貴陽、桂林等地,平安歸來。他所撰《韓非子選》註譯本,聞福建教育出版社將爲出版。何芸在附中當班主任,兼管家務,與高憲同樣終日忙忙碌碌。嫻嫻小孫女幼兒園大班將畢業,下學期要爭取上小學。樂騰及惠元兩君處,暇當寄《六庵近作》與之。我近來雖已退休,但校內外工作仍有增无減。可能因爲過於繁忙,血糖增多,又新增腸胃病,看來真有"老夫耄矣"的趨勢了! 今後不要寄食物來,我已不愁沒有東西吃,而是發愁不能吃東西了! 請您千萬不要再費心! 手復,並候全家樂! 六庵老人拜手。87.6.10.

(又附照片兩張,請詧收示復。)

〔1987 年 6 月 10 日〕

效武同志青覽:

6 月 18 日函悉。榮膺中專講師,至堪慶賀! 令先舅氏《尊六室甲骨文字》,令舅母已寄贈一冊,希勿念! 拙編《周易研究論文集》,北師大出版社已寄書來,昨日即挂號郵上一冊,收盼即復! 我擔任校系行政工作將及四十五年,別无經驗可告,俞元桂教授(筆名桂堂)所寫《老樹當風葉有聲》一文(載《六庵詩選》後),大體可以參考。我去冬以來,先後到過大西南桂林、昆明、成都、重慶、樂山、峨嵋山、三峽、武漢、南嶽衡山,及福建省內之泉州、仙游、長樂、武夷山等處,或參觀學習,或講學開會,可謂馬不停蹄。所幸尚未病倒耳! 小兒高憲任福州師專講師兼教務處副處長,兒媳何芸任附中畢業班班主任,兩人均忙得不可開交。嫻嫻小孫女已上完小學一年級,被評爲三好生,頗聰明可愛。知念並附以聞。手復,並候教安!六庵老人黃壽祺拜手。1988 年 7 月 5 日。

〔1987 年 7 月 5 日〕

效武賢世講雅鑑:

今日爲己巳年正月初一日,起早起來,給您寫這封信,祝賀您一家人新春大吉大利!您一月廿四日來信及所寄贈紅棗壹包,均已收到,謝謝您的遠道關懷!您到南昌,看過"滕王閣"否?過九江看過"煙水亭"否?廬山可游之處甚多,到過"白鹿洞"否?"黃鶴樓"俯瞰武漢三鎮,實是壯觀。令表兄徐庭棟在武漢鋼鐵學院擔任什麼工作?家住在院內否?我有侄女之女謝小同在武漢鋼鐵學院當學生,我想叫她去看看庭棟,請您將庭棟之職務及住址詳細告我。您在北京的舅母及庭雲表姊夫婦都很好,我聽了很高興!《壽光縣概況》已拜讀,真是"地靈人傑"!讀後增了許多見識。我的《易學群書平議》一書,北師大已爲出版。年前寄來之樣書,在福州即已送完,今年當可續寄一些來,定即奉上一冊,請您指正!憲兒所寫《周易研究論文集》評介,香港《大公報》已爲發表,茲附上一張,供參考。憲兒、何芸夫婦都很好,嫻嫻孫女尤爲可愛!此信從昨早晨寫起,因拜年來客甚多,寫寫停停,至此刻才寫完一紙,即封寄。餘容暇時續告。手此,再祝您新春全家快樂幸福!六庵老人黃壽祺拜手。己巳正月初二日下午三時半。

〔1989 年 2 月 7 日〕

(以上十一書,據劉效武先生藏六庵師遺札影印本整理。)

山居茶廣與包笠山書(十首)

笠山吾兄著席:

離榕匆匆,未及握別。到周寧後,分派在咸村公社碧巖大隊茶廣村,蹲點宣傳毛澤東思想,現已百有餘日。主要工作,一爲抓革命,開展一打三反運動;二爲促生產,大力宣傳改換良種,推廣矮化。現村中雙插水稻及番薯已告一段落,正在抓夏耨及驅除病蟲害方面問題,開展尚甚順利。惟一打三反運動,處理村中積年耕牛倒把、補稅退賠問題,要向村人討錢,殊爲難耳。弟居此間,村中幹部及貧下中農照顧甚大,生活上困難現已逐漸克服,能以安習。秖因一雨連三月,山嵐濕氣久浸,右手肩肘腕三處關節炎彌甚,作小字俱痠痛,何論執未耜? 又牙痛甚劇,目力亦差。村人照顧,未參加耕作勞動,只用文字及口頭宣傳政策。白天頗閑,多在讀書讀報,學習政策法令。夜間則學習開會殊忙。農村工作特點如此,不得不如此適應也。尊況近何似? 住址有無變動? 中文系重審諸人已作結論否? 第六批下放,文史兩系都是何人? 暇乞賜告一二。山齋暑雨,故紙退筆,不盡依依。即祝,儷福。弟祺頓首。七月六日。

〔1970 年 7 月 6 日〕

笠山尊兄著席:

　　奉八月十六日手畢及華章已逾一月。緣弟於上月底赴周寧城關參加縣幹部會議,接著又開省下放幹部會議,前後十餘日,值颱風天氣,晴雨靡定,頗受風寒。會散回村,暈車嘔吐,又冒雨上山,抵厝即召開群衆大會,傳達會議布置,及爲政治夜校講課,疲勞之下,突發高燒。村中无一醫生,及村幹部爲從他鄉請一醫生來注射退熱針,而高燒已一日一夜,右肺殆已發炎,劇痛不能轉動。服藥之後,近稍就痊。第精神仍未復元,稽遲奉答,惟乞諒之。新詩清雋可誦,弟病後不能用腦,亦不能檢書,稍一用心則頭暈不止,殊愧不能奉和也。兄所作書,文既爾雅,字亦神完氣足,想見蘷鑠丰神。《史記校讀》一書,弟甚望能繼續撰寫,此必傳之作,不獨與瀧川資言較一日之短長也。詩詞方面,鄙意以不作或少作爲妙。緣舊體裁格律既嚴,韻叶又甚局限,新詞匯不易納入運用,舊典故信用更易生誤解,不如不作之爲愈。執事達者,不知以爲何如? 碻齋有詩來,弟亦以此告之。師院聞決定停辦,福州校舍不知歸何機關使用? 兄住址倘有變動,幸即示知,勿使失卻聯繫。子潤年逾七十,宜將退休。虛中尚只五十九虛歲,能得退老否? 兩公住址若有變更,亦盼告知。弟近懶於與友朋通信,致離榕後都未寄書。與之晤時,并盼爲致意。新樵已下放羅源,祥耀聞在德化,炳昭聞去華安,其餘舊游多不知其何往。茶廣在千巖萬壑中,交通不便,消息殊遲緩。每念舊游,翹企爲勞。所幸村居以來,承革命幹部及廣大貧下中農多方照顧,若不得病,尚无生活上之困難也。老母現仍暫在原籍，由舍弟輩奉養。太夫人想都康勝？敬叩侍綏，兼祝儷福。小弟黃壽祺頓首。九月廿四日。

〔1970 年 9 月 24 日〕

笠山尊兄先生著席：

碻齋轉來手翰及和詩，均已拜讀。太平通寶錢，以兄所考者爲確鑿可信，非弟之粗疏者所能企及。羲之生卒之年，弟大致同意尊說。惟舊藏《晉書》，於先室人病重日已賣去，現无法代攷有關諸人之事迹。大著奉還，乞檢收。弟自清明後，抓生產工作甚忙，日間要到四處山頭檢查落實播種插秧情況，夜間則經常開會至三四更。疲勞之極，近日遂感寒疾。前昨兩日，亦緣病得閑，遂盡和兄及碻厽所寄各詩，隨讀隨和，草草率率，想二老見之必笑其既俚且俗也。師院舊人近有何消息？前得祖蔭信，云兄擬返上杭探親，確否？碻厽何時返里？亦盼查告。餘不一一。（中國大學老中文系主任孫蜀丞先生之女，名孫允貞，下放在上杭盧豐公社上坊大隊第三生產隊，兄返珂里如晤及，煩爲致意。）即候起居康勝。弟祺頓首。一九七一年四月卅日。

〔1971 年 4 月 30 日〕

笠山尊兄著席：

得碻齋轉來詩札，楷書細字，神完氣足，知左臂跌損今已復原，爲慰無量。承贈壽詩，感何可言？妄即次韻三首，錄稿上呈，即乞正謬。執事與碻翁雖僅作一首，而語語凝煉，所謂吉人之辭寡也。弟雖次韻三首，而絮絮叨叨，繁而寡要，所謂躁人之辭多矣。七律一首，一并奉和，信手揮毫，亦無足觀，均盼裁政。尊作起兩句，似應修改，以執事生於庚子，弟生於壬子，均爲鼠年也。餘不盡意。即候起居康勝。弟祺頓首。辛亥七夕於荼廣。

〔1971 年 8 月 27 日〕

笠山吾兄著席：

小兒自榕歸來，奉到手畢，驚悉太夫人仙逝，至爲悼念。但老人享壽九十有二，有子如兄，可謂福壽全歸。幸望勿過傷毀，爲道珍重。所論行卷、溫卷，義各有取，自屬精審。弟意不論行卷、溫卷，均爲干祿弋名而作。碻齋之詩，純屬紀行、紀游以及與吾儕倡和之篇，最好不用。然晚清作者已有以爲游草、游錄之稱，既有興者，莫之廢矣。從衆亦無不可。執事以爲何如？尊作合生肖一韻，鄙意不論豕年、鼠年，均無大意義，似可酌易。不知達者笑其拘墟否？弟前寄五言古風三疊，第二首竟漏前韻，近始發覺，補"五馬山嶺後，蓮花嶼聳前"十字，以足二十韻之數。即此區區，已足見弟之精神荒忽，真粗疏之尤者矣。大作詩甚古雅，弟復妄疊韻再答，並最近和答碻齋、喆盦者一併奉呈，均乞教政。後世誰相知，定吾文？執事幸勿不屑教之。閩字韻已疊十次，搜盡枯腸，不能別開生面，真有才盡之歎。以前所作，何者已寄，何者未寄，亦不譜記，糊塗已極。匆復。即候禮安。不莊不備。小弟黃壽祺頓首。一九七一年十一月七夜。

〔1971 年 11 月 7 日〕

笠山尊兄有道：

　　十一月間曾寄上一函，并附小詩，不譖已登記室否？前得祖蔭來信，云兄左臂受傷後，穿衣洗澡俱要人協助，甚以爲念。弟在此近體尚好，惟雜事頗多。明日起又要赴周寧縣城開會，大約十日後返村。近健行陳翁寄示五古、七古各一首，弟曾疊韻次韻奉和。茲將草稿錄呈粲政。久不作古詩，下筆生疏之極。弟之去向，仍无下文。手上。並頌起居康勝。小弟黃壽祺頓首。一九七二年一月廿四夜。

〔1972 年 1 月 24 日〕

笠山吾兄著席：

　　三月五日大函及詩文均收到。詩典雅可誦，"未遂涪州將母心"一句，於我心尤有戚戚焉。次韻奉酬一首，並近作三首，一併錄呈，乞郢政。大文兩首，究心禮典，在今日讀此，真如聞空谷足音，能不令人跫然心喜乎？弟書卷飄零，舊學已荒，實不能詳爲校閱，只箋記數事於文末，聊報雅命，藉供參考而已，未必可取也。道路傳聞，有賜環之訊，會見或可有期？前寄五答碻齋詩，並訊謝夫人被兇殺事，此函不知收否？又賀孔才名培新，係賀松坡先生濤之姪孫，松坡爲孔才伯祖。孔才爲桐城吳北江先生高第弟子，北江爲摯甫先生之子，固桐城嫡傳也。孔才曾在中國大學爲秘書長，詩文書法均超軼絕倫。解放後并爲軍事代表去接管武漢大學，名聲甚高。後不知何故於嚴冬大雪之日，登北海公園（即舊御苑也）大樹上，裸身躍入層冰積雪之中（即太液池中）而死。弟五六年赴京，即聞其沈死已久。兄與孔才未識面，孔才亦未必相知。先師尚節之則確甚欣賞大作《六庵叢纂序》。寄張君詩，可否易"賀孔才"爲"尚節老"？以孔才何罪不詳，置之爲是，乞酌之。（如易賀爲尚，則"松坡"並可易爲"廉卿"。以張裕劍、吳汝綸齊名，又均尚之師也。）手復。即候，春釐。弟祺頓首。壬子春分前一夜於茶廠。

〔1972 年 3 月 19 日〕

　　三月十九日曾復上一函，奉還大作《議禮文》兩首。拙作五七言律詩四首，諒蒙清睞？近昨又作襖詩十二首，茲再錄乞哂政。福州近況如何？磽齋長子爾康，聞調到省革委會教育組編寫教材，曾晤及否？弟一切如舊。惟近日抓春耕生產特忙耳。弟祺謹啓
笠山老兄詩伯尊右。一九七二年穀雨後一日寄。

〔1972 年 4 月 21 日〕

笠山吾兄尊右：

　　得六月九日還翰，知定雄世兄已行嘉禮，至爲欣賀。二序一傳，承兄再爲書出，並深感謝。先師所著《春秋》，於辛壬之際所記雖詳，嘗自言傳聞之誤在所難免，冀余能爲糾誤。荷公先生所記各節，盼兄詳爲札記，異日當一一裒集留傳。賜環之訊，近復渺然，不知果何如也？次韻寄駿霖二首及近作三律，附呈乞政。手復，即頌暑祉。小弟祺頓首。壬子夏至日。

〔1972 年 6 月 21 日〕

笠山吾兄著席：

　　夏至日復上一信，並附小詩五首，諒已達覽？逾兩節氣，未見還翰，不諳溽暑中起居康勝否？至以爲念。喆盦前云以病歸泉療養，不知近就痊否？與尊處有通訊否？春間讀章士釗先生新著《柳文指要》一書，其中曾述及賀孔才，云是南宮人賀松坡之子。弟即疑此老今年已九十二，去年成書，亦逾九十，殆昏耄誤記。昨得尚子奇復信，云孔才確是武強人，爲松坡孫輩，非子輩。但孔才祖究竟爲松坡，爲芷村，尚亦記不清（子奇亦八十翁矣），云查明

再告。看來孔才爲松坡之侄孫，弟所記當不誤也。徐尊六竟不幸於一九七〇年四月間，得腦瘤病逝世。此公博聞強記，平時飲啖兼人，少弟約十歲，不意如此之不永年也！彼所著《小爾雅義疏》、《逸周書正義》、《尊六室甲骨文字》等書，大氐俱有清稿，民族學院爲謀付印者頗有人，第望能早日殺青耳。公與之相識，亦可以一詩紀之。游介眉趕回黑龍江，已不來茶廣。弟上調之說，甚囂塵上。或云預調令已下，只等正式調令。亦不知可信否？要之，荔紅歸期，已成幻想。龍眼黃時，且再預訂。磵齋來信云，近日心情殊鬱悶。弟已去函慰之。弟山居以來，腰腳增健，體重較前約增十二斤。莊生有言：得道而肥。若弟者，既於道无所得，其爲癡肥也必矣。近作小詩數首，續呈審正。山居寂寞，獨學无師，惟老兄不吝教之。手上，即候暑安，並祝儷福。小弟祺頓首。壬子夏大暑節後三日寄。

〔1972 年 7 月 27 日〕

（以上十書，據《六庵遺墨》整理。人民出版社 2019 年 6 月出版。謹案，六庵師於"文化大革命"中下放福建省寧德地區周寧縣咸村公社碧巖大隊茶廣村期間，寫給摯友福建師範學院中文系教授包笠山樹棠先生的信札今存者十五通，載《六庵遺墨》。茲選出十首，編入《六庵文錄》。）

山居茶廣與林金良書（五首）

金良同志足下：

前月廿日曾復上一書，諒已達覽？昨又接十一月廿四日手畢，及譯東坡詞兩稿，知足下在工作繁忙之餘，猶不廢學習古典詩歌，努力可喜。突出政治，自然不等於不要業務。詩體要解放，此必然之趨勢，無可置疑。問題在如何摸索出新的樣版，以爲後來者典範耳。我國古典詩詞格律森嚴，此由於詩詞合樂所致。古典作家寫作一篇作品，除表達其思想感情之外，還企圖使其作品成爲一支優美的音樂，絢爛的圖畫。故期"八音克諧，毋相奪倫"，又欲使之燦若朝霞，麗若披錦也。所譯東坡詞，一首較合原意，一首則間有與原意未盡合者,附註以供參攷。東坡受佛道思想影響頗深,其詩詞作品中,所謂曠達胸懷,若嚴格論之,實即消極頹廢思想,切要注意批判繼承。祺近體頗好。近公社作年終總結,祺不意亦受到表揚,誠既感且媿爾。手復,即祝冬安。茶廣村翁黃壽祺頓首。一九七〇年十二月五日。

〔1970年12月5日〕

金良同學如握:

　　祺元月初携小兒赴榕治療眼疾,至本月十二日始返茶廣。在榕時奉讀自廈所惠書,甚增見聞,至爲欣慰。目前不論在城市,或在鄉村,兩個階級、兩條道路、兩條路綫之鬥爭俱甚激烈。吾儕必須好好讀毛主席書,聽毛主席話,照毛主席的指示辦事,兢兢業業,不可一時疏忽荒怠,幸共勉之。詩體必須解放,格律必須從寬,減少束縛,此必然之趨勢。舊詩詞不宜在青年中提倡,毛主席早已明確指示矣。譯作與自作不同,不論意譯或直譯,均宜保存原作之意。嚴復雖是資產階級學者,但其提出譯書“信達雅”三個原則,則仍有可取。若不保留原意,則無所謂信矣。以譯爲作,多是意譯。嚴氏所譯各書,文詞爾雅,駸駸乎入晚周諸子之室。是譯作實亦可目之爲創作。此嚴氏所以在晚清譯家中獨出冠時也。鄙見如此,不謰高明所見何如耳? 師院聞已決定停辦,前參加教改小組諸青年教師多已分派工作。中文系郭大英、鄭鏊兩人去廈大,李正午去福大,呂良弼去福州五中,韋忠勇去倉山區革委會。宣教組老教授中,聞唐仲璋去廈大,歐陽琦、林辰去福大。生物系各教師多轉廈大。院中尚殘留之人一部分爲等待退職退休者,一部分爲重審未定案者。還有一批歸入“一打三反”範圍者,人數究竟若干,祺未曾過問也。祺今年已上六十,衰態日增,自度已不勝擔負教學工作。第願在農村再居住數年,能得享受退休待遇,於願即足,無它求也。手復,並祝學習工作進步! 黃壽祺頓首。一九七一年二月廿二日,於周寧茶廣。

〔1971年2月22日〕

金良同志雅鑒:

　　元旦手札已收悉。新譯三詩,大致不差。個別句不甚符合原作字意,妄加改定,以供參攷,亦未必悉當也。評價拙作,甚多溢美之詞,非所敢當。“娛老"句，有過著幸福的晚年之意，非消極之辭。"巨憝"與"獨夫"同，是一人。"左海賢"，實指陳恭甫先生。恭甫，福州人，爲遜清三百年吾閩第一博學者。在清代學術史中，其地位與山西之閻若璩、江蘇之王懷祖、山東之孔廣森相同，均屬當時第一流學者。恭甫亦名壽祺，學者稱爲左海先生，故云"仰慕左海賢"也。"風鶴"，即風聲鶴唳之簡括，意指當時之白色恐怖。"州庠"，係古代州立學校，借以指師院。"廻翔"，猶言翱翔，即遨遊之意。王，永春人，前海疆副教授。包，前在師院中文系，後退休。兩公均好爲詩，甚專業，非如祺之偶一爲之也。我的去向至今無消息，且靜待之。近日在讀《反杜林論》。並參加小隊分紅，手風尚好。艸此，即復。並賀新釐！茶廣村翁祺頓首。一九七二年一月十一日。

〔1972 年 1 月 11 日〕

金良同志：

五月廿二日惠書收到已數日，知劬學不輟，至爲快慰。郭老新著，春初曾讀過。我國論文者，於李杜優劣，從來聚訟紛紜。才氣過人者，往往崇李抑杜。惟郭老此書，提出許多新論點，與過去之崇李抑杜者貌同而實異，對我很有啟發。我雖是李杜並尊論者，亦終見其書之不可不讀也。前月我又讀完章士釗先生新著之《柳文指要》一書，計分三函十四冊，五十六卷，百餘萬言。此書崇柳而貶韓，亦與從來之舊說不同，提出許多新論點。我雖是韓柳並重論者，亦讀其書而忘寢廢食也。大作《詩品譯文》，終因未找到原著比勘，仍未能一爲校閱，姑待異日，惟乞諒之。允貞再結婚，曾函告我，並寄儷影來。其婿吳連春，亦係師院中文系畢業生，與足下爲先後期同學也。趙樸初"挽陳詩"頗佳。倘能再寄其他人之作，尤歡迎不盡。新師大不知辦在何處，亦不知誰是主要負責人？前時道路傳聞，有調我回去之訊，近又消息寂然。我已六十衰翁，委心任去留而已。以光青年有爲，理宜早早調回。聞廈門亦有調返下放幹部之說，料想足下早晚亦可返廈，靜以待之可也。近在評審"四類分子"，工作亦殊忙。褢詩十餘首供遣悶，勿外傳是盼。手復，即問日佳！祺頓首。芒種日。

〔1972 年 6 月 5 日〕

金良足下：

得六月廿五日惠書，知認真讀書，劬學不勌，至爲欣慰。郭老新著僅粗讀一過，原書即爲友人借閱，迄今未還，不得再讀，所謂窺豹一斑而已，不足以言深摯也。從來學術均爲政治服務，絕無所謂純學術者，郭老更不例外。足下所見是已。第若一一謂其有所影射或暗示，則似亦不免浚恆求深之過。如足下所舉，郭老謂安史之亂由唐玄宗一味寵信安祿山所造成之一例，此實本歷史家之公論，即歷代文學家亦何嘗不如此論斷？黄山谷所謂“明皇不作包桑計，顛倒四海由祿兒”，固其彰明較著者矣。郭老固未必别有所影射也。其它各例，均可視此。至論李杜優劣，從來學人均各抒己見。唐人揚杜以元微之爲最典型，揚李以皮襲美最爲突出。後此者更僕難數，若羅列衆說，殆可成一專著。祺既李杜並尊，自亦無取於此紛紜矣。《柳文指要》係章行嚴先生新著，去年剛出版。章今年已九十二歲，尚能親自整理出此百餘萬言之巨著，誠我國學術界之盛事。周士觀“挽陳詩”，頷聯尚佳，餘未盡工。此君殆不以能詩名者也。近方從周寧城關開會回來，正值“雙搶”大忙季節，已無暇從容讀書，恕不能備論。虞竹園教授不獨通内典、擅書法，尤深於詩學，非祺抱殘守缺之經生所能及。足下暑期返廈，可就近向其請教，所獲必勝於祺萬萬也。又，調祺返新師大事，僅得之傳聞，上級並無任何指示。想皆關心之友好所推想臆測，以訛傳訛。相見不知何日，第望努力崇明德而已。手復上，并祝儷福！碧巖老人祺頓首。一九七二年七月四夜。

〔1972 年 7 月 4 日〕

（以上五書，據《六庵遺墨》整理。人民出版社 2019 年 6 月出版。謹案，此五通書，係六庵師於“文化大革命”中下放福建省寧德地區周寧縣咸村公社碧巖大隊茶廣村期間，寫給學生林金良的信札。）

山居茶廣與游介眉書（三首）

介眉姻大家執事：

　　祺於一月廿四日赴周寧城關參加縣委工作會議，至二月一日結束。不意二月二日起，又被留下參加中央文件宣講骨幹學習班八日，至昨日中午始返回茶廣村厲。接讀二月四日惠書，知文旃已返故鄉。三十六年還舊國，"遼東歸鶴"之感，理所當然矣。此次宣講中央三號、四號文件及附件，並省委第一號文件，均屬國家頭等大事，壓倒一切任務。碧巖大隊幹部文化程度均低，不能宣講。下放幹部又多外地人，不能講本地話，群衆聽不懂。宣講任務遂必然落在祺肩上。自今日至明正初二日，爲大隊動員準備時間。自初三日起，即全面鋪開宣講，並舉行革命大批判。碧巖有五個自然村，每村三日，須十五日始能完成任務。在未完成任務之前，祺無法請假回籍。故祺最快須至正月廿日左右，才有可能請假離村。不譜執事假期若干？能待至廿日以後北上否？盼即示復爲荷。專此奉告，并祝春釐！姻晚黃壽祺頓首。辛亥臘月廿七夜，即二月十一夜。

　　再者，如執事不可能等至正月廿日以後北返，而祺在廿日前後請假又不能邀准周寧抓下放幹部甚緊，則是否有可能枉駕過周寧一遊？從霞浦城內有車至福安，從福安有車至周寧，均約需四小時。從周寧城關坐車到咸村公社北面之樟源大隊下車，車費不及壹元，時間只須一小時半。自樟源到茶廣村，須上嶺兩千多級，約須時一小時左右。不譜執事能跋山否若不能上山亦可想辦法僱轎。若有可能來茶廣遊玩數日，祺當陪同赴霍童、轉寧德，送執事上車去福州再北上。此是一策。如此策實踐有困難，則盼執事在寧德縣城暫停一兩日，行前先用電報通知，祺當即專程赴寧德，與執事會晤。執事已過坎兒年京師謂六十六爲坎兒年，祺今年正六十，明正六十一，出頭出一，想望七當有希望，與執事相見自當有期。但執事仍將北返，祺估計前程非重回師院即退老家居，總以在閩爲主。若然，則一在天之南，一在地之北，相見固亦不易。吾儕老矣，海內知交已寥若晨星，第期得早圖良晤，共傾積愫，實何快如之！前後所陳三策，何者爲最現實，盼考慮後即復。無任翹企之至！

（電報寫"周寧咸村茶廣"即可。）姻晚黃壽祺再頓首上介眉姻大家史席。同夜十時又書。

〔1972 年 2 月 11 日〕

介眉姻大家著席：

　　二月十八日手畢拜悉。執事若能家居至五一節前後北返，祺擬待至清明節時期向公社及縣革委會請假回霞一行。近日宣講任務雖畢，第春耕已開始，村中只餘祺一人在抓宣傳隊工作，此時請假必不獲準也。周寧縣對老弱病殘一類之下放幹部，一概不留。如自行申請退休者則上報，擬同意退休；如未自申請者，亦上報，擬給予退休。祺屬於後者之列，但今已數月亦未見上級有何指示，大概祺之前程非上調即退休，不會留在周寧。（執事所聞祺不日即返師院消息，不知得自何方耶？）目前關鍵在省革委會及原單位如何處理。原師院確已撤銷，新師大負責籌備之人，前後傳說不同，不知究竟是何人當家。校址或云仍設榕倉前山，或云遷泉州洛陽橋華僑大學舊址，亦不知孰爲可信。祺六十老翁，已无意重擁皋比，抗顏稱師，一切聽任上級安排。謂之服從組織也可，謂之隨遇而安也亦可。（只是不樂回霞，此一疙瘩，亦是可笑之事。執事有同感否？）年前疊韻和確齋（永春王錦機也）、笠山（上杭包樹棠也）、健行（福州陳秉乾也）等人五古廿韻五首，錄乞粲政，亦欲使執事藉知年來心情，聊當晤面前筆談資料。小兒（名高憲三屆高中畢業生隨同下放茶廣）習作一首，並附請指謬，執事諒不以其幼稚而不屑教誨之也。玉樵師係祺中學時體育教師，立誠師係祺中學時美術教師，翼如師係祺中學時數學教師，尚有觀光、冠南諸師均中學時教師或職員，現皆七八十歲矣，不諳老境如何？（又車甫師小學校長，聞尚健在，不諳確否？）夏哥尤城內友人之最熟識者，緬懷舊雨，實不勝暮雲春樹之思。晤時幸乞一一爲致意。（又張兄星帆近況何似？如相識亦煩一爲問訊。）臨款依依，不盡所懷。手此。即祝春釐！不莊不備。姻晚黃壽祺頓首。壬子元宵後第二夜。

〔1972 年 3 月 2 日〕

介眉姻大家尊右：

　　十三日還函拜悉。承允枉駕過碧巖一遊，至爲歡欣。何日啟程，務乞先期電告，祺當即派小兒赴寧德歡迎。清明後六日，曾以詩代簡奉約，諒亦塵清眺矣？近日重感冒已就痊否？乍暖還寒時候，固最難將息也。彤卣公畫像喪失，實可心痛。第不知負極老人遺像尚有存者否？如有之，能賜祺一紙珍藏，俾垂示後昆，尤深幸也。近作《茶廣竹枝詞》十首，附乞粲政。餘不一一，統待晤譚。即候起居康勝！姻晚祺頓首。壬子穀雨後兩日。

〔1972 年 4 月 22 日〕

　　（以上首末二札據《六庵遺墨》整理，人民出版社 2019 年 6 月出版。中一札據福建省霞浦縣文化館藏原件影印本整理。謹案，此三書，係六庵師於"文化大革命"中下放福建省寧德地區周寧縣咸村公社碧巖大隊茶廣村期間，寫給回福建探家的姻親哈爾濱師範大學歷史系教授游壽先生的信札。）

與袁蓉芳書（四首）

蓉芳同志：

　　五一惠書已收到，得讅勝況，至爲快慰。江青講話中所引唐人詩六首，我系古典組青年教師曾作註解，但印出後即爲人索盡，現我僅存一份作底稿，茲寄給你參攷，盼抄畢即郵還，因隨時都有人來索閱，我无暇口講。其他如晁錯、汲黯、周勃、周亞夫、漢宣帝、霍光等人，《史記》及《漢書》都有傳記，可細讀。如无《史》、《漢》，則查《辭源》、《辭海》、《中國人名大詞典》等，即可知其大略。黃老，指黃帝、老子，即道家之學。禪宗，佛教十宗中的一宗，可參考范文瀾《中國通史簡編》唐代部分的論述。“母儀”二字不誤，意謂皇后爲天下爲人母者之儀型，即模範之義。我工作甚忙，近日家中有兩人患病，俱不輕，我心情很不寧，恕未能一一爲詳攷！笠山先生退休家居，甚清閒，你有疑難問題，可寫信向其請教，他的舊學根柢，實際上較我堅實得多。匆復，即致敬禮！黃壽祺。1974 年 5 月 2 日。

〔1974 年 5 月 2 日〕

蓉芳同志：

　　久未通問，諒一切勝常。近得熊鑑堂同志復信，“魯迅巨眼真如電”一句，是“巨眼”，非“飛眼”，你和元聰所見甚是。此詩末句，擬代改爲：“狄克原來是匪徒”，以核事實。小媳何芸調回榕市工作事，承省委宣傳部、省市教育局、師大黨委各方面的關照，張煥成副局長在榕開會時，已表示支持放行，合家均甚感激。現已八月初旬，查福州教育局政工組，據答尚未得三明地區教育局來函商調，不知何緣遲滯。煩執事在接信之後，即設法爲向張局長處一敦促，盼其早些發函來與榕局，以期問題能以早得解決，爲荷！前得黃拔荊來函，云議對已去廈門，現已回三明否？我曾與憲兒合復他一信，亦不知收去否？並煩聯繫告知。手此，即祝暑安！黃壽祺。77.8.5. 晨。

〔1977 年 8 月 5 日〕

蓉芳同志:

八月廿四日函收到已久,因小兒高憲已赴三明,知必將晉謁執事,故未即復。小兒歸來,云承熱情款待,積極關懷何芸調動工作諸事,至深感念。省教育局方面,已由師大政工組反映情況,請求調回。老明亦誠懇表示,定爲向教育局同志陳說。現在關鍵仍在三明地區宣傳、教育部門的領導同志是否放行,仍希執事與議對諸君就近爲幫助進行,如實在得不到照顧,則亦聽之而已!周總理詩雖只四句,而句句均有所本,而又不爲原來所用故事束縛,所以終爲大手筆也。鄙見註在原稿上,希詧之。我工作極忙,李贄著作注又移交給我系掃尾,尚未接收竣事,煩告議對知之。艸復。即頌秋安!黃壽祺。77.9.21.夜。①

〔1977 年 9 月 21 日〕

蓉芳老同學:

我於本月初旬,從曲阜歸來,知承移玉過訪,未及接待,殊深歉仄。大作紀念蔭亭先生的文章《留在人間的思念》,情文並茂,讀之令人感動,在今日猶有篤於師生之誼如足下者,真可謂之鳳毛麟角。蔭亭有知,九泉之下,當亦感激!祺已囑助手王小婧同志錄副保存。足下如欲寄與阿驑,鄙意可將香港《文匯報》原件寄去,更足以表示深情。茲遣憲兒將《文匯報》原件送還,希詧收。祺春間曾爲薩鎮冰上將軍寫《仁壽堂吟草序》,近已印出。又赴曲阜前,寫《從易傳看孔子的教育思想》,近亦印出徵求意見本。又《福建師大學報》第三期發表祺春間在全國政協禮堂先師吳檢齋先生誕生一百周年紀念會上的《報告》一篇,及近在曲阜等地所作詩五首,統奉寄,請指正!餘不一一。即候著祉!友生黃壽祺。84.10.20.

〔1984 年 10 月 20 日〕

（以上四書,據六庵師手札原件整理。案此四札原件,承廈門袁蓉芳先生惠賜,今珍藏於張善文處。）

---

① 案,此札外附袁蓉芳抄錄周恩來總理早年詩一紙,請教詩中用典。六庵師即於原鈔件上爲逐句批註。首句"大江歌罷棹頭東",批曰:"此用蘇東坡詞'大江東去'語意";次句"邃密群科濟世窮",批曰:"此用朱元晦和陸子靜詩'舊學商量加邃密'語意";第三句"面壁十年圖破壁",批曰:"此用達摩十年面壁故事而進一步發揮之";末句"難酬蹈海亦英雄",批曰:"此用魯仲連不肯帝秦故事"。

與鄭化平書（二十一首）

化平先生吟席：

惠書及詩均早拜讀，以學習及工作日處在緊張狀態中，致稽函復，乞諒！李義山咏史詩多有政治意義，古今人均能詳之。爭論焦點在"无題"諸作，前人有以爲戀愛之情，有以爲寓政治之事，迄難論定。目前風氣，重在挖掘"无題詩"的政治意義，然亦多揣度臆測之詞，持之有故者殊不多見。挽鐵生詩，具見生死交契，不獨詩凄惋有情致也。林之"秋水潤如人意遠，雁行疏似客書遲"一聯，意境殊佳，甚可傳誦。春分前夕作小詩兩絕，附寄以供拊掌之資。久不事吟咏，詩味索然，固其宜矣。手復，即候起居康勝！弟黃壽祺。75.4.2. 夜在黨校。

〔1975 年 4 月 2 日〕

化平同志：

穀雨日承賜和佳作，何快如之！惟譽爲"半山"，則愧不敢承耳！大集甚願拜讀，寫數行紀念文字，亦樂於從命。秖恐今明年冬春之間，李卓吾《焚書》及《續焚書》之註，尚不能定稿，无暇分心爲之。若能不限以時日，則善矣。手此奉復，即候吟健！弟黃壽祺拜手。75.6.8. 午。

〔1975 年 6 月 8 日〕

化平同志：

7 月 26 日函收到已久，時值跌傷左膝，血壓將及二百度，了卻公家事之餘，多在休息。平復後，省委召開李氏《焚書》註釋初稿討論會，邀來京滬專家及省內各地區工農兵理論骨幹代表九十餘人，在華僑大廈討論二十餘日，至今晨各代表及專家始全部回去。迎來送往，雖有人專責，而坐談茶敍，亦頗費精神，致未能及時奉答，唯乞諒之。今日返廁，又讀中秋前夕惠書及詩，益深感念。尊集如何編次，可按自家意圖定之。鄙意詩之傳否，主要決定於有无名篇佳什，似不在於篇第安排。至於風情之作，自然可存，和相《香奩》，莘翁《香草》，俱古今傳誦，要在情高意真，不徒以詞章工麗勝也。《閒遊》五章，頗有阮公《詠懷》之遺風。《戲爲螺洲行》，則稍嫌率耳。今年无暑假，秋後仍居黨校內。艸復。即頌吟安！弟黃壽祺拜手。乙卯中秋後一夜。

〔1975 年 10 月 20 日〕

化平同志吟席：

農曆九月十七日惠書及詩，均早收悉。《戲爲直可醫師歌》，較之《戲爲螺洲行》好得多，可以保存。《偶憶》各詩，風味殊佳，惟弟意以爲此類詩以不自作注爲妙，若明若暗，若即若離，宋人所謂"人如風後渡江雲，情似雨餘黏地絮"，斯爲得矣。不知高明以爲何如？前月在華僑大廈開會，外省來賓有賦詩索和者，勉爲酬答，得和韻詩四首。又中華書局採弟所注李斯《諫逐客書》爲活葉文選，向全國發行，茲附上一册。詩稿及注文統乞指正。弟年少於兄，今後來信，幸勿稱師。高血壓近稍降，並希釋念。手復。并候冬安！弟黃壽祺拜手。乙卯立冬前一夜，於小柳村省委黨校六號樓。

〔1975 年 11 月 7 日〕

化平先生吟席：

小雪手翰及《秋江》等大作均讀悉。"露始寒今夜，人犹滯一涯"，頗有唐人"露從今夜白，月是故鄉明"之風味，可誦之句也。稼軒詞九首，系中青年教師曾爲之注，弟稍加訂正，猶未免有錯誤，本不外傳，重違君意，姑奉上一册，幸不吝鄧正。匆復。即候冬安！弟黃壽祺。75.11.30.

〔1975 年 11 月 30 日〕

化平同志吟席：

新年前兩得惠書及詩，以近來注釋組事既多，而系事、家事尤多，體又不健，未能及時裁答，幸諒之。注釋組因在黨校，直隸宣傳部，按機關例，只放春節假三天，不放寒假。如承枉顧，春節及星期日可蒞施埔華香園，餘時則均在小柳村黨校。承指政辛詞注釋謬誤處，至感至感！此稿本係校中諸青年教師所注，弟只艸艸過目一次，主要看看有无犯政治性的錯誤，其他詞句解釋，並未仔細推敲。詩詞一類，均无"達詁"，不妨各以意定之也。艸復，即候著安！

黃壽祺。76.1.18. 夜。

〔1976 年 1 月 18 日〕

化平先生吟席:

　　春節承枉顧,未能回候,歉何如之! 李贄《焚書》注稿現在總纂中,總纂組成員六人,用流水作業辦法,不能一刻阻滯,致弟終日埋頭在注稿中。大作交來將一個月,尚未開始閱讀,短時間內无法提出任何意見,希諒之。李贄《續焚書》現亦開始注。《焚書》注纂畢,便須繼續纂《續書》之注。聞廈大將開魯迅《漢文學綱要》注稿討論會,已來請帖,希望弟去參加。頭眩如醉,无意南行,但不知領導上終要如何決定也。大作在未出版或付印之前,不妨各稿都先保存,不必即刪,以免遺珠之恨。夾漈艸堂,抗戰期中弟曾游過,甚可紀念。足下若有詩,何必即刪? 胡孟璽先生,解放前曾任福建師專國文科副教授一年,時弟爲科主任,自是舊相識,解放後廿餘年都未見面,今讅其健在,亦殊可喜。大作若命弟寫敘文,則盼開示平生簡履,以資參攷。餘不一一。即候春釐。弟黃壽祺。76.2.25. 於黨校。

〔1976 年 2 月 25 日〕

化平詩翁吟席:

　　國慶節前奉書及詩,讀之狂喜。時值爲小兒授室,親朋多從遠道來,酬應紛紜。又值國喪之後,學習討論,領導抓得很緊,苦无暇晷,久稽裁答,伏乞曲宥。宗洛先生醫名著甚,惜未之見。直可同志能紹薪傳,允爲盛事,倘獲識荊,固所甚願。賤體近尚粗好,血壓在八十與一百五十之間,宜屬正常。四肢時有發麻,服西藥穀氨酸及中藥丹參之後,似亦差減。寄居小柳村中,離廁所極遠,買藥煮藥,兩均不便,弟只要拖得過去,都不想吃藥。擬待寒假期中,扳翁同訪直可醫師爲一診脈,此時殆難踐約。時局復急劇變化,但願從此之後安定團結,漸進太平境界。附近作一小詩一紙,期哂正! 大作詩集序,容稍暇撰擬呈政。手上,即請道安! 弟黃壽祺拜手。丙辰霜降日。76.10.23.

〔1976 年 10 月 23 日〕

化平同志：

　　9 月 23 日所寄來的手扎，我於 10 月 23 日霜降之夜手自函復，並附今年所作七絕及五律各兩首，不知何緣至 11 月 18 日尚未收去，殊可詫異。記得信封寫本市城門公社爐上大隊交執事收，雖當時尚未知尊府門牌號數，宜无不到之理。望再去公社郵局一查，何如？（此信亦係親自投郵。）前後所惠詩詞，均可觀可喜。悼領袖詩不易作，能如是，是亦足矣。祺前函所寄兩律，一挽總理，一亦挽領袖，持與大作相較，自媿不如也。近日受組內領導同志促迫，勉強作《聲討四人幫》七律四首，真如魯迅所謂"遵命文學"，幸是正之。近體尚粗好，但因舍姪高懷病癌，自霞浦來榕就醫，前後開刀兩次，幾瀕於危。前日命其出院，送回霞浦，不知尚能在人世幾日？辛苦兩月，耗費數百，恐仍不能苟延殘喘。中心愴惻，匪可言宣。稽遲奉復，唯冀曲諒！手此。並候吟安！黃壽祺。76.12.2. 夜於閩省委黨校六號樓。

〔1976 年 12 月 2 日〕

化平同志吟席：

　　惠書及大作，均已收到，承念群先生殷勤垂念，尤深感荷！弟在黨校，依機關辦法，寒假不放，僅有春節例假三日。估計春節初一日官方會有集會，弟不可能在家，兄與直可、念群諸吟儔倘有意來華香園一游，初二日上午弟當在廡恭候。盤餐市遠，粗粗茶，薄薄酒，諒不見怪也！手復，即頌春釐！黃壽祺。1977 年 2 月 7 日。

〔1977 年 2 月 7 日〕

化平先生吟席：

　　4 月 9 日示悉，清恙近想全痊？暮春時節，陰情无定，寒燠不時，年逾古稀，端宜加倍將息，是所厚望。《陶香行》流麗可喜，七律工穩，絕句則較平淺。《詩刊》係全國性發行之刊物，各地郵局似均可訂閱，市上亦有零售者，似不必函京去訂，希再查落實。李贄《焚書》、《續焚書》兩種注釋稿已基本完成任務。全稿約一百五六十萬字，現省委宣傳部決定將原稿移交福建人民出版社，由責任編輯做完掃尾工作並規劃出版。注釋組正式宣告結束，祺已於四月一日返回中文系工作，不再去黨校居住。今後如承賜示，盼寄廡内——福州市倉前山施埔前路六號四樓。目前師大在搞清查運動，秩序頗亂，信件經常丟失，寄家較寄系保險些。拙作《聲討四人幫》四律，《福建文藝》今年第一期已刊出，付刊前略有修改，與呈政艸稿小異。文化站、閱覽室等處當有此刊物，如見到，希指疵！（省刊不零售，贈刊已悉爲人掠去，无以奉送了！）注釋組已撤銷，已不需要鈔、校人手。校内圖書館是否還需要，盼託陳增輝等同志先行了解，得便爲相機進言。因祺在中文系，不便去干預圖書館事也。艸復，即祝吟健！弟黃壽祺拜手。77.4.14. 上午八時。

〔1977 年 4 月 14 日〕

化平我兄吟席：

前後惠書及詩，均已捧讀。首先應祝賀喬遷之喜，再則祝賀新春迪吉，萬事如意！大作排律，氣韻深矣，律切精深，在今日誠如朝陽鳴鳳！欽佩！欽佩！讀時偶有所見，隨手旁註，藉供參玫，未必有當也！在義耕兄家所作兩絕，真是信口開河，臨時"瞎湊"，正恐貽笑大方，過承獎掖，益增汗顏！陳禪心集句，確有功力，已讀五六十首。序能寫成否，尚无把握。近作《福建名人傳序》，僅三千多字，便覺艱難成篇，足徵衰耄已極。前在燕京及濟南曾作小詩數首，總无一滿意，故亦未曾呈閱也。艸復。即頌道安！弟黃壽祺拜手。83.2.10. 中午。

〔1983 年 2 月 10 日〕

化平吾兄吟席：

惠示大作排律兩份，囑寄傅老柏翠之份，前日傅老之同鄉親信袁蓉芳同志來候，當即託袁爲轉呈，諒不至有誤。陳禪心之《抗倭集》已粗讀訖，曾爲題詞四首並序，屬艸藁方畢，適禪心自莆田親來索，即錄艸稿交卷並奉還全部原稿。年來欠債，得以清還一項，亦釋一重負矣！題詞艸稿，及年前在北京、濟南等地所作詩九首，題爲《六庵近作》者，今夜均檢呈，希爲審定，並盼勿客氣！尿糖既依舊未癒，而近日又患腹瀉，服藥仍未收效，足見老邁頹唐。而北師大尚呈報高教部，要求借調我去該校工作六個月，教部已批轉到廳、到校，現尚未決定北去否？外間人不知其衰老，期望甚多，殊愧无以報命也！手上。即叩春釐！弟黃壽祺。83.3.3.

〔1983 年 3 月 3 日〕

化平老兄先生吟席：

　　本月21日曾復航信，諒可達覽？18日掛號手示，昨午收悉。弟對李義山詩毫无研究，對《錦瑟》詩更望而生畏。黃蔭亭兄對《錦瑟》篇曾撰長文專論，亦曾以示弟。弟告以"不食馬肝，不爲不知味"，何必作此"无補費精神"之事？蔭亭遂收回。今蔭亭已冤死，其遺著散亡殆盡，弟深悔當時之不一讀也。兄之大作，雖已讀過，鄙意總認爲"錦瑟華年"非義山自謂，當指其所懷念之對象，此對象之年齡殆是二十五歲。瑟以五十絃太悲，斷爲二十五絃，故云"无端五十絃"。華年當指盛年，若五十，已成衰翁矣。思華年，當是思對象之華年，非思己之華年也。中兩聯之解釋，弟无定見。惟兄以"明珠喻眼睛"，以"良玉喻肌膚"，恐亦未足以爲定解。望與薩伯森、黃蘭陂、洪心衡、陳祥耀、余質、金雲銘諸老詩人細商之，鄙人之見，置之不論不議之列可也！已故老學者中，張爾田字孟劬先生，於李義山詩用力甚深，著有《李義山年譜會箋》，我校圖書館中當有之，可設法借閱。先師高閬仙先生所著《唐宋詩舉要》中，不知選及此詩否？若有選及，其註釋當可參攷。錢鍾書教授若有所註，自亦可參攷。吳調公記是南京大學之老教授，在江浙亦爲著名之學者，惜弟未曾讀其書，不敢信口雌黃。弟近日審閱完吳先生遺著《淮南舊注校理》及《論衡校釋》之校點本。其他著作校點本尚多，都來不及審閱。雖早晨五六點鐘即起床，夜間常熬夜至十二點後，甚至兩三點纔就寢，亦校不完不了。糖尿病尚未能控制，只好再硬著頭皮搞到十一月初中旬回校。但願上天保祐，入秋後能健勝耳！兄年事已高，盼珍重，勿過勞。弟甚羨人"有閑歲月"，只恐此生无此福氣。兄已得閑館職，宜"得閑且閑"也！手復，即候秋安！弟黃壽祺拜手。1983年8月24日，處暑之晚。

（手示遵囑奉還，希詧收！又附寄王西萍詩稿一紙，乞爲轉交。又及。同時。）

〔1983 年 8 月 24 日〕

化平我兄先生著席：

　　承示已辭去《字典》編寫工作，專職文史，既不失遲行之義，又可免戀棧之譏，自是光明磊落之事，良足慰懷。余遺之學長兄之事，吳修秉同志曾來信，只囑弟再致書省委統戰部。弟接函之日，即爲去信與統戰部長陳虹、秘書長顧耐雨。有效與否，則不敢知。當日亦航函告知質之，勸其寧靜以待之。聞修秉同志已來京開會，可能會見。如必須弟再致書傅老，亦當爲向傅老推轂，只恐關鍵實不在傅老也。至於《錦瑟》詩的問題，弟仍妄臆爲係義山懷其舊日所歡者之作，非悼亡之篇。義山自有《悼亡》之作，寫得很明白："更无人處簾垂地，欲拂塵時簟竟牀"，即是確證。義山舊日所歡者，年蓋二十有五，前書已言之矣。蝶夢迷離，人與物化，謂舊歡如夢也；鵑啼淒切，魂隨春去，謂別恨長留也；明珠有淚，遙夜茫茫，逐月色而傷神也；良玉生煙，予懷渺渺，望美人而不見也。此四句皆寫與所歡者離別悵惘之情。而此悵惘之情，在當時即已如此，不待今日追憶之時始有之。結聯誠如老兄所言，非无足輕重，弟亦認爲甚關重要：既總結了中兩聯的種種悵惘情景，又照應了起聯追思錦瑟華年之發端，非泛泛也。弟於義山詩毫无研究，生疏之極，不但不敢自以爲是，直自視爲郢書燕說，胡言亂語，故前書望老兄將鄙見置之不論不議之列矣。宋蔡振孫《詩林紀事》卷六載黃山谷云："余讀此詩（按即指《錦瑟》詩），不曉其意。後以問東坡，東坡云：此出《古今樂志》，云：'錦瑟之爲器也，其絃五十，其柱如之。其聲也適、怨、清、和。'按李詩'莊生曉夢迷蝴蝶'，適也；'望帝春心託杜鵑'，怨也；'滄海月明珠有淚'，清也；'藍田日暖玉生煙'，和也。一篇之中，曲盡其意，史稱其瑰邁奇古，信然！"又引《劉頁父詩話》謂："錦瑟，乃當時貴人愛姬之名，義山因以寓意，非也。"是山谷、東坡，對此詩均未必有的解。元遺山亦有"詩家總愛西崑好，只恨无人作鄭箋"之歎，是遺山亦嘗恨未能解也。東坡、山谷、遺山，時代既近，詩才極大，猶未能解，更何論近人之錢鍾書與吳調公？故弟曩曾勸蔭亭不必強解，今亦望老兄之不必力辨也。囑寫見陳祥耀先生之介紹信，即附上。餘不一一。手復，即候吟健！弟黃壽祺拜手。1983 年 9 月 19 日夜二時半寫稿，9 月 20 日晨五時半抄清，即癸亥中秋之前一晨也。

〔1983 年 9 月 20 日〕

化平我兄吟席：

　　先後惠書，均已拜悉。大作絕句五首，亦已捧讀，意境清新可喜。承與西萍枉駕過訪，未曾迎候，歉仄之極。晤西萍時，煩爲告罪。弟南旋已兩個月有餘，副校長兼職幸獲解除，但教授頭銜仍舊戴著，日夜束縛在"兩會"（會議室與會客廳）之中，難以拔身。甚望教授亦得早日免去，徹底退休，補讀十年書。

兄欲借吳調公之《李商隱研究》，接第一函之日，即命憲兒爲去圖書館借來，現已超過一個月，借書期限已滿，圖書館催要還書，仍未見兄派人來取，不知何故？拙集聞須一年以後始可見書，弟以敝帚，无須自珍，聽其浮沈可也。校長雖已免職，電話尚未撤去，兄如有約，盼先電話通知，以便迎候。艸復，並叩春釐！恕不莊不備！弟黃壽祺拜手。1984.1.30. 中午。

（西萍賢伉儷處，並煩代候！）

〔1984 年 1 月 30 日〕

化平老兄先生吟席：

前承爲批改拙詩，極費精神，謝謝！"煩冤"二字，好友反對用者尚有人在，只好暫時置之！陳禪心從湖北寄來《蘭倚詞稿》油印本一厚册，囑轉與執事爲之郢正。全稿約一千餘首，此公可謂多產作家矣！何日得便，盼來取去。又雨傘一柄，便中亦盼賜還，因遇雨不能出門，多負良友之約也。張立齋處，已走訪否？成效如何，盼即告知。近作《游壽山詩》一律，盼審定。西萍如歸來，並盼轉其閱正。手此，並候著安！弟黃壽祺拜手。84.5.6.

〔1984 年 5 月 6 日〕

化平吾兄：

得明信片，知貴體違和，住院治療，至以爲念。先後承惠詩函，均收讀，令人有"庾信文章老更成"之感，益深欽仰。前日適逢中宣部領導同志來訪，索閱閩中詩人之詩，弟即舉薩鼎老《仁壽堂吟艸》一册，及兄之《欣翁吟艸》及《一續》兩册與之。弟近已參加整黨學習，每周六個半天，益无暇晷。新遷之居，較舊居狹窄甚多，書籍堆積如山，已整理二十餘日，尚无頭緒。弟之新通信處，要寫"倉前山對湖路 15 號意園 4 座東 201 號房間"，才能保險收到。前寄之詩函及今日收到之明信片，郵差均隨意亂丟在 201 號。意園中教授樓有多座，每幢均有 201 號，郵差也只好隨其所便而投。幸恰好遇見知"黃之六"爲何人者，故得收閱。否則，危乎險哉矣！一笑！手復，敬頌痊安！並賀新釐！弟黃壽祺。84.12.30. 夜。

〔1984 年 12 月 30 日〕

化平我兄著席：

先後惠書及詩，均已拜讀。尊恙告痊，尤深喜慰！弟近月先赴寧德地區考察，後赴東山、三明等地開會講學。歸來後，又參加省政協常委及全委會議，歷時半月，以致无暇去看望我兄。曾於上月間專託老學生林新樵副教授代爲去市人民醫院問候，林回告兄已出院，但仍不知住在何處也。大著《南游吟艸》，已爲分交與蕙孫、承梁、小婧及憲兒夫婦。詩中好句頗多，如"心事茫茫連四海，光陰忽忽入三冬"，"寺迎无住客，佛入有情心"等，均可傳誦。但如贊某君書法，"一字值千金"，近於諛辭；寫同車女郎，云"嫣然一笑"，流於輕率；又謂陳老詩詞，"信口便開河"，明褒而暗貶，恐惹人不快。此等處，似須再加推敲斟酌，不知高明以爲然否？拙集交印刷廠已半年，出書尚无期。近有拙作《還鄉雜詠》及《東山行》各數首，謹呈審正，亦望不客氣指疵！艸復，即頌起居康勝！西萍同志並候！弟黃壽祺拜手。85.5.10. 夜。

〔1985 年 5 月 10 日〕

化平吾兄詩家：

弟於前周從西北歸來，才接讀秋分日手畢及大作，遲復爲歉！弟又收到福建人民出版社白庭階同志寄來《抗倭集》，囑轉一册與執事，今日下午特刷挂寄呈，希收去後寫一收條，俾便轉復白同志。弟此次西北之行，在蘭州住了三十六日，講學十多次；在西安住了十日，講學兩次；在上海住六日，講學一次，甚爲疲勞。所可喜者，足跡遍歷河西走廊四大名城——涼州、甘州、肅州、敦煌，並且在莫高窟住了兩日夜，在沙漠中驅車六日夜，精神未受損傷，眼界頗多開拓，差足告慰。王小婧曾爲複寫舊作及近作五古、七古、七律三首，乞郢正！文孫學習事，均得妥善安排，至喜至賀。遠游歸來，雜事甚多，乞恕草草！手此，即頌吟健！弟黃壽祺拜手。1986.11.3.

〔1986 年 11 月 3 日〕

化平老兄先生尊鑑：

弟於年前 12 月 15 日返回故鄉，參加霞浦建縣 1705 周年紀念活動，又到寧德參加改市紀念大會，至今年元旦始歸榕垣。不意席尚未暖，即爲省作協抓去開會。近日友朋紛集,酬應爲勞,而各方來信,積案盈尺,處理尤爲困難,殆非吾兄之所能逆料也! 承寄之12月15日手書,聞憲兒以弟還鄉,曾爲代復,諒已簽收。賀年片亦已收到。謝謝! 弟已退休,難望學校中再爲設專車、派助手,全國高校皆然,非獨福建師大也! 弟患糖尿病,已十餘年,中西醫均曾爲診療過,友好所教單方、驗方,亦服過多種,所以未能控制者,病在雜事過多,休息時間過少。自今年返榕之後,下決心閉門不會客,入夜即就寢。然而今已過去十日,門仍關不了,每夜不至凌晨二、三時,亦无法就寢,爲之奈何! 鄭孫謀醫師,醫道高明,眾所共仰,弟亦深信不疑。頃王筱婧同志因其老父年已九十餘,癱瘓在床,病情危險,特來央求弟函懇吾兄爲介紹她去求見孫謀院長,請其到她家爲其父一診,冀能妙手回春。不讅吾兄能俯允之否? 筱婧之老父,名王樹梅,係法國留學生,與黃蔭亭(曾樾)同一輩之人,在舊社會做過很多事,解放後在國立音專爲總務長,現爲福建省文史館館員。其家住在市內鼓樓區鼓東路東牙巷內之五顯巷3號,聞與市中醫院甚相近也。如荷爲介紹,孫謀院長定能俯允,小婧當持函親自去敦請也。前承索美國某詩社徵詩啟,茲寄上《全球當代詩詞選集徵稿辦法》及《爲出版〈詩國拾英〉致全國詩社詩會詩人吟友書》,請簽閱。又弟新出版有《周易》之著作,盼飭人來領取,以免郵寄包裹之勞。是幸! 艸此奉答,並叩春釐! 小弟黃壽祺拜手。1989年元月11夜。

(上述兩項徵詩,弟亦无暇鈔稿應徵。年前聞趙玉林云,交稿時間可稍慢些,兄可即抄寄新舊作,似尚不遲也。特再注。祺,同夜。)

〔1989年1月11日〕

（以上二十一書,據六庵師遺札原件影印本整理。案師與鄭化平先生書凡四十餘件,曾藏廈門陳姓某收藏家處,福建師範大學美術學院校友福州朱學斌先生聞訊儘數購得,以珍寶之。承其惠賜影印文本一套,茲選出二十一札編入《六庵文錄》。）

與關德棟書（三首）

德棟教授兄著席：

　　小女之喪，遠承函唁，至深感謝！六月末旬，曾接手教，囑查閱師大館藏《商君書》板本，以遭喪擱置。頃承圖書總館同志爲抄出目錄兩紙，謹即奉上，惟其中並無善本耳。唐山大地震，波及京津，吾兄親屬在京津各地者，有受其影響否？便中幸乞示慰！弟近日血壓尚不甚高，但四肢發麻，醫書及醫生均云須防備中風，近在服藥中。拙書遲日寫就，當即奉寄，必踐宿諾也。手此，即祝儷福！弟黃壽祺。76.8.22

〔1976 年 8 月 22 日〕

德棟我兄儷鑒：

　　前時嫂夫人來榕，未能悉心招待，至爲愧歉！今日，弟所招收之研究生張善文、梅桐生、翁銀陶、楊際德等四位同志，前赴京、滬、寧、杭等地參觀訪問，搜輯論文資料，因囑其過濟南時晉謁台端，代候起居，希接見並予指導是荷！濟南圖書館有亡友盧松安所贈《周易》書籍 1000 多種，張生等擬去閱讀抄錄，乞兄千萬費神親爲介紹，感同身受。前承囑寫詩稿，以詩字俱劣，久未遵命，昨日勉強寫一小幅託張生等奉呈，希哂正！又香煙一小包，近作詩稿一紙，並請詧納！手上，兼候儷安。弟黃壽祺拜手。1981 年 4 月 15 日。

〔1981 年 4 月 15 日〕

德棟教授兄著席：

　　一別三十年，何幸飽經浩劫之後，猶得在濟南晉謁梁孟講舍，既讀等身著作，又見佳子女成行，快愉之忱，誠非筆墨之所能宣。祝賀！祝賀！離濟後，在蚌埠住一宿，會見老友鄭蔭廬家四代人。翌日即購得京閩直達車票回閩，今已逾兩月矣。赴泰國事，閩省委文教辦拖拖拉拉，迄今行止不定，不知癥結何在。有人推測云閩省委正在進行機構大改革，人事將大換班，或與之有關，亦不知所推測可信否。在濟所拍照片，張、關兩生已爲洗出，茲奉上兩張，乞哂存。另三張，乞費神爲轉交殷孟倫教授、李風〔峰〕館長、張長華同志。又徐迅副校長、張可禮主任、牟世金同志，如晤見時，並乞爲致意。弟年逾七十，任副校長已滿四年，已堅決向上級辭職，並表示願望得到退休。各系主任年上六十者聞均將換班，俞元桂兄亦逾六十，且去年即上辭呈，大概也有可能免去中文系主任。羅郁正先生是否仍在山大？弟回榕之日，即與外語系負責同志商量，盼能請羅來榕講學，迄今未得回話，這大概也和各系主任要換班事有關。羅之侄婦戴瑛同志，亦早見到並將羅之情況詳告。戴瑛云即將與羅聯繫，亦不知果否。如兄遇到羅時，盼酌爲轉告。弟回榕兩月餘，雖未赴泰，但仍日無暇晷，夜常待旦，可以說是整天"瞎忙"！不知有何妙法可治此病，幸兄有以教之。附上《六庵近作》小詩數首，乞哂正。夜深了，恕不多寫了。手上，即叩儷安！並賀春釐！弟黃壽祺拜手。1983年2月8日下夜2點1刻寫。

嫂夫人囑爲向丁漢波副校長致意，已照辦了，送俞兄禮物也照轉了，丁、俞均囑向賢伉儷致謝。又及，同夜。

〔1983 年 2 月 8 日〕

（以上三書據《關德棟師友書札》整理。此書關家錚編，浙江古籍出版社 2020 年 1 月出版。）

與蔡厚示書（六首）

厚示同志吟席：

令嬡於昨晚交來大作三葉，讀之喜而不寐。祺於詞學素未用力，寫作亦甚少，遠不如執事及拔荊深知個中三昧也。聞省出版社林英同志近在編輯哀悼周總理之作品，備出專集。執事似可將《蝶戀花》一篇抄與之。《沁園春》寫武夷風光，甚令人神往，惟"鐵板鬼，障大王玉女，醜惡長留"三句，鄙意擬改從好的方面去想，例如"臨粧鏡，笑大王玉女，佳話長留"，或"臨玉女，記幔亭張宴，佳話長留"之類，以免殺全篇風景。不知大雅以爲何如？倘有未當，幸恕狂瞽！何日來榕，幸過我長談。手復，並叩儷安！弟黃壽祺拜手。

1977 年 1 月 16 日傍晚。

（玉女峰對面有鏡臺岩。大王峰即幔亭峰。幔亭張宴故事見《武夷山志》。六庵附記，同日五時下午。）

〔1977 年 1 月 16 日〕

厚示同志吟席：

　　還翰奉悉，承示三律，佳聯秀句，不一而足，知公於斯道三折肱矣。余仲詹先生詞壇老宿，素所欽仰，非祺所能望其肩背。聞其遺著尚多，不諳有人爲之整理印出否？令愛在校，聯明、鍾英諸同志均甚讚美其才學，祺因住於黨校，致接觸機會不多，對之无所匡翼，殊深媿恧。祺今年已六十六，衰態日增，不耐苦吟，詩作日少。前以注釋組領導號召寫聲討四人幫詩詞，因縱筆作七律四首，聞《福建文藝》將爲刊出。如見到，幸指正！手復，即祝儷福！黃壽祺。1977 年 2 月 7 日。

〔1977 年 2 月 7 日〕

厚示畏友吟席：

　　承贈華章，感何可言！而辭多溢美，又媿不敢當耳。何日蒞榕，定盼移玉過我，期作竟日談也。李贄《焚書》、《續焚書》兩書注釋任務已基本完成，省委宣傳部已決定結束注釋組工作，將原稿移交出版社，由責任編輯負責掃尾並規劃出版。祺已於四月一日返回中文系。友人傳來北京無名氏所作之《四皓新詠》四絕，婉而多諷，甚可觀，茲鈔上，期共賞也。鍾英去莆田印資料，殆將一月矣，何日歸來，尚不之知。晤鷺江諸好友，煩以近況告之，恕不一一。手復，即祝儷福！弟黃壽祺拜手。1977 年 4 月 4 夜。

四皓新詠

作者：隱名

貞元三策記當年，又向西宮侍講筵。莫信批儒戈反擊，栖栖南子是心傳。（馮友蘭）

詩人盲目爾盲心，白首終慚魯迅箋。半卷離騷上天後，翻成一曲雨霖鈴。（魏建功）

射影含沙罵孔丘，謗書笑論護奸謀。先生熟讀隋唐史，本紀何曾緒武周。（周一良）

進講唐詩何黛螺，北京重唱老情歌。義山未脫搗搽厄，拉入申韓更奈何。（林　庚）

〔1977 年 4 月 4 日〕

厚示老兄著席：

　　5月22日手畢，收到已二十餘日。因參加各種各色會議，兼每週爲青年教師講課兩半日，確是忙無暇晷，幾乎無日不熬夜，稽延奉答，惟乞千萬原宥！承推轂祥老及弟參加中國古代文學理論學會，極見相知之情，不勝感謝！祥老表早就填好交來，弟表拖到今晨才寫就，茲敬即掛號郵奉，乞詧收。大著《歷代民歌選析》一書，出版社林英同志要求爲審稿，弟初不知係兄主稿，曾表示拒絕。後林英再三說明兄所主編，則喜能得先讀爲快，遂儘量擠出一些時間進行學習，間有箋注不同意見之處，志在與兄商量研究，作爲討論之參攷材料，絕非如世所謂之"某人審查意見"！若有謬誤或疏略，盼兄即不客氣爲勾乙塗抹去！幸勿爲鄙見所拘牽，是盼是禱！原稿前七冊，已陸續交還林英同志。最後一冊，昨亦讀畢，已通知她日內來取去。前拔荊來榕，曾託其奉上拙作《江右湖南之行吟稿》一冊，不知已登記室否？兄詩功力甚深，勿以弟老朽昏耄而不屑教誨之，是幸！《吟稿》原有六十二首，請八位同志爲刪存四十一首。）鍾英曾來傳達尊囑，她近來甚忙，對兄遠游情況惜未詳聆。餘不一一，手此奉復。即祝儷福！弟黃壽祺。1979年6月17日。

〔1979年6月17日〕

厚示吾兄著席：

　　6月25日、7月6日手畢均悉。時正在參加高招閱卷工作，天氣酷熱，疲憊之極。高招尚未結束，又辱命爲副校長，人來人往，雜冗更多，幾無暇晷。稽遲奉復，惟乞諒之！承贈大作，稱譽遠高，愧不敢承！近作詠懷四首，附呈乙正，務期指疵！上海王文生同志徵稿事，一則弟於美學无研究，二則實无伏案時間，終日忙忙碌碌，真有"茫茫然歸"之歎！如何能寫出文章？煩爲向王文生同志代致歉意，也並向兄致十萬分歉意。廈大十月中旬聞將召開科學討論會，屆時想必有一番盛況，兄有新作發表否？手復，即候吟安！黃壽祺。1979年9月30日。

國慶三十周年詠懷詩四首

（一）禹甸風光莫與京，閩山草木倍敷榮。卅年建設饒功績，謀國同欣有老成。

（二）力爭四化符民望，歷訪萬邦協眾心。何日台澎傳統一，人人翹首盼佳音。

（三）冤案平反錯案清，白頭人共慶新生。期能科技爭先進，願作文壇一老兵。

（四）行年望七常忘老，足跡猶思遍四陲。塞北嶺南三萬里，山山水水盡宜詩。

> 黄壽祺初稿。

〔1979 年 9 月 30 日〕

厚示吾兄詩家吟席：

　　承贈大集，拜讀再三，詞長調如《頌雷鋒》、《詠步云》、《游武夷》、《歡呼十一大召開》、《十二大閉幕》、《中秋望月》等篇，俱才情洋溢，格調豪放；而詩絕句如《幽怨》、《夏夜曲》之屬，又淒婉有情致：始知能者之無不工也。甚羨！甚羨！辱承兩贈華章，以老筆衰退，久未能奉和，良用歉然，惟乞諒之！昨得貴州人民出版社寄來《楚辭全譯》一書，茲命憲兒送呈，聊答厚誼，並乞指正！蘭州、敦煌之遊，如得附驥而行，實深榮幸。倘得佳音，盼即電告，以便準備，是感是荷！手上，並叩暑安！黃壽祺拜手。1984 年 7 月 24 夜。

尊嫂夫人及令嬡等均候！

〔1984 年 7 月 24 日〕

　　（以上六書，據六庵師手札原件整理。案六札原件，十年前承蔡教授厚示先生惠賜，今珍藏於張善文處。）

與張善文書（四首）

善文同志：

　　昨日下午，貴校打來長途電話，大意謂："錄音講稿，一時排印不出，擬先付油印，問是否可將原稿付刻？"我答應："可以將原稿付刻。"歸來細思，原稿中有些"廢話"必須刪去。例如在說要學一點文字學的一段中，談到我下放周寧山村，沒有事幹，晚上辦政治夜校爲貧下中農講報，白天去小學幫助小學教師教書。上課時，講旦、暮、爨、毋、母、田等字，學生都感興趣，記得很牢。這段文字，只要保留這些話就可以了。其他如"不要打鑼，吹哨子"，"學生個個正襟危坐"之類的話，流於自我吹噓、自我陶醉的話，請您毫不客氣，統統替我刪掉。我因手裡无底稿，不能悉記，一一列舉。我授權給您（以及闕國虹同志等人），請您會同呂飛亞同志等，在付刻之前，將我原稿細細審查一遍，將不必要的"廢話"統統刪掉，是所至感！匆此上告，即頌教祉！黃壽祺。79①.3.3. 早晨。

（省語文學會，預定三月半開年會，因開會地址沒有找到，沒法即落實，可能會推遲一些日子。三明地區總會有代表，代表幾名，定誰，我還不知道，因要由社科聯負責安排聯繫。祺又記，同時。）

〔1979 年 3 月 3 日〕

善文同志：

我於 3 月 3 日上午寄您一信，授權給您及呂飛亞同志等刪改我"錄音講稿"中的某些"廢話"，諒可收去？原稿如已付印，紙工費若干的發票，盼寫福建師大中文系，以便報銷。省語文學會成立了，但一无專職幹部，二无一片經費，一切花錢和跑腿的事，都要我自己去處理，真是難辦極了。您 3 月 1 日下午的信，已收到。原稿不必寄給我重校，就請你們（包括你信中提的張福民老師及闕國虹同志等）大膽替我刪去某些"廢話"，不要客氣！因爲從你們客觀地審查，比我自己復校肯定更有意義，也肯定更好。手此，即頌學安！黃壽祺。1979.3.5. 上午。

〔1979 年 3 月 5 日〕

呂飛亞、張善文同志：

昨日上午奉上一函，諒可收去。昨夜，我系教師李萬鈞同志送來"錄音講稿"的傳抄本給我看（因善文寒假回長樂時交來錄音稿，我尚未校，李先借去閱讀，不料此君竟手抄了一份去，至昨夜才送給我看），我大喜過望，連夜閱完，刪了一遍。茲即將應刪的段落記下，寄給你們，請千萬照刪後付繕寫刻印。如臘紙已寫了，也請將刪去部分割棄。如果已印了，也請裁掉！頁數不接，也不要緊！紙工費，請寫師大中文系報銷。你們如果認爲還有什麼地方要刪改，請即大膽刪改，我完全授權給你們！謝謝你們大大費神了！手上。並頌春釐！黃壽祺。79.3.6. 凌晨燈下書。

錄音講稿要刪去的廢話：（1）談《四庫全書》的一段中，刪去"所以有

---

① 案"79"，原札誤書"78"。據張善文所記改。

許多老學者……這個本事就很不簡單"。廢話,一定要刪。（2）談地名的一段中,只保留"泉州,現在大家都知道在閩南。唐朝初期,泉州不在閩南而在福州。後來,把泉州改名福州,原來泉州的名字還要保留,就搬到現在泉州的地方。"其他從"現在泉州這地方……還保留下來",都刪去。因有人主張豐州仍在今福州,未有定論,還是刪去為妥。（3）談歷代職官名一段,刪去"最近我們中文系的老師……就替他們改正"。大廢話,一定要刪掉!下文"詳細的要看乾隆時代編的一本《歷代職官表》",此句中其他多餘字都可刪去。（4）談《大漢和辭典》一段中,刪去"這《大漢和辭典》的作者……全家親屬合起來搞這個大辭典"。可刪!多餘的話。（5）談《佩文韻府》一段,說"康熙、乾隆時代","乾隆"二字應刪。（此文在談"音韻學"的一段中。）（6）談查《佩文韻府》的一段中,截至"非常有用"句止。"不然"以下到段末"老師",統統刪掉。（7）談《漢魏六朝一百三家集》一段中,刪去"將來可能也會選……就是那個作碑文的",以下保留。因節外生枝,沒有必要談許多。一定刪去。（8）"自學的關鍵……老師的作用"一段全刪。因是多餘的廢話!對招研究生制度的建立也不好。（9）談"發掘秦始皇陵"一段中,自"大概連不銹鋼……怎麼搞出來的"均刪去!因是笑話,也是廢話!又末句"真正是老學究了"一句,亦當刪,因與前重複。（10）談"華羅庚"一段中,"華羅庚上中學時"一句改"華羅庚在自學時"。因時間尚難確定。（11）談"唐蘭"一段中,"其實這個人出身也是只有中等程度"一句,改"其實這個人出身也是貧寒的"。因原句似不大通!（12）在講"下放周寧"的一段中,從"讀報的效果……老公公都愛聽",必須刪掉!隣於自我吹噓!又"我說沒事幹……不敢搗亂",也要刪去!病同上!以上各條,希望完全照刪,不要客氣!如果你們認為還有要刪的,我也完全授權給你們刪和改!黃壽祺記。

〔1979 年 3 月 6 日〕

善文足下:

　　我於 9 月 19 日離榕,20 日夜到曲阜,參加孔子學術討論會。26 日會畢,當夜赴泰安。27 日登泰山,步行至南天門並即下山。28 日上午遊岱廟,下午到濟南,並即遊千佛山,當晚寓山東師大附近軍分區招待所。29 日上午遊趵突泉，下午遊大明湖。30日上午遊濟南市河上公路大橋，下午轉赴蚌埠。在蚌住兩夜，專候鄭蔭廬先生病。先生病已甚重，但神志猶清朗，猶問及您和闞國虬兩人。三日下午離蚌，四日下午抵家。一路諸凡尚好，惟登泰山受風感冒，咳嗽痰多，至今日始漸康復，猶未全痊。在途中作詩五首，錄供指政，並藉以報近況。返校後，閱各方來信，茲條告如下（你的信也已收到）：一，梅桐生來信，云請你爲寫報道一篇發表。我看你可以寫，惟最好可用筆名。又云，稿費共得 2300 多元，除抽所得稅及送禮外，他共收入 2100 多元。買書 250 冊，除給我 150 冊，他自留 100 冊，共用 400 元（我得 150 冊，合款 225 元，郵費 25 元，我共花他 250 元），他實得款 1700 多元，書 100 冊。他詳細告訴我這種情況，並說因我不要他分我稿費，擬買一些禮物送我。現我請你即復信給他，可不必送我別的禮物，再買一些書寄來給我即可。據他說，貴陽已无書可買，須待再裝訂後，買些寄來。因我到處來人來信索書，盼他能多送一些給我，以應付人情面子而已！二，潘雨廷寄回《周易譯註》三卦樣稿，提了一些意見，待你回校後再細閱。意見是不大的，修改並不難。三，潘雨廷信中說，叫丁鋼 11 月份來榕。我先後收到施議對信，催我去長沙參加中國韻文學會成立會，不去似乎不好。但陳鍾英透露校部消息，說我們今年出去多次，花旅費極多，大家有意見，校系領導爲難。她叫王小婧勸我不要再出去開會。祥耀先生似乎也受壓力，不想應邀。去否尚未最後決定。又聞 11 月份起開始整黨，我也不知能放行否？你何時回校？如 11 月份你教育實習尚未結束，我或去長沙，或參加整黨，則丁鋼來時无人接待，似不如請他等待一時來，或過年來，何如？盼你酌復我，並告潘先生。四，校系要填什麼“考核表”，我須由你作鑑定，我告訴系領導將表寄給你填。我的工作，自 83 年 9 月至今年 10 月：一是擔任副校長至 4 月份止；二是擔任易學研究室主任至 6 月份止；三是去年下半年及今年上半年兩次在北京爲吳檢齋先生整理遺書；四是 5 月至 6 月間去武漢開《周易》學術討論會，9 月至 10 月間去曲阜開孔子學術討論會；五是爲福建省地方志審閱《八閩通志》校點本卷首、卷一、卷三，等等。請你亦酌爲代填。五，吉林、瀋陽等地寄來的複印資料及掛號信等，交由陳慶賀、郭天源處理。六，《從易傳看孔子教育思想》一文的《勘誤表》，天源已爲製就並交印。餘不一一。手此，即候教祉！黃壽祺手啓。84.10.15. 晚。

〔1984 年 10 月 15 日〕

（以上四書，據六庵師手札原件整理。案第三書上款"呂飛亞"先生，曾任三明師範專科學校中文科主任。時張善文係"七七級"學生，肄業半年被選任"七八級"古典文學教師。此四札原件，今珍藏張善文處。）

與段亦凡書（二首）

亦凡老同學教席：

今年春節後接到手畢及古文注釋一本，至爲高興。您信中索要福州中學的語文複習材料，初時我找不到，想找到時再復您。後來，瞎忙一氣，竟爾忘得乾淨，可見我是一個"爲人謀而不忠"的人物了！今天晚上想復您的信，才將原信再看一遍，記起此事，特向您表示十分的歉意！今年三、四月間，中國社會科學院歷史所副所長熊德基曾來函，約我赴京爲中央民族學院已故教授徐宗元整理《逸周書正義》遺稿，交付中華書局印行，由三單位聯合向我校商量借調一年。祺欣然承諾，並經系總支、校黨委、省宣傳部層層研究同意。滿擬等待高招考試工作（祺係高招考試委員兼語文評卷委員會主任及指導組組長）結束之後，即可北游與賢伉儷見面矣。不意高招工作尚未結束，閩省委竟突然發表任命，以祺爲福建師大副校長，遂致不可能離職北游。而中華書局亦以祺不可能爲徐理董遺稿，即決議先將原稿付印，續補則待異日。閩中今年天氣異常炎熱，祺參加高招工作，前後僅歷時一個月，而體重竟減了將及十斤，辛勞程度爲"文化大革命"前十七次之所未有，亦以衰態日增，雖欲"不伏老"，亦不可能也！茲寄上年來所寫所講之文稿、詩稿及錄音稿等數篇——《周易名義攷》、《學習毛主席與陳毅同志談詩的一封信的幾點體會》、《漫談中國古典文學的自學與講授》以及《江右湖南之行吟稿》、《承命招收研究生感賦》等，統乞賢伉儷乙正，希勿以老朽衰耄而不屑教之也！艸上，並頌儷安！文超兄弟姊妹統在念，並問好。黃壽祺。1979 年 8 月 17 日夜。

〔1979 年 8 月 17 日〕

亦凡同志：

10 月 31 日及 11 月 7 日兩書及掛曆一册均已收到，掛曆甚精美，至深感謝。我也沒有學會講解文章的好方法，對古漢語的規律也沒有掌握，更不會教別人如何掌握。記得"文化大革命"前 1962 年間，曾寫過一篇《如何講授中學古典文學教材中的重點難點疑點的問題》，也曾有寄給你，不知你尚保存否？文中似曾接觸到古漢語問題的一點點，是否可以參考？我於前周奉閩省委命令，免去中文系主任兼職，專任副校長。但分管文科中文、歷史、政教、教育、藝術、外語及馬列教研室，範圍更廣更大。招來古典文學研究生四名，已來報到。中文、歷史兩系青年教師進修班講《史學名著選》，仍未結束。外間兼職達八九項之多，頗有日不暇給之勢。事已如此，只好向古人諸葛公、今人周總理學習，"鞠躬盡瘁"以報答師友之期望而已！"爲人民服務"，恐尚談不到也。今日下午三時赴廈門大學開會，倚裝艸艸，恕不莊不備。即候儷安！孩子們都問好！並祝高堂萬福！黃壽祺。79.11.25. 清晨。

〔1979 年 11 月 25 日〕

（以上二書，據六庵師手札原件影印本整理。案此二札原件藏廣州王守銘先生處，承福州林繼來先生紹介獲其惠賜複印文本。）

與尚林書

尚林同志：

我因出差去外地，昨晚才回來，您的信已看到，即爲寫推薦書一份與北圖。另一份擬請在京中華書局圖書館館長方南生同志替您推薦。因方做圖書館工作多年，與北圖方面可能有聯繫熟悉。又方曾和您姑丈（您大姑母慧筠的愛人，名字我一時想不起來了）同在"文工團"工作過，和您家也有些關係，比較好求他。方也是我的學生，您可持我的介紹信即到中華書局去找他。如館中找不到，即去他家裡去找。他如果能替您找到更合式的推薦人自然也很好，總之，一定要求他替您推薦，您可好好同他說，向他懇求。張善文同志也很關心您的事情,推薦稿就是他替我寫的,並託我祝賀您成功。我兒子名叫黃高憲,媳婦名叫何芸。住家的地方名意園。並此附告。手復,即祝合府平安! 令尊前叱名問候! 黃壽祺。85.11.3. 上午。

（附呈北圖信及方南生信共兩封。）

〔1985 年 11 月 3 日〕

（此書據六庵師手札原件整理。案此札原件,承北京尚林先生惠賜,今珍藏於張善文處。）

與黃拔荊書（二首）

拔荊足下:

憲兒在廈,諸承照拂,至爲心感。大作《梅浦詞》已披覽訖,爲題一跋,謹即郵奉。議對處,煩抄副寄去,並加標點,以備採擷。又拙詩排印,譌字頗多,王小婧爲作"勘誤表",茲寄上八份,煩爲分與未立功、汪德耀、沈持衡均政協開會時分送者、鄭海夫、黃典誠、周祖譔、莊鍾慶等人及足下。餘各友好,因已无書,未能贈送,煩致歉意如司守行同志及唐仲璋、鄭道傳等人。西北師院約去講學,已將旅費寄來,現計劃八月底九月初去蘭州。如身體能勉強支持,尚擬赴新疆一游也。手候儷安! 祺頓首。大暑節後一日書。

〔1986 年 7 月 24 日〕

拔荊、麗珠老同學青覽:

我於八月底自榕動身來蘭州西北師院講學,現任務已完畢。定今晚赴西安,承陝西師大約去講學並遊覽名勝古跡,大約擬逗留一星期至十日左右。我原請陝師大爲定購十月二十二日赴廈門之飛機票,如能買到,則廿二日當天即可到達廈門。我此次帶來書籍稿件頗多,盼賢夫婦能到廈飛機場接站。我又曾考慮到萬一賢夫婦去外邊開會或出差去,接不到我的信,今日並函告彭一萬和你們聯繫,如你們不能來接,則請彭來接。因此,盼你們接信之日,先與彭一萬聯繫，有一方面來接即可，不必兩方都派車來，以免浪費人力物力。一萬聞去法國開會，不知已回來否？此次校內派研究生郭建勛及易學研究室成員郭天源同志（郭虛中教授之少子）伴我同來，一行三人。到廈之日，擬在廈大招待所住一夜，翌日回福州。兩小郭因報銷關係，不能住超過每日五元房租的房欄，我要和他們住在一起，以便聯繫，也不須另爲我定高級旅館或同招待所的高級房欄。我到西安買到赴廈飛機票之時，即將電告你們行期，時間可能提前或推後，以電報爲標準。彭一萬處亦將電告，盼你們妥善聯繫。餘容面談。手此，即祝儷福！友生黃壽祺。1986 年 10 月 12 日於蘭州西北師院。

（司守行、唐仲璋、方德植、鄭朝宗、黃典誠、周祖譔以及柯文溥、陳茂同等師大老校友，晤時均盼致意，恕未另肅。）

〔1986 年 10 月 12 日〕

（以上二書，前書據《六庵遺墨》整理，人民出版社 2019 年 6 月出版。後書據六庵師手札原件整理。原件承林麗珠教授惠賜，今珍藏於張善文處。謹案，黃拔荊先生及其夫人林麗珠女史均係廈門大學教授。）

與俞郁田書

郁田足下：

國慶日惠書敬悉。足下究心文史，又愛好藝術，甚盛甚盛！承爲製書花八種之多，尤深感。囑簽名蓋章之八枚即璧還，希詧收。"自彊不息"之"彊"，不應作"疆"。有可能改正否？亦希注意。祺原定今日到成都開會，因飛機票悉爲港客所包，未得成行。今夜中秋，意興殊好。（附贈《當代詩詞》總第七期一冊。）手此奉復，并候節安！六庵老人祺於福建師大意園。

〔1987 年 10 月 7 日〕

（據《六庵遺墨》整理，人民出版社 2019 年 6 月出版。謹案，此係作者寫給家鄉霞浦縣文學青年俞郁田的信札，原件今藏俞處。）

與李可蕃趙玉林吳修秉書

李可蕃、趙玉林、吳修秉諸老同志：

出國之事，昨日張善文、羅螢兩位助手從廣州回來，云領事館要調查的手續都已照辦，館方須呈報華盛頓主管機關備案後，始能簽證交與我省駐廣州辦事處轉來我校，時間約在 12 月 6 日左右。而昨夜美方亞聯公司之聯繫人又來電傳，云他們定 12 月 10 日回國帶我等出去。看來，出國事是較有眉目了，但時間總在 12 月半以後了。承兄等關懷，特此上告，便中並乞轉告景漢、嘉端、孟秋等同志。鑿帆兄爲選寄全球詩選之作，我都同意。孟秋兄建議不要全選《秦豫行》中之詩。如鑿帆兄有暇，再從平潭、將樂、泰寧、明溪之行拙作中補選一兩首，如篇數太多，則已選者刪去一些亦好。如无暇，則不必改動可也。囑寄照片，即附上一張，即請詧收。手此。恭候道安！弟黃壽祺拜手。1989 年 11 月 28 日。

〔1989 年 11 月 28 日〕

（據六庵師遺札原件整理。案此札原件，承福州羅方華先生惠賜，今珍藏於張善文處。）

焦氏易詁敘

　　《焦氏易林》，自唐王俞、宋黃伯思、晁公武、程迥諸人，皆不能通其義。至以"鳳凰于飛，和鳴鏘鏘"，"大橫庚庚，予爲天王"之龜卜辭相擬。及宋、元之間，有注其故實者，寥寥无幾事。後翟云升、牟庭、丁晏、劉毓崧之徒，均酷愛其辭，竭生平之力而考訂其名物故實，然仍十不得二三。至於《易林》繇詞，无一字不從象生，不從數出，且對象、覆象、大象、半象，往來雜用，妙義環生，與《周易》之彖辭、爻辭，合若符契，則二千年來无一人能察見也。吾師行唐尙先生，既以古文辭名於世，而尤精易理。獨謂《易林》之詞，多至四千餘，必有物焉以主其辭。不然，雖善者不能爲。於是以十餘年之力，極深研幾，而求得其象數，一一注之。注之既久，而知焦氏之用象，多與東漢殊。象既殊，而說自異。如以乾爲日，兌爲月，坤爲水。由是，《易》凡言日月、言大川者皆得解，而東漢人不知。又如《說卦》以乾爲金，不知艮堅亦爲金；以離爲龜，不知艮剛在上，亦爲貝，爲龜。後儒以離爲斧，不知兌決物、折物，方爲斧；以離爲矢，不知坎爲棘，爲匕，爲穿，方爲矢。巽爲牀，坤爲臣、爲邑，不知艮亦爲牀，爲臣，爲邑。凡如此象，多至一百二十餘，先生皆一一舉出，並一一用以解經。於是，此百餘象所屬之《易》辭，有數百處之多，皆豁然開通，而知二千年來之舊解，因求象不得，須再三變始得其象者，真爲曲說也。他若《豫》九四之"盍簪"，《明夷》九五之"箕子"，《漸》之六"鴻"，《小過》之"飛鳥"，自來人莫知其象者，亦靡不求而得之。《困》、《震》諸卦之"有言"，《革》之"改命"，《巽》之"喪斧"，《頤》之"舍爾靈龜"，《中孚》之"鶴鳴子和"、"或鼓或罷"，凡《易》辭用覆象，爲漢魏人所未夢見者，亦無不苦心剖晰，使義愈明。尤奇者，說《易》之書莫古於《左傳》，而因易象失傳，《左氏》所用正象、覆象，後之人所不解，或解而誤者，亦皆由《易林》一一正其誤。回視杜、孔所說，如撥雲霧而見青天。當其坐擁皋比，掀髯講說，揮斥百家，包掃一切，而於漢宋兩家最爲人所信仰、最足爲易學障蔽者，尤知之真，言之切，每口講指畫，而不勝其痛惜也。嗚呼！此豈第《左氏》、《易林》之幸？實易道之晦茫否塞而忽露曙光也。其所關豈不鉅哉！

壽祺從先生學有年矣。先生嘗教壽祺曰："子以爲吾以《易林》注《易》乎？"曰："然。"先生曰："否。《易林》繇辭，皆規橅《周易》。而《易》有注，《易林》無注，故《易林》之難解甚於《周易》。即此一百二十餘失傳之象，吾於《易林》遇之十餘年矣，皆瞠目而不知其所謂也。後往往於《周易》及《左傳》中遇之，於是以《周易》釋《易林》，復由《易林》證《周易》，再由《周易》、《易林》證《左氏》及邵子所用之象數，往來疏證，一一脗合。然後此一百餘失傳之象，方能確定也。當其潛通默契，吾不知《周易》、《左氏》之注《易林》，《易林》之注《周易》及《左氏》也。此中艱窘，非爾等，吾孰語之？又孰能知之？"先生自述之甘苦如此。先生又曰："凡《易》辭无不從象生，有吾人不知其象者矣，斷無象外之辭。不然，古聖教人之書多矣，胡獨《易》辭怪奇如此哉？宜思其故也。知其故者惟朱子，首闢《程傳》者亦惟朱子，惜其年已老，而無能改正也。"

蓋先生讀書，必求甚解。觀所著《歷代狀況史》，出經入史，旁證百家，於往古一事一物，無不窮究其所以然，而得其真象。凡吾人讀古書，於當時起居動作，疑莫能明者，亦無不剖判別白，發前人所未發，與徒以鴻博自炫者不同也。《易》與《易林》，特其一耳。而不肖所傳受《易》，其一端耳。嗚呼！安得盡窺先生之所有哉！甲戌九月上浣，受業黃壽祺敬識。

（據民國二十三年刻本《焦氏易詁》整理。案此文寫於 1934 年，載尚節之先生《焦氏易詁》卷首。尚先生《凡例》云："黃生壽祺嘗從事校訂，於此書義意，頗有糾正及補助處。喜其年少，通達易理能如此，故特著其勤，以志師友之益。"序文後來又轉載蘇州《文藝捃華》，1935 年出版。又載《尚氏易學存稿校理》第一卷，中國大百科全書出版社2005 年 6 月出版。）

北游吟草序

　　詩之爲道難言矣！作之者，苟非具有忠孝仁義之性，溫柔敦厚之情，則其抒情也不真；非明乎陰陽消息，鬼神變化，與夫天地山川，風雲雨露，草木鳥獸蟲魚之情狀，則其狀物也不切。狀物之功既真而切矣，苟其詞不雅馴，聲不宏遠，猶未足以言工。是故古今能詩者，未有非方雅博聞之君子而足以當之也。吾友杜君悅鳴，家世能詩，父子兄弟皆有聲名，而悅鳴尤博學多聞。既以早歲喪父，長涉患難，羈棲四方，凡所過山川景物，與其悲歡離合之情，一一寄之於詩。其景切，其情真，其辭沈實高華，典雅俊逸，駸駸乎入古人之室。蓋近世大學諸生能詩且工若悅鳴者，誠未易數數覯也。丁丑春，悅鳴自塞上貽書與余，言將以所著《北遊吟草》付之剞劂，就正於世，囑余一言爲弁。憶余聞悅鳴之名，則甲子歲，其時余年方十三，肄業邑中近聖小學。一日詣同學吳君克明，見案頭有《游春詞》三十章，讀而愛之。問誰氏之作，吳君曰："此妻弟悅鳴舊作也。"余問："悅鳴今年幾何？"答曰："止十五耳。"余悚然驚異，敬慕不已。翌年，予入初中，而悅鳴亦來學。是後，同遊閩垣及燕都凡十餘年，朝夕不相離。又同師事行唐尚先生，出入槐軒門下者多歲。先生於詩探溯源流，辨晰雅俗，口講指畫，惟恐不詳。悅鳴天才秀發，至是而學益進，爲之益勤，上稽古人，下守師說，晝廢食，夜忘寢，口誦心惟，無時或輟。藻采華贍，而長篇排律，吞吐萬狀，陰陽開闔，尤爲槐軒所激賞。今觀其集，喜吾友之果有成，而益自驗吾學之未逮。荏苒怠忽，輕擲日力，既負吾師，且愧吾友，掩卷嗟歎，其曷能已於言邪？時丁丑二月朔，文學士同學弟霞浦黃壽祺識於北平慧照寺西山別墅。

　　（據福鼎九鯉邨杜氏祠堂藏民國甲申年重修木活字本《杜氏宗譜》卷一整理。是書又有 1996 年丙子重修木活字本。案此文寫於 1937 年，載杜琨悅鳴先生《北遊吟草》卷首。後又載入《杜氏宗譜》。）

漢易舉要序

昔人有言：“不知古注者，不得爲經學。”群經如此，而《易》尤甚。《易》之爲書，傳者恒言“人更三聖，世歷三古”。及秦焚書，《易》獨以卜筮倖存，較群經爲最無闕。然自西漢以後，經說之最複雜者，亦莫如《易》。今依通經須明古注之原則，先述漢儒說《易》之要義。要義既明，而後《易》之古注始可讀；非然者，未有不扞格難通也。

考西漢易學之派別凡四：曰訓故舉大誼，周、服、王、丁、楊、蔡、韓七家《易傳》是也；曰陰陽候災變，孟喜、京房、五鹿充宗、段嘉四家《易傳》是也（京房受焦贛易，焦氏無章句，故《漢志》不著錄）；曰章句守師說，施、孟、梁邱、京學官博士所立以教授者是也；曰十翼解經意，費直無章句，專以《十翼》解說，民間所用以傳受者是也。其東漢易學派別亦凡四：曰馬融、劉表、宋衷、王肅、董遇，皆爲費氏易作章句者也（費易無章句，諸家各爲立注）；曰鄭玄、荀爽，先治京氏易，後參治費氏易者也（鄭玄從第五元先通京氏易，荀爽從陳實受樊英章句，亦京氏學）；曰虞翻，本治孟氏易，雜用《參同契》，以納甲爲主者也；曰陸績，專治京氏易者也（略本吳翔寅說）。

自王弼注行之後，象數之學漸衰。自孔穎達等奉詔作疏，專崇王注，而衆說皆廢。賴李氏《集解》，網羅散佚；陸氏《釋文》，掇拾叢殘：漢學不絕如綫。其後宋儒作《太極圖》、《先後天圖》、《河圖》、《洛書圖》，於是王弼、孔穎達等以義理說《易》者，又一變而爲陳、邵之易；朱子《本義》用之，於是又有“宋易”之名，與“漢易”相峙。洎乎有清，東吳惠氏始於漢學晦盲否塞之際，振其墜緒，輯其遺聞，首著《易漢學》一書，以發其凡，論列孟長卿以下五家之易旨，尚稱詳備。

茲編所撰，以時代先後爲次，西京則孟氏、京氏，東京則鄭氏、荀氏，而以吳之虞氏殿焉。人各一篇，篇自爲卷，凡五卷。大致本之惠氏。惠氏有漏略者，則頗采衆家之說以補之。辭取簡要，不尚繁稱；有所不達，則多引圖表以明之；亦欲易了，不敢矜奇。蓋多取昔賢之成說，近儒之定論。傳曰“述而不作”，又曰“擇善而從”。夫以仲尼之上聖，猶尚謙抑若此，況余以寡昧之姿，末學膚受,誠無敢不知而作云爾。

（據《福建師範學院學報》1962 年第一期整理。案此文爲作者 1938 年在北平所撰舊稿《漢易條例》五卷之卷首。原書散佚,惟卷首及卷一因作者嘗錄副寄霞浦呈祖父審閱故幸得存。後又重撰全書,更名《漢易舉要》,序言及卷一《孟氏易》曾載《福建師範學院學報》。全稿於“文化大革命”中又被抄沒而亡佚。）

風塵漫草詩集序

始吾來燕都,遊太學,與同鄉友善者二人:一爲福鼎杜君悅鳴,一爲武平張君永明。余竊好治《易》,而二君則酷嗜爲詩。悅鳴天才儁秀,雅擅近體。長篇排律,典切精深,往往至數百言不衰,有乃祖少陵遺風。永明則豪邁縱橫,奇氣噴溢,時或掉臂遊行,有如天馬行空,不受羈縶,意境蓋與青蓮爲近。而余雖或倡和於其間,不能如二君之精勤專一也。歲甲戌,永明學成先歸,道津沽而南,至於兗,登泰岱,縱觀東嶽滄溟之奇。旋過青徐,入宛洛,遨遊於梁宋之間者累月。又窮其足跡於西秦,弔咸陽之故都,覽華嶽之神秀。而後循漢沔渡江,歷滬寧,泛海以歸。凡所過名山大川,通都巨邑,則探其名勝,問其習俗,謁其賢豪長者。舉所聞見,壹發於詩。半歲之間,裒然成帙。返閩未幾,即刊布其詩,所謂《西北遊草》者也。翌年乙亥,余亦業畢南歸,與永明一遇於榕垣。然行色匆匆,未及歡敘。又明年丙子,余再北來。而永明則留滯潮汕之間,嗣復奔走於香港羊城。當此時也,悅鳴則羈旅塞上,亦嘗刊布其詩,曰《北遊吟草》。海南天北,知交二人,雖形跡日疏,音信益稀,而文章聲氣固未嘗一日不相胖嚮也。及丁丑夏,蘆溝橋事變猝起,干戈滿地,烽火彌天。悅鳴自塞北倉皇逃歸於燕,俄又病肺,愆然南返。而永明益不知轉徙何往,三載以來,消息竟絕。今歲重九,余以朋舊星散,離群索居,百無聊賴,遂獨游於城南之陶然亭。于時四野風高,寒雲蕭瑟,萬頃蘆荻,愀然作響。乍見黃花,益念故人,悵惘而歸。歸途憩於嵩雲草堂,不意永明之書適至。開緘雒誦,則知其近歲講學本省各師範、中學，益肆志於吟詠，篇什之富，倍蓰於前。且欲將其頻年所作合訂付梓，而冀余有一言爲識。余唯詩之爲道，與世變相因，當其盛時，則賢才輩出，人人爭奇吐秀，揚風扢雅，一歸於正。及世之衰，則人才凋落，淫哇之聲並作。此自前代已然，於今尤甚。吾見今世之號稱名流學者，都講國故於太學，而不解聲律、韻叶、對偶者多矣，他尚何論哉？獨吾閩疆僻處海隅，明清以來，即以詩派著稱。近世海內，風氣不變，而吾閩二三遺老如林畏廬、陳弢庵、陳石遺諸公，猶能賡續風雅，主持壇坫。後進小生，承其流風餘韻，亦能力爭上乘，自持以正，不入邪途。此已足爲斯文慶，況又有高才妙手如悅鳴與永明者，傑出其間，則其所以播揚鄉風，支持詩教者，其功豈淺鮮哉！悅鳴之歸也，曾纂輯《閩東詩鈔》，網羅秘笈，掇摭遺篇，上起三唐，下迄並世，無慮數十百家，品藻精當，別裁雅正，已風行於一時。今又見永明教授故里，傲嘯林泉，繼考亭、西山之盛軌，挹武夷、仙霞之勝概，甄陶後進，鼓吹風雅，使鄉之人聞之慨慕，其盛益興。回憶當時之飄零憔悴於塞北嶺南者，今則皆獲安歸而競秀於鄉國。以視余之落拓燕市，去家萬里而一無所成者，其厚幸又何如哉？所惜者，悅鳴歸里，仍孱弱多病，不克盡其能。獨永明春秋鼎盛，才情發越，精力過人，苟能充其力之所至，則前途之成就益未可量。此則區區私衷所屬望於永明者，不能不尤深摯也。永明其勉之哉！庚辰九月，同學弟黃壽祺識於北平中國大學。

（據張聖福、張鋆福編《張永明詩文選集》整理，北京紫禁城出版社1993 年出版。案此文寫於 1940 年。《風塵漫草》1965 年在台北出版，翌年重版，均載此序。）

太姥山志序

民國三十年冬十月，聞母病，乃自北平間關南歸。道路迂迴，展轉萬有餘里，三月始得入吾閩東北界之分水關。吾嘗立於其上而左右望：蓋關之北爲浙之平陽，南雁蕩山之所在也；關之南爲閩之福鼎，太姥山之所在也。太姥之奇，埒於雁蕩。然而平陽自魏、晉以來，均隸永嘉。晉、宋名流，如右軍、康樂諸賢先後蒞止，發爲文章，播之歌詠，故雁蕩之名著稱於世。而太姥隸閩東。宋室南渡，狉獉始啟，高人雅士足跡之所不經，而其鄉之人又無能爲之裱褫於當世。然其靈淑之氣，幽邃之境，凡雁蕩所有者，太姥幾無不有之。徒以一關之隔，而顯晦判然，此亦極不平之事矣。既而抵福鼎縣境，見其山水清淑，人物明秀，與永嘉亦相亞。吾意必有奇偉明達之士生於其間，以與名山相輝映。既而晤卓君劍舟。劍舟幼績學久，爲邑名士。晤談之際，出其所著《太姥山志》以示余。余披覽其書，凡分名勝、寺①宇、金石、方物、人物、藝文各門，都十八卷。從來志太姥山者，殆莫詳於此書矣！而劍舟之言曰："余之作爲此書，蓋憫文獻之無徵，而名山之湮沒也。子當爲我序之。"余惟劍舟著書之旨，豈不與余有同感哉！天之生物，或材或不材，或善或不善，既已不等夷已。而材者，或見美或不見美；而不善者，或見棄或不見棄。若是乎，其無定衡也。凡物皆然，豈獨山川哉？又豈獨一太姥山哉？然則，余之所咨嗟感歎，與夫劍舟之所矜憫愛惜者，無乃皆未達乎天之所以爲天者哉！抑或人物之隆替屈伸，皆有運命之所趨，時勢之使耶？然則，太姥之山雖抑鬱沈埋於前世，得劍舟之書又安知不彰顯輝映於後日邪？而余與劍舟又何多慨焉！姑書此以識之。霞浦黃壽祺敬撰。

（據卓劍舟《太姥山全志》整理，福建省文史研究館編，福建人民出版社 2008 年 1 月出版。按此文疑作於 1942 年，載《太姥山全志》卷首。）

中國文學史約序說

吾國文學，語其界說，自來即有二義。大氐文學二字，見於經傳子史者，皆包舉學術言之。若《論語》之學別四科，孔子弟子以文學名者，則有子游、子夏。子游專明禮義，子夏兼通五經。《論語》又言："行有餘力，則以學文。"馬融注："文者，古之遺文。"邢昺疏："古之遺文者，則《詩》、《書》、《禮》、

---

① 寺，《太姥山全志》誤"奇"，疑形譌。據志內卷題校改。

《樂》、《易》、《春秋》六經是也。"則知孔門所謂文，實經典之通稱。其後荀卿言："將論先志，比類文學耶？"《非相篇》墨子言："凡出言談，由文學爲之道者，則不可不先立義法。"《非命中》韓非言："學道立方，離法之民也，而世尊之曰文學之士。"《六反篇》是則兼賅一切道術方術，並得稱爲文學。司馬遷言："漢興，蕭何次律令，韓信申軍法，張蒼爲章程，叔孫通定禮儀，則文學彬彬稍進。"《史記自敘》劉子駿奏定 ①《七略》，凡六藝、諸子、詩賦、兵書、術數、方技皆備焉。班孟堅採摭以入《漢書》，則易名《藝文志》。後漢王充又言："文人宜遵五經六藝爲文，諸子傳書爲文，造論著說爲文，上書奏記爲文，文德之操爲文。立五文在世，皆當賢也。"《論衡‧佚文篇》觀此，則漢魏以前，文學之定義至寬。凡以文字著於竹帛，不別駢散，有韵無韵，由一切學術進而至於德操，均得稱之爲文。是可名之曰"廣義之文學"。晉宋而後，研究文學始有專書。文筆之分，亦在斯時。而昭明太子成《文選》一書，據其義例，則經子史皆不得廁於文學之林。惟贊論之綜緝辭采，序述之錯比文華，事出於沈思，義歸乎翰藻，若賦、若騷、若詩、若頌、若書啓、若贊論、若箴銘、若哀誄，方得與 ②於斯文之選。是可名之曰"狹義之文學"。以上略本張振鏞《中國文學史分論》。此二說互有消長。近世大儒餘杭章太炎先生，則頗主前說；儀徵劉申叔先生，則頗主後說。新文學者流，或取西人之說，主以抒寫情感者爲純文學。余以爲文之功用，可以言志，可以說理，可以抒情，可以述事。必以抒寫情感者爲文，則文之用，不亦隘乎？又六朝人以有韵者爲文，無韵者爲筆。夫有韵者固文矣，無韵者亦何莫而非文乎？故余論文學之界說，仍以廣義者爲主。

　　文學之界說，既如上述。而文學史之職志，其要亦有兩端。就文言文，則文學史者，所以闡明一民族一國家自古迄今文學思潮之消長得失。就民族、國家而言，則文學史者，所以貫穿此民族國家之生活所映現於文學上之迹象。以上略本施蟄存《中國文學史概》。故爲文學史者，貴能綜貫百家，窮流溯源，而不貴墨守一先生之言，姝姝而自悅。貴能記載文學作業，而不貴鋪敘文學家之履

---

① 定，稿本無此字。據《六庵別錄》鈔本補。謹案，此文今存四本：一是《中國文學史約稿本》卷首附 1943 年 9 月手稿，二是《中國文學史約》福建省立師範專科學校油印本卷首所載，三是《六庵別錄》內之手鈔本，四是黃高憲編《黃壽祺論中國古典文學》（下簡稱《論文學》）內所刊《經學與文學》之前部分。茲以手稿本爲底本，以其餘三本互爲參校。

② 與，《論文學》誤"興"。據諸本改。

歷。貴能紀實傳信，觀察古今文學嬗變之迹，不貴乎好古而不好是，而亦不貴乎是今而疑古。蓋是今而疑古，將誣古而不忠實；好古而不好是，將悖今而乖時宜：皆不足以言作史。必也以歷史之目光，就前人之著作，而出於客觀之研究，用以考證舊聞，觸發新意，然後名實乃足以相符。

我國舊無文學史之專書，其史料大氐散見於各史《藝文志》、《經籍志》、《文苑傳》、《儒林傳》及各大家名家之列傳中。蓋廣義之文學，本包括一切載籍，而儒林之鉅子，亦大氐皆能文之士也。有清季年，京師大學堂教習林傳甲先生，著文學史以授生徒。是爲吾國人自著文學史之始。其後作者，實繁有徒。而迻① 譯之東西洋人著述，爲數亦不少。若數典而不忘其祖，固當推尊林氏首創之功也。

然吾國歷史，至爲悠久，而文學之義界，又至廣泛。精熟經傳之文者，未必精熟諸子之文；精熟諸子之文者，又未必精熟諸史之文；能② 精熟經子史者，又未必精熟詩騷辭賦之文。更狹而言之，能散文者，未必能駢文；能駢文者，亦未必能散文；而能詩詞者，未必能戲曲小說；能戲曲小說者，又未必能詩詞。此言各種體製，通才兼擅者之難得也。再按時代而言之③，精研先秦文者，未必能精研漢魏六朝之文；精研漢魏六朝之文者，未必精研唐宋元明清之文；精研唐宋元明清之文者，又未必能爲現代所謂之新文學。或知古而不知今，或能新而不能舊。學有專攻，則業有偏廢。此言古今流變，通才兼擅者之難得也。是故以一人而著文學全史，皆④ 未免有所偏重，有所闕略，有所謬誤。欲矯其敝失，則惟有分類編纂，各按其體製，聘請專家，各爲專書，如散文史、駢文史、詩史、詞史、曲史、小說史、戲劇史、文學批評史之類，集思廣益，然後彙而成書。如劍橋大學之撰《英國文學史》者然，庶幾乎可稍完善也。

時賢之著⑤ 文學史者，核其義例，大致亦可分爲兩塗：一以時代爲斷，一以源流爲歸。以時代爲斷者，多以政治上之時代爲文學上之時代，而不知吾國文學新形式之胚胎，常在叔季之世，故其失在顛倒始末，以新聲爲衰唱。以流派爲歸者，多效西人之述文學，某人也某派，某時也某派，部區秩然，躊躇滿

---

① 迻，《論文學》作"移"。據諸本改。

② "精熟諸子之文者"至"能"，凡十七字，《論文學》誤脫。據諸本補。

③ 之，《論文學》誤脫。據諸本補。

④ 皆，《論文學》作"則"。茲依諸本。

⑤ 之著，《論文學》誤作"注"。茲依《六庵別錄》鈔本改。

志,而不知吾國文學傳統,發於一元,即有昌明宗旨,楬櫫流派者,亦不過師友朋黨間一時風會所趨,其源流之承吐,不如西洋文學中諸流派之自有其必然性也。雖西崑、江西、桐城、陽湖,豈能[①] 如寫實浪漫之足以標題一代哉? 故其失在舉偏以概全,頓裘而未挈領。此其義施蟄存君已先我言之矣。

今輯茲編,本應別爲散文、駢文、詩、詞、曲、小說、戲劇、批評文學[②] 等八目,各爲專書而分述之。然專書宜詳,講授時間有限,不足支配,不得已姑仍[③] 區分時代,就各時代中分類敘述,以就簡要。首論先秦,次兩漢,次魏晉南北朝隋,次唐宋元明清,以及近三十年,約分五卷[④]。凡昔賢今哲,述作之成書可觀者,即就其書,提要鉤玄,以爲吾書。取材衆作,不主一家,所貴公論,不矜獨斷。誠以文士撰文,惟恐不自己出;史家之文,惟恐出之於己也。

抗戰軍興,黌舍播遷,圖籍喪失,博稽爲難,而吾校處窮谷之中,參考之書尤虞不足。而紙墨昂貴,印刷亦難。茲編僅就聞見記憶所及,概括述之,聊示諸生以綱領,不足以言著作也。簡而未賅,略而不備,故以"約"爲名。

中華民國三十有二年九月,霞浦黃壽祺撰於福建省立師範專科學校。

(據作者手稿本《中國文學史約》卷首整理。案此文撰於 1943 年,有手稿本及福建省立師範專科學校 1943 年蠟紙刻油印講義卷一本,又有作者舊編《六庵別錄》所收鈔本。黃高憲編《黃壽祺論中國古典文學》刊載此文,納入所改題之《經學與中國文學》一文前半部分,山東文藝出版社 2001 年 8 月出版。)

---

① 豈能,《論文學》誤脫。據諸本補。

② 批評文學,《論文學》作"文學批評"。茲依諸本。

③ 仍,《論文學》誤"乃"。據稿本、油印本改。

④ 自"本應別爲"至"約分五卷"一節,手稿本、油印本及《論文學》本皆如是。惟《六庵別錄》鈔本作"即別爲散文、駢文、詩、詞、曲、小說、戲劇、批評文學等八目,各爲專書而分述之"。蓋作者當年編撰中國文學史的規劃,本在探索變更中。初擬爲依時代編述之文學通史,手稿本《序說》所述及油印本《中國文學史約》卷之一是也,然其編止於"先秦文學"之群經文學,全書未竟。後擬依文體編纂文學史,《六庵別錄》鈔本《序說》所述及手稿《中國文學史約稿本》卷一是也,然此稿止於"第一編散文"之"先秦散文"章之《列子》書,亦未終竟。復次乃改撰《先秦文學史約》,則爲斷代文學史,按文體自命題以分論,凡九十餘題,文筆清新簡練,別創新意,終成完書(詳《六庵叢纂》第六種《先秦文學史約》)。

嚴氏族譜序

霞浦縣鹽田鎮嚴氏，其先系出浙之餘姚。明洪武初，有曰亞員者，以軍功入閩，卜居於鎮之村里。有明三百年間，多能以科第顯。及清康乾之際，學人益盛，拔貢生灼，其尤知名者也。灼之後，承學者亦不絕，如即祥，如上玳，皆事詩書。上玳長子曰培基，有品學，食邑餼，郡舉孝廉方正，益能光大其先業。培基季弟曰培年，培年之子曰恭之，壽祺之外舅也。歲甲申十月，貽書與壽祺曰：“我嚴氏族譜，失修者已五十年矣！今幸之成，以吾子有姻婭之誼，備知先世事狀，願得一言以爲序。”余惟國族之積，本於家族，家族之隆汙盛衰，在與國族相爲胚釁。故古人重之，蓋欲正其本也。況我國人民多聚族而居，小者成保甲，大者成鄉鎮，甚或一縣之中，惟二三大族繫人望。苟其宗族之人，均能自治，孝友任恤，急公尚義，則其所以協助保甲之級，成鄉政之推行，與夫縣邑政治之清明，豈曰淺鮮？而或者徒以一二豪右，恃其族衆，武斷鄉曲，又或勇於私爭，而怯於公益，以此遂詬詈家族之制度，以爲吾國人只知有家，而不知有國。嗚乎！此豈古人敬宗睦族本意之所在哉？鹽田嚴氏，世務忠厚，孝弟力田，以睦其家，以事其國，從無有爲辱國損民之行者，則其家風固可尚已。而我外舅，生干戈雲攘之世，以垂耄之年，猶復參議鄉政，輯睦宗族，則其用心又安可謂非仁者邪！爰書之以告來者。是爲序。中華民國三十三年，歲在甲申十月二十有五日，北平中國大學文學士即任本校講師、福建省立師範專科學校副教授、國立海疆學校教授，里人黃壽祺頓首拜撰。

（據《富春山館吟草》印本整理，黃高憲編印。案此文撰於 1944 年，嗣載入《霞浦鹽田嚴氏族譜》。2008 年黃高憲教授自譜中錄出其外祖嚴恭之先生《富春山館吟草》，單冊印行，卷首附此序。）

群經要略自序

　　余髫齡學於家塾，先祖先君授以《孝經》、《四書》及《詩》、《春秋》，於時年幼，略能諷誦上口，而未能悉通其義也。年十八，北學於燕，受《易》、《詩》於行唐尚先生節之，受《書》、《禮》於歙縣吳先生檢齋，受《春秋左氏傳》於桐城馬先生岵庭。其舊都通儒，若霸縣高先生閬仙、瑞安林先生公鐸、武陵余先生季豫、長沙楊先生遇夫、黟縣朱先生少濱、鹽城孫先生蜀丞、閩侯林先生藥園、膠西柯先生燕齡、建寧范先生秋帆，咸及師事而從問業。前後凡十有三年，粗明群經大義。顧其時所深好者，在《易》與《禮》，妄有撰述，於他經則未遑也。辛巳南旋，教授於永安、南平之福建省立師範專科學校文史地科，歷時三載。諸生每從問經義，余以《尚書》爲吾國最古之史，亦吾國各體散文之祖；《詩經》爲韻文之淵藪；《春秋》爲記事之寶書：此三經於文史關係最巨，故論之特詳。近世《禮》學廢絕，專業者至稀。而講《孝經》者，亦每失其義。《論語》、《孟子》，支配吾國人思想者垂兩千年，昔則家弦戶誦，今至大學文史系學生竟罕能舉其篇目。《爾雅》關乎文字訓詁，不識字何以讀書作文？故於諸書亦不憚詞費。獨《易》道廣大精微，見仁見智，無體無方，書不盡言，言不盡意，不爲典要，惟變所適，初學難以極深研幾，欲置爲後圖，故說之較略，蓋以此也。講稿繁重，長夏多暇，刊削粗就，釐爲十一篇，篇自爲卷，定名曰《群經要略》。且著家學之源，師承所自，而序其端，以志不忘云爾。中華民國三十四年七月十五日 ①，霞浦黃壽祺自序於仙游国立海疆学校 ②。

　　（據作者《群經要略》稿本整理。謹案，《群經要略》撰成於 1945 年。福建師範大學中文系有 1987 年簡體打字油印本。黃高憲點校全書，華東師範大學出版社 2000 年 10 月出版簡體字本。）

---

　　① “中華民國三十四年七月十五日”，油印本及華東師範大學出版社本作“歲在乙酉七月之望”。茲依原稿本。謹案，《群經要略》凡有三本：一是 1945 年作者手書原稿本；二是 1987 年福建師範大學中文系打字油印本；三是 2000 年黃高憲點校華東師範大學出版社出版“二十世紀國學叢書”本。

　　② “国立海疆学校”，油印本及華東師範大學出版社本作“金石山房”。茲依原稿本。

易學群書平議自敘

先君子早歲嘗治《易》，趨庭之際，略聞緒論，然其時方肄業中小學，未暇研習也。年十八，遊學北平，始慨然以爲家學之不可以失墜而立身之多愆尤也，遂立志學《易》。且執贄於河北名儒行唐尚節之先生之門，昕夕請益者十有餘年，所讀易注亦殆數百種。初未嘗有所札記，戊寅以旋，自維年齒漸長，人事日繁，不有札錄，則所讀之書幾何，不爲過眼之煙雲？爰傚古人別錄之法，凡讀一書訖，即撰提要一篇，十年之間凡成稿一百三十有四篇。繕稿既訖，釐爲七卷，名之曰《易學群書平議》。非敢議論前賢，聊輯見聞以備省覽，且以志家學與師承，示不敢忘云爾。中華民國三十六年歲在丁亥九月之望，霞浦黃壽祺記於福州。

（據《易學群書平議》整理，北京師範大學出版社 1988 年出版。謹案，此序寫於 1947 年。《易學群書平議》內容則多爲 1938 年至 1941 年間撰成於北平，南旋後復續撰數篇。其書後來又載《尚氏易學存稿校理》第三卷附錄，中國大百科全書出版社 2005 年 6 月出版。）

閩江創刊號序言

我院同學熱烈盼望的學生刊物《閩江》，今天已創刊了。

我院各系科幾年來發展的速度都是很快的，只就我所知道的中文系來說，我系同學現已發展到八百人，較之四年前我院初改院時的全系學生數已增加了六七倍。同學們學習的積極性大有提高，文藝評論和文藝習作的氣氛也比以前濃厚。這幾年來，各年級各班同學先後所編輯的壁報達十餘種之多，但因爲沒有印刷出版，不能與各兄弟院校及各中等學校交流，也就不能得到各方面的批評和教益。所以同學們亟盼本刊能夠早日出版。現在，在院黨委及院行政領導的鼓勵和支持之下，同學們的願望已得實現。

本刊係以文藝習作爲主的學生刊物，内容包括文藝評論或研究，散文、詩歌、小說、戲劇習作，及歌曲、圖畫的習作。

我對於本刊的出版，除表示欣慰的心情而外，還要對同學們提出一些希望。

首先，我認爲文藝必須爲政治服務。沒有政治，就沒有靈魂，沒有統帥。我們通過整風學習，紅專辯論，大家都明確了這一點。既然我們的文藝是要爲建設社會主義祖國服務，是要用來表達全體勞動人民的思想感情，那麽我們在文藝習作方面，應當而且必須堅持社會主義現實主義的創作方法，走工農兵的方向；在文藝評論方面，必須堅持馬克思、列寧主義的立場觀點來批判接受古代的文化遺產，我們不是“廢古存今”，但也決不可以“厚古薄今”。我們必須很好地貫徹“百家爭鳴，百花齊放”的方針，既要繼承我民族文化的優良傳統，更要創造和建設我們祖國社會主義的新文化。

其次，高等師範學校的任務，是培養我們同學成爲德材兼備、體格健全、又紅又專的社會主義中等學校教師。所以我們的一切工作都必須注意面向中學，聯繫實際。因此，我們同學在文藝評論方面，必須注意與中學語文教材密切配合和聯繫；在文藝習作方面，也要儘可能顧到專業的需要，注意鍛煉批改作業的能力，不應滋生專門當作家的思想。這樣，我們才不會造成“好高騖遠”及脫離實際的不良傾向。

再次，我還希望同學們要知道：學問是由積累而成的，是必須經歷艱辛的勞動過程，非可一蹴而就。必須有豐富的生產知識和鬥爭知識，才能免於“言之無物”；必須理明詞達，文從字順，才能做到“言之有序”。既有物又有序，内容與形式才能夠很好地統一起來。近來同學中有一種現象，就是愛寫長文章，動輒數萬字，或東抄西撮而沒有融會貫通，或隨想隨寫而沒有組織鑪錘。因而寫出來的文章，或者漫無統紀，或者矛盾重複，或者文理不通，或者譌誤繁多。像這樣粗製濫造態度，不但對讀者不負責任，也是作者品質不純的表現。這樣，對於青年們的研究和習作，都是有害的。我記得加里寧在《論通訊員的寫作和修養》中，教導通訊員們“如果能把自己的通訊重新寫十次，你就可以看出許多無用的字是可以省去的”。魯迅在《答北斗雜誌社問》中也說：“寫完後至少要看兩遍，竭力將可有可無的字句段刪去，毫不可惜。”像加里寧、魯迅這樣偉大的政治家、文藝家，他們的寫作態度都是多麽嚴肅！我希望同學們要深刻地記住他們的話，向他們學習。

以上三點是我對同學們的希望。最後，我要求各兄弟院校及各中等學校的讀者同志們：對我們這個學生刊物，要看作是新生的幼芽，它幼稚，它不成熟，切盼大家幫助我們灌溉培養，使它能夠慢慢地發展成長起來。如果你們能給我們以關懷愛護，時時給我們以指導和批評，那麼我們是要感謝不盡的了。

（據福建師範大學圖書館藏鉛印本《閩江》創刊號整理。案此文寫於 1958 年，載福建師範學院學生刊物《閩江》卷首。）

風塵囈語跋

游介眉姻大家① 藏《風塵囈語》手稿一冊，共古今體詩一百有一首，不署作者姓名。觀其《題顧畊安完玉詩集敘》，有“余與畊安同官山右，君宰天鎮，余令高平”語，覈以吾縣② 縣志《彤卣侍御傳》，知作者爲侍御長君曼堂先生，而介眉之曾祖父也。先生名大琛，道光丙戌進士，歷知長子、高平諸縣事，升東冶同知。《志》未言其著作，今得此，吉光片羽，彌足珍矣。一九六四年八月九日，鄉後學黃壽祺謹識③。

（據福建師範大學圖書館藏復鈔本《風塵囈語》整理。案此文寫於 1964 年。後載《霞浦文史資料》第六輯，霞浦縣政協文史組 1987 年 11 月編印。）

---

① 姻大家，福建師範大學圖書館藏《風塵囈語》復鈔本無此三字。茲依《霞浦文史資料》第六輯。謹案，此文可見者有兩本：一是福建師範大學圖書館藏復鈔本《風塵囈語》所附；二是《霞浦文史資料》第六輯所載。今以二者互勘，凡有異文即出校。

② 吾縣，福建師範大學圖書館藏《風塵囈語》復鈔本無此二字。茲依《霞浦文史資料》第六輯。

③ “一九六四”至“謹識”，《霞浦文史資料》第六輯無此十七字，據福建師範大學圖書館藏鈔本補。

褧啓吟草跋

吾邑游曼堂先生大琛所著《風塵囈語》手稿一卷,余已題跋。近壽寧郭丈公木,又從林文忠公後人汾貽處得《褧啓吟草》殘稿一卷,共存古今體詩七十首、詞十三首,未署作者姓名。中有《憶家弟大廉》、《保和殿殿試恭紀》、《圓明園引見恭紀》、《高平郊望》、《建溪舟次晤蘭石》、《送梁芷鄰儀部入都》諸詩,與曼堂先生家世、科名、仕履、交游悉合。其書法與《風塵囈語》筆跡亦同,而《讀梅村圓圓曲賦七律兩首》並複見。知此確爲曼堂先生之又一手稿也。延津劍合,喜而再請我院圖書館金館長雲銘錄副藏① 館,以廣其傳。先生父彤卣侍御,風節文章,竦動當時,所著《炳燭齋詩》殘稿,薶沒逾百年,近始得之,友人永安黃蔭亭教授曾樾嘗著論表彰之矣。先生倜儻風流,克紹家學,所著書亦久零落,不意半載中,余竟兩獲覩其手稿,豈獨余之幸? 抑亦談鄉邦文獻者之幸也。一九六五年二月九日,鄉後學黃壽祺謹識於福建師範學院② 。

（據福建師範大學圖書館藏復鈔本《褧啓吟草》整理。案此文寫於1965 年。後載《霞浦文史資料》第六輯,霞浦縣政協文史組 1987 年 11月編印。）

常用詞語新編序

劉效武同志遵循毛主席在 1942 年延安出版的《文化課本》序言中的指示,累積了教學經驗,寫成了《常用詞語新編》。他由徐宗元教授的介紹,把

---

① 藏,福建師範大學圖書館藏《褧啓吟草》復鈔本作"存"。茲依《霞浦文史資料》第六輯。謹案,此文可見者有兩本:一是福建師範大學圖書館藏復鈔本《褧啓吟草》所附;二是《霞浦文史資料》第六輯所載。今以二者互勘,遇有異文即出校。

② "一九六五"至"學院",《霞浦文史資料》第六輯無此二十四字,據福建師範大學圖書館藏鈔本補。

這本書寄給我看，要我作一篇序。

我和效武同志沒有會過面，但就他來信的自我介紹中，知道他今年才二十一歲。他從 1962 年起一直在農村擔任小學教師，邊教學邊堅持自學。爲了使小學和初中的學生在學習語文時，能够掌握豐富的常用詞彙，並能够正確運用，藉以提高閱讀能力和寫作能力，特地從中小學語文課本和通俗的課外讀物，以及目前社會上廣泛流傳的新詞語中選擇編輯，寫成了這本書。書中共收了常用詞語四千五百餘條，既分門別類，使讀者能以觸類旁通，互相比較；又擇要註解，使讀者明其出處；更於每篇後布置練習，使讀者能以全面複習思考而起鞏固的作用。體例不可謂不善，用力也不可謂不勤了。

我還感覺到這本書的最大優點，是能以毛主席的思想掛帥來指導語言的運用，並非單純羅列詞語，而是結合指導讀者學習語言時進行了熱愛黨、熱愛毛主席、熱愛革命戰士的教育，同時也貫穿着階級教育、共產主義品德教育、革命觀點、群衆觀點、辯證唯物主義觀點的教育等，以期能爲无產階級的政治和三大革命服務。這樣突出政治的方向，无疑是很正確的。書中把毛主席文章中的名言、詩詞中的名句，儘量收入；較廣泛地搜集了人民群衆常說的成語、諺語；對於從古代演變過來的某些文言詞語，除肯定其積極意義之外，對裡面的一些不健康的東西也作了力所能及的批判。這都能體現出努力學毛主席著作，走群衆路綫，以及對文化遺產的批判繼承、古爲今用的精神。

這本書所以能取得這些優點的原因，誠如效武同志自己所說的：是在教學實踐中遇到了問題，帶著問題去學習毛主席著作的結果。

書中也還有某些詞語的歸類尚未恰當，注解尚未明確，褒義貶義區別未清，以及前後重複之處，就我個人的水平所看得到的，在原稿上注了一些意見。這些意見不一定是正確的，僅僅提供參攷而已。希望效武同志能够更廣泛地徵求各方面的意見，認真細緻地加以修改，使它更加完善。這樣，對於讀者的幫助，我想就一定會更大些了。

黃壽祺

1966 年 4 月 30 日

於福建師範學院中文系

（據作者手稿整理。手稿原件今藏山東壽光劉效武先生處。案《常用詞語新編》初稿寫於 1966 年，後經修訂增補，1990 年由山東教育出版社出版，改題《常用詞語類編》。此序亦經出版社編輯略作更訂。今依原稿整理，以合原貌。）

江右湖南之行吟稿序

福建省政協於一九七八年十一月十五日在福州人民大廈開會，宣佈組織學習參觀團赴江西、湖南各名勝地觀光。各界代表：賈久民、郭瑞人、陳希仲、智世昌、鄭丹甫、張昭娣、曹俊吾、黃垂明、陳齊瑄、林浩藩、檀仁梅、李含陽、陳仰曾、陳德潤、蘇節、傅維丹、謝懷丹、翁文淵、姚慈幼、黃錦升、葉天純及余，共二十有二人。以賈久民爲團長，郭瑞人、陳希仲爲副團長。工作人員，秘書長張振民；秘書黃啓元、蕭心濤、董良士、林善提；醫生黃雪卿，護士祝曼娜；新華社福建分社記者劉國柱：凡八人。全團共計三十人。十六日下午從福州出發，十七日晨抵南昌。二十一日登廬山。二十三日下九江。二十四日經德安重過南昌，晚次豐城。二十五日經新干到吉安。二十六日經太和上井岡山。二十九日下山，夕宿寧岡。三十日經三灣、龍源口達永新。十二月一日經蓮花至萍鄉。二日赴安源。三日上午入江西、湖南交界之瀏陽文家市，晚抵長沙。四日轉韶山，五日返長沙。十一夜到株洲。十二夜返抵榕垣。歷時凡二十有七日，行程數千里。途次之所見聞，時時形諸吟詠，歸檢所作，錄存四十有一首，題爲《江右湖南之行吟稿》。廬嶽巖巖，湘流浩浩。蔚矣烈士，懷哉哲人。歌以紀事，聊表傾心。行必有師，端宜捧手。過而存之，亦欲藉以就正於同遊諸同志云爾。一九七八年十二月二十七日，黃壽祺記於福建師大華香園寓齋。

（據福建師範大學中文系學生刊物《閩江》油印本整理。案此文寫於 1978 年，翌年載《閩江》刊物。）

福建名人傳略序

福建地處東南海隅，開發較晚，但自唐宋時代，即已出現了不少人才，對我國的政治、經濟和文化各方面作出了傑出的貢獻，到了近代，貢獻尤爲明顯。我們這一代的人，應該瞭解先輩的光輝事蹟，從而激勵自己奮發上進，在党的領導下，作出無愧於先人的更加偉大壯麗的事業。福建師範大學歷史系福建地方史研究室爲此編輯了這本《福建名人傳略》。

我讀完此書之後，覺得它有四個優點：

第一，書中所傳記的福建名人雖然只有三十五篇，但它具有一定的代表性。從時間上來說，陳元光、歐陽詹、王審知等三篇是屬於唐五代的，楊億、柳永、蔡襄、范汝爲、李綱、張元幹、鄭樵、朱熹、真德秀、袁樞、嚴羽、劉克莊、陳弔眼、許夫人等十四篇是屬於宋代的，鄧茂七、俞大猷、李贄、陳第、張燮、黃道周、鄭成功等七篇是屬於明代的，陳夢雷、華嵒、黃慎、陳化成、林則徐、沈葆楨、林俊、林紓、嚴復、方聲洞、林覺民等十一篇屬於清代的：這就包括了各個時代的出色歷史人物。從才德方面來說，陳元光、王審知、蔡襄、沈葆楨是政治家，朱熹、真德秀、李贄、嚴復是哲學家、思想家，歐陽詹、楊億、柳永、張元幹、劉克莊、陳夢雷、林紓是文學家，嚴羽是文學批評家，華嵒、黃慎是繪畫家，鄭樵、袁樞是史學家，張燮是地理學家，陳第是音韻學家，李綱、黃道周、鄭成功、林則徐是民族英雄，俞大猷、陳化成是愛國將領，方聲洞、林覺民是革命烈士，范汝爲、陳弔眼、許夫人、鄧茂七、林俊是農民起義領袖：這就包括了各個方面的出色人才。所以我說這部書是有一定代表性的。

其二，各篇傳略，文章雖不長，但能突出每個人的重點，寫出各個人的特色。例如，對政治家陳元光，突出他善於處理好畲漢之間的民族關係和用人惟賢；對王審知，突出他善於處理軍民之間的關係和注意發展農業生產、交通貿易以及文教事業；對蔡襄，除充分表揚他的政績之外，更突出他的詩文及書法藝術的修養；對沈葆楨，除敘述他在巡視臺灣期間所作的成績之外，特別突出他辦理船政的貢獻和他重視科學技術的精神：這就使同是政治家的四個人各有不同的特色。又如，對民族英雄李綱，則突出他一生主要的事業是堅持正義的抗金鬥爭，反對金奴隸主貴族對廣大漢族人民的掠奪與屠殺；對黃道周，則突出他對閹党與奸臣的鬥爭和抗清復明的堅定意志以及在學術上的成就；對鄭成功，則於抗清復明之外，更突出他收復臺灣後領導軍民致力於經營臺灣的事業；對林則徐，除表彰他堅決禁煙抗英之外，特別突出他是一位傑出的政治家、思想家、愛國主義者，但求福國利民、與民除害、置生死於度外，並且已敏銳地意識到沙俄的侵略必須認真對待：這就使同是民族英雄的四個人又各有不同的特色。又如，對史學家鄭樵，特別突出他注重實際知識和書本知識相結合的治學方法；對袁樞，特別突出他努力繼承我國古代史學家公正不阿、忠誠諒直、勇於諫諍和秉筆直書的優良傳統：這就使同是史學家的兩個人也各有不同的特色。又如，對愛國將領俞大猷，既表彰他善於治軍抗倭，同時又突出他的出色政績；對陳化成，除表揚他堅決反抗英帝國主義者侵略外，特別突出他深知軍民團結是克敵制勝的根本，並極力敘述他愛護士兵與之同甘共苦的事蹟：這就使同是愛國將領的兩個人又各有不同的特色。其他的人，也都能做到重點突出，我就不一一列舉了。

其三，此書議論雖不多，但臧否人物，每得其平。例如，對文學家中的楊億，說不應該僅僅以西崑體代表楊億的成就和評價楊億的爲人，應該讀他的全集和瞭解他一生的治行；對柳永的詞，說他雖然多寫羈旅行役，離愁別恨，思想内容比較消極，並且有一些色情描寫，也有嚴重的缺陷，但他表現對功名的懷疑和厭棄，對封建禮教的衝擊，對被壓迫婦女同情，也有一定的進步性；對劉克莊爲賈似道的拜太師和“平章軍國重事”寫賀啟一事，則認爲他以年逾八十的老人，遠居福建鄉下，對賈後來的行徑，可能也不太清楚，未必是甘心阿諛這個誤國的敗類；對林紓，指出他晚年對新文化思想始終抱著敵對的態度，同時也指出“林譯小說”不只是在清末民初的文壇上影響很大，就是對五四新文化運動也起過積極的作用：這些議論都很持平。又如，對哲學家、思想家朱熹，指出他的“存理去欲”的說教，一方面是鉗制人民的思想，另一方面對於壓抑大官僚地主的胡作非爲，整頓腐敗的風俗能起一定的作用。朱熹的哲學思想雖屬於客觀唯心主義的體系，但他從教育實踐中體驗出來的教育理論和教學方法，有不少可取之處。對李贄，指出他對孔學的非難，對當權者的揭露和批判，根本目的是要他們改弦更張，革新政治，而不是反對封建政制，他雖然有一點樸素唯物論因素，但他主要的卻是唯心論者。對嚴復，指出他作爲一個思想家,確是一個不懈地向西方尋求真理的代表人物,但也指出他終於隨著階級偏見的加深,由改良派變成保守派的缺點。這些評價也都是正確的。

其四,書中不但對民族英雄、愛國將領和革命烈士給以熱情的歌頌,而且特別注意表彰農民起義軍領導的英勇事蹟。在所表揚的五名人物中,不但有范汝爲、陳吊眼、鄧茂七、林俊等四名男性義軍領袖,還有許夫人這位女性義軍領袖;不但表揚漢族的義軍領袖,也表揚畬族的義軍領袖,如陳吊眼及許夫人兩人便是。特別值得注意的,是能把農民起義軍的優異品質和愛國行動突出地表現出來。例如,對於范汝爲,極力讚揚他善於團結和發揮知識分子的作用;對陳吊眼,特別突出他響應宋文天祥的號召,挺身而出助宋抗元的愛國行動和艱苦鬥爭;對許夫人,則表揚她配合陳吊眼勇敢地衝破封建禮教的束縛,點燃了閩粵勞動婦女反封建、反壓迫的鬥爭火把;對鄧茂七,則表揚他英勇機智,善於利用"編民爲甲"的機會進行合法的鬥爭,及把沒收財物分給貧苦農民,得到了廣大人民的歡迎和支持;對林俊,論述其在艱難的情況下所以能堅持反清鬥爭,原因在於和廣大人民保持聯繫,得到人民群衆的支持,更指出他善於團結一切反清力量。像以上這些農民起義軍領袖的傳記,充分顯示出作者和編者的階級立場是鮮明的,能突破舊歷史學家的階級局限。

以上說此書的四個優點,我認爲是沒有誇張,沒有拔高的。所不足的地方,是因此書尚屬初編,篇幅有限,福建歷史上還有許多名人,無法收入。例如唐五代中有著《閩川名士傳》的侯官黃璞,著《黃御史集》的莆田黃滔,還有由五代入宋著《江表傳》等書的甯化鄭文寶:這三人對開發閩中文學風氣都是極有關係的人,應該補入。宋代同安的蘇頌,既是文學家又是傑出的科學家;宋元之際,長溪謝翱著《晞髮集》,連江鄭思肖著《鐵函心史》,其人其文,均獨出冠時;元代的浦城楊載,著《楊仲宏集》,詩文一洗宋季之陋,爲元四大家之一:這四個人也是應該增補的。明代也有應補的人,例如政治家有福清葉向高,他對明代的政治很有影響;又如文學家有長樂林鴻、侯官曹學佺等人,發展了閩中的詩派。清代名人,如甯化伊秉綬的書法,閩縣陳壽祺的經學,以及戊戌政變六君子之一的林旭,黃花崗革命烈士的林文,均係不可多得的人物,亦待補充。至如當代海軍界耆宿薩鎮冰,愛國華僑領袖陳嘉庚,以及無產階級老一輩革命家張鼎丞、鄧子恢等人，也都應該加以論列。這只好等待二編三編了。我希望福建地方史研究室諸同志能再接再厲，再寫一部續編，使內容更爲完備，那對福建地方史研究的貢獻就更大了。

一九八三年一月十七日黃壽祺謹序

（據《福建名人傳略》整理。福建師範大學歷史系福建地方史研究室編，福建人民出版社 1987 年 10 月出版。案此文寫於 1983 年，曾載《福建師範大學學報》哲學社會科學版 1983 年第 1 期下卷。）

古代漢語習題集序

我國傳統語文教學之方，注重熟讀精思古人之名篇佳作，揣摩其規矩，積累其語感，又通過各種練習，使之融會貫通，則可收事半功倍之效。福建師大中文系教師林海權、王爾康、陳玄榮三同志有見於此，於使用王力先生主編之《古代漢語》教材過程中，長期積累經驗，編成與教材配套之習題集。余觀其書，既能精心設計練習，又能力求類型多樣化。所舉例證，多從古人名篇佳作選出，並能注意結合現行中學語文課本之篇章。書後又附有參攷答案，俾教者有所參攷，學者便於複習，思精用宏，可謂適應教學雙方之需要矣。編者中，海權畢業後即留校工作，爾康從廈門大學調來，玄榮從黑龍江大學調來，三人者均有二十多年之大學教齡，幸獲匯聚一堂，通力合作，編纂此書。故此書實含有三校教學研究之經驗，不獨三人教學研究之成果匯集而已。是則此書之可以供中學語文教師、高校中文系學生，以及社會青年自學古代漢語之用，固無疑也。余幸獲見此書之成，而又喜得先讀也，爰爲之序而歸之。一九八三年三月十九日，黃壽祺序於福建師範大學之華廬。

（據林海權、王爾康、陳玄榮編《古代漢語習題集》整理。福建人民出版社 2002 年 9 月出版。案此文寫於 1983 年，後以手書墨本影印於《古代漢語習題集》書首。）

訓詁學概論序

　　廈門大學黃伯虜教授以所著《訓詁學概論》示余。余覽其書凡四章，首章緒論，闡明訓詁學之名義及其與漢語音韻學、文字學、語法學、方言學之密切關係。次章論訓詁學之基本內容，闡明因何訓詁、從何訓詁以及如何訓詁。三章論訓詁學之重要材料，則從專書、傳注、總彙三方面言之：專書以《爾雅》、《方言》、《釋名》三書爲主，總彙以《經籍纂詁》、《說文通訓定聲》兩書爲主，傳注則表列《十三經》、《老子》、《莊子》、《荀子》、《墨子》、《國語》、《楚辭》、《呂氏春秋》、《淮南子》及《史記》、《漢書》等二十三種。末章則皆述其研究過程中所遇到之疑問而予 ① 以解答者。今世通論訓詁之書，未數數見，而如是書之由淺入深，自方法以述專著者則尤不多見也。

　　伯虜學有師承而不執一端，重前修而不薄時賢，苟有所見，當仁不讓。高郵王氏，精治斯學，有識之士，莫不崇奉，然其於風詩《碩鼠》，謂"爰得我直"之"直"爲"職"，則不若以"直"爲"置"之爲善也。樂山郭氏，今世之善讀古書者，然於《七月》之詩，"一之日觱發，二之日栗烈"，謂當改讀"一之，日觱發；二之，日栗烈"，遂釋"一之"、"二之"爲一則、二則。不慮同篇八章首句即言"二之日鑿冰沖沖，三之日納于凌陰"，安有發言設詞，可自"二則"說起？它如于氏省吾謂《大雅·生民》五章結句"即有邰家室"，當爲"有台家室"，亦即"有養家室"。而不慮此章之結句，應與下三章之結句"以歸肇祀"、"以興嗣歲"、"以迄于今"等句式相同，當作"以貽家室"也。聞氏一多謂《秦風·黃鳥》首章"維此奄息，百夫之特"，以"特"爲"待"，則不如以"特"爲"敵"之文例一致也。

　　昔人有言："訓詁之旨，在於聲音。"又云："不知假借者，不可與讀古書；不明古音者，不足以識假借"。伯虜嘗著《文字學講義》、《音韻學講義》以餉諸生，殫思極慮，殆皆爲訓詁而作者也。原夫聲音之道，渺矣難言。是書取證方言，脣吻可驗。雙聲叠韻，輕清重濁，向爲絕學，今則軺軒可據，數語可辯。

---

　　① 予，福建人民出版社本誤"子"。據上下文意校改。

是書善冶古今於一爐，合中西於一體，觸類旁通，左右逢源。竹帛辭例，於焉大明；詞義遞嬗，有條不紊。蓋以普通語言之道，馭茲聲音訓詁之科，用能言之成理，持之有故。理故籍者置之座右，可備發凡之需；教語言者手此一篇，則有解惑之用。吾知是書之出，承學之士必不以余之阿其所好也。爰書所見而爲之序。

公元一九八三年夏曆歲在癸亥初夏之月

黃壽祺序於北京北太平莊之寓廬

（據黃典誠《訓詁學概論》整理。福建人民出版社 1988 年 1 月出版。案此文寫於 1983 年，五年後載於《訓詁學概論》書首。）

梁容若詩存稿序

余弱冠受業於行唐尚節之先生之門，始識梁君容若。其後余與容若又同在北平中國大學國學系爲講師，君講授《中國文化史》、《外國治學研究》諸課程，而余則講授《周易》、《宋元學案》等專書，甚相得也。容若畢業於北京師範大學國文系，又曾留學於日本東京帝國大學文學院，通曉英、日諸國語言，明習中外文化歷史，於日本文學用力尤深，固非余之抱殘守缺者所能望其肩背也。抗戰期間，余間關南旋，執教於閩中。而容若則從政於歸綏，爲綏遠省政府主任秘書及少將參議官。抗戰勝利後，則赴臺灣講學，先後任臺灣大學、師範大學、政治大學教授，私立靜宜女子文理學院教授，私立東海大學教授兼中國文學系主任，並曾創辦《國語日報》，編輯副刊《古今文選》及《書和人》，風行海內外。又擔任臺灣省國語推廣委員會常務委員，教育部學術審議委員會委員，著作甚富，且獲中山學術著作獎。退休後，轉客美洲。前年始歸國，爲北京師範大學歷史系教授。去年冬，余來京參加紀念先師吳檢齋先生大會，始復獲與容若相見，蓋已別四十餘年矣。容若已年登八十，而余亦逾七十，白頭相對，既喜故人之無恙，而又悲吾師槐軒先生之不及見也。昨者容若以所作詩存稿示余，余觀稿中有《東瀛》、《北平》、《濟南》、《塞外》、

《臺灣》、《京華》諸集，既足以考知其生平歷史、交遊蹤跡，尤足窺見其憂時之忱、愛國之心。長詩如《青塚懷古》、《梁甫吟》、《去國行》、《無我吟》、《和日本吉川幸次郎遊蜀》、《贈梁實秋教授》等，短章中《讀世界史》、《歸國吟》等，詠史述懷，感時撫事，引吭高歌，慷當以慨。而《壽靜如》、《新澤西州伽尼公園》、《漫逗園秋思》、《蒙西雜詩》等作，描寫家庭情感，異域風光，俗美景幽，心曠神怡，又新人耳目，別饒風趣。抑余重有感者，容若爲人欹奇磊落，早歲嘗有志於經世，慕魯仲連、李左車之遺風，喜爲疆帥出謀畫策，排憂解紛，而又難進易退，不可榮以祿。中年而後，專心文化教育，篤志學術典籍，所著述如《中國文化東漸研究》、《現代日本漢學研究概觀》、《文學十家傳》、《文史論叢》、《談書集》諸書，久已蜚聲國際，享有盛名。此輯存之古近體詩，固其述作之餘事也，而所成就已若此，以是知能者之不可以方物拘也。余與容若地北天南，山阪海滋，萍蹤靡定，一回相見一回老，每一握手，惟覺其古道照人。故序容若之詩以告子孫，使倉山喬木與滋河明沙相望生輝，則亦人間一佳話也。時公元一九八三年，夏正歲在癸亥立秋之日，同學弟霞浦黄壽祺序於北京師範大學之小紅樓。

（據《福建師範大學學報》哲學社會科學版 1983 年第 4 期整理。案此文寫於 1983 年，發表於《福建師範大學學報》。）

仁壽堂吟草序

《仁壽堂吟草》者，故肅威上將軍薩公鼎銘之所作也。公諱鎮冰，先世爲色目人，系出雁門薩氏，元末有官於福建者[①]，遂隸籍閩縣，十六傳而至公。公以海軍宿將，揚歷中外，垂六十年，嘗攝國務總理及任福建省長，清廉公正，尤敬孤老，憐幼弱，賑災恤貧，澤及群黎。居官之暇，輒青鞋布襪，巡遊閭里，詢民情，話家常，慈祥愷悌，閩中父老子弟，無不敬之如佛，稱爲菩薩。壽祺

---

① 者，打印本誤 "省"，疑形譌。據上下文意改。

年二十一,留學燕都,時公已卸職閒居,聞一日出游吾邑,笠屐所經,觀者填街塞巷:婦女攜子抱孫,乞取名字以爲榮;耆老則舉旗鳴炮,焚香頂禮,真有若迎拜菩薩者然。其後四年,又聞山西友人言,公之返雁門故里也,鄉親歡迎之盛況,一如其在吾邑時。以壽祺所知,舊中國之下野官員,能得民衆愛戴如公者,蓋鮮有也。公年六十始學詩,初嗜折枝吟,爲之甚工,及將七十,始好爲古近體。初不留稿,其族侄士武與爽盦,惜其散佚,私自輯錄。及公之歿,凡鈔存遺詩九十有八首,並以晚歲鄉人爲公所築之仁壽堂名其集。歲甲子,公歿已三十有三年,士武亦逝世,爽盦則年八十有七矣,舉集以示壽祺,並冀能爲之序。壽祺於公爲鄉之後學,自少至老,無一日不敬慕公之爲長德鉅人也。獲命序公之詩,何幸如之! 諷誦之餘,乃知公之爲詩,一如其爲人。雖年登耄耋,仍關心國家興亡,與夫人民疾苦,鼓勵抗日救亡,收復台澎;歌頌抗美援朝,支援鄰國:敵愾同仇,從不後人。感時撫事,形諸吟詠,始則歎狼煙之高舉,悲村落之爲墟;雞蟲攘奪,哀萬姓之流離;物價潮漲,憂小民之安食:固無時而不痌瘝在抱。及神州解放,公已年逾九十,聞耕者各有其田,農民得以豐衣足食,而後喜可知也。公之詩,寫景詠物者較少,偶有所作,亦時時流露烈士暮年,壯心不已之情懷。如《步鍾笠庵原韻》云:“見柳長思清代左,度關猶 ① 憶漢時班。”《遊隴上》云:“村稀喜見民風樸,野曠常憑馬力強。”《塞上懷古》云:“或策明駝臨絕塞,未忘故土隔流沙。”《詠老驥》云:“安西如用騎,尤可搗樓蘭。”若此之類,不一而足。其尤難者,公已德在人間,名留史乘,而謙卑自牧。誦其《次陳翼才遊東岩韻》云:“勳業平生無足道,署名恥列舊時銜。”《次韻答陳韻珊太史》云:“耄年尚虛生,自愧不如死。爲官無建樹,何顏見君子?”益可想見其爲人矣。《易・乾文言》曰:“忠信,所以進德也。修辭立其誠,所以居業也。”公之爲人與公之爲詩,誠足以當之而無愧矣。爰書所懷,而爲之序,以歸爽盦。爽盦倘不以壽祺爲無知而妄作也歟 ② ?時公元一九八四年二月十四日,夏正甲子歲元宵前兩日,鄉後學霞浦黃壽祺謹序。

　　(據薩本珪等編《仁壽堂集》打印本整理。案此文寫於 1984 年,時應薩伯森先生爽盦之請而作。)

<hr>

① 　猶,打印本誤“憂”。據《仁壽堂吟草》校改。
② 　歟,打印本誤“歡”,疑形誤。據上下文意改。

南漈詩輯序

　　南漈山在寧德縣之蕉城，東向三都澳，南對飛鸞嶺，西峙虎貝，北倚霍童。山則層巒疊嶂，千巖競秀；水則汪洋浩瀚，碧波萬頃：固閩東之奧區也。而南漈周圍，勝跡尤多：玉女峰之秀麗，白鶴嶺之雄奇，龍湫獻瀑，蓮花呈瑞，文筆一峰，石門雙峽，雲端隱岫，谷內懸崖，鳥道迂迴，石磴曲折，林木蒼翠，花草幽香，灣灣有景，塢塢藏幽，登山臨水，目不暇接，誠遊觀之勝地也。故在宋世，名流碩德如陸游、陳普諸賢，即有所題詠。明清以來，作者益盛，林保童、李拔、謝章鋌諸名士皆有留題。當代詩人所作，亦有可觀者。蕉城諸老宿遂編集爲《南漈詩輯》，以志山川之勝概，且爲旅遊者之助，並命壽祺爲序其端。自維先世，本居寧邑之石堂，先祖父兄弟三人及先父俱爲寧德縣學之秀才，壽祺年十三入高小，始隸籍霞浦，實亦寧德人也。諸鄉先生有命，不敢以不文辭，爰序而歸之。公元一九八六年二月三日，即夏曆乙丑年十二月二十五日，六庵黃壽祺謹序於福建師範大學之意園。

　　（據蔡作炳、馬忠周等編《南漈詩輯》第一集整理。寧德地方詩社1986 年 6 月印製。案此文寫於 1986 年，蓋應鄉詩友之請而作。）

中學詩文釋彙序

　　《中學詩文釋彙》即將由福建人民出版社印行，這是一件值得高興的事。作者李鄉瀏同志，1955 年畢業於福建師範學院，長期從事語文教學，注意教學資料的積累，悉心研究教材教法，能從較多的實例入手，訂正課本中若干詩文註釋的訛錯，彌補一些教學參考書解釋的欠缺，先後在全國各地三十多種語文報刊上，發表五百多篇的論文和教學札記，成績突出。如《馮鏗胡也頻及其它》，就魯迅的名文《爲了忘卻的紀念》註釋進行辨正，發表在《語文教學之友》上，即被中國人民大學的《中學語文》專輯列入教學參考，複印轉載。《民間歌謠簡說》、《談民間文學的特徵——從牛郎織女孟姜女白蛇傳談起》等發表在《語文月刊》後，由中國民間文藝研究會編入民間文學研究和評論的目錄，1986 年夏天榮獲該刊優秀作者稱號，出席華南師大座談會。《向葉老請教夜的小說作法》發表在《語文教學》上，不久被選編《作家談高中語文教材》書中。這表明緊扣語文教學實際的文章，具有一定的知識性、可讀性，也有一定的實用性、趣味性，才會引人注目。現經篩選，以中學《語文》課本中詩文的難點、疑點和重點的辨析、註釋和講評爲主，編成 12 萬字，内容大致分爲三個部分。一，篇釋：有作者與作家葉聖陶、謝冰心、許廣平、劉白羽、秦牧、馬烽、阮章競、賈祖璋等的通信，就教材有關方面的解釋，闡述頗有教學參考價值的看法，如《花開時節誦花城》等十多篇。也有評析文學名著的論文，如《魯迅小說的剪裁》、《江南逢李龜年疏釋》、《陋室銘補疏》等。二，句解：如《鑄以爲金人十二解》，考明“金人十二”的下落；《關於桃花源》，說明陶潛作記的素材和資料的來源；《李愬雪夜入蔡州》，引《唐國史補》相參證；《且說太學與國子監》，詳述其職官與建築。若此之類，皆史料翔實，解說簡明。三，詞辨：《釋裙》，訂正了杜詩“出入無完裙”註釋的未確；《案辨》，由本義“几”的用具說明，糾正“大桌子”解釋的未妥；《蜀川》，辨正王勃詩題的地名；《寺僧》，分辨和尚的褒謂貶稱等，索本正源，擇要釋義，俱見功力。這些都是作者於課餘在語文園地辛勤耕耘的結果。這本書能以出版，我認爲不但對於中學語文課本的編輯註釋工作和中學語文教師的教學工作有很大的幫助，而對於大專學校語文系科教材教法的研究，也是有所裨益的。所以我也就忘其衰老固陋而樂爲之序。黃壽祺，一九八六年十二月二十三日於福建師範大學之意園。

（據李鄉瀏《中學詩文釋彙》整理。福建人民出版社 1987 年 10 月出版。案此文寫於 1986 年，翌年載《中學詩文釋彙》書首。）

李贄年譜考略序

　　林君海權以所著《李贄年譜考略》徵序於余。余觀其書，取材廣博，體例甚備，以詩文編年爲基礎，考辨精詳，往往勝於舊譜。如鈴木虎雄《李卓吾年譜》，謂李贄入天中山爲萬曆四年，天中山在河南汝寧府城北三里。海權則考定天中山在湖北黃安縣南二十里，李贄入山爲萬曆二年，非四年。鈴木於萬曆二十四年譜中，謂“李贄春赴濟上，夏赴大同，秋赴上党（沁水）”，繫三年之事於一年，容肇祖《李贄年譜》雖有所訂正而語焉不詳。海權詳爲補充，確定李贄於萬曆二十四年秋至沁水，二十五年仲夏五月至大同，二十八年三月至濟寧。李贄《答耿司寇書》中有“羅近溪今年七十二歲”之語，前人據近溪生年定此書寫於萬曆十四年。而海權則更考定所寫在其年中秋節前，其考據之精密可知。蓋其書之特點有二：第一，非孤立研究李贄，而是廣泛聯繫有關人物之思想活動，故能多所收穫。如在姚安時期，海權較多注意李與駱問禮之關係，從駱之《萬一樓集》中，得知李與駱相抵觸之具體情況。在寓居黃安、麻城時期，海權注意李與耿定向之 [①] 間之矛盾鬥爭，自《耿天臺先生文集》中，瞭解李與耿論戰之全部内容及兩人交惡之整個過程。在寓龍湖後期，能從佛學與文學兩方面研究李贄，注意李與三袁之關係，並從三袁著作中瞭解李之進步文學思想對公安派之巨大影響。在後三年中，注意李與馬經綸之交往，並從《馬公文集》中考明李之行蹤，馬之營救及營葬李贄 [②] 之深厚友誼。第二，能就事件背景深入研究，而不局限於文字表面，故其考訂之真實，更令人信服。嘗檢《焚書》、《續焚書》，見李贄常有“壽至古稀”、“以至於今七十”之語，經海權考訂，或確屬七十歲，或不然。如《焚書》卷四《禮誦藥師告文》，謂“壽至古稀”，實則是年李贄始六十七歲。《續焚書》卷一《與馬伯時》謂“今自律之嚴已七十載矣”，《與耿克念》謂“以至於今七十”，實則李贄是年始六十九歲。又如《續焚書》卷五《觀音閣》詩中，謂“如何古稀人，不識三

---

　　① 　之，《李贄年譜考略》本無。謹案，此文有兩本：一是《福建師範大學學報》本，哲學社會科學版1988年第1期；二是《李贄年譜考略》本，福建人民出版社1992年11月出版。今以二者互勘，凡有異文即出校記。
　　② 　李贄，《福建師範大學學報》本無此二字。茲依《李贄年譜考略》本。

伏苦”，實則李贄是年已七十一歲。因能聯繫事件背景，故知上述之所謂“古稀”、“七十”皆舉成數而言，不是確指。以往學者對李贄之研究、評論，由於掌握材料不足，難免有論斷不確或錯誤之處。今海權在前人研究之基礎上，覃思精慮，窮蒐遠稽，勒成此書，於李贄生平事跡，進行詳細考訂[①]，於其作品寫作年代、真偽、存佚，進行認真辨析。故能補苴前人之罅漏，而於後之研究有所啟發，可斷言也。曩在“評法批儒”之際，吾閩省曾建立李贄著作註釋組，從事《焚書》、《續焚書》註釋，余與海權均曾奉命參預其事[②]。余當時所見常與時論不同，嘗私作札記，約百數十事，題爲《注李賸[③]墨》。其後註釋組撤銷[④]，兩書之注未得刊行，而余之《賸墨》遂亦閣置。今歷時十有餘年，余先後三徙所居[⑤]，《賸墨》竟不知散失何所。故余之研究李贄，可謂一事無成。獨羨海權強毅堅持，十餘年來無間寒暑，孜孜不懈，遂得成此專著。余既深嘉海權之志行，而又樂觀其有成也，遂爲之序而歸之。時公元一九八七年九月五日，夏正歲在丁卯七月十三日，六庵老人黃壽祺序於福建師範大學之意園。

（據《福建師範大學學報》哲學社會科學版 1988 年第 1 期整理。又載《李贄年譜考略》，福建人民出版社 1992 年出版。案此文寫於 1987 年，先在《福建師範大學學報》發表，後刊入《李贄年譜考略》書首。）

隴右方言發微序

　　丁卯六月，路君志霄自蘭州西北師範學院貽書壽祺，乞序其師李行之先生所著《隴右方言發微》。憶壽祺與行之相識，在己巳之秋，時年十八，肄業於北平中國大學文科之預科。行之長壽祺十一歲，亦於是秋入中國大學本科

---

① “覃思”至“考訂”二十五字，《李贄年譜考略》本節縮爲“廣徵博引，詳細考訂”八字。

② “曩在”至“其事”一節，《李贄年譜考略》本改爲：“十多年前，余與海權均曾奉命參預《焚書》、《續焚書》之注釋工作。”

③ 賸，《李贄年譜考略》本改作“剩”。

④ 註釋組撤銷，《李贄年譜考略》本無此五字。

⑤ “今歷”至“所居”十四字，《李贄年譜考略》本作“此後余三徙所居”。

國學系。吾二人科屬雖不同，而宿舍相鄰，得以時相見。其後二年，壽祺亦升入本科國學系，雖年級有異，而得共同選修專業課程，於是與行之過從甚密。行之好治文字、訓詁、聲韻之學，精研《爾雅》、《說文》、《方言》、《釋名》、《切韻》、《廣韻》諸書，大爲系主任吳檢齋教授及范文瀾教授所稱譽。壽祺略習《易》、《禮》，閒學作詩古文辭，吳主任屬望亦頗殷。故與行之益相得，兄事行之，行之亦弟畜之。行之先二年學成，歸隴右，主蘭州師範教席。及壽祺畢業，行之約同到蘭師任教，會以事阻，未果行，時乙亥之夏也。是年九月，行之南遊蘇州，受業於餘杭章太炎先生之門，並曾爲先生整理《古文尚書拾遺》七篇。翌年六月，先生既歿，行之歸隴，復任教於蘭師及甘肅學院，並創辦武都師範。時壽祺憤日寇侵略，初則投筆從戎，受軍訓於南苑，繼則淪陷於北平，終復逃回閩中，流離顛沛，遂與行之不相聞問。逮抗戰勝利，蘭州解放之後甚久，始獲知行之尚健在，仍居蘭師爲校長，又曾爲甘肅文化教育委員會委員及蘭州市教育局副局長。方欲函札聯繫，商量舊學，而“文化大革命”事起，行之飽受折磨，庚戌之秋，即遘疾長逝。及丙寅八月，壽祺應西北師院之請，到蘭州講學，而行之歿已十有六年矣！遂弔之華林山烈士陵園，並唁其孤子女而歸。行之一生盡瘁於文教事業，作育人才甚衆，雖在行政事務紛繁之際，未嘗一日廢書不從事學術研究，故著述甚富。晚遭事變，未及刊布，致多散佚。今存之稿，尚有《斯文異詁》、《太平天國在甘肅》、《甘肅省縣沿革》、《目錄學之應用》等，而以此《隴右方言發微》一書，用力爲最久且深。原稿分《釋言》、《釋訓》二卷，都凡五百六十七條，皆闡發隱微不顯之言；其所易了，不煩疏通證明者，次於卷末，名爲《附編》。行之歿後，其門人李鼎文教授、鈕國平副教授爲之整理，繕成清稿，志霄與王幹一諸君並謀爲之影印行世。志學之誠，風義之篤，烏虖難已！壽祺觀《釋言》之篇，多單文起義，如以隴語“嗟你來呀”，證明《小雅·小明》“嗟爾君子”之“嗟”之爲發聲辭。又如以隴語命辭之詭僞者曰“不成話”，證明其與《三國志·諸葛亮傳》注引孫盛以“話言”爲“善言”之訓相合。《釋訓》之篇，要皆重文疊字，如隴南形容人之垂頭喪氣者曰“倮倮憐憐”，謂“倮倮”即《老子》“儽儽兮若無所歸”之“儽儽”，與《史記·孔子世家》“纍纍若喪家之狗”之“纍纍”之音稍變。又如以隴右人形容水流之聲曰“活活”，證明其與《詩·衛風》“北流活活”之義相同。訓釋精審若是者，不勝列舉，實皆通方俗之殊語，釋古今之異言,其學術價值之高,讀其書者自能詳之。壽祺既喜故人之學有成,而其群弟子又能發揚而光大之也,遂草創此序而歸之志霄。吾知志霄與幹一、鼎文、國平諸君子,必將樂為之討論與修飾潤色也夫!後死友霞浦黃壽祺敬序於福建師範大學之意園,時年七十有六。

(據《福建師範大學學報》哲學社會科學版 1988 年第 1 期整理。文又載李恭撰《隴右方言發微》,蘭州大學出版社 1988 年 1 月出版。案此文寫於 1987 年,嗣即發表於《福建師範大學學報》,並載於《隴右方言發微》書首。)

福建省舊方志綜錄序

目前各地方志編纂工作正在大力開展,舊志之整理與利用,便屬其中項目之一。舊志數量極為可觀,蘊藏資料尤其豐富,乃祖國一大宗文化遺產,對於從事生產、科研、施政等方面工作,皆堪資仰鏡。況今"四化"建設,經緯萬端,蒐菲無遺,競呈效用,方志為吾民族文化瑰寶,他山攻玉,尤不容疑。然欲利用舊志,首當整理舊志;欲整理舊志,更非先摸清舊志存底不可:故把舊志目錄編出,實為先務。五十年前,朱士嘉先生始草創《中國地方志綜錄》,一九八五年北京天文臺復編出《中國地方志聯合目錄》,我省薩士武先生亦早在五十年前已有《福建方志攻略》之作,筆路藍縷,啟迪後賢,厥功茂矣。吾友鄭君寶謙,好學能詩,對於福建地方志書,鉤稽尤深。嘗本朱、薩諸先生所作,並博攷國內外所藏福建省方志,著為《福建省舊方志綜錄》一書。其書分通志、專志、雜志三編,今"通志編"已完稿,即將付印,專志、雜志兩篇亦在編寫之中。寶謙不以余為衰耄,乞余一為之序。余維寶謙之撰是書,實欲編出一部福建省舊志之詳確分類目錄。所謂"分類",即將自古以來直到解放為止,凡屬本省之大小志書,以類相從,均予收錄,並編定書號。所謂"詳確",一是收集之書目,力求齊全,已有之舊志,不論存佚,悉行收錄,期無遺漏;二是各書著錄內容,力求翔實,即對各書之修刊情況與存佚情況逐項細緻探明。修刊情況包括書名、修纂時間、修纂者、紀事時限、歷次刊印時間、刊行者、藏板處或印刷所等。存佚情況包括存志之當前收藏,及佚志之曾見著錄與徵引。條分縷析,詳而能明,觀其凡例及代自序詩注,即可概見。其用力之勤,實令人欽敬。余嘗竊歎近日承學之士,往往假創新之名,標奇立異,主觀臆測,架空議論,而不務實學,求如寶謙之潛心典籍,探賾索隱,窮年累月,孜孜不倦,實事求是,以著一書,卓然自樹而成一家之學者,殆不數數見。余既喜寶謙之書有成,而又得先讀爲快,爰爲之序而歸之。公元一九八七年二月二十五日,即夏曆丁卯年正月二十八日,六庵老人霞浦黃壽祺謹撰,時年七十有六。

（據《福建省舊方志綜錄》整理,鄭寶謙主編,福建人民出版社 2010 年 11 月出版。案此文寫於 1987 年,二十三年後始發表於《福建省舊方志綜錄》。）

學生古今詩詞鑒賞辭典序

文學欣賞是以文學批評爲基礎的,而文學批評又能對文學欣賞起指導的作用。所謂鑒賞,既看重從讀者審美感受的角度著眼,研究作家、作品和讀者之間的關係;又著重從總結文學創作經驗的角度著眼,評價文學作品的審美價值和社會價值。本著這一精神,福建人民出版社辭書編輯室爲了適應大、中、小學生讀者及老師的教學需要,以中、小學《語文》課本及《大學語文》中的古今詩詞教材及課外部分詩詞名篇爲鑒賞篇目,經過周密組織和充分籌備,邀約有關同志撰搞,編纂《學生古今詩詞鑒賞辭典》,作爲一部辭書面世,確是一件很有意義的事兒,頗值慶賀。

詩詞教材在各層次學校教科書裡佔有一定的比例,分量非少。指導鑒賞,是教學中一個引人矚目的課題。撰稿者既有蜚聲學術界的老一輩專家教授,也有學有專攻的中青年學者。這些鑒賞文章,既言簡意賅,有的放矢,又深入淺出,循循善誘。本書對於廣大青少年學生,無疑有其指導和啟迪的意義。對於社會自學青年,對於喜愛文學的讀者,同樣也會有所裨益的。

1988 年 7 月 12 日
於福建師大意園四座二樓

（據《學生古今詩詞鑒賞辭典》整理。福建人民出版社 1989 年 9 月
出版。案此文寫於 1988 年，翌年刊於《學生古今詩詞鑒賞辭典》書首。）

太姥山詩文集序

　　吾閩之談佳山水者，每以太姥與武夷並稱，誠以太姥之奇與武夷之秀，
並稱雙絕。然武夷處於閩北內地，毗連浙贛，交通較便，開發略早，其名甚著。
太姥以僻處海隅，知名頗晚。惟自唐以來，名人碩士之來遊太姥者即絡繹不
絕，紀遊題咏之作亦代不乏人。若唐之薛令之、林嵩，宋之王十朋、楊楫、鄭
樵、陳嘉言，元之陳陽極，明之林愛民、傅汝舟、謝肇淛、屠隆、史起欽、徐㷸，清
之鄭承祉、林滋秀、李拔、陳壽祺、林樹梅、王錫齡、周凱、郭伯蒼、張際亮、王守
銳諸賢，均有佳作名篇流傳於世。近代鄉賢耆宿，如薩鎮冰、林棟、周夢虞、杜
琨、卓劍舟、釋智水，以及現尚生存之詩人作家，人才尤多，題咏篇什之富，盛
於前古。惜多散見於各郡縣地方志、山志及私家著作之中，未有彙成一書者。
故人子弟周瑞光，鼎邑之桐山人，年少好學，酷嗜詩詞。壯歲而後，即留心地
方文獻。近數年來，悉力搜集有關太姥山之詩文詞賦，凡百有餘家，都數十萬
言，纂爲一編，名之曰《太姥山詩文集》，海峽文藝出版社將爲印行，而徵序於
余。余惟愛其祖國之人，無不愛其梓鄉；能真愛其梓鄉者，始能真愛其祖國。
瑞光集太姥山之詩文，即其熱愛梓鄉祖國之表現。吾知海內外之讀是集者，
必將深感祖國山川風物之美，鄉邦人民才智之茂，觸景生情，團結合作，使建
設日益輝煌，山川日益奇麗，則五洲萬國觀光旅遊之人士必將聯袂接踵而來。
吾又知太姥之奇，必將與武夷之秀，同彰彰於環球人士之耳目而永垂弗衰也。
公元一九八八年十月十七日，即夏正戊辰年八月二十七日，霞浦黃壽祺序於福
建師範大學之意園，時年七十有七。

（據周瑞光編《太姥詩文集》整理。海峽文藝出版社 1990 年 6 月
出版。案此文寫於 1988 年，越二歲載《太姥詩文集》書首。）

秦豫行小序

己巳暮春,應黃河詩會之邀,於四月十一日與趙君玉林聯袂赴會。會址設在鄭州黃河遊覽區,以滬寧轉車困難,遂乘飛機先到西安。居四日,始得由西安前赴鄭州。又四日,詩會畢,原擬至洛陽看牡丹,復爲交通所阻,未得成行,遂改往開封及嵩山參觀。至四月二十二日乃別鄭州由鐵路到滬。二十五日自滬乘舟南行,翌日返抵福州。此行歷時凡半月有奇,沿途與玉林酬唱不絕,而以在陝西及河南境内所作爲多,因定名爲《秦豫行》。玉林才華煥發,意氣甚奮,老而彌健,而余駑劣無似,勉隨驥尾而已!歸檢所作,各得詩四十餘首,編爲一集,以志詩會之盛,遊觀之樂云爾。一九八九年五月八日六庵老人黃壽祺序。

(據福建師範大學圖書館藏鉛印本《秦豫行——黃壽祺趙玉林唱和集》整理。案此文寫於 1989 年,嗣即載於《秦豫行》卷首。)

論文寫作指南序

余於赴美講學前夕,王君命夔以新近所著《論文寫作指南》書稿見示,並囑爲序。

讀書之有心得,須識於文;學術之有見解,須論於文。文章向爲學人所重,而文辭義理又爲文章之要,論文亦不例外。清人紀昀云:"文而不根於理,雖鯨鏗春麗,終爲浮詞;理而不宣於文,雖詞嚴義正,亦終病其雅馴。"此謂文理者,欲求完美,自有其法。近年,不同種類之寫作教材或著述繁多,然關於論文之系統專論,則尚於初創階段。現有此書問世,誠是學界一益事。

余粗閱一過,感其特點與功用約有三端:一曰結構合理,方法得當。撰寫論文過程之步驟及概念,經其安排、提示,使之入門有徑。若對於撰寫前之最難者,即如何選題、查找資料,設有專章闡述,足以啟誘初學。二曰博采諸家,援據精切。作者旁搜遠紹,去粗取精,爾後熔衆長於一爐。所徵引、分析之例,不乏典範性與說服力。三曰類型齊備,體系完整。既綜合社會、自然兩大科學領域,又包羅情報、調查以至畢業論文諸類。凡各專業之有求於論文寫作指導者,手此一書,便可得窺堂奧。

王君命夒,本習中文,知曉文理章法,現職圖書館,擅文獻之檢用。平素耽意文章,悉心探研,因有所成。當今論文寫作之爲一獨立新學科,正日漸形成,而此書之系統內容已初具規模。余以其意義非小,故樂爲是序。

六庵老人黃壽祺

1990 年 1 月

(據王命夒撰《論文寫作指南》整理。福建科學技術出版社 1991年 6 月出版。案此文寫於 1990 年初,翌年載《論文寫作指南》書首。)

空海研究序

長溪故縣,乃今之霞浦,地處閩東海隅。公元 804 年,日本國留學僧空海隨遣唐使船漂泊此間之赤岸村海口。此項重要史實,千百年後,爲我國史學界所確證。自是,赤岸便以"空海入唐之地"聞名於世,而且中日文化與友情亦在此頻繁溝通。

去歲秋,"空海研究會"於霞浦舉行中日學人首次學術討論會,時余適因籌赴美國講學事宜,未克出席,而深感抱憾。後與會之郭君天沅告余,討論會群賢雲集,蔚爲大觀,並以擬結爲《空海研究》之各篇論文提要相示,乞余爲序其端,余閱之甚喜。

唐代文化嘗以巨大力量吸引衆多日人爭來求學,爾後東傳異域,影響至深。其中,以入唐求法之空海最爲傑出,傳真言、創假名,堪稱文化交流之先驅;擅書法、精文辭,可謂博綜諸藝之通才;立庠序、建農池,誠爲作人移民之典範。因之,研究空海,不宜獨就一時一事而論,而必須綜合其一生不同階段之各個方面。是集所收三十五篇文章，類型多樣，角度不同，尚能反映其全面性。同時，主次兼顧，重點突出，從而立足赤岸開展研究之特色得以體現。此外，觀點有別，不囿一說，使之形成學術爭鳴格局。若其內容，主要由空海與赤岸、福建、佛教、三教思想、文學、書法、教育思想、中學教育，以及其它方面組成，大致周詳。所涉及學科之廣，有歷史學、宗教學、文學、藝術、教育學和考古學、人類學、民族學、文化學等。又若空海與赤岸方面，有關論文凡十二篇之多，集中圍繞空海入唐之地進行深入探研。此既表明本次討論會之主要內容，又顯示出研究會所在地之學術實力。至於中日同文、稻作、畲族東遷與茶道淵源諸文，雖非專論空海，然分別從宏觀或微觀上研討兩邦文化關係問題，亦頗富新意。由此，可以想見主次兩者隨之聯繫、發展，空海研究將由赤岸擴至中日文化史之更大範圍，前景寬闊。再若同一論題，各家所持觀點不一，而能各顯理緒。對空海於赤岸、福州、南平等地活動情況，包括具體事件、時間、地點之眾說，儘管一時尚難判定，但均可資學術界以進一步研究其是非者之參考。

　　總而言之，各類文章或辨史實、析原委，或稽文獻、考遺跡，或論人物、評思想，皆具一定之學術價值。現結集梓行，更是中日雙方協作交流空海研究成果之最好總結。故樂爲之序。

黃壽祺

一九九〇年四月五日於福州對湖意園

　　（據陳國強主編《空海研究》整理。華夏出版社 1990 年出版。案此文寫於 1990 年，是年即刊於《空海研究》書首。）

周易辭典序

　　程子嘗云："《易》道廣大，推遠則無窮，近言則安靜而正。天地之間，萬物之理，無有不同。"又云："《易》之道，其至矣乎！聖人以《易》之道崇大其德業也！"（《河南程氏經說》）誠哉斯言！《易》之爲書，其象數義理所包，實可觸類旁通，廣大無涯，乃至數千年以降，前哲傳之，後學述之，蔚爲繁富多彩之易學著述寶藏。

然則，古今述《易》著作固豐多矣，而易學之流別亦因之紛然多歧。《四庫提要》既稱《易》有“兩派六宗，已互相攻駁”，又曰：“易道廣大，無所不包，旁及天文、地理、樂律、兵法、韻學、算術以逮方外之爐火，皆可援《易》以爲說，而好異者又援以入《易》，故易說愈繁。”此其有識之士所以慨歎《易》之難讀歟？故先師行唐尚節之先生嘗序余所著《易學群書平議》云：“最多者《易》解，最難者《易》解，苟非真知灼見之士，爲揚摧其是非，釐訂其得失，後學將胡所適從哉？”

張君善文，從余問學十有餘載，於《易》覃思研精，深有所入，余嘗以朱子門下之有蔡季通稱許之。彼既與余合撰《周易譯注》書成，復詳探群籍，旁蒐博采，考兩派六宗之源流，辨歷代易學於一帙，纂爲《周易辭典》。其用力之勤，誠可佳也。今觀其書，凡收詞目四千餘條，所列經傳詞語、易學概念、諸家義例、治易名儒、歷代易著等項，條分縷析，商定解剖，無不顯微闡幽，判然明暢。學者苟能緣此書以求之，不虞經傳之難解，衆說之紛歧也！其爲有功於易學，斯足貴矣！公元一九九〇年六月十三日，夏正庚午芒種後七日，六庵老人序於福州，時年七十有九。

（據張善文撰《周易辭典》整理。上海古籍出版社 1992 年 12 月出版。又載《周易辭典》修訂本，中國大百科全書出版社 2005 年 6 月出版。案此文寫於 1990 年，越二歲刊於《周易辭典》書首。）

閩東風物志序

余訪美歸來，不勝勞倦，臥病醫院，然故土之思仍時時入懷。

余去家六十餘載，雖窮年兀兀於講席，精苦刻銘於經學，而效力桑梓之心，仍無日不存焉。

閩東舊土，本揚州故郡，因船而名，號曰溫麻。始自晉太康，迄今已一千七百餘年矣。自唐薛令之以降，人才輩出：名宦武將不絕於史，忠臣義士節昭日月。山水之秀，甲於海隅：北擁太姥之雄，南藏支提之幽，東瞰滄溟，而西枕疊翠。人傑地靈如斯，而鮮爲外人知者，何哉？以"僻在偏隅，輶軒罕及"（清李拔《福寧郡賦序》）之故也。

余雖耄老，每念及此，不禁愀然。既傷余舊作之散佚，又感於閩東人文著述之闕如。回憶余早年有關閩東之著述有二：一爲《福寧人士記》，一爲《閩東風俗記》。今兩書不幸悉亡，常深惆悵。忽聞《閩東風物志》編委會承擔起《閩東風物志》之編寫任務，業已成書，即將付刊，並乞余一言爲序其端。余不禁欣然而樂，大慰老懷。

細閱全書，既以史爲經，縱貫古今，自新石器晚期而至於今；又以風物爲緯，橫串諸編：自地理物產而至人文民情，均一一縷述焉。其體例詳今略古，存同求異，信而有徵。雖尋諸殘篇斷簡，訪諸閭巷野老，而能不偏不泥，亦誠爲難能可貴也。且夫刪繁就簡，語多摭實，圖文並茂，福寧舊貌，寧署新風，通可概見之。

余昔作《福寧人士記》時，曾引子瞻"先生不述，後生何傳"語爲序。不意一甲子之後，喜見幾位後生，承余未竟之意，發憤著書，表彰故郡，豈非先言而後見者歟？況乎短短三五月間，能成此洋洋數十萬言書稿，苟非群策群力、團結一致，豈易成哉！後生可畏，信然！書中有某些疏漏之處，蓋推敲有所不及之故也。倘就全書而論，其爲微疵，不足以掩白璧。

是書之行也，豈獨余一人之幸耶？實爲閩東數百萬鄉親之幸也。倘有一卷在握，九邑風光盡收眼底，閩東風情可知大略。既可告慰閩東華僑望鄉之苦心，又可爲人文學科研究之參考，還可爲海內外旅遊者瞭解閩東風物提供極大便利。其影響之廣，自不待言，故樂之爲序焉。六庵老人黃壽祺，一九九〇年六月二十一日書於福建省立醫院，時年七十有九。

（據梁亦章主編《閩東風物志》整理。福建人民出版社 1993 年 8 月出版。案此文寫於 1990 年，越三歲刊於《閩東風物志》書首。）

杜柳坡傳

　　柳坡姓杜氏,諱榆,余友悅鳴之仲兄也。父桂五^① 先生,有《含翠樓詩存》,余既爲之跋矣。悅鳴與余交契垂二十年,同游邁萬里,以文章道義相砥礪。世徒知悅鳴之積學能詩,而不知柳坡之亦能也。柳坡少孤露,伯兄楚楠授之讀。稍長,游學霞浦,肄業近聖小學。校業畢,遊會城,學於西湖農林學校。未幾兵亂,遂歸故里。又迭遭匪禍,田園廬舍悉淪沒,與楚楠挈妻孥避於霞城。亂稍定,欲歸里規復舊業,營建新屋,不意又聞匪警驚擾,時露宿竄伏於叢莽密箐間,竟得寒疾,十日而歾,年僅四十有一耳。柳坡之歾,悅鳴在南平,聞之悲悼,寢疾歸里,逾年亦歾。歾後三月,余自南平歸,唁其家,檢其兄弟遺稿,乃得柳坡所爲《詩鈔》。其詩清逸超妙不如悅鳴,而典切工律悅鳴亦有所弗及。徒以疊遭禍亂,伏居里閈,不得若悅鳴之遠遊廣交,以恢其識度,閎其聲氣,故名乃不若厥弟之著。惜哉!惜哉!悅鳴嘗纂《閩東詩鈔》,而吾郡先正之遺稿,大氐皆柳坡所手輯者也。細字密書,圓勻工整,積數十巨册,高可逾案,其劬學亦可知矣。妻吳氏,繼室朱氏,子家淞、家復、家祚,女秀琴^②。又挽歌曰:昔我北去,子送以歌。今我南歸,子歾山阿。言念良朋,傷如之何? 寤寐無爲,涕泗滂沱。中華民國三十三年九月十日,弟霞浦黃壽祺謹撰。

　　(據福鼎九鯉邨杜氏祠堂藏民國甲申年重修木活字本《杜氏宗譜》卷一整理。是書又有 1996 年丙子重修木活字本。又 2012 年 12 月福鼎政協編《福鼎文史》第三十輯收入此文,周瑞光整理。案此文寫於 1944 年,嗣即載入《杜氏宗譜》。)

---

① 　五,據《杜氏宗譜》所載資料,疑當作“伍”。
② 　女秀琴,《杜氏宗譜》無此三字。據《福鼎文史》第三十輯周瑞光整理本增。

三一教主林兆恩事略

此稿於七七日經《仙游動力刊》刊載。其後十餘日，來游莆田，以質正於張治如先生琴，承其指教，於"落職"下添"下獄"二字，改"倭禍連年"爲"寇屠城"，與初稿微異。特此附注，藉謝耆賢不棄下學之高誼。八月十五日，六庵居士再記於唐氏寓齋。

三一教主林兆恩，字懋勛，號龍江，又號子谷。莆田人，祖富，明弘治壬戌進士。初任大理，以忤劉瑾落職下獄。瑾誅，起官兵部右侍郎，兼都察院右僉都御史，總制兩廣，有德惠，粵人祀之。有《兩廣疏稿》二十四卷傳世。父萬仞，太學生。兆恩以正德十二年生於山東東山。額有赤痣四，背有十八黑子。四歲，王守仁見異之，謂其祖曰："此兒丰姿 ① 卓異，殆非科第中人。"嘉靖十三年，補邑諸生，其後屢應鄉試不第。年三十，即棄舉子業，銳志於心身性命之學，凡略有道者，輒拜訪之，厚幣之。或邂逅儒服玄裝，雖甚庸流，亦長跪請益。人以爲癲，不顧也。久之，遂悟三教合一之旨。倡言儒之執中即道之守中，道之守中即釋之空中；儒之一貫即道之得一，道之得一即釋之皈一。又以二氏無父之教，以遺人倫，悉皆異端者流，而非黃帝、老子、釋迦之舊也。故欲挽之歸儒宗孔，以明人倫，而崇孝養。謂三教所由以一者，是欲群三教者流而儒之。正之以三綱，以明其常道；正之以四業，以定其常業。非若宋人所謂道冠儒履釋袈裟，鼎足而立，而謂其道則相同也。於程朱格物致知之說，亦頗不謂然。因著書數十萬言，以衍其說。築宗孔老於東山，與諸生講明五禮，從游者甚衆。嘉靖三十七年夏四月，倭夷數千犯福清，乘勝薄莆城。時昇平日久，民弗知兵，寇至則望風逃，城幾危矣。兆恩謀諸搢紳，與在城之廣兵約："能退虜，即予千金。"廣兵始敢於縋城下，渡河奮擊，倭夷駭退，城賴以全。其後倭或來犯，兆恩輒捐貨財以□ ② 城守，賑難民。嘉靖四十一年，城

---

① 姿，印本誤"婆"。據上下文意改。

② □，印本複印件此字漫漶難識，謹標"□"號以示闕疑。下文有同類現象者倣此。

陷,寇屠城,死者相枕,積屍遍野,率門人黃仕欽等收瘞屍骨□千餘,火化者二萬餘,及設立義倉義塚。巡按樊獻科、郡守易道譚,迭旌其門。戚繼光禦倭於莆,兆恩稱其有古名將風,率鄉人生祠之。晚歲常往來閩贛,曾一至金陵,徒党益盛,稱三教先生,□更尊爲三一教主。年八十二卒。所著書初名《聖學統宗》,後重訂爲《三教正宗統論》,亦稱《林子全集》。其門人盧文輝性如,採擷要義,疏通演繹,又撰爲《三一教主夏午尼經》三十六卷。夏者,大也,合三教而一之,其道至大,故曰夏;午尼者,蓋以擬孔子之字仲尼云。初,巡按楊四知斥其妖妄,下州□火其書,然竟莫之能絕。

論曰:余來仙遊,聞邑人甚信仰三一教,祠宇千餘。因就蜚山書院假其書讀之,凡三十六册,分元享利貞四部,大小著述共九十餘種,重要者可十餘種。於儒家,則有《□書正義》。於道家,則有《道德經釋略》、《常清靜經釋略》。於釋家,則有《金剛經概論》、《心經釋略》、《壇經□釋》。於歷史,則有《三教會編》。於禮制,則有《文武禮射圖說》、《著代禮祭圖說》。於治法,則有《道釋人倫疏稿》、《六美條答》、《井田》、《導河迂談》。於文學,則有《詩文浪談》、《歌學解》、《林子舊稿》、《醒心詩》等。其餘幾十種,則盡皆衍三教合一之旨,心身性命之說。雖有繁重,刊落未盡,或不免迂闊,要亦好學篤志之士矣。《易》不云乎:“天下一致而百慮,同歸而殊途。”韓昌黎亦言:“孔必用墨,墨必用孔,不相用[1]不足以爲孔墨。”夫道固並行而不相悖也。三教合一之說,南唐陳陶曾倡之,自號三教布衣。炎宋[2]聞學諸儒,大抵出入佛老而後返求之六經。若穎濱蘇氏、慈湖楊氏,其推闡《易》義,罔不傅之以釋[3]氏。其所由來尚矣。兆恩生於晚明,僻處海隅,承王學之流,而乃慨然有志於三教之會通,不徒以合一爐而冶之,且欲掩二氏以歸儒,豈無所得而然哉! 余讀其書,斤斤然以綱常爲立本,見性爲入門,虛空爲極則。既了世間,乃出世間。又言:“儒曰聖,釋曰佛,道曰僊,皆指心之神言之。故心靜則神清,而方寸之內,便有仙人□焉。漢武不知方寸爲蓬萊,而求之海外;不知此心之神爲神仙,而求之方士:是自妖自妄,故方士□售其奸。”又言:“將興聽人,將亡聽神。”力斥尚鬼之非。立說皆正,安在其爲怪誕悠謬乎? 而其

---

① 　用,印本複印件此字漫漶不可識。據《韓昌黎集·讀墨子》校填之。

② 　宋,印本複印件此字漫漶不可識。茲據上下文意校填。

③ 　釋,印本複印件此字漫漶不可識。茲據上下文意校填。

徒不察,故神其說,乃云彌勒降生,釋迦文佛從空而降,交授教主以掌握之權。又夢中孔子授以《論語》之旨,及爲玉皇天帝所事,附會文飾,鄰於虛誕。又聞有以文章降魔捉鬼爲事者。故當其身,即遭□妄之譏。其教雖不絕,而亦傳之不廣,豈非以此夫?

　　本文除根據《三教正宗統論》外,兼採盧文輝所著《林子本行實錄》,及《四庫〔全〕①書總目提要》、《新修福建通志》等書撰次。中華民國三十四年六月,六庵居士附記於國立海疆學校。

　　（據作者舊藏剪貼某刊物印本複印件整理。案篇前小記,此文初撰於 1945 年 6 月,次月 7 日發表於《仙游動力刊》。8 月 15 日略作修訂,又載於某刊物。今僅存剪貼本複印件,所載刊名待考。）

林大可先生傳略

　　先生姓林,名永奇,字清昭,號大可,福鼎縣磻溪人。少聰穎嗜學,過目成誦,其父以千里駒目之。年十三,應縣府試,名列前茅。及院試,主考馮光通見其年甚稚,心異之,默立其傍觀其屬文,先生揮翰如流,千言立就。遂親受其卷,問其姓名,大加讚許。並云:"福鼎山川靈淑,必產奇才,此生前途未可限量也。"拔入郡庠。越數載,即食廩餼,任福清教諭,存記縣知事。先生益發憤讀書,淹貫經史,傍通百家,尤精岐黃之術。科舉既廢,先生遂入法政專科學校畢業,得法學士銜。學成皈里,創鄉校,建宗祠,不遺餘力,甚爲鄉黨及宗族所崇敬。先生性孝友,事母先意承志,得其歡心,與弟挺英自幼友愛,老而彌篤。治家有法,崇節儉,戒奢侈。居鄉里既以醫活人,又善爲人息爭訟,排難解紛。惡聲色貨利之徒,羞爲伍。獨愛佳山,得一佳客則與盤桓,竟日不倦也。先生有子三人,曰寅曰宸曰振,教之甚嚴,畢業中學或大學,俱服務教育界,著聲名。先生卒於庚辰之歲,年七十有一。壽祺少與先生侄壻蕭宗潛

---

　　① 全,印本複印件無此字,疑誤脫。據上下文意校補。

同學友善，嘗同遊太姥山，獲一見先生於磻溪。今忽已六十年，幸復獲見先生次子宸於壽寧，宸奉狀乞爲傳記入族譜，爰擷其要於篇。時在共和乙丑載冬十月穀旦，福建師範大學副校長中文系教授後學黃壽祺敬撰。

（據《福鼎文史》第三十輯《磻溪專輯》整理。福鼎市政協 2013 年 12 月編印。案此文寫於 1985 年，後刊入《福鼎文史》。）

邱竺巖先生傳

先生姓邱氏，初名鍾傳，字克師，後改名峻，字竺巖。吾邑城西登俊巷人。生三歲喪父，十歲喪母。有兄弟五人，而先生最少。家既貧，伯仲營布肆以爲生，先生亦輟學就爲學徒。伯兄既歿，發其遺囑，有曰：“吾與季皆出紹別房，繼吾祖吾父書香者，其在五弟乎！其毋使失學。”而仲又憐其慧而呴濡之，由是先生始復學。年二十，應郡試冠軍，繼入泮。會科舉廢，遂膺選送入全閩師範學堂肄業，逾年學成，執教鄉校。未幾辭去，升學北京法政學堂，以第一名畢業。嘗參加同盟會，參與辛亥革命之役，改名峻自此時始也。後應各省縣知事考試，被錄取，分發爲浙江義烏縣知事。義烏爲浙東巖邑，民好鬥健訟，吏因緣爲姦，弊害甚重，而花會之風尤盛行，雖城市不能免。先生下車伊始，首革陋規，清訟獄，民累悉除。嚴禁花會，則親擒浦①江、諸暨、義烏三縣交界之著名花會首，治以法，聞者畏憚，此風遂絕。在任三年，每輕裝簡從，深入農村，與民衆接近，如家人子弟，未嘗一日宴處衙署。以是袪隔閡，知疾苦，並明利弊，爲措施，故惠政獨多，其去也，民咸思之。去義烏後，有人薦先生主管餘姚沙地丈量局，其上司冀假手先生爲之營私，納財賄，先生峻卻不爲，堅持秉公辦理，上司竟斥其辦事不力，罷其官。先生自是久賦閒居，落魄杭州，貧不能歸，妻子窮困，至於衣食不繼。嘗有句云：“蓋將衣褲兒方睡，典到杯盤事可知。”其艱窘之狀，可以概見矣。然先生不以此易其操，處之晏然，猶日吟詩

---

① 浦，《霞浦文史資料》誤“捕”。據上下文意校改。

作字以自樂。會先生外甥鄭雪川在閩南，與師長張貞交契，憐舅氏貧，薦之於張，張亦素仰先生文名，遂延爲秘書。又諗知先生在義烏之政績，更委爲同安縣縣長。先生在同安，勤政愛民，一如在義烏時。尤爲人所稱道者，同邑素爲栽種鴉片之區，向之爲政者皆陽示禁令，而陰收其捐，猾吏豪強相結以漁利，往往有因而致巨富者。先生則實行禁除，躬自督剷，不爲勢脅，不爲利動。當時豪右竟嗾衆持械攻城，劫掠衙署。有持調停之說進者，先生乃以去就爭，不少屈。然卒以此去任，繼之者遂妥協焉。其後四年，有人薦先生入閩浙監察使署爲主任秘書，不久又改就第三戰區軍風紀巡察團秘書，並當選爲國民黨福建省黨部監察委員。一九四七年被選爲國民大會代表，曾去南京參加國大會議，先生遂得洞悉國民黨腐敗之内幕，決心引退。解放前夕，先生毅然參加民革，堅決拒絕前往臺灣。先生雖經歷宦途，然剛正不阿，清廉自守，不營田宅，不畜婢妾，終其身布衣蔬食，與寒素無異。一九五二年九月，先生病歿於福州，年六十有八。貧無以斂，賴鄉人集資，助其祭葬。夫人王氏，有賢名。子五人：義霖，武凌，曉斺，丙崚，同楞。女三人：文玲，湧菱，馥苓。義霖已先歿。今歲，文玲、武凌姊弟乞壽祺爲先生傳。壽祺先人與先生爲同案，年少即慕先生之能詩工書，及壯教授福州，又辱先生知愛，引爲忘年之交。三十五年之前，嘗爲文以壽先生及夫人矣。今先生歿已久，知其事狀者漸稀，不有記述，其何以示後人？壽祺義不容辭，爰刺舉先生立身之大節而爲之傳焉。

（據《霞浦文史資料》第五輯整理。霞浦縣政協文史組 1986 年 10月編印。）

先師陳善臣傳略

先師柘洋陳先生歿後二十有八年，哲嗣輝奉狀乞壽祺爲之傳。謹案先生諱善臣，字子恭，嘗自號通玄子，學者稱柘洋先生。以清光緒甲申生於霞浦縣柘洋鄉。家世爲太學生。先生幼承家學，年十九入郡庠，二十二補廩膳生員。宣統元年己酉，舉拔貢，時年二十六。自入泮後，嘗肄業霞城近聖書院及福寧府中學堂,得師事游學成、黃金爵諸名孝廉。補廩後,嘗應聘爲福鼎白琳及柘洋兩等小學教員。拔貢後,又曾應聘爲三沙兩等小學教員者四年,後仍歸教於柘洋將及十年。民國癸亥,年四十,在省立第三中學任教,翌年又在漢英中學任教。其間並曾兼任霞浦縣教育局董事,霞浦學界聯合會會長,自治公所委員等。歲丙寅,受霞浦縣長郭犖之聘,入縣志局爲編纂,凡三年而書成。自後在省立第三初級中學、霞浦作元小學、霞浦縣立初級中學爲教員者,又凡十五年。歲癸未,柘洋成立特種區,重先生名,延爲區署助理秘書,旋任命爲區民衆教育館館長。先生曾上書福建省政府建議改縣,並與地方人士劉愚醒、袁登九等創辦柘洋初級中學,而已盡義務爲國文教員。歲丙戌,特種區改縣,定縣名爲柘榮,先生被選爲縣參議會副議長,兼任縣文獻委員會副主任,縣志編纂組組長。其時又曾兼國民黨縣黨部監察委員及福安專員公署咨議等職。及柘榮解放,先生以老病家居,至己亥歲而歿,終年七十六歲。夫人季氏,早卒。繼娶吳氏,生五子,曰昌,曰京,曰光,曰耀,曰輝。壽祺在初中肄業時,嘗受學於先生,知先生博學多才,能詩文,通醫書,尤工書法。終其身潛心著述,積稿甚多。又熱心地方文化教育事業,培才甚衆,門弟子遍閩東各縣。所著書有《孝經章旨》、《論語明例》、《大學逢源》、《詩經篇次》、《四教會宗》、《孔門一貫》、《字學統宗》、《國音統韻》、《文言鎖鑰》、《國語概要》、《楷字法程》、《通玄子》、《醫學大意》、《藥力詮治》、《土藥遺編》、《柘榮鄉土志》等。除《楷字法程》曾在作元小學石印做教材外,其餘均未刊行。遭逢"十年浩劫",遺稿今已蕩然無存。《霞浦縣志》,先生撰稿最多,其中實業、交通、建築、祠祀、名勝、度支、隱逸、藝文各志,咸出先生之手。以早刊行,幸得傳世,學者觀之,亦足以窺先生學養之一斑矣。壽祺少爲先生所器重,期望甚殷。自北學於燕之後,即未獲再見先生,今忽忽已將六十年,緬懷絳帳風徽,又如隔世。爰舉行狀之要,作爲傳略,以慰哲嗣之望,亦以志壽祺未敢忘師門之誼云爾。時公元一九八六年三月十五日,即夏正歲次丙寅二月初六日,受業黃壽祺敬撰於福建師範大學之意園。

（據《柘榮文史資料》第二輯整理。柘榮縣政協文史資料委員會1988年4月編印。案此文寫於1986年,越二歲載於《柘榮文史資料》。）

先師許獻其先生傳

先師許先生,諱錫琛,字獻其,公元一八七九年(清光緒五年)生於吾邑之城東古善里。父宗城公,歲貢生,光緒丙戌選訓導,著有《許氏館規》、《雉垣叢編》,年五十五卒,《縣志·文苑》有傳。先生幼從父受業,長又從名師游學誠孝廉遊,業益進。年十九,父歿。翌年入邑庠。以家貧,遂即東門文昌閣辦許氏家塾,以授徒爲業。科舉廢後,先生曾肄業於福建法政學堂。一九零五年(光緒三十一年)知縣陳履益命將許氏家塾併入近聖書院,設立近聖小學,亦即縣立第一小學堂,並任先生爲堂長。先生先後力請以前輩張鼎鍾、朱彥瀛兩先生爲堂長,而自願改任教員。自是之後,任職歷三十餘年之久始退休。先生於教學工作,極其認真負責,從不缺課或遲到。嘗在校外理髮,未及半,聞校預備鐘響,遂不待理畢而奔往上課,學生見之皆大笑,一時師友間傳爲美談。又善於講課,教學生識字多結合講故事,深入淺出,使學生加深印象及理解其意義。嚴於律己,主張身教重於言教,以校爲家者三十餘年。校內寄宿生頗多,先生恐其年幼,不善於自理生活,毅然承擔舍監之責,日夜住宿舍中,管理輔導,雖星期日亦然。家中爲盜所竊,亦不之顧也。其後,吳廷輔校長勸先生遷家人入住於校。嘗遇特大洪水,全校悉被淹,先生一心保護校產,不顧私產之損失。學生有過失,先生從不體罰或責罵,惟耐心疏導,使之知過而改。愛學生如子女,待家境貧寒之學生尤有恩,支持鼓勵,無所不至。學生亦敬愛先生如父母。先生一生未曾涉足於舊官場。解放前,舊縣府曾以先生爲人公正,聘爲禁煙委員,請其赴牙城鄉督促禁煙。先生至牙城,見鄉中煙館甚多,官吏不但受賄不執行禁令,且相聚吸煙。遂慨然太息,即日辭職,仍返校任教。後來之校長,多係先生弟子,而先生未嘗以元老自居,勤慎有加。霞浦中學曾多次請其任職,亦辭不就,願以小學教師終其身。一九三一年(民國二十年),縣遇大颱風,近聖小學校大部倒塌,所餘部分亦破壞不堪。先生適臥病,聞之潸然淚下,力疾赴校處理安排。並即以學校及前輩諸老師名義,發起向海內外校友募捐,要求贊助修建,校友紛紛響應。不久,即修理舊校舍,重建新校舍,並增置課桌椅及一切教學用具,使學校面貌煥然一新。一九三八年（民國二十七年），先生年登六十，循例退休。一九四一年（民國三十年），先生年六十三，而體力尚健，遂應武岐村人之請，爲青年失學者補習語文課程，歷時二年。當時受業之學生，後多升學及參加革命工作，武岐村人至今猶感先生不忘。先生五十歲時，福建省教育廳以先生教學成績卓著，特頒贈“誨人不倦”之題詞。當時之小學教師，咸以爲前所未有之殊榮。而先生謙遜，受而藏之而已，不自表襮。及六十華誕，群弟子釀金爲先生壽，始製匾懸之。又後十年，先生七十，群弟子再在文昌閣設宴公祝，並兩次舉行折枝吟詩會。同時發起籌集“獻其獎學金”，以紀念先生對於教育事業之貢獻。先生之長爲鄉里後學所敬慕，即此可以見之矣。先生爲人，能堅持正義。憶壽祺執教縣鄉村師範之時，因表揚進步學生陳子英論時事之文，爲縣長張燦所嫉，斥爲鼓動學生反對政府，陰謀迫害。先生聞之，義憤填膺，即資助壽祺遠走他鄉。壽祺今日幸得躋身於教授之列，先生之惠也。先生性儉樸，終身布衣蔬食。教育子女不慕榮利，子女六人中有五人就讀於師範學校，爲小學教師。一九五零年，吾邑召開解放後第一屆各界人民代表大會，先生被選爲代表。一九五四年八月，先生病歿，終年七十有六歲。先生歿後三十有四年，孤子秉義、秉禮奉狀乞壽祺爲之撰次。壽祺幼承先生知愛，備知先生之行誼。《易·乾文言》稱：“庸言之信，庸行之謹，閑邪存其誠，善世而不伐，德博而化。”若先生者，誠足以當之而無愧矣。壽祺雖不文，亦何敢辭？遂爲之傳，以告夫後之爲人師者知所矜式焉。公元一九八八年十月十五日，即夏正戊辰年九月初五日，弟子黃壽祺敬撰於福建師範大學之意園，時年七十有七。

（據周瑞光編《太姥詩文集》整理。海峽文藝出版社 1990 年 6 月出版。案此文寫於 1988 年，越二歲載於《太姥詩文集》。）

杜母鄭太夫人像贊

恭而肅，溫而栗。松竹厲操，冰霜比潔。《易》稱牝馬之貞，《詩》詠柏舟之節。克昌其先，克永厥年。子孫繩繩，以寧以興。世再晚生霞浦黃壽祺敬撰。

（據福鼎九鯉邨杜氏祠堂藏民國甲申年重修木活字本《杜氏宗譜》卷一整理。是書又有 1996 年丙子重修木活字本。案此文寫於 1936 年，係作者爲北平中國大學同學杜琨先生之祖母鄭氏孺人八十壽辰而作，後即載入《杜氏宗譜》。）

杜母林太夫人像贊

祖儒宗，父鄉望。孝姑嫜，樂隨唱。誡子孫，愼所向。承先志，守高尚。存仁心，得壽相。慶稀齡，福無量。世晚生霞浦黃壽祺拜撰。

（據福鼎九鯉邨杜氏祠堂藏民國甲申年重修木活字本《杜氏宗譜》卷一整理。是書又有 1996 年丙子重修木活字本。案此文寫於 1936 年，係作者爲北平中國大學同學杜琨先生之母林氏孺人六十一壽辰而作，後即載入《杜氏宗譜》。）

邱竺巖先生六十晉六
暨德配王夫人六十雙壽序 [1]

歲庚寅冬十一月初六日,爲我父執邱竺巖先生六十晉六誕辰,同年秋八月初七日先生德配王夫人亦年登六十,吾鄉俗例,以歲首正月稱觴預祝。同鄉戚好,以壽祺辱先生知愛,咸以祝嘏之詞相屬,不敢以不文辭。憶壽祺聞先生之名,在庚申歲,時爲民國九年,距今正三十年,惟時猶在童稚,方受學家塾,迭聞吾父述清季科場軼事,始知先生與吾父爲同案。其後四年,肄業近聖小學,常於邑人家見先生所書屏幛楹聯,由是知先生之能隸書。又五年,北游於燕,見先生贈宗人星南七言律句,由是知先生之能爲詩。又十二年,自燕歸閩,教授於南平、永安,時見先生所爲書牘文移,由是始知先生之能爲文。然在此二十餘年間,壽祺與先生僅一晤於霞城讌集,再晤於南平逆旅而已。抗戰勝利,閩海重光,先生自連城歸福州,壽祺亦自南安歸而講學於烏山,所居甚邇,此四五年間,乃得時時謁見先生,問學論道,然後迺知先生操守之廉潔,政事之練達,不獨一能文章之士而已也。蓋先生早失怙恃,家貧甚,有兄弟五人,而先生最少,伯仲營布肆,嘗輟學就爲學徒。伯兄既歿,發其遺囑,有曰:"吾與季皆出紹別房。繼吾祖吾父書香者,其在五弟乎!其毋使失學。"而仲又憐其慧而呴濡之,由是先生始復學。年二十,應郡試冠軍,繼入泮。會科舉廢,遂膺選送入全閩師範學堂肄業,逾年學成,執教鄉校。未幾辭去,升學北京法政學堂,以第一名畢業。與於辛亥之役,自是從政歷三十餘年。其間任義烏縣知事,義爲浙東嚴邑,民好鬥健訟,吏因緣爲奸,弊害甚重,而花會之風尤盛行,雖城市不能免。先生下車之始,首革陋規,清訟獄,民累悉除。嚴禁花會,則親擒浦、諸、義三縣交界之著名花會首,治以法,聞者畏憚,此風遂絕。在任三年,每輕裝簡從,深入農村,與民衆接近,如家人子弟,未嘗一日宴處衙署。以是祛隔閡,知疾苦,並明利弊,爲措施,故惠政獨多,其去也,民咸思之。又嘗出爲同安縣縣長,其勤政愛民,一如在義烏時。尤爲人稱道者,同邑素爲栽種鴉片之區,向之爲政者皆陽示禁令,而陰收其捐,猾吏豪強相結以漁利,

---

① 此壽序見邱竺巖先生第五子同楞先生(又名同霖)一九九零年書四條屏,今藏霞浦邱氏舊居。屏條題下有作者署款"庚寅正月初吉世愚姪黃壽祺敬撰"十四字,今移置文末。

往往有因而致巨富者。先生則實行禁除,躬自督剷,不爲勢脅,不爲利動。當時豪右竟蔟[①]眾持械攻城,刼掠衙署。有持調停之說進者,先生乃以去就爭,不少屈。然卒以此去任,繼之者遂妥協焉。自餘多在幕僚,不克盡其所學,然剛正不阿,清廉自守,不營田宅,不蓄婢妾,布衣蔬食,與寒素無異。當需次杭州時,久賦閑居,妻子窮困,至於衣食不繼,而先生處晏然。論者謂:近世官吏,多無能而貪污,獨先生能矯然自拔,斯爲雞群立鶴云。夫人王氏,性直而溫,年二十二歸先生,能同甘苦,平日主中饋,執炊爨,廁牏澣洗,皆躬親之,鮮僱用傭人。育五男三女,皆躬乳哺,無一乳媼。入其居,雖僦賃湫溢,而地無棄物,室靡纖塵,几桉杯盤,井井如也。自處儉約,而待客則必求其豐,祭祀則必盡其誠。族親有貧乏,雖限於力而賙恤不能厚,然必之無遺。外家中落,則又心念而[②]從無私惠,有之,則出於先生之意,自亦絕不啟齒。故論者又謂:先生出不易其方,處不違其志,夫人之賢,與有力焉。積善餘慶,垂裕後昆,公子義霖、武淩、曉舲、丙崚、同楞,女公子文玲、湧菱、馥苓,咸畢業大中學,諸婿諸孫幷頭角崢嶸。雝雝睦睦,振振繩繩,而萃於一堂,固已爲世人所艷羨矣。而壽祺獨竊嘆:自世變以來,向之飛黃騰達,顯赫一時者,或則畏罪逃匿,竄身於異域;或則憂讒隱晦,遯跡荒陬;或則希榮苟進,投機取巧;又或則窮愁抑鬱,牢落悲憤,且侘傺無以自聊。求其居易俟命,中立不倚,履道坦坦,幽人貞吉如先生者,蓋百不一見。此非操持平素,俯仰無愧者,其能之乎? 此壽祺所以謂爲先生之重者,不獨在其文章而已者也。異日者天地清寧,先生本其身之所蘊蓄經歷,發爲篇什,播之歌詠,使後之學者,由先生之文章進而能窺見先生之行事,而是則是傚焉,則區區今日所以爲先生壽者,即先生所以壽斯世與斯民者也。《詩》曰:"風雨如晦兮[③],雞鳴不已。既見君子,云胡不喜? "敬以爲先生誦。想先生聞之,其亦必以我言爲無閒也夫! 庚寅正月初吉,世愚侄黃壽祺敬撰。

（據福建霞浦邱同楞先生隸書四條屏整理。案此文寫於 1950 年,係作者爲父執邱竺巖先生暨夫人雙壽慶典而作。原稿未見。屏條今存霞浦邱氏舊居。屏條文末小字注:"序作於一九五零年",落款:"一九九零年歲次庚午初冬,五子同楞率子孫敬書於霞浦登俊里故居"）。

---

① 蔟,作者一九八五年撰《邱竺巖先生傳》作"嗾"。
② "而"下,屏條所書多一"而"字,疑衍。
③ 謹案,《毛詩·鄭風·風雨》"晦"下無"兮"字。

杜燕松墓碣

　　嗚呼！此燕京宣南盧家之義地，而閩東福鼎杜悅鳴之子燕松埋骨處也。燕松名家培，聰穎異常兒，生五年隨其母王夫人北來省父。旋悅鳴教授張垣，挈妻子出塞，風寒雪暴，燕松遂以嬰疾。疾甚，復遭亂，轉徙懷安。及還燕京，疾竟不治，年僅七歲耳。方其北來也，余嘗負其登鍾山，入靈谷，指點石城、牛首諸勝，使之觀覽，甚笑樂也。孰意曾幾何時，鍾山石城一旦化爲焦土，而此天真活潑之嬌兒，亦忽焉以歿！天意人事，信可哀已。民國二十七年歲次戊寅七月，霞浦黃壽祺誌。

　　（據福鼎九鯉邨杜氏祠堂藏民國甲申年重修木活字本《杜氏宗譜》卷一整理。是書又有 1996 年丙子重修木活字本。案此文寫於 1938 年，係作者爲北平中國大學同學杜琨先生之夭亡子燕松所作墓碣，後即載入《杜氏宗譜》。）

亡友杜悅鳴遺杖銘

　　立可倚，行可杖。烏虖！吾非子，而誰仗？民國第一癸未秋七月，後死[①]友霞浦黃壽祺敬誌。

　　（據福鼎九鯉邨杜氏祠堂藏民國甲申年重修木活字本《杜氏宗譜》卷一整理。是書又有 1996 年丙子重修木活字本。案此文寫於 1943 年，

---

① 　後死，《杜氏宗譜》作“死後”，疑排印誤倒。據上下文意校改。

係作者爲亡友北平中國大學同學杜琨先生遺物手杖所作銘詞,嗣即載入
《杜氏宗譜》。)

詩人杜悅鳴衣冠塚銘_{並序}

　　霞浦東郊華蓋山下建善禪寺,詩人杜悅鳴所嘗吟眺者也。悅鳴既歿,其
師友與其門人弟子斂其衣冠,葬於寺旁,囑余序而銘之。謹按,悅鳴諱琨,福
鼎杜氏。父諱慕蓮,邑庠生,著《含翠樓詩存》行世。仲兄柳坡,亦有《詩
鈔》。悅鳴少承家學,年十四,嘗於清明日爲《春遊詩》三十章,遍押上下平
韻,出語秀麗,爲其邑長老所驚。其後來學霞浦者三載,肄業會城者一期,又
北走燕京游大學凡七年。學成而之塞上,教授於萬全者一年有半。又西避兵
亂一載於懷安。亂稍定,復歸北平爲講師者兩年。嬰疾南歸,復教授於永安、
南平,比三歲而疾遂以不起。此二十年間,悅鳴蹤跡遍歷閩、浙、蘇、皖、冀、
魯、晉、察各地,南北萬有餘里,覽其山川景物,交其賢豪長者,又時際屯否,干
戈雲攘,感舊懷今,撫時傷亂,慨然有作,一寄於詩。故其詩開闔動盪,驅濤湧
雲,有吞吐乾坤,睥睨一世之概,非復若少年所作,徒以清逸超妙勝矣。奈何
天不假年,春秋僅三十有四而終,寧不重可哀哉! 悅鳴之歸養疴也,釋碧淞與
之交甚厚。塚之成,碧淞尤有力焉。悅鳴所著,其先刊行者有《北游吟草》、
《閩東詩鈔》、《霍童倡和詩》、《作詩法講義》,尚有《張氏詞選校注》、《三
餘山館詩話》、《平范》、《說文札記》、《讀史隨筆》等未刊稿藏於家。若其
世次仕履,與其教澤之及於人,交游之著於世者,已詳行唐尚先生所撰墓誌,
及余所爲行狀,此不悉著,著其詩名。銘曰:華蓋之巍也,神之歸也。蕭寺其
幽也,魂其遊也。日乎月乎,奄出沒乎。風乎露乎,溘朝暮乎。長松高揖,儀
君屹立。曲澗清音,思君行吟。飭此幽堂,置之冠裳。以烝以嘗,式翱式翔。
中華民國三十三年九月,同學弟霞浦黃壽祺謹撰。①

---

　　①　按《杜氏宗譜》於此文之末,有"釋碧淞敬書"五字。蓋其時碧淞法師嘗手書全文,以爲
勒石之用。

（據福鼎九鯉邨杜氏祠堂藏民國甲申年重修木活字本《杜氏宗譜》卷一整理。是書又有 1996 年丙子重修木活字本。案此文寫於 1944 年，係作者爲亡友北平中國大學同學杜琨先生所作衣冠塚銘並記，嗣即載入《杜氏宗譜》。）

嚴業圃先生墓誌銘

先生姓嚴氏，諱培年，字業圃，世居霞浦縣鹽田鎮。祖即祥，父上玳，以貲雄於鄉。伯兄培基，敦品績學，食廩餼，舉孝廉方正。先生少從兄學，事之甚謹。復習岐黃之術，存活甚衆，而從不受人酬。地方慈善事業，如育嬰、興學、建橋、築路，先生多所贊襄。祖祠在龍山下，年久失修，先生爲之董理，規模煥然。又族產契卷，半皆蠹蝕散失，先生重爲之備。逋負國課者，先生每自爲完納。族黨咸以孝友稱之。初，先生連不得志於有司，援例入成均，授以廣東鹽庫大使任用。宣統末，爲小南區自治會議員。民國三年，爲小南區農會會長。以十五年三月二十四日卒，年六十有三，葬龍山上。配周夫人先卒。子三：長恭之，福州師範畢業生，縣參議員；次毅之，能畫，先一年歿；三安之。女適竹江張耀台。孫男九：偉民，省保安分隊長；俊民，縣政府秘書；健民，稅務局稅務員；俠民，縣政府科員；倬民、任民、佚民、優民、仲民。孫女四。曾孫二。壽祺年十四，先生謂其能讀書，以次孫女妻之。及壽祺遊歷南朔，受業於魁儒碩師之門，間學粗有成，得備員學官爲教授，而先生已不及見矣。遂爲之銘。銘曰：必守敬信庸言行，無妄忮求泯爭競。家有積善乃餘慶，閟此幽宮昌子姓。中華民國三十三年十月二十五日，福建省立師範專科學校教授黃壽祺撰。

（據《富春山館吟草》印本整理，黃高憲編印。案此文撰於 1944 年，嗣載入《霞浦鹽田嚴氏族譜》。2008 年黃高憲教授自譜中錄出其外祖嚴恭之先生《富春山館吟草》，單冊印行，卷首附此文。）

杜悅鳴先生追悼會啟事〔代〕

　　杜先生悅鳴,諱琨,世居福建福鼎縣九鯉村,嘗自號九鯉散人。遭亂徙家烏杯溪上,築三餘山館以居,又自號三餘道人。其先數世一身,亦世世爲秀才,有詩名。及先生始有兄弟三人,而先生居季,詩名尤著云。先生九齡喪父,孤露能詩,嘗於清明日賦《春遊芳草地》三十章,遍押上下平韻,出語秀麗,大驚其邑人。代兄爲童子師。年十六,遊學霞浦。肄業省立第三初級中學,畢業後入福州理工高級中學。逾年,往北平入中國大學預科習文學。又二年畢業,年二十有二,婚於霞浦王氏。繼入原校本科國學系肄業,四年而學成。其在大學時,即受安徽中學之聘,主國文講席,有聲名。及畢業,送主嵩雲、燕冀、春期各中學講席期年。冀察政務委員會考選大學畢業生,以甲等第七名中選。膠西柯公,先生受業師也,長察哈爾教育廳,遂延爲記室,兼主張家口省立師範學校國文講席、小學教員訓練班導師,並爲察哈爾日報社、塞鋒襍誌社長期課稿。於是塞上人士,無不知有先生。盧溝橋變起,張垣淪陷,先生挈妻孥奔懷安,遭敵軍搜掠,財物盡失,且殤其少子。居數月,賴門人餽養,其冬復至北平。塞外寒荒,而先生暴霜露,竄荊棘,顚沛流離,肺疾從此作矣。旋受母校之聘,爲國學系講師。不幸殤其長子,夫人及從子又善病,先生於邑,疾愈益深。門弟子助以資斧,始得南旋調養,疾漸有瘳。於時霞浦、福鼎兩縣先後成立中學,咸欲借重,先生往來於其間者幾一歲。永定曾君建平,主霞浦縣政,重先生名,禮延入幕。未幾辭去,而省政幹團聘先生爲教師,遂來三元。本校成立,始從唐校長翼沖之聘,任國文講師。兩年之間,先生雖抱恙在身,而神志不衰,講授著作未嘗或息。不意又遭一女一兄之喪,去夏五月祖太夫人棄養,聞耗奔喪,哀毀骨立,咯血危殆。然同學猶日夜望先生痊瘉復來,唐校長亦晉先生爲副教授,並給假休養,而卒莫治,以今歲三月二日病殁烏杯故里,年僅三十有四。嗚呼! 惜哉! 先生少所著詩文,經亂喪佚。北學後,乃刊吟草於張垣,並附文錄詞錄爲一卷,所謂《北遊吟草》者也。在中國大學任教時,成《張氏詞選校注》四卷、《作詩法講義》兩卷、《平范》一卷。歸閩後,又編纂《閩東詩鈔》十餘卷、《三餘山館詩話》一卷、《霍童倡和詩》一卷。及來本校,又纂輯《文字音韻學》一卷。其他襥著未成者,尚有《說文札記》、《讀史隨筆》等如干卷。始先生在北平,受業於行唐尚節之、桐城馬岵庭、霸高闓仙、歙吳緺齋、武陵余季豫、鹽城孫蜀丞諸大師之門,咸目先生爲異才,謂其詩成,足矯閩派之弊。今觀先生集中諸作,藻采華贍,而長篇排律典切精深,陰陽開闔,吞吐萬狀,雖當世老宿亦莫之過。倘使天假之年,則其所自成就,與其所以嘉惠我後學者,豈可量哉!今也山梁頹壞,同門之士罔不悲痛。謹涓五月三十日上午九時,在本校大禮堂開會追悼。敬乞海內賢達,錫以銘誄,俾先生歾且不朽,得以無恨於九泉,亦我及門諸弟子之所深幸感者也。中華民國三十二年五月□日,福建省立師範專科學校全體學生謹啟 [①]。

　　（據福鼎九鯉邨杜氏祠堂藏民國甲申年重修木活字本《杜氏宗譜》卷一整理。是書又有 1996 年丙子重修木活字本。案此文寫於 1943 年,蓋作者以"福建省立師範專科學校全體學生"之名,代擬召開"杜悅鳴先生追悼會"啟事。後載入《杜氏宗譜》。）

---

① 《杜氏宗譜》此文末署"福建省立師範專科學校全體學生"之名。觀其文辭,蓋六庵師所代擬。據張可珍先生《隆恩高誼,永志心中》一文,謂六庵師"乃籌劃開追悼會以表哀思"（載《福建文史資料》第三十輯《易學宗師黃壽祺》）,並知師爲召開杜悅鳴先生追悼會操理諸多事務,則《啟事》當亦由其所撰也。

回憶葉挺荃烈士

　　挺荃，小名阿通，先師葉會堂先生之三男也。一九二四年春，我入近聖小學高小肄業，會堂先生教我歷史課。而挺荃與我胞弟壽昌，在初小三年級同班，故相識甚早。及一九三五年秋，我從北平中國大學畢業回鄉，爲縣立簡易鄉村師範學校教導主任。以表揚進步學生陳子英，爲僞縣長所斥逐，而復往北平謀生。抗戰勝利後，我於一九四六年秋，在福建省立師範專科學校任國文科主任教授，而挺荃以高第錄取入學，始從受業。挺荃不獨深通中國古代與現代文學，操英語亦甚流利，又善爲文章，工書法，凡彈琴、唱歌、跳舞、演說無不優，我每以爲科中諸老講師莫之能過也。後挺荃負責校中地下黨工作，省内國民黨反動派高級幹部常注意挺荃之行動。以挺荃爲我所賞識也，即時來警告我。一九四七年冬，有歷任吾邑國民黨黨部書記長兼省參議員之張某來榕治病，邀我去醫院晤談，告我葉挺荃及柳可等人皆是共党嫌疑分子，脅我與此輩斷絕來往，方可免受株連。我告以葉挺荃等人確多是我學生，柳可在福建學院肄業，亦時來師專聽我講課，拜我爲師。我對學生，只問他爲人品學是否優秀，不問他屬於任何黨派。我有我取學生之標準：只要我認爲是好者，國民黨好，共產黨也好；我認爲不好者，共產黨不好，國民黨亦不好。所可異者，凡是我認爲是好學生者，爾等皆指爲共党分子，爲何好學生均讓共產黨拉去乎？張某憤然作色曰："爾戴有色眼鏡！"我即脱所戴眼鏡舉示張某，而告之曰："我誠戴眼鏡，但我之眼鏡有色乎？無色乎？"張某益怒，謂："爾我無共同語言，已無可談，但望他日勿追悔不聽忠告！"我亦不樂，即辭之歸。歸即告挺荃要作離校準備，並望其轉告柳可等人。挺荃言："我等已有所知，已作準備。"翌日凌晨，挺荃即自來約我及小女幼嚴遊小西湖公園，盤桓竟日。又翌日，挺荃即命其從妹挺菁，送來信一封，又柳藤書箱兩個，云寄存我家。信中開頭一句云："我今日不敢再瞞敬愛之老師，我是一個不折不扣的布爾什維克！"信末一句云："從昨日西湖公園竟日之談中，我真正瞭解老師年青！"信中則云："即將離開福州，今後行蹤，隨時會託人面告。書箱中有《魯迅全集》數册，係借自校圖書館者，望代還。盼代向教務處請假，冀保留學籍，俟機返校。"又託代致書其老父，告以"有事暫離福州，勿掛念"等等。又附言："閲後即須付丙，萬勿爲偵者所得。"余當時即遵其所囑，將原信焚毁。開視書箱，除魯迅、郭沫若等人著作外，則盡是其讀書筆記，每本皆工整小楷，一筆不苟。余至今猶記其中有讀王充《論衡》、劉知幾《史通》、章學誠《文史通義》等書之劄記，皆翻閲多遍，服其精審。其他若讀中外文學作品之論述，則未暇細讀。自與挺荃別後，其初還時得阮秀蕙、孔令敬等同志轉告挺荃之所在，其後則杳無消息，雖秀蕙、令敬等亦不知其所往。臨福州解放之前一月，余以暑假返里，挺荃所寄存之兩書箱，恐放在校内教工宿舍無人看管，或致遺失，遂親自送交挺荃胞姐挺松保管，今不知存亡。解放之後，余重返師專，日夜盼望再見挺荃，竟不得消息，心甚疑怪。久之，有人傳言挺荃已遇害，余初以爲定遭國民黨反動派之毒手，後來又傳聞係爲黨内同志所誤殺，余亦不知究竟，歎息而已！及城工部問題解決，挺荃得追認爲烈士，余始釋然。"文革"間，余下放周寧縣咸村鄉之茶廣，立寓所門前，可望見屏南縣之山頭雞角寨。村中同志有曾參加當時之城工部者，告余城工部之同志若挺荃等，即被殺害於雞角寨山頭，余每對之流涕。一九七九年冬，余赴湖南參觀，遇見挺荃胞姊挺梅及其孤女定勝於長沙，感而賦詩云："坐擁皋比四十年，及門桃李過三千。獻身革命成英烈，才德誰能似挺荃？"洵紀實也。今挺荃歿已三十六年，而余白頭歷劫，猶得倖存。回憶舊遊，能無慨然於中乎？爰記所知，以告夫鄉邦人士之慕念挺荃者。一九八五年八月十九日，六庵老人黃壽祺記於福建師範大學之意園。

（據《霞浦文史資料》第四輯整理。霞浦縣政協文史組 1985 年 10 月編印。案此文寫於 1985 年，嗣即載入《霞浦文史資料》。）

回憶"一·二九"運動

　　"一二·九"運動已經過去五十周年了。回憶一九三五年十二月,我正好回家探親,被家鄉人士留在霞浦鄉村師範教書。當我在家鄉獲悉北平爆發了青年學生愛國運動的消息後,非常振奮。我的老師中國大學國學系主任,著名的經學大師吳承仕教授,不但參加當時學生的抗日救亡運動,而且做領導工作。我的前後班同學,如齊燕銘、張致祥、余修、段君毅等同志,也都是積極的參加者。"一二·九"運動的當天,吳老教授和他的老學生,也就是我的老師任化遠等人,都走在遊行隊伍的前列。正在這個時候,我因表揚當時的進步學生,後來的革命烈士陳子英同學,被國民黨反動派的爪牙霞浦縣長張燦強行解聘並勒令出境,我因而悄悄復返北平。從"一二·九"之後到一九三六的"二·一二"運動,我的老師和同學始終堅持參加抗日救亡運動,我也受了師友們的影響,投筆從戎,參加廿九軍,並做些搜集抗日救亡的資料工作。直至"七七"盧溝橋事變發生後,我的上司佟麟閣將軍等抗戰殉國,廿九軍南撤,我留平"待命集中",終因聯繫不上,不得已遂又回到母校中國大學教書。所以,關於"一二·九"運動的前前後後,我是有一定瞭解的。

　　回憶當時愛國學生救亡運動的情況,一方面是反對日本帝國主義的侵略行徑,另一方面是反對國民黨政府的賣國投降政策。這種抗日救亡運動,自"九一八"事變後即開始。由於國民黨政府對群眾愛國運動採取堅決鎮壓政策,運動一度轉入低潮。一九三五年華北事變後,眼看東北就要淪喪,真是"華北之大,已經放不一張平靜的書桌了"。在這民族生死存亡的緊要關頭,中國共產黨提出"停止內戰,一致抗日"的主張。在中國共產黨的領導下,爆發了"一二·九"運動,廣大人民積極回應,成立各界人民的抗日救亡團體,出版大量刊物,中國革命重新走向高潮。"一二·九"這一天,北平學生六千多人,舉行示威遊行,高呼"停止內戰,一致對外"、"打倒日本帝國主義"等口號。國民黨政府出動大批軍警鎮壓,打傷和逮捕了好多學生。次日,北平各校學生宣佈總罷課。十六日,學生和市民一萬餘人又舉行示威遊行。杭州、廣州、南京、天津、上海、武漢、長沙等地學生相繼舉行示威流行,各地愛國人士紛紛成立各界救國會，要求國民黨政府停止内戰，實現抗日，形成全國人民愛國運動的新高潮，推進了抗日民族統一戰綫的成立。

"一二·九"運動，衝破了國民黨的黑暗統治，有力地揭露了日本帝國主義侵略中國的陰謀，遂使中國共產黨"停止内戰，一致抗日"的口號深入人心，促進了中華民族的覺醒，成爲全國抗日救亡運動的新高潮的起點，爲全國的抗日戰爭作了思想上和幹部上的準備。在這個意義上，我認爲"一二·九"運動的愛國主義精神，不但是值得繼承的光榮傳統，而且還應該發揚光大，賦予愛國主義以時代的新内容。

我回顧了過去的"一二·九"時代，又面對著我們新中國的今天，我感想萬千，確實覺得五十年來我們國家的情況完全不同了。那時國民黨政府曾派何應欽與日本東北駐屯軍司令梅津簽訂了喪權辱國的"何梅協定"，繼東三省、熱河之後，把河北、察哈爾兩省的大部分主權出賣給日本帝國主義。日本侵略者又策動漢奸進行所謂"華北五省自治運動"，並在通縣成立"冀東防共自治政府"。與此同時，日本帝國主義還加緊對華北的經濟掠奪，華北的政治經濟實權都掌握在日本帝國主義的手中，華北危機達到了極點，整個中國都面臨著淪爲日本殖民地的危險。今天，我們的祖國正巨人般地屹立在世界的東方，執行獨立自主的外交政策，國際地位空前提高，成爲整個國際社會舉足輕重的力量。當時國民黨政府堅持其獨裁、賣國、内戰的反動政策，對日本帝國主義的侵略步步退讓，頑固地推行"攘外必先安内"的反動方針，一面瘋狂圍攻北上抗日的紅軍，一面對全國人民加強法西斯統治，殘酷鎮壓抗日民主運動，全國籠罩在一片白色恐怖之中。我們今天中國共產黨領導的人民政府提倡"人民民主"，主張"一國兩制"，正確地處理了國與國之間關係的"和平共處五項原則"。所以，我認爲今天的時代絕對不同於"一二·九"運動的時代，我們的改革措施和實行"對外開放"政策，與崇洋媚外政策絕對不能混同，這是我們必須慎思明辨的。

（據《霞浦文史資料》第五輯整理。霞浦縣政協文史組 1986 年 10 月編印。案此文寫於 1986 年，嗣即載入《霞浦文史資料》。）

漫談關於革命的現實主義和革命的浪漫主義相結合的問題

——一九五九年三月廿五日在中文系討論會上的發言

我系過去對於文藝理論的學習，重視不很夠。今年在黨總支領導下，開始扭轉了過去不夠重視的傾向。今天這個討論會，教師、同學們都熱烈要求參加，這正是重視文藝理論學習的一個具體表現，是一個良好的開端。

我對於馬列主義的文藝理論是懂得很少的。但是我很願意學習，願意向同志和同學們學習。我今天參考了報紙雜誌上許多人所提出的關於革命的現實主義和革命的浪漫主義相結合問題的說法之後，提出了我個人對這個問題的一些不成熟的看法，向同志和同學們請教。請你們給我批評指導，以期能夠收到"拋磚引玉"的效果。

一、革命的現實主義和革命的浪漫主義的特徵最主要是具有共產主義世界觀。

革命的現實主義，不同於古典現實主義和批判現實主義，主要就是因為革命的現實主義是概括地、集中地反映社會主義——共產主義社會革命和建設時期的社會現實，描寫、創造革命和建設時期典型環境中典型人物的性格；而古典現實主義和批判現實主義，則只是反映奴隸制度、封建制度或資本主義制度時代的社會現實，描寫、創造這種社會制度下的典型環境中典型人物的性格，這是有本質的不同。革命的浪漫主義不但不同於消極的浪漫主義，而且也不同於積極的浪漫主義和十九世紀的革命的浪漫主義。原因也是因為作家的世界觀根本不同，也就是說，在十九世紀以前——具體地說就是在高爾基以前，作家的世界觀都不是共產主義的。毛主席提倡革命的現實主義和革命的浪漫主義相結合，我認為即是教導我們文藝工作者要反映我國在社

會主義革命和建設時期中的社會現實以及我國行將到來的共產主義革命和
建設的理想願望,概括並集中地描寫創造這個革命和建設時期典型環境中的
典型人物性格,使我們的文藝獲得光輝而偉大的成就。

革命的現實主義和革命的浪漫主義相結合與社會主義現實主義,本質上
是一樣的。因爲社會主義現實主義的創作,它的世界觀無疑是共產主義的。
同時社會主義現實主義,其中不但不排斥革命的浪漫主義,而且包含了革命
的浪漫主義。這個問題在蘇聯高爾基、日丹諾夫、法捷耶夫等人的文章中都
說得非常明白,所以我認爲基本上是一樣的。

那麼,毛主席爲什麼要提出革命的現實主義和革命的浪漫主義相結合的這
個創作方法呢? 我同意周揚同志的說法:"這是對全部文學史的經驗的科學概
括,是根據當前時代的特點和需要而提出的一項十分正確的主張,應當成爲我們
全體文藝工作者共同奮鬥的方向。"明確了提出這種創作方法的原因後,我們文
藝工作者在文藝創作過程中,就不會忽略了那一方面,在反映今天社會主義革
命和建設的現實的時候,就不會忘記了展望明天的共產主義革命和共產主義
建設的理想和願望,使我們反映了當前現實也沒忘了未來。這樣就會使我們
作品的內容更加豐富,更加壯麗,不會局限於今天;同時在描寫明天的理想願
望時,也不會忘記了今天所進行的社會主義革命和社會主義建設,使作品內容
不至於浮誇空想,脫離當前的現實。革命的現實主義和革命的浪漫主義,不但
不是互相矛盾的、互相排斥的,而且是不能孤立的或分割的,必須把它很好地相
結合起來。同時,我國社會主義的革命和建設,最終的目標是實現共產主義社
會,我們是要不斷革命的。提出革命的現實主義和革命的浪漫主義相結合也適
用於共產主義社會。由此看來,革命的現實主義和革命的浪漫主義相結合與社
會主義現實主義,本質上是一致的,沒有什麼分歧。它的提出那是由於我國大躍
進的現實所決定的,是爲使文學更好地爲社會主義革命和社會主義建設服務。

**二、關於革命的現實主義和革命的浪漫主義相結合與古典文
學的關係問題。**

我認爲我國古典文學中的優秀作家的作品,總的說來,往往是現實主義和
浪漫主義相結合的。它和今天毛主席所提出的革命的現實主義和革命的浪漫
主義相結合,是有傳統繼承的關係。但肯定不能相等。我國古代的優秀作家,
在他們的作品中,多數是一方面正確地反映出他們當時的社會現實,同時也提

出他們的理想和願望。他們正確反映的社會現實，這是現實主義的；同時提出他們自己的理想和願望，那是浪漫主義的。所以，兩者是常相結合的。舉些例子來說吧：《詩經·國風》中的《伐檀》、《碩鼠》，正確地反映出當時統治階級的貪污暴虐，勞動人民的被剝削被壓迫，無疑是優秀的現實主義作品。但《伐檀》的作者在痛斥“不稼不穡，不狩不獵”的剝削者之後，提出“彼君子兮，不素餐兮”的願望，希望有不白吃人民飯的君子在位（我不同意郭沫若先生的解釋）。其實這個願望在當時是不可能實現的，只是作者的要求和理想。作者這個理想是從現實出發的，但不局限於現實，所以它是浪漫主義的。《碩鼠》的作者，在痛斥統治階級貪婪如鼠的情況下，提出了“適彼樂土”的理想和願望。在當時的社會制度下，“樂土”是無處可覓的，但人民則確實希望有這樣的“樂土”。作者提出了這樣的理想，是有現實基礎的，但又不局限於現實，這也是浪漫主義的。屈原的《離騷》表現他乘龍駕鳳，忽而上天，忽而下地，四方求索的想象，是浪漫主義的。但他這種想象，是由於不滿當時的社會現實，他的創作基礎還是現實生活的，是和現實主義相結合的。《木蘭辭》是一首富有浪漫性喜劇色彩的詩歌，木蘭的形象是不可能完全真實。我認為木蘭是作者想象的人物。但它反映了當時社會戰爭的頻繁，人民服役的痛苦，同時也反映了人民保家衛國的勇敢精神，以及婦女要求同男人一樣的為國建功立業的平等願望和功成不居的高貴品質。這又是有現實生活基礎的，是和現實主義相結合的。此外，如陶淵明的作品，它反映出他不肯和當時的惡濁社會同流合污的高尚人格。他甘於擺脫官場生活，退隱農村中，同勞動人民一起生活，同情勞動人民，我認為基本上是現實主義的。但他提出了“桃花源”的理想世界，這是他善良的願望，又是和浪漫主義結合的。其他例子，不再一一列舉。總而言之，我認為我國古典文學中的優秀作品，總的說往往是現實主義和浪漫主義相結合的。

有人問，既然說古典文學中優秀作家和作品往往是現實主義和浪漫主義相結合的，那麼為什麼說《伐檀》、《碩鼠》之類是現實主義的作品，而《離騷》之類是浪漫主義的作品呢？我認為這是根據它主要傾向而言的。兩者常結合，但又不是“一半對一半”的，而是有主要傾向的。又有人問，古典文學中有沒有現實主義和浪漫主義各自分立不相結合的作品呢？我認為應該說還是有的。例如：《詩經》中《七月》、《北山》之類，就是不結合浪漫主義的現實主義的作品。魏晉人某些遊仙詩，是不結合現實主義的浪漫主義的作品。

我們如果承認古典文學的優秀作家和作品從總的來說,往往是現實主義和浪漫主義相結合的,那麼今天提出來的革命的現實主義和革命的浪漫主義相結合的創作方法與古典文學就不能說沒有傳統繼承的關係。因爲今天的新文學是從過去的古典文學的基礎上發展起來的。但我們又絕對不可以把兩者相等看待。因爲我國古典文學的作家和作品,不論他們如何優秀傑出,而他們的世界觀都不是而且不可能是共產主義的。不論是《詩經》、樂府民歌,以及屈原、司馬遷、李白、杜甫、陸游、辛棄疾、關漢卿、王實甫、施耐庵、吳承恩、吳敬梓、曹雪芹,他們都是如此。所以,我不同意李希凡同志所說的"在我國古典小說中,《水滸》是表現了革命的現實主義和革命的浪漫主義相結合的最突出的作品"(見 1959 年第三期《文藝報》)的說法,因爲《水滸》的作者,不論是誰,他是絕對沒有而且絕不可能具有共產主義的世界觀的。(呂驥同志說:"革命的現實主義,正是對過去時代的民主的現實主義、今天的社會主義現實主義和將來的共產主義現實主義的概括。"這個意見,我也不完全贊成。)

三、關於如何以革命的現實主義和革命的浪漫主義相結合的創作方法去正確反映人民內部矛盾的問題。

我認爲人民內部既然有矛盾,文藝是現實生活的反映,則自然不應該逃避現實而不去反映或掩蓋現實而加以粉飾。文藝家應當正確地把它反映出來,這樣才能收到團結各階層人民和興無滅資的效果。人民內部的矛盾如黨群關係、團群關係、幹群關係,以及資產階級意識形態和無產階級意識形態的兩條道路的鬥爭關係都是應當反映的。作品內容反映正確與否,這主要決定於作家的世界觀正確與否。作家的世界觀正確了,他就能正確反映出廣大而眾多的中國勞動人民在中國共產黨領導下洋溢著革命熱情,充滿了革命幹勁。大家爲著建設美好的社會主義社會而奮鬥,以期加速度地向著共產主義的理想生活而邁進,這也就能將革命的現實主義和革命的浪漫主義相結合。否則,反是。人民內部雖然有矛盾,但這個矛盾只是表現在對觀察問題、處理問題的偏正上,工作作風和方法的好壞上,而不是對黨的領導、對社會主義的制度有根本的分歧。黨團幹部以及被稱爲英雄或模範的人物,都不可能或者很少可能十全十美,毫無缺點。描寫他們的缺點是可以的,而且是應該的。但不可以歪曲他或不適當地誇大他們的缺點。資產階級和無產階級意識形態的兩條道路的鬥爭是存在的,但人民內部的鬥爭是與人爲善的,是從團結的願望出發的,不是在打擊誰或和誰鬧分裂。作品要能正確地反映出什麼是新生的、蓬勃的、向前發展的事物,什麼是落後的、腐朽的、逐漸趨向滅亡的殘餘的事物。什麼是新社會的主流,什麼是舊社會的逆流;什麼是本質的,什麼是非本質的。這首先要看作家的政治水準,也就是他的人生觀和世界觀問題。其次才看藝術技巧的修養,這也就是毛主席所說的"政治標準第一,藝術標準第二"的問題。總而言之,我認爲作家可以運用革命的現實主義和革命的浪漫主義相結合的創作方法來反映人民內部的矛盾,可以寫新社會中如同旭日東昇的光明面,也可以寫新社會中尚殘留的舊社會的陰暗面。但主要是要鼓舞前進,鞭打殘餘,做到像日丹諾夫所說的:"教育人民,在思想上武裝人民。""幫助人民、國家,把我們的青年教育成生氣勃勃,相信自己的力量不怕任何困難的人。"(日丹諾夫《關於〈星〉〈列寧格勒〉兩雜誌的報告》)。這樣的文藝作品會完成我們黨所提出的破資產階級思想,立無產階級思想的任務,使落後的進步,而使進步的更向前進步。

（據福建師範學院中文系學生刊物《閩江》1959 年《采風專輯》整理。案此文寫於 1959 年 3 月,當年發表於《閩江》。）

漫談如何研究中學古典文學教材的重點難點和疑點問題 ①

我脫離中學語文教學工作的時間已經很久了,對於中學語文教學工作的情況是很生疏的。承蒙領導的關懷、重視,要我參加這一次語文教學座談會,使我對新中國成立以來特別是目前中學語文教學工作的情況,有比較全面的

---

① 《福建師範學院學報》1962 年第 1 期載此文,正題下有附標題曰:"1961 年 10 月 11 日在廈門語文教學座談會上的發言"。黃高憲編《黃壽祺論中國古典文學》(山東文藝出版社 2001 年出版)收入此文,無副標題,茲從之。謹案,此文有兩本:一是《福建師範學院學報》本,二是《黃壽祺論中國古典文學》本,今據以互校,有異文者即出校記。

瞭解，提高了認識，我感到非常光榮、愉快。

現在會議將要結束，同志們要我談談“如何研究中學古典文學教材的重點、難點和疑點”的問題。我對祖國極其豐富的古典文學遺產的研究是很有限的，理解也是很粗淺的。中學課本中所選的古典文學作品，雖然篇數不多，但卻篇篇都是祖國文化遺產中的精華部分，並不是我一個人所能完全正確理解的。各位教師都是長時間在中學從事語文教學、富有經驗的優秀教師，首先我應當虛心向各位教師學習。

古語說：“學然後知不足，教然後知困。”見《禮記·學記》①。又說：“行年五十，始知四十九年之非。”見《淮南子·原道訓》。我在大學從事教學工作的時間雖然不算短，但確是越學越知道不夠，越教越知道困難。今年五十歲了，才的確明白四十九年以前所學得的知識還是極其有限。我這種心情，並不是虛偽的謙虛，想各位教師都能相信。

現在姑就我所一知半解的來和各位教師談談，提供一些參考意見。我的意見，肯定不會全對的；就是有某些對的，也未必適宜於對中學生講，我要求各位教師參考的時候要嚴格地批判和抉擇。

我所談的問題包括：介紹作者生平、講述時代背景、解釋題目、講讀課文等方面，而以比較多的分量來談講讀課文的問題，因爲課堂教學，講讀課文是最重要的環節。茲依次分爲兩個部分來談。我談時打算多舉一些例子來具體說明，而所引用的例子儘量採取現行“三三制”和“三二制”中學語文課本中所有的材料；間有軼出這個範圍的，也大抵是以前中學舊課本所曾選、或將來中學新課本有可能選以及參考讀物上時常接觸到的作品，並且都是爲各位教師所極熟悉的。

第一部分，關於介紹作者生平及時代背景方面。

凡講讀一篇課文，首先遇到的問題，便是這篇作品是誰寫的？他在什麼

---

① 　本文原有註解，《福建師範學院學報》分列頁下，《黃壽祺論中國古典文學》統歸篇末。今則分別夾附所當之句後，庶便閱覽。作者在末條註後附言：“凡中學新舊語文課本曾選用之篇目及普通常見之書名篇名，皆不註出處。附註出處及參考資料，儘量引用普通常見之書，以便查考。1961年12月29日，祺記。”又，末款“1961年12月29日，祺記”，《福建師範學院學報》作“1962年3月26日，壽祺修訂訖并記”。

時候和什麼情況下寫這篇作品？因此，教師對於課文的作者生平和作品的時代背景，一般是不能不介紹的。特別是古典文學作品，它的作者，學生一般都不很熟悉。寫作的時代情況，又因爲年代隔離較久或很久，學生也不很瞭解，更有必要作適當的介紹。

我所謂適當的介紹，自然不是不介紹，但也不是大量的或繁瑣的介紹。究竟如何才是適當呢？我認爲關鍵問題即是要掌握重點。

關於介紹作者生平的重點，我認爲要從三方面注意：

一，根據作家不同的特點分別對待；二，根據課文內容需要分別對待；三，根據學生所已掌握的知識分別對待。

從根據作家的特點方面來說，例如孔子、孟子、荀子、莊子、墨子、韓非、王充、范縝諸人，都是我國古代著名的哲學家。對孔子，應著重介紹他是一個學不厭、教不倦的偉大教育家這一點；對孟子，應該著重介紹他最早提出“民貴君輕”，極力主張“制民之產”這一點；對墨子，應該著重介紹他是主張兼愛而尚儉，非攻而善守禦這一點；對范縝，應著重介紹他是中古思想史上傑出的唯物主義思想家這一點。左丘明、司馬遷、班固、陳壽、范曄、司馬光諸人，都是我國古代著名的史學家。對司馬遷，應著重介紹他首創《史記》這部紀傳體通史的卓越成就；對班固，應著重介紹他首創“斷代史”和父子、兄妹相繼寫成《漢書》的不斷努力；對司馬光，應著重介紹他的《資治通鑒》這部編年史的巨大價值。屈原、李白、杜甫、白居易、陸游諸人，都是我國古代著名的大詩人。對白居易，應著重介紹他不但有豐富的創作品而且有現實主義的文藝理論參看白居易《與元九書》；對陸游，應注意介紹他不但是愛國詩人而且是很好的詞人和歷史學家陸游著《南唐書》。韓愈、柳宗元、歐陽修、王安石、蘇軾諸人，都是古代著名的散文家而兼詩家。對歐陽修，還要著重介紹他是一個著名的史學家和金石學家歐陽修著《五代史記》，並與宋祁同修《新唐書》，又自撰《集古錄》十[①]卷；對王安石，還要著重介紹他是宋代傑出的一個政治家；對蘇軾，還要介紹他是一個重要的詞家和著名的書法家。李煜、辛棄疾、李清照諸人，都是古代著名的詞家。對辛棄疾，則應特別突出他是一個從事實際抗敵鬥爭的愛國詞人。我認爲這樣突出各作家的特點來介紹，既不一般化，而且對於擴大學

---

① 十，《福建師範學院學報》作“一千”，疑排版誤。《黃壽祺論中國古典文學》沿之。茲據《集古錄》校改。

生的知識面,是有必要的。

我還認爲介紹作家的生平時,適當結合講授一點某些作家特有的有教育意義的生活故事,也是有必要的。例如孟子母親"斷機教子",以及教育孟子"將上堂,聲必揚"的故事參看《韓詩外傳》、《列女傳》及趙岐《孟子題辭》等書;王充刻苦力學,而家貧不能得書,在洛陽賣書店讀"白書"因而成材見《後漢書・王充傳》;范仲淹讀書僧舍,家貧斷齏而啖,畫粥而食參看《宋史・范仲淹傳》,《歷代名臣言行錄》卷十四"范仲淹",《范文正公集・年譜》等書;歐陽修母親畫荻教子見《宋史・歐陽修傳》;司馬光寫《資治通鑒》的嚴肅工作態度參看《宋司馬光通鑒稿》,文物出版社出版。之類。既可以使介紹作家時不至枯燥無味,活躍課堂氣氛;又可以使學生對這個作家有特別深刻的印象。司馬遷寫人物傳記,即善於運用這種手法參看《史記》諸名篇,如《留侯世家》、《陳丞相世家》、《淮陰侯列傳》等。根據學生的年齡特徵及我個人的教學經驗,這對於低年級的學生尤有好處。生活故事不是不可以講,而是在乎善於選擇對學生爲學做人有教育意義的事項,而時間分量又不可佔太多。

從根據課文內容的需要方面來說,我認爲應該著重闡明作者在寫作時的思想動態,指出他的思想在他的生活道路和創作道路中處於什麼階段。例如介紹《過秦論》的作者賈誼時,應該著重談他不但是漢代初期的優秀散文家,而且是當時的一位青年政論家。他有遠見,有抱負,同時他是想積極用世的。他的政論文包括在後人所編集的《賈子新書》內。《過秦論》是《新書》中的一篇,而且是分三大部分的,我們課文所讀的只是他的第一大部分,還應該參考其他的兩大部分和《陳政事疏》等。但如講賈誼的《鵬鳥賦》、《吊屈原賦》時,他的思想情況就有所不同,就不一定都要像這樣談了。介紹《活板》的作者沈括時,就有必要談他是宋代的一個著名天文數學家,他對於工業、工程、天文、歷數、醫藥等方面的科學都具有很豐富的知識參看《宋史・沈括傳》及清阮元《疇人傳》卷二十,所以他才能留意於活字板這種印刷術的創造發明,而且能夠很具體地把它說明出來。但如果講沈括《夢溪筆談》中的其他文章如《正午牡丹》、《雄州修城》等時,他的思想情況便不相同於寫《活板》,那也就不一定都要談他在科學研究方面的成就了。介紹《金石錄後序》的作者李清照時,就有必要說明她的丈夫趙明誠是一位金石學家。明誠編有《金石錄》,她是他的助手。她這篇序作於宋高宗紹興二年,經過靖康之禍,故其文淒涼感慨,饒有餘哀。但如果講李清照的詞《醉花陰》和《一剪梅》

時，她的生活情況和思想情況都與寫《金石錄後序》的時期不同，就不一定都要涉及她和明誠寫《金石錄》的關係了。介紹《儒林外史》的作者吳敬梓時，就有必要說明他誕生於累世以科甲出身的"望族"參看程晉芳《文木先生傳》及顧雲《盋山志》卷四《吳敬梓傳》等書，他深知科舉的積弊，八股的流毒，所以他能夠深刻地刻畫出科舉制度下一些腐朽人物的醜態，而給予有力的諷刺。但如果講他的《文木山房集》中的某些無關其家世的詩文著作，談他著有《儒林外史》就夠了，就不必溯及他出生的家庭上代"科第累世"的事情了。

我這條的說法，與前面一條似乎有些矛盾的地方，但我認爲前面一條是對不同的作家而言，而這一條是對同一作家的不同作品而言，觀點是相同的，而角度則不同。

從根據學生所已掌握的實際知識方面來說，中學生一般都是從小學畢業後升入中學的，他們在小學時代都讀過語文和歷史，在中學也有歷史課。因此我們就要瞭解哪些作家，學生在小學語文或中小學歷史課本或中學語文課本新舊課的有關材料中已經學習過；如果學習過了的作家，我們就不一定要多講；要講時，就必須從概括學生所已有的知識和增加他的新知識的角度來談。既要鞏固他的舊知識，又要提高他的新的知識，不能照舊重複。又如關漢卿這個作家，現在已有電影片子，放映他的生平事蹟，學生多有看過這部電影的，我們也要聯繫和瞭解他們的情況加以概括和提高，也不要照電影重複。

關於講述時代背景的重點應該怎樣呢？我認爲最主要的是必須根據課文內容的需要來說明，如果課文內容無此需要的，則都可以不談。根據課文內容的需要，我認爲又可分爲三方面來談：一是作者借古喻今的議論文；二是寫景寓情的記敘文；三是懷古感今的抒情詩詞。

借古喻今的政論文，例如前面提過的賈誼《過秦論》。賈誼認爲秦之得天下以霸力，而失天下則以不能施行仁義。漢制多承襲秦制，賈誼認爲天下不可能長治久安，實堪痛哭流涕長太息參看賈誼《陳政事疏》，過秦實所以過漢。所以就有必要說明漢初的"雜霸"政治措施，如不重視儒術，依舊嚴刑峻法，復行三族之誅參看侯外廬等《中國思想通史》第二卷第二章第一節，則文中"廢先王之道，焚百家之言，以愚黔首，墮名城，殺豪傑"等等指責秦所以致亡之語，皆是有所爲而發。"仁義不施，而攻守之勢異也"兩語，實語重心長，含意深遠。又如蘇洵的《六國論》，則有感於宋代以金繒歲幣事遼，略敵苟安之非計而作。如不加以說明，則文中“夫六國與秦皆諸侯，其勢弱於秦，而猶有可以不賂而勝之勢。苟以天下之大，而從六國破亡之故事，是又在六國下矣。”其言爲無的放矢。黃宗羲的《原君》，則有感於明代亡國之慘禍而作。明代的中央集權專制政治制度，較之前代，實是更高的發展參看范文瀾《中國通史簡編》第七章第一第二第三各節。故文中既暗斥明太祖之廢孟子，並明舉崇禎語公主之言，以爲可痛。凡此類的課文，沒有簡明扼要地介紹作者的時代背景，則作品的目的性往往不易明瞭。

　　寫景寓情的記敘文，一般地說來，似乎沒有談時代背景的必要，其實也不儘然。例如歐陽修的《醉翁亭記》，確實是以描寫景物的藝術技巧見長的，我們要重點學習這方面，我後面還要談它。但是，我們如果不瞭解他寫作此文的時代背景，則文中所談的“人知從太守游而樂而不知太守之樂其樂也”這一句重要的話就很難理解。究竟歐陽修這位太守有什麼獨享的快樂而爲別人所不知呢？這就應該瞭解歐陽修和范仲淹在當時政治上是主張變法圖強的傑出政治家王安石的先驅人物，王安石是實踐和發展了歐陽修、范仲淹的主張參看范文瀾《中國通史簡編》第四章第四節《王安石變法及新舊黨爭》“王安石以前，早有人主張改革積弊”一段。歐陽修在改革政治、革新文風和撰寫《五代史記》參看宋吳曾《能改齊漫錄》卷九“歐陽公論馮道乃壯歲時”條及《錢氏私志》等書方面，是堅定地和奸邪小人、不良文風作鬥爭的見《宋史·歐陽修傳》。他雖然因此被污蔑、被打擊、被排擠，以致遭到多次貶斥外郡，但他仍然不灰心喪氣，一蹶不振，所至勤政愛民，努力著述。他視小州僻郡與“玉堂金馬”無異，公餘之暇，逍遙山水，心安理得，沒有蹉跎失意，侘傺無聊的心情，態度是樂觀的，故能自樂其樂。而他這種心情則非一般人所能瞭解，所以說“人不知太守之樂其樂”。又如蘇軾的《赤壁賦》，也是貶官後所作。當時他和王安石一派政見不合，以致遭受貶斥到黃州。這種境遇，在當時的其他官僚士大夫，也多是侘傺不能自聊的，而蘇軾能以曠達處之。所以文章末段闡明變與不變的道理，以及清風明月之無盡藏，以抒發他雖處逆境而不憂的樂觀處世態度。像這類的寫景文章，表面看來沒有什麼，而實際和作者所處的時代背景卻有很密切的關係，若不說明，對課文則不能深透瞭解。但是，像我這種的看法，對於中學生，又似乎沒有必要講，是否可以“備而不用”呢？

　　懷古感今的抒情詩詞，也是有必要簡單明瞭地介紹作者的時代背景的。

例如，讀陸游的《書憤》，若不瞭解宋朝南渡君臣苟且偷安的情況參看范文瀾《中國通史簡編》第五章第一節，則"早歲那知世事艱"一語，便是泛泛而談。讀文天祥的《過零丁洋》，如不瞭解元兵南侵，天祥奔走勤王的艱苦情況參看文天祥《指南錄後序》，則"山河破碎風吹絮，身世飄搖雨打萍"二語，不知其言之悲。讀辛棄疾的《菩薩蠻書江西造口壁》，如不瞭解金兵追隆祐皇太后的時代背景，此據宋羅大經《鶴林玉露》之說。今人鄧廣銘著《稼軒詞編年箋》，據《宋史·后妃傳》未載"金人追至造口"之事，謂羅說蓋不可信。余按《宋史》已明言金兵追孟后，但未言至造口而已。羅記在前，而史修于後，史文多略，不宜據史以疑羅。則"鬱孤台下清江水，中間多少行人淚"，便不可能深刻瞭解。讀辛棄疾的《永遇樂京口北固亭懷古》，如不瞭解韓胄邀功輕敵，辛棄疾不贊成打沒有準備的仗的時代背景參看程珌《洺水集·丙子輪對劄子》第二篇及劉宰《漫塘文集·上安撫辛待制》，《稼軒詞編年箋》中有引文，也不可能深刻瞭解詞中"元嘉草草，封狼居胥，贏得倉皇北顧"和"憑誰問廉頗老矣，尚能飯否"的無限憂憤心情。又如讀李煜的《虞美人》，如不瞭解南唐當時倚靠長江天塹之險，不肯即時降宋，其後又爲樊若水（知古）獻策所賣的情況，參看《宋史》卷四百七十八"世家一南唐李氏"，陸游《南唐書》卷三《後主本紀》，馬令《南唐書》卷五《後主書》，吳任臣《十國春秋》卷十七南唐三《後主本紀》，吳曾《能改齊漫錄》卷十二"樊若水按所仇家酒額"條，釋文瑩《玉壺清話》卷八"太宗深惜民力"條，等書。則詞中"問君能有幾多愁，恰似一江春水向東流"的悲哀情緒就很難深刻理解，對他的詞的高度概括的藝術能力也很難探索出來。

此外，還有一些作品，必須通過瞭解作者的時代背景，才能突出它的思想內容的。例如：論說文中的范縝《神滅論》，若不瞭解齊梁之間佛教盛行與其爲害之烈的時代背景參看侯外廬等《中國思想通史》第三卷第九章第一第二節及范文瀾《中國通史簡編》修訂本第二編第五章五"佛教在南方繼續上升"一段，則此文的現實意義和戰鬥意義便不能突出。讀蘇軾的《日喻》，如不瞭解北宋某些理學家鎮日坐在書房裡空談心身性命，不從事政治實踐和社會實踐的時代背景蘇氏文中竭力指責"世之言道"、"求道"者即針對某些理學家而言，則也看不出這篇文章的現實意義和戰鬥意義。記敘文中，如陳弘緒的《文天祥傳》和全祖望的《梅花嶺記》，讀時，也都要明瞭明末清初的時代背景。作者寫這類文章，都是要表示他對異族統治的不滿和對漢奸賣國求榮的譴責心情，這都是愛國思想的另一種表現。寫景物的詩歌，如韓翃的《寒食》參看高閬仙先生《唐宋詩舉要》卷八注釋，劉禹錫的

六庵文錄 卷九 漫談及發言稿

353

《元和十年自朗州召至京戲贈看花諸君子》和《再游玄都觀》參看馬茂元《唐詩選》下卷注釋，也都和他們的時代背景有密切關係，不可不瞭解。

從以上我所談的看來，似乎我很強調講述作品的時代背景的重要性，但這只是問題的一面，我們還要談談問題的另一面。

我認爲議論文中更多的作品，作者只是泛泛針對一般情況而發的。如《孟子》的《學奕》，《荀子》的《勸學》，《呂氏春秋》的《去私》等，則不可牽強附會去找他們寫作的時代背景。記敘文，如《左傳》的《曹劌論戰》、《公子重耳出亡》、《秦晉殽之戰》，《國語》的《越王勾踐棲於會稽》，《戰國策》的《馮煖客孟嘗君》、《鄒忌諷齊王納諫》、《觸讋說趙太后》、《荆軻刺秦王》，《史記》的《魏公子列傳》、《廉頗藺相如列傳》，《漢書》的《蘇武傳》，《後漢書》的《張衡傳》，《通鑒》的《赤壁之戰》、《淝水之戰》等，作者只是客觀地記載了歷史事實，並沒有有意識地針對作者當時所處的社會環境中的某一種問題而寫，亦不可穿鑿附會地去講它。又如白居易的《荔枝圖序》、蘇軾的《石鐘山記》、薛瑄的《游龍門記》、姚鼐的《登泰山記》，也都沒有必要講作者寫作的時代背景，儘管這些作品的寫作年月都是可考的。寫景抒情的詩歌，如孟浩然的《春曉》、蘇軾的《題西林壁》，也不是和作者的時代背景有什麼直接聯繫，也不可以過於“深求”。我記得有的人說：孟浩然因爲功名不遂，失意無聊，所以發出“夜來風雨聲，花落知多少”的感歎；蘇軾因爲屢遭貶謫，覺得人世變幻無常，所以會表現出“橫看成嶺側成峰，遠近高低各不同”的虛無人生觀等等。這似乎都沒有什麼很好的根據。像這樣講述時代背景，那是不必要的。

以上談的是重點問題，以下再談一些難點和疑點的問題。

古典文學作品的作家，往往有難以斷定的。例如：《楚辭》中的《招魂》，有人說是屈原作的，有人說是宋玉作的，我們應當根據作品的内容定爲屈原所作參看郭沫若《屈原研究》。又如李陵《答蘇武書》和蘇武《別李陵詩》，有的人說真是蘇李寫的，有的人說是六朝人僞作的。這也就要從作品的内容來判斷。《答蘇武書》中漏洞甚多，前人如蘇軾等已有所論列參看蘇軾《答劉沔書》，按蘇氏此論實本之唐劉知幾，特加以發揮而已。蘇武從匈奴回國時，未即“封侯食邑”，當時如上官桀父子即爲不平參看《前漢書·蘇武列傳》。作僞者即據此事，云：“聞子之歸，賜不過二百萬，位不過典屬國”。其實，典屬國是地位很高的官職，而作者用"不過"兩字,是認爲官職很小的意思。據此,即可以知道他不是真正瞭解漢代官制,必非漢代人所作,更不用說實指李陵了。《別李陵詩》中有"俯觀江漢流,仰視浮雲翔"二句,則絕非在匈奴地區的人所作可知,也更不用實指爲蘇武了。又如《後出師表》,條陳"未解者六事",既有"六未解",而要出兵北伐,此豈以"謹慎"自詡參看諸葛亮《出師表》的諸葛亮所應爲之事?它是僞作,亦斷無可疑。凡此等作品的作家姓名,應根據課文直接了當斷定爲僞託。

古典文學作品的時代也有很難斷定的。例如《古詩十九首》,有人說是西漢之作,有人說是東漢之作,有人說東西漢之作都有,對於這樣的作品,我們也要從它的具體內容來判斷。"驅車上東門"、"遊戲宛與洛",兩首均實指東京,分明是東漢的作品參看《文選》李善注。"東城高且長"、"凜凜歲云暮",兩首顯然是太初改曆以前之作參看范文瀾《中國通史簡編》修訂本第二編第二章第十節,及包樹棠《論五言詩之產生》,見《福建師範學院學報》1959 年中文系專號第一期,分明是西漢之作品。我們可以根據詩中內容肯定下來。但如"迢迢牽牛星"、"青青河畔草"等首,從內容看來,則不能確指爲西漢或東漢,則應當存疑,不必費力去考證它。《孔雀東南飛》,有的人說是建安時代的作品,有的人說是南北朝時代的作品,議論紛紛,莫衷一是。我們從作品前面的"小序"和詩中的具體內容來看,可以認爲是建安時代的民歌而經過晉宋齊梁之間的人不斷修改補充而成的。《木蘭辭》,有人說是北朝魏代的作品,有人說是唐代人韋元甫所作,辨論考證甚多。我們根據作品的內容,認爲應該是北朝的作品而經過隋唐之間的人修改潤色的。至於繁瑣的辯論、考證,在中學的課堂教學時,我認爲是不必要的。因爲無論徵引多少材料都不可能絕對肯定爲某一時代之作,即使肯定了,也不符合民歌發展的規律。這些例子,都不過是說明古典文學作品的作者和時代存在著疑難問題的時候,我在教學時所採取的態度,主要是不離開作品的具體內容來判斷而已。

第二部分,關於解釋課文題目與講讀課文方面。

先談解釋題目的問題。

我國古典文學作品,一般說來,在戰國以前的,都沒有標明題目。《書經》、《詩經》等書中的標題，不一定與作品内容都有關係。有的是後代編纂的人擷取篇章中的時代、地點或内容而加的，有的是後代編纂的人截取篇首一兩字而加的。自戰國以後，論説文如《莊子》的《逍遥遊》、《齊物論》等，《墨子》的《兼愛》、《非攻》等，《荀子》的《勤學》、《議兵》等，《韓非子》的《説難》、《五蠹》等，《吕氏春秋》的《察今》、《去私》等，所標題目，往往即是作品的中心内容。抒情詠物的辭賦，如屈原的《離騷》、《天問》，荀卿的《禮》、《智》、《雲》、《蠶》、《箴》諸賦，也都是標題與内容有關的。漢以後的作品標題，不但標明内容，而且分出體裁，如董仲舒的《賢良對》、劉向的《戰國策目録序》等。魏晉以後，詩文的題目尤爲講究，往往不輕下一字。因此，我們對於某些作品的題目的解釋，就要注意掌握重點，不能隨便放過。例如：陶潛的《歸去來兮辭》，原是記述他歸田時的心情和生活，爲什麽不題作“記”而題作“辭”？因爲它是“摘辭鋪文”的有韻之文。蘇軾的《赤壁賦》，原爲記遊赤壁，寫作方法也原與一般的散文中的“記”没有多大分别，爲什麽不題作“記”而題作“賦”？也是因爲他中間有一兩段爲有韻之文。李白的《夢遊天姥吟留别》，題上的“夢”字異常重要。如不著重點明“夢”字，則詩中的許多幻想景物便都没有著落。李白的《訪戴天山道士不遇》，題上的“不遇”二字很重要。因爲人不在，故詩中“樹深時見鹿，溪午不聞鐘”，“無人知所去，愁倚兩三松”，也都是寫“不遇”的情況。杜甫的“春夜喜雨”，題上的“喜”字很重要。詩中説“好雨”（好雨知時節），説“潤物”（潤物細無聲），説“花重”（曉看紅濕處，花重錦官城），都是表示他充滿著喜悦的心情。杜甫的《春日憶李白》，題上的“憶”字很重要。因爲是懷憶，所以詩中有“何時一樽酒，重與細論文”的句子。杜甫的《夢李白》，題上的“夢”字很重要。因爲是“夢”，所以詩中會談到“魂來楓林青，魂返關塞黑”的境況。岑參的《逢入京使》，題上的“逢”字很重要。因爲是路上相逢，所以詩中才説“馬上相逢無紙筆，憑君傳語報平安”。凡此等題目上的重要字，都關係全詩，必須重點講。解釋詞的標題，除詞牌代表音樂之外，唐五代的詞多不另標題，宋以後的詞，題下的標注，就是題目，也應注意重點講。例如蘇軾的《水調歌頭》，詞牌下有注云：“丙辰中秋，歡飲達旦，大醉，作此篇，兼懷子由”。“兼懷子由”四字不可漏，否則，詞中“但願人長久，千里共嬋娟”的句子，便無著落。毛主席的《蝶戀花》調下注云：“遊仙，贈李淑一”，“遊仙”

二字不可漏,應重點講,否則,此詞內容和創作方法,就較難理解。詩文中題目應重點講的例子確是很多,我這裡不過是隨便舉一些而已。

古典詩歌作品中凡遇到"無題"的,那就比較難講,往往滋生疑義。因爲"無題"詩,大半有寄託,表面雖然"無題"而實際卻是"有題",如李商隱等人的詩。也有雖然"有題"而卻是寄託別種意思的,不能就題論題,那也比較難講,如張籍的《節婦吟》参看徐澄宇《張王樂府》選注等。還有"失題"的,如曹植的"雙鶴俱遠逝,相失東海傍。雄飛竄北朔,雌驚赴南湘。棄我交頸歡,離別各異方。不惜萬里道,但恐天網張。"参看余冠英《三曹詩選》注釋之類的詩:也是比較難講的。好在像這一類有疑難問題的詩,中學語文課本中是不至於碰到的。

其次,再談講讀課文的問題。

講讀課文是課堂教學的最重要部分。課堂教學的效果如何,對學生能否收到思想教育和知識教育的功效,主要決定於課文內容的講讀。而講與讀又可分爲兩個方面來談。但這兩方面的工作,是有區別的而又是結合的、不能分割的。

一、關於"講"的方面:

我認爲講解課文,不論散文和韻文,都不可平均使用力量,既要注意面,更要抓住重點。所謂重點,即是作品思想內容的最主要部分和藝術成就最突出的部分。

茲先談散文。古典散文作品思想內容的主要部分應該重點突出講解的,又有兩種情況:一是議論識見有特別可取的地方;二是刻畫人物性格才能有特別可取的地方。

以議論識見著稱的,多半是在論說文或夾敘夾議的記敘文中。例如,我們講荀子的《天論》,他的中心思想是要說明"制天命而用之"的樸素唯物主義思想。所以,作品的末一段是最重要的部分,也是對我們有教育意義的部分,應該繼承的部分,有必要重點講。賈誼的《過秦論》,說來說去,來龍結穴,只在"仁義不施,而攻守之勢異也"兩句。這兩句能重點講清,則作者的中心思想便已領會,其他所有議論皆是爲這兩句服務。而這兩句的主要意思是說明治天下須得民心,施行仁義,徒用嚴刑峻法是不可能長久壓服人們的。

他這種看法是有一定對的地方,我們應該批判接受。諸葛亮的《出師表》,主要目的是要教導劉禪識別忠邪。劉禪是一個昏庸無能不辨忠邪的人,從後來宦人黃皓弄權一事看來,即可以說明。所以諸葛亮在表中不但剴切明白地告訴他:文臣誰可用,武臣誰可用。而且告訴他:"宮中府中,俱爲一體,陟罰臧否,不宜異同。"並總結漢桓帝、漢靈帝所以衰敗的原因,以爲鑑戒。故"親賢臣,遠小人,此先漢所以興隆也;親小人,遠賢臣,此後漢所以傾頹也。先帝在時,每與臣論此事,未嘗不歎息痛恨於桓靈也!"數語爲全篇主要論點所在,也是有思想教育意義的所在,故宜重點講。韓愈《師說》的結論,在於"是故弟子不必不如師,師不必賢於弟子,聞道有先後,術業有專攻,如是而已"數句。這數句是最主要的部分,也是對我們今天正確處理師生關係還有教育意義的部分,必須重點講。范仲淹的《岳陽樓記》,雖然中間寫景物的兩段都很好,但他獨到的地方,是在"先憂後樂"兩語,他教導人們不論在得意和失意的環境中,都應該具有爲天下人而吃苦在先享樂在後的積極處世態度。這不但是他文章的精華部分,而且對我們進行政治思想教育也是有幫助的,是應該繼承汲取的地方。所以,末一段要重點講。同時我們還應該特別注意說明:凡是優秀的文章,它以議論識見著稱的地方,也都是表現作者的語言藝術最概括、最精煉的地方,思想性和藝術性常常是統一的。

以刻畫人物性格才能見長的,多半在傳記文學中。因此,我們講解人物傳記的文章,則重點應放在人物性格刻畫描寫方面,特別是人物的優良品質和突出的學術才能方面。因爲這方面也就是我們對學生進行思想教育的重點,所以應該重視。例如,司馬遷的《李將軍列傳》,通篇以描寫李廣是一個善射、力戰的名將反而"不遇、冤死"爲主,但我認爲應重點講"廣廉,得賞賜輒分其麾下,飲食與士共之,終廣之身,爲二千石四十餘年,家無餘財,終不言家產事。""廣訥口少言,與人居,則畫地爲軍陳,射闊狹以飲。""廣之將兵,乏絕之處,見水,士卒不盡飲,廣不近水,士卒不盡食,廣不嘗食。"等處,這是李廣過人之處,對我們今天作爲各級領導人來說,還是有一定的借鑒意義的。范曄的《張衡傳》,雖然是全面地敘述張衡的道德、政績、學術、文章,都應該注意學習,但我認爲應著重講張衡創造候風地動儀一段,使學生認識在東漢時代,祖國即產生像這樣優秀的科學家,這對於推動學生熱愛科學,加強民族自尊心,是很有思想教育意義的。

作品的藝術成就最主要部分是應該重點突出講解的。例如,歐陽修的《醉翁亭記》,姚鼐的《登泰山記》。像這一類的作品就不一定要牽強附會地去講政治思想教育,而應側重講他們描寫山川景物的藝術技巧方面。《醉翁亭記》的藝術技巧高明處,在描寫朝暮四時的景物,簡煉而又明晰,所以中間一段要重點講。而此文用了二十多個"也"字,參差錯落,讀來不厭複遝,也是他有獨創性的地方,也要注意講。《登泰山記》中寫日出、寫風雪等等雖然全篇都好,但我認爲他的藝術技巧最高明處,在第一段開頭寫泰山形勢:"泰山之陽,汶水西流。其陰,濟水東流。陽谷皆入汶,陰谷皆入濟。當其南北分者,古長城也。最高日觀峰,在長城南十五里。"只用四十多字,就能將泰山的大輪廓勾勒出來。這是他突破前人的地方,應該重點講。這對指導學生的寫作是有很大的幫助的,也就是應該學習繼承的地方。

前面都是就散文作品中思想性和藝術性高的部分來談它要重點講的。如果作品的思想性和藝術性有缺陷的部分,要不要重點講呢? 我認爲也要重點講,也就是要重點批判,以免給學生以不好的影響。例如,黃宗羲《原君》中所說的"好逸惡勞,人之常情",分明是有他的階級局限的。又如,李廣殺霸陵醉尉就毫無道理。這種無理報復的行爲,是要嚴格批判的。太史公的記敘人物,雖然極其高明,但如《屈原列傳》,因其中多夾雜議論,對屈原的政治活動和創作活動的年月時代却記得不夠明確,以致後人對《離騷》這篇偉大而光輝的名作都很難肯定創作於何時。又如屈原何時曾任三閭大夫,亦不正敘,只從漁父口中帶出。這都不能不說是他的疏略。像這類的部分,我認爲要重點指出,無須曲爲辯護,委之錯簡。但如賈誼《過秦論》中貶抑陳涉之徒的才能,目的不在貶低陳涉,而在突出秦政的暴虐。這就要看這些話在作品中的位置和作者的真正意圖在什麼地方。批判就要有分寸,不要喧賓奪主。范縝《神滅論》,中學課本在論文前面所引《通鑒》記載范縝與竟陵王蕭子良辨不信因果之言,雖不無可議,但在否定宿命論這一點是完全對的,批判也要有分寸,否則,反削弱了戰鬥的意義。《廣東軍務記》這篇作品,修詞造句,不算最典範,但缺點是次要的,就不必作爲重點來講。依我看來,現行中學語文課本所選的文章是很精的,而且許多作品都經過節選,因此思想性和藝術性差的地方是較少的。縱使思想性某些地方有較差的,在練習題和提示中都有所說明了。所以我談重點講,多是就指思想性和藝術性高的部分來突出它。

以上都是就散文的作品來談，以下再談些韻文的作品。

韻文作品，有的是思想性和藝術性都很強的；但也有只是藝術性強而並不是有很高的思想性的。我們應該分別對待。

中學課本和課外讀物中經常選到的韻文作品中的詩歌，其中思想性和藝術性都很強或較強的，大體可分爲下列幾類：一是指斥統治階級貪婪無恥、不勞而獲、殘酷剝削人民的，例如《詩經》中《伐檀》和《碩鼠》，白居易的《杜陵叟》和《賣炭翁》等；二是反映統治階級與被統治階級的兩種不同生活，形成極端尖銳對立矛盾的，如杜甫的《自京赴奉先詠懷五百字》，高適的《燕歌行》，白居易的《輕肥》和《歌舞》等；三是表現作者同情人民疾苦的，如杜甫的《又呈吳郎》，顧況的《囝》，白居易的《觀刈麥》，李紳的《憫農詩》等；四是表現作者高度愛國主義精神的，如陸游的《關山月》、《示兒》，文天祥的《過零丁洋》、《正氣歌》等；五是表現作者反對統治階級所發動的侵略戰爭和窮兵黷武的，如李白的《戰城南》，杜甫的《兵車行》等；六是表現作者同情婦女的不幸遭遇的，如《詩經》中的《氓》，白居易的《母別子》等；七是表現作者高尚的人格，不願與統治階級同流合污的，如陶潛的《歸園田居》，李白的《夢遊天姥吟留別》等；八是表現作者對於某些事物或問題的看法，含有深湛的哲學思想的，如蘇軾《題西林壁》"不識廬山真面目，只緣身在此山中"，朱熹《觀書有感》"問渠那得清如許，爲有源頭活水來"。兩詩：前者說明看問題要從整體看，高遠處看，不可拘墟於局部或從狹小處看；後者說明"池塘活水"這種境界，同一個人在學習中搞通問題、提高認識時有些相似。凡此等類的詩，思想性是很強或較強的，我們應該重點講述它們的思想性方面；但我們同時還必須認識這類作品往往也就是藝術性高或較高的，必須結合起來講，不可孤立地或割裂地對待它。

至如詩歌中也有只是藝術性強或較強，而不是有很高的思想性的，我們就應該側重講授它們的藝術性方面，而不一定要勉強去挖掘它的思想性，把它的思想性外加地抬高起來。詩歌的藝術性，依我看來，主要的，大體可分爲下列幾類：一是以"氣勢"勝的，例如李白的《早發白帝城》和王昌齡的《從軍行》，前者順流看山，一氣流轉，後者氣勢沉雄，音調高亢；二是以"情韻"勝的，例如王維的《送元二赴安西》和李白的《贈汪倫》，前者表現出作者對元二的依依不捨之情，後者將作者對汪倫惜別之意，也巧妙地表達出來；三是以"工律"勝的，例如杜甫的《絕句》（"兩箇黃鸝"一首）和白居易的《錢塘湖春行》，前者工整而極自然，後者工整而極妍麗；四是以"刻畫形象生動"勝的，如岑參的《火山雲歌》和白居易的《琵琶行》，前者以描寫邊塞的奇麗風光見長，後者以刻畫琵琶的優美音調著稱；五是以"簡括凝煉，透過一層寫法"勝的，如王勃《送杜少府之蜀州》中的"海內存知己，天涯若比鄰"，宋祁《落花》詩中的"將飛更作廻①風舞，已落猶存半面妝"。前者只用十個字，表現出如許深摯的友誼。後者只用兩句話，能通過眼前尋常景物，把作者堅強奮鬥，不畏挫折的精神表達出來。凡此等詩篇，在全詩中應重點講它的藝術成就突出的段落或其警句。這對於我們學習各種表現手法是有所幫助的。上面所說的都是詩作，其實，詞也是如此的。例如前面提過的辛棄疾《永遇樂》，它的思想性和藝術性都是比較強的，應結合講。又如岳飛的《滿江紅》，他的思想性是很強的，則應側重講思想性方面。至如李後主的詞，則只能取他運用白描手法刻畫風景人物的高度概括藝術技巧，除對它的思想性要進行適當的批判之外，就應該將重點放在藝術性方面。這對於我們提高寫作表現方法也是有所幫助的。

　　古典文學作品中有很著名、流傳很廣，而且我們今天的語文課本中還有選到，或將來也有可能選到的，但卻又是很難講的作品，例如屈原《九歌》中的《湘君》、《湘夫人》和李白的《蜀道難》，就是一例。這數篇作品的內容，衆說紛紜，各持所見，很難統一。我對於這種難課的態度，是以結合課文內容慎重考慮，擇取多數人認爲比較妥當的一說爲依據。

　　古典文學著名作品中，也還有一些地方是很有疑問的。它的疑點，大體可有下列三類：

　　（一）由於文字有譌②脫致生疑義者。例如《孔雀東南飛》中的"媒人去數日，尋遣丞請還，說有蘭家女，承籍有宦官"這一節，余冠英在《樂府詩選》和《漢魏六朝詩選》中的注釋是不能令人無疑的。傅庚生《孔雀東南飛疑義相與析》見《文學評論》1961年第1期一文所指出的新解，與余先生《關於

---

　　① 廻，《黃壽祺論中國古典文學》誤作"迴"，據《福建師範學院學報》改。
　　② 譌，《黃壽祺論中國古典文學》作"僞"。據《福建師範學院學報》改。

孔雀東南飛疑義》所作的答辯，也還是不能令人滿意見《文學評論》1961 年第 2 期。疑由於此詩有譌脱所致。若此之類，我的意思，不宜勉強穿鑿以求其通，應當存疑。至如《漢書·蘇武傳》中"常惠請其守者與俱，得夜見漢使，具自陳過"文中的"過"字，也有疑義。有的本子作"過"，有的本子作"道"。我認爲應從《百衲本史記》校改作"道"。課本中的"過"字，應是"道"字之誤。

（二）由於原文敘述不清，致生疑義者。例如：《史記·李將軍列傳》中："李廣才氣，天下無雙，自負其能，數與虜敵戰，恐亡之。於是乃徙爲上郡太守。後廣轉爲邊郡，徙上郡。嘗爲隴西、北地、雁門、代郡、雲中太守，皆以力戰爲名。匈奴大入上郡……"依照此文所敘，則似說李廣做過兩任上郡太守。若果如此，則在"徙上郡"三字之前，應加"復"字或"再"字意思才明白，且可免引起誤會。若李廣只一任上郡太守，則當如《漢書》的《李廣列傳》所記。班固於此處刪去《史記》所插入的"後廣轉爲邊郡"至"皆以力戰爲名"數句，改移於後面敘述，則文義便很明白。若此之類，宜取馬班書互相印證，則疑義可解。

（三）由於敘述過於簡略，致生疑義者。例如：《戰國策》中的《虞卿阻割六城與 ① 秦》之末云："……齊，秦之深讎也；得王五城，并力而西擊秦也，齊之聽王，不待辭之畢也。是王失於齊，而取賞於秦，一舉結三國之親，而與秦易道也。趙王曰：'善！'因發虞卿東見齊王，與之謀秦。虞卿未反，秦之使已在趙矣。樓緩聞之，逃去。"這一段文字，由於敘述過於簡略，因令人發生兩點可疑之處：一是爲什麼"一舉結三國之親"？二是爲什麼"樓緩聞之，逃去 ②"？ 要解答這兩個疑點，即要取《史記·平原君虞卿列傳》有關這件記載之文來互相校勘。《史記》原文云："齊，秦之深讎也；得王之六城，并力而西擊秦，齊之聽王，不待辭之畢也。則是王失之於齊，而取賞於秦也；而齊趙之深讎，可以報矣，而示天下有能爲也。王以此發聲，兵未窺於境，臣見秦之重賂至趙，而反媾於王也。從秦爲媾，韓魏聞之，必盡重王；重王，必出重寶以先於王。則是王一舉而結三國之親，而與秦易道也。趙王曰：'善！'則使虞卿

---

① 　與，《福建師範學院學報》、《黃壽祺論中國古典文學》皆作"于"，茲據《戰國策》卷二十二《趙策》改。

② 　去，《黃壽祺論中國古典文學》誤作"之"。據《福建師範學院學報》改。

東見齊王,與之謀秦,虞卿未反,秦使者已在趙矣。樓緩聞之,逃去。"依《史記》所述,則上面所懷疑的兩點問題,均可得到解答。故欲解決此類的疑問,我們是要有一定的校勘學的知識,要善於利用不同的版本來校勘,要善於利用有關的材料來校勘。

二、關於"讀"的方面:

讀有各種不同的方法,如默讀、朗讀、背誦、吟唱等等。在課堂教學中,我認爲朗讀是最主要的方法。朗讀的主要要求,我認爲是要通過朗讀而能把作者的思想感情充分地表達出來。

人的思想感情,是有喜怒哀樂各種不同的表現形態,因而寫在書面上的作品,也有歡樂愁苦、憤怒悲哀各種不同的表現。我們朗讀時,如果能夠把這種不同的思想感情表達出來,使學生如聞其聲,如見其人,那麼,它的感染力就一定很強,教學的效果一定會比較好。這是一種藝術,我們也要同戲曲演員們一樣地刻苦學習鍛煉,然後才能學好。而學好的關鍵,仍是在熟讀精研課文的內容,深刻地體會作者的思想感情。

古典散文作品中,有充滿著歡樂情調的,如范仲淹《岳陽樓記》中的"至若春和景明"一段,我們朗讀時,要把他的歡樂情調讀出來。有充滿著激昂慷慨情緒的,如岳飛《五嶽祠盟記》見岳飛《岳武穆集》,我們朗讀時要把他的悲壯情調表達出來。有充滿著忠愛至誠感情的,如《出師表》,我們朗讀時要把它的誠懇之情表達出來。有充滿悲哀情調的,如王守仁《瘞旅文》,我們要把它的哀悼心情表達出來。又如文中有記著對話的,若《孟子·孟子謂戴不勝章》,我們朗讀時要把它的對話層次表達出來。有記敘對話又兼著復述情況的,如《孟子·有饋生魚於鄭子產章》,我們朗讀時不但要把對話的層次表達出來,還要把復述的神情表達出來。

古典韻文作品,對於朗讀更爲重要。如:同是《詩經》中的作品,有表現同仇敵愾的《無衣》,有斥責無恥的《相鼠》,有表現質問的《伐檀》,有表現悔恨的《氓》,有表現嬌嗔的《褰裳》等等。神情意態,各自不同,如都能從朗讀中把各種不同的思想感情分別表達出來,則感染力異常強烈。讀唐宋以後的詩詞曲也是如此。例如王昌齡的《從軍行》,情調是豪壯的,而他的《長信宮秋詞》,則情調是哀怨的。我們要把它們的不同情調從朗讀裡表達出來。

辛棄疾的《破陣子》，風格是豪放的，而他的《摸魚兒》，風格又是婉約的。馬致遠的《雙調夜行船》，風格是瀟灑閒逸的，而他的《天淨沙》，風格又是蕭瑟感傷的。我們也要把他的不同風格、不同情調從朗讀裡表達出來。

在課堂教學中，除了教導學生理解課文的思想性和藝術特點之外，如何培養學生從古典文學作品中學習語言基礎知識，一方面使他們能提高閱讀古典書籍的能力，另一方面也要使他們能提高寫作現代文的能力，這也是一個重點的問題。最後我就談談這一方面的意見。

我認爲學習古典文學作品的語言知識，要注意四點：一是要瞭解文言虛字的用法；二是要瞭解文言句法和現代漢語句法不同的地方；三是要瞭解一詞多義和一義多詞的運用；四是要學習吸收有生命的詞彙。

關於文言虛字的用法，課本語文知識課中有專題說明，那篇文寫得很簡明扼要。文言句式和現代漢語句式不同的地方，應主要注意省略句和倒裝句兩種句式，課本中的語文知識和練習題常常談到，也常常練習。依我看來，這方面的工作，是做得很好的。根據我歷年來參加高考閱卷的經驗和我系學生的寫作水準看來，主要的問題，還是在於一詞多義和一義多詞的運用瞭解不夠，和不能更好地掌握較多的有生命的詞彙，所以翻譯不好。寫現代文，也由於詞彙貧乏不能令人滿意。要提高學生這方面的知識，我認爲在課堂教學中，教師一方面要注意就已讀過的課文，綜合比較同一詞語而用法不同的文句，啟發學生從不同篇章或同一篇章中，隨時歸納分析，並作練習。另一方面則是教師要特別注意講解現在還常常應用的古典詞彙，並要說明其優點，督促學生經常記憶練習和應用到作文裡去。一詞多義在不同篇章中應用的，例如"伐"字：在《史記·信陵君列傳》"北救趙而西卻秦，此五霸之伐也"句中，是作"功業"解；在《史記·屈原列傳》"每一令出，平伐其能"句中，是作"矜誇"解；在《左傳·曹劌論戰》"齊師伐我"句中，作"攻打"解；在《詩經·伐檀》"坎坎伐檀兮"句中，又作"砍伐"解。若此之類，教師如能常常加以綜合比較，啟發學生，他們就漸漸會理解記憶。一詞多義在同一篇文中應用的，例如白行簡《李娃傳》中，同用一"郎"字：有的地方作"少爺"解，如"前時遺策郎也"；有的地方作"姑爺"解，如"姥遂目之爲郎"；有的地方作"老爺"解，如"酷似郎之亡子"。又如《史記·廉頗藺相如列傳》中，同用一"負"字：有的地方作"擔當"解，如"均之二策，寧許以負秦曲"；有的地方作"倚仗"解，如"秦貪，負其強"；有的地方作"辜負"解，如"臣誠恐見欺於王而負趙"；有的地方作"背負"解，如"肉袒負荊"參考《中國青年》1961 年第 22 期常炎林《怎樣突破文言關》一文。一詞多義的困難，只要教導學生們勤查各種字典，大體是可以得到解決的。一義多詞的，如《史記·屈原賈生列傳》"夫天者人之始也，父母者人之本也"。"本"、"始"即是一義多詞之例。又如《離騷》"偭規矩而改錯"、"背繩墨而追曲"兩句中的"偭"字與"背"字，也是一義多詞之例。教師如能詳細比較說明，學生也就會慢慢懂得閱讀或應用，教師若能勤查《爾雅》、《廣雅》一類的書，則教學更爲方便。古典詞彙至今仍有生命力的極多，幾乎每篇文中都有，其例不勝枚舉。教師要隨時隨文指出，經常教導學生在寫作中應用，久而久之，自然就會生效。

教師在古典文學語言教學中，還應該注意古漢語中一些重要條例，如"對文有別，散文則通"，"聲近義同，同音互訓"，"古今音不同與古無輕唇音"以及詞性的變化等。余曾見上杭縣第一中學語文教研組吳連奎教師所寫《古漢語基礎知識教學點滴經驗》一文，在教學法方面，頗可參考。吳文有油印本。

此外，課堂教學還有一個重要的任務，即教師要隨時隨文注意教導學生運用工具書，勤查字典、詞典，教師自己更需要具有運用各種專業詞典、類書、叢書的能力。例如：關於人名方面，應善於運用《中國人名大辭典》、《尚友錄》、《二十五史人名索引》等書；關於地名方面，應善於運用《中國地名大辭典》及李兆洛所編的《歷代地理志韻編今釋》等書；關於歷代紀元方面，應善於運用《歷代帝王年表》（齊召南著），《紀元通考》（葉維庚著），《歷代紀元編》（李兆洛著）等書；關於歷代職官方面，應善於運用各史中的《職官表》、《職官志》，各朝的《會要》、《會典》及《歷代職官表》等書；關於圖書目錄方面，要善於運用《四庫全書總目提要》、《書目答問》（張之洞著，范希曾補正）及各史中的《藝文志》、《經籍志》等書。此外，如《佩文韻府》、《淵鑒類函》等普通常見的"類書"，各地方尚不很難找到，都要學會善於運用。總而言之，做教師的人，要學會善於請教"不會說話的老師"，即善於運用工具書。

中央所編的三二制中學課本，大家一致認爲很好；對於三三制課本認爲還有一些缺點。但據我看來，三三制這一套課本，也還是編得很好的。如何提高教學品質，我認爲最關鍵性的問題還是在於教師如何充分發揮課本的作用。我以上所談的各點問題，實際上課本中都已有指出，我不過根據課本的啟發提示而略加以綜合、提挈、發揮、說明、補充而已。總而言之，我認爲教師深入鑽研教材，全面學習課本，是一個極重要的問題。

我的政治水準很低，學識也極有限，實在沒有能夠深刻地理解古典文學作品，更談不上怎樣正確地教給學生。以上所談的，不對的地方一定很多，我誠懇地要求各位同志和各位教師批評指教。

1961 年辛亥革命五十周年紀念日之夜 12 時寫完此稿。時寓廈門鷺江國際旅行社。祺記。

1961 年 12 月 5 日在閩侯專署語文教學座談會發言時，略有修改補充。祺再記。

1961 年 12 月 11 日及 18 日在福州市中學語文教師講習會上發言時，又略有修改補充。祺三記。

此文在定稿之前，承姜子潤、黃蔭亭、包笠山、鄭希介、俞元桂、陳祥耀、林新樵、黃濤川、陳炳昭、胡炳華、張可珍、戴永壽、錢履周諸教師，提供許多修改的意見，謹此誌謝！ 1961 年 12 月 27 日，祺四記。

（據《福建師範學院學報》1962 年第 1 期整理。案此文寫於 1961 年 10 月 10 日夜，次日在廈門語文教學座談會上演講。是年 12 月又在"閩侯專署語文教學座談會"及"福州市中學語文教師講習會"上作發言，各有修訂。翌歲，刊載於《福建師範學院學報》。後又載黃高憲編《黃壽祺論中國古典文學》，山東文藝出版社 2001 年 8 月出版。）

漫談中國古典文學的自學問題 ①

學習，需要老師指導。學習古典文學，也不例外。我們在大學讀書，學制一般是四年，長的有五年，再長的就是六年，這是老師指導下的學習。但無論

---

① 《福建師範大學學報》1979 年第 4 期及 1980 年第 1 期連載此文，正題下有附標題曰："在三明地區部分語文教師座談會上的講話"。黃高憲編《黃壽祺論中國古典文學》（山東文藝出版社 2001 年出版）收入此文，無副標題，茲從之。

如何,總是自學的時間多,參加工作了還要自學。你們年紀輕的同志,提出如何自學的問題是很重要的。我根據個人的經驗,談談怎樣自學。

一

在學校時,我們有老師指導,那是會講話的老師。畢業以後怎麼辦呢?主要的一條,靠不會講話的老師。什麼是不會講話的老師呢?就是各種工具書。自學首先要學會使用工具書。自學得好不好,關鍵在於工具書掌握得好不好。

第一點,談談關於目錄學的一些書籍。使用工具書,最重要的,是要懂得目錄學。我們選定了讀書的方向和範圍以後,就要去查書。查書首先查目錄。要研究各門學科,就要懂得各門學科的目錄學。所謂目錄學,簡單地講,就是研究各種"書目"和"書錄"的書。目錄:一個是"目",一個是"錄"。"目",光是一個書名;"錄",是書目底下的題解。圖書館卡片底下有說明的部分,那就叫做"錄"。如果說卡片上只有一個書名,底下沒有內容提要,沒有題解,那只能叫"書目",不能叫"目錄"。"目錄"包括書名、版本、出版年月、地點,同時底下還有解釋,說明書的主要內容。光有"目"沒有"錄"的,或"目"、"錄"兩種都有的,我們對它們都要善於使用。

我們學習古典文學,從我的經驗來講,《四庫全書總目提要》必須看。《四庫全書》是清朝乾隆時修的,當時集中了全國著名的學者戴震、周永年、陸錫熊、紀昀、王念孫、邵晉涵等數百人來編的。康熙、乾隆時代在我國封建社會裡是一個比較太平的時代,國家比較強盛,社會秩序也比較安定,在清朝,是全盛時期。那個時候,學者人才也是極多的。像康熙、乾隆這兩個封建帝王,他們對文化教育事業也都比較重視。乾隆就把全國著名的學者集中到北京,來修《四庫全書》。《四庫全書》是把全國所有的書,從先秦兩漢,一直到清朝初年的,全部集中起來,加以挑選。他們認為好的就抄起來,存在全書庫裡;次一等的書不抄,只把目錄記下來,內容提要記下來。所以《四庫全書》的目錄分兩類:一類叫著錄,著錄是說《四庫全書》已經抄起來,存在皇家圖書館裡頭;一類是沒有抄起來的,他們只記個書目,寫個提要,叫存目。著錄的書,共計三千四百五十八種;存目的書,共計六千七百八十一種。《四庫全書總目提要》包括這兩個部分。乾隆管這部書非常嚴格,他是含有全國圖書總檢查的政治陰謀的。政治陰謀的主要方面是要消除排滿思想,查禁銷毀某些書籍,刪改某些違礙字樣 (詳見商務印書館所印清姚覲元編《清代禁毀書目補遺》及孫殿起輯《清代禁書知見錄》)。所以他就非常認真。他抽看那些書後,就要查問,誰編這個提要,誰抄這本書。那些抄書的都不是一般人,字都寫得非常講究的。那些校閱的大多是翰林院的翰林老爺。乾隆定下的賞罰制度,抄得好的,校閱得好的,沒有什麼錯的,有獎勵;誰要是馬馬虎虎,被他查出來,就要抄書人、校閱人賠償,要賠工本,賠紙張筆墨,還要降官處分。他學問是比較淵博的,是個内行人。他經常抽查,一發現問題,馬上就批,所以搞《四庫全書》的人也就比較認真。當時《四庫全書》抄了四部:一部存在宮内的文淵閣,文淵閣是宮内的圖書館,現在文淵閣還在;一部放在北京西郊圓明園内的文源閣;另一部存在熱河行宮的文津閣;還有一部存在瀋陽的文溯閣。後來乾隆幾次下江南,覺得江南文物很盛,《四庫全書》只是北方有,南方沒有,他覺得不好,後來又替南方抄了三部,放在江蘇、浙江兩省,因爲江浙是人文薈萃的地方。這三部,一部放在鎮江的文宗閣,一部放在揚州的文匯閣,還有一部放在杭州的文瀾閣。並諭士民得以赴閣檢視抄錄。這樣全國一共有七部《四庫全書》。咸豐年間,英法聯軍火燒圓明園,文源閣的一部就被燒掉了。太平天國起義時,戰爭主要在江南幾省進行,在南方鎮江、揚州、杭州的三部,只剩下杭州的半部。這時,七部書只剩下三部半。後來,日本人搞了個僞滿洲國,瀋陽的那一部就被他們掠去了。抗戰勝利後,我們把那一部要回來,全國又有了原書三部半。杭州這一部,又經抄寫補齊了,就有了四部。故宮那一部,聽說是蔣介石逃到臺灣時撈去了,所以現在大陸上還剩三部。大家除非到北京、到杭州去,才有機會看到《四庫全書》的原本。抗戰前,商務印書館把《四庫全書》當中比較難得的書大約二百數十種,定名爲《四庫全書珍本初集》,這一部分是影印的,比較容易買到。我們看不到《四庫全書》,但《四庫全書總目提要》看得到。這部書已經印得好多了,有大東書局的,也有商務印書館的。一九六五年,中華書局又出過王伯祥的點校本。書名或省去"提要"兩字,只作《四庫全書總目》。我們研究中國古典文學,這個《四庫全書總目提要》很有必要看。

《四庫全書》包括方面很廣,天文、地理、農業水利以及古代各種科學技術的書都有。光光目錄就很多,不容易都看完,但我們對有關古典文學這一部分要看,即把經部、史部、子部、集部四部中有關古典文學的主要目錄看一看,那麼我們對清朝乾隆以前,一直到兩漢、先秦中國流傳下來的古典文學的書到底有多少,心中就有一個整體的概念,整體的理解,這樣我們就好辦了。中國的老書究竟有多少?主要的書是些什麼?要是你能把《四庫全書》的目錄全讀一遍,那麼,心中就清楚了。

《四庫全書總目提要》一書,其中也存在不少錯誤。我的老師武陵余季豫先生嘉錫曾著《四庫提要辯證》,還有胡玉縉著、王欣夫輯的《四庫全書總目提要補正》,這兩部書對提要中的錯誤,多所訂正,讀時必須參考。

但《四庫全書總目提要》的目錄很多,一下子讀不完,怎麼辦呢?我們做什麼事情都要講究實際。乾隆他們也懂得目錄這麼多,要讀書人全部都看完,也很困難。所以他們就編了一部《四庫簡明目錄》,把存目這部分次要的不收,就留下主要的,把抄存四庫全書館的那一部分留下來。原來目錄做得很詳細,大家看來不易,這樣,又把它精簡一下,就好看多了,所以叫做《四庫簡明目錄》。一般過去的木刻本《四庫全書總目提要》就有三十二本,《簡明目錄》只有八本,減掉四分之三。所以許壽裳的兒子許世瑛問魯迅先生,讀古典文學要看什麼,魯迅給他介紹的書目其中就有《四庫簡明目錄》(見《亡友魯迅印象記》)。這部書現在已有最好的版本,名叫《增訂四庫全書簡明目錄標注》,是邵懿辰編的,邵章續錄的。根據魯迅先生的指導,我也希望大家首先看《四庫簡明目錄》。如果有功夫看《四庫全書總目提要》那就更好了。這是我今天介紹的第一本書。

第二本書,很容易買到它,叫作《書目答問》。這是張之洞編的。張之洞是滿清末年洋務派的一個官僚,但他是有學問的,特別是對古典文學很內行,他自己詩也做得很好,詞也填得很好。從本質上說他是個封建官僚,但又是個學識很廣博的學者。他光緒初年在四川做學台,過去的學台,相當於現在的教育廳廳長這類的官。本來修《四庫全書》時,就有很多書還未收入,嘉慶間,阮元就寫了一部《四庫未收書目提要》。所以張的學生就問他說:"我們現在看的《四庫全書總目提要》是乾隆時代修的,到現在已將要一百年了,又出了很多書,我們到底要看什麼書呢?"他就請了當時一個著名的學者叫繆荃孫的,幫助他編了一本《書目答問》(也有人說,全是張自己寫的),意思是學生問他,他答覆他們。這書只有書目,沒有解釋,只列什麼書和什麼版本,底下沒有多少的說明，個別有說明的也極其簡單。印出來是薄薄的兩本，現在木刻本、鉛印本、石印本都有，我們可以買到，一般大一點的圖書館也有。同志們有條件可以找《書目答問》看一看，它把《四庫全書》以後這些年又出的許多好的研究古典文學的書都介紹進去了。那《書目答問》也是按經、史、子、集四部來排，我們要看哪一部分書就查哪一部分目錄。按這個目錄去找參考書，也不會錯。

從張之洞寫成《書目答問》以後，有一個名叫范希曾的，民國初年又替他補了一下。因爲張之洞死的時候是宣統元年，到了民國初年又有十多年了，這十多年裡出的書，范希曾又替他把目錄補充進去，編了一本《書目答問補正》。如果能買到張之洞著的《書目答問》和范希曾的《書目答問補正》，那從先秦到抗戰以前的舊四部之學的主要書目都有了。

但是這兩部目錄書，記載的只是目前還存在的書的書目，如要查歷史上各時期各朝代的主要的書，哪些現在還在？哪些現在失傳了？只靠這兩部書是無法解決的。要解決這個問題，就要去看各個歷史時期的史書上的《藝文志》或《經籍志》。舉個例子來講吧，比如我們要瞭解從先秦到兩漢，留下來的書有多少？失掉的書有多少？失掉的書到底是什麼書？那我們看《漢書·藝文志》，對照一下《四庫全書總目提要》的有關部分，就一目了然。先秦以前的書，不論有沒有保留下來，《漢書·藝文志》全都有。《東南大學叢書》中有顧實所著的《漢書藝文志講疏》，對尚存和已佚的書，講得很清楚，很可參考。又如要瞭解東漢以後到魏晉南北朝，以至隋朝，這一段留下的書多少？丟失的書多少？那看看《隋書·經籍志》就可以。類似這樣，瞭解唐朝的存書就要看《新唐書·藝文志》或《舊唐書·經籍志》；要瞭解宋朝的存書，就要看《宋史·藝文志》；要瞭解明朝的，就要看《明史·藝文志》；要瞭解清朝的全部書目，就要看《清史稿·藝文志》。這樣，各個朝代的書就都知道了。

近代有一本北京圖書館編的《善本書目》。我們如果要查國內存留下來的古書當中，到底哪些書有最好的版本，就要看《善本書目》。全國留下來的最好版本的書，北京圖書館保存最多，我們要研究善本的書就要把北京圖書館這個《善本書目》好好查一下。其他如上海圖書館、浙江圖書館、北京大學圖書館等國內較大的圖書館也都編有善本書目，都應參考。

除此以外，還有兩本書也是我們必須知道的：一本叫作《叢書子目索引》，是浙江圖書館編的，新中國成立前就出版了；一本叫作《中國叢書綜錄》，是上海圖書館編的，1959 年中華書局出版。後一本特別好。許多書刻在一起的叫"叢書"，每一種"叢書"中有的包含幾種到幾百種，甚至幾千種（如《四庫全書》、《叢書集成》）。那我們至今爲止有多少種"叢書"？每一種"叢書"中包含有多少書（即"細目"）？哪些圖書館有這些"叢書"？根據這本《中國叢書綜錄》就可以解決了。

我想，具備了這幾種有關書目的書，那我們找自學途徑是不難的了。這是一個方面。

二

第二方面，我們自學古典文學的，會碰到許多古代人的名字，這些人名怎麼查法呢？比如我們講馬致遠，要瞭解這個人就要查《中國人名大辭典》；我們講陸游，要瞭解他的生平簡況，也要善於利用《中國人名大辭典》。這部辭典是大家都知道的，是圖書館裡最常用的。

在《中國人名大辭典》沒有出現以前，明清時代的學者廖用賢和潘氏、張氏等人也編有一種查人名的書，叫《尚友錄》，這是我們早期的"人名大辭典"。有木刻本，也有石印本。另外，許多著名的作家，我們各朝歷史上都有他的傳記。比如我們要查李白、杜甫的傳記，要到哪裡去查呢？要查辛棄疾的傳記，又要到哪裡去查呢？當然，辛棄疾是宋朝人，要到《宋史》查。李白、杜甫是唐朝人，要到《唐書》查。《唐書》有兩種，一種《新唐書》，一種是《舊唐書》。再如找馬致遠要到《元史》查。《元史》也有兩種，一種《新元史》，一種《舊元史》。這樣查人物傳記很不好查，有的查幾天都查不出來。例如馬致遠這個著名作家，新舊《元史》中偏偏都沒有他的傳記，你怎麼能查到呢？清朝有一個學者名叫汪輝祖，就搞了一部《史姓韻編》，將二十四史所載人名，依韻編次，詳注卷數。現在有一種工具書，叫《二十五史人名索引》，這本書很好，除開二十五史上沒有這個人，只要哪個史上有記載的人，一查就知道記載在哪裡。如辛棄疾，是這樣記載的：見於《宋史》第幾卷，按開明版還說出第幾頁中的第幾欄（開明書局的二十五史是每頁上、中、下三欄的版本），一翻就翻到了。這是一部很好的工具書。

此外，哈佛燕京學社編的人名索引，如《四十七種宋代傳記綜合引得》、《三十種遼金元傳記人名綜合引得》、《八十九種明代傳記綜合引得》、《三十三種清代傳記綜合引得》等書，解放後都有再版本，可以按筆劃查到姓名，以後再按"引得"所示的書名、頁數，就可以查到所要的傳記。這都是極其有用的工具書。

以上是關於人名的。

<h2 style="text-align:center">三</h2>

還有第三個方面，關於地名的問題，也不好找。那麼，我們普通用的是商務印書館出版的《中國古今地名大辭典》，這個大家都知道。除現在流行的《中國古今地名大辭典》外，還有老的地名大辭典，這兩種都可以用。老的地名大辭典最好的是《歷代地理志韻編今釋》，是按韻來編，不按筆劃編。比如"仙遊"，你就查"遊"字，在"十一尤"韻中，"仙遊"就編在底下。它是按地名最末了那一個字屬於哪一個韻，它按韻編起來，所以叫做地理韻編。如果我們找不到現在的《中國古今地名大辭典》，就去找這部書，也能解決一些問題。

此外，各朝地名變化很大，同樣是福建這個地方，古今地名往往不同。我舉幾個例子來說：泉州，現在大家都知道在閩南，在唐朝的初期，泉州不在閩南，而在福州。後來就把泉州改名福州。原來泉州的名字還要保留，就搬到現在泉州的地方。長樂，現在大家都知道在莆田地區，但唐玄宗天寶年間，曾把福州改爲長樂郡；五代閩王（即王延鈞）龍啓年間，曾把福州改爲長樂府：這兩個時期的長樂就是福州。福安，現在大家都知道在寧德地區，但南宋端宗景炎元年，曾把福州改稱福安府，當時的福安府就是福州，而不是現在的福安。變化這樣複雜，光查現在的《中國古今地名大辭典》之類的書，就未必記載得很詳細，就不一定搞得清楚了。那就要看每一朝歷史上編的"地理志"。《史記》中沒有"地理志"，只有記水利的《河渠書》。《漢書》把《河渠書》改爲《溝洫志》，又始創《地理志》。《後漢書》叫作《郡國志》，南朝的《宋書》及《南齊書》叫作《州郡志》，《隋書》和《舊唐書》、《新唐書》也叫作《地理志》，《舊五代史》叫作《郡縣志》，《新五代史》叫作《職方考》。不管它叫"郡國志"也好，叫"州郡志"也好，叫"郡縣志"也好，叫

"職方考"也好,普通的名字就叫"地理志"。每一個朝代的情況,就要查每一個朝代的"地理志"。

四

第四,我們自修古典文學遇到一個麻煩,是歷代官職名稱。什麼禮部尚書、工部尚書,那個是侍中、侍郎,這個大夫、那個大夫,以至知州、知府、知縣等等各種官,非常複雜。我們弄不清楚,就會張冠李戴,鬧出笑話。不但是讀古典文學,讀史書,就是讀小說,也會碰到這個問題。怎麼辦呢? 現在很完整、清楚的書還沒有。近來徐州師院編了《歷代官制兵制科舉制常識》,這本參考書講得很簡單,不夠用。詳細的要看乾隆時代紀昀、陸錫熊等編的一部《歷代職官表》,就從夏商周起,一直到清朝止,官職是怎麼變化,做了個詳細的圖表。後來清朝一個學者叫黃本驥,他又把這本書簡化一下,也編成《歷代職官表》,中華書局有排印本。又中華書局的《辭海》修訂本《歷史分册》,對歷代官制、兵制等都有比較扼要的解釋,查起來也還方便。如再要詳細些瞭解,那要看各朝史書。史書上的《百官公卿表》、《百官志》、《官氏志》、《職官志》,立名雖不盡相同,但内容都是記載官制的,都可以說它是《職官志》。要瞭解哪個朝代的官制,就去查哪一朝代的《職官志》。可惜這些書常常只詳列官名,沒有全面簡明地講清楚各官的職掌,也還是有缺點的。

這是第四方面。

五

第五方面,有關字典辭典的問題。

我曾向出版部門的一些同志呼籲說,各級學校師資現在這樣缺乏,就要靠大家自修,就要不會講話的老師多一點,特別是字典、辭典這類的工具書,應大量印行。目前重新做新的來不及,把老的多翻印一些吧,也解決問題了。老的書某些觀點很可能有錯誤,但我們大家認識都提高了,使用這些書也有一定的分析批判能力了。

就說《辭源》,這是普通的辭書。《辭源》可以買合訂本(是正編、續編合訂的版本),沒有合訂本就用舊的分印本也行。還有老的中華書局出的《辭海》,也是很好用的。解放後又有新編的新《辭海》,"文化大革命"前已出過試行本,分上下兩大冊;現在又重新修訂,並已開始印行了。

還有一種書叫《辭通》,是朱起鳳編的,采輯古籍中的"雙音詞語"、"聯綿詞類",按平水韻編次,以聲音之通假去尋求文字訓詁。對古漢語辭彙的演變、異同,很有參考價值。

《聯綿字典》這本書也出版了,收了很多雙聲、疊韻和疊音的詞,包括虛詞,也很有用,是符定一編的。符定一是湖南的學者,據說教過毛主席的書,新中國成立後,毛主席把他請到北京去,叫他擔任中央文史館的館長。現在去世了,書留存下來了。

另外,歐陽溥存等編的《中華大字典》,黎錦熙等編的《國語大辭典》,也可以參用。

現在有一部日本人諸橋轍次編的《大漢和辭典》,到目前止,我們國内人編的辭典還沒有比它更詳細的,這使我們感到慚愧。本來我們也想要修個《漢語大辭典》,如果沒有"四人幫"的破壞,早一點搞出來的話,恐怕會壓倒《大漢和辭典》的。但是晚了,我們現在還在編,人家已經出版了。臺灣也搞出來一部《中文大辭典》,共有四十厚冊。我們要知道我們的缺陷,就懂得要怎樣趕上,要奮發前進。我現在研究一些問題,中國辭典查不到的東西,就看看日本的《大漢和辭典》,往往一找就找到了,這就可以看出人家是很努力的。《中文大辭典》的材料也比較多。但這兩部辭典中,有些辭條,其立場觀點是錯誤的,我們使用時,要特別注意。

老本的《康熙字典》,還是有用的。清朝在康熙、乾隆兩個朝代裡做的一些事情對我們文化是有益的,他們在位時,對中國文化進行了一些整理工作。今天看來,《康熙字典》的缺陷還很多,清朝的學者王引之就寫過一本《字典考證》,指出了它的許多錯誤。但在清朝是壓倒以前的,現在也還是可以參考使用。

前面提過的中華書局出版的歐陽溥存等編的《中華大字典》,收的字比《康熙字典》還要多一些。《康熙字典》收字四萬七千多個,《中華大字典》收字四萬八千多個。這部書是有所增補、訂正的。

解放後出了一本張相編的《詩詞曲語辭彙釋》,張老先生解放前是杭州普通師範的一個老語文教師,他死的時候,這本書還沒有出版。解放後,杭州市的領導發現這部書,就替他出版了。書一出來馬上就被日本人翻譯成日文。

最近中華書局又再翻印。它對於研究古典文學及語言學都很有參考價值。

六

現在談談文字學的專書問題。文字學不外乎形、音、義三個方面，即文字形、文字音、文字義。不論字典、辭典，還是韻書，無非解釋形、音、義三個部分。我們就這三部分的專書再談一談。

關於文字學的書最主要的是一本《說文解字》。我們作爲中學語文教師和大學中文教師，許慎的《說文》要翻一翻，不能作專家，也要流覽一下。許氏是東漢時人，他把東漢以前所有的字整理一下，編成一本《說文解字》，是解釋字形字義字音的書，簡稱爲《說文》。這部書，今天還沒有喪失它的價值。《說文》共收九千三百五十三個字，用小篆寫出來，今存宋初徐鉉的校定本，解釋的文字是用楷書的字體。在清朝，注釋《說文》的有四大家，對這四個大師能鑽研一個就行了。如果你能把這四家都研究，都鑽通了，就可以成爲《說文》的專家了。這四家是桂、段、朱、王。桂，即桂馥，著有《說文義證》；段，即段玉裁，著有《說文解字注》；朱，即朱駿聲，著有《說文通訓定聲》；王，即王筠，著有《說文釋例》和《說文句讀》。

這四家講《說文》的書，都是比較大部頭的專著，也比較難於看完。還有一種關於《說文》啟蒙的書，也是王筠著的，王筠把此書叫《文字蒙求》，意思是給小孩發蒙，給初級小學生讀的。蒙求、啟蒙，我看他說是這麼說，那是從專家角度給小學生講，其實給我們大學教授看也是很有益處，因爲它簡明扼要。給小孩念是希望小孩看了就懂，我們看不是更容易懂嗎？如果其他找不到，那就找《文字蒙求》，那也是薄薄的一本，舊有木刻本，新有鉛印本。

關於《說文》的書，還有一種最完備的做科研必須用的書，那也是最繁的，叫《說文解字詁林》，或者叫《說文詁林》也行，是丁福保編的。丁福保是無錫人，晚年都在上海，是上海的一個大名醫，也是個大學者。他行醫很有名，賺了很多錢，家裡也有錢，集合了很多學者，編了這部書。他企圖把所有關於《說文解字》的書做個大總結，那是一部大書，一共有八十六冊，是最繁的。而王筠的《文字蒙求》是最簡的。我們向文字學進軍，《說文解字詁林》搞一部來，那就很有作用了，上面收的材料是很多的。

還有一部解釋文字意義的書，就是《爾雅》。《爾雅》是我國古代最早的一部字典,比《說文解字》更早。即使現在研究古書,這部書的價值也沒有喪失。晉朝的郭璞,就著有《爾雅注》。清朝學者郝懿行,編了一部《爾雅義疏》,是《爾雅》的一部注解最詳細的書。另外,我國古字典中還有一部叫《廣雅》的,凡十卷,是魏張揖撰的,比《爾雅》要晚些。清朝著名的學者,高郵人王念孫著有《廣雅疏證》一書,非常淵博,如果再有了這部書,那就很完備了。

此外,研究文字學,還要注意甲骨、鐘鼎文字的研究。前代的人,如宋朝郭尚功所著《歷代鐘鼎彝器款識法帖》;清朝阮元所著《積古齋鐘鼎彝器款識》;近代的人如劉鶚的《鐵雲藏龜》,孫詒讓的《名原》、《契文舉例》,羅振玉的《殷虛書契考釋》、《殷文存》、《三代吉金文存》,我們福州林義光先生 (他也是我的老師,我聽過他講《詩經通解》和《說文》等課) 所著的《文原》,以及郭沫若同志所著的《卜辭通纂》、《兩周金文辭大系》等書,都應該知道,盡可能學一學。

再講關於音韻學的書。認識字形字義,還要正確發音。作散文不押韻,問題比較簡單,一旦作詩,不管新體詩、舊體詩總要押韻。幫助我們理解音韻的書,叫韻書。我們簡單地舉幾種:現在一般作舊體詩用《詩韻合璧》、《詩韻全璧》或《詩韻集成》。《合璧》、《全璧》、《集成》,都是根據宋金時所刊的《平水新刊禮部韻略》的韻部編成的,凡分一百零六韻,一般叫《平水詩韻》(又有一種分一百零七韻的,為宋末劉淵所刊的《壬子新刊禮部韻略》所本,劉書今不傳),流行時間很長,元明清三代均用這個韻。

要填詞,詞韻跟詩韻不一樣,詩韻比較嚴,詞韻比詩韻寬。詞韻的最好一本書叫《詞林正韻》,作者姓戈名載,現在作詞最標準的押韻,大都根據《詞林正韻》。

詞韻比詩韻寬,曲韻又比詞韻寬,所以曲韻最寬。現在趙樸初不是喜歡作曲嗎? 他常常作散曲。曲有曲韻,元朝有一個叫周德清的,著了一部書叫《中原音韻》,寫曲的人多半是用這一種韻書。這部韻書是元朝以後通用的。

至於研究唐、宋以前的音韻,就要看《廣韻》。《廣韻》分得非常細,共分二百零六韻。從科學角度來講,《廣韻》比《平水詩韻》分一百零六部更合理,可作研究中古音韻的重要工具。但我們作詩不一定要按它押韻,只是在研究韻理時,才要追本到《廣韻》。中華書局出版的周祖謨的《廣韻校本》,是目前最好的本子。

七

第七方面，講一講作詩、填詞、寫曲要按哪些格律問題。詩的格律比較簡單，它的平仄的安排，根據的原則，是一個相隔，一個相對，一個相粘。掌握這三個原則，作律詩的方法基本上就懂了。現在專門介紹詩詞格律形式的，有王力編的幾本書，能拿來看看也就可以了。至於填詞，要根據詞律、詞譜；寫曲要根據曲律、曲譜。

關於填詞的書中，大家公認的最標準的詞譜是萬樹的《詞律》，考辨最嚴密，一般比較嚴格地遵守格律的人都用萬樹的《詞律》。但其中也有疏漏之處。還有較通用的是《白香詞譜》，編著者叫舒夢蘭，號白香，清朝人，所以他的詞譜就叫《白香詞譜》。這對我們舊時代人來說，是一種通俗本，不夠精密、嚴格、標準，內容也不夠豐富。另有《欽定詞譜》，是按康熙皇帝的命令召集一批人編的，名爲“欽定”，實際上是大家編的，收的材料比萬樹《詞律》還完全，但也有些缺陷。到光緒年間有個學者徐本立，著《詞律拾遺》八卷，前六卷爲“補調”及“補體”，後兩卷爲“補注”，對萬樹原書已多所補正。杜文瀾又作《詞律補遺》一卷，更補徐本立所缺者五十調。我們如果能買得到一部萬樹的《詞律》，再買一部徐本立的《詞律拾遺》和杜文瀾的《詞律補遺》，那麼有關詞律的書可算基本具備了。

關於曲律的書，明朝一個學者叫王驥德，他編了一部《曲律》。作曲的人，一般都是按王驥德的《曲律》來作。清朝康熙年間還編纂了一本《欽定曲譜》，性質與《欽定詞譜》相同，是同時並作，相輔而行的。上述這些資料充足了，則作詩、填詞、寫曲，就可以有所依據了。

八

第八，講一講類書。

讀書碰到許多典故，要一條一條地記，也有困難。前代學者想出一個辦法，教小孩去背些典故，長大後，他的頭腦裡就像萬寶全書，記的典故就多。像過去教小孩念的《幼學瓊林》，現在還是有用的。《幼學瓊林》裡面有講天文的，有講地理的，有講人事的，每一章都編成文句，小孩背下了，這部分的典故就記得一些了。這是過去蒙館的人教小孩讀的書，我們要找最常見的典故,這部書還可以參考。

另外,還有一部大部頭的書,是康熙命令張玉書等人編的。此書叫作《佩文韻府》,可以查一些詩文句子的出處。比如歷史上的詩那麼多,隨便冒個詩句來,我們怎麼知道是誰的詩呢?像"一片冰心在玉壺"這一句詩,是唐朝王昌齡寫的,題目是《芙蓉樓送辛漸》。若是大家不記得,不知道是唐朝人還是宋朝人寫的,不懂是什麼時代的人寫的,就可以去查《佩文韻府》。這部書是按韻部編的,很容易查。舉個例,"寒雨連江夜入吳",我們不知這句詩是誰作的,就按韻部查句子最末了的"吳"字,就懂得是王昌齡的詩。我們就按圖索驥,去查王昌齡的集子,就可以查出題目和全詩。再如"兩岸青山相對出,孤帆一片日邊來",這是誰的詩句啊?就查《佩文韻府》中的"十灰"韻的"來"字,底下有"孤帆一片日邊來",注著是李白的詩句,那我們就可以向李白集中去找了。這種工具書,非常有用。

古書很多,很難都背誦記憶,只得依靠"引得"、"索引"之類的工具書。葉紹鈞所著《十三經索引》,對尋查各種經書的文句,也很有用。燕京大學還編了三十多種"引得",經史子集四部的書都各有多種。其中如《文選注引書引得》、《杜詩引得》,對查《文選注》的引書和杜甫的詩句,極爲方便。

還有一種書叫《淵鑒類函》。我們前面提到的《幼學瓊林》是小型的,教小孩念的。《淵鑒類函》是大型的,把歷史上的材料,按照天文、地理、官制、文學、武功、花木、鳥獸一類一類地集中在一起。例如,我們要是想瞭解地理問題,就可以往地部、邊塞部、京邑部、州郡部等部分查,州郡部中又分京師、北直(今河北省)、河南省、福建省、浙江省,等等,找起來也方便。

另一種類書,叫《增補事類統編》,也是經過多手集成的一部類書,按事情分類。比如我們要瞭解老師方面的事,歷史上當老師的人有什麼好品德或故事,就可以查"交際部"的"師弟門"。要瞭解歷史上文官的事蹟,就可查"政治部"的"廉潔"、"遺愛"等門。要瞭解武官的事蹟,就可查"武功部"的"名將"、"儒將"等門。要瞭解婦女的事蹟,就可查"閨閣部"各門,等等。這些在書中分別歸類編輯,這種類書也很有用。

再有一種書叫《子史菁華》,也是康熙年間編的,它把中國歷史上各種史書中以及諸子百家著作中的名言雋句,分門別類地抄在一起,極便詞章家引用。

還有一種類書叫做《駢字類編》,也是康熙末年開始編的,至雍正初年才完成。全書凡二百四十卷,共分十二門,專收兩字合成詞,極便詞章對偶之用。

此外,大部頭的類書,還有唐朝歐陽詢等編的《藝文類聚》一百卷,宋朝李昉等編的《太平廣記》五百卷、《太平御覽》一千卷,宋王欽若《册府元龜》一千卷,王應麟《玉海》二百卷,清朝陳夢雷、蔣廷錫等編的《古今圖書集成》一萬卷,都是很常用的類書。我們都要知道。剛才講的這些類書,要全部都找來很困難,只要找到一二部,我們碰到的問題要查就方便多了。這種類書一部可以抵我們許多種參考資料。這是第八個問題。

九

現在講關於歷代紀元的書。歷代紀元非常複雜,因為中國歷史很長,換的朝代很多,一個朝代當中又換了幾個皇帝,多的二三十個,少的十幾個,皇帝換一個,紀元又更換一下。有時一個皇帝也換幾種紀元。光光從清朝以來,順治多少年,康熙多少年,雍正多少年,乾隆多少年,嘉慶多少年,道光多少年,咸豐多少年,同治多少年,光緒多少年,最後宣統還來了三年。歷代帝王很多,紀年很複雜,特別像五代十國,五胡十六國。再往前去,春秋戰國的各個諸侯,魯國是這個國君幾年,魏國是那個國君幾年,燕國是那個國君幾年,楚國又是那個國君幾年,非常複雜。我們搞古典文學的常會碰到這種複雜的問題,特別是年號。比如書上出了紹興多少年,要是不知道紹興是宋高宗時代的年號,就要去查。清朝老學者中,有一個齊召南,作了《歷代帝王表》;還有一個叫葉維庚,作了《紀元通考》;又有一個李兆洛,編了一部《歷代紀元編》,把複雜的帝王紀元按帝王登朝的年代編列供參考。解放後,一九七三年文物出版社出版《中國歷史年代簡表》,一九七六年上海人民出版社出版《中國歷史紀年表》,都很簡明扼要,很解決問題。

十

讀古典文學時,還有一個困難就是歷代名人、著名作家生卒年月,很難考,也很難記。除開很著名的人我們會記得,一般的人多半不記得,平時也沒有必要記。如王安石生於哪一年,死於哪一年,我們平時很難記住。但如果你要寫文章,就要弄清楚。你寫文章,編講義,編教材,王安石生於哪一年,死於哪一年;杜甫生於哪一年,死於哪一年;李白生於哪一年,死於哪一年,你就不能寫個大約,那樣不行。那就要寫得清清楚楚,也就要查得清清楚楚。現代有個梁廷燦,寫了一部《歷代名人生卒年表》,是上海商務印書館出版的。還有一位,也寫了一本《歷代人物年里碑傳綜表》,是中華書局出版的。作者是姜亮夫,在杭州大學工作。這位老先生現在還在,八十多歲了。這兩種書我看都非常有用,也印得比較多,比較好買。如果再早一點,有個《疑年錄》,錢大昕編的。錢是跟段玉裁同一個時代的學者,他把歷史上人們沒有弄清楚的名人生卒年月編在一起,把他們考訂清楚,書叫《疑年錄》,也就是名人生卒年月考。後來續作的人還很多:吳修著《續疑年錄》,錢椒著《疑年補錄》,陸心源著《三續疑年錄》,張鳴珂著《疑年賡錄》,閔爾昌著《五續疑年錄》,劉文如著《四史疑年錄》。這是一種工具書,應該懂得。

我們念古典文學,還會碰到一個很困難的事,就是古代人大名以外,字、號等別名很多。比如蘇東坡,本名蘇軾,字子瞻,號東坡居士,這裡是三個稱呼了。此外,還有稱爲老泉山人的。(蘇洵家有老人泉,梅堯臣曾爲之作詩,故洵自號爲老泉。又老泉爲東坡晚年所自號,見於葉夢得《石林燕語》卷十及吳景旭《歷代詩話》卷五十八。我曾見過一幅古畫上蓋的蘇軾圖章,文爲"東坡居士,老泉山人"八字,是東坡亦嘗自號爲"老泉山人"。)也是他,又有人稱他爲坡仙;也有人稱他爲坡公;同他家裡人排起來,人們又稱他父親爲老蘇,他爲大蘇,他弟弟蘇轍(子由)爲小蘇。一個人名、字、號就這麼多。後來他貶官到黃州,又有人叫他蘇黃州;他曾做過端明殿侍讀學士,又叫他做蘇學士。還有我們讀的古書,往往用人的書屋作書名,叫做什麼齋,什麼軒,或是什麼樓,什麼館,什麼閣,什麼廬,這種名字非常多。如林琴南的文集名叫《畏廬文集》,詩集名叫《畏廬詩存》,"畏廬"是誰的廬呢?我們熟悉的懂得,不熟悉的,到哪裡找這所"廬"呢?碰到這樣的名字,很難找。梁啟超寫的文章署名"飲冰室",那末"飲冰室"是誰的房子呀?也就很難找。一九五七年中華書局出版有陳乃乾編的《室名別號索引》,比如"畏廬",他就注明名叫林紓,閩縣人,那就比較好找了。這部書很有用。還有一種叫作《古今人物別名索引》,是一九三七年嶺南大學圖書館陳德芸編的,也較齊全。又《中國人名大辭典》後面所附錄的《異名表》,也很有用。

此外,我國古代還有避諱的制度,這也造成了對人名和書名的好多麻煩。例如:西漢的蒯通,本名蒯徹,因避漢武帝劉徹的諱,將"徹"改爲"通";東漢嚴光本姓莊,因避漢明帝劉莊的諱,將"莊"改爲"嚴"。又如:西漢劉向著的《世本》，唐人爲避唐太宗李世民諱，將《世本》改爲《系本》；東晉孫盛著的《晉春秋》，因簡文帝鄭太后諱阿春，遂改名爲《晉陽秋》。諸如此類甚多。近時陳援庵先生（垣）著《史諱釋例》一書，極便參考。

十一

第十一個問題是叢書。我們要懂得買書，你一部一部的買，往往買了幾十部，抵不上買一套叢書。前面說過一套叢書中有的包含幾十種書，甚至上百種上千種。例如清朝王謨編的一部《增訂漢魏叢書》，這套叢書包括八十六種，後來又廣爲九十四種。買一部《增訂漢魏叢書》，那麼，漢魏間的集子在他這部書中都有了。清朝還有一個學者，叫嚴可均，他編的一部書叫《全上古三代秦漢三國六朝文》，把上古以來，直到南北朝，所有名作家的文集全部編在一起。像這樣的書，買一部等於幾十部。嚴可均編的這部書，中華書局有影印本。

在詩方面，前面講的丁福保，這個老醫生除編了一部《說文解字詁林》外，他還編了一部書，叫《全漢三國晉南北朝詩》，從兩漢魏晉一直到南北朝所有人的詩全部收在一起。我們研究隋以前的詩，有他的這部書就可以了。你要找曹操的詩、曹植的詩、曹丕的詩，或是鮑照的詩、庚信的詩，這裡都有，不論整部的還是單篇、零篇的，都集中在一起。這樣的書，買一部是很有用的。

明朝有一個學者叫張溥，過去中學課本選的一篇《五人墓碑記》，就是這個張溥寫的。他編了一部《漢魏六朝一百三家集》，把漢魏以來一直到南北朝共一百零三家的集子都集在一起，我們買了這一部書，就等於買了一百零三種書。儘管《四庫提要》指出這部書中還存在不少的錯誤缺點，但總的是有用的。這種書一定要注意收羅。

商務印書館編的一部大叢書，名叫《叢書集成》，是集合一百部重要的叢書印成的，共收古書兩千多種，印成四千多冊小冊子，比較好用。

古今叢書共有四千多部。前面介紹過的上海圖書館編的《中國叢書綜錄》，共有三大冊：第一冊和第二冊，記載各種叢書的總目和分類細目，第三冊是索引。索引又分爲書名及著者兩部分，要查某書或某作家著有什麼書，收在哪一種叢書內，一找就得，最好用。

十二

除了叢書和專書,我們還要善於運用各種選本。我們中國的古書這麼多,一個人怎麼念也念不完,就是一天二十四小時不眠不休,都去看書也是看不完的,真是浩如煙海啊。那怎麼辦呢? 就是要善於選擇,要讀好的選本。如《詩經》,大家如能全部念完那是最好的。這《詩經》是一定要念的,不管"四人幫"說它是儒家還是什麼家編的,反正我們念的是中國古典文學的精華。因爲《詩經》裡許多都是民歌,毛主席叫我們從民歌中吸收養料,那更非念《詩經》不可了。如果不能全讀,也要看余冠英編的《詩經選》,這本書把主要的篇章都選進去了。

又如《楚辭》,也是我們研究古典文學必須念的。"四人幫"說屈原是法家,我看不是法家。但不管怎樣,《楚辭》是必須念的。不能把全部《楚辭》都念過,至少像馬茂元或陸侃如、高亨、黃孝紓等選注的《楚辭選》應該念,這是解放後出版的。

又如漢魏六朝的樂府民歌,如果讀完郭茂倩編的《樂府詩集》是最好的,漢魏六朝的民歌在這部《樂府詩集》中,收羅得很完整。若讀不完,起碼余冠英選的《樂府詩選》要看。漢魏六朝詩,也至少要看余冠英選注的《漢魏六朝詩選》。

唐詩是中國詩歌的最高峰,現在留存下來的在《全唐詩》中有二千多家,四萬多首,我們要把《全唐詩》全部念完是有困難的。講老實話,我到現在《全唐詩》也沒有念完。唐詩較好的選本有沈德潛編的《唐詩別裁集》,把唐詩中精彩的都選出來了,最近這本書有翻印過。再不可能,也要讀一讀馬茂元編的或余冠英重新選的《唐詩選》。還有舊日通行的選本《唐詩三百首》,也是可以念的。

宋詩也很多,老的選本有《宋詩百一鈔》(也稱《宋詩別裁集》)。近時錢鍾書編了一本《宋詩選注》,這是選得比較好的,能將這書看一遍也是不錯的。

元詩選本,有《元詩百一鈔》(也稱《元詩別裁集》)。今人章荑蓀的《遼金元詩選》一書,也可閱讀。在讀唐宋遼金元的詩選時,我認爲宋代計有功的《唐詩紀事》,清代厲鶚的《宋詩紀事》,以及我們福州陳衍的《遼詩紀事》、《金詩紀事》、《元詩紀事》等書,不可不參考。

明詩、清詩，可以讀沈德潛的《明詩別裁集》和《清詩別裁集》。徐世昌編的《晚清詩彙》，選清人詩頗多，可參考。福建師範大學中文系現時正在編注《清詩選》，是北京人民文學出版社約稿的。

關於近代的詩，北大學生選了一本《近代詩選》。近代的詩收集得最完備的要算是陳衍了。陳字叔伊，號石遺，學者稱爲石遺先生。他搞了個《近代詩鈔》。北大的《近代詩選》選詩標準和《近代詩鈔》不同，量少得多，選材也有不同。不能讀陳石遺先生的《近代詩鈔》，起碼要讀北大的《近代詩選》。

這是一朝代一朝代的，還有各朝代綜合起來的選本。如沈德潛的《古詩源》和王士禎的《古詩選》，便是把歷代的古體詩歌選編成集。如果有這兩本書，那古詩的名作也都有了。至於近體詩（主要指唐人、宋人作的律詩絕句），姚鼐編了一本《近體詩鈔》，可以說是每一首都很精彩，不太厚的本子，只有兩本，有鉛印本，也有木刻本，兩本讀熟了，唐宋名家的格律詩也基本知道了。絕句，好的也是清朝學者王士禎編的《唐人萬首絕句選》，唐人最好的絕句大都選進去了。

詞的選本，清朝朱彝尊有一部《詞綜》，選得比較好，比較豐富，最近中華書局翻印過，選的是唐、五代、宋、元的名詞。這部書分量比較多。較簡單的是清朝張惠言的《詞選》，他的外甥叫董毅，又搞了個《續詞選》，這兩本都是薄薄的，分量不多，但唐、五代、兩宋主要的詞作也大都選在這裡頭了。河北安新人曹致堯先生振勳嘗著《詞選詳注》及《續詞選詳注》，北平君中書局出版。前廈門大學中文系主任余謇教授著有《詞選注》，係廈大所印。亡友福鼎杜君悅鳴（名琨），亦嘗著《張氏詞選校注》，惜未刊行。今人龍榆生的《唐宋名家詞選》、胡雲翼的《宋詞選》和南京師範學院教授唐圭璋注的《宋詞三百首》，也都較好。《宋詞三百首》原是朱孝臧所選，唐圭璋加以箋注。朱孝臧原名祖謀，字古微，號彊村，故書中署名上彊村民。有人說，朱彝尊《詞綜》太寬，張惠言《詞選》太嚴，惟此書最爲可取。

曲，明朝學者臧晉叔的《元曲選》是很好的。晉叔，名懋循，長興人。

近代人編的綜合選本：唐宋詩，有吾師高步瀛先生的《唐宋詩舉要》；唐宋文，有高先生選的《唐宋文舉要》，此書分甲乙兩編，甲編專選散文，乙編專選駢文，並都是詳注。再說古一點的，詩文合選的，有《昭明文選》；只選散文的，有清人姚鼐的《古文辭類纂》，王先謙的《續古文辭類纂》；只選駢文的，有清人李兆洛的《駢體文鈔》等。此外,吾閩吳曾祺先生主編的《涵芬樓古今文鈔》取材甚豐富,亦可參考。

這些書能夠收集到,好好讀,恐怕詩、詞、曲和古文、駢文的主要名篇都具備了。

十三

最後簡要談談文藝理論和文學史問題。

我認爲馬列主義的文藝理論自然要學,但我國古典的文藝理論也是不可不讀的。我國古代經典如《周易》、《尚書》、《論語》、《孟子》中已有些片斷的文藝理論和文學批評的記載。漢代王充的《論衡》,談到的就較多了。魏晉間人如魏文帝曹丕的《典論·論文》,陸機的《文賦》,李充的《翰林論》,摯虞的《文章流別論》,葛洪的《抱朴子》的《鈞世》、《尚博》等篇,都是有關於文藝理論和文學批評的著作。而特別要重視的,則是劉勰的《文心雕龍》和鍾嶸的《詩品》兩書,不可不讀。至於後代的詩話、詞話、曲話之類的書,爲數頗多,也都是屬於談理論或批評的範圍,能夠涉獵一些,那就更好了。近時郭紹虞主編的《中國歷代文論選》可以參考。

我國人過去沒有專門講文學歷史的書,其材料多散見於各史的《藝文志》、《文苑傳》中。我國人著第一部文學史的是福州的林傳甲先生。林著《中國文學史》成於清末,後來繼作者甚多。斷代者,以劉師培的《中古文學史》爲最有參考價值。謝無量的《中國大文學史》,魯迅曾列爲參考書。魯迅自己著有《漢文學史綱要》一書,雖未全部寫完,實爲不可不讀之作。劉大傑寫的《中國文學發展史》,原是比較好的一部,但修訂本的第二册,迎合"四人幫"儒法鬥爭的需要,已絕不可取。游國恩主編的《中國文學史》和科學院文研所編的《中國文學史》都可以參考。又錢基博所著《中國近代文學史》,對清末的道、咸、同、光、宣各年代中國文學發展的情況和這一時期的許多學者和詩人的介紹,多有爲別本文學史所未及者,也應參考。

關於不會講話的老師,主要是兩方面,一個是目錄學方面,一個是類書、叢書、選本方面。掌握了主要目錄工具,掌握了主要書籍,自學中國古典文學的途徑就基本上解決了。第一部分就講這些吧!

另外,附帶講幾個方面:

　　(一)我們要懂得一些歷史知識和哲學知識。

　　文史哲三者是互相聯繫,不可分割的。歷史上許多文學家往往都是思想家、史學家。如宋代的陸游是文學家,我們知道他是最多產的詩人之一,平生作了一萬多首詩,現在留下來的還有九千多首。陸游不但會作詩,他平生三次入史館,也是歷史學家,著有《南唐書》。還有宋代的歐陽修,更是一個文、史、哲兼通的典型人物。

　　所以我們講授古典文學,一定要有歷史知識。中國過去是二十四史,後來加一個《新元史》是二十五史,現在《清史稿》也弄出來了,共二十六史,讀起來真是浩如煙海,沒有辦法全部讀完。但盡可能要把司馬光的《資治通鑒》讀一遍。《資治通鑒》是我國老的編年史書當中最好的一部。讀《資治通鑒》時,還應該要參看宋袁樞編的《通鑒紀事本末》。現代人編的歷史書較好的也不少,例如范文瀾先生的《中國通史簡編》和郭老主編的《中國史稿》。我是特別崇拜、欣賞范老的《中國通史簡編》,覺得他史論結合得很好,許多觀點經得起時間的考驗,文字也樸實謹嚴。可惜他沒寫完,只寫到唐朝。(他在延安主編的有寫完,而自己新修訂的未寫完,范老就逝世了。)我認爲范老的《中國通史簡編》是必須讀的。還可以看一看郭老的《中國史稿》。

　　哲學知識要懂一些。文學家大都是思想家,沒有思想的文學家是不可思議的。現在侯外廬寫的《中國思想通史》和任繼愈寫的《中國哲學史》可以參考。在古代哲學中,對我國影響最大的,一個是儒家思想,一個是道家思想,還有佛家思想。比如,李贄是明朝的一個思想家,他著的《焚書》、《續焚書》,我統計了一下,其中純粹講佛學的占四分之一;牽涉到佛學的都算進去,就占三分之一。所以,我們要講授中國古典文學,儒、道、釋三家的哲學思想都要瞭解一點。

　　(二)我們要注意收集新出土的文物資料及新的學術動態。

　　現在我們有許多新出土的文物資料,比如湖南長沙馬王堆出土的許多文物和山東銀雀山出土的許多文物中,有許多東西是漢朝人寫在綢上或竹簡上的原始資料。像馬王堆出土的帛書《老子》,就很值得注意。我們過去看的《老子》是先"道經",後"德經",現在馬王堆墳裡挖出來的《老子》,是"德經"在前,"道經"在後。這就是新的資料。山東銀雀山出土了許多漢簡,像《孫臏兵法》,失傳好久了,卻在銀雀山發現。所以,對新出土的文物資料,我們要注意。

還有一個，就是要關心現在的學術動態，這是說最新的學術研究情況。你老是鑽在老古本的《四庫全書總目提要》、《書目答問》裡，跟現實脫離了，那是不行的。要通古，也要通今。現在新出土的文物資料要看。《文物》和《考古》這些雜誌，我們搞古典文學的教師自己如果沒有買，也必須要求學校或單位圖書館訂一份，要注意看，對瞭解學術動態有好處。在這裡，我隨便談一談，我一個朋友，名叫莊爲璣，是廈門大學的教授。他最近到西安去參觀，那邊正在發掘秦始皇的墓，報紙上也登了。莊告訴我說：在秦始皇墓的東邊，發掘了一部分，發現墓裡有武士陶俑，還有駿馬陶俑。這種武士陶俑發現了八百多個，一個個都高一米八二，我們南方人站在他面前，大概只到他肩膀上，北方大個子才差不多有那樣大。這八百多個陶俑，相當於一個“衛士團”，是秦始皇死後隨葬的。秦始皇墳東邊有一個走廊，十幾輛汽車可以並行通過。你們可以設想一下，那個走廊有多大。莊又說，要走進墓門，把門的警衛員在墓門上掛了一把寶劍，經過兩千多年了，這寶劍還不生銹，還很鋒利。經光譜鑒定，其成份主要是銅錫合金，還含有鎳、鎂、鋁、鋅、鐵、矽、錳、鉈、鉬、釩、鈷、鉻、鈮等十三種元素。可見那個時候冶煉技術已經很高明了。據說，當時採用的冶鐵技術是世界上最先進的“可鍛鑄鐵”（也稱“展性鑄鐵”）工藝。這種工藝，現在仍在世界各地使用。對於這種新的學術動態，我們要懂得。不要整天埋在古書堆裡頭，知古而不知今，那就会成爲老古董、老學究了，這不行。

我又有一個朋友對我說，現在挖出來的鄭州商代城址，不但比安陽殷墟的城址大，也比明朝的鄭州城大一倍還不止。你想中國文化真是不可捉摸，古代文化我們還沒有吃透。殷朝是奴隸社會，人們就有這麼大的氣魂。明朝是封建社會的晚期，明朝的鄭州城還不如殷朝鄭州城的一半大，這到底要如何理解呢？

再比如去年（一九七七年）我們報紙上登了，河北槀城縣商代遺址裡出土了一把鐵刃銅鉞，青銅的鉞身，但刃是鐵的。這把鐵刃銅鉞，已鑒定出來是殷商時代中期的。至於這鐵是什麼鐵，有不同的看法。有的同志認爲是鑄鐵，也有同志認爲是隕鐵。但不管怎麼說，商代已經有了鐵器是肯定的了。這是個很重要的發現。我們爲什麼現在說中國的奴隸社會與封建社會的分期定在春秋戰國之際？ 主要的論據之一，就是因爲春秋戰國大量用鐵器，鐵器用作生產工具,生產工具改進了,生產力發展了,生產關係就隨之而改變。生產關係改變就引起了階級關係和整個上層建築的變化,於是就由奴隸社會過渡到封建社會。所以現在講歷史分期,鐵器的運用是一個重要依據。范文瀾先生認爲西周是封建社會,郭老認爲戰國是封建社會,兩說不同。一般採用了郭老的說法,但並不是只能照郭老講的,范老的《中國通史》不能用,不是這個意思。現在考研究生,還是同時參考范老的《中國通史》和郭老的《中國史稿》,應該說這兩部書都可以用。但現在發現商朝中期就有了鐵器,范老說西周是封建社會,就不能說沒有佐證了。

如果說歷史分期改變的話,很多歷史人物的評價也要改變。所以說這個發現很重要。這件事不是一般問題,是關係到中國社會歷史發展的問題,關係到我們中國歷史分期的問題,關係到我們對歷史人物的評價問題。例如對孔子的評價:我們如果認爲封建社會斷在春秋戰國之交,那麼孔子要學西周,就可以說他是要搞奴隸制復辟;如果我們認爲西周也是封建社會,那麼孔子學西周,就談不上什麼復辟不復辟的問題,最多只能說他思想還有某些保守的地方。可見分期問題一變,整個系統就變了,許多問題都要重新考慮了。所以學術界的動態要懂得,不要盲目跟人家跑,這個問題要注意。

(三)我們還要懂得,自學要勤學、勤問。

儘管我們這裡沒有老師,可以寫信請人函授,寫信去問人家吧。一個人一定要勤學好問。比如我國的華羅庚,他是一個有名的數學家,自己進修出來的。他先是中學程度,後來自己進修成了一個名教授。華羅庚在自學時,曾寫信向福建一個老數學家王邦珍先生請教。王先生後來在福建師範學院當數學系主任。數學界很多人熟悉他。解放前的中學數學課本許多都是王編的。華羅庚那個時候也是念王先生編的課本。王雖然沒有親自教過他,但華羅庚寫信請教過王,所以大家都說華羅庚是王邦珍的學生,但不是他親自授業的學生,而是函授的學生。華羅庚就在這樣的自學基礎上成爲數學家的,他的潛修苦練、勤學好問是人所共傳的。

我還想講講近代史上的大學者王國維。王國維初時學術地位並不高,只是在通州、蘇州等地師範學校當教員。他少年時代家境貧寒,二十二歲到上海入東文學社,後來去日本東京的物理學校學了一年就輟學了。他也沒上過什麼正式的大學,他就跟羅振玉。羅振玉對考古學是很有研究的,對王國維是有影響的。

還有一個考古學家，叫唐蘭，現任故宮博物院副院長，大家經常在報紙上看到他的名字。他本名景瀾，字立厂，浙江秀水人。他是我的老師，我在大學聽過他講課，講考古學、古文字學。我做學生時，他是青年教師，現在已成了全國第一流的考古學家，第一流的文字學家了。其實這個人出身也是貧寒的，他只在無錫國專讀過書，主要也是靠自學，經常向王國維、羅振玉等老前輩學者請教，現在成了第一流學者。

關於如何自學古典文學的問題，就講到此爲止。

（據《福建師範大學學報》1979 年第 4 期及 1980 年第 1 期整理。謹案，1978 年 3 月，作者曾在福建三明地區部分語文教師座談會上作"漫談中國古典文學的自學問題"的談話。是年冬，張善文、闕國虬在三明師範大專班就讀中文科時，獲聽此講話錄音帶，遂據錄音整理成文，並將整理稿寄呈作者審閱修訂後，由大專班編印成册。翌年秋，善文、國虬考入福建師範大學中文系研究生，善文受業六庵師門下，建議師將此講話稿略加壓縮，在學報發表，以裨益更多讀者。師欣然應允，遂由《福建師範大學學報》分兩期連載此文。嗣後，《語文函授通訊》1980 年第 4、5、6 期，《福建自學考試》第 25、26 期，均作轉載。唯《福建自學考試》改題《漫談學習中國古典文學的基本功問題》。後又載入黃高憲編《黃壽祺論中國古典文學》，山東文藝出版社 2001 年 8 月出版。）

學習毛主席給陳毅同志談詩的一封信的幾點體會

自從《詩刊》上發表了《毛主席給陳毅同志談詩的一封信》之後，我曾認真地閱讀了好多遍，這封信對我的啟發和教育是極大的。

現在我先概括地談一談這封信的主要內容，然後再談我個人的幾點體會。

毛主席這封信，文字並不長，但內容很豐富。我總括看來，除了毛主席對陳毅同志詩的讚美和批評，如："你的大作，大氣磅礴，只是字面上（形式上）感覺於律詩稍有未合。"以及主席的十分自謙之詞，如："我看你於此道，同我一樣，還未入門。我偶爾寫過幾首七律，沒有一首是我自己滿意的。"等語之外，我認爲主要談了五個問題。現按照信的順序歸納爲：一，強調"律詩要講平仄，不講平仄，即非律詩"。二，說明"詩要用形象思維，不能如散文那樣直說，所以比興兩法是不能不用的"，"賦也可以用"，並說明賦、比、興的用法。三，對韓愈詩及多數宋詩的評價。四，說明古典不適宜於反映"階級鬥爭與生產鬥爭"，認爲："古典絕不能要。但用白話寫詩，幾十年來，迄無成功。"這裡也包含著對新詩的批評。接著主席又指出："民歌中倒有些好的。將來趨勢，很可能從民歌中吸引養料和形式，發展成爲一套能吸引廣大讀者的新體詩歌。"五，肯定李賀詩"很值得一讀"。

至於我個人的體會，則分爲下列的三個方面來談。

第一，正確評價古典作家的問題。

這裡也包括著正確評價古典作品和正確對待一切古代文化遺產的問題。

例如，毛主席信中所舉的韓愈和李賀兩人以及宋朝人的詩，主席就是一分爲二的。在"四人幫"橫行的時候，他們抬高柳宗元，壓低韓愈。說柳是法家，韓是儒家，所以貶斥之者無不至，甚至於讀他所作的散文《師說》也是有罪的。宋代有些人對韓愈詩的評價就不高。例如陳師道說："退之以文爲詩，雖極天下之才，要非本色。"又說："退之於詩本無解處，以才高而好耳。"後山又引黃庭堅說："韓以文爲詩，故不工耳。"以上均見《後山詩話》。沈括也說："退之詩，押韻之文耳，雖健美富贍，終不是詩。"見惠洪《冷齋夜話》。說他"要非本色"，說他"本無解處"，說他"故不工耳"，說他"終不是詩"，對韓詩這些評價，顯然是很低的。明清時人，如王世貞竟說："韓退之於詩本無所解，宋人呼爲大家，直是勢利他語。"見《藝苑卮言》。王夫之更直斥韓詩爲"酒令"，他說："若韓退之以險韻、奇字、古句、方言，矜其餖輳之巧，巧誠巧矣，而於心情興會一無所涉，適可爲酒令而已。"見《薑齋詩話》。這就是說韓愈完全不知詩了。而主席對於韓愈詩的評價，則是非常公允而正確的。

韓愈欲於李杜之後，別闢蹊徑，別開境界，故以文爲詩。以文爲詩，是韓愈的創造。但韓詩有的便同散文，不像是詩；有的純發議論，確少詩味。前者例如《嗟哉董生行》："淮水東① 出桐柏山，東馳遙遙千里不能休。泚水出其側，不能千里百里入淮流。壽州屬縣有安豐，唐貞元時縣人董生② 召南隱居行義於其中。刺史不能薦，天子不聞名聲。爵祿不及門，門外惟有吏，日來徵租更索錢。嗟哉董生，朝出耕，夜歸讀古人書。盡日不得息，或山而樵，或水而漁③。入廚具④ 甘旨，上堂問起居。父母不慼慼，妻子不咨咨。嗟哉董生孝且慈，人不識。惟有天翁知，生祥下瑞無時期。家有狗乳出求食，雞來哺其兒。啄啄庭中拾蟲蟻，哺之不食鳴聲悲。徬徨躑躅久不去，以翼來覆待狗歸。嗟哉董生，誰將⑤ 與儔？時之人夫妻相虐，兄弟爲讎。食君之祿，而令父母愁。亦獨何心？嗟哉董生無與儔！"這首詩就像押韻的散文。後者例如《遣興》："斷送一生惟有酒，尋思百計不如閒。莫愁⑥ 世事兼身事，須著人間比夢間。"這首詩就是純粹的說理詩。前代非議韓詩的人，就是抓住他這些方面的缺點來說的。實則雖多以作古文的方法來作詩，並喜發議論，但他大量的作品，遣辭立意，引喻設譬，並不是毫無比興，毫無形象思維的。現在即就主席所舉的《山石》等三首爲例，加以分析說明。

毛主席所列舉的《山石》和《八月十五夜贈張功曹署》，都是七言古詩；《衡嶽》，即《謁衡嶽遂⑦ 宿嶽寺題門樓》一首七言古詩的簡稱。《山石》寫游山寺的光景，首寫黃昏到寺，次寫在山寺夜宿，再次寫天明離寺早行的見聞，最後以議論作結。其寫黃昏到寺時說："山石犖确行徑微，黃昏到寺蝙蝠飛。昇堂坐階新雨足，芭蕉葉大交子—作梔子肥。"只用四句，寫出許多層事，一句一樣，層次分明，景物昭晰。其寫山寺夜宿時說："夜深靜臥百蟲絕，清月出嶺光入扉。"寫雨後月出光景，景象實極幽遠。其寫天明早行時說："天明獨去無道路，出入高下窮煙霏。山紅澗碧紛爛漫，時見松櫪皆十圍。當流赤足蹋澗石，水聲激激風吹衣。"寫早行出入煙霏，山色水聲，如入畫圖。《八月

① "東"字，《韓昌黎集》無。
② 生，油印本脫。據《韓昌黎集》補。
③ 漁，油印本作"魚"。據《韓昌黎集》改。
④ 具，油印本作"問"。據《韓昌黎集》改。
⑤ 誰將，油印本作"將誰"。茲依《韓昌黎集》。
⑥ 愁，《韓昌黎集》作"憂"。
⑦ 遂，油印本誤"遊"。據作者手校改。

十五夜贈張功曹》，敍中秋夜飲的感慨。首寫月夜景色，次寫張署歌詞的辛酸苦楚，最後寫韓自己的歌詞，表示他的樂天知命。詩中寫月夜景色時說："纖雲四卷天無河，清風吹空月舒波。"景象高朗韶秀。寫南方山水風土時說："洞庭連天九疑高，蛟龍出沒猩鼯號。""下牀畏蛇食畏藥，海氣濕蟄熏腥臊。"景物又極雄奇幽險。《衡嶽》寫游衡山的情景。首寫衡山的高峻，次寫祈禱開霽，得以仰觀諸峰，次寫拜祭非爲求福，最後寫投宿嶽寺。這首詩不但抒情質樸，而寫景亦甚健朗。如寫衡山的高峻時說："噴雲泄霧藏半腹，雖有絕頂誰能窮？"令人有雲霧迷茫，高不可攀之感。寫雲開雨霽仰觀衆峰時說："須臾靜掃衆峰出，仰見突兀撐青空。紫蓋連延接天柱，石廩騰擲堆祝融。"則又令人想見衆峰競秀，突兀天空的偉觀。寫趨拜靈宮時說："粉牆丹柱動光彩，鬼物圖畫填青紅。"看出靈宮壁畫的光怪陸離。寫投宿山寺時說："夜投佛寺上高閣，星月掩映雲朣朧。猿鳴鐘動不知曙，杲杲寒日生於東。"則又看出高閣月夜，星雲掩映，猿鳴鐘動，東方日出，可謂氣象萬千了。由此可見，這三首詩都是情景交融，富有形象，非徒以說理議論取勝。所以主席說這類的詩"還是可以的"，又批評有些人說韓愈"完全不知詩，則未免太過"。事實確是這樣。

又如李賀，宋人宋景文祁說他是"鬼才"見《文獻通考》引，嚴羽說他爲"鬼仙"見《滄浪詩話》，朱子說他"較怪得些子，不如太白自在"見《朱子語類》，張戒說他"以詞爲主，而失於少理"見《歲寒堂詩話》，還有人說他"非不奇也，而牛鬼蛇神太甚"見《珊瑚鉤詩話》。近人李嘉言說李賀詩是"豔麗的外衣及感傷的內容"，又說："他指李賀這一派詩體的特色，……很明顯的一點，就是愛用驚人的字眼與句法，如腥、瀉、慘、死、古、冷、狐、仙、龍、蛇、鬼等，這分明是在極度的感傷中需要一些刺激來麻醉一時，也是他對於時代失望疲倦之餘的一種不正常的病象。"均見《古詩初探·李賀與晚唐》這些評價，總的說來，都是貶低他的。"四人幫"把李賀捧爲法家，也就有人跟著說他是"具有尊法反儒思想的進步詩人"，說他是有著"反潮流戰鬥精神"的均見《李賀詩選注·前言》，又千方百計企圖拔高他。毛主席雖然也肯定李賀，說"李賀詩很值得一讀"，但主席並沒有說李賀詩一切都好。所以我認爲，主席主要是肯定李賀詩富於形象思維這方面，並不是以爲李詩的內容和形式一切都是好的，全盤加以肯定，更絕對不是因爲他是什麼具有反潮流戰鬥精神的法家。

我對於李賀的詩研究不深，但有兩點突出的印象。一是敢於創新，不因襲前人。例如《金銅仙人辭漢歌》中的"茂陵劉郎秋風客,夜聞馬嘶曉無跡","衰蘭送客咸陽道,天若有情人亦老"。《浩歌》中的"漏催水咽玉蟾蜍,衛娘髮薄不勝梳"。他把寫《秋風辭》的漢武帝稱爲"茂陵劉郎",他形容本來以"興於鬒髮"而後來容顏日漸衰老的衛子夫皇后爲"衛娘髮薄不勝梳"。他把衰蘭和蒼天都擬人化了。這些,都確是有創造性的。又如《高軒過》的"龐眉秋客感秋蓬,誰知死草生華風;我今垂翅附冥鴻,他日不羞蛇作龍",引喻亦極奇妙。又如《秦王飲酒》中的"羲和敲日玻璃聲,劫灰飛盡古今平","洞庭雨腳來吹笙,酒酣喝月使倒行",更爲奇創。若此之類,皆是敢於創新的例子。《四庫全書總目提要》作者說李賀詩"所用典故,率多點化其意,藻飾其文,宛轉關生,不名一格"《四庫全書總目》卷一百五十,最得其實。二是李賀詩想象力異常豐富。例如《夢天》詩中的"遙望齊州九點煙,一泓海水杯中瀉"。當我坐飛機升高到八千公尺俯首下望的時候,才領會到他詩境的高妙。他善於邏輯推理,他想象力的豐富,真令人驚歎不已!

宋代詩人在唐詩發展的基礎上,想要出奇制勝,突過前人,好"以文字爲詩,以議論爲詩,以才學爲詩"見嚴羽《滄浪詩話》,所以削弱了形象性。又因宋代理學盛行,理學家們認爲"記誦博識"以及"巧文麗辭"的詞章之學,都是"玩物喪志"參看朱子《近思錄》卷二有關各條。邵雍更明確提出,他不是喜歡吟詩,而是把詩作爲"語道"、"窮理"、"盡性"、"慎獨"、"默識"等等之用的見《擊壤集》卷二十《首尾吟》中有關各首。在這種說教的影響下,人們把詩歌作爲說理講學的工具,忽視了形象思維。我記得魯迅先生曾說過:"宋的文藝,現在似的國粹氣味就熏人。"《墳·看鏡有感》又說:"加以宋時理學盛極一時,因之把小說也多理學化了,以爲小說非含有教訓,便不足道。但文藝之所以爲文藝,並不貴在教訓。若把小說變成修身教科書,還說什麼文藝?"《《中國小說歷史的變遷》》我看邵雍等人就是要把詩歌理學化了,變詩歌爲修身教科書。毛主席說:"宋人多數不懂詩是要用形象思維的,一反唐人規律,所以味同嚼蠟。"這是真知灼見,多數宋人詩,確是有此弊病。例如,杜默詩云:"學海波中老龍,聖人門前大蟲。推倒楊朱墨翟,扶起仲尼周公。"見宋·魏慶之《詩人玉屑》卷十一引又如呂大臨詩云:"學如元凱方成癖,文似相如只類俳。獨立孔門無一事,獨輸顏氏得心齋。"前者狂怪,後者迂腐,真是味同嚼蠟。邵雍的《擊壤集》,很爲理學家所推崇,其中的確也有些好篇好句,但談道說理的卻比比皆是。例如，《題華山》云："域中有五嶽，國家謹奉祀。華嶽居其一，作鎮雄西裔。唐號金天王，宋封順聖帝。吁咈哉若神，僭竊同天地。"《天津感事》云："輪蹄交錯未嘗停，去若相追來若爭。料得心中無別事，苟非干利即干名。"他把著名的風景名勝太華山和天津橋，寫成了僭竊天地、爭逐利名之場，毫無詩味。又如《誠明吟》云："孔子生知非假冒，孟軻先覺亦須修。明誠本屬吾家事，自是今人好外求。"《人鬼吟》云："既不知事人，又焉能事鬼？人鬼雖不同，其理何嘗異？"《至靈吟》云："至靈之謂人，至貴之謂君。明則有日月，幽則有鬼神。"像這樣的詩，直同語錄，真又如魯迅先生所說的"提挈經訓，誅鋤美辭，講章告示，高張文苑"（《漢文字史綱要》）了，那裡是詩？他不用形象思維，真是"一反唐人規律"，也不能不說他是"味同嚼蠟"的了。但要注意的是，毛主席只說"宋人多數不懂得詩是要用形象思維的"，也不是說全部宋人都如此。我認爲北宋的歐陽修、梅聖俞、王安石、蘇軾、黃庭堅，南宋的楊萬里、范成大、陸游等人的名作，也多是富於形象思維的。例如蘇軾的《題西林壁》："橫看成嶺側成峰，遠近高低各不同。不識廬山真面目，只緣身在此山中。"這是說理的詩，但它是通過廬山的形象來寫的，確實是好詩。又如陸游的《遊山西村》："山重水複疑無路，柳暗花明又一村。"也是在描寫景物中含有理趣的名句。主席決不會把像這一類的宋詩也一概否定了。

又如朱熹，雖然是宋代的唯心主義的理學家，主席對他也不是一概抹殺。信中所舉的賦、比、興三條解釋，全是採用朱熹《詩集傳》中的話。由此可見主席對待歷史人物、文化遺產，都是一分爲二的，是運用歷史唯物主義的典範。

第二，詩要用賦、比、興的問題。

毛主席說："詩要用形象思維，不能像散文那樣直說。"我認爲這句話有兩重意思：一是說詩歌的主題思想要通過藝術形象來顯示，不能直截了當赤裸裸地說出來；二是說詩歌的創作構思，應當始終伴隨著形象，並且最後落實於形象。這兩者是有因果關係的。正是因爲詩用形象反映生活，所以詩歌創作必須運用形象思維；而且也只有用了形象思維，才可能創作出詩的形象。這就概括了文藝創作的特殊規律。如果不是這樣，而是用"直說"的辦法，也就是抽象思維和抽象化的方法，那麼寫出來的就只是論說文，或者是以詩歌形式出現的論說文，像我們前面所講的許多"味同嚼蠟"的宋詩那樣。對於詩歌來說，"直說"是違背創作規律的，違背規律的東西非碰壁不可。把詩歌寫成赤裸裸的說教，大家不如去讀一篇論文，論文講道理比起詩歌要系統得多。詩之所以是詩，就因爲它是形象思維，是論文所不能代替的。

關於形象思維，今年來文藝討論得很熱烈，意見也有分歧。我沒有什麼研究，不準備多說。我要講的是毛主席所說的比、興問題。從形象化的角度講，比、興是一種表現方法。缺少比、興，不可能有豐滿的詩歌形象。從形象思維的角度說，比、興也就是"浮想聯翩"的過程。所以講形象思維不可能離開比、興，當然"賦也可以用"。

現在我重點談談中國歷代詩歌詞曲傳統用比、興的問題，以及賦體的應用問題。

《詩經》中用比、興的地方很多。《周南·螽斯》云："螽斯羽，詵詵兮。宜爾子孫，振振兮。"朱子《詩集傳》注云："比也。比者，以彼物比此物也。"按，詵詵，衆多兒；振振，興盛兒。即以螽斯的衆多，來比喻子孫的衆多。《詩經》用比之例甚多。如《衛風·氓》云"桑之未落，其葉沃若"，"桑之落矣，其黃而隕"。即以桑之潤澤，比己之容色光麗；桑之黃落，比己之容顏衰老。又如《王風·兔爰》云"有兔爰爰，雉離于羅"。即以兔之爰爰，來比小人致亂而卻能以巧計倖免；雉爲羅網所羈，來比君子無辜而卻以忠直受禍。若此之類，都屬於比體。

《周南·關雎》云："關關雎鳩，在河之洲。窈窕淑女，君子好逑。"朱子《集傳》云："興也。興者，先言他物，以引起所詠之詞也。"《詩經》中用興之例亦甚多。如《周南·桃夭》云："桃之夭夭，灼灼其華。之子于歸，宜其室家。"這是因看到桃花盛開，而聯想到有人及時結婚。《邶風·燕燕》云："燕燕于飛，差池其羽。之子于歸，遠送于野。瞻望弗及，泣涕如雨。"這是因看到燕子南飛，而聯想到送人歸寧。又如《鄘風·鶉之奔奔》云："鶉之奔奔，鵲之彊彊。人之無良，我以爲兄。"這是因看到鶉鶉、喜鵲這兩種的鳥，"居有常匹，飛則相隨"，而聯想到衛國統治階級的宮廷生活都是"非匹耦而相從"的，表示不滿和諷刺。若此之類，都屬於興體。

以上所述的比、興兩體，比的意思較單純，興的意思就較複雜。興有發端和聯想的作用，也有寄託和象徵的作用，也含有類似於比的作用。所以比、興之義，又往往混合在一起。朱子常用"比而興也"例如《曹風·下泉》，"興而比也”例如《周南・南有喬木》，來解釋詩意，而不採取單一的說法。而同一首的詩，註家或說是比，或說是興，也往往不一，例如《邶風・柏舟》的第一章，毛公以爲興，朱子以爲比。就是由於興的含義比較複雜的原因。

《詩經》中賦體之詩，如《周南・葛覃》云：“葛之覃兮，施于中谷，維葉萋萋。黃鳥于飛，集于灌木，其鳴喈喈。”朱子《集傳》云：“賦也。賦者，敷陳其事而直言之者也。”《國風》中如《鄘風・載馳》、《衛風・碩人》、《豳風・七月》等等，以及《小雅》中的《車攻》、《十月之交》，《大雅》中的《文王》、《生民》、《公劉》等等，都是屬於賦體的詩。賦體的詩，包括敘事、抒情兩大部分，但也常常雜用比、興。如《衛風・碩人》，雖是賦體，但其描寫莊姜體態之美，用“手如柔荑，膚如凝脂，領如蝤蠐，齒如瓠犀，螓首蛾眉，巧笑倩兮，美目盼兮”等等，則兼用比喻的手法。又如《豳風・東山》也是賦體，但當描寫征夫思歸之情的時候，用了“果臝之實，亦施于宇，伊威在室，蠨蛸在戶，町畽鹿場，熠燿宵行”的五種景物，來想象形容其老家的蕭條荒涼，也是兼用比喻的方法。又如《秦風・蒹葭》和《王風・黍離》兩詩，雖都是賦體，並且都是重在抒情，但《蒹葭》起首的“蒹葭蒼蒼，白露爲霜”兩句，和《黍離》起首的“彼黍離離，彼稷之苗”兩句，既實寫時令景物，亦含有因物起興的意思。

屈原的《離騷》，是抒情和敘事相結合的賦體詩，是“屈賦”的代表作，但它是浪漫主義的創作，故篇中雜用比興之處尤多。香草、美人、珍禽、惡鳥，悉爲比、興之資。王逸《離騷經序》說：“《離騷》之文，依詩取興，引類譬喻。故善鳥香草，以配忠貞；惡禽臭物，以比讒佞；靈修美人，以媲於君；宓妃佚女，以譬賢臣；虬龍鸞鳳，以託君子；飄風雲霓，以爲小人。”王逸所言，爲得其要。例如《離騷》中說：“余既滋蘭之九畹兮，又樹蕙之百畝。畦留夷與揭車兮，雜杜衡與芳芷。冀枝葉之峻茂兮，願俟時乎吾將刈。雖萎絕其亦何傷兮，哀衆芳之蕪穢。”這段前四句裡的香草，都是用以象徵賢才，說自己曾經做了這樣廣泛的培植人才的工作。中兩句是說，希望他所培植的人才條件成熟之後，能夠團結在他的周圍爲國效勞，發揮作用。末兩句則沉痛地表示，他所培植的人才，不但不能和自己一同努力國事，相反地成爲誤國殃民的自己的政敵。這就是兼用比、興的地方。又如《九歌・湘夫人》中的“鳥何萃兮蘋中，罾何爲乎木上？沅有茝兮澧有蘭，思公子兮未敢言。”前兩句是比，後兩句是興，也是比、興相結合的。

漢魏六朝樂府民歌中，用比興者亦頗多。例如《焦仲卿妻》的頭兩句"孔雀東南飛，五里一徘徊"，就是興體。古樂府言夫婦離別者，往往以雙鳥起頭。《豔歌何嘗行》："飛來雙白鵠，乃從西北來。……五里一返顧，六里一徘徊。"就是此篇頭兩句的來源。由看到孔雀東南飛而徘徊顧瞻，引起下文所敘的"十三能織素，十四學裁衣，十五彈箜篌，十六誦詩書，十七爲君婦，心中常苦悲"等等的全篇敘事，正是"先言它物以引起所詠之詞"的典型例子。《木蘭辭》結尾的"雄兔腳撲朔，雌兔眼迷離，雙兔傍地走，安能辨我是雄雌"，更是很明顯地用比體。

魏晉南北朝文人作家的名作，也都是善用於比、興的。例如曹操《短歌行》中的"月明星稀，烏鵲南飛，繞樹三匝，何枝① 可依？"是用烏鵲無依，來比喻人民流亡。"山不厭高，水不厭深"兩句，又是用來比喻賢才多多益善。陶淵明《停雲》詩中的"靄靄停雲，濛濛時雨，八表同昏，平路伊② 阻"，起兩句因望雲想雨而引起思念親友之情，也就是運用因物起興的寫作方法的。

唐人運用比興方法以寫詩的更多，也更成功。例如王昌齡《芙蓉樓送辛漸》："洛陽親友如相問，一片冰心在玉壺。"這心情如玉壺之冰，來比喻自己之薄於宦情。李商隱《無題》："春蠶到死絲方盡，蠟炬成灰淚始乾。"以蠶絲盡，燭淚乾，來比喻自己竭盡心力。這都是善於用比的。又如李白《清平調詞》："雲想衣裳花想容，春風拂檻露華濃。若非群玉山頭見，會向瑤臺月下逢。"是由雲影花光而聯想到美麗如同瑤臺仙子的楊貴妃，則是善於用興的。又如："一枝紅豔露凝香，雲雨巫山枉斷腸。借問漢宮誰得似？可憐飛燕倚新妝。"前半既是興，後半又是比。劉禹錫《竹枝詞》："山桃紅花滿上頭，蜀江春水拍山流。花紅易衰似郎意，水流無限似儂愁。"也是由興而比的。

毛主席信中說過："杜甫之《北征》，可謂敷陳其事而直言之也，然其中亦有比、興。"這話說得也極對。《北征》中"青雲動高興，幽事亦可悅"，"陰風西北來，慘澹隨回紇"，就是用興的地方。"猛虎立我前，蒼崖吼時裂"，"山果多瑣細，羅生雜橡栗，或紅如丹砂，或黑如點漆"，就是用比的地方。

① 枝，油印本誤"樓"。據《藝文類聚》引《短歌行》改。
② 伊，油印本作"依"。茲從《陶淵明集》。

韓愈詩中，除前面已分析的三首之外，如《石鼓歌》，以"鸞翔鳳翥衆仙下，珊瑚玉樹交枝柯"來比喻石鼓之文。又如《聽穎師彈琴》，以"昵昵兒女語，恩怨相爾汝，劃然變軒 ① 昂，勇士赴敵 ② 場"，"浮雲柳絮無根蒂，天地闊遠隨飛揚"，來比喻彈琴之聲，是善於用比的。毛主席說韓愈詩"還是可以的"，自然不局限於所列舉的三篇而已。

唐代描寫音樂聲音之美的，還有李賀的《箜篌引》及白居易的《琵琶行》。李賀描寫李憑彈箜篌聲調之工，說："昆山玉碎鳳凰叫，芙蓉泣露香蘭笑。十二門前融冷光，二十三絲動紫皇。女媧鍊石補天處，石破天驚逗秋雨。夢入神山教神嫗，老魚跳波瘦蛟舞。"想象極爲奇特。白居易描寫琵琶女彈琵琶技術之工，說："輕攏慢撚抹復挑，初爲霓裳後六么。大弦嘈嘈如急雨，小弦切切如私語。嘈嘈切切錯雜彈，大珠小珠落玉盤。間關鶯語花底滑，幽咽泉流水下灘。水泉冷澀絃凝絕，凝絕不通聲暫歇。別有幽愁暗恨生，此時無聲勝有聲。銀瓶乍破水漿迸，鐵騎突出刀槍鳴。曲終收撥當心畫，四弦一聲如裂帛。東船西舫悄無言，惟見江心秋月白。"白詩的比喻，精妙而極自然，音節又最諧和，宜其傳誦較韓愈、李賀之作尤廣。

以上所舉的，多是篇章中的片斷句子。而唐詩中尚有全首詩都是用於比喻的，即全詩的主題以甲事比乙事，言在此而意卻在彼。例如朱慶餘《近試呈張水部》及張籍《節婦吟》。朱詩云："洞房昨夜停紅燭，待曉堂前拜舅姑。妝罷低聲問夫婿，畫眉深淺入時無？"此是"溫卷"、"行卷"時所呈之詩，以畫眉入時與否作爲試探其文字之是否合格，兒似談閨幃之事，實則談試闈之事。張詩云："君知妾有夫，贈妾雙明珠。感君纏綿意，繫在紅羅襦。妾家高樓連苑起，良人執戟明光裡。知君用心如日月，事夫誓擬同生死。還君明珠雙淚垂，恨 ③ 不相逢未嫁時。"這首詩是張籍在他鎮幕府時，鄆帥李師道以書幣聘他，他作這首詩表示拒絕應聘。貌爲不棄故夫，實言不背舊主。兩詩通首全是比喻。

宋代名家之詩，如蘇軾《百步洪》詩，以"有如兔走鷹隼落，駿馬下駐 ④

---

① 軒，油印本作"低"。茲依《韓昌黎集》。
② 敵，油印本作"戰"。茲依《韓昌黎集》。
③ 恨，《張司業集》作"何"。
④ 駐，《東坡全集》作"注"。

千丈坡,斷弦離柱箭脫手,飛電過隙珠翻荷",來比喻水勢的險急,形象豐富多彩。又如黃庭堅《雙井茶送子瞻》:"人間風日不到處,天上玉堂森寶書。想見東坡老①居士,揮毫百斛瀉明珠。"既善於起興,也善於比喻。又如黃《送范德孺知廣州》詩:"乃翁知國如知兵,塞垣草木識威名。敵人開戶玩處女,掩耳不及驚雷霆。"後兩句贊美范文正公兵之妙,引喻猶為入神。又如陸游《沈園》第一首:"城上斜陽畫角哀,沈園非復舊池臺。傷心橋下春波綠,曾是驚鴻照影來。"以橋下春波、驚鴻照影,來形容唐夫人之游蹤,形象極其生動。又同題第二首云:"夢斷香銷四十年,沈園柳老不吹綿。此身行作稽山土,猶弔遺蹤一泫然。"這一首就是妙在第二句的以柳老來比喻人亡,正說出"樹猶如此,人何以堪"的沉痛心情,寓情於景,形象性也就更強了。

宋元人詞曲中雖有敘事抒情之作,然亦善於寫景,使之情景交融,也就從而富有形象性。例如柳永《雨霖鈴》的"今宵酒醒何處,楊柳岸曉風殘月",秦觀《滿庭芳》的"山抹微雲,天粘衰草","斜陽外寒鴉數點,流水繞孤村"。像這些景物的描寫,真是"雖不識字人,亦知是好言語"本晁無咎語。又如馬致遠《天淨沙·秋思》:"枯藤老樹昏鴉,小橋流水人家。古道西風瘦馬,夕陽西下,斷腸人在天涯。"喬吉《昇平樂·悟世》:"肝腸百煉爐中鐵,富貴三更枕上蝶,功名兩字酒中蛇。尖風薄雪,殘羹冷炙,撩清燈竹籬茅舍。"這兩首散曲,前者反映出蒙古貴族統治者的殘酷壓迫剝削之下,地位列在娼妓之下乞丐之上的知識分子,謝枋得《送方伯載歸三山序》云:"我大元制典,人有十等,一官二吏,先之者貴也;七匠、八娼、九儒、十丐,後之者賤之也。"鄭思肖《大義略序》云:"韃法:一官,二吏,三僧,四道,五醫,六工,七獵,八民,九儒,十丐,各有所統轄。"謝、鄭所說雖微有不同,但當日書生地位甚低,則是極其明顯的。懷才不遇,奔走四方,流落異鄉,走投無路的悲慘情況。這對當時那些知識分子說來,是具有典型性的。它是知識分子在這個特定的處境中,所產生的典型的感受。後者也反映出當時知識分子對於功名富貴的絕望以及窮愁潦倒、飢寒交迫的困苦生活情況,性質與前者相同。這兩篇雖都屬賦體,而描寫景物,抒述情懷,細緻深刻,形象突出,宜其傳誦不朽。

由此可見,形象思維,不限於比興。比興在詩中,或只局部的運用,或只用比興體現主題。賦體作品中,善於寫景,善於白描,善於擬人化等等,其中

---

① 老,《山谷集》作"舊"。

都能具有很好的形象性，也就都是善於運用形象思維的地方。

外國人所寫的中國詩，我讀得不多。因上面談及陸游《沈園》的時候，我偶而聯想起日本西園寺公望《題巴黎酒家》的一首絕句："琴情詩思兩茫茫，二十年前舊酒場。無數垂楊生意盡，傷心不獨爲三郎。"此詩第三句與《沈園》詩第二首的第二句，同一機杼，有異曲同工之妙，也由善於運用比喻的緣故。

我以上所舉的善於運用比興的方法的詩篇，雖然都是流傳下來的名篇，但思想內容是有差別的。在思想內容方面，要具體地加以分析批判。至於我國當代老一輩的無產階級革命家，如周總理、朱委員長、董副主席、陳毅同志和葉帥等，都能用古典傳統的形式，比興的方法，來寫革命內容的詩歌，其思想境界多前人之所未有。毛主席更是振古未有的偉大詩人，毛主席的詩詞雖然只發表了四十多篇，卻都是善於運用形象思維的典範，所以篇篇都是膾炙人口。毛主席詩詞大家都很熟悉，我在這裡就不具引了。

第三，關於近體詩必須講平仄的問題。

近體詩很講究平仄格律，這是從沈約辨別四聲，經過南朝及初唐詩人的長期摸索，到了盛唐才定型的。並不是由於某一個人所私自規定，強人遵從的。

近體詩爲什麼必須講平仄呢？我記得魯迅先生曾經說過："詩歌雖有眼看的和嘴唱的兩種，也究以後一種爲好。可惜中國的新詩，大概是前一種。沒有節調，沒有韻，它唱不來；唱不來，就記不住；記不住，就不能在人們的腦子裡將舊詩擠出，分了它的地位。"《魯迅書信集》655頁。近體詩之所以要講究平仄，就是要使它格律完善。格律完善，就能使人記得住。能使人記得住，就能使人廣泛流傳，這是唐詩成功的一大因素。

近體詩格律的形成，有三種法則。

一是相間的法則。每句中平仄要相間，使音節長短配合得好。如五字句中，必須用"平平平仄仄"，或"仄仄仄平平"。七字句中，必須用"平平仄仄平平仄"，或"仄仄平平仄仄平"。不能四字全用平聲或仄聲。否則，不易表現音節的諧美。

二是相對的法則。一般地說來，絕句並不要求對偶。但也有四句都對偶的。五絕例如王之渙《登鸛雀樓》："白日依山盡，黃河入海流。欲窮千里目，更上一層樓。"七絕例如杜甫《絕句》："兩箇黃鸝鳴翠柳，一行白鷺上青天。窗含西嶺千秋雪，門泊東吳萬里船。”也有第一聯對，第二聯不對的。五絕例如李白《敬亭獨坐》：“衆鳥高飛盡，孤雲獨去閒。相看兩不厭，祇有敬亭山”。七絕例如劉禹錫《烏衣巷》：“朱雀橋邊野草花，烏衣巷口夕陽斜。舊時王謝堂前燕，飛入尋常百姓家。”還有第一聯不對第二聯對的。五絕例如上官儀《洛堤①曉行》：“脉脉廣川流，驅馬歷長洲。鵲飛山月曙，蟬噪野風秋。”七絕例如高適的《除夜》：“旅館寒燈獨不眠，客心何事轉淒然？故鄉今夜思千里，霜鬢明朝又一年。”總之，絕句對與不對是比較自由的，沒有什麼嚴格的限制。至於律詩，一般地說來，除首尾兩聯外，中間的兩聯是嚴格要求對偶的。即出句和對句中的平仄都要相對，使音節更加對稱。但個別的律詩也有八句全對偶的。五律例如蘇味道《正月十五夜》：“火樹銀花合，星橋鐵鎖開。暗塵隨馬去，明月逐人來。游伎皆穠李，行歌盡落梅。金吾不禁夜，玉漏莫相催。”七律例如李巨山《奉和初春幸太平公主南莊應制》：“主家山第接雲開，天子春遊動地來。羽騎參差花外轉，霓旌搖曳日邊回。還將石溜調琴曲，更取峰霞入酒杯。鸞②鉻已辭烏鵲渚，簫聲猶遶鳳凰臺。”也有前三聯對，最後兩句不對的。五律例如王勃《杜少府之任蜀州》：“城闕輔三秦，風煙望五津。與君離別意，同是宦遊人。海內存知己，天涯若比鄰。無爲在岐路，兒女共沾巾。”七律例如王維《春日與裴迪遇新昌里訪呂逸人不遇》：“桃源四面絕風塵，柳市南頭訪隱淪。到門不敢題凡鳥③，看竹何須問主人？城上青山如屋裡，東家流水入西鄰。閉戶著書多歲月，種松皆作老龍鱗。”還有起兩句不對，而後三聯全對的。五律例如杜甫《歷歷》：“歷歷開元事，分明在眼前。無端盜賊起，忽已歲時遷。巫峽西江④外，秦城北斗⑤邊。爲郎從白首，臥病數秋天。”七律例如杜甫《聞官軍收河南河北》：“劍外忽傳收薊北，初聞涕淚滿衣裳。卻看妻子愁何在，謾卷詩書喜欲狂。白日放歌須縱酒，青春作伴好還鄉。即從巴峽穿巫峽，便下襄陽向洛陽。”以上這些加強首末對偶聯數的做法，自然都是爲了音節更加相對稱，更加調協。我們今天寫律詩，只要

---

① 洛堤，油印本誤“絡提”。據《唐人萬首絕句選》改。
② 鸞，油印本誤“鑾”。據《文苑英華》引李嶠詩改。
③ 鳥，油印本誤“鳳”。據《王右丞集箋注》改。
④ 江，油印本作“山”。據《杜詩詳注》改。
⑤ 斗，油印本誤“半”。據《杜詩詳注》改。

求把中間兩聯對好就行了。

唐人律詩中也有中兩聯只對其一聯，並不全對的。五律如王維《送岐州源長史歸》云："握手一相送，心悲安可論？秋風正 ① 蕭索，客散孟嘗門。故驛通槐里，長亭下槿原。征西舊旌節，從此向河源。"孟浩然《萬山潭作》："垂釣坐磐石，水清心亦閒。魚行潭樹下，猨挂島藤間。游女昔解佩，傳聞於此山。求之不可得，沿月棹歌還。"前者第二聯不對，後者第三聯不對。七律中兩聯亦有不全對者。如崔顥《黃鶴樓》云："昔人已乘黃鶴去，此地空餘黃鶴樓。黃鶴一去不復返，白雲千載空悠悠。晴川歷歷漢陽樹，芳草萋萋鸚鵡洲。日暮鄉關何處是？煙波江上使人愁。"此詩之第二聯即不對。但若此之類的特殊詩篇並不多，律詩仍以中兩聯全對者爲正格。

三是相粘的法則。前後聯開頭平仄必須相粘。如第一聯第二句平平起，第二聯起句也是平平起之類，使兩聯過渡時聲調連接和諧。例如毛主席的七言律詩《長征》："紅軍不怕遠征難，萬水千山只等閒。五嶺逶迤騰細浪，烏蒙磅礴走泥丸。金沙水拍雲崖暖，大渡橋橫鐵索寒。更喜岷山千里雪，三軍過後盡開顏。"第一聯的"紅軍不怕遠征難，萬水千山只等閒"，"紅軍"平平，"不怕"仄仄，"萬水"仄仄，"千山"平平，就是平仄相間的。第二聯"五嶺逶迤騰細浪，烏蒙磅礴走泥丸"，第三聯"金沙水拍雲崖暖，大渡橋橫鐵索寒"，這屬於當中的兩聯，也就是必須對的兩聯，平仄全是相對的。而第一聯第二句"萬水"是仄仄起的，第二聯第一句的"五嶺"二字也是仄仄起；第二聯第二句"烏蒙"是平平起的，第三聯第一句"金沙"二字也是平平起；第三聯第二句"大渡"是仄仄起的，第四聯第一句"更喜"二字也是仄仄起。這就說明了前後聯開頭平仄是相粘的。

這樣，既有勾連，又有變化，音律就細密了，也就富有音樂性了。還有拗句的變格，以相調節，又體現出它的某些靈活性的地方。

毛主席說："律詩要講平仄，不講平仄，即非律詩。"這是肯定律詩要遵守必要的格律。這個指示，也是非常正確的。我近年來接到青年同志們寄來不少詩作，其中有些人作五律的只是湊成八句四十字，作七律的只是湊成八句五十六字，既不講平仄，也不講對偶，韻也不分平韻仄韻。像這樣，就很難說

是在做律詩了。填詞也是這樣,不管哪一個詞牌要用哪一種詞律,只要湊足所用詞牌的字數就算做好了。如果是這樣,那你就去做新體詩、自由詩就好了,何必把它命名爲某調的詞呢?以前我也深知這種做法是不足爲訓的,但也不敢對他們提出嚴格的要求。我現在認識到這種態度是不對的。

我又時常聽人們說,古詩沒有一定的格律,很多作品讀起來也很順口,何必一定要講格律呢?實則古體詩的調聲換韻,也是很講究音律的,不然的話,讀起來就不可能很自然很順口,不過它不像近體詩那樣有固定的格式而已。

總的說來,毛主席說明詩要用形象思維,肯定我國自《詩經》、《楚詞》以來所運用的比興傳統作詩方法,這就可以看出他老人家對於古典詩歌的湛深研究和真知灼見了。我們必須認真研究和發揚古典詩歌的傳統表現手法,以作爲寫作新體詩歌的借鑒。

古典詩歌有優美的格律形式,這是很好的遺產。但它限制既嚴,容易束縛人們的思想。特別是反映當前階級鬥爭、生產鬥爭的新詞彙,很不容易納入近體詩的嚴格格律之中,要採用五七言律詩的形式來表達,就不容易寫好。我說不容易寫好,並不是說完全不可能寫好。否則,就無法解釋我國當代老一輩傑出的無產階級革命家們爲什麼都能夠運用很嚴格規律限制的古典形式而寫出許許多多氣壯山河、聲滿天地的革命詩篇了。同時,多運用過去的典故,也確不容易表現新的現實生活,不容易具有通俗性、鮮明性的好處,更絕對不可以生搬硬套地應用。所以毛主席說:“古典絕不能要。”今天讀了毛主席這封信後,我們更必須研究如何全面地、完整地、準確地理解主席對於古典詩歌的看法,不能只從片面去理解。毛主席還爲我們指出:“將來趨勢,很可能從民歌中吸引養料和形式,發展成爲一套吸引廣大讀者的新體詩歌。”這個指示是我們必須努力遵從的。它爲我們指出發展新體詩歌的光明大道。

一九七八年十月十九日寫於福建師大中文系

（據蠟紙刻寫油印本整理。1978 年福州師範大專班、福州市教師進修學院、福建省語文學會福州分會印行。同年,又有福建師範大學第一屆科學討論會論文油印本,作者曾作朱筆手校。）

在廈門大學魯迅漢文學史綱要
註釋稿討論會上的發言 ①

此書修訂後的優點：

一、刪去了舊稿中受"儒法鬥爭"時期某些影響，毛病少了，健全多了。

二、註釋文字，因刪去不必要的批儒文字，也比較簡潔了。

三、補充修訂了一些材料。例如"帝魁"條（見新稿 P.38 註 9），舊稿謂"恐係緯書作者杜撰的名字"（見舊稿 P.20 註 8），新稿指出："見羅泌《路史後紀》第六卷'帝魁，大鴻氏之曾孫也'。大鴻氏，是黃帝的兒子。"

又如：朱子對孔傳《古文尚書》的懷疑，新稿註出"見《朱子語類》卷78"（見新 P.51 註 88），舊稿只云"均見所著文集及《朱子語類》"（見舊 P.27 註 76）。又如：朱子懷疑孔子不曾刪詩，舊稿云"出處未詳"，只從朱竹垞《經義攷》九十八卷轉引（見 P.30 註 101），而新稿則註出見《朱子語類》卷二十三（P.55 註 121）。

又如：朱子說六義爲三經三緯的問題，舊稿只註見《朱子語類》（見 P.30 註 105），新稿則註出《朱子語類》卷八十。

若此之類，看出新稿許多地方比舊稿扎實。自然，也有個別地方，舊稿也有好的，遇到時再談，詳後有關各條。

第一篇 〔自文字至文章〕②

一、P.8 註 14，"嫪毐"問題。

註云："呂不韋勾結貴族嫪毐陰謀發動叛亂，事敗畏罪自殺。"嫪毐是否秦之貴族？

二、P.9 註 18，"鄭玄……曾對儒家經典做了大量的注疏"。

---

① 本文係作者草擬之發言提綱，據手稿影印件整理。其中偶有筆誤字逕改之，不出校。

② "自文字至文章"六字，手稿作"札記"。檢下文第三篇以後，皆據魯迅《漢文學史綱要》篇名爲題，今謹依例改。所改以中括號標之。

注與疏似有別,鄭只作箋與注,未作疏。

經傳注疏,代表四個階段。初爲經,傳所以傳經,注所以著明經傳之恉,疏又爲疏通傳注之義而作。疏始於六朝,晉陸璣《毛詩草木蟲魚疏》爲最朔。

三、P.11 註 31,"《下繫辭》,即《繫辭下》,是傳中的第一篇。"

按《十翼》次序:爲《上彖》一,《下彖》二,《上象》三,《下象》四,《上繫》五,《下繫》六,《文言》七,《說卦》八,《序卦》九,《雜卦》十。不當云"第一篇"。查舊稿此條註无"第"字,是。(見舊稿 P.6 註 23)

四、P.13 註 45,"周官"的問題。

如信河間獻王補《冬官·攷工記》,則劉歆僞造之說當駁。

第二篇 〔書與詩〕①

一、P.38 註 7,孔穎達,字仲達,一字沖遠。似可補入。

二、P.38 註 8,既云"經書對緯書而言",似應列舉《七緯》之名,舊稿似可保留。

三、P.45 註 52,"揚雄"條。揚雄似可作爲哲學家,可依舊稿保留。著名賦篇,似亦可依舊稿補入。

四、P.45 註 54,灝灝,噩噩,均有分註。渾渾,似亦應分註。舊稿有之。(見舊 P.24 註 48)祺按:舊稿註 51(見 P.25)多可取。

五、P.46 註 57,峻肅而不阿借。舊稿解阿借"迎合通融",似較新稿解爲"附和馬虎",爲妥。又可否解爲"迎合遷就"?擇出《商書》"灝灝"一句,較好。但"牛頭不對馬嘴"一句可改寫。又指出李軌《揚子法言》注文,是必要的。

六、P.50 註 86,"疏,注疏。解釋字句,疏通文義。"似宜改作:"疏,疏通。意謂孔穎達爲梅賾所奏《僞古文尚書》作義疏,疏通其文義。"

七、P.50 註 88,朱熹"僑寓崇安",舊稿作"僑寓建陽"(舊稿 P.27 註 76),並不誤。《福建通志·藝文志》著錄,都寫作建陽。

八、P.53 註 102,"庸,因而,就"。舊稿作:"庸同用,因,就。"似較好。

---

① "書與詩"三字,手稿無。檢下文皆據魯迅《漢文學史綱要》篇名爲題,謹依例補。補文置括號內。

（見 P.28 註 87）

九、P.54 註 115，"秦火，指秦始皇焚燒儒家經籍之事"。按，此註不確，不僅限於儒家。

十、P.55 註 119，"鄭樵"條，應註出《詩辨妄》。

十一、P.56 註 125，按"三家詩"佚文，引馬國翰輯本，也可以。似不如引陳喬樅《三家詩遺說攷》及王先謙《詩三家義疏》兩書為妥。

十二、P.69 註 211，"思無邪"的問題。

十三、P.35 行 10，"失其旨矣"。此句中的"其"字何所指，宜加註。此"其"字，可解為孔子，也可解為《鄭風》。故宜詳之。

十四、P.70 註 216，"嵇中散"，中散問題。

第三篇　老莊

一、P.79 註 1，"傳說"二字可刪，逕接於"求救"之下。"不多"，接"現在"下。

二、P.83 註 23，班固小傳中提出班固是文學家，是否有必要註出他的《西都賦》等主要作品。

三、P.84 註 29，"傳及碑本"？最好寫詳細些。

四、P.85 註 34，"春秋……孔丘曾加以篡改"，篡改此二字當酌。似可參攷范文瀾先生等所用"攷語"。

五、P.86 註 36，墨子，"他曾周游列國，幾次阻遏大國侵略弱國"（？）是否"周游"？是否"幾次"？

六、P.91、92 註 71，胡適，魯迅為什麼要引用胡適這個"買辦資產階級反動文人"的話？最好交代一下才好。

七、P.95 註 96，名家（邏輯推理學家）？

八、P.96 註 98，燕國，"大興縣"下要否加"一帶"二字？

第四篇　屈原與宋玉

一、P.109 註 5，是否可詳些，如"用楚語，紀楚事，詠楚物"（黃伯思語）云云。

二、P.119 註 73，"不許與狂狷比迹"，此語似指班固。

三、正文 P.100 行 12，"春秋之世，已能賦詩"，此語似須加註。可參攷《左傳》所載。

四、P.122 註 88，"乘軒里，古地名，在洛陽。劉向較的《戰國策》作'乘軒車'，誤。"較，當作校。

五、P.128 註 131，"居移其氣"，語本《孟子》，是否應點出？

六、P.128 註 128，"長垣"，垣誤桓。

七、P.135 註 188，《文選》李善注本，頗精細"。擬補讀高步瀛先生《文選李注義疏》，惜未完。

八、P.137 註 199，按魯迅先生謂"審其文辭，謂差爲近"，是定爲"近於景差之作"。而註云"其實是秦漢之間的作品"，則不一致，宜加以交代。

第五篇　李斯

一、P.143 註 14，"趙高本是趙國的貴族"問題。

陳先生提參攷《史記·蒙恬列傳》文，可斷其不是貴族出身。

第六篇　汉宫之楚聲

一、P.152 註 4、5，《史記·儒林傳》云："及至秦之季世，焚詩書，阬術士，六藝從此缺焉。陳涉之王也，而魯諸儒持孔氏之禮器往歸陳王。於是孔甲爲陳涉博士，卒與涉俱死。"據此，似不必說"他曾私藏儒家經籍，對抗秦始皇焚書令"等語。

二、P.153 註 12，"中宰"，宰，係牢之誤。

三、P.155 註 24，"靈壁"，壁，當作壁。

第七篇　賈誼與晁錯

一、P.166 註 6，《至言》，"錯誤地認爲秦亡是由於'不篤禮義'"。

二、P.177 註 86，《過秦論》，"片面否定焚書坑儒"。

按此兩條似均可酌。

第八篇　藩國之文術

一、P.189 註 4，"著有《魯故》、《魯說》等已散佚"。舉陳喬樅《魯詩遺說攷》,較善於馬國翰所輯。

二、P.189 註 6,《詩傳》,似當云 "傳述詩義之作"。不當云 "詩的研究"。"魯詩,專釋詞義,不講經義",此語不了了! 鉛印本舊注可參攷修改,見舊本 P.108 註 13。

三、P.190 註 10,《在鄒詩》,見《全漢詩》。按,似宜首引《前漢書·韋賢傳》。

四、P.191 註 16,"鄒陽",生平敘述太略些,鉛印本可參攷。見 P.109 註 27。

五、P.193 註 29,"荊軻⋯⋯秦滅衛後,又到燕國"。按《史記·刺客列傳》:"秦伐魏,置東郡,徙衛元君之支屬於野王。"是時衛尚未滅。春秋諸國,惟衛最後亡。

六、P.195 註 35,"盜跖"註,是否當酌?

七、P.198 註 57,"廣陵,今江蘇省甘泉與天長一帶"。鉛印本作 "今江蘇省揚州一帶",似較好。(見 P.114 註 93)

第九篇　武帝時文術之盛

一、P.220 註 1,"武帝繼承文景的政治路線",此語當酌。鉛印本說 "他繼承文景兩帝削弱諸侯王的策略" 云云,還比較具體些。新稿太泛。舊稿見 P.124 註 2。

二、P.222 註 11,"奧,堂之西北隅",不如註爲 "室之西南隅" 爲更精密。堂奧,指堂室深處。

三、P.222 註 13,"封協律都尉","封" 字應改。

四、P.224 註 27,"龍,神馬"。按馬高八尺者爲龍。指爲神馬,亦可。

五、P.236 註 108,驂馬,原爲三匹馬。"兩服上襄,兩驂雁行","左驂","右驂"。

第十篇　司馬相如與司馬遷

一、P.250 註 1,"著有《司馬文園集》"。此集似是後人所集? 是否根據明張溥《漢魏百三名家集》而來?

同上頁,"司馬遷,字長卿"。應改 "子長"。

二、P.263 註 82，“掌歷法、星算及史官（記載國家大事）的職務”。按括弧內字，可刪。

同上頁註 86，“按法朝法律”。法朝，當作漢朝。

同上頁註 89，註《國語》，擬改定。（見稿內）

三、P.267 註 109，“采經撼傳”，註“傳，解釋經義的文字”？按此處“傳”字，似當作“史傳”解。當否？請酌！

四、P.268 註 113，“奸雄”，註爲“作惡多端的壞人”，是否恰當？

五、P.269 註 124，“見《茅鹿門先生集選》”。最好根據《茅鹿門集》。

總的看法：

一、我對本書的優點，在第一次的發言中，即提出看法，說明有三方面的優點。現在再談談一些總的看法。

1. 對前稿受“儒法鬥爭”影響的缺點，改稿已大量剷削。至於殘留的“洗伐未盡”的地方，經過這些討論，可以說“洗伐盡淨”了，思想性是健康得多了。我從同志們所提的許多寶貴的意見或有益的意見中，學習很多的知識，並在此表示高興。

2. 文字上比前稿簡明得多了。但又有某些地方過於簡略，因之舊稿還有一些地方可以保留，特別是某些出處，可以保留下來。文章風格，也要力求統一。

3. 最後完稿時，似可先分類審定。如：①人物介紹，可以分“宜詳”、“稍詳”、“從略”三等來處理。②著作介紹，是否需要評價，似亦應訂一標準，一般不加評語，只作內容介紹。最必要的則或加評。③地名介紹，詳略不一，宜稍加劃一。④職官解釋，宜重在當事人的時代職掌，其前其後異同可從略。特別要注意前後重複及矛盾的地方。

二、我個人來參加討論，事前沒有準備，臨時閱讀，以致提不出較多的意見，而隨便提的，恐怕很多是錯誤，請大家原諒、批評、指政。

1978 年 3 月 25 日記

（據作者手稿影印件整理。案此文寫於 1978 年，係出席討論會時所作發言提綱，未曾正式發表。）

作家應向我國古典文學的
優良傳統學習

　　中國作家協會福建分會第二次代表大會勝利召開了。我省作家、評論家、文學研究工作者的代表歡聚一堂，共同總結三十年來文藝工作的基本經驗，討論新時期文藝工作的任務和計畫，以期繁榮創作，活躍評論，更好地為四個現代化服務。這是我省文化生活中的一件大事。借這個盛會的講壇，我想談一談現代作家學習我國古典文學傳統的一點看法。

　　我國現代傑出的文學作家，都有非常深厚的古典文學修養。魯迅在他從事創作之前，對我國古典小說和魏晉文章都有異常深入的研究，寫出好幾部學術專著。他的"拿來主義"理論和自己的寫作實踐，都說明他對中外文學遺產是極為重視的。郭沫若在幼年時代就熟讀了《詩經》、《唐詩三百首》，喜歡王維、孟浩然、李白、柳宗元，後來又酷愛《莊子》、《楚辭》、《史記》和唐詩，他在《怎樣運用文學語言》一文裡說："'五四'以後有些人過於偏激，斥一切綫裝書為無用，為有毒，這種觀點是應該改變的了。我自己要坦白承認，我在中國古書中就愛讀《莊子》、《楚辭》、《史記》，這些書對於我只有好處，沒有怎樣的毒。明清兩代的幾部大小說讀起來也很夠味。"茅盾年青時代對我國古典文學、史學等遺產就已經有了廣泛的涉獵和專門的研究。我們讀他近來寫的回憶錄，知道他編《中國寓言初編》時，就系統地閱讀先秦諸子、兩漢經史子部，他還給《國學小叢書》編選《莊子》、《楚辭》、《淮南子》，標點加標注，每書都寫一篇緒言，總結前人對這些書的研究成果。葉聖陶在《十三經索引》的《自序》中說："幼年習《五經》，背誦於塾師之側，均能上口，手掌未嘗受戒尺。"可見老一輩作家的古典文學基礎都打得非常結實。

　　當代的一些作家也有很好的古典文學修養。如著名作家孫犁在《耕堂讀書記》（《散文》1980年第2期）裡說：他初中時讀莊子的《逍遙遊》、《養生主》、《馬蹄》、《胠篋》等篇，有一時期，很喜歡他的文章。讀高中一年級時，國文老師叫他們每人買一部掃葉山房的王先謙《韓非子集解》。這也是他很喜歡的一部書，認為它是"中國古代散文的奇觀，民族文化的寶藏。"李準雖然因為家庭貧困，只唸了幾年書,但在家裡邊勞動,邊跟他的祖父讀古典文學。十五歲到洛陽當學徒,勞動之餘,用微薄的工錢租讀了市上一家書店幾乎全部中外圖書,這是他後來能夠成為著名作家的一個重要的前提條件。上述這些現代和當代作家之所以有重大的、突出的成就,他們革命實踐和革命理想當然是決定性的因素,但對我國古典文學有豐富的修養和堅實的基礎,無疑是起著不容忽視的作用。

我認為能否吸收古代文藝遺產,加以推陳出新,不僅是關係到個別作家的成長問題,而且更是整個民族文學能否健康發展的關鍵。中外文學史上都有生動的事例表明:是否借鑒文藝傳統,在文學的品質和發展水準上就是有"文野之分,粗細之分,高低之分,快慢之分"的。我國唐代的著名詩人,都是很善於學習前人的。唐代的詩歌,就是因為繼承了從《詩經》、《楚辭》以來"美刺比興"的優良傳統,對魏晉南北朝在詩歌的格律、音韻等方面的突出成就又有所承傳,才能名家輩出,詩體大備,成了舉世公認的我國詩歌史上的黃金時代。恩格斯說:"每一個時代的哲學作為分工的一個特定的領域,都具有由它的先驅者傳給它而它便由以出發的特定的思想資料作為前提。"(《致康·施米特》)文學的發展同樣也是以前代文學家遺留下來的思想和藝術技巧的材料作為前提的。只有像林彪、"四人幫"那樣摧殘物質文明也敵視精神文明的一夥蟊賊,才荒謬絕倫地抛出所謂"徹底批判"論,他們喪心病狂地燒毀古書,破壞文物,掃蕩祖國優秀的文藝遺產,造成文化史上空前未有的大浩劫。他們叫喊要在廢墟上重建所謂社會主義新文藝。所謂"新",新在哪裡呢? 無非是"八億人民看八個樣板戲",無非是把文藝園地搞到"白茫茫大地真乾淨"的地步罷了。"十年動亂"也毒害了一部分中青年作者,他們在古典文學修養方面跟前輩作家拉開了一個很大的差距,而這就大大限制了他們更加迅速的成長。

我國古典文學傳統十分豐富,作家不是專業研究者,當然不能採用古人"皓首窮經"的辦法,青年作家可以多涉獵一些名家名篇,或者在博覽的基礎上專研一家。古典文學和現代語體文學,在語言的運用上有一定的區別,但表現手法還是可以相通的。著名的史學家、文學家吳晗說過,要寫好白話文,也要學古文,為了把白話文寫得優美,有風格,能感染人,就需要借鑒和學習古代文學在表達手段,運用文字的技巧等方面好的東西(《新聞業務》1962年第10期)。我很贊成這個看法。古人的優秀詩文無不在精約的文字中包含著十分豐富的内容,他們練字、練句、謀篇、佈局、表情、達意的工夫,他們對詩文格調、氣勢、神韻、意境的講究，都值得當代作家的取法。我國詩詞的象徵及含蓄手法，曾使西方現代派詩人大爲傾倒，他們當中的一些名家，就曾從我們的詩歌中吸取藝術養料。因此，我們在借鑒這派作家的創作時，對於我國古代作家如屈原、"三蘇"等人的作品，尤其要注意吸取其藝術上的獨創手法。我國古典小說和戲劇作品，具有濃厚的民族特色，也極有獨創藝術價值，對當代的小說戲劇創作者來說，無疑是一座可以大加開發的寶山。

福建作家，在我國古典文學史中有過很大的貢獻，如唐代的歐陽詹，五代的黃滔，宋代的楊億、柳永、李綱、張元幹、劉克莊、嚴羽、敖陶孫、鄧肅、劉子翬、朱熹、真德秀，宋末元初的謝翱、鄭思肖，元代的楊載，明代的楊榮、林鴻、鄭善夫、王慎中、李贄、曹學佺，清代的朱仕琇、梁章鉅、陳壽祺、張際亮，近代的謝章鋌、林旭、嚴復、林紓、陳衍等人，或以文名，或以詩名，或以詞著，或以文藝理論和批評稱，或以翻譯外國著作揚名於世。我國的作家寓居或宦游福建時，也寫過不少名篇，如南朝的顧野王、江淹，唐代的李德裕、韓偓，宋代的曾鞏、辛棄疾、陸游、文天祥，元代的薩都刺，明代的劉基、徐霞客、唐寅、董其昌，清代的朱彝尊、查慎行、袁枚、姚瑩、陳用光等人，或留下地志遊記，或留下賦篇文錄，而詩詞的創作名篇尤多。"五四"以來，我們福建也出了一些名家，如冰心、廬隱、許地山、胡也頻、鄭振鐸、鄧拓等人。外省作家來福建的，有魯迅、郭沫若、郁達夫、巴金、章靳以、王西彥等人，影響很大。老一輩的無產階級革命家如毛澤東、朱德等同志在福建都曾留下了不朽的傑作。這些，都是我們福建的光榮。我深信我省作家能夠創作出無愧於時代，無愧於先人的作品。也深信我省的作家人才輩出，後繼有人。要做到這一點，我希望我省的作家和青年文藝工作者，於密切與人民群衆的血肉聯繫之外，還要十分注意在我國優秀的古典文學寶庫中吸收豐富的養料。

祝賀大會圓滿成功！

1980 年 6 月 7 日

（據《閩西文叢》1981 年第 2、3 期整理。案此文係作者 1980 年 6 月 7 日在中國作家協會福建分會第二次代表大會上的發言稿，翌年刊於《閩西文叢》。後又載黃高憲編《黃壽祺論中國古典文學》，山東文藝出版社 2001 年 8 月出版。）

漫談福建歷代著名的語文學家

——在龍岩地區中學語文教學研究會上的講演

一、開場白

我今年六十九歲了，在福建專科以上學校工作四十多年，幾乎各地都走過，唯獨閩西還沒來過。這次你們地區中學語文教學研究會舉行成立大會，邀請我來參加，使我有機會到閩西老革命根據地來觀光學習，我很高興。謹代表省中學語文教學研究會向你們表示熱烈的祝賀，並願竭盡綿薄和同志們一道把大會開好。

我今天就根據你們出的題目，來簡單介紹我省歷代著名的語言學家、文學家的生平事蹟和重要成就。但由於題目是臨時決定的，參考資料又缺乏，倉促上陣，勢必打亂戰。掛一漏萬，在所難免，所以只能當作一次漫談。

文學、語言學和史學、哲學，關係非常密切。如左丘明寫了《左傳》，是偉大的史學家；由於《左傳》寫得很好，是歷史散文的典範，又堪稱偉大的文學家。莊周是有名的哲學家，也是出色的文學家。歐陽修是"唐宋八大家"之一，又修了《新唐書》。陸游傳下的詩作近萬首，是大詩人，也主編過《南唐書》，孝宗、光宗《兩朝實錄》及《三朝史》①。此等例子不勝枚舉。因此，介紹語文學家的過程中，扯到哲學、史學方面去，也是可能的、必要的。

另外，我們雖然目的在介紹福建的前輩學者，但也不能限制過嚴，我們還是要搞五湖四海，凡在福建工作過、有重大影響的外省語文學家，也適當加以介紹。

二、隋以前

我們福建開發較遲，隋以前，值得稱道的主要語文學家，簡直寥若晨星。例如晉代王秀之，做過晉安太守，對福建做了文化上的啟蒙工作。南朝梁范縝，《神滅論》的作者，也到福建做過官。江淹做過吳興令，因爲他寫的《別賦》中有"送君南浦，傷如之何"句，後人就改吳興爲"浦城"，且設"南浦書

---

① "孝宗"至"朝史"十二字，打印本作《高宗實錄》、《孝宗實錄》。據《宋史·陸游傳》改。

院"，遺址至今尚存。有名的文字訓詁學家顧野王，十二歲至建安（今建甌），其名著《玉篇》即成書於福建。隋末鄭露，福建人，《閩詩錄》有其作品①。

三、唐代

福建省在封建科舉考試中，第一個進士名叫薛令之，福安人，曾作《明月先生集②》，做過唐玄宗的太子李亨（唐肅宗）③的老師。

第二個進士叫林披，莆田人，父子兄弟九人都官至太守，故稱"一家九牧"④。

第三個進士叫歐陽詹，晉江人，和韓愈、李觀（元賓）同榜。因爲此榜爲唐朝名宰相陸贄所取，且同榜的有真才實學之士很多，故稱"龍虎榜"。

晚唐有黃滔，莆田⑤人，文宗韓、柳，詩宗元、白，有較高成就。

黃璞，亦有文名。黃巢到福州後，下令保護其家，今⑥省作家協會宿舍（黃巷 18 號）即爲遺址⑦。

朱慶餘，閩中人（一說浙人）。有一首詩流傳很廣，詩云："洞房昨夜停紅燭，待曉堂前拜舅姑。妝罷低聲問夫婿，畫眉深淺入時無。"

陳陶，南平人（一說贛人）。是"可憐無定河邊骨，猶是春閨夢裡人"的作者。

韓偓，西安人，因爲與朱溫鬥爭失敗，由黃滔介紹，流寓福建，投奔閩王王審知。卒於閩，葬于南安。至今墓道猶存，而墓已不可考了。

四、宋代

宋代，福建人材輩出，盛極一時。

最著名的是朱熹。他原藉安徽⑧，生長建陽。是宋元理學中，"濂、洛、

---

① 作品，打印本作"書"。據上下文意改。

② 集，打印本作"記"。據《閩書》及乾隆二年《福建通志》改。

③ "的太"至"肅宗"八字，打印本無。據新舊《唐書》及乾隆二年《福建通志》增。

④ 案《福建通志·人物》："林披，字茂則，莆田人。祖元泰，瀛州刺史。父萬寵，饒陽太守。披少穎異，過目成誦，手鈔六經子史千餘卷。天寶十一年，以明經擢第，授臨汀曹掾，俗尚鬼，著《無鬼論》曉民。以御史大夫李栖筠薦檢校太子詹事，兼蘇州別駕，贈睦州刺史。子九人：葦、藻、著、薦、曄、蘊、蒙、邁、蔇，皆官刺史，號九牧林家。"

⑤ 莆田，打印本作"福州"。據乾隆二年《福建通志》改。

⑥ "今"上，打印本有"即"字。據上下文意删。

⑦ 案乾隆二年《福建通志》，黃璞係黃滔之從兄，"字德溫，候官人"，"後徙居莆田"。

⑧ 案朱熹祖籍婺源縣，宋時屬徽州府（安徽省），民國二十三年始劃隸江西省，今仍之。

關、閩"四大學派的集大成者,著作豐富。有《四書集注》、《詩集傳》、《楚辭集注》、《朱子語錄》等。明、清兩代科舉考試,都以他注解的《四書》爲依據,影響及於全國,以至朝鮮、日本、東南亞。朱熹在南宋被斥爲"僞學",相當於"四人幫"所說的"反動學說"、"反動權威"。但同時代的愛國詩人陸游、辛棄疾、陳亮都和他交情很深,很佩服他。他的《武夷棹歌》,描寫了武夷山的風光,很生動。《觀書有感》詩:"半畝方塘一鑑開,天光雲影共徘徊。問渠那得清如許,爲有源頭活水來。"有很深的哲理,卻深入淺出,明白如話,傳誦千古。近代音韻訓詁學家黃侃(季剛),湖北人,學問淵博,自稱只佩服二個半人(一個,父親;一個,老師章太炎;半個,江瀚長汀人)。但五十歲讀完朱熹的書以後,也由衷讚歎:"此公不可及!"。

其次,要數莆田的鄭樵,他是大歷史學家、語文學家。他著的《通志》(是"三通"《通典》、《通志》、《文獻通考》之一),可以列入世界史學名著而無愧。他寫《爾雅注》時,對鳥、獸、草、木、蟲、魚,都要找到標本或實物來反復核實,做學問非常認真。

第三,是崇安的柳永,他是大詞家。他精通音律,擅長填詞,作品流傳之廣,舉世無匹。"凡 ① 有井水飲處,即 ② 能歌柳詞"。他大力發展"慢詞",增強了詞的表現力,對詞由婉約派轉變到豪放派也起了積極作用。可惜,他的詞,以寫男女愛情爲主,格調不高,有的甚至流於下作。

其他的,簡單介紹一下:

楊億,浦城人。是開創"西崑體"的大詩人。西崑體,開創之時本有優點,如富麗堂皇,聲調鏗鏘之類。但末流則濫用典故,內容晦澀,令人不堪卒讀了。

蔡襄,莆田人。曾作《荔枝譜 ③》,曾主持修建晉江的洛陽橋。

陳烈,福州人。當劉瑾任福州太守,下令每戶獻燈十盞共慶元宵佳節時,他作詩張貼於鼓樓云:"富家一碗燈,太倉一粒粟。貧家一碗燈,父子相聚哭。風流太守知不知?惟恨笙歌無妙曲!"

李綱,邵武人,愛國將領,兼工詩文。《病牛》詩:"但願眾生皆得飽,不辭羸 ④

---

① 凡,打印本無。據宋葉夢得《避暑錄話》補。
② 即,打印本作"皆"。據宋葉夢得《避暑錄話》改。
③ 譜,打印本誤"圖序"。據蔡襄《端明集》改。
④ 羸,打印本誤"贏"。據李綱《梁谿集》改。又下字"瘦",《梁谿集》作"病"。

瘦臥殘陽。"是他最爲人傳誦的名句。

劉子翬，崇安人，是朱熹的老師。他的名句"骨朽人間罵未銷"，經常被人引用來責罵像蔡京那樣禍國殃民的亂臣賊 [①] 子。

蕭德藻，長樂人 [②]，是大詞人姜白石的岳伯叔。

王邁，仙遊人。因直言敢練，被宋理宗罵爲"狂生"。他有一首《反豔歌曲》，中有這樣兩句："生爲奇男子，先辨 [③] 許國身。"其以身許國的豪情壯志，溢於言表。

劉克莊，莆田人。填詞是辛派嫡傳，詩文也寫得很好。

葉紹翁，浦城人（見錢鍾書《宋詩選注》）。他的傳世名句是："春色滿園關不住，一枝紅杏出牆來。"

真德秀，浦城人。著有古文選本《文章正宗》，影響頗大。

張元幹，長樂人 [④]。擅填詞。鼓 [⑤] 山摩崖石刻，就有他的題詩。聽說上海師院中文系，正在編《張元幹詩詞選》。

嚴羽，邵武人。文藝理論家。著有《滄浪詩話》，反對"以文字爲詩，以才學爲詩，以議論爲詩"，提倡"神韻說"，對清代王漁洋神韻派大有影響。

敖陶孫，福清人。著《敖器之詩話》。

黃徹，莆田人。著《䂬溪詩話》。

黃昇，閩北人。著《玉林詩話》。

魏慶之，建安人。著《詩人玉屑》。

吳棫（才老），建甌人 [⑥]。語言學家。著《韻補》，爲古韻學開山之作。

黃公紹，邵武人。語言學家。著《古今韻會》。

鄭思肖，連江人。愛國詩人。宋亡，所畫蘭花均無土及根，以寄託國破家亡，國土淪喪之痛。著《心史》，以鐵函裝之，沉入井底，至明末才被淘井者 [⑦]

---

① 賊，打印本誤"賤"。據上下文意改。

② 案蕭德藻，乾隆二年《福建通志》稱"閩清人"。又舊籍或謂"三山人"，或謂"閩中人"，或謂"閩人"。

③ 辨，打印本作"辦"。據宋王邁《臞軒集》改。

④ 案，《四庫全書總目》集部張元幹《蘆川歸來集》提要云："周必大跋其《送胡銓》詞，稱長樂張元幹。睢陽王浚明跋其《幽嵓尊祖錄》則稱永福（今永泰）張仲宗。皆宋人之詞，莫詳孰是也。"

⑤ 鼓，打印本誤"古"。據上下文意改。

⑥ 案《直齋書錄解題》稱"太常丞建安（今建甌）吳棫才老"。

⑦ 者，打印本無。據上下文意增。

發現,故亦名《鐵函心史》。

謝翱,福安人。曾參加文天祥抗元戰爭,任參謀,是個文武全才的人 ①。著《西臺慟哭記》,是一篇感人至深的好文章。

宋代流寓福建著名人物很多,如陸游,曾任寧德縣尉,集中有《渡南臺浮橋》等詩。辛棄疾也居留福建多年,寫詩填詞七十多首,以《雨中遊西湖》最有名。文天祥在鼓 ② 山摩崖石刻"忠孝節義"四個大字。謝枋得,宋亡後隱居建陽,賣卜爲生。有"謝叠山先生賣卜處"石碑,至今尚存。廣泛流傳的《千家詩》,其中七言絕句 ③、七言律詩兩部分就是謝枋得選的。

五、明代

明初,詩壇盛行"臺閣體",浦城楊榮 ④,爲代表人物之一。

稍後,有所謂"閩中十子",多數爲福州人。爲首者林鴻(福清),高棅(長樂),其餘爲:王偁、陳亮、王恭、王褒、唐泰、鄭定 ⑤、周玄、黃玄。此後成就較大者爲鄭善夫 ⑥。

有明一代,福建最有成就的語文學家當推連江陳第。他能文能武,曾在抗倭名將戚繼光、俞大猷 ⑦ 麾下,運籌帷幄之中,決勝千里之外。後從事著述,先後完成《毛詩古音考》、《讀詩拙言》、《屈宋古 ⑧ 音義》等著作。他認爲:"時有古今,地有南北,字有更革,音有轉移。"並充分論證了古今音的不同,爲後世開闢了研究古音的新途徑。

---

① "的人"二字,打印本無。據上下文意增。

② 鼓,打印本誤"古"。據上下文意改。

③ 句,打印本誤"詩"。據上下文意改。

④ 案楊榮,乾隆二年《福建通志》稱"建安(今建甌)人"。

⑤ "唐泰、鄭定"四字,打印本無。據《閩中十子詩》補。《四庫全書總目提要》云:"《閩中十子詩》三十卷,明袁表、馬熒同編。表字景從,熒字用昭,皆福州人。閩中十子者,一曰福清林鴻,有《膳部集》;一曰長樂陳亮,有《儲玉齋集》;一曰長樂高廷禮(案原名棅,後改廷禮),有《木天清氣》、《嘯臺集》;一曰閩縣王恭,有《白雲樵唱》、《鳳臺清嘯》、《草澤狂歌》諸集;一曰閩縣唐泰,詩軼不傳,散見《善鳴集》中;一曰閩縣鄭定,有《澹齋集》;一曰永福王偁,有《虛舟集》;一曰閩縣王褒,有《養靜集》;一曰閩縣周玄,有《宜秋集》;一曰候官黃玄,其集名不傳。皆明初人。萬曆丙子,表等即高以陳家所藏諸人之詩,選爲是集。"

⑥ "成就"至"善夫"九字,打印本接"高棅(長樂)"之後。今據文意移至此,並於句前增"此後"二字。案鄭善夫,閩縣人,生活年代距明初已百餘年。《明史·文苑傳》:"閩中詩文,自林鴻、高棅後,閱百餘年善夫繼之。"

⑦ 猷,打印本誤"獻"。據上下文意改。

⑧ 古,打印本誤"右"。據《明史·陳第傳》改。

最有成就的思想家則是晉江李贄,魯迅評他是"王學左派"（王指王陽明）,竭力反對假道學、假儒,卻不反對真道學家、真儒家。"四人幫"捧他爲"大法家",是"徹底的唯物主義者"、"第一個辦女學的人",都是別有用心的胡說。他提倡小說、戲劇,寫了很多批註評論,對文學確有貢獻。

明末,漳浦黃道周是一個重要的思想家、政治家。姚雪垠寫的歷史小說《李自成》中,有很多地方描寫到他如何直言敢諫,公忠爲國。他兼工書法,善畫山水松石,多才多藝。

南安鄭成功,是收復臺灣的名將。他的詩《復臺》:"開辟荊榛逐① 荷夷,十年始克復先基。田橫尚有三千客,茹苦間關不忍離。"曾經選入中學語文課本。

六、清代

福州陳夢雷編輯《古今圖書集成》一萬卷②,是世界罕見的一部大書,是最早出的大百科全書。

安溪李光地,著③《榕村全集》。

泉州林雲銘,編《古文析義》。

福州林則徐,主持禁煙,提倡經世之學,影響深遠。自編《四洲志》,是我國早期的世界史地知識叢書。能詩文,詩句"苟利國家生死以,豈因禍福避趨之"可作座右銘。他的族兄林昌彝,也是有名詩人。

福州魏子安,著《花月痕》小說,是鴛鴦蝴蝶派的第一部名作。

福州林琴南,用古文譯翻歐美小說一百七十餘種,是文學翻譯上的奇跡。

福州嚴又陵,用古文翻譯《天演論》、《原富》、《法意》等西方名著。首先提出"信、達、雅"的譯文標準,至今爲譯界所尊奉。

同安辜鴻銘,精通英、法、德數種文字,曾以西方文字翻譯《論語》、《中庸》、《大學》④。

福州陳衍,著《石遺室詩話》,輯《近代詩鈔》、《遼詩紀事》、《金⑤詩紀事》、《元詩紀事》等。還主編了《福建通志》。

---

① 逐,打印本作"驅"。後句"客",打印本作"士"。均據部編中學課本改。
② 卷,打印本脫。據《古今圖書集成》補。
③ "著"下,打印本衍"農政全書"四字。據《清史稿·李光地傳》刪。
④ "大學",打印本無。據辜鴻銘史料增。
⑤ 金,打印本誤"全"。據上下文意改。

福州陳壽祺,是清三百年間我省學問最淵博的人。

長樂梁章鉅,著《浪跡叢談》、《歸田瑣記》、《稱謂錄》等。

長樂謝章鋌,著《賭棋山莊筆記》。

福州李桂玉,清末 ① 女作家,著長篇彈詞《榴花夢》。

七、近代

同安林文慶,廈門大學首任校長,曾將屈原《離騷》譯爲英文。②

福州林傳甲,在我國第一個編寫了《中國文學史》。長樂鄭振鐸,則編寫了第一部《中國俗文學史》。吳曾祺 ③,編中學語文課本,在同行中也是數第一的。

黃花崗七十二烈士中,很多福建人。其中福州林覺民與夫人訣別書 ④,是中學語文課中的傳統名篇。

五四時期最有名的兩個女作家謝冰心、黃廬隱,都是福建人。"左聯"五烈士之一的胡也頻,被"四人幫"迫害致死的鄧拓,有名的語文學家、北大教授高名凱(已故),都是福州人。林語堂是同安人。⑤

新文學的奠基人魯迅,曾在廈門大學任教。郭沫若,第一次國內革命戰爭時期曾來閩西,前幾年又重遊福建,留下《閩遊詩草》一本。巴金早年也在泉州住過。

八、閩西

最後,補充談一下閩西的著名人物。我對閩西不熟悉。一定談不全面,同志們可以補充。

據我所知,汀州八縣中,寧化是較早出人材的地方。明末清初,寧化的李世熊,字元仲,號寒支先生,氣節文章,就很令人敬仰。另外還有伊秉綬,是書法家、詩人,曾任福州知府。現在福州名菜之一"伊府麵",據說就是從他家

---

① 末,打印本誤"未"。據上下文意改。

② "同安"至"英文"二十三字,打印本在第六節"福州陳衍"前。因林文慶係近代人,今移置於此,以合文例。

③ 案吳曾祺,侯官人,學者稱涵芬先生,民國四年(1915)任福建經學會副會長。

④ 案即林覺民《與妻書》。

⑤ 案今考定林語堂係漳州平和人。

傳下來的。還有"揚州八怪"之一的大畫家黃慎,號癭瓢,原籍也是寧化,後來到揚州賣畫,就變成"揚州八怪"之一了。黃慎本是長汀名畫家上官周的學生,一天,他熟視老師所作人物畫,歎息說:"吾師絕技,難以爭名矣。志士當自立以成名,豈可居人之後哉!"凝思累月,偶見懷素草書真跡,恍然大悟,獨創一格。他的畫初看好像草稿,寥寥數筆,等到離紙丈餘再看,卻覺得惟妙惟肖。上官周稱讚他說:"吾門有黃生,猶右軍之後有魯公也。"從此可見藝術貴獨創,老是模仿是不行的。

另一有名畫家叫華嵒,別號新羅山人,是上杭華家亭人。據說他自小就喜歡作畫,一次當眾畫了一隻牛,人們笑他畫得不象,一邊的肚子太凸了。但他不慌不忙,加了幾筆,畫牛在石上擦癢,就形象逼真了,眾人嘆服。一次,村裡修了新廟,要請人畫壁畫,他自告奮勇,族長不答應。他氣不過,就半夜爬窗子進去,點個油燈,把四個牆壁都畫上了。爲免糾紛,畫完就出走,至杭州賣畫,以後一直不再回家。他除了善畫山水、花卉、鳥獸之外,字也好,詩也佳,可稱"三絕"。

龍岩的魏茂林是一個語言學家,他爲明代朱謀埠著的《駢雅》七卷寫了極爲詳備的注解,書名就叫《駢雅訓纂①》。最近南京師院《漢語大詞典》編寫組,特地爲它編了一厚本②索引,分發各編寫組,以便查檢。可見這本書,至今仍受到人們重視,是一本極有價值的著作。

九、結束語

古人云"江山代有才人出",又云"天涯何處無芳草"。的確,哪個朝代,哪個地方,沒有出現過傑出的人材呢!

我們福建,地處武夷山下,東海之濱,山高林密,海闊天空,自然條件優越,一向屬於文化發達的省份:實爲③人文薈萃、人材輩出之鄉。解放以後,歷屆高考,均名列前茅,向全國重點大學輸去不少優秀學生。本省的高等教育事業,也逐年(十年浩劫期間除外)有所發展,是我省千千萬萬中小學老師共同勞動、辛勤耕耘的結果。希望同志們"發揚革命傳統,爭取更大光榮",在培養年輕一代的工作中,取得更大的成績,造就出更多的朱熹、鄭樵、

---

① 纂,打印本誤"篡"。據《駢雅訓纂》改。

② 本,打印本無,疑脫字。據上下文意補。

③ "實爲"二字,打印本無。茲增之以足文意。

柳永、嚴羽、陳第、華嵒、魏茂林式的專家學者，爲爭取早日實現我國的社會主義的四個現代化而努力奮鬥！

（據賴元沖 1981 年打字油印本整理。原本題下注："根據紀錄整理，未經本人審閱。"文後附白：聞黃壽祺教授微恙尚未痊癒，故"不能送請審閱改定"，落款末尾署"一九八一年四月十五日於龍巖"。案賴元沖先生曾任上杭一中語文組長，當年聽講時作有詳細記錄，遂成此稿。今檢尋相關資料校讎，偶有滯疑處，乃出校記備考。）

在紀念馮夢龍大會上的講話

我今天能來參加紀念明朝著名文學家馮夢龍誕生四百一十周年和來閩任壽寧知縣三百五十周年的盛會，感到很榮幸。但要我講話，我就感覺有困難。因爲我對於馮夢龍的生平和著述創作，並沒有多少研究。如我來開會之前，對馮夢龍的生卒年就沒有弄清楚。因我所接觸的一些材料，有的說他生卒年不詳，有的說他卒於清順治三年，有的說他卒於順治二年的。後來根據《壽寧待志·前言》作者的考定，說他六十一歲來閩任壽寧知縣，才推定他是生於明萬曆二年（1574），卒時年七十三。

依我粗淺的瞭解，對馮夢龍這位著名文學家至少有三個方面值得我們的學習和紀念。

一、在學術方面，他是博學多能的。

1. 他不但是著名文學家，還是一個研究《春秋》的經學家。他著有《春秋衡庫》三十卷，《別本春秋大全》三十卷，俱見《四庫全書總目提要》存目。有人說他"尤工經學"，不是沒有根據的。

2. 他對於古代史也是有研究的。如現行的《東周列國志》一百另八回本，就是他根據余邵魚的《列國志傳》修改補充而成的，書中引用了大量的《左傳》、《國語》、《戰國策》和先秦的許許多多古史資料，重加輯演，名之爲《新列國志》。後來蔡元放的評本,改名爲《東周列國志》,實際是馮夢龍的原編。他還著有《壽寧待志》,也是屬於史部的著作。

3. 他是子部雜家的研究者、著述者和王陽明學行的撰輯者。《四庫全書總目提要》子部雜家類存目,載有他所著《智囊》二十八卷,《智囊補》二十八卷,《譚概》三十六卷。可見他對於子部書涉獵之多。他還著有《皇明大儒王陽明出身靖難錄》三卷,也可見他對儒家學派的王陽明,是很有研究的。

4. 他原著有《七樂齋稿》,他所作的典雅的詩文至今尚多有存者。通俗文學的著作則更多。

由此看來,可以知道他對經史子集四部都有著作,不能不欽服他學問的廣博。

有人說,馮夢龍很受李贄的影響。考李自殺之年,馮已二十九歲,他們兩人是否有直接的學術授受淵源,我不瞭解。但他們都重視通俗文學,都極崇拜王陽明,對四部都有廣泛的研究和著述,確是相同的。我同意馮有受李影響的看法。

二、在政治方面。

據康熙《壽寧縣志》說他:"政簡刑清,首尚文學,遇民以德,待士以禮。"可以證明他是一個想替人民做些好事、減輕官吏對人民剝削壓迫並注重培養人才的好官。有的記載說:"清兵入關,他曾刊印幾種小册子,散佈各處,傳達抗戰消息。明亡遂殉難。"又有記載說:"明將亡,他編有《甲申紀事》和《中興偉略》。順治二年去世,死因不明。"以上的記載如果不謬的話,那麼,他在清兵入關之後,可以說是一個積極宣傳抗戰救亡的愛國殉難者。雖然他在學術觀點方面是接近於我們鄉先輩的李贄,但在政治立場方面,似乎又接近於我們鄉先輩的黃道周、曹學佺這一流人物。

三、在文學方面。

他特別突出的,是一個民間文學的熱烈愛好者和研究者,又是傑出的通俗文學作家,是我們今天最應當重視學習的。他所自作的傳奇,有《雙雄記》、《萬事足》二本,又刪改舊作爲《墨憨齋定本傳奇》,其中包括有《邯鄲記》、《人獸關》、《殺狗記》等等好多種。還有散曲《宛轉歌》、《挂枝兒》

及選輯的《太霞新奏》等。而他最著名的纂著是《三言》,即《喻世明言》(古今小說)、《醒世恒言》、《警世通言》三書,是傳誦最廣的古典短篇小說集,其中的好多故事,幾乎可以說是家喻戶曉了。

以上只是憑著一知半解的材料來談談我對馮夢龍的敬意。我希望我們這一代的人,在學習和紀念這位著名文學家之後,能創作出更多更好的邁越前人的好作品出來,爲我們今天的社會主義社會服務。我所說的話,有記錯、講錯的地方,請大家指教。1984.11.9.

（據《福建師範大學學報》哲學社會科學版 1985 年第 2 期整理。案此文係作者 1984 年 11 月 9 日在紀念馮夢龍大會上的發言稿,翌年刊載於《福建師範大學學報》。後又載黃高憲編《黃壽祺論中國古典文學》,山東文藝出版社 2001 年 8 月出版。）

庸言

前代學術衰微之際，每有堅貞不拔之士挺出乎其間，自知明而信道篤，毅然以承先啟後、繼往開來爲己任，而後國家之元氣賴以維持，斯文之薪傳因而弗墜。如炎漢叔季之有鄭康成，隋唐之際之有文中子，五代之末之有戚同文，明清之交之有顧炎武、王夫之、黄太沖諸賢，此其人皆所謂功不在禹下者也。

餘杭章太炎先生嘗言：“當今學者不患不能著書，而患不能成人；但求力行以成人，不在空言以作聖。”余深韙其言。在舊都之日，諸生有來問業者，第願以四事相勖：一曰孝親爲作人之本，二曰尊師爲問學之本，三曰安貧爲立品之本，四曰寡欲爲養生之本。

人之相與善，惟賴情感。情感之深，一曰恩，二曰愛。夫恩之深，莫深於父母；愛之厚，莫厚於父母。以父母恩愛之深厚，猶不思所以報養，所以孝敬，而曰能愛同胞、愛國家、愛種族、愛人類者，吾不信也。

韓退之有言：“師者，所以傳道授業解惑。”故得良師，則梯航有自，門庭可立，事半而功倍。否則，亦有終身由之莫知其向者矣。是故吾國自古以來以師道與君道並重，迄今世俗猶以“天地君親師”並稱。然而今日風俗，真能不恥相師者，乃在百工技藝之人，而不在學校。學生遞期納費，意在文憑；教授按時計值，有類雇傭。在校僅能識面，出校便若途人，又何足以言師道哉！

今日習俗，父母送其子女入學者，惟冀其獵高官、得厚祿以爲光耀門楣，而不問其官之何由得，祿之何由取也。爲學者亦惟冀獵高官、得厚祿，一若不能是則上不足以慰父母之心，中不足以厭鄉黨之望，而下不足以酬己之辛勤者。於是一出學校之門，則日夜奔走夤緣，冀獵一官；既得官矣，則日思所以朘民而自肥，此其害已不可勝言矣。苟或求之不得，或得而不如所願，則益寡廉鮮恥、無所不至，故甘心事賊者有之，聚衆剽掠者有之，其他作奸犯科者更難僕數。此其故，皆在不能安於貧賤。故吾望世之爲父母者，宜以子女之德業未成爲羞，不宜以子女之貧賤爲羞;世之爲人子者,宜以德業未成爲有忝所生,不宜以貧賤爲有忝所生:上下養成安貧樂道之風,庶幾人格得以完成,社會得以安寧也。

人之生不能無欲。然而物欲多則思慮紛,思慮紛則精神散,而吾有涯之生,日以蹙矣。故古之談養生者,莫不曰"養身莫善於寡欲";而《易》闡損益之義,亦歸重於"懲忿窒欲"。吾觀前代學人,每有終身劬學,著作等身,而仍克享大年者,豈非養身之善得其理歟?

今人諱言道學,一若其思想不勝陳腐者。然吾讀有宋諸子書,舉凡宇宙之初始,人類之本原,日月之運行,歷數之盈絀,山川之變遷,江海之潮汐,以及禮樂刑政、修齊治平之大經大法,罔不悉心考覽焉。雖其所得或精或粗,有是有非,而其所謂道,固兼包乎天文、地文與人文三者而思維之、考索之、篤行之。其精神之偉大,不獨非漢唐諸儒所可及,抑亦非近代哲人之所能幾。若之何而可厚非之哉!

太史公嘗歎,騶衍之徒各著書以干世主。時至今日,學人猶以著書爲謀食之工具。是故黠者則爭爲淫辭巧說,思所以聳動時人之耳目,藉以嘩世取寵;其拙者則抄襲稗販,攘前人之成就以爲己有,掠時賢之心得自矜創獲:此其有關於心術者甚大,固不徒爲著述界叢雜猥脞之憂也。

學人既務著書,而又圖利以售,書肆按字數以計值,於是恣爲敷衍,往往百言可了者則衍爲千言萬言,單篇可了者則繹爲十篇百篇,是故辭愈繁而義益孤,書愈多而用愈少,吾何以觀之哉?

吾師汪君嘗言:"《老子》五千言,爲吾國道家哲學之精華,然在今日苟按其字數高價求售,殆亦不值銀幣五十圓,況其下焉者?"吾嘗深有慨乎其言。夫操觚之士,既惟貪多務得以求其量之增,則亦何暇問其質之美善與否?故其流弊所及,不獨有如太倉之粟陳陳相因之譏,而且不免牀上疊牀、屋上架屋之歎矣,亦何益哉?

今之讀書者,不曰唐寫本,則曰宋刊本,甚或舉海外異邦之秘笈孤本以相矜異。實則所謂秘笈孤本者,未必皆爲有用之書;而所謂唐寫、宋刻者,其舛誤往往較通行本爲尤甚。有之不爲益,無之未必害也。

世人往往矜奇立異,求讀人間未見書。實則有用之書盡在目前,舉而讀之,即日不暇給。昔惜抱翁嘗言:"人皆欲讀人間未見書,某則願讀人間常見書。"余深佩其爲學之篤實,故取其說名吾齋,曰"讀常見書齋"。

書不在多。且如治經,能將《十三經》白文熟讀,漢唐人注疏熟看,再選宋元人經說佳者各一二種,清儒新疏佳者各一二種而參稽之,雖不名家,亦可謂明經矣。然此即非三五年不爲功。又如治史,苟能將一部《二十四史》從頭至尾涉獵一遍,再取司馬《通鑒》、紫陽《綱目》、畢氏《續通鑒》,或九種"紀事本末"諸書參互而鉤稽之,雖不名家,亦可謂通史矣。然此亦非三五年不爲功。夫經與史,世人常見之書也,舉其要籍,殆亦不過數十百種也,然而能盡讀之者果有幾人?是故書不在異,亦不在多。

經典之文,古之學者尊之太過,故往往本淺也,而求之深;今之學者輕之太甚,故往往本高也,而抑之卑。前者之弊,使經義晦而不明;後者之弊,使經義廢而無用。雖然,與其輕也,無寧尊之;與其卑也,無寧高之矣。

曩在北都,每見時人昌言"吃人的禮教",而青年學子尤惑其說。夫禮者,履也,君子將以辨上下、定民志,烏有號爲"禮教"而反"食人"乎哉?徒以禮學失墜,世人未能明瞭古禮制之真相,往往以其流弊爲本然,甚至將前此衰世之亂政、末俗之頹風,與凡一切鄙士之野言、迂儒之謬見,皆舉而加之舊禮教之身上,而"禮教"遂爲人所詬病。苟今日當國者仍欲以禮樂教人,殆必先使世人明白何者爲禮教本真,何者爲習俗相緣附益,分別鉤稽,判定是非,使世人了然於古聖賢制作之深意,與我民族之所賴以維持而弗替者厥故安在,庶幾乃能收效於當時,而垂範於來禩也。

（據作者手錄清稿整理。謹案,此文疑作於 1942 年作者自北平南旋閩省之後,時執教於福建師專或國立海疆學校。作者曾將此文編入《六庵別錄》。後由弟子張善文點校,發表於《周易研究》2002 年第 1 期。）

左傳秦晉韓之戰筮辭解 ①

〔**口義**〕古者有事,必先卜筮,觀其象而徵其數,以決休咎。惟謂筮短龜長,故重卜不重筮。凡大事,則卜筮並用。次則卜而不筮。又次則筮而不卜。

---

① 此篇題下署曰:"黃之六先生口說,受業林新樵手記。"蓋林新樵先生當年之聽課筆記。師曾編入《六庵別錄》。

《左傳》"秦晉韓之戰"文中，載兩筮辭。一秦伯伐晉，筮遇蠱；二晉獻公筮嫁伯姬於秦，遇歸妹之睽。其義頗奧衍難通，杜注、孔疏亦間有未明。茲參合先儒諸家解詁，略爲之說如左。

一、秦伯伐晉筮遇蠱。

〔**傳文**〕秦伯伐晉，卜徒父筮之，吉。涉河，侯車敗。詰之，對曰："乃大吉也，三敗必獲晉君。其卦遇蠱䷑，曰'千乘三去，三去之餘，獲其雄狐。'夫狐蠱，必其君也。蠱之貞風也，其悔山也。歲云秋矣，我落其實而取其材，所以克也。實落材亡，不敗何待？"三敗及韓。

〔**口義**〕蠱䷑巽下艮上，於文"皿蟲爲蠱"，皿爲蟲蛀，其器不足用矣。《說卦》巽爲長女、艮爲少男，以長女惑少男，故曰蠱。巽爲風，艮爲山、爲木、爲果，風落山，果木盡壞，故曰蠱。又艮爲木，虞氏易象巽爲蠱，木上生蟲，亦爲蠱。此蠱之義也。千乘三去，去至有二解。一解爲"除"，千乘之數以三除之，其餘爲一，故曰三去之餘。一解爲"驅騁"，田獵之驅謂三驅之後，而獲其雄狐也。蠱之上互震，《國語》震爲車，車有震武，故有千乘之象。虞氏逸象艮爲狐，而艮復爲少男，故知所獲者爲雄狐。古人多以狐喻荒淫之君，如《詩》刺齊襄公則曰"南山崔崔，雄狐綏綏"之類是，故曰"夫狐蠱，必其君也。"內卦爲貞，外卦爲悔。蠱之內卦爲巽，巽風也；外卦爲艮，艮山也。內爲己，秦象；外爲敵，晉象。己爲風，敵爲山，風落山，是秦破晉之象。又在秋令，風吹落山木之實，則材爲人所取，故曰"我落其實而取其材，所以克也"。實落材亡，自是敗象，故曰"不敗何待"。

凡《易》筮遇靜卦，以下卦爲貞，外卦爲悔。如遇動卦，則以遇卦爲貞，之卦爲悔。如《國語》云："貞屯悔豫，皆八。"韋昭即以不知此義而誤解。又案"獲其雄狐"，取象於艮。而杜征南云"其象未聞"，是其疏也。

二、晉獻公筮嫁伯姬於秦遇歸妹①之睽。

〔**傳文**〕初，晉獻公筮嫁伯姬於秦，遇歸妹䷵之睽䷥。史蘇占之曰："不吉。其繇曰：'士刲羊，亦無衁也。女承筐，亦無貺也。'西鄰責言，不可償也。歸妹之睽，猶無相也。震之離，亦離之震。爲雷爲火，爲嬴敗姬。車說其輹，

---

① 妹，抄本無。據上下文意增。

火焚其旗。不利行師，敗于宗邱。歸妹睽孤，寇張之弧。姪其從姑，六年其通，逃歸其國而棄其家。明年，其死于高梁之虛。"

〔口義〕歸妹☳兌下震上，睽☲兌下離上，謂晉獻公筮嫁伯姬於秦，使史蘇筮之，遇卦爲歸妹，而之卦爲睽也。

歸妹，上爲震，震長男，兄也；下爲兌，兌少女，妹也。上互爲坎，下互爲離。離日也，坎月也，日月夫婦之象也。坎復爲歸，女以從夫爲歸，故曰歸妹。睽，上爲離，離火也；下爲兌，兌澤也。火欲炎上，水欲潤下，猶人同居而異志，故曰睽。又離中女，兌少女，二女同居其志不同行，亦爲睽。此二卦之涵義也。其繇曰："士刲羊，亦無衁也。女承筐，亦無貺也。"其象皆取於歸妹。歸妹震爲士，兌爲羊。兌，悅也。古人喜羊，故祥、善、美、義諸字皆從羊。下互離，爲刀兵。離者，外剛中柔。刀者鋒在外，亦外強中鈍，故取象焉。刲，割也，故曰"士刲羊"。歸妹上互爲坎，坎爲血，而坎血在兌羊之上，故曰無衁。衁，血也。兌爲女，震爲蒼筤竹，故爲筐。震筐在兌女之上，故曰"女承筐"。而下互爲離，離中虛，故知"無貺"。貺，賜也。將嫁女於西，而遇不吉之卦，故知有責讓之言，不可報償。而歸妹，女嫁之卦；睽，乖離之象。且士女刲羊承筐，皆無所得，是無相助也，故曰"歸妹之睽，亦無相也"。歸妹上卦爲震，睽之上卦爲離，歸妹之睽即歸妹之震象變成離象，亦即睽之離象變成震象，故曰"震之離，亦離之震"也。震爲雷，離爲火，故曰"爲雷爲火"。震復爲木，木生火，木爲火母。離之震，火焚其木，子害其母，是女嫁而反害其家之象。晉嫁女於秦，晉姬姓，秦嬴姓，故曰"爲嬴敗姬"。震爲車、爲旗，震之離，其象皆毀，故"車說其輹，火焚其旗"。輹，車下縛也，亦曰車屐，亦曰伏兔。車說旗毀，是兵敗之象也，故曰"不利行師，敗於宗邱"。《說卦》：震，其於稼也爲反生。虞翻讀反爲阪，是震有陵阪之象。丘、陵一事，故知其"敗于宗邱"也。宗，主也。《序卦》"主祭器者莫如長子"，亦震之象。是宗邱之象，皆取於震也。歸妹之睽，已無夫婦之象，故曰"歸妹睽孤"。而坎爲盜賊、爲弓輪，離爲刀兵，故曰"寇張之弧"。震爲長男，離爲中女，是離爲震妹也。震又爲木，離又爲火，木生火，是離亦爲震子也。己之子與己之妹，是姑姪之親也。謂我姪者，吾謂之姑，而姑姪同體離，故曰"姪其從姑"。杜注所謂"震爲木，離爲火，火從木生，離爲震妹，於火爲姑"者，正謂此也。歸妹上震，震數七；上互坎，坎數六；睽之上互亦爲坎，亦數六，有往復之象，故曰"六年其通"。睽上爲離，今離之震，復歸遇卦，而離婦象毀,故曰"逃歸其國而棄其家"也。卦數止於七,既去其六,故知明年必死。高梁,在晉之西南。兌西離南,故知必死於高梁之虛矣。虛,墟也。

（據作者手編《六庵別錄》複印本整理。謹案,此文之述,疑當在1942年間。蓋當年師在福建省立師範專科學校文史地科教學時,林新樵先生曾作聽課筆記,而師爲之審定者。原稿以工楷墨書抄寫於十二行箋紙上,題下署"黃之六先生口說,受業林新樵手記"。師曾編入《六庵別錄》中。）

詩文法漫談 ①

作者宜置身高處。稱人之善,須無阿好之譏;貶人之惡,須無誣衊之嫌。仁爲己任,非意存誇大。卑以自牧,非偽爲謙遜。如此則内直外方,不特高其文格,而立身亦高矣。

作文主題要認清,必須依題旨發揮。文意若係多方面者,則開始即須提挈,以後按次敍說。不可方說東又說西,此一段未了又說彼一段,致端緒紛然。曾國藩所謂"萬山磅礴,必有主峰,龍袞九章,但挈一領"者是也。

敍家庭瑣細之事,措辭尤須雅馴,不可鄰於稗官。宜以班馬史書之《外戚傳》、《武五子傳》、《景十三王傳》等爲法。

敍記文,簡繁廉肉,最須佈置得宜。既須免"斷爛朝報"之譏,亦須免"簿記類書"之誚。蓋用筆變化則生動,平沓則死板。此其書《左傳》最足法,《通鑑》次之。他如韓歐歸方諸家之文,亦宜參攷。

引書雖多,要融會貫串,成一新作品,有剙作性,不可東抄西湊而成。古典不能隨便更改,致失其涵義。

字形不可輕改。如國字,古文作"或",口象城也,一象土地也,戈表兵衛也。此三者,即含有國家之成立在乎土地、人民、主權三要素之義。外加"口"字,此義尚未失。後人有妄書作"囯",今人又妄書作"囸",致先聖造

---

① 此篇題下署曰:"黃之六先生口說,受業方麗群手記。"蓋方麗群當年之聽課筆記。師曾編入《六庵別錄》。

字之優美涵義盡失，亦何可耶！①

文須有氣勢，而文氣得之於誦讀。姚鼐曾告陳用光："不開口讀，終身作門外漢。"故欲鍊文氣，即須多讀。

文須多作，請益於師友。然須少發表。

同門須互相推重，養成崇善之精神。如此則不獨於文事有益，而人品亦可見。不獨同門如此，師弟間亦宜然。先賢如歐陽公之於東坡，東坡之於山谷，皆吾儕後生所當取法者也。

作舊詩須肄對仗。對仗工穩，可增其色澤，美其聲調。初學者可先學一字對，雙字對，三字對，以次遞加，常鍊則熟。

律詩中兩聯，下句押韻者可先作，再對上句，較方便。

一三五不拘，此言誤也。一可不拘，三可拘可不拘，而五則必拘。

上下句之情景，必相呼應。一句中，上四下三字，或上三下四字，亦不可脫節，不相關聯。

五七言絕句，以字數甚少，故須積景。如張繼之"月落烏啼霜滿天"，七字中積景甚多，最可法。

積景多，易流於堆疊，易失清空虛靈之氣。寫情多，易流於枯瘠，無色澤鮮明之美。此須注意，故宜寫景抒情並進。如上二句寫情，則下二句宜寫景。上二句寫景，則下二句宜寫情。或一三寫景則二四寫情，二四寫景則一三寫情。必須使情中有景，景中有情，方合作法。如陸放翁《沈園詩》："夢斷香銷四十年，沈園柳老不吹綿。此身行作稽山土，猶弔遺蹤一泫然。"一三四三句皆寫情，而第二句獨寫景，以爲調劑，故不獨情深摯，而詞亦潤澤矣。

讀詩貴能領會虛神。如宋徽宗嘗以"踏花歸去馬蹄香"句試畫士，有一名畫，只掃數粉蝶逐於馬後，便表得香出。又試"竹鎖橋邊賣酒家"，應試者無不向酒家上著工夫。惟有一人，但於橋頭竹外挂一酒旗，書"酒"字而已，便見得酒家在竹內也。又試"嫩綠枝頭紅一點，動人春色不須多"之句，衆工競於花卉上妝點春色，皆不中選。惟一人於危亭縹渺，綠柳掩映之處，畫一美人，憑闌而立，衆工遂服。此作畫者皆能從虛處表現詩人之精神，讀詩者亦須能領會此意。

---

① 此頁有師眉批曰："此條宜入談文字學筆記中，不必列此處。"

賦詩固須重立意抒情，然亦須知粧點，善用代名辭。詞亦然。

作詩詞須知渲染，美其色澤，即曲亦然。如元曲馬致遠《秋思》有云："裴公綠野堂，陶令白蓮社。愛秋來時那些，和露摘黃花，帶霜烹紫蟹，煮酒燒紅葉，享人生有限杯，混幾個重陽節。"觀其連用綠野、白蓮、黃花、紫蟹、紅葉諸字，便覺得五采絢爛，光澤悅目。如此便不枯瘠。

賦詩要實字多，虛字少。如黃山谷"桃李春風一盃酒，江湖夜雨十年燈"，杜悅鳴先生之"黃卷青燈兩楹屋，暮雲春樹一雙魚"，皆名句也。

出語須華貴名貴。如宋祁《詠落花》詩"將飛更作廻風舞，已落猶成半面妝"，俞樾詩"花落春仍在"，諸作出語皆名貴。又如晏殊詩"梨花院落溶溶月，柳絮池塘淡淡風"，其出〔語亦〕① 華貴，豈"樹記花名玉篆牌"之流所可比擬耶？

寫男女之情，須不傷大雅。吳梅村《題董小宛白畫像》云："珍珠無價玉無瑕，小字貪看問妾家。尋到白堤呼出見，月明殘雪映梅花。"結句寓情於景，即寫景，即寫情。其詞文，故其志潔矣。

作詩不須貪多，惟求其精。前賢如高滄州、岑嘉州、李長吉之詩，今傳者皆不甚多。李清照之詞，《四庫全書》所收本，止有十七首。今人搜輯之《漱玉詞集》，總數亦不過六十餘首。亦足見傳世之作，在質而不在量也。

（據作者手編《六庵別錄》複印本整理。謹案，此文之述，疑當在 1942 年間。蓋當年師在福建省立師範專科學校文史地科教學時，學生方麗群曾作聽課筆記，而師爲之審定者。原稿以工楷墨書抄寫於十二行箋紙上，題下署"黃之六先生口說，受業方麗群手記"。師曾編入《六庵別錄》中。）

紀夢

民國三十二年二月初五夜，余夢中晤一友人，與余論太姥山舊名林山。余歷舉各志書，力辨其誣。友乃爲余誦宋元明人詠林山詩句甚夥，皆確指太姥山，無可疑者。並言太姥之爲林山，乃緣平陽故事而得名，鑿鑿可據。醒時

---

① 　此處稿本被蟲蛀，有兩字漶滅難識，謹據上下文意補足之。

不盡省記，秖悉其大略如此。亦一異事，記之以詒吾友卓君劍舟。翌日午刻，六厂居士追記於延平水南師專教授廡。

（據作者《中國文學史約稿本》卷末空頁所書整理。謹案，此文寫於一九四三年夏曆三月初六日，以行書信筆書於《文學史約》手稿卷末空白頁處。篇名據內文增題。）

文山至溫州詩校記

《文山集》載《至溫州》詩云："萬里風霜鬢已絲，飄零回首壯心悲。羅浮山下雪來未，楊子江心月照誰？秖謂虎頭非貴相，不圖羝乳有歸期。乘潮一到中川寺，暗讀中興第二碑。"余嘗至溫州江心寺，觀其石刻，"江心"作"江中"，"中川"作"江心"，與集所載微異。

（據作者《中國文學史約稿本》卷末空頁所書整理。謹案，此文疑亦寫於一九四三年間，與前《紀夢》同，以行書信筆書於《文學史約》手稿卷末空白頁處。篇名據內文增題。）

書盍孟晉齋所藏福寧紀事後

右《福寧紀事》二卷，清婺源程榮春撰。同治三年，金錢會起事，榮春適守郡，事平紀其始末。此書原爲吾宗雨人先生盍孟晉齋所藏。聞先生在日，庋藏甚富，及其逝後，悉皆散佚，獨此書尚存吾家。謹按先生名鍾澤，字子望，雨人其號。道光四年，母氏周遺腹生先生於霞浦縣城。幼奇慧，及就傅，過目成誦。年十二應童子試，以冠軍補博士弟子員。逾二年，侍郎吳鍾駿督閩學，見其文，激賞之，拔置高等，召入使院，親授之業，官轍所至，必攜以偕。吳氏固宿學，先生略經講貫，如夙悟，遂究箋疏，通訓詁。年二十舉於鄉。由是益肆力於古，有所得則條而記之。嘗謂："吾讀書以太史公網羅天下散失舊聞爲準,以河間獻王實事求是爲歸,而要不外於古訓是式一言。"爲詩古文辭及駢體,下筆千言立就。然性孤介,塵視軒冕,惟授徒養親以自樂。慕漢周磐之爲人,自號師磐。私淑鄭氏康成之學,又自號師鄭。於人少許可,獨與同里陳孝廉德先愼初、張歲貢大甄秋溟、李歲貢士鐸相友善。咸同間主講郡城近聖書院,郡守六合徐矗每相過,必訓生徒曰:"汝輩得黃先生爲師,不可錯過。"一時學者仰之如泰斗。又達於世務,當事知其賢,地方利弊必造訪焉。生平遇雖窮,而錙銖之入,或干以非分,則訶責隨之。其操守之嚴又如此。同治五年卒,年甫四十三,時論惜之。所著有《說文繫辭正誤》、《續方言》、《續釋名》諸書,皆草創未成。歿後,其門人弟子爲輯《盍孟晉齋遺稿》一卷,中多五七言古詩及雜文。五言如《齧鼠嘆》、《聚螽謠》、《嘲蠹魚》、《哀蟻虬》,七言如《松城竹枝詞十首》,不知何故混入其弟子吳壽坤德輿《讀我書室詩存》中。余少時肄業近聖小學,爲先生撰杖都講之所,旁有名師祠,奉祀先生栗主。嘗聆許師獻其、葉師會堂等談先生遺事甚悉,並謂先生故宅近在七曲里中。因就窺遺書,並手鈔《遺稿》一卷持歸。其後遊學北京,曾攜以往。盧溝橋事變,北京淪陷,余隻身南還,手鈔《遺稿》遂喪失不存。抗戰勝利前數月,日寇自閩垣東撤時,邑城陷,先生家中所藏之原稿本,聞亦不知散失何所。今先生遺著存者,《霞浦縣志·藝文》尚載《投壺何以獨舉薛魯鼓考》一篇,《登洪山》七言長歌一首,又吾友福鼎杜琨悅鳴《三餘山館詩話》載其《無題》一首,如此而已。頃余將以此書贈吾友徵殷禮堂主人壽光徐宗元教授,慨然憫嘆先生敦品劬學,沒未百年,而世人罕知之也。因識其學行於簡末,以爲紀念云。公元一九五三年十二月三十日,霞浦黃壽祺識。

附記:

一、陳德先,字愼初,號峭夫。道光丁酉拔貢,癸卯舉人。歷山西洪洞玉峰書院、平陽平水書院、趙城書院山長。歿後,弟子王軒霞舉爲撰《霞浦先生教澤碑》。

二、吳壽坤所著《讀我書室詩存》,又名《摩兜堅詩鈔》,上下兩冊,民國十九年鉛印本。

三、杜琨《三餘山館詩話》,附載於其所編選之《閩東詩鈔》中,有石印本。

(據《霞浦文史資料》第七輯整理。霞浦縣政協文史組 1989 年 8 月編印。案此文寫於 1953 年,逾三十六載始刊於《霞浦文史資料》。)

六庵詩話

　　近時俗尚，喜用“紅”字，余作詩亦隨俗多押“紅”字韻。如戊戌（一九五八年）冬《荊溪勞動紀事》五首之一云：“耕罷田間學五紅，長程射擊最難工。齊爭一發圈①三十，貫鵠歡聲動谷中。”又如己亥（一九五九年）《國慶頌》云：“十年建設震西東，卻是英明領導功。更祝繁榮綿萬代，晴空長拱太陽紅。”又如辛丑（一九六一年）冬《螺洲歸車》云：“歸車曉霧尚朦朧，縮頸迎寒江上風。忽訝嚴冬花滿樹，一洲香橘正丹紅。”又如壬寅年（一九六二年）春《漳州蝴蝶山》云：“蝴蝶山頭初暖風，桃花已放滿林紅。漳江春色濃如許，都入先生醉眼中。”又如癸卯（一九六三年）冬在北京西郊《夢中作》云：“遙見千山凍雪封，凌寒佇立小庭東。天公似惜人頭白，故放梅花萬點紅。”又如丙午（一九六六年）《元日書懷》云：“日月光華八表同，分明形勢利東風。春心合共花爭發，人似寒梅歲歲紅。”又如乙卯（一九七五年）春《小柳村省黨校校園散步》二首，其一云：“公餘漫步小園東，吹面猶寒雨後風。卻喜柳村春未半，刺桐花發滿枝紅。”其二云：“名勝烏山在眼中，卻將彩筆寫東風。莫愁天際雲煙暮，晚日看同曉日紅。”《次韻答陳景漢同志》云：“相聚涼秋九月中，韶華容易又春風。何須雙鬢愁添白，但冀初心老益紅。”又如丙辰（一九七六年）正月《壽陳健行先生八十晉五》云：“州閭孝義有詩翁，篤志為民老更紅。八十今朝欣晉五，廿年長我拜高風。”以先生所居孝義巷，改名為為民巷，而先生常為民寫詩也。又如戊午（一九七八年）《江右湖南之行吟稿》中《井岡山茅坪》云：“行過雲山路幾重，茅坪石上對雙楓。高樓八角今猶在，如見當年燈火紅。”《晚遊長沙烈士公園》云：“名園曲徑繞西東，烈士豐碑矗碧空。十里清波如玉潤，湖心亭映夕陽紅。”又如己②未（一九七九年）冬在泉州《晚登開元寺鎮國塔》云：“凌雲高塔列西東，鎮國攀登勢更雄。千里泉南渾在望，晚霞明照萬山紅。”又《題黃慧同志所著蒲松齡年譜》云：“記比搜神後益工，柳泉自是一文雄。讀君新譜明雙眼，喜對寒燈徹夜紅。”凡此皆解放後之所作也。

---

　①　圈，《蒲公英》誤“園”。據作者手校本改。
　②　己，《蒲公英》誤“巳”。據上下文意改。

　　近日翻檢舊稿，始知余解放前押紅字韻之作即已不少。如乙亥（一九三五年）春《張逸濱以其女友手札及詩卷索題爲吟四絕》，其二云：“漠漠春寒剪剪風，畫簾歸燕語玲瓏。沈吟不絕碧山暮，閒折花枝朵朵紅。”又如丙子（一九三六年）春《懷霞城師友詩》七首之一《懷朱蓮齋先生》云：“最是難忘五月中，得承親炙藥愚蒙。何年橫舍重相晤，閒話秋燈一室紅。”以先生贈詩有“話對一燈紅”之句也。又如辛巳（一九四一年）所作《採蓮曲》十首之五云：“採蓮江渚中，披拂芰荷風。衣隨風葉舞，花共醉顏紅。”又如壬午（一九四二年）所作《燕京舊遊雜憶詩》十二首之三云：“瀛臺西畔畫廊東，曾記乘涼趁晚風。數樹海棠渾已老，向人猶自放春紅。”以南海有海棠數株，相傳是百七十年前舊物，而放花甚茂也。由此可見余之喜押紅字韻，其由來已久矣。

　　以上所舉皆絕句詩，至若律句詩中押紅字韻，解放前多爲五律。如乙亥（一九三五年）夏《別杜悅鳴》云：“五嶺楊梅熟，三山荔子紅。”《次前韻答悅鳴》云：“意苦詩常瘦，秋深樹欲紅。”《秋夜有懷鄭蔭廬》云：“極浦蘆花白，秋山槲葉紅。”《次前韻答朱蓮齋先生》云：“自笑枯匏繫，咸欽碩果紅。”《再次前韻答朱蓮齋先生》云：“髮已先秋白，顏常對酒紅。”解放後則多爲七律。如壬子（一九七二年）《清明寒雨赴碧巖》云：“挺秀新茶雲際綠，生花雜樹雨中紅。”《次清明寒雨韻》云：“春景自然分外綠，人生難得老來紅。”《端午節日答喆盦》云：“竹樹望迷青眼綠，榴花還照白頭紅。”《夏日山居》云：“曉霧倏吞千嶂綠，夕陽忽吐半林紅。”若此之類蓋尚多，恨俱未工而已！

　　　　　　　　　　　　一九八零年二月十三日初稿，八月十九日補訂。

　　（據莆田地區文聯編《蒲公英》1980 年第二期整理。案此文寫於1980 年，當年發表於《蒲公英》雜誌。）

漫話福州

　　福州地處東海沿海，當閩江下游，爲福建的省會。

　　福州的名稱，開始於唐玄宗開元十三年（725），因州西北的福山（福山今名董峰山，屬長樂縣）而得名。它是我國東南沿海歷史悠久的古城之一。

福州建置的發展變化大約可分爲四個階段。

第一階段爲先秦兩漢時期。福州在《禹貢》屬於揚州的地域。在周代爲七閩地。春秋以後就成爲越王勾踐後裔的屬地。秦爲閩中郡。漢高祖五年（前202）封無諸爲閩越王，建都東冶，第一次在冶山（冶山蓋因冶鑄而得名）下建立冶城。漢昭帝始元二年（前85）就冶城原址建立冶縣。東漢光武帝建武二年（26）改冶縣爲候官都尉。漢獻帝建安元年（196）立候官縣。候官縣的名稱從此確立。

第二階段爲六朝時期。三國吳景帝永安三年（260）立建安郡。西晉武帝太康三年（286）析建安爲晉安郡，而徙建安郡治於閩北的吳興縣（即今建甌縣地）。當時晉安太守嚴高以冶城地勢險隘，遷城於屏山之南，興建子城。著名文學家郭璞爲此寫了《遷城記》。南朝宋明帝泰始四年（468）曾改爲晉平郡，至齊仍名晉安郡，迄陳廢帝光大二年（568）改郡爲豐州之後，晉安之名始廢，至今福州市內仍有一條河，名叫晉安河。

第三階段爲隋唐至清末時期。隋文帝開皇九年（589）改豐州爲泉州，十二年（592）並改東候官爲閩縣，自是始有閩縣之稱。隋煬帝大業二年（606）改泉州復稱閩州。唐高祖武德六年（623）復置泉州。唐睿宗景雲二年（711）改泉州復稱閩州，同年將武榮州改爲泉州，是爲今泉州之始。自此以前的泉州都是在現在的福州。這一點是談福州地理沿革的人所應當特別注意的。

福州自嚴高遷城之後，又經歷了三次大擴建：第一次是唐昭宗天復元年（901）節度使王審知擴建周圍達四十里的羅城；第二次是後梁太祖開平元年（907）王審知被封爲閩王，築南北兩夾城，遂 ① 將屏山的一部和烏 ② 山、于山三座山都圍進城內；第三次是在宋太祖開寶七年（974）郡守錢昱又增築東南外城。此後三山便成爲福州的代稱。

宋英宗治平年間，福州太守張伯玉鼓勵居民種植榕樹以蔭烈日，宋神宗熙寧年間太守程師孟又相繼提倡植榕，從此濃陰滿城，行人尤受其蔭。於是福州又有榕城的美名。

福州的名稱自唐開元十三年之後，中間雖有長樂郡、長樂府、福安府等短

---

① 遂，《旅行家》誤“逐”。據上下文意改。

② 烏，《旅行家》誤“鳥”。據上下文意改。下文“烏”字俱倣此。

暫時間的改稱，基本上沒有大變化。開元二十三年（733）置福建經略使，宋太宗雍熙二年（987）分爲福建路，元世祖至元十五年（1278）的福州路置福建行中書省，明清兩代設福州府，其治所均在福州。清道光二十三年（1843）福州被辟爲五口通商的城市之一，從此遂爲帝國主義者侵略中國的一個口岸。

第四階段爲辛亥革命之後迄今的時期。辛亥革命後於1912年廢府，合併福州府治的閩縣和候官縣爲閩候縣。1946年城區改設福州市。1949年8月17日福州解放，從此一洗了近百年來帝國主義者侵略的恥辱，以嶄新的姿態屹立於左海之間。現在市轄區域包括閩候縣境在內，人口共有一百五十多萬，各項建設，蒸蒸日上，已初步建成爲一個社會主義的現代化城市。

福州形勝，城內以三山兩塔爲最著。福州祖傳有“三山藏，三山現，三山看不見”的謠諺。“三山藏”，指的是泉山、羅山和玉尺山。“三山看不見”，指的是靈山（一作龍山）、芝山和鐘山。“三山現”指的是屏山、于山和烏石山。我們現在所說的三山，就是指看得見的三山。

屏山在城正北，形如屏宸，故稱屏山。因係越王故都，憑山建城，故又名越王山。山上舊有鎮海樓，亦稱樣樓（據傳創建時以此樓爲式樣，稱故樣樓）。山下有華林寺，爲著名的古建築。

距華林寺不遠，有開元寺及慶城寺。開元寺在靈山與芝山的下面，創建於梁武帝太清三年（549），舊號靈山寺，至唐開元二十六年（738）始改今名。寺內有鐵製彌勒佛，高數丈，舊傳係王審知所鑄，用銅三萬斤，但現在所留存的實係鐵制。

于山在福州城東南，相傳漢代有何氏兄弟九人在此煉丹仙去，故又名九仙山。山上舊傳有二十四奇景，而以鰲頂峰爲尤勝，登上峰頂可以看到福州全景。

于山西麓有白塔寺。白塔原名定光多寶塔，以外敷白灰，故俗呼爲白塔。寺中的法雨堂，是著名文學家、翻譯家嚴復的讀書處。

從白塔寺東的石徑可上登戚公祠，它是福州人民爲紀念民族英雄戚繼光而修建的。祠內有平遠臺、醉石亭、蓬萊閣、補山精舍、吸翠亭、廓然臺、舒嘯臺等景物。祠旁刻有郁達夫所作《滿江紅》詞：“三百年來，我華夏威風久歇，有幾個如公成就，豐功偉烈。拔劍光寒倭寇膽，撥雲手指天心月。至於今，遺餅紀征東，民懷切。　會稽恥，終當雪；楚三戶，教秦滅。願英靈永保，金甌無缺。臺畔班師酣醉石，亭邊思子悲啼血。向長空灑淚酹千秋，蓬萊闕。”

郁詞作於 1936 年，至今讀之，猶能想見他當年憑吊英雄，熱愛國家悲歌慷慨的壯烈情懷。

于山還有大士殿、九仙觀，今俱辟爲展覽館、陳列館，時時展覽名花，陳列名畫，以供遊人欣賞與觀摩。最近又成立國畫院，集福建各地名畫家於其中，創作日益繁榮。

于山有摩崖石刻甚多，現存者尚有一百一十三段，其中宋刻即有三十五段。山南的《南較場演武廳銘》共二百一十九字，每字大二十公分，全段高三百三十公分，寬四百五十五公分，是福州面積最大的摩崖刻石。

烏石山亦稱烏山，在福州城的西南隅，相傳是何氏兄弟九日登高射烏的地方。唐玄宗天寶八年（749）勅名爲閩山。及宋，郡守程師孟改名爲道山，曾鞏曾爲作《道山亭記》。山中以鄰霄臺爲最勝。山南華嚴岩旁刻有唐代名書家李陽冰《般若臺記》，是爲福州最古的摩崖石刻。

烏石山下有烏塔，本名爲崇妙保勝堅牢塔。塔爲石製，外表略黑，俗呼爲烏塔。它和白塔東西並列，形成天南雙柱。故談福州城內名勝的人，必首稱"三山鼎峙"、"兩塔聳立"。

福州城外的名勝，首推西湖。西湖位於福州西北郊的臥龍山下，在唐末即辟爲遊覽勝地。到宋代，西湖面積更大。著名愛國詩人辛棄疾在福建三年留下了"七閩之什"三十二首，關於福州西湖的就有五首。他在《賀新郎·三山雨中游西湖》上片中寫道："翠浪吞平野，挽天河，誰來照影，臥龍山下。煙雨偏宜晴更好，約略西施未嫁。待細把江山圖畫。千頃光中堆艷凒，似扁舟欲下瞿塘馬。中有句，浩難寫。"

宋代而後，西湖幾經淤塞。至林則徐倡導疏浚的時候，僅存四百多畝的湖區。1914 年辟爲公園。解放後不斷擴建，已比原來的公園面積擴大了五倍以上。新的建築，有博物館、展覽館、飛行娛樂場、動物園，大夢山游泳池等，風景益增優美。

福州西郊名勝，除西湖外，尚有雪峰寺、西禪寺。

福州城南名勝有二：一爲南公園，一爲煙臺山。煙臺山以曾設煙墩得名，相傳爲戚繼光的營防之地。附近有馬廠街，就是戚部養馬的地方。煙臺山旁有梅塢，明代從梅塢到程埔都種植梅花，冬日賞梅者相望於道，明徐㶿詩所詠"十里花爲市，千家玉作林"者即指此地。

福州附郭名山有旗山與鼓山，郭璞《遷城記》所云"右旗左鼓，全閩二絕"者，即指此二山。旗山狀若展旗，鼓山形如石鼓，雙峰並峙，而鼓山尤爲著名。鼓山離福州市區十公里，屹立於閩江北岸。山上勝跡以湧泉寺爲中心。寺建於五代梁開平二年（908）。寺東水雲亭爲朱熹講學處。著名的摩崖石刻多集中在靈源洞石門一帶，其中宋刻即有一百零九處，而大頂峰盤石上所刻"天風海濤"四大字，爲朱熹所書，前人稱其"書楷而遒"，謂爲書法藝術中之傑作。

朱德同志有"鼓山高聳閩江頭，面貌威嚴障福州"之句，寫出了高峻的鼓山對於保障福州的作用。

福州的名勝古跡現在還存在的，尚有漢閩越王廟。又蓮花山的王審知墓、大嘉山的李綱墓、洪山橋原厝村的張經墓、金獅山的林則徐墓以及枕峰山的林祥謙烈士陵園，亦爲旅遊者所必到之地。

（據中國青年出版社編《旅行家》1980 年第 1 期整理。）

關於先師吳承仕先生的材料

——讀王西彥同志我所接觸到的吳承仕先生一文後的補充

一、關於吳先生的生卒年問題：

（一）日本橋川時雄《中國文化界人物總鑒》作"1885—1939，終年 55 歲"。（原書 1940 年出版。）

（二）《辭海》作"1881—1939，終年 59 歲"。（見原書第 1675 頁。）

（三）據 1939 年吳先生逝世後，在北平西單報子街聚賢堂開弔時，余嘉錫先生親自告訴我：他和吳先生不但科舉同年，而且生庚亦同年，今年俱 56 歲。則是吳先生之生年爲 1884 年。即 1884—1939 年。

以上三說卒年無異，而生年有不同，我是相信余先生之說的。

（四）王志之《憶吳承仕先生》（見 1980 年《隨筆》第九集 PP.71—76）文中敘述

他“九一八”後見到吳先生，一再說吳先生“年逾花甲”，實則吳先生 1939 年逝世時才 56 歲，何云“年逾花甲”？顯然是錯誤的。

附記：吳先生始終住在北平宣內油房胡同二號，西彥同志所記不誤。王志之文中說吳先生住在宣內頭髮胡同，顯然是誤記。吳先生逝世後，油房胡同之房子出賣，鴻邁師兄始及如師母等遷寓頭髮胡同。

二、關於吳先生的科舉出身問題：

吳先生係清光緒二十八年壬寅科舉人，光緒三十二年丙午科朝考一等一名，時稱“朝元”。（我在宣武門外徽州會館，還曾見掛有吳先生“朝元”之匾額。）欽點爲大理院主事。民國初年任司法部僉事，出身司法界。至民國十三四年後，始完全脫離司法界，專心講學教授。先後曾任北京大學教授、北京師範大學國文系主任教授、中國大學國學系主任教授。在各大學教授課程，有《國故概要》、《經學史》、《古籍校讀法》、《說文》、《六書條例》、《三禮名物》等。

按西彥同志文中說：“吳先生……在前清就應過科舉，有過功名（舉人或進士）。”此段宜酌改。

又按西彥同志文中說吳先生擔任“北師大國學系主任”。依我所知，當時中大稱國學系，北師大則稱國文系。

又按吳先生會客室掛章太炎篆書，文爲“爲學日益，爲道日損”，係小篆。又吳先生有自書聯，文爲“松間明月長如此，世上浮名何足論”，亦係小篆。

又按吳先生與魯迅確曾同時在北洋政府當僉事，但吳先生曾爲司法部僉事，未曾爲教育部僉事，似與魯迅不同在一部。西彥同志所記似是得之傳聞。

三、關於吳先生和章太炎先生的師生關係問題：

湯志鈞《章太炎年譜長編》403 頁 1915 年〔民國四年乙卯〕載《自定年譜》云：

> 三月……歙吳承仕覯齋時爲司法部僉事，好說內典，來就余學。每發一義，覯齋錄爲《菿漢微言》。

章太炎《章氏叢書》中有《菿漢微言》，篇首吳先生自記云：“此中所述余杭章先生口義百六十七言，起自乙卯，訖於丙辰之初。”按乙卯爲民國四年

（1915），丙辰爲民國五年（1916），是吳先生受業於章太炎先生，實始自民國四年爲司法部僉事之時，與《自定年譜》所記相符。

又《菿漢微言》末尾，有章先生題記云："是册作於憂憤之中，口授弟子司法僉事吳承仕，令其筆述。雖多言玄理，亦有諷時之言，身在幽囚，不可直遂，以爲覽者自能望之也。"據此，則章先生正在幽囚作犯人之時，而吳先生以"朝元"兼法官身份，竟就獄中拜犯人爲師，其好學篤遠與高風亮節，實堪爲當世師範，後世楷模！

四、關於吳先生逝世的情況：

據孫人和（蜀承）先生及吳先生兒媳周同德（吳鴻邁之夫人，中國大學國學系畢業，曾是我的學生）兩人親自告訴我吳先生逝世情況，匯述如下：

（一）1939年夏秋之間（具體時間我記不清），我一日在宣武門内坐電車，見周同德同在車上，手抱藥瓶，我問她到哪裡去？她說："去看老爺（指吳先生）！"我很驚愕，她即附耳小聲說："老爺昨從天津回來，有病頗重，住在和平門外和平醫院裡，他化了名，不會客。"我要求同她一起去看，她說："待聯繫後再約。"過了幾天，又看見周同德，我急問她："先生病怎麼樣？"她說："因病加重，已轉入協和醫院，醫生還是不准會客。"我要求她聯繫好，一定要讓我去看一看。不料第二天就接到"報喪條"了，說是暫時停靈"廣惠寺"，擇日開弔。及開弔，地點設在西單報子街聚賢堂，我穿白衣往弔，靈堂外邊正中懸掛湯爾和挽幛一幅。余嘉錫（季豫）先生來弔，見此幅，憤然作色曰："湯爾和，你也認識吳檢齋嗎？"我肅然起敬，問余："聽說余先生與吳先生科舉同年，是嗎？"余答"不但科舉同年，生庚亦同年，都是五十六歲"云云，已見前述。

（二）孫人和先生告訴我："是年天津發大水，英租界内積水高漲至三層樓戶間，吳先生因在水中，不得出，站在樓窗前呼喊援救。時救災之人均用船隻往來，有一船適過先生樓窗附近，先生大喊，船戶以載人已多，不能再載，欲捨之去，而船中有一人認識吳先生，說此人是名教授，大學者，一定要救他。但船戶堅決不將船駛靠樓窗前，某人即奪船戶竹篙擱在樓窗前，請吳先生抱住竹篙泅出，先生遂得救上船。然飢餓之後，又浸水多時，遂得傷寒病。一回北平，即化名虞某住入和平醫院，聞和平醫院係福建一名醫生所開，此醫生認識吳先生，知虞某係化名，對吳先生特別關心。診察後，告吳先生家屬，吳先生係傷寒重病，他的醫院設備太差無法急救，勸送往協和醫院。協和醫院醫生亦認爲是傷寒病，即採取洗腸辦法，一洗腸便下血，而醫生堅持還要洗。吳先生家屬驚慌，要求醫生不要再洗，而醫生不聽，仍舊繼續洗，再洗而血暴下，立即斷氣。當時所有先生家屬及親人均痛恨協和醫生，懷疑醫生被日僞收買害死先生，但亦無可奈何。”

（三）開弔事了後，我以孫先生所說情況質之周同德，同德云：“事實經過確如孫先生所言，老爺是被日僞收買醫生害死，殆無可疑。”

（四）我 1941 年南旋後，在南平曾作《燕京舊遊雜憶詩》十二首，其中有一首悼念吳先生，詩云：“無端一夢讖龍蛇，空 ① 使神州失禮家。聞道子雲猶未葬，封墳何日繼侯芭？” 自注云：“先師歙吳檢齋先生承仕歿已三年，聞猶停棺廣惠寺。”解放後，我去北京數次，都找不到周同德夫婦，今竟不知葬在何處。

據我所知，吳先生確歿於北平協和醫院，不是歿於天津；吳先生確是日僞收買醫生用洗腸辦法害死，但無被肢解情況。西彦同志所聽傳聞，不盡確切。

五、關於吳先生的著述：

吳先生逝世之時，我在中國大學國學系當講師。周同德交來吳先生遺稿一大包，除已刊印的各種成書之外，稿本均題《綑齋讀書記》，記中之文，已多可分出爲專書、專題者。我爬羅剔抉，以專書、專題定名，其單條筆記，仍綜合一處，仍題《綑齋讀書記》。記得當時共整理出四十七種，每種均寫了簡明的提要，合稱爲《先師歙吳先生之著述》。原文分鈔四本：一交周同德，一交孫人和先生，一爲商鴻達先生索去，自存一稿。今孫先生已逝，同德不知何往，商先生的一本，云轉交中法大學學報編輯部，亦找不到，我自己一本，南旋時早已散失。究竟四十七種都是何書，我已不能完全記憶。吳先生原稿南旋時悉送還同德收，今亦不知存亡。茲將我所記憶及近日輾轉得之別人記載者，彙列如下：

---

① 空，《新文學史料》1982 年第 4 期誤 “定”。據《六庵詩選》校改。

（1）《經名數略釋》（《中大季刊》第一卷第一期）。

（2）《經典釋文序錄疏證》（有印本）。

（3）《經典釋文撰述時代考》（《北平圖書館月刊》第二卷第二期）。

（4）《經典舊音序錄》（有印本）。

（5）《經籍舊音辨證》（有印本）。

（6）《蜀石經考異鉸錄》（見《國學論衡》卷五上期）。

（7）《周易提要》（見臺灣商務印書館出版《續修四庫提要》）。

（8）《與章太炎先生論易書》（附復書，見《國學論衡》卷五下）。

（9）《尚書傳王孔異同考》（載中國大學出版《國學叢編》第一期1—6册，第二期1—2册）。

（10）《尚書古今文說》（見《中大季刊》第一卷第一期）。

（11）《尚書古文輯錄》（原搞本不知存亡，我所錄副本交與孫蜀永先生，亦不知存否）。

（12）《唐寫本尚書舜典釋文箋》（見《華國》第二卷第3、4期）。

（13）《新出土偽熹平石經尚書殘碑疏證》（見《國學叢編》第一期第5册）。

（14）《三禮提要》（見臺灣商務印書館出版《續修四庫提要》）。

（15）《三禮名物略例》（見《國學論衡》卷二）。

（16）《三禮名物·布帛篇》，簡稱《布帛名物》（有印本）。

（17）《三禮名物·親屬篇》，簡稱《親屬名物》（中國大學講義本）。

（18）《三禮名物·宮室篇》，簡稱《宮室名物》（中國大學講義本）。

（19）《三禮名物·弁服篇》，簡稱《弁服名物》（中國大學講義本）。

（20）《三禮名物·釋車篇》，簡稱《釋車》（中國大學講義本，又載《國學論衡》第七卷）。

（21）《釋祧》（見《制言》第3期，又見《華國》第三卷第3期）。

（22）《鄭氏禘祫義》（中國大學講義本，又載《國學論衡》卷四上）。

（23）《程易疇儀禮經注疑直輯本序錄》（見《國學叢編》第一期第2册）。

（24）《王制疏證自序》（見《制言》第8期）。

（25）《禮〔喪〕服要略》（中國大學講義本原印作《禮服要略》，《辭海》吳先生小傳因之，記吳先生曾告我書名應改爲《喪服要略》）。

（26）《喪服變除表》一、二（見《國學論衡》卷六）。

（27）《禮服釋例》（見橋川時雄《中國文化界人物總鑒》吳先生小傳所記）。

（28）《兼服釋例》（原稿本不知存亡，我所抄副本已散失）。

（29）《降服三品說》（《師大國學叢刊》第二卷第二期）。

（30）《清史稿禮志喪服章書後》（見《國學論衡》及《清史述聞》）。

（31）《公羊徐疏考》（見《師大國學叢刊》第一卷第一期）。

（32）《淮南舊注校理》（有印本）。

（33）《論語皇疏校本序》（見《制言》第3期）。

（34）《說文解講疏》（見《制言》第18、20、21期,中國大學講義本更全）。

（35）《六書條例》（有印本）。

（36）《小學要略》,亦作《小學概要》（中國大學講義本）。

（37）《歷史尺度表》（原稿本不知存亡,我所抄副本已散失）。

（38）《亡莫無慮同詞說》（見《國學叢編》第一期第1冊）。

（39）《釋𤔲》（見《華國》第二卷第4期）。

（40）《男女陰釋名》（見《華國》第二卷第4期）。

（41）《釋這》（見《中大季刊》第一卷第三號^①）。

（42）《說甚麼》（見《中大季刊》第一卷^②第四期）。

（43）《說龍首》（見《國學叢編》第一期第3冊）。

（44）《白狼慕漢詩歌本語略釋》（見《中大季刊》第一卷第二期）。

（45）《緗齋讀書記》（載《國學叢編》第一期1—6冊,第二期1—2冊,按吳先生原稿本,未刊者尚甚多,我所彙抄副本亦交與周同德同學,今均不知存亡）。

（46）《從說文研究中所認識的交換形態之史的進展》（見《經濟學報》第一卷第一期）。

（47）《監獄解蔽篇》（宣統元年印本）。

（48）《丁丁集》（係與友人倡和詩集,以均押丁字韻,故以丁丁爲名,載某雜誌,我已回憶不出）。

（49）《菿漢微言》（章太炎先生口說,吳先生手記,列入《章氏叢書》）。

以上我今日所記者則有四十九種,但與我當年所整理者書目、篇目恐不盡相同,相信還有遺漏,但望前稿能以失而復得,則可以互相參證。今後倘續有所獲,當再作補遺。至若《文史》所載吳先生之文四篇,西彥同志已有所述,不備列。

---

① 案"第三號",《新文學史料》作"第一期"。據《中大季刊》第一卷改。

② 一,《新文學史料》作問號"？"。據《中大季刊》第一卷改。

又吳先生用白話文寫的文章，據譚丕模同志親自對我說："齊燕銘同志曾交給我整理。"並告我："吳先生晚年所寫雜文，有的寫得和魯迅先生同樣深刻。"惜丕模亦已逝世，其所整理之吳先生文稿，今下落亦不明。

又吳先生之名號，王志文誤"檢齋"爲"松齋"，橋川時雄誤"覘齋"爲"硯齋"，諒皆是排印之誤，亦應更正。

（據《新文學史料》1982年第4期整理。案此文寫於1982年，即載於《新文學史料》中。）

六庵注李贄[①]墨紀述

黃高憲

　　先父黃壽祺（1912—1990），字之六，號六庵，長期從事中國古典文學和中國古代哲學的教學與研究。1987 年，他爲林海權先生所著的《李贄年譜考略》撰寫了一篇《序》。他在這篇序文中寫道：

> 　　十多年前，余與海權均參預《焚書》、《續焚書》之注釋工作。余當時所見常與時論不同，常私作劄記，約百數十事，題爲《注李贄墨》。其後兩書之注未得刊行，而余之《贄墨》遂亦擱置。此後余三徙所居，《贄墨》竟不知散失何所。故余之研究李贄，可謂一事無成。

　　雖然題有《六庵注李贄墨》的原稿本我至今還未找到，但從他批註在《焚書》、《續焚書》等書籍上的眉批、箋注及所記的日記、讀書劄記中，仍可尋覓到大量的“注李贄墨”。最近，我在整理先父的遺稿時，發現了一冊長達 182 頁的《六庵注李劄記》。此冊《劄記》從 1974 年 9 月開始記，大約停筆於 1981 年 6 月。《劄記》中載有“注釋、研究李贄著作參考資料”摘要及其按語和短論。這本《劄記》是否就是六庵的《注李贄墨》的原稿本，還有待於查對、核實。總之，從六庵的遺稿中仍可輯得《注李贄墨》。現輯錄其中的一部分，並根據我的淺見略加評述。

一、六庵對《耿子庸言提要》的圈點和考辨。

　　1974 年 2 月 27 日，六庵對《四庫全書總目提要》卷九十六子部“儒家類”中的《耿子庸言》二卷的《提要》，進行了圈點，並寫了一段按語，全文如下：

---

　　①　本文載《福州師專學報》1993 年第 1 期。後又收入黃高憲編《黃壽祺論中國古典文學》，山東文藝出版社 2001 年 8 月出版。贄，《福州師專學報》及《黃壽祺論中國古典文學》均作“剩”。茲依《福建師範大學學報》哲學社會科學版 1988 年第 1 期載《李贄年譜考略序》改。

　　耿子庸言二卷提要：明耿定向撰。定向有《碩①輔寶鑒要覽》，已著錄（按，在傳記類存目三）。是編爲所著語錄，凡七篇。首《繹經》，次《沖言》，次《輯聞》，次《比弦》，次《學筌》，次《牧要》，次《切偲》。定向之學，出於泰州王艮，本近於禪，然有鑒於末流之狂縱，不甚敢放言高論，故初請李贄至黃安，既而惡之，而贄亦屢短定向。然議論多而操履少，遂不免有迎合張居正事，爲清議所排。講學之家，往往言不顧行，是亦一證矣。

　　祺案：《耿天臺先生全書》（民國十四年排印本）卷一《耿子庸言》，作《悱言》不作《沖言》，作《悱言》者是。《比弦》，注云：原本佚。《學詮》，注云：原本佚。《學詮》不作《學筌》。最後一篇《切思》亦注曰：原本佚。故七篇僅存《繹經》、《悱言》、《輯聞》、《牧要》四篇，亡《比弦》、《學詮》、《切思》三篇。《切思》不作《切偲》。

　　以上《提要》中的圈點，均爲六庵所加。從其圈點中可以看出，六庵十分重視《提要》的作者對耿定向所作的評述——“定向之學，出於泰州王艮，本近於禪，然有鑒於末流之狂縱，不甚敢放言高論，故初請李贄至黃安，既而惡之，而贄亦屢短定向。”我認爲，六庵的上述圈點，是爲了提醒李贄的研究者在深入地研究李贄思想的時候，應當認真地研究耿定向思想變化的全過程。

　　六庵根據耿定向的《耿天臺先生全書》，考證《四庫全書總目提要》中的《耿子庸言提要》有三處錯誤：

　　1.“首《繹經》次《沖言》”：《沖言》應改爲《悱言》。

　　2.“次《學筌》”：《學筌》應改爲《學詮》。

　　3.“次《切偲》”：《切偲》應改爲《切思》。

　　此外，六庵的《按語》還指出：“《耿子庸言》中的《繹經》、《悱言》、《輯聞》、《比弦》、《學詮》、《牧要》、《切思》七篇，僅存《繹經》、《悱言》、《輯聞》、《牧要》四篇，其餘三篇已亡佚。”《耿子庸言提要》未提及此問題。

　　六庵對《耿子庸言提要》的圈點和考辨，爲《四庫全書總目提要》的勘誤工作提供了新的材料，同時，對《耿子庸言》的研究者具有重要的參考價值。

　　由於本節所引的六庵圈點的《耿子庸言提要》及其《按語》，摘錄於六庵所寫的《注李劄記》中，六庵未對其稿進行過校訂，因此，標點略有疏漏。

────────────────

　　①　碩，《福州師專學報》及《黃壽祺論中國古典文學》均誤“顧”。據《四庫全書總目提要》改。

如:《提要》中"首繹經、次沖言",《繹經》、《沖言》等係篇名,宜加上書名號。《按語》中的"悱言"、"學詮"、"比弦",也 ① 宜加上書名號。

二、六庵對《青蓮寺》詩中"三車"的詮釋。

1974 年 11 月 14 日,六庵在《注李劄記》中先錄《姚安縣志》卷六十五所載的李贄《青蓮寺》詩二首,接著寫了一段《按語》,全文如下:

青蓮寺二首:

新構龍宮枕薜蘿,池開玉鏡漾層阿。塵寰忽聽三車演,暇日曾經五馬過。極目天空心不礙,憑闌風靜水無波。本來面目應常在,未說攀龍奈若何。

芙蓉四面帶清流,別有禪房境界幽。色相本空窺彼岸,高僧出世類虛舟。慈雲曉護游檀室,慧日宵懸杜若洲。浪跡欲從支遁隱,懷鄉徒倚仲宣樓。

祺按:此二律,《焚書》及《續焚書》均未收入。宜輯補。原作係陳一琴同志錄示者,並問"三車"注釋,云可否作"三乘"解,余答以未詳。記以待考。

1975 年 1 月 24 日,六庵在上述短文之後,接著寫道:

又按:耿定向《天臺先生全書》卷七《繹異編》云:"……乘之爲言載也。佛氏教有三等,曰小乘、二乘云者,蓋爲初機淺學方便說法耳。若法華開示悟入,權實雙顯,猶之蓮華,花果齊彰,故曰大乘。即經中羊車、鹿車、牛車之譬,蓋善喻云。"(見《法華繹》)據此,則是以羊車、鹿車、牛車之車喻三乘也。

六庵爲了瞭解與李贄同時期的人對"三車"如何解釋,仔細查閱了耿定向的《天臺先生全書》,果然找到了答案。耿定向是依據《妙法蓮花經》三《譬喻品》所述:佛教以牛車、羊車、鹿車爲"三車","三車"比喻"三乘"。佛教以車乘喻佛法,學者接受的能力不一,分三種情況,稱"三乘"。

---

① "也"上,《黃壽祺論中國古典文學》衍一"詩"字。據《福州師專學報》刪。

六庵的上述《按語》除了解釋"三車"之外,還提醒研究者重視研究這兩首未被《焚書》、續焚書》收入的《青蓮寺》詩。

三、《鄧明府考》紀述。

在李贄《焚書》卷一《書答》中,有兩篇題爲《答鄧明府》的書信式的論文。第一篇是李贄接到"鄧明府"論何心隱的文章之後,爲了闡述自己對何心隱、張居正的看法而寫的。第二篇是萬曆十六年(1588)夏李贄重返湖北麻城之後,爲了感謝"鄧明府"而寫的,這封信闡述了自己的人生觀以及他與耿定向的思想分歧。《焚 ① 書》中未提及"鄧明府"是何人。林海權先生在《李贄年譜考略》中提到,"鄧明府"即當時(1588)的麻城縣令鄧應祈。但該書未對此進行詳細考證。

六庵大約於 1974 年底曾寫了一篇《鄧明府考》,全文如下:

> 李氏《焚書》卷一中有《答鄧明府》書兩篇。前一篇據《中國文學珍本叢書》第一輯第二十七種阿英校點排印,貝葉山房張氏明刻本目錄,題爲《答鄧鼎石》,則鄧明府即鄧鼎石無疑。《焚書》卷四《豫約·感慨平生》篇中談及:"故我於鄧鼎石初履縣時,雖身不敢到縣庭,然彼以禮帖來,我可無名帖答之乎? 是以書名帖不敢曰侍生,侍生則太尊己;不敢曰治生,治生則自受縛。尋思四字回答之,曰'流寓客子'。"則是鄧鼎石曾爲麻城縣知縣無疑。篇中又談及:"鄧鼎石見我落髮,泣涕甚哀。"考李贄於萬曆十六年(公元 1588 年)在麻城落髮,則鄧鼎石爲麻城知縣係在萬曆十六年間亦無疑。今考《黃州府志》及《麻城縣志》,萬曆間麻城知縣姓鄧者只有鄧應斾一人,云是内江進士。又考《四川通志》選舉志進士表作鄧應祈,萬曆(脱字)年進士。是鄧鼎石名應斾或應祈。唐宋以後多稱 ② 縣令爲明府,鄧鼎石曾爲麻城縣知縣,故李贄稱其爲鄧明府。

以上是《鄧明府考》全文。在這篇文章之後還列有以下考證材料:

---

① 焚,《黃壽祺論中國古典文學》誤"楚"。據《福州師專學報》改。
② 多稱,《黃壽祺論中國古典文學》脱。據《福州師專學報》補。

光緒《黃州府志》卷十一《文官秩表上》：萬曆甲戌（萬曆二年，公元1574年）—己亥（萬曆二十七年，公元1599年）間，麻城知縣有鄧應旂。注云："四川進士。"

又卷十三《秩官傳》云："鄧應旂，萬曆間麻城知縣。"注云："縣志注：祀名官。"

民國《麻城縣志・前編》卷六《職官・文秩官表》：萬曆甲戌，麻城知縣有鄧應旂。注云："內江進士。"

又卷七《循良傳》云："鄧應旂，內江進士，萬曆間任。"注云："祀名宦祠。"

又按《四川通志》中《選舉志・進士表》，作鄧應旂，萬曆十四年（1586年）進士。

從上文可知，六庵對"鄧明府"進行了詳細的考證，其論據翔實、充分，富有說服力。六庵曾在《自傳》中寫道：

在中國大學學習六年，所從游的老師，可分爲兩類：一類是章太炎（炳麟）先生的弟子，他們的學問，大體是繼承清代"樸學"的傳統，以研究文字、音韻、訓詁、目錄、校勘以及三禮名物和歷代典章制度爲主，遂使我接受了乾嘉學派的考據學的影響。

六庵的《鄧明府考》恰好說明他繼承了乾嘉學派考據學的傳統。

四、六庵對《西征奏議後語》的注釋。

在李贄的《續焚書》卷二中有一篇《西征奏議後語》。李贄在這篇文章中，敘述了明朝嘉靖、萬曆年間所發生的民衆起義與兵變，闡述了自己對民衆起義與兵變的看法。從這篇文章可以看出，李贄曾大膽地抨擊明朝統治者對當時的民衆起義與兵變除了"招撫"之外，"無別智略"來緩和兵、民與朝廷的尖銳矛盾。

李贄在《西征奏議後語》中寫道：

蓋天下之平久矣，今者非但所用非所養，所養非所用已也。自嘉、隆以來，余目擊留都之變矣，繼又聞有閩海之變，繼又聞有錢塘兵民之變，

以及鄖陽之變矣。當局者草草了事，招而撫之，非謂招撫之外無別智略
可以制彼也。

六庵對此文所提到的民衆起義和兵變作了較詳細的注釋。他在《續焚書》
卷二的箋注中作了如下注釋：

> 按：嘉靖三十九年（1560 年），福建大浦、南灣、尤溪農民，龍巖礦工及
> 南靖、永定等處流民紛紛起義。四十年（1561 年），福建亦爆發農民起義。
> 四十三年（1564 年）福建汀、漳流民亦不斷起義。這段時間倭禍尤烈（見
> 《明世宗實錄》卷 487、卷 489）。此即"閩海之變"。

> 按：嘉靖三十九年庚辛（1560 年）二月丁巳（十五日），南京禦倭的振武
> 營反對尅扣糧餉，舉行兵變，殺督儲戶部右侍郎黃懋官（莆田人）。四月，
> 爲南京兵部右侍郎李遂（李材之父）所鎮壓。此即李贄所目擊的"留都之
> 變"。留都之變，見《世宗本紀》二、《世宗實錄》卷 481 册 330 頁。《談
> 遷國榷》卷 62。朱國楨《湧幢小品》卷 32《振武兵變》。

> 錢塘兵民之變，按：萬曆十年（1582 年）三月，杭州東西二營以農村召
> 來的士兵在馬文英、劉廷用的率領下，爲反對裁減月餉，捆綁並痛打了浙
> 江巡撫吳善言。四月間，杭州人民爲反對"保甲法"，也起來暴動，回應
> 至千人，遂破台使衙門，守道而下走匿佛廬僅免。後被兵部右侍郎張佳
> 胤鎮壓（見《杭州府志》卷四十四《兵事》三）。

> 按：萬曆十五年丁亥（1587 年）十一月戊子鄖陽兵變。時僉都御史撫
> 治鄖陽（今湖北鄖縣）李材（字見羅）好講學，遣部卒供生徒役，卒多怨。又
> 徇諸生請，改參將公署爲學宫。參將米萬春諷門卒梅林等大噪，馳入城，
> 縱囚，毀諸生廬舍，直趨公門，挾賞銀四千，洶洶不解。居二日，萬春脅材
> 更軍中不便十二事，令上疏歸罪副使丁惟寧、知府沈鈇 ① （誤鐵，《明史》作
> 鈇）（1550—1633，字繼揚，號介庵，詔安三都人）等，材隱忍從之。惟寧責使 ②
> 萬春，萬春欲殺之，惟寧跳而免。材遂復劾惟寧激變。事聞，詔下鈇等吏，貶惟
> 寧三官，材還籍候勘。（見《明神宗實錄》卷 192、《明史·神宗本紀》一、《明通鑒》卷
> 68、《明史》卷 227《李材傳》。）按：此即所謂"鄖陽之變"。

---

① 鈇，《黄壽祺論中國古典文學》誤"鐵"。據《明史》及《福州師專學報》改。

② 使，《明史》作"數"。

六庵對李贄《西征奏議後語》中所談到的“留都之變”、“閩海之變”、“錢塘兵民之變”、“鄖陽兵民之變”等歷史事件作了詳細的注釋。這不但有助於讀者理解《西征奏議後語》的寫作背景，而且有助於讀者認識李贄的階級立場、政治觀點。從李贄對民衆起義與兵變所持的態度說明，李贄是一位關心時事、憂國憂民的著名思想家。

（據《福州師專學報》1993 年第 1 期整理。後又收入黃高憲編《黃壽祺論中國古典文學》，山東文藝出版社 2001 年 8 月出版。）

六庵“文化大革命”中被抄沒物品記略

六庵原稿　張善文整理並注

【說明】

此文係先師六庵教授生前所草，王筱婧先生抄錄。題頭爲“我在‘文化大革命’中多次被抄家拿去的古物、文稿、書籍、字畫記略”，次行署名“黃壽祺”，又次行寫“1984 年 3 月 5 日報告”。文以 300 格“福建師範大學稿紙”抄成，凡 8 頁。我曾保存影本一份，已十八年矣。高憲兄云未見此資料，今依原件整理一過，以備檢覽。文中所列物品略分四類，一爲“古物”，6 件；二爲“文稿”，5 種；三爲“書籍、信劄、日記”，3 種；四爲“字畫”，65 件。四類共計 79 件（種）。先師身歷“十年浩劫”，遭受種種磨難，書稿文物被抄沒僅其一端也。今雖無法復覓所失之物，然讀此《記略》，足可令人發一慨歎，或又可藉以稍窺先師平生治學、爲人、交遊、收藏等方面之雅尚品調。受業張善文謹記，公元 2002 年 6 月 3 日於福州。

第一類　古物

一、戰國時齊國的“錢刀”三枚，上鑄有篆字“□□”（齊貨）兩字。

二、安南國古錢兩枚，上鑄有“光中通寶”四字。

三、唐代開元錢三枚，上鑄有“開元通寶”四字。

四、《周易卦氣圖》鋅板五塊。

五、《三體石經拓片》一幅。

六、《文信國公像石刻拓片》一幅,上有尚秉和題詩。

第二類　文稿

一、《漢易舉要》第二卷《京氏易》、第三卷《荀氏易》、第四卷《鄭氏易》、第五卷《虞氏易》各稿本四冊。(第一卷《孟氏易》已發表,故存。)

二、《尚氏易要略》稿本兩冊。

三、《喪服淺說》稿本一冊。

四、各種論文稿本一捆。(我也記不得有多少篇了。)

五、《閩北建陽地區古代文物調查報告》一冊(油印本)。

第三類　書籍、信劄、日記

一、書籍,損失太多,我已記不得都是什麼書了!凡有蓋"黃壽祺"、"黃之六"名章的,有簽"黃壽祺"、"黃之六"、"黃六庵"名字的,或書內有批註寫"祺案"、"祺注"、"祺記"的,就是我的了。

二、信劄,我收藏的名人信劄包括章太炎(炳麟)、柯劭忞、王樹柟、吳承仕、高步瀛、劉春霖、朱師轍、范毓桂、章靳以、王西彥等,約一百多封,全被抄去。

三、日記,自1963—1970年的日記被抄去多冊。

第四類　字畫

一、明祝允明中堂字一幅。

二、明文徵明中堂字一幅。

三、明曹學佺直條字一幅。

四、清劉□□畫蕉石一幅。

五、清朱鉷山水一幅。

六、清朱鉷花木一幅。

七、邱仕泉山水畫四幅。

八、林琴南《樓居圖》一幅。

九、賀長齡直條字一幅。(上款題"蘭卿"二字。)

十、黃羲《東坡笠屐圖》一幅。

十一、黃羲《赤壁泛舟圖》一幅。

十二、黃羲《關公像》大中堂一幅。

十三、黃羲《手鋤明月種梅花》一幅。

十四、陳衍字橫披一幅。

十五、洪亮吉對聯兩幅。

十六、林開標大字兩幅。（文爲“逸鶴摩雲，閑鷗戲海”。）

十七、楊廷熙八字對聯兩幅。（文爲“絳雲在霄，威鳳絢采；甘露被野，嘉禾遂生”。）

十八、楊廷熙七字對聯兩幅。（文爲“秋雨畫簾蘇子竹，春煙古壁米家山”。）

十九、文天祥畫像一幅。（上有尚秉和題詩。）

二十、陳親字直條一幅。（上款寫“謹三”，吾祖之字。）

二十一、陳親對聯兩幅。（同上。）

二十二、沈葆楨對聯兩幅。

二十三、宋瞻宸對聯兩幅。

二十四、周蓮對聯兩幅。（文爲“玉笈三山記，金箱五嶽圖”。）

二十五、李凖篆書對聯一幅。（文爲“清風左右至，苦調短長吟”。）

二十六、尚秉和畫《廬山圖》一幅。

二十七、尚秉和畫《後知圖》一幅。

二十八、尚秉和畫《松樹》一幅。（上題“幾經霜劫後，猶是棟梁才”。）

二十九、尚秉和畫《竹石》一幅。（上題“背撫吳仲圭筆意”等字。）

三十、尚秉和手書《送黃生之六南歸序》屏條六幅。

三十一、田文獻書《尚秉和送黃之六南歸序》中堂一幅。

三十二、尚秉和書《次韻答黃之六詩》屏條四幅。

三十三、夏孫桐書屏條六幅。

三十四、吳闓生書唐詩屏條四幅。

三十五、仵傭書屏條六幅。

三十六、郭麐霆書對聯兩幅。（文爲“詩書掃地何須火，忠孝回天卻賴愚”。）

三十七、范毓桂書楚詞一幅。

三十八、包樹棠撰、李鈺書《黃母鄭太夫人六十壽序》六幅。

三十九、楊山光撰、李鈺書《黃母鄭太夫人六十壽詩》兩幅。

四十、吳弗之書長聯兩幅。（文爲“妙義貫通，學窺秦漢以上；悲歌慷慨，歸從燕趙之間”。）

四十一、吳弗之重書長聯兩幅。（文同上。）

四十二、吳弗之畫梅花一幅。

四十三、吳弗之畫未裱的梅、蘭、菊、竹等花卉册葉一捲。

四十四、李可染畫絲瓜一幅。

四十五、柴也愚畫花卉一幅。

四十六、清翟雲升（？）對聯兩幅。（文爲“劉歆建立左氏，許沖表上說文”。）

四十七、清牟庭（？）對聯兩幅。（文爲“硯以靜方壽，詩乃心之聲”。）

四十八、高步瀛寫《題胡綏之雪夜校書圖七言古詩》一幅。

四十九、陳雲誥書對聯兩幅。（上款寫“之六書家教”。）

五十、郭兆祿左書屏條兩幅。

五十一、李霞畫觀音一幅。

五十二、李霞畫《麻姑晉酒》一幅。

五十三、王某關公像中堂一幅，又鯉魚中堂一幅。

五十四、吳弗之畫松樹下坐佛一幅。

五十五、包樹棠楷書對聯兩幅。（文爲“大名雙左海，易學兩京房”。）

五十六、包樹棠隸書對聯兩幅。（文同上。）

五十七、包樹棠楷書對聯兩幅。（上聯不記，只記下聯爲“文章聲氣，咸藉爲徒”，上款“磐石”二字。）

五十八、包樹棠書詩小中堂一幅。

五十九、李若初《春秋鼎盛圖》一幅。（上款“之六”，有題贈詩。）

六十、李若初梅花一幅。（上款“之六”，有題贈詩。）

六十一、林損書《懷宋平子先生詩》條幅一軸。

六十二、尚秉和書《黃鳳石先生五十壽詩》一幅。

六十三、鄭松森書對聯好幾對。

六十四、董其昌書“養身莫若寡欲”六字。

六十五、林子白畫竹一幅。

附記：因時間太久，我丟失之文稿及字畫又甚多，已不能完全默記出來。

凡上款有“謹三”、“鳳石”、“磐石”、“壽祺”、“子鹿”、“之六”、“芝六”、

"六庵"等名字者，均係我家之物，特再注明。黃壽祺又記，1984 年 3 月 5 日。

【附註】

先師此文所記，僅限於"文化大革命"中被抄沒而亡失的各類物品。據我所知，在此之前，先師的不少著作手稿、讀書劄記及舊版古籍，即曾因某些特殊緣故或時局變亂而多次散失，亦令人歎惋。今略附注數條於此，庶可與前文參互省覽焉。

① 約 1935 年前後，先師曾自定《六庵文稿》一卷，收所撰古文稿數十篇。其中部分作品曾在北平《中和報》文學副刊發表過。原稿本後遺失。

② 約與前項同時，先師曾撰《閩東風俗記》一冊，含歲時、冠笄、婚姻、喪葬、祭詩祀等十篇。其中部分內容亦曾在北平《中和報》文學副刊連載發表過，但未刊完。原稿後被人借閱亡失。

③ 1936 年秋冬之間，先師考取第二十九軍抗日幹部培訓班，赴北平南苑接受軍訓四個月。此間曾撰《南苑受訓雜錄》一冊。原稿後於"七七"事變時亡失。

④ 1937 年初，先師接受軍訓畢，被分配至冀察綏署參謀處任"服務員"，奉命編寫義大利與阿比西尼亞戰史。曾擬定先撰寫《阿比西尼亞王國記》十二章，稿成一半，即因"七七"事變而中輟，原稿亦散佚不存。

⑤ 1939 年秋，先師之業師吳檢齋（承仕）先生逝世，先師承擔整理吳先生遺著之任。至 1941 年 11 月，整理出吳先生著作 47 種，並撰成《先師歙吳先生之著述》一文。嗣即南歸，此文稿後亦流失而無以復覓。

⑥ 1938 年至 1941 年間，先師在淪陷區北平近四年中，著有《易學群書平議》（初名《六庵讀易錄》，中改《易學群書述評》，後改今名）七卷，《漢易條例》五卷，《六庵易話》（原名《嵩雲草堂易話》）一卷，《六庵讀禮錄》一卷，《喪服淺說》四卷，《宋儒學說講稿》十四卷，《明儒學說講稿》七卷，《歷代易家考》五卷，《歷代易學書目考》一卷，《尚氏易要義》二卷，並有《六庵讀書劄記》一百餘冊。1941 年底，先師南歸返閩，因日寇在北平正陽門東車站設卡檢查，不準攜帶書稿，臨時將上述稿本轉寄正陽門外興隆街邵武郡館范秋帆先生家。不久，范先生病故，范夫人精神錯亂，子又年幼，輾轉遷徙，無從尋覓范家下落，遂致各稿均亡軼。今惟《易學群書平議》、《六庵易話》、《六庵讀禮

錄》三種因有副本尚得倖存。（謹按，《易學群書平議》已由北京師範大學出版社於1988年出版；《六庵易話》曾分載於《福建師範大學學報》1981年第4期和1982年第1期，後又收入1989年北京師範大學出版社出版的《周易研究論文集》第二輯；《六庵讀禮錄》蓋即1938—1939年間先師爲"續修四庫提要館"撰寫的60多篇"經部禮類"提要，今已刊入中華書局出版的《續修四庫全書總目提要》中。）

⑦ 1982年秋，我隨先師赴北京師範大學商討整理出版吳檢齋先生遺著事宜，此間先師帶我到某學院看望某已故教授的家人（該教授原在福建師範學院中文系任教，爲先師的同事兼朋友，後調京工作），歸途中先師告訴我一件感人的軼事：1941年底，先師從北平南歸之前，曾將十多年間在北平所購置的大批綫裝古籍皆寄存在學生段氏家中。解放初，某教授赴京探家，先師託其順道前往看看書籍的保存情況。教授返閩後云在京事忙，無暇顧及此事。越數年，先師晉京出席會議，特往學生處瞭解書籍之事，學生訝然答曰："數年前老師不是請某教授來瞧過此書嗎？當時他運走了五車（黃包車），只剩下幾本他認爲無價值的仍放在我處。"先師聞言，默然無語。回福建後，先師閉口不談此事，與某教授依然友好相處。我曾問先師："爲何不向其人查詢此事？"先師深有感慨地說道："他也是嗜書如命，況其性格本不羈常禮。人生朋友不多，爲了幾本書而失去一個朋友，頗不值得。且身外之物，求之不盡，其得失亦不因人的意志爲轉移。'文化大革命'期間，某教授的書籍也被抄沒一空，蕩然無存。這些書當時即便藏在我處，最終遭遇豈有兩樣？"聞此數語，我不禁肅然起敬，先師的崇高品格及其對人生事理感悟之深切由此可窺見一斑。先師對此事秘而不宣，故鮮有人知。我曾問黃高憲師兄，他亦未嘗聞及。然由此可知，先師在北京曾散失過一大批書籍，可能其中有不少經過他精批細校的舊籍。（2002年春，經尚林兄協助，我在北京有幸購得一部尚秉和先生所著《周易古筮考》，書中多有先師眉批、校注、考證的手跡，蓋即先師這批流失的書籍中的一種。）

⑧ 1941年底至1949年福州解放，先師前後在福建省立師範專科學校、國立海疆學校等高等學府執教，此間所撰書稿有《先秦文學史》一卷、《左傳要略》一卷、《世說新語注引書考》一卷、《六庵別錄》一卷、《水南讀書劄記》一卷，以及有關《左傳》、《詩經》、《楚辭》、《莊子》、《史記》、《漢書》等專書和文字學、訓詁學、經學概要、國故論著、歷代散文選、詩歌選、詞曲選、國文教材教法、各體文習作、教學實習、大一國文等十多種課程的教材

和講稿。這些書稿、講稿恐亦大都散佚,有待日後考核。（謹按,先師嘗云,舊稿《漢易條例》五卷既在北平丟失,返閩後曾抽暇重撰此書,更名爲《漢易舉要》,"文化大革命"中又被抄沒。依此推考,先師於上文所舉"文化大革命"中被抄沒的《漢易舉要》、《喪服淺說》、《尚氏易要略》三種書稿,可能皆是在舊稿散佚於淪陷區北平而先師返回福建之後所重作的,只是將書名《漢易條例》、《尚氏易要義》改爲《漢易舉要》、《尚氏易要略》。此事亦當再加細考。幾部學術著作,兩度歷劫,重撰而再遭亡軼之厄,知者不能不爲此歎息再三!）

　　以上八條注語,旨在補充先師此文所未涉及的"文化大革命"之前即已散失的文稿、書籍。唯所知有限,缺略宜多,日後有機會當再作充實。十八年前侍先師在京工作之日,師曾說:"將來或許能在北京獲見我當年遺失的舊稿,應細心認取。"此言長年未敢或忘,深盼再有幸像今年春獲得先師手批尚秉和先生《周易古筮考》一樣,更多一些覓得先師當年散佚的遺稿,以進一步弘揚先師的學術成果,裨益於當今的學術界。弟子張善文,公元 2002 年 9 月 25 日記於福州。

　　（據張善文、黃高憲主編《中國易學——2002 年黃壽祺教授誕辰九十週年、2005 年黃壽祺教授逝世十五週年紀念合集》整理,福建教育出版社 2010 年 6 月出版。）

六庵叢纂 【下册】

黃壽祺◎著

人民出版社

下册目錄

【六庵叢纂第三種】

易學群書平議

黃壽祺　遺著

張善文　點校

編校述語

　　《易學群書平議》七卷，先師黃壽祺教授遺著。師早年北學燕京，從尚節之_{秉和}、吳檢齋_{承仕}諸先生游，畢業後在母校北平中國大學及嵩雲、燕冀等中學執教多載。約民國廿七年（1938），經尚、吳二老推薦，參與"北京人文科學研究所"主持的撰寫《續修四庫全書總目提要》工作。書中各篇，大多彼時所作①。卷一論唐以前人易著，卷二至卷六述明清及近代人易著，卷七爲易緯之屬。書首載尚秉和先生及陳遵統先生序各一首②，並作者自敍、凡例等。卷末附作者自撰《易學群書平議提要》及丁超五先生《與邱竺巖丈論易學群書平議札》。名書之旨，據作者《凡例》稱，本清儒俞樾《群經平議》、《諸子平議》之意，故命之曰"平議"。

　　先師生前，嘗命我點校《易學群書平議》原稿，一九八八年六月北京師範大學出版社印行。後又由我重加董理，收入《尚氏易學存稿校理·附編》，二零零五年六月中國大百科全書出版社出版。此次編校，乃以北京師範大學出版社《易學群書平議》爲底本（簡稱"北師大本"），參校中華書局一九九三年七月版《續修四庫全書總目提要·經部》（簡稱"中華本"）及齊魯書社一九九六年影印出版中國科學院圖書館據館藏整理的《續修四庫全書總目提要·稿本》（簡稱"中科圖鈔稿本"）所收諸文，詳爲勘對，務使全書內容儘可能無誤。

---

　　①　一九八二年八月，我曾筆錄先師《自傳》一篇，其中第四部分記錄一九三八年至一九四一年間師在北平的學術活動，有云："我的老師尚節之、吳檢齋諸先生均受聘參加撰寫《提要》（引者按指《續修四庫全書總目提要》）的工作。初時我曾協助吳先生寫了幾篇《禮》類提要，代替尚先生寫了100多篇《易》類提要，又以我自己的名字寫了《易》類提要30篇、《禮》類提要60多篇，還整理了《易類提要目錄》一冊。全書原稿今尚存於北京中國科學院圖書館。"（《福建文史資料》第三十輯《易學宗師黃壽祺》第195頁《黃壽祺自傳》）

　　②　嘗聞先師云，閩籍學者嚴靈峰先生亦賜一序，原在舊稿本中。"文化大革命"期間，因故抽出，遂佚。

　　此書所收歷代易著提要 134 篇,其中 128 篇具見中華本及中科圖鈔稿本《續修四庫全書總目提要》中, 6 篇未收入 ①（蓋或有當時未付用者或有後來續撰者）。惟昔年先師隨尙先生參撰《續修提要》時,頗有代師撰述而署尙先生名以繳稿者,後遵尙先生囑,皆返歸屬先師個人著述 ②。故今所見中華本、中科圖鈔稿本《續修提要》中,有 30 篇署先師名,另有 99 篇仍署尙先生名而未訂正。今皆於各篇下注明之,庶資讀者審知往事,亦藉考先輩學術軼聞。

　　是書辨訂精審,論述平允。尙先生《序》稱:"凡解《易》之書,經黃君商訂解剖,其是非得失,判然立明,如鏡之鑒物,妍媸好醜,毫無遁形。學者苟由其說以求之,絕不至有面牆之歎、歧途之入也。豈不懿哉!"陳遵統先生亦云:"書中搜羅弘富,辨析精確,洵足以補《提要》之缺略,作後學之津梁。"信矣! 知者必謂爲的評。

　　　　　　　　　　公元二零一九年十月歲在己亥霜降日
　　　　　　　　　　弟子張善文謹識於福建師範大學文學院

---

　　① 　此 6 篇爲《周易釋文一卷》（卷一）、《撲蓍演易備考六卷》（卷三）、《河圖洛書考无卷數》、《周易集解纂疏十卷》、《孔易闡真二卷》（卷四）、《周易異同商十卷》（卷六）。

　　② 　尙秉和先生手訂《易說評議》印稿,有旁批云:"内恐有黃之六所作者,日久不能別,容去信要其目錄。"按"之六"即先師之字。先師後輯成《易學群書平議》七卷,尙先生即爲撰序一首,激賞有加。

目 錄

---

① 　典，北師大本作"略"。據中華本、中科圖鈔稿本改。

敍 一

　　最多者《易》解，總五經之注，不如《易》一經之多。而最難①者《易》解，鄉僻之士，據有明以來高頭講章，著爲空泛之說，栩栩自得，輒刊行以淆亂耳目，其間求一能見漢魏古注以資商權者已稀如星鳳。又或傾嚮漢學，見黃梨洲、毛西河斥邵子所傳先天卦象，不加深考而盲從之。豈知先天象與《易》合，左氏爲最古之《易》師，已於《內外傳》一再演繹。鄭康成注《月令》，於未月且明言"巽在未方"；荀爽與九家注《同人》，皆言"乾舍於離，同日而居"；九家注《易·繫》，且言"坤舍於坎，同月而居"。不此之察，至以言先天象爲大戒，其貽誤後學，與空演義理等矣。苟非真知灼見之士，爲揚権其是非，釐訂其得失，後學將胡所適從哉？吾友黃君之六，從余游十餘年，於《易》攻研最久，所得亦最深，嘗匡正余之不逮。又嘗慨《易》注之濫，作《易學群書平議》，凡解《易》之書，經黃君商訂解剖，其是非得失，判然立明，如鏡之鑒物，妍媸好醜，毫無遁形。學者苟由其說以求之，絕不至有面牆之歎、歧途之入也。豈不懿哉！中華民國三十有六年九月二十三日，槐軒老人行唐尚秉和節之甫識於北平，時年七十有八。

---

①　難，北師大本誤"雜"。師嘗云：此字原稿作"難"，宜更正。茲從之。

敍 二

　　八索之學，在吾國群學中實爲最古。當夫渾渾噩噩之世，有聖人者出，思有物焉，以表著天地間之現象與其定理，由是卦爻生焉。後之人踵此而推闡之，擴充之，以誕生形上形下之道與器，而霑丏數千年來之文物。故吾嘗以吾國古代進化史目《周易》，非河漢也。顧易學在群學中爲最難，而解《易》者亦最多而最雜，藉非綜合衆製，有以梳剔而抉擇之，則群言淆亂，無所折衷，而先聖之精神幾於不可見矣。黃君之六，學術湛深，尤邃於《易》。統長協和大學文學院時，嘗引與共事，而君以事不果至。近者執教福建師範專科學校，乃獲昕夕相見。而讀其所著《易學群書平議》，書中搜羅弘富，辨析精確，洵足以補《提要》之缺略，作後學之津梁。誠能本此以治《易》，徘徊歧路不得其門之患，庶可免矣。其嘉惠士林，恢張吾學，豈在小乎？歲中華民國三十六年十二月二十五日，陳遵統易園識於福州，時年七十。

自　敍

　　先君子早歲嘗治《易》，趨庭之際，略聞緒論。然其時方肄業中小學，未暇研習也。年十八，游學北平，始慨然以爲家學之不可以失墜而立身之多愆尤也，遂立志學《易》。且執贄於河北名儒行唐尚節之先生之門，昕夕請益者十有餘年，所讀《易》注亦殆數百種。初未嘗有所札記，戊寅以旋，自維年齒漸長，人事日繁，不有札錄，則所讀之書幾何不爲過眼之煙雲？爰倣古人別錄之法，凡讀一書訖，即撰提要一篇，十年之間凡成稿一百三十有四篇。繕稿既訖，釐爲七卷，名之曰《易學群書平議》。非敢議論前賢，聊輯見聞以備省覽，且以志家學與師承，示不敢忘云爾。中華民國三十六年歲在丁亥九月之望，霞浦黃壽祺記於福州。

凡　例

一、此書依據《四庫全書總目提要》之例，每篇皆先述書名、卷數、版本、著者爵里，如一人而著數書者，其爵里惟見於第一部，後但云某人有某書已著錄。次述全書內容，最後論其是非得失，爲重點所在。故本德清俞氏考論群經諸子之意，名之曰平議。

二、此書頗欲補《四庫全書總目提要》之所未備，故其取材大抵以《四庫》所未收者爲限。若《四庫》已收而版本不同者，亦閒爲論列。

三、編次先後，略依著者登第之年、生卒之歲，爲之排比，或據所往來倡和之人爲次，無可考者則附本代之末。釋、道之流亦各從其時代，不復區分。

四、託名之書，往往以贋作之人難以質言，則仍從其所託之時代爲次，而於文中辨明之。

五、輯佚之書，仍從其原書之時代爲次。

六、《古三墳》及《易緯》等書，《四庫全書總目提要》附錄於《易》類之末，茲仍其例，編列於最後一卷。

七、前賢之著作，有其目而未見其書者，則闕而不論，以俟異日。生存人之著作，雖見其書，亦存而不論，以俟後賢。

八、本書論象，凡引及《焦氏易林》者，皆依本師行唐尚節之先生秉和之說。先生所著《易》注，有《周易尚氏學》、《焦氏易詁》、《焦氏易林注》、《周易古筮考》、《左傳國語易象釋》、《易說評議》、《學易偶得錄》、《周易導略論》、《時訓考》、《卦氣考》、《太玄筮法正誤》等十餘種，讀者所宜參考。又本書每篇均承先生詳爲審定，正訛糾謬，微顯闡幽，獲益良多，尤當永矢弗諼。

丁亥重九節黃壽祺謹識

霞浦黃壽祺之六撰

周易丁氏傳二卷 ①

（玉函山房輯佚書本）

　　馬國翰所輯 ②，載《玉函山房輯佚 ③ 叢書》中。丁氏者，丁寬。寬字子襄，梁人，景帝時爲梁孝王將軍，事蹟具《漢書·儒林傳》。寬受《易》於田何，又從周王孫受古義，傳同郡碭田王孫。《傳》稱寬"作《易說》三萬言，訓故舉大誼而已"。《藝文志》易家："丁氏八篇"。《隋志》不著錄，蓋佚已久。國翰因陸德明《經典釋文·序錄》"子夏易傳"下引荀勖云"丁寬所作"，謂丁傳必本子夏而成，或如毛萇之於《詩》傳，故既輯錄《子夏傳》，又以《子夏傳》爲《丁氏易傳》。今案，《釋文》於《子夏易傳》引《七略》云："漢興，韓嬰傳 ④。"《文苑英華》載唐司馬貞議云："王儉《七志》引劉向《七略》云：'《易傳》，子夏韓氏嬰也。'"明嬰字子夏，故曰子夏韓氏嬰，以別於卜子夏。又《漢書·藝文志》易十三家，有"韓氏二篇"，注"名嬰"，是《韓氏二篇》即《子夏傳》。故臧庸《拜經日記》據《七略》、《漢志》斷爲韓嬰撰。荀勖，晉人，時代遠後於劉向，乃國翰不從向說，徒據荀勖一語，遽以《子夏傳》屬之丁氏，殊爲未審。況張璠嘗云："《子夏傳》，或馯臂子弓所作。"又可以《子夏傳》爲《馯臂子弓易》乎？又唐司馬貞謂："今秘閣有《子夏傳》，載薛虞記。"推國翰之意，則又可以《子夏傳》轉屬之薛虞矣！捨西京大儒之說而不從，反從後來模糊影響揣測之語，亦徒見其疏陋而已。觀孫堂所輯《漢魏二十一家易注》，及黃奭《漢學堂叢書》所輯《易》注，於西

---

　　① 此篇中華本、中科圖鈔稿本署尚秉和先生名，已遵尚囑歸屬黃著。
　　② "馬國翰所輯"上，中華本、中科圖鈔稿本多《周易丁氏傳》二卷"七字。茲依北師大本。蓋作者日後復作修訂時刪，以免與篇題重複。下皆倣此，不復出校。
　　③ 輯佚，中華本、中科圖鈔稿本無此二字。茲依北師大本。
　　④ 傳，中華本、中科圖鈔稿本作"撰"。茲依北師大本。

漢祇輯《子夏傳》及孟、京，皆不及丁氏，誠以其无 [1] 可輯也。无可輯而强以《子夏傳》充之，抑何可笑！國翰字竹吾，歷城人，道光進士，輯宋以前佚書凡六百餘種，爲世所重。獨此《丁氏傳》及《周易韓氏傳》頗涉虛妄，而《丁氏傳》尤甚。恐惑後學，故并辨而駁之。案，宋翔鳳《過庭錄》雖定《子夏傳》爲韓嬰之孫韓商所撰，而商傳其祖之學，商之說亦即嬰之說，故《子夏易傳》當屬韓氏無疑。[2]

京氏易八卷

（木犀軒叢書本）

漢京房撰，清王保訓輯。保訓無錫人，嘉慶庚申舉人，充實錄館校錄、候選知縣。按《漢魏叢書》有《京氏易傳》三卷，王氏於三卷外采錄遺文，著爲是書。凡分八卷：卷一周易章句，卷二易傳，卷三易占上，卷四易占下，卷五易妖占、易飛候，卷六別對災異、易說、五星占、風角要占，卷七外傳，卷八災異後序、周易集林、易逆刺、律術。卷首自目錄外，附載《序錄》、《傳述》、《論證》三篇。共約四萬餘言，凡《京氏易》之遺文散見者，大都具於此矣。尋舊史所載，孟喜受易家陰陽，立十二月辟卦，其說本於氣，以準天時、明人事，授之焦贛。焦贛又得隱士之說五行消復，授之京房。房兼而用之，長於災變，布六十四卦於一歲中，卦直六日七分，迭更用事，以風雨寒溫爲候，各有占驗，獨成一家。孝元立博士。迄東漢末，費直行而京氏衰。晉代猶有傳習者。至《隋志》亡段嘉十二篇，《唐志》又亡災異六十六篇之四十三篇。歷宋明，而《漢志》之八十九篇僅存三卷，蓋京氏學久廢絕矣。此由士夫隨俗，好言禎祥，諱言災變，占候非利祿所需，故古書日亡，即存亦置不省覽，積漸使然也。然而《洪範》演五行，《周官》設眡祲、馮相、保章，《左氏》載魯梓慎、鄭裨竈、晉卜偃、宋子韋之言機祥禍福，著乎天而應乎人，人主因之恐懼修省。占候廢則天變不足畏，人言不足懼矣。易道至大，無所不該，王弼以道家言解

---

① 无，中華本及北師大本皆作"無"。茲依中科圖鈔稿本。謹按，歷來易家說《易》，多承《周易》經傳本文用"无"而不用"無"之例，師及尚秉和先生之行文習慣亦然。下皆做此，不復出校。

② "案宋翔鳳"至"無疑"一節案語，中華本、中科圖鈔稿本皆無。茲依北師大本。蓋一九四七年間師修訂舊稿時增入。

《易》，楊簡以佛家言解《易》，尚得名家，況京氏爲漢易之宗，聽其廢絕，不可惜哉！今王氏輯《易傳》、《易占》、《飛候》、《五星》、《風角》等篇，雖京氏占候不盡此，亦大端具矣。其世應、飛伏、建積、互、游魂、歸魂之說，晁說之能言之，據《叢書》本三卷亦略可尋求。至六日七分之法，見《漢書》本傳孟康注、僧一行《大衍歷議》，則雖謂京氏易亡而不亡可也。惟此書雖輯自王氏，實則經嚴氏可均理董，正訛補闕，始成定本。嚴氏且爲之序，其文載《鐵橋漫稿》卷五中。德化李氏既刻此書，而竟漏刻嚴氏之序，使後人莫知其爲嚴氏之所校補者，亦其疏矣。

王肅易注 _{无卷數} ①

（漢學堂叢書本）

《王肅易注》，甘泉黃奭輯，載《漢學堂經解》中②。肅字子雍，歷官侍中，遷太常，後遷中領軍加散騎常侍，事蹟具見《魏志》本傳。陸德明《經典釋文·序錄》云："子邕，東海蘭陵人，善賈、馬之學，而不好鄭氏。采會同異，爲《尚書》、《詩》、《論語》、《三禮》、《左傳》，又撰定父朗所作《易傳》，皆列于學官。"其《易傳》，《隋書·經籍志》、《唐書·藝文志》均作十卷，《崇文總目》作十一卷。王應麟《困學紀聞》云："王肅注《易》十卷，今不傳。"是其書至南宋已亡。清馬國翰嘗就《正義》、《釋文》、《集解》、《文選》注、《御覽》諸書，輯《周易王氏注》二卷。又以《釋文·序錄》云："爲《易音》者三人，王肅、李軌、徐邈。"定王氏當另有《周易音》。因就《釋文》所引王氏音訓，別作《周易王氏音》一卷，均載《玉函山房輯佚書》中。然其書實甚疏略，較之孫堂《漢魏二十一家易注》中之《王肅周易注》不逮遠甚。蓋堂所輯較馬氏多二十餘事，所引據之書亦多二十餘種。後甘泉黃奭復就孫本輯之，而又據《一切經音義》、鄭剛中《周易窺餘》、熊過《周易象旨決錄》、

---

① 此篇中華本、中科圖鈔稿本署尚秉和先生名，已遵尚囑歸屬黃著。又題下"无卷數"三字，中華本、中科圖鈔稿本無。茲依北師大本。

② "中"下，中華本、中科圖鈔稿本多"奭所輯《陸績易述》已著錄"十字。茲依北師大本。蓋作者日後整理舊稿編爲《易學群書平議》時依例所刪。下倣此，不復出校。

陳士元《易象鉤解》四書增補考訂，故尤密於孫堂。孫堂云：“《北史·儒林傳》稱‘鄭玄《易》大行於河北，王肅《易》亦閒行焉。河南儒生講王輔嗣所注，師訓蓋寡。’由斯而言，肅雖不好鄭氏，而其易學固異於輔嗣，而不遠於鄭者也。”今案肅注，如《噬嗑》九四云：“四體離，陰卦，骨之象。在乾，肉脯之象。”《剝》六四“剝床以膚”云：“坤以象牀，艮以象人。”《睽》上九“後說之壺”云：“三五離大腹似壺。”《中孚》“乘木虛舟”云：“《中孚》之象，外實內虛，有似可乘虛木之舟。”《既濟》六二云：“離爲翟茀。”皆本象以立說，且不廢互體，與《左傳》合，較輔嗣之掃象廢互，只演空理者區以別矣。至其書之文字，與各家異同者，就今所見，且四十事。如《乾文言》上“其唯聖人乎”，“聖人”作“愚人”。《需》“雲上于天”，作“雲在天上”。《比》六三“比之匪人”，“人”下多“凶”字。《觀》“盥而不薦”，“不薦”作“不觀薦”。《益》六三“告公用圭”，作①“用桓圭”。《漸》“女歸吉也”，作“女歸吉利貞也”。又《繫辭上傳》迄於《襍卦》，皆有“傳”字。《說卦》“巽爲臭”，作“爲香臭”。其義往往勝于各家，不獨足資考訂已也。

周易王注殘卷 ②

（上虞羅氏影印敦煌石室唐寫本）

《周易王弼注》第三、第四兩卷，鈔寫本，出敦煌石室。上虞羅氏振玉影印，列《古籍叢殘》中。第三卷存《噬嗑》後數行訖《離》，第四卷存《解》至《益》，並有後題。卷三“虎”字缺筆，“民”字則否，乃唐高祖時寫本。卷四“民”字缺筆，則繕寫略後，然亦初唐人筆也。今以較《釋文》、開成石本及宋以降諸本，有與《釋文》本合者。《賁》“觀乎人文，以化成天下”，注：“解天之文，則時變可知也；解人之文，則化成可爲者也。”兩“解”字，閩、監本並譌作“觀”。阮刻十行本亦誤，瞿氏藏本不誤。而《釋文》出“解天”二字，知陸本亦作“解”。《剝》“剝无咎”，開成本以下均作“剝之无咎”。《釋文》

---

① “作”上，中華本、中科圖鈔稿本多“用圭”二字。茲依北師大本。
② 此篇中華本、中科圖鈔稿本署尙秉和先生名，已遵尙囑歸屬黃著。

出"剝无咎",注"一本作'剝之无咎'"。是陸氏正本亦无"之"字。《復》
"无祇悔",岳本、十行本、閩、監、毛本"祇"均作"祗",《釋文》盧校本亦
作"祗",唐寫本作"祇"。《釋文》言"王肅作禔",古氏、是通,可證"祇"
從氏非從氏也。"有灾眚","灾"諸本均作"災"。《釋文》出"有灾",是
陸本亦作"灾"。《大畜》"煇光日新其德",諸本"煇"作"輝"。《釋文》
"煇,音輝",是陸本作"煇"也。"不犯灾也",注"故能已也"。諸本"能"
下有"利"字。《釋文》出"能已",是陸本亦無"利"字。《頤》"觀我朵
頤,凶",注"而闚我寵祿之競進"。諸本作"闚我寵祿而競進"。《釋文》
出"而闚",與此本合。《大過》"枯楊生梯","梯"諸本均作"稊",《釋文》
盧本同。唐寫本作"梯",《大戴記·夏小正》"柳稊"宋本亦作"梯",知
古本從木旁作"梯"也。"棟橈凶",注"宜其淹溺而凶喪矣"。十行本、閩、
毛本均作"淹弱","喪矣"作"衰也",《釋文》出"淹溺"及"喪"字,盧
本不出喪字,唐寫本有。是陸本亦作"溺",亦①作"喪"。《坎》"入于坎窞,凶",注
"最處欿底"。"欿"諸本作"坎"。《釋文》出"處欿",是陸本不作坎。"象
曰樽酒簋",諸本"簋"下有"貳"。《釋文》出"象曰樽酒簋",注:"一本有
貳。"是陸氏正本無"貳"。"祇既平",十行本、閩、監、毛本並作"祗"。《釋
文》作"祇"。《解》"而百菓草木皆甲坼",閩、監、毛三本"坼"作"拆"。
《釋文》作"坼"。拆、坼古今字。《益》"徧辭也",注:"求益無已,心無恒者
也,無厭之求。"三"無"字諸本作"无"。《釋文》出"無厭",是陸本不作
"无"。此均與《釋文》本合者也。有與《釋文》"一本"合者。《復》"反覆
其道",諸本"覆"作"復"。《釋文》:"反復,本又作覆"。《无妄》"不耕而
穫",諸本無"而"字。《釋文》:"或依注作不耕而穫,非"。《頤》"居貞吉",
注:"得順之吉也"。"順"諸本作"頤"。《釋文》:"得頤,一本作得順"。《大
過》"老夫得其女妻",注:"心無持丟"。諸本"持"作"特"。《釋文》:"特,
或作持"。《坎》"來之坎坎",注"出則亦坎"。諸本"亦"作"之"。《釋
文》:"一本作出則亦坎,誤"。《益》"徧辭也",諸本"徧"作"偏"。《釋
文》:"偏,孟作徧"。此與《釋文》一本合者也。有與孔氏作《正義》所據
本合,今本注文經後人妄改,而《正義》中尚不失孔本之舊者。《大畜》"不

---

① 亦,中華本、中科圖鈔稿本無。茲依北師大本。

犯災也",注"未果其進者也"。諸本"進"作"健"。疏云:"不須前進"。則孔本本是"進"。《益》"王用享于帝①,吉",注"居益以沖"。十行本"沖"作"中"。《正義》:"居益而能用謙沖"。是孔本實作"沖"。此與《正義》本同者也。其有與諸本皆異,而此爲長者。若《賁》"故小利有攸往",注:"剛上而文柔"。諸本奪"而"字。"賁其須",注:"二俱无應而比焉"。諸本奪"二"字。"吝終吉",注:"故施賁於束帛"。諸本奪"施"字。《剝》"剝牀以辨",注:"牀轉欲滅"。諸本奪"牀"字。"剝牀以膚",注:"豈唯消正"。"消"諸本作"削"。《无妄》"不可試也",注:"藥攻於有妄者也"。諸本无"於"字。《頤》"節飲食",注:"言語飲食"。諸本奪"語"字。"居貞吉",注:"以陰而居陽"。諸本奪"而"字。"上九由頤",注:"故物莫不由之"。諸本奪"物"字。《大過》"枯楊生梯",注:"老夫更得其少妻"。諸本奪"其"字。"无咎无譽",注:"而以陽處陽,以陽處陽未能拯危"。諸本奪"以陽處陽"四字。"過涉滅頂,凶",注:"過之甚者也"。諸本奪"者"字。《坎》"來之坎坎",注:"出則無所之,處則無所安"。各本奪兩"所"字。凡此者,皆以此爲長,可據以是正今本者也。振玉嘗作《校勘記》,論列綦詳。茲摘其大要於此,後之君子,其知所寶焉。

薛虞易音注 无卷數 ②

（漢學堂叢書本）

清甘泉黃奭輯。奭所輯《王肅易注》已著錄。虞字及爵里③均無攷,亦不知爲何代人。晉張璠於《子夏易傳》云:"或馯臂子弓所作,薛虞記。"歷城馬國翰據是定爲係漢魏閒儒生,其說未爲有徵。其書《漢書·藝文志》、《隋書·經籍志》均不著錄,陸德明《經典釋文》引其說,亦不詳其著書卷數。《正義》引《子夏傳》下又言:"薛虞記,如今注疏之例。"似其記原附《子夏傳》

---

① 于帝,中華本、中科圖鈔稿本作"帝于"。茲依北師大本。

② 此篇中華本、中科圖鈔稿本署尚秉和先生名,已遵尚囑歸屬黃著。

③ 爵里,中華本、中科圖鈔稿本作"里爵"。茲依北師大本。

内。而《釋文》各引之，又似子夏之傳、薛虞之記，判爲兩書。當是其書在唐已佚，《釋文》、《正義》第從向所徵引者閒採之，其詳不可得聞矣。初馬國翰嘗就《釋文》、《正義》二書所引，得十一節，輯爲一卷，名曰《周易薛氏記》。奭又就熊過《周易象旨決錄》等書增輯，凡得十三節，較馬氏多《離》"大耋之嗟凶"及《井》九三"井渫不食"兩節，稍爲加密。今觀其注"剝牀以辨"云："辨，膝下也。"似優於諸家之望文生義。"以杞包瓜"，言杞柳可爲栖桊以盛瓜，而薛謂"杞柳柔韌宜屈撓 ① 似匏瓜"，則誤矣。至《易音注》之名，蓋本之《釋文》。惟胡一桂《啓蒙翼傳》誤引此書作《虞薛周易音注》，朱彝尊《經義考》又誤據胡氏而別列"虞薛"一家，可謂以訛承訛矣 ②。

向秀周易義一卷 ③

（漢魏二十一家易注本）

　　清孫堂輯。秀字子期，河内懷人，官至黃門侍郎散騎常侍。事蹟具《晉書》本傳。秀嘗注《莊子》，復注《易》。今所注《莊子》郭象竊爲己有，世傳郭象《莊子注》，是向之本書。而《易》則罕傳，隋、唐志皆不著錄。張璠採二十二家《易》爲《集解》，依秀爲本，亦入傳者絕少。唯《正義》、《釋文》及李氏《集解》閒有徵引，堂輯爲一卷。其書採拾精審，較之馬國翰所輯《周易向氏義》殊勝。蓋馬氏之弊，在貪多務得，往往 ④ 不免濫取。如謂："諸凡 ⑤ 引張作某字者，蓋即向本，故亦復向義中。"此何足據？又如解《益》卦注，誤引《正義》語作向注，尤爲紕繆。最後有甘泉黃奭輯本，載《漢學堂經解》，異于馬而同于孫 ⑥，可謂知所去取矣。按《晉書》稱秀"清悟有遠

　　① 宜屈撓，中華本、中科圖鈔稿本無。茲依北師大本。
　　② "可謂以訛承訛矣"，中華本、中科圖鈔稿本作"馬氏辨之甚詳，茲不復贅"。茲依北師大本。蓋後來作者所作修訂。
　　③ 此篇中華本、中科圖鈔稿本署尚秉和先生名，已遵尚囑歸屬黃著。
　　④ "往往"上，中華本、中科圖鈔稿本多"故"字。茲依北師大本。
　　⑤ 諸凡，中華本、中科圖鈔稿本及馬國翰《玉函山房輯佚書》皆作"凡諸"。茲依北師大本。
　　⑥ "最後"至"同于孫"一節，中華本、中科圖鈔稿本作"其後甘泉黃奭《漢學堂經解》輯本，用孫氏而舍馬氏"。茲依北師大本。此蓋作者日後復作修訂時所改。

識,雅好老莊之學"。今觀其解《大過》"棟橈"云:"初爲善始,末是令終,終始皆弱,所以棟橈。"《益》"利涉大川"云:"明王之道,志在惠下,故取下謂之損,與下謂之益。"其說頗類王弼,故於象數之學,獨少發明云。

干寶周易注一卷 [①]

(漢魏二十一家易注本)

　　清孫堂輯。堂所輯《向秀周易義》一卷已著錄。寶字令升,新蔡人。晉元帝時爲著作郎,領國史,出爲山陰令、始安太守,王導以爲司徒右長史散騎常侍。事蹟具見《晉書》本傳。其《易注》十卷,見《釋文·序錄》。《隋志》又有《周易爻義》一卷,又云"梁有《周易宗塗》四卷,亡"。《册府元龜》又載《周易問難》二卷、《周易元品論》二卷,並干寶撰。今皆散佚。元時有屠曾者,始輯其佚,明正德間其孫勳重訂其書,刻在《鹽邑志林》,即今孫堂《漢魏二十一家易注》所據而補訂之本也。明時姚士粦又別輯《干常侍易解》三卷,清歸安丁杰補訂,武進張惠言梓入《易義別錄》。歷城馬國翰 [②] 又據而參校習刊之,載《玉函山房輯佚書》中。孫、馬二家輯本互有詳略,然馬多者一事,孫多者九事。較其得失,孫本爲優。史稱寶"好陰陽術數,留心京房、夏侯勝之傳"。故其注《易》,盡以京氏占候之法以爲象,而援文、武、周公遭遇之期運一一比附之。謂易道猥雜,實自此始。張惠言更發揮其說,以爲干氏之《易》,非京氏之《易》,斥其以干支納卦爻而生五行、四氣、六親、九族、福德、刑殺之說爲顛倒乖舛,又斥其比附周家之事則是以《易》爲讖數之言、妖妄之紀,詞甚嚴峻。平情論之,干氏之注,如以 [③]《蒙》初爻戊寅當"平明之時",誠爲庬雜。然納甲,爲漢儒所通用;五行坎水、離火、坤土、震巽木,《彖》、《象》且明言;又經文於《泰》言"帝乙",於《蠱》、《巽》言"先甲後甲"、

---

　　① 　此篇中華本、中科圖鈔稿本署尚秉和先生名,已遵尚囑歸屬黃著。
　　② 　"馬國翰"下,中華本、中科圖鈔稿本多"甘泉黃奭"四字。又下句《玉函山房輯佚書》下多《漢學堂叢書》五字。又下句"孫、馬二家"作"孫、馬、黃三家","馬多者一事,孫多者九事"作"馬、黃多者二事,孫多者七事"。茲依北師大本。蓋作者日後復作修訂時所改。
　　③ 　以,北師大本無。據中華本、中科圖鈔稿本補。

"先庚後庚"，於《革》言"己日"：是以干支、五行說《易》，未足爲干氏之病。惠言所斥，不爲盡公。獨其擇言不雅，遇卦則比附殷、周故事，怪誕支離，浮泛少當。除以寁爲花朵，恰合震象，與《易林》相同外，餘可取者甚少也。

翟子元易義 无卷數 [1]

（漢學堂叢書 [2] 本）

清甘泉黃奭輯。奭所輯《王肅易注》、《薛虞易音注》均已著錄。陸德明《經典釋文·序錄》云："荀爽《九家集解》有翟子玄，子玄不詳何人，爲《易義》。"張惠言云："李鼎祚《集解》有翟元，翟元蓋即子玄，李書諱'玄'爲'元'，鄭玄字亦如此。"馬國翰云："古人多有名與字同者，如韓伯字康伯之類，或元字子元歟？"依張、馬二氏之說，以元名，子元字。然九家於京房等皆稱名，不應元獨稱字，似亦不協。惟九家次第，翟在姚信之後，則元蓋亦魏、晉間人也。至其書卷數，自隋、唐已不能詳。清儒皆就《釋文》、《集解》二書輯其遺說，張惠言所輯載《易義別錄》，孫堂所輯載《漢魏二十一家易注》，馬國翰所輯載《玉函山房輯佚書》，黃奭所輯載《漢學堂叢書 [3]》。較諸家優劣，惟黃本能據鄭剛中《周易窺餘》、熊過《周易象旨決錄》、魏濬《易義古象通》諸書增補考訂，所獲爲多。子元之生平既不詳，而其書又早亡，無由觀其會通。第就今所見言之，如 [4] 說《隨》象"君子嚮晦入宴息"云："雷者陽氣，春夏用事，今在澤中，秋冬時也。故君子象之，日出視事，其將晦冥，退入宴寢而休息也。"其義最精。餘如說"終朝三拕"云："上以六三錫下二陽，群剛交爭，得不以 [5] 讓，故終一朝之間，各一奪之。"說"革言三就"云："言三就上二陽，乾得共有信據于二陰，故曰革言三就。"皆俚俗無理，棄之亦無可惜也。

---

① 　此篇中華本、中科圖鈔稿本署尙秉和先生名，已遵尙囑歸屬黃著。題下"无卷數"三字中華本、中科圖鈔稿本無，依北師大本補入。

② 　叢書，中華本、中科圖鈔稿本作"經解"。茲依北師大本。

③ 　叢書，北師大本、中華本作"經解"。茲依中科圖鈔稿本。

④ 　如，中華本、中科圖鈔稿本無。茲依北師大本。

⑤ 　不以，中華本、中科圖鈔稿本作"以不"。茲依北師大本。

周易王氏義一卷 [①]

（玉函山房輯佚 [②] 叢書本）

　　王嗣宗撰，清馬國翰輯。載《玉函山房輯佚叢書》中。嗣宗不詳何人，徧考歷代 [③] 史志，亦均无嗣宗《易》注之目。祇陸德明《經典釋文》引其《離》卦音訓三節。於“日昃之離”云：“日昃，王嗣宗作仄，音同。”又“出涕沱若”云：“出，勑類反。”又“離王公也”引“梁武帝云：離，方智反，王嗣宗同。”以嗣宗與梁武並稱，疑嗣宗或是齊梁之間人。惟馬國翰謂：“張璠《集解》序二十二家，有王宏字正宗，弼之兄，晉大司農，贈太常，爲《易義》。疑嗣宗或正宗之別字。弼字輔嗣，或緣此取義。”雖 [④] 無確徵，存之亦足以備一說焉。

周易王氏注一卷 [⑤]

（玉函山房輯佚 [⑥] 叢書本）

　　王凱沖撰，清馬國翰輯。載《玉函山房輯佚叢書》中。凱沖不詳何人，《隋書·經籍志》不著錄，《唐書·藝文志》有《王凱沖注》十卷，疑凱沖或是隋唐間人。其書久佚，李鼎祚《集解》所引凡四節。其說“顯諸仁，藏諸用”云：“萬物皆成，仁功著也；不見所爲，藏諸用也。”又說“富有之謂大業，日新之謂盛德”云：“物無不備，故曰富有；變化不息，故曰日新。”甚有理致。又“天玄而地黃”及“知周乎萬物而道濟天下故不遺”二則，亦演義理。馬氏謂其“蓋宗王弼而衍暢其義”，殆可信云。

―――――――――

　　① 此篇中華本、中科圖鈔稿本署尚秉和先生名，已遵尚囑歸屬黃著。
　　② 輯佚，中華本、中科圖鈔稿本無此二字。依北師大本補。
　　③ 歷代，中華本、中科圖鈔稿本作“《隋書·經籍志》、《唐書·藝文志》以及宋明諸”。茲依北師大本。此蓋作者日後復作修訂時所改。
　　④ 雖，中華本、中科圖鈔稿本作“亦”。又下句“存之亦足”，作“姑存之”。茲依北師大本。此蓋作者日後復作修訂時所改。
　　⑤ 此篇中華本、中科圖鈔稿本署尚秉和先生名，已遵尚囑歸屬黃著。
　　⑥ 輯佚，中華本、中科圖鈔稿本無此二字。依北師大本補。

周易朱氏義一卷 ①

（玉函山房輯佚叢書本）

　　《周易朱氏義》，朱仰之撰。清馬國翰輯。仰之之名，見於李氏《集解》，而《隋書・經籍志》、《唐書・藝文志》均無其目。陸德明《經典釋文・序錄》："荀爽等《九家集解》，注内有張氏、朱氏，並不詳何人。"仰之是否即其人，疑莫能明也。今觀《集解》所録二則，其說"人謀鬼謀，百姓與能"云："人謀，謀及卿士；鬼謀，謀及卜筮也。又謀及庶民，故曰百姓與能。"以鬼謀爲謀及卜筮，已高出諸家。又解《說卦傳》"其於地也爲剛鹵"云："取金之剛不生也，剛鹵之地不生物，故爲剛鹵也。"以兌之剛鹵爲不生物，深合"毀折"之義，較之許愼、虞翻以鹵爲鹹者，其說殊勝。蓋剛者地不柔和，鹵者磽确，皆不生物。《左傳》襄三十五年"楚子木使表淳鹵"，注："淳鹵，塪薄之地。"《釋名》："地不生物曰鹵。"又《焦氏易林》讀鹵爲"魯"。仰之說悉與之同，許、虞誤也。惜衹此二則耳。故表而出之，使學者知此零詞賸語，於經義所關有極重者，且以見李氏集録之精焉。

講周易疏論家義記殘卷 ②

（日本京都帝國大學文學部景印舊鈔本）

　　此書爲日本奈良興福寺所藏，僅存《釋乾》、《釋噬嗑》、《釋賁》、《釋咸》、《釋恒》、《釋遯》、《釋睽》、《釋蹇》、《釋解》九卦。而《釋咸》條題曰"講周易疏論家義記釋咸第十"，知即書名。而卷數與撰人名氏則不可得而知。其書釋義，分設科段，頗類釋家疏論體，而書中又往往用佛經中語。考孔穎達《周易正義序》云："江南義疏十有餘家，皆辭尚虛玄，義多浮誕。若論住内住外之空，就能就所之說，斯乃義涉於釋氏，非爲教於孔門也。"案沖遠所

---

　　① 此篇中華本、中科圖鈔稿本署尚秉和先生名，已遵尚囑歸屬黃著。
　　② 此篇中華本、中科圖鈔稿本署尚秉和先生名，已遵尚囑歸屬黃著。

斥，殆即指此類者而言。又其獨詳於釋《乾》，《噬嗑》以下則較簡略。一書之體不應如此，疑係節錄，非其全本。又鈔胥无識，文字訛奪幾无行无之，致甚難讀，至爲可惜。惟書中所引先儒子夏、京房、馬融、二王、韓康伯之外，疏論之家尚有四人，曰沈居士、曰劉先生、曰朱仰之、曰僕射。此書"僕射"誤"㒒則"，若"僕射"。案沈居士指驎士，劉先生指劉瓛，《南齊書》均有傳。朱仰之事蹟則已不可考。至所謂僕射者，乃指周弘正。據《陳書·弘正傳》，其授尚書右僕射，在陳太建五年。而先儒諸儒及周氏之說經，沖遠芟除者多收在書中，則其成疑在陳、隋之間，蓋猶不失爲六朝舊帙，不得以隋、唐二志不載少之。況書中經注文字，有與今本不同，往往合於《釋文》，若其所謂"一本"者。若《乾》大象"天行健，君子以自强不息"，"强"字《釋文》出"自强"，《唐石經》初刻"彊"，後改"强"，《注疏》閩、監、毛本則亦作"彊"。此書作"强"，與《釋文》合。《噬嗑》九四："噬乾胏，得金矢，利艱貞，吉"。釋文引《字林》云'胏一曰脯也'，子夏作'脯'"。此書亦作"脯"。《咸》彖辭："咸，亨利貞，取女吉。"《釋文》："取，亦作娶，音同。"此書亦作"娶"。均與《釋文》"一本"合，是也。有於《釋文》無徵者。若"恒，亨无咎，利。"王注："恒而亨，以濟三事也。"此書引王注，"以"作"能"。《繫辭傳》"彖者，言乎象者也"，韓康伯注："彖，總一卦之義也。"此書釋《乾》引韓注，"一卦之義"作"一卦之德"，是也。至所引《子夏易傳》，《馬融易注》，沈、劉、朱、周四家《易說》，多前人所未知，足以補馬、黃、孫諸家輯本之闕，裨益學者。是則其可寶貴，亦不特舊鈔之故矣。日本學者狩野直喜嘗跋是書，論列頗詳。茲擷其要著于篇。

周易釋文一卷 [①]

（上虞羅氏影印燉煌石室唐寫本）

　　唐陸德明撰。德明名元朗，以字行。吳縣人，官唐國子博士兼太子中允、贈齊州刺史吳縣開國男。事蹟具新舊《唐書》本傳。此本出燉煌石室，後有

---

① 　此篇詳辨燉煌寫本《釋文》，蓋因文較長，又重作"節篇"付續修提要館。故此篇中華本、中科圖鈔稿本未收，所收者爲"節篇"（詳下篇）。

記五行,記此卷寫于開元二十六年,又記明年校勘,及于晉州衛杲本寫指例略。則此書係唐玄宗時寫本无疑。近人上虞羅振玉影印,列入《鳴沙石室古籍叢殘》中。今按此書起《大有》至卷末,前佚《乾》至《同人》十三卦。取校今本,異同詳略甚多。凡此本所有,爲今本所无者,如《謙》卦多"所惡,烏故反"。《豫》卦多"剛應,應對之應也"。《噬嗑》卦多"於著,張慮反","不重,直勇反"。《剝》卦多"强,其良反","冘,莫浪反","覆,芳富反"。《復》卦多"不省,悉井反"。《无妄》卦多"不造,曹早反","自復,服也"。《大畜》卦多"畜己,紀","猾,于八反,又音骨,剛突反"。《頤》卦多"履夫,符","羨,息練反","嶻,音踪"。《大過》卦多"喪,如字"。《咸》卦多"受人,如字,時胄反"。《大壯》卦多"不長,直良反"。《蹇》卦多"碩,音石"。《夬》卦多"孚號,胡報反"。《革》卦多"己日,上以下越","治曆,直吏反"。《豐》卦多"通夫,符,下同"。《旅》卦多"而當,丁剛反","於難,諾安反"。《巽》卦多"令着,張慮反","其資,作齋者多"。《渙》卦多"大號,呼報反"。《節》卦多"制數,色具反","則嗟,如字,苟作差"。《中孚》卦多"勝,升證反","物挍,交兒反"。《小過》卦多"鳥離,力知反"。《既濟》卦多"之要,於兆反"。《未濟》卦多"捄難,乃旦反"。《繫辭上》多"往復,服之","差,楚佳反","散,蘇旦反","極數,色具反"。《繫辭下》多"覆,芳富反","以斷,都亂反","揉木,如九反,京、姚作柔,《說文》作煣,云屈申木也","典要,於妙反,有音要者"。《雜卦》多"燥,悉早反","整洽,升食反"。《略例上·明象章》多"不見"二字。《明爻通變》章多"非數,色具反"。《辯位》章多"不說,如字"。《略例下》多"以勝,升證反"等是。凡今本所有,爲此本所无者,如《隨》卦無"而天下隨時"、"隨時之義"注。《蠱》卦無"後甲"、"施令"、"育德"、"當事"、"盡承"注。《觀》卦無"而不薦"、"省方"、"觀國之光"、"居近"注。《噬嗑》卦無"械"、"未盡"、"未光大也"、"何校"注。《无妄》卦無"茂對時"、"稼"、"穡"注。《大畜》卦無"日新其德"、"夫能"、"剛暴"注。《頤》卦無"虎視"、"而比"注。《大過》卦無"相過之過"、"老夫"、"滅頂"注。《坎》卦無"險陷"、"處欲"、"出則之坎"、"承比"、"象曰樽酒簋"、"盡平"、"徽"、"叢"、"法峻"注。《離》卦無"畜"、"日昃"、"凶"、"逼近"、"王用出征以正邦也"注。《咸》卦無"各冘"注。《恒》

卦無"而分"注。《遯》卦無"夫靜"、"亢"注。《晉》卦無"未著"、"聞乎"、"得"、"失夫"注。《明夷》卦無"文王以之"、"然後而免也"、"去闇"注。《家人》卦無"以著"注。《睽》卦無"自復"、"元夫"注。《蹇》卦無"之長"注。《解》卦無"解之爲義"、"咎非其理也"、"所任"、"斯解"、"將解"、"以解"注。《損》卦無"偕行"、"遂長"、"尙夫"注。《益》卦無"用圭"、"不爲"注。《升》卦無"允當"注。《困》卦無"固窮"注。《井》卦無"注下"注。《鼎》卦無"尊卑序"、"塞"注。《震》卦無"笑言"、"怠"、"恐致"、"視"、"被動故懼"注。《歸妹》卦無"所歸妹也"注。《豐》卦無"藏"注。《旅》卦無"不快"、"斫"、"所嫉"注。《渙》卦無"用拯"、"逃竄"、"險爭"注。《中孚》卦無"乖爭"注。《既濟》卦無"曳"注。《繫辭上傳》無"盡衆"、"自造"、"則盡"、"咷"、"可重"、"當"、"聖人之道"注。《繫辭下傳》無"貞觀"、"易窮則變變則通通則久"、"則爭"、"喪期"、"無數"、"棺槨"、"而治"、"書契"、"象也者像也"、"蔽"、"蔾"、"其方"、"能循"、"其要"、"貫之"、"而上"注。《說卦傳》無"天"、"矯"、"爲薄"注。《序卦》無"爭興"、"所比"、"所畜"、"以否"注。《略例下》無"拯弱"、"遯浸"、"長"、"難在"、"亨在"、"大壯觸"、"蕃"、"明夷最遠"、"最近"、"而難"、"能溺"注,等是。凡此本所有,而足以證明今各本之是非謬誤者,如《大有》"用亨"注,各本皆作:"干云,亨,宴也。"惟宋本、盧本"亨"作"享"。今按此本作"饗",饗、享字同,足證宋本、盧本是而各本非。《蠱》"不累"注,各本作:"力僞反"。惟監本、盧本作"劣僞反",與此本合。《噬嗑》"噬"字注,各本作:"市利反"。惟宋本、盧本作"市制反",與此本合。《賁》"其須"注,監本作:"水邊作須非"。各本"非"上皆無"須"字,與此本合,足徵監本之非。"翰"字注,各本均作:"鄭云,白也",與此本合。獨盧本"白"作"幹",與此本異。則作白者是,作幹者非也。《剝》"貫魚"注,各本或作"徐音宮",或作"徐音館"。獨宋本、盧本作"徐音官",與此本合。足見作宮、作館者之誤。《復》卦"復"字注,各本作"服",與此本合。而閩本作"音復",監本作"音覆",皆非。"无祇",各本均作"祇"。獨宋本作"祇",與此本合。足徵宋本是而各本非。"无祇"注:"九家本作多",各本皆與此本合。獨盧本"多"作"敪",與此本異。足見《釋文》原作"多"不作"敪"也。《大畜》"篤實輝光”，各本均作“輝”。獨宋本、盧本作“煇”，與此本合。則作“煇”者是也。其注各本皆作“音揮”，獨宋本作“音煇”，與此本合。則作“音煇”者是也。“輹”字注，各本均作：“伏菟上軸，上似之”。惟盧本“上軸”作“在軸”，與此本合。可證盧本是而各本非。“良馬逐”注，各本均作：“兩馬疋也”，監本“疋”又作“是”。獨盧本“疋”作“走”，與此本合。“險陁”注：“於厄反”，各本均作“厄”。獨宋本、盧本“厄”作“革”，與此本合。《頤》“朵”字注：“京作揣”。“揣”各本均訛作“瑞”，獨盧本與此本合。《坎》“枕”字注：“徐舒鴆反”。各本均作“舒”。惟宋本、盧本“舒”作“針”，與此本合。“祇”字注：“又上支反”。各本均作“上”，獨監本作“止”，阮元謂作“止”者是。按之此本，仍作“上”不作“止”，則作止者未必是也。《離》“牝”字注：“又抉死反”。各本均作“死”，與此本合。獨監本“死”作“允”，與此本異，則作允者非也。“涕”字注：“徐他米反”，各本“米”或作“木”、或作“李”。“遯”字注：“匿迹避時”，各本“迹”訛“亦”。此二處獨宋本、盧本與此本合。《明夷》“左股”注：“日隨天左旋也”。“旋”各本或訛“音”、或訛“行”。獨補盧本作“旋”，與此本合。《家人》“愛樂”，各本“愛”字均訛“樂”。“睽”字注：“目不相聽也”，各本均訛“聽”爲“視”。“損”字注：“虧減之義也”，又“《序卦》云：緩必有所失”，各本多訛“虧”作“省”、“緩”作“損”。此三處獨宋本、盧本與此本合。“徵”字注：“蜀才作澄”，各本皆訛作“證”。盧本作“澂”，云“舊本作澄”，阮元論當作“澂”。而此本與盧本所引之舊本合。“夬”字注：“決也”，各本訛“決”作“佚”。“次”字注：“鄭作越”，各本訛“越”作“趍”。此二處獨宋本、盧本與此本合。《姤》“以杞”注：“馬云，大木也”，“木”各本誤作“本”。《升》“冥”字注：“覓經反”，各本“覓”誤“見”。此二處獨盧本與此本合。《困》“株木”注：“張愚反”。“愚”各本或誤“一”、或誤“于”，盧本“一作慮”。獨宋本作“愚”，與此本合。則作“愚”者是，而作一、作于、作慮者皆非也。“數歲”注：“色柱反”，各本皆與此本合。獨盧本改“柱”爲“主”，與此本異。“刖”字注：“五刮反”。各本“五”或誤“方”、或誤“王”、或誤“於”，獨盧本與此本合。則盧本是，而作方、王、於者誤也。《井》“以矞”注：“力報反，注同”，“注”各本或誤“二”、或誤“下”。獨補宋本、盧本作“注”，與此本合。“甃”字注：“本云以甎壘井曰甃”。“本”字難通，宋本、盧本作“干”，謂干寶。而此本則作才,謂蜀才。《鼎》"雉膏"注:"食之美者"。"者"各本多訛作"也",獨宋本、盧本與此本合。《震》"以成","成"各本或作"威"。獨宋本作"盛",與此本合。《漸》"衎衎"注:"馬云饒衍"。各本或誤作"讒衍"、或誤"饒行",均不可通,賴此本得解。《歸妹》"知弊"注,各本作"釋也反",補盧本作"婢世反",而此本作"婢勢反"。世、勢音同,則可證明作"釋也"者非。"以須"注:"荀、陸作嬬"。"嬬"各本多訛作"孺",獨宋本、盧本與此本同。《豐》"則溢"注:"本或作方溢者非"。各本"方"或誤"云"、"溢"或誤"益",賴此本得正。《中孚》"爾靡"注:"亡彼反",各本皆與此本同。獨宋本"彼"作"波",則宋本誤也。《繫辭上傳》"繫"字注:"徐胡詣反"。各本"詣"或誤"請"、或誤"計",惟盧本與此本合。《震》"无咎"注:"周云救也",各本誤"救"作"威"。"功贍"注:"涉艷反",各本誤"涉"作"先"。此二處惟宋本、盧本與此本合。"而知"注:"明僧紹音智"。各本誤"紹"爲"知",惟補盧本與此本合。"成象"注:"蜀才作盛象"。各本多誤"才"爲"本",獨宋本、盧本與此本合。"典禮"注:"姚作典體",各本均誤"體"爲"禮"。"議之"注:"陸、姚作儀之",各本"陸"均作"鄭"。此二處獨補盧本與此本合。"子和"注:"胡臥反"。各本"胡"均作"明",補盧本又作"和",皆與此本不同。"期"字注:"音基",各本均誤"基"爲"朞"。《繫辭下傳》"盡會"注:"津忍"反,各本均作"丁迴反"。"隤然"注:"大回反","大"各本均作"人"。此三處惟補盧本與此本同。"氏"字注:"庖犧氏太皞","氏"各本多訛"取"。"下治"注:"章末同",各本"章末"多訛"草木"。"暴客"注:"鄭作虣","虣"各本多訛"鞁"。此三處獨宋本、盧本與此本同。"介于"注:"衆家作砎"。各本多誤"砎"爲"介",獨宋本與此本同。"數也"注:"色主反"。各本均訛"主"作"柱",宋本又作"拄"。獨補盧本校改作"主",與此本合。《說卦》"水火不相逮"注:"一音大計反","大"各本均作"七"。"少男"注:"詩照反,下少女皆同",各本"詩照"訛"許黨","少女"訛"必之",皆不可通。此二處亦惟補盧本與此本合。"駁",各本多訛"駏"。獨宋本、盧本與此本合。"爲旉"注:"鋪爲花兒,謂之藪"。"兒"各本或誤作"泉"、或訛作"朵","藪"各本多訛作"敷",均賴此本得正。"顙"字注:"的顙,白顛","白"各本多訛"曰"。"反生"注:"麻豆之屬","麻"各本或作"豌"。此二處惟宋本、盧本與此本合。

“乾卦”注：“古丹反”。“丹”或訛作“免”、或訛作“完”，獨補宋本、盧本與此本合。“蟹”：“戶買反”。“買”各本訛作“賣”，獨監本、盧本與此本同。“爲羊”下注：“爲直”、“爲牝”、“爲牝牛”。各本多訛“直”爲“首”，“牝”爲“作”，“牝牛”爲“此字”。獨補盧本與此本合。“爲楊”或訛“爲揚”，“爲可”或訛“爲河”，“爲叢棘”或訛“爲叢梗”，亦賴此本證明其誤。亦有今本不誤，而此本鈔寫顯然錯誤不可從者，如《蠱》卦“復始”，誤作“復洽”。又《復》卦“最比”，誤“軍比”。《恒》卦“振恒”，誤作“振恤”。《夬》卦“莫夜”注：“鄭云無夜非一夜”。“非一夜”誤作“悲夜”。《豐》卦“鄣”，誤作“彰”。又有今本與此本先後次序不同者，如今本《賁》卦“皤”、“翰”、“嬪”等字，在其“趾”、“舍”、“車”之下，此本則反在其上。今本《姤》卦“包有”注先鄭、次虞、次荀，而此本先荀、次鄭、次虞，皆與今本序次異。又此本引用人名書名，往往簡省，至與今本異者。如此本引《子夏傳》多省作“夏”，王肅多省作“肅”，蜀才多省作“才”，荀柔之多省作“荀”，陸績之“陸”時寫作“六”，《廣雅》多省作“廣”，《志林》多省作“志”。其他今本與此本俱有之文，而彼此先後顛倒異同詳略之處，尤不勝臚舉。夫古籍淪亡，不可勝數，雖宋、元鐫本，今已寥寥不易多覯，況此唐人手寫之本，竟歷千餘年而獨幸存，且又足資考證如是？真經苑之秘籍，藝林之鴻寶已。

周易釋文一卷 ①〔重作節前篇〕

（上虞羅氏影印燉煌石室唐寫本）

唐陸德明撰。德明名元朗，以字行。吳縣人，官唐國子博士兼太子中允、贈齊州刺史吳縣開國男。事蹟具新舊《唐書》本傳。此本出燉煌石室，後有記五行，記此卷寫于開元二十六年，又記明年校勘，及于晉州衛杲本寫指例略。則此書係唐玄宗時寫本无疑。近人上虞羅振玉影印，列入《鳴沙石室古籍叢殘》中。今按此書起《大有》至卷末，前佚《乾》至《同人》十三卦。取校今本，異同詳略甚多。凡此本所有，爲今本所无者，計四十餘則。其中最

---

① 此篇中華本、中科圖鈔稿本署尙秉和先生名，已遵尙囑歸屬黃著。

要者,如《繫辭下》出:"揉木,如九反。京、姚作'柔'。《說文》作'煣',云'屈申木也'。"諸本皆无此文,而此本獨有。凡今本所有,爲此本所无者,計一百二十餘則。如《隨》卦不出"而天下隨時"及"隨時之義"注,《坎》卦不出"出則之坎"及"象曰樽酒簋"注,《離》卦不出"王用出征以正邦也"注,《明夷》卦不出"文王以之"及"然後而免也"注,《歸妹》卦不出"所歸妹也"注,《繫辭下》不出"易窮則變,變則通,通則久"及"象也者像也"注。此皆諸本所有之文,而此本獨无。又凡此本所有,而足以證明今各本之是非謬誤者。如《剝》"貫魚"注,各本或作"徐音宮",或作"徐音館"。獨宋本、盧本作"徐音官",與此本合。足見作宮、作館者之誤。《復》"无祇","祇"各本均從"氏",獨宋本從"氏",與此本合。足徵宋本是而各本皆非。《大畜》"輹"字注,各本均作:"伏菟上軸,上似之"。惟盧本"上軸"作"在軸",與此本合。可證盧本是而各本非。《明夷》"左股"注:"日隨天左旋也","旋"各本或訛"音"、或訛"行"。獨補盧本作"旋",與此本合。《漸》"衎衎"注:"馬云饒衎"。各本或誤作"讒衎"、或誤作"饒行",均不可通,賴此本得解。《說卦》"少男"注:"詩照反,下少女皆同"。各本"詩照"訛"許黨","少女"訛"必之",皆不可通。惟補盧本與此本合,足證補盧本是而各本皆非。又"爲羊"下注:"爲直"、"爲牝"、"爲牝牛"。各本多訛"直"爲"首","牝"爲"作","牝牛"爲"此字"。獨補盧本與此本合。"爲楊"或訛"爲揚","爲可"或訛"爲河","爲叢棘"或訛"爲叢梗",亦賴此本證明其誤。若此之類,可七十餘條,最爲可貴。亦有今本不誤,而此本鈔寫顯然錯誤不可從者。如《蠱》卦"復始",誤作"復洽"。又《復》卦"最比",誤"軍比"。《恒》卦"振恒",誤"振恤"。《夬》卦"莫夜"注:"鄭云無夜非一夜","非一夜"誤作"悲夜"。又有今本與此本先後次序不同者。如今本《賁》卦"皤"、"翰"、"媾"等字,在"其趾"、"舍"、"車"之下,此本則反在其上;今本《姤》卦"包有"注先鄭、次虞、次荀,而此本先荀、次鄭、次虞,皆與今本次序異。又此本引用人名、書名,往往簡省,至與今本異者。如此本引《子夏傳》多省作"夏",王肅多省作"肅",蜀才多省作"才",荀柔之多省作"荀",陸績之"陸"時寫作"六",《廣雅》多省作"廣",《志林》多省作"志"。其他今本與此本俱有之文,而彼此先後顛倒、異同詳略之處,尚不勝臚舉。夫古籍淪亡,不可勝數,雖宋、元鎸本，今已寥寥不易多覯，況此唐人手寫之本，竟歷千餘紀而獨幸存，且又足資考證如是？真經苑之秘籍，藝林之鴻寶已。

周易釋文一卷 ①

（明初刻八行大字本）

　　唐陸德明撰。此本附明初刻八行大字本《周易正義》後，首末完具。取校今本，頗有異同，其優劣可得而言。其劣於今本者，則訛謬之字過多。如《乾》卦"以辯"注："辯，便免反"。"便"誤"扶"。《屯》卦"得主則定"注："本亦作則寧"。"寧"字上脫"則"字。又"相近"注："下近五同"。"五"誤"王"。又"君子幾"注："徐音祈"。"音"誤"者"。"之易"注："以豉反"。"博施"注："式豉反"。兩"豉"字均誤作"鼓"。《訟》卦"惕"字注："皆通"。"皆"誤"旨"。《比》卦"有它"注："本亦作他"。"他"誤"它"。《履》卦"跛"字注："依字作彼"。"彼"誤"破"。《泰》卦"否道"注："備鄙反"。"反"誤"又"。《同人》卦"物黨"注："物或作朋"。"朋"誤"明"。《大有》卦注："包容豐富之象"。"包"誤"句"。"用亨"注："衆家並香兩反"。"家"誤"蒙"。《謙》卦"撝"字注："鄭讀爲宣"。"宣"誤"宜"。《豫》卦注："備豫也"。"也"誤"屯"。"殷薦"之"殷"誤"毀"。"簪"字注："《坤蒼》同"。"坤"誤"睡"。"王肅又祖感反"，"又"誤"人"。《隨》卦"未正中也"，"未"誤"位"。《噬嗑》卦"有間"注："如字"。"字"誤"宏"。"腊②肉"注："晞於陽而煬於日曰腊肉"。"肉"誤"内"。"肺"字注："荀、董同"。"董"下脫"同"字。《復》卦"頻復"注："鄭作顰"。"顰"誤"卑"。"有灾"注："本又作災"。"災"誤"灾"。《无妄》卦"不祐"注："鄭云助也"。"鄭"誤"馬"。《大畜》卦"輹"字注："輹似人屐"。"輹"誤"輾"。"之牙"注："鄭讀爲互"。"互"誤"玄"。《離》卦"日昃"注："王嗣宗本作仄"。"仄"誤"反"。

---

①　此篇中華本、中科圖鈔稿本署尚秉和先生名，已遵尙囑歸屬黃著。

②　腊，北師大本誤"臘"。據中華本、中科圖鈔稿本改。下句"腊"倣此。

《咸》卦"腓"字注:"鄭云膊腸也"。"腸"誤"膓"。"縢"字注:"鄭云送也"。"送"誤"进"。《睽》卦"相比"注:"毗志反"。"毗"誤"略"。《解》卦"之稱"注:"尺證反"。"尺"誤"反"。《益》卦"用亨"注:"許庚反"。"庚"誤"夷"。《夬》卦"頄"字注:"面顴"。"顴"誤"觀"。"牽羊"注:"子夏作掔"。"掔"誤"挈"。《姤》卦"蹢"字注:"一本作躑"。"躑"誤"擲"。《萃》卦"一握"注:"握當讀爲夫三爲屋之屋"。"夫"誤"去"。《井》卦"射"字注:"徐食夜反"。"食"下脱"夜"字。"甕"字注:"淳水器也"。"淳"誤"亭"。《鼎》卦"以木巽火亨"注:"本又作肓"。"肓"誤"宮"。《豐》卦"沬"字注:"鄭作昧"。"昧"誤"妹"。《旅》卦"所嫉"注:"《字林》音昔"。"昔"誤"自"。《渙》卦注:"離宮五世卦"。"五"誤"三"。"繫辭上"注云:"王輔嗣止注大經"。"大"誤"六"。"鼓之"注:"虞、陸、董皆云,鼓,鼓動也"。"董"誤"薰"。"天下之道"注:"一本作天地"。"天"誤"大"。"也專"注:"陸作摶"。"摶"誤"專"。"以言者"注:"下三句無以字"。"以"誤"一"。《繫辭下》"包"字注云:"白交反"。"白"誤"曰"。"剡木"注:"《字林》云,銳也"。"林"上脱"字"字。"爻繇"注:"服虔云,抽也"。"抽"誤"袖"。"因貳"注:"鄭云,當爲式"。"式"誤"貳"。"則居"注:"王肅音基"。"基"下衍"辭"字。《說卦》"蓍"字注:"士三尺"。"士"誤"十二"。"《毛詩草木疏》云,似虆蕭"。"似"誤"以"。"發揮"注:"鄭云揚也"。"揚"誤"楊"。"六位而成章"注:"本又作六畫"。"畫"下衍"一"字。"爲亟"注:"王肅去記反"。"去"誤"云"。"爲羊"注:"乾爲直"。"直"誤"宜"。"不同故記於此","同"誤"周"。《序卦》"之緼"注:"本又作蘊"。"蘊"誤"緼"。《襍卦》"上升"注:"下文離上并注同"。"文"誤"女"。《略例·明象》"動不能動"注:"一本作天地不能制動"。"本"上脱"一"字。《明象》"在兔"注:"字又作菟"。"菟"誤"寃"。《卦略》"明昧"注:"皆末貝反"。"末"誤"夫"。又干寶之"干"盡誤作"于",凡"无"字均誤作"無"。凡此,皆謬誤無當,劣於今各本者也。其勝於今各本者,如《坤》"括"字注:"《方言》云,閉也"。"閉"各本多誤"閑"。《大過》"弱"字注:"下救其弱"。"弱"各本多誤"二"。《家人》"愛樂","愛"各本多誤"樂"。"損,孫本反"。"孫"各本多誤"豫"。"夬,決也"。"決"各本多誤"佚"。《漸》

"衍衍"注:"馬云饒衍"。"饒衍"各本或誤"譏衍"、或誤"饒行"。《歸妹》"承筐"注:"鄭作匡"。各本"鄭"多訛"郊"。《豐》"沛"字注:"鄭、干作芾"。"芾"各本或誤"常"、或訛"芾"。《繫辭上》"盡聚",各本"聚"多訛"衆"。"功瞻"注:"涉艶反"。"涉"各本或訛"先"、或訛"失"。"而知"注:"明僧紹音智"。"紹"各本多訛"知"。"成象"注:"蜀才作盛象","不德"注:"蜀才作置"。兩"才"字各本多訛作"本"。《說卦》"少男"注:"時照反,下少女皆同"。各本"時照"多訛"許黨","少女"多訛"必之"。"爲甹"注:"鋪爲花兒謂之薮"。各本"兒"多訛"泉","薮"多訛"敷"。"反生"注:"陸云,阪當爲反"。各本多訛"阪"爲"反"。而此本均與阮校所定之字合。此其優於今各本者也。校其得失,瑜不掩瑕。故詳爲論列,俾後之君子有所抉擇焉。

參兩通極六卷 ①

（洧上崇信堂刊本）

　　明范守己撰。守己字介儒，號岫雲，河南洧川人。萬歷甲戌進士，官至兵部侍郎。著《肅皇外史》四十六卷，《四庫提要》② 列史部襍史類存目；又《御龍子集》七十七卷、《郢堊集》十二卷，《四庫提要》均列集部別集類存目。《參兩通極》六卷，即係《御龍子集》中之一種，清光緒己丑邑人姚勳爲重刻單行本傳世，即此本也。其書乃摹仿《太玄》、《潛虛》、《皇極經世》諸書而作。所以謂之《參兩通極》者，蓋取《說卦》“參天兩地以倚數”之義。卷首有《數原》、《乘原》、《位原》、《七十二乘總目》、《蓍法》等五篇，及《疇卦圖》、《參兩通極圓圖》、《八經九緯圖》、《九經八緯圖》、《疇卦九變圖》等五圖。卷一至卷六則皆《通極》正文，最末附有《音釋》一篇。大意謂天之道盡于九，地之道盡于八，九八合而歲功成，是爲“數原”。於八卦之外，別立元、息、進、隆、中、消、殺、沮八卦名，以八卦與九疇相乘爲七十二乘，以當七十二候；乘有五位，合三百有六十，以應一期之數，是爲“乘原”。初下終上，初二三曰奇曰偶，爲卦之儀，四上曰少曰壯曰老爲疇之序，是爲“位原”。又以圖以積數五十有五，書之積數四十有五，總之爲百，故蓍用百莖。變《大象》曰繹，變《彖傳》曰勇，變《小象》曰繇。末又爲源索、撰索、元索、曜索、輻索、用索、頤索、筮索等“索辭”八篇，以擬《繫辭》。明神宗嘗褒守己爲“學貫天人”，而修《四庫》③ 之館臣於《御龍子集》提要中，則譏此書爲在“僭經諸書之下”。要之，自子雲作《太玄》以擬《易》，世之論者即非一端，譽之者或憾不及見其傳，或以爲過於《周易》；毀之者或以爲將覆醬瓿，或比之吳楚之稱

---

　　① 　此篇中華本、中科圖鈔稿本署尙秉和先生名，已遵尙囑歸屬黃著。

　　② 　《四庫提要》，中華本、中科圖鈔稿本作“前《提要》”。茲依北師大本。蓋作者日後復作修訂時所改。下句“《四庫提要》”倣此。

　　③ 　“《四庫》”上，中華本、中科圖鈔稿本多“前”字。茲依北師大本。

王,或以爲以艱深之辭文膚淺之理。見仁見智,存乎其人。守己之作,雖上不足以與楊子《太玄》等量齊觀,要不失爲僞關朗《洞極》、司馬氏《潛虛》、邵氏《皇極經世》、蔡氏《洪範皇極》諸書之支流餘裔。獨怪其陰師諸書之意,陽變其貌,而乃妄自稱許,出言誇大,自詡其識"足以補千古所未備",竟歷詈子雲、子明、君實、堯夫、九峰之書一若無一可稱者,何其不知量也!

問易補六卷續錄一卷 ①

(山草堂集 ② 本)

明郝敬撰。敬京山人,字仲輿,號楚望。萬曆己丑進士,官永嘉、縉雲二縣知縣,累遷戶科給事中,降宜興縣丞,移知江陰縣。《明史·文苑傳》附見《李維楨傳》。敬於九經皆有著述,於《易》尤多,有《周易正解》、《易領》、《談易》、《問易補》、《學易枝言》等。《問易補》凡六卷,《續錄》一卷。據其《自序》,其甥田文宰以諸生學《易》,取其《易解》字比句櫛,摘疑義若干條請益,屬諒闇廢業久之,溫故補其闕略。然則此書之作,乃由其甥之問,因著論以補《周易正解》之闕,故曰《問易補》也。其序又言:"余幼授《毛詩》,疑朱傳淺率。與同學聽受《易》者說《易》,其淺率尤甚於《詩》。"敬蓋深不滿於程傳、朱義之空言義理者。故此書雖有議論,而頗知注重象數。惟其於象數用力仍淺,漢魏古注亦未涉覽,故所言每多支離穿鑿。如說《蒙》九二"納婦,子克家"云:"易道尙變,卦體伏澤火《革》,反下成《暌》。《暌》自《家人》來,家道首善,故尙蒙。家人之蒙,莫如婦子,故其象如此。"夫說《蒙》卦之義,乃舍《蒙》卦本象不說,而求之於伏卦《革》,已屬不當。求之伏卦《革》又不得,再求之《革》之反象《暌》,本无是理。不意求之《暌》尙不可得,更須求之《暌》所從變之卦《家人》以成其象。其爲迂遠,不已甚乎!書中如此取象者甚多,舉一以概其餘。然敬於象數雖疏,於易理則頗有所入,閒有善言可採。如云:"貞在人爲智,在天爲冬,在氣爲水。水爲生物

---

① 此篇中華本、中科圖鈔稿本署尙秉和先生名,已遵尙囑歸屬黃著。

② 集,北師大本無。據中華本、中科圖鈔稿本補。

之源,知爲作聖之本,冬爲生物之根。萬物至冬收斂歸藏,元氣堅凝,故曰貞固。"此疏貞義尙爲明晰。又釋《謙》"天道下濟"云:"濟,止也,艮之德也,與霽同。雨止曰霽,風止曰濟。《莊子》云'厲風濟,衆竅爲虛'是也。"以濟爲霽、爲止,說與艮義密合,較舊說有進。又駁先儒讀《坤》彖以"先迷後得"句、"主利"句之非,謂主卽乾,坤以乾爲主,主當屬上讀。不襲程、朱之誤解,在明儒中固不失爲不隨流俗者也。

學易枝言四卷 ①

(山草堂集 ② 本)

　　明郝敬撰。敬著《問易補》已著錄。此編名曰《學易枝言》者,據其自作《題辭》云:"經曰'中心疑者其辭枝',余學未忘疑,道其實而已矣。"則是所謂"枝言"者,乃心有所疑之意。全書雖是四卷,實則敬自撰者僅前兩卷,其後兩卷則附刻其友鮑士龍之《易說》。士龍字觀白,永嘉郡博士,精於《易》,敬官永嘉時嘗就問《易》者也。今觀敬所著前兩卷,卷之一凡五篇,曰《易理》、曰《易數》、曰《陰陽》、曰《動靜》、曰《五行》;卷之二亦五篇,曰《人身》、曰《易畫》、曰《易卦》、曰《易象》、曰《易學》。其書前後之說多相矛盾。如《易理》篇論易道神化、易道通變、易道易簡,力駁周濂溪主靜之說,謂:"中正仁義盡之矣,必曰定之,必曰主靜,則聖鮮言焉。故《論語》二十篇不言主靜。"此顯然不以濂溪主靜之說爲然。然《陰陽》篇又云:"聖人主靜,寂然不動,感而遂通天下之故,則無偏枯之疾,可以贊天地之化育,可以與天地參。此聖人之真修,生生不已之大道。"觀此論,則是極贊主靜之功,與前駁濂溪說正相反,矛盾之甚。又如《陰陽》篇先謂:"聖人崇陽抑陰,以三才不可一日無陽。"其下又言:"先儒謂《易》尊陽貴剛,此學術所以差也。"《易學》篇亦謂:"先儒說《易》最差者,以易道用剛。"夫聖人既是崇陽抑陰,陽剛陰柔,則先儒謂易道尊陽貴剛,又有何差何誤乎? 此亦具見其前

----

① 此篇中華本、中科圖鈔稿本署尙秉和先生名,已遵尙囑歸屬黃著。

② 集,北師大本無。據中華本、中科圖鈔稿本補。

後之矛盾矣。又書中屢詈管、郭之占筮，並謂："朱元晦以《易》爲卜筮之書，蓋惑於襍家隱怪之説。"夫筮人之職立於《周官》，尚占之辭明見《繫傳》，而占筮之驗則《春秋內外傳》載之尤詳，及秦焚書而《易》且以卜筮獨存，朱子又何隱怪之惑乎？若以朱子尊信經傳舊聞猶爲惑於隱怪，則書中《人身》、《易卦》諸篇多論養生家提咽之術，明出道家，不尤爲隱怪乎？信矣其爲枝言也！至後半所附《鮑子易説》，大旨發揮致良知良能之學説，而多襍道家之言，蓋敬《人身》、《易卦》諸篇之所本也。

劉子易屬五卷 ^①

（明刻本）

此書祇題《劉子易屬》，而不著其名字官職。惟前有一《序》，末署"萬曆庚辰冬十月辛亥，弟伯爕頓首書"，知其爲明末人劉伯爕之兄。又據 ^② 所述，而知其書爲伯爕子廖所筆錄，本係未竟之書。所以謂之《易屬》者，取其可行之意。案此書《明史·藝文志》不載，惟《傳是樓書目》云"明劉伯生撰"。張仲炘《湖北通志》卷七十七"藝文一經部"云："伯生，安陸人，文學有傳。"注云："案是書《孝感志》作《易屬素言》，《安陸志》作《易屬瀞言》，幾莫辨其當何屬。惟《傳是樓書目》云《劉子易屬》五卷，列《易》類論説門。其《素言》、《瀞言》亦各自爲書，屬子部儒家、襍家兩類。"今考此書，書名卷數皆與《傳是樓書目》相符，當爲劉伯生撰无疑。又案《湖北通志》卷一百五十一"文學傳"云："劉伯生，字大鶴，孝感人。原注：《安陸縣志》亦載之，今據太學題名碑定爲孝感人。嘉靖乙丑進士，授上蔡知縣，擢南京吏部主事。以母老乞歸，讀書養親，著述日富。初與弟伯爕同舉於鄉。"云云。又卷一百三十五"列傳三"云："劉伯爕，字元甫。隆慶戊辰進士，爲御史，有直聲，萬曆間出爲雲南提學副使，遷廣東按察使，以母老不赴。子廖，字子聚，性慷慨，好周人急，後貢太學不仕。"所言皆與《序》合，益足證爲伯生作矣。

---

① 此篇中華本、中科圖鈔稿本署尚秉和先生名，已遵尚囑歸屬黃著。
② "據"下，中華本、中科圖鈔稿本多"序"字。茲依北師大本。

其書不列經文,祇有講解論說。自卷之一至卷之四釋上經三十卦及下經十二卦,至《益》而止,以下各卦並《繫辭》、《文言》、《說卦》、《序卦》、《襍卦》之屬皆闕,與《序》中"稍未竟"之言合。其末一卷,則襍論太極、陰陽、奇偶、易象、卦爻並《同人》、《无妄》諸卦之義,襍亂無次,似湊集以充卷者。全書多設問答,大氐演繹義理,於心性理氣之學略有窺尋;若於《易》,則空泛虛浮,少當於經旨。蓋自王弼掃象以空談演《易》,至唐而揚其波,至宋而極其弊,宋元以後學者漸不識《易》爲何物。根本既差,浮僞愈甚。故《易屬》自始至終無言象數者,斯乃風氣之使然,末流所必至也。所幸劉氏空言義理,尙未哆口談 ① 禪,如明人之放縱無忌耳。觀伯燮之所序,隱然以程伯子兄弟相比儗,蓋宗仰程氏而不得其正者歟?

易問二卷 ②

（九公山房類稿本）

明郝錦撰。錦字絅卿,號于庵,六安人。崇禎丁丑進士,授江西豐城令,內陞福建道監察御史,侃侃稱諍臣。已而謝病歸,結盧九公山下,有薦者,力辭之。有《九公山房集》、《毛詩偶釋》、《尙書家訓》、《九公山房帖》及《易問》行世。《易問》上經爲一卷,下經又爲一卷,至《繫辭》、《說卦》、《序卦》、《襍卦》之屬皆闕。蓋如任天成《序》所謂"有問而後有答,卦不必賅,爻不必備,隋其所問而答之"之意也。全書演繹義理,大抵以程傳爲宗,然間有言象學而取古義者。如云:《泰》'不富',指六四說,坤中虛爲不富。"此本虞翻說。《大有》"大車以載,積中不敗",云:"乾爲大車。"此本《集解》盧氏之說。《震》六二"億喪貝",云:"坤爲喪,三動成離,離爲嬴蚌,爲貝。"亦本虞翻之說。此其未明言者也。其已明言者,如釋《大有》"威如之吉",引《九家易》云:"六五爲卦主,有威不用,唯行簡易,無所防備。物感其德,翻更畏威,威如之吉也。"案《集解》此本侯果說,郝氏指爲《九家》,不知其何所據。

---

① 談,中華本、中科圖鈔稿本作"參"。茲依北師大本。
② 此篇中華本、中科圖鈔稿本署尙秉和先生名,已遵尙囑歸屬黃著。

釋《復》六五"敦復无悔,中以自考"云:"能自考者,則動不失中順之德,故敦復,故无悔也。"自言主侯果說。此足見郝氏不拘于一先生之言者也。郝氏又明于"陰陽爲朋友"及"陰遇陰、陽通陽則阻塞"之理。如釋《損》六三云:"陰陽偶合,便得其友,陰不疑陽,陽不疑陰。陽與陽疑,陰與陰疑。"釋《節》初九"不出戶庭"云:"二陽蔽于前,雖欲出而不能。"此皆通乎陰陽感應之故,發前儒所未發者也。至如釋《鼎》象云:"下陰爲足,二、三、四陽爲腹,五陰爲耳,上陽爲鉉,其製作形模,法象尤備。"說與来知德同,頗爲 [①] 可取。其不可取者,如釋《蠱》初六"幹父之蠱",謂:"初應四,而四柔,柔非父,故以艮爲父。"《困》"有言不信",謂:"二爲坎主,上爲兌主,坎遇兌而成《困》,則二體居不相謀之地,故兌有言而坎不信。"夫艮之爲祖,《焦氏易林》每用之。至爲父,則漢魏諸儒所未有,不宜臆造也。又《易》之言"有言不信"者非一,何獨《困》卦"兌有言而坎不信?"是不可盡通。故分別其是非而詳辨之。

鄭氏易譜十二卷 [②]

（道光丙戌鄭永謀刻本）

明鄭旒著。旒字承袠,廣東順德人,崇禎庚午歲貢生。其書前有崇禎六年御史梁元柱、司勳郎李廷龍二序。梁稱其:"童年即有《易》癖,篝燈面壁者幾四十年。是編壽梨梓,而《易》无餘蘊。"李稱其:"生平著作如《易髓》、《詩文草》、《太平中興略》、《哀窮民賦》、《楚辭白》及《素問圖鏡》諸書,皆大有裨于人心世道者。而《易譜》尤爲理道之大原,百家之鼻祖,君子謂其尤精博。"云云。又有《自序》一首及道光丙戌梁廷枏一《跋》。《跋》稱:"《易髓》、《中興略》、《楚詞白》、《素問圖鏡》皆佚,惟《易譜》尚行世,文孫永謀重刻之。"即此本是也。全書多設"青松問"、"環中子答",故書名或著錄作《青松問》。凡十二卷,卷一述河圖、洛書及龍虎、五運諸圖;卷二述伏羲八卦次序及範圍數略,附蜀傳天地自然圖;卷三述伏羲八卦方位,及月體明魄、

---

① 頗爲,中華本、中科圖鈔稿本作"亦頗"。茲依北師大本。

② 此篇中華本、中科圖鈔稿本署尚秉和先生名,已遵尚囑歸屬黃著。

潮水應月諸圖，並及内鍊之法；卷四述伏羲六十四卦次序及互卦歸根圖、邵子三十六宮詩；卷五述伏羲六十四卦方位，及羲皇全圖氣朔正閏定象、世運治亂定局、四層包裹圖、四角圖、先天六十四卦直圖等；卷六述文王八卦次序、方位，並乾知坤作、仰觀俯察諸圖；卷七論《周易》彖辭卦變來歷，舉陳希夷傳授李挺之圖，以參正卦變，又總說易象，分卦名、卦德、卦體、卦象、爻象五略；卷八論正體象、互體象、變體象、似體象及占法；卷九論蓍龜、策數、卦變次序及《上下繫》、《襍卦》諸說；卷十述邵子經世衍易諸術，以推算歷代帝王即位陰陽應驗，並及算帝王國祚長短例、算事物成敗聲音起卦例；卷十一論《連山易》曆法、京氏卦氣圖、納甲、飛伏，以及丹家坎離升降、火候諸圖；卷十二則載其用河洛範圍數驗，内分爻辭神驗、易象趣驗二類。中間惟卷七五略、卷八四體像象，頗合經旨外，其餘諸卷立義膚淺，鑄詞鄙俚。舉凡先後之位、河洛之數、推算之法、爐火之術，以及日月之運行、江海之潮汐，莫不濫廁其間，因而演爲黑白方圓，圖爲縱橫順逆。乍觀之，莫不疑爲奕譜、算經。又立怪誕名目，如"參兩數具見天地影子"、"神關轉鬼鬼關轉神"、"人間大古今"、"艮中玄秘"、"易道在人一轉"之類。蓋《易》書之悖妄乖謬，至此而極矣。而其書卷首列參訂姓氏，乃至百五十餘人，若孫愼行、顧錫疇、劉宗周、黃道周、史可法、方以智、黃宗羲諸君子皆在其列。豈鄭氏自知其醜陋，而欲引並世名賢以自重邪？梁元柱、李廷龍二《序》既爲妄嘆，而元柱之孫廷枏爲之《跋》，始則譏爲"歧中之歧"，謂"不知當時諸先達何以取此"，末又謂其"別生枝節"，終以爲"可删"。烏虖！若廷枏者，真可謂篤論君子哉！故其書雖以《易》名，似宜 ① 退而列之於術數中焉。

周易禪解十卷

（民國四年金陵刻經處刊本）

明釋智旭撰。智旭字蕅益，自號北天目道人，崇禎間住持江浙各地，著述頗多。此書凡十卷，卷一至七解六十四卦，卷八解《繫辭上傳》，卷九解《繫辭下

---

① 似宜，中華本、中科圖鈔稿本作"仍"。下文"之"下"於"字，中華本、中科圖鈔稿本無。茲依北師大本。此蓋作者日後復作修訂時所改。

傳》及《說》、《序》、《雜》三篇，卷十則附《圖說》八篇。其《自序》謂："以禪入儒，務誘儒以知禪。"故其通釋卦爻，皆援禪理以爲解。按《四庫①提要》論《楊氏易傳》謂："自漢以來，以老、莊說《易》始魏王弼，以心性說《易》始王宗傳及簡。至於明季，其說大行，紫溪蘇濬解《易》遂以《冥冥篇》爲名，而《易》全入禪矣。"又謂②："簡等專明此義，遂流恍惚虛無。"其論《童溪易傳》亦謂："明萬曆以後，動以心學說《易》，流別於楊簡及宗傳二人。"據此所論，則智旭之《易》似遠源於楊、王二人，爲易家之別派。今考其書，援引禪理，間雖不免傅會，然亦頗有可取者。如論"乾坤"云："乾，健也，在天爲陽，在地爲剛，在人爲智、爲義，在性爲照，在修爲觀，又在器界爲覆，在根身爲首、爲天君，在家爲主，在國爲王，在天下爲帝。或有以天道釋，或有以人道釋者，皆舉一偶耳。坤，順也，在天爲陰，在地爲柔，在人爲仁，在性爲寂，在修爲止，又在器界爲載，在根身爲腹、爲腑臟，在家爲妻，在國爲臣。"釋"用九"云："若約佛法釋者，用九是用有變化之慧，不用七之無變化慧也。陽動即變爲陰，喻妙慧必與定俱。"又統論六爻表法，通乎世出世間，歷舉若約三才，若約天時，若約欲天，若約三界，若約地理，若約方位，若約家，若約國，若約人類，若約一身，若約一世，若約六道，若約十界，若約六即等，以證明其義。又總論之曰："以要言之，世出世法，若大若小，若依若正，若善若惡，皆可以六爻作表法，有何一爻不攝一切法？有何一法不攝一切六爻？"按以上諸條，立說皆非盡恍惚虛無。書中類此者多，未可以其援禪入儒而悉非之。

逸亭易論 无卷數 ③

（檀几叢書二集本）

　　明④徐繼恩著。繼恩字世臣，錢塘諸生。甲申後晦迹爲浮屠，名止岳，字蕘堂。爲詩清麗，不落凡近，爲王漁洋所稱。⑤是書凡八篇，首曰《河圖說》，

---

　　① 四庫，中華本、中科圖鈔稿本作"欽定"。茲依北師大本。
　　② 謂，北師大本無。茲據中華本、中科圖鈔稿本補。
　　③ 此篇中華本、中科圖鈔稿本署尙秉和先生名，已遵尙囑歸屬黃著。
　　④ 明，中華本、中科圖鈔稿本作"清"。茲依北師大本。此蓋作者後來復作考訂所改。
　　⑤ "錢塘諸生"至"爲王漁洋所稱"一節，中華本、中科圖鈔稿本僅作"錢塘人，逸亭其號也"八字。茲依北師大本。此蓋作者日後復作修訂時增改。

明作《易》昉於河圖之義也;次曰《洛書說》,明作《易》則于洛書之義也;三曰《先天八卦圖說》,明乾南坤北、離東坎西之方位,乃卦象之自然者也;四曰《後天八卦圖說》,明後天八卦乃準河圖者也;自第五篇以下至七篇止,則皆《卦序說》,明六十四卦相次之序也;末曰《策數說》,明策數有體有用也。大旨在闡明邵子之學,而頗多穿鑿臆說。如云:"作《易》者取則于河圖,其說安在?孔子不云乎:《易》有太極,是生兩儀,兩儀生四象,四象生八卦。'兩儀、四象、八卦,夫人而知者也,太極則茫乎不知所指。嘗覽河圖而得之,夫太極者,中五也。"依徐氏之說,是以河圖"中五"爲太極,聖人則河圖,即則其"中五"之太極。聖人果如是乎? 徐氏又言:"洛書,陽嘗處于四正,陰嘗處于四隅,明以八方者示八卦之義。聖人作《易》,因而圖之,此取則者也。"是徐氏之意,又以聖人作八卦,乃則洛書之八方也。亦有是理乎? 他如論卦序謂:"天地定位,故首《乾》、《坤》。天一生水,坎宜繼者也,《屯》以水雷,《蒙》以山水,皆水也。"云云。說雖巧合,仍無當于經旨。蓋聖人作《易》,仰觀俯察,近取遠取,極深研幾,幽贊神明,而後作卦爻,垂象數。河圖洛書,亦其取則之一耳。至其所以取則之方,殆不可知。後儒必欲紛紛推測,要之非誣則妄,如徐氏者亦其一也。至如六十四卦相比次之義,《序卦》言之已詳,而徐氏又欲文飾傅會,以神其說,不亦"索隱行怪",爲夫子所弗爲者乎? 是不可以不辨也。

擬易 无卷數 [①]

(快書本)

明張武略撰。武略,不詳何人。據其《自序》謂:"嘗讀《易》至'天山遯'、'地山謙',深繹其義,無非戒占者以退讓謙下之道,爲明哲保身之機,其理淵微,難於訓族。偶閱舊史,有以退、忍、默、恕爲卦說者,爲取'天山遯'之爻象,配'退'以畫卦。蓋取天在上而行健,山在下而形高;行健而能退,處高而能卑。此人情所難,必忍人之所不能忍者斯有之,故又廣之以'忍',畫卦象《離》,取諸中虛能受之道。未也,或忍于勢,而不免動于內,則失之

---

① 此篇中華本、中科圖鈔稿本署尚秉和先生名,已遵尚囑歸屬黃著。

矯，此能退能忍者，又當處之以‘默’。默之道靜，畫卦象《坤》，取諸順以承之道。噫！自退而忍而默，則性理靜定，物我忘機，尋至乎聖賢‘恕己’功夫，一言而可以終身者乎！《易》曰‘乾者健也’，‘天行健，君子以自强不息’。恕諸己者，無往而不利，即君子自强之道也，故以‘恕’畫卦象《乾》，亦取諸天之大也無所不容。”云云。其全書之大旨畢見於是。故其所擬祇四卦：一曰退，二曰忍，三曰默，四曰恕；以退擬《遯》，以忍擬《離》，以默擬《坤》，以恕擬《乾》。卦有卦辭，爻有爻辭，亦有《彖傳》及《大象》、《小象》。然《易》之爲書，有象、有數、有理，三者俱備，無所偏廢。即後之擬《易》者，《太玄》、《潛虛》之流，亦皆象數、義理俱備。茲篇所擬，惟擬其辭，以寓憂危惕厲之意。至於象、於數，皆無根據。似此之文，直作箴銘可耳，又何用擬《易》乎？斯蓋明人摹擬剽竊之陋習，固無當於大雅之所爲也。篇末又附《莊語》十餘條，類似講學家之語錄。其中頗有善言，然於《易》亦無與也。

通宗易論 无卷數 [①]

（唱經堂才子叢書本）

清金人瑞著。人瑞，長洲人，本氏張名采 [②]，後改氏金名人瑞，又名喟，字聖嘆。爲人狂傲，評點演義小說，頗爲世俗所稱。清初以抗糧哭廟案被誅。是書凡六篇。首篇題曰《易鈔引》，有訂定卦位歌一首，先師大哉至哉結制解制圖一首。圖之上題曰：“富機學者”，篆書“大至”二字。注：“大頂曰真，至足曰假，大中曰悟，至中曰證。”大至之左爲“其靜也專，其靜也翕”，右爲“其動也直，其動也闢”。圖之下題曰：“第十六講座”。語既荒唐，至謂“乾內一筆爲電光三昧，坤內一筆爲首楞嚴三昧”，尤怪誕謬妄。次篇論義例，謂“羲文例在乾坤二畫，周公例在用九、用六，孔子例爲陰陽、剛柔、仁義”，其言尚近於理。至謂《易》中有樓閣卦，有光影卦、沐浴卦，則又不知其所謂。第三篇論五十之數，謂：“五十合一，即是世尊胸前卍字輪。”第四篇論乾坤之

---

① 此篇中華本、中科圖鈔稿本署尚秉和先生名，已遵尚囑歸屬黃著。
② 采，北師大本誤“採”。據中華本、中科圖鈔稿本改。

義,謂:"讀《周南》、《召南》而能事畢。"第五篇論《乾》、《坤》、《震》、《巽》、《坎》、《離》、《艮》、《兌》、《否》、《泰》、《損》、《益》、《咸》、《恒》、《既》、《未濟》十六卦之義,謂:"大雄氏有《十六觀經》,《尚書》有十六字,《妙法蓮華經》有十六王子,其義一也。"末篇謂:"《屯》、《蒙》卦,達磨遇神光時也;《需》卦,香巖辭溈山時也。"又謂:"達磨大師東來,只爲得一《屯》卦;一部《五燈會元》,都是弄粥飯氣。"凡此各篇,時或引《詩》、《論語》、《孝經》以相參證,時或引佛書禪學以相比附,支離輕輠,語无倫次,苟非病狂者,決不至此 ①。其書本不足論,恐俗士不識,詫爲奇妙,故具詳之。

易義選參二卷 ②

（翠微峰易堂刊本）

清寧都三魏著,邱維屏評選。三魏者,魏伯子際瑞、叔子禧、季子禮是也。際瑞初名祥,字伯善,明諸生,有《伯子文集》及《雜俎》。禧字冰叔,號裕齋,又號勺庭,明末棄諸生結廬翠微峰下,與兄際瑞、弟禮皆以文章稱,而禧才尤高,康熙中舉博學鴻詞,以疾辭,有詩文集及《左傳經世》。禮字和公,性慷慨,工詩文,有《季子文集》。維屏字邦士,亦寧都諸生,爲"易堂九子"之一,而三魏之姊壻也,精泰西算法,有《周易剿說》、《易數》及文集。初,三魏於《易》各有論著,維屏因綜合採輯而爲是書,且加評點,稿未刊行。至光緒二年,魏氏之孫吉謙字松園者,始爲鋟版行世。其書僅上下二卷,祇釋六十四卦卦爻辭,而《十翼》之辭則闕焉。其注頗留心易象,惜未能根據《說卦》及漢魏諸儒所傳逸象,往往以臆推測,致漫衍無經。如伯子釋《履》"虎尾"云:"互離爲虎。"《解》上六"公用射隼于高墉之上"云:"互離爲公,爲墉。"《萃》初六"若號"云:"變震故號。"《豐》上六"豐其屋"云:"離爲宮。"又叔子釋《屯》六三"即鹿无虞"云:"坎象鹿。"《訟》

---

① "此"下,中華本、中科圖鈔稿本多"知其陷于刑辟,有由矣"九字。茲依北師大本。蓋作者日後復作修訂時刪去。

② 此篇中華本、中科圖鈔稿本署尚秉和先生名,已遵尚囑歸屬黃著。

上九“或錫之鞶帶”云:“乾圜爲帶。”《比》九五“失前禽”云:“坎爲禽。”《大畜》六五“豶豕之牙”云:“震爲決躁,故有豕象。”《解》九二“田獲三狐”云:“震爲獲。”《困》九二“朱紱方來”云:“離爲朱。”《井》“改邑不改井”云:“離爲市邑。”《未濟》六三“利涉大川”云:“互離爲舟。”以及季子釋《訟》九二“三百戶无眚”謂:“離,戶象。”釋《噬嗑》初九“屨校滅趾”謂:“震,木校象。”上九“何校滅耳”又謂:“離,木科槁,校象。”《困》六三“困于石”謂:“剛鹵有石象。”皆不言根據,信口臆造,不惟與《說卦》違,與漢魏諸儒所言逸象亦无一能合。又每因求象不得,而使當位之爻變以成其象,蹈虞翻之故轍,斯皆于《易》義爲未審者。蓋《易》自元明以來皆空談心性,循至流于狂禪。其能鉤稽象學者,自吳澄、熊過、陳士元、來知德、魏濬數家外,鮮知窮究。三魏兄弟,極知其弊,而思有以匡正之,其用意則可嘉,惜其用力太淺耳。至若叔子釋“發蒙利用刑人”,爲“利用可儀型之人”;伯子釋“剝牀以足蔑貞凶”,以“貞”爲楨幹之“楨”,斯雖偶出新義,要无悖於故訓。又其於損、益、否、泰之際,吉、凶、悔、吝之詞,往往闡發義理,抒其憂勤之意,忠愛之誠,斯蓋志士之用心,抑亦文家之能事也已。

周易本義正解二十二卷首一卷 [①]

（康熙癸酉賜書堂刊本）

　　清丁鼎時、吳瑞麟撰。鼎時字九疇,號柯亭,丹陽人,廩貢生。文名噪一時,爲吳偉業所識拔,又與魏禧、陳維嵩、汪琬、姜宸英等爲友,有《文在》之選,著《新硎》、《驪珠》等集。瑞麟字南驪,亦丹陽人,諸生。考是書,前有瑞麟《自序》,言“學者但究心《本義》,而《易》之理已無餘蘊”。又云:“余悉屏衆說,一以《本義》爲宗。”故書名《本義正解》。又考瑞麟所作《凡例》,則此書實係瑞麟一人所著,兼採鼎時之說,因題其名同撰。卷首先載《序例》,《序例》之後次之以《周易類句辨異》,又次列程子《原序》、《上下經篇義》、朱子《易說綱領》、《五贊》,又爲圖一十有八,發明先後天河洛

---

①　此篇中華本、中科圖鈔稿本署尚秉和先生名,已遵尚囑歸屬黃著。

之義,並錄《筮儀》、《啓蒙明占法》、《易學源流總論》、《卦歌》等。卷之一至八釋上經,卷之九至十六釋下經,卷之十七至二十一釋《繫辭》,末卷則釋《說卦》、《序卦》、《雜卦》。其注釋之法,首疏解《本義》注文,雜採胡廣《大全》、蔡虛齋《蒙引》、林次崖《存疑》、潘友碩《廣義》、蕭山來《會解》諸書之說,以疏證朱子之義;次列衍義,以串講經傳之辭,敷暢其文義;又次列發明,推求經文逐字逐句之意義,前後照應之脈絡,以發明經旨。若《乾》、《坤》諸卦,尚有"六爻合旨"、"彖象合旨"、"文言傳合旨"等名目。疏釋似爲詳盡,然空泛敷演,辭多枝葉,仍不脫講章習氣。又《易源流論》有云:"李鼎祚《集解》取鄭舍王,陸德明《釋文》宗京尙數。"夫鼎祚自謂"刊輔嗣之野文,補康成之逸① 象",崇鄭黜王,事誠有之。若德明《釋文》,兼載諸儒之訓詁,證各本之異同,若以其卦首列某宮某世卦,概其全書爲"宗京尙數",有是理乎? 瑞麟取此,其於考據之疏,可概見矣。

周易彙統四卷 ②

（康熙壬午刊本）

清佟國維撰。佟國維,滿洲鑲黃旗人,襄勤公佟圖賴之子,忠勇公佟國③綱之弟。初任一等侍衛,康熙九年授大臣,廿一年授領侍衛大臣,尋列議政大臣,廿八年封一等公,五十八年薨。雍正元年贈太傅,予謚端純。是書自序於康熙壬午,有云:"余少習武事,未嘗讀書。偶於《周易傳義大全》採取伊川先生及宋諸儒說中精粹而易明者,稍加融貫,彙集成帙。"故此書一以程、朱爲主。卷首仍列《本義九圖》及《八卦取象》等歌。經文註釋全取《程傳》者十之四,全取《本義》者十之二,傳義參合者十之二,其餘十之二多採建安丘氏之說。按丘氏,名富國,字行可,朱子門人,著《周易輯解》、《經世補遺》、《易學說約》等書,皆發明朱子之旨。於丘氏之外,惟《大有》卦取誠

---

① 逸,中華本、中科圖鈔稿本作"遺"。茲依北師大本。
② 此篇中華本、中科圖鈔稿本署尚秉和先生名,已遵尚囑歸屬黃著。
③ 國,北師大本譌"圖"。據中華本、中科圖鈔稿本改。

齋楊氏說一條,《无妄》卦取雲峰胡氏說一條,《睽》卦取縉雲馮氏說一條。《自序》所謂“採取宋諸儒說”者,如是而已。書名所謂“彙統”者,實只程、朱、丘三家義合參而已。若縉雲馮氏與雲峰胡氏,固與三家義毫無異撰,即誠齋楊氏最喜引史證經,而此書所引亦意不在彼。故此書可謂純乎墨守程、朱之說,而略撮抄《周易大全》以成者。夫程傳、朱義,在明初即已爲功令所必習,家絃戶誦;《大全》所輯宋、元儒者之說,雖云未備;然此書以言精要不如程、朱、丘原書,以言詳備則不及《大全》。而已又毫無所發明,復何貴乎?

河洛精蘊九卷 ①

（乾隆甲午蘊真書屋刊本）

清江永撰。永字慎修,安徽婺源人,歲貢生。永所著書,《四庫提要》② 多已著錄。此書乃永耄年所著,據其《自序》,時年已七十有九。全書凡九卷,分内外兩篇。内篇三卷,外篇六卷。内篇爲“河洛之精”,外篇爲“河洛之蘊”。計第一卷自《河圖》起,至《圖書八卦餘論》止,共十三條;第二卷自《論後天八卦未必始于文王》起,至《圖說》止,共十七條;第三卷自《大衍之數五十說》起,至《變占餘義說》止,共九條:是爲闡明“河洛之精”者。第四卷自《河洛未分未變方圖》起,至《總說》止,共二十五條;第五卷自《變卦說》起,至《總論》止,共二十四條;第六卷自《勾股原始》起,至《六乘方至十一乘方》止,共二十二條;第七卷自《律呂聲音本於河圖洛書說》起,至《五十音應大衍之數圖》止,共十九條;第八卷自《河圖爲物理根源圖》起,至《紫白洛書說》止,共三十條;第九卷自《納甲說》起,至《傷寒傳足不傳手說》止,共十六條:是爲闡明“河洛之蘊”者。蓋永潛心宋儒之學,而篤信朱子,故從朱子以十爲河圖、以九爲洛書。又本周子“聖人之精畫卦以示,聖人之蘊因卦以發”之語,故名其書爲《河洛精蘊》。其《自序》

---

① 此篇中科圖鈔稿本署尚秉和先生名,已遵尚囑歸屬黄著。惟中華排印本收入高潤生撰同書提要,而未收此篇,疑遺漏。

② 《四庫提要》,中科圖鈔稿本作“前《提要》”。兹依北師大本。蓋作者日後復作修訂時所改。

有言：“余思之，《易》前似有《易》，陳希夷之‘龍圖’是也；《易》中復有《易》，中爻之十六互卦是也；《易》後又有《易》，焦贛之《易林》及後世《火珠林占法》是也。更舉圖書卦畫同源而共流、旁推而交通者，若算家之勾股乘方，樂家之五音六律，天文家之七曜高下，五行家之納甲納音，音學家之字母清濁，堪輿家之羅經理氣，擇日家之斗首奇門，以至天有五運六氣、人有經脈動脈，是爲醫學之根源、治療之準則者，亦自圖書卦畫而來。信乎！天地之文章萬理於是乎根本，聖人之文章萬法於是乎權輿。精固精也，亦何蘊之非精哉？”云云。故其爲書，內而卦畫、方位、蓍策、變占，一一說河洛而抉其精；外而天文、地理、人事，一一從河洛而闡其蘊。其中如《大衍之數五十說》、《參天兩地以倚數說》、《揲蓍說》、《變占說》、《占法考》、《互卦說》、《卦變說》、《卦變考》、《卦象說》等篇，均抉擇精詳，論列允當，足以津逮後學。其他各篇，雖其所論閒或失之，廣泛龐雜，然亦藉此可以悟術數之所自始，而得萬法之權輿，固非殫見洽聞、學殖深邃者不能爲也。

易經徵實解 无卷數

（排印本）

清胡翔瀛撰。翔瀛字嶧陽，即墨人，康熙間歲貢生。所著有《易象授蒙》等。此書稿存胡氏家，歷二百六十餘年，未經鋟版，故世人知者絕少。至民國六年，其裔孫鵬昌字海雲者，始以活字印行。沈薶抑鬱，久而後彰，亦云幸矣。其書取全《易》卦爻辭之爲吉、爲凶、爲悔、爲吝者，徵以事實，溯其成敗，部列而條比之，故曰《徵實解》。按《易》經文中，如“帝乙歸妹，以祉元吉”，“康侯用錫馬蕃庶，晝日三接”，“箕子之明夷，利貞”，“高宗伐鬼方，三年克之”之屬，原與史事相涉。傳文中，如“文王以之”，“箕子以之”，“顏氏之子其庶幾乎”諸條，已開引史證經之先河。漢晉古注，今可考見者，如鄭玄、干寶之徒，亦時以史事比附經文。論者謂“至宋李光、楊萬里，參證史事，《易》遂日啓其論端”，實則啓論端者非自李、楊，特李、楊爲甚耳。然李、楊之引史證經，亦未卦卦爻爻悉如是也。至翔瀛此書，則六十四卦三百八十四爻，幾无一不引史事以實之，則又本李、楊之術而加厲者也。夫《易》之爲書，天道人事，古往今來，一切萬事萬物之理，无所不賅，无所不包，故能成其大。若徒以史事證之，則《易》辭與史例無異，而《易》小矣。況乎翔瀛之比附，盡有不切者。如釋《坤》上六"龍戰于野，其血玄黃"，引王莽殺何武、鮑宣，王甫殺李膺、范滂；釋《小畜》上九"既雨既處，尚德載婦，貞厲"，引秦檜懷奸；釋《泰》九二"包荒，用馮河，不遐遺，朋亡，得尚于中行"，引辛壬癸甲而弗子呱呱；釋《蠱》之"先甲後甲"，謂"先甲"如武之反商由舊，"後甲"如成之制治保邦；釋《賁》六二"賁其須"，引黃霸受經於夏侯勝，茅容從學於郭林宗；釋《大畜》上九"何天之衢"，引傅說舉版築，膠鬲舉魚鹽；釋《坎》六四"樽酒，簋貳用缶，納約自牖"，引觸左師及田千秋事；釋《睽》六五"悔亡，厥宗噬膚，往何咎"，引先主三顧草廬；釋《鼎》九三"鼎耳革，其行塞"，引馬援、王猛事；釋《歸妹》九四"歸妹愆期"，引費貽、尹和靖事：凡此諸條，經文之義，與所引史事，均渺不相涉，而胡氏必欲强合之，故終不免於傅會矣。

大易札記五卷 ①

（濠上存古堂刊本）

　　清范爾梅撰。爾梅字梅臣，號雪庵，洪洞人，雍正間貢生。嘗著《讀書小記》三十一卷，《四庫提要》② 列子部儒家類存目。是書凡五卷，實係《讀書小記》之一種。卷一論朱子《本義》九圖及八卦取象、上下經卦名次序、上下經卦變等歌，大體雖崇朱子舊說，而頗不盡以爲然。如《卦變圖》條下註云："朱子此圖，令人目迷。竊以彖言卦變，乃序卦反對，其理至易至簡，眼前便是，何事外求？明儒亦多不取此圖。"似此尚能決絕依附，不阿所好。自卷二以下，皆係經注，然其注不全列經文，不字解句釋，祇舉某卦某爻某節，總論其大義，意在推闡心性理氣之學，而多引史事以相參證，其間比附頗多不切。如釋《比》初六"有孚盈缶，終來有它吉"云："春秋蕭、魚之會，東漢蕭、王

---

① 此篇中華本、中科圖鈔稿本署尚秉和先生名，已遵尚囑歸屬黃著。
② 《四庫提要》，中華本、中科圖鈔稿本作"前《四庫》"。茲依北師大本。

之推心置腹,羊叔子之不酖人,郭汾陽之單騎責回紇,皆‘盈缶它吉’之實效也。”說《泰》六四“翩翩,不富以其鄰”云:“宋高太后謂官家別用一番人,而楊畏果疏章呂等,真‘翩翩’矣。”若此之類甚多,實皆與經義相去甚遠而強引以爲說,已不足取。其最僭妄者,則莫若仿《繫辭》、《說卦》之文,而作諸論說。如《先天小圓圖論》云:“陽卦四,陰卦四,四位相得而各有合,三變而三合。”《先天大圓圖論》云:“陽卦三十二,陰卦三十二,三十二位相得,而各有合,六合而六變,此所以神變化而行鬼神也。”全仿《繫辭》“天數五,地數五,五位相得而各有合”之文。又作《先天說》云:“帝出乎離,齊乎兌,相見乎乾,致役乎巽,悅言乎坎,戰乎艮,勞乎坤,成言乎震,此則順往逆來之義也。”全仿“帝出乎震”一節之文。凡此皆師心自用,故無知妄作若是,而爾梅尤詡詡然自鳴得意。吁!可怪也!

易卦考一卷 [①]

（濠上存古堂刊本）

清范爾梅撰。爾梅有《大易札記》五卷,已著錄。此書亦係爾梅《讀書小記》之一種。首論河洛,謂河洛四位之相合,與羲卦四象之相合,其數歷歷不爽,故聖人因圖書而作《易》。次考先天卦變,謂京氏之八卦分宮次序,乃後天之卦變,臨尾二卦遊魂、歸魂之術爲補湊不安。因改定八宮次序,縱橫皆按乾一兌二之次排列,首乾宮、次兌宮、次離宮、次震宮、次巽宮、次坎宮、次艮宮、最後坤宮。本宮中亦首乾、次兌、次離、次震、次巽、次坎、次艮、次坤。例如“乾爲天,天風姤,天山遯,天地否,風地觀,山地剝,火地晉,火天大有”之文,則改爲:“乾爲天,澤天夬,火天大有,雷天大壯,風天小畜,水天需,山天大畜,地天泰。”“地天泰”之後則接兌宮,其文爲:“天澤履,兌爲澤,火澤睽,雷澤歸妹,風澤中孚,水澤節,山澤損,地澤臨”云云。其餘依此類推。夫古者《河圖》之篇有九,《洛書》之篇有六。既有其篇,當有其文,蓋不徒一、二、三、四之數而已。若宋儒所謂“河洛”,則“天地生成數”與“太乙下行九宮

---

① 此篇中華本、中科圖鈔稿本署尚秉和先生名,已遵尚囑歸屬黃著。

數"耳,非真《河圖》、《洛書》也。而爾梅不察,恣意牽合,以爲羲皇畫卦必出於是,謬巳! 又京氏八卦分宮次序,乃所以求世應之爻,便占筮推斷,夫何預乎先天、後天? 而爾梅强名之曰"後天卦變",而又自作"先天卦變"以補之,用力愈勤,亦愈見其愚誣而已。末後尚附有《象傳卦變考》一首,祇述經文,無所發明。其他若《八卦變六十四卦圖》、《八卦之交又成八卦圖》、《在人之易圖》、《乾坤六子聯珠圖》、《生生圖》、《先天六畫卦變圖》、《羲文錯綜全圖》、《卦變相得有合圖》、《卦變十二輪周流六虛反對圖》、《先天洛數錯綜全圖》、《先天生數錯綜全圖》等,皆繳繞于河洛先後天之數位,爲說愈繁,而愈不可究詰。爾梅譏朱子《本義》所載《卦變圖》"令人目迷",若觀彼自所爲圖,豈但目迷? 是真所謂謬妄無識之尤巳!

婁山易輪一卷 ①

（濠上存古堂刊本）

清范爾梅撰。爾梅有《大易札記》五卷,《易卦考》一卷,已著錄。此書亦係《讀書小記》之一種,實係撮抄未定之書,故與《易卦考》之文頗多重複,宗旨亦大同小異。所以謂之《易輪》者,據其《自序》:"余爲此圖,其法止于一闢一闔,而惟變所適,足以撥轉六十四卦,使之周流六虛,往來不窮,而旋轉如輪。"則是所謂"易輪"者,乃取易道周轉不息之意。書中最要者,爲前四圖:一曰《小生生圖》,明先天易八卦生卦之序自下而上,有經、有緯、有合、有分,凡三變而成卦也;二曰《小卦變圖》,明《卦變圖》之用,與《生生圖》同一經緯變化之用,第卦畫未生則見爲生,卦畫既成則見爲變,三變之後周而復始也;三曰《大生生圖》,明八卦以變而生,因而重之,六十四卦亦以變而生也;四曰《大卦變圖》,明八卦六爻合而生六變也。凡此四圖,皆以河圖相得有合之義,與洛書旋轉之法,衍出陰陽之交,以明《易》之神變化而行鬼神。其支離无當,與《易卦考》諸圖同。又末後所附《卦變錯綜圖》、《卦變十二輪圖》、《卦變三百八十四爻相得有合圖》及《六合說》,或與《易卦

---

① 此篇中華本、中科圖鈔稿本署尚秉和先生名,已遵尚囑歸屬黃著。

考》圖複,或無深奧之意義,均在可有可無之列。最末有《八卦變六十四卦說》,改京氏所傳八卦分宮次序,蓋即《易卦考》中之《先天卦變圖》,尤無意義。前已具論其妄,茲不復贅。

政餘易圖說六卷 ①

（乾隆己丑刊本）

清劉思問撰。思問字裕菴,河北趙州人。<small>原書題慶源人,按慶源即河北趙州。</small>雍正十三年乙卯舉人,官陝西扶風知縣,改山西馬邑知縣。是書題曰《政餘易圖說》,實則"圖說"祇一卷,其自卷二以下皆注釋經文者,亦蒙圖說之名,殊嫌未當。又此書計卷一至卷六而止,實則卷六以下尚有一册釋《繫辭》、《說卦》、《序卦》、《雜卦》者,不計卷數,不諳何故。其著書之大旨,備見於《自序》。《序》云:"觀象以繫辭,揲著以用卦,《易》之能事盡乎此矣。而要皆源于河圖。先天八卦之方位,河圖之四面也;八卦所由生,河圖之中宮也。後天八卦,則河圖奇偶之大進大退;揲著,則河圖生成之小進小退。"又云:"能細玩先後天卦圖,則《易》辭不難說;能細玩河圖,則先後天卦圖、揲著皆不難說。故學《易》者於河圖尤當孜孜。"蓋劉氏之重河圖如此。夫河圖之爲何物,自古无能言其狀者。既不知其狀,則聖人所以則之之意實不可見,不可見則不能强說。而宋人所謂之"河圖"者,乃五行生成之數耳,非真河圖也。今乃强以五行生成之數充河圖,而又以聖人所以畫卦生著以及先天後天種種之說皆原於此,已屬誣妄之甚。而其所爲《河圖太極圓圖》、《河圖太極方圖》、《卦圖太極圓圖》、《卦圖太極方圖》、《因重卦圓圖》、《因重卦方圖》等等,立名取義即已无稽,所圖又非圓非方,或白或黑,有圈有點,或以圖合數,或以方包圓,種種方式,奇形怪狀,令人觸眼幾不辨爲何物。其注釋經文,亦毫无古義可言。說義理,則皆襲取宋、元人膚泛不根之談;偶及象數,又多竊來知德舊說而已皆无所發明。生乎有清雍乾之世,而說《易》若此,蓋卑卑无足道矣。

---

① 此篇中華本、中科圖鈔稿本署尙秉和先生名,已遵尙囑歸屬黃著。

霞浦黃壽祺之六撰

周易遵翼約編十卷

（乾隆丙午刊本）

清匡文昱撰。文昱字仲晦，一字監齋。膠州人，乾隆壬午舉人。是書命名之義，據其《自序》謂：“因傳以翼經，未嘗溢詞於傳外，故曰《遵翼》。”又謂：“自十九歲有志於《易》，迄今三十年餘，稍通其故。所著幾六七十萬言，無力不能壽梓，乃節其要而約言之，故曰《約編》。”今尋其書每卦釋辭取象，均用爻變及錯綜之法。如《乾》初爻云：“此爻變《姤》，錯《復》綜《夬》。”九二云：“此爻變《同人》，錯《師》綜《大有》。”述此既竟，然後就此變錯綜而闡其象數、義理，大旨蓋與《來氏易》相同。然其荒陋則有過于來氏者。如釋“震爲敷”謂：“敷必農器，蓋耒耜之類，去其金以木入土而動于下者也。”釋“爲蕃鮮”云：“字從魚，巽也；從羊，兌也。可以知錯綜之義，而六書皆本卦畫之意，信矣！”按敷，《虞氏易》作“專”，謂：“陽在初隱靜，未出觸坤，故專。”《釋文》謂：“王肅音孚，干云花之通名。”來氏疑“敷”當作“車”，說雖未當，然震爲車《國語》尙有此象。至匡氏以敷爲農器，疑爲“鎛”之誤字，則毫無根據可言。鮮字，《說文》云：“從魚，鱻省聲。”以巽魚兌羊分屬之，亦屬不切。又匡氏釋游魂、歸魂謂：“卦變則以之卦爲游，本卦爲歸；不變則以本卦爲游，錯卦爲歸。”此與京氏八宮之旨甚不合，疑其於游魂、歸魂之所以然皆不知也 [①]。

[①] “此與”至“知也”一節，中華本、中科圖鈔稿本作“此義亦前人所無，未知其何所據也”。茲依北師大本。蓋作者後來復作修訂時所改。

易考二卷 ①

（亘古齋刊本）

　　清李榮陛撰。榮陛字奠基，號厚岡，江西萬載人。乾隆二十八年癸未進士，歷官雲南永興、嵋峨、呈貢等縣知縣。著有《易考》、《易續考》各二卷，《周易篇第》四卷，又有《尚書考》、《尚書篇第》、《四書解細論》、《地理考》、《厚岡文集》、《詩集》等書。《易考》全書皆筆記體裁。卷一多載圖說，內有《定位圖說》、《序卦平較圖》、《序卦相錯圖》、《序卦相合圖》、《序卦右旋圖》、《襍卦歸乾圖》、《序卦分段說》、《襍卦分段說》，及《爻辭通屬文王考》、《繫辭傳錯簡考》、《易傳子曰考》三則，引徵皆有根據，論斷亦得其平。如考爻辭通屬文王，歷引《易緯乾鑿度》、《史記·日者傳》、《法言·問神篇》、《漢書·藝文志》、魏伯陽《參同契》及《三國志》管輅語、《晉書》紀瞻語，以折馬融、陸績、孔穎達諸家生加周公而謂"父統子業"說之謬。如考《繫辭傳》錯簡，歷舉前漢《律歷志》、衛元嵩《元包》，以申程、朱之說。又考《易傳》"子曰"爲夫子之假辭別端，以袪歐陽修輩之疑。皆確然有見，不徇流俗。卷二彙考古《易》及後人《易》本，以明歷代《易》本之沿革。而有取乎費氏，謂其"便於學者尋省"。薈萃朱說，推闡經旨，以明"卜筮不足以盡易道"，謂《本義》、《啓蒙》等書，其中亦多朱子未定之論。又如駁毛奇齡釋"女子貞不字"、"莧陸夬夬"，必尊漢儒而薄宋、元之非。及譏惠棟改"荒"爲"康"，而康義仍歸於荒；改"庶"爲"遮"，而遮義仍歸於庶；改"坼"爲"宅"，而宅義仍坼，則何不直就經文"荒"、"庶"、"坼"立訓，而故迂煩其讀，爲此紛紛乎？斯皆於先儒无所褊袒，亦能不失持平。獨其尊信顧炎武太過，竭力引申其"卦爻无別象"之說，以明《易》无互卦。夫互象明見於《左氏傳》，左氏之說若不可信，則其他先儒更無足言矣！此一蔽也。

---

① 　此篇中華本、中科圖鈔稿本署尚秉和先生名，已遵尚囑歸屬黃著。

易續考二卷 ①

（亙古齋刊本）

　　清李榮陛撰。榮陛有《易考》二卷，已著錄。先是，榮陛著《易考》未成而卒，其子光宬、光宸爲之編定，凡已脫稿者定爲《易考》，其未脫稿者則名爲《易續考》，以草本字別之，即此書也。書凡分兩卷，所考者八事。曰《重卦》，明重卦者之必爲伏羲也。曰《生蓍》，明太極兩儀以下俱以揲蓍言也。曰《立卦》，明六畫出于三極之自然，不能增減也。曰《說卦》，明《說卦》爲羲皇遺書，非占家後出者也。凡此皆在卷上者也。曰《羲圖總考》，明先後天方位之皆出于伏羲也。曰《河洛考》，明十爲河圖，九爲洛書也。曰《定位圖考》，明"天地定位"之爲先天也。曰《出震圖考》，明"帝出乎震"之爲後天也。末附《河圖左旋右旋》等九圖，反覆以明聖人則圖立卦之義。凡此皆在卷下者也。是書本係未定之稿，故往往臚列舊說，論而未斷。然其徵引有據，提撮得要，不爲門戶之見，不爲苛刻之談，學不分漢宋，人不論今古，惟其是者而從之，可謂信心自立之倫。至如論《說卦》，謂："羲皇僅發其凡，以一反三，存乎其人。"又謂："如伏羲《說卦》僅局此百十餘物，是八卦不能盡之物尚無算矣。"謂："文王繫辭，仍局定《說卦》諸物，是書不盡言之意，尚未通矣，惡足以窺兩聖日新富有之宏旨哉？"若此之論，蓋已深知卦象之重，及《說卦》之不足以盡《易》象矣。惜其書未成而卒，致未能於《易》象有所發明也。

周易篇第四卷 ②

（亙古齋刊本）

　　清李榮陛撰。榮陛有《易考》二卷、《易續考》二卷，已著錄。此書專

---

① 此篇中華本、中科圖鈔稿本署尚秉和先生名，已遵尚囑歸屬黃著。
② 此篇中華本、中科圖鈔稿本署尚秉和先生名，已遵尚囑歸屬黃著。

論《周易》篇第。首《舉要》，次上經，次下經，次《繫辭》、《文言》、《說卦》、《序卦》、《雜卦》。其著書之大旨，見于《舉要》謂："古《易》經傳別卷，註疏家逐卦分爲八節，各以《彖》、《象傳》附之，於文義多梗，不便習讀。求其折中之法，莫如取法費氏。漢費直本，逐卦先經後傳，不乖兩聖綴文之旨，其法具在《正義·乾卦》，今從之。[①]"按榮陛以《費氏易》本即今《正義·乾卦》式，其說本之晁說之。晁氏於考訂本疏，不讀《高貴鄉公傳》，謂始變《易》制者爲費直，大亂者爲王弼。弼用鄭本耳，非作俑者。至費直，班氏明言其无章句。班氏所本皆劉向，向最重費《易》，謂其"與中古文同"，可見費本仍十二篇也。設有變動，向早言之，其明證也。然費氏有《易》本而无解說，故班《志》有三家章句，獨無費氏。章句且無，從何處知其亂經？乃李氏不知晁氏之陋，而反從之，且以阮孝緒《七錄》爲據。《七錄》只記《費氏章句》四卷殘缺耳，亦未言其經式如《乾》卦。是皆不詳考之過也。故夫改六十四卦式盡如《乾》卦，俾《小象》韻語協適无礙，原无不可。謂本之費直，則非矣。又其釋"乾元亨利貞"，以元亨爲"亨之首"，訾四德乃占家恒言，穆姜先述之，夫子亦不遺之，因而議"《文言》乃《易》之外篇，非正解也"云云。斯則執於一說，而不知乾健之德，不可名言，非再三釋不能畢其義蘊。苟必以《文言》爲非正解，則《象傳》之訓宜若可從，然《象傳》以"萬物資始"釋元義，以"品物流形"釋亨義，以"大明終始，六位時成"釋利義，以"乾道變化，各正性命"釋貞義，是亦四德平列也。而榮陛膠于舊解，謂《象傳》與《文言》異體，過矣。至於《繫辭》上下傳之分章，先儒各不相同，故上傳《正義》從周氏分十二章，下傳《正義》從莊氏分九章。朱子《本義》上下傳均分十二章。而先儒於上傳又或分爲十三，或分爲十一，蓋无定則。而榮陛又分上傳爲六，下傳爲五。要皆各安其意，无關大義也。

---

① 案"今從之"下，中華本、中科圖鈔稿本多一節云："於每頁轉篇首行，寫羲皇畫卦，分書貞悔；以次書文王卦爻辭，書孔聖象象傳，皆另行。其後空白，備撮書集義。"蓋作者日後復作修訂時刪除。茲依北師大本。

易義闡四卷

（乾隆乙酉光復堂刊本）

　　清韓松撰。松字雪亭，奉賢人，歲貢生。是書原名《順文顯義》，意謂"順經之文而顯朱子之義"。其後改名爲《易義闡》，亦謂所以闡朱子《本義》之意。然其書名爲闡發《本義》之旨，實則全爲習制舉業者而作。故其《自序》及《凡例》，一則曰："學者閱之，遂可以當口授，亦可以爲作文地步。"再則曰："書雖淺陋，以代高頭講章，或可爲作經藝者稍資一得。"三則曰："是編乃講章也，非注也。"四則曰："依文詮釋，使逐句逐字咸有指歸，雖助語虛字，必皆點入。"五則曰："提綱絜要，起訖呼應，分說合說，各有條理。"是其著書之大旨專爲作文，極其顯明。夫自南宋以後，朱學盛①行，即以《易》一書而論，篤信《本義》者實繁有徒。如胡方平、胡一桂、胡炳文等父子祖孫，數世謹守朱義，不敢稍踰繩墨，尊之不可謂不至。然其意尚爲發揮《易》義而作，雖不免固陋，猶不失其真意。至松此書，專爲作文而作，名爲尊朱，實則去朱亦甚遠。時在今日，益不足觀已。

遜齋易義通攷六卷②

（手稿本）

　　清紀汝倫撰。汝倫字虞惇，河間人。乾隆三十三年舉人，官滿城教諭，紀文達公之從子。此書據其朱書小識"某日病目衹書若干字"云云，足證乃

---

　　①　盛，中華本、中科圖鈔稿本作"甚"。茲依北師大本。
　　②　此篇中華本、中科圖鈔稿本署尚秉和先生名，已遵尚囑歸屬黃著。按，尚氏存稿亦有《遜齋易義通攷》提要一篇，與此篇名同而文異（詳《尚氏易學存稿》下冊《易說評議》卷五）。惟中華本、中科圖鈔稿本收入黃撰之文，而未收入尚撰之文，蓋尚先生當年所自作取捨。又按，尚先生曾與"續修提要館"橋川時雄札云："子雍仁兄先生道鑒：前蒙寵召，以腹瀉不克躬與盛會，至爲抱歉。謝謝！謝謝！茲補撰《易緯》廿篇，即希斧政爲荷。又，前撰《遜齋易義通攷》提要，有未當處，茲補撰一篇。請將前稿費神檢出，將此稿加入。是爲至懇！專肅，即頌撰祉！弟尚秉和頓首。"（此札今存北京尚林先生處）由此亦可考見當年尚先生處理此稿之情實。

其手書。篇首附記"丁巳九月輯起",第五卷末又有朱書小字跋云:"戊午二月,奉宗伯公召赴京,觀天子臨辟雍禮,乃攜此五卷,並《易述》二十二卷,至京呈閱。"然則此書曾經紀文達所審定。其第六卷末識云:"戊午五月校完。"據其所識,此書之成,期止九月。以時間論之,不可謂不速。然審觀其全書内容,大氐盡從朱彝尊《經義攷》節抄而成。惟《經義攷》易類編次體例分三部,首列經傳全注者,次列僅注《十翼》者,次列論説太極圖者。紀氏略變其體例,將三部之書歸併一處,惟以人爲綱,以時代先後爲次,不論其性質。又《經義攷》每類之書,均注存、佚、闕、未見等字,紀氏於未見字皆刪,存、佚、闕等字則照舊。其唐以前之書,紀氏均照抄,宋以後則刪去甚多。其未刪者,於彝尊所輯原書序跋,諸儒論斷,亦略有刪節。至其所以去取之由,全未説明。又紀氏既纂此書,自始至終,除於孟喜《周易章句》、焦氏《易林》兩條眉上,據《漢書》添孟、焦二人列傳各一節外,其他處並无一字之論斷,或一語之是非,故其宗旨及其義例皆莫能明。然其時《經義攷》業已刊行,則紀氏抄撮此書,別立名目,必有所爲,特今不可攷耳。

易經簡明集解无卷數

(乾隆間刊本)

清李源撰。源字巨濤,山東利津人。乾隆己丑進士,官至台州府知府。是書无卷數,據其《自序》謂:"説《易》諸家,紛如自訟,即程傳、朱義,與古注疏已互有異同。《朱子語類》等集,近人多未見,而專用《本義》未定之書,詞意未盡圓暢。初學惶惑,往往視爲苦難。用是廣集群書,梳節字句,條貫宗旨,理歸平易,義取簡明,使讀者展卷了然,無蒙昧歧誤之患。大約遵程、朱者十之七八,而兼採諸氏以補其缺,偶引史事以顯其義,總以《御纂折中》、《御纂述義》爲圭臬,非獨尊王,亦求善解。至互卦、變象,易學必不可廢,然爲初學入門計,恐滋繁亂,姑俟別爲一帙,以附其後,兹概不錄。"云云。綜其大旨,蓋有四端:宗主《折中》、《述義》,兼採諸家以補程、朱之闕,一也;偶引史事,以顯其義,二也;爲便初學,故取平易簡明,三也;不廢互體、卦變,而另爲附編,四也。今考此本所釋,至《雜卦》而止,未有附編。則其論互體、卦變者,後日未知果有成書否。姑就其本編觀之,如其釋《易》名義,兼取"日月爲易"之說;釋《離》九四,引隋煬帝江都筮案;釋《大壯》六五"喪羊于易",謂爲喪羊于平易之地。凡此諸義,皆爲程朱傳義所無。又其徵引史實,則六十四卦三百八十四爻,殆有三之二。核其實際,蓋與李光、楊萬里之《易》同流。李氏自謂遵程、朱十之七八者,非也;謂宗主《折中》、《述義》者,亦非也;謂偶引史實以顯其義者,尤非也。然其比附史事,義多確當;解釋卦詞,亦屬簡明。又河圖洛書、先天後天一切繳繞之說,概行芟夷,初學讀此,亦信易入門也。

周易大義圖說二卷

（嘉慶間刊本）

　　清鄭鳳儀撰。鳳儀字南榮,原名豹文。蕭山人,乾隆四十二年舉人。是書凡兩卷。卷上載圖四篇,說三篇;卷下載圖說凡九篇。末後附明[①]道堂月課張之楂課卷一首,又鄭氏自作《紀夢詩》一首。幷卷端汪廷珍《序》一首,鄭氏《自序》一首,總其全書不過兩萬言。核其大旨,蓋謂:"天尊地卑,乾坤既定,《乾》六畫從陽升爲剛,《坤》六畫從陰降爲柔,謂之易緼。從易緼推出,謂之易門、太極、兩儀、四象、八卦,即河圖、洛書也。河圖從陰陽之无而有,洛書從河圖之有而无。升降卦變,從河圖之无而有推出;升降卦氣,從洛書之有而无推出。"又謂:"學《易》者必知太極爲《乾》初,兩儀爲《坤》上,推上爲陰、陽,推下爲一、二等升降之法,方爲能得其傳。"按《易》之太極、兩儀、四象、八卦爲一事,河圖、洛書爲一事,卦氣爲一事,卦變又爲一事。鄭氏必欲混而同之,以[②]爲太極、兩儀、四象、八卦即河圖、洛書,而卦變、卦氣又從圖書有无推出。夫圖書究爲何物,已屬不可知;卦變之術,漢、宋儒者紛紛究辨,亦莫衷一是;孟喜、京房六日七分六十卦用事值日之法,明亦无預乎

---

①　明,中華本、中科圖鈔稿本作"修"。茲依北師大本。
②　以,北師大本無。據中華本、中科圖鈔稿本補。

圖書:穿鑿比附,治絲益紛,不徒無益,而又害之。故鄭氏所作,如"卦氣升降外不用從前從後隔六三爻卦二十四卦圖","卦氣升降外不用從前從後隔三隔四爻卦二十四卦圖"等,皆支離破碎,无當經旨。至其末後所附明道堂張之槎課卷《賦得河圖八卦五言八韵》,既與此書无關;又其《紀夢》,自謂在國學夢見卜子夏,一若其書殆有神授:斯皆詭奇好異,尤不足取①。

周易精義四卷 ②

（嘉慶八年刊七經精義本）

清黃淦撰。淦字緯文,號綺霞,杭州人,乾隆四十五年庚子舉人。所著有《七經精義》,《易》其一也。是書不列經文,不章句解釋,只就各家之說,擇其可取者分條列舉,而註其姓名于末,无所論斷,亦不參襍己見,蓋純是集說之體例也。大旨以宋儒爲主。故其《自序》有言:"善乎,康節邵子曰'畫前原有易③',深得不傳之秘。至程傳、朱義出,而易理益明。予此編博採群書,而于胡雲峰先生釋傳尤心折焉。"云云。按雲峰者,元胡炳文也。炳文之祖方平著《易學啓蒙通釋》,父一桂著《易本義附錄纂疏》、《易學啓蒙翼傳》,炳文又著《周易本義通釋》,一家三世皆爲朱子之學。淦心折胡氏,則其亦爲朱學无疑。故其書所集,盡宋、元、明人之說,唐以前古注蓋不及百之一。淦所謂"博採群書"者,如是而已。原其著書之意,要不過爲科舉時代,士子學制義者綴文之用。故其友蕭山王宗炎爲之《序》,有"吾懼夫世之菲薄制義、詡詡然號爲明通而支離繆輅、飾櫝衒玉者之祇見其襍也"之語。觀宗炎之所論,則其書之價值亦可想見矣。

周易闡象五卷 ①

（嘉慶庚申刊本）

　　清蔡首乾撰。首乾字遜含，福建漳浦人，乾隆間諸生。據《自序》，其伯祖鼎嘗著《易蔡》，祖父惕園先生亦深通易理，首乾上承家學，“因參互考訂，修明大道，作《闡象》五卷，辭存《易蔡》十之一，意則本互卦十之三。”云云。今案，其書以闡象爲主，其闡象之法，有正對、有反對、有上下互、有總互、有移置上下等。故於每卦卦畫之下，必注云上互某卦、下互某卦、正對某卦、反対某卦、總互某卦、移置上下某卦。夫《易》者，象也，象不明則辭皆不能通。後世言《易》者多舍象言理，既已無據，而或者談象，又往往不根於古，任意比附，致流於氾濫無歸：是二者皆未能無弊。今考蔡氏所謂“正對”，即虞翻所謂“旁通”；所謂“反對”，即虞翻所謂“反卦”；所謂“移置上下”，即虞翻所謂“兩象易”；所謂“總互”，即虞翻所謂“體象”。案虞注《小過》“喪過乎哀”云：“體《大過》遭死。”即謂二至四上下總互《大過》也。若互卦，明見《左傳》，爲尤古。則是蔡氏闡象之法，立名或未師古，其實春秋、漢、魏間人古法，非臆造。又不空談義理，較其伯祖之《易蔡》爲有進矣。然其間謬說亦復不少，如說《師》卦之義云：“四偶居前，八陣圖也；一奇居中，九宮也；初偶處後，游騎也；一陽居内之中，大將主旗鼓號令也。觀於《師》之象，而握奇之陣、奇正之法，已瞭然矣。”此則穿鑿無理。又說《乾》、《坤》而後《屯》、《蒙》、《需》、《訟》、《師》、《比》皆有坎之一義云：“乾坤本於太極，太極之形象如鷄子，自《乾》至《履》十卦，羲皇之天下，如未出殼之鷄子，天真未漓，不見天日。故天地定位，六子致用，多遇坎陷而不見離明也。”此則鄙俚不經。又如說《履》卦“武人爲于大君”，謂“于”爲“干”之誤；說《謙》上六“鳴謙志未得”，謂“未”爲“末”之誤；說《姤》九五“有隕自天”，謂“隕”爲“員”之誤；說“鴻漸于陸”，疑“陸”爲“阿”之誤：凡此皆妄疑經文，而未有當。又釋《剝》“貫魚以宮人寵”謂：“貫魚者，從《姤》之‘包有魚’、‘包无魚’而直貫之也。”亦支離不合。其他若釋“習坎”之“習”云：“鳥

_____

① 　此篇中華本、中科圖鈔稿本署尙秉和先生名，已遵尙囑歸屬黃著。

之飛也,羽下見白;習之爲字,羽下白也。"釋《姤》"后以施命誥四方"云:"夏大禹八年,天元入於午會,《姤》當其運,故夏不稱人而稱后。"釋《中孚》"豚魚"謂:"豚魚,魚鼈之魚,鼈之屬也,其象有似于豚,故曰豚魚。江以北爲團魚,江以南爲腳魚。"釋《中孚》"我有好爵",以爵爲"鳥之小者",與上"鳴鶴在陰",鶴爲"鳥之大者"相對。又釋"白茅"爲"蓍"。凡此於故訓名物皆甚疏略,信口臆説,有如王氏《字説》。又如釋"易有四象",爲上卦象、下卦象、全卦象、互卦象;説《小畜》"輿説輻"、《既濟》"曳其輪",謂離有車輪之象:亦前此所未聞,不可以不察也。

課易存商一卷 ①

(犢山類稿本)

　　清周鎬撰。鎬字懷西,號犢山,金匱人。乾隆舉人,官至漳州府知府,署汀漳龍道。生平敏學,至老不衰。所著有《犢山類稿》,《課易存商》其一也。是書不章解句釋,每卦只一二條,皆先問而後答,蓋皆答門人弟子之問難者也。全書皆闡義理,不言卦象,大抵以程傳、朱義爲宗,故於程、朱有異義者多爲之調和。如《泰》九四"有命无咎",《本義》以爲天命,《程傳》以爲君命,鎬則謂"天命、君命一而已矣"。《損》初九"已事遄往,无咎",《本義》謂"輟所爲之事而速往",《程傳》謂"事既已則速去",鎬則謂二者相須而足。《井》"木上有水",《程傳》謂"以木器承水而上之",朱子則謂"水之津潤上行於木杪",鎬則謂:"程子釋其象,朱子釋其義。義雖確而於井之象難明,象雖粗而於養之義不悖。"凡此皆爲程朱作調人者也。閒有取他家之説,以補程、朱所未備者。如《蒙》之義,尊信吳澄;《比》卦之義,有取王弼。亦有不以程、朱爲然者。如《无妄》"剛自外來而爲主於內",謂:"程傳之義未見確鑿,朱子以二爲外,未知何據。"又於《頤》卦,謂"傳、義之説,未可憑"。《離》卦,謂"不必如程傳"。若此之類,尚能无所阿唯,好而知其惡者也。至其自所發明之論,則頗涉虛妄。如釋《屯》"剛柔始交而難

---

　　① 此篇中華本、中科圖鈔稿本署尚秉和先生名,已遵尚囑歸屬黃著。

生”云：“知難而不交者，佛、老是也，其弊至於滅倫。樂交而忘難者，桀、紂是也，其禍極於亡國。”釋《歸妹》九二“眇能視”云：“於文少目爲眇。昔人譬夫婦於比目魚，蓋合則雙明，離則偏視者。故魚目不閉謂之鰥，無妻之人亦謂之鰥。釐降之前，舜曰有鰥在下，即‘眇能視’之義也。”若此之論，直與《易》義了不相關，蓋去《易》遠矣，不可以不察也。

易經札記三卷

（光緒四年竹簡齋 [①] 刊本）

清朱亦棟撰。亦棟原名芹，字獻公，號碧山，上虞人。乾隆間舉人，官平陽訓導。著《十三經札記》、《群書札記》等。此書係《十三經札記》之第一種。全書共三卷，卷上三十二條，卷中二十四條，卷下亦二十四條，總共八十條。因係隨手札記，故頗淩亂无序。然其中不乏精義。如說《需》九二小象，辨惠定宇以“衍”屬上讀之非。釋“以此毒天下而民從之”，訓毒爲“育”。釋“利執言”，謂係聲罪致討。釋“舍逆取順”，謂“舍其迎我來者，取其背我而去者”。又辨“輿說輹”之不當作“輻”。釋《遯》上六“肥遯”，以肥爲“飛”。釋“喪羊于易”，以易爲“場”，譏朱子作“容易”解之非。釋“莧陸夬夬”，辨虞翻以莧爲“莞”，以陸爲“睦”之爲曲說。釋“一握爲笑”，謂即握手言歡，破涕爲笑之意。釋《中孚》“豚魚”，亦不以虞氏讀作“遯魚”爲然。釋“冶容誨淫”，前引鄭注證“冶”與“野”通，又引《文選》注及《後漢書》注證“蠱”亦與“冶”通。又釋“何以守位曰仁”，證“仁”與“人”通。釋“巽爲寡髮”，謂寡髮、宣髮義得兩通。釋“兌爲羔”，謂羔如字解亦无不可。釋“明夷誅也”，取白雲郭氏以“誅”爲“昧”誤之說。凡此皆能蠲除漢、宋門戶之成見，平心靜氣，以權衡諸家之得失，故所取每得其當。又其辨正郭京《舉正》、朱子《本義》及俞氏《集說》者尤多，皆能深中三家之病，是皆此書之所長也。獨其釋“貫魚以宮人寵”，取或人以貫魚即今帶魚之說；釋“服牛乘馬”，取謝氏“二五互巽股，四上反巽亦股，四五

---

① 　光緒四年竹簡齋，中華本、中科圖鈔稿本無此七字，只題“刊本”。茲依北師大本。

乾爲馬,馬在兩股間,如人在馬上跨鞍,故曰乘馬"云云,以證古人之有單騎:此則不免失之穿鑿,未能悉當於人心也。

周易顯指四卷

（乾隆間研經堂刊本）

清單鐸撰。鐸字木齋,高密人。乾隆間舉人,官銅梁知縣。著《朱子論易語釋要》一卷、《答問》三卷并此書四卷。按此書大旨,在闡明易理,故其注釋頗尙簡明,綜合前人成說而不標舉其名。然其中亦不无謬誤者,如釋《小畜》初九"復自道",據伏羲圓圖"乾爲陽終、巽爲陰始"爲說。夫伏羲圓圖始出自宋,文王繫辭豈能據之? 單氏當有清乾、嘉之世,而不能辨此,其陋可知。又如釋《訟》云:"訟以柔弱爲貴,故初六、六三皆獲吉。"按《訟》卦[①]爻詞之吉,无過於九五,九五非剛爻而何? 不得謂"訟以柔弱爲貴"也。又如《說卦》"巽爲臭",單氏釋之云:"陰伏於陽,則將潰爛,故爲臭。"按,臭,氣也,故《繫》曰"其臭如蘭"。巽爲風,故爲氣。以"香臭"之"臭"釋之,雖本於王肅,其實非也。又書中分散《序卦》於各卦之首,而仍另存《序卦》,近於畫蛇添足。此雖本之李資州,究不足爲法。又六十四卦卦畫下,均書錯某卦、綜某卦、反易某卦、中爻某卦或互得某卦各字,既與卦畫相連,又不小字分註,頗嫌與經文相混。至其所謂之"綜"者,乃以《乾》綜《復》,以《坤》綜《姤》,其名雖本之來氏,其義則前此未聞,單氏亦无所說明。斯皆此書之病也。

復堂易貫 无卷數

（聽雨山房刊本）

清于大鯤撰。大鯤字南溟,號復堂。直隸河間人,乾隆間歲貢生。據其

鄉人李建天《序》，其著書大旨，以爲："近世言《易》之家，多墨守一家言，又或裒湊庸說，陳腐相因，往往說爻背象，說象背爻，俾讀者支離繆輵，而不能曉暢其詞。茲書不列圖象，不牽伏互，不膠先入，不列成說，推陳出新，獨尋真面，綴屬成文，期于言簡意賅，貫通經義而止，故曰《易貫》。"云云。今觀其書，將河洛圖書幷一切卦氣、爻辰、納甲、納音諸術概行屏除，宜若簡明。實則其書於經文既不章解句釋，於《十翼》亦未全注，祇於六十四卦每卦作一總論，前後牽合成篇，殊嫌籠統。又其釋義亦多浮泛。如說《小畜》、《大畜》，謂："小畜，伊周之於成甲。其于天下，則大畜也。"按，陽大陰小，畜之義爲積、爲聚、爲止、爲養，然則"小畜"、"大畜"，猶言"小有所畜"、"大有所畜"而已。以伊周之于成甲、天下說之，附會無理 ①。又如釋《蠱》之"先甲"、"後甲"，《巽》之"先庚"、"後庚"，謂："文王作《易》，本伏羲先天卦圖。羲圖甲居東方離位，前歷三位而遇乾，後歷三位而遇坤，治蠱者非用乾健坤順本領，不能另造乾坤也。至《巽》卦之庚居西方坎位，亦前後歷三位而遇乾坤，亦此義。"云云。按先天圖至宋始出，何從見文王繫《易》根據此圖？已屬不經。而斥康成取辛取丁爲"穉而无理"，尤爲盲說 ②。書中若此之類尚多，舉一二以概其餘。然如釋《訟》"天與水違行"，謂"天西轉，水東注"，此本荀爽說；釋"天火同人"，謂"天居上，火炎上，其性同"，此本鄭玄說：雖未標舉其名，亦間存古義，學者並宜分別觀之。

揲蓍演易備考六卷 ③

（舊鈔本）

清張炌撰。炌字藜閣，遂城人。乾隆進士，嘉慶間官雲南騰陽等縣知縣，擢龍陵撫彝守。是書凡分六卷：《筮原考》第一，《筮象考》第二，《卦變考》第三，《義例考》第四，《筮儀考》第五，《斷占考》第六。最後有續篇八葉，抄張行成《太玄元包數義》及《周易大衍數義》，似是補《筮原》篇者；又有

---

① 附會無理，中華本、中科圖鈔稿本作"實嫌未切"。茲依北師大本。
② 尤爲盲說，中華本、中科圖鈔稿本作"尤屬過甚"。茲依北師大本。
③ 此篇中華本、中科圖鈔稿本無。蓋作者後來所另撰。

補遺一册,全輯歷代筮案,標題曰《撰蓍古占》,則似係補《斷占》篇者。尋其大旨,蓋欲以邵、朱爲宗,而證以各家之論說。然其書大抵皆從撮抄而成,自己所考索而得者甚少。如《筮原考》,先錄《周易折中》"天一地二"章起,至"知變化之道者,其知神之所爲乎"止,通段注釋全文,次錄朱子《周易五贊》,又次錄張行成《皇極經世觀物外篇衍義》諸條,已皆無所案辨。《筮象考》,除抄朱子《啓蒙·明蓍策》篇全文外,其餘亦皆節抄《折中·啓蒙附論》,并朱子、來氏諸圖而成。又《卦變考》,全抄《啓蒙》之《考變占》篇。《義例考》,全抄《折中》之《義例》及《綱領二》之文,一字不易。《筮儀考》,除抄朱子所訂《筮儀》外,又摘錄《啓蒙·明蓍策》篇之文數條,朱子考訂蓍卦之文十數條。蓋此書自卷一至卷五,殆無一不抄自它書,而又以抄自《折中》者爲最多。惟卷六之《斷占考》一卷,及補遺之《撰蓍古占》,哀集《春秋內外傳》及歷代筮案頗詳盡,雖云亦自它綴輯而成,究不似前五卷之毫不用心、徒事抄襲也。

周易引端四卷 [①]

（光緒辛卯同文堂刊本）

清邵寶華撰。寶華字荆獻,號純齋,河南西平布衣,先賢邵康節二十七世孫。少應童子試,見吏搜夾帶,怫然曰:"國家待士,何輕侮乃爾!"拂衣徑歸,隱居著書,壽至百有三歲而卒。著有《易經引端》、《周易解》、《周易說約》、《四書餘鑑》、《邵注四書》、《皇極經世續編》、《自省觀人表》等書。惟《周易引端》行世。按是書凡四卷,經傳注釋均極簡略,大致在說明義理,少涉象數。而間引史事以相參證,然多不切者。如釋"時乘六龍"云:"舜有臣五人以行舜道,《乾》有六龍以御天。"釋"屯其膏"云:"君非亡國之君,臣皆亡國之臣,吾於前明崇禎見之。"釋"比之自內"云:"如伊尹之於成湯是也。"釋"明夷,夷于左股"謂:"文王之長子爲紂所殺,故曰夷于左股。"釋"震來厲,億喪貝,躋于九陵,勿逐,七日得"謂:"昔太王避狄,邑于岐山之下,後日興周,有此象。"釋《節》"不出門庭,凶"謂:"巢父許由,牽

---

① 此篇中華本、中科圖鈔稿本署尙秉和先生名,已遵尙囑歸屬黃著。

牛洗耳是也。"諸如此類，比附史實，皆浮泛不切，於義無取。又書中俚俗之言，刊落未盡。如釋《坤》上六"龍戰于野，其血玄黃"云："母雞盛極，鬪公雞也。公雞宜爲母雞伏乎？徒見其血玄黃耳。"釋《屯》卦云："如人患風寒病，將汗未汗，甚悶亂也。"釋《小畜》云："如一個小母豬，畜十八九個大豬孩，乳不足食，繼而無乳。"其言太俚，不宜以入經注，況又於經義不合乎？他如說十二辟卦，謂其圖出於邵子，則於漢、魏人古注均未寓目。又釋"參天兩地以倚數"，引"乾氏曰，垂皇策者羲"云云。按此語出《乾鑿度》，《乾鑿度》乃《易緯》之名，而邵氏乃誤以爲人名，稱爲"乾氏"，則並不知《易緯》爲何物。惟其書卷首序例，統論"山河大地有八卦之象"，說頗近理。又論地球形狀及日月蝕之故，均能與近今歐西學說相冥合。蓋邵氏務傳其祖康節之學，屛絕世務，恬淡自適，故能頤養天和，潛心觀物，此其所長。而窮居鄉僻，不獲與魁儒碩士交游，又不易得書，故復孤陋如是也。

河洛圖說四卷 ①

（道光七年刊錦官錄本）

　　清季李錫書撰。錫書字見庵，山西靜樂人。乾隆五十五年進士，歷官四川汶川、蒲江、大邑各縣知縣，江北同知，又三爲蓬州知州。所著書凡十餘種，總名《錦官錄》，《河洛圖說》乃其一也。是書凡四卷。卷一論河洛，推本朱子之說，以十爲河圖，九爲洛書。凡爲朱學者皆同此見，固亦无庸置議。惟其定朱子所作之圖爲古河圖、古洛書，又從曲沃崔致遠說，作《河圖圓圖》、《洛書方圖》，以爲"河圖之數、洛書之文，數當從點，文當從畫"，而又自謂"未知龜馬舊文果如是焉否"。夫既不知龜馬舊文果如何，又何從而分古今？又何從而分點畫？是則所謂"不知而強作"者。卷二論先後天之圖，"皆係後儒因聖人之言而爲之圖，非羲、文舊有此圖"。按《易》卦自有方位，其方位皆據古注所述，古注既未指明孰爲伏羲、孰爲文王，漢魏儒者亦无傳說，而宋以後諸儒究辨紛紛，必以某屬之羲、某屬之文，原爲詞費。李氏此論，尚未爲

---

　　①　此篇中華本、中科圖鈔稿本署尚秉和先生名，已遵尚囑歸屬黃著。

无見。卷三襍論太極圖、卦氣、五行、納甲諸事。謂"太極圖爲河圖之小像，亦爲河圖之總像，所以狀河圖，所以注河圖"。立說似甚奇刱，然言之不能成理，不足以證成其說。論卦氣，亦祇本胡玉齋，以二十四節氣分配先天圖，不能遠稽漢儒六日七分之舊術，亦殊嫌疏陋。卷四標名《周易備占》。首陳筮義十說：卜筮尚占第一，蓍卦方圓第二，大衍之數第三，再扐後掛第四，參伍錯綜第五，參天兩地第六，乾策坤策第七，初九初六第八，用九用六第九，爻象象文言第十。凡此十義，其九義皆略述舊說，无所是非。惟論"用九用六"，謂："《乾》皆以九變，《坤》皆以六變，無得七、八者，故'用九'、'用六'以占。自《乾》、《坤》以外皆不然。"按筮卦之法，七、八不變而九、六變，任何一卦六爻皆變，事所恒有，豈獨限於《乾》、《坤》二卦乎？若《乾》、《坤》二卦六爻變，占"用九"、"用六"之辭，則其他卦六爻變豈可无辭以占之乎？是不知用九、用六純指揲蓍時所得之一爻言，並不明用九、用六之爲聖人以筮例教人也。十義之後，次列《筮儀》，次列《占法》，最後列《古占備考》，採摭雖未詳備，尚可足資參考。要之，此書臆說多而考訂少，故瑜不掩瑕。又其書命名爲《河洛圖說》，實則內容不僅圖說河洛，亦未甚洽當也。

周易恒解六卷 [①]

（致福樓重刊晚年定本）

清劉沅撰。沅字止唐，四川雙流人。乾隆五十七年由拔貢中式舉人，道光六年選授湖北天門縣知縣。安貧樂道，不願外任，改國子監典簿，尋乞假歸，遂隱居教授。博覽群書，過目不忘，人咸服其博洽。所著有《周易恒解》六卷、《書經恒解》六卷、《詩經恒解》六卷、《周官恒解》四卷、《儀禮恒解》四卷、《禮記恒解》十卷、《春秋恒解》八卷、《四書恒解》十卷、《大學古本質言》一卷、《孝經直解》一卷，及其他襍著若干卷。卒年八十有八。先是，沅父汝欽善易學，謂："河出圖，洛出書，聖人則天，實天啓聖人以明道化，不僅在數術也。《連山》首《艮》，《歸藏》首《坤》，艮止坤藏之義，即

---

① 　此篇中華本、中科圖鈔稿本署尚秉和先生名，已遵尚囑歸屬黃著。

《大學》止至善，《中庸》致中和之學。文王之‘緝熙敬止’、成王之‘基命宥密’，胥不外此。”沅因本其父說，而著《周易恒解》，曰：“《連山》首《艮》，艮止也。天地之化不止，則不能蓄生機；人心之神不止，則不能養元德。文王繫詞，‘艮其背不獲其身，行其庭不見其人’，而夫子傳之曰‘時止則止，時行則行，動靜不失其時，其道光明’，正謂此也。《歸藏》首《坤》，萬物皆致養於坤土，天地之元亦惟中黃胎育。是二者皆示人以天人合一之義。然特以其致功之要言之，實則天地未嘗有爲，而靜存動察、內外本末之功，亦非二卦所可盡也。故文王首《乾》、《坤》。”按《連山》首《艮》，艮先天西北；《歸藏》首《坤》，消息卦坤西北；《周易》首《乾》，後天乾西北：西北者，氣之終，生之始，故三《易》皆首於此。豈謂以此三卦盡易理乎？又《周易》，《坤》雖次於《乾》，不得謂《坤》亦爲首。是皆謬說无理。劉氏又云：“詩書名象，悉由繼起；窮神知化，必有心源。《易》故爲文字之祖，王功聖德之全。而歷代諸儒或僅貌玄虛，或徒求術數，顧此失彼，聖人之教不其隱乎？”是徒襲理學家客氣之談，而無實際。總觀全書，雖不廢象數，實全重義理；既以玄虛爲不可尙，而稱王弼之功甚偉。《程傳》、《本義》與王弼雖皆演空理，而義實各別。乃劉謂程、朱皆演王說，似是實非。又謂“用九、用六，乃承上九、上六而言”，以先儒通釋全書九、六說爲非。又謂“不得以陽爲君子，以陰爲小人”。若此之類，既與前儒相違，抑亦不協經旨。而沅自謂“不必沾沾求合於傳註，唯期不謬於聖人”，徒爲大言，不足重也！

周易後傳八卷 [①]

（初刻本）

清朱兆熊撰。兆熊字公望，號玆泉，浙江海寧人。乾隆甲寅舉人，官龍游訓導。爲學長於《易》、《春秋》，著《周易後傳》八卷、《易互卦圖》一卷、《冬夜講易錄》一卷、《春秋新義》十三卷、《春秋歲星超辰表》一卷、《春秋日食星度表》一卷、《春秋日表》一卷，又有《禮注》、《家訓》、《玆泉詩

---

① 此篇中華本、中科圖鈔稿本署尙秉和先生名，已遵尙囑歸屬黃著。

古文集》、《恒星形名指南》等。此書據其《自序》："象同漢儒者不十之一，象必索諸理，非荀、虞之象也。理同宋儒者不十之一，理必合諸象，非程、朱之理也。"窺其意，似欲原本象數，發爲義理，冶象數、義理二者於一爐，以救漢、宋二家偏勝之失，宗旨甚正。然察其實，與其所志多不相副。如釋《乾》九二"見龍在田，利見大人"云："二變成離，故見。"釋《比》初六"有孚盈缶"云："坤器爲缶，坎水流坤，初動成《屯》。屯，盈也，有盈缶象。"釋《履》九二"履道坦坦"云："二變震爲大塗，故坦坦。"釋《同人》九五"同人先號咷而後笑，大師克相遇"云："巽爲號咷，卦旁通《師》，有大師象。"釋《隨》上六"拘係之，乃從維之"云："艮爲手，巽爲繩，有拘係維之象。"釋《坎》六四"樽酒簋貳用缶"云："坎爲酒。簋，黍稷器，震獻在中爲簋。震足，坎酒在下，樽酒之象。"釋《坎》上六"係用徽纆，寘于叢棘"云："巽爲繩，變入坎，故'係用徽纆'。坎多心，故'叢棘'。"釋《姤》初六"繫于金柅"云："乾爲金，巽木入，金柅象。巽爲繩，繫象。"凡此取象，皆無一字不本虞翻之舊說。又釋《坤》"西南得朋，東北喪朋"云："西南者，自《姤》五月一陰生，至《剝》九月五陰，位自南歷西，皆坤類，故'得朋'。東北者，自《復》十一月一陽生，至《夬》三月五陽，位自北歷東，故'喪朋'。"按《集解》虞翻引荀爽云："陰起于午，至申三陰，得坤一體，故曰'西南得朋'。陽起于子，至寅三陽，喪坤一體，故曰'東北喪朋'。"朱氏之說，實原本于荀氏。又釋《坤》上六"龍戰于野"云："乾西北卦，亥其都也；坤十月卦，亥所建也。陰陽同居亥地，故相薄而戰。"按《集解》引荀爽云："消息之卦，坤位在亥，下有伏乾，陰陽相和，故言天地之雜。"朱氏之說，亦實與荀氏相合。諸如此類，其言象幾盡本於漢儒，又安得自謂"非荀、虞之象"乎？必欲自異於荀、虞，則失之誕。且其言義理，自好稱引史實，略近李光、楊萬里外，其餘所說，亦未能盡脫程、朱之範圍。而朱氏自謂所言理"非程、朱之理"，亦違情實。又其解釋象辭常用爻變，如謂："陰在中爲邪，陽實爲誠，變離成乾，'閑邪而存誠'矣。兌口爲辭，陽爲誠，兌變成乾，'修辭而立誠'矣。"夫本《乾》卦也，朱氏前既使二變成離、三變成兌，茲又使離、兌反變成乾。若是乎任意之變，果有何說乎？尚不如虞翻"之正"之說之爲有據矣。雖然，義理、象數偏勝久矣，朱氏能兼收並蓄，所采漢、宋二家之說亦尚扼要，雖其《自序》之言略失之誇，要不宜以之盡棄其書也。

虞氏易言二卷 ①

（張皋文全集本）

　　清張惠言撰。惠言字皋文，武進人。嘉慶己未進士，終翰林院編修。於學无所不究，而尤邃於《易》，所著有《周易虞氏義》九卷、《虞氏消息》二卷、《虞氏易禮》二卷、《虞氏易事》二卷、《虞氏易候》一卷、《周易鄭荀義》三卷、《鄭氏易注》一卷、《荀氏九家義》一卷、《易義別錄》十七卷、《易緯略義》三卷、《易圖條辨》一卷，並此《虞氏易言》二卷，凡四十有四卷。然《易言》本未成之書，故下經自《震》以下皆闕。所以謂之"易言"者，案劉逢祿《劉禮部集》卷二《易言篇跋》云："初，張皋文先生述《易言》二卷，自《震》以下十四卦未成而先沒。其甥董士錫學於先生，以余言《易》主虞仲翔氏，於先生言若合符節，屬爲補完之。先生善守師法，懼言虞氏者執其象變，失其指歸，故引申《文言》舉隅之例，一正魏晉以後儒者望文生義之失，於諸著述爲最精。"又卷九《易虞氏五述序》云："余既補張皋文先生《易言》二卷，蓋先生思學虞氏者執象變而失指歸，參天象而疏人事，故此 ② 以言尙辭之義，捄其失也。"依劉氏之說而推之，蓋知惠言之《易》以虞氏爲宗，其辨章句者備於《虞氏義》，闡消息者備於《虞氏消息》，考典禮者備於《虞氏易禮》，說人事者備於《虞氏易事》，推時訓者備於《虞氏易候》，獨虞氏之微言大義尙未有所明，故又本《乾坤文言》之例，作《易言》以推衍其說。通體舍象變而論義理，雖未知其悉中虞氏之旨否，要其說理樸實，遣辭典雅，无穿鑿傅會、支離輷輠之習，較其他書特爲平正。苟能合劉氏所補 ③ 而行

---

①　此篇中華本、中科圖鈔稿本署尙秉和先生名，已遵尙囑歸屬黃著。

②　此，中華本、中科圖鈔稿本作"此"。茲依北師大本。

③　所補，中華本、中科圖鈔稿本作"補完之說"。又下句"薄王程、越傳注"，作"輕視王程"。茲依北師大本。蓋作者日後復作修訂時所改。

之，雖未足以薄王程、越傳注，要亦爲言義理者所必當取資焉爾。

河圖洛書考 无卷數 ①

（樂山堂說緯附刊本）

清王崧撰。崧字伯高，號樂山，雲南浪穹人。原名藩，字西山。嘉慶己未進士，官山西武鄉縣知縣。讀書淹博，尤長於考據，深爲阮元所器重，延總纂《雲南通志》。年八十有六而卒。著有《滇南志略》十六卷、《說緯》二卷。此書附刊於《說緯》之末。大意謂：“自漢至唐，言《易》之家於河圖、洛書但懸空立說，而未親見其狀。五代宋初，乃有流傳二式，曰河圖、曰洛書，並以白點、黑點分奇偶之數：一爲五十五點，其數自一至十；一爲四十五點，其數自一至九。朱子《本義》首載入經，而未言傳自何人。”因據《東都事略·儒學傳》、《宋史·隱逸傳》、《道學傳》、《儒林傳》、《漢上易傳》，《晁氏讀書志》，《直齋書錄解題》諸書，首考定二式並傳自陳摶。次又據《左傳》、《大戴禮》、《乾鑿度》、《太玄》、《漢書·五行志》、《律歷志》、《周易》鄭注、《論語》孔傳及《參同契》、孔氏《正義》諸書，推定唐以上言卦疇圖書者，皆與陳、邵所傳不合，而其所言“五行生成數位”及“太乙下行九宮”之法，則具合陳、邵二式之義。因斷言陳、邵二圖之所從來，固有所在，以駁清儒錢澄之、黃宗羲、宗炎、毛奇齡、胡渭、沈起元、惠棟諸儒動以陳、邵所傳出於僞造之非。引據博洽，立論亦無所偏倚。惟末段斷定：“此圖既非陳、邵僞造，亦非《易傳》所稱之圖書，乃黃帝時之河圖。”以凡陰陽歷算、納甲飛伏、太乙壬遁、占候相地、兵法方脈、神仙修養、龍虎丹竈一切方技術數無不本於圖書，“即無不祖夫黃帝，其以之說《易》而亦可通。黃帝之學後世流爲道家，故輾轉而至于陳摶。”云云。按古圖書，祇聞其名，至其形狀究若何，從無確徵。夫形狀尚不能明，而欲以陳、邵之圖屬之伏羲，屬之黃帝，其無當等耳。存之以備參考可也。

---

① 此篇中華本、中科圖鈔稿本未收入。蓋作者後來所續撰。

雕菰樓易學四十卷 ①

（焦氏叢書本）

　　清焦循撰。循字理堂，一字里堂，晚號里堂老人。世居江都黃珏橋，分縣爲甘泉人。嘉慶辛酉舉人，一試禮部不第，年纔四十，即家居不出。覃思典籍，著述頗多。而所撰《易章句》十二卷、《易圖略》八卷、《易通釋》二十卷，合稱《雕菰樓易學三書》，在當時尤負盛名，亟爲英和、阮元、王引之諸名公所稱誦。近時梁啟超亦推服其精詣，以爲乃易說之最近真者。蓋循生平邃於天文、算學，因以測天之法測《易》，以數之比例求《易》之比例，而悟得易學有三：一曰旁通，二曰相錯，三曰時行。故其《易圖略》自序云：“夫《易》猶天也，天不可知，以實測而知。七政恒星，錯綜不齊，而不出乎三百六十度之經緯；山澤水火，錯綜不齊，而不出乎三百八十四爻之變化。本行度而實測之，天以漸而明；本經文而實測之，《易》亦以漸而明。非可以虛理盡，非可以外心衡也。余初不知其何爲相錯，實測經文、傳文，而後知比例之義出于相錯；不知相錯，則比例之義不明。余初不知其何爲旁通，實測經文、傳文，而後知升降之妙出於旁通；不知旁通，則升降之妙不著。余初不知其何爲時行，實測經文、傳文，而後知變化之道出於時行；不知時行，則變化之道不神。既撰爲《通釋》二十卷，復提其要爲《圖略》。凡圖五篇，原八篇，發明旁通、相錯、時行之義；論十篇，破舊說之非：共二十三篇，編爲八卷，次《章句》後。”其著書之大旨畢見於是。然今考循所破漢儒卦變、半象、納甲、納音、卦氣、爻辰之非，咸能究極其弊。至其所自建樹之說，則又支離穿鑿，違於情理，實有較漢儒諸術過之而無不及焉者。如說《中孚》與《小過》旁通云：“《明夷》六五‘箕子之明夷’，箕子即其子。《中孚》九二‘鳴鶴在陰，其子和之’，謂九二旁通《小過》六五。惟《小過》六五不和《中孚》之九二，而以四之初成《明夷》，故云‘其子之明夷’。苟‘其子’與‘鶴鳴’相和，則明不傷夷。是《中孚》、《小過》旁通。”又釋“井泥不食”云：“《豐》四之《井》初成《需》，故‘需于泥’。《豐》成《明夷》，《需》二之《明夷》五，爲‘致寇

---

① 此篇中華本、中科圖鈔稿本署尚秉和先生名，已遵尚囑歸屬黃著。

至’，傳云‘災在外’，即《豐》‘過旬災’之災。”又釋《小畜》“密雲不雨，自我西郊”云：“其辭又見於《小過》六五。《小畜》上之《豫》三，則《豫》成《小過》，《中孚》三之上則亦成《需》。以《小過》爲《豫》之比例，以《中孚》爲《小畜》之比例。”又釋《文言》“同聲相應，同氣相求，水流濕，火就燥，雲從龍，風從虎”云：“同聲相應，謂《乾》成《家人》，《坤》成《屯》。同氣相求，謂《乾》成《革》，《坤》成《蹇》。水流濕，謂《乾》二、四之《坤》成《屯》，承同聲而言。水，坎也；濕，下也：泥塗沮洳之地，震爲大塗是也。《乾》二流於《坤》五，而四應之，成《屯》，是爲‘水流濕’。火就燥，謂《坤》五、三之《乾》成革，承同氣而言。火，離也；燥，爲秋金之氣，兌是也。《坤》五就於《乾》二，而三求之，成《革》，是爲‘火就燥’。此言《乾》、《坤》之當位行也。若不當位，有濕而無水，則《乾》四之《坤》初成《復》；有燥而無火，則《坤》三之《乾》上成《夬》。《復》變通於《姤》，《姤》二之《復》五成《屯》。《復》下震先有龍，成《屯》則上有坎雲以從之，故‘雲從龍’。《夬》變通於《剝》，《夬》二之《剝》五成《觀》。《剝》下先有坤爲虎，成《觀》則上爲巽風以從之，故‘風從虎’。”若此之類，初觀其法似密，實按其義皆非。牽合膠固，殆過於虞翻遠甚，而竟不自知其謬，豈非明於燭人而暗於見己乎？英和、阮元、王引之之徒，以故舊之雅而妄相推許，後儒不察，隨聲附和。獨南皮張之洞撰《書目答問》以告學者，於循之《易》取其《周易補疏》，而舍此《易學三書》，可謂知所去取矣。

易圖略八卷 [①]

（焦氏叢書本）

　　清焦循撰。循著《雕菰樓易學三書》凡四十卷，已著錄。此書即三書之一。凡《圖》五篇，《原》八篇，《論》十篇。《圖》、《原》之大旨，皆在推闡其自所發明之旁通、相錯、時行三義例。其《論》十篇，一曰《論連山歸藏》，明二《易》傳於夏、殷，原非禹、湯之制作也。二曰《論卦變上》，三曰

---

　　① 此篇中華本、中科圖鈔稿本署尚秉和先生名，已遵尚囑歸屬黃著。

《論卦變下》，駁荀、虞卦變之謬也。四曰《論半象》，駁虞氏半象之不當也。五曰《論兩象易》，駁虞氏兩象易之非也。六曰《論納甲》，論虞氏納甲之謬也。七曰《論納音》，論其說起於緯家，非焦、京所有也。八曰《論卦氣六日七分上》，九曰《論卦氣六日七分下》，論卦氣之序非《易》之序也。十曰《論爻辰》，定爻辰爲鄭氏一家之言，悠謬非經義也。歸納其書，不外兩端：前者所以表明其自所建樹，後者所以破漢儒諸說之謬。當清代乾、嘉之隆，舉世崇尚漢學，好古不好是風氣正盛之時，而循能獨立爲說，力闢荀、虞及康成諸家之謬，固可謂豪傑之士。惟其自所建立諸例，以測天之法測《易》，以數之比例求《易》之比例，雖曰自成一家之說，竟皆牽合膠固，无當經旨，較之鄭氏爻辰有過之而無不及。又以荀、虞卦變爲不當，乃循所著《易通釋》少則一卦五變，多則十餘變，視荀、虞爲尤甚。所謂明於燭人，闇於自照者，非耶？

仲軒易義解詁三卷 [①]

（鈔本）

卷上首尾不具，中下兩卷均題江都焦循定稿。循[②]家有仲軒，因藏仲長統石刻得名，則仲軒誠爲循之軒名。惟按循子廷琥所撰《事略》，述循先後著作甚詳，其於《易》則有《易通釋》二十卷、《易圖略》八卷、《易章句》十二卷、《周易補疏》二卷、《易話》二卷、《易廣記》三卷，獨未聞有《易義解詁》之說。此其可疑者一。此本既分上、中、下三卷，宜是完書，實則其中只釋《乾》、《坤》、《屯》、《蒙》四卦，《乾》、《坤》各爲一卷，《屯》、《蒙》又爲一卷，以下六十卦并《繫辭》、《說卦》、《序卦》、《雜卦》之屬皆闕，而標題之字蹟墨色又不與正文同。此其可疑者二。循之易學，乃以數之比例求《易》之比例，謂易例有三，曰旁通、曰相錯、曰時行，力破舊說之非，故其序《周易補疏》譏王弼"知卦變之非而用反對，知五氣之妄而信十二辟，唯之與阿，

---

① 此篇中華本、中科圖鈔稿本署俞秉和先生名，已遵俞囑歸屬黃著。

② 循，中華本、中科圖鈔稿本作"其"。其上多一節云："循字理堂，一字里堂，晚號里堂老人。世居江都黃珏橋，分縣爲甘泉人。嘉慶辛酉舉人。"蓋涉前篇《雕菰樓易學》提要已述焦循名號爵里，此篇不宜重複，故作者日後修訂時刪之。茲依北師大本。

未見其勝"。又《易圖略》論卦氣云："嘗謂納甲、卦氣,皆《易》之外道。趙宋儒者,闢卦氣而用先天。近人知先天之非矣,而復理納甲、卦氣之說,不亦唯之與阿哉!"是循于漢儒納甲、卦氣、五行、十二辟之術,以及宋儒先後天之說,皆所不信。而此書於納甲、卦氣、五行、十二辟之術,既屢屢稱述,而於先後天之說尤篤信不惑。如云:"邵子詩'乾遇巽時觀月窟'句,屬先天;'地逢雷處見天根'句,屬後天。羲、文兩八卦,皆有先後天。"又謂:《乾》之'利貞'二字,包先天三節;'元亨'二字,包後天三節。"並譏來矣鮮讀"先迷後得主"句,爲"不識先後之別"。與循素日持論之宗旨正相剌謬。此其可疑者三。循所著書,徵引古今皆極淵博,訓詁名物研求尤精。而此書所徵引儒先舊說,在漢、魏惟一虞仲翔,在宋明惟程子、邵子、朱子及來矣鮮氏四人。且其釋《乾》卦之義云:"卦名雖作'乾',實當讀作'乾濕'之乾。"釋"長爲元"之義云:"長即大,大即元,如考試稱榜首爲元。"釋"筮"字之義云:"筮字,上從竹,下從工,而加以東西二人字。東西二人者,即震、兌也。工,謂此震、兌二者之兩端,爲萬事萬物取中之道,由天地化工所出也。"既爾孤陋,而復穿鑿,有似童駭。此其可疑者四。他如牽引《論語》:"或問禘之說。子曰:'不知也。知其說者之於天下也,其如示諸斯乎?'指其掌。"及《中庸》:"明乎郊社之禮,禘嘗之義,治國其如示諸掌乎?"二文,繪《示諸掌》一圖。又以禮樂刑政皆本於元亨利貞,作"五音必爲十二律所節始可感動人好善惡惡之心"諸說,於禮樂之制度精意,不獨無所發明,且穿鑿附會,令人發噱,與循《六經補疏》之文毫不相似。此其可疑者五。依此而言,可知此書乃鄉曲俗士所爲,久而殘闕,佚其名氏,作僞者乃嫁名於循,以圖射利明矣。不足重也。

周易通義十六卷 ①

(道光十六年刻本)

　　清邊廷英撰。廷英字育之,任邱人。嘉慶六年辛酉進士,官至禮部員外郎。是書排除象數,專闡義理,忽略天道而重人事。故其《自序》謂:"聖

---

① 　此篇中華本、中科圖鈔稿本署尚秉和先生名,已遵尚囑歸屬黃著。

人教人之法，惟具於四子之書。《大易》一書，實即四子之書之所自出。故《易》言健順，四子言仁義；《易》言元亨，四子言誠明：名不同而實同。”又謂：“漢後儒者注《易》，或主象數，或主義理，然皆與四子之學不能歸一。廷英中年以後，始因讀陸、王書，有得於《孟子》‘本心’，《大學》、《中庸》‘愼獨’之旨。自是之後，讀《易》則惟以四子之學求之，逐卦逐爻皆必切體之心，切體之人倫日用，以求其致用之實。十年之久，乃覺《易》與四子之學渾合爲一，無纖毫之可疑者。至是乃敢筆之書。”云云。其著書之大旨，畢見於是。原廷英之學，既以陸、王爲主，故逐卦逐爻皆謂聖人指言心德，教人以盡心盡性之學，故不獨不取漢、魏儒者之說，即周、程、張、邵、朱諸家之論，亦在所不取。夫《易》原本象數，發爲義理，苟舍象數而談義理，則《易》與《詩》、《書》、《禮》、《樂》何以異？聖人又何必獨爲此艱深怪奇之詞？《易》之理，原本天道，指明人事。必謂其專言人事，則天行、地勢、先甲、後庚之語，皆爲无稽，聖人又何必爲此駢枝贅疣乎？斯皆執于一端，而未達乎全體者也。至於《易》之推衍極致，則格致誠正、修齊平治之道，殆无所不包。即周、程、張、邵、朱，固亦不能謂其毫无冥契，何況乎四子？然必謂《大易》之旨與《四書》之說渾合爲一者，又固執之論也。蓋廷英持理學門戶之見，已失持平；而又拘守陸、王之言，姝姝自悅，徒見其褊狹而已。

周易輯義初編四卷 ①

（道光八年刊本）

　　清盧兆鰲著。兆鰲，字桐坡，湖南安仁人。嘉慶辛酉進士，官萬州、化州知州，署潮州府同知。是書據其《自序》謂：“宜奉《程傳》及《本義》爲正宗。”又謂：“聲音之道，感人最深，故六經皆有韻之文。而三百篇外，《周易》尤最爲活變，最爲精密。故諧其音節，備述舊聞，一以貫之。”云云。按《程傳》、《本義》，自明以來即爲功令所必讀之書，謂爲正宗，原不足怪。惟此書所述義理之空疏淺陋，大有出乎程、朱之外者，而其所諧之音節更多无據。如其

---

① 此篇中華本、中科圖鈔稿本署尚秉和先生名，已遵尚囑歸屬黃著。

釋"或躍在淵"云:"躍淵,乃内卦互兑澤,有日浴咸池之象,猶云'樓觀滄海日'耳。若粘定龍德說,則九二已見而在田,何得隔卻九三從新又轉到淵耶?"按《乾》卦,"爻以氣表,繇以龍興"本干寶語,潛、見、飛、亢,既指龍言,則所謂"躍"者,非言龍而何? 初爲地下,故淵指初;初以四爲應,故或躍在淵。而盧氏乃謂"何從轉到淵",殆不明初、四相應之理,程、朱無是淺陋也。又釋"用九"云:"爻无論奇耦,總把一畫分出中間左右。陽爻則中間實得一分,故每爻算三分。乾三奇,三其三則九,此之謂'參天'。陰爻則中間虛卻一分,故每爻算二分。坤三耦,三其兩則六,此之謂'兩地'。震、坎、艮爲少陽,則兩耦一奇,爲七。巽、離、兑爲少陰,則兩奇一耦,爲八。故七、八、九、六之數,皆倚參兩而成。"按七、八、九、六之數,純視揲蓍而定,唐僧一行論之已詳。以乾爻三分,坤爻二分爲說,是盧氏並揲蓍之法皆不明,程、朱亦无是空疏也。至其叶音韻之處,如《乾》初九"潛龍"、九二"見龍",音龍爲林;九五"飛龍",則音龍爲能;上九"亢龍",則音龍爲黎。《需》之"有孚",音孚爲肥;《訟》之"有孚",音孚爲焚;《泰》之"其孚",音孚爲其該切。凡此本皆一字,而任意叶韻,改作異音。又凡經中之龍字、疑字、年字、虞字、泥字、言字、麟字、能字、宜字、盧字、牛字、雷字、靈字、南字、蠱字、嬴字、陵字、攣字等,皆音作"黎"。凡此本異字,而任意叶韻,改作同音,而不知其有可通者,有絕不可通者。其他任意改叶之字,尚不勝枚舉。雖朱子《詩傳》,亦无是妄誕。夫有清自乾、嘉而後,經學昌明,訓詁音韻,闡研尤精,即清初崑山顧亭林,亦有《易音》專書。乃盧氏於漢、魏古注及清儒纂述一無所覽,而妄著作,適以自示其不學而已。

周易繹傳四卷

(道光甲申刊本)

清汪景望撰。景望字企山,宜興人。嘉慶九年舉人,官太平教諭。是書不載《繫辭》以下各篇,惟有上下經,又各分上下卷,故凡四卷。卷前載《讀易卮言》七則,《讀易傳例》九則,而無序跋。案《宜荊縣志·藝文志》載此書作九卷,則此本似是殘闕。考其以《繹傳》命名之意,蓋以《十翼》爲依歸者。尋其"繹傳"所得，蓋有四端。一曰釋卦，爲讀《易》第一要義。例如：《乾》乃以元釋卦，故《乾》之四德及《乾》之六爻，皆一元所統；《坤》乃以順釋卦，故《坤》之象辭及六爻皆言順。故《乾》卦重在"乃統天"一句，《坤》卦重在"乃順承天"一句是也。二曰釋辭，釋辭必揭出象辭所指之卦主。如《需》以九五爲成卦之主，《訟》以九二爲成卦之主等是。三曰《大象傳》，專指用此卦而言。凡體《易》、占《易》，遇此卦之吉爻而用《大象》，則吉者愈吉；遇此卦之凶爻用《大象》，則凶者亦轉而爲吉。蓋伏羲合二體而成大象，夫子則合六爻而善處大象之方是也。四曰卦變，即襍卦反對之義。其例如：《需》、《訟》反對，在《需》則"有孚"，反《訟》則"有孚窒"；在《訟》則九二"剛來而得中"，反《需》則九五"位乎天位而正中"；在《需》則"利涉大川"，反《訟》則"不利涉大川"。《泰》之象曰"小往大來"，由《否》反也；《否》之象曰"大往小來"，由《泰》反也。《臨》反至《觀》，爻凡八變，則曰"至于八月有凶"；《復》反自《剝》，爻歷七位，則"七日來復"。又如《大壯》之三，反《遯》之四，兩爻皆有"君子"、"小人"之辭；《既濟》之三，反《未濟》之四，兩爻皆取"鬼方"之象是也。按汪氏此論，雖屬尋常，然與《易》義頗有合。以卦變爲反對，與江愼修主張亦同，足備一說。又其書闡繹義理，不廢象數，故能簡明切要，不蹈於空虛，不涉於穿鑿。名曰《繹傳》，允有當焉。

易酌十五卷

（手稿本）

　　清何詒[1]霈撰。詒霈字春渠，東垣人按《畿輔通志》作正定人，嘉慶十年進士。是書分爲《酌註》、《酌圖》兩部。《酌注》又分經、傳，經部六卷，自卷一至卷三釋上經，卷四至卷六釋下經；傳部亦分六卷，卷一釋《彖傳》，卷二釋《象傳》，卷三釋《文言》，卷四釋《繫辭》，卷五釋《說卦》，卷六釋《序卦》及《雜卦》。并《酌圖》上、中、下三卷，都十五卷。其註釋之例有五：

---

　　① 詒，中華本誤"詔"。茲依北師大本及中科圖鈔稿本。

曰正義,所以發明經義也;曰釋義,所以考究字義也;曰精義,所以發明卦象也;曰別義,所以存異說也;曰總義,則總論一卦或數卦之義也。區別意義,條理尚頗明晰。其《自述》謂:"'正義',多取之《程傳》。'精義',多取之胡氏《函書》。"又謂:"古聖則象繫辭,一字不苟。字義不明,經義便晦。"又謂:"'別義',與正旨不甚浹洽,而立言有本,不同臆說,取之漢儒者爲多。漢學久廢,僅存什一于千百,吉光片羽,少當益珍。"察其意,似頗欲函雅故,明義理,兼綜漢宋之長。惟按其實,則殊不然。如何氏論"之"、"叠"曰:"之,非變也。《易》之妙,體剛者用必柔,體柔者用必剛。之者,自體而達於用。叠,如《屯》卦上坎下震,叠之則成雷雨《解》,是易置看法。又如《姤》卦下巽與伏坤叠成《觀》,亦是一叠法。"按,"之"之爲變,古義顯然,故《春秋內外傳》占筮凡遇某卦之某卦者,皆變卦也。何氏以"之"爲非變,是明與古義相背。又何氏所謂"易置看法"之"叠卦",本即虞氏"兩象易"之說,而命名不從虞氏,已爲不根。至其以《姤》卦下巽與伏坤叠成《觀》爲叠卦,則先儒所未有,真自我作古也。何氏又以"震正對巽、兌正對艮爲'正射',震反對兌、巽反對艮爲'反射'。"按,震、巽相對,艮、兌相對,漢儒謂之"旁通",何氏正射之名雖不當,其義尚可通。若反射之說,則立名取義,皆无所當。蓋震、艮相反對,巽、兌相反對,則有之;未聞震與兌爲反對,巽與艮爲反對也。何氏又以震足、艮手之屬爲"小象",《頤》肖《離》、《大過》肖《坎》之屬爲"大象"。按此所謂大象,即虞氏所謂"體象",先儒亦有名爲"大象"者,立名尚爲有本。若以震足、艮手爲"小象",則又何氏所新立者也。何氏又云:"孔子作《十翼》,蓋《彖傳》、《象傳》、《文言》各分上下二篇,加《繫傳》一、《說卦》一、《序卦》一、《雜卦》一,故凡十篇。"按,《繫辭》分上下,漢魏以來儒者未聞異說;《文言》爲一翼,先儒亦未有異議。何氏獨欲分《文言》爲二,而合《繫辭》爲一,亦未免好奇逞異。他如釋"先甲後甲",謂"甲者胎象";釋"不事王侯,高尚其事",謂爲"婦人懷妊獨宿,不復交乾"之義;釋"盥而不薦",謂是"但同巾櫛,不薦枕席"之義:斯又皆猥褻不堪,漢、宋儒先皆未有若是之妄誕者。《酌圖》卷上,載《河洛圖象》、《河圖畫卦》、《文王演圖證易》諸圖,及《蓍卦方圓》等;卷中載《卦納干支攷》、《音律應卦攷》、《爻辨等物攷》、《風雨應卦攷》、《京氏易傳攷》等;卷下載《洪範五行攷》、《太上天易攷》、《太上人易攷》、《太上地易攷》

及《元會運世攷》等。大氐抄自他書，雖徵引頗繁，而實多與易无關。乃何氏自謂此書爲"三十年精力所集"，則其用力之勤且久，頗可惜也 ①。

周易新解六卷

（光緒十二年刊本）

清唐守誠撰。守誠字馨丹，號真峰，雲南曲靖府南寧縣人。嘉慶庚午舉人，道光丙午大挑一等，得知縣。不樂爲吏，呈請改就教職，歷官通海縣訓導、廣南府教授。在通海尤久，專意著述。所著有《亦夢軒集》等書，種類甚多，多未刊行。此書存稿於家者數十年，至光緒丙午，其子永齡始募貲刊行。全書凡六卷，註釋甚簡略，義亦膚淺，似專備童蒙諷誦。書上有眉批，分作兩層。上層多取來知德之說，如《乾》初九批云："變姤綜夬錯復"。九二批云："變同人綜大有錯師"。他卦皆如此例。自釋變、錯、綜之外，間引史事，以申明卦爻之義，然亦甚簡略。下層之眉批，則大氐言文章之脈絡關節，亦无其他發明。綜觀唐氏此書，所據參考書籍，自《周易折中》外，惟有《來氏易註》，其他古註殆一无所覽，已爲荒陋。而前後諸家序跋且云："《折中》宏深，學者難讀。"則滇南僻遠，士風錮塞，經學不昌，其來已久。然則唐氏此書，雖云淺陋，亦地域使之然矣。

易鑑三十八卷 ②

（同治甲子·重刊本）

清歐陽厚均撰。厚均字福田，號坦齋，湖南安仁人。嘉慶進士，官至御史。以母老告歸，主講嶽麓書院凡二十有七年，弟子著錄者三千餘人。著

---

① 頗可惜也，中華本、中科圖鈔稿本作"亦未易及也"。茲依北師大本。此蓋作者後來復作修訂時所改。

② 此篇中華本、中科圖鈔稿本署尚秉和先生名，已遵尚囑歸屬黃著。

易學群書平議·卷四

541

有《易鑑》、《望雲書屋集》、《粵東游艸》等書。遭洪楊之亂 [①]，遺稿多散亡，惟《易鑑》以先刊獨存。其著書大旨，以爲："《大易》一書，聖人所以垂教於天下萬世者，罔不切於人事。上自朝廷君相，下及於閭巷士民，誠能觀其象變，玩其辭占，大之可以行政蒞官，小之亦足以束身寡過。古今來之治法、道法，盡備於此，誠千古之寶鑑也。"故名其書曰《易鑑》。厚均又以爲："《易》之爲書，原以致用，聖人作《易》以垂訓，將欲使天下萬世无不知所從違，故隨人、隨時、隨事皆可用。泥於象數而不切於人爲，空談義理而无關於行習，則《易》幾爲无用之書，非聖人所以立教牖民之意。"故其書既盡屛棄漢、魏諸儒所用之象數，亦不專尚王弼、程子所談之義理。它如陳摶、邵子所傳之河洛、先後天諸說，亦不闌入一語。凡六十四卦三百八十四爻，皆引據古今史事以相參證。採取於古人者以此，其自加案語者亦以此，大致蓋與楊誠齋《易傳》同。夫《易》在《明夷》之《象》，夫子釋之曰："內文明而外柔順，以蒙大難，文王以之。內難而能正其志，箕子以之。"在《復》之初"不遠復，无祇悔，元吉"，夫子釋之曰："顏氏之子，其殆庶幾乎？"其在爻辭，亦有"箕子之貞"、"帝乙歸妹"、"高宗用伐鬼方"諸文，釋者皆以爲係上古史事。則是以史事證明易理，亦未嘗不得《易》之一義。然《易》之本在乎象，故曰"《易》也者，象也"。其要在以明天地陰陽，故曰"《易》以道陰陽"。是故言《易》者，必本象數以發爲義理，必原天道以推人事。言義理而舍象數，則爲无本；推人事而遺天道，則爲一偏：是二者皆未得也。況乎厚均專以史事推闡易理，則《易》之用幾與《春秋》、史傳相同，聖人又何必於《詩》、《書》、《禮》、《樂》之外別爲一《易》？故朱子嘗言："聖人以《詩》、《書》、《禮》、《樂》教人，而不及於《易》，看來《易》別是一個道理。"厚均蓋未達朱子之旨。若誠齋楊氏，生當南宋之末，其書本感憤時事而作，故其初自名爲《易外傳》，楊氏其亦知徒以史證經，非說《易》之正宗矣。是以陳櫟駁之於前，吳澄議之於後。今厚均不察，尤而效之，未爲通才達識也。

---

① 洪楊之亂，北師大本作"太平天國革命"。茲依中華本、中科圖鈔稿本。

周易本義闡旨八卷 ①

（嘉慶十七年蘭桂堂刻本）

　　清胡方著。方字信天，一字大靈，新會人，歲貢生。歿後數十年，其玄孫捷登，始以家藏鈔本示同里觀察使盧觀恒，觀恒爲編校刊行之。書分上下經計卷，上經由卷一至卷四，下經亦然，故凡八卷。馬其昶《周易費氏學·敍錄》作《本義注》六卷者，蓋未見原書而誤也。是書先列經文，次列本義，皆大字；後列闡旨，小字雙行夾註，眉目尙爲清晰。卷首除列朱子《九圖》、《八卦取象歌》、《八宮次序》、《卦名》、《卦變歌》、《筮儀》之外，薈萃朱子平日論《易》之說，爲《易說綱領》一篇，次《筮儀》後。又錄朱子《周易五贊》、《周易圖說》及《啓蒙補略》諸書次《綱領》後。是頗足以窺朱子易說之全體，補《本義》所未備，有益於讀者。獨惜其於書中之闡旨，則墨守《本義》，句梳字櫛，無所徵引，無所參證，故用力雖勤而毫無發明。有時淺俗，且類坊間之高頭講章。如釋《大象》云："此'象曰'，是周公言卦之象，若曰是記述之詞。《小象》之'象曰'，是象詞之意，若曰是論議之詞。"釋"先迷失道，後順得常"云："此節與《論語》'仁甚於水火，未見蹈仁而死'同義。"釋《說卦》"坤爲文爲衆"云："色繁而整爲文，形繁而整爲衆。不繁，非文、衆；不整，則繁不可辨，亦不成文、衆也。"此皆支離無當。又如將六十四卦三百八十四爻，自定爲註釋之例、提撕之例、因象辭而決之之例、因爻辭而決之之例、釋爻辭正含之例、釋爻辭所以然之例、釋爻辭所以未及之例等，亦皆強爲支配，不協經旨。蓋方生居窮僻，潦倒棘闈，既不獲與通人達士交游，又罕覯漢魏易說，故孤陋如是也。

---

① 此篇中華本、中科圖鈔稿本署尙秉和先生名，已遵尙囑歸屬黃著。

周易集解纂疏十卷 ①

（湖北叢書本）

　　清李道平撰。道平字遠山，安陸人。嘉慶戊寅舉人，晚官嘉魚教諭，卒於官。案《湖北通志》本傳及藝文，均作三十六卷，謂書刻於道光壬寅，其本海內少見，後督學趙尙輔刻入《湖北叢書》。惟今本祇作十卷，首末完具，疑是後人所併。《易》自王注盛行之後，漢易日就淪亡，幸賴李鼎祚《集解》存什一於千百，延一綫之墜緒。後來考漢儒舊說者，其所徵引，要不外《集解》一書。道平以唐迄清千餘載，无人起而爲之疏，乃獨毅然爲之而不辭，其志在闡明漢儒象數。其《序》有云："古人之說《易》也，言象數而義理在其中；後人之說《易》也，言義理而象數因之以隱。"又曰："使象數可廢，則聖人之言爲無稽，而羲、文之假象數以垂訓者，反等駢拇枝贅。"又曰："作《易》者不能離象數以設爻象，說《易》者即不能外象數而空談乎性命。"又曰："說《易》莫先于《左氏内傳》，然解釋象辭，皆準象數，猶可考見古人說經之遺。漢儒踵周秦而興，《易》師授受，一脈相承，恪守典型，毋敢失墮。凡互卦、卦變以及卦氣、爻辰、消息、納甲、飛伏、升降之說，皆所不廢。蓋去聖未遠，古義猶存，故其說往往與羲、文之旨相契合。"凡此皆真知灼見，卓然不隨流俗，固非徒以漢學爲名高者也。其書大抵採惠棟父子及張惠言之說爲多，參合成文，而不詳著其姓氏。《集解》於古人《易》說，不拘宗派，兼收幷蓄，多兩存其說，道平亦兩釋之。諸家各遵其例，不相混淆，以重家法。間于注義未協經旨者，必詳加辨正。亦有舊義不詳不確，或另申一說以備參考，兼引諸家者，但加"案"字；自攄己見者，則加"愚案"以別之。義例謹嚴，條理秩然，可謂美善。惟其間疏義亦有不了不協者。如《乾·彖》"大明終始"，荀爽注："乾起坎而終于離，坤起于離而終于坎。離坎者，乾坤之家，而陰陽之府。"此乃以十二月消息卦方位言，消息乾起于坎方而終於離方，坤起于離方而終于坎方，故曰"離坎者，乾坤之家而陰陽之府"。離爲日，坎爲月，《乾鑿度》曰："日月終始萬物"，故曰"大明終始"。此與下荀注"六位時成"爲"六

---

　　① 　此篇中華本、中科圖鈔稿本未收入。蓋作者後來所續撰。

爻隨時而成乾"，說正合。而疏乃謂："坎本乾之氣，故乾起于坎之一陽，而終于離之二陽；離本坤之氣，故坤起于離之一陰，而終于坎之二陰。乾寓坎中，坤寓離中。"不實指消息卦方位爲說，徒以一陰、二陰、一陽、二陽疏"起"、"終"，義殊不明。《蒙》六五小象，荀注："順於上巽於二。"謂五上承上九，下應九二，皆以陰從陽。互坤爲順，故曰"順於上巽於二"，巽亦順也。而疏必謂："五變爲巽，以應二。"夫五變則爲陽，與二陽如何相應？且又不能上承，於"順上巽二"之旨全悖矣。《觀》九五，虞注云："震生象反，坤爲死喪，嫌非生民，故不言民。"《觀》三至五互艮，艮覆震也，震爲生，震覆故曰"震生象反"。此與《繫辭》"重門擊柝"《九家》注"震覆爲艮"，"上棟下宇"虞注"巽爲長木，反在上爲棟"，義正同。而疏說《九家》不誤，說兩虞注皆未協，以不知虞氏亦用覆象也。若此之屬，多襲舊說，而未能有所匡正。至若博雅之士，更有惜其考訂詁訓名物，未盡翔實者。要之，道平於《集解》疏通證明，厥功已多。雖有一眚，固不足以掩其大德矣。

易義原則七卷易義附編五卷 [①]

（道光丁亥刻本）

清張瓚昭撰。瓚昭字斗峰，湖南平江人。嘉慶辛酉優貢，道光乙未舉人，官東安訓導。所著曰《經笥質疑》，有《易義原則》、《易義附編》、《書義原古》等。《易義原則》六卷，並卷首凡七卷；《易義附編》四卷，並卷首凡五卷。瓚昭爲人詭僻好異，而自謂"不甘爲古人所愚"，故於群經諸傳罔不妄肆詆毀。如《易義原則》中云："讀其書，期知其人，豈說卦象而不述羲皇本紀？"譏太史公爲未之思。遂採皇甫謐《世紀》、司馬貞《補本紀》、羅泌《路史》等書，參以卦象，作《羲皇本紀》冠之於首。而不知百家言黃帝，其文不雅馴，太史公且不取，豈反取乎牛首蛇身，神異諸謬說，以傳伏羲氏？此正所謂好學深思者，而瓚昭譏之，妄矣！瓚昭又以伏羲葬於平江天岳山，世遠而人無知，因作《天岳皇壇圖》及《圖說》，次於《本紀》之後。又以古經傳所

---

① 此篇中華本、中科圖鈔稿本署尙秉和先生名，已遵尙囑歸屬黃著。

謂“帝”、所謂“上帝”者,皆指伏羲,作《上帝考》;《黃陵廟記》所稱黃龍助禹治水,其龍即伏羲氏以龍紀官之真龍,作《黃龍考》:次《圖說》後。又以《十翼》中惟《繫辭》、《說卦》,非孔子高弟不能作①。其餘《彖》、《象》、《文言》諸篇,語既淺滑,意亦含糊,皆非古《易》所有,乃費直輩所偽託。并謂:“古今文體,唯時文爲尤得卦體。凡八股與八韵試帖,皆取諸八卦。”又以《繫辭傳》所謂“河出圖,洛出書”,圖者即乾坤六十四卦之卦象,書者即卦爻辭,因于六十四卦卦象上各冠一“圖”字,彖辭上各冠一“書”字。其所言所爲,誕妄不經,皆類是。《附編》卷首全載五行圖說;卷一、卷二曰天文類,謂“《周易》卦象與星象同”,因以卦象附會星象;卷三、卷四曰地理類,謂:“包犧畫卦,仰則觀象于天,俯則觀法于地,故經義在輿圖。”因以輿圖文飾經義。又凡醫經、方伎、禩術之學,罔不援引比附,濫厠於其間。蓋其人學無家法,又師心自用,故涉獵愈多,而其書愈見駁襍而无當云。

三易註略四卷三易讀法一卷 ②

（嘉慶四年刊本）

　　清劉一明撰。一明係道士,自號悟玄子,又自號素樸散人。其先晉人,中年慕道,游學三秦,棲隱於金縣南棲雲山巔,號其洞曰自在窩。據其《自序》,有“乾隆庚辰歲西游,幸遇吾師龕谷老人,打開先天窟竅,指示易理源流”之語,則其學傳自龕谷。按蘇寧阿所作《序》,龕谷係廣東人,蓋亦道士。又按《自序》,有:“細辨圖卦之蘊,深索經傳之義,將圖卦可折可合處悉爲指出,或一圖分爲數圖,或數圖合爲一圖,或於本圖所藏之秘別立變圖。”以明“圖爲活圖,卦爲活卦。不得按圖說圖,按卦說卦”。又於羲《易》、文《易》、孔《易》分爲三《易》而註之,以明“三聖各有其《易》,不得以文《易》爲羲《易》,以孔《易》即爲羲、文之《易》”。如其說,則是一明所著,有圖有註,而註且分羲《易》、文《易》、孔《易》三部。今考此本,除卷首附《三易讀法》一卷

①　作,北師大本無,疑誤脫。據中華本、中科圖鈔稿本補。
②　此篇中華本、中科圖鈔稿本署尙秉和先生名,已遵尙囑歸屬黃著。

一百二十餘條外，祇有上經兩卷，下經兩卷，各載卦爻詞解註，而无一圖說并一語及於《十翼》。則此本殆一明所謂“羲易”、“文易”之部，而“孔易”之部并所有圖均闕，其爲殘本無疑矣。今姑就其殘本及《讀法》所見論之，一明之學，純以圖書爲主。故其言曰：“《易》即圖書，圖書即《易》。學者欲知卦理，須玩圖書。圖書者，《易》之根本；《易》者，圖書之發揮；《易》所以演圖書之秘藏。”云云。按宋人所謂圖書者，乃五行數及九宮數。《易》之理原於象，象原於數。圖書者，數之根，故宋人以圖書爲《易》本。惟一明實未知此義，而徒以圖書錯綜之說相糾纏。而其所謂“錯綜”，乃有謬誤不可勝言者。如於上下經六十四卦三百八十四爻卦畫下，均註“錯”字、“綜”字或“錯綜”二字。尋繹其例，則以陽爻居陽位、陰爻居陰位爲綜，陽爻居陰位、陰爻居陽位爲錯。然有時陽爻居陽位，陰爻居陰位亦有爲錯者，如《遯》之九三、《坤》之上六是也；亦有時陽爻居陰位，陰爻居陽位亦不盡爲錯者，如《乾》之九二、九四，《坤》之六三、六五，皆曰“錯中有綜”是也。故其爲例，果孰當爲錯，孰當爲綜，孰當爲錯中之綜，純以意造，毫无標準，而强附會之圖書，烏乎其可？況其以“錯誤”釋“錯”義，以“得中”釋“綜”義，尤爲古今易家之所未聞乎！又其書句讀，亦多不可通者。如《訟》彖作“有孚窒”句，“惕中吉”句；《小畜》六四爻詞作“有孚血”句，“去惕出”句；《明夷》六二爻詞作“用拯”句，“馬壯吉”句。若此之類甚多，其義皆難通，而註中亦无所說明。舉此兩端，則可概見一明乃一无實學而好立異者。至其釋《坤》之“西南得朋，東北喪朋”，《蹇》之“利西南，不利東北”，以月體盈虧爲說，其義本之魏伯陽《參同契》，虞 ① 仲翔亦嘗用之，固无庸以譏方外之一明矣。

易理闡真六卷卷首一卷

（嘉慶二十四年重刊本）

　　清劉一明撰。一明有《三易註略》、《三易讀法》已著錄。考梁溪楊芳燦所作《序》，一明蓋先著《三易註略》，而後著此書。此書凡六卷，前四卷

---

　　① “虞”上，中華本、中科圖鈔稿本多“吳”字。茲依北師大本。

曰《周易闡真》，後二卷曰《孔易闡真》。而卷首列圖說四十餘篇，前半皆推演河圖洛書、先天後天之說，假易學以明其丹家養生之術；後半如《金丹圖》、《金丹論》等，則純係丹家之說，并《易》亦无所假借。《周易闡真》祇釋經文卦爻辭，而不取《十翼》；《孔易闡真》則擇釋《大象傳》及《雜卦傳》，而不一及經文。原一明之意，蓋以卦畫爲"羲易"，《十翼》爲"孔易"，惟卦爻辭爲文周所作，方爲《周易》也。其註釋大旨，與《三易註略》、《三易讀法》同，惟不復用其錯綜之術，較爲差勝。尋以道家之言解《易》，論者咸謂始于王弼。實則虞翻納甲之術，既同於《參同契》，而其注中引《老子》之言者亦時有之。則是易學之雜入道家，蓋自虞氏已然。迨及宋世，圖書之學興，陳、邵之術尤鄰於方外，儒者復取以附經，而後《易》之爲書，實雜道家言而至不可分離。然則圖書、先後天之說，雖云盛起於宋，而淵源亦有自矣。清儒有作，悉力排擊宋儒，然至今宋儒之說亦未能盡廢。良以《易》道廣大，无所不包，水火匡郭，亦未始非《易》之一蘊。亦猶楊簡之徒以佛家言解《易》者，亦得自名其家也。然則一明以道家言解《易》，雖非吾儒之真義，固亦无庸悉擯之矣。

孔易闡真二卷 ①

（嘉慶二十四年重刊本）

　　清劉一明撰。一明所著有《三易註略》、《三易讀法》、《易理闡真》等，已著錄。此書即《易理闡真》之後二卷，而別出單行者。原一明之學爲道家，故其嘗言："體龕谷、仙留二師之旨，述伯陽之意，盡將丹法寓於《周易》圖卦繫辭之中。略譬象而就實義，去奧語而取常言。直指何者爲藥物，何者爲火候，何者爲進陽，何者爲退陰，何者爲下手，何者爲止足，何者爲煆煉，何者爲溫養，何者爲結丹，何者爲脫丹，何者爲先天，何者爲後天，何者爲有爲，何者爲無爲，何者爲逆運，何者爲順行。就其圖象、卦象、爻象，細爲分析。"云云。則其爲學之大旨，已昭然若揭。惟此書以《孔易》爲名，孔子之

---

①　此篇中華本、中科圖鈔稿本未收入。疑所述內容與前篇《易理闡真》後二卷重複，故未采用。

《易》，自當包括《十翼》而言。然《十翼》之辭，未易悉以丹家之言傅會。故一明自序此書，則謂："《十翼》乃宣聖直言其理，學者自能推求，故餘不及註，惟取《大象傳》、《雜卦傳》，略釋數語，以備參考。"云云。夫既祇釋《大象》及《雜卦》，則此書正名當云《周易大象傳雜卦傳闡真》，不當云《孔易闡真》矣。

固村觀玩集稿二卷 [①]

（嘉慶丁卯年刻本）

　　清侯起元撰。起元，里居事蹟均不詳。惟據書中屢引及《周易折中》，又凡"顒"字皆避諱，知其爲嘉慶間人。是書於經傳不章解句釋，六十四卦各爲一篇，《文言》則祇釋數處，其餘《繫辭》、《說卦》、《序卦》、《襍卦》之屬皆闕。其要演繹義理，大氐以程傳、朱義爲宗。然有空泛甚於程、朱者，如釋"飛龍在天"云："孟子願學孔子。則其稱'大人'者，或即以九五飛龍尊孔子。"釋《蒙》九二"納婦吉"云："不曰后，而曰婦，愛憐少子，婦人之性。"則浮僞不切。有穿鑿背于程、朱者，如釋《小畜》六四"血去惕出"云："血謂四，惕謂三。巽陰木屬肝，肝藏血，四巽主，故以血象。三於《乾》，惕龍也。"釋《小畜》上九"君子征凶"云："上九之君子，若以三不能正室，往而正之，恐三不免有獅吼之誚，上亦不免池魚之凶，蓋雖閉戶可也。"釋《歸妹》六三"歸妹以須"云："須，即鬚字。九四長男，故有須象。以三歸之，是以未及期之少女歸而從逾期之鬚丈夫也。"則俚而不當。又有 [②] 與《易》旨全相背者，如釋《革》、釋《中孚》、釋《未濟》諸卦，均云："某講孚字，只以陽與陽孚，陰與陰孚爲義。"而不思俱陰俱陽謂之敵應，傳有明文。既是敵應，如何可相孚乎？其他訓詁之未審者，如謂《比》"原筮"，爲伏羲原有之筮辭；《履》"不咥人"，謂咥字從口從至，蓋不宜以肉送至虎口：若此之類，更不足掛齒。蓋《易》解至斯，爲最下矣。

---

① 此篇中華本、中科圖鈔稿本署尚秉和先生名，已遵尚囑歸屬黃著。

② 有，北師大本誤脫。據中華本、中科圖鈔稿本補。

易學群書平議卷四

549

易象集解十卷①

（同治甲戌漱芳園刻本）

清黃守平撰。守平字星階，號茝田，山東即墨人，道光戊戌歲貢。是書大氐以明《易》象爲主，故所採多漢、魏諸儒及清人之說。然皆綜合舊注，鎔貫成文，未嘗標舉名氏②，自謂係倣高閌注《春秋》例。於宋儒程、朱，陳、邵兩派，則皆所不取。故其言曰：“先儒舊說，理有可從，概爲摘錄，不能悉符傳、義。”又曰：“先天河洛皆因《易》而作圖，乃陳、邵之《易》，非孔子之《易》。圖中奇偶，乃揲蓍之法，非畫卦之本。《四庫書目》所辨析者甚詳。”故附會圖書者，隻字不載。又云：“朱子釋‘剛上柔下’諸說，已與卦變圖不符，不若從漢《易》較爲明暢。”凡此皆顯然不滿宋《易》，其宗旨已可概見。夫宋儒之說理，動欲以危微精一之談，施之於《易》，藉以發揮其身心性命、聖功王道之學，誠往往不能免于空虛。要其立言之大者，間亦有合于洙泗，未可偏廢也。六七八九、水火木金及戴九履一之數，漢魏儒者皆知之，皆用之，特不言其名。至宋儒必實指曰此爲河圖，此爲洛書，誠爲無據。然其數，《墨子》即言之，《大戴禮》、《小戴禮》皆用之，《繫辭》亦明言之。其名可議，其數不可非，已不詳考。耳食盲從，斯爲大患。卦變之說，蓋緣卦象失傳，諸儒求其象而不得，故爲紛紛，要皆支離穿鑿。守平既不取於朱子，又何取乎漢《易》哉？斯皆胸有成見，未盡爲能持平之論也。雖然，《易》也者，象也。象爲《易》之本，後儒不識久矣。守平獨能奮然自拔，以搜集《易》象爲職志，則其識有過人者。觀其於《說卦傳》之末，廣八卦象，除本《釋文》補入荀九家逸象外，又增之以毛西河所采輯於《左傳》注、《國語》注，及漢魏以來儒者馬融、鄭玄、虞翻、何妥、干寶、蜀才、盧氏、侯果諸家之象尤夥。則其重視

---

① 此篇中華本、中科圖鈔稿本署尚秉和先生名，已遵尚囑歸屬黃著。

② 氏，北師大本作“字”。茲依中華本、中科圖鈔稿本。

《易》象,洞明《易》本,求之晚近,實鮮其人。斯足貴也!

易藝舉隅六卷

（道光己亥天香閣刊本）

清陳本淦撰。本淦字念吾,長沙人,諸生。以經術友教四方,前後掌陝西橫渠、古莘兩書院,治《易》尤有名。原其初志,在表彰漢學,又憫窮鄉僻壤之士得書不易,於漢魏古注及乾嘉諸老書均無所知,因著此書,專以甄錄漢代鄭、虞、荀、陸諸家之遺說,及清儒毛奇齡、惠棟、焦循、張惠言諸氏書之要義,亦兼及唐李鼎祚、宋朱震、明來知德諸家,而于來氏尤詳。其意蓋欲學者手此一編,而于歷代象數家所謂爻辰、卦氣、變互、錯綜、旁通、反對、納甲、納音諸術,均可得其梗概,用意甚善。惟其又恐諸生之習制舉業者無所取資,末並附諸名家"易藝"十餘首,以資矜式,且名其書曰《易藝舉隅》。一若其書乃專爲習制藝者而設,無與于經生之業。而世人遂亦祇以制藝選本目之,茲可惜耳。

周易本意四卷 ①

（光緒間刻本）

清何志高撰。志高字西夏,四川夔州萬縣人,道光間廩生。所著有《易本意》、《春秋傳說》、《詩書禮釋》及《大象穀語》、《四書論》、《中庸註》

---

① 此篇中華本、中科圖鈔稿本署尚秉和先生名,已遵尚囑歸屬黃著。惟作者其後又對原文作較大修訂,故與中華本、中科圖鈔稿本所收頗有異同。所異者有二:一是重考何志高名字。原稿題"清何西夏撰",謂"名字皆不詳",並云:"唯據魏元烺、張鱗、劉伯薀、黃琮、黃雲鵠、高賡恩等所作序跋,知其爲道光間隱君子,足不履城市,閉戶著書者數十年。"又云:"有子曰貞幹,孫曰佩融,又有裔孫曰紹先,以諸人皆稱西夏先生,則西夏或是其號,故姑題何西夏撰。"後經重考,乃刪芟以上文字,改題"清何志高撰",確定"志高字西夏"。二是改訂此書爲"四卷"。原稿題"五卷",云"是書卷首載《易經圖說》",並詳論《圖說》得失。後蓋因《圖說》另有單行刊本,所論皆備於下篇提要,遂刪此段論說,更定爲"四卷"。茲依北師大本,並述本篇修訂之大略如上。

等,總名《西夏經義》。是書篇第,不以《彖》、《象傳》附經。故經文分兩卷,卷一上經,卷二下經。傳文亦分兩卷,卷三《彖》、《象》、《文言》,卷四《上下繫》並《說卦》、《序卦》、《襍卦》。察其意,頗欲復古《易》篇第。然古《易》十二篇,經兩篇,而傳十篇,則《彖傳》與《象傳》各分篇別上下,今以《彖象上》爲一篇,《彖象下》爲一篇,且參襍而行,使《十翼》僅有八篇,則復古而不盡,失所據矣。至其註釋經傳之辭,大氐推闡義理而證史事。說理尙爲平實,援引亦多切當,蓋宗法程傳、朱義而益之以李光、楊萬里之說者歟?

易經圖說一卷 ①

(南浦三塗邱刻本)

　　清何志高撰。志高有《易經本意》四卷,已著錄。此書所載,凡圖十篇:曰《立象本圖》,曰《命象表》,曰《大衍數》,曰《筮策象數》,曰《十二經卦應辰》,曰《八卦居方》,曰《周易上篇卦序》,曰《周易下篇卦序》,曰《河圖》,曰《洛書》。《立象本圖》,畫作七圜,層層包裹,内一圜象太極,其餘六圜分左右陰陽,由二而四而八而十六而三十二而六十四,蓋本邵子《六十四卦次序横圖》屈折而爲圜,謂爲"伏羲易象之本"。斯嫌臆造,不足依據。《命象表》,將兩儀、四象均畫作圜形;《大衍數》,以四十九點圜作一圜,置虛一於中央:是二者,於古亦爲无徵。《十二卦應辰》,即漢人所謂"十二辟卦"也。《八卦居方》,即宋人所謂"後天方位"也。《上下經卦序》及《河洛》二圖,則本《啓蒙》,无所變更。圖之後繼之以說。說亦十首:曰《立象說》,明伏羲之本象也;曰《命象說》,明八卦及六十四卦之取象也;曰《爻例說》,明爻位之義例也;曰《筮占說》,明筮策之數也;曰《十二經卦應辰說》,明十二辟卦與十二辰相應也;曰《居方說》,明八卦之方位也;曰《序卦說》,明六十四卦所以相次之理也;曰《河圖說》,明十爲河圖也;曰《洛書說》,明九爲洛書也;曰《易義說》,則明全《易》之大義也。此十篇中,如命象、爻例、

---

①　此篇中華本、中科圖鈔稿本署尙秉和先生名,已遵尙囑歸屬黃著。惟篇首中華本、中科圖鈔稿本作"清何西夏撰"(詳前注)。玆依北師大本作"清何志高撰"。

應辰諸說，論述尙爲明通。然立象之談既屬不經，而河洛二圖命名之無據，尤未能有所駁辨，君子无取焉爾。

周易述翼五卷 ①

（懺花盦叢書本）

清黄應麟撰。應麟字厚庵，番禺人，道光間舉人。嘗主講始興、文明各書院，前後十餘年，皆以《易》教授生徒，因著是書。名曰《述翼》者，蓋述孔子附翼《周易》之意也。書凡五卷，其次序先《序卦傳》，次《說卦傳》，次上經，次下經，次《繫辭傳》，次《襍卦傳》。其《自序》以爲："讀《易》者不知'乾元亨利貞'所由來，即講《易》者必另究'乾元亨利貞'所由起，難矣。故爲之先《序卦傳》以編其次，《說卦傳》以廣其象。"云云。按古本《周易》，上下經與《十翼》各自爲篇，自鄭康成而後始以《彖》、《象》之文附於經，先儒多有譏其變亂篇次。然其本通行已久，世所共習，因而不改，猶有可言。今黄氏既不遵古本，又不因鄭氏，而自行變亂篇第，殊不足爲訓。若云學《易》者宜先知卦序，則教人先讀《序卦》可矣，何必移置之乎？又其釋"彖爻"之義，謂"全爻爲彖，分爻爲爻"。按之訓詁，顯爲臆說。釋"卜筮"之義，謂"以錢卜龜，想孔子時已有"。似不知卜筮之分。釋《說卦傳》，除據荀九家增三十一象外，又據虞翻增三百二十有二象。按虞氏逸象，不止三百二十二，此乃惠棟所輯之數，其後張惠言、馬國翰諸家所輯均有增加。黄氏不取其多者，亦嫌漏略。釋《小畜》九三之"輿脫輻"，與《大畜》九二之"輿脫輹"，謂："二'輻'字義異，《小畜》九三剛過當作'輻'，《大畜》九二剛中當作'輹'。"強歧同義作二解，亦殊无當。此皆足見其疏於訓詁考訂。惟其述說《易》理，則頗有勝人者。如論"四德"謂："非元不亨，無貞不利，而亨利貞皆統於元。"論"用九"、"用六"謂："凡三百八十四爻，有遇三十六策而老陽變者，皆以'見群龍无首'之義推之；有遇二十四策而老陰變者，皆以'利永貞'之義推之，不專爲《乾》、《坤》二卦言。若《乾》、

---

① 此篇中華本、中科圖鈔稿本署尙秉和先生名，已遵尙囑歸屬黄著。

《坤》二卦六爻皆變,皆有辭義,豈《屯》、《蒙》以下六爻皆變遂无辭義耶?六十二卦皆變无辭義,則此'用九'、'用六'云云者,不獨謂《乾》、《坤》言。"釋《坤》"西南得朋,東北喪朋"謂:"舊解以得柔爲得朋,以得剛爲喪朋,無乃失坤從乾之義。"又釋《乾》卦謂:"《乾》卦不專取象於乾,猶之《坤》卦不專取象於坤,六十四卦亦猶是。"凡此等類,冥思精索,於《易》理大有所悟,能與古《易》注相契合,非空演義理者所能及。又觀其註,義有不盡,每云"詳見總論",今此本无之。倘獲見其全書,則其所貫通者當不止此也。

卦氣表一卷 ①

（光緒戊子湘南臬署會心閣刊本）

清蔣湘南撰。湘南字子瀟,固始人,道光間舉人。著有《七經樓文集》、《周易鄭虞通旨》等書。先是,湘南著《卦氣考》二卷,載在《周易鄭虞通旨》中,宗惠徵君棟及劉禮部逢祿之說,然心有所疑,逾十餘年復作此書。大意謂:"卦氣乃《歸藏》之法,《歸藏》乃黃帝之秝。黃帝八年,始造甲子,作調秝,《漢志》謂之'名察發歛,定清濁,起五部,建氣物分數'。蓋其時歲在甲子,月建甲子,朔日甲子,夜半甲子,時冬至,黃帝推步之以爲秝首。六十四卦中,惟《中孚》之陰陽相含象之,因取《中孚》以爲氣首,非'甲子卦氣起中孚'乎?冬至以《坎》主之,夏至以《離》主之,春分以《震》主之,秋分以《兌》主之,非即'名察發歛'乎?五日一微,三微一著,三著一體,凡二十四氣、七十二候,均統於三百六十爻中,以八十分日之七爲法,非即'建氣物分數'乎?八風調,五行正,十二律應陰陽消息之節,非即'定清濁,起五部'乎?上古未有書契,伏羲畫卦以象天地人物,本名之爲'象'。黃帝作甲子秝,即取六十四卦分爻值日,以紀秝中之節氣,故名之爲'秝象'。帝堯命羲和曰'欽若昊天秝象'是也。秝象之名,在帝堯之前,故帝堯得而舉之。而秝始於黃帝,則所謂秝象者,非甲子秝而何?秝與象連名,非卦氣而何?"按其言似甚辨,然考《周官》"太卜掌三易,一曰《連山》,二曰《歸藏》,三曰《周

易》"，以《連》、《歸》與《周易》並列，則《歸藏》爲《易》書无疑。況桓譚明言："《連山》八萬言，《歸藏》四千三百言。《連山》掌於蘭臺，《歸藏》掌於太卜。"而鄭康成亦言："殷陰陽之書，存者有《歸藏》。"是在後漢之世，尙確有《歸藏》一書。而《易》以道陰陽，所謂陰陽之書即《易》，且漢儒均以卦氣爲占驗。故蔣氏必以《歸藏》爲黃帝之秝，殊未敢輒信。況揚子雲《太玄》明係模仿《周易》，而其次序一本卦氣。若必以卦氣爲《歸藏》之法，則《太玄》乃模仿《歸藏》矣！又其以《歸藏》之名本於《中孚》，謂《中孚》上下四陽，中包二陰，陰中又藏乾元，故名之爲《歸藏》。既无舊義可證，亦頗嫌近臆說。惟其變圖爲表，加入宮度、日躔、斗建、八風、十二律，以補卦氣圖之缺，頗爲明備，亦便省覽。末有《卦氣序》，義多精當。又有《卦氣證》，徵引亦翔實可觀。固不得以其主張《歸藏》爲黃帝之秝而幷議之也。

淡友軒讀易稿 _{无卷數}

（民國二十二年排印本）

清徐步瀛撰。步瀛原名業煌，字有光，號小蓬，瑞昌人。增生，咸豐、同治間壬子、丁卯兩科鄉試，均擬元，卒不第。遂不復求聞達，而壹志著述。所著有文集、詩集、詞集、雜集，及《讀易稿》等。遭亂，他書皆散亡，惟《讀易稿》獨存。民國二十二年，其第六孫作喆，始爲印行，即此本也。此書原名《隨緣讀易稿》，後作喆承其鄉前輩南昌魏元曠之教，改題今名。其書无卷數，祇分四編：首曰《易說聯珠》，次曰《易例粹語》，又次曰《觀象》，最末爲《元會運世表》。"聯珠"之名，殆不可解。據魏元曠《序》所釋，則謂："聯珠者，以其即一卦之理，通貫而聯屬，如珠之照乘。"其言雖未必的是作者之意，義或近之。今觀《聯珠編》之文，大氐推闡每卦之大誼。故不錄經文，亦不實指說某字某句，每卦只標一卦名卦畫，其下則條列其解說而已。《易例粹語》，則採集易學之義例，有專就一卦言者，有通指六十四卦言者，約六十餘則，在四編中爲最少。《觀象編》，先總釋各卦之所取象，以卦爲綱。次分類解釋，以名物爲綱，如曰草木、木器、屋宇、門戶類，金石、彩色、日月類等，然後取卦象實之。《元會運世表》，則據《皇極經世》而爲者。約而言之，徐氏此書，大氐首編志在明《易》理，次編志在明《易》例，三編志在明《易》象，四編志在明《易》數：蓋欲兼通義理、象數之學者。書雖不悉具，亦足多矣。惟此書《元會運世表》既在末編，不應在編首圖其總綱。又書中未嘗涉及太極圖之說，亦不應在編首附一太極圖，使之无所附麗。竊意太極圖當刪，而總綱可移於表末，則不至无倫次。又《聯珠編》六十四卦卦畫之旁，均畫白圈黑圈，或半白或半黑之圈，註中既未申述其義，則亦在所當去矣。

周易經典① 證略十卷卷末一卷 ②

（光緒十二年刊本）

　　清何其傑撰。其傑字俊卿，山陽人。同治甲子舉人，官至内閣中書，委署侍讀。此書《凡例》自謂："純以他經解此經。或藉證子史諸集，皆與《易》義詞異而義同者；或時有採輯解《易》各家注釋，則列入夾注中。"又謂："引《易》之書以左氏爲最古，亦最富，編中謹列全段，庶可以觀其象而玩其辭。"蓋凡經傳子史之文，其零詞片義，有關於《易》者，此書所輯大略俱備，頗便檢覽。然其中有與《易》義毫无關聯者。如《需》九五"需于酒食"，引《春秋傳》曰："水火醯醢鹽梅以烹魚肉，燀之以薪，宰夫和之，齊之以味，濟其不及，以洩其過。君子食之，以平其心。"按此文見《左》昭二十年，乃晏子對齊景公語，非論《易》"需于酒食"之義，引之何用？又《訟》上六"終朝三褫之"，引《尚書大傳》："歲之朝，月之朝，日之朝，則后王受之。"按此乃《尚書大傳》及《洪範五行傳》之文，謂"凡六沴之作，歲之朝，月之朝，日之朝，則后王受其凶咎"。其與《易》"以訟受服，終朝三褫"，亦風馬牛不相及。刪之不損，引之无益。他如《履》九四"履虎尾，愬愬終吉"，引《公羊傳》"靈公望見趙盾，愬而再拜"；《泰》九四"翩翩不富"，引《洪範》"毋偏毋頗，遵王之路"；《豫》九四"朋盍簪"，引《鹽鐵論》"神禹治水，遺簪不

顾"；《坎》六三"險且枕"，引《詩》"角枕粲兮"、《内則》"斂枕簟"；《蹇》九五"大蹇朋來"，引《洛誥》"孺子其朋"、《大司徒》"五曰聯朋友"；《解》六二"負且乘"，引《夏本紀》"至于負尾"；《姤》九五"有隕自天"，引《穀梁傳》"星隕如雨"；《旅》六三"旅即次"，引《詩》"豈不爾思，子不我即"；《兑》"商兑未寧"，引《孟子》"商賈皆欲藏于王之市"；《繫辭》"天地之大德曰生"，引《詩》"維嶽降神，生甫及申，天命玄鳥，降而生商"；《序卦》"兑者說也"，引《詩》"士之耽兮，猶可說也"：凡此所引經典十餘條，皆與《易》義了不相涉，无證可言。而何氏徒因其辭有一字與《易》辭相同，便連累而及，實與《凡例》"詞異義同"之旨大背。蓋何氏之意，亟欲炫博，故爾貪多而失斷制若是。至卷末所附《卦氣起中孚》、《納甲值月候》、《爻辰》、《消息》四圖，則尚簡明切要，然亦人所共知也。

易翼貫解七卷 [①]

（光緒壬辰刻本）

清佘德楷撰。德楷字務齋，皋蘭人，同治九年舉人。是書篇第，一依古本，經文與《十翼》分列。而釋經之旨，則以爲"《十翼》之言，如平直之依準繩"，務期經文、翼傳融會貫通，故名《易翼貫解》。按《周易》一書，其初蓋與《連山》、《歸藏》等列，其後二《易》亡而《周易》獨存者，徒以有孔傳十篇而已。是以歷代說《易》之家，罔能外乎《十翼》。佘氏務期經文、翼傳融會貫通，蓋不失爲易家正軌。然《易·繫》明言："《易》有聖人之道四焉：以言者尚其辭，以動者尚其變，以制器者尚其象，以卜筮者尚其占。"今觀佘氏注釋全《易》，於象皆不談，不獨《春秋内外傳》及漢魏諸儒所用之象一無所引，即《說卦》所有之象，注中亦不一及，徒襲義理家空疏之言，敷衍爲說。是與《十翼》尚變、尚象、尚占之旨皆背，不稱其名。且其說多不切者。如釋《坎》上六"係用徽纆"云："係用徽纆，文巧而密。"按徽纆者，黑索也，大索也。以黑索、大索爲係，從何見其文巧而密乎？又釋《既濟》六四

---

① 此篇中華本、中科圖鈔稿本署尚秉和先生名，已遵尚囑歸屬黃著。

"繻有衣"云:"繻所以爲符信也。"按《說文》以繻爲繒采,然則"繻有衣"者,言有繒采之衣而已。《漢書》"終軍入關棄繻",漢時偶以帛爲符信耳。從何見殷周時亦如是? 是亦謬說无理。書中若此之類,蓋不勝枚舉。至第七卷附載《尼山寶鏡圖》,闡明先天太極、河圖洛書、大衍卦變諸衺說,仍多採摭前人成說,无何獨特之發明也。

篤志齋周易解三卷 ①

（同治十年南皮張氏刊本）

清張應譽撰。應譽字伊知,南皮人,歲貢生。著《篤志齋經解》五卷,内《易》三卷而《春秋》二卷。《易解》卷一釋上經,卷二釋下經,卷三釋《繫辭》及《說卦》。其書不全列經文,祇於所釋之處標舉其文,而注其卦名於下。每卦或一、二事,或三、四事,亦有一語不釋者。故上經无《師》、《比》、《履》、《同人》四卦,下經无《大壯》、《睽》、《蹇》、《夬》、《困》、《巽》、《兌》、《節》八卦。而《十翼》亦惟《文言》、《繫辭》、《說卦》略有解釋,其餘皆闕然不備。其言大抵宗尚義理之學,而淺陋虛妄特甚。釋《小畜》"密雲不雨,自我西郊"云:"此二句是文王隱語,明已之不克畜紂也。"直是妄語。釋《隨》上六"王用亨于西山"云:"賢人者山靈之所結,誠於隨賢若此,山神其喜之矣。"釋《咸》九四"憧憧往來"云:"憧,童心也。童心何知? 惟喜熱鬧而已。"皆淺俗可哂。又如釋《說卦》"乾爲寒爲冰"云:"《春秋》書'无冰',皆朝政縱弛所致。乾之在人者苟失之,而乾之在天者亦不能不病。是以君子不憚于自克,務使心常如寒泉,而清正之氣凜若冰霜,此孔孟之所以嘆想伯夷也。"釋"爲大赤"云:"大赤之色,著于人顏面之間,自古貴之矣。關壯繆之面如重棗,與包孝肅之笑比黄河清,皆乾象也。"釋"坎爲薄蹄"云:"世之用人者,將使人馳驅四方,以成己之事,而不能使其无内顧之憂。與夫委身事主者,將以天下之事爲己事,而家累之關心,絶不早爲區處,皆修馬蹄者之所笑也。"釋"艮爲小石"云:"石雖小,亦從山之全體分來。

故山爲巨鎮，而小石亦爲一事一物之鎮。今村俗童子，名壓做石爲鎮紙，其義可思。”書中若是之類，不勝臚舉。不獨虛妄，而且淺俗，不類士大夫語。蓋自明以來，士之習爲制藝者，惟知捃摭經中一二語以爲作文之用，而實不知經爲何物，於《易》尤甚。若應譽，其尤著 ① 者已。

易解經傳證五卷卷首一卷 ②

（同治十年刊本）

　　清張步騫撰。步騫字乘槎，益陽人，諸生。是書大旨，以明象爲主，謂朱子《本義》等書舍象說理，與《易》潔靜精微之旨不合。謂玩《來氏易》，始悟《易》中錯綜、中爻與取象之說；又觀焦贛《易林》，始悟得旁通之說。故張氏說《易》，无處不以錯綜、中爻與旁通闡明《易》象，可謂知《易》之本原，勝於空談義理者。然考其所謂錯綜、所謂中爻，與來氏說同外，又以互卦合上卦及互卦合下卦亦爲中爻，不限於中四爻，此其與來氏微異者。又考漢儒所謂“旁通”，實即來氏之所謂“錯”，而張氏則以“遇失位之爻彼此易位”爲旁通。如初應四、二應五、三應上，則初通四、二通五、三通上；若本卦無可通，則通錯卦，均照應爻例通。按張氏此說，實本於焦循。循著《易圖略·旁通圖說》云：“凡爻之已定者不動，其未定者，在本卦初與四易、二與五易、三與上易；本卦无可易，則旁通於他卦，亦初通於四、二通於五、三通於上。”是張氏此說正與焦循之說合。而張氏書中，乃屢謂“《焦氏易林》主旁通之說，只云某卦通某爻，亦不註明何以某卦通某爻”。按焦贛於《易》无章句，只傳有《易林》。而林辭用象，正象與旁通常不分。如剝之巽云：“三人同行，一人言北。”則全林皆用震象，巽通震也。然林辭皆占辭，言吉凶則有之，明言某卦通某卦則林所无也。今責以不注明某卦通某爻，何支離若是？豈張氏耳食焦循之談，而未考其原書，遂誤以清焦氏循之《易》爲漢焦氏贛之《易林》耶？不然，何所見《易林》之異如是？張氏又以逸象證字形，謂“點畫偏旁，

---

　　①　著，北師大本作“甚”。案中科圖鈔稿本原作“甚”，復改爲“著”，茲從之。

　　②　此篇中華本、中科圖鈔稿本署尙秉和先生名，已遵尙囑歸屬黃著。

無一非八卦之相合"。如乾爲金,凡字從金者皆乾;坤爲土,凡字從土者皆坤;震、巽爲木,凡字從木者皆震、巽;坎爲水,凡字從水者皆坎;艮爲山,凡字從山者皆艮;兌爲口,凡字從口者皆兌。今按果如張氏說,則澤字從水,其象當屬坎,何以《說卦》以兌爲澤?柄字從木,其象當屬震、巽,何以《說卦》以坤爲柄?釜字從金,當屬乾,何以《說卦》以坤爲釜?塗字從土,宜當屬坤,何以《說卦》以震爲大塗?"號咷"之"咷"從口,宜當屬兌,何以孟氏逸象以"號咷"屬巽?凡此皆不能通貫其說,縱使一二偶合,已无當易例。而張氏且謂:"從二口則取兌二之義,從三口則取離三之義,從四口則取震四之義。"並以《易》中字象,有一字合數卦以取象者。如:"《乾》通二、上兩爻于《坤》,上兌爲'口',中互大坎爲'耳',内乾爲'壬',合看有'聖'字象,故曰'其惟聖人乎'。"又"大坎爲'矢',兌爲'口',合看有'知'字象,故曰'知進知退,知存知亡'。"書中此等字象之說甚多,幾同江湖術士拆字之法,尤爲俚俗。而張氏乃自詡爲漢以來失傳,由彼玩《易》數十年而悟得,抑何愚妄之甚!蓋張氏以陋巷寒儒,艱於得書,故雖苦心思索,終身玩《易》,而疏陋如是也。

易理尋源三卷 [①]

（咸豐五年刊本）

清張步騫撰。步騫有《易解經傳證》,已著錄。此書據其題端小註,有:"所註全册《易經》尚未成編,兹因同學索稿參閱,暫將《易》中凡例、總論,與辨證朱註、來註處,付之梓人,願以質疑於同學。"云云。則是步騫此書之成,蓋先於《易解經傳證》,而《易解經傳證》亦即本以此書爲綱領者也。全書凡三卷,大意謂:"陰陽之理蘊於河圖,故羲之畫卦本於河圖,文本於羲,周本於文,孔又本羲、文、周公之旨。然則說《易》者必溯源於河圖而後可。"故第一卷論列《易》例,本於河圖者凡十九事,如九六大小、内外中正、往來吉凶、承乘比應,以及君子小人、天地人道、當位不當位等等,罔不推論其本於

---

① 此篇中華本、中科圖鈔稿本署尚秉和先生名,已遵尚囑歸屬黄著。

河圖。夫朱子所謂河圖者,乃天地生成之數,未見其果爲聖人則以作《易》之河圖也。圖之是否,且不可知,又安得謂《易》中凡例盡本於是?況乎張氏之說,盡多牽强无理者。如謂:"河圖在内之生數,一、三、五合成九,二、四合成六。河圖以九、六之生數爲主,聖人卦爻亦以九、六爲主。"夫《周易》占變,故用九、六。二《易》占不變,故用七、八,觀《春秋内外傳》所載"泰之八"、"艮之八"、"貞屯悔豫皆八"諸辭可知。苟必以《周易》用九、六爲非尚變,而乃本於河圖之生數,然則二《易》之用七、八,聖人又果何所本乎?是所謂知其一而不知其二者矣。又如謂:"河圖上下除去六、七,中得四爻;左右除去八、九,中亦四爻:便是中爻。"夫天地生成,祇有數耳。上下除六、七,左右除八、九,皆餘四數,何得曰"皆餘四爻"?以此傅會,亦徒見其妄。至卷二所載《旁通解》,實本焦循舊說。說見《易解經傳證》篇。其他如謂"《坤》卦'利牝馬之貞',此牝馬實統七馬而言",駁朱子及來氏舊注之非,攻訐仍多无當,不可以信。惟卷三末載《讀易說》一篇,歷論西漢以來說《易》之家互有短長,宜彙諸家說以折衷之,无庸各守師說,致有牴牾,則頗爲持平之論也。

周易通義十六卷 ①

（冶城山館刻本）

清莊忠棫撰。忠棫字中白,江南丹徒人,流寓泰州。性玄穆,好深湛之思。少治《易》,通張惠言、焦循之學。又好讀緯,以爲微言大義,非緯不能通經。世業鹽筴,方九歲即入貲以部郎候選,後又改府同知。時遭 ② 兵亂,功業无所成,家又中落,以連蹇死,年未五十也。所著有《蒿庵遺集》十二卷、《易緯通義》八卷、《荀氏九家義》九卷、《靜觀堂文》十八卷、《東莊筆談》八卷。而《周易通義》尤爲平生心力所注,自云"以待後世子雲"。按是書分十六卷,實八十有一篇,篇各有贊。初名《大圜通義》,其友仁和譚獻,

---

① 此篇中華本、中科圖鈔稿本署尚秉和先生名,已遵尚囑歸屬黃著。

② 時遭,中華本、中科圖鈔稿本作"遭時"。茲依北師大本。

爲易今名。蓋忠栻之學,以董子《公羊春秋》爲主,謂爲"孔門微言所寄"。故此書放《繁露》而作,欲合《易》與《春秋》爲一。嘗以"精氣爲物,游魂爲變,人道之大端,爰託始於此,而終之以'貞下起元',則虞氏'乾元用九'之義也。"夫《易》本隱以之顯,《春秋》推見至隱,二者之體若相表裏。然《易》之要以道陰陽,而《春秋》之重則在以斷事,是二者之用,判然不同。必欲合《易》與《春秋》之道爲一,則鮮不流爲緯候之術,此呂步舒所以以其師爲大愚,而劉子駿所以不滿於其父之贊論也。況乎忠栻以孟氏受易家陰陽,其說《易》本於氣,而後以人事明之;京氏用納甲、世應諸法,推驗災異;虞仲翔以陰陽消息、六爻發揮、旁通上下,歸諸"乾元用九而天下治":是皆與董子陰陽五行之說相傅近。因以孟、京、虞氏之言陰陽,與董子之言陰陽,糅雜比附,推演成文。豈知《易》之道无所不賅,仁者見仁,知者見知。昔人謂"孟子不言《易》而无處非《易》","《中庸》不言《易》而《中庸》即《易》",推之於老、莊无不然,固不祇《春秋》也。忠栻所見,何其狹乎! 忠栻與譚獻最友善,獻於忠栻之學,傾服備至。惟其敘此書則以爲:"憂患之餘,而有此言,固非經生博士之家法也。"是在當時已有人明議其非,固無俟今之論定已。

易鏡十一卷附易學管窺二卷 ①

（光緒間刊本）

清何毓福撰。毓福字松亭,漢軍鑲紅旗進士,官山東歷城縣知縣。是書依古《易》本,經傳各自爲篇。上下經兩卷;《十翼》,《說卦》、《序卦》、《雜卦》三篇倂一卷,只八卷;幷序例圖說一卷:故凡十一卷。其要旨在發明"五中歸一"之說。所謂"五中歸一"者,言河圖四方之數歸於中五,洛書四正四隅之數亦歸於中五,而河洛中五之數又皆歸於五中之一。由一而五,而四正、四隅,所謂"一本散爲萬殊";由四正、四隅而歸於中五,中五復歸於一,所謂"萬殊歸於一本"。中五之一,即无極,即太極,即心即命,即性即道,即誠即善,亦即中,亦即鏡。凡象數理氣皆昉於此。故嘗自謂:"探原於圖書太極,

---

得五中歸一之旨。地二之心，納乾一之性。一六智，二七禮，三八仁，四九義，五十信。倫敍即由此生。五行立命，五德爲性，五倫爲道與教，萬古不磨之鏡以開。此卦所由畫與重，彖、爻、《十翼》所由作也。”又謂：“圖，天象也，出於河。書，地形也，別於洛。以圖餘之五，交書之五，地虛承天實也。圖與書合，中五乃立太極之宗。分而二之則誤矣。”故其註釋卦爻，多推原圖書，以發揮心性之說。按《易》之義，乾坤爲本，乾坤毀則《易》不可見。以乾坤之德言之，則爲元亨利貞；以天地之時言之，則爲春夏秋冬；以方位之向言之，則爲東西南北；以數目之字表之，則爲一二三四；以五行之性言之，則爲金木水火；以人倫之道言之，則爲仁義禮智。是故元亨利貞也，春夏秋冬也，東南西北也，一二三四也，金木水火也，仁義禮智也，一而二，二而一，融會貫通。天行人道，萬事萬物之理，莫不悉蘊於此，誠《易》理之大要。然總言“易理”可耳，若欲盡以此理注釋卦爻辭，此蘇軾所謂“捫籥扣槃以爲日”也，胡有合乎？且一六、二七、三八、四九，古以爲天地生成之數，亦或謂爲五行數；戴九履一者，《大戴禮》以爲九宮之數。至宋儒始强名某爲河圖，某爲洛書，究辨紛紛，要之於古皆无碻徵。夫圖書尚不知爲何物，而欲藉是以解釋卦爻，發揮心性，不亦疏乎？至末所附《易學管窺》二卷，仍發揮圖書心性之說，大旨與《易鏡》同，而特詳其所略云。

陳氏易說四卷附錄一卷 ①

（光緒丁未刊本 ②）

　　清陳壽熊撰。壽熊字獻青，又字子松，江蘇震澤諸生。其學兼綜漢、宋，不務表暴，於《易》用力尤深。所著有《周易集義》、《讀易漢學私記》、《讀易啓蒙》、《周易正義舉正》、《周易本義箋》及《明堂圖考》、《考工記拾遺》、《詩說》、《靜遠堂文集》等，以罹兵燹，頗多散亡。其弟子凌淦家存《獻青治易稿》一種，就《注疏》本蟻書之，眉列旁行，冗襍複沓；又就疏文而

---

　　①　此篇中華本、中科圖鈔稿本署尙秉和先生名，已遵囑歸屬黃著。
　　②　刻本、中華本、中科圖鈔稿本作“刊木活字本”。茲依北師大本。此蓋作者後來復作修訂。

節乙之,屨以散稿,塗改漫漶,不可辨次。淦因請其友長洲諸福坤等爲之編次。福坤以其中正駁《注疏》之言,與節乙疏文爲一類,即《正義舉正》。其餘鳌次繕錄,去複存疑,訂爲四卷:上經一卷,下經一卷,《繫辭》上下傳一卷,《說卦》、《序卦》、《雜卦傳》一卷,又別爲《附錄》一卷,題曰《陳氏易說》,即此書也。書中大旨,以推衍虞翻"變既濟定"之說爲主。故其釋《乾》彖云:"乾元交坤而亨,凡爻位未當者,皆裁制得宜,以歸於正,而利於凡所貞問之事。"又云:"乾與坤必表裏相錯,而反覆以交變。乾二交坤五,四交坤三,上交坤初,則陽爻居初、三、五陽位,陰爻居二、四、上陰位,而《乾》、《坤》皆成《既濟》。六十四卦莫不皆然也。"又云:"彖辭以變《既濟》總明卦義,而六爻辭以變《既濟》別爻變之宜否。"凡此皆發明虞氏"之正"之說。蓋其書之體例,略具于此。然虞氏之《易》,於消息、卦變之外,閒有用覆象者。如《繫辭》"蓋取《大壯》"注"巽爲長木,反在上爲棟"是。惟不多見耳。至壽熊乃大暢其論,如釋《乾》云:"震反則爲艮,今六爻反覆,皆得取震象者,凡反覆不變之卦,皆顛倒取象。"又釋《坤》云:"震之上反,即艮門之闔也。"按此明震、艮相反覆也。又其釋《大過》云:"卦反覆取兌澤、巽木象。楊,在澤之木,而見滅于澤則枯。故二、五皆言枯楊。"按此明巽、兌相反覆也。他如釋《豐》之九四云:"體震下反則爲艮。"又釋《中孚》九二云:"卦反覆體巽白,且與五迭互震爲善鳴,故'鳴鶴在陰,其子和之'。"若此之類,蓋已深明乎象覆而辭即于覆中取義之意,駸駸乎與《焦氏易林》取象之消息相通。是不獨爲能紹述虞氏之義,抑且發揮而光大之矣。惜其書破碎不完,雖經諸福坤董之苦心整理,其條貫仍不悉具。福坤嘗疑此書即《周易集義》之稿,不知信否。世倘得其完書,則其見重當不在惠棟、張惠言之下,可斷言也。

周易易解十卷 ①

(民國二十年排印本)

清沈紹勳撰。紹勳字竹礽,錢塘人。生三歲而孤,咸豐十一年太平軍

---

① 此篇中華本、中科圖鈔稿本署尙秉和先生名,已遵尙囑歸屬黃著。

入①杭城，紹勳母子相失，時年僅十三，爲洋將華爾所獲②，編入童子隊，隨常勝隊習洋操。華爾守松江，攻③慈谿，紹勳皆與焉。既而華爾戰死④，乃至上海操錢業，計奇贏。生平著作甚富。隨華爾戰後，以所閱歷著《泰西操法》六卷、《地雷圖說》二卷，李鴻章曾爲刊行。又有《詩文集》若干卷及《周易易解》、《周易示兒錄》、《周易說餘》等書。《周易易解》凡十卷，其書大旨蓋欲泯漢、宋門戶之見，合象數、義理於一爐而冶之。故其所擇，上極漢師，而下兼綜宋世諸儒之學，包羅廣博，而於先天之說主之尤力。如釋“先天而天弗違，後天而奉天時”，謂：“先天即先天卦位，後天即後天卦位。”且贊端木國瑚“《易》中凡言先後，皆以先天、後天爲義”之言，爲“發前人所未發，《易》之大義一言括盡”云云。夫先天之說，清儒攻訐不遺餘力，而不知《左氏》及《焦氏易林》並漢人《易》注言之已詳，特後人不察耳。紹勳生清儒之後，而能不惑於清儒之好惡，是真可謂能獨立爲說者。惟紹勳之《易》，好用爻變，凡六十四卦三百八十四爻，幾無一不以爻變爲說。夫使不當位之爻變，以成《既濟》定，猶有法度可尋。若不問其當位不當位，而使六爻盡變，則一卦可變爲六十四卦，未免漫衍無經。又紹勳每以殷周史事參證《易》爻，如謂“積善之家”喻周，“積不善之家”喻商。“納婦吉，子克家”，爲指周之家事。以“其亡其亡，繫于苞桑”，爲紂時民間歌謠之辭。釋《家人》之“王假有家”，謂王指文王。釋《睽》卦，謂指紂不能正室，如寵妲己之類。此雖本乎干氏令升說《易》之法，亦終不能免於傅會。又如釋《乾》之“反復道也”，與《復》之“反復其道”，謂即術家之“反吟伏吟”。釋“噬腊肉遇毒”，謂：“毒者，相刑之意。六三變離，則己亥與上九之己巳相遇，是巳亥相害也，故曰毒。”皆以術數之學釋《易》，尤未能免於穿鑿。其他若釋《比》之“有它吉”，讀“它”爲“蛇”；釋“履虎尾不咥人”，以“尾”爲“交尾”之尾：諸如此類，刱解甚多，而違失固亦難免矣。

---

① 太平軍入，中華本、中科圖鈔稿本“髮賊陷”。茲依北師大本。此蓋日後作者復作修訂。
② 獲，中華本、中科圖鈔稿本作“拯”。茲依北師大本。
③ 攻，中華本、中科圖鈔稿本作“克”。茲依北師大本。
④ 戰死，中華本、中科圖鈔稿本作“陣亡”。茲依北師大本。

周易示兒錄三卷 ①

（民國二十年排印本）

　　清沈紹勳撰。紹勳有《周易易解》十卷，已著錄。此書乃以教其子祖緜者，故曰《示兒錄》。凡三編。上編計十五章，論成卦之理，大致皆發揮邵子太極兩儀、四象八卦、先後天、河洛之說，兼論世應、歸游及互卦。中編亦分十五章，首論辟卦之理爲易學之關鍵，次論先天乾坤、後天坎離適成游魂、歸魂之理，三論貴陰而賤陽，四論八卦之正位，五論中正、不中正，六論《易》尚變，七論用九用六即出後天卦位，八論生成之數，九論後天之數本出先天，十論互卦之理，十一論互卦之奧在立卦，十二論爻辰，十三論先甲後甲、先庚後庚、己日乃革之理，十四論先後天卦位同位，或先天後天對待之功用，十五釋心。凡此各章，頗多創獲。其尤勝者，曰：“游魂、歸魂，即後天與先天之理也。先天之乾，即後天之離，離加乾位，謂之歸魂。歸魂者，先後同一位也。游魂者，離在乾對宮之坤也。”斯義實爲古人所未言。下編亦分十五章，前三章均論爻辰、納甲，次五章皆論易數，第九章再論先甲後甲、先庚後庚，甲、庚皆在互卦之中。自第十章以下，雜論《連山》、《歸藏》與《周易》之別，論楊、魏、關、來、馮、姜、端木諸氏之《易》，論《易》與方技之關係，論《參同契》爲“人易”，釋《焦氏易林》及論玩《易》之法。其最精絕者，爲釋《焦氏易林》。其言曰：“《周易》至漢，分而爲三，焦氏贛其一也。《易林》十六卷，爲言《易》者所不解，其學遂絕。苟有深明象數者，就焦氏之說一一爲之詮注，可以發無窮之義蘊。”又曰：“焦氏之說，蓋取諸古人及當時之繇詞。不明其理，始終不能解其一字。見《易林註》數種，大都望文生訓，與易理不相涉，安用此註也？”云云。故其釋《易林》“艮之離”及“乾之隨”繇詞，皆原本象數而爲之釋。吳江金天羽贊爲“發焦氏不傳之秘，千數百年而僅覯”，良非過譽。惟紹勳評騭古今易家，而獨表章揚雄、魏伯陽、關朗、來知德、馮景、姜堯及端木國瑚六家，斯已爲一褊之見。況關朗《洞極》，舉世皆以爲僞書，又何足算耶？

---

① 　此篇中華本、中科圖鈔稿本署尚秉和先生名，已遵尚囑歸屬黃著。

周易說餘一卷 ①

（民國二十年排印本）

　　清沈紹勳撰。紹勳撰《周易易解》十卷、《周易示兒錄》三卷,已著錄。此書乃紹勳說《易》之文散見各處者,上虞鍾歆編次爲一卷。首論京房世位爲上下經序卦之本,次論《序卦》與辟卦有關,又次論象數理,論卦位,論辟卦之世位,論先後天同位,論之變,論歸魂游魂之理,論九卦,又次論《子夏傳》、《孟喜易》、《蜀才易》,論八卦九宮無區別,論《參同契》“屯蒙二卦”,釋震足艮手,論卦七十二候可以由策推出之,論道書多採互卦,論卦爻十二辰,及釋“神道設教”,釋《比》之“初六有它吉”,釋《履》,釋《家人》、《睽》兩卦,釋《觀》之六四小象“尚賢也”,釋小象用矣字,答或問等,凡二十餘條。雖多與《示兒錄》相複,或大義已見於《易解》,然其中亦尚有獨特之發明。如論先後天同位云:“或問:先後天同位,于理則確乎其不可拔,奈古人未言之乎? 答曰:古人言此者甚多,惜人不悟耳。如《左傳》閔二年,成季之將生也,筮遇《大有》之《乾》,‘同復于父,敬如君所’。又如成公十六年,晉楚戰於鄢陵,筮之,遇《復》,曰‘南國蹙,射其元,王中厥目’。非以先後天同位釋之,則理萬不能通。”云云。真所謂深思妙悟,發前人所未發,足以杜漢學反對先天方位者之口矣。惟是紹勳惑于干令升之術,好以殷周故事比附卦爻。如以《履》之“虎”謂指紂,“人”即文王自謂,“素履”爲指微子,“幽人”爲指伯夷;又以《睽》之“惡人”爲指紂,“元夫”爲指文王;《觀》之六四小象“尚賢也”,以“尚”爲呂尚,疑西伯得呂尚立爲師,當時所卜者即此爻:皆傅會無理。又如論道書多採互卦,謂:“道書言神人。神人,卦也。身披之衣,頭頂之冠,手執之物,從者幾人,其狀若何,多從互卦演出。一言道破,則全部《道藏》所不易解者,亦一目了然矣。”云云。其語隱晦,令人難解,又未免故弄玄虛矣。

---

① 此篇中華本、中科圖鈔稿本署尚秉和先生名,已遵尚囑歸屬黃著。

序卦分宮圖一卷

（光緒乙酉刻本）

　　清辛本棨、王殿黻合撰。本棨字戟臣，蓬萊人。殿黻字子佩，福山人。二人均光緒間濟南尙志書院諸生。其書凡爲圖十篇，一曰《先天八卦相錯爲後天序卦綱領圖》，二曰《後天八卦相錯爲序卦之根圖》，三曰《卦對總圖》，四曰《卦對爲三十六宮圖》，五曰《上經第一宮圖》，六曰《上經第二宮圖》，七曰《上經第三宮圖》，八曰《下經第一宮圖》，九曰《下經第二宮圖》，十曰《下經第三宮圖》。末又附有《上下經總論》一篇。每圖之後，均有集說，所甄錄凡鄭康成、李道成、章潢、邵堯夫、汪鈍翁、顏復初、熊天慵、趙鐸峰、王世業、吳灌先、任啓運、仇滄柱、章本清、邱仰文、李西溪、萬善及《折中》等十七家。而其要在發明邵子三十六宮之說，以爲先天八卦相錯爲後天序卦綱領，後天八卦相錯爲序卦之根。故於上下經各分爲三宮，爲三大卦，合之爲六大卦，如卦之有六爻焉。此則所謂“三十六宮”也。其法分上經自《乾》至《履》爲第一宮，一宮六卦，不易之卦二，反易之卦四；自《泰》至《賁》爲第二宮，一宮六卦，皆反易之卦；自《剝》至《離》爲第三宮，一宮六卦，反易之卦二，不易之卦四。下經自《咸》至《益》爲第一宮，一宮六卦，皆反易之卦；自《夬》至《歸妹》爲第二宮，一宮六卦，皆反易之卦；自《豐》至《未濟》爲第三宮，一宮六卦，反易之卦四，不易之卦二。凡此六宮，各六卦三十六爻，發明邵子三十六宮之說，視前儒特爲詳明，頗足以備一說。惟此書卷端，自李中鑰《序》、辛氏《自序》外，又附有蓬萊劉奉璋《先天圖爲三才說》一篇，疑奉璋亦是尙志書院生徒，與辛、王爲同志，故並附其說也。

易經指掌四卷

（光緒丙子臨淄桂香齋刊本）

清相永清撰。永清字海同，臨淄人，諸生。此書大旨在闡明《易》象，故其《自序》謂：“《易》之爲書，象焉而已。讀《易》而不玩其象，烏在其爲讀《易》？”按其立說，似甚正當，爲能知《易》之本源。惟其參攷書籍極其譾陋，自《御纂周易折中》而外，所見之書只有《來氏易註》。自餘漢魏古注及清代乾、嘉諸老書，均無所知。故其所闡《易》象，要不外來氏錯綜、卦變諸術，特較來注簡明耳。名曰《指掌》，殊不符實。古今聰明才智之士，往往銳志著述，而徒以生居鄉曲，不獲與通人碩士交接，致所成不足以稱其志。如相氏者，亦其一耳。

周易大象應大學說无數卷 ①

（光緒二十三年刊本）

清高賡恩撰。賡恩字曦亭，河北寧河人。光緒二年丙子恩科進士，翰林院庶吉士，授職編修，後官四川學政。此書大旨，謂《周易》六十四卦大象，與《大學》八條目相應。故以《大學》八條目分門，以《易》八純卦大象爲綱，而以五十六卦大象附於下，每條復加注釋，末復舉《大學》以證之。其義如：“格物”主講習，爲兌，故《兌》爲“格物類”之綱，《大畜》、《同人》、《未濟》三條屬之；“致知”主常而習之，故肖坎水，用以《坎》大象爲“致知類”之綱，《訟》、《歸妹》兩條屬之；“知止而後有定”，《艮》之“思不出其位”象之，故以《艮》大象爲“誠意類”之綱，《既濟》、《損》兩條屬之；“正心”之功以自彊爲本，以不息爲極，道主乾，猶人主心，故以《乾》大象爲“正心類”之綱，《晉》、《蒙》、《升》三條屬之；一陽動而生雷，《震》

---

① 此篇中華本、中科圖鈔稿本署尙秉和先生名，已遵尙囑歸屬黃著。

之恐懼，"修身"之則也，故以《震》大象爲"修身類"之綱，《益》、《小畜》、《頤》、《恒》、《大壯》、《大過》、《否》、《困》、《蹇》、《隨》十條屬之；順德之行，自閨門始，恩勝義，柔濟剛，《坤》則"齊家"之則也，故以《坤》大象爲"齊家類"之綱，《需》、《謙》、《咸》、《睽》、《家人》、《小過》六條屬之；申命於臣下，欲其巽以入，故以《巽》大象爲"治國類"之綱，《漸》、《屯》、《夬》、《履》、《剝》、《井》、《蠱》、《師》、《萃》、《明夷》、《遯》、《噬嗑》、《賁》、《豐》、《旅》、《解》、《中孚》十七條屬之；聖人治天下以文明，故《繫辭》以"嚮明而治"屬諸《離》，因以《離》大象爲"平天下類"之綱，《革》、《節》、《鼎》、《大有》、《姤》、《无妄》、《臨》、《豫》、《渙》、《泰》、《復》、《比》、《觀》十三條屬之。其注則雜採先儒義理之說，而不著其名氏。夫《易》義圓轉多通，包羅萬狀，故昔人嘗謂《易》爲五經之原。五經既以《易》爲原，則其相應者豈祇《大學》乎？又高氏於分配條目之間，多有未當。例如以《否》之"遠小人，不惡而嚴"，屬之治國類。夫遠小人者，豈獨治國之事乎？小而修身、齊家，大而平天下，亦何莫不須遠小人耶？又如以《謙》之"裒多益寡，稱物平施"，屬之齊家類。夫多寡相均，物施相平，固不獨齊家者宜然，治國、平天下者尤爲當務之急，故孔子曰"不患寡而患不均"。今徒以屬之齊家，反使經義狹隘。若是之類，皆未免強爲分配矣。至篇末所附《卦畫生數序》，無甚意義，今不具論。

刪訂來氏易註象數圖說二卷 [①]

（光緒間刊本）

清張恩霨刪訂。恩霨字慈元，官永定河南岸同知。按明來知德著《周易集註》十六卷，卷首、卷末各附圖說甚多，頗涉繁碎，其間亦有支離不經者。

---

① 此篇中華本、中科圖鈔稿本署尚秉和先生名，已遵尙囑歸屬黃著。又"二卷"字，中華本、中科圖鈔稿本無。茲依北師大本。蓋作者日後復作修訂而補入。

恩霈官永定河時，駐金門閘防汛①，公餘之暇，研究易學，以爲《來氏易註》，高氏、凌氏合刻，異於郭氏、劉氏，前後圖說駁雜不純，來氏原本必不若是。乃重爲刪訂，計成三十四圖，其說亦爲增減點竄，較原本約存十之二三。註則一字不移，只於眉批旁批迂腐不經者一概芟除。又恩霈《自敍》謂：“楊氏《太玄》八十一首，關氏《洞極》二十七象，司馬氏《潛虛》五十五名，皆不知而作者。蔡氏《皇極》八十一數，未離楊氏之見，亦非知《易》者也。掃而空之，廬山之面目以真。命曰《刪訂來氏易註象數圖說》，上下二卷。下卷讀《易》之法，上卷窮《易》之源，天道人事之故，將於是乎會。”云云。案來氏窮居深山，伏處村塾，不盡覩遺文秘籍，不盡聞老師宿儒之論，前人已譏其私心自智，其所著圖說誠有可刪者。惟其書通行已久，自明季以來，信其說者即多。恩霈必謂其圖說駁襍不純，非來氏原本，未免過爲來氏護短文飾。又《太玄》、《洞極》、《潛虛》、《經世》諸書，世既不能毁棄，則來氏所附諸書之圖，自亦可存之以備條②考，恩霈何故必欲掃而空之？殆所謂“人病舍其田而芸人之田”者歟？

---

① 汛，北師大本、中華本作“汎”。據中科圖鈔稿本改。

② 條，中華本、中科圖鈔稿本作“參”。茲依北師大本。

周易明報三卷 ①

（光緒壬午家刻本）

　　清陳懋侯撰。懋侯字伯雙，閩縣人。光緒丙子進士，官翰林，越四年己卯視學四川。旋丁內憂，服闋入都。乙酉襄順天鄉試，戊子主試湖南，辛卯補授江南道監察御史，明年卒於官。是書係懋侯丁內艱時所著。謂之《明報》者，蓋取《繫辭》"因貳以濟民行，以明失得之報"語意。以《易》之爲書，固爲五位失得而發，孔子所謂"吉凶者，失得之象也"，故六十四卦三百八十四爻皆分繫"得"、"失"於句下，自謂"使讀者兼正句讀"。其例如"乾，元亨利貞"，注云"得"。"初九，潛龍勿用"，注云"失"。"九二，見龍在田，利見大人"，注云"得"。此則一卦爻辭自爲得失者也。亦有一卦爻辭而得失互見者，如《乾》"九三君子終日乾乾"句，注云"得"。"夕惕若厲"句，注云"失"。"无咎"句，又注云"得"。《坤》彖辭"元亨，利牝馬之貞"句，注云"得"。"君子有攸往，先迷"句，注云"失"。"後得主"句，注云"得"。"西南得朋"句，注云"得"。"東北喪朋"句，注云："失"。"安貞吉"句，又注云"得"。大體皆此類。夫《易》之句讀難分，離經以明句讀，便學者，其法未爲不善。至若"失得之報"，則似宜隨其卦爻時位而易，非可執一而論。是故視其辭吉則爲得，凶則爲失；或先吉而後凶，則爲先得而後失；或先凶而後吉，則爲先失而後得，此固宜然。惟如在《乾》之初當潛，在二當見：當潛而潛，則潛者固未爲失也；不當見而見，則見者亦未爲得也。失得之故，既以其時，又以其位，純視其變化而云爲，故曰"不可爲典要，唯變所適"。苟必以潛爲失，見爲得，世固无貴乎"遯世无悶"者矣！是未可爲恒例定論也。全書訓釋簡略，大氐在明義理，不取象數。故卷末所輯《易義節錄》及《讀易要言》，十九皆取宋、元、明理學家之說云。

―――――――――――

① 　此篇中華本、中科圖鈔稿本署尙秉和先生名，已遵尙囑歸屬黃著。

知非齋易注三卷 ①

（光緒戊子家刻本）

清陳懋侯撰。懋侯有《周易明報》三卷，已著錄。先是，懋侯於光緒辛巳視學蜀中，丁母憂回里，閉門謝客，著成《周易明報》，取《繫辭》"因貳以濟民行，以明失得之報"語意。板既錢行，或有慮經注過簡，人不得解，且恐學者誤會"明報"二字以爲類於佛氏因果之說，服闋入都，乃取舊注略加刪潤，改名《知非齋易注》，即此書也。書中於各卦爻下仍逐句注"失"、"得"字，與《明報》體例同。《明報》卷末附有《易義節錄》及《讀易要言》兩篇，此書改《易義節錄》爲《綱領》移置卷首，《讀易要言》則散附注中不另名篇。所注較《明報》略詳，然其中頗多謬說。如釋"用九"云："此發五宜用九不宜用六之例。"又釋"用六"云："五位用六，陽失其正；變九居之，久於其道。"如懋侯之說，則是《易》乾、坤二卦所以贅"用九"、"用六"云者，乃本扶陽抑陰之意，純係示人五爲尊位，只宜九居，不宜六居。而不知《易》之道雖以扶陽抑陰爲主，然非所以論用九、用六也。用九、用六乃聖人教人以筮例，因《易》之本爲六七八九，故申言用九明不用七也，申言用六明不用八也。《周易》用九六，與《二易》用七八異，故不得不於《乾》、《坤》發其例，此中並无其他深意。倘必以爲專用指示五宜用九，不宜用六言，則聖人只言"用九"可矣，又何必贅曰"用六"？且何以解《左傳》、《國語》"艮之八"、"泰之八"、"貞屯悔豫皆八"諸辭？可謂不思之甚。又經中所謂"應與"者，其位皆指初與四、二與五、三與上而言，且必陰陽相配方爲"應"，若俱陰俱陽則必爲"敵應"。而懋侯釋"同聲相應"云："九上五下，陽與陽應，所謂剛中而應也。以陰居五，則爲敵應。"如其說，則是以畫之奇耦與位之陰陽爲應與，且必俱陰俱陽方相應，是直可謂與《易》之義例完全刺謬。他如《坤·象傳》明言"至哉坤元"，而懋侯謂："元不得屬陰。"《屯》象"利建侯"明指初九，而懋侯獨謂："五爲君位，利用九爲君。"若此之類，不可勝指。

---

① 此篇中華本、中科圖鈔稿本署尙秉和先生名，已遵尙囑歸屬黃著。

574

原其過,則似皆泥於"扶陽抑陰"之旨而來。豈其生當同、光之際,覩女后之專橫,惕嗣君之幼弱,有激於中而欲藉經義以寄意歟? 不然,何其傎也!

知非齋易釋三卷 [①]

（光緒戊子家刻本）

清陳懋侯撰。懋侯有《周易明報》、《知非齋易注》,已著錄。此書將《易》之象辭義意,故訓名物,分類解釋,其體例頗類《爾雅》。卷上七目,曰釋象,曰釋辭,曰釋位,曰釋名,曰釋義,曰釋得,曰釋失;卷中三目,曰釋天,曰釋地,曰釋人;卷下四目,曰釋身,曰釋物,曰釋鳥獸,曰釋草木:凡共一十四目。分類尚无不當,然其義有不分析者。如《釋象篇》,不能廣《說卦》之義,依卦定象,徒以陰陽分屬。如云:"陽火陰水,陽雨陰雲,陽富陰貧,陽木陰草,陽鳥陰獸,陽首陰足,陽氣陰血,陽信陰疑,陽喜陰憂。"若是之類,或與《說卦》取義相違,或《說卦》本明晳而此反囫圇。又有不賅括者。如《釋名篇》云:"蒙,陰蒙也;豫,疑也;震,恐也。"此雖得立卦之一義,仍不足以賅其全體,不如《說卦》、《襍卦》原釋之簡當。又有不切合者。如《釋義篇》云:"隨,宜維不宜拘;賁,宜白不宜飾;漸,宜桷不宜木。"斯皆卦无其義,而强爲交配,浮泛少當。亦有謬誤者。如《釋辭篇》,謂"坤陰不得爲元",明與《坤·象傳》"至哉坤元"之語觝觸。謂"乘剛者乃乘五位之剛,非乘下爻之剛",明與《夬》卦卦象不合。謂"陽爻陽位謂之得朋,陰爻陰位謂之喪朋",明與《復》"朋來无咎"、《解》"朋至斯孚"之義相違。又謂"剛中而應,乃五剛中而九應之",非謂二五應,以爻之奇耦與位之陰陽爲應,尤與全《易》義例不符。凡此皆其所蔽也。至如釋天、地、人,釋身、物、釋草木、鳥獸諸篇,分析故訓名物雖无所發明,而訓義解詁大氏祖述先儒,无多臆造,則仍不失爲有本之學焉,固未可一例非之也。

[①]　此篇中華本、中科圖鈔稿本署尚秉和先生名,已遵尚囑歸屬黃著。

周易集義八卷 ^①

（南林劉氏求恕齋刊本）

清强汝諤撰。汝諤字駬原，溧陽人。廩貢生，官震澤縣訓導。少承家學，與兄汝詢、汝諶齊名。是書大旨，宗尚程傳，以闡明義理爲主。凡漢儒互體、卦變、五行、飛伏、爻辰、納甲、卦氣值日諸術，皆所不信。而宋儒邵子所傳先天、後天、加一倍諸法，亦所不取。於元以後之儒，獨取明來知德之言"錯綜"，及王夫之之釋《繫辭》。其他有清一代鉅儒如惠棟、張惠言輩之號稱漢學者，汝諤尤深致不滿。夫漢儒之術，誠不无可議，然"先庚後庚"、"先甲後甲"、"己日乃孚"、"木道乃行"明見于經，不可謂不涉五行、納甲也；"七日來復"、"八月有凶"、"得朋喪朋"、"龍戰于野"非皆衍文，不可謂无與卦氣、消息也。且漢學家又何嘗不言理？惟所言易理多，義理少。汝諤殆不識易理爲何物，故妄言如此耳。邵子《皇極》，雖云別派，然先天之位明見《左傳》，九家荀爽亦有確徵。是邵子之學非無本也。且也來氏所謂"錯"，即漢儒之所謂"旁通"；來氏所謂"綜"，即漢儒之所謂"反對"：汝諤既不取漢儒象數，何獨有取來氏錯綜？是豈非"知二五而不知一十"乎？船山王氏之《易》，其可取者，正以其生乎明末空疏說《易》之後，獨能稍爲徵實之學，略考漢魏古義，乃汝諤不取其徵實而尚其理論，是猶舍和璧而寶武玞 ^② 也。況乎汝諤既不取互體，而教人學筮占則謂"當觀《左氏》"。夫《左氏》之言互體，明見於"遇觀之否"。既信《左氏》，何又不信互體？凡此所論，具見其前後矛盾，惶惑多歧。蓋衛道心切，故多客氣之談；義理念深，則考古之功自疏矣。惟其一意欲效法乎程傳，故于太極无極之紛紜，河圖洛書之繳繞，以及近世一切聲光化電之新學說，尚能无所沾染傅會。在近人《易》說中，雖曰空疏，猶未觭衺也。

---

① 此篇中華本、中科圖鈔稿本署尚秉和先生名，已遵尚囑歸屬黃著。

② 武玞，《三国志·魏志·高堂隆传》作"斌玞"。

易說二卷 ①

（宣統二年重刊本）

　　清周韶音撰。韶音字諧伯，沭陽諸生。是書上下二卷，皆隨筆體例，无甚次序，共計一百一十一條。大致闡明義理，然於程朱之說頗多駁議。如程傳謂："元亨、大亨有二例。"韶音則謂："元爲善長，長即大，大之與元非有二義。"以程子爲過。又朱子謂："元亨利貞，文王之意但作大通而至正，孔子始以爲四德。"韶音則謂："如朱子之說，則是孔子之意與文王之意有二，不幾示人以惑？"深不以朱子爲然。又《大有》六五"厥孚交如，威如吉"，取孔疏而駁程傳。《臨》六三"甘臨，无攸利"，取《折中》而並駁傳義 ②。《遯》六二"執之用黃牛之革，莫之勝說"，程傳義同孔疏，則以爲皆非。《升》九三"升虛邑"，謂傳義之說未合。"帝出乎震"一節，譏朱子"詳所不詳，而不詳所當詳"。而於朱子所用卦變，尤深致不滿。若此之類，似能不溺於世俗所聞見。然韶音祇能指摘古人之非，亦不言如何爲是。所有議論，皆演空言，不著邊際。偶下己意，則淺陋難免。如釋"君子以嚮晦入宴息"云："洋舶互市，火德爲災，舉國若狂，幾无不俾晝作夜者，此開闢以來未有之奇事。蓋陰陽之令，于是而大悖矣。禍福无常，惟人自召，胥天下而反易天明，則其他亦何所不施 ③ 而不可？毋惑乎其舍昭昭而即昏昏也。"如韶音之說，是欲今日世界之人，入夜盡息滅燈火而不事事，然後與"嚮晦入宴息"之義合，不亦大謬乎？又如贊《周易折中》，謂其"卓識偉論，超越前古"，則其識從可知矣。

---

①　此篇中華本、中科圖鈔稿本署尚秉和先生名，已遵尚囑歸屬黃著。

②　傳義，中華本、中科圖鈔稿本作"程傳"。茲依北師大本。蓋作者日後修訂時所改。

③　不施，中華本、中科圖鈔稿本作"施"。茲依北師大本。

易說二卷 ①

（光緒間排印本）

清蕭德驊撰。德驊字滌凡，四川富順人。光緒辛卯舉人，陝西候補知縣。爲正定知府蕭世 ② 本之子。是書前後无序跋，亦不著撰者名氏，惟前有一《疏》，上慈禧皇太后及德宗皇帝，論隱憂、大害、大法三事，稱"具呈人舉人蕭德驊"云云，因知爲德驊所撰。全書不章解句釋，每卦惟總論大義。自云："意在匡時，辭取淺近，異於經生著作家言。"故通體皆藉經義以譏切時事，以建議治法。如說"嘉會足以合禮"，云："前之哥老會，今之革命黨，皆不善合群。將來開國會、結社會，我國民務體嘉會合禮之意。"釋"匪我求童蒙"，謂："今日學堂之無起色，皆我求童蒙之故。"釋"武人爲于大君"，謂："庚子之變，自履於危。"此藉經義以譏切時事者也。釋《泰》"翩翩不富以其鄰"，謂"此意以清國債爲去否來泰之道"，因建議"欲强國，須先清國債"。釋《同人》"類族辨物"，謂"此意即《書》'平章百姓'"，因建議"分姓而治之法"。釋《蠱》"教思无窮"，謂"非推廣學堂不可"，因條陳"辦學之法"。釋"容民无疆"，謂"非變通警察不可"，因臚舉"訓警之方"。釋《噬嗑》之"利用獄"，則謂"此即改良監獄之議"。釋《坎》之"設險守國"，則謂"此即言海防之患"。此藉經義以建議治法者也。夫援《禮》說《易》，康成偶啓其端；以史證經，令升略衍其說。至宋李泰發、楊誠齋，始以史事證經，論者固已譏其徒聳文士之觀瞻，已越窮經之軌轍矣。然鄭、干所言不廢象數，李、楊之論尚關義理。若蕭氏之書，既舍象數不言，亦于義理不合，徒摭拾《易》之一二字以誹議時事、發揮政論，已極不當。乃更有荒謬怪誕者，如釋《泰》云："《姤》次《夬》，象言'施命'，卦詞'女壯'。姤字女后，隱寓武后制字臨朝事。《泰》次《履》，大象言'后'，明繫'泰'字，乃今日議禮開泰之證。"釋"城復于隍"云："此殆隱寓庚子之變。"釋"晉如愁如，受茲介福于其王母"云："以福字蒙晉上，隱寓'福晉'字，爲本朝之王妃制。"夫羲、

① 此篇中華本、中科圖鈔稿本署尙秉和先生名，已遵尙囑歸屬黃著。

② 世，中華本、中科圖鈔稿本作"施"。兹依北師大本。

文生千載之上，而能預知千載下之有武后制字臨朝、慈禧議禮開泰，與夫庚子之亂、福晉之制，豈非夢囈？若此之類，直視《易經》同於符讖，誣經蠛聖亦已極矣。而猶詡詡然自謂爲“秉經翼聖”，抑何傎也！

易經困學錄四卷①

（舊稿本）

清楊嘉撰，楊椿年校補。嘉字曦齋，安徽桐城諸生。椿年字蔚②喬，嘉之族孫也。是書凡四卷。卷一載《圖說》、《通論》及上經。卷二下經。卷三《繫辭》、《說卦》、《序卦》、《襍卦》。卷四附載襍論，歷考日月之行度，旁推釋老之流弊。因係稿本，故頗零亂无序。其中又有眉批、附註及粘貼籤條甚多。細按其文字與墨跡，大抵正文皆嘉原作，眉批、附註與籤條則皆椿年校補之文。考嘉《自序》，有：“課蒙之餘，閒取《周易本義》讀之，玩索反復，至再至三，竊歎紫陽夫子纂輯之精，措辭之簡，抉理之細，窮變之廣，誠非淺學鄙識所能窺其藩籬之萬一。”云云。則嘉似服膺朱子之學者。而椿年校補之注，則時時矯正嘉之解說，似椿年之學不盡以朱子爲宗。較其得失，嘉實弇陋謬妄。例如，嘉通論《易》之名義，謂：“朱子言《易》，有交易、變易之義。”椿年補云：“交易、變易、不易之義，此爲漢儒要義，不始於朱子。”嘉釋彖、象諸字之義云：“彖字，以夕豕爲義。夕，明入地中也；豕，爲坎象，險也。文之作彖，明入地中，處險之道也。象字以⺈、豕爲義。⺈，内也；豕，險難也。公之作象，以内難而作也。文字，以二、乂爲義，爻也。交字，以六、乂爲義，六合也。”又釋歲字之義爲“止而成”。椿年校補，則依《說文》一一駁正，並謂：“若如所云，大似荊公《字說》。”嘉又謂：“‘天行健’，疑是周公之大象辭，所以明重卦體象；‘君子’以下，方是孔子之傳辭。後人以孔子作傳，全述周公卦象之辭，而後以人道明之，故删周公之辭以省重複，而以文王卦辭統周公爻辭。”云云。椿年校補，謂：“夫子《象傳》，所以解卦畫之誼也，與文王

① 此篇中華本、中科圖鈔稿本署尙秉和先生名，已遵尙囑歸屬黃著。

② 蔚，北師大本誤“尉”。據中華本、中科圖鈔稿本改。

彖辭、周公爻辭絕不相蒙。”凡此駁議，俱屬切當。蓋嘉徒慕程、朱義理之名，不獨於漢魏諸儒《易》說，及清諸儒訓詁考訂之書，未嘗寓目，即程、朱傳義亦非真能切實體會。不然，何至荒陋如是？椿年能糾正嘉之誤謬，斯可謂幹蠱者矣！

費氏古易訂文十二卷

（光緒辛卯文莫室刊本）

　　王樹枏撰。樹枏字晉卿，新城人。光緒十二年進士，官至新疆布政使。著《陶廬叢稿》等凡數十種。此書大旨專在辨明《易》今文、古文之異同。考漢世經學，分今文、古文兩家。《易》施、孟、梁邱、京，皆今文，惟費氏爲古文。在前漢之世，費氏《易》不列於學官，故不得盛行。至後漢陳元、鄭衆皆傳費氏《易》，其後馬融亦爲其傳，融授鄭玄，玄作《易注》，荀爽又作《易傳》，自是費氏始興。王弼《易注》雖與鄭氏不同，而所據之文，變而未廣，固依然鄭氏之本，亦即費學之流。居今日而言費學，蓋不得不以諸家爲斷。故王氏訂正費本，以馬、鄭、荀三家爲據。先鄭雖無《易》注，而其說之見於他經足資考證者，亦備爲採錄。王弼之《易》，間亦取資。斷制既謹，家法自明。而其訂正文字，間亦多所發正。如謂坤，古《易》必作巛，不作“坤”。“童蒙來求我”，王弼本原有“來”字。“履虎尾咥人凶”，云此“咥”，鄭本亦當爲“噬”。《謙》上六“征邑國”，云衍“邑”字。《睽》六三“其人天且劓”，謂天，馬本當作夭，於喬切。《夬》九二爻詞，謂據《象傳》，當讀“錫號莫夜”爲句。又謂《渙》“匪夷所思”，當從荀讀爲“匪弟所思”。《既濟》“繻有衣袽”，袽當從鄭司農說作“絮”。又謂《蒙·彖傳》“時中也”，據荀、王注，“時”上有“得”字。《隨》“大亨貞”，據荀、王注俱有“利”字。凡此諸條，皆有心得，非徒事抄撮者所可同日而語。近世言費氏者二家，一爲桐城馬氏，一爲王氏。若律以漢人家法，則王氏較爲得之。

周易釋貞二卷

（陶廬叢刻本）

　　王樹枏撰。樹枏有《費氏古易訂文》十二卷,已著錄。此書專釋"貞"字。謂:"《易》爲卜筮之書,三《易》掌於太卜,《周易》凡言貞者,皆'占'之假字。貞上從卜,其義可知。貞、占一聲之轉。"并舉《周禮·春官·天府》"季冬陳玉,以貞來歲之媺惡"之鄭司農注,及《太卜》"凡國大貞,卜立君,卜大封"之鄭康成注,以證明"貞"字之義必爲"占問"。按《易》詞中如"小貞吉"、"大貞凶"、"不利君子貞"諸貞字,誠宜解作占問,文義較順。然貞之爲正、爲固,《象傳》、《文言》均有明訓,《易》家遵守,非爲無據。王氏必欲堅守其說,以"占問"之義推之全《易》,於是遂訾《文言》爲僞,《子夏傳》爲不足據,左氏解《易》乃筮家占斷之法,不必與《易》相符。甚至疑《同人·象傳》"君子正也"之正字當是"貞"字,爲後儒竄易。是皆未免勇於自信,過於疑古。蓋《易》中之字,往往非一義所能盡貫,必有數詁,然後可通。貞固有"占問"之訓,亦未嘗無"正固"之義,何可執一也!

重定周易費氏學八卷首末各一卷

（民國庚申刊本）

　　馬其昶撰。其昶字通伯,桐城諸生。宣統間以碩學通儒徵授學部主事,袁世凱時授參政院參政,任清史館總纂。民國十九年卒,年七十五。著有《抱潤軒文集》等,均行世。是書注釋經、傳者八卷,卷首《易例舉要》一卷,卷末《序錄》一卷,故凡十卷。先是,馬氏主講潛川書院三年,成《易費氏學》八卷,光緒三十一年,其門人合肥李國松輯入《集虛草堂叢書》。刊板行世已十餘年,至民國八年己未,馬氏又加重定。翌年庚申,豫章饒氏、廬陽聶氏助資刊行,即此本也。尋馬氏說《易》,其大旨有四:觀《易》象以窺制禮之原,一也;明《易》辭以舉其大義,二也;言《易》變必觀其時位當否,三也;論《易》占不信焦、京、管、郭之術及諸讖緯書,四也。故其《自序》備陳往古說《易》諸家象辭變占之弊,其言皆極允當。而其爲書,上採周秦、下訖清末,將及四百家,參考既博,抉擇亦精,在近時說《易》諸書中允爲不可多得之作。惟馬氏以“費學”名篇,按之班固稱費氏“長於卦筮,亡章句,徒以《彖》、《象》、《繫》辭十篇文言解說上下經”之旨,頗相戾。況其所引《子夏傳》則韓氏之《易》,引《淮南子》則九師之義,引虞翻注則爲孟氏《易》,引陸績注則爲京氏《易》,今概謂之“費氏易”,名實亦殊不符。膠西柯劭忞氏序此書,雖曲爲之辯,亦終不足以杜非議者之口也。

易經古本一卷

（四川成都存古書局刊本）

廖平撰。平字季平,原名登廷,字學齋,四川井研人。光緒十五年己丑恩科進士,歷官射洪訓導,龍安府教授①。嘗受業於王闓運,著書甚多。廖氏謂:“《易》古本,非反覆繫辭,則‘上下無常,剛柔相易’之道不能顯明,失《易》‘周流不居’之旨。”因著此書,以推演之。先引《繫辭》“《易》之爲書也”三節、“《易》之興也”二節、“書不盡言”二節以爲序例。次以《乾》、《坤》、《坎》、《離》、《頤》、《中孚》、《大過》、《小過》等八錯卦,皆以三爻反復爲六爻,一卦自爲一圖;其餘《屯》、《蒙》、《需》、《訟》等五十六綜卦,則六爻反復繫辭,二卦合爲一圖,共計三十六圖。上經十八,下經十八,以符六六、二九之數。末又將《乾》、《坤》等八錯卦分立八圖,以見八卦自綜之義;又合爲四圖,以見連反錯綜之法。按廖氏用此諸圖,以明六十四卦所以反易、不反、變易及錯綜諸義,圖甚顯明②,足資考覽。惟前儒所謂《易經》古本者,皆指如《漢志》十二篇之舊第而言,未嘗謂此錯綜諸圖便足以當古

---

① “歷官射洪訓導,龍安府教授”,中華本、中科圖鈔稿本作“署龍安府教授、松潘教授、射洪訓導等官”。茲依北師大本。

② 顯明,北師大本作“明顯”。據中華本、中科圖鈔稿本改。

本之名也。是廖氏此書，立名殊屬未當。又其謂："合上下經諸卦，有順逆兩讀，而每卦又有順逆兩讀之法。上經主内，順行，每卦由初而上，舊讀不誤；下經逆行，主外，每卦當由上而初。"云云。按此說昔儒所無，亦無其確切之義據，則未免故爲新說以矜奇立異矣。

易生行譜例言 無卷數

（四川成都存古書局刊本）

廖平撰。平有《易經古本》一卷，已著錄。此書大意，謂："《易》孳乳相生，宗支少長，最爲森嚴。經有祖妣、婚媾之名，傳有父母、男女之說。考一卦生三子，三子生九孫，一圖三十六。内卦主生孫九，孫客九；外卦客生九孫，又客九卦。生之謂易，本謂所生九卦也。'憧憧往來'，即謂爲客之二十四卦也。又《易》由下生上，《周譜》旁行斜上，本法於《易》。今《史記》改爲由上而下，不可解矣。分三十六卦爲四隅，以四聲名之：去九卦，爲孫；入九卦，爲孫中客；上九卦，爲客中孫；平九卦，爲客中客。此指下行譜而言，合生與行，爲生行圖譜。"按此據平自述其書之綱領，大略如此。說甚不經，學者未能置信。然考光緒《井研志·藝文志》載平此書，作《易類生行譜》二卷，並謂平："癸巳於九峰先成此書，爲四益易學之初階。其書不用京氏八宫法，每卦内三爻爲生，外三爻爲行，一卦生三，故八別生二十四子息，八和生二十四子息。外卦則皆一人行，三人行於内爲客，故曰'有不速之客三人來'。因取左氏一爻變之例，每卦六變爻爲一卦，又六變合爲三十六卦。因編爲圖，縱橫往復，悉有條理。每卦一圖，由一圖以推三十六圖。其辭說不下數十萬言。"云云。按志之說，是平此書已有完書。今此本祇刻《例言》，並無圖說，蓋係編刻未完之本無疑，則亦無由盡觀其會通矣。

邵村學易二十卷

（民國丙寅鉛印本）

張其淦撰。其淦字豫泉，號邵村，東莞人。光緒十八年壬辰進士，甲午補殿試庶吉士，山西黎城知縣，改安徽候補道，署安徽提學使。辛亥革命後，隱居滬上，著書二十餘種。茲書命名，蓋取孔子假年學《易》之義。繹其大意，約有兩端：謂老子之所謂道，即羲、農、黃帝、堯、舜、禹、湯、文、武相傳之道。《老子》之五千言，於《歸藏》“首坤”之義蓋有合，頗採老子之義以補先儒之所未及。一也。謂《周易》之言切於人事，又採諸儒之證史事、闡儒理者附錄於後，以發明之。二也。原張氏之意，蓋一方以《易》為明道之書，道在無為，故有取於老子。王弼以老、莊言演《易》，故言《易》道以弼為宗。邵子之學出于道家，故亦採取先後天之說。一方又以為，《周易》切於人事，言人事者莫若程、朱、李、楊之徒，故又兼取其說。質而言之，張氏實欲會通《老》、《易》之旨而仍附之以儒家言而已。夫《易》之為書，廣大悉備，《老》、《易》之義容或相通。特《歸藏》已亡，要不可質言《老子》五千言與《歸藏》首坤之義必相合耳。至若《同人》、《大有》二卦，張氏以大同之世釋之，自詡為“發前人之未發”，且言“他人見之，必有大笑之者”。實則張氏並世之易順豫，著《周易講義》，其釋《同人》“先號咷而後笑”，即言“此所謂大同之世”，與張氏所說正同。特張氏未見其書耳。

易獨斷一卷

（萬載辛氏刊潛園二十四種本）

魏元曠撰。元曠字斯逸，原名煥奎，南昌人。光緒乙未進士，官刑部主事。著《潛園二十四種》，此書其一也。考此書命名《獨斷》之義，蓋本之蔡伯喈。今綜其所斷定者，約有十事：一曰，《易》者周之書，《連山》、《歸藏》

不名《易》;二曰,文王非爲卜筮而作《易》;三曰,重卦必係文王;四曰,八卦即古之文字;五曰,陰陽老少、乾一兑二之說不足信;六曰,太極生兩儀,兩儀生四象,四象生八卦,乃大衍之法,非畫卦之序;七曰,《十翼》或不皆成於孔子,門弟子本孔子之言成之,如《論語》之作,《文言》、《繫傳》皆是;八曰,邵子所傳後天圖,非文王作,其黃帝、神農之所作;九曰,邵子所傳伏羲四圖,自先天方位圖外,其他三圖皆僞;十曰,《易》之諸圖不必毀。按魏氏所論,謂重卦必係文王,其說本之太史公;謂八卦即古之文字,其說略同楊萬里;謂太極生兩儀,兩儀生四象爲大衍之法,立說本之崔憬:皆不爲無據。即論《十翼》成於孔子之門弟子、乾一兑二之圖不足信及文王非爲卜筮而演《易》三條,先儒亦多有此說,可毋置議。獨其謂《連山》、《歸藏》不名《易》,其言顯與《周禮》“太卜掌三《易》”之說相背。又其既斥邵子諸圖爲僞,則不宜獨信先天方位。蓋僞則俱僞,何一是一不是? 他如指五行數、九宮數爲河圖、洛書,仍襲宋人之誤說,而未加考辯;指後天圖爲黃帝或神農所作,亦臆測無據:斯則未能悉當於人心者也。

補周易口訣義闕卦 无卷數

（民國八年重印鐵研齋叢書本）

桑宣撰。宣字又生,號磨盦,宛平人,原籍紹興。光緒間進士,入民國,曾官禮制館編纂。著有《鐵研齋叢書五種》,此書其一也。考唐史徵所著《周易口訣義》六卷,載《永樂大典》,世罕有其書。至清孫星衍刻入《岱南閣叢書》,海內人士始得共窺秘籍。然其書已闕《豫》、《隨》、《无妄》、《大壯》、《晉》、《睽》、《蹇》、《中孚》八卦,學者憾焉。桑氏因本原書體例,取材注疏,糅雜以漢魏諸家精義,補其闕卦,卦自爲篇,凡八篇四千餘言。夫居千載之下,而續補前人之作,雖未見其必能與原闕之文悉相符合,然修墮補亡,儒者有責,過而存之,固亦足以備參考焉。

周易講義一卷

（琴思樓雜著本）

易順豫撰。順豫，順鼎之弟也，著《易釋》四卷及此書一卷。此書僅釋《乾》、《坤》兩卦及《繫辭》上下兩篇，蓋是未完之書。尋其旨意，則與《易釋》略同，皆欲以禮說《易》。如釋《乾》云："周公爻辭，六爻六位，一皆以禮言之。初爲士位，九有陽德，士有陽德，故以'潛龍'爲喻。二爲大夫之位，陽德益進，有所表見於世，故曰'見龍在田'。三爲三公之位，古者天子無責任，國之責任在三公，故'終日乾乾，夕惕若寅'。四爲諸侯之位，古諸侯之禮，入爲三公，進爲方伯，故有'或躍'之象。五爲天子之位，九爲聖人之德，以聖人而居天子之位，故曰'飛龍在天，利見大人'。上爲致仕之位，古者七十致仕，所以退避賢路。"又釋《繫辭》"鳴鶴在陰，其子和之"，謂："此蓋言天子宴同姓諸侯之宴禮。"釋《同人》"先號咷而後笑"，謂："此所謂大同之世。"按援禮說《易》，本於康成，易氏之學未爲无據。獨其訓釋《易》辭，則有未盡當者。如釋《乾》九三爻辭謂："'夕惕若'下舊脫'寅'字，今據《說文》補正。"繼又謂："《說文》又誤寅作夤。"夫"夤"字之不當增，高郵王氏父子及段玉裁早已明之，易氏復蹈惠氏之失，已爲無當；更進而疑《說文》之"夤"亦誤字，復改爲"寅"，更未免輕改古書，不足爲法。又如謂："太極即'一天圓'，兩儀即'兩既濟'之象，四象即《說卦傳》中'天地定位，雷雨相薄不相悖，水火相逮不相射，山澤通氣'之謂。"按以太極爲"一天圓"，義尚可通。以兩儀爲"兩既濟"，說殊不了。況"天地定位，山澤通氣，雷風相薄，水火不相射"則八卦之象已具矣，不得指爲四象，更難以解四象生八卦。此節雖立新解，義皆不當 [①]。他如釋《坤》上六"龍戰于野"，謂"孔子之作《春秋》，孟子之闢楊、墨，即其義。"真妄說無理，不經之甚矣 [②]！

[①] "義皆不當"，中華本、中科圖鈔稿本作"似亦无當"。茲依北師大本。

[②] "真妄說無理，不經之甚矣"，中華本、中科圖鈔稿本作"亦嫌浮泛不切也"。茲依北師大本。

易象數理分解八卷

（宣統三年中道齋刊本）

謝維嶽撰。維嶽字龍山，邵陽人，諸生。是書體例，以伏羲六十四卦重卦圖爲宗祖，用象數理爲分解。謂：“《易》言象者十之五六，言數者十之一二，直言其理者十之七八。不知象數理者，不可與明《易》；混同而說之者，亦不可與明《易》。”故將推闡象數之原由者，表解於右；說明義理者，則指陳史事纂解於左。每卦均附有寧鄉喻邃之總論，其他先儒議論則或採或不採。其自加之案語，亦時有焉。尋其著書之意，頗欲兼賅象數、義理以名其家。惟核其內容，則所謂象數者，皆爻位陰陽、九六奇偶、剛柔中正、承乘比應諸通例；所謂義理者，亦皆宋明以來浮泛不切之議論。於漢、魏古注及清代漢學諸家之書，均未有所見，淺陋殊甚，不稱其志。又謝氏既不信邵子先後天之說，而獨取其六十四卦生卦次序，亦爲無識。觀其書中註釋，或大字，或小字，或旁註，或①夾註，或眉批，淩亂無序。所加圈點，亦無法度。益足以證其爲鄉曲之士已。

易通例一卷

（民國十二年刊本）

陳啓彤撰。啓彤字管侯，泰州諸生，私立北平中國大學教授。民國十五年卒，年四十四。是書凡六篇：曰《說道》，曰《說象數》，曰《說引申》，曰《說卦》，曰《說彖象》，曰《說爻》。附《彖言作於周公說》一首。前有其友袁鑣、淩文淵《序》各一首，後有其弟子程習《跋》一首。總其全書，不過萬有餘言。繹其大旨，要在發明“引申”之義。其義蓋本於《繫辭》“引而申之，觸類而長之，天下之能事畢矣”之語而來，故謂引申爲極變之方，演象數、釋形名之要道。而引申之法二：曰歸納，曰演繹。引申之例三：曰正引，亦曰直引；曰轉引，亦曰旁引；曰反引，亦曰對引。於六泛例之外，又立三特例：曰質、曰德、

---

① 　或，北師大本無。據中華本、中科圖鈔稿本補。

曰用。如《說道》篇云："曰'開物成務',演繹之謂也;曰'冒天下之道',歸納之謂也。此自道體言可歸納可演繹也。'是故聖人以通天下之志',此自用言可歸納也。'以定天下之業,以斷天下之疑',此自用言可演繹也。"《說象數》篇云："象立陰陽,數立奇偶,歸納、演繹之方也。"又曰:"納象於數,納數於象,歸納、演繹之宗也。"《說引申》篇云:"歸納、演繹之術,在《易》謂之類聚、群分。類聚,歸納也;群分,演繹也。"凡此皆發明歸納、演繹之說者也。其釋正、轉、反之例,與質、德、用之說,則如《說引申》篇云:"易爲變易,正引也。易爲簡易,轉引也。易爲不易,反引也。"又曰:"《繫》曰'乾道成男',謂其質也。'乾知大始',謂其用也。'乾以易知',謂其德也。'乾爲天',自其質引申也,以天體陽類也,此正引也。'爲圜',自其質引申,以天形圜渾也,此轉引也。'爲君'、'爲父',自其質引申也,以於人爲陽體也,此轉引也。'爲金'、'爲玉',自其德引申也,以其質剛堅也,此轉引也。'爲寒'、'爲冰',自其用引申也,乾位西北故爲寒、爲冰,此轉引也;自德言,乾陽暖,則反引也。"其釋《說卦》,皆依此例。按陳氏之說,純以論理學家之術推演《易》義,與舊來兩派六宗之《易》皆異致。惟其推尋《易》例,能自成條貫,又明於訓詁,故立言簡奧,頗足以自名其學。特其論《十翼》,定《彖傳》爲周公作,《大象》爲孔子作,其他則子夏與傳《易》諸賢所繫;又論《易》本,宜彖言爲首,次《象傳》,次爻辭,次《大象》、《小象》,《文言》、《繫辭》諸篇當別爲經釋。按此二說,前者既无確徵,嫌近臆測;後者變易篇第,徒滋紛亂:其說皆在所可廢矣。

易通釋二卷

（民國十二年刊本）

陳啓彤撰。啓彤有《易通例》一卷,已著錄。此書名《易通釋》者,乃以其設立科程,自成條貫,與焦理堂之學略相類,焦又爲其鄉先輩,故襲用其名。其學宏綱大要,均已見於《通例》,此書不過演繹《通例》之說而已。故其釋《乾》卦云:"自象數、形名而釋之,類聚、群分而言之,乾有德、質、用。六畫,以象數表德質用也;曰乾,以形名表德質用也,此自歸納言也。自演繹言,六畫,表質也;曰乾,表德用也。餘卦同。"按此即發揮《通例》引申之法二:曰歸納,曰演繹;及三特例:曰德、曰質、曰用之說也。惟陳氏又謂:"三聖之《易》,引申雖同爲演《易》,然各有輕重詳略。文王重演德,周公重演質,孔子重演用。故其釋六十四卦卦辭,皆爲演德達用;六十四卦《彖傳》,皆爲演質釋德;六十四卦爻辭,皆爲演質達用;六十四卦《大象》,皆爲達用演德,此其大別。"按陳氏以德、質、用區分卦爻辭及《彖傳》、《大象》,未嘗不成條理。惟卦辭爲文王作,爻辭爲周公作,《十翼》爲孔子作,先儒皆同此說。後儒雖有議爻辭非周公作、《十翼》非孔子作者,但從无謂《彖傳》爲周公所作。陳氏以《彖傳》屬周公,顯爲臆測。然則以德、質、用三者區分卦爻辭及《彖傳》、《大象》則可,以之區分三聖之《易》則不可也。又陳氏於經盡取卦爻辭,於傳則祇取《彖傳》及《大象》,其他《小象》、《繫辭》、《文言》、《說卦》、《序卦》、《雜卦》均在所擯棄。夫《繫辭》、《文言》、《說》、《序》、《雜》諸篇,容或可謂各有見地;至《小象》之釋爻辭,猶《彖傳》之釋卦辭,二者蓋无異致。陳氏獨取《彖傳》而棄《小象》,取舍從違,亦自失據。又其書詮釋義理,辭尚簡要;其推闡卦象,則多空泛。如說《坤》六五云:"五,陰爻,故云黃。"《坤》上六云:"六,陰爻,故擬野。"說《睽》六三"見輿曳,其牛掣"云:"以陰爻,故擬輿、牛象。"上九"見豕負塗,載鬼一車"云:"陰爻,故擬豕、鬼象。"按黃、野、鬼、輿、牛、豕諸象,《說卦》及虞氏等均有取象,陳氏不能備舉,而徒以陰爻概括之,殊嫌不切。況《睽》上九明是陽爻,而竟誤指爲陰爻乎?又如《小畜》之"輿脫輹,夫妻反目",《損》、《益》之"或益之十朋之龜"等辭,均不詮釋其取象所由,皆非觀象之道。要之,陳氏此書循論理而讀書,定界說而求道,頗有合於近世治科學之程式。若律以漢、宋儒先之家法,則皆无與焉爾。

周易異同商十卷 ①

（舊鈔本）

　　無名氏撰。卷一《總論》,首辨本義九圖之非,斷爲非朱子所作,次辨京

氏分宮卦象次序之不足以解《易》,次辨王輔嗣不取互卦及次五陽一陰則陰
爲主說之非,又次論古《易》十二篇之數及爻辭不宜屬周公,末又有《大象
辭當別爲一編說》、《中字不泥定二五說》、《正字不專主當位說》、《易經貞
多訓當當多讀平聲說》、《乾統六十四卦說》等五篇:駁議既多有當,發明亦
頗可取。自卷二至卷十,則皆注釋經傳之文,然不章解句釋,每卦隨條標舉,
或三五事,或十數事,前後頗多顛倒,條貫亦不悉具,蓋猶是未定稿本。大抵
於卦爻辭多異議者,取一說以爲正解,其餘各家襍說亦兼採並蓄,附"存異"
中以待讀者抉擇。間亦略加按語,辨正其是非,所謂"異同商"者以此。其
中如說"利見大人",取朱霈之說,謂:"只是大人見,猶《春秋》書龍見同。"
駁鄭康成、孔穎達、程子"九二利見九五"、"九五利見九二"、"庶人利見
九二"諸說之非。釋用九、用六,獨取歐陽修《易》道占其變,故以其占者
名爻,不謂六爻皆九、六也"之說,而辨衆家之未審。釋《无妄》六二"不耕
穫,不菑畬,則利有攸往",據彖辭及《禮記》注之意,疑"則"當爲"不"字
之誤。凡此皆具識力,不爲群言淆亂。至若釋《乾》九三"夕惕若厲",必從
惠氏易依《說文》改厲爲夤,而謂人、夤、淵、天叶韻,而不知《易》卦爻辭間
雖用韻,而不必句句皆韻。苟必以乾二、四、五各爻皆叶而三不宜不叶,然則
初、上兩爻皆不叶,又將何說? 且前乎許氏者,淮南、班固、張衡之徒皆作"夕
惕若厲",又將何以解之乎? 又如釋《坤》六三,謂霜、方、章、囊、裳、黃六字
爲韻,謂"直方大"之大字爲衍文。且謂:"陽大陰小,坤不宜爲大,《彖辭》、
《文言》亦俱不及'大'。若經有大字,聖人釋經豈有反將坤德遺漏者乎?"
而不記《彖辭》明云:"含弘光大,品物咸亨。"所謂光大者,非說坤德而何?
聖人何遺漏之有?《文言》明云:"直方大,不習无不利,則不疑其所行也。"
豈經文既衍大字,而文言又從而衍之乎? 此何異于程傳讀"主利"爲句,而
疑"後得主而有常"之脫"利"字乎? 他如釋"元"字,不①取易見之說,
必從《文言》訓元爲長,譏朱子釋元爲大之謬。夫元固有長義,亦未嘗無大
義。苟必從《文言》以元爲長,謂"大哉乾元,不能釋爲大哉乾大",果如其
說,然則《文言》亦嘗釋亨爲會、釋利爲和、釋貞爲幹,豈可讀《坤》彖辭爲
"坤,長會、和牝馬之幹"乎? 若此之類,又未免膠固鮮通,亦宜分別觀之。

---

① 不,北師大本無。茲據上下文意補。

三墳 无卷數 [1]

（天一閣叢書本）

　　此本題明范欽訂。欽字堯卿，一字安卿，號東明，鄞人。嘉靖進士，累官兵部右侍郎，有《天一閣集》。案《三墳》之名，首見《春秋左氏傳》云："楚左史倚相，能讀《三墳》、《五典》、《八索》、《九丘》。"其次則僞孔安國《尚書序》云："伏羲、神農、黃帝之書，謂之《三墳》，言大道也。"據此，則古確有《三墳》其書。然自《漢書·藝文志》以迄隋唐二《志》，並未著錄，而周秦以來經傳子史，亦從无一引其說者：則是書之亡佚蓋已久。且據劉熙《釋名》及僞《孔序》之言觀之，則是書乃《書》類，非《易》類。今此書首曰《山墳》，爲天皇伏羲氏之《連山易》；次曰《氣墳》，爲人皇神農氏之《歸藏易》；末曰《形墳》，爲地皇軒轅氏之《乾坤易》。《三墳》均有爻卦大象，由八卦重爲六十四卦，是顯然以《三墳》爲《三易》，與《釋名》及僞孔之說均不合。又此書六十四卦之後，均有傳，傳各小註雙行，亦不題何人所撰。而《山墳》末有《太古河圖代姓紀》一篇、《天皇伏羲氏皇策辭》一篇，《氣墳》末有《人皇神農氏政典》一篇，《形墳》末有《地皇軒轅氏政典》一篇。《皇策》及《政典》之辭，大氐摹仿《尚書》之意。《太古河圖代姓紀》，則純是摭拾讖緯諸書雜湊而成，如以燧人氏爲"有巢氏子"、伏羲氏爲"燧人氏子"等，於史實尤多乖謬。《四庫提要》[2]謂"古來僞書之拙，莫過於是"，良非誣衊之言。又此書前後兩《序》，後序无名，前序題毛漸正仲撰。案晁公武《郡齋讀書志》，謂"張商英得此書於比陽民舍"。陳振孫《直齋書錄解題》，謂毛漸得於唐州。此本前序題毛漸撰，蓋范欽刻書時據直齋之說而加題者也。

---

　　[1]　此篇中華本、中科圖鈔稿本署尚秉和先生名，已遵尚囑歸屬黃著。
　　[2]　《四庫提要》，中華本、中科圖鈔稿本作"前《提要》"。茲依北師大本。蓋作者日後復作修訂時所改。

古三墳 _{无卷數} ①

（明天啓丙寅刊本）

　　案此書題明新都唐琳訂。其本正文與各本均无異同，惟有圈點及眉批。眉批采錄之說凡三家，一劉辰翁，一茅坤，一孫鑛。辰翁凡八則，坤凡十二則，鑛凡十則，共三十則。案辰翁字會孟，號須溪，宋廬陵人。少舉進士，以親老請濂溪書院山長。宋末託方外以歸，著《須溪集》。坤字順甫，號鹿門，明歸安人。嘉靖進士，善古文，又好談兵，官至廣西兵備僉事。鑛字文融，號月峰，餘姚人。萬曆會試第一，累官兵部右侍郎，加右都御史，進兵部尚書。今考辰翁評語，如《連山易爻卦大象》條云：“朱子謂伏犧以上皆无文字，只有圖畫，爻卦大象卻何從起？”又《太古河圖代姓紀》條云：“太極者，未見氣也；太初者，氣之始也；太始者，形之始也；太素者，質之始也。《乾鑿度》演此。”《歸藏易》條云：“讀此知《周易》卦象亦是以述爲作。”察辰翁之意，既疑朱子謂伏犧以上无文字之說，而又以《周易》及《乾鑿度》皆出其後，似篤信此書，不疑其偽。而茅氏與孫氏則極贊其文辭。如茅氏評《伏犧氏皇策辭》云：“此真渾噩之文。”又云：“藹藹乎太古之風。”又評《軒轅氏政典》云：“此便留下西漢一脈。”而孫氏之評《伏犧氏皇策辭》亦謂：“文辭質穆，洶古之遺。”評《神農氏政典》更謂：“精瑩純粹，此開闢以來，有數文字。風雨石裂，吾知其精光有不容沒者。”則其贊賞此文可謂備至。是茅、孫二氏亦均不疑其偽。夫此書偽作，昭然若揭，而歷代賢士尚有篤信若此者，足見世之好奇者之多。而《四庫提要》② 謂“自宋、元以來，自鄭樵外，無一人信之”者，其言亦未免過當。又此書前有唐琳之《序》謂：“文辭古穆，駕謨典而上之。獨惜前後二序，竟亡姓名。”云云。考晁公武《郡齋讀書志》謂“張商英得此書於比陽民舍”，陳振孫《直齋書錄解題》謂“毛漸得於唐州”，則此前後兩序，疑出於張商英或毛漸之手，而琳未之詳考耳。

---

　　① 　此篇中華本、中科圖鈔稿本署尚秉和先生名，已遵尚囑歸屬黃著。
　　② 　《四庫提要》，中華本、中科圖鈔稿本作“前《提要》”。茲依北師大本。蓋作者日後復作修訂時所改。

易緯 无卷數 ①

（漢學堂叢書本）

清甘泉黃奭輯。奭著《漢學堂叢書》，考輯逸書，凡《易緯》之可成專書者，若《周易乾鑿度》、《易乾坤鑿度》、《易是類謀》、《易坤靈圖》、《易乾元序制記》、《易稽覽圖》、《易辨終備》、《易通卦驗》等，均專篇存錄。其各書泛引《易緯》，未指名爲何書者，及雖有書名而條數无多者，均彙錄一篇，總名《易緯》。今按篇中所載泛引《易緯》凡二十有一條，輯自《漢書·五行志》者一條，輯自《隋書·王劭傳》者三條，輯自《文選》注者兩條，輯自《開元占經》者十條，輯自《易正義》者兩條，輯自《初學記》及《太平御覽》者三條。又附《困學紀聞》論《易緯》者一條，何孟春論《易緯》者一條，並定《後漢書·郎顗傳》所引《易》及《易傳》者亦是《易緯》之文，爲案語附後。於群書泛引之《易緯》，採輯雖尚有遺漏，未能俱備，然亦頗足參考 ②。其末所附有書名而條數无多者計四種：一《易萌氣樞》，二《易通統圖》，三《易通卦驗玄圖》，四《易九厄讖》，大氐亦皆從《漢書·律歷志》、《晉書·五行志》、《開元占經》、《太平御覽》、《事類賦》、《古微書》諸書輯得，而於各書徵引字有異同或謬誤者，亦頗加以校訂焉。

泛引易緯 无卷數 ③

（光緒三年刻緯攟本）

清喬松年輯。松年字健侯，號鶴儕。徐溝人，道光進士，歷官安徽、陝西巡撫，平粵平捻皆有功，官至東河總督。議築隄束水，順黃北趨入海，爲一勞

---

① 此篇中華本、中科圖鈔稿本署尚秉和先生名，已遵尚囑歸屬黃著。惟篇題“无卷數”三字，中華本、中科圖鈔稿本無。茲依北師大本增。此下十八篇，篇題“无卷數”三字皆倣此，不復出校。

② “於群書”至“參考”一節，中華本、中科圖鈔稿本行文微異。如“於”上多“考其”二字，“採輯雖”作“雖採輯”，“頗足參考”作“頗便檢覽”。茲依北師大本。蓋作者後來又作修潤。

③ 此篇中華本、中科圖鈔稿本署尚秉和先生名，已遵尚囑歸屬黃著。

永逸計，惜不果行。卒謚勤恪。所著有《蘇蘿亭札記》、《緯攟》及詩文集等。此篇載《緯攟》內。考《緯攟》所輯《易緯》，凡有書名者，若《易乾鑿度》、《乾坤鑿度》、《易通卦驗》、《易稽覽圖》、《易是類謀》、《易辨終備》、《易中孚傳》、《易天人應》、《易通統圖》、《易運期》、《易內傳》、《易萌氣樞》、《易內篇》、《易傳太初篇》等，均行專篇輯錄。其各書祇引《易緯》而不指名何書者，均彙錄於此篇，故曰《泛引易緯》。全篇所輯凡一十有九條，輯自《後漢書·荀爽傳》者一條，輯自《易正義序論》者兩條，輯自《周禮·大宗伯》疏及《詩·長發》疏者一條，輯自《公羊》"狩于郎"疏者一條，輯自《文選》詩賦注者三條，輯自馮惟訥《古詩紀》者兩條，輯自俞安期《唐類函》者一條，輯自《通考》者三條，輯自《太平御覽》者五條。與黃奭《漢學堂叢書·逸書考·易緯》所輯互有詳略異同，可並存 ① 相參證云。

易萌氣樞 无卷數 ②

（古微書本）

明華容孫瑴輯。全書僅引"人君不好士，走馬被文繡，犬狼食人食，則有六畜談言"一條。案此條見《晉書·五行志下》，自是《萌氣樞》正文。然《晉志》尚有"聖人受命而王 ③，黃龍以戊己日見"一條，孫氏遺漏。又《宋書·符瑞志》引有"聖人清淨行中正，賢人福至民從命，厥應麒麟來"，及"上下流通聖賢昌，厥應帝德鳳皇翔，萬民喜樂無咎殃"，並"聖人得天受命，黃龍以戊寅日見"三則，孫氏亦遺漏未輯。又《占經》九載："日夜蝕者，天中無影。言日當夜蝕，建八尺竹，視其下無影，不可見 ④，故以表候之耳。其

---

① "並存"下，中華本、中科圖鈔稿本有"以"字。茲依北師大本。
② 此篇中華本、中科圖鈔稿本均署尚秉和先生名，已遵尚囑歸屬黃著。按尚氏存稿亦有《易萌氣樞》提要一篇，與此篇名同而文異（詳尚先生《易說評議》卷十二），未收入中華本。蓋尚稿用喬松年《緯攟》本，黃稿用《古微書》本且考訂尤詳，故尚氏置己稿不用，而以黃稿付續修提要館。此與《遜齋易義通攷》提要撰寫情實略同（參見《易說評議》卷五及本書卷三該篇提要注）。
③ 王，北師大本、中華本、中科圖鈔稿本均無。據《三國志·魏志》引《易傳》及尚秉和先生《易萌氣樞》提要（見《易說評議》卷十二）引清喬松年輯本補。
④ 不可見，《唐開元占經》卷九"不"上有"蝕"字。

所以夜者^①，人君諱其過，臣下强，君不能制，見臣之惡反以爲善，見臣邪僻反以爲正直，故日夜蝕。陰過盛，陽道微，日夜蝕，有謀臣誅。”及“昭明蔽塞，政在臣下，親戚滿^②朝，君不覺寤。即褻氣失，以星奔日蝕爲咎。”二則。及《占經》十：“臣道修，則月明有光。”及“月當滿不滿，君侵臣；當毀不毀，臣陵君。君侵臣則有大旱之災，臣侵君則有兵水之難。”並“月盈則有人君之憂，縮則有臣下之害。”三則。及《占經》十七：“俟月盡蝕，視水中不見影者，月盡蝕^③。”一則。及《占經》七十一載：“星出光芒，疾流而過。入於何宫，即爲害何地，其應不爽。”一則。均云本諸《易萌氣樞》，則亦當爲《萌氣樞》之佚文，似亦可輯入。而孫氏均遺漏之，殆未見其書也。

易中孚傳_{无卷數}^④

（古微書本）

　　明華容孫瑴輯。全書僅引：“陽感，天不旋日，諸侯不旋時，大夫不過期。”一條。案此條見《後漢書·郎顗傳》注，並引及鄭玄注云：“陽者，天子爲善一日，天立應以善；爲惡一日，天立應以惡。諸侯爲善一時，天立應以善；爲惡一時，天立應以惡。大夫爲善一歲，天立應以善；爲惡一歲，天立應以惡。一說云：‘不旋日，立應之；不旋時，三辰間；不過期，從今旦至明日旦也^⑤。’”考緯書之文義，大都怪奇難解，古注存者又極稀。此條雖寥寥祇十六字，而竟得存有如此詳明之鄭注，彌可寶貴。惟案《書·金縢》疏引此條首句，祇云《易緯》，而殿本《易緯稽覽圖》中亦悉載此三語。則此文或亦他緯所有，今不可得而詳考矣。又《後漢書·楊賜傳》引“蜺之比無德以色親”一語，亦云出《易中孚傳》，宜可採入。而孫氏遺漏之，何也？

---

① 所以夜者，《唐開元占經》卷九“夜”下有“蝕”字。

② 滿，《唐開元占經》卷九作“干”。

③ 月盡蝕，北師大本、中華本無此三字。據中科圖鈔稿本及《唐開元占經》補。又此則兩“盡”字，諸本作“畫”，茲依《唐開元占經》改。

④ 此篇中華本、中科圖鈔稿本署尚秉和先生名，已遵囑歸屬黄著。

⑤ “從今旦至明日旦也”，北師大本、中華本、中科圖鈔稿本“從”下無“今”字，“日”下無“旦也”二字。茲依四部叢刊本《後漢書》注引補。

易九厄讖 _{无卷數}①

（古微書本）

明華容孫瑴輯。篇首注云："凡言讖者，皆依于數。數積九六而必窮，故天地有劫災，世運屯厄，古之智人，于是衍讖。"其所采輯之文，凡四則。其"聰明蔽塞，政在臣下，婚戚干朝，君不覺瘇，虹蜺貫日。"及"君舒怠，臣下有倦，白黑不別，賢不肖竝，不能憂民急，氣爲之舒緩，草不搖。"兩則均見《續漢書·五行志》注引。"主失禮煩苛，則旱之，魚螺變爲蝗蟲"一則，亦見《續漢書·五行志》注引，而《通考》三百十四亦引用之。然《續漢志》只云讖曰，《通考》但謂是先儒之語，未嘗云《易九厄讖》也。《九厄讖》之名，孫氏蓋本之《漢書·律歷志》。然案《漢志》引"初入元百六陽九"之文，祇云"《易九厄》曰"云云，孟康注曰："《易傳》也。"則《九厄》確是書名，而無"讖"字。疑"讖"字爲孫氏妄增。又，"三統是爲元歲，元歲之閏，陰陽災"十三字，爲班孟堅語，"初入元百六陽九"以下方爲《易傳》語，文義顯然易見。孫氏將上兩句併作緯文，亦誤。況《九厄讖》之名不見於古籍，故孫氏首自解"凡言讖者，皆依于數"云云，則此書名爲孫氏臆造無疑也。

易河圖數 _{无卷數}②

（古微書本）

明華容孫瑴輯。所採凡四則。篇首孫氏有自注："《易》大衍之數，原起河圖。故河圖雖自有緯，而未嘗言數，此傳《易》者窮其數之原也。"云云。按河圖果爲何物，實難質言。《易》大衍之數容或原於河圖，亦未可知。惟考孫氏所輯四則，其"一與六共宗，二與七同道，三與八爲朋，四與九爲

---

① 此篇中華本、中科圖鈔稿本署尚秉和先生名，已遵尚囑歸屬黃著。

② 此篇中華本、中科圖鈔稿本署尚秉和先生名，已遵尚囑歸屬黃著。

友，五與十同途”一則，係說明河圖方位，未注明 [1] 其所本外，其“龜取生數一三五七九，筮取成數二四六八十”一則，則注明語見《周禮·校人》疏。此乃賈公彥之疏語 [2]，非引《河圖》之文。孫氏乃造一“易河圖數”之名，而摭此條以實之，妄甚。又“東方南方，生長之方，故七爲少陽，八爲少陰；西方北方，成熟之方，故九爲老陽，六爲老陰”一則，亦見《周禮·校人》疏，亦是賈公彥之疏語 [3]。又孫氏末一則所引：“五運皆起於月初，天氣之先至，乾知大始也。六氣皆起於月中，地氣之後應，坤作成物也。”其文見 [4] 楊愼《丹鉛錄》，且其上明著“醫家”二字。孫氏乃並前三則 [5]，皆造爲《易河圖數》。而《易河圖數》之書名，於古又無所徵。後喬松年作《緯攟》，逐條斥駁，謂爲妄造，非盡苛語也。

河圖會昌符 无卷數 [6]

（古微書本）

明孫瑴輯。凡五條。首條：“漢大興之道，在九代之王，封於泰山，刻石著紀，禪於梁父，退省考功。”次條：“《河圖》曰：漢高祖親祀汶水，見一黃釜，卻驚反，化爲一翁，責言‘劉季何不受《河圖》’。”三條：“《河圖龍文》曰：鎮星光明，八方歸德。”四條：“赤九會昌，十世以光，十一以興。”五條：“九名之世，帝行德封刻政。”按此五條，除首條引見《後漢書·祭祀志》，確爲《會昌符》外，其次條之文《御覽》引之，四條之文《後漢書·律歷志》及《曹褒傳》引之，五條之文《後漢書·律歷志》引之，但均作《河圖》，未指爲《會

---

① 注明，中華本、中科圖鈔稿本作“知”。茲依北師大本。蓋曰後作者復作修改。

② “則注明”至“疏語”十八字，中華本、中科圖鈔稿本作“其文見楊愼《丹鉛錄》二十二，乃升庵之語，謂河圖之意如此”。茲依北師大本。蓋曰後作者所作修改。

③ “亦見”至“疏語”十五字，中華本、中科圖鈔稿本作“亦見《丹鉛錄》，亦是升庵解說河圖之語”。茲依北師大本。蓋曰後作者所作修改。

④ “見”上，中華本、中科圖鈔稿本多“亦”字。茲依北師大本。蓋曰後作者所作修改。

⑤ “前三則”，中華本、中科圖鈔稿本作“東方南方一則”。茲依北師大本。蓋曰後作者所作修改。

⑥ 此篇中華本、中科圖鈔稿本署尙秉和先生名，已遵尙囑歸屬黃著。

昌符》，不譖孫氏何據。若三條之文，《文選·蜀都賦》注、袁淑《傚白馬篇》注、《石闕銘》注均引作《河圖龍文》，孫氏亦以“《河圖龍文》曰”五字冠於上，而置之《會昌符》中，殊不可解。又按《後漢書·祭祀志》所引《河圖會昌符》之文凡五則，除“漢大興之道”一則已爲孫氏所引外，尚有“赤劉之九，會命岱宗。不慎克用，何益於承？誠善用之，姦偽不萌。”一則。又“赤帝九世，巡省得中。治平則封，誠合帝道孔矩，則天文靈出，地祇瑞興。”一則。又“帝劉之九，會命岱宗，誠善用之，姦偽不萌。”一則。又“赤漢德興，九世會昌，巡岱皆當。天地扶九，崇經之常。”一則。計四則，孫氏皆遺漏未輯，殊嫌疏略。其後喬松年《緯攟》重輯此書，嘗增補“赤帝九世”、“帝劉之九”及“赤漢德興”三則，而“赤劉之九”一則仍遺漏未輯。甚矣，輯佚之難也！

河圖考靈曜 无卷數①

（古微書本）

　　明孫瑴輯。瑴自注云：“一作《考曜文》。”全書所採凡二則。首曰：“秦王政以白璧沈河，有黑頭公從河出。謂政曰：祖龍來授，天寶開，中有尺二牘。”次曰：“高皇攝政總萬庭，四海歸詠理威明。文德道化承天精，元祚興隆協聖靈。”按首條之文，《太平御覽》八百六引作《河圖天靈》，不作《考靈曜》，亦不作《考曜文》。次條之文，據《御覽》及《說郛》所引，又皆是《龍魚河圖》之文，亦不作《考靈曜》及《考曜文》。然孫氏既列其文於《龍魚河圖》，又列其文於此篇。二書互見，蓋本之《初學記》。喬松年《緯攟·古微書訂誤》，輒詈孫氏妄立篇名，亦未免武斷。又按《緯攟》本首條之文作：“祖龍來，天寶開，中有尺二玉牘。”較此本“來”下少“授”字，“牘”上多“玉”字，來、開三字句叶韻，其文似較順也。

　　①　此篇中華本、中科圖鈔稿本署尚秉和先生名，已遵尚囑歸屬黃著。

河圖稽命徵 无卷數①

（古微書本）

明孫瑴輯。全書僅一則。文爲："帝劉即位，百七十年，太陰在庚辰，江充詭其變，天鳴地坼。"凡二十二字。按此文引見《御覽》八百七十三，《說郛》亦引之。考《漢書》："征和元年冬十一月，巫蠱起。二年夏四月，大風發屋折木。閏月，諸邑公主、陽石公主皆坐巫蠱死。秋七月，按道侯韓說使者江充等掘蠱太子宫。壬午，太子與皇后謀斬充，以節發兵，與丞相劉屈氂大戰長安，死者數萬人。庚辰②，太子亡，皇后自殺。八月辛亥，太子自殺于湖。癸亥，地震。"其事與此書所云"江充詭變，天鳴地坼"等語均合。則其亦爲漢世之緯書，蓋無疑義。又按喬松年《緯攟》輯此書，多"君急恚怒，無雲而雨"一條，自注引據《說郛》。孫氏遺之，宜據補入。

河圖要元篇 无卷數③

（古微書本）

明孫瑴輯。全書僅："句金之壇，其間有陵。兵病不起，洪波不登。又曰：乃有地脈，土良水清。句曲之山，金壇之陵。可以度世，上昇曲城。"一條。孫氏自注云："《要元篇》，蓋漢世緯書，後漢書志註不載其目，今見《茅山志》。"④按此文《丹鉛續錄》及《廣博物志》亦引之，又《太平御覽》一百七十引下半截但作《河圖》，無"要元篇"字，當是省文。又"地脈"作"地肺"。喬松年考訂，以爲作"地肺"者是。又按，茅山即句曲山，漢茅盈隱居句曲，人稱茅君。《茅君內傳》云："洞天三十六所，乃真仙所居。第八句曲

---

① 此篇中華本、中科圖鈔稿本署尚秉和先生名，已遵尚囑歸屬黃著。
② 辰，《漢書·武帝紀》作"寅"。似宜據改。
③ 此篇中華本、中科圖鈔稿本署尚秉和先生名，已遵尚囑歸屬黃著。
④ 《要元篇》至"今見《茅山志》"一節二十二字，又見明董斯張《廣博物志》語。

之洞，名曰金壇。”其文與此書所云略相類，孫氏定爲漢世緯書，非無見云。

河圖提劉篇_{无卷數} ①

（古微書本）

　　明孫瑴輯。全書僅一則。文爲：“帝季日角，戴勝斗胸，龜背龍眼，長七尺八寸。明聖寬仁，好士主軫。”凡二十五字，狀漢高祖之體貌神異及其德性之美。其文蓋引自《唐類函》及《藝文類聚》。惟喬松年《緯攟》輯此書，較多兩條。一曰：“九世之帝，方明聖持。衡矩九州，平天下予。”自注引據《後漢書·祭祀志》及《通考》。一曰：“帝將怒，蚩尤出乎野。”自注引據《御覽》八百七十五。按此二條既是《提劉篇》之文，孫氏遺之，當據補入。至此書名曰《提劉》，則其爲漢世之緯書，確乎無疑矣。

河圖帝通紀_{无卷數} ②

（古微書本）

　　明孫瑴輯。全書僅有：“雲者天地之本也，雨者天地之施也，風者天地之使也，雷者天之鼓，彗星者天之旗。”一則。凡三十二字而已。按此文第一句引見《御覽》八，第二句引見《御覽》十，第三句引見《御覽》九，第四句引見《御覽》十三，第五句引見《御覽》八百七十五。又《藝文類聚》及《文選·羽獵賦》注亦頗引此文。所云雲、雨、風、雷、彗星之狀，語尙平實，无甚怪奇。此外《藝文類聚》二尙引有“黃帝以雷精起”一條，《隋書·王劭傳》尙引有“形瑞出，變矩衡，赤應隨，叶靈皇”一條，亦云係《帝通紀》之文。孫氏遺之，當據補入也。

---

① 此篇中華本、中科圖鈔稿本署尙秉和先生名，已遵尙囑歸屬黃著。

② 此篇中華本、中科圖鈔稿本署尙秉和先生名，已遵尙囑歸屬黃著。

河圖祕徵 无卷數 ①

（古微書本）

明孫轂輯。凡四條。首曰："帝貪暴,則政苛而吏酷,酷則誅深必殺,主蝗蟲。"次曰："主急妄怒,失陽事,則天無雲而雨。"三曰："黃帝起,大蚓見。"四曰："帝失德,政不平,則月生足。又陪臣擅命,群下附和,則月舉足垂爪。"云云。按此四則皆言災應之事,殆《易》家候陰陽災變之屬。惟《晉書·戴洋傳》,尚引有"地赤如丹,血丸丸"一條,孫氏遺之,似可補入。又第三條之文,《太平御覽》九百四十七引作《河圖說徵》,《天中記》、《格致鏡原》諸書亦皆引之。說、祕字異,而孫氏均列《祕徵》中,殆以二者異名而同實歟?

河圖真紀鉤 无卷數 ②

（古微書本）

明孫轂輯。全書僅一則。文爲："王者封泰山,禪梁父,易姓奉度,繼典崇功者七十有二君。"二十二字。按此文《太平御覽》、《初學記》、《唐類函》、《五禮通考》等書均引之。惟《初學記》及《藝文類聚》引,但作《河圖真紀》,無"鉤"字;《史記正義》引,但作《河圖》,並無"真紀鉤"字:殆是省略。若《說郛》引作《稽耀鉤》,蓋誤。又按《史記·封禪書》引《管子》云："古者封泰山、禪梁父者七十二家"。《韓詩外傳》亦云："孔子升泰山,觀易姓而王,可得而數者,七十餘人。"其語皆略與此文同,足資參證矣。

---

① 此篇中華本、中科圖鈔稿本署尚秉和先生名,已遵尚囑歸屬黃著。
② 此篇中華本、中科圖鈔稿本署尚秉和先生名,已遵尚囑歸屬黃著。

河圖著命 _{无卷數} ①

（古微書本）

明孫轂輯。全書計五則，首曰："搖光之星，如虹貫月，正白，感女樞於幽房之宮，生黑帝顓頊。"次曰："握登見大虹，意感，生舜于姚墟。"三曰："修己見流星，意感，生帝戎文禹，一名文命。"四曰："扶都見白氣貫日，意感，生黑帝子湯。"五曰："太姙夢長人感己 ②，生文王。"其文多輯自《御覽》注及《文選》注。大抵皆言帝王誕生爲神靈所感，與《詩》所詠"玄鳥生商"、"履帝武敏"之旨略同也。

洛書錄運法 _{无卷數} ③

（古微書本）

明孫轂輯。凡四條。首曰："黃帝坐玄扈閣上，與大司馬容光、左右輔將周昌二十二人，臨觀鳳圖。一作 ④ 臨觀鳳皇之至。"次曰："舜以太尉受號爲天子，五年二月東巡狩至於中州，與三公諸侯，臨觀黃龍五采負圖出置舜前也。"三曰："逢氏抱小女妹嬉，帝孔甲悅之 ⑤，以爲太子履癸妃。"四曰："有人卯金握天鏡。"按此書首條引見《路史·後紀》及《太平御覽》二百九，次條引見《唐類函》，然均作《河圖錄運法》。而孫氏納之《洛書錄運法》中，不譜何據。又三條之文引見《御覽》一百三十七，然《繹史》亦引此文則作《河

---

① 此篇中華本、中科圖鈔稿本署尚秉和先生名，已遵尚囑歸屬黃著。

② 感己，北師大本作"意感"。據《古微書》及中華本、中科圖鈔稿本校改。

③ 此篇中華本、中科圖鈔稿本署尚秉和先生名，已遵尚囑歸屬黃著。

④ "一作"，原稿"作"上脫"一"字。中華本、中科圖鈔稿本二字皆脫。茲依墨海金壼本《古微書》校補，並從其作小字註。

⑤ "帝孔甲悅之"，北師大本、中華本、中科圖鈔稿本"孔"上脫"帝"字。依墨海金壼本《古微書》校補。

圖始開圖》；四條之文《昭明文選·廣絕交論》李善注且引作《春秋孔錄法》。是二條皆兩書互見，不知果當誰屬。又按此書篇首有孫氏自注，謂："此其書亦必有關運位，蓋隱讖存焉，而世不聞耳。"云云。今以"有人卯金握天鏡"之言考之，蓋仍影射劉氏而言，似亦漢世之褖讖也。又第三條孫氏尙錄有："孔子曰，昔逢氏抱小女妹喜觀帝，爲履癸妃。"下又引"一本"云云。茲從其又一本之文，以此文甚順，且與《繹史》引同。孫氏不見《繹史》，而文與之同，可見此文可信，故從之。

雒書錄運期讖_{无卷數}[①]

（古微書本）

明孫瑴輯。全書僅"九侯七傑爭民命，炊骸道路，籍籍履人頭，誰使主者，玄且來"一則_{句讀依《考正古微書》}，祗二十有三字。孫氏注云："謂劉玄德。"按孫氏以"玄且來"爲指劉玄德，若然，則所謂"九侯七傑"者蓋指漢末群雄如袁紹、袁術、呂布、馬超等是也。惟"爭民命"，《蜀書》引作"命民"，其句讀似較順適。又按《蜀書》引書名祗作《雒書錄運期》，无"讖"字。則此"讖"字，當爲孫氏所增无疑也。

雒書甄曜度讖_{无卷數}[②]

（古微書本）

明孫瑴輯。凡二條。首曰："赤三德，昌九世。會脩符，合帝際，勉刻封。"次曰："沙流出不言，小人起，擅百川。亂不言，小人執政。"_{句讀依《考正古微書》}。首條孫氏自注云："指劉備也。"考《蜀書·先主傳》引此文，作"赤三日，德

---

① 此篇中華本、中科圖鈔稿本署尙秉和先生名，已遵尙囑歸屬黃著。
② 此篇中華本、中科圖鈔稿本署尙秉和先生名，已遵尙囑歸屬黃著。

昌九世。會備合，爲帝際。”三下多“日”字，脩作“備”，備下无“符”字，際下又无“勉刻封”三字。按光武曾封禪刻石，見《後漢·祭祀志》，末句曰“勉刻封”，疑指光武。然有“備”字，故《蜀書》引之，而不引“勉刻封”三字。誠以此三字，與備不類也。又按《蜀書》所引，祇作《洛書甄曜度》，孫氏增一“讖”字，未知果何所據也。

孔子河洛讖_{无卷數}①

（古微書本）

明孫瑴輯。全書僅一條。文爲：“二口建戈不能方，兩金相刻發神鋒。空穴無主奇入中，女子獨立又爲雙。”二十八字。注云：“二口建戈，劉字也。晉金行，劉姓又金，故曰兩金。空穴奇入，爲寄字。女加又，爲奴字。”按此文隱寓“劉寄奴”三字，其語明甚。而其詞甚俚，當爲晉宋之間人所造，而假名於孔子。不然，河洛讖緯從無以孔子名者，茲獨曰《孔子河洛讖》，即可知矣。

---

① 此篇中華本、中科圖鈔稿本署尚秉和先生名，已遵尚囑歸屬黃著。

易學群書平議提要

　　此書爲余近年讀《易》筆記所得，凡一百三十四篇，釐爲七卷。問學淵源，著書體例，已略具於目錄後記及凡例中。若其内容要點，可得而言者約有四端：一曰命名之義。此書原仿劉向《別錄》、晁公武《郡齋讀書志》、陳振孫《直齋書錄解題》及清儒《四庫全書總目提要》之法，凡校讀一書訖，即撰具提要一篇。先述其書名、卷數、版本、作者事略，次及全書内容，最後論其是非得失，爲重點所在。故本德清俞氏考論群經諸子之意，名之曰平議云爾。二曰立論之旨。從來治《易》者，兩宗六派互相攻難，實則各有所長，亦各有所短。故兹書立論，於義理、象數，漢學、宋學，各无偏主，務爲持平，以得情實。三曰取材之方。漢魏六朝易說遺佚者多，清儒輯佚之作，多爲《四庫》館臣所未見。又清乾、嘉以後之書，《四庫》亦不及搜羅。兹書所論，以此兩時期者爲最多。其唐、宋、元、明之易說，《四庫》多已論定，其有未收者亦爲之補撰。實足以補《四庫總目》之闕漏，爲研究經學者之所取資。四曰行文之法。自來考據家之文字，往往失之蕪雜繁瑣，令讀者厭倦。兹編敍述務期簡而能賅，評論亦力求要言不煩。雖閒有援據紛紜者，而行文亦未嘗不歸之於簡括明潔也。繄維上聖韋編三絕，猶曰假年學《易》，前代經師亦大抵童而習之，皓首始窮一經。況余末學膚受，未及不惑之年，何足以言治《易》通經？更何敢輒論前賢？亦聊輯見聞，以自備省覽而已。謬誤之處，自知不免，所冀大雅君子，匡其不逮，則幸甚矣。中華民國三十六年十月十日，霞浦黃壽祺自識。

丁超五先生與邱竺巖丈論
易學群書平議札_{丁亥}

竺巖吾兄大鑒：

　　按奉手書，垂念賤恙，至深感謝。弟於前月病喘，入院療治後，近已漸次復原，惟尚須稍事調養耳。承惠壽祺兄大著《易學群書平議》一書，窮搜博採，披竅摘微，均能曲盡其奧。拜讀之下，令人韋編三絕不置也。至於撰擬序言一節，容批閱竣事，有所心得，再行報命。但恐班門弄斧，貽笑方家耳。專此奉復，祗頌公綏。弟丁超五敬啟，十二月十八日。

【六庵叢纂第四種】

六庵讀禮錄

黃壽祺　遺著

蕭滿省　點校

張善文　審校

編校述語

　　先師早歲在北平時，撰有《六庵讀禮錄》，聞手稿尚存，然我侍學期間始終未獲拜讀。師仙逝後，曾詢高憲師兄，云亦未見此稿，謂年來遇雨天，居室漏水，毀卻一箱文件，疑此稿或在其中。聽畢悵然良久。

　　數年後，翻閱《續修四庫全書總目提要·經部》（北京中華書局一九九三年七月排印本），見"禮類"中有六十七篇提要署師大名，皆前所未讀之先師遺稿，一時喜甚。嗣又檢閱《續修四庫全書總目提要·稿本》（齊魯書社一九九六年據中國科學院圖書館藏鈔稿本影印出版），當年的清稿一一俱在，且較前多出三篇，蓋中華書局排印本雖錄此三篇之文而漏署作者名。於是，合兩書所載，計得師讀《禮》提要稿凡七十篇。初，民國廿七年（1938）間，師曾隨尚秉和、吳承仕兩先生爲北京人文科學研究所主持修纂的《續修四庫提要》撰寫《易》類、《禮》類提要，後將所撰《易》類提要彙編爲《六庵讀易錄》（嗣更名《易學群書平議》），讀《禮》提要彙編爲《六庵讀禮錄》（詳福建政協文史委一九九三年編"福建文史資料第三十輯"《易學宗師黃壽祺》書中《黃壽祺自傳》所記 ①）。原疑亡佚之《讀禮錄》，終賴上述兩書而復得之，幸何如也！

　　今據中華書局排印本（簡稱"中華本"）及齊魯書社影印稿本（簡稱"中科圖鈔稿本"）《續修四庫全書總目提要》所收師七十篇舊稿，並參考相關資料，參稽校訂，釐爲一卷，仍題《讀禮錄》。各篇序次，則據《四庫全書總目》中《周

---

　　① 《自傳》稱：一九三八年間，"曾協助吳先生寫了幾篇《禮》類提要，又以自己的名字寫了《禮》類提要 60 多篇"又云："我在淪陷區北平近四年中所著，有《易學群書平議》（初名《六庵讀易錄》，中改《易學群書述評》，後改定今名）七卷 130 篇，《漢易條例》五卷，《六庵易話》（原名《嵩雲草堂易話》）一卷，《六庵讀禮錄》一卷，《喪服淺說》四卷，《宋儒學說講稿》十四卷，《明儒學說講稿》七卷，《歷代易家考》五卷，《歷代易學書目考》一卷，《尚氏易要義》二卷，並有《六庵讀書札記》一百餘册。"（見福建政協文史委一九九三年編"福建文史資料第三十輯"《易學宗師黃壽祺》書中《黃壽祺自傳》）

禮》、《儀禮》、《禮記》、三禮總義之序排列，每類中之小類亦如之，此即"中華本"所循之例。全編先由蕭生滿省點校一過，嗣經我案覈勘正，附撰脚註，遂成兹本。

是書内容精審，與《易學群書平議》等，皆爲衍述經典而評析敦碻、持論公允之作。昔師在北平中國大學，從歙吳先生檢齋治《禮》，深獲吳老激賞，後既參與撰寫《禮》類"續修提要"，復纂有《喪服淺說》四卷（原稿今佚），足見其禮學根底之深厚，故所論多有獨到之見。今研治古禮者，獲讀斯編，細加摩挲體會，宜有裨益。

公元二零一九年十一月
夏正己亥立冬後三日
弟子張善文敬識於福建師範大學文學院

目　錄

禮記

三禮總義

霞浦黄壽祺之六撰

周禮鄭大夫解詁一卷

（玉函山房輯佚書^① 本）

後漢鄭興撰，清馬國翰輯。興字少贛，河南開封人，官至諫^② 議大夫，拜涼州刺史。事蹟具《後漢書》本傳。傳言："興好古學，尤明《左氏》、《周官》，長於歷數。"鄭康成《周禮序》云："大中大夫鄭少贛及子大司農仲師、議郎衛次仲、侍中賈景伯、南郡太守馬季長，皆作《周禮解詁》。"隋、唐《志》不著錄，卷未詳，今佚已久。馬氏從康成注輯錄，凡得十五節，訂爲一卷。晁公武曰："鄭興、鄭衆傳授《周禮》，康成引之，以參釋異同。云'大夫'者興也，'司農'者衆也。"二鄭解詁無所別，即因題焉。今考國翰所輯，尚爲完備。惟"共茅葅"及"巡其前後之屯"兩節，皆《鄉師》之文，而誤入《小司徒》。又"巡其前後之屯"，注"讀屯爲課殿"，馬氏輯脱"殿"字。又鄭大夫、杜子春皆從作"臀"之本，康成則曰"今書多爲屯，從屯"。今注誤作"鄭大夫讀屯"，段玉裁《漢讀考》曾辨之。馬氏亦未訂正，此其疏也。

周禮鄭司農解詁六卷

（玉函山房輯佚書本）

後漢鄭衆撰，清馬國翰輯。衆字仲師，河南開封人，大中大夫鄭興子，官至大司農。事蹟具《後漢書》本傳。衆與父興並作《周禮解詁》。隋、唐《志》均不著錄，蓋佚已久。馬氏從康成注裒輯，六官各爲一卷，凡六卷。其他如

---

① "佚書"二字，中華本及中科圖鈔稿本皆省。茲依《易學群書平議》例補足書名。

② 諫，中科圖鈔稿本作"建"，蓋依馬國翰《玉函山房輯佚書》。茲從中華本。案《後漢書》鄭興本傳作"拜興爲諫議大夫"。

《釋文》、《集韻》、《文選注》、《太平御覽》、聶氏《三禮圖》、《開元占經》、《玉篇》、《群經音辨》諸書,偶有徵引者,亦兼輯焉,用力不可謂不勤。然其間仍不免有譌脱者。如《天官·太宰》注:"此三時皆有官,唯冬無官",脱"有官唯"三字。《宰夫》注:"令宿宿衛王宫",脱一"宿"字。又"膏臊,豕膏也"下,脱"以豕膏和之"五字。《鼈人》注:"貍物,龜鼈之屬,自貍藏伏於泥中者",脱"之屬"二字。《酒正》注:"《國語》曰:'至於今秩之'",脱"曰"字。《籩人》注:"築鹽以爲虎形"下,脱"謂之形鹽"四字。《追師》注:"《祭統》曰:'君卷冕立於阼'",脱"冕"字。《地官》"遺人"注:"遺,讀如《詩》曰'棄予如遺'之'遺'",脱"詩曰"二字。《鄉大夫》注:"貴者,謂若今宗室及關内侯皆復也",脱"也"字。《載師》注:"以爲幣貿易物",脱"貿"字。又"欲令宅樹桑麻",脱"令"字。《廛人》注:"謂滯貨不售者",脱"滯"字。又"《孟子》曰:'市廛而不征'",脱"曰"字。《泉府》注:"書其賈楬著其物也",脱"賈"字。《春官·宗伯》注:"又曰使宗人釁夏獻其禮",脱"曰"字。《鞮師》注:"讀如味食飲之味",脱"如"字。《大宗伯》注:"所以滌蕩邪穢,道人之正性者也"下,脱"一說"云云七十八字。《小祝》注:"縣於重",脱"重"字。《男巫》注:"爲先非是也",五字全脱。《夏官·羊人》注:"衈讀爲漬,謂釁國寶漬軍器也",十二字全脱。《冬官·考工記·輈人》注:"紘讀如紘綖之紘,謂度也",十字全脱。《鮑人》注:"卷,讀爲'可卷而懷之'之卷",脱一"之"字。又"迆讀爲'既建而迆之'之迆",亦脱一"之"字。《匠人》注:"《春秋傳》曰:'有田一成',又曰:'列國一同'",十四字全脱。《弓人》注當屬《掌舍》,而誤入《弓人》。《玉府》注:"衣裳,生時服","衣裳"誤"衣服"。"以考司空之辟"以下五條之注,皆屬《鄉師》,而誤入《小司徒》。《黨正》注:"校比族師職","族"誤"大"。《牧人》注脱"牷,純也"一條,而誤引康成語以充之。《稻人》注:"故得行其田中","行"下衍"水"字。《小祝》注:"粥,餘飯","粥"誤"竹"。《巾車》"木路,前樊鵠纓"條,誤引杜子春"鵠,或爲結"之語。"王弓、弧弓,以授射甲革椹質者"條,本屬《司弓矢》,而誤入《司兵》。《犬人》注:"祭山曰瘞縣","曰"誤"川"。《修閭氏》注:"所以障互禁止人也","人"誤"也"。《考工記》"石有時以①

---

① 以,中華本、中科圖鈔稿本皆作"而"。據《周禮注疏》鄭玄注引鄭衆說改。

沝"注:"沝,讀如'再扐而後卦'之扐","而"誤"前"。又《輪人》注:
"賢,大穿也;軹,小穿也。讀容上屬,曰軹容"一條,本見康成注,而誤引《釋
文》。凡此皆其譌誤之大者。若其以字形之近似而譌誤者,如瑳誤嗟,跌誤
昳,伐誤代,職誤職,牛誤中,山誤小,鷙誤鷲,奏誤秦,末誤木,魯誤晉,禖誤
禖,虢誤號,弄誤堯,三誤二,春誤春,橐誤橐,殯誤殮,續誤績,柳誤櫛,杠誤
杜,信誤倍,距誤拒,諸如此類寫刻之誤者,尚不可勝舉。是故學者苟若引用
司農解詁,殊不能悉以此本爲據,必須覆檢從出之書,然後方可無訛也。

周官禮注 无[①] 卷數

（漢魏遺書鈔本）

晉干寶撰,清王謨輯。寶字令升,新蔡人。少勤學,博覽書記,以才器
召爲著作郎,遷散騎常侍。著《晉記》,又爲《春秋左氏義外傳》,注《周
易》、《周官》凡數十篇。事蹟詳《晉書》本傳。隋、唐《經籍志》載干寶
注《周官禮》十二卷。陸德明《經典釋文》每引其說,且云:"宮正以下,鄭
總列六十職序,干注則各於其職前列之。"似陸氏必猶見干注全書。而賈公
彥疏,絕不稱引,不審何故。今原書已佚。王謨據《周禮釋文》輯得二十六
條,《毛詩釋文》輯得一條,《禮記疏》輯得一條,又從《後漢書》注輯得
十五條,《隋書·音樂志》輯得一條,《通典》輯得二條,《初學記》輯得一
條,凡四十七條。干注遺文之可見者,大略具在於此矣。尋其遺注,音釋而
外,亦時時以後代官職譬況。如釋"司門"云:"如今校尉。""每門下士二
人"云:"如今門候。"釋"大僕"云:"若漢侍中。""司寤氏"云:"今都候之
屬。""滌狼氏"云:"今卒辟車之屬。""象胥"云:"若晉鴻臚也。"攷盧、鄭
注《禮》,每以漢法比況。干氏蓋師其意,今仍可藉以攷見當時官制之一二。
又如釋"耕耨王藉"云:"古之王者,貴爲天子,富有四海,而必私置藉田。蓋
其義有三焉:一曰以奉宗廟,親致其孝也;二曰以訓于百姓在勤,勤則不匱也;

---

① 无,中華本作"無"。茲依中科圖鈔稿本。

三曰聞之子孫,躬知稼穡之艱難無違也。”推闡經義,至爲詳明。書雖殘缺太甚,零文隻義,固亦可寶也。

周禮劉氏音二卷

（玉函山房輯佚書本）

劉昌宗撰,清馬國翰輯。昌宗不詳何人,顏之推《家訓》稱之,當是齊梁間儒者。《隋志》載《禮音》三卷,《唐志》不著錄。而陸德明《釋文》引述獨多,知唐有其書,《志》偶失載也。今原書已佚,馬氏從《釋文》、《集韻》輯爲二卷,將及五百餘條之多。前儒《禮》音之存者,蓋無過於此矣。惟考馬氏所輯,尚不免謬脱。如《春官·肆師》“頒于職人”,《釋文》出“職,劉之弋反”。《大史》“讀禮書而協事”,《釋文》出“爲汁,劉子集反”。《巾車》“大祭祀,鳴鈴以應雞人”,《釋文》出“爲軨,劉音領”。《都宗人》“則保群神之壝”,《釋文》出“壝,劉欲鬼反”。《夏官·司勲》,《釋文》出“作勛,劉音訓”。《弁師》“五采繅十有二就”,《釋文》出“希衣,劉豬履反。”“象邸玉笄”,《釋文》出“下柢,劉音帝”。《校人》“凡將事於四海山川”,《釋文》出“祈沈,劉直蔭反”。《合方氏》“同其好善”,《釋文》出“高尚,劉古到反”。《秋官·朝士》“錯立族談傳語也”,《釋文》出“傳語,劉才官反”。《冬官·考工記·輪人》“蔓之以眠其匡也”,《釋文》出“蔓,劉音流,下文同”。《弓人》“而休於氣”,《釋文》出“爲煦,劉音休,下同”。又“豐肉而短”,《釋文》出“豐肉,劉而樹反”。凡此皆注疏本所有,而馬氏全脱者。又《天官·瘍醫》“斮,時設反”,“斮”誤“斷”。《履人》“救,音拘”,“拘”誤“句”。《地官·土訓》“馴,音訓”,脱“馴”字。《大司徒》“足,子喻反”,脱“足”字。《質人》“淳,章純反”,“章”誤“反”。《廛人》“總,依杜音讒”,“讒”誤“儳”。《虞人》“扱,初輒反”下,脱“又差及反”四字。《春官·典同》“舘,音闔”下,脱“又於瞻反”四字。《大史》“夾,古協反”,“夾”誤“來①”。《巾車》“蔽,音弗,下及文並同”,“文”誤“注”。《夏官·服不氏》“巾,居

---

① 來,中華本、中科圖鈔稿本皆誤“夾”。據玉函山房輯佚本《周禮劉氏音》改。

令①反”，脱“巾”字。《職方氏》“芈，音如羊鳴，近米”，脱“如”字。《秋官·小司寇》“辟，符益反”，“益”誤“亦”。《朝士》“亂，測客反”，“亂”誤“乱”。《冬官·考工記》“戚，將六反”，“戚”誤“屬”。《矢人》“弗，色例反”，“色例反”三字誤作“音殺”。凡此皆注疏本所具，而馬氏謵誤者。又通志堂本《釋文》，於《天官·玉府》出“文織，劉音至”。《地官·載師》出“桼林，劉本作桼②”。《春官·大胥》出“比樂，劉如字。下同。”《大祝》出“爲卒，劉子忽反”。《喪祝》出“桃厲，劉音例”。《夏官·大馭》出“菩，劉音負”。《冬官·考工記》出“夫人，徐、劉方無反”，又出“卑宮，劉音婢”，又出“皆插，徐、劉初輒反”，《冶氏》出“必橫，劉華孟反”，《弓人》出“獲，劉胡檗反”。凡此所引劉氏，雖爲注疏本所無，亦宜據以校補，惜馬氏未見及也。

周禮戚氏音一卷

（玉函山房輯佚書本）

　　陳戚袞撰，清馬國翰輯。袞字公文，鹽官人。仕梁，揚州祭酒從事。入陳，官至始興王府錄事參軍。《南史》有傳。傳言袞于梁代撰《三禮義記》，逢亂亡矣，《禮記義》四十卷行于世，今亦不傳。其《周官音》，隋、唐《志》均不著錄，惟陸德明《經典釋文序錄》稱之，亦不言卷數，則佚已久矣。馬氏據《釋文》所引，參之《集韵》，輯五十餘條，訂爲一卷，得以略窺戚氏著作之一斑，其功良有足稱。然其間亦不免謵脱者。如“掌次以待張事”，《釋文》出“張，戚如字”。《稻人》“旱暵共其雩斂”，《釋文》出“斂，戚力驗反，注同”。《肆師》“頒于職人”，《釋文》出“職，戚音弋，注‘樴’同”。此三條皆注疏本所有，而馬氏全脱者。又如“凡王之稍事”一條，本屬《膳夫》，而誤入《宮正》。《巾車》“爲緫”條，本或作“緫”，“緫”誤“總”。《考工記》“不樸屬，無以爲完久也；不微至，無以爲戚速也”，《釋文》出“戚，徐、劉將六反”，意謂徐氏、劉氏音“戚速”之“戚”將六反，文義明甚。馬氏誤

---

① 令，《經典釋文》作“吝”。
② 桼，中華本誤“桼”，中科圖鈔稿本誤“桼”。據通志堂本《經典釋文》改。

以"戚"爲戚氏,謂戚氏音"樸屬"之"屬"將六反,殊非。凡此皆注疏本所引,而馬氏譌誤者。又通志堂本《釋文》,於《巾車》出"龍勒,戚音尨",《雍氏》出"祚,戚在洛反"。《弓人》出"秋繝,戚色界反。"凡此三處所引戚氏,雖均爲注疏本所無,亦宜據補。惜馬氏漏之,兹故詳焉。

周禮聶氏音一卷

（玉函山房輯佚書本）

聶氏撰,清馬國翰輯。聶氏不詳何人,隋唐《志》皆不著錄,惟陸德明《釋文》引之。《地官·司市》引聶氏及沈,《春官·太卜》引沈依聶氏,知其人當在沈重之前。馬氏就《釋文》所載,輯得十條,屬於《地官》者七,屬於《春官》者二,屬於《冬官》者一。然《地官·司市》"害者使亡",注云:"害,害於民,謂物行苦者",《釋文》出"物行,聶胡剛反"。此條馬氏漏輯,宜據補。至馬氏謂:"《晉書》有國子祭酒聶熊注《穀梁春秋》,列於學宫,著書名家。"謂聶氏或即聶熊,此則別無佐證,難以質言也。

周官禮義疏一卷

（玉函山房輯佚書本）

後周沈重撰,清馬國翰輯。重字子厚,吳興人,官至露門博士。《北史》有傳。此書隋唐《志》並四十卷,今佚。馬氏從陸德明《釋文》,參《集韻》,輯爲一帙,凡得八十餘條,用力頗勤。惟《夏官·槀人》"箭幹謂之槀",《釋文》出"槀,古老反。幹,如字,沈古旱反。"則"古旱反"乃"幹"音,非"槀"音明甚。馬氏引"槀,古旱反",殊誤。又《冬官·考工記·玉人》"牙璋、中璋七寸",注:"二璋皆有鉏牙之飾於琰側",《釋文》出"鉏①,劉、李側

---

① 鉏,中華本、中科圖鈔稿本皆作"駔"。據《經典釋文》校改。下文兩"鉏"字倣此。

魚反，沈徐加反。”則沈音“鉏，徐加反”，明甚。馬氏誤作“鉏，如字”。此
兩條均宜訂正。又《秋官·萍蔟氏》“十有二月之號”，注“月謂從娵至徒”，
通志堂本《釋文》出“從娵，徐、劉、沈並子須反”。又《輪人》“揉輻必齊”，
注“謂以火楇之”，通志堂本《釋文》出“火楇，劉苦老反，沈居趙反。”此兩
處所引沈氏音，雖爲註疏本所無，亦宜據通志堂本校補，惜馬氏未見及之。至
此書以義疏名，而僅詳字音，馬氏謂“其書以音附疏，引者略取之”，理或然也。

讀周禮日記 _{无卷數}[①]

（學古堂日記本）

　　清于鬯撰。鬯字醴尊，松江府南滙县優廩生。此書爲《學古堂日記》之
一種。凡攷《天官》十一條，《地官》四條，《春官》二條，約計全書殆不及
萬言，而頗多精義。如論小宰職八“聽”字，止“聽治”之义，不必專指“聽
訟”而言。宰夫職“萬民之逆”，謂“逆”爲“訴”之假借字，不必釋爲“迎
受”。宮正職“以時比宮中之官府次舍之衆寡”，謂“時”指日間，不必指四
時；“官府次舍”四字平列，不當於“府”字斷句。疾醫職“春時有痟首疾，
夏時有痒疥疾，秋時有瘧寒疾，冬時有漱上氣疾”，謂“痟”字、“痒”字、
“瘧”字、“漱”字，讀皆當逗；“首疾”即伸[②]釋“痟”字之義，“疥疾”即伸
釋“痒”字之義，“寒疾”即伸釋“瘧”字之義，“上氣疾”即伸釋“漱”
字之義，讒讀者以“痟首疾”、“痒[③]疥疾”、“瘧寒疾”、“漱上氣疾”連文
爲不辭。大司徒職“設其社稷之壝而樹之田主各以其野之所宜木”，謂“田
主”二字當屬下讀，不當屬上讀。鬯人職“禜門用瓢齎”，謂“瓢”本作
“剽”，剽本鐘名，而借爲酒器之名，不必讀爲“瓢”。凡此各條，均足以正注
疏之失。又如論《天官》“内小臣奄上士四人”，謂“奄上士”猶云“奄士”，
當三字連文讀。甸師職“共野果蓏之屬”，謂“野”乃不樹而自生者，不必

---

①　无卷數，中華本作“不分卷”。兹依中科圖鈔稿本。
②　伸，中華本、中科圖鈔稿本皆誤“仲”。據《學古堂日記》改。
③　痒，中華本誤“甄”。據中科圖鈔稿本改。

作"郊野"解。酒正職"四曰緹齊",謂"緹"疑爲"湜",湜者汁清滓見之名,不必作"緹紅赤色"解。《地官》"師氏中大夫一人,保氏下大夫一人",謂師氏、保氏疑即左史右史。"遂人府四人",謂"四"當作"六"。又釋《春官》小宗伯職"及執事眂葬",謂當以"眂"字句,"葬"當一字句。諸此各條,雖未爲確論,亦足以備一說。惟其釋小宰職"聽稱責以傅別",謂:"傅別之'傅',疑即今人所謂'簿'。上文比居之'居',疑即今人所謂'据';下文要會之'要',疑即今人所謂'票'。"此則獨標新義,疑所不當疑矣。

周禮訂本略注二卷附周禮新義凡例

（六譯館叢書本）

廖平撰,樂山黃鎔筆述。鎔,廖氏之弟子也。此書只兩卷,第一卷《天官冢宰》,第二卷《地官司徒》。自《春官》以下皆闕。而卷前則附有《周禮新義凡例》四十七條。其書大旨不信《周禮》爲周公所作,乃七十子之傳。謂:"《周禮》爲《書》傳,如《王制》爲《春秋》傳。皇制六相法天,以天官統東南,即《書》皇道篇之命義,所謂天①以六節。帝制五官法地,以冢宰統四方,如《書‧顧命》五篇,分之即五帝,所謂地以五制。由五進六,由漸進化,故《周禮》止五官,而小宰舉六屬,寓由帝進皇之意。"陳義詭異,已令人不解。又分《天官》經文"惟王建國"至"以佐王均邦國"一節爲序,"大宰之職"至"以佐王治邦國"一節爲經,"一曰治典"至"以生萬民"一節爲傳,其下各文亦悉分經傳。如以"八灋治官府"句爲經,"一曰官屬"以下至"以弊邦治"爲傳;以"八則治都鄙"句爲經,"一曰祭祀"以下至"以馭其衆"爲傳。經傳之外,又分爲"聯"、"說"各條。如以"祀大神示亦如之"至"贊玉几、玉爵"三句爲"說",以"大朝覲會同,贊玉幣、玉獻、玉几、玉爵"至"則戒于百官,贊王命"等句爲"聯"是。又下並從此例,《地官》亦然。此其所謂訂本也。案《周禮》一書,歷代儒者頗多致疑,故有

---

① 天,中華本誤脫。據中科圖鈔稿本及《六譯館叢書》補。

割裂五官以補《冬官》者，亦有謂爲劉歆僞託者。雖未免魯莽滅裂，然尚未有分散經文爲序、經、傳、聯、說各節，如廖氏之所爲者。甚矣！其好怪也。

周官攷徵凡例_{无卷數}①

（六譯館叢書本）

廖平撰。平以《周官》終西漢之世，未立學官，傳習者稀，師說甚微，淵源不具，實出孔壁，即劉歆《移書》所稱之《逸禮》也。《藝文志》"《禮古經》者出于魯淹中，及孔氏學七十篇，文相似三十九篇"，漢師因此三十九篇，釐爲六篇，乃爲今本。又以今本不無參差失次之病，故欲爲之攷徵，此《凡例》之所由作也。今細檢此書，其所留意者，蓋有五事。以《曲禮》之六大、五官、六府、六工，當爲《周官》舊題，宜於經末坿《曲禮舊題統屬各官》一表，以不沒其實，此一事也。以《周官》官名職事，本有佚缺，宜將先秦以前諸書官名職事，悉爲採輯，然後就本經考其異同，如係名異實同則取以作注，如爲本經所無則依彙補於各卷之末，如后稷、田畯之類補入農官，此二事也。以諸侯官職，與王臣名目職事全同，特品秩有異，因考定王臣後，即由王臣以推侯國，立大國、次國、小國三職官表，此三事也。以軍制將佐，本即公卿，用兵之時，隨而命之，非常職，皆爲攝官，因立攝官一門，使不與正官相淆，此四事也。以五等封地專指五長而言，王制之地三等則爲本封，二者相合，乃爲全璧。至所稱公侯伯子男，皆爲五長，鄭君誤以九命之小國說之。因別爲《五長名號封祿器物儀節表》以明之，此五事也。凡此五事，雖與先儒舊說不無違牾，然亦具有特識，未可厚非。獨其謂《藝文志》有《周禮說》四篇，今其書不傳，蓋已坿入經文之中，六官首之序，與序官下之府史胥徒皆是，則未免好逞臆說。然平初著《周禮刪劉》一卷，以九畿九州五等封爲劉歆所補。及著此書，乃講明知無其事，即刪舊說。則其好學之篤，改過之勇，亦殊令人欽敬也。

---

① 无卷數，中華本作"不分卷"。兹依中科圖鈔稿本。

新定禮一卷

（玉函山房輯佚書本）

後漢劉表撰，清馬國翰輯。表有《周易章句》，已著錄。《後漢書》表本傳云："遂起立學校，博求儒術。綦母闓、宋忠等撰立《五經章句》，謂之後定。"《隋書·經籍志》有漢荆州刺史劉表《新定禮》一卷。馬國翰云："新定即後定，題小異耳。《唐志》不著，蓋佚已久。杜佑《通典》引六節，或僅題劉表，或稱《後定喪服》。"馬氏又云："《隋志》列此於《喪服儀》下、《喪服要略》上，中敍梁有亡書，亦皆《喪服》。知此書渾以禮名，其實專明喪服也。據輯錄之，仍《隋志》舊題焉。"今案《通典》所載六節，確皆專明喪服之文。馬氏謂此書雖渾以禮名，實專明喪服，其說近是。惟表本傳既曰"後定"，《隋志》乃作"新定"，書名已有差異。《通典》所引，又有作《後定喪服》，則《新定禮》與《後定喪服》，是否一書，實難質言，闕疑可也。

小戴禮記注无^①卷數

（漢魏遺書鈔本）

漢盧植撰，清王謨輯。植字子幹，涿郡人。少與鄭玄俱事馬融，才兼文武，拜九江太守，作《尚書章句》、《三禮解詁》。事蹟詳具《後漢書》本傳。其《小戴禮記注》，《隋志》著錄作十卷，《唐志》則作二十卷。攷《玉海》元行沖曰："《小戴禮》行於漢末，馬融爲傳。盧植合二十篇爲之解，世所不傳。"按如元氏之說，則盧注唐世已不傳。朱子雖謂盧植注《禮》也好，蓋亦從諸書所引想像得之耳。王謨因就群書輯佚，凡得自《禮記正義》者三十三條，《詩正義》者一條，《禮記釋文》者四條，《詩釋文》者一條，《後漢書注》者十三條，《北史》者五條，《隋書》者一條。盧注之遺文逸義，大都具備於此

---

① 无，中華本作"無"。兹依中科圖鈔稿本。

矣。尋其注義，大旨多與鄭君相同。其間偶有相異者，如"猩猩能言不離禽獸"，盧本"禽獸"作"走獸"。"介者不拜，爲其拜而蓌"，盧本"蓌"作"蹲"。此則字之不同者。又如"死而不弔者三，畏、厭、溺"，鄭君引孔子"畏於匡"，意謂畏爲畏懼而死，盧注則指爲"兵刃所殺"。又"喪從死者，祭從生者"，鄭注："從死者，謂衣衾棺槨；從生者，謂祭奠之牲器。"盧氏則謂："從生者，謂除服之後，吉祭之時，以子孫官祿祭其父母，故云從生者。若喪中之祭，虞祔練祥，仍從死者之爵。"又"五十養於鄉，六十養於國"，鄭注云："國，國中小學。"盧氏則云："養於鄉，不爲力征 [①]；養於國，不與服戎：皆謂庶人之老也。"此則義之不同者。然《鄭志》畣炅模有"爲記注時，執就盧君"之語，則是鄭君本服膺盧氏之學者，雖所見偶有不同，後人固無妨並存兩說，以資參稽，不須意爲軒輊也。

讀小戴禮盧植注日記 无卷數 [②]

（學古堂日記本）

清蔣元慶撰。元慶字子蕃，常熟縣優廩生。此書亦《學古堂日記》之一種，約計萬有六七千言，大旨在疏通證明盧注之精塙可從。如《檀弓》"死而不弔者三：畏、厭、溺"，盧注謂"畏者，兵刃所殺"，鄭注引《論語》"子畏於匡"，陳氏《集說》因指爲"畏懼而死"。元慶則據班氏《白虎通》、王肅《聖證論》等書，證明"畏"者實爲兵刃所殺，斥後人望文生義之非。又《檀弓》"君子適長殤車三乘，公之庶長殤車一乘，大夫之適長殤車一乘"，盧注謂："遣車亦中從下。"孔疏則謂："遣車亦中從上。"元慶因據《檀弓上》篇、《曾子問》篇諸文，證明用聖周者無遣車。聖周既中從下，知遣車亦中從下，駁孔疏爲臆解。又《王制》"五十養於鄉，六十養於國"，盧注謂："皆養庶人之老"，孔疏以爲"非鄭義"。元慶則據《周官·大司徒》"養老"鄭注，證明盧意非不可通。凡此均足以訂正注疏之疏失。他如盧注謂漢文帝令博士諸生作《王制》，孫志祖《讀書脞錄》、臧庸《拜經日記》，並謂文帝之《王制》非《禮

---

① 征，《禮記注疏》及王謨《漢魏遺書鈔》引皆作"政"。
② 无卷數，中華本作"不分卷"。茲依中科圖鈔稿本。

記》之《王制》，盧氏蓋以書名偶同而誤牽合，唐章懷太子且疑文帝時未嘗有博士。元慶則徵引群書，以祛諸人之疑。又《月令》“命有司大儺”，盧注：“所以逐衰而迎新”。元慶據《說文》，謂“衰”之本字當作“痍”。若此之類，亦洵足以證成盧注，不愧盧氏功臣。惟如《月令》“以大牢祠于高禖”，盧氏謂：“高禖之神，居明顯之處，故謂之高。”是釋“高”爲明顯，確然無疑，其說蓋同蔡邕。王引之《經義述聞》據高誘《呂覽注》，謂“高”者“郊”之借字，高禖即郊禖，譏蔡、盧之說皆非。其言實精審不可易，而元慶必欲曲爲之說，謂盧注“居明顯之處”，本指“郊”言，斷不可誤駁，則亦未免阿其所好矣。

讀儀禮日記_{无卷數}[①]

（學古堂日記本）

　　清于鬯撰。鬯字醴尊，松江府南匯縣優廩生。此書亦《學古堂日記》之一種。凡考《士冠禮》三條、《鄉飲酒禮》二條、《鄉射記》一條、《大射儀》一條、《聘禮》二條、《公食大夫禮》一條、《覲禮》一條、《喪服》一條、《既夕》一條、《士虞記》一條、《少牢饋食禮》一條、《有司徹》二條，共計十七條。又於卷端附《論儀禮敘次》一篇、《閨考》一篇，《喪服下》附《論殤服》一篇。全書約計二萬有餘言，徵引詳明，論斷亦多確當。如論閨之名不可專施於宮中之小門，論侯之制辨鄭注與俞氏《平議》之誤，皆能發前人之所未發。而其附《論殤服》二篇，尤爲精心之作。其自序有言：“殤服，見於《儀禮》。歷代因之，迄宋元而不廢，自明太祖《孝慈錄》始行刪汰。至於今，號稱學士，有詢以大功七月之服，瞠然若未有聞者。國朝承明代之制，殤服亦[②]闕，然亦不罪人服殤服。其服之不合乎禮，猶弗禁也，矧稽古禮以定之哉？故爲采輯成編，一以《禮經》爲主，補其所略，而刪其所不宜於今者。表列差等，推著月算，凡列論議，所執惟中。若今制成人之服，與古式[③]出入者，即殤制

---

① 无卷數，中華本作“不分卷”。茲依中科圖鈔稿本。

② 亦，《學古堂日記》本作“斯”。

③ 式，《學古堂日記》本作“或”。

以宜準則焉。既申愛禮之心，不背從周之義。蓋無取乎矯時，亦詎同夫泥古？”又言：“苟有采風之士①，好禮之臣，得而上之，亦奚不可行之天下，傳之後世？風俗之變，厥有所由，先王之道，於茲未墜。若其牽於世俗不祥忌諱之說，則非所望於當世大夫。”云云。其發揚禮教，維繫民俗之苦心孤詣，即此可見已。

禮經補正凡例② 附容經類纂凡例无③卷數
（六譯館叢書本）

廖平撰。平以《儀禮》傳於庠序，貴於簡易，十七篇錄要起例，本末已備，經言大略，潤澤在人。故發凡起例，欲學者於本經記傳以外，凡雜見兩戴及他書，皆取附各篇之下。其非全篇者，亦依類采入。如《喪服》為經中要篇，則取《大傳》、《小記》、《間傳》、《服問》、《三年喪問》、《喪服四制》等篇，以附於後。又前人專門相傳，其記最多，亦彙輯附④後，以便攷尋。又如祭禮，但詳享尸，而祊祭迎主于堂薦毛血之儀皆無之，則取《禮記》諸文補其儀節。昏禮，先祖後配，則據《左傳》補之。考其體例，大氐依據朱子《儀禮經傳通解》，立法未為不善。惟平不信《周禮》，謂典制之事，不得名禮，不以《周禮》五禮名目為然，此其一蔽也。平又以賈子之《容經》，為《禮經》之緯，欲習儀者，當由容始，故以《容經傳記》附於《儀禮》之後。凡《戴記》所有說儀容專篇，取為通論外，有散文脫節，凡係說禮與儀容者，通輯之，並擬區分為四目十一門。案《漢書·儒林傳》云：“魯徐生善為頌，孝文時以善為頌為禮官大夫，傳子至孫延、襄。襄其資性善為頌，不能通經；延頗能，未善也。襄亦以頌為大夫，官至廣陵內史。延及徐氏弟子公戶滿意、柏生、單次皆為禮官大夫，而瑕邱蕭奮以禮至淮陽太守。諸言為頌者，由徐氏。”顏師古注云：“頌，讀與容同。”是則善為容儀，固亦禮家專門之事。平謂《容經》與《禮經》相經緯，其說非為虛妄，則亦治禮者所當研習者也。

---

① 士，《學古堂日記》本作“使”。
② “例”下，中華本多“不分卷”三字。茲依中科圖鈔稿本。
③ 无，中華本作“無”。茲依中科圖鈔稿本。
④ 附，中華本作“於”。茲依中科圖鈔稿本。

讀儀禮日記 无卷數 [①]

（學古堂日記本）

費祖芬撰。祖芬字繼香，吳縣優附生。此書爲《學古堂日記》之一種。計考《士昏禮》一條、《鄉飲酒禮》三條、《鄉射禮》二條、《燕禮》一條、《大射儀》一條、《聘禮》一條、《士喪禮》八條、《既夕禮》一條、《士虞禮》三條、《特牲饋食禮》三條、《少牢饋食禮》二條，凡二十六條。書雖無多，而頗有精義。如《大射儀》"中離維綱"注："或曰維當爲絹，絹綱耳"。祖芬從放氏之說，謂"絹"即《周禮》之"縜"，定"絹"字乃"縜"字之誤，並駁張惠言以絹爲絹繞、耳爲語辭之非。《聘禮》"門外米三十車，車秉有五籔"注："今文籔或爲逾"。祖芬謂："《論語》之'庾'，即《聘禮》之'籔'，而其本字則當從斗之'斞'。不獨此經古文作'籔'與今文作'逾'俱爲假字，即《論語》之'庾'亦爲假字。"其說皆極確當。又如論《士昏禮》"啓"今文作"開"，乃因同音假借，非因避諱。《鄉飲酒禮》"賓西階上疑立"之"疑"，乃"𡧤"字之假借。《鄉射禮》："豫則鉤楹内"，證明"豫"、"序"同爲假借字，本字當作"謝"。《士喪禮》"兩胉脊肺"，證明《周禮》之"拍"，與此今文之"迫"，皆假借字。《既夕禮》"凡絞紟用布，倫如朝服"，證明"倫"、"綸"、"輪"三字同音，可互相假。或折中舊說，或自出心得，亦皆可取，不得以其少而忽之也。

喪服經傳馬氏注一卷

（玉函山房輯佚書本）

後漢馬融撰，清馬國翰輯。此注載《隋書·經籍志》、《唐書·藝文志》，

---

① 无卷數，中華本作"不分卷"。茲依中科圖鈔稿本。

皆以一卷著目。今佚。賈公彥《儀禮疏》引數節，杜佑《通典》所引最多，缺者蓋無幾矣。國翰據二書輯錄。今觀其注，大指與康成略同。其涉異者，如融解爲"長子五世"，鄭注《小記》則謂"長子不必五世"。"無服之殤，以日易月"，融解："以日易月者，以哭之日，易服之月。殤之期親，則以旬有三日哭。緦麻之親者，則以三日爲制。"鄭注則謂："以日易月，謂生一月者，哭之一日也"。賈疏駁融而申鄭。又如"公之庶昆弟，大夫之庶子，爲母妻昆弟"，融以"昆弟"二字抽之在傳下。又合讀"大夫之妾爲君之庶子、女子子嫁者、未嫁者"，言"大①夫之妾爲此三人服也"。鄭皆以舊說爲非，賈疏悉引融義而駁斥之。統觀《通典》所取融說，知與鄭合者，疏皆不須引證。然《通典》引馬融，而經文次第多與注疏本不同。國翰疑或是融本復有殊異，因悉依《通典》錄之，并附注出處於下，以資參稽，尚見其輯錄之矜慎焉。

喪服經傳王氏注一卷

（玉函山房輯佚書本）

魏王肅撰，清馬國翰輯。肅有《儀禮注》。《隋書·經籍志》別出"《喪服經傳》一卷，王肅注"，《唐書·藝文志》題"《注喪服記》"。當是《喪服》於十七篇外單行於前代，故馬、鄭諸人均有《喪服經傳注》也。此注久佚，馬國翰從賈公彥疏、陸德明《釋文》、杜佑《通典》所引輯錄。今考其說，如"父卒，繼母嫁，從爲之服報"，肅謂："從乎繼而寄育，則爲服，不從則不服。服則報，不服則不報。"釋從報之義，較鄭注、賈疏均爲明了。又"以日易月"之殤，肅本馬融以爲"以哭之日易服之月"。賈疏雖譏其"疏失"，然於"絞帶如要絰"，馬鄭所不言者，依王義以釋經。又"娣姒婦報"，肅引《左氏》穆姜，疏亦隱括其說。然則王氏之學，雖好駁斥康成，不免違失，而其入理之言，要未可舉而廢之也。

---

① 大，中華本、中科圖鈔稿本皆作"丈"。茲依《玉函山房輯佚書》改。

喪服變除圖一卷

（玉函山房輯佚書本）

　　吳射慈撰，清馬國翰輯。《三國·吳志》無慈傳。《孫休傳》云：“從中書郎射慈、郎中盛沖受業”。《孫奮傳》云：“傅相謝慈等諒奮”。裴松之注：“慈字孝宗，彭城人，見《禮論》，撰《喪服圖》及《變除》行於世。”馬國翰云：“射即謝姓之改，見《廣韻》四十禡射字注。”裴氏謂撰《喪服圖》及《變除》，蓋二書也，《七錄》合之。《隋書·經籍志》注：“梁有《喪服變除圖》五卷，吳齊王傅射慈撰，亡。”《唐書·藝文志》有“《喪服天子諸侯圖》一卷”，已非梁時之舊本，今則佚矣。國翰從杜佑《通典》採得二十七節，內一條與《太平御覽》引異，參校訂正，又從《南史》、《禮記正義》各採一節，合而錄之，採輯尚為完備。通觀全書，與徐整問答為多。整之所問皆極切要，慈所答亦多簡當。如：“未八歲服其近屬布深衣”、“公卿諸侯之妻為皇后不宜無服”、“凡計數以生月計不以歲計”、“三年周喪歲沒閏九月以下數閏”諸條，皆非空泛之問答，而“論兼服”各事，尤稱重要，為言喪服者所不可不知。國翰謂：“整當是慈之門人。其書體例，亦《鄭志》之類。”蓋可信云。

喪服要集一卷

（玉函山房輯佚書本）

　　晉杜預撰，清馬國翰輯。預字元凱，京兆杜陵人，襲祖畿爵豐樂亭侯，以功進爵當陽縣侯，加位特進贈征南大將軍，開府儀同三司，謚曰成。事跡具《晉書》本傳。泰始十年，武元楊皇后崩，朝議皇太子釋服日月。預主二十五月除服，于時外內怪其違禮以合時。預使博士段暢採典籍為之證據，此殆《喪服要集》所由作乎？《隋志》二卷，《唐志》作《喪服要集議》三卷，今佚。馬國翰從《北堂書鈔》、《初學記》、《通典》輯得《宗譜》一篇，佚文十二節,合錄爲帙。史臣於短喪之議,謂之“狥以苟合,不求其正”,又謂“檀弓習於變禮”,微詞以譏之。今預書已不全,然觀其《宗譜》一篇,辨別大宗小宗,頗爲詳盡。又論“父母同日卒葬虞祔先後”之禮,亦復明晰。斯皆說禮者所宜取資也。

喪服經傳袁氏注一卷

（玉函山房輯佚書本）

晉袁準撰,清馬國翰輯。準或作准,字孝尼,官至給事中,袁瓌從祖。《晉書》以準傳附瓌傳後,知同爲陳郡陽夏人也。傳中無多記載,唯言以儒學知名,注《喪服經》。《隋書·經籍志》題《喪服經傳》,《唐書·藝文志》題《儀禮注》,並注一卷之目,今佚。《禮記·檀弓》正義引其說“父卒爲嫁母服”一事,杜佑《通典》亦載之,而互有詳略。《通典》又引其說“長中下殤”及“乳母服”二事,皆此注之佚文。又引解說《喪服》凡六事,或稱《袁准正論》,或稱《袁准論》。準別著《袁子正論》,列儒家。馬國翰以爲雖非本注之文,而發明《喪服》,實出一人之手,而自成一家之言,並據輯錄。今考其說“殤”義,據《孔子家語》及《左傳》,改易傳之歲數;說“嫂宜有服”,據或人說,即蔣濟《萬機論》以“娣姒婦報”爲“嫂叔服”之緒言;至以“繼父制服”爲“亂名之大”,以“乳母有服”爲“非聖人之制”,以“從母小功五月,舅緦麻三月”爲“禮非”:皆不免勇於臆斷,開後人改經之漸,所謂賢知之過也。

集注喪服經傳一卷

（玉函山房輯佚書本）

晉孔倫撰,清馬國翰輯。陸德明《經典釋文·序錄》云:“孔倫字敬序,會稽人,東晉盧陵太守,集衆家注。”《隋書·經籍志》、《唐書·藝文志》並著錄一卷，今佚。止杜佑《通典》引四事，《釋文》引一事而已。馬國翰據而輯錄。今觀其注，如《緦麻》章"夫之姑姊妹之長殤"，馬融以爲"禮三十乃娶，而夫之姊殤者，關有畏厭溺者"，倫駁其說云："蓋以爲違禮早娶者制，非施畏厭溺也。"簡當不支，深得古聖人委曲層折之精心。惜不得全注而玩索之也。

喪服釋疑一卷

（玉函山房輯佚書本）

晉劉智撰，清馬國翰輯。智字子房，平原高唐人，官至太常，謚曰成。事蹟具《晉書》本傳。智爲太尉實弟，貞素有兄風，負薪誦讀，以儒行稱。傳載注《喪服釋疑論》，多所辨明。其書隋、唐《志》不載。而《隋志》別出梁有之書："《喪服釋疑》二十卷，孔智撰，亡。"余氏蕭客云："《通典》引數處，並云晉劉智，無孔智"。按《禮記正義》亦引劉智。以此合本傳證之，知《隋志》誤劉爲孔也。馬國翰從孔疏《通典》輯錄，凡十七節。今觀其所論，皆酌禮準情，明辨以哲。管軒謂："與劉潁川兄弟語，使人神思清發，昏不假寐。"於此益信矣。

蔡氏喪服譜一卷

（玉函山房輯佚書本）

晉蔡謨撰，清馬國翰輯。謨字道明，陳留考城人，官至司徒，贈侍中司空，謚文穆。事蹟具《晉書》本傳。所著《喪服譜》，隋、唐《志》並以一卷著錄，今佚。《晉書·禮志》引其說"凶門"一節，《通典》亦載之。又引蔡說《喪服》凡十二節。馬國翰因據輯錄。今觀所輯，皆問難《禮》中疑義。書以譜名，宜有圖格，今不可見。佚說皆引經斷制，間有駁斥鄭義者。如《小記》"生不及祖父母諸父昆弟而父稅喪子則不"，云："生不及者，謂彼已沒己乃生耳。豈是同時並存之名？"譏鄭說"不以生年爲主，但不相見便爲不及"

爲“不辭”。立説與王肅相同。又以“弟”爲衍字，所見與劉智同。此雖與鄭説違異，亦言之成理云。

賀氏喪服譜一卷

（玉函山房輯佚書本）

晉賀循撰，清馬國翰輯。循字彦先，會稽山陰人。其先慶普，漢世傳《禮》，世所謂“慶氏學”。族高祖純，博學有重名，漢安帝時爲侍中，避安帝父諱，改爲賀氏。循以陸機疏薦，官至左光禄大夫，開府儀同三司，贈司空，諡爲穆。事蹟具《晉書》本傳。所撰《喪服譜》，隋、唐《志》皆以一卷著目，今佚。杜佑《通典》引賀循《宗義》二節，《祫祭圖》一節，服必以宗起例，以圖表明，均爲《譜》之佚文。馬國翰因據以輯録。又以鄭玄、蔡謨皆有《喪服譜》，題“賀氏”以别之。今觀《宗義》之文，雖僅存兩節，而其論大宗小宗之道，與夫奉宗之禮，告宗之例，已委屈詳明，可以窺見古人合族糾宗之情況，不可以其少而忽之也。

賀氏喪服要記一卷

（玉函山房輯佚書本）

晉賀循撰，清馬國翰輯。循有《喪服譜》，已著録。鄭康成作《喪服譜》，循亦作《譜》；王肅作《喪服要記》，循亦作《要記》。其書似參用鄭、王，而酌其中。《隋志》十卷，《唐志》五卷，今佚。馬國翰從《禮記正義》、《通典》、《太平御覽》所引輯録。史稱：“朝廷疑滯，皆諮之於循，循輒依經而對，爲當世儒宗。”觀庾蔚之、謝徽於《要記》皆有注，史册言《禮》者多引之，則當日皆奉爲圭臬可知。今考遺説，如論“杖有不禪，禪有不杖”、“父之喪服未竟又遭母喪”及“父死未殯而祖父死，與既殯而祖父死”諸制服之義，其言皆簡要明晰。又《小記》“與諸侯爲兄弟者服斬”，鄭注謂“言諸侯者，明雖在異國,猶來爲三年";《雜記》"外宗爲君大夫如内宗",鄭注"謂嫁於國中者":二注不同。循謂:"男子及婦人皆謂在國内者,在己國則得爲君服斬,夫人齊衰。若在他國,則不得也。"立說與譙周同,殊足以定鄭注之違異也。

喪服要記注一卷

（玉函山房輯佚書本）

謝徽撰,清馬國翰輯。徽不詳何人,注賀循《喪服要記》。《隋書·經籍志》不載,《新唐書·藝文志》、《舊唐書·經籍志》皆作五卷,今佚。惟杜佑《通典》引有數節,馬國翰據而輯錄。今觀其注,博引經傳,並即賀與人答問之語,反覆推究,亦足以見其留心典故矣。

葛氏喪服變除一卷

（玉函山房輯佚書本）

晉葛洪撰,清馬國翰輯。洪字稚川,丹陽句容人。咸和中,官諮議參軍,干寶薦洪"才堪國史",選散騎常侍,領大著作,辭不就,求爲句漏令。事蹟詳《晉書》本傳。此書《隋書·經籍志》載一卷,今佚。惟陸德明《儀禮釋文》引一事,杜佑《通典》引二節而已,馬國翰因據輯錄。今觀其說"盧楣"制度甚詳,蓋洪以淹博擅名典午,引述古法,必有依據也。

喪服經傳陳氏注一卷

（玉函山房輯佚書本）

陳詮撰,清馬國翰輯。陸德明《經典釋文序錄》云"陳詮,不詳何人"。

《隋書·經籍志》亦僅提詮名,觀序次在晉孔倫《集注》下,宋裴松之《集注》上,當爲晉宋間人也。《唐書·藝文志》與《隋志》並著錄一卷,今佚。馬國翰從杜佑《通典》所引輯錄。今觀其注,於"期服"章"女子子爲祖父",駁鄭玄"經似在室"爲"失旨",以爲"在室之女,則與男同",而解以"雖已嫁猶不敢降也"。"大功"章"爲夫之昆弟之婦人子適人者",解以"婦人爲夫昆弟之子父,子爲夫昆弟之女子子適人者",斥先儒"婦人子爲一人"爲"不語"。似喜攻康成之學者,故國翰以其人"大抵爲王學之徒,然立論亦有理據,存備考覈可矣。"

喪服古今集記一卷

（玉函山房輯佚書本）

南齊王儉撰,清馬國翰輯。儉字仲寶,瑯琊臨沂人,仕齊,官至侍中中書令南昌公,贈太尉。事蹟具《南齊書》本傳。傳稱儉"長禮學,諳究朝儀。每博議,証引先儒,罕有其例,八座丞郎,無能異者"。又言"撰《古今喪服集記》并文集,並行於世"。隋、唐《志》並作《古今集記》三卷,今佚。《南齊書·禮志》引儉議《喪服》七篇,《文惠太子傳》載一篇,《隋書》引二節,《春秋釋文》亦引儉說"苫凷"一事。馬國翰謂皆《集記》之遺文,並據輯錄。今觀遺說,引証古今,識議閎通。蕭子顯贊其"綱維典禮",洵不虛矣。

喪服世行要記一卷

（玉函山房輯佚書本）

南齊王逡之撰,清馬國翰輯。逡之字宣約,瑯琊臨沂人,官至光祿大夫,加侍中。事蹟具《南齊書·文學列傳》。傳稱王儉"撰《古今喪服集記》,逡之難儉十一條,更撰《世行》五卷"。《隋書·經籍志》有"《喪服世行要記》十卷,齊光祿大夫王逡撰"。《舊唐書·經籍志》"逡"作"逡之",

與《南齊書》本傳合。則《隋志》作“逸”者,傳寫誤也。其書久佚。今惟《南齊·禮志》載其與王儉問答一篇,馬國翰因據採錄,與儉《集記》排次。《禮志》祇稱“王逡”,脱“之”字。則知《隋志》誤逡爲逸,有由然矣。

集注喪服經傳一卷

（玉函山房輯佚書本）

宋裴松之撰,清馬國翰輯。松之字士期,河東聞喜人,宋大中大夫,西鄉侯,見陸德明《經典釋文·序錄》。此書《隋書·經籍志》二卷。《舊唐書·經籍志》、《新唐書·藝文志》均不著錄,蓋佚已久。考杜佑《通典》引裴松之凡二節,一爲“答宋江氏問”,一爲“答何承天書”,皆言《喪服》。其“答江氏問”下有“荀伯子難裴”一節,又有“何承天通裴難荀”一節,與“答何書”,馬國翰別載入其所輯何承天《禮論》中;而“答江氏大功嫁娶”,引申變除之義,引宗濤說,國翰謂其與書稱《集注》合,故特輯入此書。按裴“答江氏問”,雖論《喪服》,而其書是否即《集注》之遺文,殊難質言。國翰徒據其引宗濤說,即謂與書稱《集注》合,未免武斷。若惜此書久佚,特存之以備一家之說,則亦未嘗不善耳。

略注喪服經傳一卷

（玉函山房輯佚書本）

宋雷次宗撰,清馬國翰輯。陸德明《經典釋文·序錄》云:“次宗字仲倫,豫章人,宋徵通直郎,不起。”《隋書·經籍志》此注下題“宋通直郎”,而別集類題“宋徵士”,必互考乃明其出處也。《隋志》載此注一卷。新、舊《唐書》志俱不著錄,蓋佚已久。賈公彥《疏》、杜佑《通典》引之,馬國翰因據輯錄。今觀此書,於經傳書法以及名義,極多發明,文筆亦雋逸。六朝言《喪服》諸家書,遺說之可見者,要以此爲善。然考釋慧皎《高僧傳》云:

"慧遠講《喪服》，雷次宗、宗炳等並執卷承旨。次宗後別著《義疏》，首稱雷氏。宗炳因寄書嘲之曰：‘昔與足下共於釋和尚間面受此義，今便卷首稱雷氏乎？’"若然，則次宗此注，蓋多承襲慧遠之遺說矣。

喪服難問一卷

（玉函山房輯佚書本）

宋崔凱撰，清馬國翰輯。凱不詳何人，《隋書·經籍志》載此書六卷於宋員外散騎庾蔚之、張耀下，則其人當後於庾。《通典》引或作宋凱，馬國翰謂當是宋崔凱，偶脫"崔"字，以此定爲劉宋時人。《唐志》不著錄，蓋佚已久。國翰從《通典》所引，輯得十七節，尚無遺漏。惟《通典》引或作《喪服較》，或作《丧儀》，或作《喪服儀節》，或僅題崔凱：是否一書，殊難質言。國翰遽訂爲一書佚文，不同者當是篇目，恐未免臆斷。至國翰稱"其書委曲詳明，與劉智《釋疑》相伯仲"，則篤論云。

周氏喪服注一卷

（玉函山房輯佚書本）

宋周續之撰，清馬國翰輯。續之字道祖，雁門廣武人。事蹟見《南史·隱逸傳》。傳稱其通《毛詩》六義及《禮》論，注《公羊》傳於世。其注《喪服》，隋、唐《志》皆不著錄。朱彝尊《經義攷》據陸德明《經典釋文·序錄》，列於雷次宗《略注喪服經傳》之下，不詳卷數。蓋佚已久矣。馬國翰據杜佑《通典》所引，輯得三節。一論"己雖小功可以冠娶妻，則女身雖有服，謂出門無嫌"；一答或問，論"斬縗不終三年，卒哭而服齊縗"；一答孟氏問"嗣子兼持重之禮"。玩其問答之義，皆似本傳所稱《禮》論，未必果是《喪服注》之文。國翰謂"不知於經果當何屬，姑依《通典》所引次第錄之"，則亦知其難以輒定耳。

禮記馬氏注一卷

（玉函山房輯佚書本）

　　後漢馬融撰，清馬國翰輯。融之學長於《三禮》，其《周官禮注》、《喪服經傳注》，隋、唐《志》各有著錄，獨無《禮記注》。《東漢會要》載有融《禮記注》，賈公彥《序周禮廢興》云《禮傳》，均不詳卷數，蓋本有注而久佚矣。馬國翰據孔穎達《禮記正義》所引輯七節，陸德明《釋文》引輯一節，杜佑《通典》引輯三節，《文選》李善注引輯一節，虞世南《北堂書鈔》引輯一節，衛湜《禮記集說》引輯一節，《後漢書》章懷太子注引輯一節，《詩・小雅》正義引輯一節：凡得一十六節，錄爲一卷。遺說之可見者僅此而已。攷鄭康成受學於融，則其論說當有本之於師者。今雖無從區別，然學者讀康成之書，蓋亦即可以知融之書矣。

禮記王氏注二卷

（玉函山房輯佚書本）

　　魏王肅撰，清馬國翰輯。肅有《喪服經傳注》、《喪服要記》，已各著錄。其注《禮記》，隋、唐《志》並三十卷，今佚。馬國翰據孔氏《正義》、陸氏《釋文》、杜氏《通典》及裴氏《史記集解》諸書所引，輯爲二卷。攷肅說《詩》，好與鄭異，注《禮》亦然。今就遺注觀之，如說禫制，謂“二十五月大祥，其月爲禫，二十六月作樂”，難鄭氏以二十七月禫制之非；如說八蜡，鄭注“蜡有八者，先嗇一也，司嗇二也，農三也，郵表畷四也，貓虎五也，坊六也，水庸七也，昆蟲八也”，肅則分貓虎爲二，而無昆蟲；又《祭義》“如欲色然”，肅謂“欲色如欲見父母之顔色”，駁鄭“何得比父母於女色”：此皆顯然與鄭注違異者。而肅所用之《禮》本，又往往與鄭本不同。如《檀弓》“人喜則斯循循斯陶”，較鄭多“斯循循”三字；《玉藻》“二爵而言言斯禮三爵而油”，較鄭少“已”字及下“油”字；《中庸》“君子之反中庸也”，較鄭多“反”字。他若"函丈"作"函杖","亂名"作"循名","洒如"作"察如","拔來"作"挍來"之類,不知所據何本。然鄭注亦每云"某或作某",則亦非肅所臆改也。

禮記徐氏音三卷

（玉函山房輯佚書本）

晉徐邈撰,清馬國翰輯。邈字仙民,東莞姑幕人,官驍騎將軍。《晉書》有傳。著《周易》、《尚書》、《毛詩》等音,已各著錄。其《禮記音》,《隋志》注云"三卷",又云"亡"。《唐志》復以三卷著目。今佚。陸氏《釋文》引之,較諸家爲多。馬國翰因據以輯錄。又《集韻》所收徐讀,間亦取附其下,仍三卷之目焉。按史稱邈撰《五經音訓》,學者宗之,是其書兼音訓釋之。今觀《釋文》所引:袥衽,而鳩反,席也;撲奮,掃席前曰撲;宁,呂珍反,又音儲,門屏之間曰宁;驪,郎志反,純黑色馬;騂,呼營反,純赤色也;經,古定反,如雉之自經也;椑,庚益反,親尸棺;鍵,其偃反,鑰也;讞,魚列反,言也;椒,總會反,澤也;縰,所綺反,黑繒韜髮;搢音箭,又如字,音晉,插也;胁,亡代反,夾脊肉;綦,其記反,襍色也;濟,子禮反,有威儀也;殈,況逼反,一音況狄反,卵折不成曰殈,猶裂也;黔,其嚴反,黑也,黑首謂民也,秦謂民爲黔首;昭,之紹反,明也;睨音詣,睥睨也;蹢,治革反,躅,治六反,蹢躅,不行也;鬻,章六反,卑謙貌;巹音謹,破瓢爲巹也;紫音紫,毀也:二十餘條音訓兼釋外,其餘皆有音無訓,是徐氏之說,遺佚者尚多也。

禮記劉氏音一卷

（玉函山房輯佚書本）

晉劉昌宗撰,清馬國翰輯。昌宗有《周禮音》,已著錄。其《禮記音》,《隋書·經籍志》注云"五卷,亡"。《舊唐書·經籍志》、《新唐書·藝文志》均無其目,則隋唐時其書已佚矣。陸德明《經典釋文》引有九則,又《集韻》

引有四則,蓋皆從前儒所承用者,轉相稱述也。馬國翰因據以輯錄,與范宣、徐邈二家音相比次。今攷劉氏之書,存者雖遠不及仙民之多,而與宣子則相埒。且其音亦有昔行而今廢者,要不可不知其所出也。

禮記略解一卷

(玉函山房輯佚書本)

宋庾蔚之撰,清馬國翰輯。蔚之字季隨,潁川人,官至員外散騎常侍。《宋書》無傳,見陸德明《經典釋文·序錄》及《册府元龜》。其注《禮記》,名"略解"。《隋志》題庾氏,《唐志》題庾蔚之,並十卷。孔氏《正義序》云:"爲義疏,又稱庾蔚,並是一人,言者互異耳"。今其書已佚,馬國翰據《正義》及《釋文》所引,輯錄爲卷。《正義》於所解喪禮,引取獨多。蓋蔚之嘗注《喪服要記》,又撰《禮論鈔》、《禮答問》,究心於禮服,此其所長也。

禮記新義疏一卷

(玉函山房輯佚書本)

梁賀瑒撰,清馬國翰輯。瑒字德璉,會稽山陰人,官步兵校尉,領五經博士。《梁書·儒林》有傳。《隋書·經籍志》有《禮記新義疏》二十卷、《禮論要鈔》一百卷,並賀瑒撰。《唐志》有《禮論要鈔》,無《新義疏》,則佚已久矣。馬國翰從《正義》、《釋文》所引,輯爲一卷。按《正義序》云:"爲義疏者,南人有賀循、賀瑒。"據此則南朝爲《禮》疏者有兩賀氏,今《正義》所引,有只稱賀氏及賀云者,其說果當誰屬,殊難輒定。國翰則將凡言賀氏者,悉採入瑒疏,恐未合闕疑之旨。然今祇就其確知爲賀瑒之說者而觀之,如疏鄭氏"禮者,體也",謂"禮有二,一是物體,一是禮體";疏"宗子母在爲妻禫",因推論"其餘適子母在亦爲妻禫":解義均甚確切。又釋《中庸》"天命之謂性"，論性靜情動，引喻尤爲詳明。則其遺說雖少，固甚可重也。

禮記皇氏義疏四卷

（玉函山房輯佚書本）

梁皇侃撰，清馬國翰輯。侃吳郡人，青州刺史皇象九世孫。少好學，師事賀瑒，精力專門，盡通其業，尤明《三禮》、《孝經》、《論語》，官至國子助教，加員外散騎侍郎。《梁書》、《南史》皆有傳。本傳云："撰《禮記講疏》五十卷，書成奏上，詔付秘閣。"又云："撰《論語義》、《禮記義》，見重於世。"《隋志》載《義疏》九十九卷，《講疏》四十八卷；《唐志》載《講疏》一百卷，《義疏》五十卷。今並佚，惟孔氏《正義》多引之。馬國翰據孔氏《序》定爲皆《義疏》之佚文，因據輯錄，並釐爲四卷。按孔氏稱皇氏"章句詳正，微嫌① 繁廣。"今皇氏原書雖佚，然就孔氏所引之遺說觀之，如釋《王制》"有虞氏以燕禮，夏后氏以饗禮，殷人以食禮"，因推論饗禮有四種，食禮有二種，燕禮亦有二種；釋《郊特牲》"而社稷太牢"，因申論燔柴祭天之禮；釋《喪服小記》"男子免而婦人髽"，因申論男子之免乃有兩時而惟一種，婦人之髽則有三別；釋《坊記》"制，國不過千乘，都城不過百雉，家富不過百乘"，因推論兵賦之法，及國城采地之制：諸此各條，皆徵引繁富，攷證翔實，即可以窺見原書繁廣之一斑。攷六朝人義疏存者，惟皇氏與熊氏爲最多。孔氏又稱以熊比皇，皇氏爲勝。然則皇氏之說，宜其爲世所寶重也。

禮記熊氏義疏四卷

（玉函山房輯佚書本）

後周熊安生撰，清馬國翰輯。安生字植之，長樂阜城人。少好學，勵精不倦。初從陳達受《三傳》，從房虬受《周禮》，事徐遵明服膺歷年，後受《禮》

---

① 嫌，孔穎達《禮記正義序》作"稍"。

於李寶鼎,遂博通五經。然專以《三禮》教授,弟子自遠方至者千餘人。齊河清中爲國子博士,後周宣政元年拜露門學博士,下大夫,其時年已八十餘。尋致仕,卒於家。《周書》、《北史》皆有傳。《戴記》自分門王鄭,晉宋逮于周隋,傳《禮》業者江左尤盛,北人則有徐遵明、李業興、李寶鼎、侯聰之徒,皆爲義疏,而唯熊氏見於世。《周書》云《義疏》四十卷,《北史》云三十卷,《隋志》不著錄,《唐書·藝文志》作四十卷,與《周書》同。今則佚矣。馬國翰從孔氏《正義》所引,輯爲四卷。按《正義序》,以熊氏與皇侃並論,謂:“熊違背本經,多引外義,猶之楚而北行,馬雖疾而去愈遠矣。又欲釋經文,唯聚難義,猶治絲而棼之,手雖繁而絲益[①]亂也。”又謂“以熊比皇,皇氏勝”。是穎達對於熊氏此書,至爲不滿。然穎達又云:“據皇氏以爲本,其有不備,以熊氏補焉。”則既經芟繁攝要,佚說之存,固皆文證詳悉,義理精審者矣。治《禮》者,又安可不重視之哉?

禮記鄭讀考一卷

（俞樓雜纂本）[②]

清俞樾撰[③]。《自序》謂:“段氏玉裁作《周禮漢讀攷》,於注中‘讀爲’、‘讀若’之義,辨之詳矣。然鄭康成注《禮記》,亦有‘讀爲’、‘讀若’之例。湖樓無事,偶一疏證,以存鄭學。”是其書實規橅段氏之書而作也。鄭氏注內,凡“某讀爲某”、“某讀曰某”、“某當爲某”者,大抵皆言其聲之誤也。樾則引據經典,證明其或以聲近而義相通,或以聲轉而義相通,或以古今字而相通用,義據皆極明確。又如《曲禮》“以箕自向而扱之”,注“扱,讀曰吸”,樾證明其誤易,辨孔疏之爲曲說;《少儀》“祭左右軌范乃飲”,注引《周

---

① 益,中華本、中科圖鈔稿本及《玉函山房輯佚書》皆誤作“並”。據孔穎達《禮記正義序》改。

② 此篇題下,中華本漏署作者名氏,當據中科圖鈔稿本補署“黃壽祺”三字。

③ “撰”下,中科圖鈔稿本多一節:“樾字蔭甫,號曲園,德清人,道光庚戌進士,官翰林院編修,提督河南學政。罷官歸,一意治經,著述不倦。光緒末年卒,年八十有六。著《春在堂集》,凡五百餘卷。此書爲《俞樓雜纂》之一,其”云云。疑中華本所刪,茲錄存備覽。

禮·大馭①》"祭兩軹祭軓乃飲"，樾證明注文"軌"當作"軓"，辨惠校爲是，而阮校爲非；《玉藻》"君羔幦虎犆"，注"讀皆如'直道而行'之直，直謂緣也"，樾因以證明鄭解《論語》"直道而行"，猶云"遵王之道"也，與馬注"無所阿私"之義不同，足補《論語》鄭注之疑：若此各條，亦爲可貴之發明。惟《表記》"衣服以移之"，注"移讀如'禾汜移'之移"，"禾汜移"之語，疏不詳其所出。樾據《說文》禾部"移，禾相倚移也"之說，疑鄭此注②本作"禾迤移"，"汜"蓋"迤"字之誤。案"汜"是否"迤"字之誤，已屬疑問，即令屬是，亦不足證明"禾汜移"一語，即出《說文》。則其所出，仍不能明了。此等處，似無庸强解之也。

禮記異文箋一卷

（俞樓雜纂本）③

　　清俞樾撰。樾有《禮記鄭讀考》，已著錄。此書爲《俞樓雜纂》第七種，蓋倣胡承珙《儀禮古今文疏義》、徐養原《周禮故書攷》二書而作。故其《自序》云："《儀禮》之有古文、今文也，胡氏承珙爲作《儀禮古今文疏義》；《周禮》之有故書也，徐氏養原爲作《周禮故書攷》：辨別異同，有功經學。然鄭康成注《禮記》亦閒存異文，前人未有考究者，輒作此箋，以補其闕。"其著書之旨，可以概見矣。書僅一卷，而發明頗多。如《曲禮》"宦學事師"注云："學或爲御"，又"跪而遷屨"注云"遷或爲還"，樾則疏證其異義非相通。《檀弓》"衽每束一"注云"衽或作漆，或作髹"，《禮器》"鄉人禓"注云"禓或爲獻，或爲儺"，《明堂位》"雖異國之君免也"注云"免或爲弔"，《學記》"呻其佔畢"注云："呻或爲慕"，《樂記》"謹以立動"注云"動或爲勳"，《喪大記》"君弔見尸柩後踊"注云"踊或爲哭"，《表記》"終事而退"注云"事或爲身"，《射義》"出延射曰"注云"延或爲誓"，《聘義》"天下

---

①　馭，中華本、中科圖鈔稿本皆作"御"。據《禮記正義》及《周禮注疏》改。

②　注，中華本作"註"。茲依中科圖鈔稿本。

③　此篇題下，中華本漏署作者名氏，當據中科圖鈔稿本補署"黃壽祺"三字。

有事,則用之於戰勝"注云"勝,克敵也,或爲陳",樾則疏證其異文非相通。《曲禮》"共飯不澤手"注云"澤或爲擇",《禮器》"故祭奠"注云"奠或爲薦",又"緇布冠繢緌"注云"緌或作蕤",《明堂位》"鸞車,有虞氏之路也"注云"鸞或爲欒",《樂記》"肆直而慈愛"注云"愛或爲哀",樾則疏證其聲近而義通。《曲禮》"素簚"注云"簚或爲幕",又"畛於鬼神"注云"畛或爲祇",《檀弓》"華而睆"注云"睆字或作刮",《襍記》"四十者待盈坎"注云"坎或爲壙",樾則疏證其聲轉而義通。若此各條,徵引義據,皆極明確。他如《緇衣》"事純而祭祀"鄭注"純猶皆也",樾則謂純當讀爲訰,而訓爲亂,駁鄭義"殊未安";《儒行》"不斷其威"鄭訓爲"常可畏也",樾則從或本作"繼",謂威一發而不必有繼也,駁鄭作斷"其義殊淺";《大學》"一人貪戾",鄭訓戾爲利,樾則謂"戾者,吝之叚字",駁鄭義爲非。然如《曲禮》:"席間函丈",王肅據或本作"杖",謂"古人講說,用杖指畫",樾則申明鄭注,而駁王氏之謬:議論持平,於古人無所偏袒。非有閎通之識,曷克臻此?宜其與胡、徐二氏之書,鼎足而三,並垂於天壤而莫之癈也。

讀小戴日記_{无卷數}[①]

（學古堂日記本）

清于鬯撰。鬯是書所錄,凡《曲禮》五條,《檀弓》二條,《王制》一條,《月令》一條,《文王世子》一條,《禮運》一條,《禮器》二條,《內則》二條,《明堂位》一條,《喪服小記》三條,《樂記》四條,《雜記》二條,《喪大記》一條,《緇衣》一條,《奔喪》三條,《深衣》二條,《投壺》二條,《射義》一條,總三十五條,約萬有四五千言。其書雖無多,而攷訂舊說,則頗有足稱者。如《檀弓》"齊穀王姬之喪",鄭注謂"穀當爲告,聲之誤也",鬯疑"穀"當讀爲"慤",慤者謚法也,"穀王姬"即"慤王姬"。引春秋時夫人多有謚,如魯夫人聲子之謚聲,文姜之謚文,敬嬴之謚敬,穆姜之

謚穆，乃至妾亦有謚，如定姒之謚定，齊歸之謚齊，以及列國之齊共姬、聲孟子、顏懿姬、穆孟姬等例爲證，立說不爲無據。又如《雜記》"三年之喪，祥而從政"，鄭君意以三年之喪即父母之喪，致與《王制》"父母之喪，三年不從政"之文相違。昬謂此三年之喪，不指父母之喪，引《儀禮‧喪服經》"父爲長子三年"，"爲後者"、"爲所後"之喪亦三年，及"父卒然後爲祖後者服斬"諸文爲證，陳義亦殊確當。又如釋《文王世子》"慮之以大愛之以敬"，謂"大"、"愛"二字疑互倒；釋《禮運》"夏時之等"，謂"等"乃竹簡；釋《樂記》"綴兆舒疾"，謂"兆"字蓋當本作"夊"，篆文形相近而誤；又"始奏以文"，謂"文"字疑"方"字之誤；《奔喪》"反位拜賓成踊"，疑本作"拜賓反位"：亦均可採以備一說。惟其釋《檀弓》"二夫人相爲服"，謂此二夫人，蓋據"天子有三夫人"而言之，與上文"從母之夫舅之妻"當別爲一項，"同爨緦"一語專指二夫人而言，駁鄭注以二夫人承上文言之爲誤，其說殊不可信。因案《記》文上下語氣，則二夫人實承上文而言，鄭注不誤也。惟鄭注謂"二夫人猶言此二人"，義頗難通。若從王引之《經義述聞》改"二夫人"爲"夫二人"，或從俞樾《群經平議》以"夫"字爲衍字，則亦可通。必如昬之所解，一文之中既截成兩項，而"同爨緦"一語又但指二夫人一項而言，文義實甚扞格，反不若從王、俞二氏之說之爲愈也。

讀小戴禮日記 无^①卷數

（學古堂日記本）

　　清阮惟和撰。惟和字子衡，松江府奉賢縣增生。此書亦《學古堂日記》之一種。凡攷《曲禮》四條，《檀弓》四條，《王制》三條，《月令》十四條，《曾子問》兩條，《文王世子》四條，《禮運》四條，《禮器》四條，《郊特牲》六條，《內則》六條，共五十一條，約計萬有六七千言。較南滙于昬之書，字數略多，而著作之體例，則靡不相同。昬所攷定，頗有足稱。而惟和此

---

① 无，中華本作"無"。茲依中科圖鈔稿本。

六庵讀禮錄

645

書,亦殊不乏精審者。如《檀弓》"遇於一哀而出涕",舊讀至哀斷句。惟和謂:"'於一'二字雙聲連語,即'於邑'也。於邑之爲於一,猶抑鬱之爲壹鬱也。"故"遇於一"當斷句,"哀而出涕"自爲句。又"門人疑所服",舊說皆詁"疑"爲疑惑之疑。惟和則謂:"當讀如《易》'擬之而後①動'之擬,'疑所服'正謂'擬所服'也。非疑惑之謂。"又《月令》"天子乃難",《呂覽》、《淮南》"難"並作"儺"。段氏《說文解字注》謂"毆疫,字本作難",以儺爲假字。惟和則謂:"儺爲假字,難何嘗非假字? 依許書,䰰爲正字。"又"天之神祇",《呂覽》作"天地之神祇",依今鄭注,似鄭君所據本原無"地"字。惟和則據孔疏之文,證明鄭君所據之本,亦必作"天地之神祇"。凡此各條,皆由心得,非徒事綴緝舊說者所能有。他如《曲禮》"日而行事,則必踐之",鄭注"讀踐爲善",王肅"如字,音履也"。惟和謂"鄭訓迂曲,不如王說直截",且謂"解經惟求其是"。詘鄭申王,在所不計,尤足以見其態度之持平矣。

分撰兩戴記章句凡例无卷數②

(六譯館叢書本)

廖平撰。平以鄭君傳《小戴》,不注《大戴》,東漢以後惟《小戴》盛行,謂"博士舊有二家,《小戴》出於《大戴》,單治《小戴》者非也"。因以今古爲統宗,兩戴全錄,各以類從,不依舊第,惟注明篇目所出。又以《記》文繁難,較之《左傳》,猶覺倍蓰,斷非一人之力所能成,欲約十數人分篇治之。故先爲發凡起例,其凡例共三類:一曰宗派類,二曰篇章類,三曰義例類。宗派類分十五門:今學一,古《孝經》二,古《小學》三,古《周禮》四,古《詩》五,古《左傳》六,古《國語》七,古《禮》八,古《喪服》九,古《樂》十,古史學十一,古學禮十二,陰陽十三,經學十四,儒家坿《論語》十五。篇章類立二十四事爲綱:曰合篇,曰分篇,曰篇章重出,曰儀節相同,曰經傳注

---

① 後,中華本誤脫。據中科圖鈔稿本補。
② 无卷數,中華本作"不分卷"。茲依中科圖鈔稿本。

混淆，曰注記，曰雜篇，曰簡册失序，曰辨經傳，曰脱誤，曰章節，曰句讀，曰虛字，曰多立篇目，曰草儀注，曰溯原，曰表四代，曰表五等，曰補亡，曰取證，曰求異，曰求同，曰坿文，曰科分。義例類凡二十八例：曰今古雜例，曰互見例，曰文字異同例，曰列國不同例，曰潤色例，曰參差例，曰傳習例，曰緣經立說例，曰陰陽五行例，曰史子緯例，曰沿革例，曰宜俗例，曰意起例，曰行事私論例，曰因事改易例，曰先後例，曰同實異名例，曰同名異實例，曰譯改例，曰隱見例，曰刪潤例，曰異解例，曰寓言例，曰坿會例，曰殘賸例，曰傳聞例，曰遲早例，曰墜佚例。平至晚年，因所見有異，於宗派門類，略有更訂。至篇章義例，則仍無所更異。考其所立諸例，如論篇章之分合重出，頗不免勇於肊斷之嫌。其他各條，大體固甚美善，足資研討，亦治《禮》者所宜留意者也。

王制集說 无卷數 [①]

（六譯館叢書本）

廖平撰。平所著《坊記新解》等書，已著錄。此書大意謂："孔子以匹夫制作，其行事具於《春秋》，復推其意於五經。孔子已歿，弟子記其制度，以爲《王制》。今學禮以《王制》爲主，六經皆素王所傳，此正 [②] 宗也。古學則以《周禮》爲主，不信孔子素王改制之說，以六經皆舊文，歸本于周公。孔子之經而以古禮說，此別派也。故博采古說經義以明《王制》，凡古禮之與《王制》異者，則坿存異義以相啓發。"云云。案廖氏主今文家"孔子素王改制"之說，以《周禮》爲僞，故謂"《王制》爲孔子所作"。平情論之，《王制》一書，蓋作於秦火之後、《周禮》未出之前，秦漢間儒者雜採《孟子》等書及各家傳記成之，故其書與《周禮》不無違異。孔疏謂"《王制》之作，蓋在秦漢之際"，其言實爲確當。盧植謂"漢孝文皇帝令博士諸生作此《王制》之書"，其言亦大致不甚相遠。廖氏既執今文家之說，故橫生異議，令人難以置信矣。

---

① 无卷數，中華本作"不分卷"。兹依中科圖鈔稿本。

② 正，中華本誤脱。據中科圖鈔稿本補。

坊記新解 无卷數 ①

（六譯館叢書本）

廖平撰。平字季平，原名登廷，字學齋，四川井研人。光緒十五年己丑恩科進士，歷官龍安府教授、松潘教授、射洪訓導，嘗受業於王闓運，著書甚多。平作此書，蓋仿於明黃道周之《坊記集傳》。其著書之旨，大意謂："春秋時代，由禽獸進于野人，大約與今海外程度相同。孔子撥亂反正，作《禮經》以引進之，所以用夏變夷，爲禮以教人，使人自知別于禽獸。由秦漢至今二千餘年，驗小推大，二十二行省，人倫禮教，浹髓入神，至聖之賜也。自歐化東行，一二喜新之士，乃欲用夷變夏，所謂以舊坊爲無用而棄之，正爲今世之言。故仿黃氏之意，再解此書。用進化說，獨尊孔經，欲以撥全球之亂，推禮教于外人。"此其推闡聖經，維繫禮教之意，用心不可謂不正大。又引《大戴記·禮察》、《小戴記·經解》及董仲舒《春秋繁露·度制》三篇，以當序例，比附尚屬確當。又據沈約以凡稱"子言"者，皆爲子思，非孔子，故六經外並引《論語》，陳義亦不爲無據。平所著書，每好立新意，恣爲異說，奇觚不類。獨此書雖多新解，間亦以外國事迹參証，較其他書猶尚平實，未甚支離滅裂也。

後養議一卷

（玉函山房輯佚書本）

晉干寶撰，清馬國翰輯。寶字令升，新蔡人，東晉散騎常侍，領著作。《晉書》有傳。此書論列爲人後者，養親喪祭之禮。曰"議"者，集諸儒之議以成書也。《隋書·經籍志》載《七廟議》一卷，又載《後養議》五卷，並以爲亡。《唐志》亦不復著錄，蓋佚已久矣。《晉書·禮志》載其論王昌父恶 ② 與

---

① 无卷數，中華本作"不分卷"。茲依中科圖鈔稿本。

② 恶，中華本誤"恶"。據中科圖鈔稿本改。

前妻隔絕，更娶昌母，喪服，歷敘謝衡等十餘人之議，而終以干寶論爲斷。馬國翰以爲五卷中佚篇之一也，據以輯錄。其論取張惲、劉卞先後之節，及齊王攸、衛恒服絕之制而折衷之，以爲"及其子孫，交相爲服"，"二母袷祭，等其禮饋，序其先後，配其左右"，誠得變禮之中矣。

祭典一卷

（玉函山房輯佚書本）

晉范汪撰，清馬國翰輯。汪字玄平，順陽人，官至安北將軍，徐、兗二州刺史。《晉書》有傳。所著《祭典》三卷，《隋書·經籍志》經部禮類注載之，云"梁有"，又云"亡"。《唐書·藝文志》復著錄，移入史部儀注類。今佚。馬國翰從《北堂書鈔》、《初學記》、《通典》、《太平御覽》諸書，輯爲一卷，并仍《隋志》之舊，列入禮類，與盧諶《雜祭法》等例。觀書中論"小宗可廢，大宗不可廢"，内有與子寧辨 ① 難一節，引經斷決，析理極精。國翰稱其"家學淵源，媲美炎漢向、歆父子"，洵非虛譽。又各書引或作范汪《祠制》，國翰謂"蓋是此書之篇目"，義或然也。

凶禮一卷

（玉函山房輯佚書本）

晉孔衍撰，清馬國翰輯。衍字元舒，魯國人，孔子二十一世孫，官至廣陵相。《晉書》有傳。《隋書·經籍志》載其撰《凶禮》一卷。《舊唐書·經籍志》、《新唐書·藝文志》均不著錄，蓋佚已久。杜佑《通典》引《宗廟藏主室議》、《乖離論》、《禁招魂葬論》凡三篇，皆言喪葬，《凶禮》之遺文也。馬國翰因據而輯錄。史稱衍"博覽過於賀循"，今觀其論"別廟有非正之嫌，

---

① 辨，中華本、中科圖鈔稿本均誤"辦"。據《玉函山房輯佚書》改。

似若降替,不可以行",論"父子乖離,雖終身不知存亡,無緣更重於三年之喪",其說皆極明通。又論"招魂而葬"之非,亦能持之有故,言之成理。則其書存者雖少,固亦足以補賀氏《要記》之所未逮已。

葬禮一卷

(玉函山房輯佚書本)

晉賀循撰,清馬國翰輯。循有《喪服譜》、《喪服要記》,已各著錄。隋、唐《志》均無《葬禮》之目,《通典》、《太平御覽》引賀循《要記》外,又引賀循《葬禮》,蓋本二書。《要記》擬《儀禮·喪服傳》,《葬禮》擬《儀禮·士喪禮》也。馬國翰因據輯錄。《通典》引有省文,止稱"賀循"者。順序編次,自棺斂、明器、遺奠、下窆,以及卒哭、祔祭,儀文略具,節古禮之繁重,簡而易行。《本傳》載:"爲武康令,俗多厚葬,及有拘忌迴避歲月,停喪不葬者,循皆禁焉,政教大行。"今觀此書,蓋猶可以窺見其訓俗之遺規焉。

孔子三朝記一卷

(玉函山房輯佚書本)

清馬國翰輯。案劉向《別錄》:"孔子見魯哀公問政,比三朝,退而爲此記,並入《大戴禮》。"《漢書·藝文志》"《論語》十二家":《孔子三朝記》七篇,注:顏師古曰:"今《大戴禮》有其一篇,蓋孔子對魯 ① 公語也。三朝見公,故曰三朝。"《蜀志》秦宓曰:"昔孔子三見哀公,言成七卷",裴松之注:"案《中經簿》有《孔子三朝記》八卷,一卷目錄,餘者所謂七篇。"《史記·黃帝紀》、《漢書·高帝紀》臣瓚引《三朝記》,《漢武紀》元光元年注亦引之。《爾雅》疏、《穀梁》疏、《文選》注俱引之。所謂《三朝記》,皆此

---

① "魯"下,《漢書·藝文志》注引有"哀"字。

書也。《別錄》既明言此書"並入《大戴禮》",則《大戴禮》中當全有七篇之文,而師古謂"今《大戴禮》有其一篇"。如其說,則是他六篇今《大戴禮》無之。然王應麟《困學紀聞》,指《大戴禮》:《千乘》、《四代》、《虞戴德》、《誥志》、《小辨》、《用兵》、《少閒》七篇,以爲即此書之文。其言與師古異。尋張楫《進爾雅表》,謂《小辨》在《三朝記》中;臣瓚《黃帝紀》、《漢高帝紀》注所引之文,在《用兵》篇;《漢武紀》注所引之文,在《少閒》篇:則應麟之言,殊爲有徵。故清儒如汪中等,均言《大戴禮》卷九、卷十一兩卷,即是此書,本自別行。馬國翰亦因據以輯錄,以復《漢志》之舊篇。至若王昶疑《哀公問》、《五議》、《小辨》、《用兵》、《少閒》五篇,皆公問答語,疑即此書之五;汪照據或說,謂《禮三本篇》,亦在此書中:與應麟之說頗有異同。然亦無何確據,宜國翰不據而輯之也。

三禮目錄 无^①卷數

（漢魏遺書鈔本）

漢^② 鄭玄撰,清王謨輯。玄事蹟詳《後漢書》本傳。傳稱:"凡玄所注,《周易》、《尚書》、《毛詩》、《儀禮》、《禮記》、《論語》、《孝經》、《尚書大傳》、《中候》、《乾象厤》,又著《天文七政論》、《魯禮禘祫義^③》、《六藝論》、《毛詩譜》、《駁許慎五經異議》、《答臨孝存周禮難》,凡百餘萬言。"獨不及《三禮目錄》。《隋書·經籍志》始載鄭玄撰《三禮目錄》一卷,注云:"梁有,陶弘景注一卷,亡。"又陸德明《經典釋文·序錄》引鄭玄《三禮目錄》,云"二鄭信同宗之大儒,今贊而辨之"。是唐時原書尚存。今則別無傳本,惟賈、孔二疏引之。王謨因據以輯錄,凡《周禮目錄》六條,《儀禮目錄》十七條,《禮記目錄》四十九條。尋其所釋,可以了知《三禮》各篇篇目名義之外,其最可注意者,即是《儀禮》、《禮記》各篇,均注明大小戴

---

① 无,中華本作"無"。茲依中科圖鈔稿本。
② 漢,中科圖鈔稿本作"後漢"。茲依中華本。
③ 義,中華本脫。據中科圖鈔稿本補。

及劉向《別錄》次第之異同。故今《大戴》雖殘缺，《別錄》雖亡，學者仍可以窺見其篇第先後。又如《儀禮》各篇，均注明於五禮屬某禮；《禮記》各篇，亦注明於《別錄》屬制度、屬通論、屬明堂陰陽記、屬喪服、屬世子、屬祭祀、屬子法、屬明堂、屬樂記、屬吉禮、屬吉事等：使後人得以攷知五禮之分屬，《別錄》之條目，厥功皆甚偉。他如注"奔喪"，注"投壺"，皆云"實《逸曲禮》之正篇"，使後人對於《逸禮》之内容，亦能窺知一二，彌足珍矣。

三禮圖一卷

（玉函山房輯佚書本）

漢[①]鄭玄、阮諶撰，清馬國翰輯[②]。考聶崇義《三禮圖》引"鄭氏圖"、"阮氏圖"，又引"舊圖"，馬國翰謂皆一書之文。復從他書搜採，輯爲一卷。首列《冕服圖》，次《后服圖》，又次《冠冕圖》、《宮室圖》、《樂器圖》、《射侯圖》、《弓矢圖》、《旌旗圖》、《祭玉圖》、《匏爵圖》、《鼎器圖》、《尊彝圖》，最後爲《喪器圖》。編纂次第，蓋本聶氏之圖。聶於舊圖，往往有所駮議，而要其去古未遠，見聞非後人可及。惜其圖盡亡，觀者就文考之，猶如覩三代法物云。

禮傳一卷

（玉函山房輯佚書本）

漢荀爽撰，清馬國翰輯。爽有《周易注》已著錄。《後漢書》本傳稱其著《禮》、《易》傳。隋、唐《志》皆不載。《册府元龜》載其目，而不言卷數，

---

① 漢，中科圖鈔稿本作"後漢"。兹依中華本。
② "馬國翰輯"下，中科圖鈔稿本多一節云："鄭有《魯禮禘祫志》等書，已各著錄。《魏志・杜畿傳》裴松之注引《阮氏譜》：‘武父諶，字士信，徵辟無所就，造《三禮圖》傳於世。’《隋志》‘《三禮圖》九卷，鄭玄及後漢侍中阮諶等撰。’蓋鄭注《三禮》，遂爲之圖，阮復因鄭圖而修之。故世只稱阮諶《三禮圖》，而《隋志》推本而題之也。今佚。"疑中華本刪除。今補錄此以備覽。

則佚已久矣。馬國翰從《風俗通》殘本引輯一節、杜佑《通典》引輯二節、《文選》李善注引輯一節、《路史後記》羅苹注引輯一節，又《三輔黃圖》引一節，稱《五經禮傳記》，國翰謂亦此傳之佚文，並據輯錄，凡得六節而已。按爽在漢末，與康成齊名，而其書乃不得與鄭注同傳於後，亦論古者所深慨也。

問禮俗一卷

（玉函山房輯佚書本）

　　魏董勛撰，清馬國翰輯。此書《隋書·經籍志》作十卷，《舊唐書·經籍志》亦作十卷。蓋至唐時，其書猶完好，今則佚矣。馬國翰從張華《神異經注》、杜公瞻《荊楚歲時記注》、周處《風土記》、《太平御覽》、《藝文類聚》、《初學記》、杜佑《通典》及顏師古《匡謬正俗》諸書所引，輯爲一卷。如說“今正臘月，門前作煙火、桃人、絞索、松柏，殺雞著門戶逐疫”，“今一日不殺雞，二日不殺狗，三日不殺羊，四日不殺豬，五日不殺牛，六日不殺馬，七日不行刑”，“俗以歲首用椒酒而飲之，又折松枝，男七女二”，“五月俗稱惡月，多六齋放生”，“俗五月不上屋”諸條，皆可以窺見漢、魏時之民俗。又如說“己①在遠，聞喪除服乃歸至家”之禮，及“己在遠，初②不聞喪，或日月已過，或至家乃聞”之禮，援據經典，解義明確。又答問陵遲殊死等義，亦皆簡當，足資考證。惜亡佚者衆，存什一於千百，爲可憾耳。

梁氏三禮圖一卷

（玉函山房輯佚書本）

　　梁正撰，清馬國翰輯。正不詳何人。攷《崇文總目》載“《三禮圖》九卷，梁正撰”。又《玉海》載張昭等議曰：“四部書目有《三禮圖》十三卷，是

---

①　己，中華本誤“已”。據中科圖鈔稿本改。下句“己”倣此。

②　初，中華本誤“衧”。據中科圖鈔稿本改。

隋開皇中敕禮官修撰,其圖第一題梁氏,第十後題鄭氏。"又稱:"不知梁氏、鄭氏名位所出。今書府有《三禮圖》,亦題梁、鄭。後有梁氏者,集前代圖記,更加評議,題曰:'陳留阮士信,受禮學於潁川綦母君,取其說爲圖三卷,多不按禮文,而引漢事。'其阮士信,即諶也。如梁正言,可知諶之紕繆。"據此,則梁氏之書,似爲修定阮氏而作。惟梁氏果爲何時人,亦無明說。王謨《漢魏遺書鈔》阮諶《三禮圖》序錄云:"隋、唐《志》所載《三禮圖》,祇鄭康成、阮諶、夏侯朗、張鎰四家。而聶崇義博采舊圖,乃有六本。四家之外,有二梁氏。其一梁氏,在鄭氏前,張昭所謂不知名位者也。其一梁氏,名正,隋唐間人,張昭所謂後有梁氏者也。"案王謨謂梁氏者有二,事誠如此。惟定梁正爲隋唐間人,不審何據,殆亦以臆度之也。今其書已佚,惟聶氏《三禮圖》引之。馬國翰因據以輯錄,凡得十七節,釐爲一卷也。觀聶氏所引,往往與阮諶同稱。則梁圖固因阮圖而修之,雖正訛糾繆,或後出者勝,而大體殆不甚相遠。國翰謂是一家之學,亦非無因云。

雜祭①法一卷

（玉函山房輯佚書本）

晉盧諶撰,清馬國翰輯。諶字子諒,范陽人,官至司空從事中郎。《晉書》無傳,附見《劉琨②傳》中。《文選》注引徐廣《晉紀》云"顯宗徵爲散騎常侍",並詳載其字里。所著《雜祭法》六卷,《隋書·經籍志》禮類注載其目,云"梁有",又云"亡"。《唐書·藝文志》史部儀注類六十一家,復以六卷著錄,蓋唐時蒐羅得之也。今佚。惟《藝文類聚》、《北堂書鈔》、《初學記》、《太平御覽》等書引之。馬國翰因據輯錄,並仍《隋志》之舊,列入禮類。其書記載祭品,以類詮次,可於《周官》"籩人"、"醢人"諸職,參觀古今之變,亦考典禮者所宜會通也。

---

① 祭,中華本、中科圖鈔稿本皆誤"記"。據《玉函山房輯佚書》改。
② "琨"下,中華本衍"撰"字。據中科圖鈔稿本刪。

禮雜議一卷

（玉函山房輯佚書本）

晉吳商撰，清馬國翰輯。商字里未詳。據《隋志》知爲晉益壽令，《晉書·禮志》稱博士，本書《答劉寶議》亦稱國子博士，蓋又嘗爲此官也。《隋志》云：“梁有晉益壽令吳商《禮難》十二卷，《雜議》十二卷，又《禮雜議記故事》十三卷，《喪雜事》二十卷”，並以爲亡。《唐志》有吳商《雜禮義》十一卷。《雜禮義》當即《隋志》之《雜議》，今亦佚。惟《通典》載《議》六篇，馬國翰據以輯錄，並依《隋志》舊題焉。其論“合閏以正周”，引《春秋》爲證，王儉稱其“允協情理”，王彪之以爲“不合卜遠之理”，夫固各有所見。若折成洽嫡孫出母之難，則誠卓識不磨矣。

禮雜問一卷

（玉函山房輯佚書本）

晉范甯撰，清馬國翰輯。甯字武子，解褐爲餘杭令，在職六年，遷臨淮太守，封陽遂鄉侯，徵拜中書侍郎，後補豫章太守。《晉書》有傳。此書言禮，以“雜問”名編，蓋記其與當代名流問答禮制之語也。《隋志》十卷。《唐志》云“《禮問》九卷，又《禮論答問》九卷”。今佚。馬國翰從《通典》輯錄，凡得九節。其論皆稟經協理，不愧儒宗。唯其答鄭襲“閏月忌日”，謂“當以後歲閏月”，又謂“五年再有忌日，不如襲難以日辰爲允”，引者刪其前後，答辭不具，不爲無見。又甯別有《答徐邈書》三篇，《答謝安書》、《與戴逵書》各一篇，亦論禮服。國翰以其既標爲書，宜入本集，故不採錄也。

五禮駁 _{无卷數} ①

（漢魏遺書鈔本）

晉孫毓撰,清王謨輯。案陸德明《經典釋文·序錄》云:"晉豫州刺史孫毓爲《毛詩評注》。毓字休朗,北海平昌人,長沙太守。"又案《隋書·經籍志》經部著錄《毛詩異同評》十卷,亦云"晉長沙太守"。唯別集類又有"晉汝南太守孫毓集六卷",是毓曾爲豫州刺史,又曾爲汝南長沙太守也。攷《隋志》無《五禮駁》之目。惟《通典》於"太子加元服"下,注引孫毓《五禮駁》一條。此外亦多稱引"博士孫毓"等議,而不言《五禮駁》,意此祇是毓所論,如高堂隆《魏臺訪議》、虞摯《決疑要注》之類,非說經書也。而《禮記正義》於《檀弓》"馬鬣封"句下,又引"孫毓難"語二條,難即駁也,則似孫毓又自有《五禮駁》。如《通典》所引"冠義"是嘉禮、《正義》所引"墓制"則凶禮也。王謨因本《通典》、《正義》二書採輯,凡共鈔出《通典》七條,《正義》二條。書雖不具,固亦足以補《隋志》之缺矣。

禮論一卷

（玉函山房輯佚書本）

宋何承天撰,清馬國翰輯。承天東海郯人,官至御史中丞。《宋書》、《南史》並有傳。《南史》云:"先是,《禮論》有八百卷,承天刪減,并各以類相從,凡爲三百卷。"《隋志》著錄亦三百卷。《唐志》云三百七卷,蓋并目言之。今佚。《禮記疏》及《初學記》、《御覽》等書顯引《禮論》者十節。《通典》引何承天《駁難問答》五篇,文皆完具,雖不標書名,馬國翰謂亦《禮論》之佚篇也,因合錄輯爲一卷。按《通典》所引《駁難問答》,會通典禮,委曲詳明。《禮記疏》等書所引之十節,亦多存儒先舊說,足爲典要。史

---

① 无卷數,中華本作"不分卷"。兹依中科圖鈔稿本。

稱 "承天母爲徐廣之姊,聰明博學,承天幼漸訓義",則此書與廣 ① 所著《禮論答問》,固一家之學焉。

禮論鈔略一卷

（玉函山房輯佚書本）

齊荀萬秋撰,清馬國翰輯。萬秋字元寶,潁川潁陰人。宋孝武初爲晉陵太守,入齊,官御史中丞。附見《南史·荀伯子傳》。《隋志》"《禮論要鈔》十卷",下云:"梁有齊御史中丞荀萬秋《鈔略》二卷",又云"亡"。《唐志》有荀萬秋《禮雜鈔略》二卷。今佚。杜佑《通典》引其在宋孝武時爲殿中曹郎,議"郊廟樂制"二篇,爲佚說之僅存者。馬國翰因據以輯錄。史稱萬秋"用才學自顯",即此可見一斑矣。

三禮義宗四卷

（玉函山房輯佚書本）

梁崔靈恩撰,清馬國翰輯。靈恩清河東武城人,少篤學,徧習五經,尤精《三禮》、《三傳》。仕魏,爲太常博士。天監十三年歸梁,累遷步兵校尉兼國子博士,出爲長沙内史,還除國子博士,又出爲桂州刺史,卒官。《南史·儒林》有傳。傳載其注《周禮》四十卷,《三禮義宗》三十卷。隋、唐《志》於《周禮》稱《集注》二十卷,《義宗》卷數並同本傳。今皆佚矣。《禮記正義》多引其說,《周禮》、《儀禮》二疏不見徵引。馬國翰從群書採輯,釐爲《周禮》一卷,《儀禮》一卷,《禮記》二卷。至其集注《周禮》,不可見矣。杜佑《通典》於"五載巡守"義,譏其"不達古今豐約之別,復不詳《周官》之文,輒肆臆度之說",則訓解間有可議。然其宏通博洽,自不能掩也。

---

① "廣"下,中華本脱"所著禮論"四字。據中科圖鈔稿本補。

張氏三禮圖一卷

（玉函山房輯佚書本）

　　唐張鎰撰，清馬國翰輯。鎰字季權，一字公度，蘇州人。官至中書侍郎平章事，鳳翔隴右節度使。新、舊《唐書》皆有傳。傳稱：“大歷五年，除濠州刺史，爲政清淨，州事大理。乃招經術之士，講訓生徒，撰《三禮圖》九卷。”《唐藝文志》著錄，卷數相同。今原書已佚，惟聶崇義《三禮圖》引之。馬國翰因據以輯錄，凡得十餘條，釐爲一卷。攷竇儼《聶氏三禮圖序》，稱其“博采舊圖，凡得六本”。今以聶圖所引考之，止有鄭玄、阮諶、梁正及鎰四家。而鎰書最晚出，故於元端、上公袞冕、絺冕、緇衣玄衣諸條，引證獨詳。其他如釋委貌、皮樹中、匜、罍等制度，亦間存舊說，足資以折衷是非。輯而存之，固足以與鄭、阮、梁諸家遺說相頡頏也。

禮論答問一卷

（玉函山房輯佚書本）

　　宋徐廣撰，清馬國翰輯。廣字野民，或作野人，避唐太宗諱也。東莞姑幕人，侍中邈之弟，官至中散大夫。《晉書》、《南史》並有傳。《晉書》云：“廣《答禮問》，行於世。”《南史》云：“《答禮問》百餘條。”《隋書·經籍志》載“《禮論答問》八卷①，《禮論答問》十三卷”，並題“徐廣撰”。又“《禮答問》二卷，徐廣撰，殘缺，梁十一卷”。《唐志》載《禮論問答》九卷。馬國翰謂傳本不同，標題或異，實皆一書也。今佚。惟杜佑《通典》引八節，國翰因據輯錄。其答劉嗣、樂亮、庾氏、蔡眇之、劉鎮之等問，皆允協情理。廣又別撰《車服儀制》，則在當日博通典禮，史稱“家世好學，至廣尤精”，非虛美也。

---

　　①　卷，中華本、中科圖鈔稿本皆作“篇”。據《隋書》及《玉函山房輯佚書》改。下句“十三卷”倣此。

九族考一卷①

（俞樓雜纂本）

清俞樾撰。樾有《禮記鄭讀考》、《禮記異文箋》,已著錄。此書爲《俞樓雜纂》第九種。按“九族”之義,《尚書》古文家說與今文家說不同。古文家謂上自高祖下至元孫,凡九族。今文家以爲九族者,父族四,母族三,妻族二,皆據異姓有服。許慎主今文家說,而鄭玄主古文家說,兩大儒所主又不同。至孔穎達撰《左傳正義》,則申許而駁鄭。樾參稽群籍,亦以今文家爲正,從許而不從鄭。疏通證明,較孔疏尤加密矣。然今文家數九族,父族四者,五屬之內爲一族,父女昆弟適人者與其子爲一族,己女昆弟適人者與其子爲一族,己之子適人者與其子爲一族。母族三者,母之父姓爲一族,母之母姓爲一族,母女昆弟適人者與其子爲一族。妻族二者,妻之父姓爲一族,妻之母姓爲一族。樾則謂:“天之生物,使之一本,故從父之姓,不從母之姓。以母之父姓爲族,亦以母之母姓爲族;以妻之父姓爲族,亦以妻之母姓爲族:是教天下二本,非聖人之制。”又謂:“族之爲言屬也,相連屬之謂也。有父之族,則己之昆弟姊妹皆從之矣;有母之父母之族,則母之昆弟姊妹皆從之矣:不宜別出其女昆弟使自謂族。”因謂今文家之說,其言族則是,其言九則非。乃更爲之說,以高祖之族、曾祖之族、祖之族、父之族,爲父族四;母之曾祖之族、母之祖之族、母之父之族,爲母族三;妻之祖之族、妻之父之族,爲妻族二。並俱列其表焉。按樾駁正舊說,其言甚辨。又以父族從高祖以下,母族從曾祖以下,妻從祖以下,其於條理亦頗秩然。雖曰自出新義,於古無徵,要亦可備一說也。

---

① 此篇題下,中華本未署作者名氏,當據中科圖鈔稿本補署“黃壽祺”三字。

【六庵叢纂第五種】

群經要略

黃壽祺 遺著

黃嫻 點校

張善文 審校

编校述语

　　六庵師《群經要略》十一卷，脱稿於民國三十四年（1945），時作者任國立海疆學校中文科教授，蓋纂此以爲課生教材。初，師執教福建省立師範專科學校，先有《中國文學史約》、《中國文學史約稿本》之作，亦屬授課講稿，皆止於先秦之卷。嗣後乃取兩書中論敍先秦經籍部分，綜合擴充之，依經立義，條貫紀綱，發潛闡幽，創爲斯編。

　　是書首列《自序》，明撰述宗旨及家學師承所自。次《經名與本枝篇第一》，論經之名義與群經之衍生。次《周易篇第二》，次《尚書篇第三》，次《詩經篇第四》，次《三禮篇第五》（《大戴禮記》附），次《春秋三傳篇第六》，次《孝經篇第七》，次《論語篇第八》，次《孟子篇第九》，次《爾雅篇第十》，殿以《總論篇第十一》，則綜括群經特色及内涵。諦觀其規模，氣象弘闊；籀讀其創論，浩博淵深：所謂“優游厭飫，含英咀華”之力作者是也。

　　書成之後，師仍思待時修潤，務使盡善，遂緘藏篋笥，歷三十餘載。一九八四年前後，我幸獲奉讀師手稿，如飢者得享旨肴，大喜以告師曰：“此書精密博通，宜亟付梓刊行，以裨益後學。”師云：“年來中華書局周振甫先生，亦嘗以此意勸，吾答以昔年初稿，久未檢閱，可容抽暇修訂後再議歟？”閱二歲，一九八六年春夏間，師遂將全書略修一過，命我爲之點校，囑先打字油印若干册，以作交流並徵求意見之用。是年秋，乃有油印本《群經要略》稍行之也。此印本中，或有溢出稿本之文字及與稿本互異者，皆師增補修潤之迹。又十四年，黃高憲教授據油印本校注全書，由華東師範大學出版社納入“二十世紀國學叢書”梓行，書始正式問世，學人欣焉。此時距師歸道山已十載，思之不禁感慨唏嘘之矣。

　　故今可見此書凡有三本：一曰“稿本”。即師一九四五年手訂原稿，以小楷墨書於十四行紅欄箋本，封面自署“群經要略稿本”。扉頁有王夢惺先生題籤"群經要略",上款"龍集乙酉冬仲爲六荐居士題耑",下款"磧齋"（鈐白文"王錦機印"）。二曰"油印本"。即福建師範大學中文系易學研究室一九八六年九月打字油印之簡體字本,張善文點校。三曰"華東本"。即華東師範大學出版社二零零零年十月出版之簡體字本,黃高憲校注。今據此三本,以"稿本"爲底本,以"油印本"、"華東本"爲主校本,互爲覈勘讐校,其校記皆附於腳註,遂成此本。

黃嫻博士點校全書,先取華東本與稿本勘對,參以相關舊籍,糾舛訂謬,謹嚴不苟,其行孔嘉。在此基礎上,我再取油印本比勘覆校,統整體例,是書編校終焉。書末附錄二篇,一爲陳祥耀教授《讀黃壽祺先生的群經要略》,一爲黃嫻博士《校記》,可供讀者參覽。其中陳教授述書名"要略"之旨,謂"鎔裁"典義,"賅括"群經,"略而能得其要",又云讀此書"覺得醇厚深切,醰醰有味,非淺率急就之作所能倫比,書品人品,皆可見可欽"諸語,讀者細味之,當有體悟。

公元二零二零年三月
夏正庚子驚蟄後九日
弟子張善文敬識於福建師範大學文學院

目 錄

① 謹案，"論經之名義"小題，見正文所當段末作者小字附註，此亦前人著述之例。今特將小題一一揭出，各標於卷首目次之篇名下，以清眉目，庶便閲覽。下"論經之本枝"等皆做此，不復出校。

孝經篇第七

論語篇第八

群經要略自序

　　余髫齡學於家塾,先祖先君,授以《孝經》、《四書》,及《詩》、《春秋》。於時年幼,略能諷誦上口,而未能悉通其義也。年十八,北學於燕,受《易》、《詩》於行唐尚先生節之;受《書》、《禮》於歙 ① 吳先生檢齋;受《春秋左氏傳 ②》於桐城馬先生岵庭。其舊都通儒,若霸 ③ 高先生閬仙、瑞安林先生公鐸、武陵余先生季豫、長沙楊先生遇夫、黟 ④ 朱先生少濱、鹽城孫先生蜀丞 ⑤,及同鄉先正閩侯林先生義光、膠西柯先生燕齡 ⑥、建寧范先生秋帆,咸及 ⑦ 師事,而從問業。前後凡十有三年,廼得粗明群經大義。顧其時所深好者,獨在 ⑧《易》與《禮》,妄有撰述,於他經則未遑也。辛巳南旋,教授於永安、南平之 ⑨ 福建省立師範專科學校文史地科,歷時三歲。諸生每從問經義,余以《尚書》爲吾國最古之史,亦吾國各體散文之祖;《詩經》爲韻文之淵藪;《春秋》爲記事之寶書:此三經於文史關係最鉅,故論之特詳。近世《禮》學衰廢,專業者至稀,而 ⑩ 講《孝經》者,每失其義。《論語》、《孟子》,支配吾

---

　　①　"歙"下,油印本、華東本多"縣"字。茲依稿本。謹案,1986 年福建師範大學易學研究室打字油印《群經要略》,作者曾對書中文字稍有修訂(簡稱打印本),2000 年華東師範大學出版社出版黃高憲點校本(簡稱華東本)多承之。今以作者手稿爲底本(簡稱稿本),與二本對校,有異文即出校記。

　　②　春秋左氏傳,稿本作"孝經春秋"。據油印本、華東本改。

　　③　"霸"下,油印本、華東本多"縣"字。茲依稿本。

　　④　"黟"下,油印本、華東本多"縣"字。茲依稿本。

　　⑤　鹽城孫先生蜀丞,稿本無。據油印本、華東本增。此蓋作者後來修訂時所補。案以下凡言據油印本、華東本增補或更改者,蓋皆作者所修訂,不復詳注。

　　⑥　膠西柯先生燕齡,稿本無。據油印本、華東本增。

　　⑦　及,稿本作"得"。據油印本、華東本改。

　　⑧　"獨在"二字,油印本、華東本無。茲依稿本。

　　⑨　"永安、南平之"五字,稿本作"延平"。據油印本、華東本改。

　　⑩　"專業者至稀而"六字,稿本無。據油印本、華東本補。

國人思想者蓋二千年,昔則家絃戶誦,今至大學文史系學生[1]竟罕能舉其篇目。《爾雅》關乎文字訓詁,不識字何以讀書作文? 故於諸書亦不憚詞費。獨《易》道廣大精微,見仁見智,無體無方。書不盡言,言不盡意,不爲典要,唯變所適。初學難以極深研幾,欲置爲後圖,故說之甚略,蓋以此也。講稿繁重,長夏多暇,刊削粗就,釐爲十一篇,篇自爲卷,定名曰《群經要略》。且著家學之源,師承所自,而序其端,以志不忘云爾。中華民國三十四年七月十五日[2],霞浦黃壽祺自序於仙游國立海疆學校[3]。

---

[1]　大學文史系學生,稿本作"大學生"。據油印本、華東本改。

[2]　中華民國三十四年七月十五日,油印本、華東本作"歲在乙酉七月之望"。二者紀時同。茲依稿本。

[3]　国立海疆学校,油印本、華東本作"金石山房"。茲依稿本。

霞浦黃壽祺纂輯

經名與本枝篇第一

我國典籍，群經爲首。經之名義，其初非明指六藝，蓋謂織之從絲。故《說文·系部》云："經，織從絲也。"段玉裁注："織之從絲謂之經。必先有經，而後有緯。"《大戴禮》曰："南北曰經，東西曰緯。"此明經字本義，本爲經綫也。亦謂綫之編綴，故章太炎先生 ②《國故論衡·中卷 ③·文學總略》云："經者，編絲綴屬之稱，異於百名以下用版者，亦猶浮屠書稱修多羅。修多羅者，直譯爲綫，譯義爲經。蓋彼以貝葉成書，故用綫聯貫也；此以竹簡 ④成書，亦編絲綴屬也。"演進而爲世之綱紀。故章學誠《文史通義·經解上》云："《易》曰：'雲雷屯，君子以經綸。'經綸之言，綱紀世宙 ⑤ 之謂也。鄭氏注：'謂論撰《書》、《禮》、《樂》，施政事。'經之命名，所由昉乎！然猶經緯、經紀云爾，未嘗明指六藝 ⑥ 爲經也。"至孔氏之徒，始指六藝，謂有經常之義。如劉熙《釋名·釋典藝》云："經，徑也，常典也 ⑦。如徑路無所不通，可常用也。"此以常典釋經也。《左傳》昭公二十五年 ⑧："夫禮，天之經也。"杜預注："經者，道之常。"此以常道釋經也。《說文》"經"字，段注："是故三綱、五常、六藝，謂之天地之常經。"此以常經釋經也。又有彝訓之義。如劉勰

---

① 卷題下，稿本有"六庵叢纂之一"六字。今從省。以下各卷之題做此。
② 太炎先生，稿本作"炳麟"。據油印本、華東本改。
③ 卷，稿本、油印本無。據華東本補。
④ 簡，油印本、華東本誤"筒"。茲依稿本。
⑤ 世宙，油印本、華東本誤"宇宙"。茲依稿本。
⑥ "六藝"上，《文史通義》多"詩書"二字。此蓋作者節引之例。茲依稿本。以下類此者皆做此，不出校。
⑦ "常典也"三字，華東本脫。茲依稿本及油印本。
⑧ "年"下，油印本、華東本多"傳云"二字。茲依稿本。

《文心雕龍·論說篇》云:"聖哲彜訓曰經。"又①《宗經篇》云:"三極彜訓,其書言經。經也者,恒久之至道,不刊之鴻教也。故象天地,效鬼神,参物序,制人紀,洞性靈之奧區,極文章之骨髓者也。"此言彜訓謂之②經也。又《文史通義·經解上》云:"《荀子》曰:'夫學,始於誦經,終於習禮。'《莊子》曰:'孔子言治《詩》、《書》、《禮》、《樂》、《易》、《春秋》六經。'又曰:'繙《十二經》,以見老子。'荀、莊皆出子夏門人,壽祺謹案,韓退之《送王塤秀才序》云:"子夏之後有田子方,子方之後流爲莊周。"蘇子瞻《莊子祠堂記》、王介甫《莊周論》,皆有是說。故章氏云:"荀、莊皆出子夏門人"也。而所言如是。六經之名,起於孔門弟子亦明矣。"是孔徒始指《六藝》爲經也。以上論經之名義。

經名既有演變,本枝亦漸蕃碩。就其泛論各家言之,或尊聖者兼及支裔。故《文史通義·經解上》云:"後世著錄之家,因文字之繁多,不盡關於綱紀,於是取先聖之微言,與③群經之羽翼,皆稱爲經。如《論語》、《孟子》、《孝經》,與夫《大小戴記④》之別於《禮》,《左》、《公》、《穀》之別於《春秋》,皆題爲經。乃有九經、十經,十三、十四諸經,以爲專部。蓋尊經而並及經之支裔也。"或著書者自分經傳。故《文史通義·經解上》云:"當時諸子著書,往往自分經傳。如撰輯⑤《管子》者之分別經言,《墨子》亦有《經篇》,《韓非》則有《儲說》經傳,蓋亦因時立義,自以其說相經緯爾,非有所擬而僭其名也。"又陳鼎忠、曾運乾《通史敘例》云:"自漢隣氏次《老子》爲經傳,自注:見《漢書·藝文志》。宋朱子亦次《大學》爲經傳。自注:《經典釋文》:虞史既述二典,又敘其君臣之間嘉言善政以爲三謨。金仁山曰:二典,《虞書》之經;三謨,二典之傳。蓋古人著書,前則綜舉大綱,後則覼縷細目。殆猶《洪範》先列九疇,《周官》首陳六典:綱即其經,目乃稱傳故也。"或崇師者私奉爲經。故《文史通義·經解中》云:"楊氏無書,墨翟之書,初不名經,自注:雖有《經篇》、《經說》,未名全書爲經。而《莊子》乃云:'苦獲、鄧陵之屬,皆誦《墨經》。'則其徒自相崇奉而稱經矣。"或譯受者附會稱經。故《文史通義·經解中》云:"東漢秦景之使

---

① 又,稿本無。據油印本、華東本增。
② 謂之,稿本作"之謂"。茲依油印本及華東本。
③ 與,稿本、油印本無。據《文史通義》及華東本增。
④ 記,華東本作"禮"。茲依稿本及油印本。
⑤ 輯,稿本、油印本作"集"。據《文史通義》及華東本改。

天竺，《四十二章》皆不名經。自注：佛經①皆中國繙譯，竺書無經字。祺案，劉楳云：佛書三藏，爲經、論、律。經即修多羅字。章說未允。其後華言譯受，附會稱經，則亦文飾之辭矣。"又《經解下》云："佛老之書，本爲一家之言，非有綱紀政事。其徒欲專其教，自以一家之言，尊之過於六經，無不可也。強加經名以相擬，何異優伶效楚相哉？亦其愚也！"或尚異者文飾爲經。故《文史通義·經解中》云："《老子》二篇，劉、班著錄，初不稱經。《隋志》乃依阮《錄》，稱《老子經》。意者阮《錄》出於梁世，梁武崇尚異教，則佛老皆列經科，其所仿也。而加以《道德真經》，與《莊子》之加以《南華真經》，《列子》之加以《沖虛真經》，則開元之玄教設科，附飾文致，又其後而益甚者也。"祺案：基督教《新舊約》稱《聖經》，回教有《可蘭經》，亦同此例。或偽造者橫被經名。故先師歙②吳綒齋先生承仕《國故概要》云："三張之倫，偽造《道經》，浮誇猥雜，至不足道。而亦橫被經名，明漢人之視經獨異也。"凡此皆泛論各家者也。若就其專論儒家者言之，有曰四經者。如《管子·戒篇》云："澤其四經。"尹知章③注："四經，謂《詩》、《書》、《禮》、《樂》。"有曰五經者。如《漢書·武帝本紀》云："建元五年春，置五經博士。"又《白虎通·五經篇》云："經所以有五何？經，常也。有五常之道，故曰五經。《樂》，仁；《書》，義；《禮》，禮；《易》，智；《詩》，信也。"又云："五經何謂？《易》、《尚書》、《詩》、《禮》、《春秋》也。"有曰六經者。如《莊子·天運篇》云："孔子謂老聃曰：'丘治《詩》、《書》、《禮》、《樂》、《易》、《春秋》六經，自以爲久矣，孰知其故矣。以奸者七十二君④。'"又《漢書·武帝本紀贊》云："孝武初立，卓然罷黜百家，表章六經。"師古曰："六經，謂《易》、《詩》、《書》、《春秋》、《禮》、《樂》也。"六經又謂之六藝。如《史記·孔子世家贊》云："中國言六藝者，折衷於夫子，可謂至聖矣。"又《滑稽列傳》云："孔子曰：六藝之於治，一也。"六經亦謂之六學。如董仲舒《春秋繁露·玉杯》云："六學皆大，而各有所長⑤。"

---

① 經，稿本、油印本作"書"。據《文史通義》及華東本改。

② "歙"下，油印本、華東本多"縣"字。茲依稿本。

③ 尹知章，華東本作"房玄齡"。案《管子》舊題房玄齡注，《四庫提要》據晁公武《郡齋讀書志》考訂，實唐尹知章撰而後人託房氏之名以傳之。故稿本稱尹知章注，不誤。茲依稿本。

④ "七十二君"下，華東本補入《莊子·天運》"論先王之道"至"猶迹也"一節。此處原稿實乃節引。茲依稿本及油印本。

⑤ "董仲舒"至"各有所長"十九字，稿本無。據油印本、華東本增。

《漢書·敘傳》述《漢武紀》第六云：“憲章六學，統一聖真。”述《藝文志》第十云：“六學既登，遭世罔弘。”述《儒林傳》第五十八云：“漢臣其業，六學析分。”六經亦謂之六籍。如班固《東都賦》云：“蓋六籍所不能談，前聖靡得言焉。”六經亦謂之六術。如賈誼《新書》云：“《易》、《詩》、《書》、《春秋》、《禮》、《樂》六者之術，以爲大義，謂之六術 ①。”有曰七經者，如《後漢書·趙典傳》云：“博 ② 學經書，弟子自遠方至。”章懷太子李賢注引謝承書曰：“典學孔子七經，河洛圖書，內外藝術，靡不貫綜，受業者百餘人 ③。”又《蜀志·秦宓傳》載宓與王商書云：“蜀本無學士，文翁遣相如東受七經，還教於民。於是蜀學比於齊、魯。”祺案七經，蓋謂五經加《孝經》、《論語》也。有曰九經者，如《新唐書·儒學列傳·谷那律傳》云：“淹識群書，褚遂良嘗稱爲九經庫。”又顧炎武《日知錄》卷七“九經”條云：“唐、宋取士，皆用九經。”卷十八“十三經注疏”條云：“自漢以來，儒者相傳，但言五經。而唐時立之學官，則云九經者，三禮、三傳，分而習之，故爲九也。”有曰十經者。如《南史·隱逸上·周續之傳》云：“豫章太守范寧，於郡立學，招集生徒，遠方至者甚衆。續之年十二，詣寧受業。居學數年，通五經、五緯，號曰‘十經’。名冠同門，稱爲顏子。”有曰十二經者。如《莊子·天道 ④ 篇》云：“孔子西藏書於周室。子路謀曰：‘由聞周之徵藏史有老聃者，免而歸居。夫子欲藏書，則試往因焉。’孔子曰：‘善。’往見老聃，而老聃不許。於是繙十二經以說。”陸德明《經典釋文》云：“說者云：‘《詩》、《書》、《易》、《禮》、《樂》、《春秋》六經，加六緯，合爲十二經也。’一說云：‘《易》上、下經，並《十翼》，爲十二。’又一云：‘《春秋》十二公經也’。”又唐及後蜀石經，並於九經外，刻《孝經》、《論語》、《爾雅》，亦名十二經。有曰十三經者。《日知錄》“十三經注疏” ⑤ 條云：“唐 ⑥ 刻石國子學，九經 ⑦，並《孝經》、《論語》、《爾雅》。

① “六經亦謂之六籍”至“六術”一節，稿本無。據油印本、華東本增。
② 博，稿本誤“傳”。油印本、華東本沿之。據《後漢書》改。
③ 者百餘人，稿本作“百餘人者”。據油印本、華東本改。
④ 道，稿本、油印本作“運”。據華東本改。
⑤ 注疏，稿本、油印本無。據華東本增。
⑥ 唐，華東本據《日知錄》改作“其”。茲依稿本。
⑦ “九經”上，華東本據《日知錄》補“則云”二字。茲依稿本。

宋時程、朱諸儒①出，始取《禮記》中之《大學》、《中庸》，及進《孟子》以配《論語》，謂之《四書》。本朝因之，而十三經之名始立。"及清儒以《大戴記》與《小戴記》同流，宜列於經，於是又有十四經之目。又近賢②桐城馬通伯先生其昶，著《孝經誼詁》、《大學誼詁》、《中庸誼詁》，三書合爲一帙，總名《三經誼詁》。因之而增三經之號。凡此皆專論儒家者也。明乎此，則經之本支③所由蕃碩，宜可以知。今余論次群經要略④，則斷以儒家之十四經爲本。以上論經之本枝。

---

① "儒"上，華東本據《日知錄》補"大"字。茲依稿本、油印本。
② 賢，稿本作"儒"。據油印本、華東本改。
③ 支，華東本改"枝"。茲依稿本及油印本。
④ 群經要略，稿本作"經典之文"。據油印本、華東本改。

群經要略卷之二　　　　　　　　　　霞浦黃壽祺纂輯

周易篇第二

　　《周禮》：太卜"掌《三易》之法：一曰《連山》，二曰《歸藏》，三曰《周易》。"《連山》、《歸藏》久佚，唯《周易》存。周者，代名，或以爲普徧之義。"易"字之義，《說文》云："易，蜥蜴、蝘蜓，守宮也。象形。"是"易"之本義爲守宮，以其善變，故假爲變易之易。《繫辭》云："《易》者，象也。"孔疏云：《易》卦者，寫萬物之形象，故曰'易者，象也'。"《繫辭》又云："生生之謂易。"荀爽注云："陰陽相易，轉相生也。"鄭玄依《易緯·乾鑿度》之說，作《易贊》及《易論》，云：《易》一名而含三義：易簡，一也；變易，二①也；不易，三也。故《繫辭》云：'乾坤，其《易》之蘊邪？'又云：'《易》之門戶邪？'又云②：'夫乾確然示人易矣，夫坤隤然示人簡矣'，'易則易知，簡則易從'。此言其易簡之法則也。又云：'其爲道也屢遷，變動不居，周流六虛，上下无常，剛柔相易，不可爲典要，唯變所適。'此言順時變易，出入移動者也。又云：'天尊地卑，乾坤定矣；卑高以陳，貴賤位矣；動靜有常，剛柔斷矣。'此言其張設布列，不易者也。"後儒多本其說。唯東吳虞翻本《參③同契》云："易字從日下月。"《說文》亦謂"祕書說曰：'日月爲易，象陰陽也。'"所謂"祕書說"，殆即《參同契》之屬。清儒習《虞氏易》者，多尊主此說。咸豐間，元和朱豐芑先生④著《周易六十四卦經解》，則謂："《周易》之易，讀爲易。謂陽道周普，無所不備。"光緒間，桐城吳摯甫先生⑤著《易說》，又謂："易者，

----

①　二，稿本作"一"。據油印本、華東本改。
②　又云，稿本無。據據油印本、華東本增。
③　"參"上，稿本有"周易"二字。據油印本、華東本刪。
④　豐芑先生，稿本作"駿聲"。據油印本、華東本改。
⑤　摯甫先生，稿本作"汝綸"。據油印本、華東本改。

占卜之名，因以名其官。"引《禮記·祭義》"易抱龜南面，天子袞冕北面"以爲證。吾師行唐尚節之先生，著《周易尚氏學》，亦主此說。以上論《周易》名義。〇參看附錄《周易名義攷》。

《易》之爲書，人更三聖，世歷三古。此爲漢儒之通義。三聖，指伏羲、文王、孔子；三古，謂伏羲爲上古，文王爲中古，孔子爲近古也。故傳者皆謂①，《易》始於伏羲畫卦，其數有八，因而重之，爲六十四。文王作卦辭、爻辭。孔子作《十翼》。《十翼》者，《上彖②》一，《下彖》二，《上象③》三，《下象》四，《上繫》五，《下繫》六，《文言》七，《說卦》八，《序卦》九，《雜卦》十是也。後漢荀爽本京房之說，又謂爻辭出於周公，是《易》成於四聖之手。謂《易》歷三聖者，以周公統於文王，父統子業故也。自宋代歐陽修，即懷疑《十翼》非孔子所作④。然《史記》明言孔子讀《易》"韋編三絕"，《論語》亦有"加我數年，五十以學《易》，可以無大過⑤"之詞，而《繫辭傳》中又屢引孔子之解，則是《十翼》雖未必成於孔子之手，要⑥不能謂其與孔子無關也。近人對於《周易》創作時代及作者，異說頗多，然亦未有定論⑦。以上論《周易》之時代及作者。

史稱孔子授《易》商瞿，瞿再傳爲子弓，子弓三傳爲漢之田何。漢易施、孟、梁丘三家，俱祖田何。京房受《易》焦延壽，延壽之學亦出孟喜，說《易》長於災異。京氏之學，合施、孟、梁丘爲四家，俱列學官，皆漢代易學之今文也。民間私習費氏易、高氏易。高氏易出於高相，淵源於丁寬，亦今文之支流。費氏易出於費直，字皆古文，馬融、荀爽俱傳之。鄭玄爲《費氏易》作注，此殆漢代易學之古文也。漢末說《易》者，咸遵鄭注。至魏王弼注

---

① "易之爲書"至"皆謂"五十二字，稿本無。據油印本、華東本增。

② 彖，油印本誤"象"。茲依稿本及華東本。下句"彖"倣此。

③ 象，華東本誤"彖"。茲依稿本及油印本。下句"象"倣此。

④ "後漢荀爽"至"孔子所作"一節，稿本作："故漢儒通謂《易》'人更三聖、世歷三古'。然重卦之人，即有四說：王輔嗣等以爲伏羲重卦，鄭玄之徒以爲神農重卦，孫盛以爲夏禹重卦，史遷以爲文王重卦（孔氏《正義·序論》文）。繫辭亦有二說：鄭學之徒，以爲卦辭、爻辭並是文王所作，馬融、陸績等謂卦辭文王、爻辭周公（《正義·序論》）。自歐陽修而後，對《十翼》亦多異論，大致則以爲不出於孔子，而出於漢初諸儒。則是所謂'三古三聖'者，蓋未足以爲定論。"茲據油印本、華東本改訂。

⑤ "可以無大過"五字，稿本無。據油印本、華東本作增。

⑥ 要，華東本作"但"。茲依稿本、油印本。

⑦ "近人"至"定論"二十三字，稿本無。據油印本、華東本增。

《易》，舍象數而言義理，復作《易略例》，倡"得意忘象"之說。《易繫辭①》王氏無注，韓康伯補其缺，閒雜老、莊之旨。於是易學丕變，言《易》者分象數、義理兩派。當南北朝時，鄭易行於河北，徐遵明以鄭易教授；王弼之《易》行於河南青、徐之閒，江左且以王弼《易注》列②於學官。至隋代統一，王易盛行。唐孔穎達爲《易》作疏，遵用王注，而鄭易遂亡。幸李鼎祚《周易集解》，采漢儒以迄唐代象數家注《易》③之說，得三十五家，崇鄭黜王。漢易餘緒，賴以僅存。宋儒治《易》，亦分象數、義理兩派。惟象數與漢易殊，乃本於陳摶。摶作先天④、後天圖，劉牧、邵雍易學之所出也。以理說《易》，當推程頤。頤著《易傳》，尚精審。又有牽合理數爲之，朱熹之《周易本義》即是。此後歷元、明兩代，言《易》者多莫能越陳、邵、程、朱之範圍。此外，宋儒尚有兩派：一爲李光、楊萬里，李著《讀易詳說》，楊著《誠齋易傳》，均參證史事，發爲議論，《易》遂日啟其論端；一爲歐陽修，著《易童子問》，疑《十翼》非孔子所作，爲近世疑古者所宗，此不可不特書者也。清初言《易》者，咸闢陳摶之圖。黃宗羲作《易學象數論》，其弟宗炎復作《周易象辭》、《圖書辨惑》，然不宗漢學，家法未明。惟東吳惠氏世傳易學，及惠棟作《周易述》，以象爲主，兼採兩漢易家之說，旁通曲證，然全書未竟，門人江藩繼之，作《周易述補》。棟又作《易漢學》、《易例》、《周易本義辨證》等書，咸宗漢學。焦循作《易圖略》、《易章句》、《易通釋》等，發明易義，自成一家之言⑤。張惠言作《周易虞氏義》、《周易⑥鄭荀義》、《易義別錄》等書，於虞氏易功力尤深，號爲專門名家⑦。姚配中、劉逢祿等繼之，配中作《周易姚氏學》，逢祿作《易虞氏五述》，咸以象數爲主，家法不背漢儒。此則清代之漢易學⑧也。又胡渭著《易圖明辨》，於漢宋兩家象數之失，皆有駁辨⑨。李塨作《周易傳註》，舍數言理，尚無穿鑿之失。至於李光地、查慎行等家，則崇宋黜漢。此又

---

① 辭，稿本作"詞"。據油印本、華東本改。
② 列，稿本作"立"。據油印本、華東本改。
③ "注《易》"二字，稿本無。據油印本、華東本增。
④ "天"下，華東本多一"圖"字。茲依稿本、油印本。
⑤ "發明易義，自成一家之言"，稿本作"發明大義，成一家之言"。油印本承之。茲據華東本改。
⑥ 周易，稿本、油印本無。據華東本增。
⑦ "易義別錄"至"專門名家"二十字，油印本、華東本脫。茲依稿本。
⑧ 漢易學，稿本作"易漢學"。據油印本、華東本改。
⑨ "於漢宋"至"駁辨"十三字，油印本、華東本脫。據稿本補。

清代之宋易學也。近世言費氏①易者，推王晉卿先生及馬通伯先生兩大家②。王著《費氏易訂文》，馬著《周易費氏學》，均行於世。又海寧杭辛齋著《杭氏易學七種》，亦風行一時。三君均已歿，今海內易家存者，惟蘇州之沈祖緜及吾師行唐尚節之先生二人，最爲老師。而尚氏尤負重望，所著《周易尚氏學》、《焦氏易詁》、《焦氏易林注》、《周易古筮攷》等十餘種，亦能自成一家之言。以上略論《周易》傳授源流及其宗派。參看拙著《六庵易話》，及附錄拙著《論易學之門庭》。

　蓋《易》之卦畫，肇啓文明。昔人以爲名教之始，實亦文字與繪畫之初祖也。卦辭、爻辭，其文已多用韻，實爲詩歌之濫觴③。《十翼》之④解釋卦爻辭，遂開後世序跋之體，亦實注疏文體之所昉⑤。《序卦》之文，蓋開後世目錄之體。而《文言》一篇，尤爲後世駢儷文家所推尊，稱爲千古文章之祖。故論《周易》之文，《文言》首所必讀。其次，則《上繫》七爻，《下繫》十一爻。又《大象》之文，今散於六十四卦，古本合爲一篇，不獨義蘊閎深，其辭尤簡括而優美，亦不可不熟讀焉。以上略論《周易》之文。

---

① “費氏”，稿本作“漢”。據油印本、華東本改。
② “王晉卿先生及馬通伯先生兩大家”，稿本作“王樹枏及馬其昶兩家”。據油印本、華東本修訂。
③ “實爲詩歌之濫觴”七字，稿本無。據油印本、華東本增。
④ 《十翼》之三字，稿本作“又有《十翼》，以”。據油印本、華東本改。
⑤ 之所昉，稿本作“所自昉也”。據油印本、華東本改。

【附錄一】

周易名義考 ①

《周禮》:太卜掌三易之法,一曰《連山》,二曰《歸藏》,三曰《周易》。

鄭玄注引杜子春云:"《連山》,宓羲;《歸藏》,黃帝。"《周易正義·論三代易名》又引鄭玄《易贊》及《易論》云:"夏曰《連山》,殷曰《歸藏》,周曰《周易》。"《玉海》引《山海經》云:"伏羲氏得河圖,夏后因之,曰《連山》;黃帝得河圖,商人因之,曰《歸藏》;列山氏得河圖,周人因之,曰《周易》。"

《連山》、《歸藏》皆亡,今唯《周易》獨存。

桓譚《新論》云:"《連山》藏於蘭臺,《歸藏》藏於太卜。"又云:"《連山》八萬言,《歸藏》四千三百言。"似漢時實有此二書。鄭玄注《禮運》云:"其書存者有《歸藏》。"據此,則漢末《歸藏》尚存。《太平御覽》引《博物志》云:"太古書今見存者《連山》、《歸藏》,夏殷之書。"則此二書到西晉尚存。行唐尚先生節之嘗語余:"干寶《周禮注》引《歸藏》云:'復子,臨丑,泰寅,大壯卯,夬辰,乾巳,姤午,遯未,否申,觀酉,剝戌,坤亥。'疑《歸藏》蓋亡永嘉之亂。"壽祺謹案:干寶以十二支配十二辟卦,明爲漢人卦氣之術,未必是《歸藏》原文。然亡於永嘉之亂之說,或可信。至《隋書·經籍志》,雖首列"晉太尉參軍薛貞注《歸藏》十三卷",然又云:"《歸藏》漢初已亡,(壽祺謹案:據前引鄭玄《禮運》注及尚先生之說,則《隋志》此論未確。)案晉《中經》有之,唯載卜筮,不似聖人之旨。"而《左傳正義》亦斥爲"僞妄之書"(見《左傳》襄公九年"遇艮之八"疏),則薛貞注本當出於漢以後人僞託。《舊唐書·經籍志》、《新唐書·藝文志》尚載其書,仍爲十三卷。《崇文總目》云:"今但存《初經》、《齊母》、《本筮》三篇。"《宋史·藝文志》所載,只存三卷,應

---

① 本文蓋 1945 年間撰於國立海疆學校,1979 年發表於《福建師範大學學報》當年第 2 期。稿本題下標"原載六庵易話中",學報題下標"六庵讀易叢考之一",今俱從省。

指此。今並不傳。而《連山》原書，久無傳本，歙吳先生檢齋《經典釋文序錄疏證》疑其“或絕於中興之際”。若《新唐書·藝文志》所列“司馬膺注《連山》十卷”，明爲晚出之僞書，今亦不傳。清儒如王謨《增訂漢魏叢書》、馬國翰《玉函山房叢書》、洪頤煊《經典集林》、觀頰道人《閏竹居叢書》等所輯《連山》、《歸藏》遺文，可備參考。又近人徐世大著《周易闡微》，謂“《連山》即著書，《歸藏》即龜書”，均無確證。

周字之義，自來蓋有兩說：一曰，周者代名。

《周易正義·論三代易名》云：“案《世譜》等群書，神農一曰連山氏，亦曰列山氏。黃帝一曰歸藏氏。既連山、歸藏並是代號，則《周易》稱周，取岐陽地名。《毛詩》云‘周原膴膴’是也。又文王作《易》之時，正在羑里，周德未興，猶是殷世也，故題周別於殷。以此文王所演，故謂之《周易》。其猶《周書》、《周禮》，題周以別餘代。故《易緯》云‘因代以題周’是也。”

二曰，義取周普。

《周禮》鄭注云：“《連山》，似山出內（納）氣也。《歸藏》者，萬物莫不歸而藏於其中。”賈疏云：“《連山》似山出內（納）氣也者，此《連山易》其卦以純艮爲首，艮爲山，山上山下，是名《連山》，雲氣出內（納）於山，故名《易》爲《連山》。《歸藏》者，萬物莫不歸而藏於其中者，此《歸藏易》以純坤爲首，坤爲地，故萬物莫不歸而藏於中，故名爲《歸藏》也。鄭雖不解《周易》其名‘周易’者，《連山》、《歸藏》皆不言地號，以義名《易》，則周非地號。以《周易》以純乾爲首，乾爲天，天能周匝於四時，故名《易》爲周也。”《周易正義·論三代易名》謂：“鄭玄又釋云：‘《連山》者，象山之出雲，連連不絕；《歸藏》者，萬物莫不歸藏於其中；《周易》者，言易道周普，无所不備。’”據此，則賈疏實原本鄭義，以補釋《周易》命名之旨。陸德明《經典釋文》云：“周，代名也；周，至也，遍也，備也。今名書，義取周普。”是陸氏雖存代名之說，而實主周普之義。行唐尚先生《周易尚氏學》（蓮池講學院鉛印本）云：“按《三易》之名，皆緣首卦。《連山》以艮爲首，上艮下艮，故曰《連山》。《歸藏》以坤爲首，萬物皆歸藏於地，故曰《歸藏》。《周易》以乾爲首，乾元亨利貞，即春夏秋冬，周而復始，无有窮期，故曰《周易》。”又云：“周者周之理:十二消息卦,周也;元亨利貞,周也;大明終始,六位時成,周也;《彖傳》分釋元亨利貞既畢,又曰首出庶物,即貞下啟元也,周也;古聖人之卦氣圖,起中孚終頤,周也。此其理唯揚子雲識之最深,《太玄》以《中》擬《中孚》,以《周》擬《復》,終以《養》擬《頤》,其次序與卦氣圖絲毫不紊。而於玄首,則釋其所以然,其罔直蒙酋冥,即元亨利貞,故以中羨從爲始,更晬廓爲中,減沈成爲終,循環往來,无不非周之理。"自來釋周字之義者,蓋莫詳於此矣。又元和朱豐芑先生釋太卜掌《三易》之法,改《周易》爲《周易》,謂:"周者言易道匐普,無所不備也。《三易》之'易'讀若覡,《周易》之'易'讀若陽。"朱先生雖改"易"爲"易",而釋周之義仍爲周普,與前所引諸家之說同。朱說詳所著《六十四卦經解》卷一中。

亦有兼取兩說者,唯自孔穎達以來,主前說者多,今從之。

《周易正義·論三代易名》云:"先儒又兼取鄭說,云既指周代之名,亦是普徧之義,雖欲無所遐棄,亦恐未可盡通。其《易》題周,因代以稱周,是先儒更不別解。"壽祺謹案:兼取兩說者,如前所引陸德明《經典釋文》,雖實主周普之義,然仍存代名之說,即是其例。至孔氏以後注《易》之家,專主周爲代名者至衆,不悉列舉。

至易字之義,古今說者尤多。其本義爲蜥易,蜥易能十二時變色,以其善變,故假爲變易之易。

《說文》"易"部云:"易,蜥易、蝘蜓、守宮也,象形。"《周易正義·論易之三名》云:"夫易者,變化之總名,改換之殊稱。自天地開闢,陰陽運行,寒暑迭來,日月更出,孚萌庶類,亭毒群品,新新不停,生生相續,莫非資變化之力,換代之功。然變化運行,在陰陽二氣,故聖人初畫八卦,設剛柔兩畫,象二氣也。布以三位,象三才也。謂之爲易,取變化之義。"

《繫辭》釋易字之義者,凡兩處:《上傳》云"生生之謂易",此一義也。

李鼎祚《周易集解》引荀爽注云:"陰陽相易,轉相生也。"李道平《周易集解纂疏》云:"陽極生陰,陰極生陽,一消一息,轉易相生,故謂之易。京氏云:'八卦相盪,陽入陰,陰入陽,二氣交互不停。'故曰生生之謂易。"又韓康伯注云：“陰陽轉易，以成化生。”孔穎達疏云：“生生，不絕之辭。陰陽變轉，後生次於前生，是萬物恒生謂之易也。前後之生，變化改易。生必有死，《易》主勸戒，獎人爲善，故云生不云死也。”

《下傳》云“易者象也”，此又一義也。

孔疏云：“《易》卦者，寫萬物之形象，故曰易者象也。”李氏《集解》引崔憬云：“言《易》者象於萬物。象者，形象之象也。”

《說卦》又別爲一義，釋易爲“逆數”。凡此三義，皆明見於《十翼》之中者也。

《說卦》謂：“易，逆數也。”逆數之義，解者不同。虞翻注：“易謂乾，故逆數。”張惠言《周易虞氏義》釋之云：“消息皆乾陽，故易謂乾。”李道平《周易集解纂疏》釋之云：“卦始於一陽，故易謂乾也。《乾鑿度》曰：‘易氣從下生。’鄭彼注云：‘易本無形，自微及著，氣從下生，以下爻爲始。’故曰逆數也。”此一解也。韓注云：“作《易》以逆睹來事，以前民用。”孔疏云：“《易》雖備知來往之事，莫不假象知之，故聖人作《易》，以逆睹來事也。以前民用者，《易》占事在其民用之前。此《繫辭》文，引之以證逆數來事也。”又一解也。李道平嘗自爲說云：“乾坤初索震巽，再索坎離，三索艮兌，是逆數也。”此又一解也。此三解雖互異，而皆勝於朱子《周易本義·圖說》所引邵子“自乾至坤，皆得未生之卦，若逆推四時之比也”之說。

《易緯·乾鑿度》則謂：“易一名而含易簡、變易、不易三義。”鄭玄宗其說以作《易贊》及《易論》。

《易緯·乾鑿度》云：“易一名而含三義：所謂易也，變易也，不易也。”又云：“易者，其德也。光明四通，簡易立節，天以爛明，日月星辰，佈設張列；通精無門，藏神無穴，不煩不擾，澹泊不失，此其易也。變易者，其氣也。天地不變，不能通氣，五行迭終，四時更廢；君臣取象，變節相移，能消者息，必專者敗，此其變易也。不易者，其位也。天在上，地在下，君南面，臣北面，父坐子伏，此其不易也。”鄭玄依此義，作《易贊》及《易論》云：“易一名而含三義：易簡，一也；變易，二也；不易，三也。故《繫辭》云：‘乾坤其易之蘊邪？’

又云:‘易之門戶邪？’又云:‘夫乾確然示人易矣，夫坤隤然示人簡矣；易則易知，簡則易從。’此言其易簡之法則也。又云:‘爲道也屢遷，變動不居，周流六虛，上下無常，剛柔相易，不可爲典要，唯變所適。’此言順時變易，出入移動者也。又云:‘天尊地卑，乾坤定矣。卑高以陳，貴賤位矣。動靜有常，剛柔斷矣。’此言其張設布列不易者也。”壽祺謹案:《乾鑿度》爲說《易》最古之書，鄭君兼通今古文之學，其解“易”之名義，皆兼易簡、變易、不易之說。而鄭君解《乾鑿度》“易者易也”，讀爲難易之易，引證《周易》可謂切實翔明，不知周簡子、張氏、何氏等，何緣又讀爲易代之易？孔穎達譏其“不顧《緯》文不煩不擾之言，用其文而背其義。”（見《周易正義·論易之三名》）諒矣！

《列子》張湛注，亦略同其說

張湛《列子·天瑞篇》注云:“易者，不窮滯之稱。”又云:“易，亦希爲之別稱也。”壽祺謹案:不窮滯，蓋就變易之義言之；希爲，蓋就易簡之義言之。

《乾鑿度》又以“未見氣”釋“太易”，此與《大戴禮》謂“易爲渾元之始者”蓋相同。

《乾鑿度》又云:“夫有形者生於無形，則乾坤安從而生？故有太易，有太初，有太始，有太素。太易者，未見氣也。太初者，氣之始也。太始者，形之始也。太素者，質之始也。氣形質具而未相離，謂之渾沌。渾沌者，言萬物相渾沌而未相離也。視之不見，聽之不聞，循之不得，故曰易也。”《列子·天瑞篇》亦有此文。孔穎達推本其說，因謂:“蓋易之三義，唯在於有。然有從無出，理則包無。”又謂:“易理備包有無，而易象唯在於有。”（引文均見《周易正義·論易之三名》）壽祺謹案，《大戴禮·易本命》云:“易者渾元之始，是曰太易。”所謂渾元之始者，即此《乾鑿度》所云“氣形質具而未相離，謂之渾沌”之說也。

若《管子》、《賈子》諸書，言易之義，大抵皆就卜筮尚占方面言之。鄭玄亦曾有此種解釋。

《管子·山權數》云:“易者，所以守成敗吉凶者也。”《賈子·道德說》云:“易者，察人之精，德之理，與弗循而占其吉凶。”按此兩說均就“以卜筮者尚其占”方面言之，實與鄭玄《周禮》“太卜”注所云“易者，揲蓍變易之數可占者也"語異而義同。

而《說文》又引"祕書說:日月爲易,象陰陽也。一曰從勿。"考"日月爲易"之說,與東吳虞翻《易注》所引《參同契》"字從日下月"者,意義正相同。清儒治虞氏易者,多遵其說。唯"從勿"之義,則頗難通。

《說文》"易"部:"易,蜥易、蝘蜓、守宮也,象形"之下,又引:"祕書說:日月爲易,象陰陽也。一曰從勿。"又虞翻《易注》引《參同契》云:"字從日下月。"宋本《經典釋文》引,下有"正從日勿"四字。壽祺謹案,《說文》"勿"部云:"勿,州里所建旗,象其柄有三游,雜帛,幅半異,所以趣民,故遽稱勿勿。"是勿字之本義,爲旗之象;後又假作無字、不字解。夫易字從日下月,以象陰陽,尚有意義。若從日勿,則全不可通,疑日勿之說有謬。元和朱先生《六十四卦經解》謂:"又易于文爲勿,象目彩之散著。"未知其何所據? 余疑"目彩"或爲"日彩"之誤。近有泰順許篤仁,著《周易新論》謂:"日下勿,象測日之器。"恐屬臆說,未足信。

至宋儒程朱二子,又嘗以宇宙之本體爲易,爲元明以來言理學者所崇。

《程子遺書》云:"上天之載,無聲無臭,其體則謂之易。"朱子釋之云:"其體則謂之易,便是橫渠所謂塊然太虛,升降飛揚,未嘗止息者。自此而下,雖有許多般,要之,形而上者謂之道,形而下者謂之器,皆是實理。"又云:"從上天之載說起,雖是無聲無臭,其闔辟變化之體,則謂之易。然所以能闔辟變化之理,則謂之道。"又云:"體是體質之體,猶言骨子也。易者,陰陽錯綜交換代易之謂,如寒暑晝夜,闔闢往來,天地之間,陰陽交錯,而實理流行,蓋與道爲體也。寒暑晝夜,闔闢往來,而實理流行其間;非此,則實理無以頓放。故曰其體則謂之易,言易爲此理之體質也。"(以上所述朱子之說,均據江永《近思錄集注》卷一節引。)觀此諸說,可知程朱二子,蓋皆嘗以宇宙之本體爲易矣。

清初,毛奇齡略總前儒之說,謂易兼有變易、交易、反易、對易、移易五義。實猶未之能盡也。

《四庫全書總目》經部易類,《仲氏易》三十卷提要云:"大旨謂易兼五義:一曰變易,一曰交易,是爲伏羲之易,猶前人之所知。一曰反易,謂相其順

逆,審其向背,而反見之,如《屯》轉爲《蒙》、《咸》轉爲《恒》之類;一曰
對易,謂比其陰陽、絜其剛柔,而對觀之,如上經《需》、《訟》與下經《晉》、
《明夷》對,上經《同人》、《大有》(壽祺謹案,此當作《剝》、《復》,西河原書有誤,《提要》仍而未改)與下經《夬》、《姤》對之類;一曰移易,謂審其分聚,計其往來,而
推移上下之,如《泰》爲陰陽類聚之卦,移三爻爲上爻,三陽往而上陰來則爲
《損》,《否》爲陰陽(壽祺謹案,此當依原書作陽陰)類聚之卦,移四爻爲初爻,四陽
來而初陰往則爲《益》之類。是爲文王之《易》,實漢晉以來所未知。故以
《序卦》爲用反易,以分篇爲用對易,以演易繫辭爲用移易。”壽祺謹案,《提
要》此文,原本《仲氏易》卷一,而撮其大旨。原書文繁,而《提要》簡明,
故捨原書而引《提要》。西河略總前人之說,謂易兼變易、交易、反易、對易、
移易五義,雖未爲詳備,要不爲冥心臆測,用心固亦勤也。然其以變易、交易
屬之伏羲,以反易、對易、移易屬之文王,則未見其必是矣。西河持論,頗多與
宋儒相左,而說此蓋猶未免有先後天之見存焉。又西河所謂反易,實即虞氏
之反對;所謂移易,實即荀氏之升降;所謂對易,亦同虞氏之旁通:竟謂爲漢晉
以來所未知,未免言過其實。

**其後,蘇秉國以變易爲宗旨,而不取爻位。葉佩蓀以移易爲宗旨,
而不取變易。連斗山兼取交易、移易、變易,而於不易之義則失。黎世
序本日月爲易之義,專取爻位爲坎離,而於周流之義則失。**

此節參考元和朱先生《六十四卦經解·近時說易家》。壽祺謹案,蘇秉
國著《周易通義》,葉佩蓀著《易守》,連斗山著《周易辨畫》,黎世序著《河
上易注》。

**桐城吳摯甫先生又別爲一解,云“易者占卜之名,因以名其官”。
行唐尚先生宗其說。**

吳先生《易說》云:“易者,占卜之名。《祭義》:‘易抱龜南面,天子卷冕
北面。’是易者占卜之名,因以名其官。《史記·大宛傳》:‘天子發書易’,謂
發書卜也。又武帝《輪臺詔》云:‘易之,卦得《大過》。’易之,卜之也。說
者以簡易、不易、變易釋之,皆非。”行唐尚先生《周易尚氏學》,亦堅主此說,
謂《史記·禮書》“能慮勿易”,即言能慮者則不占也。

時人有謂筮法乃周人所創，以替代或補助卜法者，比之龜卜，實爲簡易，以其簡易，故名曰易。

說見中央研究院《歷史語言研究所集刊》第一卷第一期。余永樑曰：商代無八卦。商人有卜而無筮，筮法乃周人所創，以替代或補助卜法者。卦及卦爻，等於龜卜之兆。卦辭爻辭，等於龜卜之繇辭。繇辭乃掌卜之人，視兆而占者。此等臨時占辭，有時出於新造，有時沿用舊辭，如有與以前所卜相同之事，卜時又有與以前相同之兆，則占辭即可沿用其舊；如前無此兆，則須新造。灼龜自然的兆象，既多繁難，不易辨識；而以前之占辭，又多繁雜，不易記憶。筮法之興，即所以解決此種困難者。卦爻仿自兆，而數有一定，每卦爻之下，又有一定之辭。筮時遇何卦何爻，即可依卦辭爻辭，引申推論。比之龜卜，實爲簡易。

此其以簡易釋易，與《乾鑿度》易簡之義，名同而實異。近日說《周易》命名之義者，或從之。

《乾鑿度》說，引見前。近人用此說者，不悉錄。又徐世大《周易闡微》，謂：「《周易》作者爲晉人中行明，作書之地在易。《周易》之名，周者周徧，易即其著書之地，望其親友周歷以救之也。」其說甚支離誕妄，吾無取焉。

學者觀乎衆說之紛紜，亦足以窺易道之廣大，見仁見智，存乎其人。若以余之固陋，雖謬欲博稽古今之說，兼綜衆家之言，而要之以易爲變易之義者爲主。

由上所述諸家之說，對於《周易》之名義，莫衷一是。余意論《周易》之名義，宜從其本義與後起義分別觀之。一切事物發展，皆由簡而繁，由粗而精，由低級而高級。《易》在最初，原爲卜筮之書，繇辭簡樸無華，後始漸次傅以哲理，而內容亦日趨繁複，此即經傳之所攸分。《周易》名義，當亦如此。周爲代名，易主變易，蓋其始義。《繫辭》云：「易之興也，其當殷之末世，周之盛德邪？當文王與紂之事邪？」文義至爲明顯。其曰《周易》者，所以別於夏之《連山》、殷之《歸藏》也。經發展而爲傳，而後有「周普」之義，其初本無是也。《繫辭》云：「聖人設卦觀象，繫辭焉而明吉凶，剛柔相推而生變化。"又云:"八卦成列,象在其中矣;因而重之,爻在其中矣;剛柔相推,變在其中矣;繫辭焉而命之,動在其中矣。"於此可見易之本義爲變易,其他如簡易、不易等義,則爲後起之說也。

《易》以象爲本,易象變化多端,故主於變易。"生生之謂易",生生亦係變化無常之謂也。若簡易、不易,則係指易理而言。易理可言簡易,言不易;而象則不可言簡易,言不易也。若謂《易》用筮法,比之龜卜簡易,殊難質言。它如所謂"太易"、"宇宙之本體爲易"、"日月爲易,象陰陽也"、"易逆數也",亦皆係指易理而言。而所謂"占卜",則係指《易》之用而言,以《易》用於占卜,故可爲占卜之名。其皆非易之本義,均甚明顯。又如所謂"易兼有變易、交易、反易、對易、移易五義",實皆不出變易一義之範圍,舉變易而五義盡賅矣。

論易學之門庭 ①

（庚辰在北平中國大學講演稿）

　　程伊川嘗言："學者要自得，六經浩渺，乍來難盡曉，且見得路徑後，各自立得一個門庭，歸而求之，可矣。"《遺書》朱子門人問："門庭豈容各立耶？"朱子曰："此是說讀六經，是 ② 要從師講問，且識得如何下工夫，便是立得門庭；卻歸去依此實下工夫，便是歸而求之。"《語類》朱子門人又有問："如何是門庭？"朱子曰："是讀書之法，如讀此一書，須知此書而當如何讀。伊川教人看《易》，以王輔嗣、胡翼之、王介甫三家《易解》看。此便是讀書 ③ 之門庭。"《語類》根據以上伊川所論，晦翁所釋，知讀經須先立得門庭。所謂門庭者，便是從師講問，如何下工夫，如何讀書。再申暢其說，便是凡治某一種學問，必須求師指導一了當之塗徑，使不至迷罔眩惑，若不知要領，勞而無功也。

　　今既講習《周易》，便當先明易學之門庭。然壽祺非能爲諸君開示門庭，不過以所聞於師者，告語諸君而已！

　　原易道廣大，無所不包，見仁見智，非止一端。今欲辨其門庭，必須先論其源流宗派。知其源流宗派，然後知何者爲本，何者爲末，何者爲主，何者爲客。本末既析，主賓既分，而門庭斯立。

　　《易》之爲書，"人更三聖，世歷三古"，此爲漢儒之通誼。然重卦之人，即有四說：王輔嗣等以爲伏羲重卦，鄭玄之徒以爲神農重卦，孫盛以爲夏禹重卦，史遷以爲文王重卦孔氏《正義·序論》。繫辭亦有二說：鄭學之徒，以卦辭爻

---

　　① 　此文係作者1940年（庚辰歲）在北平中國大學所作講演稿。1980年復作修訂，發表於《福建師範大學學報》當年第3期。所修訂處，除"程伊川"改爲"程頤"，"諸君"改爲"諸同學"等少數措辭外，尚增入若干夾注之文。今依本書手稿，以此文初撰本列爲"附錄二"。文中與修訂本互異處，皆不出校。又修訂本《論易學之門庭》，已載入《六庵叢纂》之《六庵文鈔》中，讀者可取以參覽。

　　② 　是，《晦庵集》及清江永《近思錄集注》作"只"。

　　③ 　書，稿本作"業"。茲依《朱子語類》及清江永《近思錄集注》改。

辭並是文王所作；馬融、陸績等，謂卦辭文王，爻辭周公《正義·序論》。自歐陽修而後，對《十翼》亦多異論。然則，所謂三聖、三古者，已未足爲定論。此《周易》本身之時代及作者之紛紜也。

暴秦焚書，《易》獨以卜筮幸存，較群經爲最無闕。然自西漢而後，經說之最複雜者，亦莫如《易》。蓋西漢易學之派別，大氐可分四派：曰訓故舉大誼，周王孫、服光、王同、丁寬、楊何、蔡公、韓嬰七家《易傳》是也；曰陰陽候災變，孟喜、京房、五鹿充宗、段嘉四家《易傳》是也；曰章句守師說，施、孟、梁丘、京學官博士所立以教授者是也；京房受焦贛《易》，焦氏無章句，故《漢志》不著錄。曰《十翼》解經意，費直無章句，專以孔傳解說，民間所用以傳授者是也。其東漢易學派別亦有四：曰馬融、劉表、宋衷、王肅、董遇，皆爲費氏易作章句者也；費氏無章句，諸家各爲立注。曰鄭玄、荀爽，先治京氏易，後參治費氏者也；玄從第五元先通京氏易，荀爽從陳寔受樊英章句，亦京氏學。曰虞翻，本治孟氏易，雜用《參同契》，以納甲爲主者也；曰陸績，專治京氏易者也。明乎此，則漢易之流派，約略可知。

自王弼注行之後，漢易漸衰，此爲易學變化之一大關鍵。觀陸德明《經典釋文·序錄》云：“永嘉之亂，施氏、梁丘氏之易亡，孟、京、費之易，人無傳者。惟鄭康成、王輔嗣所注行於世，而王氏爲世所重。”又《隋書·經籍志》云：“梁丘、施氏、高氏亡於西晉。孟氏、京氏有書無師。梁、陳、鄭玄、王弼二注列於國學。齊代唯傳鄭義。至隋，王注盛行，鄭學寖微，今殆絕矣。”又孔穎達《周易正義序》云：“傳《易》者，西都則有丁、孟、京、田，東都則有荀、劉、馬、鄭，大體更相祖述，非有絕倫。惟魏世王輔嗣之注，獨冠古今。所以江左諸儒，並傳其學；河北學者，罕能及之。”觀此諸文，可知王易之勢力，籠罩於魏晉南北朝之間，雖鄭注亦莫能抗衡，足徵象數之見絀於玄理矣。

唐《五經正義》，《易》採用王、韓之注。故王弼之易，在唐代幾定於一尊。及宋，陳摶、劉牧、邵雍之徒出，而後遂有先後天、河洛諸圖說，易學之途，又爲之一變。及朱熹、蔡元定等，引申其說，而後遂有“宋易”之名與“漢易”相對峙。而胡瑗、程頤之專闡儒理，李光、楊萬里之參證史事者，又各爲宗派。而易學派別之分歧，於焉益多。

元之諸儒，大氐篤守程、朱遺說。明初猶然。中葉而後，乃有以狂禪解經者，末葉尤盛。及清儒董出，乃務求徵實，理董漢學遺緒，宋易遂至受攻擊而逐漸消沈，風氣又爲之一變矣。

《四庫》館臣，綜觀源流變遷，乃爲兩宗六派之說。其言曰：“《左傳》所記諸占，蓋猶太卜之遺法。漢儒言象數，去古未遠也。一變而爲京、焦，入於禨祥；再變而爲陳、邵，務窮造化：《易》遂不切於民用。王弼盡黜象數，說以老莊。一變而胡瑗、程子，始闡明儒理；再變而李光、楊萬里，又參證史事：《易》遂日啟其論端。此兩派六宗，已互相攻駁。”（見《四庫提要》經部《易類小序》）其分宗別派，大體如此。

然就此之宗派而言，尚未足以盡易學之領域。故《四庫提要》又云：“又易道廣大，無所不包。旁及天文、地理、樂律、兵法、韻學、算術，以逮方外之爐火，皆可援《易》以爲說。而好異者，又援以入《易》，故易說愈繁。”《易類小序》由《提要》此說觀之，始可以知易學之領域，廣泛侵及一切學術之範圍。下逮近世，泰西學術傳入中國，其聲光化電諸科學，亦往往與易理通，儒者亦時時援以爲說。而易學之所涵，乃傅有術數、玄言及科學三種實質。

就以上所述觀之，易學之源流宗派，大體可知；而其途徑之雜，亦可概見。然則欲求易學之門庭，果當何自？依壽祺所聞，蓋有兩端：

一端，從源溯流。首須熟讀經傳本文，考明《春秋內外傳》諸占筮。其次觀漢魏古注李鼎祚《周易集解》所存最多。其次觀六朝隋唐諸家義疏《孔疏》多本於六朝舊疏。最後始參稽宋元以來各家之經說。宋元人經說多存於《通志堂經解》中，清儒經說正續《經解》所收爲多。不從古注入手者，是爲迷不知本源。

二端，彊幹弱枝。須知《周易》源本象數，發爲義理，故當以象數、義理爲主幹。其餘涉及天文、地理、樂律、兵法、韻學、算術，以逮方外爐火，禪家妙諦，與夫近世泰西科學者，皆其枝附。不由主幹而尋枝附者，是爲渾不辨主客。

夫源流既已明矣，主客既已辨矣，則易學之門庭可得而知矣。然就象數、義理兩主幹之宗派而言，其派別亦已甚紛繁。故學《易》者，當以漢易還之漢易，以宋易還之宋易。而就漢易之中，亦當以孟、京者還之孟、京，鄭、虞者還之鄭、虞；宋易之中，亦當以陳、邵者還之陳、邵，程、朱者還之程、朱，李、楊者還之李、楊。其餘衆家，亦莫不就其家法師承，爲之爬羅剔抉，刮垢磨光，以明其本來之面目。夫如是，則家法可明，而條理必清。若其混淆衆家，糅雜群言，不別是非，無所斷制，使人莫知其向，不審所從，猶未足以論爲能知易學之門庭者也。

　　胡五峰有言："學欲博不欲雜，守欲約不欲陋。"壽祺深服膺其說。故壽祺之於《易》，亦深願能博讀古今易家之書，而不願糅雜衆家之言；願各守各家之家法，而亦不願株守一先生之言。此乃壽祺所論之易學門庭，而亟願以告語諸君，作爲初階者也。至若大雅君子，窮天人之際，通古今之變，揮斥百家，包掃一切，冥思獨運，卓然自樹，而成一家之言，上既無所依傍於前賢，而下且足以梯航乎後學，斯乃所以論於成德達財①，慮非鄙陋如壽祺者所能厝意也。

①　財，油印本、華東本作"材"。茲依稿本。案"財"，通"材"、"才"。《孟子·盡心上》："君子之所以教者五：有如時雨化之者，有成德者，有達財者，有答問者，有私淑者。"

尚書篇第三

　　《書經》，或曰《尚書》。"尚書"之說有三：鄭玄云："尚者，上也。尊而重之，若天書然，故曰'尚書'。"王肅曰："上所言，史所書，故曰'尚書'。"均見《尚書序》孔疏①。《僞孔传②》云："以其上古之書，謂之'尚書'"見《尚書序》③。三說不同，疑以《僞孔傳》之言近是④。論"尚"字是何人所加，亦有二說：鄭玄依《書緯》，以"尚"字是孔子所加見《尚書序》孔疏⑤。《僞孔傳⑥》則以爲伏生所加見《尚書序》⑦。二說不同，疑亦以《僞孔傳》之說爲是。以上釋《尚書》名義。

　　《漢書·藝文志》云："古之王者，世有史官，君舉必書，所以慎言行，昭法式也。左史記言，右史記事。事爲《春秋》，言爲《尚書》。"《禮記·玉藻》云："動則左史書之，言則右史書之。"孔疏引鄭玄《六藝論》，亦謂："左史記言，右史記動。言爲《尚書》，動爲《春秋》。"《周官·外史》"掌三皇五帝之書"，注謂"即《三墳》、《五典》"。鄭玄作《書論》，謂："孔子求書，得黃帝玄孫帝魁之書，迄於秦穆公，凡三千二百四十篇。斷遠取近，定可爲世法者百二十篇。以百二篇爲《尚書》，十八篇爲《中候》。"而《藝文志》云："河⑧出圖，洛出書，聖人則之。故《書》之所起遠矣，至孔子纂焉。上斷於堯，下迄於秦，凡百篇，而爲之序，言其作意。"據以上諸說，則《書》起於上

---

① "均見"至"孔疏"七字，稿本、油印本無。據華東本增。
② "僞孔傳"，稿本作"僞孔安國尚書序"。茲依油印本、華東本。
③ "見《尚書序》"，稿本、油印本無。據華東本增。
④ "《僞孔傳》之言近是"，稿本作"《僞孔》之說爲是"。據油印本、華東本改。
⑤ "見《尚書序》孔疏"，稿本、油印本無。據華東本增。
⑥ 傳，稿本無。據油印本、華東本增。
⑦ "見《尚書序》"，稿本、油印本無。據華東本增。
⑧ "河"上，《漢書·藝文志》有"易曰"二字。

古有史之始。《三墳》、《五典》，亦古代《尚書》之類。孔子刪繁節要，定爲百篇。以上論《尚書》之時代。○參看附表①第四。

　　孔子傳經，以《書》授漆雕開，然師說無傳。秦政焚經，除《樂經》外，《書》殘最烈。漢興，伏生傳《尚書》，只二十八篇，爲《堯典》、《皋陶謨》、《禹貢》、《甘誓》、《湯誓》、《盤庚》、《高宗肜日②》、《西伯戡黎》、《微子》、《牧誓》、《洪範》、《金縢》、《大誥》、《康誥》、《酒誥》、《梓材》、《召誥》、《洛誥》、《多士》、《多方》、《立政》、《無逸》、《君奭》、《顧命》、《呂刑》、《文侯之命》、《費誓》、《秦誓》。其後民間得《泰誓》，案此爲漢之偽《泰誓》。別有真《泰誓》，漢初即亡。自偽古文《泰誓》出，而漢之偽《泰誓》亦亡。故《尚書》僅有真偽二本，而《泰誓》一篇獨有三本，此不可不知。傳者以合伏生之《書》，故《史》、《漢》亦每言伏生《書》二十九篇也。自伏生數傳至歐陽高，是爲“歐陽氏之學”。又有夏侯勝，是爲“大夏侯氏之學”。勝授從子建，別爲“小夏侯氏之學”。歐陽與大小夏侯三家，咸立學官，此乃《尚書》學中之今文也。孔安國本從伏生受《書》，後得孔壁《古文尚書》四十六卷，爲五十八篇。除與伏生二十九篇相同者外，多十六篇。祺③案孔疏云：“同序者同卷，異序者異卷，故五十八篇爲四十六卷。”又云：“鄭玄則於伏生二十九篇之內，分出《盤庚》二篇，《康王之誥》，又《泰誓》三篇，爲三十四篇。更增益偽書二十四篇，爲五十八。所增益二十四篇者，則鄭注《書序》：《舜典》一，《汩作》二，《九共》九篇十一，《大禹謨》十二，《益稷》十三，《五子之歌》十四，《胤征》十五，《湯誥》十六，《咸有一德》十七，《典寶》十八，《伊訓》十九，《肆命》二十，《原命》二十一，《武成》二十二，《旅獒》二十三，《冏命》二十四。以此二十四爲十六卷，以《九共》九篇共卷，除八篇，故爲十六。”○參看附表第一、第二。孔安國欲獻之，會巫蠱事起，未列學官。後由學者自相傳習。至東漢，馬融、鄭玄等傳之。此漢代《書》學之古文也。鄭玄兼通今古文，然注《書》不注孔壁多出之十六篇，所注者仍爲伏生之二十九篇而已。此後《古文尚書》遂亡。後人因謂此亡失之十六篇爲《逸書》。漢末說《書》者，咸用鄭注。及魏，王肅作《尚書解》，又偽作《證聖論》，以攻鄭注，自是王學與鄭學並峙。南北朝時，鄭注行於河北，徐遵明以鄭學教授。江左之閒，當晉元

---

①　表，稿本作“錄”。據油印本、華東本改。
②　高宗肜日，華東本注曰：“作者於原稿眉批中云：‘肜，音融。肜祭，明日又祭之名。’”案此蓋批於油印本當頁天頭。
③　祺，稿本無。據油印本、華東本增。

帝時，梅賾奏《僞古文尚書》，晉代君臣信以爲真。由是治《尚書》者，咸以《僞孔傳》爲主，立於學官。南齊姚方興，並僞造《舜典》，增益經文“曰若稽古帝舜，曰重華協于帝，濬哲文明，溫恭允塞，玄德升聞，乃命以位”二十八字。蓋《僞古文尚書》獻於梅賾，而增益於姚方興，乃成定本也。然《僞古文尚書》，並非全僞，其僞者僅二十五篇，其餘三十三篇實即伏生之二十八篇。《僞孔》以伏生本二十八篇，《盤庚》出二篇，加《舜典》、《益稷》、《康王之誥》，凡五篇，爲三十三篇。參看附表第二。故所謂《僞古文尚書》，實乃古文與今文之混合物，特其古文與孔壁之真古文不同耳。僞古文與真古文篇第，多名同實異。○參看附表第三。唐孔穎達本崇鄭注，及爲《尚書》作義疏，則以《孔傳》爲主，排斥鄭注，鄭義遂亡。宋人治《尚書》者，多不崇訓詁，隨文演繹，迄無足觀。蔡沈述朱子之義，作《書集註》，元明之儒皆宗述之，不復攷求古義。然朱子曾疑《古文尚書》之僞朱子說見《語類》[1]，吳澄、梅鷟等繼之。吳說見《書纂言》，梅說見《尚書考異》[2]。至清初，閻若璩作《古文尚書疏證》，灼見古《孔傳》之僞。唯體例未純，不足當疏證之目。厥後惠棟作《古文尚書攷》，江聲從棟受業，作《尚書集註音疏》，王鳴盛作《尚書後案》，孫星衍作《尚書今古文注疏》，咸崇今文，黜《僞孔傳[3]》，以馬、鄭傳注爲本。至是，《僞孔傳》之覆盡發。惟《僞古文尚書》及《僞孔傳》之作者，閻若璩、惠棟等人均認爲是梅賾，至丁晏作《尚書餘論》，則認爲是王肅。[4] 又陳喬樅著《今文尚書經說考》、《尚書歐陽夏侯遺說考》，魏源著《書古微》，咸治今文之學。唯毛奇齡崇信《僞古文尚書[5]》，作《古文尚書冤詞》，蓋亦矜奇立異者。若李光地《尚書解義》、張英《書經衷論》，據理演繹，則又清代之宋學也。近儒研究《尚書》者，則有章太炎先生著《太史公古文尚書說》，及《太史公古文尚書說拾遺》兩書。章氏弟子以治《尚書》鳴者，首推吾師歙吳檢齋先生承仕，著《尚書王孔傳異同考》四卷，又著《尚書古文輯錄》未成而歿。桐城馬通伯先生其昶，亦治《尚書》，著《尚書誼詁》，甚精要，惜未刊行。時人顧頡剛有《尚書研究講義》，《盤庚》、《金

---

① “朱子”至“語類”六字，稿本無。據油印本、華東本增。

② “吳說”至“考異”十三字，稿本無。據油印本、華東本增。

③ 傳，稿本無。據油印本、華東本增。下句《僞孔傳》倣此。

④ “惟”至“王肅”四十字，稿本、油印本無。據華東本補。蓋作者後來增添於油印本手校冊內。

⑤ 尚書，稿本無。據油印本、華東本增。

滕》等篇今譯,均足資參攷①。 以上論《尚書》傳授源流及其派別。

　　經典之文,各體兼備者,當首推《尚書》。其體製,有典、有謨、有訓、有誥、有誓、有命之異。典者,典册尊嚴之義,記堯、舜之德教,可爲後世常法者,《堯典》、《舜典》是也。謨者,嘉謀、嘉猷之義,言禹、皋陶、益稷等贊襄之道,《大禹謨》、《皋陶謨》、《益稷謨》是也。訓者,誨導儆迪之義,敷奏陳說之辭,《伊訓》是也。誥者,告也,曉諭臣下之辭,《大誥》、《康誥》、《酒誥》、《召誥》、《洛誥》、《湯誥》是也。誓者,約也,約信於士民之辭,《甘誓》、《湯誓》、《泰誓》、《牧誓》、《費誓》、《秦誓②》是也。命者,令也,戒敕臣下之言,《顧命》、《文侯之命》、《說命》、《微子之命》、《蔡仲之命》、《畢命》、《冏命》是也。之六體者,昔人以比於《詩》之六義,最爲大宗。其實《書》之體,尚有征、貢、歌、範等,不限於此六者也。桐城姚仲實先生永樸,著《史學研究法》。其《史原篇》,論《尚書》爲史之原云:"昔韓昌黎論古今著作,不外纂言、記事二者。《春秋》主於事,《尚書》主於言。言爲事之所見端,則言亦事也,故二者皆可統於史。《禮記·玉藻》:'動則左史書之,言則右史書之。'《書·酒誥》'矧太史友,内史友',鄭注:'掌記言、記行。'《漢書·藝文志》:'左史記言,右史記事。事爲《春秋》,言爲《尚書》。'並其證矣。又況《春秋》雖記事,而《左傳》中所載當時名卿大夫之辭令,何莫非言?《尚書》雖記言,而今文二十八篇所錄,大抵皆事之大且變者。如《堯典》,禪也;《皋陶謨》,君臣交儆也;《禹貢》,治水也;《甘誓》,世及也;《湯誓》、《牧誓》,征誅也;《盤庚》,遷也;《高宗肜日》,祭也;《西伯戡黎》、《微子》,殷之亡也;《洪範》,遺臣傳道也;《金縢》,弟爲兄禱也;《大誥》,攝政也;《康誥》、《酒誥》、《梓材》,懿親出封也;《召誥》、《洛誥》,營陪都也;《多士》、《多方》,諭頑民也;《無逸》、《立政》,訓嗣王也;《君奭》,留賢也;《顧命》,嗣王即位也;《呂刑》,贖也;《文侯之命》,霸也;《費誓》,魯之始也;《秦誓》,秦之盛也。合而觀之,已見其概。彼東晉晚出之二十五篇,不可類推乎?且史之體,莫著於編年、紀事本末二者。《春秋》,編年之體所出也;《尚書》,紀事本末之體所出也。今就歷代正史論之,'本紀',用編年體;'志'則紀一事之本末者也;'列傳',則紀一人之本末者也。《尚書》爲正史之權輿。五十八篇中,如《堯典》、

————————

① "時人"至"參攷"二十五字,稿本無。據油印本、華東本增。

② "秦誓"二字,稿本偶脱。據油印本、華東本補。

《舜典》，本紀也。雖未編年，然如云'九載績用弗成'，'三載汝陟帝位'，'正月上日，受終于文祖'，'歲二月，東巡守'，'五月，南巡守'，'八月，西巡守'，'十一月，朔巡守'，'五載一巡守'，'二十有八載，帝乃殂落'，'三載，四海遏密八音'，'月正元日，舜格于文祖'，'三載考績'，'舜生三十徵庸，三十在位，五十載陟方乃死'之類，蓋已按年而計之。《禹貢》、《周官》、《顧命》、《呂刑》，志也；《大禹謨》，大禹之列傳也；《皋陶謨》，皋陶之列傳也；《微子》，微子之列傳也；《洪範》，箕子之列傳也；《金縢》，周公之列傳也。《尚書》又爲各史之權輿。試以《四庫全書總目》史部十五類考之，'正史'、'編年'、'紀事本末'三類，無論矣。他如：《逸周書》，'別史'之祖也。《大禹謨》、《皋陶謨》、《益稷》、《甘誓》、《胤征》、《湯誓》、《仲虺之誥》、《湯誥》、《伊訓》、《太甲》、《咸有一德》、《盤庚》、《說命》、《高宗肜日》、《西伯戡黎》、《泰誓》、《牧誓》、《旅獒》、《大誥》、《微子之命》、《康誥》、《酒誥》、《梓材》、《召誥》、《洛誥》、《多士》、《無逸》、《蔡仲之命》、《多方》、《立政》、《君陳》、《康王之誥》、《畢命》、《君牙》、《冏命》、《文侯之命》，'詔令奏議'類也。《五子之歌》、《微子》，既非詔命，又非奏議，雖事關君國，究與二典之首尾完具者不同，然則亦'雜史'耳，'傳記'耳。帝魁以後書，凡三千二百四十篇，孔子刪取百篇，即'史鈔'之祖也。《費誓》、《秦誓》，以侯國之文，附見於末，則亦'載記'也。《堯典》命羲和一節，'時令'也。《禹貢》，'地理'也。《周官》，'職官'也。《武成》、《洪範》、《立政》、《呂刑》，'政書'也。《書序》，'目錄'之祖也。伏生《大傳》，'史評'之祖也。"姚氏論《尚書》與史學之關係，可謂深切著明矣。昔湘鄉曾國藩氏，選經史百家之文，以《尚書·洪範》，入"論著類"；《五子之歌》，入"詞賦類"；《甘誓》、《湯誓》、《牧誓》、《大誥》、《康誥》、《酒誥》等，入"詔令類"；《皋陶謨》、《無逸》、《召誥》等，入"奏議類"；《君奭》，入"書牘類"；《武成》與《金縢》之祝辭，入"哀祭類"；《堯典》、《舜典》，入"傳誌類"；《武成》、《金縢》、《顧命》，入"敘記類"。見《經史百家簡編·序目》。其弟子桐城吳摯甫先生 [①] 汝綸嘗謂："《尚書》乃孔子之古文選本。"吾閩前輩陳石遺先生衍，亦謂："《尚書》爲中國第一部古史，亦即中國第一部古文。以史學論，

---

① 摯甫先生，稿本無。據油印本、華東本增。

後世之《天官書》、《律歷志》，本於《堯典》上半篇；《職官志》，本於《堯典》之命官；《輿服志》、《樂書》，本於《皋陶謨》下半篇孔氏分爲《益稷謨》。若《地理志》、《河渠書》之本《禹貢》，《本紀》之本《堯典》，其尤顯著者矣。以文學論，《尚書》之典謨，則傳狀碑誌所自昉。《禹貢》、《金縢》、《顧命》，皆記事體；《召誥》、《洛誥》，雖中多告語，而首尾實記事體。《金縢》，則開後世紀事本末之體。奏議爲下告上之言，本於《皋陶謨》、《洪範》、《無逸》、《召》、《洛》二誥。而《皋陶謨》，實開徐樂、嚴安二列傳之體。徐、嚴二傳，只載上書一篇，別無他事。贈序爲同輩相告語之言，始於回、路之相贈，而實本《君奭》，蓋共處一地而贈言者。若鄭子家、晉叔向之與書，則隔異地而相與言，亦其類也。祭文，昉於《武成》、《金縢》之祝詞。"略節《石遺室論文》。觀此則可知後代文體，大氐皆原於《尚書》矣。以上論《尚書》爲後世各體文之原。

《尚書》各篇，文質彬彬，爲吾國千載散文之宗主。子夏之言曰："《書》之論事也，昭昭如日月之代明，離離若晨星之錯行。"亦喻其明白曉暢而已。雖有"詰屈聱牙"之稱，則古今方言不同，以及文字有通假使然。故劉彥和曰："《書》實紀言，而訓詁茫昧；通乎《爾雅》，則文意曉然。"且自炎漢尊經而後，典、謨、訓、誥、誓、命之文，一以《尚書》爲法式，遂又爲古今文體之本源。故文必宗經，劉彥和標其六義；經爲文始，曾湘鄉冠之百家也。採施蟄存《中國文學史概》說[1]。〇以上論《尚書》之文[2]。

然今殘存之《尚書》，其真足以代表先秦時代之文學者，要惟伏生所傳之二十八篇。計《虞書》二篇，《堯典》、《皋陶謨》；《夏書》二篇，《禹貢》、《甘誓》；《商書》五篇，《湯誓》、《盤庚》、《高宗肜日》、《西伯戡黎》、《微子》；《周書》十九篇，《牧誓》、《洪範》、《金縢》、《大誥》、《康誥》、《酒誥》、《梓材》、《召誥》、《洛誥》、《多士》、《無逸》、《君奭》、《多方》、《立政》、《顧命》、《呂刑》、《文侯之命》、《費誓》、《秦誓》。其增益之僞古文二十五篇，雖係採摭古書，綴緝而成，然祇能視爲魏晉閒之文學，而不能視爲先秦文學。伏生《尚書》二十八篇，輓近疑古者亦有斷爲漢人之作品，此不可信。《僞古文尚書》五十八篇，凡《虞書》五篇、《夏書》四篇、《商書》十七篇、《周書》三十二篇，詳附表第二。〇以上論今文《尚書》之時代，以別於《僞古文尚書》。

---

① "採施"至"說"十一字，稿本無。據油印本、華東本增。
② "以上"至"之文"七字夾注，華東本脱。茲依稿本及油印本。

【附表第一】

孔壁古文尚書與伏生今文尚書篇數異同表

孔壁古文尚書	伏生今文尚書	附　記
堯典	堯典	左^①列孔壁古文尚書三十四篇，實即伏生今文尚書二十九篇。
皋陶謨	皋陶謨	
禹貢	禹貢	
甘誓	甘誓	
湯誓	湯誓	
盤庚上	盤庚	
盤庚中		
盤庚下		
高宗肜日	高宗肜日	
西伯戡黎	西伯戡黎	
微子	微子	
牧誓	牧誓	
洪範	洪範	
金縢	金縢	
大誥	大誥	
康誥	康誥	
酒誥	酒誥	
梓材	梓材	
召誥	召誥	
洛誥	洛誥	
多士	多士	
無逸	無逸	
君奭	君奭	
多方	多方	
立政	立政	
顧命	顧命	
康王之誥		

---

① 左，稿本作"上"，以原稿豎寫故稱。今改爲橫排版式，遂改稱"左"。下倣此，不出校。

六庵叢纂

孔壁古文尚書	伏生今文尚書	附　記
費誓	費誓	左列二十四篇,除《九共》九篇應合爲一卷,實秖十六篇,爲伏生今文《尚書》所無。故云孔氏古文多十六篇。以鄭玄不注,遂亡。惟孔穎達等以此二十四篇,亦是漢張霸所僞撰,非真孔壁古文尚書云。
呂刑	呂刑	
文侯之命	文侯之命	
秦誓	秦誓	
泰 ① 誓上		
泰誓中	泰誓	
泰誓下		
舜典		
汩作		
九共一		
九共二		
九共三		
九共四		
九共五		
九共六		
九共七		
九共八		
九共九		
大禹謨		
益稷		
五子之歌		
胤征		
湯誥		
咸有一德		
典寶		
伊訓		
肆命		
原命		
武成		
旅獒		
冏命		

---

① 　泰,華東本誤“秦”。茲依稿本、油印本。以下三“泰”字倣此。

偽古文尚書與伏生今文尚書篇第異同表

時代	偽古文尚書			伏生今文尚書		
	卷第	篇第	篇名	篇名	卷第	篇第
虞書	一	一	堯典	堯典	一	一
	二	二	舜典			
	三	三	大禹謨			
		四	皋陶謨	皋陶謨	二	二
		五	益稷			
夏書	四	六	禹貢	禹貢	三	三
	五	七	甘誓	甘誓	四	四
	六	八	五子之歌			
	七	九	胤征			
商書	八	十	湯誓	湯誓	五	五
	九	十一	仲虺之誥			
	十	十二	湯誥			
	十一	十三	伊訓			
	十二	十四	太甲上			
		十五	太甲中			
		十六	太甲下			
	十三	十七	咸有一德			
	十四	十八	盤庚上	盤庚	六	六
		十九	盤庚中			
		二十	盤庚下			
	十五	二十一	說命上			
		二十二	說命中			
		二十三	說命下			
	十六	二十四	高宗肜日	高宗肜日	七	七
	十七	二十五	西伯戡黎	西伯戡黎	八	八

六庵叢纂

時代	偽古文尚書			伏生今文尚書		
	卷第	篇第	篇名	篇名	卷第	篇第
周書	十八	二十六	微子	微子	九	九
	十九	二十七	泰誓上			
		二十八	泰誓中			
		二十九	泰誓下			
	二十	三十	牧誓	牧誓	十	十
	二十一	三十一	武成			
	二十二	三十二	洪範	洪範	十一	十一
	二十三	三十三	旅獒			
	二十四	三十四	金縢	金縢	十二	十二
	二十五	三十五	大誥	大誥	十三	十三
	二十六	三十六	微子之命			
	二十七	三十七	康誥	康誥	十四	十四
		三十八	酒誥	酒誥	十五	十五
		三十九	梓材	梓材	十六	十六
	二十八	四十	召誥	召誥	十七	十七
	二十九	四十一	洛誥	洛誥	十八	十八
	三十	四十二	多士	多士	十九	十九
	三十一	四十三	無逸	無逸	二十	二十
	三十二	四十四	君奭	君奭	二十一	二十一
	三十三	四十五	蔡仲之命			
	三十四	四十六	多方	多方	二十二	二十二
	三十五	四十七	立政	立政	二十三	二十三
	三十六	四十八	周官			
	三十七	四十九	君陳			
	三十八	五十	顧命	顧命	二十四	二十四
	三十九	五十一	康王之誥			
	四十	五十二	畢命			
	四十一	五十三	君牙			
	四十二	五十四	冏命			
	四十三	五十五	呂刑	費誓	二十五	二十五
	四十四	五十六	文侯之命	呂刑	二十六	二十六
	四十五	五十七	費誓	文侯之命	二十七	二十七
	四十六	五十八	秦誓	秦誓	二十八	二十八

附說第一：

一、伏生今文《尚書》，凡《虞書》二篇，《夏書》二篇，《商書》五篇，《周書》十九篇。共二十八篇。

二、梅賾《僞古文尚書》，凡《虞書》五篇，《夏書》四篇，《商書》十七篇，《周書》三十二篇。共五十八篇。

三、伏生今文《尚書》二十八篇，篇各爲卷，故共二十八卷。

四、《僞古文尚書》，同序者同卷，異序者異卷。《大禹謨》、《皋陶謨》、《益稷謨》三篇同序合一卷，《太甲》上中下三篇同序合一卷，《盤庚》上中下三篇同序合一卷，《說命》上中下三篇同序合一卷，《泰誓》上中下三篇同序合一卷，《康誥》、《酒誥》、《梓材》三篇同序合一卷，此十八篇爲六卷。其餘四十篇，各自爲卷。故五十八篇爲四十六卷。

附說第二：

一、漢代真《尚書》，即伏生今文《尚書》，凡二十八篇。

二、現行 ① 僞《尚書》，即梅賾《僞古文尚書》，凡五十八篇。

三、現行僞《尚書》五十八篇中，包含有漢代真《尚書》二十八篇。

四、現行僞《尚書》作者，又將漢代真《尚書》二十八篇析爲三十三篇。

五、是以現行僞《尚書》五十八篇中，實包含漢代真《尚書》三十三篇。

六、以故現行之僞《尚書》，其確爲僞者，實只二十五篇。

七、以故現行之《尚書》，真僞參半。

---

① 行，華東本誤"代"。茲依稿本及油印本。

【附表第三】

孔壁古文尚書與偽古文尚書對照表

篇　　名	孔壁古文尚書	偽古文尚書	名實同異
堯典	有	有	同
舜典	有	有	異
大禹謨	有	有	異
皋陶謨	有	有	同
益稷 益真古文作棄	有	有	異
禹貢	有	有	同
甘誓	有	有	同
五子之歌	有	有	異
胤征	有	有	異
湯誓	有	有	同
湯誥	有	有	異
伊訓	有	有	異
咸有一德	有	有	異
盤庚上	有	有	同
盤庚中	有	有	同
盤庚下	有	有	同
高宗肜日	有	有	同
西伯戡黎	有	有	同
微子	有	有	同
泰①誓上	有	有	異
泰誓中	有	有	異
泰誓下	有	有	異
牧誓	有	有	同
武成	有	有	異

---

① 泰，華東本誤“秦”。茲依稿本、油印本。以下二“泰”字倣此。

篇　　名	孔壁古文尚書	偽古文尚書	名實同異
洪範	有	有	同
旅獒	有	有	異
金滕	有	有	同
大誥	有	有	同
康誥	有	有	同
酒誥	有	有	同
梓材	有	有	同
召誥	有	有	同
洛誥	有	有	同
多士	有	有	同
無逸	有	有	同
君奭	有	有	同
多方	有	有	同
立政	有	有	同
顧命	有	有	同
康王之誥	有	有	同
冏命	有	有	異
呂刑	有	有	同
文侯之命	有	有	同
費誓	有	有	同
秦誓	有	有	同
汩作	有	無	
九共一	有	無	
九共二	有	無	
九共三	有	無	
九共四	有	無	
九共五	有	無	
九共六	有	無	
九共七	有	無	

六庵叢纂

篇　名	孔壁古文尚書	偽古文尚書	名實同異
九共八	有	無	
九共九	有	無	
典寶	有	無	
肆命	有	無	
原命	有	無	
仲虺之誥	無	有	
太甲上	無	有	
太甲中	無	有	
太甲下	無	有	
說命上	無	有	
說命中	無	有	
說命下	無	有	
微子之命	無	有	
蔡仲之命	無	有	
周官	無	有	
君陳	無	有	
畢命	無	有	
君牙	無	有	

附說：

一、真偽名實相同者凡三十一篇。

二、真偽名同實異者凡十四篇。

三、真偽完全不同者凡十三篇。

清儒陽湖孫星衍著尚書篇目表頗詳備附錄於此。

尚書篇目表 ①

尚書百篇	伏生壁藏得存二十八篇泰誓後得大小夏侯爲二十九篇	歐陽分三十一篇	孔壁古文五十八篇武成後亡爲五十七篇	馬鄭伏生書分二十九篇爲三十四篇述古文二十四篇	書序目次與鄭異見書序注
堯典一	有一	有一	有一	注一	有一 舜典二
舜典二	無	無	有二	述一	無
汩作三	無	無	有三	述二	無
九共四	無	無	有四	述三	無
九共五	無	無	有五	述四	無
九共六	無	無	有六	述五	無
九共七	無	無	有七	述六	無
九共八	無	無	有八	述七	無
九共九	無	無	有九	述八	無
九共十	無	無	有十	述九	無
九共十一	無	無	有十一	述十	無
九共十二	無	無	有十二	述十一	無
藁飫十三	無	無	無	無	無
大禹謨十四	無	無	有十三	述十二	僞三
皋陶謨十五	有二	有二	有十四	注二	有四 益稷五

---

① 謹案,稿本此頁有小字附注二則。其一,天頭注曰:"按《武成》一篇,漢光武建武之際亡,僅存八十二字。又按《逸書》十六篇,晉永嘉之亂,經文悉亡。"其旁加注"不必抄"。蓋作者附記以備考。其二,頁邊注曰:《中國文學史約》講義,續前,附表第三。"又曰:"請照樣抄,不要任意更改。"此蓋作者囑學生從他的舊撰講義《中國文學史約》中抄出論先秦經學部分,以撰爲《群經要略》專書。與本章前數頁稿本頁邊兩處小注《先秦文學史》(續)"相對照,作者之創作軌跡似可據以察知。

六庵叢纂

尚書百篇	伏生壁藏得存二十八篇泰誓後得大小夏侯爲二十九篇	歐陽分三十一篇	孔壁古文五十八篇武成後亡爲五十七篇	馬鄭伏生書分二十九篇爲三十四篇述古文二十四篇	書序目次與鄭異見書序注
棄稷十六	無	無	有十五	述十三	無
禹貢十七	有三	有三	有十六	注三	有六
甘誓十八	有四	有四	有十七	注四	有七
五子之歌十九	無	無	有十八	述十四	僞八
允征二十	無	無	有十九	述十五	僞九
帝告二十一	無	無	無	無	無
釐沃二十二	無	無	無	無	無
湯征二十三	無	無	無	無	無
汝鳩二十四	無	無	無	無	無
汝方二十五	無	無	無	無	無
夏社二十六	無	無	無	無	無
疑至二十七	無	無	無	無	無
臣扈二十八	無	無	無	無	無
湯誓二十九	有五	有五	有二十	注五	有十
仲虺之誥三十	無	無	無	無	僞十一
湯誥三十一	無	無	有二十一	述十六	僞十二
咸有一德三十二	無	無	有二十二	述十七	僞十七
典寶三十三	無	無	有二十三	述十八	無
明居三十四	無	無	無	無	無
伊訓三十五	無	無	有二十四	述十九	僞十三
肆命三十六	無	無	有二十五	述二十	無
狙后三十七	無	無	無	無	無
太甲三十八	無	無	無	無	僞十四
太甲三十九	無	無	無	無	僞十五
太甲四十	無	無	無	無	僞十六

尚書百篇	伏生壁藏得存二十八篇泰誓後得大小夏侯爲二十九篇	歐陽分三十一篇	孔壁古文五十八篇武成後亡爲五十七篇	馬鄭伏生書分二十九篇爲三十四篇述古文二十四篇	書序目次與鄭異見書序注
沃丁四十一	無	無	無	無	無
咸乂四十二	無	無	無	無	無
咸乂四十三	無	無	無	無	無
咸乂四十四	無	無	無	無	無
咸乂四十五	無	無	無	無	無
伊陟四十六	無	無	無	無	無
原命四十七	無	無	有二十六	述二十一	無
仲丁四十八	無	無	無	無	無
河亶甲四十九	無	無	無	無	無
祖乙五十	無	無	無	無	無
盤庚五十一	有六	有六	有二十七	注六	有十八
盤庚五十二	有六	有七	有二十八	注七	有十九
盤庚五十三	有六	有八	有二十九	注八	有二十
說命五十四	無	無	無	無	僞二十一
說命五十五	無	無	無	無	僞二十二
說命五十六	無	無	無	無	僞二十三
高宗肜日五十七	有七	有九	有三十	注九	有二十四
高宗之訓五十八	無	無	無	無	無
西伯戡黎五十九	有八	有十	有三十一	注十	有二十五
微子六十	有九	有十一	有三十二	注十一	有二十六
太誓六十一	夏侯二十九	有十二	有三十三	注十二	僞二十七
太誓六十二	夏侯二十九	有十二	有三十四	注十三	僞二十八
太誓六十三	夏侯二十九	有十二	有三十五	注十四	僞二十九
牧誓六十四	有十	有十三	有三十六	注十五	有三十
武成六十五	無	無	有三十七	述二十二	僞三十一

六庵叢纂

尚書百篇	伏生壁藏得存二十八篇泰誓後得大小夏侯爲二十九篇	歐陽分三十一篇	孔壁古文五十八篇武成後亡爲五十七篇	馬鄭伏生書分二十九篇爲三十四篇述古文二十四篇	書序目次與鄭異見書序注
洪範六十六	有十一	有十四	有三十八	注十六	有三十二
分器六十七	無	無	無	無	無
旅獒六十八	無	無	有三十九	述二十三	僞三十三
旅巢命六十九	無	無	無	無	無
金縢七十	有十二	有十五	有四十	注十七	有三十四
大誥七十一	有十三	有十六	有四十一	注十八	有三十五
微子之命七十二	無	無	無	無	僞三十六
歸禾七十三	無	無	無	無	無
嘉禾七十四	無	無	無	無	無
康誥七十五	有十四	有十七	有四十二	注十九	有三十七
酒誥七十六	有十五	有十八	有四十三	注二十	有三十八
梓材七十七	有十六	有十九	有四十四	注二十一	有三十九
召誥七十八	有十七	有二十	有四十五	注二十二	有四十
洛誥七十九	有十八	有二十一	有四十六	注二十三	有四十一
多士八十	有十九	有二十二	有四十七	注二十四	有四十二
無逸八十一	有二十	有二十三	有四十八	注二十五	有四十三
君奭八十二	有二十一	有二十四	有四十九	注二十六	有四十四
成王政八十三	無	無	無	無	無
將薄姑八十四	無	無	無	無	無
多方八十五	有二十二	有二十五	有五十	注二十七	有四十六
周官八十六	無	無	無	無	僞四十七
立政八十七	有二十三	有二十六	有五十一	注二十八	有四十八
賄息慎之命八十八	無	無	無	無	無

尚書百篇	伏生壁藏得存二十八篇泰誓後得大小夏侯爲二十九篇	歐陽分三十一篇	孔壁古文五十八篇武成後亡爲五十七篇	馬鄭伏生書分二十九篇爲三十四篇述古文二十四篇	書序目次與鄭異見書序注
亳姑八十九	無	無	無	無	無
君陳九十	無	無	無	無	偽四十九
顧命九十一	有二十四	有二十七	有五十二	注二十九	有五十
康王之命九十二	有二十四	有二十七	有五十三	注三十	有五十一
畢命九十三	無	無	無	無	偽五十二
君牙九十四	無	無	無	無	偽五十三
冏命九十五	無	無	有五十四	述二十四	偽五十四
蔡仲之命九十六	無	無	無	無	偽四十五
柴誓九十七	有二十五	有二十八	有五十五	注三十一	有五十七
呂刑九十八	有二十六	有二十九	有五十六	注三十二	有五十五
文侯之命九十九	有二十七	有三十	有五十七	注三十三	有五十六
秦誓一百	有二十八	有三十一	有五十八	注三十四	有五十八
書序			書序	注舊序	書序各冠於篇

詩經篇第四

　　詩歌伴音樂舞蹈而俱生，爲人類發抒情感之利器。世界各民族，其文學發展之程序，蓋① 未有早於詩歌者。《樂記》云："民有血氣心知之性，而無哀樂喜怒之常。應感而動，然後心術形焉。"《漢書·藝文志》所謂"哀樂之心感，而歌詠之聲發"是也。《詩大序》更暢論其發達之原因云："詩者，志之所之也。在心爲志，發言爲詩。情動於中而形於言，言之不足故嗟歎之，嗟歎之不足故永歌之，永歌之不足，不知手之舞之，足之蹈之。"蓋自人類語言開始以來，即有詩歌產生之可能性。沈約《宋書·謝靈運傳論》所謂："雖虞夏以前，遺文不覩，稟氣懷靈，理或無異。然則詩歌所興，宜自生民始也。"以上論詩歌之起源。

　　詩字之義，自來蓋有兩說。《書》曰"詩言志"，鄭注曰："詩者，所以言人之志意也。"《詩序》曰："詩者，志之所之也。在心爲志，發言爲詩。"孔疏曰："蘊藏在心，謂之爲志。發見於言，乃名爲詩。"又曰："包管萬慮，其名曰心。感物乃動，乃呼爲志。志之所適，外物感焉。"此皆以意訓志，轉爲情感之義。謂詩者，所以表明人之情意者也。此一說也。許慎曰"詩，志也。"《洪範·五行傳》鄭注亦曰："詩之言志也。"可見，詩志二字同源，詩即是志。志字從㞢，從心。㞢，止也② 。止於心者謂之志，猶言記憶於心也。故孔疏曰"蘊藏在心，謂之爲志"。記於心，則爲志；記於言，則爲誌。古無"誌"字，故凡以文字記載之典籍，皆得曰志。如左襄二十五年，傳曰："志有之，'言以足志，文以足言'。"注曰："志，古書也。"又《楚語上》："教之以故志，使知廢興者，

---

① 蓋，華東本誤"益"。茲依稿本。（此以下油印本缺 4 碼即 64 頁—67 頁待尋補校。）

② "志字"至"止也"九字，華東本無。疑脫。茲依稿本。

而戒懼焉。"注曰:"故志,謂所記前世成敗之書。"又《周禮》:"小史掌邦國之志,外史掌四方之志。"司農注曰:"志,記也。謂若魯之《春秋》,晉之《乘》,楚之《檮杌》。"凡此諸例,皆可知詩即志,志即史。故《管子·山權數篇》曰:"詩,所以記物也。"《賈子新書·道德說篇》曰:"詩者,志德之理,而明其指,令人緣之以自戒也。"曰記物,曰志德,其爲歷史之記載則一也。故曰古之詩即史。此又一說也。施蟄存君著《中國文學史概》,疏此兩說,文義可觀,故余本之。惟施君① 謂"以志爲意,其義晚出",故主張詩即史之說。余則以爲,詩之爲詩,其初本爲發抒情意之作,其後以其有關政教,故國史採之,詩之功用,遂同於史。此猶杜陵之詩,本祇抒寫其傷時感亂之情,而後世以其有關唐代史實,故尊之曰"詩史"也。施君之說,恐未免本末倒置也。以上釋詩字之義。

　　詩之功用,既有同於史者,故古人重視詩。風謠之詩,國史採之;雅頌之詩,國史作之。所以謂"王者不出戶牖而知天下所苦,不下堂而知四方"者,詩也。士君子"尚友古人,以論其世"者,亦詩也。惟自採風之官不設,詩之爲史,其義遂亡。此孟子所以謂"王者之迹熄而《詩》亡,《詩》亡然後《春秋》作"也。以上言詩之效用。

　　《詩經》者,我國最早之詩總集也,蓋成於孔子。鄭玄《詩譜序》曰:"詩之興也,諒不於上皇之世。大庭軒轅,逮於高辛,其時有無,載籍亦蔑云焉。《虞書》曰:'詩言志,歌永言,聲依永,律和聲。'然則詩之道,放於此乎?有夏承之,篇章泯棄,靡有孑遺。迺及商王,不風不雅。及成王、周公,致太平而頌聲興,盛之至也。本之由此風雅而來,故皆錄之,謂之《詩》之正經。後王稍更陵遲,懿王始受譖,烹齊哀公。夷身失禮之後,邶② 不尊③ 賢。自是而後,厲也幽也,政教尤衰,周室大壞。《十月之交》、《民勞》、《板》、《蕩》,勃爾俱作,衆國紛然,刺怨相尋。五霸之末,上無天子,下無方伯。善者誰賞,惡者誰罰?紀綱絕矣。故孔子錄懿王時詩,訖於陳靈公淫亂之事,謂之變風、變雅。"《史記·孔子世家》曰:"古者詩三千餘篇,及至孔子,去其重,取可施於禮義,上採契、后稷,中述殷、周之盛,至幽、厲之缺。故曰:'《關雎④》之亂,以

---

① "著"至"施君"二十二字,稿本、油印本無。據華東本增。
② 邶,華東本誤"鄴"。茲依稿本、油印本沿之。
③ 尊,稿本作"遵"。據油印本、華東本改。
④ 雎,稿本偶誤"睢"。油印本沿之據《史記》及華東本改。

爲《風》始;《鹿鳴》爲《小雅》始;《文王》爲《大雅》始;《清廟》爲《頌》始。'三百五篇,孔子皆弦歌之,以求合於《韶》、《武》、《雅》、《頌》之音,禮樂自此可得而述。"《漢書·藝文志》曰:"《書》曰:'詩言志,歌永言。'故哀樂之心感,而歌詠之聲發。誦其言謂之詩,詠其聲謂之歌。故古有采詩之官,王者所以觀風俗,知得失,自考正也。孔子純取周詩,上采殷,下取魯,凡三百五篇。遭秦而全者,以其諷誦不獨^①在竹帛故也。"由以上諸說觀之,《詩經》之纂成於孔子,蓋無疑義。以上論孔子纂詩^②。

删詩之說,起自史遷,《班志》無明文。自孔穎達、鄭樵、朱熹以降,疑之者衆。崔東壁尤力辯其誣,曰:"孔子删詩,孰言之? 孔子未嘗自言也,《史記》言之耳。孔子曰:'鄭聲淫',是鄭多淫詩也。孔子曰:'誦《詩》三百',是《詩》止有三百,孔子未嘗删也。學者不信孔子所自言,而信他人之言,甚矣其可怪也!"然亦有人以爲孔子之再言"詩三百"者,謂其所撰定之本耳。否則,何以書傳所載,猶有逸篇? 此《詩經》之疑案也。自此節以下,論四始、論六義、論大小序,以及論體式、修辭、韻法各節,多采自施蟄存教授《中國文學史概》一書,不再分注^③。○以上論孔子删《詩》。

"四始"之說,依史遷所言,不過首章之意而已。《詩序》則首揭"四始"之旨,以爲此四詩者,王道興廢之所由,故爲詩之至極。此說既興,治詩者輒不能超其象外。歷代伸述其旨者,蓋有二說:一則以"四始"爲詩意之准式,鄭箋、孔疏主之;一則以"四始"爲詩式之規範,王安石、戴震主之。又有以南、風、雅、頌爲"四始"者,則宋程大昌發之於前,近人梁啟超主之於後。各有從違,未成定論。以上論四始之義^④。

《周禮》太師"教六詩,曰風,曰賦,曰比,曰興,曰雅,曰頌。"《詩序》亦曰:"《詩》有六義焉:一曰風,二曰賦,三曰比,四曰興,五曰雅,六曰頌。"此六者,或以爲皆詩體也。顧今詩僅有風、雅、頌三者,故宋人王質《詩總聞^⑤》曰:"當是賦比興三詩皆亡,風雅頌三詩獨存。"近人餘杭章太炎先生亦曰:"孔子删詩,求合《韶》、《武》,賦比興不可歌,因以被簡。"其說要皆無據。

---

① 獨,稿本偶脱。油印本沿之。據《漢書》及華東本補。
② "以上"至"纂詩"七字,華東本脱。茲依稿本、油印本。
③ "自此"至"分注"四十六字,稿本、油印本無。據華東本增。
④ "以上"至"之義"七字,華東本脱。茲依稿本、油印本。
⑤ "詩總聞"三字,華東本脱。茲依稿本、油印本。

蓋書傳所及，有賦詩之說，而未嘗聞比詩、興詩之語也。孔疏曰："風、雅、頌者，詩篇之異體；賦、比、興者，詩文之異辭耳。大小不同，而得並爲六義者，賦、比、興是詩之所用，風、雅、頌是詩之成形。用彼三事，成此三事，是故同稱爲義，非別有篇卷也。"其言最爲簡明。故鄭樵以下，皆從其說。朱熹作《集傳》，稍異其辭，謂："風、雅、頌，乃聲樂部分之名。賦、比、興，則取以制作風、雅、頌之體也。"按其說，則以爲《三百篇》皆樂詩。風、雅、頌者，樂調有不同，非文辭有殊異也；賦、比、興，則詩法之大別耳。清儒多有從朱子此說者。
以上論風雅頌與賦比興之別。

若論六義之旨，其說亦繁。《詩序》釋風、雅、頌，而不及賦、比、興。其訓風曰 [1] "風也"，有諷刺義，則與《周官》"觀風"之說殊。其訓雅也，曰"正"，則與季札"思而不貳，怨而不言"之爲純厚典則之義亦不同。其訓頌也，曰"美盛德之形容"，本義蓋謂"頌者，美之也"。惟孔疏則以容釋頌，鄭樵復以爲頌與誦通，益滋疑義矣。故六義之旨，亦惟朱熹所說，最得中正。其言曰："風，則閭巷風土、男女情思之詞；雅，則燕享朝會、公卿大夫之作；頌，則鬼神宗廟、祭祀歌舞之樂。"又曰："賦者，直陳其事"，"比者，以彼狀此"，"興者，託物興詞"。此六義之大較也。然而既以風、雅、頌爲詩之異體，賦、比、興爲詩之異辭，則《詩序》與《周官》所序次者，皆不曰"風雅頌賦比興"，而曰"風賦比興雅頌"，此又何說？孔疏曰："六義次第如此者，以《詩》之四始，以風爲先，故曰風。風之所用，以賦、比、興爲辭，故於風下，即次賦、比、興，然後次以雅、頌。雅、頌亦以賦、比、興爲之，既見賦、比、興於風之下，明雅、頌亦同之。"以上釋六義之旨。

詩學由孔子授子夏，六傳而至荀卿。荀卿授《詩》浮邱伯。漢興，魯人申培受業浮丘伯，是爲"魯詩之學"。齊人轅固，以《詩》教授，作爲《詩傳》，號曰"齊詩"。燕人韓嬰，作《詩内外傳》數萬言，號爲"韓詩"。三家各以其學傳授生徒，西漢之時咸立於學官，此漢代詩學之今文也。魯人大毛公，自謂子夏所傳，作詁訓，傳於其家。河間獻王得而獻之，以趙國小毛公爲博士，然未能立於學官。此漢代詩學之古文也。其後馬融、鄭玄等傳之。馬融作傳，不違古文家法。鄭玄作箋，或襍三家之說，與毛間有出入。漢末說

---

① 風曰，稿本無。據油印本、華東本增。

《詩》者，咸以毛、鄭並重。及魏，王肅作《詩解》，述毛傳以攻鄭箋，專與鄭氏立異。晉永嘉之亂，齊詩淪亡，韓、魯之說獨在。南北朝時，毛、鄭之學行於河北，劉獻之、李鉉、劉焯、劉炫等傳之，大抵毛、鄭兼崇。江左亦崇毛詩。晉王基駁王申鄭。孫毓作《詩評》，論毛、鄭、王三家得失，多屈鄭祖王。而陳統復難孫申鄭。王、鄭兩派，互相攻訐，然咸遵毛傳。惟周續之《詩序義》，最得毛、鄭之旨。至唐孔穎達作《詩》義疏，亦兼崇毛、鄭，引申兩家之說，守疏不破注之例，毛、鄭古義，賴以保存。而此時之韓、魯遺說，不復可攷，惟餘殘闕不完之《韓詩外傳》存。又唐人治《詩》者，有成伯璵作《毛詩指說》、《毛詩斷章》等書，閒以己見說經，定《詩序》首句爲子夏所作，以下爲毛公所續，開宋儒疑《序》之先例。宋儒治《詩經》者，始於歐陽修《毛詩本義》，與鄭立異，不主一家。蘇轍廣其義，作《詩經說》。及南宋鄭樵專攻《小序》，程大昌兼攻《大序》。朱熹宗之，作《詩集傳》，棄《序》不用，雜采毛、鄭與三家。漢儒家法，至此丕變。其後作者多本《集傳》，歷元明以迄清初，大體皆然。宋 ① 人王柏作《詩疑》，並《二南相配圖》，於《周南》、《鄭》、《衛》之詩斥爲淫奔，刪削三十餘篇，淆亂古經，莫此爲甚。唯宋之呂祖謙、范處義等，仍宗《小序》，不與鄭樵、朱熹之見同。又王應麟作《詩地理攷》，爲徵實之書。又作《詩攷》，採掇齊、魯、韓三家遺說，爲清代漢學之濫觴，存古之功，不可沒也。明人楊慎，作《風雅逸篇》，亦採輯三家之說者。清初毛奇齡作《毛詩寫官記》及《詩札》，顧棟登作《毛詩類釋》，尚多鑿空之詞。朱鶴齡作《詩通義》，雜采漢、宋之說，博而不純。陳啟源與鶴齡同里，作《毛詩商榷》，又作《毛詩稽古編》，雖未標漢學之幟，然考究制度名物，尚能明晰辨章。及李黼平作《毛詩細義》，戴震作《毛鄭詩考正》、《詩經補注》，咸宗漢詁。段玉裁受業戴震，復作《詩經小學攷》，以校訂古經，然擇言短促。惟馬瑞辰《毛詩傳箋通釋》、胡承珙《毛詩後箋》，稍精博。至陳奐受業段玉裁，作《毛詩疏》，舍鄭用毛，集衆說之大成。清儒治《毛詩》者，以此爲最善本矣。其擯斥《詩序》者，則有崔述著《讀風偶識》，姚際恒著《詩經通論》，方玉潤著《詩經原始》。至若范家相作《三家詩拾遺》，馮登府作《三家詩異文疏正》，陳喬樅作 ②《三家詩遺說攷》、《齊詩翼氏學疏證》，迮鶴壽作《齊

---

① 宋，稿本作“元”，疑偶誤。華東本注王柏（1197—1274）字會之，係南宋人。茲從改。

② “三家詩拾遺”至“陳喬樅作”二十字，油印本、華東本脫。茲依稿本。

詩翼氏學》，魏源作《詩古微》，此皆清代治《詩》今文有名者。及清末王先謙作《詩三家義集疏》，遂集其大成。欲治三家《詩》者，不可不讀其書也。近人治《詩》者，約分兩派：以發揮《詩序》，抽繹古義爲宗者，如桐城馬通伯先生之《詩毛氏學》是；以擯斥《詩序》，自抒新義爲得者，如閩侯林義光先生之《詩經通解》是。蓋前派乃承馬瑞辰、陳奐、陳喬樅諸氏之遺風，後派則承崔述、姚際恒、方玉潤諸氏之遺風也。郭沫若有《詩經》譯文，郭沫若《詩經》譯文名《卷耳集》，載創造社《辛夷小叢書》中，達四十餘篇①。顧頡剛有《詩辨》，則別開生面，非前儒所有，時人多好尚之。至於治三家之學成專書者，惟邵次公先生②瑞彭之《齊詩鈴》而已。以上論《詩經》傳授源流及派別。

由上所述《詩經》傳授源流派別觀之，《毛詩》之重要，殆莫與京。是不可不特筆別書者也。按《漢書·儒林傳》但云"毛公趙人，治《詩》，爲河閒獻王博士"，而不言其名。《後漢書·儒林傳》始曰："趙人毛長傳《詩》，是爲《毛詩》。"其"長"字不從屮。《隋書·經籍志》載：《毛詩》二十卷，漢河閒太守毛萇傳，鄭氏箋。"是爲稱毛萇之始。然鄭玄《詩譜》曰："魯人大毛公爲訓詁，傳於其家。河間獻王得而獻之，以小毛公爲博士。"陸璣《毛詩草木鳥獸③蟲魚疏》亦云："孔子刪《詩》，授卜商。商爲之序，以授魯人曾申。申授魏④人李克，克授魯人孟仲子，仲子授根牟子，根牟子授趙人荀卿，荀卿授魯國毛亨，毛亨作《訓詁傳》，以授趙國毛萇。時人謂亨爲'大毛公'，萇爲'小毛公'。"據是二書，則作傳者乃毛亨，非毛萇。故《孔氏正義》亦云："大毛公爲其傳，由小毛公而題毛也。"《隋志》所云，殊爲舛誤，而流俗沿襲，莫之能更。此應注意者也。以上辨《毛詩》之作者。

《毛詩》有《詩序》，《序》有大小之別。而大小之別，亦有衆說。唐人陸德明曰："舊說自篇始至'用之邦國焉'，名《關雎序》，謂之《小序》。以下爲《大序》。"宋游質夫南平人作《詩二南說》，則曰：自篇始至"教而化之"爲《小序》，以下爲《大序》。朱熹又曰：自篇始至"教而化之"，又自"然則《關雎》、《麟趾》之化，王者之風"至"是《關雎》之義也"，爲《小序》；

---

① "郭沫若"至"餘篇"二十六字，稿本無。據油印本、華東本增。
② "次公先生"四字，稿本無。據油印本、華東本增。
③ 鳥獸，稿本無，疑偶脫。據華東本補。
④ 魏，稿本作"魯"。華東本依陸璣《毛詩草木鳥獸蟲魚疏》校改。茲從之。

而以中間"詩者志之所之也"至"詩之至也"一段,爲《大序》;其他各篇之序,亦爲《小序》。衆說紛紜,莫定一尊。要而言之,則《大序》爲總序,概論《詩》三百五篇之宗旨;《小序》爲分序,言各篇之作意者。故《小序》有三百十一篇,而《大序》則一而已。惟《關雎》一篇,《小序》混入《大序》,遂啓後世之紛呶,此亦《詩經》之疑案也。然折衷言之,似以朱說爲達,故從之者衆。以上論《詩序》大小之別。○參讀附錄《詩序》。

《詩序》作者,亦紛如聚訟。以爲《大序》子夏作,《小序》子夏、毛公合作者,鄭玄《詩譜》也。以爲子夏所序《詩》,即今《毛詩序》者,王肅《家語注》也。以爲衛宏受學謝曼卿作《詩序》者,《後漢書·儒林傳》也。以子夏所創,毛公及衛宏又加潤益者,《隋書·經籍志》也。以爲子夏不序《詩》者,韓愈也。以爲子夏惟裁初句,以下由於毛公者,成伯璵也。以爲詩人所自製者,王安石也。以《小序》爲國史之舊文,以《大序》爲孔子作者,明道程子也。以首句即爲孔子所題者,王得臣也。以爲《毛傳》初行,尚未有《序》,其後門人互相傳授,各記其師說者,曹粹中也。以爲村野妄人所作,昌言排擊而不顧者,則倡者鄭樵、王質,和之者朱子也。然樵所作《詩辨妄》一出,周孚即作《非鄭樵詩辨妄》一卷,摘其四十二事攻之。祺案:鄭樵《詩辨妄》已亡,近人顧頡剛有輯本,列入北平樸社《辨僞叢刊》中。周孚《非鄭樵詩辨妄》亦附載於後。[1] 質所作《詩總聞》,亦不甚行於世。朱子同時,如呂祖謙、陳傅良、葉適,皆以同志之交,各持異議。黃震篤信朱學,而所作《日鈔》,亦申《序》說。馬端臨作《經籍攷》,於他書無所攷辨,惟《詩序》一事,反覆辨詰至數千言。元明而後,儒者尚各分左右祖。至清《四庫提要》,乃爲論定:"以《詩序》序首二句,爲毛萇以前經師所傳;以下續申之詞,爲毛萇以下弟子所附。"蓋得其實。以上論《詩序》作者。

《齊詩》有"五際"、"六情"之說,略見於《漢書·翼奉傳》、《郎顗傳》及《詩緯》。明黃道周治《詩》,一以四始五際爲宗,純爲術數之學。清儒陳喬樅、迮鶴壽等,則博采佚文,闡明經術,而旁及術數者也。尋翼氏之學,大抵以性情爲知下之術,以際會爲興衰之候。略謂:"《詩》之爲學,性情而已。觀性以歷,觀情以律。"性,謂五行之性;歷,日也。肝性靜,靜行仁,甲己主之,

---

① "祺案"至"於後"四十一字,稿本無。據油印本、華東本增。

木之精也；心性躁，躁行禮，丙辛主之，火之精也；脾性力，力行信，戊癸主之，土之精也；肺性堅，堅行義，乙庚主之，金之精也；腎性智，智行敬，丁壬主之，水之精也。情，謂六方之情；律，十二律也。北方之情好也，好行貪狼，申子主之；東方之情怒也，怒行陰賊，亥卯主之；南方之情惡也，惡行廉貞，寅午主之；西方之情喜也，喜行寬大，巳酉主之；上方之情樂也，樂行姦邪，辰未主之；下方之情哀也，哀行公正，戌丑主之。貪狼陰賊，二陰並行，故王者忌子卯；廉貞寬大，二陽並行，故王者吉午酉。《詩》曰"吉日庚午"，是也。元帝初元二年，正月癸未日加申，有暴風從西南來，翼奉以爲："未主姦邪，申主貪狼，風以太陰，下抵建前，是人主左右邪臣之氣。"此所謂以律知情，王者之祕道也。五際者，卯、酉、午、戌、亥也。亥爲革命，一際也；卯爲陰陽交際，二際也；午爲陽謝陰興，三際也；酉爲陰盛陽微，四際也；戌爲極陰生陽，五際也。卯，《天保》也；酉，《祈父》也；午，《采芭》也；亥，《大明》也；戌，《十月之交》也。是爲五際。《大明》在亥，水始也；《四牡》在寅，木始也；《嘉魚》在巳，火始也；《鴻雁》在申，金始也。是爲四始。以詩篇值歲，候休咎之應，脩消復之術，故《易》有陰陽，《詩》有五際，《春秋》有災異，皆列始終，推得失，考天心，以言王道之安危者也。初元二年，歲在甲戌二月，戊午，地大震於隴西郡，歲值《十月之交》篇，翼奉以爲："日蝕地震之效，昭然可明。然巢居知風，穴處知雨，亦不足多，宜損陰氣以應天救邪。"此五際之用也。唯《齊詩》舊次，或不悉與毛同，舊文又多散佚，篇歲相直之術，殆難質言矣。是故《齊詩》之立說，固閒有古時律、歷諸史料爲本，而其核心無非'詭爲隱語，預決吉凶'，實屬讖緯術數者流，與夫京房之易學，董仲舒之《春秋繁露》及《洪範五行傳》等可謂如出一轍矣。今余綜敘詩學，《齊詩》不可不論；然辨明正誼，彼說固未可信也 ①。以上論《齊詩》五際六情之說。

　　《詩經》之源流及各問題，既略如上述，今當晉而述其內容。《詩經》以風、雅、頌分部。風之部，爲《周南》、《召南》、《邶風》、《鄘風》、《衛風》、《王風》、《鄭風》、《齊風》、《魏風》、《唐風》、《秦風》、《陳風》、《檜風》、《曹風》、《豳風》，謂之十五國風。《周南》十一篇，《召南》十四篇，《邶風》十九篇，《鄘風》十篇，《衛風》十篇，《王風》十篇，《鄭風》二十一篇，

---

① "是故"至"未可信也"一節九十三字，稿本無。據油印本、華東本增。

《齊風》十一篇,《魏風》七篇,《唐風》十二篇,《秦風》十篇,《陳風》十篇,《檜風》四篇,《曹風》四篇,《豳風》七篇,計詩一百六十篇。《周南》、《召南》爲正風,《邶》、《鄘》、《衛》以下爲變風。又或以爲《二南》非風,邶、鄘、衛實爲一國,王、豳亦非國名,故實祇九國之風而已。小雅之部,爲《鹿鳴之什》十三篇、《南有嘉魚之什》十三篇、《鴻雁之什》十篇、《節南山之什》十篇、《谷風之什》十篇、《甫田之什》十篇、《魚藻之什》十四篇,凡八十篇①。内“笙詩”六篇亡,故實爲七十四篇。舊說八十篇中,《菁菁者莪》以上爲正小雅,凡二十二篇;《六月》以下爲變小雅,凡五十八篇②。大雅之部,爲《文王之什》十篇、《生民之什》十篇、《蕩之什》十一篇,凡三十一篇。舊說三十一篇中,《卷阿》以上爲正大雅,凡十八篇;《民勞》以下爲變大雅,凡十三篇③。頌之部,首爲《周頌》,内《清廟之什》十篇、《臣工之什》十篇、《閔予小子之什》十一篇,凡三十一篇;次《魯頌》四篇,又次《商頌》五篇,共四十篇。故全書共三百五篇。曰“詩三百”者,舉其成數也。以上論《詩經》之篇數。○參看附錄五《詩經篇目表》④。

　　《詩》三百篇,何人所作? 何時所作乎? 從《詩序》之說,其作者可得而名者,蓋三十有二篇。“邶風”之《綠衣》、《燕燕》、《日月》、《終風》四篇,衛莊姜之所作也。“鄘風”之《柏舟》,衛共姜之所作也;《載馳》,許穆夫人之所作也。“衛風”之《河廣》,宋襄公母之所作也。“鄭風”之《清人》,公子素之所作也。“秦風”之《渭陽》,秦康公之所作也。“豳風”之《七月》、《鴟鴞》兩篇,周公之所作也。“小雅”,《節南山》篇則家父所作,《何人斯》篇則蘇公所作,《巷伯》篇則寺人孟子所作,《賓之初筵》篇則衛武公所作。“大雅”,《公劉》、《泂酌》、《卷阿》三篇皆召康公所作,《民勞》、《蕩》、《常武》三篇皆召穆公所作,《板》、《瞻卬》、《召旻》三篇皆凡伯所作,《崧

---

①　“小雅之什”以下,至“凡八十篇”以上,叙諸篇什之次,實據孔穎達《毛詩正義》。油印本、華東本作“《鹿鳴之什》、《白華之什》、《彤弓之什》、《祈父之什》、《小旻之什》、《北山之什》、《桑扈之什》、《都人士之什》,凡八十篇”,係按朱熹《詩集傳》排列。蓋作者後來修訂時所更易。茲依稿本,以與篇末附《詩經篇目表》相符。下文敘正雅、變雅者倣此。

②　“舊說八十篇中”以下,至“凡五十八篇”以上,油印本、華東本作:“正小雅凡二十二篇,變小雅凡五十八篇。”茲依稿本。

③　“舊說三十一篇中”以下,“凡十三篇”以上,油印本、華東本作:“正大雅凡十八篇,變大雅凡十三篇。”茲依稿本。

④　“以上”至“篇目表”十八字,華東本脫。茲依稿本及油印本。

高》、《烝民》、《韓奕》、《江漢》四篇皆尹吉甫所作。又《抑》篇爲衛武公作，《桑柔》篇爲芮伯作，《雲漢》篇，爲仍叔作。又“魯頌”之《駉》篇，爲史克作。此三十二篇，皆實指其人，可得而名。其餘大氐皆泛言國人所作、大夫所作、士大夫所作、君子所作，若此類甚多，皆不可得而指名者也。或者以《詩序》之言爲不可信，則惟有求之於《詩》本辭。今按三百篇中，自明其作者之詩，可得五篇：家父作《節南山》，寺人孟子作《巷伯》，尹吉甫作《崧高》、《烝民》，奚斯作《閟宮》，皆雅、頌之詩，而風之作者無聞焉。以上論三百篇之作者。

尹吉甫爲周宣王時人，宣王武功之盛，吉甫與有力焉；奚斯則魯公子魚也：此二詩皆可定其世代。其餘諸詩，則可徵其所詠歌之史事，約略得之。如大雅，《文王》、《緜》、《公劉》諸詩，爲周文王時或稍後之詩，是爲三百篇中之早期作品。魯頌，《閟宮》明爲讚美僖公而作，則爲周襄王時之詩，是乃三百篇中世次最晚者。惟商頌四篇，舊皆以爲真殷商之詩，自魏默深原、皮鹿門錫瑞、王靜安國維諸家攷證之後，始定爲宗周中葉，商之末裔宋人所作，以祀其先王者。則商頌亦周代之詩矣。故《漢志》謂“孔子純取周詩”也。以上論三百篇之時代，孔子純取周詩。

《詩經》爲我國最早之詩總集，不僅有其歷史之價值而已。若《尚書》爲我國散文文體之祖，則《詩》三百篇當爲我國三千年來詩體之祖，故其在文學上之價值，亦至爲崇高，未嘗使人有古今不合時宜之感也。《詩經》之詩，其體式要以章四句、句四言爲率，但亦有章二、三、五、六，乃至九言者。晉摯虞《文章流別論》曰：“古之詩，有三言、四言、五言、六言、七言、九言。古詩以四言爲體，而時有一句二句襍在四言之閒，後世演之，遂以爲篇。古詩之三言者，‘振振鷺，鷺于飛’之屬是也。漢《郊廟歌》多用之。五言者，‘誰謂雀無角，何以穿我屋’之屬是也。於俳諧倡樂多用之。六言者，‘我姑酌彼金罍’之屬是也。樂府亦用之。七言者，‘交交黃鳥止于桑’之屬是也。於俳諧倡樂亦用之。古詩之九言者，‘泂酌彼行潦挹彼注茲’之屬是也。不入歌謠之章，故世希爲之。夫詩雖以情志爲本，而以成聲爲節，然則雅音之韻，四言爲正。其餘雖備曲折之體，而非音之正也。”劉彥和亦曰：“詩頌大體，以四言爲正。”可見我國古初之詩，以四言爲主體，而後世所有五、七言，乃至雜言諸詩，其源亦已先發於《詩經》。至於詩體之所以始於四言者，其故殆與音樂有關。古樂質樸，不尚繁聲促節，故詩亦如之。鍾嶸曰：“四言文約意廣,取效風騷,便可多得。每苦文繁意少,故世罕習焉。”可知文約意廣,爲四言之特徵。後世詩人,繁於文藻,而歉於志意,故四言詩漸趨衰絕。清滇人許印芳《詩品跋》曰:“先秦以上,詩皆主四言,而參之以雜言。以其睒促均調,修短合度,體方而韻圓,語莊而氣和,是即荀子所謂‘詩止中聲’者,故足尚也。”以上論《詩經》之體式。○參看附錄第二。

　　體式之外,《詩經》之修辭,亦有足稱者。雙聲、疊韻、重言、連詞,辭語之奇,層出不窮,感物會心,皆成妙旨。《文心·物色》一篇,發其玄秘。王筠《重言》一卷,抉其豹斑矣。若乃章句之奇,亦已窮形極變。“螓首蛾眉”,“檜楫松舟”,句自爲偶也。“升彼大阜,從其群醜”,“誨爾諄諄,聽我藐藐”,兩句爲偶也。“昔我往矣,楊柳依依;今我來思,雨雪霏霏”,則越句爲偶,所謂扇對者也。《將仲子》三章僅異八字,《黍離》三章僅易三字,而情貌宛然。《相鼠》三章各重一句,而憤慨不盡。《出其東門》二章各轉一語,而思懷若揭。此則章句之妙也,其例孔多,不遑列舉。以上論《詩經》之修辭。○參看附錄第三。

　　章句之外,當及韻法。《詩經》韻法繁備,亦爲百世韻語之祖。昔顧炎武曾著其例曰:“古詩用韻之法,大約有三。首句次句連用韻,隔第三句,而於第四句用韻者,《關雎》之首章是也。凡漢以下詩及唐人律詩之首句用韻者,源於此。一起即隔句用韻者,《卷耳》之首章是也。凡漢以下詩及唐人律詩之首句不用韻者,源於此。自首至末,句句用韻者,若《考槃》、《清人》、《還》、《著》、《十畝之閒》、《月出》、《素冠》諸篇,又如《卷耳》之二章、三章、四章,《車攻》之一章、二章、三章、七章,《長發》之一章、二章、三章、四章、五章是也。凡漢以下詩若魏文帝《燕歌行》之類,源於此。自是而變,則轉韻矣。轉用之始,亦有連用、隔用之例,而錯綜變化,不可以一體拘。於是有上下各自爲韻,若《兔罝》及《采薇》之首章,《魚麗》之前三章,《卷阿》之首章者。有首末自爲一韻,中閒自爲一韻,若《車攻》之五章者。有隔半章自爲一韻,若《生民》之卒章者。有首提二韻,而下分二節承之,若《有瞽》之篇者。此皆詩之變格,然亦莫非出於自然,非有意爲之也。”顧氏此例至精,見所著《日知錄》卷二十一中。吾人若本顧氏之說,而反以三隅,則可知古今詩歌韻法之變化,蓋皆先備於《詩經》矣。孔子曰:“不學詩,無以言。”言者,雅言之謂也。理情性,揚華藻,此《詩》之爲用於文學者也。以上論《詩經》之韻法。○參看附錄第四。

毛詩序

　　《關雎》，後妃之德也，風之始也，所以風天下而正夫婦也。故用之鄉人焉，用之邦國焉。風，風也，教也。風以動之，教以化之。詩者，志之所之也。在心爲志，發言爲詩。情動於中而形於言，言之不足故嗟歎之，嗟歎之不足故永歌之，永歌之不足，不知手之舞之，足之蹈之也。情發於聲，聲成文，謂之音。治世之音安以樂，其政和。亂世之音怨以怒，其政乖。亡國之音哀以思，其民困。故正得失，動天地，感鬼神，莫近於詩。先王以是經夫婦，成孝敬，厚人倫，美教化，移風俗。故詩有六義焉，一曰風，二曰賦，三曰比，四曰興，五曰雅，六曰頌。上以風化下，下以風刺上。主文而譎諫，言之者無罪，聞之者足以戒，故曰風。至於王道衰，禮義廢，政教失，國異政，家殊俗，而變風、變雅作矣。國史明乎得失之迹，傷人倫之廢，哀刑政之苛，吟詠情性，以風其上，達於事變，而懷其舊俗者也。故變風發乎情，止乎禮義。發乎情，民之性也；止乎禮義，先王之澤也。是以一國之事，繫一人之本，謂之風。言天下之事，形四方之風，謂之雅。雅者，正也，言王政之所由廢興也。政有小大，故有小雅焉，有大雅焉。頌者，美盛德之形容，以其成功告於神明者也。是謂四始，詩之至也。然則《關雎》、《麟趾》之化，王者之風，故繫之周公。南，言化自北而南也。《鵲巢》、《騶虞》之德，諸侯之風也，先王之所以教，故繫之召公。《周南》、《召南》，正始之道，王化之基。是以《關雎》樂得淑女，以配君子。憂在進賢，不淫其色，哀窈窕，思賢才，而無傷善之心焉，是《關雎》之義也。

【附錄第二】

晉摯虞文章流別論所列舉各詩

一、三言例。

如《有駜》第一、第二章,五、六、七、八句:

有駜有駜,駜彼乘黃。夙夜在公,在公明明。振振鷺,鷺于下。鼓咽咽,醉言舞。于胥樂兮!

有駜有駜,駜彼乘牡。夙夜在公,在公飲酒。振振鷺,鷺于飛。鼓咽咽,醉言歸。于胥樂兮!

有駜有駜,駜彼乘駒。夙夜在公,在公載燕。自今以始,歲其有。君子有穀,詒孫子。于胥樂兮!

二、五言例。

如《行露》第二、第三章,首四句:

厭浥行露,豈不夙夜,謂行多露。

誰謂雀無角,何以穿我屋? 誰謂女無家,何以速我獄? 雖速我獄,室家不足。

誰謂鼠無牙,何以穿我墉? 誰謂女無家,何以速我訟? 雖速我訟,亦不女從。

三、六言例。

如《卷耳》第二、第三章,第三句:

采采卷耳,不盈傾筐。嗟我懷人,寘彼周行。

陟彼崔嵬,我馬虺隤。我姑酌彼金罍,維以不永懷。

陟彼高岡,我馬玄黃。我姑酌彼兕觥,維以不永傷。

陟彼砠矣,我馬瘏矣。我僕痡矣,云何吁矣。

四、七言例。

如《黃鳥》各章首句：

交交黃鳥止于棘。誰從穆公？子車奄息。維此奄息，百夫之特。臨其穴，惴惴其慄。彼蒼者天，殲我良人。如可贖兮，人百其身。

交交黃鳥止于桑。誰從穆公？子車仲行。維此仲行，百夫之防。臨其穴，惴惴其慄。彼蒼者天，殲我良人。如可贖兮，人百其身。

交交黃鳥止于楚，誰從穆公？子車鍼虎。維此鍼虎，百夫之禦。臨其穴，惴惴其慄。彼蒼者天，殲我良人。如可贖兮，人百其身。

五、九言例。

如《泂酌》各章首句：

泂酌彼行潦挹彼注茲，可以餴饎。豈弟君子，民之父母。

泂酌彼行潦挹彼注茲，可以濯罍。豈弟君子，民之攸歸。

泂酌彼行潦挹彼注茲，可以濯溉。豈弟君子，民之攸塈。

【附録第三】

詩經修辭舉例

一、句自爲偶例。

如《碩人》，第二章第五句：

碩人其頎，衣錦褧衣。齊侯之子，衛侯之妻，東宮之妹，邢侯之姨，譚公維私。

手如柔荑，膚如凝脂，領如蝤蠐，齒如瓠犀，螓首蛾眉，巧笑倩兮，美目盼兮。

碩人敖敖，說於農郊。四牡有驕，朱幩鑣鑣，翟茀以朝。大夫夙退，無使君勞。

河水洋洋，北流活活。施罛濊濊，鱣鮪發發，葭菼揭揭。庶姜孽孽，庶士有朅。

又如《竹竿》，第四章第二句：

籊籊竹竿，以釣于淇。豈不爾思，遠莫致之。

泉源在左，淇水在右。女子有行，遠兄弟父母。

淇水在右，泉源在左。巧笑之瑳，佩玉之儺。

淇水滺滺，檜楫松舟。駕言出遊，以寫我憂。

二、兩句爲偶例。

如《吉日》，首章第五、六句：

吉日維戊，既伯既禱。田車既好，四牡孔阜。升彼大阜，從其群醜。

吉日庚午，既差我馬。獸之所同，麀鹿麌麌。漆沮之從，天子之所。

瞻彼中原，其祁孔有。儦儦俟俟，或群或友。悉率左右，以燕天子。

既張我弓，既挾我矢。發彼小豝，殪此大兕。以御賓客，且以酌醴。

又如《抑》，第十一章第五、六句：

抑抑威儀,維德之隅。人亦有言,靡哲不愚。庶人之愚,亦職維疾。哲人之愚,亦維斯戾。

無競維人,四方其訓之。有覺德行,四國順之。訏謨定命,遠猶辰告。敬慎威儀,維民之則。

其在于今,興迷亂于政。顛覆厥德,荒湛于酒。女雖湛樂從,弗念厥紹。罔敷求先王,克共 ① 明刑。

肆皇天弗尚,如彼泉流,無淪胥以亡。夙興夜寐,灑埽庭內,維民之章。修爾車馬,弓矢戎兵。用戒戎作,用逷蠻方。

質爾人民,謹爾侯度,用戒不虞。慎爾出話,敬爾威儀,無不柔嘉。白圭之玷,尚可磨也。斯言之玷,不可爲也。

無易由言,無曰苟矣。莫捫朕舌,言不可逝矣。無言不讎,無德不報。惠于朋友,庶民小子。子孫繩繩,萬民靡不承。

視爾友君子,輯柔爾顏,不遐有愆。相在爾室,尚不愧于屋漏。無曰不顯,莫予云覯。神之格思,不可度思,矧可射思。

辟爾爲德,俾臧俾嘉。淑慎爾止,不愆于儀。不僭不賊,鮮不爲則。投我以桃,報之以李。彼童而角,實虹小子。

荏染柔木,言緡之絲。溫溫恭人,維德之基。其維哲人,告之話言。順德之行,其維愚人。覆謂我僭,民各有心。

於呼小子,未知臧否。匪手攜之,言示之事。匪面命之,言提其耳。借曰未知,亦既抱子。民之靡盈,誰夙知而莫成。

昊天孔昭,我生靡樂。視爾夢夢,我心慘慘。誨爾諄諄,聽我藐藐。匪用爲教,覆用爲虐。借曰未知,亦聿既耄 ②。

於乎小子,告爾舊止。聽用我謀,庶無大悔。天方艱難,曰喪厥國。取譬不遠,昊天不忒。回遹其德,俾民大棘。

三、越句爲偶例。

如《采薇》,第六章一、二、三、四句:

---

① 共,稿本誤"其"。油印本沿之。茲從華東本據《毛詩正義》改。
② 耄,稿本誤"老"。油印本沿之。茲從華東本據《毛詩正義》改。

采薇采薇,薇亦作止。曰歸曰歸,歲亦莫止。靡室靡家,玁狁之故。不遑啟居,玁狁之故。

采薇采薇,薇亦柔止。曰歸曰歸,心亦憂止。憂心烈烈,載飢載渴。我戍未定,靡使歸聘。

采薇采薇,薇亦剛止。曰歸曰歸,歲亦陽止。王事靡盬,不遑啟處。憂心孔疚. 我行不來。

彼爾維何? 維常之華。彼路斯何? 君子之車。戎車既駕,四牡業業。豈敢定居,一月三捷。

駕彼四牡,四牡騤騤。君子所依,小人所腓。四牡翼翼,象弭魚服。豈不日戒,玁狁孔棘。

昔我往矣,楊柳依依。今我來思,雨雪霏霏。行道遲遲,載渴載飢。我心傷悲,莫知我哀。

四、三章僅異八字例。

如《將仲子》:

將仲子兮,無踰我里,無折我樹杞。豈敢愛之? 畏我父母。仲可懷也,父母之言,亦可畏也。

將仲子兮,無踰我牆,無折我樹桑。豈敢愛之? 畏我諸兄。仲可懷也,諸兄之言,亦可畏也。

將仲子兮,無踰我園,無折我樹檀。豈敢愛之? 畏人之多言。仲可懷也,人之多言,亦可畏也。

五、三章僅易三字例。

如《黍離》:

彼黍離離,彼稷之苗。行邁靡靡,中心搖搖。知我者,謂我心憂。不知我者,謂我何求。悠悠蒼天,此何人哉!

彼黍離離,彼稷之穗。行邁靡靡,中心如醉。知我者,謂我心憂。不知我者,謂我何求。悠悠蒼天,此何人哉!

彼黍離離,彼稷之實。行邁靡靡,中心如噎。知我者,謂我心憂。不知我者,謂我何求。悠悠蒼天,此何人哉!

六、重句例。

如《相鼠》三章：

相鼠有皮，人而無儀。人而無儀，不死何爲！

相鼠有齒，人而無止。人而無止，不死何俟！

相鼠有體，人而無禮。人而無禮，胡不遄死！

七、轉語例。

如《出其東門》二章：

出其東門，有女如雲。雖則如雲，匪我思存。縞衣綦巾，聊樂我員。

出其闉闍，有女如荼。雖則如荼，匪我思且。縞衣茹藘，聊可與娛。

【附錄第四】

顧炎武日知錄所論古詩用韻之法

茲依其說舉例以明之。

一、首句次句連用韻，隔第三句而於第四句用韻者。

例如《關雎》之首章：

關關雎鳩，在河之洲。窈窕淑女，君子好逑。

參差荇菜，左右流之。窈窕淑女，寤寐求之。求之不得，寤寐思服。悠哉
悠哉，輾轉反側。

參差荇菜，左右采之。窈窕淑女，琴瑟友之。參差荇菜，左右芼之。窈窕
淑女，鐘鼓樂之。

漢以下詩，源於此例者，如《古詩十九首》之《青青陵上陌》：

青青陵上陌，磊磊澗中石。人生天地間，忽如遠行客。斗酒相娛樂，聊厚
不爲薄。驅車策駑馬，遊戲宛與洛。洛中何鬱鬱，冠帶自相索。長衢羅夾巷，
王侯多第宅。兩宮遙相望，雙闕百餘尺。極宴娛心意，戚戚何所迫。

唐人律詩源於此例者，如孟浩然《歲暮歸南山》：

北闕休上書，南山歸敝廬。不才明主棄，多病故人疏。白髮催年老，青陽
逼歲除。永懷愁不寐，松月夜窗虛。

二、一起即隔句用韻者。

例如《卷耳》之首章（詩已見前附錄第二）。

漢以下詩，源於此例者，如《古詩十九首》之《涉江采芙蓉》：

涉江采芙蓉，蘭澤多芳草。采之欲遺誰，所思在遠道。還顧望舊鄉，長路
漫浩浩。同心而離居，憂傷以終老。

唐人律詩源於此例者，如玄宗《經魯祭孔子而歎之》：

夫子何爲者,栖栖一代中。地猶鄹氏邑,宅即魯王宮。歎鳳嗟身否,傷麟怨道窮。今看兩楹奠,當與夢時同。

三、自首至末,句句用韻者。

例若《考槃》:

考槃在澗,碩人之寬。獨寐寤言,永矢弗諼。

考槃在阿,碩人之薖。獨寐寤歌,永矢弗過。

考槃在陸,碩人之軸。獨寐寤宿,永矢弗告。

若《清人》:

清人在彭,駟介旁旁。二矛重英,河上乎翔翔。

清人在消,駟介麃麃。二矛重喬,河上乎逍遙。

清人在軸,駟介陶陶。左旋右抽,中軍作好。

若《還》:

子之還兮,遭我乎猇之閒兮。並驅從兩肩兮,揖我謂我儇兮。

子之茂兮,遭我乎猇之道兮。並驅從兩牡兮,揖我謂我好兮。

子之昌兮,遭我乎猇之陽兮。並驅從兩狼兮,揖我謂我臧兮。

若《著》:

俟我於著乎而,充耳以素乎而,尚之以瓊華乎而。

俟我於庭乎而,充耳以青乎而,尚之以瓊瑩乎而。

俟我於堂乎而,充耳以黃乎而,尚之以瓊英乎而。

若《十畝之閒》:

十畝之閒兮,桑者閑閑兮,行與子還兮。

十畝之外兮,桑者泄泄兮,行與子逝兮。

若《月出》:

月出皎兮,佼人僚兮。舒窈糾兮,勞心悄兮。

月出皓兮,佼人懰兮。舒憂受兮,勞心慅兮。

月出照兮,佼人燎兮。舒夭紹兮,勞心慘兮。

若《素冠》:

庶見素冠兮,棘人欒欒兮,勞心慱慱兮。

庶見素衣兮,我心傷悲兮,聊與子同歸兮。

庶見素韠兮，我心蘊結兮，聊與子如一兮。

又若《卷耳》之二章、三章、四章（詩見前附錄第二）。

《車攻》之一章、二章、三章、七章：

我車既攻，我馬既同。四牡龐龐，駕言徂東。

田車既好，四牡孔阜。東有甫草，駕言行 ① 狩。

之子于苗，選徒囂囂。建旐設旄，搏獸 ② 于敖。

駕彼四牡，四牡奕奕。赤芾金舄，會同有繹。

決拾既佽，弓矢既調讀如同。射夫既同，助我舉柴子智反。

四黃既駕，兩驂不猗音阿。不失其馳，舍矢如破。

蕭蕭馬鳴，悠悠旆旌。徒御不警，大庖不盈。

之子于征，有聞無聲。允矣君子，展也大成。

《長發》之一章、二章、三章、四章、五章：

濬哲維商，長發其祥。洪水芒芒，禹敷下土方。外大國是疆，幅隕既長。有娀方將，帝立子生商。

玄王桓撥，受小國是達，受大國是達。率履不越，遂視既發。相土烈烈，海外有截。

帝命不違，至於湯齊。湯降不遲，聖敬日躋。昭假遲遲，上帝是祗，帝命式于九圍。

受小球大球，爲下國綴旒，何天之休。不競不絿，不剛不柔。敷政優優，百祿是遒。

受小共大共，爲下國駿厖。何天之龍，敷奏 ③ 其勇。不震不動，不戁不竦，百祿是總。

武王載旆，有虔秉鉞。如火烈烈，則莫我敢曷。苞有三蘖，莫遂莫達。九有有截，韋顧既伐，昆吾夏桀。

昔在中葉，有震且業。允也天子，降予卿士。實維阿衡，實左右商王。

漢以下詩，源於此例者，若魏文帝《燕歌行》：

秋風蕭瑟天氣涼，草木搖落露爲霜，群燕辭歸雁南翔。念君客遊思斷腸，

---

① 行，稿本誤“巡”。油印本沿之。茲從華東本據《毛詩正義》改。

② 搏獸，稿本誤“薄狩”。油印本沿之。茲從華東本據《毛詩正義》改。

③ 奏，稿本誤“奉”。油印本沿之。茲從華東本據《毛詩正義》改。

慊慊思歸戀故鄉,何爲淹留寄他方。賤妾煢煢守空房,憂來思君不敢忘,不覺淚下霑衣裳。援琴鳴絃發清商,短歌微吟不能長,明月皎皎照我牀。星漢西流夜未央,牽牛織女遙相望,爾獨何辜限河梁?

四、上下各自爲韻者。

若《兔罝》:

肅肅兔罝,椓之丁丁。赳赳武夫,公侯干城。

肅肅兔罝,施于中逵。赳赳武夫,公侯好仇。

肅肅兔罝,施于中林。赳赳武夫,公侯腹心。

若《采薇》之首章(詩見前附錄第三)。

若《魚麗》之前三章:

魚麗于罶,鱨鯊。君子有酒,旨且多。

魚麗于罶,魴鱧。君子有酒,多且旨。

魚麗于罶,鰋鯉。君子有酒,旨且有。

物其多矣,維其嘉矣。

物其旨矣,維其偕矣。

物其有矣,維其時矣。

又若《卷阿》之首章:

有卷者阿,飄風自南。豈弟君子,來游來歌,以矢其音。

伴奐爾游矣,優游爾休矣。豈弟君子,俾爾彌爾性,似先公酋矣。

爾土宇昄 ① 章,亦孔之厚矣。豈弟君子,俾爾彌爾性,百神爾主矣。

爾受命長矣,茀祿爾康矣。豈弟君子,俾爾彌爾性,純嘏爾常矣。

有馮有翼,有孝有德,以引以翼。豈弟君子,四方是則。

顒顒卬卬,如圭如璋,令聞令望。豈弟君子,四方爲綱。

鳳凰于飛,翽翽其羽,亦集爰止。藹藹王多吉士,維君子使,媚于天子。

鳳凰于飛,翽翽其羽,亦傅于天。藹藹王多吉人,維君子命,媚于庶人。

鳳凰鳴矣,于彼高岡。梧桐生矣,于彼朝陽。菶菶萋萋,雝雝喈喈。

君子之車,既庶且多。君子之馬,既閑且馳。矢詩不多,維以遂歌。

---

① 昄,華東本誤"皈"。茲依稿本及油印本。

五、首末自爲一韻，中間自爲一韻者。

若《車攻》之五章（詩見前第三例）。

六、隔半章自爲一韻。

若《生民》之卒章者：

厥初生民，時維姜嫄。生民如何，克禋克祀，以弗無子。履帝武敏歆，攸介攸止。載震載夙，載生載育，時維后稷。

誕彌厥月，先生如達。不坼不副，無菑無害，以赫厥靈。上帝不寧，不康禋祀，居然生子。

誕寘之隘巷，牛羊腓字之。誕寘之平林，會伐平林。誕寘之寒冰，鳥覆翼之。鳥乃去矣，后稷呱矣。實覃實訏，厥聲載路。

誕實匍匐，克岐克嶷。以就口食，藝之荏菽。荏菽旆旆，禾役穟穟。麻麥幪幪，瓜瓞唪唪。

誕后稷之穡，有相之道。茀厥豐草，種之黃茂。實方實苞，實種實褎。實發實秀，實堅實好。實穎實栗，即有邰家室。

誕降嘉種①，維秬維秠，維穈維芑。恒之秬秠，是穫是畝。恒之穈芑，是任是負，以歸肇祀。

誕我祀如何，或舂或揄，或簸或蹂。釋之叟叟，烝之浮浮。載謀載惟②，取蕭祭脂，取羝以軷。載燔載烈，以興嗣歲。

卬盛于豆，于豆于登，其香始升，上帝居歆。胡臭亶時，后稷肇祀。庶無罪悔，以迄于今。

七、首提二韻，而下分二節承之。

若《有瞽》之篇者：

有瞽有瞽，在周之庭。設業設虡，崇牙樹羽。應田縣鼓，鞉磬柷圉。既備乃奏，簫管備舉。喤喤厥聲，肅雝和鳴，先祖是聽。我客戾止，永觀厥成。

上列七種韻法，皆本顧氏之說。學者依此凡例以攷求《詩》之韻叶，思過半矣。

---

① 種，稿本作"穀"。茲從油印本、華東本據《毛詩正義》改。

② 惟，稿本作"維"。油印本承之。茲從華東本據《毛詩正義》改。

詩經篇目表 ①

詩體	篇名		從詩序之說所得作者	從詩本辭所得作者	故言章數	鄭氏章數	句數	備註
風	周南	關雎			三	五	章四句② 故言一章章③ 四句二章章八句	
		葛覃			三	三	章六句	
		卷耳			四	四	章四句	
		樛木			三	三	章四句	
		螽斯			三	三	章四句	
		桃夭			三	三	章四句	
		兔罝			三	三	章四句	
		芣苢			三	三	章四句	
		漢廣			三	三	章八句	
		汝墳			三	三	章四句	
		麟之趾			三	三	章三句	
	召南	鵲巢			三	三	章四句	
		采蘩			三	三	章四句	
		草蟲			三	三	章七句	
		采蘋			三	三	章四句	
		甘棠			三	三	章三句	
		行露			三	三	一章章三句 二章章六句	
		羔羊			三	三	章四句	

---

① 稿本題下，有"受業仙遊鄭碧桃製"八字。蓋作者當年任國立海疆學校中文科教授時，纂述此書，學生鄭碧桃曾協助抄錄製作此表。

② 章四句，稿本無，疑製表者偶誤。油印本、華東本均沿之。據《毛詩正義》補。

③ 章，油印本、華東本無。茲依稿本。謹案，作者述《毛詩》章句頗爲細密，本書點校悉遵原稿。下倣此，不復出校。

詩體		篇名	從詩序之說所得作者	從詩本辭所得作者	故言章數	鄭氏章數	句數	備註
風	召南	殷其靁			三①	三	章六句	
		摽有梅			三	三	章四句	
		小星			二②	二	章五句	
		江有汜			三	三	章五句	
		野有死麕			三	三	二章章四句	
							一章章三句	
		何彼襛矣			三	三	章四句	
		騶虞			二	二	章三句	以上爲正風
	邶風	柏舟			五	五	章六句	以下爲變風
		綠衣			四	四	章四句	
		燕燕	衛莊姜		四	四	章六句	
		日月	衛莊姜		四	四	章四句	
		終風	衛莊姜③		四	四	章四句	
		擊鼓	衛莊姜④		五	五	章四⑤句	
		凱風			四	四	章四句	
		雄雉	國人		四	四	章四句	
		匏有苦葉			四	四	章四句	
		谷風			六	六	章八句	
		式微	其臣		二	二	章四句	
		旄丘	黎之臣子		四	四	章四句	
		簡兮			三	三	章六句	
		泉水	衛女		四	四	章六句	
		北門			三	三	章七句	
		北風			三	三	章六句	
		靜女			三	三	章四句	
		新臺	國人		三	三	章四句	
		二子乘舟	國人		二	二	章四句	

① 三,油印本、華東本脱。兹依稿本。右行"三"字傲此。

② 二,稿本作"三",蓋製表者偶誤。據油印本、華東本改。右行"二"字傲此。

③ 衛莊姜,稿本無。據油印本、華東本增。

④ 衛莊姜,稿本作"國人"。據油印本、華東本改。

⑤ 四,稿本作"五",蓋製表者偶誤。據油印本、華東本改。

詩體		篇名	從詩序之說所得作者	從詩本辭所得作者	故言章數	鄭氏章數	句數	備註
風	鄘風	柏舟	衛共姜		二	二	章七句	
		牆有茨	國人		三	三	章六句	
		君子偕老			三	三	首章章七句	
							二章章九句	
							卒章章八句	
		桑中			三	三	章七句	
		鶉之奔奔	衛人		二	二	章四句	
		定之方中	衛民		三	三	章七句	
		蝃蝀	國人		三	三	章四句	
		相鼠			三	三	章四句	
		干旄					章六句	
		載馳	許穆夫人		五	五	一四章章六句	
							二三章章四句	
							卒章章八句	
	衛風	淇奧			三	三	章九句	
		考槃			三	三	章四句	
		碩人	國人		四	四	章七句	
		氓			六	六	章十句	
		竹竿	衛女		四	四	章四句	
		芄蘭	大夫		二	二	章六句	
		河廣	宋襄公母		二	二	章四句	
		伯兮			四	四	章四句	
		有狐			三	三	章四句	
		木瓜	衛人		三	三	章四句	
	王風	黍離	周大夫		三	三	章十句	
		君子于役	大夫		二	二	章八句	
		君子陽陽	君子		二	二	章四句	
		揚之水	周人		三	三	章六句	
		中谷有蓷			三	三	章六句	
		兔爰	君子		三	三	章七句	
		葛藟	王族		三	三	章六句	
		采葛			三	三	章三句	
		大車			三	三	章四句	
		丘中有麻	國人		三	三	章四句	

詩體		篇名	從詩序之說所得作者	從詩本辭所得作者	故言章數	鄭氏章數	句數	備註
風	鄭風	緇衣	國人		三	三	章四句	
		將仲子			三	三	章八句	
		叔于①田	國人		三	三	章五句	
		大叔于田			三	三	章十句	
		清人	公子素②		三	三	章四句	
		羔裘			三	三	章四句	
		遵大路	国人③		二	二	章四句	
		女曰雞鳴			三	三	章六句	
		有女同車	國人		二	二	章六句	
		山有扶蘇			二	二	章四句	
		蘀兮			二	二	章四句	
		狡童			二	二	章四句	
		褰裳	國人		二	二	章五句	
		丰			四	四	二章章三句 二章章四句	
		東門之墠			二	二	章四句	
		風雨			三	三	章四句	
		子衿			三	三	章四句	
		揚之水	君子④		二	二	章六句	
		出其東門	民人⑤		二	二	章六句	
		野有蔓草			二	二	章六句	
		溱洧			二	二	章十二句	

---

① 于，稿本作"於"，疑製表者偶誤。據《毛詩正義》改。下"大叔于田"之"于"字傚此。
② 公子素，油印本、華東本脱。茲依稿本。
③ 國人，油印本、華東本脱。茲依稿本。下文兩處"國人"傚此。
④ 君子，油印本、華東本脱。茲依稿本。
⑤ 民人，油印本、華東本脱。茲依稿本。

詩體		篇名	從詩序之說所得作者	從詩本辭所得作者	故言章數	鄭氏章數	句數	備註
風	齊風	雞鳴			三	三	章四句	
		還			三	三	章四句	
		著			三	三	章三句	
		東方之日			二	二	章五句	
		東方未明			三	三	章四句	
		南山	大夫		四	四	章六句	
		甫田	大夫		三	三	章四句	
		盧令	百姓		三	三	章二句	
		敝笱	齊人		三	三	章四句	
		載驅	齊人		四	四	章四句	
		猗嗟	齊人		三	三	章六句	
	魏風	葛屨①			二	二	一章章六句	
							一章章五句	
		汾沮洳			三	三	章六句	
		園有桃	大夫		二	二	章十二句	
		陟岵	孝子		三	三	章六句	
		十畝之間			二	二	章三句	
		伐檀			三	三	章九句	
		碩鼠	國人		二	二	章八句	
	唐風	蟋蟀			三	三	章八句	
		山有樞	國人		三	三	章八句	
		揚之水			三	三	二章章六句	
							一章章四句	
		椒聊	君子		二	二	章六句	
		綢繆			三	三	章六句	
		杕杜			二	二	章九句	
		羔裘	晉人②		二	二	章四句	
		鴇羽	君子		三	三	章七句	
		無衣	大夫		二	二	章三句	
		有杕之杜			二	二	章六句	
		葛生			五	五	章四句	
		采苓			三	三	章八句	

---

① 屨，稿本作"履"，疑製表者偶誤。據油印本、華東本改。

② 人，油印本、華東本脱。兹依稿本。

六庵叢纂

詩體		篇名	從詩序之說所得作者	從詩本辭所得作者	故言章數	鄭氏章數	句數	備註
風	秦風	車鄰			三	三	章四句 二章章六句	
		駟驖			三	三	章四句	
		小戎	國人		三	三	章十句	
		蒹葭			三	三	章八句	
		終南	大夫		二	二	章六③句	
		黃鳥	國人		三	三	章十二④句	
		晨風			三	三	章六句	
		無衣	秦人		三①	三	章五句	
		渭陽	康公		二	二	章四句	
		權輿			二②	二	章五句	
	陳風	宛丘			三	三	章四句	
		東門之枌			三	三	章四句	
		衡門			三	三	章四句	
		東門之池			三	三	章四句	
		東門之楊			二	二	章四句	
		墓門			二	二	章六句	
		防有鵲巢	君子		二	二	章四句	
		月出			三	三	章四句	
		株林			二	二	章四句	
		澤陂			三	三	章六句	
	檜風	羔裘	大夫		三	三	章四句	
		素冠			三	三	章三句	
		隰有萇楚	國人		三	三	章四句	
		匪風			三	三	章四句	

---

① 三,油印本、華東本誤"二"。茲依稿本。右"三"倣此。
② 二,油印本、華東本誤"三"。茲依稿本。右"二"倣此。
③ 六,油印本、華東本誤"十二"。茲依稿本。
④ 十二,油印本、華東本誤"六"。茲依稿本。

詩體		篇名	從詩序之說所得作者	從詩本辭所得作者	故言章數	鄭氏章數	句數	備註
風	曹風	蜉蝣			三	三	章四②句	
		候人			四	四	章四句	
		鳲鳩			四	四	章六③句	
		下泉	曹人①		四	四	章四句	
	豳風	七月	周公		八	八	章十一句	
		鴟鴞	周公		四	四	章五句	
		東山	大夫		四	四	章十二句	
		破斧	周大夫		三	三	章六句	
		伐柯	周大夫		二	二	章四句	
		九罭	周大夫		四	四	首章章四句 下三章章三句	
		狼跋	周大夫		二	二	章四句	
雅	小雅 鹿鳴之什	鹿鳴			三	三	章八句	
		四牡			三	三	章五句	
		皇皇者華			五	五	章四句	
		常棣			八	八	章四句	
		伐木			六	六	章六句	
		天保			六	六	章六句	
		采薇			六	六	章六句	
		出車			六	六	章八句	
		杕杜			四	四	章七句	
		魚麗			六	六	上三章章四句 下三章章二句	
		南陔						有其義而亡其辭
		白華						
		華黍						

---

① 曹人，油印本、華東本脫。茲依稿本。

② 四，稿本作"三"，疑製表者偶誤。據油印本、華東本改。

③ 六，稿本作"四"，疑製表者偶誤。據油印本、華東本改。

六庵叢纂

詩體			篇名	從詩序之說所得作者	從詩本辭所得作者	故言章數	鄭氏章數	句數	備註
雅	小雅	南有嘉魚之什	南有嘉魚			四	四	章四句	
			南山有臺			五	五	章六句	
			由庚						有其義而亡其辭
			崇丘						
			由儀						
			蓼蕭			四	四	章六句	
			湛露			四	四	章四句	
			彤弓			三	三	章六句	
			菁菁者莪			四	四	章四句	以上正小雅
			六月			六	六	章八句	以下變小雅
			采芑			四	四	章十二句	
			車攻			八	八	章四句	
			吉日			四	四	章六句	
		鴻雁之什	鴻雁			三	三	章六句	
			庭燎			三	三	章五句	
			沔水			三	三	二章章八句	
								一章章六句	
			鶴鳴			二	二	章九句	
			祈父	大夫		三	三	章四句	
			白駒			四	四	章六句	
			黃鳥			三	三	章七句	
			我行其野			三	三	章六句	
			斯干			九	九	首六八卒章章七句二三四五七章章五句	
			無羊			四	四	章八句	

詩體			篇名	從詩序之說所得作者	從詩本辭所得作者	故言章數	鄭氏章數	句數	備註
雅	小雅	節南山之什	節南山	家父	家父	十	十	上六章章八句 下四章章四句	
			正月	大夫		十三	十三	八章章八句 五章章六句	
			十月之交	大夫		八	八	章八句	
			雨無正	大夫		七	七	上二章章十句 次二章章八句 下三章章六句	
			小旻	大夫		六	六	上三章章八句 下三章章七句	
			小宛	大夫		六	六	章六句	
			小弁	太子宜咎之傅		八	八	章八句	
			巧言	大夫		六	六	章八句	
			何人斯	蘇公		八	八	章六句	
			巷伯	寺人	寺人孟子	七	七	上四章章四句次章 章五句次章章八句 卒章章六句	
		谷風之什	谷風			三	三	章六句	
			蓼莪			六	六	四章章四句 二章章八句	
			大東	譚大夫		七	七	章八句	
			四月	大夫		八	八	章四句	
			北山	大夫		六	六	三章章六句 三章章四句	
			無將大車	大夫		三	三	章四句	
			小明	大夫		五	五	上三章章十二句 下二章章六句	
			鼓鍾①			四	四	章五句	
			楚茨	君子		六②	六	章十二句	
			信南山	君子		六	六	章六③句	

---

① 鍾,原稿作"鍾"。茲依《毛詩正義》改。

② 六,油印本、華東本誤"四"。茲依稿本。右行"六"倣此。

③ 六,油印本、華東本誤"十八"。茲依稿本。

詩體			篇名	從詩序之說所得作者	從詩本辭所得作者	故言章數	鄭氏章數	句數	備註
雅	小雅	甫田之什	甫田	君子		四①	四	章十句	
			大田			四	四	上二章章八句	
								下二章章九句	
			瞻彼洛矣			三	三	章六句	
			裳裳者華			四	四	章六②句	
			桑扈			四	四	章四句	
			鴛鴦			四	四	章四句	
			頍弁			三	三	章十二句	
			車舝	大夫		五	五	章六句	
			青蠅	大夫		三	三	章四句	
			賓之初筵	衛武公		五	五	章十四句	
		魚藻之什	魚藻	君子		三	三	章四句	
			采菽	君子		五	五	章八句	
			角弓	王之父兄		八	八	章四句	
			菀柳			三	三	章六句	
			都人士	周人		五	五	章六句	
			采綠			四	四	章四句	
			黍苗			五	五	章四句	
			隰桑			四	四	章四句	
			白華			八	八	章四句	
			緜蠻	周之微臣		三	三	章八句	
			瓠葉	大夫		四	四	章四句	
			漸漸之石	下國		三	三	章六句	
			苕之華	大夫		三	三	章四句	
			何草不黃	下國君子		四	四	章四句	

① 四,油印本、華東本誤"六"。茲依稿本。右行"四"倣此。

② 六,油印本、華東本誤"四"。茲依稿本。

詩體			篇名	從詩序之說所得作者	從詩本辭所得作者	故言章數	鄭氏章數	句數	備註
雅	大雅	文王之什	文王			七	七	章八句	
			大明			八	八	四章章六句	
								四章章八句	
			緜			九	九	章六句	
			棫樸			五	五	章四句	
			旱麓			六	六	章四句	
			思齊			五	四	章六句故言二章章	
								六句三章章四句	
			皇矣			八	八	章十二句	
			靈臺			五	五	章四句	
			下武			六	六	章四句	
			文王有聲			八	八	章五句	
		生民之什	生民			八	八	四章章十句	
								四章章八句	
			行葦			七	八	章四句故言二章章	
								六句五章章四句	
			既醉			八	八	章四句	
			鳧鷖			五	五	章六句	
			假樂			四	四	章六句	
			公劉	召康公		六	六	章十句	
			泂酌	召康公		三	三	章五句	
			卷阿	召康公		十	十	上六章章五句	
								下四章章六句	以上正大雅
			民勞	召穆公		五	五	章十句	以下變大雅
			板	凡伯		八	八	章八句	

六庵叢纂

詩體			篇名	從詩序之說所得作者	從詩本辭所得作者	故言章數	鄭氏章數	句數	備註
雅	大雅	蕩之什	蕩	召穆公		八	八	章八②句	
			抑	衛武公①		十二	十二	上三章章八句	
								下九章章十句	
			桑柔	芮伯		十六	十六	上八章章八句	
								下八章章六句	
			雲漢	仍叔		八	八	章十句	
			崧高	尹吉甫	尹吉甫	八	八	章八句	
			烝民	尹吉甫	尹吉甫	八	八	章八句	
			韓奕	尹吉甫		六	六	章十二句	
			江漢	尹吉甫		六	六	章八句	
			常武	召穆公		六	六	章八句	
			瞻卬	凡伯		七	七	三章章十句	
								四章章八句	
			召旻	凡伯		七	七	四章章五句	
								三章章七句	
頌	周頌	清廟之什	清廟			一	一	八句	
			維天之命			一	一	八句	
			維清			一	一	五句	
			烈文			一	一	十三句	
			天作			一	一	七句	
			昊天有成命			一	一	七句	
			我將			一	一	十句	
			時邁其邦			一	一	十五句	
			執競③			一	一	十四句	
			思文			一	一	八句	

---

① 公,油印本、華東本脱。茲依稿本。

② 八,華東本誤"四"。茲依稿本及油印本。

③ 執競,油印本誤"竟"。茲依稿本及華東本。

詩體		篇名	從詩序之說所得作者	從詩本辭所得作者	故言章數	鄭氏章數	句數	備註
頌	周頌	臣工之什			一	一	十五句	
					一	一	八句	
					一	一	八句	
					一	一	七句	
					一	一	十三①句	
					一	一	六句	
					一	一	十六句	
					一	一	十四句	
					一	一	十二句	
					一	一	七句	
		閔予小子之什			一	一	十一句	
					一	一	十二句	
					一	一	十二句	
					一	一	八句	
					一	一	三十一句	
					一	一	二十三句	
					一	一	九句	
					一	一	九句	
					一	一	九句	
					一	一	六句	
					一	一	七句	
	魯頌	駉四篇	史克		四	四	章八句	
					三	三	章九句	
					八	八	章八句	
				奚斯	八	八	二章章十七句一章十二句 一章三十八句二章章八句 二章章十句	

篇名（周頌臣工之什）：臣工、噫嘻、振鷺、豐年、有瞽、潛、雝、載見、有客、武

篇名（周頌閔予小子之什）：閔予小子、訪落、敬之、小毖、載芟、良耜、絲衣、酌、桓、賚、般②

篇名（魯頌駉四篇）：駉、有駜、泮水、閟宮

---

① 十三,稿本作"十六",蓋製表者偶誤鈔。據稿本、華東本改。

② 般,稿本作"股",蓋製表者偶誤。據油印本、華東本改。

詩體			篇名	從詩序之說所得作者	從詩本辭所得作者	故言章數	鄭氏章數	句數	備註
頌	商頌	那五篇	那			一	一	二十二句	
			烈祖			一	一	二十二句	
			玄鳥			一	一	二十二句	
			長發			七	七	一章八句四章章	
								七句一章九句	
								一章五句	
			殷武			六	六	三章章六句二章章	
								七句一章五句	

以上凡三百一十一篇,有①其義而亡其辭者六篇。共一千一百四十五章,故言一千一百四十三章。

---

① "有"上,油印本、華東本多"內"字,並於此行前增"附記"二字。茲依稿本。

三禮篇第五 大戴禮記附

三禮之書，一曰《儀禮》，二曰《周禮》，三曰《禮記》。《儀禮》爲家政大端，猶後世之"家禮"；《周禮》爲國政大端，猶後世之"會典"；《禮記》則多屬修身之事，猶後世"叢書"之體：此三者之大別也。目錄家以《周禮》爲國政大端，每以居先。實則《儀禮》爲禮之正經，且較《周禮》爲早出，固宜褏然稱首也。以上論三禮之名稱及次第。

《說文》云："禮，履也。所以事神致福也。从示，从豐。"孟軻云："仁之實，事親是也；義之實，從兄是也：禮之實，節文斯二者，弗去是也。"又荀卿云："人生而有欲，欲而不得則爭。爭則亂，亂則窮。先王惡其亂也，故制禮義以分之[①]。"蓋禮起於事神，暢於人事。孟軻以爲飾善，荀卿以爲制欲，言各一偏。《漢書·禮樂志》云："人函天地陰陽之性，有喜怒哀樂之情。天稟其性，而不能節也。聖人能爲之節，而不能絕也。故象天地，制禮樂，所以通神明，立人倫，正性情，節萬事者也。"其言盡之。以上明禮之緣起。

《周禮正義》據《古史攷》云："伏羲制嫁娶，以儷皮爲禮，作琴瑟以爲樂。"謂是嘉禮之始。《禮記》稱"神農氏爲蜡"，蜡即田祭，爲吉禮之始。《史記》有"黃帝與蚩尤戰於涿鹿"，則有軍禮。《易》稱黃帝九事，有"葬於中野"，則宜有凶禮。又《論語撰考》稱"軒轅知地利，九牧倡教"，有九牧則有朝聘，有朝聘，是賓禮也。是則嘉禮起於伏羲，吉禮起於神農，軍、賓、凶禮[②]

---

① "人生"至"分之"三十字，述荀卿語，與前述孟軻語同，皆節引之例。油印本、華東本改爲全引，曰："人生而有欲，欲而不得，則不能無求。求而無度量分界，則不能爭。爭則亂，亂則窮。先王惡其亂也，故制禮義以分之。"茲依稿本。惟稿本"禮義"作"禮議"，今依《荀子·禮論第十九》校改。

② 禮，稿本及油印本無，疑承上文而省。茲依華東本補。

起於黃帝,蓋黃帝時五禮已粗備矣。至堯時,《書》稱"修五禮",又云"命伯益典三禮"。三禮者,謂天、地、人。實則天地並屬吉禮,人則兼統凶與軍、賓、嘉也。故三禮、五禮,名異實同。殷因於夏,周因於殷,雖有損益,大體不違。唯夏、殷之禮,周末已不足徵。堯、舜以逮皇古,其詳更不可聞。故言禮者,當斷自姬周。以上明五禮之所始及言禮當斷自周代。

《禮記‧明堂位》云:"武王崩,成王幼,周公踐天子位,以治天下。六年,朝諸侯於明堂,制禮作樂,頒度量,而天下服。"《周官》、《儀禮》皆在制作之中,而《儀禮》爲禮之正經,故孔穎達等俱以《儀禮》爲周公所作。顧當時無《儀禮》之名,謂之《經禮》、《曲禮》。所謂"《經禮》三百,《曲禮》三千",實則即《儀禮》也。鄭玄以《經禮》爲《周官》,《曲禮》爲《儀禮》者,非是。以上論周公作《儀禮》。

《史記‧儒林傳》稱:"《禮》自孔子時,其經不具。"故孔子定《禮》之篇目如何,今不可曉。孔門之傳《禮》者,爲曾子、子游、孺悲等。秦政焚書,《禮》益缺壞。至西漢之初,高堂生只傳《士禮》十七篇,即今日流傳之《儀禮》也。漢景帝時,孔壁出《古文禮》,計五十六篇,其七十篇即十七篇之誤與高堂生同。其餘之三十九篇,多天子、諸侯、卿、大夫之制,以傳者無人,久而亡逸。其傳《士禮》十七篇者,自高堂生後,又有蕭奮。奮授孟卿,卿授后蒼。蒼說《禮》,作《曲台記》,以授聞人通漢及戴德、戴聖、慶普,由是《禮》有大小戴及慶氏之學。逮鄭玄爲《儀禮》作注,爲漢末說《禮》者所宗。及王肅作《儀禮解》,復作《儀禮喪服傳解》,與鄭立異。晉代言《禮》者多宗之。當南北朝時,鄭注行於河北,徐遵明以鄭學教授。同時治《禮》者,有劉獻之、沈重、劉芳等,咸與遵明同調。遵明弟子有李炫、祖雋、熊安生,而劉焯、劉炫俱受《禮》熊安生,咸治鄭學。江左治《禮》者,以崔靈恩《儀禮義宗》爲最精。然雜采鄭、王之說,與北朝之獨尊鄭學者殊。惟嚴植之、沈文阿等尚崇鄭學。唐賈公彥作《儀禮疏》,歸依鄭注,漢學賴以不泯。宋儒治《禮》者,始於張淳。淳作《儀禮識誤》,考訂注疏。而李如圭《儀禮集釋》、楊復《儀禮圖》、魏了翁《儀禮要義》,皆以纂集舊說爲本。蓋《禮》爲徵實之書,空談不易施也。朱子作《儀禮經傳通解》,以《儀禮》爲經,以《周禮》、《禮記》諸書爲傳。撰輯未終,門人黃榦①續成之,唯篇目不從《儀禮》。及元吳

---

① 榦,華東本誤"幹"。茲依稿本及油印本。

澄作《儀禮逸經傳》，而汪克寬亦作《經禮補遺》，雜采他書之語，體例未純。敖繼公作《集說》，遂疑《喪服傳》爲僞書，而注文不用鄭氏矣。明儒於禮學甚疏，而治《儀禮》者尤稀。今傳者，只見郝敬《儀禮節解》、張鳳翔《禮經集註》與朱朝瑛《讀儀禮略記》三書而已。然且不失之乖謬，則失之空疏。禮學之衰，至此而極。清初治《儀禮》者，有徐乾學著《讀禮通攷》，然僅凶禮一門。萬斯大、毛奇齡、李光坡、方苞等，於《儀禮》咸有撰述。斯大著《儀禮商》二卷附錄一卷，奇齡著《喪禮吾說篇》十卷，光坡著《儀禮述注》十七卷，苞著《儀禮析疑》十七卷。然或失之糅雜，或嫌於武斷。惟張爾岐《儀禮鄭注句讀》，分析章句，條理秩然。吳廷華之《儀禮章句》、金曰追之《儀禮正譌①》、沈彤之《儀禮小疏》、褚寅亮之《儀禮管見》，皆宗漢詁者。江永、戴震俱深於《禮》。江氏著《禮書綱目》、《儀禮釋例》、《釋宮譜增注》。《戴氏遺書》中，論《禮》之文尤多。金榜、胡匡衷、程瑤田、凌廷堪、胡培翬、任大椿、阮元、孔廣森、段玉裁、張惠言、胡承珙、盧文弨、洪頤煊、丁晏、鄭珍、凌曙、金鶚、張錫恭、黃以周之徒承之。榜著《禮箋》，匡衷著《儀禮釋官》，瑤田著《喪服文足徵記》，廷堪著《禮經釋例》，培翬著《儀禮正義》，大椿著《弁服釋例》，元著《儀禮石經校勘記》，廣森著《禮學卮言》，玉裁著《儀禮漢讀考》，惠言著《儀禮圖》，承珙著《儀禮古今文疏義》，文弨著②《儀禮注疏詳校》，頤煊著《禮經宮室答問》，晏著《儀禮釋注》，珍著《儀禮私箋》，曙與鶚均著《禮說》，錫恭著《喪服鄭氏學》，以周著《禮書通故③》，咸徵引碻當，考訂詳明。而廷堪之《釋例》，稱爲極精；培翬之《正義》，尤遠勝唐賈公④彥之舊疏。又秦蕙田著《五禮通考》，集三禮之大成。近儒治《禮》者，蘇州有曹元弼、元忠兄弟，經傳純熟，學者稱之。其弟子胡綏之，頗能傳其學。章太炎先生晚居蘇州，亦提倡禮學，著《喪服依開元禮議⑤》等文。吾師歙吳檢齋先生承仕，爲章氏弟子，嘗著《喪服要略》、《喪服變除表》、《兼服釋例》、《鄭氏禘祫義》、《三禮名物布帛篇》、《宮室篇》、《親屬篇》、《宗

---

① 譌，油印本、華東本脫。茲依稿本。
② "儀禮漢讀考"至"文弨著"二十四字，油印本、華東本脫。茲依稿本。
③ 故，油印本、華東本誤"攷"。茲依稿本。
④ 公，稿本偶誤"君"。據油印本、華東本改。
⑤ 議，油印本、華東本誤"儀"。茲依稿本。

法篇》及《釋車》等,以教於北平各大學。論列精要,條理明晰,雖章氏亦謝弗及。又吾師霸縣高閬仙先生步瀛,亦著《古禮制研究》、《三禮學制鄭義述》等書,以授大①學生徒。二先生均於前數②年閒作古人矣,緬懷疇昔絳帳風徽,不禁泫然! _{以上論《儀禮》傳授之源流派別。}

《儀禮》十七篇之次第,劉向《別錄》與大小戴不同。鄭康成遵用《別錄》之次第,爲《士冠禮》第一,《士昏禮》第二,《士相見禮》第三,《鄉飲酒禮》第四,《鄉射禮》第五,《燕禮》第六,《大射儀③》第七,《聘禮》第八,《公食大夫禮》第九,《覲禮》第十,《喪服》第十一,《士喪禮》第十二,《既夕》第十三,《士虞禮》第十四,《特牲饋食禮》第十五,《少牢饋食禮》第十六,《有司徹》第十七。《特牲饋食》、《少牢饋食④》、《有司徹⑤》三篇,屬吉禮;《喪服》、《士喪禮》、《既夕》、《士虞禮》四篇,屬凶禮;《士相見禮》、《聘禮》、《覲禮》三篇,屬賓禮;《士冠禮》、《士昏禮》、《鄉飲酒禮》、《鄉射禮》、《燕禮》、《大射儀》、《公食大夫禮》七篇,屬嘉禮。五禮之典,《儀禮》僅存其四,軍禮獨闕如。 _{以上論《儀禮》之內容。}

《儀禮》之文,昌黎韓氏雖賞其奇辭奧旨,然已苦其難讀。古人讀《禮》之法,約有三端:一曰分節,張爾岐⑥《儀禮鄭注句讀》、吳廷華《儀禮章句》是也。二曰繪圖,楊復《儀禮圖》、張惠言《儀禮圖》是也。三曰釋例,江永《儀禮釋例》、凌廷堪《禮經釋例》、任大椿《弁服釋例》是也。林傳甲先生謂:“喪服之制,古今不同,《儀禮》則周室一代之制耳。”壽祺竊以爲《喪服》一篇,文理密察,足以有別,不獨習爲禮制之文者,宜取以爲法。即《中庸》所謂“親親之殺,尊賢之等,禮所生者”,非此亦無以見之。故自魏晉六朝以來,《喪服》之學,獨多專門名家。近世餘杭章先生,亦謂“維繫民族,莫要於喪服”。故吾深願學者之能精思而深研之也。 _{以上略論《儀禮》之文。}

---

① 大,稿本作“太”。茲依油印本、華東本。
② 數,稿本作“兩三”。據油印本、華東本改。
③ 儀,華東本據阮刻《儀禮注疏》本校刪。案《釋文》、《唐石經》等本皆有“儀”字。茲依稿本及油印本。
④ “有司徹第十七”至“少牢饋食”十四字,油印本、華東本脫。茲依稿本。
⑤ 徹,華東本據阮刻《儀禮注疏》本校刪。案宋朱熹《儀禮經傳通解》、李如圭《儀禮集釋》等標目皆有“徹”字。茲依稿本及油印本。
⑥ 岐,油印本、華東本誤“歧”。茲依稿本。

《周禮》，《漢志》稱《周官經》，又或稱《周官》。以設位言之，謂之《周官》；以制作言之，謂之《周禮》。《左傳》史克曰："先君周公制《周禮》。"劉歆以其爲"周公致太平之迹"。鄭玄云："周公居攝，而作六典之職，謂之《周禮》。"孔穎達、賈公彦等，以《儀禮》、《周禮》皆周公所作，則《周禮》之出於周公，本無可疑。因其晚出，遂爲衆儒所排。林碩訾爲"末世之書"，何休詆爲"六國陰謀"，致滋後人疑寶。以上釋《周禮》名義及作者。

秦自孝公用商鞅之法，其政酷烈，與《周官》相反。秦政焚書，於《周官》搜求焚燒特悉，是以隱①藏百年。漢武帝開獻書之路，《周官》出於山巖屋壁。李氏得之，上於河間獻王。獨闕《冬官》一篇，獻王購以千金不得，遂取《考工記》以補其闕。然自是書歸秘府，傳者無人，五家之儒，莫得見焉。至王莽時，劉歆始置博士，名爲《周禮》，以行於世。歆授杜子春，子春授鄭興，興傳其子衆。而賈逵、衛宏、馬融等皆治《周禮》，鄭玄注集其大成。至東漢末，治《周官》者皆宗之。及王肅《周官注》出，與鄭立異，晉代多遵之。南北朝時，鄭注行於河北，徐遵明以鄭學教授。同時治《周禮》者，有劉獻之、沈重、劉芳等。從遵明受業者，有李炫、熊安生等。炫又學於房虬，作《周禮義疏》，安生亦有《周禮義疏》，皆爲北朝所重。劉炫、劉焯，並受學於安生而治鄭學者也。江左治《周官》者，干寶有《周禮注》，崔靈恩有《周禮集注》，未能恪遵鄭氏家法。及唐賈公彦作《周禮義疏》，悉宗鄭注，漢學賴以不墜。宋代之治《周禮》者，始於王安石之《新義》。其後王昭禹作《周禮詳解》，頗宗其說。若鄭伯謙之《太平經國之書》、葉時之《禮經會元》，則多事議論，不攷典章。又俞庭②椿著《周禮復古編》，割裂"五官"，以補《冬官》之闕。王與之《周禮訂義》、陳友仁《周禮集說》從之。竄亂古經，殊非所宜。惟易祓《周官補義》頗有考據，朱申《周禮句解》尚爲徵實。元儒說《周禮》之書，今存者僅二家③：毛應龍著《周官集傳》，頗存宋以來諸家散佚之說；邱葵著《周禮補亡》，則與俞庭椿同其誕妄。明儒說《周禮》者十餘家，惟王應電《周禮傳》、柯尚遷《周禮全經釋原》、王志長《周禮注疏刪翼》三書較佳，其餘皆無足觀。清初爲《周官》之學者，李光坡有《周禮述注》，

---

① 隱，油印本、華東本誤"蘊"。茲依稿本。

② 庭，油印本、華東本誤"廷"。茲依稿本。下文"俞庭椿"倣此。

③ 家，華東本誤"冢"。茲依稿本、油印本。

李鍾倫有《周禮訓纂》，方苞有《周官集注》、《周官析疑》、《考工記析疑》，萬斯大有《周官辨非》，毛奇齡有《周禮問》，體例尚未精純。及惠士奇著《禮說》，沈彤著《周官祿田考》，江永著《周禮疑義舉要》，段玉裁著《周禮漢讀考攷》，莊綏申著《周官禮鄭氏注箋》，王鳴盛著《周禮軍賦說》，戴震著《考工記圖》，程瑤田著《考工創物小記》，阮元著《車制圖考》，鄭珍著《輪輿私箋》，咸考據精確，條理詳明，遠非宋、元諸儒之所能及。光宣之際，瑞安孫詒讓著《周禮正義》行世，尤爲精博，爲後之治《周禮》者所必讀。以上論《周禮》之源流派別。

《周禮》六官：一曰《天官冢宰》，二曰《地官司徒》，三曰《春官宗伯》，四曰《夏官司馬》，五曰《秋官司寇》，六曰《冬官司空》。此之六官，猶後世之吏、戶、禮、兵、刑、工六部也，其制自漢、唐沿襲迄清[1]。故鄭康成說《禮》，每以漢法[2]況《周官》。唐開元修禮書，亦定名爲《六典》。所謂六部衙門者，至清末猶存。近世泰西政治設施，亦頗有合於《周官》之制，故孫仲容於著《周禮正義》之餘，又作《周禮政要》一書，以弘其義。朝鮮、日本，受我國文化之沾漑最早，其政治制度尤多相同。吾讀趙素印《韓國文苑》，與黃遵憲《日本國志》，未嘗不深慨夫成周文物之盛，與其聲教澤被之廣也。《周禮》與政治學關係之深，宜可想矣。以上論《周禮》爲政書。

《周禮》五官，文皆整麗，又多奇字。《夏官·職方氏》一篇，上承《禹貢》，下開《漢書·地理志》，爲研究輿地者所不可不讀。補《冬官》之《攷工記》，句法奇變，字法古雅，尤爲古今奇文。清陳澧《東塾讀書記》云："作記者，以一人而盡諳衆工之事，此人甚奇特。且所記皆有用之物，不可卑視之。惟其卑視工事，一任賤工爲之，以致中國之物，不如外國，所關者甚大也。"近人陳柱於其所著《中國散文史》，亦云："由《攷工記》觀之，可知周初以前，甚重工業，史官多精此學。不然，執筆者必不能爲此文也。"又陳騤《文則》評韓退之《畫記》，"用'者'字，蓋取《考工記》"。張裕釗亦云："《畫記》可追《攷工》。"由此可知，《周禮》之文，尤切於科學實用矣。以上論《周禮》之文[3]。

---

① 清，稿本作"今"。據油印本、華東本改。
② 法，油印本、華東本誤"志"。茲依稿本。
③ "以上"至"之文"七字，華東本脫。茲依稿本、油印本。

《禮記》者，七十子後學所記。孔穎達《禮記正義》云："孔子歿後，七十二子之徒，共撰所聞，以爲此記。或錄舊禮之義，或錄變禮所由，或兼記體履，或雜序得失，故編而錄之，以爲記也。《中庸》是子思伋所作，《緇衣》是公孫尼子所撰。鄭康成云'《月令》，呂不韋所修'，盧植云'《王制》，爲漢文時博士所錄'。其餘衆篇，皆如此例，但未能盡知所記之人也。"以上論《禮記》作者。

《漢書·藝文志》："《記》百三十一篇，與《古文禮經》五十六篇，同出於孔壁，爲河閒獻王所得。"《隋書·經籍志》云："漢初，河閒獻王又得仲尼弟子及後學所記一百三十一篇，獻之，時亦無傳之者。至劉向考校經籍，檢得一百三十篇，向因第而敘之；又得《明堂陰陽記》三十三篇，《孔子三朝記》七卷，《王史氏記》二十一篇，《樂記》二十三篇：凡五種，合二百十四篇。戴德① 刪其繁重，合而記之，爲八十五篇，謂之《大戴記》。而戴聖又刪大戴之書，爲四十六篇，謂之《小戴記》。漢末馬融傳小戴之學，又益以《月令》一篇、《明堂位》一篇、《樂記》一篇，合四十九篇。"然後人於《隋志》所載小戴刪大戴，及馬融增篇說，俱有駁難。謂小戴、大戴無甚軒輊，由二戴於古記各以意斷取，非必此之所棄即彼之所取，而《小戴》之原本即四十九篇，《月令》、《明堂位》、《樂記》三篇非馬融所增，蓋得其實。及馬融傳鄭玄，玄僅注《小戴記》，小戴之書遂專號《禮記》，併《儀禮》、《周官》稱三禮。而大戴之書，乃殘逸不完。漢末專② 治《禮記》者，咸以《鄭注》爲宗，至晉代阨於王肅之注。及南北朝，鄭注復行於河北，爲徐遵明師徒所宗述。遵明弟子李炫、熊安生等，俱有《禮記義疏》。安生弟子有劉炫、劉焯，皆治鄭學者也。江左爲《禮記》之學者，有何佟之、王儉、何承天、沈不害等，以崔靈恩氏之學爲最精，然雜鄭、王之說，與北朝之專信鄭注者殊。唯嚴植之、沈文阿，篤好鄭學。戚衮受學於劉文紹，復從北人宗懷芳受《禮記疏》，作《禮記義記》，家法不違鄭氏。迨孔穎達作《禮記正義》，以鄭注爲主，而疏證其說，鄭學遂定於一尊。宋朱熹撰《儀禮經傳通解》，以《禮記》作傳；衛湜作《禮記集說》，徵引解義至一百四十四家，雖體例未甚精純，而内容固極該③ 博。又福

---

①　德，油印本、華東本誤"得"。茲依稿本。

②　專，稿本無。據油印本、華東本增。

③　該，華東本作"賅"。茲依稿本、油印本。案該、賅音義並通。

州陳祥道著《禮書》，前說後圖，考訂詳悉，於聶崇義《三禮圖集注》多所補正，皆治《禮》者所不能廢者也。元吳澄作《禮記纂言》，重定篇次，以《大學》、《中庸》已列爲《四書》，不復廁於本書；以《投壺》、《奔喪》爲《禮》之正經，不可雜於記內；而《冠義》、《昏義》、《燕義》、《聘義》、《鄉飲酒義》、《射義》六篇正釋《儀禮》，別輯爲傳，以附經後：是亦勇於割裂古籍以從己者。陳澔作《雲莊禮記集說》，益趨淺顯。明代《禮記大全》本之，遂爲功令所定之書，而古義乃日以亡。若宋張慮之《月令解》，明黃道周之《月令明義》、《表記集傳》、《坊記集傳》、《緇衣集傳》、《儒行集傳》，咸引古證今，意存規諫。明儒《禮記》著作，蓋以王夫之《禮記章句》爲最精矣。清初，納喇性德 ① 著《陳氏禮記集說補正》，李光坡著《禮記述注》，方苞著《禮記釋疑》，徐世沐著《禮記惜陰錄》，萬斯大著《禮記偶箋》，冉覲祖著《禮記詳說》，姜兆錫著《禮記章義》，均未精審。惟江永深於禮學，著《禮記訓義擇言》，極精博。又朱彬之《禮記訓纂》亦精博，勝於唐孔穎達之《禮記正義》，爲治《禮記》者所必不可少之書。他如杭世駿之《續衛氏禮記集說》，孫希旦之《禮記集解》，焦循之《禮記補疏》，咸爲治禮者所稱。至《大戴禮記》，以鄭玄未注，歷代誦習者稀，故今僅存北周盧辯一家之古注。及至清儒，始多研習。孔廣森著《大戴禮記補注》，王聘珍著《大戴禮記解詁》，汪中著《大戴禮記正誤》，皆簡當精審，爲治《大戴禮》者所必讀。以上論《禮記》及《大戴禮記》傳授之源流派別。

《禮記》四十九篇，攷鄭玄《目錄》，依劉向《別錄》之分屬，可得十一類：曰吉事，曰吉禮，曰喪服，曰喪禮，曰祭祀，曰制度，曰子法，曰世子法，曰明堂陰陽記，曰樂記，曰通論。《冠義》、《昏義》、《燕義》、《聘義》四篇，屬吉事。《投壺》、《鄉飲酒義》、《射義》三篇，屬吉禮。《曾子問喪》、《喪服小記》、《雜記上》、《雜記下》、《喪大記》、《奔喪》、《問喪》、《服問》、《閒傳》、《三年問》十篇，屬喪服。《喪服四制》一篇，屬喪禮。《郊特牲》、《祭法》、《祭義》、《祭統》四篇，屬祭祀。《曲禮上》、《曲禮下》、《王制》、《禮器》、《少儀》、《深衣》六篇，屬制度。《內則》一篇，屬子法。《文王世子》一篇，屬世子法。《月令》、《明堂位》二篇，屬明堂陰陽記。《樂記》一篇，屬

---

① 　納喇性德，華東本改爲“納蘭性德”。茲依稿本、油印本。案此係譯音小異，實即一人之名。

樂記。《檀弓上》、《檀弓下》、《禮運》、《玉藻》、《大傳》、《學記》、《經解》、《哀公問》、《仲尼燕居》、《孔子閒居》、《坊記》、《中庸》、《表記》、《緇衣》、《儒行》、《大學》十六篇，屬通論。觀其類別，而内容之辜較，蓋可知矣。以上論《禮記》之類別。

　　《禮記》有《冠義》，以釋《士冠》；有《昏義》，以釋《士昏》；有《鄉飲酒義》，以釋《鄉飲》；有《射義》，以釋《鄉射》；有《燕義》，以釋《燕禮》；有《聘義》，以釋《聘禮》；有《四制》，以釋《喪服》；有《問喪》，以釋《士喪》；有《祭義》、《祭統》，以釋《特牲》、《少牢》、《有司徹》。故昔賢以《禮記》爲《儀禮》之"傳"，其說不爲無據。然《儀禮》多鋪敍儀制，《禮記》則多發明義理。儀制有時而更變，義理無時而或易。故《禮記》之重要，遠過於《儀禮》。況《儀禮》若無《禮記》，則徒禮 ① 單耳，後人又惡從而知先聖制禮之精意哉？以上論《禮記》與《儀禮》之關係。

　　《禮記》之文，大都博達雅麗。《冠義》、《昏義》、《燕義》、《聘義》、《射義》、《鄉飲酒義》諸篇，則序跋文之正宗也。《投壺》、《奔喪》、《王制》、《月令》、《明堂位》、《郊特牲》、《祭法》諸篇，則典志文之正宗也。《曲禮》、《檀弓》、《雜記》、《禮器》、《内則》、《少儀》、《深衣》諸篇，則襍記文之正宗也。《禮運》、《樂記》、《經解》、《學記》、《坊記》、《表記》、《緇衣》、《儒行》、《大學》、《中庸》諸篇，則論著文之正宗也。昔北齊顏黃門之推著《顏氏家訓》，其《文章篇》有云："祭祀哀誄，生於《禮》者也。"梁劉舍人勰著《文心雕龍》，其《宗經篇》亦云："銘誄箴祝，則《禮》總其端。"然則哀誄箴銘之文，亦以《禮記》爲正宗矣。世人學文詞，徒知求之於《尚書》、《毛詩》及《左氏》，而不知《禮記》之文，尤不可及。吾鄉先哲福州陳恭甫先生，嘗切論之。吾師行唐尚節之先生，亦屢以訓壽祺：此非徒識禮制，亦深知禮文者矣。況乎《大學》、《中庸》、《禮運》、《樂記》、《儒行》、《學記》諸篇，義蘊之閎深，文詞之粹美，他經罕有其比。此其所以若江河長流，萬古不廢也。以上論《禮記》之文。

　　《大學》、《中庸》二篇，尤爲切要。蓋《大學》者，乃初學入德之門；而《中庸》者，乃孔門傳授之心法本程子語：而文辭又特精密深邃也。攷《大學》

---

① 　禮，油印本、華東本誤"理"。茲依稿本。

於《禮記》，篇第在四十二；《中庸》於《禮記》，篇第在三十一。朱子取以配《論語》、《孟子》，謂之《四書》，《學》、《庸》遂離《禮記》而單行。然攷《中庸》單篇別出，由來已久。《漢書·藝文志》有"《中庸說》二篇"。《隋書·經籍志》有"宋散騎常侍戴顒注《禮記中庸傳》二卷，梁武帝《中庸講疏》一卷、《私記制旨中庸義》五卷"。宋司馬溫公有《中庸大學廣義》一卷。則表章《學》、《庸》，實不自朱子始。特自朱子章句之後，其道乃益著耳。然今日能讀二書者已稀，故特詳之。以上論《大學》、《中庸》。

《隋書·經籍志》曰："《大戴禮記》十三卷，漢信都王太傅戴德撰。"《崇文總目》云："《大戴禮記》十卷三十五篇，又一本三十三篇。"《中興書目》云："今所存止四十篇。"晁公武《郡齋讀書志》云："篇目自三十九篇始，無四十三、四十四、四十五、六十一四篇，有兩七十四。"而韓元吉、熊朋來、黃佐、吳澄並云"兩七十三"，陳振孫云"兩七十二"。蓋後人於《盛德》第六十六，別出《明堂》一篇爲六十七，其餘篇第或至《文王官人》第七十一改爲七十二，或至《諸侯遷廟》第七十二改爲七十三，或至《諸侯釁廟》第七十三改爲七十四，故諸家所見不同。蓋有新析一篇，則與舊有之一篇，篇數重出也。漢許慎《五經異義①》論明堂，稱《戴記禮》說，"《盛德記》即《明堂篇》"語。《魏書·李謐傳》、《隋書·牛弘傳》，俱稱《盛德篇》，或稱《泰山盛德記》。知析《盛德篇》爲《明堂篇》者，出於隋唐之後。又鄭康成《六藝論》曰："戴德傳記八十五篇。"司馬貞曰："《大戴禮》合八十五篇，其四十七篇亡，存三十八篇。"蓋《夏小正》一篇，多別行，隋唐間錄《大戴禮》者，或闕其篇，是以司馬貞云然。原書不別出《夏小正篇》，實闕四十六篇，存者宜爲三十九篇。《中興書目》乃言存四十篇者，則竄入《明堂篇》題，自宋人始矣。以上論《大戴禮記》之篇第。

今存《大戴禮記》十三卷，三十九篇之篇目。一曰《王言》亦作《主言》，二曰《哀公問五義》，三曰《哀公問於孔子》，四曰《禮三本》，爲第一卷；五曰《禮察》，六曰《夏小正》，爲第二卷；七曰《保傅》，爲第三卷；八曰《曾子立事》，九曰《曾子本孝》，十曰《曾子立孝》，十一曰《曾子大孝》，十二曰《曾子事父母》，爲第四卷；十三曰《曾子制言上》，十四曰《曾子制言中》，

---

① 義，油印本、華東本誤"議"。茲依稿本。

十五曰《曾子制言下》，十六曰《曾子疾病》，十七曰《曾子天圓》，爲第五卷；十八曰《武王踐阼》，十九曰《衛將軍文子》，爲第六卷；二十曰《五帝德》，二十一曰《帝繫》，二十二曰《勸學》，爲第七卷；二十三曰《子張問入官①》，二十四曰《盛德》，爲第八卷；二十五曰《千乘》，二十六曰《四代》，二十七曰《虞戴德》，二十八曰《誥志》，爲第九卷；二十九曰《文王官人》，三十曰《諸侯遷廟》，三十一曰《諸侯釁廟》，爲第十卷；三十二曰《小辨②》，三十三曰《用兵》，三十四曰《少閒》，爲第十一卷；三十五曰《朝事》亦作《朝事儀》，三十六曰《投壺》，爲第十二卷；三十七曰《公冠》，三十八曰《本命》，三十九曰《易本命》，爲第十三卷。此三十九篇中，以《夏小正》篇爲最古。其《諸侯遷廟》、《諸侯釁廟》、《投壺》、《公冠》，皆禮古經遺文。又《漢書·藝文志》載《曾子》十八篇，久逸。是書卷四、卷五猶存其十篇，自《立事》至《天圓》篇，題上悉冠以曾子者是也。《漢志》“論語家”載《孔子三朝記》七篇，原書亦久佚，今並存於此書卷九、卷十一中，即《千乘》、《四代》、《虞戴德》、《誥志》、《小辨》、《用兵》、《少閒》七篇是也。其與《禮記》同者凡七篇：即《哀公問於孔子》，同於《禮記》之《哀公問》篇；《禮察》，同於《禮記》之《經解》篇；《曾子大孝》，同於《禮記》之《祭義》篇；《諸侯釁廟》，同於《禮記》之《雜記》篇；《朝事儀》，同於《禮記》之《聘義》篇；《投壺》，同於《禮記》之《投壺》篇；《本命》，同於《禮記》之《喪服四制》篇是也。其同於《孔子家語》者凡九篇：即《王言》，與《家語》之《王言解》大同小異；《哀公問五義》，與《家語》之《五儀解》前半篇同；《哀公問於孔子》，前半與《家語·問禮篇》同，後半與《家語·大婚解》略同；《衛將軍文子》，與《家語·子弟行》篇同；《五帝德》，與《家語》之《五帝德》篇大略同；《盛德》，前半與《家語》之《盛德》篇同，後半與《家語》之《執轡》篇同；《公冠》，與《家語》之《冠篇》文多同；《本命》，與《家語》之《本命》篇同；《易本命》，亦與《家語》之《執轡》篇同是也。其與《荀子》同者凡三篇：即《哀公問五義》，同於《荀子》之《哀公篇》；《禮三本》，同於《荀子》之《禮論篇》；《勸學》，同於《荀子》之《勸學篇》及《宥坐

---

① 官，油印本、華東本誤“宮”。茲依稿本。
② 辨，華東本誤“辯”。茲依稿本、油印本。案下文“小辨”，稿本偶誤“辯”，亦傲此校定。

篇》。其同於《逸周書》者一篇,即《文王官人》,同於《逸周書》之《官人》篇也。其同於賈誼《新書》者亦一篇,即《保傅》篇是也。又《諡法》一篇,古本兼載於《逸周書》及《大戴記》,今《大戴記》亡之。《詩·靈臺》,《正義》引《大戴記·政穆》篇云云,今《大戴記》亦亡之。此其亡佚篇目之可知者。其他惜皆不可攷矣。以上論《大戴禮》之內容及與群書之關係。

由上所述觀之,《大戴禮》與儒家關係之重,已可概見。故《風俗通》引此書稱《大傳禮》,而史繩祖《學齋佔畢》謂宋時曾列之十四經中,而清儒更極意推尊者,皆非無因也。今就其文章論之,《夏小正》、《諸侯遷廟》、《諸侯釁廟》、《投壺》、《公冠》等篇,皆典志文之正宗也。《禮三本》、《明堂》、《朝事儀》等篇,皆序跋文之正宗也。《曾子疾病》、《武王踐阼》、《衛將軍文子》等篇,皆雜記文之正宗也。《王言》、《禮察 ①》、《勸學》、《保傅》等篇,皆論著文之正宗也。昔劉開與阮芸臺論文,深有取於《大戴記》之條暢,開誠知文者哉!列之於經,詎曰不宜? 以上論《大戴記》之文。

三禮之源流派別,及與文學之關係,已略具於前。今當再進而攷求其與史學之關係。近儒論《禮》與史之關係者,亦惟姚仲實先生之言爲最簡要。其《史學研究法·史原篇》云:"何以言《禮》爲史原也? 蓋《禮》者,書志之所出也。觀劉子元謂:'馬、班著《史》,別裁書志,考其所記,多效《禮經》'可見矣。蓋歷代國家政治之治亂,社會風俗之厚薄,非考其所立之大經大法,無由而知。《禮》之所記,大抵皆大經大法也。今即《儀禮》、《周禮》二經言之。《儀禮》者,諸禮之儀節也。其用之也,在於冠、昏、喪、祭、鄉相見、朝聘、會盟、征伐諸事。今所存者僅十七篇,幷後記及大小戴記,而大略可知也。《周禮》者,諸官之職掌也。其用之也,在於天文、地理、禮樂、兵刑、農田、水利、倉儲、關市、賦役、職官、選舉諸事。今所存者僅《五官》,幷《考工記》,而大略亦可知也。是二者,一主法制,一主政治,而皆囊括於禮中。故政也,法也,即禮也。古者史官職掌最重,凡朝章國故,無不使典之,史官之屬宗伯,義蓋由此。《史記》八書,冠以禮、樂,其知之矣。《孔子世家》又云:'周室微,《禮》、《樂》廢,《詩》、《書》缺。孔子追迹三代之禮,序書傳,上紀唐虞之際,下至秦繆,編次其事。' 賈公彥序《周禮》廢興,又引劉歆、鄭康成之

---

① 　察,油印本、華東本誤"祭"。茲依稿本。

說,以《周禮》爲'周公致太平之迹'。《說文》云:'迹,步處也。'蓋前人之所已行,敍而存之,以資後人之取法,故曰'迹'也。後世著作,如《儀禮經傳通解》、《禮書綱目》、《讀禮通考》、《五禮通攷》之屬,皆《儀禮》類也。《唐六典》、《唐會要》_{祺案宋王溥著凡一百卷}、《五代會要》_{祺案宋李攸著凡三十卷}、《東漢會要》_{祺案宋徐天麟著凡四十卷}、《通典》、《通志》、《文獻通攷》之屬,皆《周禮》類也。若夫《禮記》,如《王制》、《月令》、《明堂位》、《文王世子》,其中多言及歷代職官,此可與《周禮》互證者。他篇或廣陳儀節,或總論大義,又皆可與《儀禮》互證。《曲禮》中亦及官制,在學者參伍觀之耳。"以上總論三禮與史學之關係。

春秋三傳篇第六

　　記事者，以事繫日，以日繫月，以月繫時，以時繫年。年有四時，錯舉四時以爲所記之名，故曰《春秋》。杜預謂："《春秋》者，魯史之名，仲尼因魯史策書成文。"則魯史之舊名，因爲孔書之新稱。實《春秋》亦非魯史之專名，蓋古代史記之通號。《史通》曰："《春秋》家者，其先出於三代。案《汲冢瑣語》，記太丁時事，目爲《夏殷春秋》。孔子曰：'疏通致遠，《書》教也；屬辭比事，《春秋》教也。'知《春秋》始作，與《尚書》同時。《瑣語》又有《晉春秋》，記獻公十七年事。《國語》云：'晉羊舌肸習於《春秋》，悼公使傅其太子。'《左傳》昭①二年：'晉韓宣子來聘，見《魯春秋》，曰周禮盡在魯矣。'又案《竹書紀年》，其所紀事，皆與《魯春秋》同。《孟子》曰：'晉之《乘》，楚之《檮杌》，魯之《春秋》，一也。'然則《乘》與《紀年》，其皆《春秋》之別名乎？故墨子曰'吾見百國《春秋》'，蓋指此也。"及孔氏書作，《春秋》之名幾於專有，而他書之名"春秋"，反似僭竊。實則，先秦之《左氏春秋》、《虞氏春秋》，與夫西漢陸賈之《楚漢春秋》、東漢趙曄之《吳越春秋》、晉代司馬彪之《九州春秋》、習鑿齒之《漢晉春秋》、孫盛之《晉陽秋》陽即春也避諱而改、檀道鸞之《續晉陽秋》、魏崔鴻之《十六國春秋》、清吳任臣之《十國春秋》，下迄近儒王樹枏之《希臘春秋》、吾師行唐尚節之先生之《辛壬春秋》，皆以春秋爲史書之名。與麟經之稱《春秋》者，正相同也。又先秦子書，若《晏子》，若《呂覽》，略關史事，亦得被"春秋"之名。則"春秋"祇爲史記之通稱，益可知矣。以上釋《春秋》之名義。

---

　　① "昭"下，油印本、華東本多"公"字。茲依稿本。

《孟子》曰："世衰道微，邪說暴行有作。臣弒其君者有之，子弒其父者有之。孔子懼而作《春秋》。"又曰："王者之迹熄而《詩》亡，《詩》亡然後《春秋》作。"杜預謂："凡例皆周公之舊，仲尼從而修之，以成一經之通體。據舊例以發義，指行事以正褒貶。"范寧謂："一字之褒，寵踰華袞之贈。片言之貶，辱過市朝之撻。德之所助，雖賤必伸。義之所抑，雖貴必屈。故附勢匿非者，無所逃其罪；潛德獨運者，無所隱其名。"《史通》云："仲尼之修《春秋》也，乃觀《周禮》之舊法，遵《魯史》遺文。據行事，仍人道，就敗以明罰，因興以立功，假日月而定①歷數，藉朝聘而正禮樂。微婉其說，隱晦其文，爲不刊之言，著將來之法。故能稱歷千載，而其書獨行。"按《春秋》之義，諸家所述近之。以上論孔子《春秋》之意義。

《史記·十二諸侯年表序》云："孔子明王道，干七十餘君，莫能用。故西觀周室，論史記舊聞，興於魯而次《春秋》。上記隱，下至哀之獲麟。約其辭文，去其煩重，以制義法，王道備，人事浹。七十子之徒，口受其傳旨，爲其有所刺譏、褒諱、挹損之文辭，不可以書見也。魯君子左丘明，祺案：宋章淵，字伯深，著《稿簡贅筆》五卷，其"丘墓"條云："吳興丘墓，一村之人皆姓丘，有大碑列其族黨，稱'左史丘明之後'，云'明爲魯國史，左弱爲邾國大夫'。左史蓋魯史官，丘明乃姓名也。"（《說郛》卷四十四）存之以備一說②。懼弟子人人異端，各安其意，失其真，故因孔子史記具論其語，成《左氏春秋》。"《漢書·藝文志》云："仲尼思存先聖之業，以魯周公之國，禮文備物，史官有法，故與左丘明觀其《史記》，據行事，仍人道，因興以立功，就敗以成罰，假日月以定歷數，藉朝聘以正禮樂。有所褒諱貶損，不可書見，口授弟子。弟子退而異言，丘明恐弟子各安其意，以失其真，故論本事而作傳，明夫子不以空言說經也。《春秋》所貶損大人、當世君臣，有威權勢力，其事實皆形於傳。是以隱其書而不宣，所以免時難也。及末世口說流行，故有公羊、穀梁、鄒、夾之傳。《公羊》、《穀梁》立於學官。鄒氏無師，夾氏未有書。"詳《史記》、《漢書》所記，蓋謂谓孔子先論輯所得於周室之史料，及魯之史記，然後簡約以爲《春秋》，以託其義法。此其褒諱挹損之義法，在當時不得不隱而不宣，故口授於弟子。左丘明恐口耳相傳，多所失實，於是乃因孔子所輯

---

① 定，油印本、華東本誤"足"。茲依稿本。

② "祺案"至"一說"八十一字小注，稿本無。據油印本、華東本增。唯括弧內《說郛》卷四十四"六字，華東本脫，依油印本補。

之史料，具論其語，成《左氏春秋》。《左氏春秋》，乃所以傳述孔子《春秋》者也。《史記》就其自成一家言之，故謂之《左氏春秋》。《漢書》就其羽翼《春秋》言之，故謂之《春秋左氏傳》，其寔一也。今之《公》、《穀》，即七十子之徒口耳授受之遺，雖久而不能無失，然要爲承傳有自。左氏論本事，存孔子原輯之史料，使人據本事以觀孔子之所刪約，亦大有功於《春秋》。是則三傳，皆《春秋》之羽翼，不可偏廢矣。清代治公羊學者劉逢祿氏，著《左氏春秋考證》一書，乃據《史記》此文，以大張左氏不傳《春秋》之說。而近人專主左學之章太炎先生，著《春秋左傳讀敍錄》，亦據《史記》此文，而大張"左氏親見，公穀傳聞"之優劣，以痛斥劉逢祿。二家皆據《史記》，而所繁徵者又各極其指趣，今不暇錄。苟吾人詳玩《史記》此文，自可得三傳之實情，亦無軒輊也。_{以上論三傳之緣起，皆所以羽翼《春秋》。}

《春秋》一書，最爲漢儒所重視。故《太史公自序》有言："《春秋》上明三王之道，下辨人事之經紀，別嫌疑，明是非，定猶與，善善惡惡，賢賢賤不肖，存亡國，繼絕世，補敝起廢，王道之大者也。"又曰："撥亂世，反之正，莫近於《春秋》。《春秋》文成數萬，其指數千。物之散聚，皆在《春秋》。《春秋》之中，弑君三十六，亡國五十二，諸侯奔走不得保社稷者，不可勝數。察其所以，皆失其本已。故《易》曰：'差以豪①釐，謬以千里。'故'臣弑君，子弑父，非一朝一夕之故，其漸久矣'。有國者，不可以不知《春秋》，前有讒而不見，後有賊而不知。爲人臣者，不可以不知《春秋》，守經事而不知其宜，遭變事而不知其權。爲人君父者，而不通於《春秋》之義者，必蒙首惡之名。爲人臣子，不通於《春秋》之義者，必陷篡弑誅死之罪。其實皆以爲善，爲之而不知其義，被之空言而②不敢辭。夫不通禮義之指，至於君不君，臣不臣，父不父，子不子。夫君不君則犯，臣不臣則誅，父不父則無道，子不子則不孝。此四行者，天下之大過也。以天下大過予之，則③受而不敢辭。故《春秋》者，禮義之大宗也。"太史公此論，蓋本之董仲舒。其推重《春秋》，可謂至矣。誠以《春秋》乃夫子正名之書，不獨創中國編年史之體也。_{以上論漢儒最重《春秋》。}

---

① 豪，油印本、華東本作"毫"。兹依稿本。

② 而，稿本無。據油印本、華東本增。

③ 則，稿本無。據油印本、華東本增。

孔穎達《杜預春秋序疏》引劉向《別錄》云："左丘明授曾申，申授吳起，起授其子期，期授①楚人鐸椒，椒作《抄撮》八卷授虞卿，虞卿作《抄撮》九卷授荀卿，荀卿授張蒼。"此秦以前《左傳》傳授之源流也。《漢書·儒林傳》云："漢興，張蒼、賈誼、張敞、大中大夫劉公子，皆修《春秋左氏傳》。誼爲《左氏傳訓故》，授貫卿。卿子長卿授張禹，禹言於蕭望之。望之薦禹於宣帝，徵禹待詔，未及問，會疾死，授尹更始。更始授子咸，及翟方進、胡常。常授賈護，護授陳欽，陳欽以授王莽。而劉歆從尹咸及翟方進受。由是言《左氏》者，本之賈護、劉歆。"此西漢左學傳授之大略也。劉歆既建立《左氏》，以其學授賈徽，徽著《春秋條例》。子逵修其學，作《左氏傳解故》，復作《左氏長義》四十一條三十事，言《公羊》理短，《左氏》理長。又鄭興亦受業劉歆，亦著《春秋條例》，傳其子衆。衆作《春秋删》、《春秋難記條例》及《左氏條例章句》，復作《長義》十九條十七事，專論《公羊》之短，《左氏》之長。左氏之學，於是以振。扶風馬融，亦嘗欲訓《左氏春秋》。及見賈逵、鄭衆注，乃曰："賈君精而不博，鄭君博而不精。既精且博，吾何加焉？"但著《三傳異同說》。其後靈帝時，服虔又爲左學大師，作《春秋左氏傳解義》，又以《左傳》駁何休所議漢事。時鄭玄亦欲注《左傳》，尚未成時，行與服虔遇宿過舍，先未相識，服在外車上，與人說己注傳意②。玄聽之良久，多與己同。玄就車與語曰："吾久欲注，尚未了。聽君向言，多與吾同。今當盡以所注與君。"遂爲《服氏注》，而《左氏》之說大行。故後儒言東漢《左傳》古注者，必推服氏。三國之時，公、穀二家漸衰，治《春秋》者，多用左氏。魏王肅有《春秋左氏傳解》三十卷，董遇著《春秋左氏傳章句》三十卷。至晉杜預作《春秋經傳集解》三十卷，又作《春秋釋例》十五卷，號爲左氏功臣，於是左氏之壁壘愈堅。當南北朝時，服注《左氏》行於河北，徐遵明傳服注，作《春秋章義》，受業者張買奴、馬敬德、邢峙、張思伯、劉畫、鮑季詳、鮑長暄等。杜預注得其玄孫杜坦、杜驥之傳，行於齊地。服、杜二家，互相排擊。李炫、劉炫咸宗服注，衛翼隆亦申服難杜。姚文安則排斥服注，李獻之復申服以難之。周樂遜作《左氏序義》，亦申賈、服而排斥杜注。劉炫作《春秋述異》、《春秋攻昧》，並作《春秋規過》，而張仲亦作《春秋義例略》，咸與杜注立異。江

---

① 授，稿本誤"受"。據油印本、華東本改。
② 意，油印本、華東本作"義"。茲依稿本。

左偏崇杜注,惟梁崔靈恩作《左氏降義》,申服難杜,虞僧誕復申杜難服以答之。及唐孔穎達作義疏,專用杜注,賈、服之學遂熄,而杜氏定於一尊。中唐憲宗間,陸淳本其師啖助、趙匡之說,作《春秋集傳纂例》十卷、《春秋微旨》三卷、《春秋集傳辨疑》十卷,掊擊三傳,以己意說經。開宋儒棄傳之例,爲治《春秋》者之變風。宋儒治《春秋》者,始於孫復。復作《尊王發微》十二卷,屏棄傳注,以《春秋》爲"有貶無襃",稱"國人弒君,一國之人皆不赦也",其慘苛如此。王晳《皇綱論》五卷,蕭楚《春秋辨疑》四卷,亦發明尊王之旨。劉敞作《春秋權衡》十七卷、《春秋傳》十五卷、《春秋意林》二卷、《春秋傳說例》一卷,評論三傳得失,雖不免以意進退,亦不乏精闢之見。而葉夢得著《春秋傳》二十卷、《春秋考》十六卷、《春秋讞》二十卷,亦多引據周典,以排斥三傳。又崔子方著《春秋經解》十二卷、《春秋本例》二十卷、《春秋例要》一卷,呂本中著《春秋集解》三十卷,高閌著《春秋集註》四十卷,陳傅良著《春秋後傳》十二卷,呂大圭著《春秋或問》二十卷附《春秋五論》一卷,家鉉翁著《春秋詳說》三十卷,多兼採三傳之說。及胡安國作《春秋傳》,借經文以諷時事,與經旨不合,而元、明之儒多宗之。其能尊崇左氏者,則有蘇轍之《春秋集解》十二卷,張大亨之《春秋通訓》六卷,呂祖謙之《春秋左氏傳說》二十卷、《春秋左氏傳續說》十二卷、《東萊左氏博議》二十五卷,林栗《春秋經傳集解》三十卷,李石《左氏 ① 君子例》一卷,魏了翁《春秋左氏要義》三十一卷,此皆治《左傳》者所應讀之書也。又章沖著《春秋左傳事類始末》,開清儒高士奇《左傳紀事本末》、馬驌《左傳事緯》之風。元儒俞皋著《春秋集傳釋義大成》十二卷,以胡安國《春秋傳》與左公穀三傳並列,開明儒尊重胡傳之先河。又有程端學者,著《春秋本義》三十卷、《春秋或問》十卷、《春秋三傳辨疑》二十卷,專以攻駁三傳爲主。凡端學以爲可疑者,皆摘錄經文傳文,而疏辨於下。大抵先存一必欲廢傳之心,而百計以求其瑕纇 ②。求之不得,則以不可信一語概之。蓋不信三傳之說,剏於啖助、趙匡。其後析爲三派:孫復《尊王發微》以下,棄傳而不駁傳者也;劉敞《春秋權衡》以下,駁三傳之義例者也;葉夢得《春秋

---

① 氏,油印本、華東本作"傳"。茲依稿本。
② 纇,油印本、華東本作"類"。茲依稿本。

讞》以下，駁三傳之典故者也。至於端學，乃兼三派而用之，且併以《左傳》爲僞撰，變本加厲，罔顧其安，至是而橫流極矣。惟李廉著《春秋諸傳會通》二十四卷，鄭玉著《春秋經傳闕疑》四十五卷，趙汸著《春秋集傳》十五卷、《春秋師說》三卷、《春秋屬辭》十五卷、《春秋左氏傳補注》十卷、《春秋金鎖匙》一卷，於《春秋》、《左傳》皆有所闡發羽翼，而趙汸爲尤著。汸之學本於黃澤，澤自著之書皆不傳，惟藉汸以見於後世，汸可謂不負其師矣。又吳澄著《春秋纂言》十二卷《總例》一卷，采摭諸家傳注，而閒以己意論斷之。首爲總例，凡分七綱八十一目。其天道、人紀二例，澄所創作。其餘吉、凶、軍、賓、嘉五例，則與宋張大亨《春秋五禮例宗》互相出入。又汪克寬著《春秋胡傳附錄纂疏》三十卷，爲明代胡廣等敕修《春秋大全》之所本。明儒《春秋》之學，尚不及元代。《四庫全書》著錄者，僅二十餘家，而以陸粲之《左傳附註》五卷，傅遜之《左傳屬事》二十卷、《左傳註解辨誤》二卷，馮時可之《左傳釋》二卷，及邵寶之《左觿》一卷爲最佳，研究《左傳》者可資參攷。至若陸粲之《春秋胡氏傳辨疑》二卷、袁仁之《春秋胡傳考誤》一卷，皆顯攻胡傳之失，開清儒廢棄胡傳之先聲，亦不可不特書者也。清初說《春秋》者，仍多襲宋元之遺風，如俞汝言之《春秋平義》十二卷、《春秋四傳糾正》一卷，方苞之《春秋通論》一卷 ① 是也。毛奇齡作《春秋毛氏傳》三十六卷、《春秋簡書刊誤》二卷、《春秋屬辭比事記》四卷，分立門例，與元吳澄之《春秋纂言》相類，於典禮尤洽熟。惠士奇著《半農春秋說》十五卷，以典禮說《春秋》，較之宋張大亨《春秋五禮例宗》、沈棐《春秋比事》，亦典核甚多。又王夫之著《春秋稗疏》二卷，考證地理者居十之九。及高士奇著《春秋地名考略》十四卷、江永著《春秋地理考實》四卷，則純考地理。陳厚耀著《春秋長歷》十卷、《春秋世族譜》一卷，均足以補杜預《春秋長歷》、《春秋釋例》之闕。顧棟高著《春秋大事表》五十卷《輿圖》一卷《附錄》一卷，條理詳明，考證精核，較宋程公說《春秋分紀》實爲過之。吳鼐著《三正考》二卷，明《春秋》以周正紀時，辨唐、宋諸儒《春秋》用夏正之誤，較元李廉之《夏周正辨疑》、明張以寧《春王正月考》亦爲詳明。又侯唐著《春秋古經說》二卷，洪亮吉著《春秋十論》一卷，林春溥著《春秋經

---

① 一卷，油印本、華東本誤脫。茲依稿本。

傳比事》二十卷，趙坦著《春秋三傳異文箋》十三卷，李富孫著《春秋三傳異文釋》十三卷，皆爲《春秋》總義之學。其專治左氏者，則有顧炎武《左傳杜解補正》三卷，王夫之《續左氏博議》二卷，朱鶴齡《讀左日抄》十二卷補二卷，馬驌《左傳事緯》十二卷《附錄》八卷，惠棟《左傳補注》六卷，沈彤《春秋左氏傳小疏》一卷，臧壽恭《春秋左氏古義》六卷，洪亮吉《左傳詁》五十卷，沈欽韓《春秋左氏傳補注》十二卷，馬宗璉《左傳補注》三卷，姚鼐《左傳補注》一卷，梁履繩《左傳補釋》三十二卷，焦循《左傳補疏》五卷，劉文淇《春秋左氏傳舊注疏證》未分卷，邵瑛《劉炫規杜持平》六卷，姚文田《春秋經傳朔閏表》二卷，施彥士《春秋經傳朔閏表發覆》四卷，范景福《春秋上律表》四篇，孔繼涵《春秋閏例日食例》二卷，鄒伯奇《春秋經傳日月攷》一篇，王引之《春秋名字解詁》二卷，高士奇《春秋姓名同異攷》四卷，程延祚《春秋識小錄》九卷，李貽德《左傳賈服注輯述》二十卷，均爲研究左氏者之所必讀者也。近賢[①]研究左氏學者，在南方有劉師培，承其曾祖文淇、祖毓崧、伯父壽曾三世之學，名高當世。惜纂輯未及成書，而不幸中道卒，今傳世者僅《春秋左氏例略》一書而已。章太炎先生亦好左氏，著《春秋左傳讀》、《劉子政左氏說》、《春秋答問》，均傳於世。北方有王晉卿先生樹枏[②]，著《春秋左氏經傳義疏》一百五十卷、《左氏春秋僞傳辨》八卷，書未刊行，藏稿於家，世人罕知。表而出之，責在後賢矣。以上論《春秋左氏傳》傳授源流宗派。

左氏之傳《春秋》得其本事，而論文章者，尤歸美焉。自楊雄稱其品藻，杜預稱"其文緩，其旨遠"，范寧稱其"豔而富"，劉勰曰"辭宗丘明"，韓愈曰"左氏浮夸"，下及清之方苞又推其"義法"，皆於文章大旨略盡之矣。左氏之記事也，廣備一代之故實。語其經營之條理，則杜預尤能得之。杜預《春秋經傳集解序》曰："身爲國史，躬覽載籍，必廣記而備言之。其文緩，其旨遠，將令學者原始要終，尋其枝葉，究其所窮。優而柔之，使自求之；饜而飫之，使自趨之。若江海之浸，膏澤之潤，渙然冰釋，怡然理順，然後爲得也。"

---

① 賢，稿本作"儒"。茲依油印本、華東本。
② 晉卿先生樹枏，稿本作"樹枏先生"。茲依油印本、華東本。

蓋謂左氏均鋪①事實，使人靜觀而自得之，不特②於經文爲直諒之輔，其於後世史傳紀事③之文，即已樹立不二之良規矣。然左氏非獨長於記事，亦兼長於紀言。城濮之戰，乾谿之難，鄢陵之役，重耳之亡，此紀事之以典雅勝者也。呂相絕秦，子產獻捷，燭之武退秦師，戎支駒對宣子，則紀言之以委婉勝者也。故劉知幾盛稱之曰：“左氏之敘事也，述行師，則簿領盈視，哤聒沸騰。論備火，則區分在目，修飾峻整。言勝捷，則收穫都盡。記奔敗，則披靡橫前。申盟誓，則忼慷有餘。稱譎詐，則欺誣可見。談恩惠，則煦如春日。記嚴切，則凜若秋霜。敘興邦，則滋味無量。陳亡國，則淒涼可憫。或腴詞陳簡牘，或美句入詠歌，跌蕩而不群，縱橫而自得。若斯才者，殆將工侔造化，思涉鬼神，著述罕聞，古今卓絕。”子玄此論，洵非溢美。昔者劉向父子珍重《左氏》，教授子孫，下至婦女，無不讀誦。杜預自稱有《左傳》癖。南北朝文人，如謝希逸、顏之推，皆精左學。蘭成之筆，上殿六代，下啓有唐，史家稱其博極群書，而尤精《左氏》。劉知幾自謂，自讀《左氏》，然後不怠讀書。蕭穎士爲韓、柳之先導，亦謂於《左氏》取其文。是知學者欲得辭條文律者，不可以不取足於《左氏》矣。以上論《左氏》之文。

　　杜預《春秋經傳集解序》，有“三體五情”之說，爲治左學者所宗。其言曰：“其發凡以言例，皆經國之常制，周公之垂法，史書之舊章。仲尼從而修之，以成一經之通體。其微顯闡④幽，裁成義類者，皆據舊例而發義，指行事以正褒貶。諸稱‘書’、‘不書’、‘先書’、‘故書’、‘不言’、‘不稱’、‘書曰’之類，皆所以起新舊，發大義，謂之變例。然亦有史所不書，即以爲義者，此蓋《春秋》新意，故傳不言‘凡’，曲而暢之也。其經無義例，因行事而言，則傳直言其歸趣而已，非例也。故發傳之體有三，而爲例之情有五。孔疏云：傳體有三，即上文發凡正例、新意變例、歸趣非例是也。爲例之情有五，則下文五曰是也⑤。一曰微而

---

① 均鋪，稿本作“平鋪”，華東本作“均平”。茲依油印本。
② 特，油印本、華東本誤“得”。茲依稿本。
③ 事，油印本、華東本作“實”。茲依稿本。
④ 闡，油印本、華東本脫。茲依稿本。
⑤ “孔疏”至“是也”三十七字，稿本以小字補書於當頁天頭。茲依油印本、華東本錄爲夾注。案稿本此頁後，又有十四頁天頭，連續再引孔疏相關的六節文字，反復解釋“三體五情”，足見作者對杜氏《春秋經傳集解序》此說的重視程度。唯原引疏文較繁，1986 年編輯油印本《群經要略》時，作者以省文計，僅擇此條三十七字爲夾注，餘皆從略。今謹記於此，以備研探《左傳》“三體五情”說者參考。

顯。文見于此,而義起于彼。'稱族尊君命,舍族尊夫人'、'梁亡'、'城緣陵'之類是也。二曰志而晦。約言示制,推以知例。參會不地、與謀曰'及'之類是也。三曰婉而成章。曲從義訓,以示大順。諸所諱辟、璧假許田之類是也。四曰盡而不汙。直書其事,具文見意。丹楹刻桷、天王求車、齊侯①獻捷之類是也。五曰懲惡而勸善。求名而亡,欲蓋而章。書齊豹'盜'、三叛人名之類是也。推此五體,以尋經傳,觸類而長之。附于二百四十二年行事,王道之正,人倫之紀備矣。"以上明《左氏》"三體五情"之說。

《左傳》非易讀,好文者泥其華,徵實者守其典,與其他苛察繳繞、曲義妄鑿者,皆不能具見其體。惟杜預總茲學之大成,既明經傳相附之理,而"三體五情"、"文緩旨遠"、"原始要終"諸言,於左氏投篇命筆之微,頗能宣發無隱。後人言讀《左》之法者,朱子謂"平心看其事理、事情、事勢",已爲得要。然莫詳於呂祖謙。呂氏《左傳說》中,有《看左傳規模》一篇,其言曰:"看《左傳》,須看一代之所以升降,一國之所以盛衰,一君之所以治亂,一人之所以變遷。能如此看②,則所謂先立乎其大者,然後看一書之所以得失。試以隱公六七年閒考之,事事皆備。所謂一代之所以升降者,春秋之際,三代之衰也。然去三代雖遠,先王之流風遺制、典章文物猶有存者,禮樂征伐尚自天子出。如鄭武莊爲平桓卿士,鄭伯爲左卿士,則諸侯猶入爲臣。如伐曲沃,立哀侯,則猶能立君。至於宋公不王,鄭伯伐以王命;曲沃叛王,王命虢公伐之:則征伐之權尚在。如戎朝發幣,猶不廢禮。觀鄭莊封叔段,京城過制,而祭仲之諫,張皇駭愕,翼以九宗五正逆晉侯於隨,此蓋成王封唐叔之法,則先王制度尚存。凡此,皆三代之餘澤未泯。使平王當此之時,如能振作奮厲,尚可有爲,平王自爲不振。如鄭莊公爲卿士,當用則用,當廢則廢,何必亦虛言欺之,此全失人君之體。曲沃莊伯本出庶孽,正當助翼伐曲沃,今乃助曲沃伐翼,此附臣伐君,全不是天討,君臣之綱亂矣。仲子,惠公之嬖妾也。今乃以天王之尊,而下賵諸侯之嬖妾,則夫婦之綱亂矣。以至祭伯非王命而私交,武氏子非王命而求賻,及鄭伯怨王奪政而有交質之舉,若敵國然,則王綱解紐,委靡削弱,因以不振,皆是平王自壞了。所謂一國之所以盛衰者,試以魯、

---

① 侯,油印本、華東本誤"候"。茲依稿本。
② 看,油印本誤"着",華東本誤"者"。茲依稿本。

鄭、衛、宋言之。如臧僖伯諫觀魚，考其言而及典章文物之盛，孔子所謂一變至道者，於此可驗。而韓宣子亦謂周禮盡在魯。至於其後，而猶有存。如鄭莊公有權謀，善用人，當時有祭仲、子封、原繁、洩駕、曼伯、子元之徒，皆爲其用，故能以小而強。而其後有子皮、子產出來。如衛之亂，石碏以身殉國，定亂討賊，維持社稷。而其後有史鰌、蘧瑗之徒出來。故季札有衛多君子之言，發源蓋始於此。至於宋之宣、穆，亂父子繼立之義，而貽殤公、子馮之亂。其後隨有六卿爭政，骨肉相殘之禍。舉此數端，雖數百年之事，皆可槩而見也。所謂一君之所以治亂者，且以隱公言之。惠公既沒，隱公居長，本當自立，徒以姑息惠公之愛，遂居攝而不能正君位。至於費伯非公命而城郎，公子豫非公命而擅及邾、鄭盟，公子翬非公命而帥師，皆隱公不能收君柄，故末年所以有鍾巫之變也。所謂一人之所以變遷者，今且舉兩端而言之，有自善而入惡者，有自惡而入善者。如鄭莊置母姜氏於城潁，天理已絕。及其終也，一有悔心，因潁考叔以遺羹之意開導也，天性油然而生，遂爲母子如初。此自惡入善者。如鄭請成，陳侯不許，五父有親仁善鄰之諫，見得歷歷分明，其於謀國也如此，豈不甚善？不一二年間，如鄭涖盟，而歃如忘，全不以明誓爲事，到此昏然不曉，如喪心失志者。與前面諫陳侯時和氣無復存，幾乎自是兩個人。此自善入惡者。讀《左氏傳》能如此看，則所謂先立乎其大者矣。然後看一書之所以得失。所謂一書之得失，如序鄭莊公之事，極有筆力。寫其怨端之所以萌，良心之所以回，皆可以見。始言‘亟請於武公’，亟之一字，母子之相仇疾，病源在此。後面言‘姜氏欲之，焉辟害’，此全無母子之心。蓋莊公材略儘 [1] 高，叔段也在他掌握中，故祭仲之徒愈急，而莊公之心愈緩，待段先發而後應之。前面命西鄙北鄙貳於己，與收二爲己邑，莊公都不管，且只放他去。到後來罪惡貫盈，乃遽絕之，略不假借，命子封帥師伐京。段奔鄢，公又親帥師伐鄢。於其未發，待之甚緩；於其已發，追之甚急。公之於段，‘始如處女，敵入開戶；後如脫兔，敵不及拒’者也。然莊公此等計術，施於敵國則爲巧，施於骨肉則爲忍。大凡人於骨肉兄弟分上，最不可分彼曲我直。纔分個彼曲我直，便失親親之意。觀莊公始欲害段，而有‘姜氏欲之，焉辟害’之語，則是欲曲在姜氏，直在莊公。及欲伐段，而待其惡大，亦欲曲在叔段，直在莊公。

---

① 儘，油印本、華東本誤“盡”。茲依稿本。

此所以伐之無辭。莊公之心，只分曲直兩字。殊不知兄弟閒，豈較曲直者？較曲直，彼我對敵，便有自相戕賊之害。此《左氏》鋪敘好處，以十分筆力，寫十分人情。此六七年閒，亦可見得軍制。如鄭之敗燕，以三軍軍其前，潛軍軍其後。若此之類，人孰不知其爲軍制？至於不說兵制，因而見之者，須當看也。如‘諸侯敗，鄭徒兵’，此雖等閑句，而三代兵制大沿革處可見。蓋徒兵自此立，而車戰自此浸弛也。財賦之顯然者，人孰不知其爲財賦？至於不說財賦，因而說之者，須當看也。如臧僖伯之諫觀魚，此固非論財賦，然所謂魚鱉鳥獸之肉不登於俎，皮革齒牙骨角毛羽不登於器之類，此亦見當時惟正之供。其經常之大者，雖歸之公上，而其小者，常在民閒。此所以取之無窮，用之不竭也。如鄭武公、莊公爲王卿士，則猶有周官之舊。《左氏》一書，接三代之末流，五經之餘派，學者苟盡心於此，則有不盡之用矣。故今特言其大概耳。”詳呂氏之意，蓋謂讀《左傳》者，應先着眼於論世知人，留心於風俗制度之大者，然後於左氏逐節敘事，輕重屈伸，用筆之微意，始可見其措①注之美。學者依其所示，運以靈心，可以不失矩矱矣。又清儒王夫之著《續春秋左氏傳博議》，論求文於《左傳》，與求文於《春秋》本經之異。章學誠著《論課蒙學文法》，闡求文於《左傳》，與求文於他經之異，其言皆當切。又劉熙載融齋著《藝概》，中有讀《左傳》諸條，亦深得其文理。學者取以與呂東萊之說相參較，則於讀《左》之法，思過半矣。以上論讀《左傳》之法。

左氏既爲《春秋》作傳，稱爲“内傳”；又分周、魯、齊、晉、鄭、楚、吳、越八國事，起穆王，終於魯悼，別爲《國語》，世稱“外傳”。唐劉知幾分史體爲六家：“一《尚書》家，二《春秋》家，三《左傳》家，四《國語》家，五《史記》家，六《漢書》家。”六家中，左氏占二家。則左氏文體，關係文化之大，從可知矣。近儒太倉唐文治蔚芝云：“《左傳》稱曰‘内傳’，《國語》稱曰‘外傳’，顧亭林先生謂‘左氏采列國之史而作，非出於一人之手’。余疑《内傳》爲邱明所編輯，《外傳》則采自列國未加刪削者也。凤好以《左氏傳》與《公》、《穀》二傳互相比較。如《左氏》‘鄭伯克段於鄢’一段，宜與《穀梁傳》對較；‘晉獻公欲以驪姬爲夫人’一段，宜與《穀梁傳》‘晉殺其大夫里克’對較；‘晉靈公不君’一段，宜與《公羊傳》對較。悟其文法之

<hr>

① 　措，華東本誤“指”。茲依稿本及油印本。

各異，而文思文境，乃可日進。又好以《內傳》與《外傳》參考。如《外傳》'管子論軌里連鄉之法'，'敬姜論勞逸'，'優施教驪姬夜半而泣'諸篇，皆爲《內傳》所不載。而一則波瀾壯闊，一則丰裁嚴整，一則細語喁喁，委婉入聽，均各擅其勝。又如晉文請隧，襄王不許。《內傳》曰：'王章也，未有代德而有二王[①]，亦叔父之所惡也。'僅三語，懍乎其不可犯。而《外傳》則衍成數百言，負聲振采，琅琅錚錚，有令人不厭百回讀者矣。惟吳、越語，氣體句調，均屬萎薾，疑與《內傳》末載智伯事相同，爲後人附益。司馬子長曰：'邱明懼弟子人人異端，各安其意，失其真，故因孔子《史記》，具論其語，成《左氏春秋》。'又曰：'左邱失明，厥有《國語》。'然則二書之當並重無疑。"唐氏此論，教人讀《左傳》須與《公》、《穀》及《國語》合參也。陳柱謂："《左傳》體奇而變，其流爲太史公書。《國語》體整而方，其流爲班氏之書。"蓋亦言《左》、《國》之宜並重也。以上論《左傳》與《公》、《穀》及《國語》之關係。

歷代疑《左傳》者，蓋有兩端。一則漢太常博士，謂左氏不傳《春秋》。清儒劉逢祿引申其說，謂左氏條例，皆劉歆所僞造竄入。一則唐啖助，謂《左傳》亦是左氏口授於其弟子，其弟子不無推演附益之語。清《四庫全書總目提要》，亦謂《傳》載智伯之亡，殆亦後人所續。此二說，前者已爲章太炎所駁，後者已爲方孝岳所駁，詳見《春秋左氏傳讀敘錄》及《左傳通論》中。歷代疑左氏非丘明者，亦有兩端：唐趙匡謂"丘明者，蓋孔子以前賢人"，說見陸淳《春秋集傳纂例》；宋鄭樵謂"左氏非丘明，是爲六國時人"，說見其所著《春秋傳左氏非丘明辨》。此二說，《四庫提要》已皆駁正，方孝岳論之尤詳。近瑞典東方學家卡爾倔倫或譯作珂羅倔倫，又名[②]高本漢。著《左傳真僞攷》，陸侃如譯，並其他各篇。研究《左傳》之語文法，謂其書文法與《國語》甚近，而與孔、孟之書完全不同，斷其必非魯人所作。然同時有馮沅君女士者，亦研究《左傳》語文法，則謂《左》、《國》二書，各有其不同之文法見所著《論左傳與國語的異點》，則是卡爾倔倫之說未可信也。又有衛聚賢者，著《左傳之研究》，謂《左傳》記晉事特多，遂以爲晉人所作。夫《左傳》所記，包羅列國之事之言，固不限於魯語。而春秋之世，晉國迭爲諸侯盟主，梁惠王所謂"晉國天下

---

① 王，油印本、華東本誤"正"。茲依稿本。
② 又名，稿本作"或譯作"。據油印本、華東本改。

莫強焉”者是也。其國既強，其事自多，惡得以《左傳》記晉事特多，遂懸斷爲必晉人所作哉？ 衛氏之說，胡適已駁之。凡此諸疑，皆可不有。學者欲求《左氏》之文，必先信《左氏》之書，故不可不釋其疑也。以上釋《左氏》之疑案。

《漢書·藝文志》“《公羊傳》十一卷”，班固自注曰“公羊子，齊人”，顏師古注曰“名高”。徐彥疏引戴宏《序》曰：“子夏傳與公羊高，高傳與其子平，平傳與其子地，地傳與其子敢，敢傳與其子壽。至漢景帝時，壽乃與齊人胡毋子都著於竹帛。” 祺案，何休《公羊傳解詁序》云“往者略依胡毋生條例”，《釋文》云“毋音無”。據此，則應作“毋”。又按《風俗通》云：“本陳胡公後，齊宣王母弟，別封母鄉。遠本胡公，近取母邑，故爲胡母氏。”據此，則又當作“母”。宜兩存之①。何休之注亦同。此明公羊壽與胡毋生爲《公羊》學之祖也。董仲舒與胡毋生同師，治《公羊》，著《春秋繁露》，爲西漢《公羊》學大師。仲舒傳褚大、嬴公等。嬴公授孟卿及眭弘，弘授嚴彭祖、顏安樂，由是有“嚴氏春秋”、“顏氏春秋”，兩家並立於學官。後漢何休依胡毋生條例，作《春秋公羊解詁》。復與其師博士羊弼，追述李育意，以難二傳，作《公羊墨守》、《左氏膏肓》、《穀梁廢疾》。故後儒言東漢公羊學大師者，必推何休。鄭玄初治《公羊》，後治《左氏》，乃著②《發墨守》、《鍼膏肓》、《起廢疾》。休見而歎曰：“康成入吾室，操吾矛以伐我乎！”三國而後，《公羊》之學漸衰。南北朝之際，河北徐遵明以鄭學教授，兼通《公羊》。江左則《公》、《穀》未立學官③，惟賀循請立三傳，沈文阿作《三傳義疏》，兼及《公羊》。及唐徐彥作《公羊疏》，以何休《解詁》爲主。而啖助、趙匡、陸淳之徒，昌言抨擊三傳；孫復、劉敞之流，名爲棄傳從經，然其所抨擊捨棄者，特《左氏》事跡，《公羊》、《穀梁》月日例耳。其推闡譏貶，少可多否，實陰本《公羊》、《穀梁》家法。《四庫全書總目提要》謂：“中唐以前，則《左氏》勝。啖助、趙匡以逮北宋，則《公羊》、《穀梁》勝。”蓋得其實。若宋蘇轍、呂祖謙等，雖以《左傳》爲主，然兼取資於《公》、《穀》。崔子方著《春秋本例》，鄭玉著《春秋經傳闕疑》，雖以《公》、《穀》爲主，然兼取資於《左氏》。元之李廉著《春秋諸傳會通》二十四卷，明朱朝瑛著《讀春秋略記》十卷，雜採三傳，旁及宋儒之說，意在求博而語鮮折衷也。降

---

① “祺案”至“存之”七十六字，稿本無。據油印本、華東本增。
② 著，稿本無。據油印本、華東本增。案稿本無“著”字，實本《後漢書·鄭玄傳》。
③ 官，華東本誤“宮”。茲依稿本及油印本。

及清代，《公羊》之學復行，戴震弟子曲阜孔廣森首爲之倡。廣森著《公羊通義》十一卷《敘》一卷。繼之而起者，則有武進莊存與。存與著《春秋正辭》十二卷，刊落訓詁名物之末，專求其所謂微言大義者。常州今文之學，於焉以興，與皖派古文之學遂成對壘①。存與同縣外孫劉逢祿，益張其說，著《春秋公羊經傳何氏釋例》十卷、《公羊何氏解詁箋》一卷、《論語述何》二卷，又作《發墨守評》一卷、《箴膏肓評》一卷、《穀梁廢疾申何》二② 卷，凡成《箋說》、《答難》、《決獄》等十一書，蔚爲《公羊》學大師。同時江都凌曙，亦好治《公羊》，著《春秋繁露注》十七卷，《公羊禮說》一卷，《公羊禮疏》十一卷，《公羊問答》二卷。句容陳立，從曙學，撰《春秋公羊傳義疏》七十六卷。又長洲宋翔鳳，仁和龔自珍、魏源、邵懿辰諸人，皆治今文，尊信《公羊》，漸有所謂"孔子改制"之說。自珍嘗著《春秋決事比》，蓋擬自董仲舒之《公羊治獄》、《春秋決事》也。湘潭有王闓運者，湖湘間之大師也，遍注五經，於《春秋》亦尊《公羊》，傳其學於蜀中井研廖平。平著《四益館叢書》、《六譯館叢書》，多非常可怪之論。南海康有爲見而好之，推本其說，以著《新學偽經攷》，又著《春秋董氏學③》、《孔子改制考》等書，託改制以言變法，張三世以說進化。又廣其義以說《禮運》，謂"升平世"爲"小康"，"太平世"爲"大同"，乃衍其條理，爲《大同書》，傳弟子新會梁啟超。師弟于喁，蘄見諸行事，而有戊戌之政變，循致演成國民革命之偉業。《春秋三傳》之學，關係近世政治之大者，蓋未有若《公羊》家者也。與康、梁同時，又有善化皮錫瑞，亦湖湘間今文學之大師也，著《春秋講義》，亦多發揮《公羊》家之說，傳其學者甚衆。又崔適著《春秋復始》，亦引申康有爲之說。故夫有清道、咸而後，《公羊》之學，充塞一世。自餘杭章太炎④ 炳麟先生出，篤好古文，逞其博辯之才，肆力以攻廖、皮、康、梁諸氏，《公羊》之學始衰。當代學人，惟丹徒戴鏡澂增元，著《公羊學通論》，爲能以《公羊》名家也。以上述《公羊》傳授源流。

原《公羊》之所以關係於近世政治若是之大者，實緣於"三科九旨"之

---

① 壘，油印本、華東本誤"疊"。茲依稿本。
② 二，油印本、華東本誤"一"。茲依稿本。。
③ 學，油印本、華東本誤"說"。茲依稿本。
④ 太炎，稿本無。據油印本、華東本增。

說。其說本於董仲舒《春秋繁露》，而大暢於何休《公羊解詁》。何氏《文謚例》云：“三科九旨者，新周，故宋，以《春秋》當新王，此一科三旨也。所見異辭，所聞異辭，所傳聞異辭，二科六旨也。内其國而外諸夏，内諸夏而外夷狄，是三科九旨也。”宋氏注：“三科者，一曰張三世，二曰存三統，三曰異外内，是三科也。九旨者，一曰時，二曰月，三曰日，四曰王，五曰天王，六曰天子，七曰譏，八曰貶，九曰絶。”何氏九旨在三科之内，宋氏九旨在三科之外，其說亦無大異。《春秋繁露·楚莊王篇》曰：“《春秋》分十二世，以爲三等，有見，有聞，有傳聞。有見三世，有聞四世，有傳聞五世。故哀、定、昭，君子之所見也。襄、成、宣、文，君子之所聞也。僖、閔、莊、桓、隱，君子之所傳聞也。所見六十一年，所聞八十五[①]年，所傳聞九十六年。”此張三世之義。又《三代改制質文篇》曰：“《春秋》應天，作新王之事，正黑統。王魯，尚黑，絀夏，新周，故宋。”又曰：“《春秋》上絀夏，下存周，以《春秋》當新王。《春秋》當新王者奈何？曰：王者之法，必正號。絀王謂之帝，封其後以小國，使奉祀之。下存二王之後以大國，使服其服，行其禮樂，稱客而朝。故同時稱帝者五，稱王者三，所以昭五瑞[②]，通三統也。是故周人之王，尚推神農爲九皇，而改號軒轅謂之黄帝，因存帝顓頊、帝嚳、帝堯之號，絀虞而號舜曰帝舜，録五帝以小國。下存禹之後于杞，存湯之後于宋，以方百里爵號公。皆使服其服，行其禮樂，稱先王客而朝。《春秋》作新王之事，變周之制，當正黑統。而殷、周爲王者之後，絀夏改號禹，謂之帝禹，録其後以小國。故曰絀夏存周，以《春秋》當新王。”此存三統之義。又《王道篇》曰：“内其國而外諸夏，内諸夏而外夷狄，言自近者始也。”此異外内之義。清儒祖述何休以治《公羊》者，若劉逢禄、龔自珍、陳立輩，皆言改制，而康有爲之說實與彼異。有爲所謂改制者，則一種政治革命、社會改造之意味也。故喜言“通三統”。三統者，謂夏、商、周三代不同，當隨時因革也。喜言“張三世”。三世者，謂據亂世、升平世、太平世，愈改而愈進也。有爲政治上變法維新之主張，實本於此，所不可不知者也。以上論“三科九旨”之說。

　　《公羊》之文，長於論理，而斷制謹嚴。晉范寧作《春秋穀梁傳集解序》，

————

①　五，油印本、華東本誤“四”。茲依稿本。

②　瑞，蘇輿《春秋繁露義證》作“端”。並引盧文弨云：“五端，見上文。本或作五瑞，非。”說似可從。

評論三傳之文，而稱"《公羊》辯而裁"，其言最爲允當。如僖① 十六年，經曰："春王正月，戊申，朔，隕石于宋五。是月，六鷁退飛，過宋都。"《公羊傳》曰："曷爲先言隕，而後言石？隕石，記聞，聞其塡然，視之則石，察之則五。曷爲先言六，而後言鷁？六鷁退飛，記見也；視之則六，察之則鷁，徐而察之，則退飛。"又定二年，經曰："夏五月，壬辰，雉門及兩觀災。"《公羊傳》曰："其言雉門及兩觀災何？兩觀，微也。然則曷爲不言雉門災及兩觀？主災者，兩觀也。主災者兩觀，則曷爲後言之？不以微及大也。何以書？記災也。"觀其所論，其於言之無所苟也如此，可不謂之"辯而裁"乎？《文心雕龍·宗經篇》謂《春秋》辨理，一字見義。五石六鷁，以詳略見文；雉門兩觀，以先後顯旨。其婉章志晦，諒以邃矣。"殆即贊《公羊傳》之文也。清儒劉開與阮芸臺論文，稱"益之以《公羊》、《穀梁》之清深"。王闓運答陳深之問，謂"如《公羊傳》、《禮記》，每言史事，只如譚經。蓋七十子之文，授法聖師，非文家所及。其說義理多而不厭，平而不冗。驟不可學，終亦難希。"皆深知《公羊》之文者也。以上論《公羊傳》之文。

《漢書·藝文志》載"《穀梁傳》十一卷"，班固自注云"穀梁子，魯人"，顏師古注曰"名喜"。按《桓譚新論》云："《左氏》傳世後百餘年，魯人穀梁赤爲《春秋》，殘略，多所遺失。"應劭《風俗通》云："穀梁子名赤，子夏弟子。"《經典釋文序錄》引糜信注，則以爲"秦孝公同時人"。阮孝緒《七錄》則以爲"名俶"。唐楊士勳《穀梁疏》亦云："名俶，字元始，一名赤。受經於子夏。"王充《論衡·案書篇》又云"穀梁寘"。皮錫瑞《經學通論》云："豈一人而有四名乎？抑如公羊之祖孫父子相傳，非一人乎？名赤，見《新論》，爲最先，故後人多從之。"先師歙吳檢齋先生，於《經典釋文敘錄疏證》辨之云："俶與赤聲相近，寂寞之寂前歷反，赤音昌石反，是其比。俶又與喜聲近，饎昌志反，字亦作餴，與饎同音。寘，即置之異文，置、喜同部。赤、淑、俶、寘、喜，五文聲轉通作，故字異而人同。《漢書》顏注'本或作嘉'，則喜形之譌也。皮錫瑞不明聲類而妄爲說，其過弘矣。"又案羅璧《識遺》稱"公羊、穀梁，自高、赤作《傳》外，更不見有此姓。萬見春謂皆姜字切韻腳，疑爲姜姓假託。"《四庫提要》辨之云："案鄹爲邾婁，披爲勃鞮，木爲彌牟，殖爲舌

---

① "僖"下，華東本多一"公"字。茲依稿本省稱例。後文"定二年"做此。

職，記載音訛，經典原有是事。至弟子記其先師，子孫述其祖父，必不至竟迷本字，別用合聲。璧之所言，殊爲好異。"皮錫瑞更舉《禮記·檀弓》有公羊賈之人，證明古代確有姓公羊者，亦足以闢羅璧之說矣。祺案，友人浦江吳豀云："今江蘇常熟，尚有姓公羊者多家。"其師公羊壽，即常熟人也 ①。近人又有疑公羊、穀梁皆"卜商"轉音者，別無所據，亦不足信。至《穀梁》授受之源流，據楊士勛疏及《漢書》所載，則由子夏授穀梁赤。或云，赤實受業於子夏之門人。一傳而爲荀卿，復由荀卿授齊人浮邱伯，以傳魯申公。亦係口說，未知誰著竹帛。而題"穀梁傳"者，蓋著師傳之始也。申公傳瑕丘江公，江公傳榮廣及晧星公。而蔡興公受業榮廣，更事晧星公，傳其學於尹更始。更始作《章句》十五卷，而江公傳子至孫爲博士。周慶、丁姓皆爲博士，申章昌亦爲博士。又韋賢、夏侯勝、史高、劉向、翟方進、胡常、房鳳等皆傳《穀梁》。故在西漢之世，《穀梁》之學頗盛，足與《公羊》抗行 ②。迨及東漢，《左氏》寖興，與《公羊》爭勝。二家盛，而《穀梁》衰。終東漢之世，而治《穀梁》有聞者，僅侯霸及賈逵二人而已。蓋《穀梁》之義，不及《公羊》之大，事不及《左氏》之詳，故雖監省《左氏》、《公羊》立說，較二家爲平正，卒不能與二家鼎立也。晉代治《穀梁》者凡三家，孔衍著《春秋穀梁傳》十四卷、徐邈著《春秋穀梁傳》十二卷今皆亡，惟范寧著《穀梁傳集解》十二卷獨存。寧此書，乃承其家學，並集門生故吏諸子弟之說。故其自序云："升平之末，歲次大梁，先君北蕃廻軫，頓駕于吳，乃帥門生故吏我兄弟子姪，研講六籍，次及三傳。《左氏》則有服、杜之注，《公羊》則有何、嚴之訓。釋《穀梁傳》者，雖近十家，皆膚淺末學，不經師匠。辭理典據，既無可觀，又引《左氏》、《公羊》以解此傳，文義違反，斯害也已 ③。於是乃商略名例 ④，敷陳疑滯，博示諸儒同異之說。昊天不弔，大山其頹。匍匐墓次，死亡無日。日月逾邁，跂 ⑤ 及視息。乃與二三學士及諸子弟，各記所識，并言其意。業未及終，嚴霜夏 ⑥ 墜，從弟彤落，二子泯沒，天實喪予，何痛如之！今撰諸子之言，各記其姓名，名曰《春秋穀梁傳集

① "祺案"至"人也"三十二字，稿本無。據油印本、華東本增。
② 行，華東本作"衡"。茲依稿本及油印本。
③ 害，油印本、華東本誤"舍"。茲依稿本。
④ 例，華東本誤"利"。茲依稿本及油印本。
⑤ 跂，油印本、華東本誤"跋"。茲依稿本。
⑥ 夏，油印本、華東本誤"复"。茲依稿本。

解》。"按晉穆帝升平五年，寧父汪，爲安北將軍、徐兗①二州刺史，其十月以罪免爲庶人，屏居吳郡，是年歲在辛酉。門生故吏，指徐邈之屬。我兄弟子姪，則寧自謂，及謂從弟邵，三子泰、雍、凱。邵、雍、凱皆先歿，故寧云然。自范氏書行，南北朝諸儒治《穀梁》者皆宗之。及唐貞觀中，楊士勛作《穀梁傳集解疏》二十卷，即今《十三經注疏》所列者也。中唐啖助、趙匡、陸淳，及北宋孫復、劉敞諸人，多名棄三傳，而實用《公》、《穀》師法。北宋而後，迄於清初，治《春秋》者多糅雜三傳，兼採《穀梁》。其能專以《穀梁》爲本者，蓋惟宋孫覺之《春秋經解》一書而已。清乾嘉間，姚鼐始著《穀梁補注》一卷。馬宗璉亦治《穀梁》，著《穀梁傳疏證》，惟未見傳本耳。及許桂林著《穀梁釋例》四卷，侯康著《穀梁禮證》二卷，柳興恩著《穀梁春秋大義述》七卷，鍾文烝②著《穀梁經傳補注》二十四卷，《穀梁》之學，於焉以興。又崔適著《春秋復始》，定《穀梁》爲古文，頗足徵信。又梅毓作《穀梁正義》，未及成書。近儒以治《穀梁》名家者，惟膠西柯鳳蓀先生③劭忞，著《春秋穀梁傳義證補》行於世。以上論《穀梁傳》傳授源流。

《春秋》三傳，治《左氏》者有"三體五情"之說，治《公羊》者有"三科九旨"之條，而治《穀梁》者亦有"正名盡辭，正隱治桓"之論。故鍾文烝《穀梁補注·宗④經篇》云："《傳》稱夫子曰：'君子之於物，無所苟而已。石、鶂且猶盡其辭，而況於人乎？故五石六鶂之辭不設，則王道不亢矣。'又曰：'梁亡，鄭棄其師，我無加損焉，正名而已矣。'《春秋》始元終麟，止是正名而盡其辭，以明王道，此直揭全書本旨也。隱無正，唯元年有正，《傳》曰：'謹始也'，所以正隱也。桓無王，唯元年有王，《傳》曰：'謹始也'，所以治桓也。此特標開宗要義也。開宗之義，即冒全書。故孟子以《春秋》爲亂後之一治，謂之天子之事，而引夫子知我罪我之言也。正名盡辭，以爲之綱；正隱治桓，以弁其首。而《左氏》之'三體五情例'，《公羊》之'三科九旨'，皆不足言矣。"此鍾氏闡《穀梁》釋經之大義所在也。鍾氏又以《穀梁》爲持世教、正人心之書。《論傳》篇云："《穀梁》多特言君臣父子，兄弟夫婦，與夫貴禮賤兵，內夏外夷之旨，明《春秋》爲持世教之書也。《穀梁》又往往

---

① 兗，油印本、華東本誤"衰"。茲依稿本。
② 烝，油印本、華東本誤"丞"。茲依稿本。
③ 鳳蓀先生，稿本無。據油印本、華東本增。唯二本"蓀"皆誤"孫"，茲校正之。
④ 宗，鍾文烝《穀梁經傳補注》作"論"。似宜從改。

以心志爲說,以人己爲說。桓文之霸,曰信、曰仁、曰忌。僖文之雨,曰閔、曰喜、曰不憂。明《春秋》爲正人心之書也。”蓋穀梁作《傳》授荀卿,荀卿傳魯申公,故《穀梁》乃魯學。今觀“隕霜不殺草”之傳,據韓非書,乃夫子答哀公問《春秋》之語。又《穀梁傳》,於引尸子、公子啟、蘧伯玉、沈子之外,有稱“傳曰”者十。“傳”者,七十子所記,其來甚古。《儀禮·喪服傳》亦有此例,明《穀梁》之近古。漢初陸賈造《新語》十二篇,其第一篇《道基》之末,引《穀梁傳》曰:“仁者以治親,義者以治尊,萬世不亂,仁義之所治也。”今《傳》中無此四語,蓋在《漢志》所稱《穀梁外傳》、《穀梁章句》中,而通謂之《傳》也。又第八篇《至德》之末,論魯莊公事,而曰“故《春秋穀梁》”云云,今自“梁”字以下皆缺,不知何語。觀陸生兩引《穀梁》,則此《傳》信爲周代書。并《外傳》、《章句》之屬,有非晚出者矣。故鄭康成《六藝論》稱“《穀梁》善於經”,晉荀崧稱其書“文清義約,諸所發明,或《左氏》、《公羊》所不載”,范寧稱“《穀梁》清而婉”,唐啖助謂“《穀梁》意深”,陸淳[①]謂“斷義不如《穀梁》之精”,宋孫覺謂“以三家之說,校其當否,《穀梁》最爲精深”,葉夢得謂“《穀梁》所得尤多”,胡安國謂“義莫精於《穀梁》”,蔡元定謂“三傳中道理,《穀梁》及七八分”,某氏《六經奧論》謂“解經莫若《穀梁》之密”。而宋孝宗乾道中,浦江鄭綺,遂著《穀梁合經論》三萬言,惜不可見矣。清儒安溪李文貞公光地,變通朱子之學以治群經,其論《春秋》曰:“《三傳》好,《穀梁》尤好。”迨後惠士奇父子倡古學於東南,亦云:“論莫正於《穀梁》。”鍾文烝論其解《經》之妙:“或專釋,或通說,或備言相發,或省文相包,或一經而明衆義,或闡義至於無文。此乃程瑤田之論《喪服傳》,所謂‘端緒雖多,一綫不亂’,而淩曙以爲‘唯鄭氏能綜核不誤’者也。”案此諸家之說,皆稱美《穀梁》釋經之精者也。以上論《穀梁傳》之釋經。

　　若以文章論之,荀崧“文清義約”,范寧“清而婉”之言,已得其要。柳宗元《與韋中立論師道書》稱“參之以穀梁氏,以厲其氣”,意謂《穀梁》之文以峻厲勝也。劉孟塗《與阮芸臺論文書》,謂“益之以《穀梁》之清深”,

---

① 　淳,油印本、華東本誤“乾”。茲依稿本。

則謂《穀梁①》之文，以清深勝也。故鍾文烝綜論之曰："《穀梁》文章，有二體：有詳而暢者，有簡而古者。要其辭清以淡，義該②以貫，氣峻以厲，意婉以平。徵前典皆據正經，述古語特多精理，與《論語》、《禮記》最爲相似。"又曰："《易》，《彖》、《象傳》釋經，有曰'其位'、'其吉'，有曰'吝道也'、'安行也'、'徧辭也'、'志疑也'，有止一字者，曰'窮也'、'明也'、'咎也'、'行也'、'下也'、'順也'、'憊也'。《穀梁》文句多與相似。"觀其所論，則《穀梁》之文，固上承《周易》，下與《禮記》、《論語》同流矣。以上論《穀梁傳》之文。

　　總觀三傳之學，可分二派：《左氏》爲古文，解經而兼爲史，所謂記載之傳也；《公》、《穀》爲今文崔適《春秋復始》攷定《穀梁》亦爲古文，專於釋經，所謂訓詁之傳也。論釋經之例則《公》、《穀》爲謹嚴，論文章之美則《左氏》爲最優。蓋《公》、《穀》長於論理，斷制有法度，而記事稍遜焉。《左氏》之文，其氣雄渾，其才博贍，記言記事，皆極其妙，而尤善敘戰事，後世③惟司馬《通鑑》得其勝境。學者於《左氏》全書皆宜熟讀，否則亦必將湘鄉曾氏所選者，精讀之焉。以上總論《三傳》之文。

　　若論《春秋》三傳與史學之關係，則惟姚仲實④永樸先生之言最爲簡要。姚氏云："何以言《春秋》爲史原也？蓋《春秋》者，編年之體所出也。史家因有此書，分二大派：一爲《左傳》派，論本事而爲書者也。後世如荀悅《漢紀》、司馬溫公《資治通鑑》，皆依而用之。一爲《公》、《穀》派，用意於書法者也。後世朱子《綱目》，依而用之。蓋各有所主矣。至三傳釋經之語，在經學其體爲傳，在史學，其體爲評。考史評之類有三：一爲論史之體例，後世如《史通》是也；一爲論史之書法，後世如尹起莘《綱目發明》、劉友益《綱目書法》、張自勳《綱目續麟》是也；一爲論史之人物事蹟，後世如范祖禹《唐鑑》、胡寅《讀史管見》是也。其發源皆起於三傳。蓋三傳之論體例，如《左氏》之'五十凡'，二傳之言《春秋》編年'四時具而後爲年'，與'內其國而外諸夏，內諸夏而外夷狄'之類是也。其論書法者，如《左氏》

---

①　穀梁，稿本誤"梁穀"。據油印本、華東本乙正。

②　該，華東本作"賅"。茲依稿本及油印本。案，該、賅音義同。

③　世，油印本、華東本誤"事"。茲依稿本。

④　仲實，稿本無。據油印本、華東本增。

之'書'、'不書'、'故書'、'不言'、'不稱'、'書曰'之類,二傳之言'州不若國,國不若氏,氏不若人,人不若名,名不如字,字不如子'之類是也。其論人物事蹟者,如《左氏》所引'君子曰'云云,二傳論齊桓公、宋襄公之類是也。"以上論《春秋三傳》與後世史書之關係。

　　至《春秋》一書之大要,最重攘夷與大一统①之義。自《春秋》之學不講,而夷夏失防,士大夫中竟有靦顏事仇②,認賊作父而分裂國土者,幾不復知人間有羞恥事矣!凡故後世愛國家、愛民族之文學家,蓋莫不明乎《春秋》之大義。史稱岳飛好《左氏春秋》,而文天祥《獄中與子書》,亦欲令其專治《春秋》。惟二賢精於《春秋》之學,故愛國③攘夷之決心最烈。又清初王夫之、魏禧,皆精於《左氏春秋》,而皆迭舉義兵,抵抗外族入侵,保衛故國④。及事不可爲,猶遯跡講授,著書立說,以詔後學。近世餘杭章太炎先生,酷好《左氏春秋》,故其光復故土⑤之心亦最烈。革命告成,共和肇造,光復會與有功焉。光復會即章氏之所主持。凡此尤皆吾徒所不可不知者也⑥。以上論《春秋》之大義,及與國家民族廢興之關係。

---

① 一统,稿本作"復仇"。據油印本、華東本改。

② "士大夫"至"事仇"十字,及下句后半"而分裂國土者"六字,稿本無。據油印本、華東本增。。

③ 愛國,稿本無。據油印本、華東本增。

④ "抵抗"至"故國"十字,稿本作"排滿復仇"。據油印本、華東本修訂。

⑤ 光復故土,稿本作"排滿復仇"。據油印本、華東本改。

⑥ 皆,油印本、華東本作"爲"。茲依稿本。

孝經篇第七

　　《孝經》一書,作者約有八說。《孝經鉤命訣》稱孔子云:"欲觀我襃貶諸侯之志,在《春秋》;崇人倫之行,在《孝經》。"又稱子曰:"吾作《孝經》,以素王無爵之賞,斧鉞之誅,故稱明王之道。"《孝經中契》云:"文成而天道立。"《孝經右契》云:"孔子作《春秋》,制《孝經》。既成,孔子齋戒。"《孝經援神契》云:"孔子制作《孝經》。"《漢書·藝文志》云:"《孝經》者,孔子爲曾子陳孝道也。"鄭玄《六藝論》云:"孔子以六藝題目不同,指意殊別,恐道離散,後世莫知根源,故作《孝經》以總會之。"《三國志·蜀志·秦宓傳》,宓對曰:"孔子發憤,作《春秋》,大乎居正。後制《孝經》,杜漸防萌,預有所抑。"陸德明《經典釋文序錄》云:"《孝經》者,孔子爲弟子曾參說孝道。"邢昺《孝經正義序》云:"蓋曾子在七十弟子中,孝行最著,孔子乃假立曾子爲請益問答之人,以廣明孝道。既說之後,乃屬與曾子。"呂維祺《孝經本義序》云:"三代聖王,莫不以孝爲治之本。世衰道微,大義日晦,孔子欲以此道治天下,而道不果行,乃作《孝經》以傳曾子。"皮錫瑞《經學歷史》云:"漢人推尊孔子,多以《春秋》、《孝經》並稱。史晨《奉祀孔子廟碑》云:'乃作《春秋》,復演《孝經》。'《百石卒史碑》云:'孔子作《春秋》,制《孝經》。'蓋以《詩》、《書》、《易》、《禮》爲孔子所修,而《春秋》、《孝經》乃孔子所作也。"凡此皆以《孝經》爲孔子作。此一說也。《史記·仲尼弟子列傳》云:"曾參,南武城人,字子輿,少孔子四十六歲。孔子以爲能通孝道,故授之業,作《孝經》。死於魯。"孔安國《古文孝經序》云:"唯曾參躬行匹夫之孝,而未達天子諸侯以下揚名顯親之事,因侍坐而諮問焉。故夫子告其誼,於是曾子喟然知孝之爲大也。遂集而錄之,名曰《孝經》。"陶潛《五孝傳》

云："至德要道，莫大於孝，是以曾參受而書之。游、夏之徒，常咨稟焉。"黃道周《孝經集傳》云：《孝經》皆曾子所受夫子本語，不得自分經傳。"李光地《孝經全注》云："'未之①有也'以上，蓋皆一時之言，曾子侍坐，而夫子告之者。'止此'以下，則或異日問答，或更端因事之語。曾子取其與所聞相發明者，彙而紀之，以爲《孝經》。言夫子自謂'行在《孝經》'者，誣也。"董鼎《孝經大義》，熊禾《序》曰："孔門之學，唯曾氏得其宗。曾氏之書有二，曰《大學》，曰《孝經》。"朱彝尊《經義考》云："孔門自子夏兼通六藝而外，若子開之習《書》，子輿之述《孝經》，子貢之問《樂》，有若、仲弓、閔子騫、言游之撰《論語》，而傳《士喪禮》者實孺悲之功也。"管同《孝史序》云："孔門之徒，曾子最孝，是以受師之說，著《孝經》十八章。"凡此皆言曾子作《孝經》也。此二說也。朱子《孝經刊誤》云："'仲尼居'至'未之有也'一節，夫子、曾子問答之言，而曾氏門人之所記也。"王應麟《困學紀聞》載胡寅曰：《孝經》非曾子所自爲也。曾子問孝於仲尼，退而與門弟子言之，門弟子類而成書。"又載晁公武曰："今首章云'仲尼居'，則非孔子所著矣，當是曾子弟子所爲書。"吳澄《孝經題辭》云："竊詳《孝經》之爲書，肇自孔、曾一時問答之語。今文出於漢初，謂悉曾氏門人記錄之舊，已不可知。"董鼎《孝經大義》云："此書乃曾子聞於孔子，而曾子門人又以所聞於曾子者，合而記之，以爲一經。"呂維祺《孝經本義》云："瓊山邱濬曰：'按《孝經》，孔、曾問答之言，而曾氏門人所記也。'"《經義攷》載："何異孫云：'《論語》是七十子門人所記，《孝經》只是曾子門人所記。'"姚鼐《孝經刊誤書後》云："《孝經》非孔子所爲書也，而義出於孔氏②，蓋曾子之徒所述者耳。"簡朝亮《孝經集註述疏》云："古者稱師曰子，《孝經》首云'仲尼居，曾子侍'，此以知曾子門人記之也。"凡此皆謂《孝經》曾子門人作也。此三說也。王應麟《困學紀聞》引馮椅云："子思作《中庸》，述其祖之語，乃稱字。是書當成於子思之手。"此謂《孝經》爲子思作也。此四說也。司馬光《古文孝經指解序》云："聖人言則爲經，動則爲法。故孔子與曾參論孝，而門人書之，謂之《孝經》。"鄭辰《古文孝經序》云："昔宣聖與曾子論孝，門人書之，謂之《孝

---

① 之，稿本誤"以"。據油印本、華東本改。

② 氏，油印本、華東本作"子"。茲依稿本。

經》。”毛奇齡《孝經問》云：“但舊謂①《孝經》夫子所作以授曾子，又謂夫子口授曾子，俱無此事。此仍②是春秋戰國間，七十子之徒所作，稍後於《論語》，而與《大學》、《中庸》、《孔子閒居》、《仲尼燕居》、《坊記》、《表記》諸篇如出一手。故每說一章，必有引經數語以爲證，此篇例也。”阮元《石刻孝經論語記》云：“《孝經》、《論語》，皆孔子弟子所譔。”凡此皆謂《孝經》爲孔門弟子所作也。此五說也。《朱子語類》云：“《孝經》獨篇首六、七章爲本經，其後乃傳文。然皆齊、魯間陋儒纂③取《左氏》諸書之語爲之，至有全然不成文理處，傳者又頗失其次第，殊非《中庸》、《大學》之儔也。”又《孝經刊誤序》云：“熹見衡山胡侍郎論說，疑《孝經》引《詩》，非經本文。初甚駭焉，徐而察之，始悟胡公之言爲信。而《孝經》之可疑者，不僅此也。因以書質之沙隨程可久丈，程答書曰：‘頃見玉山汪端明，亦以此書多出後人附會。’於是乃知前輩讀書精審，其論固已及此。”按胡侍郎乃胡宏，汪端明乃汪應辰，可久則程迴之字。是胡宏、汪應辰及程迴，皆疑《孝經》乃後儒所作，而朱子且定爲齊、魯間儒者所作也。此六說也。清姚際恒《古今偽書攷》云：“案是書來歷，出於漢儒，不惟非孔子作，併非周秦之言也。其《三才章》‘夫孝，天之經’至‘因地之義’，襲《左傳》子太叔述子產之言，惟易‘禮’字爲‘孝’字。《聖治章》‘以順則逆’至‘凶德’，襲《左傳》季文子對魯宣公之言；‘君子則不然’以下，襲《左傳》北宮文子論儀之言。《事君章》‘進思盡忠’二語，襲《左傳》士貞子諫晉景公之言。《左傳》自張禹所傳後，始漸行於世，則《孝經》者，蓋其時之人所爲也。勘其文義，絕類《戴記》中諸篇，如《曾子問》、《哀公問》、《仲尼燕居》、《孔子閒居》之類，同爲漢儒之作。後儒以其言孝，特爲撮出，因名以《孝經》耳。”是姚氏以《孝經》爲漢儒作也。此七說也。陳澧《東塾④讀書記》云：“《孟子》七篇中，多與《孝經》相發明。”近人王正己著《孝經今考》載《古史辨》第四册，遂主張《孝經》爲孟子門人所作。此八說也。以上所說，各有不同。今平情論之，《孝經》之文既與《禮記》相近，而蔡邕《明堂論》引有魏文侯《孝經傳》，《呂

---

① 謂，油印本、華東本誤“聞”。兹依稿本。
② 仍，油印本、華東本誤“乃”。兹依稿本。
③ 纂，油印本、華東本誤“纂”。兹依稿本。
④ 東塾，油印本、華東本脫。兹依稿本。

覽·審微篇》亦引《孝經·諸侯章》,陸賈《新語》、董仲舒《春秋繁露》、劉向《說苑》,以及匡衡上疏,皆有所引。《漢書·藝文志》並載明:"漢興,長孫氏、博士江翁、少府后倉、諫大夫翼奉、安昌侯張禹傳之,各自①名家,經文皆同。唯孔氏壁中古文爲異。'父母生之,續莫大焉','故親生之膝下',諸家說不安處,古文字讀皆異。"是則《孝經》一書,自周末迄西漢之初,即已流傳甚廣,其來古矣。後儒疑《孝經》襲《左傳》,然又安知非《左傳》襲《孝經》乎? 即使實《孝經》襲《左傳》,要亦不失爲孔氏之遺言,而儒家之正典也。以上論《孝經》之作者。

《孝經》之傳授,與曾子關係最深。觀前所述,可以知已。然攷蔡中郎引有魏文侯《孝經傳》,文侯師事子夏,學所從出,則子夏殆亦傳《孝經》之一人也。《荀子·子道篇》"魯哀公問於孔子"一節,與《孝經·諫諍章》大意相同。荀卿《詩》學傳自子夏,或《孝經》之傳亦自子夏也。西漢之初,傳《孝經》者有今古文兩家。今文《孝經》藏於顏芝,書凡十八章。芝子貞出之,長孫氏、江翁、后倉、翼奉、張禹等並傳之。古文《孝經》與《尚書》等同出孔壁,凡千八百七十二字,與今文異者四百餘字。《庶人章》分爲二,《曾子敢問章》分爲三,又多一章,凡二十二章,孔安國得之。孝昭帝時,魯國三老獻之。至劉向檢校書籍,以顏本比古文,除其繁惑,以十八章爲定。馬融、鄭眾並傳之。鄭玄爲今文《孝經》作注未成,其孫小同續成之,後人不察,多以爲玄注。東漢之後,說《孝經》者亦宗鄭注。江左中興,《孝經》、《論語》共立鄭氏博士一人。當南北朝時,鄭氏注行於河北,治《孝經》者有李炫、樂遜等,皆鄭學派也。南方之儒,治《孝經》者,有王規、張璣、顧越、荀昶等。昶以鄭注爲優,范蔚宗、王儉等亦信之。陸澄力辨其非,梁載言始定爲鄭小同所作。至孔安國作《孝經傳》,其說首見於王肅《家語後序》。攷《漢書》止云"安國得古文《孝經》",並未云安國爲古文《孝經》作傳。又攷許沖爲其父慎獻《說文》而上書云:"慎又學《孝經》孔氏古文說。古文《孝經》者,孝昭帝時魯國三老所獻,建武時給事中議郎衛宏所校,皆口傳,官無其說,謹撰具一篇并上。"是亦可見安國並無爲古文《孝經》作傳之事。王肅之言,顯然無徵。齊、梁代,以鄭氏注與古文孔安國傳並立,是當時已有《偽孔

---

① 自,油印本、華東本誤"有"。茲依稿本。

傳》本。其作僞者，蓋即王肅之徒。及梁之亂，古文《孝經》與王肅之僞傳皆亡。隋開皇十四年，祕書學生王逸始託言得之長安，送與著作郎王劭，以示河間劉炫，仍①令校定。炫遂以《庶人章》分爲二，《曾子敢問章》分爲三，又多《閨門》一章，凡二十二章，因著《古文孝經稽②疑》一篇，序其得喪，講於人間，漸聞朝廷。後遂著令，與鄭氏並立。儒者諠諠，皆云炫自作之，非孔舊本，而祕府又先無其書。此當隋時，古文《孝經》與孔安國古文《孝經傳》又同出，而實又皆僞也。唐玄宗開元七年，帝詔群儒集議，質定今古。劉知幾請行古文孔傳。而司馬貞力主今文鄭注，摘孔傳《閨門章》文句凡鄙，《庶人章》割裂舊文，妄加"子曰"，以爲鄭張目。帝乃參會韋昭、王肅、虞翻、劉邵③、劉炫、陸澄等六家之注，經本今文，章定十八，刻石行世。其石今猶存西安舊府學中，世所稱《石臺孝經》者是也。玄宗既自爲注，復詔元行沖爲疏，立於學官。御注既行，鄭、孔二家俱微。及五代之亂，鄭注亡，而劉炫之孔僞傳亦亡矣。宋邢昺作疏，不信僞古文，仍以玄宗御注、元行沖舊疏爲本，即今《十三經注疏》本也。至司馬光又篤信僞古文，作《古文孝經指解》一卷，以古文本爲主。朱子初信僞古文，繼又疑之，作《孝經刊誤》一卷，就古文定經爲一章，分傳爲十四章，多所刪易。至是，於"古文本"中別出爲"刊誤本"。元吳澄則以今文爲主，遵朱子《刊誤》之章目，定爲經一章，傳十二章，世謂之《孝經》定本，亦曰《草廬孝經》。是又於"今文本"中，別出爲"草廬本"。故至今《孝經》凡有四本，即今文鄭注本、古文孔傳本、朱子刊誤本、吳澄草廬本是也。元、明之儒，治《孝經》者多以朱、吳二家爲主。惟黃道周之《孝經集傳》四卷，以三禮說《孝經》，立說尚爲精密。清初毛奇齡作《孝經問》一卷，力排朱子刊誤、吳澄定本之非。然今文鄭注本④，自五代亂後，其書久佚，世人亦無從見之。臧庸憫其散亡，始作《孝經鄭氏解輯》一卷，嚴可均繼輯《孝經鄭氏注》一卷。又阮福作《孝經義疏補》九卷，確定鄭注爲小同所著。皮錫瑞復作《孝經鄭注疏》二卷，以申鄭注之義，扶微繼絕，甚爲通儒所稱。鄭氏之注，可謂亡而復存矣。至劉炫之僞孔傳，亡於五

---

① 仍，油印本、華東本作"乃"。茲依稿本。

② 稽，油印本、華東本誤"稺"。茲依稿本。

③ 邵，油印本、華東本誤"邵"。茲依稿本。

④ 鄭注本，稿本作"鄭氏注"。據油印本、華東本改。

代,至清初復由日本傳入中國,尤僞中之僞。丁晏作《孝經徵文》一卷,《孝經述注》一卷,力闢今所傳古文皆贋本,其可信者獨有今文,引據甚博。近儒簡朝亮有《孝經集注述疏》一卷,曹元弼有《孝經學》七卷、《孝經鄭氏解》一卷,唐文治有《孝經新讀本》一卷,馬其昶通伯 ① 先生有《孝經誼詁》一卷。又廖平有《孝經學凡例》,章太炎先生有《孝經本夏法說》,鄔時慶有《孝經通論》,陳柱有《孝經要義》等,均可參攷。其餘著者尚多,不暇備舉也。以上論《孝經》傳授之源流派別。

　　觀《孝經》傳授之源流,知孔、鄭兩本,互相勝負。始以開元御注用今文,遵制者從鄭。後以司馬光駁今文,而遵古文。朱子用其本作刊誤,學者又轉而從孔。要其文句小異,義理不殊,當以黃震之言爲定論。《黃氏日鈔》有曰:"案《孝經》一爾,古文今文,特所傳微有不同。如首章,今文云'仲尼居,曾子侍',古文則云'仲尼閒居,曾子侍坐';今文云'子曰,先王有至德要道',古文則曰'參,先王有至德要道';今文云'夫孝,德之本也,教之所由生也',古文則曰'夫孝,德之本,教 ② 之所由生'。文之或增或減,不過如此,於大義固無不同。至於分章之多寡,今文《三才章》'其政不嚴而治'與'先王見教之可以化民'通爲一章,古文則分爲二章。今文《聖治章》第九'其所因者本也'與'父子之道天性'通爲一章,古文則分爲二章;'不愛其親,而愛他人者',古文又分爲一章。章句之分合,率不過如此,於大義亦無不同。古文又云:'閨門之内,具禮矣乎。嚴父嚴兄,妻子臣妾,猶百姓徒役也。'此二十二字,今文全無之,而古文自爲一章。與前之分章者三,共增爲二十二。所異者又不過如是,非今文與古文各爲一書也。"其說可謂持平。學者本黃氏之論以讀《孝經》,則凡無謂之爭訴,紛紜之議論,皆可以息矣。以上論今古文 ③ 之異同。

　　何休《春秋公羊解詁序》,稱"昔者孔子有云:'吾志在《春秋》,行在《孝經》。'"故《孝經》之要,與《春秋》等。而在漢代,《孝經》、《論語》均爲小學必讀之書,以配《易》、《書》、《詩》、《禮》、《春秋》,謂之七經。誠以孝者,德之本,教之所由生,至德要道之所在也。故《春秋說題

---

① 　通伯,稿本無。據油印本、華東本增。

② 　教,油印本、華東本誤"孝"。茲依稿本。

③ 　今古文,華東本作"古文今文"。茲依稿本及油印本。

辭》云："《孝經》者，所以明君父之尊，人道之素，天地開闢，皆在孝。"《漢書·匡衡傳》謂："《論語》、《孝經》，聖人言行之要，宜究其意。"鄭康成《孝經序》謂："《孝經》者，三才之經緯，五行之綱紀。孝爲百行之首，經者至易之稱。"又《六藝論》云："孔子以六藝題目不同，指意殊別，恐道離散，故作《孝經》以總會之。"《周書·齊煬王憲傳》云："宇文貴，字乾福，少聰敏，涉獵經史，尤便騎射。始讀《孝經》，便謂人曰：'讀此一經，足爲立身之本。'"《隋書·經籍志》云："孔子既序六經，題目不同，指意差別，恐斯道離散，故作《孝經》以總會之。明其枝流雖分，本萌於孝者也。"又《韋師傳》云："初就學，始讀《孝經》，捨書而歎曰：'名教之極，其在茲乎！'"又《何妥傳》云："時納言蘇威常言於上曰：'臣先人每誡[1]臣云，唯讀《孝經》一卷，足可立身治國，何用多爲？'"《唐書·薛敖傳》云："敖對曰：'《論語》者，六經之菁華。《孝經》者，人倫之大本，窮理之要道，真可謂聖人至言，或謂爲百行之宗，五教之要。'"宋邢昺《孝經注疏序》云："《孝經》者，百行之宗，五教之要。"司馬光《再乞資廕人試經義劄子》云："然《孝經》、《論語》，其文雖不多，而立身治國之道，盡在其中。"黃震《黃氏日鈔》云："《孝經》者，大道之戶奧，六藝之總會。"明王祎《孝經集說序》云："孝者，天之經，地之義，而百行之原也。"呂維祺《孝經或問》云："《孝經》者，五經之總合[2]，百王之大法也。"黃道周《孝經集傳》云："《孝經》舊本凡十八章，一千七百七十三字，所以埏埴五經，綱紀萬象也。"殷元福《孝經序》云："是《孝經》爲四書之權輿，五經之統體也。"清韓菼《孝經衍義序》云："《孝經》一書，蓋萬化之權輿，六經之統會也。"吳騫《新雕古文孝經序》云："《孝經》一書，經緯三才，紀綱五行，誠聖門入德之首務。"余時英《孝經集義》云："四書固道德之蘊奧，若《孝經》一文，所以立其極而養正焉者也。"陳澧《東塾讀書記》云："蓋《孝經》一篇，皆論以孝順天下之道。"又云："學者得以知《孝經》爲道之根源，六藝之總會。"王舟瑤《經學講義》云："《孝經》乃倫理之書。"簡朝亮《孝經集注述疏序》云："《孝經》者，導善而救亂之書也。"觀以上所引歷代諸儒之論，已可知《孝經》爲包括孝道與孝治二者之書，大義

---

① 誡，油印本、華東本作"戒"。茲依稿本。

② 合，華東本作"會"。茲依稿本、油印本。

已可瞭然。而清儒阮元《研經室集》有《釋順》一文，論《孝經》之學在
"明順逆"。近儒唐文治《孝經新讀本敘》，謂"《孝經》之學，在培養生機。"
其言尤爲切要。又程大璋《鄒公墓誌銘》云："人治必依於仁，仁本於孝。孝
於父，則同姓親；孝於母，則異姓親。推類盡義，則所謂天下一家，中國一人之
理，即由此立。" 鄒時慶《孝經通論》引。陳煥章《孔教論》云："以孝爲始者，並
不以孝爲止。"馬通伯先生 ①《孝經誼詁序》云："大哉聖人之道，莫切於《孝
經》。" 章太炎與先師歙吳覲齋先生書，亦謂："發揚天性，遏絕悖德，莫切於
《孝經》。"曹元弼《孝經學》謂："《孝經》大例有二：曰脈絡，曰次第。一經
一緯，皦如繹如。"鄒時慶《孝經通論》謂："《孝經》有倫理義，有政治義。"
《孝經》關乎民德之重，從可知矣。錢氏基博，推闡《孝經》義蘊，更謂："《孝
經》一書，不獨綱紀《論語》，旁通《春秋》，而且肇開墨學。"詳其所著《四
書解題及讀法·附孝經篇》中。然則《孝經》一書，亦治先秦諸子者所不可
不讀者矣。以上明《孝經》之大義。

　　《孝經》之有關於民族道德及國家政治，既如上述，故歷代罔不表章之。
趙岐《孟子題辭》云："漢興，除秦虐政，開延道德。孝文皇帝欲廣遊學之路，
《論語》、《孝經》、《孟子》、《爾雅》，皆置博士。"簡朝亮《讀書堂答問》
云："漢制，《孝經》置博士，此孝文帝時也。其後以五經博士統之，凡通五
經者，皆兼《孝經》也。"《後漢書·儒林傳》云："光武中興，愛好經術。建
武五年修起太學，中元元年初建三雍。明帝即位，親行其禮，袒割辟雍之上，
尊事三老五更。饗射既畢，帝正坐自講，諸儒執經問難於前。冠帶搢紳，圜橋
門而觀聽者，蓋億萬計。其後復爲功臣子孫、四姓末屬，別立校舍，搜選高能，
以授其業。自期門羽林之士，悉令通《孝經》章句。匈奴亦遣子入學。濟濟
乎，洋洋乎，盛於永平矣！ "又《荀爽傳》，爽對策云："漢制，使天下誦《孝
經》。"《漢書·宣帝紀》云："地節三年，選疏廣授皇太子《孝經》。"《平帝
紀》云："元始三年，立官稷及學官，郡國曰學，縣道邑侯國曰校，校學置經師
一人。鄉曰庠，聚曰序，序庠置《孝經》師一人。"又云："平帝元始五年春正
月，徵天下以五經、《論語》、《孝經》、《爾雅》教授者，在所爲駕一封軺傳，
遣詣京師。"陳澧《東塾讀書記》云："案《續漢書·百官志》：'司隸校尉，假

---

① 　馬通伯先生，稿本作"馬其昶先生"。華東本作"馬通伯"。據油印本改。

佐二十五人，《孝經》師主監試經。'諸州與司隸同。此東漢之制也。"洪亮吉《通經表》云："漢宣帝從復中翁受《詩》，并通《論語》、《孝經》。"又云："漢元帝從歐陽地餘、孔霸受《尚書》，張游卿、高嘉受《詩》，疏廣受《論語》、《孝經》，蕭望之受《論語》、《禮服》。"又云："《漢·廣川王去本傳》載'師受《易》、《論語》、《孝經》，皆通'。"又云"《漢·沛憲王輔本傳》載'習《京氏易》、《論語》、《孝經》'。"此可證明漢代章表《孝經》，上自帝王，下至期門羽林之士，莫不誦習之也。《文獻通考》云："晉元帝大興初，欲修立學校，唯《周易》王氏，《尚書》鄭氏，《古文》孔氏，《毛詩》、《周官》、《禮記》、《論語》、《孝經》鄭氏，《左傳》杜氏、服氏，各置博士一人。"虞淳熙《孝經集靈》云："晉穆帝永和十二年二月，帝講《孝經》。升平元年三月，又講《孝經》。"《南齊書》云："武帝永明三年，文惠太子於崇正殿講《孝經》。"《梁書》云："昭明太子講《孝經》殿中，中庶子徐勉、祭酒張充，執經。天監八年九月，於壽安殿講《孝經》、《論語》，講畢親臨釋奠於國學。"《陳書》云："文帝天嘉元年，令沈文阿於東宮講《孝經》。"此可見兩晉南北朝之表章《孝經》也。《唐書》云："高祖武德七年，上親臨釋奠，徐文遠①講《孝經》。"又云："天寶三年十二月癸丑，詔天下家藏《孝經》。"又《唐會要》云："詔天下家藏《孝經》，精勤教習。學校之中，倍加傳授，州縣官長申勸課焉。"又《孝經集靈》云："唐太宗貞觀十四年，帝詣國子監釋奠，命祭酒孔穎達講《孝經》。自屯營飛騎，亦授以經。二十年，命趙宏智攝司業，爲終獻，既而就講。宏智談《孝經》忠臣孝子之義。"《文獻通考》云："唐制，凡《禮記》、《春秋左氏傳》爲大經，《詩》、《周禮》、《儀禮》爲中經，《易》、《尚書》、《春秋公羊傳》、《穀梁傳》爲小經。通二經者，大經小經各一，若中經二；通三經者，大經中經小經各一；通五經者，大經皆通，餘經各一。《孝經》、《論語》，皆兼通之。"此可見唐代之表章《孝經》，上自帝王，中遍學校，而下及屯營飛騎，亦皆無不誦習之也。《文獻通考》又云："宋仁宗嘉祐二年，增設明經試法，凡明兩經或三經、五經，各問大義十條。兩經通八，三經通六，五經通五，爲合格。兼以《論語》、《孝經》策時務三條。"《續文獻通攷》云："金凡試，以《六經》、《十七史》、《孝經》、《論語》、《孟子》及《荀》、《楊》、

① 遠，油印本、華東本誤"達"。茲依稿本。

《老子》内出題。"又云:"元世祖時,遷都北城,更立國子學於國城東,而定其制。凡讀書,必先《孝經》、《小學》、《論語》、《孟子》、《大學》、《中庸》,次及《詩》、《書》、《禮記》、《周禮》、《春秋》。"《元史》云:"至元二十四年,定國子學制,凡讀書必先《孝經》。"陳澧《東塾讀書記》云:"清咸豐中,有旨,令① 歲科試增《孝經》。"此宋、金、元、清各代表章《孝經》之事實也。以上論歷代特別表章② 《孝經》。

孝非獨庶人之事,欲以孝治天下,必自天子始。故歷代帝王,莫不誦習《孝經》。魏文侯有《孝經傳》,見蔡邕《明堂論》引。晉孝武帝有《總明館孝經講義》一卷,宋大明中《東宮講孝經義疏》一卷,齊永明三年《東宮講孝經義疏》一卷,齊永明中《諸王講孝經義疏》一卷,齊臨沂令李玉之《爲始興王講孝經③ 義疏》二卷,梁武帝撰《孝經義疏》十八卷,梁簡文帝撰《孝經義疏》五卷,梁皇太子《講孝經義》三卷,梁天監八年皇太子《講孝經義》一卷,均載《隋書·經籍志》。晉元帝撰《孝經傳》,魏孝明帝撰《孝經義記》,見朱彝尊《經義攷》。唐玄宗注《孝經》一卷,唐任希古《越王孝經新義》十卷,見《舊唐書·經籍志》。清順治《御注孝經》一卷,清雍正《敕撰孝經集注》一卷,見《清史稿·藝文志》。古今注《孝經》者,殆逾四百家,而帝王注者亦將及二十家。雖書多亡佚,要可見朝野誦習之盛,而我民族尊崇孝道之篤也。然推考歷代帝王之表章《孝經》,且重誦習,其意未嘗不在於護持綱常,鞏固皇權,以爲統國治民之一大要術也。故帝王言孝,總關政治用心,或寓欺世之詐僞;人民敬孝,每出天倫情性,誠爲人類之美德矣!此二者之大別,吾人不可不明辨而深察之矣④ 。以上明《孝經》非徒庶人誦習。

我國經典之譯爲各族文字⑤ 者,亦以《孝經》爲最早。《隋書·經籍志》云:"魏氏遷洛,未達華語,孝文帝命侯伏、侯可、悉陵,以夷言譯《孝經》之旨,教於國人,謂之《國語孝經》。"《宋史·高麗傳》云:"夏國元昊,自製蕃書,形體方整,類八分,譯《孝經》、《爾雅》、《四言雜字》爲蕃語。"金門詔

---

① 令,油印本、華東本誤"今"。茲依稿本。
② 章,華東本作"彰"。茲依稿本、油印本。
③ 經,油印本、華東本誤"疏"。茲依稿本。
④ "然推"至"之矣"九十七字,稿本無。據油印本、華東本增。
⑤ 各族文字,稿本作"外國文"。據油印本、華東本改。

《補三史藝文志》云："金大定年,譯女真字《孝經》。"錢大昕《元史藝文志補》云："元大德十一年,中書右丞孛羅鐵木兒,譯進蒙古字《孝經》。"吾師朱少濱先生師轍《清史稿·藝文志》云："清雍正五年,《欽定繙譯孝經》一卷。"是在雍正以前,《孝經》一書已有五種我國各族文字之[①]譯本矣。以上明《孝經》譯本之早。

然自朱子之後,詆毀《孝經》者,亦非無人。如陸秀夫、吳澄、方岳、陳騤,皆奉朱說。而姚際恒尤暢宣朱子之論,前既略辨之矣。又明有姚舜牧者,作《孝經疑問》,毀詆尤烈。其言曰:"孝一而已,乃分之爲五,曰天子之孝、諸侯之孝、卿大夫之孝、士之孝、庶人之孝。自天子至於庶人,父母同也;自諸侯以下,君父同也。士之孝曰:'資於事父以事母,而愛同。資於事父以事君,而敬同。故母取其愛,而君取其敬,兼之者父也。'將母有不敬不愛,君有不愛並不敬乎? 其他傅會《詩》、《書》,如言後效,裂取成文,強加裝綴,誠有朱子所譏者。蓋微特不如《論語》之言孝,且與《大戴記》諸篇迥別矣。"案孝之道,始於事親,中於事君,終於立身。職位有尊卑,事業有隆殺,其所以盡孝之行,自有等差。君以尊極而敬深,母以鞠育而愛厚,故云母取愛而君取敬。其引《詩》、《書》,乃以證明其義,並非以言後效。姚氏所疑,皆無當於理也。又清楊椿《讀孝經》曰見《孟鄰堂文鈔》卷六:"余讀《孝經》,知非孔氏全書,蓋漢、晉諸儒剽竊爲之者也。其中明言至理頗多,游辭晦語、浮而不實、泛而不切者,亦有之。"按楊氏所謂游辭晦語,不知何指。至《孝經》爲先秦之書,自不容疑。涉及晉代,更不可通。又近人梁啟超著《經籍解題及其讀法》,其論《孝經》云:"《孝經》自漢以來,已與《論語》平視,今且列爲十三經之一。共[②]傳孔子'志在《春秋》,行在《孝經》',以爲孔子手著即此兩種。其實此二語出自緯書,純屬漢人附會。經之名孔子時並未曾有,專就命名論,已足[③]徵其妄。其書發端云'仲尼居,曾子侍',安有孔子著書而作此稱謂耶? 書中文義皆極膚淺,置諸《戴記》四十九篇中,猶爲下乘,雖不讀可也。"案梁氏謂《孝經》非孔子所自作,是也。謂其文義皆極膚淺,至可不讀,則非也。《論語》、《孟子》,文義亦何嘗不膚淺? 膚淺者皆不可讀,然則

---

① 各族文字之,稿本作"外國文"。據油印本、華東本改。

② 共,油印本、華東本作"其"。茲依稿本。

③ 足,油印本、華東本誤"是"。茲依稿本。

必如商盤、周誥之詰屈聱牙者,乃可讀乎? 吾恐梁氏又將從而非之也。鄔時慶譏梁氏"放言高論,未嘗不取快一時耳",豈不誠然! 又黃雲眉著《古今偽書攷補證》,大致主姚際恒之説。與梁、黃之徒相胗響者,亦尚有人,不能悉著。蓋自"五四"運動後,非孝之論蠭起,因而敝屣《孝經》,自亦一時風氣所趨也。以上述非議《孝經》者。

　　若以文章論之,《孝經》篇幅匪宏,而能綱紀畢具,上自君卿,下迄士庶,括囊大典,宣究道原者,乃由其文章簡括,而條理清晰也。曹元弼謂:"其文首尾貫串,如《繫辭》、《中庸》。"鄔時慶謂:"其文堅老規律,内容有倫理義、政治義,圖解後其體例恰相對襯。"林傳甲先生謂:"《禮記·燕居》、《閒居》二篇,尤與《孝經》文體相似,如出一手。《孝經》者,特'戴氏叢書'未收之一種也。"壽祺竊謂,《孝經》每章之末,引《詩》作結,頗與《荀子·勸學篇》文體相似。而漢代傳記之書,若《韓詩外傳》、《説苑》、《新序》、《列女傳》等,亦多引《詩》作結,蓋皆取法於《孝經》也。以上論《孝經》之文。

霞浦黄壽祺纂輯

論語篇第八

　　《論語》，初名《傳》，至孔安國弟子扶卿，始名《論語》。《漢書·藝文志》曰：“《論語》者，孔子應答弟子時人，及弟子相與言而接聞於夫子之語也。當時弟子各有所記，夫子既卒，門人相與輯而論纂，故謂之《論語》。”邢昺《論語正義》云：“論者，綸也，輪也，理也，次也，撰也。以此書可以經綸世務，故曰綸也；圓轉無窮，故曰輪也；蘊含萬理，故曰理也；篇章有序，故曰次也；群賢集定，故曰撰也。”鄭玄《周禮注》云：“答述曰語，以此書所載，皆仲尼應答弟子及時人之辭，故曰語。而在論下者，必經論撰，然後載之，以示非妄謬也。”《論語讖》曰：“子夏六十四人，共撰仲尼微言。”鄭康成曰：“《論語》，仲弓、子游、子夏等所撰定。”柳宗元《論語辨》云：“或問曰，儒者稱《論語》，孔子弟子所記，信矣乎？曰未然也。孔子弟子，曾參最少，少孔子四十六歲。曾子老而死，是書記曾子之死，則去孔子也遠矣！曾子之死，孔子之弟子略無存者已。吾意曾子弟子之爲之也。何哉？且是書載弟子必以字，獨曾子、有子不然。由是言之，弟子之號之也。然則有子何以稱子？曰孔子之歿也，諸弟子以有子爲似夫子，立而師之。其後不能對諸弟子之問，乃叱避而退，則固嘗有師之號矣。今所記獨曾子最後死，余是以知之，蓋樂正子春、子思之徒爲之爾。或曰，孔子弟子嘗雜記其言，然而卒成其書者，曾氏之徒也。”從柳氏之說者，尚有程、朱二子。朱子引程子云：“《論語》一書，成於有子、曾子之門人，故其書獨二子以子稱。”案《論語讖》、鄭康成二家之說，由柳子厚之辨觀之，已不足信。然子厚與程、朱二子，徒據曾子、有子稱子之說，斷爲二子之門人所作，亦未可信。故姚鼐辨之云：“檀弓最推子游，似子游之徒所爲。而於子游稱字，曾子、有子稱子，似聖門相沿稱皆如是，非於稱字稱子有重輕也。”

見《古文辭類纂》評語。近人溫裕民更申論曰:"《論語》中稱子者固不止曾、有二子。'閔子侍側,誾誾如也',閔子曾稱子矣。'冉子退朝',冉子亦稱子矣。柳氏獨屬諸曾子,豈得謂平? 程、朱雖有子、曾子並推,抑何又遺閔、冉耶?"溫氏所論,較姚氏尤精密。是不得由稱子而定其作者也。日本徂徠一新《論語徵甲》云:"上論成於琴張,而下論成於原思,故二子獨稱名。其不成於他人之手者,審矣。"物茂卿亦主此說。然此說亦不可信,故安井衡駁之曰:"物氏以'牢曰,子云吾不試故藝',為上論成於琴張。'憲問恥',為下論成於原思。不知此二章乃二子所記,門人纂輯此書,直取而載之耳。"溫裕民又申辨之曰:"井說甚當,惜乏引證。今更為之證曰:'柴也愚,參也魯,師也辟,由也喭',此非稱名而何? '顏淵、季路侍',又非稱名而何? 明此,則物氏之說不攻自破。"是不得由稱名而定其作者也。又洪景盧以為成於閔子之門人,其無徵與曾子、有子之說同。故言《論語》作者,以《漢志》之說最為無病。蓋孔子生時,弟子各有記錄。孔子死後,弟子互為纂輯,七十子之弟子又重為補輯者也。以上釋《論語》之名義及其作者之論定。

　　西漢之初,傳《論語》者三家。魯人所傳者,為《魯論》,有二十篇,即今所行之篇目是也。龔奮、夏侯勝、夏侯建、扶卿、韋賢、韋玄成、蕭望之、張禹等並傳之。齊人所傳者,為《齊論》,多《問王》、《知道》二篇,為二十二篇,而章句亦較《魯論》為多。王吉、宋畸、貢禹、五鹿充宗、庸生等並傳之。《古論語》出孔壁中,煩省與《魯論》不異,惟分《堯曰》下章《子張》為一章,有兩《子張》,故為二十一篇。孔安國為之訓解,馬融為之訓說,而世不行,故漢人又稱《逸論語》。安昌侯張禹,本善《古論》,後受《魯論》於夏侯建,又從王吉、庸生受《齊論》,合而考之,擇善而從,刪其繁惑,除去《問王》、《知道》二篇,號曰《張侯論》。至後漢時,包咸等為之章句,立於學官。此三家《論語》首混合於張禹也。何休嘗注《論語》,多用《齊論》。鄭玄本受《魯論》,復參攷《齊論》、《古論》為之作注。漢末說《論語》者,多宗鄭玄。此三家《論語》再合於鄭玄也。魏王肅作《論語解》,始與鄭注立異。而何晏等集孔安國、包咸、周氏、馬融、鄭玄、陳群、王肅、周生烈諸家之說,成《論語集解》。其篇第一依《魯論》,而廣采衆注,不墨守一家之言。此三家《論語》又合於何晏也。何注,魏、晉間盛行。當南北朝時,鄭注行於河北,治《論語》者,有李炫、樂遜等,咸宗之。江左則以《何氏集解》為主。伏曼容有《論語義》，皇侃有《論語義疏》，而皇書最爲精密。隋、唐之間，注《論語》者稀，惟韓愈、李翱有《論語筆解》二卷，或者疑非韓、李所自著。然唐時即有此書，亦難質言其必僞。宋儒治《論語》者，除邢昺之《論語正義》采集古注外，餘皆以義理說經。蘇轍承其兄軾之學，作《論語拾遺》一卷，多以佛、老之說解《論語》。陳祥道長於三禮之學，故其作《論語全解》十卷，詮釋禮制，亦最明晰。自二程表章《論語》，其弟子謝顯道、楊時、游酢、尹焞等，咸說《論語》。及朱子，乃集二程、張子及范祖禹、呂希哲、呂大臨、謝良佐、游酢、楊時、侯仲良、尹焞、周孚先 ① 等十二家之說，以成《論語集註》十卷、《論語或問》二十卷、《論語精義》二十卷，凡三書。《精義》一名《要義》，又名《集義》。朱子初集是書，蓋本程子之學，以發揮經旨。其後採擷精華，撰成《集註》。中間異同疑似，當加剖析者，又別著之於《或問》。又其餘者，存之於《精義》。其用力可謂勤矣。與朱子同時註《論語》者，尚有鄭汝諧、張栻、戴溪三家。汝諧著《論語意原》二卷，栻著《癸巳論語解》十卷，溪著《石鼓論語問答》三卷。宋末註《論語》者，則有真德秀、蔡節、趙順孫、金履祥等四家。德秀著《四書集編》二十六卷，節著《論語集說》十卷，順孫著《四書纂疏》二十六卷，履祥著《論語集註考證》十卷。元、明以降，治《論語》者如劉因、許謙、胡炳文、張存中、袁俊翁、王充耘、詹道傳、朱公遷、史伯璿、景星、倪士毅、蔡清、呂柟、高拱、陳士元、周宗建、劉宗周、章世純等數十家，要皆以朱子爲宗，而莫能越其範圍。而倪士毅所作《四書輯釋》，書本淺陋，明永樂十三年，翰林學士胡廣等奉敕撰《四書大全》，竟剽劉倪氏之書，著之功令，定爲程式。明代經術之衰，職此之由。清初陸隴其、李光地、楊名時、焦袁熹諸人，於《論語》咸有著述，依然以朱子爲宗。及毛奇齡著《論語稽求篇》四卷，始顯攻朱子。江永著《鄉黨圖考》十卷，考核最爲精密。其後程廷祚著《魯論說》三卷，江聲著《論語俟質》三卷，劉台拱著《論語駢枝》一卷，錢坫著《論語後錄》五卷，焦循著《論語補疏》三卷，方觀旭著《論語偶記》一卷，宋翔鳳著《論語說義》十卷、輯《論語鄭注》十卷，又鄭珍《輯論語三十七家注》，徐養原著《論語魯讀攷》，包慎言著《論語溫故錄》，皆以漢詁治《論語》。而劉寶楠著《論語正義》二十卷，尤能集眾說之大成。清

---

① 　先，油印本、華東本誤“生”。茲依稿本。

儒《論語》之作，莫善於此，學者所不可不讀。又劉逢祿著《論語述何》二卷，以《春秋公羊》家之義解《論語》，宋翔鳳、戴望等尊信之。此爲清儒治《論語》之別派。又定海黃式三著《論語後案》二十卷，粵人簡朝亮著《論語集註述疏》，兼採漢宋之說，能得其平，論者稱之。《論語》鄭注久佚，清儒所輯，仍多闕略。光緒間，燉煌石室發見唐寫本鄭注《論語》，雖亦殘缺，然《鄉黨篇》之注則幸完好，實可珍寶。又梁皇侃之《論語義疏》，南宋之後亡佚，乾隆間乃復得之日本。此皆前世汲古之儒，恨其不可再得，而吾儕今日乃幸而竟得之者也。近儒康有爲有《論語注》，章太炎先生 ① 炳麟有《廣論語駢枝》，吾師長沙楊遇夫先生樹達有《論語古義》。其他就《論語》以分析孔子之學術思想，而爲要略研究之書者尚多也。以上釋《論語》傳授之源流派別。

《論語》内容，有關於個人人格修養之教訓，有關於社會倫理之教訓，有談政治者，有談哲理者，有對於古人時人及門弟子之批評者，有記孔子之出處及其日常行事者，有孔子之自述者，有門弟子之誦美及時人之批評者，有記孔子弟子之言論行事者。要之，《論語》者，表見孔子人格之良書也。捨《論語》，則孔子爲人之精神無所考見。夫孔子人格之偉大，其思想行事影響於後世之隆久，宜爲含識之倫所共認，則《論語》之價值，亦從可想見。蓋孔子爲人之價值若何，而《論語》所含之價值亦若何也。以上論《論語》内容之大要及其價值。

六經皆孔子所述，其微言大義則備於《論語》。故《論語》一書，實爲群經之準繩。錢基博謂："讀《論語》之法，第一考其人物，第二析其義理，第三明其教學，第四覈其政論。"是固然矣。錢氏又謂："《論語》一書，有評衡古人者，有旁通諸子者，悉數不能盡，而文章之美，言語之工，足垂模楷於斯文，而樹立言之準則。"其言亦頗允當。昔揚子雲仿《論語》作《法言》。鄭康成歿後，門生相與撰玄答諸弟子問五經，依《論語》作《鄭志》。隋文中子著《中說》，其文體則純乎模仿《論語》。下逮宋、明儒者之《語錄》，及近儒王闓運之《王志》，亦皆《論語》之遺製。故《論語》一書，不獨其道大也，其文亦所當法焉。以上論《論語》之文章。

---

① 　太炎先生，稿本無。據油印本、華東本增。

孟子篇第九

《史記·孟子列傳》云："孟軻，騶①人也。受業於子思之門人。道既通，游事齊宣王，宣王不能用。適梁，梁惠王不果所言，則見以爲迂遠而濶於事情。當此之時，秦用商君，富國強兵；楚、魏用吳起，戰勝弱敵；齊威王、宣王用孫子、田忌之徒，而諸侯東面朝齊。天下方務于合從②連橫，以攻伐爲賢。而孟軻乃述唐、虞、三代之德，是以所如者不合。退而與萬章之徒，序《詩》、《書》，述仲尼之意，作《孟子》七篇。"趙岐《孟子題辭》云："孟子生有淑賢，凤喪其父，幼被慈母三遷之教。長師孔子之孫子思，治儒術之道，通五經，尤長於《詩》、《書》。"又曰："孟子以儒道游於諸侯，莫能聽納。於是退與弟子公孫丑、萬章之徒，疑難問答，又自撰法度之言，著書七篇。"據《題辭》與《史記》所言，則《孟子》七篇，當爲孟子與弟子所共著。而書中屢稱梁襄王、齊宣王、魯平公③、滕文公之類，孟子當時不應盡見此人之死，則《孟子》七篇，當由弟子等著之竹帛。而孟子受業之人，《史記》與《題辭》有異。以時攷之，又當以《史記》"受業於子思之門人"爲可信。以上述孟子之事略及《孟子》書之作者。

《孟子》本爲子書，故《漢書·藝文志》列之儒家類，云十一篇。七篇外，多《性善》、《辯文》、《說孝經》、《爲政》四篇。以趙岐斥爲偽書，今遂不傳。漢文帝時，《孟子》曾立博士，後亦旋廢。注《孟子》者，始於揚雄。東漢王充有《刺孟》一篇，今載《論衡》中。而程曾、高誘、劉熙等，俱有

---

① 騶，油印本、華東本作"鄒"。茲依稿本。案騶、鄒古通。
② 從，油印本、華東本作"縱"。茲依稿本。案從即縱古字。
③ 公，油印本、華東本誤"王"。茲依稿本。

《孟子注》,鄭玄亦注《孟子》,皆亡佚。惟趙岐之《孟子章句》獨存。岐字邠卿,京兆長陵人,初名嘉,字臺卿。永興二年,辟司空掾,遷皮氏長。延熹元年,中常侍唐衡兄玹爲京兆尹,與岐夙隙,岐避禍逃避四方,乃自改名字。後遇赦得出,拜并州刺史,又遭黨錮十餘歲。中平元年,徵拜議郎,舉燉煌太守。後遷太僕,終太常。事蹟具《後漢書》本傳。是注即岐避難北海時,在孫賓家夾柱中所作也。三國以後,治《孟子》者,晉代有綦毋邃①,唐代有陸善經,書皆不存。又有張鎰《孟子音義》、丁公著《孟子手音》,分析章②句,漏累實多。自韓愈推崇孟子,以爲功不在禹下,遂開宋代君臣尊《孟子》之例。宋真宗大中祥符間,嘗敕孫奭校定趙岐注。奭因刊正唐張鎰《孟子音義》及丁公著《孟子手音》二書,兼引陸善經《孟子註》,而著《孟子音義》二卷。書中所釋,一遵趙注。今藉是書,猶可以證岐注之舊。惟今《十三經注疏》本所列之《孟子正義》,其疏舊本亦題孫奭撰,實則邵武士人所偽託。朱子《語錄》明言之,且云蔡季通識其人也。宋神宗間,王安石當國,尊重孟子。同時二程子、張子等,亦尊重孟子,且崇其書以配《論語》。朱子因采輯宋儒十二家之說,以成《孟子集註》七卷,又作《孟子或問》十四卷、《孟子精義》十四卷。《精義》後更名《要義》,又改名《集義》。《晦庵集》中有《孟子要義序》,即此書也。及陳振孫作《直齋書錄解題》,遂以《論語》、《孟子》同入經類。然宋儒尊孟子者固多,而詆孟子者亦多。馮休作《刪孟子》,李覯作《常語》,司馬光作《疑孟》,晁說之作《詆孟》,鄭厚叔作《藝圃折衷》,皆非議《孟子》。而蘇轍承其兄軾之學,著《孟子解》一卷,亦多與《孟子》辨難者。宋高宗紹興間,張九成著《孟子傳》二十九卷,則以當時馮休、李覯、司馬光、晁說之、鄭厚叔之徒皆以排斥孟子爲能事,故特發明於義利經權之辨,著孟子尊王賤霸有大功,撥亂反正有大用,號爲最知孟子者。故王若虛《滹南老人集》有《孟子辨惑》一卷,於諸家註中,獨許九成。又余允文著《尊孟辨》三卷、《續辨》二卷《別錄》一卷,凡辨司馬光《疑孟》者十一條附史剡一條,辨李覯《常語》者十七條,辨鄭厚叔《藝圃折衷》者十條,辨王充《論衡·刺孟》者十條,辨蘇軾《論語說》者八條。又有《原孟③》三篇,

---

① 邃,稿本作"邃"。據油印本、華東本改。
② 章,油印本、華東本作"音"。茲依稿本。
③ "孟"下,油印本、華東本衍"子"字。茲依稿本。

總括大意，以反覆申明之。允文當群疑蠭起之日，能別白是非，而定一尊，於經籍不爲無功。允文，建安人，《晦庵集》中有《讀余氏尊孟辨說》一篇，即其人也。與朱子同時註《孟子》者，尚有張栻，栻著《癸巳孟子說》七卷。後於朱子註《孟子》者，有真德秀、蔡①模、金履祥等。德秀有《孟子集編》十四卷，模②有《孟子集疏》十四卷，履祥有《孟子集註考證》七卷。元代以降，朱子之學定於一尊。說《孟子》者，如許謙、胡炳文等，皆篤守朱說，主於義理。惟元張存中之《四書通證》六卷，詹道傳之《四書纂箋》二十八卷，及明陳士元之《孟子雜記》四卷，能考究典故，以發明經義。清儒如陸隴其、李光地、楊名時諸人，說《孟子》咸以朱子爲宗。毛奇齡著《四書改錯》，則又力攻朱子。惟黃宗羲《孟子師說》，尚爲平實。若焦循之《孟子正義》，折衷趙注，廣博精深，爲治《孟子》之津梁。而戴震之《孟子字義疏證》，解析義理，崇漢黜宋，自成一家之言。又宋翔鳳著《孟子趙注補正》六卷、《孟子劉熙注》一卷，爲輯佚之作。閻若璩著《孟子生卒年月攷》一卷，任兆麟著《孟子時事略》一卷，周廣業著《孟子四考》四卷，皆爲考訂孟子事實之作。近世番禺陳澧著《東塾讀書記》，其讀《孟子》之卷，取《孟子》學說分項爬梳，至爲精當。又吳北江先生闓生③與吾師霸縣④高先生閬仙合著之《孟子文法讀本》，則爲研究《孟子》文章者所必讀之書。以上述《孟子》傳授之源流派別。

趙岐《孟子題辭》稱“孟子通五經，尤長於《詩》、《書》”，蘇轍謂“孟子深於《詩》，而長於《春秋》”。朱長文亦言：“《春秋》，自孔子既沒，師說各傳，而能言其要者莫如孟子。孟子曰：‘《春秋》天子之事。孔子作《春秋》，而亂臣賊子懼。’推是以見抗王法以繩暴亂也。又曰：‘五霸，三王之罪人；今之諸侯，五霸之罪人；今之大夫，今之諸侯之罪人。’推是以見隱、桓而下，譏諸侯之無王；成、襄而下，譏大夫之無諸侯也。又曰：‘《春秋》無義戰。’推是以見諸侯不得專兵也。又曰：‘子噲不得與人燕，子之不得受燕於子噲。’推是以見《春秋》非王命不得擅廢置也。蓋孟子深於《春秋》，惜哉其不著書也。”程子謂：“孟子云：‘可以仕則仕，可以止則止，可以久則久，可以速則速，

---

① 蔡，油印本、華東本誤“葵”。茲依稿本。
② “模”上，華東本多“蔡”字。茲依稿本及油印本。
③ 闓生，稿本無。據華東本增。
④ 縣，稿本無。據油印本、華東本增。

孔子聖之時者也。'故知《易》者,莫如孟子。"又云:"'王者之迹熄而《詩》亡,《詩》亡然後《春秋》作','《春秋》無義戰','《春秋》,天子之事',故知《春秋》者,莫如孟子。"王應麟謂:"孟子羽翼孔氏,七篇垂訓,法嚴義精,知性知天,《易》之奧也。以意逆志,《詩》之綱也。言稱堯、舜,《書》之要也。井田爵祿之制,可以知《禮》。王霸義利之辨,可以知《春秋》。故儒者稱之曰'通五經'。"郝敬謂:"孟子言四端,即《易》之四德也。仁義,即《易》立人之道也;性善,即《易》繼善成性也;知性、知天,即《易》窮理盡性至于命也。兵貴人和,得諸《師》;養大體,得諸《頤》;聖人于天道,得諸《乾》;收放心、養夜氣,得諸《復》;寡欲,得諸《无妄》;與王驩稷下諸人處,包荒不失其正,得諸《否》;學孔子聖之時,得諸先後天。他可類推。則是知《易》,誠未有如孟子者矣。其于《書》也,曰'盡信《書》不如無《書》,於《武成》取二三策',其辨精矣。其言道德,必稱堯、舜;言征伐,必稱湯、武。則知《書》誠未有如孟子者矣。《詩》三百古序,其來已舊,後儒以辭害志,如咸丘蒙、高叟之輩,孟子教之'不以文害辭,不以辭害志,以意逆志',此千古學《詩》心法。孔子與賜、商言《詩》,意正同。然則知《詩》,未有如孟子者矣。世儒說《春秋》,謂仲尼獎五霸,率諸侯事盟主,而獨孟子謂'五霸,三王之罪人'。'《春秋》與《檮杌》同'。然則知《春秋》,孰有如孟子者乎! 至于先王之禮,巡守、述職、班爵祿、井田、學校,皆治天下大經大法,其說明徵典要,可信可傳。其言曰:'非禮之禮,大人弗爲。'其論禮,惟恭敬辭讓,入孝出弟。'禮之實,節文斯二者;樂之實,樂斯二者。'則達禮樂之情,又孰有如孟子者乎! 是故有六經,不可以無《孟子》也。"觀諸所云,於孟子之經學,可謂盡之。而近人又以《孟子》一書,論什一而籍,論效死勿去,論以小事大,論《春秋》爲天子之事,其義均符於《公羊》。實則孟子與商君及穀梁子同時,在公羊前,乃公羊采孟子,非孟子取公羊也。然孟子弟子雖衆,而其學多不傳。趙岐謂"孟仲子,孟子之從昆弟,從學於孟子。"攷《毛詩·周頌·維天之命》傳,《魯頌·閟宮》傳,兩引孟仲子說。孔穎達《正義》曰:"《譜》云即鄭玄《詩譜》:'孟仲子者,子思弟子',蓋與孟軻共事子思,後學于孟軻,著書論《詩》,毛氏取以爲說。"據此,則孟仲子或可謂傳孟子之《詩》學者。第"共事子思"之說,則亦未確。孟仲子嘗受《詩》於李克,蓋兼得子夏之傳耳。又《韓詩外傳》引高子問孟子:"衛女何以得編於《詩》?"孟子曰："有衛女之志則可，無衛女之志則怠。"高子，齊人，亦孟子弟子。《孟子》書有兩高子。其一"小弁章"，公孫丑引高子之言以問孟子。其一"去齊章"，高子以尹士之語告孟子。"小弁之間"，《毛詩傳》亦引之。又《毛詩·絲衣》小序，亦引高子說。王應麟謂"'小弁章'高子，孟子以叟稱之，與'去齊章'高子當另一人。'去齊章'高子，趙岐注'孟子弟子'。"小弁章高子，與《詩序》高子，王氏謂"即受《詩》於子夏之高行子也"。《韓詩外傳》"高子問孟子"，則應爲孟子弟子。其餘引《孟子》之文尤多。則《韓詩》或亦有淵源於《孟子》者矣。以上論《孟子》與群經之關係。

　　《孟子》一書，錢氏基博謂其宏綱有三："第一，明其立言。孟子曰：'我知言'。然則讀孟子之書，何可不知孟子之言？孟子游文六藝之中，留意《詩》、《書》之際，敦教化，明人倫，此與《論語》同者也。然而有不同者，《論語》氣平，《孟子》氣激。《論語》辭約而意盡，《孟子》氣盛而言宜。《論語》之發語用'噫'，《孟子》之發語用'惡'。《論語》正言莊論，多法語之言；《孟子》比物託興，多異與之辭。《論語》短章多，長章少，惟'子路、曾皙、冉有、公西華四子侍坐言志'，'季氏將伐顓臾'兩章最長；《孟子》長章多，短章少，惟'人有不爲也，而後可以有爲'前後數章最短。此修辭之不同也。《論語》祇言性，而《孟子》直道性善。《論語》祇言仁，而《孟子》兼明仁義。《論語》祇言志，而《孟子》深論養氣。此樹義之不同也。孔子之稱弟子以名，孟子之稱弟子曰子。孔子弟子自稱名，孟子弟子如萬章、咸丘蒙有自稱吾者。孔子弟子稱孔子曰子，孟子弟子稱孟子曰夫子。孔子弟子問仁者七，問孝者三，問政者六，而孟子弟子所問者皆不及此。此酬對之不同也。至衡政持論，詳於法制；體國經野，具有規模，則與《論語》又有不同者。蓋《論語》之論政也，祖述堯、舜，憲章文、武，尚王而未言制。而《孟子》則明王道而言制之所宜，治地莫善於助，仁政必始經界，班爵制祿，敷言秩如，蓋《論語》二十篇之所未有也。第二，籀其性理。孟子道性善，其方法有二。一、以故言性。孟子曰：'天下之言性也，則故而已矣。'朱熹注：'性者，人物得以生之理也；故者，其已然之迹，若所謂天下之故者也。言事物之理，雖若無形而難知，然其發見之已然，則必有迹而易見。故天下之言性者，但言其故，而理自明。猶所謂善言天者，必有驗於人也。'此孟子以故言性之說也。孺子入井，敬兄敬鄉人，皆孟子之所謂故也。二、以情證性。孟子好以惻隱、羞惡、辭讓、是非四端言性，皆情也。情之爲言，性之感也。《荀子·正

名篇》曰：'生之所以然者謂之性，性之好惡喜怒哀樂謂之情。'《論衡·本性
初禀篇》曰：'情，接於物而然者也。'蓋生之謂性，而情則性之發。性不可
見，而情可見，故以情證性也。此孟子道性善之方法也。孟子道性善，祇限於
人，而物非所論。其《告子》'杞柳桮棬'一章，論人性之不同於植物；'生之
謂性'一章，論人性之不同於動物；'性猶湍水'一章，論人性之 ① 不同於無
生物。故嘗見意於'人之所以異於禽獸'一章，曰：'明於庶物，察於人倫。'
蓋人之性善，而物之性不必皆善；人之性可率，而物之性不必可率。此孟子之
所爲明、所謂察，不可不察也。其他曰'存心'，所以繼性之善也。《易·繫
辭傳》曰：'繼之者善也，存之者性也。'而孟子則曰：'君子之所以異於人者，
以其存心也。君子以仁存心，以禮存心。''苟得其養，無物不長；苟失其養，
無物不消。孔子曰：操則存，舍則亡，出入無時，莫知其鄉，惟心之謂歟？'曰
'養氣'，所以涵情之發也。雖然，孟子之所謂氣者，何也？曰情之衝動是也。
情之爲言，性之感也。德之哲家康德曰：'世界無制限純粹之善，惟具善意志
而已。何謂善意志？曰：爲理性之故，而從理性之意志是已。爲義務之故，而
行義務之意志是已。此乃不爲感情所驅使，而率由理性之命令之意志也，非
可由感情欲望而決定者也。儻以悲憫之情而爲施予之慈，是則情感之驅迫而
然，不得爲道德之行爲也。必絕情袪欲，而後可以言道德。'則是謂情感與理
性不相容。夫人之激發於 ② 情感，幷心一決，固有莫之爲而爲，沛然莫之能
禦者。故曰'其爲氣也，至大至 ③ 剛'。使不配義與道，人欲之橫流，厥禍有
酷於洪水。雖然，孟子不云乎：'以直養而無害，則塞乎天地之間。'則是理性
可以養感性也。又曰：'其爲氣也，配義與道。無是，餒也。'則是感性可以配
理性也。是理性與情感，非不相容也。孟子曰：'乃若其情，則可以爲善矣，乃
所謂善也。'情之善，徵於情之發。而康德則以情爲不善，非絕情袪欲，不足
以言道德。清儒戴震有言曰：'後儒不知情之至於纖悉無憾，是謂理。'其康
德之謂乎？戴震又曰：'君子之治天下也，使人人各得其情，各遂其欲，而天下
治。君子之自治也，情與欲使一於道義。'孟子集義之功，情與欲使一於道義
而已。要之，浩然之氣之爲至大至剛，此盡人之所同；而配義與道之以直養，

---

① 之，油印本、華東本脫。茲依稿本。
② 於，油印本、華東本脫。茲依稿本。
③ 至，油印本、華東本誤"且"。茲依稿本。

則孟子之所獨矣。第三，攷其辨諸子。孟子好辨，而辨諸子之見《孟子》書者，有爲神農之言者許行，有墨者夷之、宋牼，有爲縱橫之術者景春，有《史記·滑稽列傳》之淳于髡曰，有《史記·貨殖列傳》之白圭曰，乘間抵巇，辭氣鏗訇，此其指名者也。其不指名者，陳澧《東塾讀書記》曰：'孟子距楊墨。楊朱，老子弟子。距楊朱，即距道家矣。善戰者服上刑，連諸侯者次之，辟草萊任土地者次之，朱注以爲孫臏、吳起、蘇秦、張儀、李悝、商鞅之類，則兵家、縱橫家、農家皆距之矣。省刑罰，可以距法家。生之謂性也，猶白之謂白歟，可以距名家。天時不如地利，可以距陰陽家。夫道一而已矣，可以距雜家。齊東野 ① 人之語非君子之言，可以距小說家。'而距兵家爲甚。其可考見者，如《公孫丑上》'天時不如地利'章，《離婁上》'求也爲季氏宰'章，《告子上》'魯欲使慎子爲將軍'章，《盡心下》'不仁哉梁惠王'章，'春秋無義戰'章，'有曰我善爲陳'章，皆距兵家言也。一縱一橫，論者莫當，此亦《論語》之所罕見。蓋孔子以攻異端爲害，而孟子以闢異端自任，此孟子之所爲不同於孔子。而楊墨者，尤孟子之所力距。然孟子之言仁義，蓋即兼權楊墨之說。何者？義从我羊，誼取善我，非即楊氏爲我之指乎？仁从人二，訓爲人偶，非即墨子兼愛之義乎？蓋孟子之所爲距楊墨者，惡其執一也。所惡執一者，爲其賊道也，舉一而廢百也。然則自孟子之言推之，徒仁而不制義，則舍己而以狥人，人情之所難能也；徒義而不體仁，則背群而私利己，人道或幾乎息矣。徒義而不體仁者，楊氏之爲我也；徒仁而不制義者，墨子之兼愛也。爲蔽不同，執一則 ② 鈞。孟子執中，故交譏焉。特是孟子言仁義而距楊墨者，謂其充塞仁義也。然老莊絕仁去義，而孟子不置一辭者，何哉？於戲！孟子不云乎：'仁也者人也，合而言之道也。'朱子《集注》：外國本'人也'之下，有'義也者宜也，禮也者履也，智也者知也，信也者實也'凡二十字'。今按如此則理極分明。而王弼《老子注》曰：'仁義禮智，不能獨用，必資道以用之。'與孟子如 ③ 出一吻。蓋道德者仁義禮智之大全，而仁義者道之一端。老莊之學，抱一而體玄，故以道爲本。孔孟之教，明體而達用，故以仁義爲言，而要其歸曰志於道。此孔子之所以竊比老彭，而孟子之於老莊所爲存而不論

---

① 野，華東本誤"奇"。茲依稿本及油印本。

② 則，油印本作"而"，華東本"則"上多"而"字。茲依稿本。

③ 如，油印本、華東本作"同"。茲依稿本。

也歟？”按錢氏所舉三端，指要或有未盡，而宏綱亦庶無遺。惟闡存心之義，引《易·繫辭傳》“繼之者善也，成之者性也”，誤“成”爲“存”，失《易》本旨矣。以上釋《孟子》之大義。

《孟子》學說，先儒雖互有異同，而於其文章之美則罔有異辭。唐韓愈每以屈原、孟軻、司馬遷、相如、揚雄並稱，是不獨推尊其道，亦兼重其文也。柳宗元謂“參之以孟、荀，以暢其支”，是亦重《孟子》之文也。元虞集謂：“孟子在戰國時，以浩然之氣，發仁義之言，無心爲文，而開闔抑揚，曲盡其妙。”明王鏊謂：“昌黎之文，多從孟子出。”其言皆當。而尤以清人吳敏樹之說爲詳。吳氏《書孟子別鈔後》云：“余讀《孟子》之書，竊窺其所學，大要以性善踐形爲本，以集義養氣爲功，其推而出之爲先王不忍人之政，本末終始，條列秩然。其於當時縱橫形勢之說，堅白破碎之辨，皆未暇詰難，獨闢楊墨以正人心，黜言利好戰之徒而崇王道。其言皆關萬世之患，愈久遠而益信。然使以孟子之道，而他人爲之書，將不勝其迂苦拘閡，深眇奧極，而天下後世卒莫知其所指也。今而讀孟子之書，如家人常語然，豈不以其文之善乎？然則所謂文以明道者，必如孟子而可焉。不然，吾恐道之未足以明，而或且幽之也。其不然乎！其不然乎！自孟子外，荀卿之書最善。然文繁而理寡，去孟子固遠矣，微獨其道之多疵也。余喜學古文，古文之道由韓子，韓子推原孟子，故余於孟子之文尤盡心焉。然自宋以來，儒者益尊《孟子》，而近代用以課文造士，學者講而熟之且急於諸經，以是愈不知讀《孟子》。余懼乎是，故別鈔爲書，而時省誦焉。其章句合并數處，微有異。章首‘孟子曰’字，皆置去不在錄，意其舊當然。”又近人施蟄存云：“中古之世，孟子猶隸百家，故其文辭猶有縱橫氣象，設譬寓言蓋與[1]莊周同源。惟其學主中庸，故其文揚而不激，其辭辯而不刻，淵然湛然，仁人之心而辭人之筆也，故文章家亦尚焉。”又陳柱云：“孟子之文，下開昌黎. 而上則實承《論語》。”余觀湘鄉曾氏《雜鈔》論著之文，先秦以孟、莊爲宗。然孟文平正，而莊文詼詭，初學者固應先從《孟子》入手也。以上論《孟子》之文。

《論》、《孟》於史學亦有關係。故姚仲實[2]先生云：“何以言《論語》、

---

[1]　　與，油印本、華東本誤“有”。茲依稿本。

[2]　　仲實，稿本作“永樸”。茲依油印本、華東本。

《孟子》爲史原也？夫《論語》、《孟子》，亦史部傳記類也。其書之所記者，不獨嘉言，實並懿行而悉載之。觀二十篇與七篇中，於孔子、孟子生平學術教術，與所接之人，所游之地，所行之事，莫不詳書焉。且旁及當時王侯卿大夫與門弟子之逸事，往往足資考證。故《史記·孔子世家》及《仲尼弟子列傳》，采之《論語》者幾過半。而《十二諸侯年表序》，又謂孟子捃撫《春秋》之文以著書。夫史之有傳記類，本合言行而並紀之。自《晏子春秋》、《魏鄭公諫錄》以降，如《伊洛淵源錄》、《名臣言行錄》、《明儒學案》，及近人所爲《漢學師承記》、《宋學淵源記》、《宋元學案》、《學案小識》之屬，莫不皆然。而《論語》、《孟子》實爲之嚆矢。吾故曰，二書之於史，亦傳記類也。"以上總論《論語》、《孟子》與史學之關係。

六庵叢纂

爾雅篇第十

　　《漢書·藝文志》"孝經家"載"《爾雅》三卷,二十篇",顏師古注引張晏曰:"爾,近也。雅,正也。"陸德明《經典釋文》亦云:"爾,近也。雅,正也。言可近而取正也。"案今《爾雅》,僅存《釋詁》、《釋言》、《釋訓》、《釋親》、《釋宮》、《釋器》、《釋樂》、《釋天》、《釋地》、《釋丘》、《釋山》、《釋水》、《釋草》、《釋木》、《釋蟲》、《釋魚》、《釋鳥》、《釋獸》、《釋畜》十九篇,較《漢志》少一篇。宋翔鳳《爾雅郭注義疏序》謂"《釋詁》文多,舊分二篇",又謂"《爾雅》尚有《序篇》,今亡之矣"。疑莫能明也。以上釋《爾雅》之名義及篇數。

　　《四庫提要》云:"案《大戴禮·孔子三朝記》稱'孔子教魯哀公學《爾雅》',則《爾雅》之來遠矣。然不云《爾雅》爲誰作。據張揖《進廣雅表》稱:'周公著《爾雅》一篇 ①。案《經典釋文》,以揖所稱一篇爲《釋詁》。今俗所傳三篇,案《汉志》,《爾雅》三卷,此三篇謂三卷也。或言仲尼所增,或言子夏所益,或言叔孫通所補,或言沛郡梁文所考,皆解家所說,疑莫能明也。'於作書之人,亦無確指。其餘諸家所說,小異大同。今參互而考之,郭璞《爾雅注序》稱'豹鼠既辨,其業亦顯',邢昺疏以爲漢武帝時終軍事。《七錄》載犍爲文學《爾雅注》三卷,案《七錄》久佚,此據《隋志》所稱梁有某書亡,知爲《七錄》所載。陸德明《經典釋文》以爲漢武帝時人,則其書在武帝以前。曹粹中《放齋詩說》曰:案此書今未見傳本,此據《永樂大典》所引。'《爾雅》,毛公以前其文猶略,至鄭康成時則加詳。如"學有緝熙于光明",毛公云"光,廣也",康成則以爲"學於有光明者",而《爾雅》曰"緝熙,光明也"。又"齊子豈弟",康成以爲"猶言發夕

---

①　"稱"至"一篇"八字,稿本無。據油印本、華東本增。

也"，而《爾雅》曰"豈弟，發也"。"薄言觀"者，毛公無訓。"振古如茲"，毛公云"振，自也"，康成則以觀爲多，以振爲古，其說皆本於《爾雅》。使《爾雅》成書在毛公之前，顧得爲異哉？'則其書在毛亨以後。大抵小學家綴緝舊文，遞相增益，周公、孔子皆依託之詞。觀《釋地》有'鶒鶒'，《釋鳥》又有'鶒鶒'，同文複出，知非纂自一手也。"以上論《爾雅》之作者。

《四庫提要》又云："其書歐陽修《詩本義》以爲學《詩》者纂集博士解詁，高承《事物紀原》亦以爲大抵解詁詩人之旨。然釋《詩》者不及十之一，非專爲《詩》作。揚雄《方言》以爲孔子門徒解釋六藝，王充《論衡》亦以爲五經之訓故。然釋五經者不及十之三四，更非專爲五經作。今觀其文，大抵採諸書訓詁名物之同異，以廣見聞，實自爲一書，不附經義。如《釋天》云'暴雨謂之涷'，《釋艸》云'卷施艸，拔心不死'，此取《楚詞》之文也。《釋天》云'扶搖謂之猋'，《釋蟲》云'蒺藜，蝍蛆'，此取《莊子》之文也。《釋詁》云'嫁，往也'，《釋水》云'漢，大出尾下'，此取《列子》之文也。《釋地》'四極'云'西王母'，《釋畜》云'小領盜驪'，此取《穆天子傳》之文也。《釋地》云：'東方有比目魚焉，不比不行，其名謂之鰈。南方有比翼鳥焉，不比不飛，其名謂之鶼。'此取《管子》之文也。又云：'邛邛岠^①虛負而走，其名謂之蟨。'此取《呂氏春秋》之文也。又云'北方有比肩民焉，迭食而迭望'，《釋水^②》云'河出崑崙虛'，此取《山海經》之文也。《釋詁》云'天、帝、皇、王、后、辟、公、侯'，又云'弘^③、廓、宏、溥、介、純、夏、幠'，《釋天》云'春爲青陽'至'謂之醴泉'，此取《尸子》之文也。《釋鳥》曰：'爰居，雜縣'，此取《國語》之文也。如是之類，不可殫數。蓋亦《方言》、《急就》之流，特說經之家多資以證古義，故從其所重，列之經部耳。"以上論《爾雅》與群書之關係。

《大戴禮·孔子三朝記》稱"孔子教魯哀公學《爾雅》"，又《小辨》"《爾雅》以觀於古，足以辨言"。班固謂"古文讀應^④《爾雅》，故解古今語

①　岠，稿本偶誤"距"。華東本沿之。據《爾雅注疏》及《四庫提要》改。又，"又云邛邛岠"至"呂氏春秋之文也"一節，油印本脫，茲依華東本及《四庫提要》。

②　水，稿本作"地"。據油印本、華東本改。案《四庫提要》原誤"地"，稿本初引沿之，蓋作者後來修訂時即爲更正，故油印本不誤也。

③　弘，稿本作"洪"。此蓋《四庫提要》避乾隆諱改。茲依油印本、華東本。

④　讀應，稿本誤"應讀"。油印本、華東本沿之。據《漢書》改。

而①可知"。漢、魏之世,治《爾雅》者凡十餘家。可考見者,犍爲文學注三卷,劉歆注三卷,樊光注六卷,李巡注三卷,孫炎注三卷,五家而已。弘農太守著作郎河東郭璞景純,洽聞強識,纖悉古今,以諸家紛謬,多未詳備,乃綴集異聞,薈萃舊說,考方②國之語,采謠俗之志,錯綜樊、孫,博關群言,事有隱滯,援據徵之,作注三卷,爲世所重,而諸家悉廢。南北朝間,爲郭注作義疏者,有孫炎_{祺案此別一孫炎非東州大儒之叔然也}③、高璉二家,皆淺近俗儒,不經師匠。至宋,翰林侍講學士濟陰邢昺叔明,於真宗朝奉敕作疏。《四庫全書提要》謂"璞時去漢未遠,如'遂幠大東'稱《詩》,'釗我周王'稱《逸書》,所見尚多古本,故所注多可據。後人雖迭爲補正,然宏綱大旨,終不出其範圍。昺疏亦多能引證,如《尸子·廣澤篇》、《仁意篇》,皆非今人所及睹。其犍爲文學、樊光、李巡之注見於陸氏《釋文》者,雖多所遺漏,然疏家之體惟明本注,注所未及不復旁搜,此亦唐以來之通弊,不能獨責於昺。"梁有沈旋集衆家之注,陳博士施乾、國子祭酒謝嶠、舍人顧野王並撰音,既是名家,其書皆亡,僅見述於《釋文·敘錄》。宋山陰陸佃,亦注《爾雅》,其書不傳。莆田鄭樵,撰《爾雅注》三卷,無穿鑿附會之失,於說《爾雅》家爲善本。清代樸學鬱興,古訓是式。武進臧鏞堂有《爾雅漢注》三卷,甘泉黃奭有《爾雅古義》十二卷,甘泉江藩有《爾雅小箋》三卷,烏程嚴可均有《爾雅一切注音》十卷,餘姚邵晉涵有《爾雅正義》二十卷,休寧戴震有《爾雅文字攷》十卷,嘉定錢坫有《爾雅古義》二卷、《爾雅釋地四篇注》一卷,棲霞郝懿行有《爾雅義疏》十九卷,歸安嚴元照有《爾雅匡名》十九卷,仁和翟灝有《爾雅補郭》二卷,臨桂龍啟瑞有《爾雅經注集證》三卷,鹽城陳玉樹有《爾雅釋例》五卷,寶應劉玉麐有《爾雅補注殘本》一卷,乾隆間有刻爲《爾雅直音》三卷撰人不詳,程瑤田有《釋宮小記》一卷、《釋草小記》一卷、《釋蟲小記》一卷。或旁索遐搜,或闡明滯義。而循文順理,張幽鉤玄,郝疏爲優;發爲義例,觀其會通,陳釋彌勝。近賢④治《爾雅》者,北方有王晉卿⑤樹枏先生著

---

① 而,油印本、華東本脫。茲依稿本。
② 方,華東本誤"萬"。茲依稿本及油印本。
③ "祺案"至"然也"十六字,稿本無。據華東本、油印本增。
④ 賢,稿本作"儒"。茲依油印本、華東本。
⑤ 晉卿,稿本無。據油印本、華東本增。

《爾雅郭注佚存補訂》二十卷、《爾雅訂經》二十卷、《爾雅說詩》二十卷，南方有黃季剛先生著《爾雅正名補正》，咸傳於世。以上述[①]《爾雅》傳授之源流派別。

羽翼《爾雅》者，西漢揚雄有《方言》十三卷，一曰《輶軒使者絕代語釋別國方言》。東漢許慎有《說文解字》十五卷，劉熙有《釋名》八卷，又有《小爾雅》一書，舊題漢孔鮒撰，晉李軌解，然非《漢書·藝文志》之原書也。魏張揖有《廣雅》七卷，隋秘書學士曹憲爲之音釋，避煬帝諱改名《博雅》，故至今二名並稱。梁顧野王有《玉篇》三十卷。唐陸德明有《經典釋文》三十卷，顏師古有《匡謬正俗》八卷，孫愐有《廣韻》五卷，即隋陸法言《切韻》之元本也。又釋慧琳有《一切經音義》二十五卷，釋慧苑有《華嚴音義》四卷。南唐徐鍇有《說文繫傳》四十卷、《說文解字篆韻譜》五卷。宋賈昌朝有《群經音辨》七卷，司馬光有《類篇》四十五卷，丁度有《集韻》十卷，陸佃有《埤雅》二十卷，羅願有《爾雅翼》二十卷，李從周[②]有《字通》一卷，張有有《復古篇》二卷，郭忠恕有《佩觿》三卷。元戴侗有《六書故》三十三卷，熊忠有《古今韻會舉要》三十卷，李文仲有《字鑑》五卷。明朱謀㙔有《駢雅》七卷。清方以智有《通雅》若干卷，洪亮吉有《比雅》十九卷，戴震有《方言疏證》十三卷，錢繹有《方言箋疏》十三卷，杭世駿有《續方言》二卷，江聲有《釋名疏證》八卷《補遺》一卷、《續釋名》一卷，王煦有《小爾雅疏》八卷，宋翔鳳有《小爾雅訓纂》六卷，胡承珙有《小爾雅義證》十三卷，王念孫有《廣雅疏證》十卷，魏茂林有《駢雅訓纂》十六卷，程際盛有《爾雅分箋》二卷。近儒王樹枏先生有《廣雅補疏》四卷，章炳麟先生有《新方言》十一卷，吾友上杭包樹棠伯荇有《訓詁學》一卷。凡此皆足以輔相《爾雅》，而爲之疏通證明者也。《說文》之學，清儒闡研尤精。桂馥著《說文義證》五十卷，段玉裁著《說文解字注》三十六卷、《六書音韻表》二卷，朱駿聲著《說文通訓定聲》十八卷、《柬韻》一卷、《說雅》十九篇、《古今韻準》一卷，王筠著《說文釋例》二十卷、《說文句讀》三十卷、《文字蒙求》一卷：號稱四大家。其餘作者尚多。無錫丁福保總彙衆家之作，著

爲《說文解字詁林》一百卷《補遺》十四卷,蔚爲大觀。音韻之學,自宋吳棫著《韻補》五卷,始注意古音。明陳第著《毛詩古音攷》、《屈宋古音義》,而古音漸明。及顧炎武著《音學五書》,分古韻爲十部,古韻之理大顯。繼之者,江永著《古韻標準》,分古韻爲十三部。段玉裁著《六書音韻表》,分爲十七部。孔廣森著《詩聲類》,發明陰陽對轉之說,分古韻爲陰聲九部,陽聲九部,共十八部。嚴可均著《說文聲類》,祖孔氏對轉之說,併十八部爲十六部。王念孫分爲二十一部,見於其子引之《經義述聞》中。江有誥著《音學十書》,亦分二十一部,與王氏略異。章炳麟太炎 ① 先生著《成均圖》,載《國故論衡》中,分爲二十三部。及其弟子黃季剛先生 ② 侃著《音論》,分爲陰聲八部,陽聲十部,入聲十部,共二十八部,遂集其大成。又清代經籍總義之書,如余蕭客《古經解鉤沈》三十卷,惠棟《九經古義》十六卷,阮元《經籍籑詁》二百一十六卷,王引之《經傳釋詞》十卷,若此之屬,亦皆與研究《爾雅》有重大裨益,學者所當博攷者也。以上述羽翼《爾雅》之書。

　　今存《爾雅》十九篇者,一《釋詁》,二《釋言》,三《釋訓》,四《釋親》,五《釋宮》,六《釋器》,七《釋樂》,八《釋天》,九《釋地》,十《釋丘》,十一《釋山》,十二《釋水》,十三《釋草》,十四《釋木》,十五《釋蟲》,十六《釋魚》,十七《釋鳥》,十八《釋獸》,十九《釋畜》。前三篇所以會通古今五方之言,後十六篇所以詮釋名物。其類不外三者,若《釋詁》:"初、哉、首、基、肇、祖、元、胎、俶、落、權輿,始也。"是以今語釋古語矣。《釋詁》中多用此例。《釋言》:"斯、誃,離也。" 郭注:"齊、陳曰斯、誃。" 是以雅言釋方言矣。《釋言》中多用此例。《釋訓》:"番番、矯矯,勇也。桓桓、烈烈,威也。洸洸、赳赳,武也。"是以質言釋文言矣。《釋訓 ③》中多用此例。俞樾曰:《爾雅》首三篇之名,《釋詁》一篇所說皆字之本義,故謂之詁。詁者,古也,言古義本如此也。《釋言》一篇所說,則字之本義不如此,而古人之言有如此者。即以篇首'殷、齊,中也',殷本不訓中,而《書》云'以殷仲春',此殷字則訓爲中。齊本不訓中,而《釋地》云'距齊州以南',此齊字則訓爲中。包樹棠云:按《列子·湯問》篇云不知距齊州幾千萬里,《御覽》三十六引舍人云自中州以南。故曰'殷、齊,中也'。此《釋言》

---

① 　太炎,稿本無。據油印本、華東本增。

② 　季剛先生,稿本無。據油印本、華東本增。

③ 　訓,稿本誤"詁"。據油印本、華東本改。

所以異於《釋詁》也。至《釋訓》一篇所說，則直是後世箋注之祖，所以解釋經文。如斤字並不訓察，而《周頌》云'斤斤其明'，合二字爲文，則有察義矣，故云'斤斤，察也'。包樹棠云：按《漢書·律歷志》班固說五權，皆曰斤明也。秩字並不訓智，而《小雅》云'左右秩秩'，合二字爲文，則有智義矣，故曰'秩秩，智也'。包樹棠云：按《巧言》傳曰：秩秩，進知也。本篇所釋多重言，皆本經文，並有舉全句而釋之者。此《釋訓》所以異於《釋言》也。"其論精闢。鄭樵亦嘗申論曰："古人語言，于今有變。生今之世，何由識古人語？此《釋詁》所由作。五方言語不同，生于夷，何由識華語？此《釋言》所由作。物有可以理言者，以理言之；有不可以理言者，但喻其形容而已。形容不可明，故借言之訓以爲證。此《釋訓》所由作。宗族婚姻，稱謂不同；宮室器樂，命名亦異：此《釋親》、《釋宮》、《釋器》、《釋樂》所由作。人之所用者，人之事耳。何由知天之物？此《釋天》所由作。生于此土，識此土而已。九洲之遠，山川邱陵之異，何由歷？此《釋地》、《釋丘》、《釋山》、《釋水》所由作。動物植物，五方所產，各有名。古今所名，亦異謂。此《釋草》、《釋木》、《釋蟲》、《釋魚》、《釋鳥》、《釋獸》、《釋畜》所由作。"紬繹篇次，可謂會得其恉矣。海寧王國維《觀堂集林》，論《爾雅》詮釋名物之例尤詳。其言曰："物名有雅俗，有古今。《爾雅》一書，爲通雅俗古今之名而作也。其通之也，謂之釋。釋雅以俗，釋古以今。聞雅名而不知者，知其俗名，斯知雅矣。聞古名而不知者，知其今名，斯知古矣。若雅俗古今同名，或此有而彼無者，名不足以相釋，則以其形釋之。草木蟲魚鳥多異名，故釋以名。獸與畜罕異名，故釋以形。凡雅俗古今之名，或同實而異名，或異實而同名。案此文似脫"俗與俗同名而異實，則別以雅，如某某之類"一則①。雅與雅同名而異實，則別以俗，如'葝，山䪥'，'葝，鼠尾'之類。俗與俗異名而同實，則同以雅，如'薜，山蘄'，'薜，白蘄'之類。雅與雅異名而同實，則同以俗，如'櫬，木菫②'，'椵，木菫'之類。或雅與俗同名異實，則各以雅與俗之異者異之；雅與俗異名而同實，則各以其同者同之。如'荼，苦菜'，'藚③，芐荼'，'鶬黃，楚雀'，'倉庚，

———————

① "案此文"至"一則"二十四字小注，油印本、華東本無。茲依稿本當頁天頭所附增入。

② 木菫，華東本作"槿"。茲依稿本及油印本。下句"木菫"倣此。

③ 藚，稿本不誤。華東本因油印本字跡疏舛而誤校。下文"鶬"、"鴢"二字倣此。

鼇黃也’之類。凡雅俗多同名,而稍變其① 音,如‘萑,蒮’,‘粢,稷’之類。凡俗名多取雅之共名而以其別者別之。有別以地者,則曰‘山’,曰‘海’,曰‘河’,曰‘澤’,曰‘野’。有別以形者,形之最著者曰大小。大者謂之‘萑’,謂② 之‘戎’,亦謂之‘王’。小者謂之‘叔’,謂之‘女’,謂之‘婦’,‘婦’謂之‘負’。大者又謂之‘牛’,謂之‘馬’,謂之‘虎’,謂之‘鹿’。小者謂之‘羊’,謂之‘狗’,謂之‘兔’,謂之‘鼠’,謂之‘雀’。有別以色者,則曰‘皤’,曰‘白’,曰‘赤’,曰‘黑’,曰‘黃’。以其他譬其色,則曰‘葝’,曰‘烏③ ’。有別以味者,則曰‘苦’,曰‘甘’,曰‘酸’。有別以實者,則草木之有實者曰‘母’,無實者曰‘牡’,實而不成者曰‘童’。此諸俗名之共名,皆雅名也。是故雅名多別,俗名多共;雅名多奇,俗名多偶。其他偶名,皆以物德名之。有取諸其物之形者,如‘垂,比葉’,‘熋,九葉’之類。有取諸其物之色者,如‘夏鳸,竊玄’之類。有取諸其物之聲者,如‘蛁,蜻蜻’之類。有取諸性習者,如‘皇,守田’,‘蠰,齧桑’之類。有取諸功用者,如‘蕭,王彗④ ’,‘菡,蘆’之類。有取諸相似之他物者。或取諸生物,如‘苬蕵,豕首’之類。或取諸成器,如‘蘱,綬’,‘莖,履’之類。其餘或以形狀之詞,其詞或爲雙聲,如‘薢茩,莢茪’,‘蘱,蕭薑’之類。或爲叠韻,如‘苨,菧苨’,‘蒯,芛熒’之類。此物名之大略也。”又曰:“凡雅俗古今之名,同類之異名,與夫異類之同名,其音與義恆⑤ 相關。同類之異名,其關係尤顯於奇名。如《釋蟲》‘食苗心,螟;食根,蟊’,《釋鳥》‘鳥鼠同穴,其鳥爲鵌,其鼠爲鼵’。螟與蟊,鵌與鼵⑥ ,皆一聲之轉。此不特生物之名然也。蓋其流期於有別,而其源不妨相通,爲文字變化之通例矣。異類之同名,其關係尤顯於偶名。如《釋草》‘果蠃之實,栝樓’,《釋蟲》‘果蠃,蒲盧’。按

---

① 其,華東本作“讀”。茲依稿本及油印本。
② “謂”上,油印本、華東本衍一“亦”字。茲依稿本。
③ 烏,油印本、華東本誤“鳥”。茲依稿本。
④ 彗,稿本誤“慧”。油印本、華東本沿之。據阮刻《爾雅注疏》改。
⑤ 恆,稿本作“往往”。茲依油印本、華東本。案《觀堂集林》作“恆”。
⑥ “釋蟲”至“與鼵”一節,油印本、華東本於“釋蟲”上多《釋草》‘苹,萍,其大者蘋’,‘苔,陵苕;黃華,蔈;白華,茇’,‘蒹,薕;葭,蘆;葭,薍’,‘蔈,荂,荼;蔉,虋,芀’”二十九字,於“食根,蟊”下多“《釋魚》‘鯬,大鮦,小者鮵’”八字,於“其鼠爲鼵”下多“苹與蘋,蔈與荂,薕與蘆、薍”十字,於“螟與蟊”下多“鮦與鮵”。皆據王國維《觀堂集林》中《爾雅草木蟲魚鳥獸名釋例下》補足。按原稿此處係節引。茲依稿本。

果蓏、果蠃者,圓而下垂之意,即《易・雜卦傳》之‘果㴱’。凡在樹之果,與在地之㴱,其實無不圓而垂者。故物之圓而下垂者①,皆以果㴱名之。‘栝樓’亦‘果蠃’之轉語。其餘如草有‘莪、蘿’,蟲有‘蚢蘿’;草有‘蘢,天蕎’,鳥有‘鷚,天鸙’;草有‘薢,荂藸’,木有‘薢,荂藸’;草有‘菭,麇舌’,鳥有‘鴰,麇鴰’;蟲有‘密肌,繼英’,鳥有‘密肌,繫英’:今雖不能言其同名之故,要其相關,必自有說。雖其流期於相別,而其源不妨相同。古人正名百物之意,於此亦略可覩矣。”按王氏所舉諸例,條理貫通,茲舉以爲引端。學者當即以求其本,旁皇周浹,窮流極遠,古字古言,斯無晦滯矣。以上釋《爾雅》之體例②。

　　論《爾雅》之功用者,以孔子“《爾雅》以觀於古,足以辯言”之說爲最早,其次則班固所論,而皆未詳。張揖《廣雅序》云:“夫《爾雅》爲書也,文約而義固;其陳道也,精研而無誤。真七經之檢度,學問之階路,儒林之楷素也。”則稍詳矣。然猶莫詳於郭璞。璞《序》云:“夫《爾雅》者,所以通詁訓之指歸,敘詩人之興詠,總絕代之離詞,辯同實而殊號者也。誠九流之津涉,六藝之鈐③鍵,學覽者之潭奧,摛翰者之華苑也。若乃可以博物不惑,多識於鳥獸草木之名者,莫近於《爾雅》。”後之贊論《爾雅》者,大旨皆同乎郭氏。如唐陸氏《釋文序錄》云:“《爾雅》者,所以訓釋五經,辯章同異。實九經之通路,百氏之指南,多識鳥獸草木之名,博覽而不惑者也。”宋邢氏《注疏序》云:“夫《爾雅》者,先儒教授之術,後進索隱之方,誠傳註之濫觴,爲經籍之樞要者也。”立說全本郭氏。即清儒宋翔鳳《爾雅郭注義疏序》稱“《爾雅》爲訓詁之淵海,五經之梯航”,言稍簡括,宗旨與郭氏亦非有異也。以上論《爾雅》之功用。

---

① “故物”至“垂者”八字,稿本無。據油印本、華東本增。
② 體例,稿本作“類例”,油印本作“類別”。據華東本修訂。謹案,此節所論《爾雅》體例,曾獲包樹棠先生認可,包著《訓詁學・甄類中》即全面參取之,足顯黃、包二老當年之學術風誼。
③ 鈐,油印本、華東本誤作“鈴”。茲依稿本。

霞浦黃壽祺纂輯

總論篇第十一

　　《群經要略》，已條疏如上。今總而論之，約有六端。一曰，經之時代。案《繫辭》云："《易》之興也，其於中古乎？作《易》者，其有憂患乎？"又曰："《易》之興也，其當殷之末世，周之盛德邪？當文王與紂之事邪？"又《乾鑿度》云："垂皇策者犧，卦道演德者文，成命者孔。"《通卦驗》云："蒼牙通靈昌之成，孔演命，明道經。"準此諸文，則是①伏羲制卦，文王繫辭，孔子作《十翼》。繫辭或增周公，仍統於文王，稱"三聖"、"三古"。自漢至唐，迄無異議。宋歐陽修雖疑《十翼》非孔子作，然亦未曾確定爲何時何人。近賢新說頗多，考辨紛紜，難爲定論。故承學之士，仍多認爲《易經》成於殷周之際，《易傳》作於春秋戰國之間②。此明《周易》之時代也。伏生所傳《尚書》二十八篇，計《虞書》二篇，《夏書》二篇，《商書》五篇，《周書》十九篇。虞、夏最少，商次之，周爲大宗。此明《尚書》之時代也。《詩》自《商頌》外，其餘皆可確定爲成周之作。二《禮》周公所制，二《記》雖漢儒所記，亦皆周、秦間儒家之遺文遺說傳流於後者。《春秋》孔子所作，三傳作者亦皆衰周時人。此明《詩》、《禮》、《春秋》之時代也。《孝經》、《論語》出於仲尼之徒，《孟子》則子輿與門人所記，固皆先秦時代之作。《爾雅》雖亦③出於漢儒所輯，然萃周秦群經諸子傳記之書而爲之，固亦先秦書籍之附庸矣。二曰，群經皆史。如隋王通《文中子》云："聖人述史三焉，《書》、《詩》、《春秋》同出於史。"又朱子《通鑑紀事本末跋》云："《春秋》編年通

---

　　① 則是，稿本無。據油印本、華東本增。
　　② "繫辭或增"至"戰國之間"八十八字，稿本作："故漢儒通稱《易》"人更三聖，世歷三古"，謂伏羲爲上古，文王爲中古，孔子爲下古。"據油印本、華東本修訂。
　　③ 亦，稿本無。據油印本、華東本增。

紀，以見事之先後。《書》別記，以具事之首尾。意者當時史官，既以編年紀事，至於事之大者則又采合而別記之。"又龔自珍《古史鉤沈論二》云："周之世官，大者史。史之外無有語言焉，史之外無有文字焉，史之外無人倫品目焉。是故儒者言六經。經之名，周之東①有之。夫六經者，周史之宗子也。《易》也者，卜筮之史也。《書》也者，記言之史也。《春秋》也者，記動之史也。《風》也者，史所采於民而編之竹帛，付之司樂者也。《雅》、《頌》也者，史所采於士大夫也。《禮》也者，一代之律令，史職藏之②故府而時以詔王者也。小學也者，外史達之四方，瞽史諭③之，賓客之所爲也。今夫宗伯雖掌禮，禮不可以口舌存，儒者得之史，非得之宗伯。雖司樂掌之樂，不可以口耳存，儒者得之史，非得之司樂。故曰五經者，周史之大宗也。"又章學誠《文史通義·易教上》云："六經皆史也。古人不著書，古人未嘗離事而言理，六經皆先王之政典也。或曰：'《詩》、《書》、《禮》、《樂》、《春秋》，則既聞命矣。《易》以道陰陽，願聞所以爲政典，而與史同科之義焉。'曰：聞諸夫子之言矣。夫《易》開物成務，冒天下之道，知來藏往，吉凶與民同患。其道蓋包政教典章之所不及矣。象天法地，是興神物，以前民用。其教④蓋出政教典章之先矣。夫⑤懸象設教，與治憲授時，天道也。禮樂詩書，與刑政教令，人事也。天與人參，王者治世之大權也。韓宣子之聘魯也，觀書於太史氏，得見《易象》、《春秋》，以爲周禮在魯。夫《春秋》乃周公之舊典，謂周禮之在魯，可也。《易象》亦稱周禮，其爲政教典章，切於民用而非一己空言，自垂昭代而非相沿舊制，則又明矣。"又《原道中》云："《易》曰：'形而上者謂之道，形而下者謂之器。'道不離器，猶影不離形。後世服夫子之教者自六經，以謂六經載道之書也，而不知六經皆器也。《易》之爲書，所以開物成務，掌於春官太卜，則固有官守而列於掌故矣。《書》在外史，《詩》領太⑥師，《禮》自宗伯，《樂》有司成，《春秋》各有國史。三代以前，《詩》、《書》六藝

---

① 東，油印本、華東本誤"樂"。茲依稿本。
② 之，油印本、華東本誤"于"。茲依稿本。
③ 諭，稿本作"論"。油印本、華東本承之。茲據《定盦續集》改。
④ 教，稿本誤"政"。油印本、華東本沿之。據《文史通義》改。
⑤ "夫"上，華東本多"易教上又云"五字。茲依稿本及油印本。
⑥ 太，《文史通義》作"大"。茲依稿本。案大、太古通。

未嘗不以敎人，不如①後世②尊奉六經，別爲儒學一門，而專稱爲載道之書者。蓋以學者所習，不出官司典守、國家政敎；而其爲用，亦不出於人倫日用之常，是以但見其爲不得不然之事耳，未嘗別見所載之道也。"又姚仲實先生③永樸《史學研究法》，其《史原篇》除溯源《尚書》、《三禮》、《春秋》而外，兼及《論語》、《孟子》。凡此皆足以明經史不分之說也。三曰，群經與政敎。《禮記·經解》云："孔子曰：'入其國，其敎可知也。其爲人也溫柔敦厚，《詩》敎也；疏通知遠，《書》敎也；廣博易良，《樂》敎也；絜靜精微，《易》敎也；恭儉莊敬，《禮》敎也；屬辭比事，《春秋》敎也。'"《莊子·天下篇》云："《詩》以道志，《書》以道事，《禮》以道行，《樂》以道和，《易》以道陰陽，《春秋》以道名分。"《漢書·藝文志》云："六藝之文④，《樂》以和神，仁之表也；《詩》以正言，義之用也；《禮》以明體，明者著見，故無訓也；《書》以廣聽，知之術也；《春秋》以斷事，信之符也。五者蓋五常之道，相須而備。"《淮南子·泰簇訓》云："六藝異科而同道。溫惠柔良者，《詩》之風也；淳龐敦厚者，《書》之敎也；清明條達者，《易》之義也；恭儉尊讓者，《禮》之爲也；寬裕簡易者，《樂》之化也；刺譏辨義者，《春秋》之靡也。"凡此皆言經術與敎化相關之義也。四曰，群經與諸子。如《文史通義·詩敎上》云："老子說本陰陽，莊、列寓言假象，《易》敎也。鄒衍侈言天地，關尹推衍五行，《書》敎也。管、商法制，義存正典，《禮》敎也。申、韓刑名，旨歸賞⑤罰，《春秋》敎也。其他楊、墨、尹、文之言，蘇、張、孫、吳之術，辨其源委，挹其旨趣，九流之所分部，《七錄》之所敘論，皆於物曲人官得其一致，而不自知爲六典之遺也。"又劉光漢《孔學眞論》云："後世之儒，但知孔子爲儒家_{縮小孔子學術之範圍者莫此爲甚}，而不知孔子所明者，實不僅儒家之學。觀《漢書·藝文志》，於名家，引孔子'必也正名'；於縱橫家，引孔子'誦詩三百，使於四方，不能專對'；於農家，引孔子'所重民食'；於小說家，引孔子'雖小道必有可觀'；於兵家，引孔子爲國者'足食足兵'：所以證諸子學術，不悖孔門。然即此而觀，可以知孔門不廢九流學矣。且孔子問《禮》於老聃，則孔子兼明道

---

① 如，稿本誤"知"。油印本、華東本沿之。據《文史通義》改。
② 世，稿本作"人"。油印本承之。茲從華東本據《文史通義》校改。
③ 仲實先生，稿本無。據油印本、華東本增。
④ 文，油印本、華東本誤"交"。茲依稿本。
⑤ 賞，油印本、華東本誤"掌"。茲依稿本。

家之學。觀《史記》："老子告孔子曰：'子之言，其人與骨，皆已朽矣，獨其言猶在耳。'"則儒家信古之失，老子已言之。作《易》以言陰陽，如'立天之道曰陰與陽'，'一陰一陽之謂道'之類，是則孔子兼明陰陽家之學。言殊塗同歸 見《周易·繫辭下》，言審法度，則孔子兼明雜家、法家之說。韓昌黎言，孔、墨相爲用，以兼愛即孔子之泛愛衆，以尚儉即孔子稱禹無間然之義 ①，說雖未確，然謂'孔必用墨，墨必用孔'，固屬不刊之確論。則孔子兼明墨家之學。唯其兼明諸子之學，故孔學之末流亦多與九流相合。田子方受業於子夏，而子方之後流爲莊周 見韓昌黎文，而孔學雜於道家。禽滑釐爲子夏弟子 見《史記·儒林傳》，治墨家言，而孔學雜於墨家。觀孟子所言，徐辟、夷之諸人，亦儒墨雜治者。告子嘗學於孟子 見《孟子》趙注及朱竹垞《孟子弟子攷》，兼治名家之言，而孔學雜於名家。荀卿之徒，流爲韓非、李斯，法家有兩派，一本道家，一本儒家。非、斯之說，乃本儒家定名分、別尊卑之說者也。而孔學雜於法家。陳良悅孔子之道，其徒陳相爲神農之言，而孔學雜於農家。曾子之徒，流爲吳起，起爲曾子弟子，見《史記·吳起傳》。則孔學雜於兵家。由是言之，孔門學術，大而能博。此南郭惠子所以有'夫子之門何其雜也'之說也。豈區區儒家一端，所克該哉？惟孔學傳於後世者，僅儒家之一派，此秦以後之儒學，非孔學之真。是可歎耳。"凡此皆明經術爲諸子之所濫觴，而孔學足以兼該諸子也。五曰，群經爲文體所承。如《顏氏家訓·文章篇》云："夫文章者，原出五經。詔命策檄，生於《書》者也；序述論議，生於《易》者也；歌詠賦頌，生於《詩》者也；祭祀哀誄，生於《禮》者也；書奏箋銘，生於《春秋》者 ② 也。"《文心雕龍·宗經篇》云："故論說辭序，則《易》統其首；詔策章奏，則《書》發其源；賦頌歌讚，則《詩》立其本；銘誄箴祝，則《禮》總其端；紀 ③ 傳盟檄，則《春秋》爲其根：並窮高以樹表，極遠以啟疆。所以百家騰躍，終入環內者也。若稟經以製式，酌雅以富言，是即山而鑄銅，煮海而爲鹽也。"《史傳篇》云："是立義選言，宜依經以樹則；勸戒與奪，必附聖以居宗。"《體性 ④ 篇》云："典雅者，鎔式經誥，方軌儒門者也。"《定勢篇》云："是以模經爲式者，自入典雅之懿。"嚴可均《鐵橋漫稿·全上古三代秦漢三國六朝文總例》云："是

---

① 義，油印本、華東本作"意"。茲依稿本。
② 者，稿本無。據油印本、華東本補。
③ 紀，稿本作"記"。油印本承之。茲從華東本據《文心雕龍》校改。
④ 體性，稿本誤"神思"，油印本沿之。茲從華東本據《文心雕龍》校改。

編於四部爲總集,亦爲別集,與經、史、子三部,必分界限。然界限有定而無定,詔令、書檄、天文、地理、五行、食貨、刑法之文,出於《書》;騷賦韵語,出於《詩》;禮議①,出於《禮》;紀②傳出於《春秋》。百家九流,皆六經餘潤,故四部別派而同源。故《文選》爲總集,而收《尚書序》、《毛詩序》、《春秋左氏傳序》、史論、史贊、《典論‧論文》。《文苑英華》、《唐文粹》亦如是。經、史、子三部闌入集部,在所不嫌。"姚仲實先生③《文學研究法》云:"經於理情事三者,無不備焉,蓋子史之原也。如子之說理者本於《易》,述情者本於《詩》,史之敘事者本於《尚書》、《春秋》、《三禮》,此其大凡也。集於理情事三者,亦無不備焉,則子、史之委也。集中如論辨、序跋、詔令、奏議、書說、贈序、箴銘,皆毗於說理者;辭賦、詩歌、哀祭,則毗於述情者;傳狀、碑誌、典志、敘記、雜記、贊頌,則毗於敘事者。"劉咸炘《認經論‧論文》云:"記事之文,若史,若傳記,是《春秋》之流也;若制度即政書,若譜錄,若地理書,是《禮》之流也。言情之文,若詩,若辭,若曲,廣而爲賦、頌、贊,變而爲設詞連珠,是《詩》之流也。說理之文,蓋源於《易》與《禮》:以虛理爲體,由《易》而衍也;變官守之行事爲私家之空言,則自《禮》而散也。《易》微《禮》顯,各走一端。天人既裂,而諸子由是紛紛矣。"又陳鼎忠、曾運乾《通史敘例》,序六經爲十種,謂:"《易》以紀陰陽變化,《書》以紀帝王遺範,《詩》以紀興衰誦歎,《禮》以紀文物體制,《樂》以紀聲音律度,《春秋》以紀行事褒貶,《論語》以紀先聖微言,《孝經》以紀天經地義,《圖緯》以紀六經緯候,《小學》以紀文字音訓。"又劉樸依姚鼐《古文辭類纂》、曾國藩《經史百家雜鈔》所分門類,及姚永樸《文學研究法》所論,溯源於經者而爲之表,謂:"著述門:論辨類,始於《論語》、《孟子》;辭賦類,始於《國風》、《小雅》;箴銘類,始於《詩‧庭燎》序,及《賓之初筵》、《抑》戒;序跋類,始於《易》之《十翼》。告語門:詔令類,始於《書》之誓、命、誥;奏議類,始於《書》之《皋陶謨》;書說類、贈序類,始於《書》之《君奭》;哀祭類,始於《詩》之頌。記載門:典志類,始於《書》之《禹貢》、《周禮》五官及《儀禮》;敘記類,始於《書》之《金縢》、《顧命》;雜記類,始於《禮記》

---

① 議,華東本誤改"儀"。茲依稿本及油印本。
② 紀,稿本作"記"。油印本、華東本承之。據嚴可均《全上古三代秦漢三國六朝文‧凡例》改。
③ 仲實先生,稿本作"永樸"。據油印本、華東本修訂。

之《檀弓》、《深衣》、《投壺》，《周禮》之《考工記》；紀傳類、碑誌類，始於《書》之《堯典》；賛頌類，始於《魯頌》。”凡此皆言文章體製之本源於經也。六曰，群經爲文法所本。有論其通義者，如《文心雕龍·宗經篇》云：“故文能宗經，體有六義。一則情深而不詭，二則風清而不雜，三則事信而不誕，四則義直而不回，五則體約而不蕪，六則文麗而不淫。揚子比雕玉以作器，謂五經之含文也。”此明其通義也。有明其殊致者，如《文心雕龍·宗經篇》云：“夫《易》惟談天人，入①神致用，故《繫》稱旨遠辭文，言中事隱。韋編三絕，固哲人之驪②淵也。《書》實記言，而訓詁茫昧；通乎《爾雅》，則文意曉然。故子夏歎《書》‘昭昭若日月之明，離離如星辰之行’，言昭灼也。《詩》主言志，詁訓同《書》。摛風裁興，藻辭譎③喻，溫柔在誦④，故最附深衷矣。《禮》以立體，據事制範。章條纖曲，執而後顯，采掇片言，莫非寶也。《春秋》辨理，一字見義。五石六鶂，以詳略成⑤文；雉門兩觀，以先後顯旨。其婉章志晦，諒以邃矣。《尚書》則覽文如詭，而尋理即暢。《春秋》則觀辭立曉，而訪義方隱。此聖文之殊致，表裏之異體者也。”又韓愈《進學解》云：“上規姚姒，渾渾無厓。周誥殷盤，佶屈⑥聱牙。《春秋》謹嚴，《左氏》浮誇。《易》奇而法，《詩》正而葩。”又柳宗元《答韋中立論師道書》云：“本之《書》，以求其質；本之《詩》，以求其恒；本之《禮》，以求其宜；本之《春秋》，以求其斷；本之《易》，以求其動：此吾所以取道之原也。參之穀梁氏，以厲其氣；參之孟、荀，以暢其支；參之莊、老，以肆其端；參之《國語》，以博其趣；參之《離騷》，以致其幽；參之太史公，以著其深：此吾所以旁推交通而以之爲文也。”又王鏊《震澤長語》云：“世謂六經無文法，不知萬古義理，萬古文字，皆從經出也。其高者遠者未敢遽論，即如《七月》一篇敍農桑稼圃，《內則》敍家人寢興烹飪之細，《禹貢》敍山水脈絡原委，如在目前。後世有此文字乎？《論語》記夫子在鄉、在朝、使擯等容⑦，宛然畫出一個聖人，非文能之乎？昌黎序如《書》，銘如《詩》，學《書》與《詩》也。其他

---

① 入，稿本誤“人”。油印本沿之。茲從華東本據《文心雕龍》校改。
② 驪，油印本誤“駢”。茲依稿本。
③ 譎，油印本誤“詁”。茲依稿本。
④ 誦，稿本作“詞”。油印本承之。茲從華東本據《文心雕龍》校改。
⑤ 成，稿本作“見”。油印本承之。茲從華東本據《文心雕龍》校改。
⑥ 屈，油印本作“倔”。茲依稿本及華東本。
⑦ “容”上，華東本衍“內”字。茲依稿本及油印本。

文多從《孟子》出。遂爲後世文章家冠。孰謂六經無文法乎？”又梁章鉅《退庵隨筆》云：“論文必溯源於經傳，以端其本。古之善論文者莫如柳子厚，其所云‘本之’、‘參之’數語①，分貼處實未能深切著明。今欲指引初學，祇須淺淺言之。如要典重則學《書》，要婉麗則學《詩》，要古質則學《易》，要謹嚴則學《春秋》，要通達則學《戴記》，要博辯則學《左》、《國》。各就其性之所近，期於略得其意，微會其通，自然不同於世俗之爲文矣。”又劉開《與阮芸臺宮保論文書》云：“夫孔子作《繫辭》，孟子作七篇，曾子闡其傳以述《大學》，子思困於宋而述《中庸》，七十子之徒各推明先王之道以爲《禮記》，豈獨義理之明備云爾哉？其言固古今之至文也。世之真好學者，必實有得於此，而後能明道以修辭。於是乎從容於《孝經》，以發其端；諷誦於典謨訓誥，以莊其體；涵詠於《國風》，以深其情；反覆於《變雅》、《離騷》，以致其怨。如是而猶以爲未足也，則有《左氏》之宏富，《國語》之修整，益之以《公羊》、《穀梁》之清深。如是而以爲未足也，則有《大戴記》之條暢，《考工記》之精巧，兼以荀卿、揚雄之切實。”凡此皆明其殊致也。有原其胎息者，其于《易》，如陳騤《文則》謂韓退之《賀册尊號表》用“之謂”字，蓋取《易·繫辭》。吳子良荊溪②《林下偶談》謂歐公作《滁③州醉翁亭記》，自首至尾多用“也”字，錢公輔作《越州並儀堂記》亦是此體，蓋出於《周易·雜卦》一篇是也。其于《書》，如鄭瑗《井觀瑣言》謂韓愈《平淮西碑》敘憲宗命將遣師處，是學《尚書》舜命九官文法；曾國藩評韓愈《沂國公廟④碑銘》，謂其起最得勢，樸茂典重，近追漢京，遠法《尚書》；姚鼐評劉大櫆《浮山記》，謂其全學《禹貢》章法，是也。其于《詩》，如許顗《彥周詩話》謂韓退之《元和聖德詩》云“駕龍十二，魚魚雅雅”，其深於《詩》者耶；又

---

① 語，油印本、華東本作“言”。兹依稿本。
② 子良荊溪，稿本作“氏”。兹依油印本、華東本。
③ 滁，稿本偶誤“徐”。油印本、華東本沿之。兹據上下文意改。謹案，檢《四庫全書》文淵閣本吳子良《林下偶談》四卷，未見歐公《醉翁亭記》用“也”之說。唯王楙《野客叢書》卷二十七有《醉翁亭記》一條，云：“歐公作《滁州醉翁亭記》，自首至尾多用‘也’字。人謂此體刱見，歐公前此未聞。僕謂前輩爲文，必有所祖。又觀錢公輔作《越州井儀堂記》，亦是此體。如其末云：‘問其辦之歲月，則嘉祐五年二月十七日也。問其作之主人，則太守刁公景純也。問其常所往來而共樂者，通判沈君興宗也。誰其文之，晉陵錢公輔也。’其機杼甚與歐記同。此體盖出於《周易·雜卦》一篇。”疑作者於出處偶失檢。兹錄以備考。
④ 廟，油印本、華東本脱。兹依稿本。

沈德潛評韓愈《平淮西碑》，謂"井井整整，肅肅穆穆，如讀《江漢》、《常武》之詩，西京後第一篇大文字"是也。其于《禮》，如陳騤《文則》謂韓退之《畫記》用"者"字，蓋取《攷工記》；張裕釗評韓文，亦謂《畫記》可追《考工》；劉樸《韓文補注集評》，謂《國子助教河東薛君墓誌銘》，大會射節，文法蓋自《儀禮》；劉樸《清文選評》，謂曾國藩《歐陽氏姑婦節孝家傳》，字法自《曲禮》、《內則》，是也。其于《春秋》，如吳摯甫先生 ① 評韓愈《柳州羅池廟碑》云："此因柳人神之，遂著其死後精魄凜凜，以見生時之屈抑，所以深痛惜之，意怊最爲沈鬱。史官乃妄議之，不知此乃左氏之神境也。"又吳北江先生 ② 闓生，亦謂"此文敘法，從《左傳》來"是也。其于《論語》，如陳騤《文則》謂："文有目人之體，有列氏之體。《論語》曰：'德行，顏淵、閔子騫、冉伯牛、仲弓；言語，宰我、子貢；政事，冉有、季路；文學，子游、子夏。'此目人之體也，而揚雄、班固得之。"是也。祺 ③ 案，揚子《法言》云："美行，園公、綺里季、夏黃公、角 ④ 里先生；言辭，婁敬、陸賈；執正，王陵、申屠 ⑤ 嘉；折節，周昌、汲黯；守儒，轅固、申公；災異，董相、夏侯勝、京房。"又案，《漢書·公孫宏傳贊》云："儒雅，則公孫宏、董仲舒、兒寬；篤行，則石建、石慶；質直，則汲黯、卜式；推賢，則韓安國、鄭當時。"陳氏謂揚雄、班固得《論語》目人之體者，蓋指此也。其于《孟子》，如張裕釗評韓文云："《原道》可追《孟子》。"又劉樸《韓文補注集評》謂："《贈太傅董公行狀》'造懷光言曰'云云，曲折似'孟子去齊評高子告尹士語'章及'答萬章問百里奚'章。"是也。凡此皆原其胎息者也。通義、殊致、胎息三者明，則群經爲文法所承亦明矣。綜此六端，則群經之源流本末，分衍蕃碩，與其旁通時行，錯綜變化，關係於學術政教文章之大者，可得而略窺矣。若夫束學之士，沈溺於浮華，裂經術與文章而爲二；拘虛之儒，食古而不化，徒知因襲與摹倣，而不能會通以適用：遂使經術無裨益 ⑥ 於政教，而且爲世所詬病。斯乃浮雲之翳太空，固無傷于日月之明。擴而清之，辭而闢之，爬羅剔抉，刮垢磨光，優游厭飫，含英咀華，是所望于來哲。以上總論經典之文。

---

① 摯甫先生，稿本作"汝綸"。據油印本、華東本修訂。
② 吳北江先生，稿本作"汝綸子"。茲依油印本、華東本。
③ 祺，稿本無。據油印本、華東本增。
④ 角，油印本、華東本誤"角"。茲依稿本。
⑤ 屠，油印本、華東本誤"屬"。茲依稿本。
⑥ 益，稿本無。據油印本、華東本增。

讀黃壽祺先生的群經要略 ①

陳祥耀

　　我在無錫國專上海分校念書的時候，修讀過周予同師的"經學概論"課，用的教材是周先生所著《群經通論》(商務印書館出版)。周先生讓我們自己看這本書，他課堂上講的實際上是中國經學演變史，講得很生動。我聽完後，又在低一年級周先生講課時，從頭到尾再旁聽一遍，真是聽課聽得上癮的難得樂趣。當時參考了范文瀾先生的一本同類著作，名字叫《經學概論》或《經學通論》或其他，已記不準了。這書材料豐富，我多年未再讀，這次想重讀，到福建師範大學圖書館檢尋，已找不到了。我在國專滬校念書時，又修讀過蔣伯潛師的"基本文選"課，蔣先生後來在世界書局出版了《十三經概論》，我也讀過。又旁聽過呂思勉師的"史學講座"課，呂先生早年在商務印書館出版的《經子解題》，也是我愛讀的書之一，這次在華東師範大學出版社，與黃壽祺先生的《群經要略》同列爲"二十世紀國學叢書"。

　　黃先生此書，和上述四先生的同類著作，面貌不同，自具特色。出版社把它列入"二十世紀國學叢書"，是能夠瞭解它的分量和價值的。書名稱爲"要略"，實際上是"詳備"而且"豐富"的。"略"嘛只是文字的提煉，"鎔裁"的賅括。篇幅不長，應該包含的內容，並沒有被簡省，真是"略"而能得其"要"，且有溢出於當"要"之外的"要"點，殊爲難得。我老來精神不濟，不能詳爲闡發，也只能"簡略"地漫談以下幾點體會。

　　第一，作爲介紹"群經"的一本"通論"性著作，書中對有關的主體

────────────

① 　本文載《中國易學：2002年黃壽祺教授誕辰九十周年、2005年黃壽祺教授逝世十五周年紀念文集合編》(張善文、黃高憲主編，福建教育出版社2010年出版)。又載《喆盦文存》(陳祥耀著，人民出版社2016年出版)中册。

內容,是寫得很完備的,可以說盡得其"要"。它對宋以後被編選、認定的《十三經》:《周易》、《尚書》、《詩經》、《三禮》(《儀禮》、《周禮》、《禮記》)、《春秋》三傳(《左傳》、《公羊傳》、《穀梁傳》)、《孝經》、《論語》、《孟子》、《爾雅》(《大學》、《中庸》包括在《禮記》內,與《論語》、《孟子》合稱爲《四書》。)的名稱、來歷、作者、傳本、傳授派別、後代主要的注釋和考證的著作等,都有完整的介紹。對於和《小戴禮記》關係密切的《大戴記》,也附帶了同樣的介紹。而述《周易》,則附《名義考》及《易學之門庭》;述《尚書》,則附今文、古文、偽古文篇第對照表,孫星衍詳考百篇之《尚書篇目表》;述《詩經》,則附摯虞《文章流別論》論《詩經》句法舉例,顧炎武《日知錄》論《詩經》用韻之法舉例;述《春秋三傳》,則附論讀《左傳》的方法等,尤完備而有利於學者的檢核和學習。

　　第二,上文說過,書中有溢出於主體內容以外的要點。如各篇除介紹有關經學事蹟外,又著重介紹群經與文學及史學的關係;《總論篇》又介紹《六經》與"諸子學"的關係;《爾雅篇》更介紹羽翼《爾雅》的訓詁、方言、釋名、釋雅、補雅等主要著作;《三禮篇》述朝鮮、日本政治文化受吾國古代禮制的影響;《三傳篇》述晚清《公羊》學與維新變法,甚至辛亥革命的關係;特別是《總論篇》,廣泛搜集鉤稽前人指出著名文家某篇作品得力經書某文的評語,用力甚勤,對學者研究古典散文發展的裨益也甚大。

　　第三,作者長期博覽有關經學著作和考究其中問題,故論述時所加評語、案語,多極精當難得。如《周易篇》評李鼎祚的書云:"至隋代統一,王易盛行。唐孔穎達爲《易》作疏,適用王注,而鄭易遂亡。幸李鼎祚《周易集解》采漢儒以迄唐代象數家注《易》之說,得三十五家,崇鄭黜王,漢易余緒,賴以僅存。"《詩經篇》述戴震以下治《毛詩》著作云:"及李黼平作《毛詩細義》、戴震作《毛鄭詩考正》、《詩經補注》,咸宗漢詁。段玉裁受業戴震,復作《詩經小學考》,以校訂古經,然擇言短促。惟馬瑞辰《毛詩傳箋通釋》,胡承珙《毛詩後箋》,稍精博。至陳奐受業段玉裁,作《毛詩疏》,舍鄭用毛,集衆說之大成。清儒治《毛詩》者,以此爲最善本矣。"《春秋三傳篇》述孔盛之《晉陽秋》云:"祺案,陽秋即春秋,避晉簡文帝皇后鄭春諱而改。"述齊人胡毋(母)子都云:"祺案,何休《公羊傳解詁序》云:'往者略依胡毋生條例。'《釋文》云:'毋音無。'據此,則應作'毋'。又按《風俗通》云:'本陳胡公後,齊宣王母弟,別封母鄉,遠本胡公近取母邑,故爲胡母氏。'據此,則又當作'母'。宜兩存之。"述羅璧《識遺》疑公羊非姓,而皮錫瑞《經學歷史》則辨其爲姓云:"祺案,友人浦江吳豀云:'今江蘇常熟尚有姓公羊者多家。'其師公羊壽,即常熟人也。近人又有疑公羊、穀梁皆卜商轉音者,別無所據,亦不足信。"可見一斑。

第四,書中介紹同時或稍前的經學學者及其著作,有的人是不甚爲人所知,有的書是未刊稿,都是他書罕加涉及的,彌堪重視。如《周易篇》云:"近世言《費氏易》者,推王晉卿先生及馬通伯先生兩大家。王著《費氏易訂文》,馬著《周易費氏學》,均行於世。又海寧杭辛齋著《杭氏易學》七種,亦風行一時。三君均已歿,今海內易家存者,惟蘇州之沈祖綿及吾師行唐尚節之先生二人。而尚氏尤負重望,所著《周易尚氏學》、《焦氏易詁》、《焦氏易林注》等十種,亦自成一家之言。"《尚書篇》云:"章(太炎)氏弟子以治《尚書》鳴者,首推吾師歙吳檢齋先生承仕,著《尚氏王孔傳異同考》四卷,又著《尚書古文輯錄》未成而歿。桐城馬通伯先生其昶,亦治《尚書》,著《尚書誼詁》甚精要,惜未刊行。"《詩經篇》云:"近人治《詩》者,約分兩派。以發揮《詩序》抽繹古文爲宗者,如桐城馬通伯先生之《詩毛氏學》是;以擯斥《詩序》自抒新義爲得者,如閩侯林義光先生之《詩經通解》是。"《三禮篇》云:"近儒治《禮》者,蘇州有曹元弼、元忠兄弟,經傳純熟,學者稱之,其弟子胡綏之頗能傳其學。……吳檢齋先生承仕……嘗著《喪服要略》、《喪服變除表》、《兼服釋例》、《鄭氏禘祫義》、《宗法篇》及《釋車》等,以教授于南北各大學,論列精要,條理明晰,雖章(太炎)氏亦謝弗及。又吾師霸縣高閬仙先生步瀛,亦著《古禮制研究》、《三禮學制鄭義述》等書,以授大學生徒。"《春秋三傳篇》云:"近賢研究《左氏》學者,在南方有劉師培……章太炎先生……北方有王晉卿先生樹柟,著《春秋左氏經傳義疏》百五十卷、《左氏春秋偽傳辨》八卷,書未刊行,藏稿於家。""當代學人,惟丹徒戴鏡澂增元,著《公羊學通論》,爲能以《公羊》名家也。""近儒以治《穀梁》名家者,惟膠西柯鳳蓀先生劭忞,著《春秋穀梁義證補》行於世。"《爾雅篇》更引及黃先生著書時在同校任教的包樹棠教授《訓詁學》稿本辨別《爾雅》的《釋言》、《釋訓》體例的一些考證。

黃先生自幼熟誦經書,就讀和執教於北平中國大學時,又受業向學於尚秉和、吳承仕、馬振彪、高步瀛、林損、余嘉錫、楊樹達、朱師轍、孫人和、林義光、柯昌泗、范毓桂等治經有得的專家。他自己治《周易》和《三禮》，也下過很大的功夫，根底深厚，見聞廣博，故寫作此書時，內容能夠如此豐富、精卓。此書是二十世紀四十年代在福建省立師範專科學校、國立海疆學校任教時編寫的教材，定稿於一九四五年秋天，寫作時間不長，但長期置於篋中，未曾發表。到一九八七年五月重加修訂，黃先生身後才正式出版。大器晚成，讀起來覺得醇厚深切，醰醰有味，非淺率急就之作所能倫比。書品人品，皆可見可欽。

二〇〇五年十一月二十四日完稿

【六庵叢纂第六種】

先秦文學史約

黃壽祺　遺著

黃高憲　張善文　點校

編校述語

　　《先秦文學史約》不分卷，六庵師之遺作，原有墨書手稿本一册藏於家。惟師歸道山後，黄高憲師兄被遷出舊居，別尋住屋，迫狹簡陋，雨天滲水，寖濕舊存資料，諸多稿本乃毁於白蟻之口，此册蓋亦在其中，可不惜哉！所僥倖者，高憲兄曾預將此書點校謄録一過，交付山東文藝出版社，編入《黄壽祺論中國古典文學》内刊行出版，遂使後學得以窺覽先師之精論也。

　　然則，山東文藝出版社之《黄壽祺論中國古典文學》，僅印行500册，傳布未廣。而書之校勘讎訂亦嫌龘疏，譌舛羨奪頗或有之，讀者有憾。今取書中《先秦文學史約》内容，重爲校理繙繹，詳加考訂，務令其文儘可能不誤，庶使保持原稿風貌，亦不負師撰述苦心矣。

　　據卷首《例言》署款，此書脱稿於民國三十五年（1946）六月，時師執教國立海疆學校，任國文科教授，蓋爲當年編撰之授課教材。先是三載，師曾撰《中國文學史約》卷之一今存福建省立師專一九四三年油印本一册，止於先秦群經文學，以授福建省立師專生徒；嗣又重撰《中國文學史約稿本》卷一今存手稿本一册，止於先秦諸子之《列子》書，亦爲教學之用：二者皆爲未完之本。斯編則合二者而三易其稿，緣文述恉，刪省之，增益之，約論之，分條別目以命題，各條長短不拘，長者千數百言，短者百數十言，文筆翻新，綽開生面，終成首末完備之斷代文學專史。書名以“約”爲題者，似非徒篇章“簡略”[1]之故，蓋循孔子“博學於文，約之以禮，亦可以弗畔”《論語·雍也》，及孟子“博學而詳說之，將以反說約”《孟子·離婁下》之恉趣。憶師曩昔課諸生，常以宋儒胡五峰“學欲博不欲雜，守欲約不欲陋”胡宏《知言》示誨，此實亦師平生治學之重大

---

　　[1]　師初稿、二稿皆有《中國文學史約序說》一篇冠於首。末云：“簡而未賅，略而不備，故以約爲名。”誠屬謙詞。此編爲第三稿，視前二稿已全面翻新，以自命題散論之式撰寫，闡述精闢宏通，故其名“約”之義蓋亦大矣。

理念。朱子《四書章句集注》釋"約"之義云:"約,要也。君子學欲其博,故於文無不考;守欲其要,故其動必以禮:如此則可以不背於道矣。"又云:"所以博學於文,欲其融會貫通,有以反而說到至約之地耳。"體會斯語,殆不難覘知此書名"約"之淵意歟?

今觀是編,所論吾國先秦文學,凡九十餘題,無不言簡意深,辭約旨遠。所涵蓋者,自上古、西周、春秋、戰國至秦之文,條綜爲四大端:曰經典之文,曰諸子之文,曰雜史傳記之文,曰詩賦之文。每端各有總論,復依時代、國別、文體而隸以分論,提綱挈領,有條不紊。時發崇論閎議,雖寥寥數語,卻佐證堅實,文采斐然,足以引人入勝,發人深省。

吾讀此書,如聆師訓,逐條體悟之際,津津有味,不忍釋卷。至將竟之篇,師歸結先秦文學之要義云:"綜觀先秦文學,大氐群經之文立其正,諸子之文盡其變。是二者,譬猶水火相滅亦相生也。學者若能致力乎經子,而又參之以雜史傳記以博其趣,潤之以詩歌辭賦以華其辭,則庶幾乎知學術之本源,而且有以通方達變矣。若徒尋摘章句,餖飣襞襀,以是而窺文章流別,則難乎其免於見笑於大方之家也。"似此之論,吾輩後學聞之,能無深切悟悅乎?今重校既畢,謹述微感,以與諸同道共勉焉。

公元二零一九年七月

歲在己亥大暑後五日

弟子張善文敬識於福建師範大學文學院

重校凡例

　　一、是書見黃高憲教授編《黃壽祺論中國文學》中，山東文藝出版社二零零一年八月出版。惟書題改作《先秦及秦代文學史約》。今鉤揣師意，名曰先秦，或已函括秦代，似以不更題爲妥，故仍依本初《先秦文學史約》之名，以復原稿之舊 ①。

　　二、由於本書手稿已亡佚，今依《黃壽祺論中國文學》所刊之本爲底本_{簡稱 "《論文學》"}，而參檢作者其他書稿及所徵引之群籍通行本以互校之。凡有重要異文，皆出校記，列於頁下腳註 ②。

　　三、師舊撰書稿可供參校者，今存三種：一是《中國文學史約》卷一，民國三十二年（1943）撰，未完稿，專述先秦經典之文，有福建省立師範專科學校油印本一冊。二是《中國文學史約稿本》卷一，疑翌年據前稿刪縮重撰，未完稿，略述先秦群經諸子文學，至《列子》書止，有手稿本一冊。三是《群經要略》十一卷，民國三十四年（1945）撰，似整合前《中國文學史約》卷一之稿而擴充完善之，爲經學史專著，有手稿本一冊。此三種書稿，頗有與本書內容相關聯者，乃據以讎對核校。

　　四、據黃高憲教授稱，是書原稿目錄凡九十五條，其中六十一 "論齊國之雜歌詩" 後即越至六十三 "論衛國之雜歌詩"，缺第六十二條；九十二 "總

---

　　① 　按黃高憲教授編《黃壽祺論中國古典文學》注云："原標題爲《先秦文學史約》"，依內容 "改爲《先秦及秦代文學史約》"。考書中末條 "略論秦之文學"，謂 "始皇統一中國，以享祚短促，作者罕見"，文中引作品頗有推及秦前作品者。竊揣師意，所界定先秦文學，殆函括秦之文學，而以之殿焉。故今仍依原稿立名。

　　② 　黃高憲教授云：《先秦文學史約》點校謄錄稿與其他稿件當年交付山東文藝出版社，多年後正式出版，抄錄稿今無從覓得，恐亦不存。且謂此書開印前未獲出版社清樣復校，致書中錯譌不少。故今重校，以參考作者其他書稿及所徵引之群籍通行本爲主。凡遇較明顯的譌誤而無從讎對者，間以意校之。

論先秦之賦家”後即越至九十四“總論先秦文學”，缺第九十三條。故目雖九十五，實則九十三。蓋作者屬稿匆匆，未及細覈小目。今依九十三目，循序校訂全文。惟首條“例言”，特爲提出，置於書前，則書内子目實列九十二條。

五、正文之後，原附《墨子文體分類表》、《逸周書文體分類表》，今仍以附錄一及附錄二置卷末。

六、《論文學》以簡化字刊行此書，今恢復爲繁體字。

七、本書重校過程，雖竭心爲之，然其中不切不妥之處恐仍有之，師友同道，幸不吝教政。

公元二零一九年七月

己亥歲大暑後六日

弟子張善文謹記

目　錄

---

① 歌詩，《論文學》作"詩歌"。據上下文意校改。

例 言

一、兹編所論先秦文學，分經典、諸子、雜史傳記及詩賦四類，以廣義之文學爲主。

二、本校本學期^① 別有《群經要略》一門，亦由編者講授。爲避免重複，及節省時間計，故兹編纂論經典之文者，特意從略。

三、經典中如《二戴禮記》、《爾雅》等，雖係漢人所纂輯，以其大氐先秦遺文，從而論列之。

四、《列子》、《鬼谷子》、《孔子家語》、《孔叢子》、《竹書紀年》等書，雖多僞託，以其文近古，亦實保有先秦遺說，故亦加以採錄。

五、兹編子、史二類，多采林傳甲先生及陳柱、呂思勉二氏之書；詩賦一類，多采游國恩之書。特志於卷首，示不掠美。

> 中華民國卅五年六月十日
> 六庵居士志於南安九都

---

① 本校本學期，《論文學》注云：指國立海疆學校 1945—1946 學年下學期。按當時師執教該校，任國文科教授。校址在福建南安九都，觀文末落款可知。

一　先秦文學分類提綱

我國歷史，秦以前爲一大階段。此一大階段，史家謂之“先秦”。《漢書·河間獻王傳》載：“獻王所得書，皆古文先秦舊書。”師古曰：“先秦，猶言秦先，謂未焚書之前。”[①] 約論先秦文學，大氏可分爲四類：一曰經典之文，二曰諸子之文，三曰雜史傳記之文，四曰詩賦之文。

二　論經之名義及其[②]範圍

我國典籍，群經爲首。經之名義，其初非明指六藝，蓋謂織之從絲，亦謂綫之編綴，演進而爲世之綱紀。至孔氏之徒，始明指六藝，謂有經常之義，有彝[③]訓之義。經名既有演變，本枝亦漸蕃碩。就其泛論各家者言之，或尊聖者兼及支裔，或著書者自分經傳，或崇師者私奉爲經，或譯授者附會稱經，或尚異者文飾爲[④]經，或僞造者橫被經名。若就其專論儒家者言之，有曰四經者，則《詩》、《書》、《禮》、《樂》是也。有曰五經者，則《易》、《書》、《詩》、《禮》、《春秋》是也。有曰六經者，則《易》、《書》、《詩》、《禮》、《樂》、《春秋》是也。有曰七經者，則《五經》加《論語》、《孝經》也。有曰九經者，則《易》、《書》、《詩》、《三禮》、《三傳》是也。有曰十經者，則謂《五經》及《五緯》也。有曰十二經者，則《九經》外，加《論語》、《孝經》、《爾雅》也。有曰

---

① “漢書”至“之前”一節，《論文學》爲正文而前後加括號。今審文意，當屬小字夾注之例，師常用之。故特更爲小號字體，夾於正文間。下做此，不復出校。

② 其，《論文學》無，疑脱。據卷首目錄校補。

③ 彝，《論文學》脱。據《中國文學史約》卷一油印本及《群經要略》稿本補。謹案，師於民國三十二年（1943）執教福建省立師範專科學校時，任文史地科副教授，曾撰《中國文學史約》卷一，今存舊油印本一册。嗣又重撰《中國文學史約稿本》卷一，今存手稿本一册。又於民國三十四年（1945）執教海疆學校時，任國文科教授，撰《群經要略》十一卷，今存手稿本一厚册。兹分別據以參校此書相關内容。

④ 爲，《論文學》作“稱”。據《中國文學史約》卷一油印本及《群經要略》稿本改。

十三經者，則《十二經》外，加《孟子》也。有曰十四經者，則《十三經》外，再加《大戴禮記》也。茲編論次經典之文，則 ① 斷以儒家之十四經爲本。

三　論易之文學

《周易》之學，大氐可分爲二類，曰象數，曰義理。其言象數，爲後世言天文歷算及術數方技者之所本。其言義理，則爲後世言心性理氣者之所本。象數鄰於科學，義理則純乎哲學。此其大較也。若就其關於文學者論之，則畫卦爲文字與繪畫之初祖。卦辭、爻辭，其文已多用韻，則與古歌謠之詞爲近。《十翼》解釋卦爻辭，遂開後世序跋之體，亦實注疏文體之所自昉。至若《文言》爲駢儷之宗，《序卦》創目錄之體，又其顯著者也。

四　論書之文學

《尚書》爲吾國最古之史，爲吾國各體散文之祖。故經典之文，各體兼備者，莫如《尚書》。其體制，有典、謨、訓、誥、誓、命、征、貢、歌、範等。今存《尚書》，其確可實信者，凡二十八篇。計虞書二篇：曰《堯典》，曰《皋陶謨》。夏書二篇：曰《禹貢》，曰《甘誓》。商書五篇：曰《湯誓》，曰《盤庚》，曰《高宗肜日 ②》，曰《西伯戡黎》，曰《微子》。周書十九篇：曰《牧誓》，曰《洪範》，曰《金縢》，曰《大誥》，曰《康誥》，曰《酒誥》，曰《梓材》，曰《召誥》，曰《洛誥》，曰《多士》，曰《無逸》，曰《君奭》，曰《多方》，曰《立政》，曰《顧命》，曰《費誓》，曰《呂刑》，曰《文侯之命》，曰《秦誓》。就其文體分之，《洪範》，論著之文 ③ 也；《堯典》、《微子》，傳誌之文也；《甘誓》、《湯誓》、《盤庚》、《牧誓》、

---

① 則，《論文學》作“且”。據《中國文學史約》卷一油印本及《群經要略》稿本改。

② 日，《論文學》誤“曰”。據《群經要略》稿本改。

③ 文，《論文學》誤“父”。據《群經要略》稿本改。下句“文”倣此。

《大誥》、《康誥》、《酒誥》、《梓材》、《多士》、《多方》、《費誓》、《秦誓》，詔令之文也;《皋陶謨》、《高宗肜日》、《西伯戡黎》、《召誥》、《洛誥》、《無逸》、《立政》，奏議之文也;《君奭》，書牘之文也;《金縢》、《文侯之命》、《顧命》，敘記之文也;《金縢》之祝辭，哀祭之文也;《禹貢》、《呂刑》，典志之文也。《尚書》原本百篇，其已亡者不具論，東晉晚出之偽古文亦不具論，即此區區二十八篇而觀之，其關係後世文章之體制，實已甚重。昔子夏有言:"書之論事也，昭昭如日月之代明，離離如辰星之錯行。"亦喻其明白曉暢而已。雖有佶屈聱牙之稱，則古今方言不同，以及文字有通假使然。劉彦和所謂"書實紀言，而訓詁茫昧，通乎爾雅，則文意曉然"者是也。況自炎漢尊經而後①，典謨訓誥誓命之文，一以《尚書》爲法式。此《尚書》之所以爲古今文體萬世不祧之宗也。

五　論詩之文學

　　《詩經》，爲我國最早之詩總集，不僅有其歷史價值而已。若《尚書》爲我國散文文體之祖，則《詩經》當爲我國三千年來詩體之祖。故其在文學上之價值，亦至爲崇高，未嘗使人有古今不合時宜之感也。其書蓋成於孔子。論其內容，則以風、雅、頌分部。風之部，爲周南、召南、邶風、鄘風、衛風、王風、鄭風、齊風、魏風、唐風、秦風、陳風、檜風、曹風、豳風，謂之十五國風，計詩一百六十篇。雅之部，分小雅、大雅。小雅計八十篇，內笙詩六篇亡，故實爲七十四篇;大雅三十一篇。頌之部，計周頌三十一篇，魯頌四篇，商頌五篇，共四十篇。總風雅頌凡三百十一篇，除亡笙詩六篇，實存三百零五篇。舉其成數，故曰三百篇。論其意義，則有六義之說。朱子云:"風，則閭巷風土男女情思之詞;雅，則燕享朝會公卿大夫之作;頌，則鬼神宗廟祭祀歌舞之樂。"又云:"賦者，直陳其事;比者，以彼狀此;興者，託物興詞。"②又孔穎達言風雅頌爲"詩篇之異體"，賦比興爲"詩文之異詞"。其言皆得之。論其作者，今雖多不可考，然從《詩

---

　　①　後，《論文學》作"及"。據《群經要略》稿本改。
　　②　前儒引舊說，或有節引，或有約其意而引之，或有稍變其詞而引之，蓋昔之學風如是。此處引朱子之說即屬節引之例。凡此類現象，仍依常規標以引號，不出校。下皆倣此。

序》之說，其作者可得而名者凡三十一篇；從詩本文自明其作者者，尚得五篇。論其體式，要以章四句、句四言爲率，間亦有句三言、五言、六言、七言，乃至九言者。論其修辭，則或雙聲，或叠韻，或重言，或連詞，或句自爲偶，或兩句爲偶，或越句爲偶。詞語之奇，窮形盡相，感物會心，皆成妙旨。論其韻法，或則首句次句連用韻，隔第三句而於第四句用韻；或則一起即隔句用韻；或則自首至末句句用韻；或則上下各自爲韻；或則首末自爲一韻，中間自爲一韻；或則隔半章自爲一韻；或則首提二韻，而下分二節承之：韻法繁備，亦爲百世韻語之祖。林傳甲氏有言：“《詩》三百篇，一變而爲楚騷荀賦，再變而爲五言七言，後世名作如林，莫不胚胎風雅。吾讀薄伐獫①狁、與子同仇諸什，如聞羌笛胡笳，拔劍欲起焉，此塞上之體也；吾讀彼黍離離、旄丘之葛諸什，如臨廢壘②蕪城，植髮如戟焉，此弔古之體也；吾讀檜楫松舟、皎皎白駒諸什，如將乘桴攬轡，遠遊廣覽焉，此紀行之體也。又讀盡③瘁以仕，表忠愛之熱誠；又讀夙夜在公，知職分所當務：皆直廬之體也。又讀爲鬼爲蜮，憂讒人之高張；又讀投畀豺虎，傷疾惡之已甚；又讀自有肺腸，悲朋黨之分門；又讀赫赫宗周，痛君權之旁落：漢唐宋之亡，其詩每多此體。然衡門泌水，有招隱之樂焉；築④場納稼，有田家之樂焉；我思古人，有讀書之樂焉：此亦不虧大體矣。”林氏又言：“《關雎》、《葛覃》，爲宮體；婦歎於室，爲閨怨體。”觀乎此論，可知《三百篇》實兼備後世古體近體諸詩之體制矣。

六　論三禮及大戴禮記之文學

　　三禮之書，一曰《周禮》，二曰《儀禮》，三曰《禮記》。《周禮》爲國政大端，猶後世之會典。《儀禮》爲家政大端，猶後世之家禮。《禮記》則多屬脩身之事，猶後世叢書之體。周、儀二禮，先儒皆以爲周公所作。《周禮》五官，文皆整麗，又多奇字。《夏官·職方氏》一篇，上承《禹貢》，下開《漢書·地理

---

① 獫，《論文學》誤“儼”。據林傳甲《中國文學史》改。
② 壘，《論文學》作“磊”。據林傳甲《中國文學史》改。
③ 盡，《論文學》誤“書”。據林傳甲《中國文學史》改。
④ 築，《論文學》誤“巩”。據林傳甲《中國文學史》改。

志》，爲研究輿地者所不可不讀。補《冬官》之《考工記》，句法奇變，字法古雅，尤爲古今奇文。《儀禮》之書，今存者僅士禮十七篇。唐韓昌黎氏雖苦其難讀，然亟賞其奇辭奧旨。余觀《喪服》一篇，文理密察，足以有別，誠宜爲習禮制法制之文者所矜式。《禮記》分大小戴兩種，其初皆七十子後學所記。劉向校書時，合得二百十四①篇。戴德刪取八十五篇，謂之《大戴記》。戴聖刪取四十九篇，謂之《小戴記》。昔賢謂《禮記》爲《儀禮》之傳，蓋以《儀禮》多鋪敍儀制，《禮記》多發明義理。儀制有時而更變，義理無時而或易，故《禮記》之重要，遠過於《儀禮》。雖《小戴》盛行之後，而《大戴》漸微，浸以殘缺，僅存三十九篇，但其價值仍與《小戴》等。今就二記之文章觀之，《小戴》之文，大都博達雅麗。若《冠義》、《昏義》、《燕義》、《聘義》、《射義》、《鄉飲酒義》諸篇，則序跋文之正宗也；《投壺》、《奔喪》、《王制》、《月令》、《明堂位》、《郊特牲》諸篇，則典志文之正宗也；《曲禮》、《檀弓》、《雜記》、《禮器》、《內則》、《少儀》、《深衣》諸篇，則襍記文之正宗也；《禮運》、《樂②記》、《經解》、《學記》、《表記》、《緇衣》、《儒行》、《大學》、《中庸》諸篇，則論著文之正宗也。《大戴》之文，大都條暢明辨，如《夏小正》、《諸侯遷廟》、《諸侯釁廟》③、《投壺》、《公冠》諸篇，皆典志文之正宗也；《禮三本》、《明堂》、《朝事儀》等篇，皆序跋文之正宗也；《曾子疾病》、《武王踐阼》、《衛將軍文子》等篇，皆襍記文④之正宗也；《王言》、《禮察》、《勸學》、《保傅》等篇，皆論著文之正宗也。明乎此，則二記與後世文體關係之大，無不可見矣。⑤

---

① 二百十四，《論文學》誤"二百四十"。據《中國文學史約》卷一油印本、《中國文學史約稿本》卷一及《群經要略》稿本改。

② 樂，《論文學》誤"采"。據《中國文學史約》卷一油印本及《群經要略》稿本改。

③ 諸侯釁廟，《論文學》誤脫。據《中國文學史約》卷一油印本及《群經要略》稿本補。

④ 襍記文，《論文學》誤作"論著文"。據《中國文學史約》卷一油印本及《群經要略》稿本改。

⑤ 閱《中國文學史約稿本》，論《三禮》後附論《大學》、《中庸》一條，頗見精到，謹錄以備覽。其文曰："《大學》、《中庸》二書，尤爲切要。蓋《大學》者，乃初學入德之門；而《中庸》者，乃孔門傳授之心法（略本程子語），而文辭又特精密深邃也。攷《大學》於《禮記》，篇第在四十二；《中庸》於《禮記》，篇第在三十一。朱子取以配《論語》、《孟子》，謂之《四書》，《學》、《庸》遂離《禮記》而單行。然攷《中庸》單篇別出，由來已久。《漢書·藝文志》有《中庸說》二篇，《隋書·經籍志》有宋散騎常侍戴顒《禮記中庸傳》二卷，梁武帝《中庸講疏》一卷、《私記制旨中庸義》五卷，宋司馬溫公有《中庸大學廣義》一卷，則表章《學》、《庸》，實不自朱子始，特自朱子《章句》之後，其道乃著耳。然今日學校諸生，能讀二書者已稀，故特表而出之。"按此節亦見《群經要略》，文有微異。

七　論春秋三傳之文學

春秋，本魯史之舊名。仲尼因魯史策書成文，而著《春秋》。上記隱，下至哀之獲麟，凡十二公，二百四十二年。約其辭文，去其煩重，以制義法，爲其有①所刺譏褒諱抑損之文辭不可以書見也。七十子之徒，口受其傳旨。比及漢世，傳《春秋》學者則有五家，曰左氏，曰公羊，曰穀梁，曰鄒氏，曰夾氏。鄒氏無師，夾氏有錄無書，傳於後者，僅左氏、公羊、穀梁三家而已。左丘明，魯人，親受業於仲尼。公羊高，齊人，嘗受《春秋》於子夏。穀梁赤，魯人，後於公羊，而其《春秋》之學，亦云傳自子夏。大氏三家之學可分兩派，《左氏》爲古文，解經而兼爲史，所謂記載之傳也；《公》、《穀》爲今文崔適《春秋復始》考定《穀梁》亦爲古文，專於釋經，所謂訓詁之傳也。論釋經之例，則《公》、《穀》爲謹嚴；論文之美，則《左氏》爲最優。蓋《公》、《穀》長於論理，斷制有法度，而紀事稍遜焉。《左氏》之文，其氣雄渾，其才博贍，記言記事，各盡其妙，而尤善敘戰事，後世惟司馬《通鑑》得其勝境。學者於《左氏》全書，皆宜籀讀。否則，亦必將湘鄉曾氏所選出者，精讀之焉。

八　論孝經之文學

孔子嘗言：吾志在《春秋》，行在《孝經》②。故《孝經》之要，與《春秋》等。而在漢代，《孝經》、《論語》均爲小學必讀之書，以配《易》、《書》、《詩》、《禮》、《春秋》，謂之七經。誠以孝者德之本，教之所由生，至德要道之所在也。若以文章論之，《孝經》篇幅匪宏，而能綱紀畢具，上自君卿，下迄士庶，括囊大典，宣究道原者，乃由其文簡括而條理清晰也。林傳甲氏謂："《禮記·燕居》、《閒居》二篇，尤與《孝經》文體相似，如出一手。《孝經》

---

①　其有，《論文學》誤作"世"。據《中國文學史約》卷一油印本及《群經要略》稿本改。
②　《中國文學史約稿本》卷一有小字夾注云："本《孝經鉤命訣》。"

者,特戴氏叢書所 ① 未收之一種也。"余竊謂,《孝經》每章之末,引《詩》作結,頗與《荀子·勸學篇》文體相似。而漢代傳記之書,如《韓詩外傳》、《說苑》、《新序》、《列女傳》等,亦多引《詩》作結,蓋皆取法於《孝經》也。

九　論論語之文學

《論語》者,孔子應答弟子時人,及弟子相與言而接聞於夫子之語也。當時弟子各有所記,夫子既卒,門人相與輯而論篹,故謂之《論語》《漢書·藝文志》。六經皆孔子所述,其微言大義,則備於《論語》。故《論語》一書,實爲群經之準繩。錢基博謂讀《論語》之法:"第一考其人物,第二析其義理,第三明其教學,第四覈其政論。"《四書解題及其讀法》其法甚善,學者所當採取。錢氏又謂:《論語》一書,有評衡古人者,有旁通諸子者,悉數不能盡,而文章之美,言語之工,足垂模楷 ② 於斯文,而樹立言之準則。"其言亦甚允當。昔楊子雲仿《論語》作《法言》。鄭康成歿後,門生相與撰玄答諸弟子問五經,依《論語》作《鄭志》。隋文中子著《中說》,其文體則純乎模仿《論語》。下迨宋明儒者之語錄,亦皆《論語》之遺製。故《論語》廿篇,不獨其道大也,其文亦所當法焉。

十　論孟子之文學

《孟子》一書,《漢書·藝文志》云十一篇,七篇外多《性善》、《辯文》、《說孝經》、《爲政》四篇。以趙岐斥爲偽書,今遂不傳。孟子學說,先儒雖互爲異同,而於其文章之美,則罔有異辭。元虞集云:"孟子在戰國時,以浩然之

---

① 　所,《論文學》無,疑脫。據《中國文學史約稿本》卷一及林傳甲《中國文學史》校補。
② 　模楷,《論文學》作"楷模"。據《中國文學史約》卷一油印本、《中國文學史約稿本》卷一及《群經要略》稿本改。

氣，發仁義之言，無心爲文，而開闔抑揚，曲盡其妙。"清吳敏樹①云："余讀孟子之書，竊窺其所學，大要以性善踐形爲本，以集義養氣爲功，其推而出之爲先王不忍人之政，本末終始，條列秩然。其於當時縱横形勢之說，堅白破碎之辨，皆未暇詰難，獨辟楊墨以正人心，黜②言利好戰之徒而崇王道，其言皆關③萬世之患，愈久遠而益信。然使以孟子之道，而他人爲之書，將不勝其迂苦拘閡，深眇奧極，而天下後世卒莫知其所指也。今而讀孟子之書，如家人常語然，豈不以其文之善乎？然則④所謂文以明道者，必如孟子而可焉。不然，吾恐道之未足以明，而或且幽之也！"近人陳柱云："孟子之文，下開昌黎，而上則實承《論語》。"按以上三家之論皆當，而吳氏尤精切有識。余觀湘鄉曾氏雜鈔先秦論著之文，以孟、莊爲宗。然孟文平正，而莊文詼詭。初學者固應先從《孟子》入手也。

十一　論爾雅之文體

《爾雅》一書，萃先秦群經諸子傳記之名義訓詁，以辨異同而廣見聞者也，故爲訓詁學之祖。言訓詁文體者，亦莫能外之。其書今存十九篇，後世如《方言》、《說文解字》、《釋名》、《小爾雅》、《廣雅》、《經典釋文》、《匡謬正俗》、《群經音辨》、《埤雅》、《駢雅》、《通雅》諸書，皆其羽翼也。論《爾雅》之文者，以《大戴禮》稱孔子教⑤魯哀公《爾雅》"以觀於古，足以辯言"之說爲最早。其次則班固謂"古文應讀《爾雅》，故解古今語而可知"，張揖謂《爾雅》"文約而義固，其陳道也精研而無誤，真七經之檢度，學問之階路，儒林之楷素"。而莫詳於郭璞。璞《序》云："夫《爾雅》者，所以

---

① 樹，《論文學》誤"林"。據《中國文學史約》卷一油印本、《中國文學史約稿本》卷一及《群經要略》稿本改。

② 黜，《論文學》誤"點"。據《中國文學史約》卷一油印本及《群經要略》稿本改。

③ 言皆關，《論文學》脱此三字。據《中國文學史約》卷一油印本及《群經要略》稿本補。

④ 則，《論文學》誤"而"。據《中國文學史約》卷一油印本、《中國文學史約稿本》卷一及《群經要略》稿本改。

⑤ 教，《論文學》誤"交"。據《中國文學史約》卷一油印本及《群經要略》稿本改。

通詁訓之指歸,敍詩人之興詠,總絕代之離詞,辯同實而殊號者也。誠九流之津涉,六藝之鈐鍵,學覽者之潭奧,摛翰者之華苑也。若乃可以博物不惑,多識於鳥獸草木之名者,莫近於《爾雅》。"學者觀乎郭氏之論,則《爾雅》爲訓詁文體之宗,可無疑矣。

十二　總論群經之文體

　　群經之文,已條疏如 ① 上。今總而論之,尚有兩端。一曰,群經之 ② 類別。姚惜 ③ 抱嘗言:學問之途有三,曰義理,曰考據,曰詞章。戴東原氏亦以爲言。今以此論群經,則《周易》、《孝經》、《論語》、《孟子》,皆以義理勝者也。《春秋》公穀、二《禮》二《記》,暨乎《爾雅》,則以考據勝者也。《尚書》、《詩經》、《春秋左氏》,則以詞章勝者也。此三者之大別也。二曰,群經之時代。《易》惟卦畫肇 ④ 於伏羲,宜爲皇古之作。其餘卦爻辭及《十翼》,則皆西周而後之作品也。《書》之存者二十八篇,而虞夏商書僅有九篇,其餘亦皆成周之作也。《詩》之《商頌》五篇,先儒皆以爲眞殷商之詩。自魏源、皮錫瑞、王國維諸家考訂之後,始定爲宗周中葉,商之末裔宋人所作,以祀其先王者,則《商頌》亦係周代之詩。是孔子純取周詩也。二《禮》,周公所作。二《記》,皆七十子後學所記。《春秋》成於孔子,三《傳》作者皆孔子以後人。《孝經》,曾子門人所記。《孟子》,孟軻與萬章、公孫丑之徒論撰。《爾雅》,託始於周公。凡此之 ⑤ 書,雖或間出於漢儒所增益,而無一非周代之遺制。然則論先秦經典之文,周代者居其千百,而殷商以前者蓋不及十一矣。雖謂先秦經典之文學皆周之文學,殆亦非事之必不可通者也。

---

① 如,《論文學》誤"爲"。據《中國文學史約》卷一油印本及《群經要略》稿本改。
② 之,《論文學》誤"三"。據《中國文學史約》卷一油印本及《群經要略》稿本改。
③ 惜,《論文學》誤"昔"。據《中國文學史約》卷一油印本及《群經要略》稿本改。
④ 肇,《論文學》誤"筆"。據《中國文學史約》卷一油印本及《群經要略》稿本改。
⑤ 之,《論文學》誤"十"。據《中國文學史約》卷一油印本及《群經要略》稿本改。

十三　論諸子之名義及其範圍

先秦子史之書，今存者尚多。茲先論諸子。蓋自姬周末葉，王官失守，六藝之籍，漸布民間，於是諸子之學蔚起。子者，男子之美稱，弟子之於師用之。故《孝經釋文》及《論語》皇疏，俱云古者稱師爲子。以當日學者之撰述，未必盡出己手，往往由門弟子述其師說，綴輯而著竹帛，是以尊其師而稱之曰子。後世即以其人之名，名其書。此子部之書所由成也。諸子之書，《漢書·藝文志》區爲九流十家：一曰儒家者流，二曰道家者流，三曰陰陽家者流，四曰法家者流，五曰名家者流，六曰墨家者流，七曰縱橫家者流，八曰雜家者流，九曰農家者流，十曰小說家者流。以小說家無可觀，故曰"諸子十家，其可觀者九家而已"。時至今日，不獨先秦小說家無可觀，即陰陽家、農家之書，亦無傳者。故今所論，惟及儒、道、名、法、墨、縱橫、雜七家。茲依次述之。

十四　論儒家之名義派別及先秦
儒家之要籍

古者通天地人曰儒。《周官·太宰》"儒以道得民"，與"師"對舉；又《大司徒》"四曰聯師儒"，以師與儒並言：則儒本爲掌教育者。孔門以教育爲職志，故名爲儒家。《史記》稱：孔子弟子三千人，"身通六藝者七十有二人"。《論語》稱："德行，顏淵、閔子騫、冉伯牛、仲弓；言語，宰我、子貢；政事，冉有、季路；文學，子游、子夏.'是在孔子時，儒家已分爲四派。《韓非子·顯學篇》云："自孔子之死也，儒分爲八。有子張之儒，有子思之儒，有顏氏之儒，有孟氏之儒，有漆雕氏之儒，有仲良氏之儒，有孫氏之儒，有樂正氏之儒。趨舍相反不同。"《群輔錄》云："夫子歿後，散於天下，設①於中國，成百

---

① 設，《論文學》誤"沒"。據《淵鑒類函》引《群輔錄》改。

氏之源,爲綱紀之儒。居環堵之室,蓽^①門圭竇,甕牖繩樞,併日而食,以道自居者,有道之儒,子思氏之所行也。衣冠中,動作順,大讓如慢,小讓如僞者,子張氏之所行也。顏氏傳《詩》爲道,爲諷諫之儒。孟氏傳《書》爲道,爲疏通致遠之儒。漆雕氏傳《禮》爲道,爲恭儉莊敬之儒。仲良氏傳《樂》爲道,以和陰陽,爲移風易俗之儒。樂正氏傳《春秋》爲道,爲屬詞比事之儒。公孫氏傳《易》爲道,爲潔靜精微之儒。"今考此八派之書,多已不傳,唯《孟》、《荀》二家實爲儒門之大宗。又考《漢志》所載儒家之書,凡五十三家,八百三十六^②篇。先秦儒家,今存者有《晏子》、《孟子》、《荀子》三家,亦以《孟》、《荀》爲最重要。而《孟子》已列經部,故宜先論《荀子》。若《晏子》之書,晁公武《郡齋讀書志》從柳宗元之說,列入墨家。《四庫提要》謂:"由後人摭其軼事爲之。雖無傳記之名,實傳記之祖。"遂移入史部傳記類。張之洞《書目答問》又歸入古史類。茲依劉向、班固之舊,仍歸入儒家,而附論於《荀子》之後。其他若子思子、曾子、公孫尼子之徒,其書皆已散佚。若有存者,則大氐歸納入《二戴禮記》,茲不悉論焉。

十五　論荀子之文學

《荀子》二十卷,周荀況撰。況,趙人,嘗仕楚爲蘭陵令,亦曰荀卿,漢人或稱曰孫卿。考荀子生卒,後於孟子,而與孟子同爲儒家大師,得仲尼正傳。徒以荀子有《非十二子》及《性惡》二篇,遂爲後儒所詬病。不知荀言性惡,欲人之尊師隆禮,化善起僞,與孟子之主張性善,欲人之樂道自得,原屬殊途同歸也。至非及子思、孟子,或以爲其徒所增。實則子思、孟子,後始尊爲聖賢。在當時固亦荀卿之曹偶,是猶朱陸之相非,未可怪也。又考經學傳授,如《毛詩》、《魯詩》、《韓詩》、《春秋左傳》、《穀梁傳》,及二戴之《禮記》,莫不由於荀子。故荀子之書,多與群經相表裏。是荀子之有功於經學,較孟子爲尤大也。若論荀子之文,劉彥和稱其"理懿而辭雅",韓退之稱其"吐辭

---

① 蓽,《論文學》誤"華"。據《淵鑒類函》引《群輔錄》改。

② 六,《論文學》誤"八"。據《中國文學史約稿本》卷一及《漢書·藝文志》改。

爲經,優入聖域":是固孟子之亞也。施蟄存謂:"讀《勸學》、《非相》、《儒效》、《非十二子》諸篇,色莊而語婉,神王而容謙。"豈不信然! 陳柱謂:"其下開李斯、韓非,而亦上承《論語》。"又謂:"孟子之文,富有古文化,爲後世古文家之祖;荀子之文,富有駢文化,爲後世駢文家之祖。韓昌黎之抑揚頓挫,學孟子;而句奇語重,則法荀卿。"余竊謂荀子之文,推勘精微,固下開李斯,而其博達雅麗,實上承禮家。觀二戴所取,多出荀子,可以知之已。昌黎議論之文,多取法於孟子;而辭賦碑銘,則或取法於荀卿,此其大略可得而言者也。又《荀子》書中,有《成相》一篇,《賦篇》一篇,《佹詩》二篇。《成相》、《佹詩》,詞甚奇詭。《賦篇》,則分賦禮、知、雲、蠶、箴五事,或云是五篇,疑莫能明。然其爲《漢志·詩賦略》所載孫卿賦十篇之遺,則可知也。此數文者,源出風雅,體制新特,蓋與南方屈宋之騷賦,同爲新興之文體也。

十六　論晏子春秋之文學

《晏子》之書,齊晏嬰撰。《史記·管晏列傳》稱爲《晏子春秋》,然《漢志》惟作《晏子》,而《隋志》乃名《春秋》:蓋二名兼行也。晁公武《郡齋讀書志》謂嬰相景公,此書著其行事及諫諍之言,疑晏子之後爲之。《崇文總目》謂後人採嬰行事爲之,非晏所撰。《四庫提要》因斷爲後人依託。然先秦諸子之書,大氐皆出自後人裒集記載,固不得以非嬰所自撰,而遂謂不足以見嬰之思想言行也。考晏子之思想,蓋儒而兼墨。故其旨多尚同、兼愛、非樂、節用、非厚葬久① 喪、非攻、明鬼,是墨者之道也。然其忠諫其君,文章可② 觀,義理可法,皆合六經之義,又安得謂之非儒乎? 其書今存者,分內外兩篇。內篇分《諫上》、《諫下》、《問上》、《問下》、《雜上》、《雜下》六篇,外篇分上下二篇,以諫諍齊君之言爲多。林傳甲先生云:"春秋列國賢卿大夫,諫草之未焚者,晏子一人而已。其卷一、卷二,諫章凡五十篇。莊公矜勇力③,

---

① 久,《論文學》誤"之"。據《中國文學史約稿本》卷一改。
② 可,《論文學》誤"四"。據《中國文學史約稿本》卷一改。
③ 力,《論文學》誤"加"。據《中國文學史約稿本》卷一及林傳甲《中國文學史》改。

不顧行義,晏子諫焉。景公飲酒,夜聽新樂,燕賞無功,信用讒佞,欲廢適子,祠靈山河伯等事,晏子皆諫焉。嗚呼!晏子可謂知大體矣。漢唐論諫之名作,往往合於晏子。讀其書,知國無諍臣,則不能自立焉。《晏子》題目最長,敘事極明。後世諫疏前一行,必云爲某某事者,其體即原於此。又有卷三、卷四《問》六十篇,則近日召對紀言之體也。吾獨惜後世名臣,嘉謨入告,往往讓善於天子;其次則殿廷對策,循例揄揚,敷衍空論,不切於事情,徒取楷法之工,以博上第;其下者,則飾亂世爲昇平,爲逢君殃民之蠹賊,更無論矣。安得平仲復出,藉以勵末世之濁俗乎?"觀乎林氏所論,則可以知晏子實創後世諫疏奏議之體。而習爲諫疏奏議之文者,固不可不以之爲法也。

十七　論道家於道爲最高百家所從出及先秦道家之要籍

　　道家之學,上以接史官之傳,下以開百家之學者也。近人江山淵論道家爲百家所從出,其言曰:"道家之學,無所不賅。學之者不得其全,遂分爲數派。其得道家之玄虛一派者,爲名家、爲陰陽家,及後世之[①]清談家、神仙符籙家。得道家之踐實一派者,爲儒家。得道家之忍峻一派者,爲法家。得道家之陰謀一派者,爲兵家、爲縱橫家。得道家之慈儉一派者,爲墨家。得道家之齊萬物平貴賤一派者,爲農家。得道家之寓言一派者,爲小說家。得道家之學而不純,更雜以諸家之說者,爲襍家。春秋戰國之世,百家爭鳴,而其授受之淵源,實一一出於道家。"江瑔《讀子巵言》。司馬談《論六家要旨》謂"道家之學,於道爲最高",厥故以此。今考《漢書·藝文志》列道家之書,凡三十七家,九百九十三篇。先秦道家之書,今存者有《黃帝陰符經》、《鬻子》、《筦[②]子》、《文子》、《關尹子》、《莊子》、《列子》、《鶡冠子》等。惟《老》、《莊》二書[③]最爲重要,《管》、《列》次之。其餘多後人僞託,不

---

① 之,《論文學》誤"云"。據《中國文學史約稿本》卷一改。
② 筦,《論文學》誤"莞"。據《中國文學史約稿本》卷一改。下文"筦"字倣此。
③ 書,《論文學》作"子"。茲依《中國文學史約稿本》卷一改。

盡可實信，且無甚關於文章之學，茲不詳論。論《老》、《莊》、《管》、《列》四家。

十八　論老子之文學

　　《史記·老子列傳》云："老子者，楚苦縣厲鄉曲仁里人也。姓李氏，名耳，字伯陽，謚曰聃。姚鼐《老子章義序》云：老子字聃。今本作字伯陽，謚曰聃者，妄也。周室守藏之史也。"又云："老子脩 ① 道德，其學以自隱無名爲務。居周久之，見周之衰，乃西 ② 去。至關，關令尹喜曰：子將隱矣，彊 ③ 爲我著書。於是老子迺著書上下篇，言道德之意五千餘言而去，莫知所終。"老子歷史可據者僅此，故生卒年月不能確考。又《史記》載孔子適周，問禮於老子事，可徵老子與孔子同時，而年歲尚長於孔子也。其書分上下二篇，共八十一章，又名《道德經》。司馬談論道家云："道家無爲，又曰無不爲。其實易行，其辭難知。其術以虛無爲本，以因循爲用。無成 ④ 勢，無常形，故能究萬物之情。不爲物先，不爲物後，故能爲萬物主。有法無法，因時爲業；有度無度，因物與合。"《漢書·藝文志》敘論曰："道家者流，蓋出於史官。歷記成敗存亡禍福古今之道，然後知秉要執本，清虛以自守，卑弱以自持，此君人南面之術也。合於堯之克攘，《易》之嗛嗛，一謙而四益，此其所長也。及放者爲之，則欲絕去禮學，兼棄仁義，曰獨任清虛，可以爲治。"由此以見古道家所謂無爲之爲，非不爲也，將所以有爲也；不治之治，非廢 ⑤ 治也，將所以致治也。時不我與，斯有萬物芻狗之歎矣。⑥ 此老學之要旨也。若就文章觀之，則老子之書，文體高潔，辭旨幽微。日人小宫山綏介稱爲"中國哲學之元祖"，林傳甲先生謂爲"養生論之所師資"，其言皆有所見。施氏蟄存謂："章各用韻，奇偶相成。從

---

① 脩，《論文學》誤"備"。據《中國文學史約稿本》卷一及《史記》改。
② 西，《史記》作"遂"。
③ 彊，《論文學》誤"疆"。據《中國文學史約稿本》卷一及《史記》改。
④ 成，《論文學》誤"淺"。據《中國文學史約稿本》卷一及《史記》改。
⑤ 廢，《論文學》誤"慶"。據《中國文學史約稿本》卷一改。
⑥ 此處《中國文學史約稿本》卷一有小字夾注云："以上略本施蟄存之說。"

文體言,亦足爲古文學由韻而散,由詩而文之一證①。老子作書,初無詩文韻散之心,口誦筆受,自成韻偶。譬諸風行水上,文漪自生。"陳氏柱尊謂:"《老子》全書,對偶最多,此豈有意作對仗哉? 以其學理本如此耳。"二氏論《老子》之文,尤能爲探源之論,學者宜深玩味之也。

十九　論莊子之文學

《史記·莊子列傳》云:"莊子者,蒙人也,名周。嘗爲漆園吏,與梁惠王、齊宣王同時。其學無所不闚,然其要本歸於老子之言。故其著書十餘萬言,大氐率寓言也。作《漁父》、《盜跖》、《胠篋》,以詆訿孔子之徒,以明老子之術。《畏累虛》、《亢桑子》之屬,皆空語,無事實。然善屬書離辭,指事類情,用剽剝儒墨。雖世宿學,不能自解免也。其言洸洋自恣以適己,故王公大人,不能器之。"按《漢書·藝文志》載《莊子》五十二篇,注云:"名周,宋人。"而《史記》未言②果屬宋與否。其五十二篇,及晉郭象注本,僅三十三篇。凡内篇七,外篇十五,雜篇十一,其間蓋有亡佚。外篇而下,近頗有疑其非周自著者。然其旨亦頗不違於周,殆纂集師說以成者也。考莊子之學,出於老子,而文尤奇警。猶孟子之學,出於孔子,而文尤奇警也。戰國之文,詼諧雄偉,雖儒家之純③實,道家之清淨,猶不免爲習俗所移。莊周識見高妙,性情滑稽,騁④其筆鋒,神奇變化,匪常情所能測。⑤書中如庖丁解牛、丈人承蜩、濠梁觀魚、鷦鷯嚇鼠、太倉⑥稊米、萬物一馬、鯤魚南適、河伯東行諸喻,寓言之妙,欲窮造化。周殆亦自負其文,故《天下篇》嘗自謂:"周聞關尹、老聃之風而悅之。以謬悠之說,荒唐之言,無端崖之辭,時恣縱而不儻,不以觭

---

① 證,《論文學》誤"禮"。據《中國文學史約稿本》卷一改。

② "言"下,《中國文學史約稿本》卷一有"蒙"字。

③ 純,《論文學》誤"絕"。據《中國文學史約稿本》卷一及林傳甲《中國文學史》改。

④ 騁,《論文學》誤"聘"。據《中國文學史約稿本》卷一及林傳甲《中國文學史》改。

⑤ 此處《中國文學史約稿本》卷一有小字夾注云"中國文學史",前文"莊子之學"上有"林傳甲先生云"六字。

⑥ 倉,《論文學》誤"侖"。據《莊子》改。

見之也。以天下爲沈濁，不可與莊語。以卮言爲曼衍，以重言爲真，以寓言爲廣，獨與天地精神往來，而不敖倪於萬物，不譴是非，以與世俗處。其書雖環瑋，而連犿無傷也；其辭雖參差，而諔詭可觀。"其自稱許，精當乃爾！欲贊之辭，何以加哉？

二十　論管子之文學

《史記·管晏列傳》云："管仲夷吾者，潁上人也。少時嘗與鮑叔牙游，鮑叔知其賢。管仲貧困，常欺鮑叔，鮑叔終善遇之，不以爲言。已而鮑叔事齊公子小白，管仲事公子糾。及小白立，爲桓公，公子糾死，管仲①囚焉。鮑叔遂進管仲。管仲既用，任政於齊。齊桓公以霸，九合諸侯，一匡天下，管仲之謀也。"又云："吾讀管氏《牧民》、《山高》、《乘馬》、《輕重》、《九府》，詳哉其言之也。既見其著書，欲觀其行事，故次其傳。至其書世多有之，是以不論，論其軼事。"按太史公於《管子》書，未詳其篇數，亦不論其宜屬何家。而張守節《史記正義》引《七略》云：《管子》十八篇，在法家。是劉向列之法家也。《漢書·藝文志》道家，載《筦子》八十六篇。是班固列之道家也。然《漢志》儒家《孝②經》類，有《弟子職》一篇，注云："管仲所作，在《管子》書。"《兵書略》兵權謀十三家二百五十九篇，注云："省《管子》。"是《管子》書又可列於儒家及兵家也。自《隋書·經籍志》以迄清代《四庫全書總目提要》，皆③本《七略》列於法家。而宋陳振孫《直齋書錄解題》則謂④"非法家"，又謂"以爲道則不類"。二千年來，迄無定論。余考《管子》之書，原非出於一人之手。《白心》、《內業》，爲道家言。《牧民》、《立⑤政》，多儒家言。《明法》、《重令》，爲法家言。《兵法》、《參患》等，爲兵家言。《輕重》、《九守⑥》，爲雜家言。

---

① 仲，《論文學》誤"種"。據《中國文學史約稿本》卷一及《史記》改。
② 孝，《論文學》誤"書"。據《中國文學史約稿本》卷一及《漢書·藝文志》改。
③ 皆，《論文學》誤"清"。據《中國文學史約稿本》卷一改。
④ 謂，《論文學》誤"詔"。據《中國文學史約稿本》卷一改。
⑤ 立，《論文學》及《中國文學史約稿本》卷一作"行"。據《管子》改。
⑥ 守，《論文學》及《中國文學史約稿本》卷一作"府"。據《管子》改。

而《宙合》篇又爲道家、陰陽家合併之言。殆集齊學之大成而爲此書，固未必盡管氏一人所爲，故嘗竊疑其性質，頗與秦之《呂氏春秋》、漢之《淮南鴻烈解》相類。雖非雜家，而實近乎雜家者也。近人邵陽石廣漢謂："管子原列道家，後人以列法家，以其書言法者多。其實政法皆原於道德之情。今讀其《白心》、《内業》、《心術》諸篇，精深奧衍，一出於正大和平，不得謂無窺於道者。"又吾友包伯苐云："筦子實得道家之術。其立法①行政，雖亦時與法家相近，然學道之氣多，慘②礉之心少。與後之屬③法而賤民，殘民而棄國者，不可以道里計。"故今仍從《漢志》，列之道家。其書《王言》、《正言》、《言昭》、《修身》、《問霸》、《牧民》、《解問》、《乘馬》、《輕重丙》、《輕重庚》共亡十篇，實存七十六篇。古今論《管子》之文者，劉向謂④其"道約言要，可以曉合經義"，劉彥和謂"管晏屬篇，事覈而言練"。楊忱《序》則謂："管子論高文奇，雖有作者，不可復加一詞。"張嵲亦稱："《管子》天下奇文。"其文章之美，已可槩見矣。周氏《涉筆》，更論其聚意之粹。其言曰："《管子》一書，雜説所叢，予嘗愛其統理道儒名法處，過⑤於餘子。觀物者，必於其聚。《文子》、《淮南》，徒聚衆辭，雖成一家，無所收採。《管子》，聚其意者也。粹羽錯采⑥，純玉間⑦聲，時有可味者焉。"立論尤能深入。又林傳甲氏以《管子》創法學通論之文體，至舉爲周秦諸子之冠。則其文之有用，亦可知也。

二十一　論列子之文學

《列子》書，《漢書·藝文志》載八篇，注云："名圄寇，先莊子。莊子稱

---

① 法，《論文學》誤"政"。據《中國文學史約稿本》卷一及《笠山文鈔》稿本改。

② 慘，《論文學》誤"悡"。據《中國文學史約稿本》卷一及《笠山文鈔》稿本改。

③ 屬，《論文學》誤"歷"。據《中國文學史約稿本》卷一及《笠山文鈔》稿本改。

④ 謂，《論文學》誤"詔"。據上下文意改。

⑤ 過，《論文學》誤"至"。據《中國文學史約稿本》卷一及《文獻通考》引《周氏涉筆》改。

⑥ 采，《論文學》誤"雜"。據《中國文學史約稿本》卷一改。案《文獻通考》引《周氏涉筆》作"色"。

⑦ 間，《論文學》誤"聞"。據《中國文學史約稿本》卷一及《文獻通考》引《周氏涉筆》改。

之。"晁公武《郡齋讀書志》云:"《列子沖虛至德真經》八卷,鄭列禦寇 ①
撰。劉向校定八篇,云繆公時人。學本於黃帝老子,清虛無爲,務宗 ② 不競 ③。
其寓言與莊周類。"今按《列子》書,自劉向即嘗致疑其義有乖異。晉張湛
雖注《列子》,而亦以載及後事爲疑。柳宗元則證其多後人增竄,高似孫更
疑列子並無其人。至《四庫提要》,始折 ④ 衷衆說,定列子確有其人,而其書
乃後學所記,信而有徵。而近人有疑《列子》書即張湛所僞託者。夫湛既
爲僞書,又爲之注,則必補苴罅漏,彌縫缺憾,使人不疑其僞,奈何反自致疑
於書中之載及後事乎? 必無是理也。原《列子》書,發明道家之恉 ⑤,足與
老、莊二子相參校 ⑥。故唐時稱《老子》爲《道德經》,《莊子》爲《南華真
經》,《列子》爲《沖虛真經》,《文子》爲《通玄真經》,《亢倉子》爲《洞
靈真經》。實則《列子》之書,非《文子》所能比儗 ⑦,《亢倉子》更何論
焉? 又楊朱之學,在戰國時,與墨子並駕齊驅,故孟子屢以楊、墨并攻。今楊
朱之學已絕,惟賴《列子·楊朱篇》存其梗概,故彌足珍。至《列子》之文,
前人論者頗少,惟林傳甲氏獨詳之,且謂其創中國佛教之文體。其言云:"《列
子》之文,雄奇不逮《莊子》,而靈幻過 ⑧ 之。《列子》,蓋佛教之始也。林類
曰:'死之與生,一往一反。故死於是者,安之不生於彼? '孔子許其得之而
不盡者也。彼西域輪迴之說,未入中土以前,林類已脫然超悟矣。《列子》之
文,如女媧之補天也,愚公之移山也,非 ⑨ 所謂神通廣大者歟? 蛇身人面,牛
首蛇鼻,非所謂法象莊嚴者歟? 熊羆狼豹貙虎爲前驅,雕鶡 ⑩ 鷹鳶爲旗幟,非
所謂皈依馴服者歟? 姑 ⑪ 射神人,吸風飲露,似天女之散花;中山鬼物,隨煙
上下,似夜叉之披髮。不獨紀周穆王之化人,以西域爲樂國也。《列子》之

① 寇,《論文學》誤"冠"。據《中國文學史約稿本》卷一及晁公武《郡齋讀書志》改。
② 宗,晁公武《郡齋讀書志》作"崇"。
③ 競,《論文學》誤"兢"。據晁公武《郡齋讀書志》改。
④ 折,《論文學》誤"持"。據《中國文學史約稿本》卷一改。
⑤ 恉,《論文學》作"旨"。茲依《中國文學史約稿本》卷一。
⑥ 校,《論文學》誤"體"。據《中國文學史約稿本》卷一改。
⑦ 儗,《論文學》作"擬"。茲依《中國文學史約稿本》卷一。
⑧ 過,《論文學》誤"遇"。據《中國文學史約稿本》卷一及林傳甲《中國文學史》改。
⑨ 非,《論文學》誤"然"。據《中國文學史約稿本》卷一及林傳甲《中國文學史》改。
⑩ 鶡,《論文學》誤"鶚"。據《中國文學史約稿本》卷一及林傳甲《中國文學史》改。
⑪ 姑,《論文學》誤"始"。據《中國文學史約稿本》卷一及林傳甲《中國文學史》改。

寓言,猶天竺之象 ① 教也。《列子》即人心營構之象而言,以盡世情之奇變,非造作 ② 邪說以誣世也。釋典之文,如《圓覺》之深妙,《楞嚴》之光博,《維摩》之奇肆,皆可屬 ③ 於《列子》之附庸矣。"按林氏此論,發 ④ 前人之所未發。學者即其說而求之,亦可知先秦諸子,其思想無所不有,其文體無所不備矣。

二十二　論法家之名義及先秦法家之要籍

《漢書·藝文志》云:"法家者流,蓋出於理官,信賞必罰,以輔禮制。"此言法家之遠源也。考古時有兩法字:一爲金,指模範之法;一爲法,指刑罰之法。《尹文子》謂:"法有四呈。一曰不變之法,君臣上下是也;二曰齊俗之法,能鄙同異者是也;三曰治衆之法,慶賞刑罰是也;四曰平準之法,律度權衡是也。"按尹文子所舉第一第二第四,三種之法,皆模範之法,合於"金"字之義;第三種則是刑罰之法,合於"法"字之義。大氐先秦法家之淵源有二:其一,從儒家演化而成。蓋儒家言禮,禮所以防患於未然,而法所以制裁於已然,二者實相互爲用。故儒 ⑤ 家之後,每流爲法家。如荀子之後,爲韓非子、李斯是也。其二,從道家演化而成。蓋道家法自然,任天而無爲。然天道要眇難知,故法家先本自然而立法,而後任法而無爲。一虛一實,二者雖異用而實同源。故《史記》稱韓非喜刑名法術之學,而又謂其歸黃老也。《漢志》列法家之書,凡十家二百一十七篇。先秦法家之書,今存者有《商君》、《申子》、《慎子》、《韓子》四家。而《申子》、《慎子》,殘佚已甚,茲不具論。以下僅論《商君》、《韓子》兩家。

---

① 　象,《論文學》作"佛"。據《中國文學史約稿本》卷一及林傳甲《中國文學史》改。
② 　作,《論文學》無。據《中國文學史約稿本》卷一及林傳甲《中國文學史》補。
③ 　屬,《論文學》無。據《中國文學史約稿本》卷一及林傳甲《中國文學史》補。
④ 　發,《論文學》無。據《中國文學史約稿本》卷一補。
⑤ 　儒,《論文學》誤"禮"。據上下文意校改。

二十三　論商君書之文學

《漢志》載《商君》書二十九篇，《隋志》、《唐志》皆五卷，《通志》謂二十九篇亡其三，《直齋書錄解題》謂二十八篇亡其一。嚴萬里得元刻本，凡二十六篇，曰《更法》、曰《墾令》、曰《農戰》、曰《去強》、曰《說民》、曰《算地》、曰《開塞》、曰《壹言》、曰《錯法》、曰《戰法》、曰《立本》、曰《兵守》、曰《靳令》、曰《修權》、曰《徠民》、曰《刑約》、曰《賞刑》、曰《畫策》、曰《境內》、曰《弱民》、曰《□□》①、曰《外內》、曰《君臣》、曰《禁使》、曰《慎法》、曰《定分》。內《刑約》一篇，亡；又一篇不知篇目，亦亡：故實存二十四篇。《史記·商君列傳》，太史公曰："余讀商君《開塞》、《耕戰》書，與其人行事相類。"竊謂古今言變法者多，能犧牲一身，以成事業，終致國富兵強者，商君一人而已。今存《商君書》，精義雖不逮管、韓之多，然可藉以考古代制度及社會情形處頗多。且全書宗旨，盡於"一民於農戰"一語。頗與孔子"足食足兵，民信之矣"之說相合。故其文條達而善辨，明敏透闢，鋒芒四射，有使人不得不信之力存焉。此其學所以得行於時也。後世作者，惟王安石《上神宗皇帝萬言書》，其明敏透闢，能不讓衛鞅而已。

二十四　論韓非子之文學

《史記·韓非列傳》云："韓非者，韓之諸公子也。喜刑名法術之學，而其歸本於黃老。非為人口吃，不能道說，而善著書。與李斯俱事荀卿，斯自以為不如非。非見韓之削弱，數以書諫韓王，韓王不能用。於是韓非疾治國不務修明其法制，執勢以御其臣下，富國彊兵而以求人任賢，反舉浮淫之蠹

---

① 　案光緒間嚴萬里校刻本《商君書》此目作"□□第二十一"，蓋篇名與內容皆不存。故下文師云"又一篇不知篇目，亦亡"。今於文內以"□□"標之。又據明綿眇閣本《商君書》，此篇名"禦盜第二十一"，謹錄此備覽。

而加之功,實之上。以爲儒者用文以亂法,而俠者以武犯禁。寬則寵名譽之人,急則用介冑之士。今者所養非所用,所用非所養。悲廉直不容於邪枉之臣,觀往者得失之變,故作《孤憤》、《五蠹》、《内外儲》、《説林》、《説難》十餘萬言。然韓非知説之難,爲《説難》。書甚具,終死於秦,不能自脱。"又云:"人或傳其書至秦,秦王見《孤憤》、《五蠹》之書,曰:'嗟呼,寡人得見此人,與之游,死不恨矣!'李斯曰:'此韓非之所著書也。'秦因急攻韓。韓王始不用非,及急,乃遺非使秦。秦王悦之,未信用。李斯、姚賈害之,毁之曰:'韓非,韓之諸公子也。今王欲幷諸侯,非終爲韓,不爲秦,此人之情也。今王不用,久留而歸之,此自遺患也。不如以過法誅之。'秦王以爲然,下吏治非。李斯使人遺非藥,使自殺。韓非欲自陳,不得見。秦王後悔之,使人赦之,非已死矣。"觀傳所載,可知韓非之學,最爲博雜。其與李斯同事荀卿,斯自以爲不如非,則非之學,其先本於儒家。又所著書有《解老》、《喻老》,則其學又本於道家。而卒乃入於法家,此爲法家淵源於儒道之明證 ① 。考法家之中,又可分爲尚實、尚法、尚術、尚勢四派。尚實者,如李悝是;尚法者,如商鞅是;尚術者,如申不害是;尚勢者,如慎到是。而非則爲集四派之大成者,故能巍然爲法家之中心也。其書《漢志》載五十五篇,隋、唐、宋《志》並云二十卷,皆與今本符。綜觀韓非之文,殆有兩端與其學術之淵源相同。如其綜核名實,剖析精微,則受儒家荀卿之影響也;其列舉衆事,取譬明義,則受道家莊生之影響也。同時如李斯之峭厲,後世如晁錯之激宕,則又胥受韓非之影響。故柳宗元論文,嘗有取於韓非。姚姬傳亦謂子厚取於韓非、賈生。近時日本人士頗喜研治韓非之學。如松澤圓有《韓非子纂聞》,太田方有《韓非子翼毳》,岡本保孝有《韓非子疏證》,依田利用有《韓非子刊注》等書。笹川種郎稱:"韓非之文,波浪萬重,曲折頓挫,百態千狀。"亦非溢美之詞也。

---

① 證,《論文學》作"禮",疑誤。據上下文意校改。

二十五　論名家之名義及先秦 名家要籍

　　《漢書·藝文志》云:"名家者流,蓋出於禮官。古者名位不同,禮亦異數。"此言名家之遠源也。名家起於禮官,而法家起於理官,信賞必罰,以輔禮制。故名、法兩家亦多相混。史稱韓非喜刑名法術之學,以刑名與法術同稱,即以其相連類也。名、禮、法三者,在古時關係蓋甚重。《論語》:"子路問孔子曰:衛君待子而爲政,子將奚先? 子曰:必也正名乎! 名不正則言不順,言不順則事不成,事不成則禮樂不興,禮樂不興則刑罰不中,刑罰不中則民無所措手 ① 足。"然則名、禮、法三者之關係明矣。蓋其始之正名,本以正禮法,其後則由禮法而及於學術。至於墨子,丕 ② 揚兼愛,而欲以其說勝天下,著《墨經》上下篇,而名學遂成爲專門學術,諸子之學遂皆受名學之影響。若《荀子》有《正名篇》,則儒家之有名也;《墨子》有《辨經》及《大取》、《小取》,則墨家之有名也;韓非嘗言刑名參同,則法家之有名也;《呂氏春秋》亦有《正名篇》,則雜家之有名也。唯諸家之名學,於其全部學說,只佔一域,未嘗貫徹初終,自成一家之言。其成一家之言者,蓋自惠施、公孫龍之徒始。按《說文》口部云:"名,自命也。從口、夕。夕者,冥也。冥不相見,故以口自名。"依《說文》之說,淺而言之,則謂人在夜間幽暗時,他人不能見,以口自名,使知己 ③ 在,故謂之名。引而申之,天下萬物,其始無名,無所識別,亦如人之處幽暗也。有聰明特出者,爲之製名焉。名定,而萬物以分。循名以責實,而萬物乃藉以不亂。故曰"無名天地之始,有名萬物之母"也。有名而後萬物可得而分,此名學之所以不可忽也。《漢志》載名家之書凡七家三十六篇,內《成公生》五篇,《黃公》四篇,《毛公》九篇,皆亡。《惠施》一篇亦亡,遺說略見於《莊子·天下篇》而已。及今留傳之名家書,僅《鄧

---

① 手,《論文學》誤"乎"。據《論語》改。
② 丕,《論文學》作"因",疑形譌。據上下文意校改。
③ 知己,《論文學》誤"之已"。據上下文意校改。

析子》二篇，《尹文子》上下篇，《公孫龍子》六篇。而此三書之中，《鄧析子》、《尹文子》且皆僞書，不可實信。可實信者，獨有《公孫龍子》耳。

二十六　論公孫龍子之文學

王琯《公孫龍子事輯》云："公孫龍，字子①秉，趙人。祖述辯經，以正刑②名顯於世。疾名實之散亂，因資財之所長，假物取譬，爲守白之論，著書十四篇，名《公孫龍子》。"按：《漢志》原載《公孫龍子》十四篇，今僅存六篇。以其爲守白之論，故其書六朝人又名之爲《守白論》。《隋書·經籍志》道家類載《守白論》一卷，即《公孫龍子》之別稱也。原正名之學，可分爲兩派。但言正名之可以爲治，而其所謂名實者，則不越乎常識之所知，此可稱應用派，儒、法諸家是也；深求乎名實之原，以求吾之所謂名實者之不誤，是爲純理一派，則名家之學是也。公孫龍之徒，其立論之大旨，簡括言之，則據名學以破除世俗一切之常名，推翻一切之常識而已。今觀其六篇之書，《跡府篇》，先總敘龍之學術，次敘龍與孔穿辨難之說；《白馬》、《指物》兩篇，則離名實之連絡；《通變篇》，則離物質之連絡；《堅白篇》，則離知識之連絡；《名實篇》，則述正名之旨。其文皆持論宏贍③，足以④與莊、列之談空者抗。蓋莊、列疾名實之混殽⑤，遂欲舉一切是非而空虛之，故其流爲玄學；施、龍疾名實之散亂，遂欲舉一切是非而明辨之，故其流爲科學：此二者之異也。《淮南子》稱："公孫龍粲於辭而貿名。"揚子《法言》亦稱公孫龍"詭辭數萬"。故林傳甲氏謂龍實創⑥辨學之文體。惜乎炎漢而後，玄學日盛，名學漸絕，辨證之法既衰，科學之塗亦塞。迄⑦至近世，泰西科學傳入中國，其邏輯之

---

①　子，《論文學》誤"之"。據王獻唐（琯）《公孫龍子懸解·公孫龍子事輯》改。

②　刑，《論文學》誤"別"。據王獻唐（琯）《公孫龍子懸解·公孫龍子事輯》改。

③　贍，《論文學》誤"膽"。據上下文意校改。

④　以，《論文學》誤"與"。據上下文意校改。

⑤　殽，《論文學》誤"殺"。據上下文意校改。

⑥　創，《論文學》誤"謅"。據林傳甲《中國文學史》改。

⑦　迄，《論文學》誤"近"。據上下文意校改。

學亦盛於吾土，考索名家者始大有人。嚴復、章士釗之徒，著論立說，必本名學，故能辨理①明晰，鮮有牴牾，莫能摧破。此誠今日操觚之士，所不可不知之術也。

二十七　論墨家之名義派別及先秦墨家之要籍

《漢書·藝文志》云："墨家者流，蓋出於清廟之守。茅屋采椽，是以貴儉；養②三老五更，是以兼愛；選士大射，是以上賢；宗祀嚴父，是以右鬼；順四時而行，是以非命③；以孝視天下，是以上同。"此言墨家之遠源也。《淮南子·要略》云："墨子學儒者之業，受孔子之術，以爲其禮煩擾④而不悅，厚葬靡財而貧民，復傷生而害事，故背周道而用夏政。禹之時天下大水，禹身執蔂垂，以爲民先。剔河而道九岐，鑿江而通九路，辟五湖而定東海。當此之時，燒不暇⑤撌，濡不給扢。死陵者葬陵，死澤者葬澤，故節財薄葬，閒服生焉。"此言墨家之近因也。墨家之學，非始於墨子，蓋出於尹佚。《漢志》墨家首列《尹佚》二篇，注云："尹佚爲周臣，在成康時。"則由尹⑥佚歷數百歲，而後生墨子。是未有墨子以前，已有墨家之學，墨子殆集墨學之大成者。自墨子而後，墨家始分派別。《莊子·天下篇》云："相里勤之弟子五侯之徒，南方之墨者苦獲、己齒、鄧陵子之屬，俱誦《墨經》，而倍⑦譎不同，相謂別墨。以堅白同異之辯相訾，以觭偶不仵之辭相應，以巨⑧子爲聖人，皆願爲之尸，冀得爲其後世，至今不決。"近人顧實以"苦獲、己齒、鄧陵之屬"既爲

---

① 理，《論文學》誤"禮"。據上下文意校改。
② 養，《論文學》誤脫。據《漢書》補。
③ 順四時而行，是以非命，此九字《論文學》無，疑脫。據《漢書》補。
④ 擾，《論文學》誤"攏"。據《淮南子》改。
⑤ 暇，《論文學》誤"晦"。據《淮南子》改。
⑥ 尹，《論文學》誤"历"。據上下文意校改。
⑦ 倍，《論文學》誤"信"。據《莊子》改。下文"倍誦"之"倍"倣此。
⑧ 巨，《論文學》誤"臣"。據《莊子》改。

南方之墨者,故“相里勤之弟子五侯之徒”與南方相對者,爲北方之墨者。則由《莊子》之言,當時墨家蓋分南北二派矣。而《韓非子·顯學篇》云:“自墨子之死也,有相里氏之墨,有相夫氏之墨,有鄧陵氏之墨。趨舍相反不同,而皆自謂真墨。”據《韓非》所說,則當時之墨又分爲三派矣。今《墨子》書,《尚同》、《尚賢》等,皆有上、中、下三篇,故俞樾① 遂以爲三墨之書。惟其說之如何相反,如何倍譎不同,則已無可考耳。墨子之學,以死爲能事,故一變而爲俠。此清儒陳蘭甫所以謂戰國俠烈之風,皆出於墨;而康有爲以兩漢之游俠,皆列入墨家之派別也。墨家之弊,蓋在儉而難遵;而又見儉之利,因而非禮;推兼愛之意,而不知別親疏,爲儒家所攻。故自漢而後,墨學遂漸消沉。《漢志》所載墨家凡六家八十六篇,今唯存《墨子》一書。茲略論之。

二十八　論墨子之文學

《漢志》載《墨子》七十一篇,及宋《中興館閣書目》實存六十三篇,後又亡十篇,故今本僅存五十三篇。考太史公未爲墨子立傳,只於《孟荀列傳》之末附之,曰:“蓋墨翟,宋之大夫,善守禦,爲節用。或曰並孔子時,或曰在其後。”僅寥寥二十四字而已,故或疑《史記》殆有脫簡。今欲知墨子之生平,須讀孫詒讓所著《墨子傳略》、《墨子年表》。若論墨子之文學,則近人陳柱所論頗詳。其言曰:“墨子之文體,可分七類:《親士》、《脩身》、《所染》、《法儀》、《七患》、《辭過》、《三辯》等爲一類,蓋墨子之言,而墨子之徒附益潤飾之者也;《尚賢》、《尚同》、《兼愛》、《非攻》、《節用》、《節葬》、《天志》、《明鬼》、《非樂》、《非命》②、《非儒》等爲一類,蓋墨子演說之詞,而墨子之徒所隨地記錄者也;《經》爲一類,蓋墨子所自著,以授諸其徒者也;《經說》爲一類,蓋墨子之徒所著以釋經者也;《大取》、《小取》爲③ 一類,蓋

---

① 樾,《論文學》誤“越”。據上下文意校改。
② 非命,《論文學》誤脫。據陳柱《墨學十論》補。
③ 爲,《論文學》作“是”。據陳柱《墨學十論》改。

墨子之徒，總聚墨學之大旨者也；《耕柱》、《貴義》、《公孟》、《魯問》、《公輸》爲一類，蓋墨子弟子所記墨子言行之實錄也；《備城門》、《備高臨》、《備梯》、《備水》、《備突》、《備穴》、《備蛾傅》、《迎敵祠》、《旗幟》、《號令》、《襍守》等爲一類，蓋墨子之遺法，而其徒記述增益之者也。是故第一類爲論說體，第二類爲演講體，第三類爲經體，第四類爲傳注體，第五類爲書序體，第六類爲列傳體，第七類爲雜記體。諸體之中，論說體文頗華麗，演講體文最平實，經傳體文最奇奧，序體最嚴整，記體亦簡潔。論說體似古文，演講體如近日講義，經傳體如科學之定義定理，序體如學說提要。”又云：“墨子之文，雖質樸少華，然亦往往用韻。故雖演講之文，而音韻猶鏗鏘，亦可見墨子之工於文也。”見《墨學十論》陳氏論墨子之文，頗爲詳盡。學者本以求之，亦可以見《墨子》包羅之宏富矣。

二十九　論縱橫家之短長及先秦縱橫家之要籍

　　《漢書·藝文志》云：“縱橫家者流，蓋出於行人之官。孔子曰：‘誦《詩》三百，使於四方，不能顓對，雖多亦奚以爲？’又曰：‘使乎！使乎！’言其當權事制宜，受命而不受辭，此其所長也。及邪人爲之，則上詐諼而棄其信。”按此言縱橫之所出，及其長短利害之情也。縱橫之書，《漢志》計載十二家百七篇，先秦縱橫家居其半。凡《蘇子》三十一篇，《張子》十篇，《龐煖》二篇，《闕子》一篇，《國筮子》十七篇，《秦零陵令信》一篇，此六家之書，今已皆亡。惟蘇、張之說，尚多散見於《戰國策》中，俟後論之。今存縱橫家之專書，有《鬼谷子》，此書《漢志》不載，《隋書·經籍志》始載之。雖多疑其僞託，然實操縱橫之術者，采蘇、張之書而爲之，亦頗足以見此派學術之崖略也。

三十　論鬼谷子之文學

　　《鬼谷子》，《隋志》載三卷，注曰："周世隱於鬼谷。"《玉海》引《中興書目》曰："周時高士，無鄉里族姓名字，以其所隱，自號鬼谷先生。蘇秦、張儀事之，授以《捭闔》至《符言》等十有二篇，及《轉九本經》、《持樞中經》等篇。"因《隋志》之說也。《唐志》卷數相同，而注曰"蘇秦"。張守節《史記正義》曰："鬼谷，在雒州陽城縣北五里。《七錄》有蘇秦書。樂壹注云：'秦欲神秘其道，故假名 ① 鬼谷。'"此又《唐志》之所本也。胡應麟《筆叢 ②》則謂："《隋志》有《蘇秦》三十一篇，《張儀》十篇。必束漢人本二書之言，薈粹爲此，而託於鬼谷，若子虛、亡是之屬。"其言頗爲近理。是則其文固周秦之文也。其書今唯存《捭闔》至《符言》十二篇。高似孫《子略》，稱其"一闔一闢爲《易》之神，一翕一張爲《老氏》之術，出於戰國諸人之表"，誠爲過當。宋濂《潛溪集》，詆爲"蛇鼠之智"，又謂"其文淺近"，又抑之太甚。柳宗元《辨鬼谷子》，以爲"言益奇而道益隘"，差得其真。《四庫提要》謂："其術雖不足道，其文之奇變詭偉，要非後世所能爲。"林傳甲氏謂："《鬼谷子》創交涉之文體。"又謂："《公孫》、《鬼谷》之騁言，用於搶攘之世，猶勝於道家。"斯皆持平之論也。

三十一　論雜家之得失及先秦
雜家之要籍

　　《漢書·藝文志》云："雜家者流，蓋出於議官。兼儒墨，合名法，知國體之有此，見王治之無不貫，此其所長也。及盪者爲之，則漫羨而無所歸心。"

---

① 　名，《論文學》脫。據張守節《史記正義》補。
② 　叢，《論文學》誤"談"。據《四庫全書總目》改。

此言雜家之所出，及其利害長短之情也。考《漢志》所載雜家之書，凡二十家四百三篇。先秦雜家，計《孔甲盤盂》二十六篇，《大夽①》三十七篇，《伍子胥》八篇，《子晚子》三十五篇，《由余》三篇，《尉繚》二十九篇，《尸子》二十篇，《呂氏春秋》二十六篇。自《孔甲》至《由余》，其書皆亡。今存之《尉繚子》五卷，乃兵家之別一《尉繚》，非此雜家之《尉繚》也。《尸子》雖有輯本，而多殘佚。今而完具者，唯《呂氏春秋》而已。

三十二　論呂氏春秋之文學

《史記·文信侯列傳》稱："呂不韋使其客人人著所聞，集論以爲八覽、六論、十二紀，號曰《呂氏春秋》。"而《太史公自序》及《漢書·司馬遷傳》司馬遷《報任安書》又云："不韋遷蜀，世傳《呂覽》。"蓋其書本名《呂氏春秋》，其初編次當是先覽後論，而終之以紀，世稱《呂覽》，蓋舉其篇首者言之也。考《漢志》載二十六篇，今本先十二紀，次②八覽，次六論。紀所統子目六十一，覽所統子目六十三，論所統子目三十六，實一百六十篇。《漢志》蓋舉其綱也。全書大氐以儒家言爲主，而亦存道、墨、名、法、兵、農諸家之言。諸家之書，或多不傳，傳者或非其真，欲考其義，或轉賴此書之存，亦可謂藝林之瑰寶矣。論者徒以不韋小人，鄙其人，因亦不甚重其書。故自漢以來，注者惟高誘一人，且誤者甚多。清儒稽古，群經之外，旁及諸子，始有校訂之者。畢沅③嘗稱其文"沈博絕麗"。林傳甲謂其："稽古擇言，取材鴻富。裒集衆長，詞旨精備。"夫豈無所見而云然？余觀其書，立論皆不失醇正。且諸覽、紀、論，義皆一綫相承，分篇極爲整齊。在今日所存先秦諸子書中，實爲組織最有條理者。學文之士，亦惡可忽視之乎？

---

① 夽，《漢書·藝文志》著錄《大夽》三十七篇"，自注："傳言禹所作"。按《說文》"内"部云："夽，古文禹。"謹此，字或當從許氏作"夽"。謹記以備攷。下文第五十一則"論夏代之詩歌"倣此。

② 次，《論文學》作"後"。據上下文意校改。

③ 沅，《論文學》誤"源"。據上下文意校改。

三十三　論漢志九流以外之諸子書及其與文學之關係

《漢志》諸子九流所載諸書,及今而存者,大略具論如上。又①有《漢志》不列於諸子,而後世入於子部者,若兵②家之《孫子》、《吳子》、《司馬法》,醫家之《內經》,及《漢志》所不載之《周髀算經》、《九章算術》等,或議用兵之要,或明衛生之理,或說天地形體,或闡勾股測量,其學皆有用之學,其文皆有用之文。譬如《孫子》議論之謹嚴,《吳子》應對之奇變,《司馬法》之周詳,《內經》之精奧,《周髀》之簡括,《九章》之整齊,讀之皆於文學有所補,益不徒可以嬋見洽聞而已也。

三十四　總論先秦諸子之文學

綜觀諸子之文,各有其面貌性情,彼此不能相假,亦實爲中國文學立極於前。習③學文學者,於此加以鑽研,固勝徒讀集部之書者甚遠。即非專治文學者,循覽諷誦,亦足以涵養性靈,而祛鄙倍。大氐儒家之文,最爲中和純粹。道家管、老一派,文最古質;莊、列一派,文最詼詭。法家之文,嚴肅審核。名家之文,剖析精微。墨家之文,平白淺近者多。縱橫之文,雄奇警策者多。襍家者④,兼名法,合儒墨,其學本最疏通,故其文亦如之。此其大較也。

---

①　此節"如上"、"又"三字,《論文學》注云"作者手稿因破損缺字",乃以"□"號標示。今據上下文意補足之,以便閱覽。

②　兵,《論文學》注云"脫字,今補入"。

③　習,《論文學》作"留",疑形譌。據上下文意校改。

④　"襍家者",《論文學》作"集□□",注云"原稿此處破損脫字"。今據上下文意校補足之。

三十五　論先秦雜史傳記之要籍

《漢書·藝文志》無專載史書之略。今存先秦雜史傳記之書，多分散在六藝略、諸子略中。後世諸錄家別標史部之目，區分始詳。今考其見於《漢志》者，尚有《周書》、《國語》、《戰國策》、《韓詩外傳》、《山海經》、《世本》、《孔子家語》等。其爲《漢志》所不載者，尚有《孔叢子》、《竹書紀年》、《穆天子傳》、《七緯》等。茲依次略論之。

三十六　論逸周書之文學

《漢書·藝文志》六藝略書家，載《周書》七十一篇，注曰"周史記"。師古曰："劉向云：周時誥誓號令也。蓋孔子所論百篇之餘也。今之存者，四十五篇矣。"《隋書·經籍志》載此書，而題爲《汲冢周書》。《唐書·藝文志》云①《汲冢周書》十卷，與孔晁注《周書》八卷並列。劉知幾《史通》曾言："《周書》七十一章，上自文武，下終靈景。"不言有闕。則此書唐時蓋有兩本，一爲無闕十卷本，一爲殘闕之八卷本。劉知幾所見，即蒙"汲冢"名而無缺之十卷本。顏師古所見，則爲孔晁注而有殘缺之八卷本也。今存《周書》篇目，凡得七十。陳振孫《直齋書錄解題》云："此書凡七十篇，序一篇，在其末。"則今本篇名，較之《漢志》，並未闕少，蓋即劉知幾所見之本也。唯篇名具存，而書則已闕十一篇矣。至孔晁注，則今僅存四十二②篇，較顏師古所見，又闕其三。考《四庫提要》史部別史類，載《逸周書》十卷，解云："舊本題曰《汲冢周書》。考《隋書·經籍志》、《唐書·藝文志》，俱稱此書以晉太康二年，得於魏安釐王—說魏襄王墓冢中，則汲冢之說，其來已久。然《晉

---

① 云，《論文學》誤"及"。據上下文意校改。
② 四十二，《論文學》作"四十六"。閱下句云"較顏師古所見，又闕其三"，則其數當作四十二篇。茲據以校改。

書·武帝紀》及荀勗、束晳傳,載汲郡人不準所得《竹書》七十五篇,具有篇名,無所謂《周書》。杜預《春秋集解後序》,載汲冢諸書,亦不列《周書》之目。是《周書》不出汲冢也。郭璞注《爾雅》,稱《逸周書》。李善《文選注》所引,亦稱《逸周書》。知晉至唐初,舊本尚不題汲冢。其相沿稱汲冢者,殆以梁任昉得竹簡漆書,不能辨識,以示劉顯,顯識爲孔子刪書之餘。其時《南史》未公,流傳不審,遂誤合汲冢竹簡爲一事,而修《隋志》者,誤采之耶?"① 據以上諸書所說,則《周書》、《逸周書》、《汲冢周書》,蓋三名而一實。今考其書,除《程寤》、《秦②陰》、《九政》、《九開》、《劉法》、《文開》、《保開》、《八繁》、《箕子》、《耆德》、《月令》等十一篇全亡,《武儆》一篇殘缺,只寥寥數語外,其餘五十八篇中,大氐可分爲三類。第一類爲論著之文,如《度訓》、《命訓》、《常訓》、《文酌》,言法度原於天理,必能遵守法度,乃可以和衆而聚人;《柔武》、《大開武》、《小開武》、《寶典》,爲武王與周公講論治國之道;《王佩》、《周祝》,爲陳戒人君之詞;《銓法》,言用人之道,皆儒家言也;《武稱》、《允③文》、《大武》、《大明武》、《小明武》、《武順》、《武穆》、《武紀》,或言兵權謀,或言軍制,或言軍政,皆兵家言也;《大聚》,述治制頗詳,文似《管子》,近於法家言。此類論著之文,凡二十篇。第二類爲告語之文,如《酆保》,爲文王命公卿百官之詞;《大開》、《小開》,爲文王開示後人之詞;《文儆》、《文傳》,爲文王告太子發之詞;《大匡》,爲武王在管,告東隅之侯之詞按《大匡》有兩篇,次十一者言荒政,此篇次三十八;《文政》,爲管、蔡告殷人之詞;《商誓》,爲武王告商諸侯之詞;《五權》,爲武王告周公之詞;《皇門》,爲周公告群臣之詞,皆詔令之屬也;《成開》、《大④戒》、《官人》,皆記周公戒成王之詞;《蔡⑤公》,記蔡公諫穆王之詞;《芮良夫》,記芮良夫諫厲王之詞,皆奏議之屬也。此類告語之文,凡十五篇。第三類爲記載之文,《周月》、《時訓》,言歷數;《諡法》,記易名之典;《明堂》,記明堂制度;《王會》,記八方會同;《職方》,記職官;《器服》,記明器,皆典志之屬也;《糴匡》、《大

---

① 此段引文,《論文學》注云"與《四庫全書總目》略有出入",並據中華書局 1965 年印本校改。

② 秦,《論文學》誤"泰"。據《逸周書》改。

③ 允,《論文學》誤"久"。據《逸周書》改。

④ 大,《論文學》誤"六"。據《逸周書》改。

⑤ 蔡,《論文學》誤"祭"。據《逸周書》改。下句"蔡"字倣此。

匡》，言糧政；《程典》，記文王被囚；《酆謀》、《寤儆①》，記謀伐商事；《和寤》、《武寤》、《克殷》、《世俘》，記克商事；《度邑》、《作雒》，記營建洛邑之事；《嘗麥》、《本典》，記成王周公問答之詞；《史記》，記穆王命戎夫主史；《太子晉》，記太子晉事；《殷祝》，記湯放桀，踐天子事按此篇與周全無涉蓋原書已亡而後人妄補之者，皆雜記之屬也。此類記載之文，凡二十三篇。全書唯《官人》一篇文稍平近，《殷祝》一篇係後人所補，《太子晉》一篇頗似小說外，其餘之文，皆樸茂淵雅。論治道治制，理能精深，所述史跡，尤多他書所不見，實先秦舊籍中之瑰寶也。

三十七 論國語之文學

《漢書·藝文志》六藝略春秋家，載《國語》二十一篇，注云"左丘明著"。《漢書·律歷志》始稱《春秋外傳》。王充《論衡》云："《國語》，左氏之外傳也。左氏傳經，詞語尚略，故復選錄《國語》之詞以實之。"劉熙《釋名》亦云："《國語》，亦曰《外傳》。《春秋》以魯爲內，以諸國爲外，外國所傳之事也。"今考《國語》，分記周、魯、齊、晉、鄭、楚、吳、越八國事。上起周穆王，下迄魯悼公。書中明有《魯語》，而劉熙以爲外國所傳，殊爲未審。唐劉知幾《史通》分史體爲六家：一《尚書》家，二《春秋》家，三《左傳》家，四《國語》家，五《史記》家，六《漢書》家。清《四庫提要》本之，列《國語》爲雜史類之首。林傳甲先生云："《左傳》編年，《國語》分國，文體各不同。《國語》分部，似出於《國風》。然《國風》爲有韻之文，《國語》則無韻之文也。《國語》之體裁，實爲《晉書》載記之所祖。然陳壽《三國志》，亦同此意。明末譯《職方外記》，以及近日魏默深撰《海國圖志》，日本岡本監輔撰《萬國史記》，皆以國分部者也。"按林氏此論，明《國語》創載記之體，關係於史學之重者也。太倉唐文治云："《左傳》稱曰《內傳》，《國語》稱曰《外傳》。顧亭林先生謂：'左氏采列國之史而作，非出於一人之

---

① 儆，《論文學》誤"敬"。據《逸周書》改。

手。'余疑《内傳》爲邱明所编輯,《外傳》則采自列國,未加删削者也。夙好以《左傳》與《公》、《穀》二傳互相比較。如《左氏》'鄭伯克段于鄢'一段,宜與《穀梁傳》對較;'晉獻公欲以驪姬爲夫人'一段,宜與《穀梁傳》'晉殺其大夫里克'對較;'晉靈公不君'一段,宜與《公羊傳》對較:悟其文法之各異,而文思文境乃可日進。又好以《内傳》與《外傳》參考。如《外傳》'管子論軌里連鄉之法'、'敬姜論勞逸'、'優施教驪姬夜半而泣'諸篇,皆爲《内傳》所不載,而一則波瀾壯闊,一則丰裁嚴整,一則細語喁喁,委婉入聽,均各擅其勝。又如晉文請遂,襄王不許。《内傳》曰:'王章也! 未有代德而有二王,亦叔父之所惡也。'僅三語,懍乎其不可犯。而《外傳》則衍成數百言,負聲振采,琅琅鏘鏘,有令人不厭百回讀者矣。唯吳越語,氣體句調,均屬萎蕭,疑與《内傳》末載智伯事相同,爲後人附益。司馬子長曰:'邱明懼弟子人人異端,各 ① 安其意,失其真,故因孔子《史記》,具論其語,成《左氏春秋》。'又曰:'左丘失明,厥有《國語》。'然則二書之當並重無疑。"按唐氏此論,教人讀《左傳》須與《公》、《穀》及《國語》合參也。陳柱謂:"《左傳》體奇而變,其流爲太史公書。《國語》體整而方,其流爲班氏之書。"蓋亦言《左》、《國》之宜並重也。

三十八　論戰國策之文學

　　《漢書·藝文志》有《戰國策》三十三篇,今有三十三卷,無作者名氏。雜記周、秦、齊、楚、趙、魏、韓、燕、宋、衛、中山諸國之事,上繼春秋以後,訖秦并六國,爲時凡二百四十五年。其書或曰《國策》,或曰《國事》,或曰《短長》,或曰《事語》,或曰《長書》,或曰《脩書》。劉向以爲:"戰國時游士,輔所用之國,爲之策謀,宜爲《戰國策》。"書中所載,大氐皆從橫捭闔之謀,譎誑傾奪之說也。劉氏序之曰:"戰國之時,君德淺薄,爲之謀策者,不得不因勢而爲資,據時而爲畫。故其謀扶急持傾,爲一切之權,雖不可以臨國教,化

---

① 　各,《論文學》誤"如"。據《史記》改。

兵革，亦救急之勢也。皆高才秀士，度時君之所能行，出奇策異智，轉危爲安，運亡爲存，亦可喜，皆可觀。”此真洞察當日時勢，合於知人論世之義。而曾子固譏其“惑於流俗，而不篤於自信”，亦太迂矣！蓋自春秋以還 ①，諸侯力征，強者務吞併，弱者患其不能守，其從容辭命之行人，不得不變爲說士。兵爭之不勝，侵削之不堪，不得不輕盟誓而行詭詐。三代以來，世變之亟，未有甚於此時者，亦勢爲之也。今觀其文，謀夫之話，辯士之端，冰釋泉湧，金相玉質 ②。若蘇秦合從，張儀連衡，毛遂之劫盟，虞卿之論媾，安陵之從田，龍陽之同釣，觸讋 ③ 之說趙后，顏斶之析齊王，范睢反間以相秦，魯連解紛而全趙，辯麗閎肆，利口劇談，鼓舌搖脣，變詐鋒出，人持弄丸之辯 ④，家挾飛鉗之術，可謂盡炙轂雕龍之能事，極縱橫長短之大觀也。章學誠論之曰：“戰國者，縱橫之世也。縱橫之學，本於古者行人之官。觀春秋之辭命，列大夫聘問諸侯，出使專對，蓋欲文其言以達旨而已。至戰國而抵掌揣摩，騰說以取富貴，其辭敷張而揚厲，變其本而加恢奇焉，不可謂非行人 ⑤ 辭令之極也。”斯言諒矣。昔人或傳蘇洵嘗挾一書誦習，二子亦不得見。他日竊視之，則《戰國策》也。軾、轍兄弟，少年所有之才，實習於其父之業，長於議論，各有崢嶸氣象。故姚仲實謂“三蘇得力《戰國策》爲多”。林傳甲先生更謂：“戰國文體，本 ⑥ 近於矜才使氣。但處其時，無尚武之精神，則國不能自強，士不能自立矣。或縱或橫，苟非曉暢兵機，熟諳地勢，必不能傾動諸侯王，而睥睨萬乘也。漢之賈太傅，唐之杜牧之，宋之陳龍川，明之唐順之，國初之顧景范，近日之魏默深，皆祖戰國策士之文也。”觀乎此，則《戰國策》一書，不獨爲縱橫議論之宗，抑亦兵家、輿地家之文所宗者矣。

---

① 還，《論文學》作“遠”，疑形誤。據上下文意校改。

② 質，梁蕭統《文選序》作“振”，義同。其言曰：“若賢人之美辭，忠臣之抗直，謀夫之話，辯士之端，冰釋泉湧，金相玉振。”

③ 讋，《史記·趙世家》作“龍”。茲依《戰國策》。

④ 辯，《論文學》作“辨”。據劉知幾《史通·言語》改。按，辨、辯通。

⑤ 人，《論文學》脫。據章學誠《文史通義》補。

⑥ 本，《論文學》作“在”。據林傳甲《中國文學史》改。

三十九　論韓詩外傳之文學

　　《漢書·藝文志》六藝略詩家，載《韓故》三十六卷，《韓内傳》四卷，《韓外傳》六卷，《韓說》四十一卷。今諸書皆亡，唯《外傳》尚存。然自《隋志》以後，即較《漢志》多四卷，蓋後人所分也。陳喬樅《韓詩遺說考敘》云：“自魏晉改代，毛鄭詩行，而三家之學始微。韓詩雖最後亡，持其業者蓋寡。宋元以後，毛鄭詩亦復罕有專門，而韓詩之傳 ① 遂絕，其僅有存者《外傳》十篇而已。說者因《班志》有 ② ‘取《春秋》，采雜說，咸非其本義’之語，遂訾其不合詩意。不知董仲舒有言‘詩無達詁 ③ ’，劉向亦言‘詩無通故’。讀詩之法，亦貴善以意逆志耳。太史公《儒林傳》稱：‘韓生推詩人之意，而爲《内外傳》數萬言。其語頗與齊、魯閒殊，然其歸一也。’夫詩三百篇中，邇之事父，遠之事君，興 ④ 觀群怨之旨，於斯焉備？其主文而譎諫也。言者無罪，聞之者足以戒，善惡美刺，蓋不可不察焉！孟子曰：‘王者之迹熄而《詩》亡，《詩》亡然後《春秋》作。’然則 ⑤ 《詩》之與《春秋》，固相爲 ⑥ 維持世道也。子夏序《詩》，言：‘國史明乎得失之迹，傷人倫之廢 ⑦ ，哀刑政之苛，吟咏性情，以諷其上，達於事變，而懷其舊俗者也。’今觀《外傳》之文，記夫子之緒論，與春秋雜說，或引詩以證事，或引事以明詩，使爲法者彰顯，爲戒者著明，雖非專於解經之作，要其觸類引伸，斷 ⑧ 章取義，皆有合於聖門商、賜言《詩》之意也。”按陳氏論《外傳》與《詩》之關係，其言良是。余觀其書，所引古事古語，多與周秦諸子相出入，其至理名言，又往往爲漢儒董仲舒《春秋繁露》、班固《白虎通》所採取，是其書固不徒有關於《詩》義

---

　　①　“傳”下，《論文學》衍“雖”字。據陳喬樅《韓詩遺說考敘》刪。

　　②　有，《論文學》誤“以”。據陳喬樅《韓詩遺說考敘》改。

　　③　詁，《論文學》誤“話”。據陳喬樅《韓詩遺說考敘》改。

　　④　興，《論文學》誤“與”。據陳喬樅《韓詩遺說考敘》改。

　　⑤　然則，《論文學》無此二字。據陳喬樅《韓詩遺說考敘》增。

　　⑥　爲，《論文學》作“與”。茲依陳喬樅《韓詩遺說考敘》。

　　⑦　廢，《論文學》誤“慶”。據陳喬樅《韓詩遺說考敘》改。

　　⑧　斷，《論文學》誤“繼”。據陳喬樅《韓詩遺說考敘》改。

而已。況其論說雜記之文詞，或則 ① 條達，或則簡潔，大氐與《小戴記》之《檀 ② 弓》、《少儀》，《大戴記》之《曾子疾病 ③ 》、《武王踐阼》諸篇相類，習之亦有助於文學也。

四十　論山海經之文學

《山海經》十三篇，《漢書·藝文志》列於術數略形法家。《隋志》、《唐志》入地理類，《四庫全書》始改隸入小說家。《提要》云："其書卷首有劉秀校上奏，稱爲伯益所作。案《山海經》之名，始見《史記·大宛傳》。司馬遷但云：'禹本紀，《山海經》所言 ④ 怪物，余不敢言。'而未言爲何人所作。《列子》稱'大禹行而見之，伯益知而名之，夷堅聞而志之'，似乎即指此書，而不言其名《山海經》。王充《論衡·別通篇》曰：'禹主行水，益主記異物。海外山表，無所不至，以所見聞，作《山海經》。'趙煜《吳越春秋》所說亦同。惟《隋書·經籍志》云：'蕭何得秦圖書，後又得《山海經》，相傳夏禹所記。'其文稍異。然似皆因《列子》之說，推而衍之。觀書中載夏后啟、周文王，及秦漢長沙、象郡、餘暨、下巂諸地名，斷不作於三代以上 ⑤ 。殆周秦間人所述，而後來好異者又附益之 ⑥ 歟？觀《楚詞·天問》，多與相符。使古無是言，屈原何由杜撰？朱子《楚詞辨證》，謂其反因《天問》而作，似乎不然。至王應麟《王會補傳》引朱子之言，謂：'《山海經》記諸異物飛走之類，多云東向，或曰東首，疑本因圖畫而述之。古有此學，如《九歌》、《天問》，皆其類。'云云，則得其實矣。"按《提要》所論，蓋有兩端：一謂其書係周秦間人所述，後人又加附益，其言近是；一謂其書本記圖畫，其說尤確。觀《大荒東經》，稱："有困民國，勾姓而食。有人曰王亥，兩手操鳥，方食其頭。"此文尤

---

① 則，《論文學》作"者"。據上下文意校改。
② 檀，《論文學》誤"擅"。據《禮記》改。
③ 病，《論文學》誤"痛"。據《大戴禮記》改。
④ 言，《論文學》作"有"。據《四庫全書總目提要》改。
⑤ 上，《論文學》作"後"。據《四庫全書總目提要》改。
⑥ 之，《論文學》無。茲依《四庫全書總目提要》。

爲確據。蓋經本圖說_{郭璞有《山海經圖贊》二卷}，古者經圖並行，其後圖亡而經猶存。世但見經文，詫爲怪妄，而不知其本出於圖畫也。此等圖畫，大氐古人耳目所及，或虛或實。而歷世以來，圖畫遞有增益，故三代、秦、漢之事皆有之。其中所述，如夸父追日、精衛填海、十日並出、羿射九日、應龍殺蚩尤、共工殺相柳、啟三賓於天 ① 而得《歌》、《辯》，皆爲神話。記異物珍怪，則有文玉、玕琪、不死之樹、不老不死之草、巴蛇食象、魐雀食人，種種奇談，不可究詰。林傳甲先生稱"其文閎誕迂誇，其旨奇怪俶儻"。惟其文閎誕迂誇，故恍惚無徵，流於小說；惟其旨奇怪俶儻，故能博物廣異聞，而爲楚詞以來文藝家所取材也。

四十一　論世本之文體

《漢書·藝文志》春秋家，載《世本》十五篇。注云："古史官記黃帝以來訖春秋時諸侯大夫。"班固稱："司馬遷作《史記》，據《左氏》、《國語》，采《世本》、《戰國策》。"今《世本》已佚，唯有孫馮翼所輯《世本》一卷，雷學淇校輯《世本》二卷，秦嘉謨《世本輯補》十卷。雖未必盡 ② 復舊觀，然大端可見矣。封建時代，貴族專制，階級最嚴。明德之後，或延祀數百，世次歷歷可考，故臚列記之，如近日官署學校之點名冊。《史記》據《世本》，抄錄夏、殷、周、秦世次，皆可考見。厥後史家之《宗室世系表》、《宰相世系表》，旁行斜上，便於觀覽，亦族譜之體，實做《世本》而爲之也。宋人譜學最詳，歐、蘇立法，後世沿之。鄭樵《通志》有《氏族略》，皆詳其得姓之始焉，亦本《世本》之遺意也。然則《世本》一書，殆創族譜文體之先河也。

---

① 賓，《山海經》作"嬪"。按《論文學》注云："本行字因手稿破損無法辯認"，並依《山海經·大荒西經》文略有校訂。《大荒西經》之文曰："是謂大荒之野，西南海之外，赤水之南，流沙之西，有人珥兩青蛇，乘兩龍，名曰夏后開。開上三嬪於天，得《九辯》與《九歌》以下。"

② 盡，《論文學》誤"畫"。據上下文意校改。

四十二　論孔子家語之文體

《漢書·藝文志》論語家，載《孔子家語》二十七卷。顏師古注云："非今所有《家語》。"歷代儒者，皆考定其爲魏人王肅所偽託。然知其偽而不能廢者，則以其中排比古事甚多，時與《左傳》、《國語》、《荀子》、《孟子》、《二戴禮記》相出入故也。今本凡十卷，其文與《論語》不類。林傳甲先生謂："《論語》之文，簡而要，唯聖者能之；《家語》之文，詳而暢，中人以上皆可及也。"其言是也。

四十三　論孔叢子之文體

《孔叢子》一書，《漢志》所不載，《隋志》始載之。舊本題曰孔鮒撰。所載仲尼而下，子上、子高、子順之言行，凡二十一篇。又以孔臧所著賦與書上下二篇，附綴於末，別名曰《連叢》。鮒，字子魚，孔子八世孫，仕陳涉爲博士。臧，高祖功臣孔聚之子，嗣爵蓼^①侯，武帝時官太常。其書《隋志》及《文獻通考》皆作七卷，今本三卷，不知何人所併^②。朱子謂："《孔叢子》文氣軟弱，不似西漢文字。"陳振孫亦言："其書記鮒之沒，決非鮒撰。"後儒多疑其出於王肅偽託，然亦無確證也。林傳甲先生云："竊謂書名《孔叢》，必非一人之手。子思以下，子孫世世賡續之耳。周秦之際，孔氏一綫之傳，猶幸有此書可證焉。《家語》爲王肅偽託，後人不能廢，此亦同一例也。國朝孫星衍撰《孔子集語》，博采諸子百家之言，分別而條理之，亦《孔叢子》之類也。蓋書雖成於近日，文皆本於周秦故也。"林氏又謂："《孔叢子》創世家之體。"其說皆得之。

<hr/>

① 蓼，《論文學》作"封"。據《四庫全書總目提要》改。
② 併，《論文學》作"得"。據《四庫全書總目提要》改。

四十四　論竹書紀年之文體

《竹書紀年》一書，《漢志》亦不載，《隋志》始載之。案《晉書·束晢傳》云："晉太康二年，汲縣人發魏襄王冢，得古書七十五篇。中有《竹書紀年》十三篇。"今世所行二卷，題沈約注，亦與《隋志》不符。《四庫提要》反復推勘，疑其係明人鈔合諸書爲之，並沈注亦係偽託，則今本乃偽書也。考唐宋以來，諸書所引《竹書紀年》，其中載有益干啟位，啟殺之，及文王殺季歷、太甲殺伊尹等事，皆與正史及儒家之記載不同。近人研究古史，每喜徵引其說，實則事涉荒誕，不可據信。惟其書傳世已久，詞章家每多採用，以資藻翰，故亦治文學者所宜流覽者也。

四十五　論穆天子傳之文體

《穆天子傳》六卷，亦出於汲冢，記周穆王巡行西土，及穆王美人盛姬死事。舊史列入起居注類，《四庫提要》始退置於小說家，以其文體有類於小說也。考《漢志》所載先秦小說家之書，今皆已亡。此書雖出於晉，猶是漢以前人所記周室之軼事，實爲我國現存小說最古者。其中載詩歌數首，後世詞章家亦常採用之。

四十六　論七緯之文體

緯書起於漢代，七緯儷七經而行。其中多孔氏遺言，七十子所記述。其文體，有簡潔如《論語》者。《太史公自序》引孔子曰："我欲載之空言，不如見之於行事之深切著明也。"此《春秋緯》之文也。戰國而後，術士或以怪誕之說雜於其間。秦始皇時，盧生有"亡秦者胡"之讖。漢儒篤信緯候者最多，於是面諛者，改計爲符瑞。哀平之際，頌莽功德者，實繁有徒。光武中興，不免囿於習氣。至隋焚讖緯，幾無完書矣。唐人《五經正義》時有稱引，宋人且欲盡舉而刪之焉。近日《易緯》存者，《乾坤鑿度》二卷，《稽覽圖》二卷，《辨經備》一卷，《乾鑿度》二卷，《通卦驗》一卷，《乾元序制記》一卷，《是類謀》一卷，《坤靈圖》一卷，皆《永樂大典》本。清代考據家益搜集類書，而緯書漸備。其文之不純者，往往入於怪誕矯誣；而其純者，則又平正通達，皆合群經之體焉：學者分別而觀之可也。

四十七　總論先秦雜史傳記之文學

　　總觀先秦雜史傳記之書，《逸周書》兼備各體之文，猶《尚書》之比也。《國語》足以與《左傳》相輔而行，則載記之要籍也。《戰國策》上關史家記載，下爲策論文之宗，而旁關乎諸子縱橫之學，是較之《國語》爲尤重矣。《韓詩外傳》及七緯，則解經而兼爲雜記之文也。《孔子家語》及《孔叢子》，則論著而兼爲家傳之文也。《竹書紀年》取法春秋，《世本》開鑿譜牒。《山海經》、《穆天子傳》，一關乎地，一關乎史；一爲後世神怪小說之先河，一爲後世傳奇文體之濫觴。此諸書之所以歷久而不廢，而能與群經並存於天壤之間也。

四十八　總論先秦之古詩逸詩

　　詩歌伴音樂、舞蹈而俱生，爲人類發抒情感之利器。世界各民族，其文學發展之程式，大氐以詩歌爲最早。我國先秦之詩歌，大端備於《詩經》。《詩經》所不載者，先儒稱爲逸詩。逸詩散見於群經諸子、雜史傳記者，爲數尚不少。惟其中多有後人追記或僞託者，不盡可實信。茲彙爲一編，依時代之先後，分別論之。

四十九　論黄帝時代之詩歌

我國初民之詩歌，今已無傳。《呂氏春秋·古樂篇》云："昔①葛天氏之樂，三人操牛尾，投足以歌八闋。一曰《載民》，二曰《玄鳥》，三曰《逐草木》，四曰《奮五穀》，五曰《敬天常》，六曰《達②帝功》，七曰《依地德》，八曰《總鳥獸之極》。"按此八闋之名，恐由後人所附會。《歸藏·啟筮》稱："黄帝殺蚩尤於青丘，作《柮鼓之曲》十章。一曰《驚雷震》，二曰《猛虎駭》，三曰《鷙鳥擊》，四曰《龍媒③踩》，五曰《靈夔吼》，六曰《雕鶚爭》，七曰《壯士奮怒④》，八曰《熊羆哮吼》，九曰《石盪崖》，十曰《波盪壑》。"按此蓋爲吾國最古之鐃⑤歌。然其詞無傳，亦未知其可信與否。又《吳越春秋·勾踐陰謀外傳》稱："越王謀伐吳，范蠡進善射者楚人陳音。王問曰：'孤聞子善射，道由何生？'音曰：'臣聞弩生於弓，弓生於彈，彈起於古之孝子不忍見父母爲禽獸所食，故作彈以守之，絕鳥獸之害。其歌曰：斷竹，續⑥竹，飛土，逐宍。'"按《文心雕龍·通變篇》云："黄歌斷竹，質之至也。"又《章句篇》云："二言肇於黄世，竹彈之謠是也。"彦和斷此詩爲黄帝時作，未知何據。今通考古籍中標明爲黄帝時之遺文，而且有韻者，凡得十餘首，錄之如下。（一）、《大戴禮記·武王踐阼篇》引黄帝丹書曰："敬勝怠者吉，怠勝敬者滅。義勝欲者從，欲勝義者凶。凡事不強則枉，弗敬則不正。枉者滅廢，敬者萬世。"（二）、《莊子·天運篇》稱黄帝張咸池之樂，有焱氏爲之頌曰："聽之不聞其聲，視之不見其形，充滿天地，苞裹六⑦極。"（三）、又《在宥篇》，廣成子告黄帝曰："至道之精，窈窈冥冥。"（四）、又《知北游》引黄帝曰："道不

---

① "昔"下，《文學論》有"曰"字。據《呂氏春秋》刪。

② 達，《論文學》作"建"。據《呂氏春秋》改。按諸本皆作"達"，唯王應麟《玉海》引作"建"。

③ 媒，《論文學》誤"謀"。據宋陳暘《樂書》改。

④ 奮怒，《論文學》脫"怒"字，據宋陳暘《樂書》補。按《繹史》引"奮怒"作"奪志"。

⑤ 鐃，《論文學》誤"饒"。據上下文意校改。

⑥ 續，《論文學》誤"斷"。據《吳越春秋》改。

⑦ 六，《論文學》誤"之"。據《莊子》改。

可致，德不可至，仁可爲也，義可虧也，禮相僞也。”（五）、《呂氏春秋·去私篇》，引黄帝曰：“聲禁重，色禁重，衣禁重，香禁重，味禁重，室①禁重。”（六）、又《序意篇》，引黄帝誨顓頊曰：“爰有大圜②在上，大矩在下。汝能法之，爲民父母。”（七）、又《應同篇》，引黄帝曰：“茫茫昧昧，因天之威，與玄同氣。”按此詞《淮南子·泰族③訓》及《繆稱訓》亦皆引之。（八）、又《遇合篇》，引黄帝謂嫫母曰：“厲女德而弗忘，與女正而弗衰，雖惡奚傷。”（九）、《賈子新書·脩④政語》上篇，引黄帝曰：“道若川谷之水，其出無已，其行無止。”（十）、《列子·天瑞篇》，引黄帝書曰：“谷神不死，是謂玄牝。玄牝之門，是謂天地根。綿綿若存，用之不勤。”按此文本見《道德經》。（十一）、又引黄帝曰：“精神入其門，骨骸反其根，我尚何存？”（十二）、又《力命篇》，引黄帝書曰：“至人居若死，動若械。亦不知所以居，亦不知所以不居。亦不知所以動，亦不知⑤所以不動。”（十三）、《太公兵法》，引黄帝《巾几銘》云：“予居民上，搖搖，恐夕不至朝；惕惕，恐朝不及夕。兢兢慄慄，日慎一日。人莫躓於山，而躓於垤。”（十四）、《路史·疏仡紀》，又引黄帝《巾几銘》云：“日中不彗，是謂失時。操刀不割，失利之期。執斧不伐，賊人將來。涓涓不塞，將爲江河。熒熒不救，炎炎奈何？兩葉不去，將用斧柯。爲虺弗摧，行將爲蛇。”按《賈子新書·宗首篇》引“日中不彗”，作“日中必熭”。又涓涓數語，與《說苑·敬慎篇》所載《金人銘》略同。《金人銘》凡二百余言，文長不錄。按以上所錄之黄帝時代遺文，見於道家書者爲多。道家以黄帝、老子並稱，故所記特多也。《金人銘》最長，《說苑》及《家語·觀周篇》雖載之，而不言爲誰氏作。而《太公金匱》獨以爲黄帝《金人銘》，恐未必可信。又《拾遺記》載黄帝時仙人甯封游沙海七言頌云：“青葉灼爍千載舒，百齡暫死餌⑥飛魚。”以黄帝時代而有七言詩，豈非怪事？凡此之屬，大氐皆方士誕妄僞託，不待論辨，而可知其必不可信矣。

---

① 室，《論文學》誤“寶”。據《呂氏春秋》改。
② 圜，《論文學》誤“圓”。據《呂氏春秋》改。
③ 族，《論文學》誤“簇”。據《淮南子》改。
④ 脩，《論文學》誤“備”。據賈誼《新書》改。
⑤ “亦不知”三字，《論文學》脱。據《列子》補。
⑥ 餌，《論文學》誤“鉺”。據《拾遺記》改。

五十　論唐虞時代之詩歌

　　孔子刪書，斷自唐虞。故我國歷史之確而可信者，自唐虞時代始。《尚書·堯典》稱："詩言志，歌永言。聲依永，律和聲。八音克諧，無相奪倫。"是其時文學音樂之事，已甚進步矣。茲取其流傳較古而可信者，錄之如次。（一）、《列子·仲尼篇》云："堯治天下五十年，不知天下治歟？不治歟？億兆之願戴己歟？不願戴己歟？顧問左右不知，問於外朝不知，問在野不知。堯乃微服游於康衢，聞兒童謠曰：'立我蒸民，莫匪爾極。不識不知，順帝之則。'堯喜，問曰：誰教爾爲此言。兒童曰：我聞之大夫。問大夫，大夫曰：古詩也。"（二）、皇甫謐《帝王世紀》云："帝堯之世，天下太和，百姓無事，有八九十老人擊壤而歌曰：'日出而作，日入而息。鑿井而飲，耕田而食。帝何力于我哉？'"按末句一本作"帝力于我何有哉"。又一本首句"日上"有"吾"字，"力"作"德"。以上二首是我國民謠之最古者。（三）、《淮南子·人間訓》引《堯戒》云："戰戰慄慄，日慎一日。人莫躓於山，而躓於垤。"按此與上所述黃帝《巾几銘》止有小異。然彼文見於晚出兵書，尚未若《淮南》之可信也。（四）、《禮記·郊特牲》引伊耆氏始爲蜡，其祝辭曰："土反其宅，水歸其壑。昆蟲毋作，草木 ① 歸其澤。"按伊耆氏不知何人。鄭氏注但曰古天子號，孔穎達以爲即神農氏，陸德明以爲帝堯。陸說或較可信。（五）、《尚書·皋陶謨》載帝舜作歌，曰勑天之命，惟時惟幾。乃歌曰："股肱喜哉！元首起哉！百工熙哉！"皋陶拜手稽首，乃賡歌曰："元首明哉！股肱良哉！庶事康哉！"又歌曰："元首叢脞哉！股肱惰哉！萬事墮哉！"古籍所載唐虞詩歌，以此爲最古，亦最可信。（六）、《尚書大傳》載舜將禪禹，於是俊臣百工相和而歌卿雲。帝倡之曰："卿雲爛兮，糺縵縵兮！日月光華，旦復旦兮！"八伯咸稽首而和："明明上天 ②，爛然星陳。日月光華，弘於一人。"帝乃載歌："日月有常，星辰有行。四時順經，萬姓允誠。於予論樂，配天之靈。遷於賢善，莫不咸聽。鼚乎鼓之，軒乎儛之。菁華已竭，褰裳去之。"按卿雲者，《漢書·天文志》云："若煙非煙，若雲非雲，郁郁紛紛，蕭索輪囷，是爲卿雲。

---

①　木，《論文學》誤"本"。據《禮記》改。
②　上天，《論文學》作"在上"。茲依《尚書大傳》。

此和氣也。"唐虞禪讓，後世傳爲美談，頌爲至德，故有此說。民國成立之初，曾采《卿雲歌》爲"國歌"，義亦取此。（七）、《文心雕龍·祝盟篇》又載舜祠田辭云："荷此長耜，耕彼南畝，四海俱有。"（八）、《孔子家語·辨樂解》稱：昔者舜彈五弦之琴，造南風之詩。唯備此化，故其興也勃焉。其詩曰："南風之薰 ① 兮，可以解吾民之慍兮。南風之時兮，可以阜吾民之財兮。"按此詞亦見《尸子》，但惟有首二句耳。唐虞時代之詩歌，傳於後世，而較可信者，已略具於此。他若《琴操》所載舜之《南風操》、《思親操》等，詞旨淺陋，其必爲妄人僞造無疑，故不錄焉。

五十一　論夏代之詩歌

　　夏禹之偉烈，尤在能平洪水，勤民事，故其遺文往往與此有關。今略述之如後。（一）、《呂氏春秋·音初篇》稱："禹行水見塗山之女。禹未之遇，而巡省南土。塗山氏之女乃命其妾候 ② 禹于塗山之陽。女乃作歌曰：'候人兮猗。'實始作南音。"按禹娶 ③ 塗山之事，本見於《尚書·皋陶謨》，而屈子《天問》述之。《左傳》亦稱："禹會諸侯于塗山，執玉帛者萬國。"故《吳越春秋·無余外傳》演之曰："禹三十未娶，行到塗山，恐時之暮，失其度制 ④，乃辭云：'吾娶也，必有應矣。'乃有白狐九尾 ⑤ 造於禹。禹曰：'白者，吾之服也。其九尾者，王之證也。'塗山之歌曰：'綏綏白狐，九尾厖厖。我家嘉夷，來賓爲王。成家成室，我造彼昌。天人之際，於此則行。'明矣 ⑥ 哉。禹因娶塗山，謂之女嬌。"按《呂覽》所記《候人之歌》，其詞不盡傳，蓋逸篇也。若《吳越春秋》之《塗山歌》，則疑出後人附會。（二）、《逸周書·文傳解》引《夏箴》曰："中不容利，民乃外次。"又引《開望》曰："土廣無守，可襲

----

① 薰，《論文學》誤"董"。據《孔子家語》改。
② 候，《論文學》誤"侯"。據《呂氏春秋》改。
③ 娶，《論文學》誤"聚"。據上下文意校改。
④ 度制，《論文學》作"制度"。據《吳越春秋》改。
⑤ 白狐九尾，《論文學》作"九尾白狐"。茲依《吳越春秋》。
⑥ 矣，《論文學》誤"條"。據《吳越春秋》改。

伐。土狹無食，可圍竭。二禍之來，不稱之災。天有四殃，水旱饑荒。其至無時，非務積聚，何以避之？”又引《夏箴》曰：“小人無兼年之食，遇天饑，妻子非其有也。大夫無兼年之食，遇天饑，臣妾輿馬非其有也。國無①兼年之食，遇天饑，百姓非其有也。戒之哉！弗思弗行，禍至無日矣。”游國恩云：“《夏箴》爲夏禹之箴戒書，《開望》疑爲《夏箴》之篇名。”（三）、《孟子·梁惠王篇》引《夏諺》曰：“吾王不遊，吾何以休？吾王不豫，吾何以助？一遊一豫，爲諸侯度。”此雖未知何時之諺，然固疑禹平水土之後，巡狩四方，而惠百姓，民喜其德而歌之也。以上所引，並與禹之治水勤政有關。《漢志》雜家有《大命即古禹字》三十七篇，或疑皆其書之佚文也。又《吳越春秋》稱：“禹登於宛委山，發金簡玉字之書，得通水之理。”而《荊州記》遂杜撰其文曰：“祝融司方發其英，沐日浴月百寶生。”《述異記》又稱空同山有禹碣。而《衡山記》亦謂禹通水導瀆，刻石書之名山，唐人詩多傳其事。明楊慎竟得其七十七字，所謂岣嶁之《禹碑》也。《輿地志》又言：“江西廬山紫霄峰下有石室，中有禹篆。有好事者縋入摸之，凡七十餘字，止辨其六字。”《琴操》且有禹作《襄陵操》一首。若斯之類，正太史公所謂“余不敢言之”者也。夏啟嗣位，諸侯有扈氏不服，大戰於甘之野，作《甘誓》，文見《尚書》。是爲誓詞之最古者。此外，《墨子·耕柱篇》稱：“夏后開使蜚廉析金於山川，而陶鑄之於昆吾。是使翁難雉乙按此四字疑有僞誤，卜②於白若之龜。曰：‘鼎成三足而方，不炊而自烹，不舉而自臧，不遷而自行，以祭於昆吾之虛上。’乙又言兆之由，曰：‘饗矣！逢逢白雲，一南一北，一西一東。九鼎既成，遷於三國。’”又《山海經》郭璞注，引《歸藏·啟筮》曰：“空桑之蒼蒼，八極之既張。乃有夫羲和，是主日月，職出入以爲晦明③。”又曰：“瞻彼上天，一明一晦。有夫羲和之子，出於暘谷。”是又繇詞之最古者。至《離騷》、《天問》諸篇，屢言啟有《九辯》、《九歌》之樂，惜其詞皆不傳矣。啟之後，大康失邦。昆弟五人，須於洛汭，作《五子之歌》。然今所傳者，爲僞古文，不可實④信。《呂氏春秋·音初篇》稱：“夏后孔甲作《破斧》之歌，始爲東音。”其歌詞今亦

---

① 無，《論文學》作“有”。據王念孫《讀書雜志》改。
② 卜，《論文學》誤“十”。據《墨子》改。
③ 明，《論文學》誤“月”。據《山海經》郭璞注改。
④ 實，《論文學》誤“寶”。據上下文意校改。

不傳。唯夏之末世，有筮詞及歌數首，錄之於後。《歸藏》：桀筮伐有唐，格於熒惑，曰不吉。其詞曰：“不利出征，唯利安處。彼為貍，我為鼠。勿用作事，恐傷其父 ①。”《韓詩外傳》：昔有桀為酒池糟堤，縱靡靡之樂，而牛飲者三千。群臣相持而歌曰：“江水沛兮，舟楫敗兮 ②，我王廢兮。趣歸於亳，亳亦大兮。”又曰：“樂兮樂兮，四牡驕兮，六轡沃兮。去不善兮，善何不樂兮？”又《尚書大傳·殷傳》云：夏人飲酒，醉者持不醉者，不醉者持醉者，相和歌曰：“盍歸於亳 ③？盍歸於亳？亳亦大矣！”故伊尹退而閒居，深聽樂聲，更曰：“覺兮較兮，吾大命格 ④ 兮！去不善而就善，何樂兮！”與此不同，蓋傳聞之 ⑤ 異也。

五十二　論商代之詩歌

商之遺文，今文《尚書》所載者，計有《湯誓》、《盤庚》、《高宗肜日》、《西伯戡黎》、《微子》等五篇。其韻語之傳於今者，亦可有五篇。茲分述之於下。（一）、《禮記·大學》引湯之《盤銘》曰：“苟日新，日日新，又日新。”此 ⑥ 為三言韻語之首見者。（二）、《荀子·大略篇》載湯禱旱之辭曰：“政不節與？使民疾與？何以不雨至斯極也！宮室榮與？婦謁盛與？何以不雨至斯極也！苞苴行與？讒夫興與？何以不雨至斯極也！”按此詞又見《說苑·君道篇》，作“政 ⑦ 不節耶？使人疾耶？苞苴行耶？讒夫昌耶？宮室營耶？女謁盛耶？何不雨之極耶！”文與此小異。（三）、《國語·晉語》稱：商之衰也，其銘有之。曰：“嗛嗛之德，不足就也。不可以矜，而只 ⑧ 取憂也。嗛嗛之食，不足狃也。不能為膏，而只離咎也。”按郭偃止謂此為殷衰

---

① 父，《論文學》誤“矣”。據《太平御覽》引《歸藏》改。
② 兮，《論文學》作“矣”。據《韓詩外傳》改。後第三句“兮”字倣此。
③ 亳，《論文學》作“薄”。據《尚書大傳》改。下文兩“亳”字倣此。
④ 格，《論文學》作“假”。茲依《尚書大傳》。
⑤ 之，《論文學》誤“知”。據上下文意校改。
⑥ 此，《論文學》誤“以”。據上下文意校改。下文“謂此”之“此”倣此。
⑦ 政，《論文學》誤“作”。據《說苑》改。
⑧ 只，《論文學》作“可”。據《國語》改。

之銘,惜不言何人所作,亦不知所銘何物耳。(四)、《史記·伯夷列傳》稱武王伐紂,伯夷、叔齊叩馬而諫。武王既滅殷,天下宗周,夷齊恥食周粟,隱於首陽山,采薇而食之。及餓且死,作歌曰:"登彼西山兮,采其薇矣。以暴易暴兮,不知其非矣。神農虞夏忽焉沒兮,我安適歸矣?于嗟徂兮,命之衰矣!"按此詞《琴操》截去兮字,改爲四言詩,名之曰《采薇操》,則後之好事者爲之耳。(五)、《尚書大傳》言:"微子將往朝周,過殷之故墟,見麥秀之蘄蘄 ①,禾黍之蠅蠅也。曰:'此父母之國,宗社之所立也。'志動心悲,欲哭則爲朝周,俯泣則近婦人,推而廣之作雅聲,謂之《麥秀歌》。歌曰:'麥秀蘄蘄兮,禾黍蠅蠅。彼狡童兮,不我好仇。'"按《史記·宋世家》以此歌爲箕子所作。其文"蘄蘄"作"漸漸","蠅蠅"作"油油",末句作"不與我好兮",與此所引微異。又謂:"狡童者,紂也。殷民聞之,皆爲流涕。"則亡國之痛深矣。此外,《呂氏春秋·音初篇》,謂殷整甲有《燕燕歌》,今已不傳。《京房易傳》有《湯嫁妹辭》見《困學紀聞》引,《古今樂錄》有《箕子操》,皆不足信,故存而勿論。

五十三　論周初韻語之分類

周之文學,至爲發達。《詩經》所收之詩,大氐皆周詩也。《詩經》而外,其韻語可得而言者,約有四類。一曰規戒之文,箴銘是也;二曰卜筮之文,繇兆是也;三曰典禮之文,祭祝是也;四曰雜歌詩,至春秋戰國時尤多。茲分別述之。

五十四　論周初之箴銘

《大戴禮記·武王踐阼篇》稱,武王聞《丹書》之言,惕若恐懼,退而爲戒,書於席之四端爲銘焉。於机、鑑、盥盤、楹、杖、帶、履屨、觴豆、戶、牖、劍、

---

① 蘄蘄,《論文學》誤"靳靳"。據《尚書大傳》改。

弓、矛，皆爲之銘。凡十七銘。茲擇録兩首。《盥盤銘》："與其溺于人也，寧溺于淵？ 溺于淵，猶可游也。溺于人，不可救也。"《矛銘》："造矛造矛，少閒① 弗忍，終身之羞。余一人所聞，以戒後世子孫。"而《太平御覽》引《太公金匱》，又有武王《書冠》、《書履》、《書劍》、《書車》、《書鏡》、《書門》、《書户》、《書鑰》、《書牖》、《書硯》、《書鋒》、《書刀》、《書井》等十三銘。又引《陰謀》有武王《筆銘》、《笙銘》等二銘。茲擇録五首。《書車》："自致者急，載人者緩。取欲無度，自致而反。"《書履》："行必履正，無懷僥倖。"《書硯》："石墨相著而黑，邪心讒言，無得汙白。"《書鋒》："忍之須臾，乃全汝軀。"《書井》："原泉滑滑，連旱則絕。取事有常，賦歛有節。"② 後《後漢書·朱穆傳》注引《陰謀》，尚有武王《衣銘》、《鏡銘》、《觴銘》三首。《崔駰傳》注又引《金匱》，有武王《几銘》、《杖銘》二首。茲再選録《衣銘》、《鏡銘》。《衣銘》："桑蠶③ 苦，女工難。得新捐故後必寒。"《鏡銘》："以④ 鏡自照者，見形容。以人自照者，見吉凶。"武王諸銘，出於兵書者，疑爲後人依託。出於《大戴禮》者，則由來甚古，宜其可信。此外，《左傳》襄公四年，載魏莊子謂晉侯曰："昔周辛甲之爲太史也，命百官以箴王闕。於《虞人之箴》，曰："芒芒禹迹，畫爲九州，經啟九道。民有寢廟，獸有茂⑤ 草。各有攸處，德用不擾。在帝夷羿，冒于原獸。忘其國恤，而思其麀⑥ 牡。武不可重，用不恢于夏家。獸臣司原，敢告僕⑦ 夫。"辛甲爲武王太史，則此箴亦周初之韻文也。夫曰⑧ 百官之箴，則前此箴戒之文，無有若武王時之盛者。觀其篇幅漸擴，規模漸大，又井井有條理，箴銘文字之進步，於此可見。揚雄之《二十五官箴》，即倣此而作也。

---

① 閒，《論文學》誤"聞"。據《大戴禮記》改。
② 謹案，以上述《太公金匱》及《陰謀》等引銘，除據《太平御覽》外，蓋亦參考《玉海》、《淵鑒類函》等書所載。
③ 蠶，《論文學》誤"女"。據《後漢書》注改。
④ 以，《論文學》誤"此"。據《後漢書》注改。
⑤ 茂，《論文學》誤"攸"。據《左傳》改。
⑥ 麀，《論文學》誤"塵"。據《左傳》改。
⑦ 僕，《論文學》誤"什"。據《左傳》改。
⑧ 曰，《論文學》誤"日"。據上下文意校改。

五十五　論周初之繇兆

古之繇辭,多爲韻文。故《周易》之卦爻詞亦然。茲條舉《易》詞之有韻者數則,以示一斑。(一)、《屯》六二:"屯如邅如,乘馬班如。匪寇,婚媾。"(二)、《否》九五:"其亡其亡,繫^①于苞桑。"(三)、《睽》上九:"睽孤,見豕負塗,載鬼一車。先張之弧,後說之弧。匪寇,婚媾。"(四)、《困》六三:"困于石,據于蒺藜。入其宮,不見其妻。"(五)、《鼎》九四:"鼎折足,覆公餗,其形渥。"(六)、《中孚》九二:"鳴鶴在陰,其子和之。我有好爵,吾與爾靡之。"上舉各爻詞,雖長短參差,而皆爲韻語,其中有極似《詩經》者。至於漢人《焦氏易林》,則直爲整齊之四言詩矣。

五十六　論周初祭祝之詩歌

祭祝之詞,施於鬼神及人事者,周初蓋多有之。《儀禮·士冠禮》有《始加祝》、《再加祝》、《三加祝》,又有《醴辭》、《醮辭》、《再醮辭》、《三醮辭》、《字辭》。《少牢^②·饋食禮》有《祝嘏辭》。《大戴禮記·公符篇》有《成王冠辭》,又有《祭天辭》、《祭地辭》及《迎日辭》。周初禮文既備,所以致美於神祇,粉飾乎人事者靡不至,所謂無文不行也。此等文辭,數見於雅頌。唯禮書所載,其用有專屬。茲舉數例如下:(一)、《士冠禮》,《始加祝辭》:"令月吉日,始加元服。棄爾幼^③志,順爾成^④德。壽考惟祺,介爾景福。"(二)、《士冠禮》,《醴辭》:"甘醴惟厚,嘉薦令芳。拜受祭之,以定爾

---

① 繫,《論文學》誤"擊"。據《周易》改。
② 牢,《論文學》誤"年"。據《儀禮》改。
③ 幼,《論文學》誤"動"。據《儀禮》改。
④ 爾成,《論文學》誤"成爾"。據《儀禮》改。

祥。承天之休,壽考不忘。"（三）、《大戴①禮記·公符②篇》,《祭天辭》："皇皇上天,昭臨③下土④。集地之靈,降甘風雨。庶物群生,各得其所。靡今靡古,惟予一人某。敬拜皇天之祐⑤。"按《祭天辭》前六句,張華《博物志》以爲《請雨辭》。雖祭天請雨,爲用微有不同,其爲祭祝之文體則一也。

五十七　論周初之雜歌詩⑥

　　《國語·周語下》：敬王十年,劉文公與萇弘欲城周,衛彪傒見單穆公,引《周詩》,曰："'天之⑦所支,不可壞也。其所⑧壞,亦不可支也。'昔武王克殷而作此詩也,以爲飫歌,名曰《支》,以遺後之人,使永監焉。"按此殆周初詩歌之最早者,不見於《三百篇》,蓋逸詩也。又《左氏》昭十二年傳,載楚子革引《祈招》之詩云："祈招之愔愔⑨,式昭德音。思我王度,式如玉,式如金。形民之力,而無醉飽之心。"傳稱："穆王欲肆其心,周行天下,將皆必有車轍馬跡焉。祭公謀父作《祈招》之詩,以止王心,王是以獲沒于祇宮。"此並逸詩之寓有勸戒之意者。又《穆天子傳》稱：天子觴西王母于瑤池之上,西王母爲天子謠。其詞曰："白雲在天,丘陵自出。道里悠遠,山川閒⑩之。將子無死,尚復能來。"按此詩亦稱《白雲謠》。傳中又載《黃池謠》、《黃竹詩》等。《黃竹詩》有缺誤,不甚可讀。茲錄《黃池謠》："黃之池,其馬歕沙,皇人威儀。黃之澤,其馬歕玉,皇人受穀。"此外,《古今樂錄》尚載有王季《哀慕歌》、文王《拘幽操》、成王《神風操》等,《琴苑要錄》尚載

---

① 戴,《論文學》誤脫。據《大戴禮記》補。
② 符,文淵閣《四庫全書》本《大戴禮記》校云："當爲冠字之譌。"
③ 昭臨,《論文學》誤"照歸"。據《大戴禮記》改。
④ 土,《論文學》誤"士"。據《大戴禮記》改。
⑤ 祐,《五禮通考》、《文獻通考》、《古詩紀》等引均作"祜"。
⑥ 歌詩,《論文學》作"詩歌"。據上下文意校改。
⑦ 之,《論文學》誤"又"。據《國語》改。
⑧ 所,《論文學》誤"歷"。據《國語》改。
⑨ 愔愔,《論文學》誤"惜惜"。據《左傳》改。
⑩ 閒,《論文學》誤"閑"。據《穆天子傳》改。

有太王《岐山操》，《琴操》尚載有《文王操》、周公《越裳操》、伯奇《履霜操》等，皆詞旨淺陋，斷爲後人僞造，必不可信。

五十八　總論春秋戰國之雜歌詩

自周初，以迄定、簡之世_{約當春秋之前半}①期，其間主要之文學爲詩歌，大氐《三百篇》足以盡之。自此以降，入於戰國，則有南方之《楚辭》蔚起勃興，而文學之面目一變。然春秋、戰國之間凡五百年，《詩經》、《楚辭》而外，其文學可得而述者，則是時諸侯各國之雜歌詩是也。茲以國爲別，述其要者於後。

五十九　論魯國之雜歌詩

（一）、《左氏》成公十七年傳載：聲伯夢涉洹，或與己瓊瑰食之，泣而爲瓊瑰盈其懷。從而歌之曰："濟洹之水，贈我以瓊瑰。歸乎歸乎，瓊瑰盈吾懷乎。"按此歌文體，略近風詩。夢中作詩，此其權輿乎？（二）、《左氏》襄公四年傳載：臧紇救鄫侵邾，敗于狐駘。國人逆喪者皆髽，魯于是乎始髽。國人誦之曰："臧之狐②裘，敗我于狐③駘。我君小子，朱儒是使。朱儒朱儒，使我敗于邾。"按喪師辱國，自古恥之。此與宋人之譏華元，皆足以見愛國之心，人有同情也。（三）、《左氏》昭公十二年傳載：鄉人之歌南蒯云："我有圃，生之杞乎。從我者子乎？去我者鄙乎，倍其鄰者恥乎。已乎已乎，非吾黨之士乎！"按此歌諷刺詠歌之情，兼而有之，當爲魯國平民文學之佳者。（四）、《左氏》昭公二十五年傳：有文成_{今本誤作文武}之世《鸜鵒謠》，其詞曰："鸜之鵒之，公出辱之。鸜鵒之羽，公在外野，往饋之馬。鸜鵒趼趼，公在乾侯，徵褰與

---

① 半，《論文學》誤"丰"。據上下文意校改。

② 狐，《論文學》誤"弧"。據《左傳》改。

③ 狐，《論文學》誤"弧"。據《左傳》改。

襦。鸜鵒之巢，遠哉遙遙①。稠父喪勞，宋父以驕。鸜鵒鸜鵒，往歌來哭。"按此魯文、成之世童謠也。至昭公時，有鴝來巢，公攻季氏，敗。出奔齊外野，次乾侯，八年死於外，歸葬。昭公名稠。公子宋立，是爲定公。此謠於數十年來事皆驗，極似後世之圖讖。（五）、《呂氏春秋·樂成篇》載："孔子始用於魯，魯人鷔誦之曰：'麛裘而鞞，投之無戾。鞞而麛裘，投②之無郵。'用三年，男子行乎塗右，女子行乎塗左。財物之遺者，民莫之舉。大智之用，固難踰也。"按此誦又見《孔叢子·陳士義》，謂"孔子初相魯，魯人謗誦"云云，而又言："及三年，政成化行，民又作誦曰：'袞衣章甫，實獲我所。章甫袞衣，惠我無私。'"此所謂民不可與慮始，可以樂成者也。《孔叢子》所載，較《呂覽》多一章，或《呂覽》偶遺之。（六）、《水經注》載"孔子適趙，臨河不濟，歎而作歌曰：'秋水衍兮風揚波，舟楫顛倒更相加，歸來歸來胡爲斯！'"（七）、《說苑》載孔子《蟪蛄歌》，謂政尚靜而惡嘩也。其詞曰："違山十里，蟪蛄之聲，猶尚在耳。"（八）、《孔叢子》："楚王使使奉金幣聘夫子，宰予、冉有曰：'夫子之道，至是行矣。'遂請見。問曰：'太公勤身苦志，八十而遇文王，孰與許由之賢？'子曰：'許由獨善其身者也，太公兼利天下者也。然今世無文王，雖有太公，孰能識之？'歌曰：'大道隱兮禮爲基，賢人竄兮將待時，天下如一兮欲何之。'"（九）、《孔叢子》："叔孫氏之車子鉏商樵於野，而獲麟焉。衆莫之識，以爲不祥。夫子往觀焉，泣曰：'麟也。麟出而死，吾道窮矣。'歌曰：'唐虞世兮麟鳳遊，今非其時兮來何求？麟兮麟兮我心憂！'"（十）、《琴操》載"季桓子受齊女樂，孔子欲諫不得，退而望魯龜山，作歌喻季之蔽魯也。歌曰：'予③欲望魯兮，龜山蔽之。手無斧柯，奈龜山何？'"（十一）、《琴操》又載孔子《槃④操》："乾澤而漁，蛟龍不遊。覆巢毀卵，鳳不翔留。慘予心悲，還原息陬。"按以上所述之《臨河歌》、《蟪蛄歌》、《楚聘歌》、《獲麟歌》、《龜山操》、《槃操》，雖皆見古書，恐多後人附會，不盡可實信。（十二）、《史記》："孔子相魯，魯大治。齊人歸女樂，季恒子受之，三日不聽政，郊又不致膰

---

① 遙遙，《論文學》誤"消遙"。據《左傳》改。
② 投，《論文學》作"求"。據《呂氏春秋》改。
③ 予，《論文學》誤"矛"。據《古樂府》引《琴操》改。
④ 槃，《論文學》作"盤"。據《古樂府》引《琴操》改。下文"槃"字倣此。

於大夫。孔子遂行,歌曰:‘彼婦之口,可以出走。彼婦之謁①,可以死敗。蓋優哉游哉,維以卒歲。’”(十三)、《檀弓》:“孔子曳杖而歌曰:‘太山其頹乎,梁木其壞乎,哲人其萎乎!’”(十四)、《檀弓》:“成人有其兄死而不爲衰者,聞子皋將②爲成宰,遂爲衰。成人歌曰:‘蠶則績而蟹有匡,范則冠而蟬有緌,兄則死而子皋爲之衰。’”按此《去魯歌》、《曳杖歌》、《成人歌》三首,皆見於正經正史,宜其可信。此外,《列女傳》尚載有魯女陶嬰《黃鵠歌》及柳下惠妻《誄③柳下惠辭》,辭皆淺薄,恐爲後人所僞造也。

六十　論齊國之雜歌詩

(一)、《晏子春秋·諫下篇》記:“景公起大臺,歲寒不已,凍餒者多。公延晏子飲。晏子曰:君若賜臣,臣請歌之。歌曰:‘庶民之言曰,凍水洗我,若之何? 太上靡散我,若之何? ’歌畢,喟然流涕。景公爲罷其役。”(二)、《諫下篇》又載:“景公後又爲長庲,將欲美之,有風雨作。公與晏子入坐飲酒。酒酣,晏子作歌曰:‘穗乎不得穫,秋風至兮殫零落。風雨之拂殺也,太上之靡敝④也。’歌終而流涕,公遂廢酒罷役,不果成長庲。”(三)、又《外篇》第七亦載:“景公⑤築長庲之臺。晏子侍坐,觴三行,起舞曰:‘歲已暮矣,而禾不穫,忽忽矣若之何? 歲已寒矣,而役不罷,惙惙矣如之何? ’舞三,而涕下沾襟。景公慙,爲罷長庲之役。”按《晏子春秋》,雖係後人雜采其生平言行而作,然其諷諫愛民之事,往往見於他書。此等簡質詩歌,當非出於僞造也。(四)、《左傳》哀公五年載:“景公卒,群公子出奔。萊人歌之曰:‘景公死乎不與埋⑥,三軍之事乎不與謀。師乎師乎,何黨之乎!’”(五)、又《左氏》哀二十一年傳載:“公及齊侯、邾子盟于顧。齊人責稽首,因歌之曰:‘魯人之皋,

---

① 謁,《論文學》誤“渴”。據《史記》改。
② 子皋將,《論文學》誤“高子皋”。據《禮記》改。
③ 誄,《論文學》誤“諫”。據《列女傳》改。
④ 敝,《論文學》誤“敞”。據《晏子春秋》改。
⑤ 公,《論文學》誤“風”。據《晏子春秋》改。
⑥ 埋,《論文學》誤“理”。據《左傳》改。

數年不覺，使我高蹈。惟其儒書，以爲二國憂。'"（六）、《史記·滑稽列傳》："齊威王使淳于髡之①趙，請兵禦楚，齎金百斤，車馬十駟。髡仰天大笑，冠纓索絕。王曰：先生少之乎？髡曰：臣從東方來，見道旁禳田者，操一②豚蹄，酒一盂，而祝曰：'甌窶滿篝，汙邪滿車。五穀蕃熟，穰穰滿家。'臣見所持者狹，而所欲者奢，故笑之。"（七）、《孟子》引齊人有言曰："雖有③智慧，不如乘勢。雖有鎡基，不如待時。"按以上所引者外，他若馮諼之《彈鋏歌》，齊人之《松柏歌》，皆見於《戰國策·齊策》。此皆齊國歌諺之可考者。

六十一　論衛國之雜歌詩

　　《呂氏春秋·舉難篇》載："甯戚欲干齊桓公，窮困無以自通。於是爲商旅，將任車以至齊，暮④宿於郭門之外。桓公郊迎客，夜開門，辟任車，爝火甚盛，從者甚衆。甯戚飯牛車下，望桓公而悲，擊牛角疾歌。"按《淮南子·道應訓》亦載此事，而誤爲甯越，"擊牛角疾歌"作"擊牛角而疾《商歌》"，而並不載歌辭。唯《史記·鄒陽傳》集解引應劭載其《商歌》曰："南山矸，白石爛。生不遭堯與舜禪，短布單衣適至骭。從昏飯牛薄夜半，長夜漫漫何時旦？"而《藝文類聚》又載一首云："滄浪之⑤水白石粲⑥，中有鯉魚長尺半。縠布單衣裁至骭，清朝飯牛至夜半。黃犢上阪且休息，吾將捨女相齊國。"《文選·嘯賦》注，又載一首云："出東門兮厲石斑，上有松柏青且蘭。粗布衣兮緼縷，時不遇兮堯舜主。牛兮努力食細草，大臣在爾側，吾當與爾適楚國。"按《呂覽》稱甯戚衛國人，此爲衛雜歌詩之僅傳者。或疑其不類春秋時詩，恐係後人因其事而撰造以實之，殊難質言也。

---

① 之，《論文學》作"于"。據《史記》改。

② 一，《論文學》脫。據《史記》補。

③ 有，《論文學》誤"省"。據《孟子》改。

④ 暮，《論文學》誤"墓"。據《呂氏春秋》改。

⑤ 之，《論文學》誤"云"。據《藝文類聚》改。

⑥ 粲，《論文學》誤"桀"。據《藝文類聚》改。

六十二　論晉國之雜歌詩

　　（一）、僖公五年《左傳》載：晉侯使士蒍爲二公子築蒲與屈，不慎置薪焉。夷吾訴之，公使讓之。士蒍稽首而對，退而賦曰：“狐裘尨茸，一國三公，吾誰適從？”按此士蒍自作詩也，其體格與《詩經》同，蓋晉詩歌中較早者。（二）、《國語·晉語二》載：驪姬欲殺申生，而難里克，使優施飲之酒。中飲，優施起舞，乃歌曰：“暇豫之吾吾，不如烏烏①。人皆集於菀，己②獨集於枯。”按劉彥和《明詩篇》以爲五言詩，蓋③隱語廋④詞之類也。（三）、僖公五年《左傳》載：晉侯圍虢上陽，問卜偃何時克之，卜偃以童謠云：“丙之晨，龍尾伏辰。均服振振，取虢之旂。鶉之賁賁，天策焞焞。火中成軍，虢公其奔。”按此亦後讖語之類也。（四）、《國語·晉語三》載：惠公入，而背外⑤內之賂，輿人誦之曰：“佞之見佞，果喪其田。詐之見詐，果喪其賂。得國⑥而狃，終逢其咎。喪田不懲，禍亂其興。”（五）、《晉語三》又載：惠公即位，出共世子而改葬之，臭達於外。國人誦之曰：“貞之無報也，孰是人斯，而有是臭也？貞爲不聽，信爲不誠。國斯無刑，偷居幸生。不更厥貞，大命其傾。威兮懷兮，各聚爾有，以待⑦所歸兮。猗兮違兮，心之哀兮。歲之二七，其靡有微⑧兮。若狄公子，吾是之依兮。鎮撫國家，爲王妃兮。”按《春秋內外傳》，載各國輿人之誦多矣，而莫長於此篇。其後惠公立十四年，果見獲於秦，則“歲之二七”亦讖詞也。觀此諸歌，凡君國之興亡，人心之向背，靡不可見。益信古人陳詩之爲要政矣。（六）、《呂氏春秋·介立篇》載：“晉文公反國，介之推不肯受

---

①　烏烏，《論文學》誤“鳥鳥”。據《國語》改。
②　己，《論文學》誤“已”。據《國語》改。
③　蓋，《論文學》誤“益”。據上下文意校改。
④　廋，《論文學》誤“瘦”。據上下文意校改。
⑤　外，《論文學》誤“後”。據《國語》改。
⑥　國，《論文學》誤“之”。據《國語》改。
⑦　待，《論文學》誤脫。據《國語》補。
⑧　微，《論文學》誤“徵”。據《國語》改。

賞,自爲賦詩曰:‘有龍于飛①,周徧②天下。五蛇從之,爲之丞輔。龍反其鄉,得其處所。四蛇從之,得其露雨。一蛇羞之,橋當作槁死中野。’夜懸書公門,而伏於山下。”按介之推不言祿,其事本見《左傳》僖公二十四年,明言“身將隱,焉用文之”,安有自爲詩而懸於公門之事?《史記·晉世家》載此歌,其辭不同,而以爲介子從者所爲,斯尚近理也。此外,《左傳》僖公二十八年,輿人有《原田》之誦;昭公十二年,穆子有《投壺》之辭;《周書·太子晉解》,師曠有《無射》之歌;《檀弓下》,張老有《成室》之贊;《呂覽·期賢篇》,魏有《文侯之誦》;《樂成篇》,魏③有《鄴民之歌》;《史記·趙世家》,趙有《鼓琴》之詩,《號笑》之謠;《列女傳》,有女娟《河激歌④》詩:此皆三晉遺文之可以考見者。

六十三　論楚國之雜歌詩

（一）、《說苑·至公篇》載:“楚令尹子文之族有干⑤法者,廷理拘之,聞其令尹之族也,而釋之。子文召廷理而責之,遂致其族人于廷理。曰:‘不是刑也,吾將死。’廷理懼,遂刑其族人。國人聞之曰:‘若令尹之公也。吾党何憂乎?’乃相與作歌曰:‘子文之族,犯國法程。廷理釋之,子文不聽。恤顧怨萌,方正公平。’”按此歌極似三百篇。其時代在春秋之初,亦楚詩之較早者也。（二）、《說苑·正諫篇》又載:諸御已既諫莊王解層臺而罷民,楚人歌之曰:“薪乎萊乎,無諸御已,訖無子乎。萊乎薪乎,無諸御已,訖無人乎。”（三）、《說苑·善說篇》又載:莊辛稱鄂君子晳泛舟於新波之中,榜枻越人,擁楫而歌曰:“濫兮抃⑥草,濫予昌枑。澤予昌州,州鎘州焉乎秦胥胥縵予乎昭澶秦踰滲惿隨河湖。按此歌不成句讀,蓋古越方言。”子晳不知越歌,乃召越譯而

---

① 飛,《論文學》誤“天”。據《呂氏春秋》改。
② 徧,《論文學》誤“偏”。據《呂氏春秋》改。
③ 魏,《論文學》誤“委”。據《呂氏春秋》改。
④ 歌,《論文學》誤“河”。據《列女傳》改。
⑤ 干,《論文學》誤“于”。據《說苑》改。
⑥ 抃,《論文學》作“忭”。據《說苑》改。

楚說之,曰:"今夕何夕兮?搴中洲^①流。今日何日兮?得與王子同舟。蒙羞被好兮,不訾詬恥。心幾煩而不絕兮,知得王子。山有木兮木有枝,心說君兮君不知。"按此歌由越語而譯爲楚文,實爲騷詞之先驅。蓋鄂君子晳爲楚康王母弟,在屈原前尚二百年也。(四)、《論語·微子篇》記:"楚狂接輿歌而過孔子^②,曰:'鳳兮鳳兮,何德之衰?往者不可諫,來者猶可追。已而已而,今之從政者殆而!'孔子下,欲與之言。趨而避之,不得與之言。"(五)、《莊子·人間世》亦載《接輿歌》:"鳳兮鳳兮,何如德之衰也?來世不可待,往世不可追也。天下有道,聖人成焉;天下無道,聖人生焉。方今之時,僅免刑焉。福輕乎羽,莫之知載;禍重乎地,莫之知避。已乎已乎,臨人以德。殆乎殆乎,畫地而趨。迷陽迷陽,無傷吾行。吾行欲曲,無傷吾足。"按此歌似據《論語^③》衍成之。(六)、《孟子·離婁上篇》載:"有孺子歌曰:'滄浪之水清兮,可以濯我纓。滄浪之水濁兮,可以濯我足。'孔子曰:小子聽之,清斯濯纓,濁斯濯足矣。"按《楚辭·漁父》引此歌,或孔子在楚時所聞歟?(七)、《古文苑·楚相孫叔敖碑》,載《忼慨曲》。其詞曰:"貪吏而不可爲而可爲,廉吏而可爲而不可爲。貪吏而不可爲者,當時有汙名;而可爲者,子孫以家成。廉吏而可爲者,當時有清名;而不可爲者,子孫困窮,被褐^④而負薪。貪吏常苦富,廉吏常苦貧。獨不見楚相孫叔敖,廉潔不受^⑤錢。"按此歌與《史記·滑稽列傳》所載相類,傳云:"楚相孫叔敖死,其子窮困負薪。優孟憐之,即爲孫叔敖衣冠抵掌談語,歲餘,像孫叔敖。楚王置酒,優孟前爲壽。王大驚,以爲孫叔敖復生也,欲以爲相。優孟曰:'楚相不足爲也。孫叔敖爲相,盡忠爲廉,王得以伯。今死,其子貧負薪。必如孫叔敖,不如自殺。'因歌云云。王乃召孫叔敖子,封之寢丘。"此歌將廉吏不可爲說透,而主意於末一語綴出,情深語竭。故能使楚王聽之,不覺自入,而有所動於中也。此外,《史記·楚世家》尚載有《三戶》之諺^⑥,《家語·致思篇》尚載有《萍實》之謠,不復備錄。

---

① 洲,《論文學》誤"州"。據《說苑》改。
② 孔子,《論文學》"子"下有"之門"二字。茲依《論語》刪。
③ 語,《論文學》誤"經"。據上下文意校改。
④ 褐,《論文學》誤"禍"。據《古文苑》改。
⑤ 受,《論文學》作"愛"。茲依《古文苑》。
⑥ 按"三戶之諺",蓋指楚南公云"楚雖三戶,亡秦必楚",當出《史記·項羽本紀》。謹記此備考。

六十四　論宋國之雜歌詩

（一）、《左氏》宣公二年傳載："宋華元見虜于鄭。既歸,宋城,華元爲植巡功。城者謳曰:'睅其目,皤其腹,棄甲而復。于思于思,棄甲復來。'使其驂乘謂之曰:'牛則有皮,犀兕尚多,棄甲則那?'役人曰:'從其有皮,丹漆若何?'"按宋人譏華元喪師而謳之,華元答歌,欲以解嘲,而不敵衆口。輿論之可畏也如此。（二）、《左氏》襄公十七年傳載:"皇國父 [①] 爲太宰,爲平公築臺,妨于農功。子罕請 [②] 俟農功之畢,公弗許。築者謳曰:'澤門之皙,實興我 [③] 役。邑中之黔,實慰我心。'"按此上二段,皆爲民間歌謠之戲謔者也。（三）、《左氏》昭公七年傳載:"正考父《鼎銘》云:'一命而僂,再命而傴,三命而俯。循牆而走,亦莫余敢侮。饘於是,鬻於是,以餬余口。'"按此爲春秋時銘文之著者也。（四）、《彤管集》載:"宋康王舍人韓憑妻何氏美,王欲奪之,捕舍人築青陵之臺。何氏作《烏鵲歌》以見志。其一云:'南山有鳥,北山張羅。鳥自高飛,羅當奈何?'又一首云:'烏鵲雙飛,不樂鳳凰。妾是庶人,不樂宋王。'又作《答夫歌》云:'其雨淫淫,河大水深,日出當心。'俄而憑自殺,妻亦自縊死。"《搜神記》載其事特詳,而謂"何氏陰腐其衣,投臺而死。夫妻二冢,生大梓木,根枝交錯,有鴛鴦雌雄各一棲其上。"按此與《漢樂府·焦仲卿妻詩》篇末所敘者略同,迹近荒誕,然其詩自誠摯動人。歌詞"雨淫淫",謂愁且思也;"河水深",謂不得往來也;"日當心",謂死志也,語尤奇特。凡此皆宋國雜歌詩之可貴者也。

六十五　論鄭國之雜歌詩

《左氏》襄公三十年傳載:"子產從政一年,輿人誦之曰:'取我衣冠而褚

---

①　父,《論文學》誤"文"。據《左傳》改。
②　請,《論文學》誤"清"。據《左傳》改。
③　我,《論文學》作"此"。據《左傳》改。

第

之，取我田疇而伍之。孰殺子產，吾其與之！’及三年，又誦之云：‘我有子弟，子產誨之。我有田疇，子產殖之。子產而死，誰其嗣之？’”按此與《呂氏春秋·樂成篇》所載《孔子誦》，情形相同，皆所謂“民不可與慮始，而可以樂成”者也。此外，隱公元年，尚記鄭有《大隧》之賦，唯其詞無傳耳。

六十六　論吳國之雜歌詩

（一）、《吳越春秋·王僚使公子光傳》載：“伍員自鄭奔吳，追者在後。至江，江中有漁父乘船，從下泝[1]上。子胥呼之。漁父欲渡之，適旁有人窺見，因歌曰：‘日月昭昭乎寖已馳，與子期乎蘆之漪。’子胥即止蘆之漪。漁父又歌曰：‘日已夕兮，予心憂悲。月已馳兮，何不渡爲？事寖急兮，將奈何？’子胥既渡，漁父視其有飢色，去爲取餉。子胥疑之，乃潛身往深葦之中。有頃漁父來，持麥飯魚肉盎漿，求之不見，因歌而呼之曰：‘蘆中人，蘆中人。豈非窮士乎？’子胥乃出。飲食畢，解百金之劍與漁父，不受。子胥誡漁父掩其盎漿，無令露。行數步，顧視漁者，已覆[2]船自沈於江。”按《史記·伍子胥傳》亦載此事，然無歌辭，或疑出於傳述者之妝點誇飾。唯三歌相合爲韻，音節自佳，故頗爲人所傳誦焉。（二）、《左傳》哀公十三年載：“公會單平公、晉定公、吳夫差于黃池。吳申叔儀乞糧于公孫有山氏，曰：‘佩玉蕊兮，余無所繫[3]之。旨酒一盛兮，余與褐之父睨之。’對曰：‘粱[4]則無矣，粗則有之。若登山以呼曰庚癸乎，則諾。’”按後人以此歌爲《庚癸歌》，其與前所載楚國之《孺子歌》、《越人歌》同爲騷體。則爾時南方之詩歌，蓋有同然者。（三）、《靈寶要略》載：“吳王闔閭出遊包山，見一人自言姓山名隱居。闔閭扣之，乃入洞庭，取《素書》一卷呈闔閭。其文不可識，令人齎之孔子。孔子曰：丘聞童謠云：‘吳王出遊觀震湖，龍威丈人山隱居。北上包山入靈墟，乃入洞庭竊禹

---

① 泝，《論文學》誤“沂”。據《吳越春秋》改。
② 覆，《論文學》作“將”。據《吳越春秋》改。
③ 繫，《論文學》誤“擊”。據《左傳》改。
④ 粱，《論文學》誤“梁”。據《左傳》改。

書。天地大文不可舒，此文長傳百六初，若強取出喪國廬。"按此詩後人稱之《靈寶謠》，疑係偽託。（四）、《述異記》載："吳王有別館，在句容。楸梧成林，故名梧宮，或云即館娃宮。宮有梧桐園。時有童謠云：'梧宮秋，吳王愁。'"按此歌之"秋"字，蓋隱語也。國家愁慘之狀，盡於六字之中。此外《搜神記》中，尚載有吳王夫差女紫玉之歌，則小說家言，恐不足信也。

六十七　論越國之雜歌詩

（一）、《吳越春秋》載：越王勾踐五年，與大夫種、范蠡入臣於吳，群臣送之浙江之上，臨水祖道，軍陳固陵，大夫前爲祝辭曰："皇天祐助，前沈後揚。禍爲德根，憂爲福堂。威人者滅，服從者昌。王雖①牽致，其後無殃。君臣生離，感動上皇。衆夫悲哀，莫不感傷。臣請薦②脯，行酒③二觴。""大王德壽，無疆無極。乾④坤受靈，神祇輔翼。我王厚之，祉祐在側。德銷百殃，利受其福。去彼吳庭，來歸越國。"（二）、《吳越春秋》又載：越王既滅吳，伯諸侯，置酒文臺，群臣爲樂，大夫種進祝酒詞曰："皇天祐助，我王受福。良臣集謀，我王之德。宗廟輔政，鬼神承翼。君不忘臣，臣盡其力。上天蒼蒼，不可掩塞。觴酒二升，萬福無極。""我王仁賢，懷道抱德。滅讎破吳，不忘返國。賞無所吝，群邪杜塞。君臣同和，福祐千億。觴酒二升，萬歲難極。"（三）、《風土記》載：越俗性率樸，初與人交有禮，封土壇，祭以雞犬，祝曰："君乘車，我戴笠，他日相逢下車揖⑤。君擔⑥簦，我跨馬，他日相逢爲君下。"按越之詩歌，除以上所載者外，尚有范蠡致文種書所稱："狡兔死，走狗烹；飛鳥盡，良弓藏；敵國破，謀臣亡"之詞。《漢書·韓信傳》蒯通說韓信亦引之，蓋本於范蠡也。

---

① 雖，《論文學》誤"離"。據《吳越春秋》改。
② 請薦，《論文學》作"清薄"。據《吳越春秋》改。
③ 行酒，《論文學》作"酒行"。據《吳越春秋》改。
④ 乾，《論文學》誤"朝"。據《吳越春秋》改。
⑤ 揖，《論文學》作"輯"。據《繹史》引《風土記》改。
⑥ 擔，《論文學》作"提"。據《繹史》引《風土記》改。

六十八　論陳國之雜歌詩

（一）、《左傳》：陳大夫懿氏卜妻敬仲，其妻占之曰吉，其繇曰："鳳凰于飛，和鳴鏘鏘。有媯之後，將育于姜。五世其昌，並于正卿。八世之後，莫之與京。"（二）、《左傳》又載陳敬仲引逸詩曰："翹翹車乘，招我以弓。豈不欲往，畏我友朋。"陳之遺詩，多不可考。上列二首，未必皆陳人所作。以出於陳敬仲翁婿所引，故述於此。

六十九　論秦國之雜歌詩

（一）、《風俗通》云：百里奚爲秦相，堂上樂作，所賃浣婦自言知音，因撫弦而歌。問之，乃故妻也。其歌曰："百里奚，五羊皮。憶別時，烹伏雌，炊扊扅，今日富貴忘我爲！"（二）、《三秦記》載民謠云："武功太白，去天三百。孤雲兩角，去天一握。山水險阻，黃金子午。蛇盤鳥櫳，勢與天通。"按以上二歌，爲秦國歌謠之可考者，而民謠之詞尤奇警。

七十　總論燕徐各國之雜歌詩及
逸詩古諺古語等

燕有《易水歌》，詞曰："風蕭蕭兮易水寒。壯士一去兮不復還。"徐有《掛劍歌》，詞曰："延陵季子兮不忘故，脱千金之劍 ① 兮帶丘墓。"此二歌，一

---

① 　之劍，《論文學》誤脱。據《新序》補。

見《史記》，一見①《新序》。又如《左傳》鄭子駟引逸詩云：“俟河之清，人壽幾何？兆云詢多，職競作羅。”又《子重伐莒篇》引逸詩云：“雖有絲麻，無棄菅②蒯。雖有姬姜，無棄蕉萃。凡百君子，莫不代匱。”此爲逸詩之尚存者。又如魯羽父引周諺云：“山有木，工則度之。賓有禮，主則擇之。”晉士蒍引諺云：“心苟無瑕，何恤乎無家？”鄭子家引古言云：“畏首畏尾，身其餘幾？”《國語》單襄公引諺云：“獸惡其網③，民惡④其上。”州鳩對周景王，引諺云：“衆心成城，衆口鑠金。”衛彪傒引諺云：“從善如登，從惡如崩。”《列子》引古語云：“人不婚宦，情欲失半。人不衣食，君臣道息。”《韓非子》引古語云：“奔車之上無仲尼，覆舟之下無伯夷。”《慎子》引諺云：“不聰不明，不能爲王。不瞽不聾，不能爲公。”《史記·黃歇傳贊》引語云：“當斷不斷，反受其亂。”《蔡澤傳》引韓非語云：“長袖善舞，多錢⑤善賈。”《漢書》東方朔《客難》引語云：“水至清則無魚，人至察則無徒。”王嘉上封事，諫哀⑥帝益封董賢，引里諺云：“千人⑦所指，無病而死。”《列女傳》引古語云：“力田不如遇⑧豐年，力桑不如見國卿，刺繡文不如倚市門。”《易緯》引古詩云：“一夫兩心，拔刺不深。”又云：“蹶馬破車，惡婦破家。”桓譚《新論》引諺云：“人聞長安樂，則出門而西向笑。知肉味美，則對屠門而大嚼。”東漢牟融引古諺云：“少所見，多所怪。見橐⑨駝，言馬腫背。”《魏志⑩》王昶引諺云：“救寒莫若重裘，止謗莫若自修。”凡此皆古諺古語之保存者，今已不能悉考其時代。而大氐爲先秦之古逸詩語，則可斷言也。自王者之跡熄而詩亡，遂使三百篇後五六百年中，僅留此區區之數也。惜夫！

---

① 見，《論文學》誤“史”。據上下文意校改。
② 菅，《論文學》誤“菅”。據《左傳》改。
③ 網，《論文學》誤“綱”。據《國語》改。
④ 惡，《論文學》作“怨”。據《國語》改。
⑤ 錢，《論文學》作“財”。據《史記》改。
⑥ 哀，《論文學》作“成”。據《漢書》改。
⑦ 人，《論文學》作“夫”。據《漢書》改。
⑧ 遇，文淵閣《四庫全書》本《古列女傳》作“逢”。
⑨ 橐，《論文學》誤“蠹”。據《古詩紀》引《牟子》改。
⑩ 志，《論文學》誤“忠”。據《三國志·魏志》改。

七十一　論楚辭之名義

　　"楚辭"之名,始見於《史記·張湯傳》,再見於《漢書·朱買臣傳》,三見於《王褒傳》。故或謂其文雖始於楚,而名則興於漢。自劉子政輯錄屈、宋以下諸人辭賦爲《楚辭》一書,遂爲後世集部之祖。黃伯思《東觀餘論·校定楚辭序》云:"屈、宋諸騷,皆書①楚語,作楚聲,紀楚地,名楚物,故可謂之《楚辭》。"然則,所謂《楚辭》者,本謂楚人之辭賦也。迨及後人,倣效之作,遂亦通有此目。而漢人又往往止稱之爲賦。其後更有因《離騷》之名,而概稱《楚辭》爲《騷》、或《楚騷》、或《騷賦》者,非其實也。

七十二　論楚辭勃興之原因

　　《漢書·藝文志》云:"古者諸侯卿大夫,交接鄰國,以微言相感,當揖讓之時,必稱《詩》以諭其志,蓋以別賢不肖而觀盛衰焉。故孔子曰'不學《詩》,無以言'也。春秋之後,周道寖壞,聘問歌詠不行於列國。學《詩》之士,逸在布衣,而賢人失志之賦作矣。大儒孫卿,及楚臣屈原,離讒憂國,皆作賦以風,咸有惻隱古詩之義。"按班氏之言,蓋謂辭賦之起,由於聘問歌詠之事廢,此一說也。劉勰《文心雕龍·物色篇》云:"《離騷》代興,觸類而長,物貌難盡,故重遝②舒狀,於是嵯峨之類聚,葳蕤之群積矣。"又曰:"山林皋壤③,實文思之奧府。屈平所以能洞監④風騷之情者,抑亦江山之助乎?"王夫之⑤《楚辭通釋序例》云:"楚,澤國也。其南沅湘之交,抑山國也。疊波曠宇,以蕩遙情,而迫之以戍削崟嵚之幽菀,故推宕無涯,而天采矗發,江山光怪

---

　　① 書,《論文學》作"爲"。據《東觀餘論》改。
　　② 遝,《文心雕龍》作"沓"。按"遝"通"沓"。
　　③ 壤,《論文學》誤"壞"。據《文心雕龍》改。
　　④ 監,《論文學》作"鑒"。茲依《文心雕龍》。
　　⑤ 之,《論文學》誤"子"。據上下文意校改。

之氣莫能掩抑。”按劉、王二氏之言，蓋謂屈子之文得江山之助，此又一說也。大氐楚爲南方大國，其地奄有江、淮、沅、湘流域，江山都麗，人文俊秀，且與上國抗衡日久，承受中原北方文化之沾溉亦多，蘊積既厚，華實斯茂，而靈均以天縱之才，挺出乎其間，故能乘時崛起，大拓辭賦之疆宇，而使六義附庸，蔚爲大國矣。

七十三　論屈原之生平

　　屈原名平，楚之同姓也。據其自述，父名伯庸。又據攝提孟陬之語，其生年略可推定，蓋楚宣王二十七年戊寅正月也。博聞彊志，明於治亂，嫻於辭令，故《離騷》又云：“紛吾既有此內美兮，又重之以修能。”懷王時爲左徒，入則與王圖議國事，以出號令，出則接遇賓客，應對諸侯，王甚任之。同列上官大夫心害其能。懷王使爲憲令，屬草稿未定，上官大夫見而欲奪之，屈原不與。因讒於王，王怒而疏之。其後秦欲伐齊，與楚從親。惠王患之，乃令張儀紿懷王以商於之地六百里，使絕齊使。及索地不得，興師伐秦，大敗。自是楚國外交失策，時而聯齊，時而聯秦。秦昭王初立，厚賂於楚，楚往迎婦。屈原切諫不聽，被放漢北。此爲屈原第一次被放逐也。尋復起用。昭王欲與懷王會，原曰：“秦虎狼之國，不可信，不如無行。”懷王稚子子蘭勸王行。入武關，秦伏兵絕其後，因留之以求割地。懷王怒，不聽，竟死於秦。頃襄王立，以子蘭爲令尹。屈原咎其勸王入秦，子蘭使上官大夫短屈原，頃襄王怒而遷之江南。此爲屈原第二次被放逐也。是時楚日削弱，屈原不忍親見宗國之亡，而又感於懷王之反復無常，以至於客死歸葬，悲傷憔悴，卒自沉汨羅江以死。死時年約六十。

七十四　總論屈賦之篇數

楚之辭人,屈子爲之魁。宋玉次之,唐勒、景差亦有名。《漢書·藝文志》詩賦略載《屈原賦》二十五篇。今所傳《楚辭》,屈賦俱在,並無散佚。唯諸家於二十五篇之數,演算法不同,異議滋多。有以《離騷》、《天問》、《遠遊》、《卜居》、《漁父》,《九歌》十一篇,《九章》九篇,爲二十五篇者,自王逸以來多主之。有刪去《九歌》之《國殤》、《禮魂》,而加入《大招》、《惜誓》者,則姚寬之說也見《西溪叢話》。有①以《九歌》之《禮魂》爲前十章送神通用之曲,而加《招魂》一篇者,則王夫之之說也。有以《九歌》之《山鬼》、《國殤》、《禮魂》三篇合爲一篇,而更加《大招》、《招魂》二篇以足其數者,則林雲銘之說也見《楚辭燈》。有以《九歌》之《湘君》、《湘夫人》合爲一篇,《大司命》、《少司命》合爲一篇,餘則與林氏說同者,則蔣驥之說也見《山帶閣注楚辭》。凡此或意爲芟截,或安事分合,總由於拘牽藝文之目而②起。今《班志》原目不可見,《王氏章句》二十五篇,或即劉向舊本,則其說爲最古,當亦較爲可信。第自屈原之死,後人哀思者多,而西漢辭賦盛行,作者蜂起,其間摹擬相繼,真偽雜出,相傳既久,遂多疑誤。故王叔師於《大招》、《惜誓》二篇之作者,尚不能明也。以今考之,《招魂》一篇,當爲屈原之作。《大招》,則後人之模倣③《招魂》者。《卜居》、《漁父》,或亦疑爲依託,則難質言也。

七十五　論離騷之文學

《離騷》一篇,凡二千餘言,更七十餘韻④,在屈賦中最爲巨篇。《史記》引淮南王《離騷傳》曰:"屈平之作《離騷》,蓋自怨生也。《國風》好色而不

---

① 有,《論文學》無,疑誤脫。據上下文意校補。

② 而,《論文學》誤"之"。據上下文意校改。

③ "倣"下,《論文學》有"之"字。疑羨文。據上下文意校刪。

④ 韻,《論文學》誤"酌"。據上下文意校改。

淫,《小雅》怨誹而不亂,若《離騷》者可謂兼之矣。"王逸曰:"《離騷》之文,依《詩》取興,引類譬諭。故善鳥香草,以配忠貞;惡禽臭物,以比讒佞;靈修美人,以媲於君;宓妃佚女,以譬賢臣;虬龍鸞鳳,以託君子;飄風雲霓,以爲小人:其辭溫而雅,其義皎而朗。凡百君子,莫不慕其清高,嘉其文采,哀其不遇,而愍其志焉。"見《楚辭章句·離騷序》淮南、叔師之論,甚得騷人之旨。魏文帝《典論》云:"優遊按衍,屈原之尚[1];窮侈極妙,相如之長也。然原據託譬喻其意,周旋綽有餘度,長卿、子雲不能及。"而劉氏《辨騷》,尤極推崇。觀其首陳氏族,次列祖考,又次述[2]生辰名字,開後人自敘之端。中間就重華陳辭一段,設想漸奇,乃至欲叩帝閽,倚閶闔,求宓妃,見有娀,鷖皇爲之使,雄鳩爲之媒,上下求索,幻想無方。及乎終篇浪游崑崙一段,尤復恣意言之,而終之以僕悲馬懷,蜷局不行。通篇以女嬃、靈氛、巫咸三人爲開闔轉折之關鍵,脈絡分明,井井不亂。綜其詞意之富,結構之密,音節之佳,真古今之絕作也。蓋屈原以曠代軼才,而又楚之懿親,乃不見用於君,反獲罪而竄逐窮荒,此固人情所不能忍者。故其文亦幽憂沈痛,曲折回復,怨慕泣訴,迫於情之所弗容已,與乎世之無病呻吟者異也。世之讀者,殆無不悲其遇,憫其志,感其詞,而競爲文以悼之。蓋自賈誼、劉向、王褒、王逸以下,代不乏人。觀揚雄吊屈原,作《反離騷》,投諸江流,又作《廣騷》一篇見《漢書·揚雄傳》;應奉著《感騷》三十篇見《後漢書·應奉傳》;梁竦爲《悼騷賦》,繫玄石而沈之見《後漢書·梁竦傳》;柳宗元貶永州司馬,亦傚《離騷》數十篇見《唐書·柳宗元傳》;而王孝伯且謂無事痛飲,熟讀《離騷》,便可稱名士見《世說新語·任誕篇》,故陸放翁詩謂"名士真須讀楚辭"也:其見重於世如此。蓋其情之感人也深,故其影響藝林者亦巨也。

七十六　論九歌之文學

　　王逸《楚辭章句·九歌序》云:"昔楚國南郢之邑,其俗信鬼而好祠,其祠必作歌樂鼓舞,以樂諸神。屈原放逐,竄伏其域,懷憂苦毒,愁思沸鬱,出見

---

① 之尚,《論文學》作"尚之"。據《北堂書鈔》引《典論》改。
② 述,《論文學》誤"术"。據上下文意校改。

俗人祭祀之禮,歌舞之樂,其詞鄙陋,因爲作《九歌》。"叔師此言,大氐即據劉向所輯以爲説,千數百年來無異議。至其所以命名,説者紛異。證以《左傳》及《楚辭》本書,當是取古樂以名篇,故不拘乎九之數,而實有十一篇也。十一篇者,即《東皇太一》、《雲中君》、《湘君》、《湘夫人》、《大司命》、《少司命》、《東君》、《河伯》、《山鬼》、《國殤》、《禮魂》是也。此十一篇,或祀天神,或祀山川之神,或祀人鬼。其中靈巫樂神之事,人神戀慕之 ① 情,所謂"民神雜糅,不可方物,夫人作享,家爲巫史",古之遺風,有在是者。其曰"撫長劍兮玉珥,璆鏘鳴兮琳琅"《東皇太一》,"浴蘭湯兮沐芳,華采衣兮若英"《雲中君》,則祭時之服飾也;"蕙肴蒸兮蘭藉,奠桂酒兮椒漿"《東皇太一》,則祭時之供饌也;"揚枹兮拊鼓,疏緩節兮安歌,陳竽 ② 瑟兮浩倡"《東皇太一》,"絚瑟兮交鼓,簫鐘兮瑶簴,鳴篪兮吹竽"、"展詩兮會舞,律應兮合節"《東君》,則祭時之歌舞也;"駕龍輈兮乘雷,載雲旗兮委蛇"《東君》,則神靈之車駕也;"靈之來兮如雲"《湘夫人》,"靈之來兮蔽日"《東君》,則神靈之降臨也。而《湘夫人》一篇,且有極意摹寫水神之居處者,文辭美妙,音節委婉,絕似《詩》之《國風》。其尤佳者,爲《湘君》、《湘夫人》、《少司命》、《山鬼》諸篇焉。

七十七　論九章之文學

《九章》者,《惜頌》、《涉江》、《哀郢》、《抽思》、《懷沙》、《思美人》、《惜往日》、《橘頌》、《悲回風》九篇是也。王逸曰:"屈原放於江南之壄,思君念國,憂心罔極 ③,故復作《九章》。章者,著也,明也。言己所陳忠信之道,甚著明也。"朱子曰:"屈原既放,隨事感觸,輒形於聲。後人輯之,得其九章。非必出於一時之言也。"按晦翁謂《九章》非一時所作,其説甚是。至《九章》之名,是否後人所加,則難質言。今以九篇之次第考之,《惜誦》但

---

① 之,《論文學》誤"人"。據上下文意校改。
② 竽,《論文學》誤"竿"。據《楚辭·九歌》改。
③ 極,《論文學》誤"種"。據《楚辭章句》改。

言遇罰，言"願曾思而遠身"，無一語及放逐時事，當是懷王時諫絕齊不聽，被讒去職後所作；《抽思》及《悲回風》，則懷王時放居漢北所作；其後頃襄王遷屈原 [①] 於江南，作《思美人》；越九年至夏浦，上陵陽，作《哀郢》；自夏浦至溆浦，作《涉江》及《橘頌》；自溆浦至長沙，將沈汨羅，作《懷沙》及《惜往日》：此其大略也。《九章》之辭，大氐紆軫煩冤，反復陳訴，要不出乎《離騷》之旨，而以《涉江》、《哀郢》、《思美人》爲尤佳。唯《惜往日》一章，曾滌生謂其文不類，疑爲贋作，然亦無何徵驗也。

七十八　論天問之文學

《天問》一篇，文體與《離騷》諸篇不同，大氐以四言爲主。近有疑其非屈子作者，未有以見必然也。觀其控引天地，綜覽人物，上自古初，下迄當世，凡自然現象之變遷，殊方物類之珍怪，神話歷史之傳述，善惡邪正之果報，無不致疑。其所問往往極有價值，而爲今日科學家窮年累月所不能解決者，固不應僅以文章目之也。古籍湮沒，文義難曉，惟與《山海經》、《竹書紀年》多有合者。昔人多謂屈子竭忠盡智，而蔀於讒，故作此篇，以泄憤懣，舒寫愁思，因託之以諷諫。蓋史公所謂"天者人之始，勞苦倦極，未嘗不呼天"之意耳。故洪興祖曰："楚之興衰，天邪人邪？吾之用舍，天邪人邪？國無人莫我知也，知我者其天乎！此《天問》所爲作也。太史公讀《天問》，悲其志者以此。"王逸謂"其文不次序"，然細繹之，自天地山川，以次及人事，追述往古，而終之以楚先，未嘗無次序焉。至其詞或長言，或短句，或錯綜，或對偶，或一事而累累反復，或數事而溶成一片，古奧逸宕，佶倔流利，兼而有之，可謂極文章變幻之能事也。後世效其文者，有傅玄《擬天問》、郭璞《山海經圖讚》、《顏氏家訓·歸心篇》、柳宗元《天對》、劉禹錫《問大鈞賦》、孔平仲《星說》等篇。

---

① "原"下，《論文學》衍"後"字。據上下文意校刪。

七十九　論招魂之文學

　　《招魂》一篇，王逸以爲宋玉憐哀屈原而作此，或別有所據。然以《史記·屈賈傳贊》考之，其說非也。其主屈子作者，又有自招與招懷王之異說，迄今尚無定論。嘗考《韓詩章句》說《鄭風·溱洧》之詩云："鄭國之俗，三月上巳之 ① 辰，於溱洧兩水之上，招魂續魄，秉執蘭草，袚除不祥。故詩人願與所說者俱往觀之。"後世上巳 ② 修禊，其遺風也。楚、鄭接壤，招魂之俗，度亦相同。今《招魂》言"獻歲發春"，又言"極目千里傷春心"，是屈子作《招魂》時，亦在春月，其猶楚、鄭間之舊俗歟？觀沈佺期《三月三日獨坐驩 ③ 州》詩云："誰念招魂節 ④，翻爲禦魅囚。"王績《三月三日賦》亦云："新開避忌之俗 ⑤，更作招魂之所。"則唐人猶知上巳修禊，爲古者招魂節之變也。篇中雜陳宮室飲食女色珍寶之盛，琦瑋譎佹，辭藻甚豐。其鋪張處，已開漢賦之先聲，誠《楚辭》中之上乘也。語尾皆綴以"些"字，亦屬楚人舊俗。

八十　論遠遊之文學

　　《遠遊》者，屈子遊仙之意也。神仙之學，出於黃老。黃老之學，盛於戰國。舉其著者，若《管子·內業篇》，已備言養氣長壽之術；《楚策》亦載有獻不死之藥於荆王者；而《莊子》屢言導引之事；鄒子故有《重道延命方》：此皆先秦舊籍，彰彰可見，非秦皇、漢武始爲之。然則於屈子之《遠遊》何疑焉？且《離騷》中，即多有神游之文。此篇周歷四方，正與《騷經》相表裏。而臨

---

① 巳之，《論文學》誤"已知"。據王應麟《詩攷》改。
② 巳，《論文學》誤"已"。據上下文意校改。下文"巳"字做此。
③ 驩，《論文學》誤"歡"。據《全唐詩》改。
④ 節，《論文學》誤"書"。據《全唐詩》改。
⑤ 俗，《詩話總龜》引作"席"。

睨舊鄉、馬顧不行等語，其本旨固猶是也，孰謂①其真有慕於此道哉？讀者不解此義，是以竟以一部《楚辭》，皆爲秦博士作矣。見近儒井研廖平所著《楚辭講義》、《離騷釋例》、《高唐賦新釋》等書。方士之誕妄，且謂屈子卜②居沅、湘，披蓁茹草，采柏③實，和桂膏，以養心神矣。見《拾遺記》，而沈下賢《屈原外傳》采之。重誣古人，孰有甚於此者乎！此篇結構整齊，條理明析，其旨精微，詞復俊爽，斷非秦、漢方士所能爲。篇中連語獨多，且每韻中雙聲迭韻之詞交相爲用，故音節又極調協。其"天地無窮"數語，則東方朔《七諫》、莊忌《哀時命》、馮衍《顯志賦》、陳子昂《登幽州臺歌》，莫不輾轉倣傚。而司馬相如《大人賦》，且全襲此篇。

八十一　論卜居漁父之文學

《卜居》、《漁父》兩篇，自來咸指爲屈子作。考王逸序《卜居》云："屈原體忠貞之性，而見嫉妒。念讒佞之臣，承順君非，而蒙富貴。己執忠直，而身放棄，心迷意惑，不知所爲。乃往太卜之家，稽問神明，決之蓍龜，卜己居世，何所宜行，冀聞異策，以定嫌疑，故曰《卜居》也。"又序《漁父》云："屈原放逐，在江湘④之間，憂愁歎吟⑤，儀容變易。而漁父避世隱身，釣魚江濱⑥，欣然自樂。時遇屈原川澤之域，怪而問之，遂相應答。楚人思念屈原，因敘其辭以相傳焉。"是叔師以《漁父》一篇，爲後人所記也。清儒崔述《考信錄續說》，則斷言《卜居》、《漁父》非屈原之所自作，近人多從之。大氐謂《卜居》、《漁父》二篇，句法參差，韻式靡定，變騷賦爲散文，實與漢賦相接，而與屈賦不類云。

---

① 謂，《論文學》誤"詔"。據上下文意校改。
② 卜，《論文學》誤"斥"。據上下文意校改。
③ 柏，《論文學》誤"伯"。據《拾遺記》改。
④ 湘，《論文學》誤"湖"。據《楚辭章句》改。
⑤ 歎吟，《論文學》作"吟歎"。茲依《楚辭章句》。
⑥ 濱，《論文學》誤"諸"。據《楚辭章句》改。

八十二　論宋玉之生平

　　宋玉事無可考。唯《史記》於《屈原傳》末,特綴數語云:"屈原既死之後,楚有宋玉、唐勒、景差之徒者,皆好辭,而以賦見稱。然皆祖屈原之從容辭令,終莫敢直諫。"據此,宋玉之生,後於屈原,且似有官守言責者。史公語焉不詳,蓋其時已不可考矣。班氏《藝文志》謂其楚人,與唐勒並時,在屈原後,即據《史記》爲說,仍未確指爲何時人。唯王逸《九辯序》云:"宋玉者,屈原弟子也。憫惜其師忠而放逐,故作《九辯》,以述其志。"據叔師之說,則宋玉師事屈原,當是楚襄王時人 ① 也。

八十三　論宋玉之著作

　　《漢志》載《宋玉賦》十六篇,《隋志》有《宋玉集》三卷。今流傳者,《楚辭》有《九辯》、《招魂》二篇,《文選》有《風賦》、《高唐賦》、《神女賦》、《登徒子好色賦》四篇,《古文苑》有《笛賦》、《大言賦》、《小言賦》、《諷賦》、《釣賦》、《舞賦》等六篇。合計之,共得十二篇,尚不足《班志》之數。而《招魂》一篇,本屈原所作;《舞賦》,直從傅毅《舞賦序》雜抄而成;《文選》及《古文苑》所載諸篇,或有依託之嫌。故居今日而論宋玉之作,當以《九辯》一篇爲最要者已。

八十四　論九辯之文學

　　《九辯》之名,蓋有二說。王逸云:"辯者,變也。謂陳道德 ② 以變說君

---

① 　人,《論文學》誤"下"。據上下文意校改。
② 　德,《論文學》作"法"。據《楚辭章句》改。

也。九者陽之數，道之綱紀 ① 也。"王夫之云："辯猶徧也，一関謂之一徧。蓋亦效夏啟《九辯》之名，紹古體爲新裁，可以被之管弦。其詞激宕淋漓，異於風雅，蓋楚聲也。"按《九辯》爲古樂之名，一見於《離騷》，再見於《天問》，又見於《山海經》，非宋玉之所創。叔師辯變之說，恐非本旨，且無從以解《九歌》也。船山以"九辯"爲"九徧"，其義確否不可知，而謂宋玉借古樂爲題，以抒其怨感，則其說甚當。又此篇本無分題，與《九歌》、《九章》不同。注家或分爲十章，或分爲九章，皆各以意爲之，實不可泥。篇中雖多襲屈子之語，然其形式開拓，描寫入神，音節尤悽〔切②〕動人。後有擬作，蔑以加矣。其首章悲秋一段，久爲藝林所稱道。杜甫詩曰："悲秋宋玉宅，失路武陵源。"又云："垂白馮唐老，清秋宋玉悲。"又云："搖落深知宋玉悲，風流儒雅亦吾師。"皆謂此也。今觀其辭，參差錯落，伸縮自如，已變屈原文法，絕不墨守成規，襲其面貌，而御以峻急之氣，騁 ③ 情生動，幾令人忘其爲騷體之文也。是蓋由《楚辭》之演變，而漸近於漢賦者。李商隱詩云："何事荊臺 ④ 百萬家，惟教宋玉擅才華。"不虛美矣。屈宋並稱，夫豈偶然？

八十五　論唐勒景差之作品

屈原之後，與宋玉並時者，有唐勒、景差。《藝文志》載唐勒賦四篇，今並不傳，《楚辭》中亦無唐勒賦。至景差之賦，不見於《班志》，則西漢時已亡之矣。晚出《小言賦》，稱楚襄王既登陽雲之臺，令諸大夫景差、唐勒等並造《大言賦》，殊未可信。惟《楚辭·大招》一篇，王逸引或說以爲景差所作，又云疑莫能明也。

---

① 綱紀，《論文學》作"紀綱"。茲依《楚辭章句》。
② 切，《論文學》無，疑有脫字。茲妄補之。
③ 騁，《論文學》作"醒"，疑誤。茲據上下文意改。
④ 臺，《論文學》作"州"。據《李義山詩集》改。

八十六　論大招之文學

《大招》一篇，注家多謂爲屈子作。孫志祖《讀書脞錄》且謂：太史公所云《招魂》，即指《大招①》。蓋②此篇本名《招魂》，後人以宋玉又有《招魂》之作，故以此爲《大招》，而宋玉所作又名《小招魂》見張載《魏都賦》注。朱子深信王逸所引或說，決爲景差所作；近人又以爲秦漢間人摹擬《招魂》之作：異說紛紛，未有定論。要之，《招魂》、《大招》二篇，文體相類，故或以爲《招魂》摹擬③《大招》，或以爲《大招》摹擬《招魂》也。

八十七　總論荀卿賦

《漢志》儒家有《孫卿子》三十三篇，詩賦略又有《孫卿賦》十篇。孫卿，即荀卿。其賦十篇，蓋在三十三篇之外者。惟今《荀子》，有《成相》一篇，《賦篇》一篇分詠禮、知、雲、蠶、箴五事。篇末又有《佹詩》二首，體甚奇特。是否原在十篇之內，爲後人移入本書者，則不可知矣。

八十八　論賦篇及佹詩之文學

今觀其賦，大氐以四言爲主，《詩經》之變體也。而班固論之云："大儒孫卿及楚④臣屈原，離讒憂國，皆作賦以風，咸有惻隱古詩之義。"是荀子之

---

① 招，《論文學》誤"指"。據上下文意改。
② 蓋，《論文學》誤"善"。據上下文意改。
③ 擬，《論文學》誤"似"。據上下文意改。
④ 楚，《論文學》"楚"下有"賢"字。茲依《漢書·藝文志》。

賦之與屈子同者，不在其文辭，而在其主旨也。主旨維何？諷刺是已。又按荀卿諸賦，雖貌以《詩經》，而朔風變楚，文亦間用騷體。蓋其居楚甚久，沈淫濡①染，不能不受屈宋文體之影響也。至《佹詩》第一章之“反辭”，說者以爲猶《楚辭》之“亂曰”；其“小歌”，則屈賦中之“少歌”、“倡曰”、“重曰”之類耳。其曰“螭龍爲蝘蜓，鴟梟爲鳳皇，比干見刳②，孔子拘匡”，大氐皆取《九章》、《九辯》中之詞意也。然則荀子雖北方之學者，而亦樂效南人之辭賦，故其文之形質，遂能兼備南北之長。班氏舉之以配屈原，有以也夫！

八十九　論成相之文學

　　荀卿賦又有《成相》一篇，其體於古罕見。“成相”之義，說者不一。《漢志》有《成相雜辭》十一篇，列雜賦家，楊倞以爲亦賦之流是也，唯楊注又引或說，以爲成功在相。而《東坡志林》則謂：“孫卿子書有韻語者，其言鄙近。成相者，蓋古謳謠者之名也。疑所謂‘鄰有喪，舂不相’，及《樂記》云‘治亂以相’③，亦恐由此得名。”朱子亦云：“相也，助也，舉重勸力之歌。《史》所謂‘五羖大夫死，而舂者不相杵。’是也。”盧文弨本之云：“《禮記》‘治亂以相’，相乃樂器，所謂舂牘。又古者瞽必有相。審此篇音節，即後世彈詞之祖。篇首即稱‘如瞽無相何倀倀’，義已明矣。首句言‘請成相’，言請奏此曲也。《漢志》‘成相雜辭’惜不傳，大約託於瞽者誦諷之辭，亦古詩之流也。《逸周書·周祝解》亦此體。”而王引之又謂：“相者，治也。成相者，成此治也。請成相者，請言成治之方也。‘成功在相’，稍爲近之。盧以‘相’爲樂器，則‘成相’二字，義不可通。且樂器多矣，僅獨舉舂牘言之乎？若篇首稱如瞽無相，乃指相瞽之人，非樂器也。”見《讀書雜誌》卷之八。俞樾又引伸盧說，謂：“其說則是，惟引證皆失之。蓋既以爲樂器，又以爲瞽必有相，義

　　①　濡，《論文學》誤“儒”。據上下文意校改。
　　②　刳，《論文學》作“剖”。據《荀子》改。
　　③　治亂以相，《論文學》“相”下有“訊也”二字，《東坡志林》亦然。茲據蘇軾《仇池筆記》校刪。

又兩岐矣。此'相'字，即《曲禮》'舂不相'之'相'。鄭注曰：'相，謂送杵聲。'蓋古人於勞役之事，必爲歌謳①以相勸勉，亦舉大木者呼'邪許'之比，其樂曲即謂之相。請成相者，請成此曲也。"見《諸子平議》卷十五。今按盧、俞二家所云，俱本《志林》。而蔭甫之說稍融，王伯申成治之訓則非也。果如王說，"請成相"即請言成治之方，則本篇末章即首言"請成相，言治方"，豈非詞意重複之甚者乎？且此篇雖雜論君臣治亂之事，而其文則爲通俗之體。東坡所謂鄙近謳謠，盧氏所謂彈詞之祖是也。故其第二章末，言託於成相以喻也，明"成相"爲古者鄙俗歌曲，借此以通諷論耳。若"成相"即成此治道之意，則是本與篇中之旨相應，何託以喻意之云乎？是以知其不然也。至其文例，以四句爲一章，句皆有韻。首二句三言，第三句七言，第四句十一字，多以上四下七爲句。然亦有上八下三者，如"人主無賢如瞽無相、何悵悵"，及"愚以重愚暗以重暗、成爲桀"是也；有上六下五者，如"下以教誨子弟、上以事祖考"，及"郭公長父之難、厲王流於彘"是也。此其變例耳。

九十　　總論先秦之賦家

考《漢志》敘四家爲四種：一爲屈原、宋玉、賈誼、司馬相如諸家之作；二爲陸賈、枚皋、朱建、嚴助、司馬遷、揚雄諸家之作；三爲孫卿等之作；四爲雜賦，《成相雜辭》屬之。茲編所論，惟及屈、宋與孫卿二派。其餘多漢人之作，容於後編論之。

九十一　　總論先秦之文學

綜觀先秦文學，大氐群經之文立其正，諸子之文盡其變。是二者，譬猶水火相滅亦相生也。學者若能致力乎經子，而又參之以雜史傳記以博其趣，潤之

---

① 歌謳，《論文學》作"謳歌"。茲依《諸子平議》。

以詩歌辭賦以華其辭,則庶幾乎知學術之本源,而且有以通方達變矣。若徒尋摘章①句,餖飣襞積,以是而窺文章流別,則難乎其免於見笑於大方之家也。

九十二　略論秦之文學

秦之文學,罕得而言。然稽之經典,《詩》有《秦風》,《書》有《秦誓》,並秦文之較古者。惠文王有《詛楚文》,蓋使其宗祝邵鼕徧告群望,以詛楚王背盟之刻石也。或瘞於土,或沈於水。唐、宋時,其石先後出世。其《告巫咸神》一文,今存《古文苑》中。及始皇統一中國,以享祚短促,作者罕見。惟李斯頗有文采,其《諫逐客書》,辭藻豔縟,席晚周縱橫之遺,開漢賦鋪陳之漸,誠秦文之傑作矣。又始皇巡行封禪,望祭山川,立石頌秦德,有泰山、琅邪、之罘、碣石、會稽、嶧山等刻石文,大氐亦出李斯所製。故劉彥和曰:"秦皇銘岱,文自李斯。法家辭氣,體乏弘潤。然疏而能壯,亦彼時之絕采也。"考諸刻石之文,每以三句爲一韻,其體最奇。李斯之文,原本荀卿,故碑詞略似荀卿《賦篇》。雖體式稍變,要之皆四言詩之末流也。若論秦之詩歌,傳者亦罕。《風俗通》有百里奚《琴歌》,已述於前章外,楊泉《物理論》載始皇起驪山之冢②,使蒙恬築長城,死者相屬,民歌曰:"生男慎勿舉,生女哺用脯。不見長城下,尸骸相支柱。"按陳琳《飲馬長城窟行》,有此文,字句小異,不知陳詩是否即用秦時之民歌,抑楊氏但因孔璋詩而漫言之也? 又《燕丹子》載荊軻劫秦王,王乞聽琴而死,姬人因鼓琴,其聲曰:"羅縠單衣,可掣③而絕。八尺屏風,可超而越。鹿盧之劍,可負而拔。"小說家言,宜不足信。又《漢志》有秦時雜賦九篇,劉彥和《詮賦》謂"秦世不文,頗有雜賦"者,謂此也。其賦今亦無傳。班氏題曰"雜賦",意者所詠靡同,體裁不一,順流而作,亦荀卿之餘緒,刻石諸文之類也。

---

① 章,《論文學》誤"牵"。據上下文意改。
② 冢,《論文學》誤"衆"。據《太平御覽》引楊泉《物理論》改。
③ 掣,《論文學》誤"製"。據《太平御覽》引《燕丹子》改。

【附錄一】

墨子文體分類表

第一類	甲	親　士 脩　身 所　染	此三篇多儒家言,蓋墨子之徒所附益。	此一類爲論說體,文頗華麗,似古文。	
	乙	法　儀 七　患 辭　過 三　辯	此四篇記墨學之概要,甚能提綱挈領。		
第二類		尚　賢 尚　同 兼　愛 非　攻 節　用 節　葬 天　志 明　鬼 非　樂 非　命① 非　儒	此十題蓋墨子演說之詞,而墨子之徒所隨地記錄者也。此十題是墨學之大綱目,墨子書之中堅,而每題各有三篇文義大同小異,蓋墨家分爲三派,略寫所聞。	此一類爲演講體,文最平實,似近日講義。	
第三類		經上下	蓋墨子所自著者。**經體**。	文最奇奧	如科學之定義定理。
第四類		經說上下	蓋墨子之徒所著以釋經者。**經注體**。		
第五類		大　取 小　取	蓋墨子之徒總聚墨學之大旨。**書序體**。	文最嚴整	

---

① 據《論文學》注,原稿脫"非命"二字,依《百子全書》補入。

		耕　柱	此五篇爲記墨子言行之實錄，體裁頗近《論語》。**列傳體。**	文最翔實	似後世之言行錄。
第六類		貴　義			
		公　孟			
		魯　問			
		公　輸			
第七類		備城門	此十一篇專言守禦之法。**此一類爲雜記體。**	文最簡潔	
		備高臨			
		備　梯			
		備　水			
		備　突			
		備　穴			
		備蛾傅			
		迎敵祠			
		旗　幟			
		號　令			
		襍① 守			

---

① 襍，《論文學》誤"集"。據《墨子》改。

逸周書文體分類表

第一類 論著之文 二十篇①	①儒家言	度　訓	此四篇言法度原於天理,必能遵守法度,乃可以和衆而聚人,理極精深,文頗能解。	11篇
		命　訓		
		常　訓		
		文　酌		
		柔　武	此四篇爲武王與周公講論治國之道。	
		大開武		
		小開武		
		寶　典		
		王　佩	告誡人君之語。	
		銓　法	言用人之道。	
		周　祝	陳戒之詞。	
	②兵家言	武　稱		8篇
		允②文		
		大　武		
		大明武		
		小明武		
		武　紀		
		武　順	此篇言軍制。	
		武　穆	此篇言軍政。	
	③法家言	大　聚	此篇述治制頗詳,頗似《管子》,近於法家言。	1篇

---

① 《論文學》注:原稿作"十九篇",實則二十篇,故校正之。

② 允,《論文學》誤"久"。據《逸周書》改。

第二類 告語之文 十五篇	①詔令類	酆 保	文王命公卿百官①之詞。	10 篇
		大 開	文王開示後人之詞。	
		小 開		
		文 儆	文王告太子發之詞。	
		文 傳		
		大 匡	大匡有兩篇,次十一者言荒政。此篇次三十八,記武王在管,告東隅之侯之詞。	
		文 政	管、蔡告殷人之詞。	
		商 誓	武王告商諸侯之詞。	
		五 權	武王告周公之詞。	
		皇 門	周公告群臣之詞。	
	②奏議類	成 開	記周公戒成王之詞。	5 篇
		六 戒		
		官 人		
		蔡 公	記諫穆王之詞。	
		芮良夫	記諫厲王之詞。	
第三類 記述之文 二十三篇	①典志類	周 月	此二篇歷數。	7 篇
		時 訓		
		謚 法	記易名之典。	
		明 堂	記明堂制度。	
		王 會	記八方會同。	
		職 方	記職官。	
		器 服	記明器。	

---

① 官,《論文學》誤"宮"。據上下文意校改。

		糴　匡	此二篇言糧政。	
第三類 記述之文 二十三篇	②雜記類	大　匡		16篇
		程　典	記文王被囚。	
		酆　謀	此二篇記謀伐商事。	
		寤　儆①		
		和　寤	此四篇記武王克商事。	
		武　寤		
		克　殷		
		世　俘		
		度　邑	此二篇記②營建洛邑之事。	
		作　雒		
		嘗　麥	此二篇記成王周公問答。	
		本　典		
		史　記	記穆王命左史戎夫記史。	
		太子晉	類小説。	
		殷　祝	記湯放桀,踐天子③事。	
第四類 亡佚殘闕 之文 十二篇	甲、亡佚類	程　寤		11篇
		秦④陰		
		九　政		
		九　開		
		劉　法		
		文　開		
		保　開		
		八　繁		
		箕　子		
		耆　德		
		月　令		
	乙、殘缺類	武　儆		1篇

---

① 儆,《論文學》誤"敬"。據《逸周書》改。

② 記,《論文學》無,疑脱。據上下文意校補。

③ 子,《論文學》誤"下"。據上下文意校改。

④ 秦,《論文學》誤"泰"據《逸周書》改。

六庵叢纂附錄

弟子張善文輯

目　錄

六庵叢纂序 ①

包樹棠

　　乙亥夏，予識霞浦黃子之六於會城。其後不相聞問。壬午春，乃再遇於永安。今秋共事南平。始黃子居故都十年餘，問《易》於行唐尚先生節之，問《禮》於歙吳先生檢齋，問《春秋左氏》於桐城馬先生岵庭。之三人治經籍，在朔方固號爲專學者也。而霸高先生閬仙、建寧范先生秋帆，亦以宿學稱，黃子皆資而問業焉。故其學咸有本源，自群經傳注，汎濫於辭章，持說雅馴可觀。顧黃子尤竺於《易》，自言所入以象數、義理爲本幹，考《春秋內外傳》諸占筮，觀漢魏六朝隋唐古注義疏，參稽宋元以後各家經說，而其歸也以漢易者還之漢易，以宋易者還之宋易，漢易之中以京孟者還之京孟，鄭虞者還之鄭虞，宋易之中以陳邵者還之陳邵，程朱者還之程朱，李楊者還之李楊，家法師承不可糅亂。《左氏》僖十五年傳"獲其雄狐"，引虞翻逸象"艮爲狐"之說，而艮復爲少男，故知所獲爲雄狐，補杜征南之不及。安陸李道平爲《易集解纂疏》，義多未了愜者。《乾彖》"大明終始"，荀爽注："乾起於坎而終於離，坤起於離而終於坎。"疏謂："坎本乾氣，故乾起於坎之一陽，而終於離之二陽；離本坤氣，故坤起於離之一陰，而終於坎之二陰。"不知荀注乃以十二月消息卦方位言，消息乾起於坎方而終於離方，坤起於離方而終於坎方，故曰"坎離者乾坤之家而陰陽之府"；離爲日，坎爲月，《乾鑿度》"日月終始萬物"，故大明當兼日月言也。《蒙》六五小象，荀注："順於上，巽於二。"疏謂："五變爲巽，以應二。"不知五變則爲陽，與二陽不相應。五承上九，下應九二，皆以陰從陽，互坤爲順，故曰"順於上，巽於二"，巽亦順也。乃得其義。故黃子慨然有志欲爲《周易通考》、《周易集解義疏》、《周易正義》三

① 此序係包樹棠先生於民國三十一年（1941）爲摯友黃壽祺教授擬編之《六庵叢纂》而作。後編輯未果，原稿復多散佚，而《序》則存之。故《序》中所言內容，與今所復編者有異。茲特錄之以備參考。

書,遐索旁捃,劌寫緜富。其先成者,已有《六庵讀易前錄》四卷、《續錄》一卷、《續錄補》一卷,《漢儒說易條例》五卷,《周易要略》十卷,《嵩雲草堂易話》二卷,《尚氏易要義》二卷,《歷代易家考》五卷。於《禮》,有《喪服淺說》四卷,《六庵讀禮錄》二卷。於《左氏傳》,有《要略》一卷。他著尚有《宋學綱要》十六卷,《明儒學說講稿》七卷,《世說新語注引書考》一卷,《閩東風俗記》一卷,《阿比西尼亞王國記》六卷,《六庵別錄》一卷,《詩文劄記》如干卷。綜曰《六庵叢纂》,徵序及予。予惟昔者高密鄭君,師事京兆第五元先、東郡張恭祖,以山東無足問者,乃西入關,因涿郡盧植師事馬融。及其去也,融喟然曰:"吾道東矣!"黃子襥被北行,遊於太學,爲都講,及南歸,師友皆惜其別。而方壯之年,造述既已若此,以視前修,可不謂有志之士哉!予深幸群言紛殽之日,得黃子而振先民之墜緒,學術人心,賴所防閑。若夫契而弗已,祈嚮雅言,吾不能槼其所至矣。壬午九月,上杭包樹棠序。

（據包樹棠先生《笠山文鈔》抄稿本整理,另依北京師範大學出版社1988年版《易學群書平議》卷末附錄校訂。）

答黃壽祺書

吳承仕

統觀來文四首，規模已具。不懈而及於古，不難也。間有習見語及俗間通用語，亟宜淘汰。桐城文家，好言義法，余謂攷之禮俗之本意，揆之文詞之律令，多讀名作，斷以一心，雖不言義法可也。林紓頗爲流俗所稱，實乃不可嚮邇。以視太炎文錄，若騏驥之與跛鼈矣。試於此中參之。余雖不能文，尚能識別雅俗，故略論如此。

（謹案，六庵師曾將吳先生此書錄寄北京師範大學出版社《吳承仕文錄》編輯組刊出，並附言：“此信係一九三五年，民國二十四年春所寫。‘余謂’至‘可也’數句，先生自加有密圈。黃壽祺鈔寄。一九八〇年二月。”詳《吳承仕文錄》，北京師範大學出版社 1984 年 1 月出版。）

送黃之六南歸序

尚秉和

　　始吾傭於中國大學，既罷講，諸生攢擠雲散，各不相識，後相遇如路人。獨福建黃生壽祺、杜生琨，輒俟吾出講舍，追隨請問，若甚相親愛者。既而，余說《易》爲諸生所不喜，遂輟傭。二生乃登門拜謁，請仍授之《易》。久之，復授及詩文。二生所居，去槐軒約二三里，往來奔馳，雖夏日酷暑炎蒸，淫霖塗潦，嚴冬黑夜，風雪交加，必至，夜分乃去。三年以來，未之或懈。偶二生來，余因事它出，守候不歸，未嘗不念其求學之誠而生愧也。既爾黃生於《易》有深悟，凡易數易象，剖析入微，能補乾嘉諸儒所未及；而杜生之詩，天才秀發，軼宕不群，偶爲排律，雲湧濤翻，駸駸乎欲入古人之室。嗟乎！東南英俊，負笈萬里，去鄉井，別父母，求學於遠方者多矣，然能不負其初志者誰乎？此二生之所以獨異，而余日夜所企望不已者也。乙亥夏，黃生來言曰：今年夏學校畢業，近得大父書，命即歸里①。一去萬里，再晤不知何時，敢請一言爲佩？神色慘阻，若不勝其悽戀者。嗟乎！吾以不協於俗，窮困至今，吾於生尚何言哉？凡士君子，老而思以文學名世者，皆感傷遲暮，有所不得已者也。而豈少年之事哉？雖然，文章者經國之大業，六經者文章之淵藪；而忠孝廉節，仁義禮智信之權輿也。黃炎民族，林林總總，溥遍萬里，所賴以維繫而不崩潰者在此，強番異族更起迭侵、漸靡侵淫、卒以同化者在此。此吾堯舜禹湯文武周孔，唐虞三代古聖人精爽之所憑依，而禮教之所由蒸被也。故其文渾渾噩噩，薄九閡，彌厚土，千載之下，一爲諷誦，則都俞吁咈，謦欬之聲如聞也，憂愓尊嚴敬畏之神如見也，而豈但摭拾異聞、檢舉僻澀、用以爲考據之資哉！今二生之文，條鬯通達，高深之境或未能驟躋，要皆有志於古者也。合乎古，則不協

---

　　① “歸里”下，《槐軒文集》稿本有“離家已數載，不敢違命”九字，前後以角號括之，蓋擬省之，今從刪。

於今。嗚呼！吾於生復何言哉？抑又思之，吾少年爲學，所聞於師者，或當時能解，或三五年而後解，甚或十餘年而後解。及其既解，而吾師不及見矣！證明无地，悲愴至今。今吾所語於二生者，其尚有未盡喻者乎？然其的則知矣，冥心以思之，專力以赴之，務求達其的而後已，勿遲鈍如吾也。吾語生止是矣。他復何言哉？自二生入吾門，其事吾若嚴父，吾視二生若親子弟，憂戚相關，懽愉與共，數年於茲。今杜生雖留，而黃生遠去，悵惘之情，曷其有極？生即不言，吾固不能嘿爾也。然又無可言也。故述往來之迹，以爲勗焉。

（據《槐軒文集》稿本整理）

北遊吟草序

尚秉和

　　友人黃之六、張永明、杜悅鳴，皆閩人，皆不遠千里求學北平，而皆從余遊。三人者，皆好爲詩，每歲時令節，投贈和答，來往頻煩，破余岑寂。既而，永明、之六相繼南歸，仍歷數月必錄其鄉里所作，郵寄於余。余爲次其甲乙，扶其兀臬，即刻郵遠，蓋望之深不覺其語之切。歲乙亥，之六復來燕，永明則流滯於潮汕之間，而悅鳴則出塞。悅鳴天才，較二子尤超逸駿拔，故所爲亦益多。其排律長篇，動至數十韻，縱橫捭盍，蔚爲大觀。蓋其家世爲詩，其婦翁王文玉亦以詩鳴於閩東，故悅鳴薰灼漸漬，業以有成。丁丑初春，悅鳴以其《北遊吟草》見示，共二百餘首，而今體爲多。今體詩，見世學者以其有聲律之束縛，對偶之勻調，而目爲桎梏者也。乃余以是授悅鳴等，即信而從之，亦殊未見其苦也。奇偶陰陽，乃天地聲音自然之節湊。以聲律爲難，殆以古體爲易矣？不知其尤難也。不知聲律之爲初步，古體之不離對偶也。嗚呼！此其故，向誰言之？又誰信之？祇與二三子寂寂而言，默默而喻耳。故吾望悅鳴之不域於是，而畢吾說。丁丑二月，槐軒老人識於北平。

　　（據《槐軒文集》稿本整理）

黃君墓誌銘

尚秉和

　　君諱韶，字鳳石，世居閩東霞浦縣鹽田鎮，分縣爲甯德人。父金銘，諸生。君幼聰穎，年十九補縣學附生，旋赴閩垣考高等學堂、講武堂，皆以高第入選。未幾皆棄去，歸而學醫，閉戶讀醫書凡九年，始稍稍以所學試於鄉。每試輒效，由是遂以能醫名。顧君不自信，復入閩垣全省醫藥學會醫學公會學五年而後歸，業益進，術愈精。君之爲醫，不受酬，不論貧富，求立往。凡山陬海澨，苗蠻巖峒，舟船蛋戶之鄉，無弗至。故閩東之民，無不知有黃先生者。民國壬戌，閩東大亂，盜賊蠭起，鹽田鎮富室皆被掠，次及君，忽聞門外大呼曰：“是黃先生家，毋得入！”衆即去。未幾，又有賊來攻，又有呼者曰：“是黃先生家，毋得入！”衆弗聽，撞門甚急。其人又呼曰：“水退矣！舟將不能行。”衆乃退。實其時仍未汐也。後二年，閩南賊竄入，擄君父去，至江干，將登舟，鄉民群叩首於賊渠曰：“是黃先生父，請釋之。”賊果放君父歸。同時君弟亦被他賊擄去，亦以君故釋還。後四年，君舟行猝遇賊擄至蠻洞中，既七日，自分必死。忽有苗人語君曰：“先生思歸乎？”曰：“然。若何爲者？”苗曰：“吾爲賊守囚者也。今日賊有盛會，其渠皆當去，請先生依吾計行。”乃匿君他洞中，君有足疾弗能行，至夜，苗與其妹更負君，行百餘里，黎明至家。家人驚喜，以爲自天而降。其仁德之見信於鄉人如此。時大兵之後，疾疫數起，求醫者踵接於門，冬則犯風雪，夏則涉歷淫霖塗潦，以勞觸舊疾，遂以民國二十六年十二月二十三日卒，年五十又二。配鄭氏。子壽祺、壽昌、壽愷，女三。壽祺中國大學畢業生，好學能文，尤邃於《易》，來言曰：將以某年某月日葬君於杯溪上村後山之陽，請銘。遂爲之銘曰：

　　是仁人也衆一口，苗猺感德負以走，幾瀕於危卒无咎，有孚比之夙盈缶。年未中壽歸山阜，遇不副德必於後，銘以爲券永不朽。

　　　　（據《槐軒文集》稿本整理）

黃鳳石先生傳

包樹棠

　　黃先生諱韶,字鳳石,世居霞浦縣鹽田鎮,分縣爲寧德人。清季,以縣學生試陸軍講武堂,棄去挈醫。凡山陬海澨,苗蠻巖峒,溽暑祁寒,無貧富,求治立往,不資之爲利也。人亦以是爲先生德,而屢以脫禍焉。初,福安有股匪颷掠至鎮,蓋藏無倖免者,勢洶洶及門。忽聞呼者曰:"是黃先生家,毋擅入!"衆去,而他賊又來,呼者如前。賊若弗聞也,捲門愈益亟,呼者厲聲曰:"水落矣!不去舟膠!"群賊哄而散,時實未汐也。後有賊擄先生父若弟者,鄉人以告,皆釋還。一日,先生舟行遇盜,則夙仇也,被縶山洞七晝夜,不復作生還想矣。忽有苗來監守,語先生曰:"今日賊渠有會,我計能脫若。"先生曰:"足疾,奈何?"苗則與其女弟共負之,夜自間道叢薄,疾趨百里,遲明至家。蓋先生曾瘉苗母疾,而陰戒其子以報之於先生者也。及是,許苗約爲兄弟而去。閩東匪禍猖獗,先生頗默識賊中情勢,慨然有志除患。會■■[①]率兵蒐勤,募能得賊渠者受上賞。先生即部勒里中少年,皛赴事功。旋福鼎有急,■■星夜馳援,舟覆溺斃,後來者不果行賞,且掠爲己功焉。先生慨當世事無足與謀者,亦遂絕口不復言兵。後疫疾頻作,先生壹以術濟人不衰。歿年五十有二。伯子壽祺,已以狀乞行唐尚秉和節之誌其幽,建甯范毓桂秋帆表其墓矣。壬午秋,予來南平,與壽祺共事,屬爲之傳,且述先生細行之不備於狀者。某昔天雨,壽祺穉年侍坐,塒雞作聲劇急,以爲狸狌也,欲出視。先生曰:"不類。鄰父貧,負戴而舉食,今雨饑迫,攫吾物,毋遽窘之。"其警敏隱惡,又若此。鼎革以還,南北擾攘,鹽田當會城三都往來孔道,饟糈丁役,供張緐雜,先生一身周旋其間,勞怨無所卻,閭閻以寧。噫!若先生者,可不謂獨行之士乎?

　　　　　　（據包樹棠先生《笠山文鈔》抄稿本整理）

---

　　①　原稿此處以墨丁塗覆,疑爲人名。下同。

黃母鄭太夫人六十壽序

包樹棠

　　甲申冬，予在南平，任教福建省立師範專科學校。時黃子之六壽祺，改就國立海疆學校教授，將赴仙遊。諸生聞之，牽衣把袂，欲留不得。予亦悽然，難以爲懷，賦詩而惜其別。今歲乙酉秋，海疆遷南安，予應梁披雲校長龍光約南行，復得與黃子相聚。冬間，黃子將歸霞浦，以明歲開春，爲其母鄭太夫人六十初度稱一觴之酒，且慰老人倚閭之思也。海疆同人，以予與黃子稔，屬爲介壽之文。始予識黃子於會城，再晤於永安，中閒離合易地者數矣。自海宇雲擾，士夫蓬累，予與黃子輒感聚遇之不常，尊酒流連，譚藝餘暇，詳及家世。黃子之尊人鳳石先生諱韶，前清縣學生，行誼爲閭鄰重。太夫人之來歸也，奉舅姑，相夫子，柔聲怡色，内則無違。鳳石先生之沒，黃子尚讀書故都，太夫人執喪盡禮，最以繼志述學爲重。後黃子爲諸生都講，棲遲朔方。洎乎蘆溝橋變起，兵戈徧大江河南北，黃子適聞太夫人恙，襆被倉皇，關山風雪，踰冀魯吳越，萬里南歸。於時地盡萑苻，相驚候騎，黃子不敢以爲艱苦。蓋人子思親，其心純潔，舉凡外物之來，不足以豪髮動其中。黃子於學，尚博覽，識流別，顧尤邃《易》，事行唐尚槐軒氏，稱高弟，予嘗爲序《六厂叢纂》述其概矣。嗟乎！人子養親，養志爲大，養口體次之。向吾讀《詩》，至《南陔》之序曰"孝子相戒以養也"，《白華》之序曰"孝子之絜白也"，則其辭雖亡，其義固猶存焉。黃子其益體親心，堅宏所具，明道淑人。抑聞之，閩東多佳山水，太姥、霍童，相望海隅，黃子之歸於其鄉，風日晴和，奉太夫人以樂乎其閒，倘亦詩人之微志也夫？

　　（據包樹棠先生《笠山文鈔》抄稿本整理）

黃壽祺自傳

張善文筆錄

　　閩東霞浦縣西南，有一個依山傍海的小市鎮，名爲鹽田鎮。1912 年農曆八月初四日，我就出生在這裡。這一年，正是辛亥革命成功之年，即民國元年。

　　我父親名韶，字鳳石，是清朝末年的文秀才，一生以中醫爲業。他替我取名壽祺。我幼年時讀《詩經》至《大雅·行葦》篇，見有"壽考維祺"之句，曾問父親："大人爲何名我壽祺呢？是否取這句詩的意義呢？"他老人家說："你的名字，自然原本於此詩句。但是在清代乾、嘉年間，福州有個名叫陳壽祺的，是我省著名的大學問家，在全國也是有名的，我希望你長大以後也能成爲像他那樣的學者。"後來，我到福州讀書，就注意尋求陳左海父子的書，這和我父親的教育是有關的。

一

　　我的太高祖曾從寧德縣的石堂鄉遷居霞浦，所以我家在霞浦縣算是"客籍"，當時屢受本地大族的欺凌。我祖父名金銘，字謹三，他決心振奮自強，發誓要教育子孫讀書上進，親自督教，要求甚嚴，他這種思想對我也是很有影響的。

　　真正開始我的啟蒙教育的，是我祖母畢氏。我 5 歲那年，她教我認字，誦讀《三字經》、《千字文》。6 歲時，我入家塾就讀，塾師是我祖姑丈何子碩（宗樂）先生，塾址設在我家廳堂。三年後，讀完《孝經》、《論語》、《孟子》、《大學》、《中庸》等書，並讀了一些短篇的古文，也學做了許多"對子"，對寫字頗有興趣。

　　何子碩先生於 1920 年正月病故，祖父就送我到城內的聖教小學讀書，編在初級小學三下。我因年紀太小，不會自己管理生活，全身長滿蝨子，時常患病，只半年，祖父又命我輟學回家，由他自行授讀，除重溫《孝經》、《四書》外，增讀一些古文。次年春，祖父又命從塾師何樹人（宗楷）先生受業，讀了《詩經》、《左傳》、《綱鑒易知錄》、《古文筆法百篇》、《古文觀止》、《古文析義》、《千家詩》、《唐詩三百首》等，三年中習作文言文數十篇。當時我甚爲何先生所鍾愛，何先生常在我祖父、父親面前誇獎我爲黃家的"千里駒"。

1924 年，我 13 歲，何樹人先生病逝。祖父遂再送我到城內縣立第一小學讀書，從此結束了 7 年的私塾教育。到了第一小學，我便從高小一年級下期讀起。那時改行新學制，高小改爲二年畢業，並用白話課本。但小學教師均是前清老秀才，他們都喜愛有古文基礎的學生。我曾在私塾讀過一些書，會寫一點文言文，又喜歡寫字，因此很爲教師們誇獎。在紀念 20 周年校慶時舉辦的成績展覽會上，我的作文和書法都以全校第一名獲獎。

1925 年夏，我高小畢業，考進福建省立第三初級中學。中學的國文教師，又都是前清的舉人、貢生，他們也喜歡教古文。特別是福鼎縣的陳筱猷（咸熙）先生，他是林琴南（紓）的崇拜者，我受他影響很深，開始閱讀林琴南的各種譯文、著作，對桐城派古文家甚爲嚮往。

我在初中期間，有兩件事記憶最深：一是霞浦縣誌局正在纂修新縣誌，參加者多是我中小學的老師，而我父親和岳父嚴寅川（恭之）先生也都擔任了採訪工作，我曾被找去幫助抄寫和校對，這引起了我對地方文獻的關心。二是我在讀初三時，按當時的規定，畢業班學生可以外出修學參觀，我因而得偕同班同學去福鼎縣及浙江省的平陽、瑞安、永嘉等地中學參觀，並遊覽了閩東的太姥山、浙南的雁蕩山等名勝風景，寫下了一本旅行日記。回來後，學校竟把這本日記油印成册分送給校內的同學及省內各中學的圖書館。這是我平生第一次發表的文字，也使我體會到外出遊學的樂趣。

1928 年秋，往福州投考高中。考上福建省立福州第一高級中學。該校分師範、普通、商業三科，我報師範。但因師範科每月有助學金，外縣人爭不過福州人，錄取時卻被分配在商科，我因而生氣不唸，即再去投考省立福州第一高級中學第一分校（不久改名爲福州理工中學），錄取後讀理科化學組。當時名爲學理科，實則大部分時間仍在學中國古典文學和哲學。那時我翻閱過大部分的《正誼堂叢書》，手抄過元末明初理學家吳海的《聞過齋集》，這就培養了我後來研究宋元明哲學的興趣。同時，我找到了陳左海父子的一些著作，特別喜歡讀左海所著的《東越儒林傳》、《東越文苑傳》。是年，《霞浦縣誌》出版，我 17 歲，對此書並不滿意，想加以訂補。便根據聞見所及的閩東舊資料，寫了《霞浦縣誌文苑傳補》十多篇。今原稿已不存，只記得有一、二篇後來在《北平全民報》副刊發表過。又寫了一册《福寧人士記》，現原書亦不存,只記得在《序言》裡有這樣一段話:"東坡有言:先生不述,後生何傳?余今日之後生也,傳先生之所述;後之生者,又將傳余之所述。立言不朽,有志未逮,噫!此其所以爲記歟?"此序極爲國文教師林宗炎(炳昆)先生所激賞,評爲:"斐然有述作之志,慨乎其言之也!"我之有志從事著作,實自此時始。

二

1929年秋,與同學杜悦鳴(琨)赴北平投考大學預科。因高中一年級功課結束得晚,又因家裡籌措經費耽擱了一段時間,到北平已是舊曆八月初一日,國立大學招生已過,只得投考私立中國大學文科預科。錄取後在學兩年升入本科國學系,又四年畢業得文學學位,時年24歲。

在中國大學學習六年,所從游的老師,可分爲兩類:一類是章太炎(炳麟)先生的弟子,他們的學問,大體是繼承清代"樸學"的傳統,以研究文字、音韻、訓詁、目錄、校勘,以及三禮名物、歷代典章制度爲主,遂使我接受了乾嘉學派的考據學的影響;一類是吳摯甫(汝綸)先生的弟子,以寫古文和舊詩爲主,使我接受桐城派文風的影響。其中影響我最深的老師共有五人:

馬岵庭先生,名振彪,安徽桐城人,是桐城派古文大師馬通伯(其昶)先生的侄兒。他除繼承桐城派"學行踵程朱,文章繼韓歐"的衣鉢外,更潛心研究佛學。他一面在中大教授,一面在北平弘慈佛學院講學。因此,我在中國大學作正式生時,又在弘慈佛學院作旁聽生,使我得以交了一些和尚朋友。

尚節之先生,名秉和,自號"滋溪老人",學者稱爲"槐軒先生"。他是吳摯甫先生的弟子,不僅擅長詩文,兼通史學,對易學研究尤深。他著書數百卷,最著名的有《辛壬春秋》、《歷代社會風俗事物考》、《易說評議》等。我研究《周易》,主要是得到他的傳授。他所著《焦氏易詁》是我協助寫的,他並命我爲寫一篇序文。他還精研禪宗,曾教我讀《法寶壇經》和《五燈會元》等書。

高閬仙先生,名步瀛,河北霸縣人。他也是吳摯甫先生的弟子,以研究《昭明文選》及唐宋詩文著名。他後來出版的《文選李注義疏》、《唐宋詩舉要》、《唐宋文舉要》等書,有的我曾爲抄寫,有的曾爲校對。

林公鐸先生,名損,浙江里安人。他是永嘉學派的繼承人,曾任北京大學教授。他常不滿胡適的言論,爲胡適所排擠而南下就中央大學教授,抗戰期中逝世。我學習宋元哲學,注意永嘉學派和永康學派的研究,是受他的影響。

吳檢齋先生，名承仕，安徽歙縣人。他是章太炎先生的高足弟子，任中國大學國學系主任，以精研"三禮"著名於世。他對我的學習成績頗為讚賞，當時我除在課堂聽講外，並承他之約每星期五上午到他家裡面授半天，若是者歷時三年，給我以極深的教益。

中國大學老師對我有影響的，還有長沙楊遇夫（樹達）、武陵余季豫（嘉錫）、鹽城孫蜀丞（人和）、黟縣朱少濱（師轍）、膠西唐立厂（蘭）以及沔陽陸墨庵（和九）、陸穎明（宗達）諸先生。

此外，非中國大學教授而有影響於我者，則有建寧范秋帆（毓桂）先生，他曾在國立北平法政大學和私立四存中學任教，於《周易》及《左傳》用力甚深，也都有著作。他又曾參加編纂《中國人名大辭典》（商務印書館出版），凡入聲之部，皆先生一手所輯成。

在大學六年，我從未涉足歌樓舞榭，甚至名躁國內外的京劇也未曾看過一次。當時被同學們笑為"大書呆"，我現在回想起來，確實也是夠呆了。

年輕的時候，易萌自滿情緒。記得預科畢業那年，曾將20歲前所作的舊詩200餘首抄成一冊，定名為《霞山詩草》，送呈尚節之先生審閱。他閱後在書皮上批道："大詩讀畢，用朱墨為識。大抵今日之所惜，他日雖欲存之而不能。此不能強，時至自知。"這給我很大教訓，打垮了我一向自高自大的心理，後來作詩文，便不敢隨便亂湊了。本科以後所作的詩，曾刪存為《六庵吟稿》（後來定名為《北學集》）一卷。又有古文數十篇，定名為《六庵文稿》。此外還寫了《閩東風俗記》一冊，包括歲時、冠笄、婚姻、喪葬、祭祀等十篇。這三種稿件均曾在北平《中和報》文學副刊發表過，其中詩文只零星登出，《閩東風俗記》則連篇刊載，但未曾登完，原稿一冊後被人借閱亡失。

三

1935年7月大學畢業，由尚節之先生介紹入北平私立燕冀中學和嵩雲中學任教。這時，我擬歸鄉探親後再回北平教書。不料到家後被地方人士挽留任霞浦縣簡易鄉村師範學校教導主任兼文史地教員。但不久因表揚當時的進步學生陳子英（陳後來成為烈士），為縣長兼校長的張燦所斥責，為其所解聘，並勒令出境。因此僅在職四個月，即復往北平。

重返北平後，即往嵩雲中學任國文老師。仍從尚節之、吳檢齋、高閬仙諸先生受業。

當時全國抗日思潮高漲，1936 年 8 月，第二十九軍軍長兼冀察政務委員會委員長宋哲元下令考選平津保各大學畢業生，以培養抗日幹部。我在吳檢齋先生的鼓勵下報名投考。榜發後，取 500 名，我以中國文學系甲等第三名錄取。主考劉哲（字敬輿，東北人）將我在三小時內所作的兩篇文章送北平《晨報》發表，並加總評云：“兩藝文筆簡練，末幅尤爲警策，足徵積學之士。”主考在報紙上公開地給我這樣的評語，使我在同學間威信頗增，這對我後來回到母校當講師，是不無好作用的。

錄取後要到南苑受軍訓四個月，我當時還顧慮體力吃不消，吳檢齋先生又來鼓勵我要去受軍訓，說鍛煉後身體才會好轉。又說訓練班主任是二十九軍副軍長佟麟閣將軍，他和佟將軍認識，佟雖是行伍出身，但有愛國思想，爲人甚慈祥，軍中號爲“佟菩薩”。他還說要爲我介紹，我才決心去受軍訓。佟以我年最小，竟以高第錄取，又承吳先生介紹，對我很照顧，告隊長班長等人要原諒我體弱，允許我唯力是視，不大受軍訓的嚴格管束。佟先生還在課餘之暇叫我講《周易》哲學的原理，並請我代作過一些應酬詩文。此時我除讀軍事書籍外，還翻閱過《王陽明全集》，其中《傳習錄》一書則曾精讀。當時並寫了《南苑受訓雜錄》一冊，可惜七七事變時亡失了。

軍訓畢，分配到冀察綏署參謀處當“服務員”，處長宋梅村派我在第三科（總務科）工作，負責統計處內人員的出勤率。在軍事機構中缺勤是很少的，所以我等於無事可做，終日伏案點《十三經注疏》，並爲同時分配在一處工作的訓練班同學張達夫講《周易》。當時中國大學孫蜀丞先生到民國大學兼國文系主任，曾來信約我兼任“作詩法”課程，每週兩小時，我向處長宋梅村提出要求，宋不准在外兼職。但此事卻使處內外人員對我另眼相看，認爲我年紀不大卻配在大學教書，大概總是不錯。參謀處第三科科長盧鳳策（自介是清代著名學者盧見曾的後人）常見我在讀《雅雨堂叢書》，就對我說：“這是我祖輩所刻的，原刻板還存在我家祠堂中。你能讀這種書，足見程度是很好的。叫你統計出缺席，難怪你無聊。”他因此建議宋梅村改派我編寫書報提要，後又讓我編寫意大利與阿比西尼亞的歷史、地理、政治、經濟、文化及北路戰況、中路戰況、南路戰況等十二章提綱，取名《阿比西尼亞王國記》，只寫了一半，即因七七事變而中輟，後來連原稿也不存了。

在綏署工作期間,宋哲元於保定蓮池書院舊址設立了蓮池講學院,禮聘河北老學者梁式堂爲院長,我的老師尚節之、高閬仙諸先生均受聘在該院講學,我也曾報名爲院外研究生。在綏署中我曾寫過三封與尚先生討論《周易》的信,尚先生復我兩封,不久,這來往的五封信均由尚先生介紹於北平《晨報》副刊《藝圃》上發表。我與尚先生討論的内容,即就他關於《易》象的某些觀點進行商榷,尚先生對我的意見作了肯定,並稱許說:"非執事,孰能有此疑,孰能以我之矛刺我之盾哉!"(《答書一》)又說:"《易經》既深有所入,即當繼續用力,成此絕學,甚善甚善。"(《答書二》)後來吳檢齋先生看到這些文章,即全數轉載入他所主編的《中大學報》創刊號,並爲我寫下一篇跋文,作了好評。當時以爲該創刊號即將出版,未將跋文抄下,不料才印刷畢,尚在裝訂,而盧溝橋事變起,終不得發行,現不知世間還存有此期刊物否?新中國成立後,有人告訴我蘇聯科學院院士舒茨基博士有一部《變化的書》(1960年初版於莫斯科,1978年爲美國轉譯,英譯名爲《易經研究》),此書所附參考文獻目錄中,列舉了我的論《易》三書及尚先生的復書。

從1936年8月投筆從戎,到1937年七七事變,這段時間我在南苑軍訓4個月和在綏署工作7個月,這是我一生中的特殊經歷。除此11個月之外,我均以教書爲業。這時期,我們這些大學生初出校門,人人自以爲滿腹經綸,可以藉此大展才華,卻不料日寇步步侵略,盧溝橋事變猝起,佟麟閣將軍及趙登禹師長等均抗戰陣亡,宋哲元率所部南撤,我因是下級人員,無人過問,遂淪陷於北平。因此我的思想極爲悲觀,兼之貧病交加,無力歸鄉,只能在風雨飄搖的危城中教書以糊口。記得當時寫過這樣的短詩:"我亦天涯悲作客,第餘熱淚灑神州。遺山不死靈光在,野史亭成待訪求。"(《題赫上谷寵恩枒墅助讀樓圖》)可見,我當時的思想一方面對祖國大片土地的淪陷無限悲愁,另一方面卻尋不到出路,内心無限悽惶、感慨,想如元遺山之寫"野史"以安身立命。

四

淪陷期間,我又回到私立嵩雲、燕冀兩中學任教,所教均爲古文。是時尤喜禪宗。逾年,吳檢齋、孫蜀丞諸先生邀我返回母校國學系任講師,教授《易經》、宋元明清四朝學案、唐宋詩選和杜甫、黃庭堅、元好問諸家詩專集,至1941年冬返閩而止,歷時凡三年有半。

　　早在 1925 年,日本東方文化事業委員會以日本退還我國的庚子賠款爲經費,組織中日學者計畫續修四庫全書提要。我的老師尚節之、吳檢齋諸先生均受聘參加撰寫提要的工作。初時我曾協助吳先生寫了幾篇"禮"類提要,代替尚先生寫了 100 多篇"易"類提要;後又以我自己的名字寫了"易"類提要 30 篇,"禮"類提要 60 多篇,還整理了《易類提要目錄》一冊。全書原稿今尚存於北京中國社會科學院圖書館。1971 年臺灣商務印書館出版《續修四庫全書提要》,係根據日本京都大學人文科學研究所所藏油印本印行,實際只有原稿的一半。臺灣版序言中說:"關於撰著提要及負責整理之人,據橋川氏告我國何朋氏,共有 85 名,皆爲積學之士,其中尤多爲目錄學者。至於負責各類整理工作之人,大致如左:(甲)經部,易類,柯紹忞、吳承仕、尚秉和、黃壽祺;……禮類,胡玉縉、吳承仕、黃壽祺、吳廷燮……"序言中"易"、"禮"兩類都列有我的名字。但該書正文所收的提要卻相當不全。因此,我認爲國內所藏全稿,今天還有重新整理出版的必要。日人橋川時雄曾拜中國大學國學系主任孫蜀丞教授爲師,也曾多次拜候尚節之先生,所以對我有瞭解。他在 1940 年編撰的《中國文化界人物總鑒》中說我師事尚節之先生,治《易》"精苦刻銘"。

　　在北京的最後三年半,我父親、祖父相繼逝世,我無法奔喪回籍,悲苦之極,以淪陷區遺民自處,內心所景仰的人物是鄭康成、陶潛、王通、戚同文、顧炎武、黃宗羲、王夫之諸賢,妄想"爲往聖繼絕學",撰寫《周易通考》、《周易集解義疏》、《周易正義新疏》三書,藏之名山,傳之其人。不料歲月蹉跎荏苒,迄今未有所成。

　　1939 年秋,吳檢齋先生突然逝世,傳聞係日寇收買醫生害死了他,校內師生無不痛悼。國學系主任孫蜀丞先生遂命我整理吳先生遺著。至 1941 年 11 月,吳先生著作已整理出 47 種,並寫成《先師歙吳先生之著述》一文。此時又聞母病甚重,遂決計南歸。才到上海,適值太平洋戰爭爆發,海路不通,便從杭州、金華、溫州陸道返閩。

　　我在淪陷區北平近四年餘中所著,有《易學群書平議》(初名《六庵讀易錄》,中改《易學群書述評》,後改定今名)七卷 130 篇,《漢易條例》五卷,《六庵易話》(原名《嵩雲草堂易話》)一卷,《六庵讀禮錄》一卷,《喪服淺說》四卷,《宋儒學說講稿》十四卷,《明儒學說講稿》七卷,《歷代易家考》五卷,《歷代易學書目考》一卷,《尚氏易要義》二卷,並有《六庵讀書劄記》100 餘冊。南歸之日,因日寇在北平正陽門東車站檢查,不准攜帶書稿,臨時轉寄正陽門外興隆街邵武館范秋帆先生家。不久,范先生病故,范夫人發瘋,子又年幼,輾轉遷徙,無處尋覓范家下落,以致各稿俱亡。今惟《易學群書平議》、《六庵易話》、《六庵讀禮錄》三種因有副本尚得倖存。

五

1941 年 12 月,我回到闊別多年的霞浦故鄉。母親一見我歸來,積年長病霍然痊愈,我喜出望外。

歸閩前,我曾函告舊同學杜悅鳴。當時杜在永安福建省立師範專科學校文史地科任講師,他接信後以告校長唐翼沖(守謙),唐即聘我爲文史地科副教授。因此,我南旋後便無失業之憂。

次年初,我動身赴永安就師專教職,途中曾爲海匪所洗劫。居永安半年,隨校遷往南平水南。是時,文史地科主任爲章靳以(方序)教授,國文教師僅我和杜悅鳴、包笠山(樹棠)等人,工作順遂。至 1944 年夏,校長一再換人,新聘教師人數漸多,教師間頗多矛盾,兼之水南氣候不佳,我常患瘧疾,時欲避地他去。故曾擬應協和大學文學院院長陳易園(遵統)教授之聘,到協大任中國文學系副教授。後以協大校址在邵武,氣候與南平相同,瘧疾尤甚,未果往。1945 年 2 月,遂應國立海疆學校聘,離南平往仙遊。在永安、南平三年中,所撰書稿有《先秦文學史》一卷,《左傳要略》一卷,《世說新語注引書考》一卷,《六庵別錄》一卷,《水南讀書劄記》一卷,《南旋集》一卷。

國立海疆學校是新辦的,我幻想或有些新氣象。不料到海疆才幾天,校長又換人,新校長一到任便計畫遷校,半年後果遷往南安九都。僅一年,又欲遷往泉州,校事紛亂如麻。當時學生屢鬧風潮,我總是替學生說話,同事們號我爲"小鋼炮",且有人懷疑我是共產黨,其實當時我與共產黨是毫無關係的。我只是時時憤慨,自起別名爲"巢孫",意爲"黃巢之孫",與友人徐君藩寫信常用此名,表示對現實不滿。由於看不到中國的光明前途,我常萌厭世之念,想出家修行。那時我心中最欽敬的人物,是以藝術家而出世修行的弘一法師——李叔同。

1945 年 8 月,日本無條件投降之日,我住在莆田涵江的囊山寺上,從和尚們那裡聽到了勝利的消息,頓覺國家從此有了希望,一時欣喜若狂,從囊山寺上飛跑下來。是年 10 月 10 日,還專程從南安九都奔赴泉州,加入慶祝國慶的狂歡遊行。但是，過了一些日子，眼看勝利後的國民政府依然毫無振作的氣象，消極悲觀之心，至此而極。

1946 年春季後，我便決計離開海疆學校，回到福州教書。先被人介紹到福建學院任國文教授。不意師專舊同事陳健行（秉乾）、姜芝隱（子潤）諸教授聞我願回福州工作，就請校長再聘我回師專（當時已從南平遷校福州），而師專的學生們也紛紛來信歡迎我回校。我遂辭福建學院而回師專。回顧在海疆學校一年半，只寫了《群經要略》十一卷及詩文雜著《海疆集》一卷。

我重返福建師專不久，校長又換人。當時國文科主任嚴叔夏回協和大學任教，新校長擬請廈門大學林庚當科主任，林未至，即讓我代理科主任。是時國畫家潘天壽在杭州國立藝專當校長，前師專藝術科教授吳茀之（谿）任教務長兼國畫系主任。吳能畫擅詩，與我交誼甚深，他來函、電促我赴杭州任藝專國文教授兼圖書館主任。我覺得杭州風景優美，研究文學的條件也比福州爲佳，頗欲前往。而新校長以林庚決定不來，並見杭州有人拉我，遂正式任命我爲國文科主任，不讓我赴杭州。逾年餘，校內之紛亂與海疆相等，我又想離去。恰好汕頭的南華大學文史系託我的業師朱少濱先生（時任廣州中山大學教授）聘請教授，朱先生遂介紹我去南華。我正欲前去，又逢換林馨侯（天蘭）先生爲校長，林是當時頗負盛名的學者，又是師專的老教授，曾和我爲詩友，他不願放我去南華，於是我繼續在師專任國文科主任。

在重返師專任教的三年中，因教師缺乏，我先後講授過《左傳》、《詩經》、《楚辭》、《莊子》、《漢書》等專書和文字學、訓詁學、經學概要、國故論著要籍目錄、歷代散文選、詩歌選、詞曲選，以及國文教材教法、各體文習作、教學實習、大一國文等十多種課程。這三年中，我雖未著刊過一本專著，但編寫了多種教材和講稿，涉獵的方面頗廣泛。

更可喜的是，我在師專發現了一位高材生葉挺荃，他學業優秀、思想進步，領導校內的學生運動，時時向我宣傳共產黨的政策和毛澤東思想，使我對解放區有了新的認識，而寄希望於共產黨，實自此時始。葉挺荃後來爲革命犧牲，成爲烈士。我始終認爲，葉挺荃雖是我的學生，實則他是我學習共產主義的啟蒙老師。

六

1949 年 8 月，福州解放。林馨侯先生留任師專校長，我仍爲國文科主任。同年軍管會派胡允恭（邦憲）同志來當軍代表，未幾接管，胡就任副校長。1950 年 2 月，林校長辭職，胡副校長升任校長。同年秋，師專改院，國文科改爲中國語言文學系，我續當系主任。

我當時對胡院長所採取的“破舊立新”政策，有許多問題不能理解。同時，他不知聽何人說我學《周易》只會卜卦，對我的印象也很不好。因此我的消極情緒大增，乃至想回家中當醫生，賣草藥糊口。旋即提請辭去系主任兼職，推薦郭展懷（虛中）同志接充。後來，胡院長通過和我接觸並深入調查瞭解我的情況，對我的看法漸有改變。1951 年秋，他即派我擔任圖書委員會主任委員、圖書館主任，兼院務委員。半年之後，他即大力肯定我整理圖書，接收福建學院烏山圖書館、主持大一國文教學小組等工作的成績，並提議選我爲“模範教師”，甚至在全院大會上表示要投我一票，可見他對我的印象大大改變了。

此後，歷“三反”、“五反”、“肅反”、“反右”等重大政治運動，院領導多次更易。1953 年中文系設工作組，我被任爲組員（相當於副系主任），不久即改爲工作組組長（相當於系主任）。1956 年，中文系復設系主任，我再爲中文系主任，直至 1966 年“文化大革命”被停職審查爲止。

回顧新中國成立後的十七年，我工作在新的社會主義制度下，祖國不斷強盛，人民生活日益改善，我體會到共產黨的偉大，1958 年寫了第一份入黨申請書，表明我對黨的衷心嚮往。然而，我對十七年中歷次政治運動的某些錯誤傾向也未嘗不偶有所覺察。尤其是對有關知識分子政策的貫徹問題以及古代文學研究中“左”的傾向問題，我深懷隱憂。對學術著作，顧慮亦頗多。及今回顧我在“文化大革命”前十七年中所發表的著作，只有《漢易舉要·孟氏易》一卷，曾參加集體編寫《中國古典文學作品選》、《福建文學史稿》、《清詩選注》等書的工作，並被推爲主編或總纂。此段時間，舊體詩歌寫了 270 餘首，編爲《朝陽集》，並曾在各種報刊雜誌上發表過一部分。

十七年中，我可引爲自慰的是，我把自己的大部分精力無所吝惜地奉獻給黨的教育事業，儘管在多次運動中我屢受“衝擊”，但我始終不忘人民教師的崇高職責。教學工作，事必躬親；學生有問，答必詳盡。每當自己的學生有了一定成績的時候，我便感到無限的歡愉與安慰。

在這十七年中，我於 1963 年秋至 1964 年夏，曾去中央社會主義學院學習。而在 1963 年國慶日，我曾登上天安門觀禮台觀禮。同年 11 月，我參加了中國科學院第四次擴大會議，並承偉大領袖毛澤東主席和劉少奇、周恩來、朱德、鄧小平諸同志的接見，這是我一生難忘的事。

七

1966 年開始的"文化大革命"，使全國各條戰綫遭受了一場"浩劫"，文化界首當其衝。

我當時還不曾意識到這是國家和民族的災難，只是對自己遭受的精神與肉體上的折磨深感苦痛，對被劫掠去的視若珍寶的書籍、字畫、資料、手稿等極度惋惜。特別是其中有先師尚節之、吳檢齋、高閬仙諸先生與我討論《周易》、《三禮》以及詩文的數百封具有學術價值的信件，悉數毀滅，尤爲痛心。每當回想起這些散失的材料，總勾起我對林彪、江青一夥的憤恨。

1966 年 5 月起接受"審查"，歷時將及四年。1970 年 2 月下放周寧縣農村接受"再教育"，又歷時兩年半。至 1972 年 8 月福建師大成立（由原師院改名），才又被調回師大任教授兼中文系主任。

1974 年，我被中共福建省委宣傳部調去注釋明代李贄的《焚書》、《續焚書》，並擔任注釋組的總纂。當時正是"批林批孔"的盛時，我國大地上刮起了一股空前的顛倒歷史之風，我百思不得其解：這位三百多年前的李贄，他的著作中明明充斥著大量的唯心主義思想，怎能把他捧爲"唯物主義的思想家"呢？他明明不是"法家"，怎麼硬說他是"法家"呢？學術的良心，使我不能信口雌黄。我找了各種資料，說明李贄受《周易》的影響、受道家的影響、受佛教的影響，辯白李贄思想的主要傾向是唯心主義的。我還指出，李贄並非反對真孔孟、真道學，他反對的只是"僞孔孟"、"假道學"，事實上他是孔孟的信徒。然而，這種叛"幫"離"綫"之說，誰能同意？又誰敢同意呢？但是，無論如何，我不能作違心之論，因此，從注釋工作開始到未終而結，我總是堅持我的學術見解：李贄著作有研究的價值，但必須實事求是地指出他不是法家，指出他思想中的唯心主義糟粕。

"十年浩劫"期間，前四年關在"牛棚"裡，除寫《勞改日記》及無窮無盡的檢討外，別的皆不能寫。下放兩年半寫詩詞 270 餘首，名爲《山居集》。在注釋李贄《焚書》、《續焚書》期間，曾寫了一些劄記，定名爲《注李賸墨》。

八

“四人幫”垮臺了，舉國歡欣。1979 年，我被任命爲福建師大副校長，這使我深感到党的信任和肩負的重擔。

同年，我招收了 4 名先秦文學研究生。

在垂暮之年，我想的是爲党爲人民多做一些貢獻，在學術研究上、在培養學術事業接班人的工作中竭盡餘力。我的一些詩句，如“願將暮齒爲蠶燭，放盡光芒吐盡絲”，“但期薪盡能傳火，卻望才良早入班”之類，正表露了我的真實感情。近年來，我除了爲研究生講授先秦文學專書外，曾發表了《漫談古典文學的自學與講授》、《學習毛主席給陳毅同志談詩的一封信的幾點體會》、《作家應該向我國的古典文學優秀傳統學習》、《周易名義考》、《論易學之門庭》、《六庵易話》(一、二)、《六庵詩話》等文，編輯了《學易初階》講義，與陳祥耀同志等修訂了《清詩選注釋》，並同研究生張善文合寫、發表了《“觀物取象”是藝術思維的濫觴》一文，同梅桐生合寫了《楚辭全譯》一書。又編近年來所作詩爲《華香園集》，詞爲《蕉窗詞稿》。同時，我正準備重新補寫已經亡失的《歷代易家考》、《歷代易學書目考》，並準備編寫《中國易學史》以供研究中國學術思想的同志們參考，還想寫一部《周易譯注》以供初學《周易》者參考。能否寫成，尚有待今後的努力。

使我畢生永記的是，1981 年 6 月 20 日，党組織接收我爲光榮的中國共產黨預備黨員，今年 7 月 1 日又承批准轉正，我多年的願望終於實現了。回顧從二十年代赴京求學以來走過的半個多世紀的路程，其中交織著長年不懈的學術探研、坎坷艱辛的生活境遇以及變幻不測的政治風雲。然而，自新中國成立以來我在心中樹立起的與共產黨同心同德、嚮往共產主義事業的信念，卻未嘗一日消失過。去年，我在加入党組織的會議上說過：“党今年 60 歲，我今年 70 歲，論年齡，我比党早生十年，但是，今天我剛成爲党組織的一員，我只能說是党初生的嬰兒。”我相信中國的前途是光明的，在共產黨領導下的中國人民終究要開創中華民族的新紀元。

（據《福建文史資料》第三十輯整理，末署“受業張善文筆錄於 1982 年 8 月”。福建省政協文史委 1993 年 8 月編印。）

黃壽祺年譜簡編

黃高憲

　　1912 年（民國元年）農曆八月初四（公曆 9 月 14 日）丑時,黃壽祺生於福建省霞浦縣鹽田鎮。黃壽祺的祖父名金銘,字謹三。黃金銘 18 歲時其父就去世了。他一面經商以養活母親及弟妹,一面刻苦讀書,參加科舉考試。他參加了幾次"文生"考試,由於準備得不夠充分,均落第了。由於身強體壯,後來就棄文習武, 36 歲時考取了武秀才。他將武藝傳給兩位弟弟,他們也都考取了武秀才。金銘公在福州經營茶葉生意多年,後因年老多病,不能經商,便回鹽田鎮設私塾教學童, 1939 年春逝世,享年 78 歲。他教黃壽祺讀《四書》、《詩經》、《左傳》等,使黃壽祺在少年時期就奠定了良好的古典文學基礎。金銘公生有兩男,長男名韶,即黃壽棋的父親。黃韶（1886—1937）,字鳳石, 19 歲時考取文秀才（名列第二）。據《霞浦縣衛生志·醫林人物·黃鳳石》載:黃韶"曾先後考入福建陸軍講武學堂及全閩高等學堂。後棄儒學醫,閉戶讀醫書九年,始爲人診病,輒有效,求醫者踵接於門。30 歲而後,醫名日著。爲人治病不受人酬,見貧困者並常資助藥物,以是尤爲鄉里所敬重。民國二十六年夏秋間瘟疫流行,帶病爲群衆治療,因勞累過度,病逝。……後人將其平日醫案、驗方寫成《趨庭隨筆》一卷,惜皆毀於倭難中。"黃韶喜歡研究《周易》,黃壽祺受其父影響,對《周易》特別感興趣。黃壽祺的母親名鄭蓮姿（1887—1973）,是福安縣松羅鄉松羅村人,生有三男三女,黃壽祺係長子。

　　1916 年開始讀書,受教於祖母畢氏。

　　1917 年正月至 1919 年底,在家塾從祖姑丈何宗樂先生讀書。

　　1920 年正月,祖父送他入霞浦縣城私立聖教小學讀書,編入初小三年級（下學期）。因病,讀至暑假便輟學回家。暑假後由祖父教讀。

　　1921 年正月至 1923 年底,在私塾從何宗楷先生讀書。除讀《四書》之外,還讀《詩經》、《左傳》、《綱鑑易知錄》、《古文筆法百篇》、《古文觀止》、《古文析義》、《千家詩》、《唐詩三百首》等。

1924 年正月,祖父送他入霞浦縣城縣立第一小學肄業,編在高小一年級(下學期)。在小學讀書期間,受到許獻其、葉嘉亨、葉嘉貞、王士琛等老師的愛護。

1925 年 7 月,小學畢業。同年秋,考入霞浦縣城的福建省立第三初級中學。國文教師陳咸熙先生是林琴南的崇拜者,教其讀《畏廬文集》及林譯諸小說。從此,他喜歡閱讀桐城派文章,同時也閱讀了一些外國文學名著。

1926 年,與同鄉人嚴惠仙(又名嚴蕙心)結婚。

1927 年秋,與同班同學一起遊覽了閩東的太姥山、浙東的南雁蕩山,並參觀了浙江平陽、瑞安、永嘉等地的中學。

1928 年 7 月,初中畢業。同年秋到福州,考入福建省立福州理工中學,編在高中一年級理科化學組,肄業一年。國文教師林炳焜[①] 先生很賞識其文學方面的基礎與才華,勸其專攻中國文學,於是,他決心讀完高中一年級後即放棄理工科的學習,報考大學文科。在這一年裡,他讀了《正誼堂叢書》,手抄了元末理學家吳海的《聞過齋集》,對研究宋元明哲學產生了興趣。

1929 年 8 月,赴北平。9 月初抵北平,同月考入北平中國大學文科預科,肄業兩年。

1931 年 7 月,預科畢業。同年秋,升入本科國學系,肄業 4 年。

他在中國大學預科和本科學習期間,任課的教師有吳承仕、尚秉和、高步瀛、楊樹達、余嘉錫、孫人和、朱師轍、林義光、唐蘭、陸宗達、任化遠等。在大學學習期間,尚秉和、吳承仕、馬振彪、高步瀛、林損等幾位先生傳授的知識對他產生了很深的影響。尚秉和先生係桐城派古文大師吳汝綸的弟子,精通詩文,並著有《周易尚氏學》、《焦氏易林注》等著作。黃壽祺從事易學研究,主要由他指導、傳授。黃壽祺協助他完成《焦氏易詁》,並為此書作《序》。吳承仕先生係章太炎的弟子,當時任國學系系主任,精研《三禮》,黃壽祺受其影響,曾研究喪服之學。馬振彪先生係桐城派古文大師馬其昶先生的侄兒,他除了繼承桐城派"學行踵程朱,文章繼韓歐"的衣鉢之外,還潛心研究佛學,兼任北平廣濟寺弘慈佛學院教授。黃壽祺除了向他學習桐城派古文之外,還

---

① 焜,《黃壽祺自傳》(詳前文)首段末作"昆"。謹闕疑待攷。

利用課餘時間到弘慈佛學院做旁聽生,聽馬先生講授佛學。高步瀛先生也是吳汝綸的弟子,黃壽祺主要向他學習《文選》學,另外,在經濟上還得到他的一些幫助。林損先生係永嘉學派的繼承人,黃壽祺主要向他學習宋元哲學。此外,孫人和、朱師轍、任化遠等幾位先生傳教的詩文對他也有一定的影響。

1935 年 7 月,大學畢業,獲文學學士學位。8 月,回到故鄉福建霞浦縣,擔任霞浦縣立簡易鄉村師範學校教導主任兼文史地教員。因表揚其學生能在作文中大膽地揭露縣政府工作人員的貪污行爲,結果被縣長(兼校長)張燦解聘。

1936 年 1 月,離開霞浦,經福州,往北平。2 月,經其師尚秉和介紹,在私立嵩雲中學和燕冀中學教國文,任教一學期。8 月,冀察政務委員會委員長宋哲元將軍決定在北平、天津、保定招考大學畢業生,以培養抗日軍政幹部,其師吳承仕積極支持、鼓勵他報名應試。當時,有數千大學畢業生報名,並分科參加考試。他以中國文學專業甲等第三名的優異成績被錄取。9 月,被派往南苑軍事訓練團大學畢業生訓練班接受軍事訓練。訓練班主任、第二十九軍副軍長佟麟閣將軍對《周易》感興趣,他爲佟將軍講過《周易》。12 月,訓練班畢業時,他爲佟將軍代擬了《冀察政務委員會考取大學畢業生訓練班同學錄序》。

1937 年 1 月至 8 月,在冀察綏靖公署參謀處第三科工作,同時爲河北保定蓮池講學院院外研究生。在綏署中,他寫過三封與尚秉和先生討論《周易》的信,尚先生回了他兩封。不久,這五封信被北平《晨報》1937 年 5 月 3 日、10 日和 6 月 2 日的副刊《藝圃》刊載。

1937 年 8 月至 1939 年 1 月,在北平燕冀中學任國文教員。

1937 年 8 月至 1941 年 11 月,在北平嵩雲中學任國文教員。

1938 年 8 月至 1941 年 11 月,在北平中國大學任國文系講師,講授《周易》、《宋元明清四朝學案》、《唐宋詩選》及杜甫、黃庭堅、元好問諸家詩歌專集。

1939 年 8 月至 1941 年 11 月在北平華北國醫學院任國文教授。

1939 年 9 月,吳承仕先生在天津突然逝世,中國大學國學系主任孫人和先生吩咐他整理吳先生遺著,至 1941 年 11 月,整理出 47 種,並撰寫了《先師歙吳先生之著述》一文。

在北平期間,他爲東方文化事業委員會北京人文科學研究所續修四庫全書館撰寫過《周易》提要、《三禮》提要多篇。由日本橋川時雄先生編纂並於 1940 年 10 月印行的《中國文化界人物總鑒》（日文版）中載有黃壽祺的傳記。此《傳記》稱他"在中國大學師事尚秉和教授,研究易說,是一位精苦刻銘的學生。"在北平工作期間,著有《易學群書平議》七卷、《漢易條例》五卷、《六庵易話》（原名《嵩雲草堂易話》）一卷、《六庵讀禮錄》一卷、《喪服淺說》四卷、《宋儒學說講稿》十四卷、《明儒學案講稿》七卷、《歷代易家考》五卷、《歷代易學書目考》一卷、《尚氏易要義》二卷,還有《六庵讀書劄記》100 餘冊。南歸之日,以上書稿無法攜帶,寄存范秋帆先生家,不久,范先生病故,書稿全部丟失。由於《易學群書平議》、《六庵易話》、《六庵讀禮錄》尚有副本,故倖存至今。

1941 年 11 月離北平,經上海、杭州、金華、溫州,回到故鄉霞浦鹽田鎮。

1942 年 2 月至 1945 年 1 月,在福建省立師範專科學校任文史地科國文副教授。1942 年 5 月該校從永安霞嶺村遷往南平水南後墾村。他與著名國畫家吳翀（茀之）、擅長寫舊體詩的包樹棠（笠山）常一起評畫吟詩,號爲"歲寒三友"。10 月,生女兒黃幼嚴。

在這三年中,他著有《先秦文學史》一卷、《左傳要略》一卷、《世說新語注引書考》二卷、《六庵別錄》一卷、《水南讀書雜記》一卷、《南旋集》一卷。

1945 年 2 月至 1946 年 7 月,在國立海疆學校任國文科教授。該校 1944 年秋成立,首任校長張兆煥。1945 年 1 月教育部改派梁龍光爲校長。因原省立師專校長唐守謙在該校任教務主任,黃壽祺和徐君藩先生遂同往該校任教。該校初辦時設在仙游縣金石中學舊址內,1945 年 7 月遷往南安縣九都鎮,1946 年 6 月遷往晉江（今泉州市）。黃壽祺於 1946 年夏辭去海疆學校職務,前往福州。在這一年半中,他著有《群經要略》四卷、《海疆集》一卷。

1946 年 8 月至 1950 年 7 月,在福州福建省立師範專科學校任國文科教授、科主任。講授過《左傳》、《詩經》、《楚辭》等國學專著,還講授過《訓詁學》、《經學概要》、《國故論著要籍目錄》、《歷代散文選》、《歷代詩歌選》、《歷代詞曲選》、《國文教材教法》等多種課程。在此期間,撰寫了《周易名義考》等論文。

1950 年 8 月至 1951 年 1 月,在福建省立師範學院任中文系教授兼系主任、教研組主任。

1951 年 2 月至 1951 年 7 月,在福建師範學院任中文系教授兼中國古典文學教研組組長、大一國文教學小組組長。

1951 年 8 月至 1952 年 7 月,任福建師範學院中文系教授、院務委員、圖書委員會主任委員、代理圖書館主任,負責完成了對福建學院烏山圖書館的接收工作。

1952 年 8 月至 1953 年 2 月,在福州大學（由福建師範學院改名,一年後恢復原名）中文系任教授。

1953 年 3 月至 1953 年 8 月,在福州大學中文系任教授兼系工作組組員、中國古典文學教研組組長。

1953 年 9 月至 1954 年 7 月,在福建師範學院中文系任教授兼系工作組組員。1954 年 3 月起兼任中國語言文學教研組主任,並任福建省文學藝術工作者聯合會（省文聯）委員。

1954 年 8 月至 1955 年 8 月,在福建師範學院中文系任教授兼系工作組組長、中國古典文學教研組主任。

1955 年 9 月至 1966 年"文化大革命"前夕,任福建師範學院中文系教授兼系主任。1958 年 12 月至 1961 年 6 月主持編寫了第一部較完整的《福建文學史》。該書經四次修訂,於 1961 年 9 月以福建師範學院中文系《福建文學史》編委會的名義油印成冊。此書雖未正式出版,但它至今仍是研究福建文學史的重要參考書。

1956 年 10 月起,任福建省漢語方言調查指導組副組長①。

1959 年 1 月起,任福建省政協委員。

1959 年 2 月起,任福建省文聯常務委員。

1960 年 12 月起,任中國科學院福建分院哲學社會科學聯合會籌備委員。

1963 年 8 月起,任福建省中國語文學會理事長兼福州分會理事長。

1963 年 8 月至 1964 年 4 月,在北京中央社會主義學院學習。1963 年 11 月,應邀參加在京召開的中國科學院哲學社會科學部委員會擴大會議。11 月 16 日,受到毛澤東主席和劉少奇、朱德、周恩來、鄧小平等黨和國家領導人的接見。

---

① 據六庵"山居茶廣與包笠山第十二書"（詳《六庵遺墨》）稱"弟五六年赴京",則 1956 年間,黃壽祺教授曾有北京之行。

1966 年 2 月，夫人嚴惠仙病逝。

1966 年 7 月至 1970 年 1 月，在福建師範學院被作爲"反動學術權威"，遭到抄家、批鬥等迫害。

1970 年 1 月至 1972 年 8 月，被下放到周寧縣咸村公社碧岩大隊茶廣村。全家人隨其遷往。在此期間，創作了大量歌詠鄉村風情的詩篇。其中不少是與包笠山（樹棠）、王確齋（夢惺）、陳喆庵（祥耀）先生的唱和之作。輯有《山居集》一卷。

1972 年 8 月至 1979 年 7 月，任福建師範大學中文系教授兼系主任。

1974 年 9 月至 1977 年 4 月，任福建省李贄著作注釋組總纂組組長，組織編寫李贄著作注釋。在此期間著有《注李賸墨》等。

1976 年 6 月，女兒黃幼嚴病逝。

1977 年起，任福建省政協第四、第五屆常務委員會委員。1978 年起，任福建省政協文史資料委員會副主任委員、福建省哲學社會科學聯合會副主任委員、福建省語文學會會長、福建省普通話推廣委員會領導小組成員。

1978 年 11 月至 12 月，隨福建省政協考察團赴江西、湖南等省考察。

1979 年起，任福建省中學語文教學研究會會長。

1979 年 8 月至 1984 年 7 月，任福建師範大學副校長、中文系教授。

1979 年 8 月至 1988 年底，任碩士研究生導師，先後培養碩士研究生張善文、梅桐生、翁銀陶、楊際德和郭建勳。

1981 年 6 月加入中國共產黨。

1982 年 10 月，赴北京參加北京師範大學紀念吳承仕（檢齋）同志大會。12 月，經濟南返閩。

1983 年，被福建省人民政府聘爲"福建省教授、副教授職稱評審委員會副主任委員"。4 月至 11 月，應北京師範大學的邀請赴京整理出版吳承仕先生遺著，指導助手整理出吳承仕的一批遺著，其中《吳承仕讀書提要》、《吳承仕文錄》、《淮南子舊注校理》等書經其審閱後，由北京師範大學出版社出版。11 月中旬，經南京、上海返閩。

1984 年 2 月，與其研究生梅桐生合著的《楚辭全譯》一書，由貴州人民出版社出版。3 月，與陳祥耀教授共同主編的《清詩選》，由人民文學出版社出版。①9 月,赴山東曲阜參加孔子誕辰 2535 周年紀念會。會後登泰山、遊濟南,經蚌埠返。11 月,與陳祥耀教授同赴湖南長沙參加中國韻文學會成立大會。12 月,被中國韻文學會聘爲顧問。

1985 年 2 月,其詩詞集《六庵詩選》(附《蕉窗詞選》)由福建人民出版社出版(書中共選詩 532 首、詞 22 首,是從其 1980 年以前所創作的 1000 餘首詩詞中選錄的)。3 月,隨福建省政協考察團赴閩東地區考察,到過寧德、柘榮、福鼎、霞浦等縣市。同月下旬,赴閩南東山縣參加黃道周(石齋)誕辰 400 周年紀念會。6 月,應華東師範大學的邀請赴滬參加碩士研究生畢業論文答辯會。10 月,赴寧德市參加馮夢龍學術討論會。

1986 年 7 月,被福建省哲學社會科學聯合會理事會聘爲顧問。

1987 年 3 月退休。

1987 年 4 月至 1990 年 5 月,他與張善文合編的《周易研究論文集》第一至第四輯相繼由北京師範大學出版社出版。

1987 年 11 月至 12 月,隨福建省政協參觀學習團赴大西南各地,訪問了廣西、雲南、四川等省。

1988 年 5 月,被選爲福建中華詩詞學會會長。6 月,他的易學專著《易學群書平議》由北京師範大學出版社出版。12 月,赴家鄉霞浦參加霞浦建縣 1705 周年紀念會。同月底赴寧德市參加建市紀念會。

1989 年 4 月,經西安轉赴鄭州參加黃河詩會。嗣將赴會期間與趙玉林先生唱和之詩輯爲《秦豫行》一册,由福建詩詞學會内部印行。5 月,與張善文合著的《周易譯注》由上海古籍出版社出版。同月,被中國周易研究會聘爲顧問。7 月中旬,應將樂縣政府之邀赴將樂觀光、創作,並游泰寧金湖等;下旬應平潭縣政府之邀,赴平潭觀光、創作②。8 月,任《福建詩詞》編委會主任委員,主持編輯、出版《福建詩詞》第一輯。

1990 年元旦,省委書記陳光毅、副省長陳明義、省委宣傳部部長何少川、省教委副主任葉品樵及福建師範大學領導林可華、朱鶴建、陳一琴、郭榮輝

---

① 按 1984 年 5 月 30 日至 6 月 5 日,武漢大學於東湖主辦"首屆中國周易學術討論會",福建師範大學黃壽祺教授及劉蕙孫教授曾出席此會。隨行者有張善文、林金水等。

② 據黃壽祺教授《平潭沙灘紀游贈敬業》及《次韻奉和孟秋詩錄贈大新》兩幅墨寶(詳《六庵遺墨》),則此年 7 月先赴平潭,8 月再赴將樂。此處所記,恐有小誤。

等，一同來家拜年。

1990 年 2 月至 3 月，與福建師範大學羅螢、張善文一同赴美國洛杉磯考察。據美國《1990 年華商年鑒》（南加州版）報導，美國易學研究院擬聘請黃壽祺任院長。報導寫道："易學——是人類聰明的學問。由世界《易經》權威、中國大陸著名易學教授黃壽祺先生擔任院長，主持講授易學原理及易經應用等。" 3 月底，經香港回閩。

1990 年 7 月 28 日上午 9 時 20 分，因患胃癌，醫治無效，病逝於福建省立醫院。享年 79 歲。

（據《福建文史資料》第三十輯整理，福建省政協文史委 1993 年 8 月編。又載黃高憲編《黃壽祺論中國古典文學》，山東文藝出版社 2001 年出版。）

六庵先生著述要目

郭天沅

【說明】

先師六庵先生精易學,通文史,擅詩書,生平著述甚富。本目主要著錄已刊行的專書、論文和雜著,分易禮、文學、史地、綜合四類編次,各類之屬大致按首次發表時間排序。其中,以"易禮類"爲主,略附簡要敘錄;"文學類"之詩詞吟詠,收結集單行本,散見於各報刊的作品未一一備錄;"綜合類",收各種序跋記述文章。尚待整理和正擬出版的著作,如《六庵文錄》、《六庵讀禮錄》、《群經要略》等,亦暫不入目。而《歷代易家考》、《歷代易學書目考》、《尚氏易要義》、《漢儒說易條例》、《喪服淺說》、《宋儒學說講稿》、《明儒學說講稿》、《阿比西尼亞王國記》諸書稿及《閩東風俗記》大部原稿,惜先後散佚於抗戰與"文化大革命"期間。

編目過程中,承張善文、黃高憲兩學兄提供不少知見材料,並參考了黃玲菁同學在福建師範大學歷史系就學時所撰畢業習作《黃壽祺教授著述系年》初稿,謹此藉申謝忱。

易禮類

與尚節之先生論易三書

《北平晨報·藝圃》1937 年 5 月 3 日、10 日,6 月 2 日。《周易研究論文集》第二輯,北京師範大學出版社 1989 年出版。

尚節之,名秉和,清光緒進士,近代易學大師,曾任北平中國大學國學系教授,六庵師即從其學《易》。此三書就節之先生《易講義》中有關易象的疑誤和《易講義》、《易話》兩書的異同處,以及《易象釋》與《易詁》所存在的矛盾問題,箋陳請教。時節之先生答以二書(亦載《北平晨報·藝圃》1937年5月3日、6月4日),並加勉勵:"《易經》既深有所入,即當繼續用力,成此絕學,甚善甚善。"上述師生間的論《易》書,在國內外學術界頗見影響,問世當年即被蘇聯科學院院士舒茨基博士列作其所著《變化的書》之參考書目。

嵩雲草堂易話

北平《新光雜誌》1940年4月。

六庵師執教北平時,曾在"嵩雲草堂"寓所居住六七載。《易學群書平議》和《易話》等許多著述,均成於此。《新光雜誌》所載《易話》,僅原稿的一小部分。

漢易舉要 (卷之一)

《福建師範學院學報》1962年第1期。

本文著重就漢易中的《孟氏易》卦氣說,先考四正卦、十二辟卦、六十卦次序,公、辟、侯、大夫、卿之始名,每卦六日七分、七十二侯;爾後列舉諸卦氣圖與表,並論其所用。

續修四庫全書提要 (易類)

臺灣商務印書館1971年出版。

二十世紀三十年代,六庵師曾參與該書《易》《禮》類的提要編寫。其中《易》類代節之先生撰100多篇,以己名撰30餘篇,並輯成《易類提要目錄》一冊,原稿現尚存北京中國科學院圖書館。七十年代,臺灣整理出版《續修提要》,書中《前言》有謂參撰者多積學之士,並列六庵師之名。而所刊《易》類提要,僅北京現存原稿的二分之一。

周易名義考——六庵讀易叢考之一

《福建師範大學學報》1979年第2期。《中國古代史論叢》第一輯,福建人民出版社1981年出版。

本文於考述歷代諸家的不同說法之後,認爲宜分別從本義和後起義去看《周易》的名義。其本義即"周爲代名,易主變易",其他均屬後起之義。如簡易、不易、太易等係指易理而言,象則不可言,故非本義;又如變易、交易、反易、對易、移易五義,皆不出變易這一本義。

論易學之門庭

《福建師範大學學報》1980 年第 3 期。《周易研究論文集》第一輯,北京師範大學出版社 1987 年出版。

本文先概述歷代易學源流宗派,最後強調學《易》的兩大原則:一是從源溯流——首須熟讀經傳本文,考明《春秋內外傳》諸占筮,其次觀漢魏古注和六朝隋唐義疏,繼再參考宋以後經說;二是強幹弱枝——以象數、義理爲主幹,餘皆枝附。同時指出:不從古注入手是爲迷不知本源,不由主幹尋枝是爲渾不辨主客。

本文 1988 年獲福建省社會科學優秀成果獎。

"觀物取象"是藝術思維的濫觴——讀《周易》劄記

《福建師範大學學報》1981 年第 1 期。《古代文學理論研究》第四輯,上海古籍出版社 1981 年出版。

本文與張善文合撰。作者就《周易》在創作過程中所貫穿的"觀物取象"這一思維形式,探研其與藝術思維之間的相契處和本質區別。認爲其相契表現了古今皆然的文藝規律,其區別則正說明了事物漸進的發展規律。至此,"濫觴"的理論觀點據以闡明。

六庵易話(一)

《福建師範大學學報》1981 年第 4 期。《周易研究論文集》第二輯,北京師範大學出版社 1989 年出版。

內容凡五端:一,《易》家好怪之害;二,不通《集解》、《注疏》者不足與言治《易》;三,陸元朗以畫卦爲"名數之初";四,援引"阿賴邪識"釋性;五,《易》所重在象。

六庵易話(二)

《福建師範大學學報》1982 年第 1 期。《周易研究論文集》第二輯,北京師範大學出版社 1989 年出版。

內容凡三端：一，探討《周易》經傳作者、時代、名義與影響；二，自述家學與師承；三，評議前代學者。

從易傳看孔子的教育思想

《齊魯學刊》1984 年第 6 期。《周易研究論文集》第四輯，北京師範大學出版社 1990 年出版。

本文將《易傳》所引孔子的教育言論，分爲品德、智力體育、學習與施教、交友、處世、治身、語言文學修養、哲學思想幾個方面，闡述孔子的教育思想；並對《易傳》與《論語》中的有關內容加以對照證明。1984 年發表刪節稿，1990 年刊載全文。

試論周易對《文心雕龍》的影響

《文心雕龍學刊》第四輯，齊魯書社 1986 年出版。

本文與張善文合撰。作者就《文心雕龍》對《周易》內容的直接運用，從卦象之引據、文辭之援用、根源之探究、詞語之融化等四個方面深入辨析，以說明《周易》對《文心雕龍》的影響。

周易研究論文集（第一輯）

北京師範大學出版社 1987 年出版。

與張善文合編。選收 1908—1984 年間國內學術書刊上發表的有關考證《周易》起源、名義、作者、流派和研究《周易》考古材料的專論 50 篇。

易學群書平議

北京師範大學出版社 1988 年出版。

該書撰著於 1938—1947 年。此十年間，六庵師通覽歷代易著，並依《四庫總目》體例，撰稿 134 篇，釐爲 7 卷。各篇除著錄書名、卷數、版本、作者爵里和各書主要內容外，重點論析其是非得失。時尚秉和、陳遵統先生分別爲之序。尚序云：“凡解《易》之書經黃君商訂、解剖，其是非得失，判然立明，如鏡之鑒物，妍媸好醜，毫無遁形。學者苟由其說以求之，絕不至有面牆之歟、歧途之入也。"陳序云："書中搜羅弘富,辨析精確,洵足以補《提要》之缺略,作後學之津梁。"書稿經 40 年後公開出版,由張善文校點。1988 年獲福建省社會科學優秀成果獎。

易學群書平議卷之一（節選）

《周易研究》1988 年第 1 期創刊號。

選載《周易丁氏傳》、《京氏易》、《王肅易注》、《周易王弼注》四篇。

閩人易著提要五篇

《文獻史料研究叢刊》第 1 輯,福建省地圖出版社 1988 年出版。

所載內容選自《六庵文錄》未刊稿和《易學群書平議》中有關清代寧化劉文龍的《古易彙詮》、漳浦蔡首乾的《周易闡象》和閩縣陳懋侯的《周易明報》、《知非齋易注》、《知非齋易釋》等五種閩人易學著述的書錄提要。

周易對立變化創新思想中的美學意義

《福建師範大學學報》1988 年第 3 期。《周易研究論文集》第四輯,北京師範大學出版社 1990 年出版。

本文與張善文合撰。作者通過對《周易》的陰陽對立觀念以及萬物變動不居和革故鼎新思想的分析,揭示《周易》哲學中和諧、相對、創新的美學內涵與意義。此外,還同西方美學思想進行比較。1988 年發表刪節稿,1990年刊載全文。

周易譯注

上海古籍出版社 1989 年出版。

該書與張善文合撰。共 10 卷,卷一至卷五爲上經,卷六至卷八爲下經,卷九《繫辭傳》,卷十爲《說卦》、《序卦》、《雜卦傳》。卷首爲《前言》、《讀易要例》、《譯注簡說》,書末附《主要引用書目》。全書在譯注的基礎上,還撰有 400 多則《說明》和 69 篇《總論》,是一部譯、注、論相結合,考據、辨義、闡理、釋疑、總結相並重,以全面研討《周易》經傳的新著。1992 年獲全國首屆古籍整理優秀圖書獎。

周易研究論文集（第二輯）

北京師範大學出版社 1989 年出版。

與張善文合編。選收 1908—1984 年間國內學術書刊上發表的有關研究先秦、兩漢、魏晉時代《周易》象數學、陰陽五行學、占筮學等方面的專論 31 篇，又未刊稿 2 篇，共 33 篇。

與范秋帆先生論易書

《周易研究論文集》第二輯，北京師範大學出版社 1989 年出版。

寫於 1941 年夏。范秋帆，名毓桂，曾任國立北平法政大學等校教授，爲六庵師的業師之一。書中六庵師本著不求取象之由則難明繫辭之理的治《易》態度，就《解》卦上的關於六爻辭和取象的兩個疑問（爲探求其象，古今名儒諸說多所論列），向秋帆先生請教。

答包笠山論易書

《周易研究論文集》第二輯，北京師範大學出版社 1989 年出版。

寫於 1962 年秋。是年，六庵師發表《漢易舉要》，笠山先生有兩書與之商榷，時六庵師亦以書答，主要圍繞所提漢易流派及《孟氏易》等 6 個問題陳述己見。

周易研究論文集（第三輯）

北京師範大學出版社 1990 年出版。

與張善文合編。選收 1936—1988 年間國內學術書刊上發表的有關《周易》義理學，包括經傳哲學和唐至清《易》著以及與之相關聯的漢代《易緯》、《太玄經》等的研究專論 37 篇。

周易研究論文集（第四輯）

北京師範大學出版社 1990 年出版。

與張善文合編。選收 1927—1988 年間國內學術書刊上發表的以各種新觀點、新方法對《周易》與社會哲學、政治思想、文學、美學、語言、數學、邏輯、古代經濟思想、法制、天文曆法、古代醫學和養生學、儒佛道等多學科的關係進行研究的專論 38 篇。

續修四庫全書提要（禮類）

臺灣商務印書館 1971 年出版。

六庵師於三禮之學亦精,師承吳檢齋先生。前述三十年代參與該書編寫工作時,除撰《易》類外,還撰有《禮》類 60 餘篇,並爲檢齋先生代寫數篇。

文學類

漫談革命現實主義和革命浪漫主義相結合的問題

《閩江》1958 年第 1 期。

漫談如何研究中學古典文學教材的重點難點和疑點問題

《福建師範學院學報》1962 年第 1 期。

試論杜甫絕句

《福建師範學院學報》1963 年第 1 期。

學習毛主席給陳毅同志談詩的一封信的幾點體會

《語文學習叢刊》1979 年第 1 期。

漫談中國古典文學的自學問題

《福建師範大學學報》1979 年第 4 期, 1980 年第 1 期。《語文函授通訊》1980 年第 4、5、6 期。

六庵詩話

《蒲公英》1980 年第 2 期。

作家應該向我國的古典文學優秀傳統學習

《閩西文叢》1981 年第 2、3 期。

楚辭全譯

貴州人民出版社 1984 年出版，1991 年重版。

該書與梅桐生合撰。1991 年作爲《中國歷代名著全譯叢書》之一重版。1992 年獲貴州人民出版社優秀圖書獎。

清詩選

人民文學出版社 1984 年出版。

該書係福建師範大學中文系古典文學教研室選注，六庵師與陳祥耀教授任主編。

六庵詩選

福建人民出版社 1986 年出版。

該書選編六庵師於 1926—1983 年間創作的 600 首舊體詩，分《北學集》、《南旋集》、《海疆集》、《朝陽集》、《山居集》、《華香園集》、《華廬集》7 卷，又附《蕉窗詞》22 首。書中有陳祥耀教授序和俞元桂教授記文各一篇。

善於選擇運用好的選本

《文科月刊》1988 年第 2 期。

九歌河伯鑒賞

《楚辭鑒賞集》，人民文學出版社 1988 年出版。
本文與張善文合撰。

迢迢牽牛星

《漢詩賞析集》，巴蜀書社 1988 年出版。
本文與張善文合撰。

朱熹詩文理論述要

《朱熹與中國文化》，學林出版社 1989 年出版。

本文與張善文合撰。

學生古今詩詞鑒賞辭典

福建人民出版社 1989 年出版。

六庵師爲該書領銜撰寫人之一，並撰書序。

秦豫行——黃壽祺、趙玉林唱和集

福建中華詩詞學會 1989 年編印。

福建詩詞（第一集）

福建教育出版社 1989 年出版。

該詩詞集係福建中華詩詞學會編，六庵師任主編。本集刊有六庵師之"學習海内作家優良風格，發揚閩中詩派悠久光輝"題辭，並收作品多首。

福建詩詞（第二集）

海峽文藝出版社 1990 年出版。

六庵師仍任主編，本集亦收其作品多首。

從蘇頌詩文看北宋朝廷與道教的關係

《上海道救》1991 年第 1、2 期合刊。《福州師專學報》1991 年第 2 期。本文與詹石窗合撰。

史地類

霞浦縣志文苑傳補

《北平全民報·副刊》，1928 年。

閩東風俗記

《北平中和報》，1934 年。

六庵師所撰《閩東風俗記》共 12 篇，大部分原稿已佚，該刊僅連載過一小部分。

晉荊揚諸州郡縣多於漢代考

《課藝甄選》第一編，北平古學院 1939 年出版。

呂氏春秋十二紀與淮南子時則訓略同漢儒輯爲月令蓋古明堂行政遺文考

《課藝甄選》第一編，北平古學院 1939 年出版。

漫話福州

《旅行家》1980 年第 1 期。

綜合類

焦氏易詁序

《焦氏易詁》（尚秉和著），1934 年刻本。蘇州《文藝捃華》，1935 年。

六庵師曾協助節之先生整理撰著《焦氏易林注》、《焦氏易詁》等書。此序係《易詁》付梓前應節之先生所請而作。

水南讀書札記

《南方日報·新畦》，1943 年。

關於先師吳承仕先生的材料

《新文學史料》1982 年第 4 期。

福建歷代名人傳略序

《福建師範大學學報》1983 年第 1 期。《福建歷代名人傳略》（福建師範大學歷史系福建地方史研究室編），福建人民出版社 1987 年出版。

梁容若詩存稿序

《福建師範大學學報》1983 年第 4 期。

略述先師吳檢齋先生的學術成就

《北京師範大學學報》1984 年第 1 期。《吳承仕同志誕辰百周年紀念文集》,北京師範大學出版社 1984 年出版。

關於先師吳檢齋先生學術成就的報告

《福建師範大學學報》1984 年第 3 期。

回憶"一二·九"運動

《霞浦文史資料》第五輯,霞浦縣政協文史資料研究委員會1986年編印。

風塵囈語跋

《霞浦文史資料》第六輯,霞浦縣政協文史資料研究委員會1987年編印。

竅啟吟草跋

《霞浦文史資料》第六輯,霞浦縣政協文史資料研究委員會1987年編印。

訓詁學概論序

《訓詁學概論》(黃典誠著),福建人民出版社 1988 年出版。

隴右方言發微序

《福建師範大學學報》1988 年第 1 期。《隴右方言發微》(李恭著),蘭州大學出版社 1988 年出版。

李贄年譜考略序

《福建師範大學學報》1988 年第 1 期。《李贄年譜考略》(林海權著),福建人民出版社 1992 年出版。

空海研究序

《空海研究》（陳國強主編），華夏出版社 1990 年出版。

論文寫作指南序

《論文寫作指南》（王命夔著），福建科學技術出版社 1991 年出版。

周易辭典序

《周易辭典》（張善文編撰），上海古籍出版社 1993 年出版。

（據《福建文史資料》第三十輯整理。福建省政協文史委 1993 年
8 月編印。）

六庵叢纂編後小識

　　二十世紀四十年代，書畫家吳弗之先生與先師同執教福建省立師範專科學校，爲莫逆交，曾撰書一聯爲贈，曰："妙義貫通，學窺秦漢以上；悲歌慷慨，歸從燕趙之間。"上聯稱學術典博，下聯贊意氣豪雄，依實鑄辭，十分貼合先師之道德文章。當年吳先生手書此聯，後又重書一副，師均珍藏家中。不意"文化大革命"中俱遭抄沒，我輩終無緣一覘此墨寶。

　　今編校《六庵叢纂》既竟，又一次爲先師學問與人格魅力所感染，不禁想起弗之先生的如是評價。回顧檢校舊籍，勘閱斯文期間，彷彿重返當年課堂，聆聽先師的諄諄教誨。如《師範生之良好導師——鄭康成》一文，我曾反復拜讀，每讀每有體會。文中論列東漢大儒鄭玄值得後人仰攀的四端事跡：一曰好學，二曰博通，三曰篤實，四曰專業。這既是先師治學的自我寫照，又是他對後學的勉勵督策。此文是作者在國立海疆學校任教時，寄懷昔日師專諸生之作，寫於乙酉年（1945）教師節。篇末云："削生有言：'時乎時乎不再來。'聊以此寄而懷，期與諸君共勉之而已。"文中對學生的殷切期盼之情，溢於言表。《叢纂》所輯諸種專書，均時時流露著此類以純正學術津逮後學的崇高情懷。

　　我以愚鈍之資，有幸忝列師門，蒙師厚愛，從侍十有餘載，深恩久沐，未敢或忘。今在黃高憲教授及蕭滿省、盧翠琬、黃嫻博士的協作努力下，以及詹素娟編審的全力支持下，《六庵叢纂》終將面世，頗感快愉。我堅信，先師此書之裨益學界，必久遠焉。

公元二零二零年三月

庚子歲仲春

弟子張善文謹識於福建師範大學文學院